ENCYCLOPÉDIE
PRATIQUE
du Jardin

ENCYCLOPÉDIE PRATIQUE DU JARDIN
Anita Pereire

DIRECTION ARTISTIQUE
Guy Loriot

PHOTOGRAPHIES
Arnaud Descat

DESSINS
Ferdinand Dhoska

CONSEILLER POUR LES NOUVELLES VARIÉTÉS DE PLANTES
Jean-Pierre Cordier

CONSEILLER POUR LES ARBRES FRUITIERS
Armelle Cottenceau

CONSEILLER POUR LES ROSIERS
Bernard Mando (Bagatelle)

CONSEILLER POUR LA PARTIE "SAVOIR-FAIRE"
Philippe Bonduel

RELECTURE ET MISE À JOUR
Pierre Garnier, **Dr. ès Sciences, Dr. ès Lettres**

REMERCIEMENTS À
Jean-Paul Collaert, Patricia Beucher et Léon Goarant,
Aux photographes
Philippe Ferret, Valérie Finnis, Philippe Perdereau,
ainsi qu'à Alain Meilland et Ernest Turc

DIRECTION	*Adélaïde Barbey*
DIRECTION ÉDITORIALE	*Jean Arcache*
RESPONSABLE D'ÉDITION	*Valérie Strauss-Kahn*
SUIVI ÉDITORIAL	*Aline Dialinas, Sylvie Gauthier*
PRODUCTION	*Gérard Piassale et Nathalie Lautout*
COUVERTURE	*Graph'M*

SECRÉTARIAT D'ÉDITION & COORDINATION	*Claude Chabaud*
RESPONSABLE INFORMATIQUE ÉDITORIALE	*Marie-Françoise Poullet*
ASSISTANCE TECHNIQUE À LA MAQUETTE	*Jean-Pierre Jauneau, Denis Sabatier*

ENCYCLOPÉDIE
PRATIQUE
du
Jardin
ANITA PEREIRE

Photos Arnaud Descat

HACHETTE

L E jardin et le jardinage tel que nous le pratiquons aujourd'hui sont la somme d'héritages merveilleux et parfois étranges, glanés depuis des millénaires à travers l'histoire des peuples. Grâce à eux, nous sommes parvenus à... ce que vous allez découvrir dans les pages de cette Encyclopédie.
Mais commençons par remonter le temps...

Le premier jardin, mythique, fut celui d'Adam et Eve, bien sûr. C'est un jardin extraordinaire que d'innombrables artistes ont peint, sculpté et même chanté, celui que l'on raconte aux enfants. Il n'existe pas, et pourtant il aura toujours sa place dans notre imaginaire.

En réalité, il faut remonter à environ 8 000 ans av. J.-C. pour découvrir les traces des premières plantations, autour de Jericho en Palestine, puis en Crète.

Plusieurs siècles plus tard, les Chinois élaborent un style très "paysagé" où les éléments architecturaux, sentiers, ponts et pavillons jouent un rôle prépondérant. Peu de choses sont parvenues à notre connaissance, mais l'intérêt certain des Chinois pour la botanique est attesté par le premier "herbier" connu, dressé 3 000 ans av. J.-C. Plus de 500 herbes y sont répertoriées.

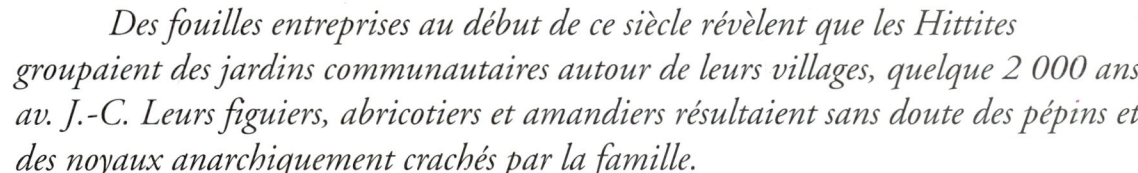

Un jardin chinois typique.

Des fouilles entreprises au début de ce siècle révèlent que les Hittites groupaient des jardins communautaires autour de leurs villages, quelque 2 000 ans av. J.-C. Leurs figuiers, abricotiers et amandiers résultaient sans doute des pépins et des noyaux anarchiquement crachés par la famille.

En Egypte, des représentations du Nouvel Empire témoignent du développement des jardins. Mais l'agencement des arbustes, des fleurs et des bassins est sans doute plus ancien.

La stabilité sociale et politique favorise l'épanouissement des jardins.

D'après un document représentant le jardin d'un haut dignitaire égyptien.

Homère les évoque dans L'Odyssée, *et des poteries - que l'on peut admirer au musée du Louvre - les représentent de manière stylisée. Ce sont d'ailleurs les jardiniers grecs qui transmettent leur art aux Romains, notamment l'art topiaire qui consiste à tailler des formes ornementales dans les feuillages.*

Les jardins occupent une part importante de la vie romaine, à tel point que certains citoyens les destinent pour orner somptueusement leurs tombes.

Il existe des jardins plus inventifs et plus étranges, "les ziggourats", qui pourraient être les fameux ancêtres des "jardins suspendus de Babylone", construits sous Nabuchodonosor. Conçus sur des collines artificielles ou des pyramides de vingt à trente mètres de haut, ceux-ci s'élèvent devant les temples et comportent des arbres, des arbustes, des vignes. L'irrigation y est assurée par un système complexe.

Représentation imaginaire d'un ziggourat.

Au pays du soleil levant, le jardin apparu vers le V ^{e} siècle de notre ère est une autre source d'étonnement. Les Occidentaux découvriront avec surprise, bien des siècles plus tard, ce véritable paysage en réduction dont le principe est inchangé : dans ce jardin dépouillé, au symbolisme omniprésent et où l'homme est amené à méditer, la beauté relève du parfait équilibre entre le minéral (pierres, rocs, sable), les plantes et l'eau.

Les jardins d'Europe commencent à se développer à l'époque médiévale et constituent alors les biens exclusifs des rois, seigneurs ou communautés religieuses, qui les enferment dans des habitats fortifiés. Les guerres se faisant moins fréquentes et les mœurs plus douces, on s'adonne plus librement à l'art du jardinage : on cultive surtout des fleurs pour orner les églises, des herbes pour "habiller" les mets, souvent faisandés, et des plantes pour créer des parfums ; certaines sont exclusivement réservées à l'usage médicinal et sont alors cultivées à l'écart, dans des parterres. Le jardin devient strictement utilitaire. L'un des plans les plus anciens qui nous soit parvenu est celui du jardin du monastère de Saint-Gall, en Suisse : on y trouvait des fruits, des légumes, des roses et des lis, ainsi que seize parterres d'herbes.

Lorsque les Espagnols débarquent au Mexique, ils sont littéralement fascinés par la maîtrise des Aztèques en matière de jardinage. Ces grands amoureux des plantes sont en effet parvenus à créer des jardins familiaux sur les toits plats de leurs habitations. Tout aussi étranges sont leurs jardins flottants qu'ils cultivent dans la boue, sur des radeaux, et qu'ils peuvent piloter sur les rivières afin d'apporter leurs produits jusqu'aux marchés. De nos jours, des "bogs" flottants similaires se rencontrent au Cachemire, en Inde. Ce sont des bandes de boue, très fertiles, arrimées au bord des lacs. Des jardins flottants (qui dateraient de 2 000 ans av. J.-C.) existent aussi en France, sur les bords de la Somme.

Un jardin flottant en Inde.

Après le temps des voyageurs (missionnaires, grands botanistes...) qui parcourent le monde, ramenant de nombreuses variétés et espèces de plantes, voici venue l'ère des grands commerces : l'affluence de végétaux très variés, des quatre coins du globe, est à l'origine de "modes", de véritables styles de jardin "à la française", "à l'anglaise"... Plus récemment, l'utilisation des conteneurs pour la plantation met le jardinage à "portée de bêche" de tout un chacun et nous offre la possibilité d'avoir des plantes que nous pouvons semer, voir pousser, puis fleurir en toutes saisons.

L'art du jardinage s'est donc transmis au fil du temps, de génération en génération, s'enrichissant d'une culture à l'autre. Un bien bel héritage qui a permis la réalisation de somptueux jardins comme Villandry, Versailles ou Vaux-le-Vicomte. Ces trente dernières années ont vu chez nous l'apparition de jardins privés, moins imposants et plus adaptés à nos mœurs comme le parc des rhododendrons à Moutiers (Varengeville), le jardin japonais d'Albert Kahn (Boulogne), le jardin d'Eyrignac (Périgord) très structuré, ou encore... mon jardin à l'anglaise de l'Abbaye-de-l'Eau (Chartres).

Ainsi, après avoir appartenu au domaine de l'utilitaire et du luxe, l'art du jardin est bien entré dans le domaine des loisirs et des plaisirs !

anita Pereire

S o m

I

LES FLEURS

d'Acaena à Zinnia
16

Composer le décor
d'un jardin
demande
un certain
temps
de réflexion.
Voici
2 000 fleurs
sélectionnées
pour répondre
à vos
interrogations
et vous
aider dans
vos choix.

II

LES ARBUSTES & LES ARBRES

d'Abelia à Zenobia
256

Placer des arbres dans
un jardin n'est pas
toujours facile.
Quel que soit votre
problème, vous trouverez
dans ces pages l'arbre
ou l'arbuste répondant
à vos exigences et
satisfaisant vos goûts.

LES GRIMPANTS
d'Abutilon à Wisteria
448

Si vous avez
un balcon
ou des murs
pouvant être
"habillés",
le jardin
à la verticale
vous offre de
fascinantes
possibilités.

LES FRUITIERS
d'Actinidia à Vitis
480

En vous fiant à cette
liste de variétés,
vous connaîtrez
le plaisir de récolter
vos propres fruits.
Il est immense !

maire

Comment se servir de ce livre

Cette encyclopédie a été élaborée comme un guide vivant, une sorte de tuteur qui sera à la fois une source d'inspiration et de découvertes, mais qui vous permettra également de tout savoir, depuis l'achat de votre première bêche jusqu'au jour où vous pourrez profiter de votre jardin, si bien habillé d'arbres, de gazon et de fleurs.

Qu'allez-vous y trouver ?
Tout d'abord des plantes. Dans la première et la deuxième partie, plus de *4 000 fleurs, arbustes et arbres* vous sont présentés dans un ordre alphabétique et sont illustrés de plus de 1 500 photographies en couleurs. C'est de leur choix que dépendra la réussite de votre jardin. Au fil des pages, vous trouverez ceux dont vous aviez toujours eu envie et en découvrirez d'autres que vous ne connaissiez pas [1]. Grâce aux *fiches descriptives et techniques* qui vous sont proposées pour chacun d'entre eux et qui vous donnent tous les conseils spécifiques sur les différentes variétés, vous pourrez commencer à imaginer de façon plus concrète le jardin dont vous avez rêvé.

Mais une nomenclature de plantes n'est pas encore un jardin, tant s'en faut, et au savoir, il faut ajouter le savoir-faire.
Je suis moi-même jardinier, et ayant rencontré tous les problèmes du jardinage au fur et à mesure que je créais des jardins, j'ai élaboré en ce sens le plan de la troisième partie, *Le savoir-faire*, illustrée de près de 400 dessins qui expliquent toutes les techniques et les tours de mains du bon jardinier.

Toute vraie construction débutant par un *plan*, il vous faudra, dans un premier temps, commencer par étudier votre terrain. Vous verrez qu'il n'est pas de terrain "impossible", ni par la forme ni par la surface. Il y a toujours un plan logique, que vous parviendrez à adapter à votre style de vie.

1. Vous pouvez également vous reporter au *Guide Hachette des meilleures adresses pour trouver vos plantes.*

Dans un deuxième temps, *achetez*. Achetez des plantes, des arbres, des fleurs, des bulbes, des graines..., mais en suivant scrupuleusement mes conseils. Achetez aussi de bons outils, bien solides, mais avant de vous décider, prenez-les en main pour apprécier leur maniabilité et vérifier que la longueur du manche vous convient. Ici, pas de petites économies, l'outil bon marché ne dure pas.

Si vous souhaitez réaliser vous-même ou participer activement à l'architecture de votre jardin, à ce que j'ai appelé *le gros œuvre*, vous trouverez tout un choix de solutions concernant la création des murs, des allées, des escaliers, etc. ainsi que des techniques éprouvées pour drainer, arroser, tuteurer, palisser...

Un quatrième temps dans la réalisation du jardin est celui de *la plantation*. Vous y apprendrez tout ce qu'il faut savoir pour mieux connaître et améliorer votre terre, pour la préparer comme il se doit à la plantation du gazon, des haies, des bordures et des massifs, des arbres et des fleurs.

Pour ceux qui ont déjà planté, il faut tout connaître de *la multiplication*. Bouturage, marcottage, greffe... sont des travaux de base qui n'auront plus de secrets pour vous grâce aux explications détaillées qui vous sont proposées.

Pour *entretenir* votre jardin, il vous faudra apprendre à bêcher et à tailler. Apprendre également à nourrir vos plantes, à choisir les engrais adaptés, à désherber et à protéger vos plantations du froid, du vent, de la sécheresse, comme des maladies.

Mais toute peine mérite récompense. Et en découvrant les techniques de la plantation, de la multiplication et de la taille des *arbres fruitiers*, vous pourrez bientôt ajouter au plaisir de contempler les fleurs et les feuilles de votre jardin, celui de cueillir et de savourer les fruits de votre verger.

Ce n'est pas tout : créer un jardin, c'est aussi créer un paysage, c'est composer un tableau vivant pour lequel vous aurez besoin d'éléments supports, tels que pergolas, rocailles ou pièces d'eau. Car réussir un jardin n'est en fait pas plus difficile que d'aménager et *décorer* sa maison.

À la seule différence que, pour les jardins, les saisons et les *zones climatiques* vous imposent certaines contraintes pour l'exécution des travaux.

Pour garantir la réussite de votre jardin, je vous conseille vivement de vous plonger dans la quatrième partie, *Les clefs de la réussite*, qui présente près d'une centaine de *tableaux synoptiques*. Ils regroupent les végétaux par catégorie : fleurs (vivaces et annuelles), arbustes et arbres, grimpants, rosiers et fruitiers. Chaque tableau reprend par ordre alphabétique la liste de toutes les variétés présentées dans l'encyclopédie. Dans les têtières sont indiquées les spécificités concernant le sol, l'exposition, la couleur des fleurs, du feuillage, la floraison, les diverses utilisations, les problèmes, etc. Ainsi, vous pourrez, pour une plante qui vous plaît, vérifier aisément que ses caractéristiques correspondent bien à votre jardin. Vous aurez également la possibilité de partir des rubriques placées dans les têtières pour obtenir le "best-off" des plantes qui s'y développeront avec le plus de succès. Je suis sûre que vous vous référerez à ces tableaux dès que vous vous demanderez : "Quels arbustes planter pour avoir une floraison parfumée ?", "Quel couvre-sol choisir pour ce coin à l'ombre ?", "Ce magnolia dont j'ai envie a-t-il vraiment besoin de terre de bruyère ?"

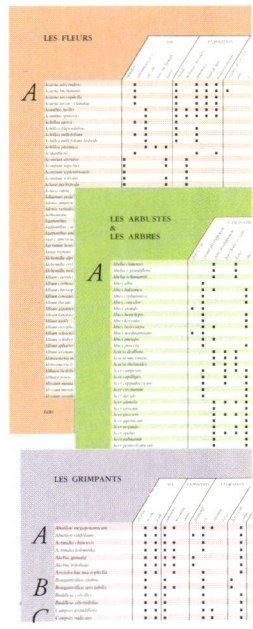

En fin d'ouvrage, deux *index* vous sont proposés. Le premier récapitule dans une même entrée le nom botanique et le nom commun des plantes. Le second répertorie en détail les thèmes de jardinage abordés dans la partie Savoir-faire.

Grâce à l'ENCYCLOPÉDIE PRATIQUE HACHETTE DU JARDIN, *vous comprendrez pourquoi le jardinage, après avoir longtemps été un art, un mode d'expression, tout en restant une activité manuelle, finit toujours par devenir une passion !*

I

LES
FLEURS

Composer le décor d'un jardin et des différentes scènes qui l'animeront demande un certain temps de réflexion. Avec quelles vivaces aménager ce massif ? Quelles plantes installer dans cette bordure ? Quelles couleurs éclaireront le mieux ce parterre ? Comment faire valoir ce coin d'ombre ?

Autant de questions, autant de réponses que vous trouverez dans cet abécédaire des fleurs, d'*Acaena* à *Zinnia*. Vous y trouverez toutes les indications concernant 2 000 espèces et variétés que j'ai choisi d'illustrer de plus de 1 000 photographies en couleurs, car rien n'est plus évocateur que la vue d'une fleur dans un jardin.

Vous découvrirez que certaines plantes sont faites pour votre terre, et d'autres pas. Vous apprendrez à reconnaître celles qui adoreraient l'exposition de votre façade sud comme celles qui préféreront le nord ; les "faciles à vivre" à adopter sans plus tarder et les "impossibles" qui vous donneront toujours du fil à retordre.

A vous donc de faire un choix, de proscrire les indésirables ou d'adopter les chouchoutes aux couleurs d'ange qui, vous l'avez déjà compris, vous combleront d'aise !

d'Acaena

à

Zinnia

Acaena

ACAÉNA

Famille des rosacées

Ces petites plantes tapissantes, qui nous viennent de Nouvelle-Zélande, sont très vigoureuses et forment, en peu d'années, un excellent couvre-sol de quelques centimètres, à peine, de hauteur. Très frugales, résistant parfaitement à la sécheresse, elles poussent dans les sols les plus ingrats. Certaines variétés sont intéressantes pour leur fructification mais toutes sont réputées pour leur délicat feuillage.

Conseils utiles

— Si une fois installés, les *Acaena* découragent bon nombre de mauvaises herbes, elles supportent mal la concurrence lors de la première année. Maintenez le sol propre après la plantation, sinon, gare au mélange du bon grain et de l'ivraie !

— Intercalez de petits bulbes printaniers entre les touffes d'acaéna.

Les meilleures variétés

— *Acaena buchananii* est surtout apprécié pour son feuillage bleuté et *A. novaezelandiae* pour son feuillage roux.

— *A. microphylla* doit sa réputation aux innombrables petits fruits pourpres qui mûrissent en juillet. 'Kupferteppich' est une forme à feuillage cuivré, remarquable en automne.

— *A. adscendens* produit des tiges brun rougeâtre, garnies d'un feuillage beaucoup plus bleu.

Hauteur : 2 à 3 cm.
Étalement et distance de plantation : de 40 à 50 cm.
Terre : tous sols, même pauvres, pourvu qu'ils soient très sains en hiver.
Exposition : plein soleil.
Multiplication : par division des touffes, au printemps.
Époque de floraison : juillet.
Mode de végétation : vivace.

Acanthus

ACANTHE

Famille des acanthacées

Bien plus rustique qu'on ne le pense, l'acanthe a sa place toute trouvée au pied des murs, en plein sud. Là vous aurez le plaisir d'admirer ses fleurs en épis qui culminent souvent à plus d'un mètre de haut et restent décoratifs même quand les fleurs sont fanées.

Conseils utiles

— Plantez-la en automne ou mieux au printemps, en ménageant une poche de gravier ou de sable grossier pour que la base de la plante soit bien au sec pendant l'hiver.

△ *Acaena microphylla*

— Laissez les touffes en place pendant au moins cinq ans pour qu'elles prennent de l'ampleur. Disposez des appâts anti-limaces car celles-ci adorent les feuilles.

— Le semis est possible mais long à donner des résultats. Il est plus facile de diviser les touffes en fin d'été pour les replanter tout de suite. Le bouturage de racines est également possible.

Les meilleures variétés

— L'acanthe sans épine *(Acanthus mollis)* est la plus recommandée. Son feuillage brillant, très grand, lisse, est découpé avec élégance.

— L'acanthe épineuse *(A. spinosus)* se distingue de la précédente par ses épines et la couleur plus foncée de ses feuilles. Elle permet de constituer des petites haies défensives temporaires.

Hauteur : de 80 à 120 cm.
Étalement et distance de plantation : 60 cm.
Terre : ordinaire, plutôt bien drainée (ajouter du sable).
Exposition : plein soleil, sinon elle ne fleurit pas.
Multiplication : par semis ou mieux par division des touffes.
Époque de floraison : de juillet à août.
Mode de végétation : vivace.

△ *Acanthus spinosus*

▽ *Acanthus mollis*

Achillea

ACHILLÉE
Famille des astéracées

Les achillées sont de superbes fleurs vivaces, inégalables tant par l'éclat de leur floraison que par leur facilité de culture. Et quelle générosité : jusqu'à trois ou quatre mois de floraison ininterrompue ! Jaunes, le plus souvent, mais parfois rouges ou blanches, elles sont les reines du jardin, en été.

Conseils utiles

— En terrain riche, n'oubliez pas de tuteurer les plus grandes variétés, *Achillea filipendulina,* en particulier.

— Plantez, de préférence, au printemps, surtout si votre jardin offre un sol lourd et humide.

— Les achillées sont très rustiques (à l'exception de l'*A. aurea*) mais ne viennent bien qu'en sol sain.

Les meilleures variétés

— *Achillea aurea* et surtout *A. filipendulina* tiennent le haut du pavé dans les coloris jaunes.

— Pour une floraison blanche, choisissez *A. ptarmica* 'La Perle', qui pousse vite et tient très bien en bouquet.

— *A. millefolium* : des hybrides de cette espèce complètent l'assortiment connu jusqu'ici. Ils se distinguent par des tons pastels très agréables et faciles à marier. Voici un aperçu des plus intéressants : 'Apfelblüte', rose clair ; 'Fanal', rouge vif ; 'Hoffnung', jaune soufre ; 'Lachsschönheit', rose saumoné ; 'Summer Pastels', aux coloris mélangés ; 'Wesersandstein', rouge saumoné à jaune crème. 'Red Beauty' pousse vigoureusement et donne des ombelles plus carminées. 'Cerise Queen', moins vigoureuse mais cependant très robuste, vous séduira avec ses petites coupes de fleurs rouge pâle.

Hauteur : 130 cm pour *A. filipendulina,* 80 cm pour *A. ptarmica,* 45 cm pour *A. aurea* et *A. millefolium.*
Étalement et distance de plantation : 50 cm pour *A. filipendulina,* 30 à 40 cm en tous sens, pour les autres variétés.
Terre : tous les sols, même pauvres, pourvu qu'ils soient bien drainés.
Exposition : plein soleil.
Multiplication : au printemps, par division des touffes.
Époque de floraison : de juillet à octobre.
Mode de végétation : vivace.

◁ *Achillea filipendulina*

Acidanthera murielae △

Aconitum

ACONIT

Famille des renonculacées

S'ils n'étaient pas si toxiques, les aconits auraient leur place dans tous les jardins. Ils sont robustes, leur feuillage élégamment palmé est l'un des plus beaux parmi les plantes vivaces et leurs fleurs arborent des bleus d'une rare intensité dans lesquels on aimerait se baigner... mais à quel risque car leur suc est vénéneux au plus haut point. Pas d'aconit donc dans un jardin où les enfants jouent et prenez des précautions quand vous les manipulez ou les coupez pour vos bouquets. Il s'agit d'une des plantes les plus **toxiques** de notre flore.

Conseils utiles

— Plantez-les en automne ou au printemps, dans un sol riche et gardant la fraîcheur en été. Paillez le sol avec des déchets de tonte de gazon ou de la tourbe en mai. Arrosez une fois par mois avec de l'engrais dilué.
— Quand les touffes deviennent moins florifères, divisez-les avec une bêche tranchante. Replantez les éclats possédant au moins deux ou trois bourgeons. Lavez-vous les mains après cette opération.

Les meilleures variétés

— Les aconits fleurissant en fin de prin-

▽ *Aconitum napellus*

Acidanthera

GLAÏEUL D'ABYSSINIE

Famille des iridacées

Si vous aimez les parfums puissants, évocateurs de plage et de soleil, plantez des *Acidanthera*. Chacun de ces bulbes vous donnera une sorte de « glaïeul » en miniature dont les fleurs sont blanches avec une tache brune au cœur. S'ouvrant les unes après les autres, elles émettent une odeur suave facilement perceptible à plus de deux mètres. Comme ces plantes manquent un peu de grâce, donnez-leur un compagnon à la silhouette trapue, comme un pélargonium rosat.

Conseils utiles

— Plantez-les en avril ou mai, quand les gelées sont passées, en enterrant les bulbes de dix centimètres. Une terre légère est ce qui leur convient le mieux.

— Pour que la floraison dure plus longtemps, arrosez-les une fois par semaine et donnez-leur de l'engrais dilué tous les quinze jours. Il n'est pas rare de voir apparaître une deuxième hampe florale.
— Dès que le feuillage se dessèche, et avant les grosses gelées de l'automne, déterrez les bulbes et laissez-les sécher dans un endroit tempéré, comme une cave. Épluchez-les ensuite avant de les entreposer au sec, dépourvus de leurs feuilles où se cachent certains parasites.

Hauteur : de 40 à 80 cm.
Étalement et distance de plantation : 15 cm, en tous sens.
Terre : riche et bien drainée.
Exposition : plein soleil.
Multiplication : par séparation des petits caïeux.
Époque de floraison : en juillet, août, pendant un bon mois.
Mode de végétation : bulbe.

temps sont les plus connus : *Aconitum napellus* en particulier, avec ses améliorations 'Blue Sceptre', bleu pourpre, et 'Bicolor', bleu et blanc. Il existe aussi en blanc.

— Précieux car fleurissant en même temps que les asters, les aconits d'automne sont encore relativement peu connus. *A. arendsii*, bleu foncé en octobre-novembre ou *A. wilsonii*, bleu améthyste, un peu plus précoce, culmine à près de 1,80 m.

— Chez *A. septentrionale* 'Ivorine', les fleurs blanches sont plus étroites et le feuillage fortement nervuré.

Hauteur : de 100 à 180 cm.
Étalement et distance de plantation : 40 cm.
Terre : riche et fraîche.
Exposition : au moins 6 h de soleil par jour.
Multiplication : par division des touffes au démarrage de la végétation.
Époque de floraison : de juin à novembre, selon les espèces.
Mode de végétation : vivace.

Actaea

ACTAEA
Famille des renonculacées

Certaines plantes se suffisent à elles-mêmes. C'est bien le cas de l'*Actaea rubra*. Sa stature, assez élevée, et l'élégance de son feuillage suffiraient à en faire une des plantes favorites pour les coins sauvages d'autant que sa floraison en épis, hélas un peu courte, et surtout la beauté de ses baies rouges font durer le plaisir pendant le reste de l'année. Prudence, ces fruits sont hautement **toxiques** !

Conseils utiles
— Plantez-les en toutes saisons s'ils sont en godets, sinon l'automne est la meilleure période. Bêchez la terre profondément car les racines sont puissantes. Paillez le sol à la fin du printemps et arrosez copieusement pendant la première année et en période de canicule.

— Divisez les touffes quand elles deviennent moins vigoureuses. Changez leur emplacement car elles appauvrissent le sol pour longtemps.

Les meilleures variétés
— Les fruits blancs de *A. pachypoau* luisent comme de la porcelaine à l'extrémité de pédoncules rouges.

Hauteur : de 1 à 2 m.
Étalement et distance de plantation : 60 cm.
Terre : ordinaire, de préférence un peu fraîche en été.
Exposition : mi-ombre.
Multiplication : par division des touffes en automne.
Époque de floraison : juillet.
Mode de végétation : vivace.

Adiantum

FOUGÈRE
Famille des polypodiacées

Avec ses tiges d'un acajou brillant et ses drôles de frondes effilées et ondulées voici une fougère menue et charmante (*Adiantum pedatum*) qui devrait figurer plus souvent dans les jardins naturels qu'on cultive en sous-bois, car sa rusticité ne pose guère de problème. Elle aime croître dans les jardins frais et ombragés auxquels elle confère une touche de raffinement inusité. Elle a sa place dans bien des jardins de villes et fait bonne figure en compagnie de l'helxine et des mousses qui décorent les plus élégants.

Conseils utiles
— Plantez-la au printemps, en mars ou avril, dans un massif ombragé, dont vous aurez enrichi le sol à raison de deux pelletées de terreau de feuilles ou de tourbe par mètre carré.

— Divisez les touffes devenues imposantes tous les quatre ans pour en disperser dans tout le jardin d'ombre.

— En hiver, cette mignonne fougère perd ses feuilles, ne vous inquiétez donc pas si elle roussit en plein mois de décembre.

Hauteur : 15 à 30 cm.
Étalement et distance de plantation : 30 cm.
Terre : riche en humus.
Exposition : mi-ombre.
Multiplication : par division des touffes.
Mode de végétation : vivace.

Adiantum pedatum ▷

▽ *Actaea rubra*

Adonis

ADONIDE
Famille des renonculacées

L'un des premiers sourires du jardin est bien cette petite plante aux fleurs jaunes si gaies. Son feuillage finement divisé, presque plumeux, est un régal. Dispersez-y quelques bulbes précoces, comme des crocus ou des scilles pour créer une scène charmante, ou jouez au contraire la continuité de floraison en disposant quelques hostas qui viendront occuper l'espace pendant l'été, quand le feuillage de l'adonide meurt.

Conseils utiles

— Plantez-la au début de l'automne, dans un endroit mi-ombragé, au pied d'un arbre caduc. Marquez leur emplacement avec quelques brindilles car les feuilles sont absentes pendant une bonne partie de l'année.

— Paillez le sol avec des aiguilles de pin, du terreau de feuilles ou de la tourbe, en février.

Les meilleures variétés

Si *Adonis amurensis* est originaire de Mandchourie, le pays du fleuve Amour, nous connaissons également sa cousine bien européenne, *A. vernalis,* au feuillage presque aussi divisé.

Hauteur : 20 à 30 cm.
Étalement et distance de plantation : 20 cm.
Terre : ordinaire ; ajouter un peu de terreau de feuilles.
Exposition : au moins 6 h de soleil par jour sinon les fleurs ne s'ouvrent pas.
Multiplication : par division des touffes en fin d'été ou par semis de graines fraîches, en mai, juin (elles mettent un an à germer).
Époque de floraison : février-mars.
Mode de végétation : vivace.

Aethionema

AETHIONÉMA
Famille des brassicacées

Un coin de muret un peu sec à garnir ? Faites confiance à l'aethionéma. Derrière ce nom redoutable se cache une plante voisine des alysses, aimant les expositions dégagées et les terres sèches. Dans ces conditions, un seul godet vous donnera une touffe de feuillage gris-vert spectaculaire, couverte de fleurs d'un rose ancien pendant plus de six semaines. À marier avec des tulipes botaniques ou mieux encore avec des ails décoratifs blancs.

Conseils utiles

— Plantez, en automne de préférence, pour que les touffes aient le temps de

◁ *Adonis amurensis*

△ *Aethionema* 'Warley Rose'

Agapanthus 'Headbourne' △

bien s'installer avant les grands froids. Placez une poignée de gravier autour du collet pour le maintenir bien au sec.

— Taillez la touffe après la floraison, en mai, pour éviter la formation des graines.

Les meilleures variétés

Si l'hydride 'Warley Rose' est le plus connu, on trouve quelquefois l'*Aethionema grandiflorum* dans les catalogues. Ses fleurs sont beaucoup plus claires.

Hauteur : de 15 à 20 cm.
Étalement et distance de plantation : 20 cm.
Terre : légère ; terreau de feuilles et sable grossier.
Exposition : plein soleil.
Multiplication : relativement difficile, par bouturage en été ou par semis en mai.
Époque de floraison : de juin à août.
Mode de végétation : vivace.

Agapanthus

AGAPANTHE, TUBÉREUSE BLEUE

Famille des liliacées

Jadis familière, l'agapanthe a curieusement disparu de nos jardins. Il n'y a guère qu'en Bretagne qu'on la rencontre encore. Les agapanthes gardent leur beau feuillage enrubanné d'un bout à l'autre de l'année, sauf *Agapanthus campanulatus* qui est plutôt caduque.

Conseils utiles

— Plantez les grosses racines tubéreuses d'*Agapanthus umbellatus*, en mars, dans de grands pots de 30 cm de diamètre, remplis d'un mélange composé par moitié de terreau de feuilles et de compost. Ainsi, vous pourrez rentrer vos agapanthes en hiver, car elles craignent le gel.

— Élevez les *A. campanulatus* en pots de 20 cm de diamètre (au moins) ou en pleine terre, mais dans ce dernier cas, n'oubliez pas de les protéger, en hiver, avec de la tourbe ou un paillis de feuilles. Évitez de déplacer cette variété si vous désirez la voir fleurir et la multiplier.

Les meilleures variétés

— *Agapanthus umbellatus* présente des ombelles d'un bleu porcelaine et se marie heureusement avec le rustique hybride Headbourne, d'un très beau bleu sombre.

— *A. campanulatus* est d'un bleu à faire rêver ! Il est idéal pour border une allée de graviers ou éclairer un coin de jardin un peu sombre.

— *A. campanulatus* 'Alba' est une très jolie variété blanche et la variété 'Isis' propose des fleurs d'un subtil bleu lavande, un peu plus volumineuses que celles de l'espèce type.

Les hybrides 'Bressingham Blue' ont des inflorescences plus petites mais leurs touffes vigoureuses sont extrêmement florifères.

Hauteur : 50 à 70 cm.
Étalement et distance de plantation : 30 cm.
Terre : riche et légère *(A. umbellatus),* ordinaire et bien drainée *(A. campanulatus).*
Exposition : mi-ombre à ensoleillée.
Multiplication : par division des touffes.
Époque de floraison : août et septembre *(A. umbellatus),* de juillet à octobre *(A. campanulatus).*
Mode de végétation : vivace.

Agave americana

AGAVE D'AMÉRIQUE
Famille des amaryllidacées

Vous l'avez sans doute mille fois croisé sur la route de vos vacances car il s'échappe souvent des éboulis les plus arides de la Côte d'Azur pour venir musarder au bord de la route, ou bien monter la garde autour des jardins. Vers la cinquantaine, il fleurit, en hampes immenses, sur lesquelles s'étagent de drôles d'inflorescences, jaunes et vertes, plates comme des boîtes à camembert.

Conseils utiles
— En dehors des régions méditerranéennes, l'agave joue volontiers aux plantes d'orangerie, quoiqu'il semble plus rustique qu'on ne s'y attendrait.
— Pour le multiplier, détachez de jeunes rosettes, laissez-les sécher durant deux ou trois jours avant de les replanter dans n'importe quelle terre ordinaire. Naturellement, cet amateur de soleil n'aime pas beaucoup les sols humides et froids.

Les meilleures variétés
— L'*A. americana,* la plus fréquente, déploie des feuilles puissantes, bleutées, ou bordées de crème chez 'Variegata'.
— Beaucoup plus modeste de proportions que son cousin l'agave d'Amérique, l'agave Reine Victoria *(A. victoriae reginae)* se contente de 15 à 20 cm de tour de taille et d'autant de haut. Il est aussi plus gracieux avec ses feuilles pointues et marginées de blanc. Attention, leurs pointes sont aussi acérées que celle des feuilles des grands agaves, ce sont des plantes dangereuses à manipuler !

Hauteur : 70 à 120 cm.
Étalement et distance de plantation : 50 cm.
Terre : ordinaire.
Exposition : ensoleillée.
Multiplication : division des rosettes.
Époque de floraison : de juillet à août.
Mode de végétation : vivace.

△ *Agave americana*

Ageratum

AGÉRATUM

Famille des astéracées

Bien qu'un peu passés de mode, les *Ageratum houstonianum* sont des plantes quasi indispensables à la beauté des jardins en été. Où trouver ailleurs un violet aussi tendre, le seul qui puisse équilibrer les jaunes et les oranges stridents des œillets et des roses d'Inde ? Si le semis est relativement délicat (il demande simplement un peu de chaleur) la croissance des plantes s'avère sans problème. Disposez-en quelques pieds au bord de vos massifs pour leur donner cet aspect bon enfant qui nous charme tant dans les jardins de curé.

Conseils utiles

— Semez l'agératum en avril, au chaud, et repiquez une fois en terrine avant le repiquage final, fin mai. Pincez les fleurs des plants que vous achetez pour les forcer à se ramifier.

— Arrosez au moins une fois par semaine, cela contribuera à chasser les acariens qui pullulent pendant la canicule et font dessécher les plants brutalement. Donnez de l'engrais liquide toutes les deux semaines.

Les meilleures variétés

Les hybrides F_1 se valent tous. Seuls changent les coloris. Essayez les tons roses qui sont très doux mais attention au blanc qui fane mal et déçoit toujours.

Hauteur : de 15 à 25 cm.
Étalement et distance de plantation : 15 cm.
Terre : ordinaire enrichie avec un peu de tourbe ou de terreau.
Exposition : au moins 6 h de soleil par jour.
Multiplication : par semis, à l'abri, en avril.
Époque de floraison : tout l'été, de juillet à octobre.
Mode de végétation : annuelle.

Ajuga

BUGLE

Famille des lamiacées

Voici une des meilleures plantes tapissantes qui soient. *Ajuga reptans* est idéale pour garnir le pied des petits arbustes ou le devant des plates-bandes fleuries. Très robuste, elle s'étend rapidement par ses stolons. La floraison, de petits épis bleus au printemps, reste discrète mais le feuillage est toujours brillamment coloré et persiste en toute saison, y compris en hiver.

Conseils utiles

— Ne plantez pas trop serré : quatre ou cinq pieds installés au printemps suffisent amplement pour obtenir un tapis compact à la fin de l'année.

— La division des touffes, vraiment très facile, réussit à n'importe quelle époque de l'année.

— Un paillis de tourbe, épandu lors de la plantation entre les jeunes touffes, facilite l'enracinement des stolons.

Les meilleures variétés

La plus sobre : *Ajuga reptans* 'Atropurpurea', au feuillage violet foncé. La plus étonnante mais certainement pas la plus belle : *A. reptans* 'Multicolor', aux feuilles panachées de rose, de bronze et de jaune ! *A. reptans* 'Purple Torch' est promis à un grand succès car ses fleurs roses sont réellement beaucoup plus abondantes. 'Burgundy Glow', panaché de blanc et de rose, doit être rajeuni régulièrement.

Hauteur : 15 cm.
Étalement et distance de plantation : de 30 à 40 cm.
Terre : fraîche, en été.
Exposition : ombre ou mi-ombre de préférence (soleil possible en terrain frais).
Multiplication : par division des touffes, en toute saison.
Époque de floraison : juin, juillet.
Mode de végétation : vivace.

Ageratum houstonianum △

Ajuga reptans ▽

25

Alchemilla mollis △

Alchemilla
ALCHÉMILLE
Famille des rosacées

Le feuillage des alchémilles est constellé de gouttelettes de rosée. On peut dire sans exagération, qu'il y a place pour ces plantes dans tous les jardins, si petits soient-ils. Couvre-sol excellent, au soleil ou à mi-ombre, leur feuillage élégant, doux à caresser, est surmonté, en été, par la floraison vert chartreuse qui permet d'harmonieuses associations de couleurs, en particulier avec les rosiers anciens, les lis et de nombreuses plantes vivaces. Elles n'ont d'ailleurs pas de rivales pour assouplir le tracé d'une allée trop neuve. Elles poussent dans très peu de terre et font merveille dans le pavage et les murets ou au creux des marches.

Conseils utiles
— Parfaitement rustiques, les alchémilles préfèrent les expositions mi-ombragées où leur feuillage prend toute son ampleur.
— Elles apprécient les sols frais en permanence. À défaut d'arroser, apportez un paillage de tourbe ou de coupes de gazon autour des pieds, au début de l'été.
— Coupez les fleurs à la fin de l'été pour éviter la formation de graines. Il n'est pas rare, en effet, que celles-ci germent spontanément dans tout le jardin. On peut protéger les souches en hiver par fortes gelées avec du sable, de la tourbe ou des feuilles.

Les meilleures variétés
La plus connue est *Alchemilla mollis* qui forme des touffes bien rondes, mais *A. alpina,* plus rare, possède un feuillage bleuté moins envahissant. La base des pousses de *A. erythropoda* se distingue par une coloration rouge. Elle convient en rocaille.

Hauteur : de 15 à 40 cm.
Étalement et distance de plantation : 30 cm.
Terre : ordinaire, de préférence fraîche.
Exposition : mi-ombre, éviter le soleil direct.
Multiplication : par division des touffes ou par semis au printemps.
Époque de floraison : de juin à août.
Mode de végétation : vivace.

Allium
AIL DÉCORATIF
Famille des liliacées

Laissez-vous tenter par les ails (ou aulx) décoratifs car ils ont gardé le charme des plantes sauvages. Ils présentent l'avantage sur bien d'autres plantes bulbeuses de posséder un feuillage élégant, que l'on n'est pas forcé de froisser si l'on n'aime pas l'odeur de l'ail, toujours présente. Ce sont des fleurs à bouquets de grande qualité.

Conseils utiles
— Plantez-les en septembre ou octobre après avoir bêché soigneusement la plate-bande. Ajoutez une brouettée de compost si la terre est maigre. Enterrez les petits bulbes de 5 cm, à la main, et les gros de 15 à 20 cm en utilisant un plantoir pour ne pas abîmer la base du bulbe en le poussant fortement.
— Vérifiez que les bulbes sont sains en enlevant la première tunique. Si vous trouvez des traces de pourriture, enrobez-les d'une poudre à base de thirame.
— Arrosez régulièrement dès le mois d'avril pour éviter qu'une sécheresse temporaire ne fasse jaunir le feuillage qui doit accumuler des réserves pour l'année suivante.
— La plupart des ails décoratifs peuvent rester en terre d'une année sur l'autre. C'est ainsi que se forment les plus belles touffes. Il n'est pas rare que des semis naturels apparaissent, surtout pour l'ail des ours (*Allium ursinum*), en sous-bois.
— Les espèces naines (*A. moly, A. karataviense, A. cirrhosum* et *A. oreophilum*) réussissent très bien en potées.

Les meilleures variétés
— *Allium christophii* dont les tiges, de 40 à 50 cm de haut, portent des boules de fleurs de près de 25 cm de diamètre, d'un bleu violet puissant, en juin.
— *Allium caeruleum,* d'une taille plus discrète, arbore le bleu le plus vif qui soit, presque électrique, en juin et juillet. À manier avec précaution dans les massifs. Magnifique dans les bouquets.
— *Allium cowanii,* appelé anciennement ail de Naples (*A. neapolitanum*) porte des fleurs plus grandes que ses cousins, assez écartées, parfumées et d'un blanc très pur. On peut le forcer à fleurir assez tôt, en avril, sous serre.
— *Allium giganteum* porte bien son nom, c'est celui que l'on voit dans les catalogues hollandais... presque aussi gros que la tête d'un enfant. Il culmine à plus de 1,50 m et donne des boules de 20 cm de diamètre. Faites-le pousser à travers une armoise arbusive (*Artemisia arborescens*) qui lui servira de tuteur et d'écrin.
— *Allium moly* est une miniature auprès

du précédent puisqu'il ne dépasse guère 20 cm de haut. Les fleurs jaune vif sont peu serrées mais les touffes prennent vite de l'ampleur, d'où un effet de masse garanti en quelques années. Idéal pour les coins sauvages et les bordures de massifs permanents.
— *Allium oreophilum,* encore vendu sous le nom d'*A. ostrowskianum* (son synonyme), fleurit en rose vif, en même temps que le précédent (mai, juin) et culmine, lui aussi, à 20 cm. Tous deux vont bien ensemble et se marient à merveille avec les myosotis.
— *Allium schoenoprasum* est tout simplement la ciboulette qui permet de créer des bordures si mignonnes quand elle fleurit en été. Et que dire de ses feuilles dont aucune vinaigrette ne saurait se passer ! À utiliser dans tous les jardins de simples mais aussi dans les rocailles et les jardinières.
— *Allium schubertii,* rare et cher, ne manque jamais son effet ! Il produit une hampe assez courte terminée par une ombelle très aérienne. Les fleurs, d'un rose métallique, sont en effet portées au bout de queues de près de 15 cm de long. À conserver ensuite pour confectionner des bouquets secs.
— *A. flavum,* à fleurs jaune d'or, réussit dans les terres sèches et caillouteuses dans lesquelles il se ressème sans compter.
— *A. sphaerocephalon* atteint 80 cm. Ses hampes fines portent de petites inflorescences pourprées, nombreuses, en juillet et août.
— *A. ursinum* déploie des feuilles larges et luisantes. Ses fleurs blanches illuminent les sous-bois frais en été.

Hauteur : de 15 à 100 cm, selon les variétés.
Étalement et distance de plantation : 20 cm.
Terre : ordinaire.
Exposition : au moins 3 h de soleil par jour.
Multiplication : par séparation des bulbilles en automne.
Époque de floraison : de mars à juillet, selon les variétés.
Mode de végétation : bulbe.

Allium cowanii ▽

△ *Allium caeruleum*
◁ *Allium moly*
▽ *Allium christophii*

Alstroemeria aurantiaca 'Orange King' △

Alstroemeria

ALSTROEMÈRE

Famille des amaryllidacées

Les alstroemères sont des plantes très capricieuses, capables de prospérer comme une mauvaise herbe ou de végéter misérablement pendant des années. Leurs racines charnues sont très sensibles au choc de la transplantation.

Conseils utiles

— Plantez au printemps de préférence, en enterrant à peine les mottes. La terre doit être meuble et riche.

— Arrosez au fur et à mesure que le feuillage se développe. Tuteurez soigneusement les tiges qui sont fragiles ou bien laissez-les pousser dans des touffes de lavande ou de romarin.

— Quand le feuillage disparaît, en septembre ou même plus tard, marquez l'emplacement des touffes et recouvrez-les avec une poignée de paille ou de l'écorce de pin grossière.

Les meilleures variétés

— *Alstroemeria ligtu* hybride, un peu moins rustique que les précédentes, est le plus souvent vendu en fleur coupée pour les bouquets. Il présente des fleurs roses, lilas ou blanches, striées de pourpre.

— *Alstroemeria ligtu* hybride, un peu moins rustique que les précédents, est le plus souvent vendu en fleur coupée pour les bouquets. Il présente des fleurs roses, lilas ou blanches, striées de pourpre.

Hauteur : de 40 à 90 cm.
Étalement et distance de plantation : 30 cm.
Terre : bien drainée en hiver, à améliorer (éventuellement) avec du sable.
Exposition : plein soleil, abritée des vents secs du printemps.
Multiplication : par semis en place ou par division des touffes.
Époque de floraison : de juin à août.
Mode de végétation : vivace.

Althaea

ROSE TRÉMIÈRE

Famille des malvacées

Quel touriste parcourant les îles de Ré ou d'Oléron, pourrait résister au charme des magnifiques roses trémières ? Elles sont souvent considérées comme vivaces mais, dans de nombreuses régions, elles ne sont belles que cultivées en bisannuelles. On admire également leur charme et leur grâce dans tous les jardins anciens. Placez-les dans le fond de la bordure un peu à l'ombre.

Conseils utiles

— Semez-les au mois de juin, à l'extérieur, dans une terre riche, en espaçant largement les graines. Quand les feuilles se touchent, repiquez-les une première fois à 15 cm d'écart.

— La mise en place définitive a lieu en automne, avant le 15 octobre. Quelques arrosages aideront la reprise.

— Au printemps, arrosez de temps à autre et, surtout, traitez tous les mois contre la rouille qui fait tomber les feuilles prématurément, avec des produits à base de manèbe ou de triforine.

Les meilleurs variétés

Les graines d'*Althaea rosea*, à fleurs simples, qui ont pourtant beaucoup d'allure, sont de plus en plus rares, elles sont le plus souvent semi-doubles ou doubles. La race 'Chater', à fleurs en pompons, est beaucoup plus répandue, mais ne convient qu'aux jardins soignés. Les corolles de *A. rosea* 'Nigra' arborent un brun rougeâtre presque noir, peu fréquent parmi les fleurs.

— *A. ficifolia* pousse vigoureusement et passe pour être plus résistante à la rouille.

Hauteur : de 1,50 à 2 m.
Étalement et distance de plantation : de 30 à 50 cm.
Terre : de préférence riche et relativement fraîche.
Exposition : mi-ombre et plein soleil.
Multiplication : par semis au printemps ou par division des touffes en hiver.
Époque de floraison : de juillet à septembre.
Mode de végétation : vivace ou bisannuelle.

Alyssum

CORBEILLE D'OR

Famille des brassicacées

Lorsque, au mois d'avril, les larges tapis gris-vert de cette alysse passent soudain au jaune vif, c'est un éblouissement. Succédant de peu aux forsythias et accompagnant les tulipes, les corbeilles

◁ *Althaea rosea*

△ *Alyssum saxatile*

d'or comptent parmi les fleurs qui font du printemps une saison éclatante de couleurs. En outre, elles sont faciles à vivre : une touffe grosse comme le poing plantée en automne, ou à la fin de l'hiver, donne, six mois plus tard, une plante plus large qu'une assiette, mais attention de ne pas vous laisser envahir !

Conseils utiles

— Protégez les jeunes plants contre les limaces et les escargots, mais ces petites plantes sont si vigoureuses que vous n'aurez pas à exercer votre surveillance bien longtemps.

— Semez-les en caissettes en mars, puis repiquez-lès en place dans un sol bien drainé et exposé en plein soleil. Pauvre ou riche, peu importe !

Les meilleures variétés

— *A. sxatile* 'Compactum', aux fleurs jaune intense, ou 'Citrinum', jaune acidulé, plus élégant pour accompagner les tulipes sont deux variétés séduisantes. *A. saxatile* 'Plenum' semble encore plus coloré grâce à ses fleurs doubles.

— *A. montanum* habille les murets de ses tapis gris argenté, plus drus et plus compacts que ceux de *A. murale*.

Hauteur : de 15 à 30 cm.
Étalement et distance de plantation : 15 cm.
Terre : ordinaire.
Exposition : ensoleillée.
Multiplication : par semis ou par bouturage.
Époque de floraison : d'avril à juin.
Mode de végétation : vivace.

Amaranthus

AMARANTE

Famille des amaranthacées

Capable de se transformer en véritable fontaine de fleurs, *Amaranthus caudatus* l'amarante queue-de-renard, a sa place toute trouvée au jardin pour donner de l'ampleur aux massifs. Elle met à la fin de l'été son pourpre amarante sur vos terrasses où ses inflorescences pendantes peuvent traîner jusqu'à terre sans être abîmées. Vous pouvez aussi composer de grands bouquets en les mêlant aux marguerites des champs.

Conseils utiles

— Ne vous précipitez pas pour les semer : attendez fin avril ou début mai. Les graines germent facilement.

— Repiquez les jeunes plants au moins une fois, en pot ou dans un coin de châssis, pour obliger les racines à se ramifier.

— Ne mettez en place que les plus beaux sujets dans un endroit bien ensoleillé et arrosez-les assez généreusement durant l'été (au moins une fois tous les quinze jours). En plein été, un apport d'engrais spécial fleurs vous permettra d'obtenir des inflorescences géantes.

— Juste avant les gelées, enlevez les pieds et brûlez-les sans hésitation pour ne pas être envahi par les semis spontanés l'année suivante.

Les meilleures variétés

L'amarante queue-de-renard existe en deux couleurs : l'amarante classique et une variante blanc verdâtre. N'hésitez pas à les mélanger à des rudbeckias et à des tabacs blonds.

Hauteur : de 100 à 120 cm.
Étalement et distance de plantation : de 60 à 80 cm.
Terre : ordinaire, plutôt riche.
Exposition : ensoleillée.
Multiplication : par semis, au printemps.
Époque de floraison : d'août aux gelées.
Mode de végétation : annuelle.

Amaryllis

AMARYLLIS

Famille des amaryllidacées

Lorsqu'il déploie ses bouquets immenses de grandes corolles campanulées, roses et parfumées, vers la fin d'août, *Amaryllis belladona* est si merveilleux que l'on oublie sa drôle de silhouette : rien que des fleurs et pas de feuilles, celles-ci n'apparaîtront que plus tard. En raison de cette caractéristique particulière, il ne faut pas hésiter à planter trois ou quatre amaryllis ensemble, afin de composer de belles touffes dès la première année de plantation.

△ *Amaranthus caudatus*

Conseils utiles

— Plantez-les début septembre. Si vous plantez trop tard, ils pourront bouder pendant un an, refusant de montrer la moindre feuille. Préférez un massif exposé au midi car ils aiment la chaleur.

— Attention aux grosses gelées, protégez-les sous une litière de feuilles.

Hauteur : 70 cm.
Étalement et distance de plantation : 20 cm.
Terre : riche et profonde.
Exposition : ensoleillée.
Multiplication : par semis ou par division des bulbes.
Époque de floraison : août et septembre.
Mode de végétation : bulbe.

Anacyclus

ANACYCLUS

Famille des astéracées

Voici un vrai bijou pour votre rocaille. Cette petite marguerite s'épanouit pendant de nombreuses semaines, au printemps. Ses fleurs, roses en boutons puis

△ *Amaryllis belladona*

blanches, se succèdent sans arrêt au bout des tiges rampantes couvertes de feuilles grises. N'hésitez pas à cultiver *Anacyclus depressus* en potées que vous irez ensuite admirer de près car le spectacle en vaut la peine.

Conseils utiles

— Plantez les godets en automne et disposez une poignée de sable grossier ou mieux de mignonnette (gravier rond) autour du collet pour éviter toute pourriture hivernale.

— Si vous avez opté pour une culture en pot, choisissez ce dernier plus large que haut et recouvrez la terre avec du gravier qui fera bien ressortir le feuillage.

— Après la floraison, rabattez la touffe pour éviter la formation des graines.

Hauteur : 10 cm.
Étalement et distance de plantation : 15 à 20 cm.
Terre : terreau de feuilles et sable grossier.
Exposition : plein soleil.
Multiplication : par bouturage, en été et par semis, au printemps.
Époque de floraison : d'avril à juin.
Mode de végétation : vivace.

Anacyclus depressus △
Anagallis linifolia ▷

Anagallis

ANAGALLIS

Famille des primulacées

Cultivez l'*Anagallis linifolia* (synonyme *A. grandiflora*) pour vous amuser. C'est le cousin du mouron rouge, mais ses petites fleurs sont bleues avec un revers joliment pourpré. Elles se détachent joliment sur des feuilles vert sombre. Faites-en de petites potées fleuries pour égayer vos balcons, en été.

Conseil utile

— Bien que dans le Midi l'anagallis soit vivace, considérez-le comme une plante annuelle au-dessus de la Loire, car il craint le gel.

Hauteur : 20 cm.
Étalement et distance de plantation : 20 cm.
Terre : ordinaire.
Exposition : ensoleillée.
Multiplication : par semis.
Époque de floraison : de juin à septembre.
Mode de végétation : annuelle.

△ *Anaphalis triplinervis*

Anaphalis

IMMORTELLE DE VIRGINIE

Famille des astéracées

À posséder absolument ! Cette charmante petite plante vivace a toute la grâce de la modestie et vous enchantera pendant près de neuf mois par an. Le spectacle commence au printemps, avec le nouveau feuillage gris argenté. La plante s'étoffe peu à peu et, à la mi-août, se couvre de petits boutons blanc crème qui s'épanouissent jusqu'à la Toussaint en autant de petites immortelles immaculées... Indispensable dans un jardin blanc.

Conseils utiles

— À l'instar des autres plantes à feuillage argenté, l'*Anaphalis triplinervis* déteste les sols détrempés en hiver. Installez-la dans un massif bien drainé.

— C'est en petits groupes d'une demi-douzaine de pieds, encadrés de fleurs aux couleurs plus vives, roses ou bleues par exemple, que l'immortelle de Virginie fait le plus d'effet.

Les meilleures variétés

— *A. margaritacea* montre les mêmes exigences mais ses touffes élancées conviennent mieux aux seconds plans.

Hauteur : 30 cm.
Étalement et distance de plantation : de 30 à 40 cm.
Terre : tous sols, même pauvres, mais bien drainés.
Exposition : ensoleillée ou à mi-ombre, en terrain sec.
Multiplication : division des touffes, en avril.
Époque de floraison : de août à octobre.
Mode de végétation : vivace.

Anchusa

BUGLOSSE

Famille des borraginacées

Ses fleurs sont minuscules, mais quel bleu ! Vous connaissez probablement, pour l'avoir rencontrée dans quelque jardin de curé, la grande buglosse aux corolles d'un bleu si profond, si éclatant et si rare parmi les fleurs de nos jardins. Pas plus difficile à vivre que sa petite cousine sauvage, la bourrache, elle partage avec elle le même goût pour les terres un peu lourdes où elle s'étend rapidement, formant au bout de deux ans des touffes imposantes, mais qui ne vivent pas de longues années. Associez-la à des phlox, aux œillets de poète, aux verges d'or... bref, à d'autres plantes qui, comme elle, sont sans histoires.

Conseils utiles

— Attribuez-lui un massif bien ensoleillé.

— Toute bonne terre de jardin lui convient, mais sa préférence va certainement à une terre un peu consistante.

— Comme elle s'étend assez rapidement, prévoyez de la diviser tous les trois ans, à l'automne.

— Pour qu'elle fleurisse durant tout l'été, débarrassez-la de ses tiges au fur et à mesure qu'elles fanent.

Les meilleures variétés

Toutes sont bleues, d'un bleu éblouissant, tantôt franc comme *Anchusa azurea* 'Loddon Royalist', tantôt violacé comme *A. azurea* 'Dropmore Variety'.

Hauteur : de 100 à 120 cm.
Étalement et distance de plantation : 5 cm.
Terre : ordinaire.
Exposition : ensoleillée.
Multiplication : par division des souches.
Époque de floraison : de juillet à octobre.
Mode de végétation : vivace.

***Anchusa azurea* 'Dropmore Variety'** ▷

Androsace

ANDROSACE
Famille des primulacées

Les androsaces déchaînent la folie des amateurs de plantes alpines. Et pourtant que de difficultés pour les réussir ! Ces plantes en coussinet, si caractéristiques des éboulis alpins, demandent en effet beaucoup de soins pour prospérer. Il leur faut à la fois une terre fraîche mais jamais détrempée et une vie à l'extérieur (ce sont des plantes de haute montagne) avec cependant une protection contre l'humidité hivernale qu'elles ne connaissent pas sous l'épais manteau de neige de leurs lieux d'origine. Mais aussi quelle splendeur quand elles se couvrent de milliers de fleurs aux coloris d'une intensité rare… et quelle fierté pour vous !

Conseils utiles
— Plantez-les au printemps, en place, ou mieux, en pots remplis d'un mélange riche en humus et bien drainé : terreau de feuilles et tourbe blonde additionnés de fragments de roches calcaires dures.
— Faites-leur passer le premier hiver sous l'abri d'un châssis et sortez-les en mars, avril pour les placer à l'endroit de la rocaille que vous leur destinez. Prenez des précautions afin de ne pas abîmer la motte de racines.
— Recouvrez la terre des pots avec du gravier pour faciliter l'écoulement de l'eau en surplus.
— Taillez les touffes après la floraison en conservant quelques fruits pour avoir des graines en prévision d'un semis.
— Semez ces graines fraîches et laissez la terrine à l'air libre pour que le froid puisse réveiller les germes. La levée aura lieu au printemps suivant. Repiquez les jeunes plants et hivernez-les à l'abri de l'humidité.

Les meilleures variétés
— *Androsace carnea* est l'une de plus faciles à réussir. Elle fleurit au début de l'été, dans des tons roses recherchés. Donnez-lui une exposition au nord.
— *Androsace sarmentosa*, quoique pouvant atteindre des dimensions respectables, se cantonne souvent à la taille d'une assiette. Chaque hiver la voit rétrécir sous l'action du froid sec et devenir plus grise à cause de la « laine » qui recouvre ses feuilles. Elle fleurit un peu plus tôt que la précédente, en rose également.

Hauteur : de 5 à 10 cm.
Étalement et distance de plantation : 20 à 40 cm.
Terre : riche et légère.
Exposition : côté nord d'un rocher.
Multiplication : par semis de graines fraîches.
Époque de floraison : d'avril à juillet.
Mode de végétation : vivace.

△ *Androsace sarmentosa*

Anemone

ANÉMONE
Famille des renonculacées

Tendres anémones… l'un des plus beaux cadeaux offerts par la nature aux amoureux des fleurs vivaces. Et quelle diversité ! L'année commence avec la petite *Anemone nemorosa*, blanc pur, qui égaye les sous-bois, bientôt suivie par *A. blanda*, bleue, rose ou mauve. Ces deux espèces ne dépassent guère quinze centimètres. Deux fois plus grande, *A. coronaria* s'épanouit à la mi-avril, bleue, rose ou blanche mais parfois rouge écarlate. Enfin, à la fin de l'été, c'est le tour de *A. x hybrida* (anémone du Japon), une élégante d'un rose très doux et qui atteint allègrement cent vingt centimètres de haut.

Conseils utiles
— À l'exception de l'*Anemone coronaria*, qui préfère le plein soleil, les anémones aiment la fraîcheur de la mi-ombre. Les petites espèces du premier printemps, en particulier, apprécient plus que tout le couvert des arbres et des arbustes à feuillage caduc.
— En climat doux, les *A. coronaria* peuvent fleurir pratiquement toute l'année si on échelonne les plantations tous les trois mois.

Les meilleures variétés
— Espèces de **sous-bois** : *Anemone nemorosa* 'Robinsoniana', une petite merveille aux fleurs bleues (l'espèce type porte des fleurs blanches).
— Espèces pour le **plein soleil** : *A. coronaria* 'De Caen' et 'Sainte Brigide' sont les plus recommandées en raison de la gaieté de leurs coloris.

△ *Anemone coronaria* 'De Caen'
Anemone blanda ▽
▽ *Anemone nemorosa*

— Espèces **tardives** : *A. x hybrida* 'Praecox', qui s'épanouit au cœur de l'été. *A. x hybrida* 'September Charm' aux grandes fleurs roses clair. *A. x hybrida* 'Honorine Jobert', une des plus florifères, blanc pur ; 'Königin Charlotte', rose malvacé ; 'Prinz Heinrich', jolie forme double à pétales étroits, rose carminé.

Hauteur : 15 cm (*A. blanda* et *nemorosa*), 30 cm (*A. coronaria*), 120 cm (*A. x hybrida*).
Étalement et distance de plantation : de 40 à 50 cm.
Terre : bien drainée et, si possible, fraîche.
Exposition : mi-ombre (plein soleil pour *A. coronaria*).
Multiplication : division des touffes, au printemps.
Époque de floraison : mars, avril (*A. blanda* et *nemorosa*), avril, mai (*A. coronaria*) et d'août à octobre (*A. x hybrida*).
Mode de végétation : bulbe et vivace.

△ *Angelica archangelica*

Angelica

ANGÉLIQUE

Famille des apiacées

Voici la reine incontestée des lieux frais. Un simple fossé de drainage lui suffit pour développer des touffes impressionnantes. Ses racines ont des propriétés digestives et revivifiantes. *Angelica archangelica* est une plante magnifique dont toutes les parties émettent une odeur suave. Pour la voir dans toute sa beauté il convient de la cultiver en bisannuelle, c'est-à-dire repiquer les jeunes semis spontanés apparus au cours de l'été pour les mettre en place à l'automne. Ils seront de taille à fleurir l'été suivant. Deux belles masses d'angélique, encadrant un portail, font une entrée de rêve. Si vous voulez qu'elles durent longtemps, retirez les fleurs dès leur apparition.

Conseils utiles

— Semez les graines au printemps et repiquez-les soigneusement, deux fois, avant de les mettre en place définitivement à l'automne, dans une terre riche.
— Arrosez régulièrement dès que les chaleurs arrivent et apportez de l'engrais liquide ou une poignée de sang desséché tous les mois.

— Si vous trouvez que les touffes ne sont pas assez fortes, enlevez les hampes florales dès leur apparition pour obliger les plantes à former plus de feuilles. Elles fleuriront abondamment l'année suivante et dépériront ensuite.

Hauteur : jusqu'à 3 m.
Étalement et distance de plantation : de 60 à 80 cm, en tous sens.
Terre : très riche et toujours humide.
Exposition : au moins 6 h de soleil par jour.
Multiplication : par semis, au printemps.
Époque de floraison : en été.
Mode de végétation : bisannuelle et vivace.

Antennaria

ANTENNAIRE, PIED-DE-CHAT

Famille des astéracées

Surnommée « pied-de-chat » à cause de la forme de ses feuilles, l'*Antennaria dioica* est l'une des plantes alpines les plus faciles à acclimater. En peu de temps, elle forme un tapis au ras du sol qui s'émaille de quelques fleurs roses pendant une bonne partie du printemps. Idéale pour garnir les joints des pavages, elle peut aussi être employée pour couvrir la terre des bacs qui contiennent des arbustes. Pensez seulement à l'arroser régulièrement car, chez elle, le feuillage gris ne signifie pas plante résistante à la sécheresse.

Conseils utiles

— Achetez-la toujours en godets et au printemps de préférence. Plantez-la sans enterrer le collet qui est sensible à la pourriture comme celui de beaucoup de plantes en coussinets.
— Chaque printemps, ajoutez une couche de sable grossier en surface puis tapotez le feuillage, pour favoriser l'enracinement de certaines tiges.

Les meilleures variétés

— *A. antennaria dioica* var. *borealis* tisse des tapis argentés particulièrement tomenteux.
— *A. parvifolia* possède des feuilles plus larges, ovales, vert grisâtre, qui couvrent bien le sol.

Hauteur : de 5 à 10 cm.
Étalement et distance de plantation : 15 cm.
Terre : terreau de feuilles et sable.
Exposition : ensoleillée.
Multiplication : par division des touffes, au printemps.
Époque de floraison : mai, juin.
Mode de végétation : vivace.

Antennaria dioica ▷

Anthemis

ANTHÉMIS
Famille des composées

Le genre *Anthemis* comprend une centaine d'espèces. On les trouve dans les massifs, les plates-bandes, les rocailles, dans les bordures et dans le jardin de fleurs à couper.

Conseils utiles pour l'anthémis cupaniana

— Tout sol, même calcaire, lui convient dès lors qu'il est bien drainé. Repiquez-la tôt, au printemps.

— Pour que les plantes s'étoffent rapidement, soignez la plantation en incorporant une demi-pelletée de terreau à la terre. Lorsqu'elles auront atteint 20 cm de hauteur, pincez-les, c'est-à-dire retirez quelques centimètres de l'extrémité afin qu'elles s'étoffent.

— La première année, n'oubliez pas d'arroser régulièrement.

— Débarrassez-la de ses fleurs fanées, elle refleurira de plus belle.

Conseils utiles pour l'anthémis tinctoria

— Sa seule exigence, une bonne terre de jardin parfaitement drainée (les terres lourdes l'étouffent pendant l'hiver).

— Bien qu'elle passe pour être vivace, il est plus sage de la considérer comme une bisannuelle car, à l'instar des gueules-de-loup et des œillets de poète, elle perd de sa prestance au bout de deux ans.

Les meilleures variétés

— *Anthemis cupaniana* vous séduira par son charme et son feuillage gris, feutré et finement découpé ; douce au toucher, elle est délicatement parfumée. Dans une région un peu sèche et montagneuse, elle fera merveille s'étalant en larges coussins rebondis qui ponctueront une terrasse, les marches d'un escalier ou les détours de sentiers d'un jardin escarpé. C'est une véritable plante de rocaille qui aime le sec et le soleil. Une fois établie, elle ne demande aucun soin particulier.

— *Anthemis nobilis*, naine, étoilée de marguerites blanches, est la véritable camomille romaine. Elle se contente du moindre lopin de terre bien exposé. Rustique, utilisez-la pour tapisser vos talus.

— *Anthemis nobilis* 'Treneague' est un très bon couvre-sol, elle ne fleurit pas mais forme des tapis très doux avec des feuilles minuscules.

— *Anthemis tinctoria*, aussi facile à vivre que la camomille romaine, se couvre littéralement de marguerites jaunes durant tout l'été. Elle a sa place dans les massifs de fleurs vivaces où elle tiendra compagnie aux plantes à feuillage gris et aux rosiers anciens.

— *Anthemis tinctoria* 'Kelwayi', jaune

◁ *Anthemis cupaniana*

△ *Antirrhinum majus*

citron, forme de jolis buissons flous du plus gracieux effet. Les hybrides 'E.C. Buxton' et 'Sauce Hollandaise' ont un feuillage vert sombre et des fleurs d'un jaune plus doux.

Hauteur : 25 cm (*A. cupaniana*), 15 cm (*A. nobilis*), 60 cm (*A. tinctoria*).
Étalement et distance de plantation : 15 cm (*A. cupaniana* et *A. nobilis*), 35 cm (*A. tinctoria*).
Terre : ordinaire et bien drainée. (*A. cupaniana*), ordinaire pour les autres variétés.
Exposition : ensoleillée.
Multiplication : par divisions des souches au printemps (*A. cupaniana*), par semis ou bouturage (*A. nobilis*), par bouturage (*A. tinctoria*).
Époque de floraison : de juin à septembre.
Mode de végétation : vivace.

Antirrhinum

GUEULE-DE-LOUP, MUFLIER
Famille des scrophulariacées

Familières des jardins de curé, les gueules-de-loup font partie de nos souvenirs d'enfance. Avec leurs petits museaux veloutés qui dégagent un doux parfum qu'il faut humer au cœur des fleurs, elles font incontestablement partie des plantes que même un débutant se doit de cultiver. Annuelles ou vivaces ? Tout dépend du sol et de la région où vous jardinez. Au nord de la Loire et en sol lourd, considérez-les comme des fleurs annuelles. De toute façon, elles fleurissent inlassable-

ment du printemps à l'automne dès la première année de leur semis. Et que de couleurs... sauf le bleu, et quel choix dans les tailles : vous en trouverez aussi bien pour le fond, que pour le milieu ou le devant de la bordure !

Conseils utiles

— Semez-les de préférence sur couche dès mars dans une bonne terre riche, légère et bien exposée.

— Quand les plantes atteignent 5 à 6 cm de haut, pincez les extrémités pour provoquer une plante plus fournie.

— Ne les laissez pas monter à graines afin qu'elles refleurissent pendant plusieurs années.

— À l'automne, couvrez-les avec des feuilles mortes après avoir coupé leurs tiges défleuries.

Les meilleures variétés

Les cultivars traditionnelles comme *Antirrhinum majus* 'Maximum' qui sentent bon. Pour les bouquets, préférez les hybrides F1 comme 'Rocket' ou 'Mme Butterfly'. 'Black Prince' vous séduira par son coloris rouge sombre et son feuillage pourpré. Les hybrides 'Floral Carpet' ne dépassent pas 15 cm et réunissent les teintes les plus éclatantes.

Hauteur : de 25 cm pour les variétés naines, à 100 cm pour les géantes.
Étalement et distance de plantation : 20 cm, en tous sens.
Terre : ordinaire.
Exposition : ensoleillée.
Multiplication : par semis.
Époque de floraison : de juin à septembre.
Mode de végétation : annuelle et vivace.

Aponogeton

APONOGÉTON

Famille des aponogétonacées

Aquatique, peu connu, il mérite mieux que cette indifférence. C'est, en effet, l'une des rares plantes qui peut prospérer dans un bassin ombragé, là où les nymphéas ne font que des feuilles. Autre intérêt, le parfum très puissant des fleurs blanches d'*Aponogeton distachyus*.

Conseils utiles

— Attendez le mois de mai pour le planter, soit directement au fond du bassin si celui-ci n'est pas cimenté et possède une couche de bonne terre d'au moins 20 cm d'épaisseur, soit dans des paniers ajourés remplis de terre lourde.

— Dans les régions où l'eau ne gèle pas pendant l'hiver, l'aponogéton est parfaitement rustique. Ailleurs, il vaut mieux le rentrer dans une serre tempérée. Les échecs arrivent souvent dans les bassins trop peu profonds : un minimum de 30 cm d'eau est souhaitable.

— Plantez à mi-ombre, de préférence.

Hauteur : 15 cm au-dessus de l'eau, 30 à 60 cm en dessous.
Étalement et distance de plantation : de 40 à 60 cm.
Terre : argileuse enrichie avec du fumier en granulés.
Exposition : mi-ombre (moins de 6 h de soleil par jour).
Multiplication : par division des touffes, en mai.
Époque de floraison : tout l'été et parfois jusqu'à Noël.
Mode de végétation : vivace.

Aquilegia

ANCOLIE

Famille des renonculacées

Simples, doubles, aux coloris étonnants unicolores ou bicolores, la réputation des ancolies est bien établie.

Conseils utiles

— Semez *Aquilegia vulgaris,* en mars, elle fleurira dès le printemps suivant.

— Plantez *A. flabellata* dans un terreau de feuilles, à exposition nord-ouest.

— C'est dans les jardins au sol frais qu'*A. vulgaris* prospère le mieux. Elle ne craint ni l'ombre ni le plein soleil.

— *A. flabellata* a besoin de lumière pour fleurir mais craint le plein soleil.

Les meilleures variétés

— *Aquilegia vulgaris,* aux capuchons bleu sombre est une habituée des jardins de village où l'on apprécie son feuillage rond et moiré qui reste élégant jusqu'aux gelées.

◁ *Aponogeton distachyus*

△ *Aquilegia flabellata*

△ *Arabis albida*

— *A. flabellata,* toute mignonne avec son feuillage rond et moiré et ses minuscules corolles, est classée traditionnellement parmi les plantes alpines. Elle a sa place dans un massif raffiné, en compagnie des fougères et des primevères.

— *A. flabellata pumila,* naine, ne dépasse pas 12 cm de haut et est très appréciée pour son ton magenta clair ombré de jaune doux.

— *A. hybrides.* Ce sont les plus florifères. Certaines sont ornées de longs éperons, comme 'Yellow Queen', à fleurs jaunes, ou les hybrides McKana, de toutes les couleurs. D'autres, à éperons courts, rappellent les ancolies de nos grand-mères ; 'Biedermeier', multicolore, les hybrides 'Music', vendus par coloris. Les fleurs de 'Adelaïde Addison', bleu et blanc, et de 'Nora Barlow', carmin et crème, évoquent plutôt des pompons ébouriffés. Vous trouverez les plus naines sous le nom de 'Dragonfly'.

Hauteur : 50 cm *(A. vulgaris),* 15 cm *(A. flabellata).*
Étalement et distance de plantation : 20 cm, en tous sens *(A. vulgaris),* 15 cm, en tous sens *(A. flabellata).*
Terre : ordinaire, bien drainée *(A. vulgaris),* terreau de feuilles riche *(A. flabellata).*
Exposition : indifférente *(A. vulgaris),* mi-ombre *(A. flabelleta).*
Multiplication : par semis ou par division des touffes.
Époque de floraison : mai, juin.
Mode de végétation : vivace.

Arabis

CORBEILLE-D'ARGENT

Famille des brassicacées

Ravissant, comme « drapé » sur les murs, l'*Arabis* constitue un excellent couvre-sol, capable d'envahir en peu d'années de grandes surfaces et d'y empêcher l'apparition de mauvaises herbes.

S'il est peu approprié aux rocailles où des plantes plus fragiles auraient à souffrir de son voisinage, tous les jardiniers devraient l'utiliser pour tapisser le pied des arbustes ou des haies, là où ne pousse guère que le lierre. La corbeille-d'argent y déploiera son tapis pelucheux et ne manquera pas de fleurir, chaque printemps, en même temps que les tulipes.

Conseils utiles

— Plantez en toute saison, à mi-ombre de préférence, en arrosant régulièrement pour favoriser la reprise.

— Le semis réalisé au printemps réussit facilement et permet d'obtenir de grandes quantités de plants.

— Taillez les touffes à la cisaille, après la floraison, pour les forcer à se ramifier et à devenir plus denses.

Les meilleures variétés

A côté d'*A. albida* (synonyme *A. caucasica*) et d'un cultivar fort décoratif par son feuillage panaché de blanc (*A. albida* 'Variegata'), nous vous conseillons surtout la sélection à fleurs doubles la plus haute (*A.* 'Flore Pleno') qui rappellent celles du muguet. *A. procurrens* s'étend en tapis réguliers vert intense, luisants, de 5 cm de haut.

Hauteur : de 10 à 20 cm.
Étalement et distance de plantation : de 20 à 30 cm.
Terre : quelconque, même pauvre.
Exposition : soleil et mi-ombre (il pousse à l'ombre mais n'y fleurit pas).
Multiplication : par division des touffes en toute saison ou par semis.
Époque de floraison : avril et mai.
Mode de végétation : vivace.

Arctotis grandis △

Arctotis

ARCTOTIS

Famille des astéracées

Si vous ne savez pas quoi planter sur un talus exposé au soleil et perpétuellement desséché, *Arctotis grandis* vous sauvera. Qu'il fasse 30 °C ou plus, elle fleurira sans coup férir tout l'été. Le plus difficile sera pour vous de trouver quelques pieds ou des graines car cette plante traverse actuellement un injuste purgatoire.

Conseils utiles

— Semez les graines très tôt, en février, sous châssis chauffé ou dans un lieu abrité. Repiquez les jeunes plants en godets individuels et maintenez-les à l'abri jusqu'en mai où vous les repiquerez à leur emplacement définitf.

— Pincez les tiges à mi-hauteur un mois après la plantation pour les forcer à se ramifier. Dans le Midi, cette plante dure plusieurs années et finit par former un petit arbuste.

— Vous pouvez utiliser les fleurs pour vos bouquets mais elles se referment chaque soir.

Les meilleures variétés

— Les nombreux hybrides existent en coloris séparés que vous trouverez sous des noms aussi charmants que 'Lucie', 'Lydie', 'Marie', etc.

Hauteur : de 30 à 50 cm.
Étalement et distance de plantation : 30 cm.
Terre : légère ; ajoutez du sable si besoin est.
Exposition : 6 h de soleil par jour.
Multiplication : par semis ou par division des touffes, dans le Midi.
Époque de floraison : de juillet aux gelées.
Mode de végétation : annuelle et vivace.

Arctotis grandis △

Arenaria

SABLINE

Famille des caryophyllacées

Petite cousine de la sagine, l'*Arenaria balearica,* petite plante originaire de Corse et des îles Baléares, forme rapidement un tapis qui fait le meilleur effet dans les pavages ou les rocailles où elle cache la terre nue. Les hivers rigoureux la détruisent mais il est facile d'en abriter une touffe sous un châssis pour en avoir toujours à sa disposition.

Conseils utiles

— Plantez les godets, en avril, dans les moindres interstices ou au pied des arbustes, en bacs. Placez une poignée de sable au pied de la plante pour favoriser son enracinement.

— Chaque hiver, rentrez une touffe à l'abri dans un coin de châssis même non chauffé. En mars, divisez la touffe en dizaines de plantes que vous repiquerez dans une terrine remplie avec un mélange sableux. L'enracinement ne tarde guère et vous pouvez repiquer ces nouvelles plantes à la fin mai, en place.

— Plantez des petits bulbes en automne (scille, puschkinia, muscaris, etc.) pour obtenir un joli effet au printemps.

Les meilleures variétés

— L'*A. montana* ne gèle pas. Elle se couvre de grosses fleurs blanches à la fin du printemps. Hauteur 20 cm.

Hauteur : à peine 2 cm.
Étalement et distance de plantation : 20 cm.
Terre : ordinaire et pas trop lourde.
Exposition : toutes les expositions.
Multiplication : par semis et par division des touffes, au printemps.
Époque de floraison : de mars à juin.
Mode de végétation : vivace.

Arenaria caepitosa 'Aurea' ▷

Argemone mexicana △

Argemone

ARGÉMONE

Famille des papavéracées

L'*Argemone mexicana* est parfaite pour les jardins secs et ensoleillés des régions méditerranéennes. Elle présente un feuillage argenté au teint laiteux, découpé comme celui d'un éryngium et de grandes fleurs soyeuses comme celles d'un coquelicot, mais jaunes, orange ou rouges et de plus, odorantes. Un seul défaut, elle est difficile à dénicher en pépinière !

Conseils utiles

— Semez-la directement en place ou plantez-en des pieds achetés en godets, en avril. Attention, comme la plupart des membres de la famille des papavéracées, cette plante séduisante déteste les transplantations.

— Donnez-lui un sol sec et léger, exposé en plein soleil.

Hauteur : 70 cm.
Étalement et distance de plantation : 40 cm.
Terre : légère.
Exposition : ensoleillée.
Multiplication : par semis.
Époque de floraison : de juillet à août.
Mode de végétation : vivace.

△ *Arisaema candidissimum*

Arisaema

ARISAEMA

Famille des aracées

Qui ne serait pas séduit par de si délicats cornets ? Comme toutes les aracées, l'arisaema porte ce genre de corolle rose et striée comme celle d'un liseron et ornée d'une spathe rayée de rose et vert. De plus, ce gracieux hôte parfumé des jardins en sous-bois déploie un joli feuillage laqué comme celui des arums. Hélas, presque introuvable en pépinière, c'est une plante coûteuse, veillez donc bien à suivre nos conseils. Elle ne montre le haut de son nez qu'au début de l'été.

Conseils utiles

— Plantez-le dans du terreau de feuilles, dans un sous-bois clair ou dans un massif frais et ombragé. Le sol doit rester frais jusqu'à la fin juin, époque de sa floraison et ne jamais vraiment se dessécher une fois celle-ci achevée.

— Parfois, les bulbes du commerce mettent du temps à fleurir car ils sont importés d'Extrême-Orient et souffrent du dépaysement.

Les meilleures variétés

— L'*Arisaema sikokianum*, brun pourpre, est délicatement doublé de blanc et paré d'un spadice crème curieusement aplati comme un club de golf.

— L'*A. candidissimum* est tout blanc et légèrement parfumé.

Hauteur : 40 cm.
Étalement et distance de plantation : 30 cm.
Terre : terreau de feuilles riche et frais.
Exposition : mi-ombre.
Multiplication : par division des souches.
Époque de floraison : juin.
Mode de végétation : vivace.

Armeria

GAZON D'ESPAGNE, GAZON D'OLYMPE

Famille des plombaginacées

Faut-il vraiment vous présenter cette petite fleur vraiment très vivace ? Avec les œillets mignardises, c'est la plante la plus souvent employée comme bordure dans les jardins de curé. À juste titre, d'ailleurs. Car elle n'a que des avantages. Très facile à cultiver, elle bat tous les records de longueur de floraison. Et son feuillage, aussi fin que celui des graminées, forme des touffes très compactes en petits coussinets qui reste verts, même en hiver !

Conseil utile

— Après la floraison, rabattez les touffes flétries avec une cisaille. Ce traitement de choc redonnera de la vigueur au feuillage qui restera ainsi bien net en hiver.

Les meilleures variétés

Les fleurs d'*A. maritima* (synonyme *Statice armeria*) sont roses mais on peut lui préférer la variété 'Alba', à fleurs blanches, ou la variété 'Splendens', rouge intense. 'Düsseldorf Stolz', se pare du ton le plus foncé, rose carminé, un peu rougeâtre.

Hauteur : de 15 à 25 cm.
Étalement et distance de plantation : 30 cm.
Terre : bonne terre de jardin, bien drainée.
Exposition : ensoleillée.
Multiplication : division des souches, au printemps.
Époque de floraison : de mai à août.
Mode de végétation : vivace.

△ *Armeria maritima*

△ *Artemisia* 'Lambrook Silver'

42

Artemisia

ARMOISE

Famille des astéracées

Un des musts des beaux jardins de demain... Avec quelques touffes d'armoise disséminées dans vos massifs, vous vous classerez immédiatement dans le club des connaisseurs les plus sélects. Cultivées moins pour leurs fleurs, le plus souvent insignifiantes, que pour la beauté de leur feuillage vert bleuté ou gris argent, ces plantes hors du commun sont d'irremplaçables alliées dans les jardins blancs. Des petits coussinets finement ciselés aux arbrisseaux à l'altière silhouette, il en existe de toutes les tailles, de toutes les formes et pour tous les goûts. A noter : le feuillage est presque toujours odorant.

Conseil utile

— N'hésitez pas à supprimer les inflorescences qui fatiguent les plantes sans les embellir. Seul le feuillage est décoratif.

Les meilleures variétés

— Chacun connaît l'estragon *(Artemisia dracunculus),* aux feuilles vertes aromatiques. Mais l'*A.* 'Lambrook Silver', gris argenté, et l'*A. ludoviciana* au feuillage blanc laineux, mériteraient d'être plus populaires. La plus adorable ? l'*A. schmidtiana* 'Nana', au fin coussinet d'argent délicatement ciselé. *A. cupaniana* a des fleurs blanches à odeur forte. Plantez-la en terrain sec et pauvre et rabattez-la, à ras de terre, en fin de saison dès que le feuillage commence à se dessécher.

— *A. abrotanum* est un véritable arbuste à feuilles fines, vert sombre, aromatiques. Hauteur 130 cm.

— Les feuilles d'*A. canescens* sont réduites à des lanières argentées et celles d'*A. pontica* habillent les tiges d'une véritable dentelle cendrée. Hauteur : respect. 50 et 80 cm.

— *A. lactiflora* a besoin de sols frais et humides pour épanouir ses inflorescences blanches, vaporeuses. 'Guizho' en est une réplique à feuilles pourprées, idéales pour

souligner ses fleurs crème. Hauteur 150 cm.

— *A. ludoviciana.* 'Silver Queen', plus vigoureuse, forme de belles touffes denses, au feuillage large, à peine lobé. Beaucoup plus rustique que sa cousine arborescente, 'Powis Castle' garde sa livrée argentée toute l'année.

— Impossible de trouver plus blanc que le feuillage d'*A. stelleriana.* L'automne le pare de tons orangés ou rosés avant de le faire disparaître.

Hauteur : de 70 à 100 cm (*A.* 'Lambrook Silver' et *A. ludoviciana*), 50 cm (*A. dracunculus*), de 5 à 10 cm (*A. schmidtiana* 'Nana').
Étalement et distance de plantation : de 30 à 40 cm.
Terre : légère et, surtout, parfaitement drainée.
Exposition : plein soleil.
Multiplication : bouturage sous châssis froid, à la fin du printemps et en été.
Époque de floraison : été.
Mode de végétation : vivace.

△ *Arum italicum* 'Pictum'

Arum

ARUM

Famille des aracées

C'est, de loin, le plus décoratif des arums vraiment rustiques. Un parent raffiné du « pied de veau » dont les petits fruits écarlates égayent nos sous-bois. Il s'en distingue surtout par son feuillage, finement marbré de blanc et du plus bel effet. Comme les feuilles apparaissent à l'automne et persistent l'hiver avant de disparaître à la fin du printemps, l'*Arum italicum* 'Pictum' est la plante vivace idéale pour animer le jardin pendant la mauvaise saison.

Conseils utiles

— Les fruits qui mûrissent en été, après la disparition du feuillage, sont très toxiques, Si vous avez de jeunes enfants, supprimez les fruits.
— Les feuilles, très belles en hiver, ont grande allure en bouquet.

Hauteur : de 30 à 40 cm.
Étalement et distance de plantation : 40 cm.
Terre : tous les sols.
Exposition : soleil en hiver, ombre en été (sous le couvert des arbres caducs, par exemple).
Multiplication : par division des racines, en fin d'été.
Époque de floraison : mars et avril (fleurs insignifiantes).
Mode de végétation : vivace.

Aruncus sylvester ▷

Aruncus

BARBE DE BOUC

Famille des rosacées

Comme son nom d'espèce l'indique, *Aruncus dioicus,* cette cousine des astilbes présente des sexes mâle et femelle séparés. Bizarrement, ce sont les aruncus mâles qui sont les plus beaux, en raison de leur inflorescence plus légère que celle des femelles. Ce sont d'ailleurs celles qui sont le plus souvent vendues par les spécialistes. Elle forme une masse de feuillage plumeux comme celui des fougères et se couvre pendant l'été de grands panaches d'un blanc crème. Le tout culmine à plus de deux mètres et occupe bien le terrain.

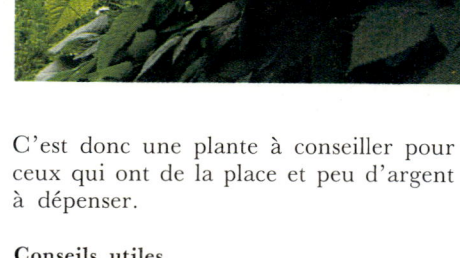

C'est donc une plante à conseiller pour ceux qui ont de la place et peu d'argent à dépenser.

Conseils utiles

— La plantation a lieu au printemps. Paillez le sol abondamment en mai, juin, avec de l'écorce de pin ou des déchets de tonte de gazon.
— La propagation par division des touffes, au printemps, est à la portée de tous.
— Si vous lui associez des grands *Fuchsia magellanica* et des primevères japonaises vous obtiendrez une scène magnifique pour autant que tout ce monde d'assoiffés ne manque pas d'eau en été. En conséquence, ne négligez pas les arrosages.

Les meilleures variétés

— 'Kneiffii' reste plus bas et fleurit moins. Tout son charme réside dans la finesse de ses feuilles laciniées. Hauteur 70 cm.
Les coussins arrondis de l'*A. aethusifolius* ne dépassent pas 40 cm. On dirait une petite astilbe.

Hauteur : 2 m.
Étalement et distance de plantation : 50 cm.
Terre : riche en humus et très fraîche en été.
Exposition : quelconque, même à l'ombre.
Multiplication : par division des touffes, au printemps.
Époque de floraison : de juin à septembre.
Mode de végétation : vivace.

Asarum caudatum △
Asarum europaeum ▷

Asarum

GINGEMBRE ROUGE
Famille des aristolochiacées

Originaire du Canada, cette petite plante à souche rampante doit son nom commun à la très forte odeur de gingembre qui se dégage de ses grosses racines charnues. On peut l'utiliser en bordure mais c'est surtout comme couvre-sol dans les emplacements frais et ombragés du jardin, qu'elle convient mieux. Vous l'apprécierez pour ses fleurs, discrètes mais d'un beau rouge sombre, et surtout pour ses feuilles soyeuses qui tapissent le sol en toute saison, même en hiver !

Conseil utile
Attention à la sécheresse en été, les *Asarum* la détestent.

Hauteur : 10 cm.
Étalement et distance de plantation : 30 cm.
Terre : tous sols, pourvu qu'ils restent frais en été.
Exposition : ombre et mi-ombre.
Multiplication : par division des souches, au printemps.
Époque de floraison : avril, mai.
Mode de végétation : vivace.

fleurissent l'été suivant. Tuteurez-les.
— Au-dessus de la Loire, protégez les pieds, l'hiver venu, par un paillis de feuilles.

Les meilleures variétés

— En plus de l'*A. syriaca*, vous serez séduit par la tubéreuse *A. tuberosa* aux fleurs en ombelles orange pâle. En revanche, *A. incarnata* met à profit les terres humides pour nous gratifier de fleurs rouges au parfum de vanille. Hauteur 120 cm.

Hauteur : 1 m.
Étalement et distance de plantation : 40 cm.
Terre : ordinaire.
Exposition : ensoleillée.
Multiplication : par semis.
Époque de floraison : de juin à août.
Mode de végétation : vivace.

▽ *Asperula odorata*

◁ *Asclepias currasavica*

▽ *Asclepias tuberosa*

Asclepias

ASCLÉPIADE

Famille des asclépiadacées

Si passant le long d'un jardin campagnard vous voyez de drôles de perruches se balancer en rond sur de longues tiges, ce sont les fruits de l'*Asclepias syriaca*, surnommée « l'herbe à la ouate ». Dans les jardins ruraux, elle est cultivée pour cette curiosité bien plus que pour ses bouquets de fleurs orange. C'est une vivace, rustique dans le Midi, qui voisine avec les roses trémières, les tabacs et les phlox.

Conseils utiles

— Recueillez une ou deux « perruches », vers le mois d'octobre, auprès d'un gentil voisin, ouvrez-les et récoltez les graines. Semez-les, débarrassées de leur duvet, au printemps suivant. Les semis réussissent, en général, parfaitement et les plantes

Asperula

ASPÉRULE

Famille des rubiacées

Si vous êtes las des tapis de lierres sous les arbres ou entre les arbustes, *Asperula odorata* vous tirera de la monotonie. Capables de prospérer, même à l'ombre d'arbres aussi voraces que les hêtres, les aspérules forment des coussins de feuilles divisées d'un joli vert tendre. Ils s'émaillent de milliers de fleurs blanches à la fin du printemps. Ne cherchez pas une quelconque odeur, cette plante n'en dégage que lorsqu'elle est séchée. Elle sert alors à aromatiser le vin blanc chez nos voisins allemands.

Conseils utiles

— Plantez-la en automne de préférence, en marquant son emplacement car le feuillage disparaît pendant la mauvaise saison. Dispersez, de place en place, quelques bulbes qui se naturaliseront, comme les jonquilles ou les tulipes *sylvestris*.

— Paillez le sol avec de la tourbe, du compost décomposé ou des feuilles mortes pour que la terre garde sa fraîcheur pendant l'été.

— Inutile de diviser les touffes pour les multiplier, il suffit de séparer des portions déjà enracinées et de les repiquer tout de suite.

Hauteur : de 15 à 20 cm.
Étalement et distance de plantation : 20 cm.
Terre : ordinaire.
Exposition : ombre.
Multiplication : par séparation des touffes.
Époque de floraison : mai, juin.
Mode de végétation : vivace.

Asphodeline lutea ▷

Asphodeline

ASPHODÉLINE

Famille des liliacées

Pas très jolie dans les massifs en raison de son caractère dégingandé, l'asphodéline trouve sa vraie place sur les versants arides et caillouteux du Midi où elle forme de véritables colonies. Le spectacle de ses chandelles où étincellent les étoiles d'or de ses fleurs suffit à transfigurer un coin de garrigue. Plantez les asphodélines parmi un groupe de cistes, de thym et de romarin. Comme eux, elle est capable de résister aux pires sécheresses alors qu'un seul hiver froid et humide la fait mourir.

Conseils utiles

— Plantez l'asphodéline en automne pour qu'elle s'enracine correctement avant le froid. Une rosette de feuilles assez fines se développe au ras du sol.

— Coupez les hampes florales après la floraison pour éviter la formation des gousses de graines qui accaparent beaucoup d'énergie au détriment de la croissance des touffes.

— Pour leur utilisation en fleurs séchées, coupez-les à la fin de leur complet épanouissement mais non fanées !

Les meilleures variétés

L'asphodéline jaune (*Asphodeline lutea*) ou bâton-de-Jacob, est la plus connue. Moins haute mais tout aussi jaune, *A. liburnica* est originaire des pays méditerranéens.

Hauteur : 90 à 120 cm.
Étalement et distance de plantation : 20 cm.
Terre : ordinaire, plutôt caillouteuse et bien drainée.
Exposition : ensoleillée.
Multiplication : par division des touffes en septembre ou par semis en mars.
Époque de floraison : juin, juillet.
Mode de végétation : vivace.

△ *Asplenium trichomanes*

Asplenium

ASPLÉNIUM

Famille des polypodiacées

Souvent les vieux murs de pierres sèches servent de support à ces fougères particulièrement frugales. Elles leur confèrent une patine enviable. Vous pouvez vous amuser à en parsemer aussi un dallage ou un coin de rocaille ombragé. Elles résistent très bien aux gelées ordinaires. Seul leur feuillage se dessèche momentanément.

Conseils utiles

— Plantez-les au printemps, en leur ménageant une poche de bonne terre entre deux pierres. Soignez le drainage car ces fougères détestent avoir les pieds dans l'eau.

— Plantez-les en masse au pied des arbustes de terre de bruyère si la terre est un peu sableuse. Cela fera le plus beau des écrins pour vos rhododendrons nains ou vos kalmias.

Les meilleures variétés

— L'*Asplenium adiantum-nigrum* ressemble à une fougère femelle naine. Elle est la plus fréquente dans les lieux secs.

— Facilement reconnaissable à ses frondes en queues de lézard bordées d'écailles rondes, l'*A. trichomanes* se rencontre souvent dans les puits et sur les murets orientés au nord et couverts de mousse.

Hauteur : de 10 à 20 cm.
Étalement et distance de plantation : 20 cm.
Terre : terreau de feuilles et sable.
Exposition : ombre.
Multiplication : par division des touffes, en mars.
Époque de floraison : néant.
Mode de végétation : vivace.

Aster

ASTER

Famille des astéracées

L'automne ne serait pas la saison de la douceur et des couleurs pastel sans les asters. Impossible d'imaginer nos maisons sans une bordure d'asters croulant sous les étoiles d'un violet tendre. On oublie trop facilement que les premiers d'entre eux s'épanouissent au début de l'été et que la fête finit seulement en décembre. Tous ont en commun une robustesse certaine qui les fait s'accommoder de terres médiocres.

Conseils utiles

— Plantez-les, à l'automne ou au printemps, sans vous inquiéter de la petitesse des plantes dans leurs godets. Respectez les écartements moyens de 30 cm, en tous sens, car la croissance des asters est très rapide.

— Paillez le sol dès le mois de juin et arrosez pendant la canicule. Cela limitera les attaques d'oïdium qui se remarquent à un feutrage blanc sur les feuilles et se soignent avec des pulvérisations de triforine.

— Divisez les touffes tous les trois ans faute de quoi elles deviennent moins florifères. Ne replantez pas les éclats au même emplacement et donnez-leur une terre riche.

Les meilleures variétés

— Les asters originaires de régions montagneuses sont les plus **précoces.** C'est le cas des *Aster alpinus* et *A. farreri*. Les premiers ne dépassent par 25 cm de haut et fleurissent en bleu violet ('Triumph'), en rose vif ('Happy End') ou en blanc ('Albus'). Les seconds possèdent un cœur jaune bien visible, que ce soit dans 'Berggartenzwerg', bleu lilas, ou dans 'Berggarten', bleu mauve.

— Les *A. tongolensis* les suivent en **été.** Ils sont en général violets avec un cœur orange, comme 'Leuchtenburg' ou 'Wartburgstern'. Les *A. yunnanensis* leur ressemblent beaucoup, tel 'Napsbury' au bleu d'héliotrope puissant.

— Vers la **fin de l'été,** les *A. amellus,* surnommés « œil du Christ », ouvrent leurs fleurs très fines. Les meilleurs sont 'Lac de Genève', 'Praecox Sommer gruss' et 'Rudolf Goethe' dans les bleus et 'Pyreneus' dans les mauves. *A. cordifolius* 'Ideal' s'élève en touffes bien ordonnées et produit une myriade de petits capitules bleus. L'hybride *x frikartii* 'Wunder von Stäfa' en est très proche mais sa somptueuse floraison n'a pas d'égale.

— L'**automne** s'avance vraiment quand s'épanouissent les asters hybrides. On sépare couramment les nains, les *A. novae-angliae* et les *A. novi-belgii,* un peu plus tardifs.

△ *Aster amellus* 'King George'

Parmi les nains, les plus recommandables sont 'Alice Haslam', rouge cerise ; 'Lady in Blue', bleu violet ; 'Marjorie', rose ; 'Rosebud', rose frais ; 'Professor A. Kippenburg', bleu, semi-double et 'Snow Sprite', blanc pur, semi-double. Parmi les *A. novae-angliae* : 'Alma Pötschke', rouge cerise ; 'Mme Loyau', rose ; 'September Ruby', rouge vermeil. Parmi les *A. novi-belgii* : 'Patricia Ballard', rose lumineux ; 'Juliae', blanc rose à fort développement et floraison relativement tardive ; 'White Ladies', blanc semi-double ; 'Winston Churchill', rouge sim-

▽ *Astilbe* hybride

ple ; 'Fellow Ship', rose à grandes fleurs magnifiques en bouquets ; 'Royal Ruby', rouge vif.

— Citons enfin des **asters botaniques** dont le charme est sans égal. Ainsi l'*Aster diffusus var. horizontalis* prend l'aspect d'un petit buisson blanc rosé au moment où les chrysanthèmes fleurissent. Les *Aster ericoides, datschii* et *tradescantii* forment de vrais nuages de fleurs blanches très petites, rappelant un peu les gypsophiles de l'été.

Hauteur : de 20 à 150 cm.

Étalement et distance de plantation : 30 cm.

Terre : ordinaire plutôt riche et restant fraîche en été.

Exposition : au moins 6 h de soleil par jour.

Multiplication : par division des touffes, au printemps.

Époque de floraison : de juin à décembre selon les variétés avec une prédominance en automne.

Mode de végétation : vivace.

Astilbe
ASTILBE HYBRIDE
Famille des saxifragacées

Elles aiment les marécages, de l'eau, encore de l'eau, toujours de l'eau... Inutile de les cultiver en sol sec ou même ordinaire, elles n'y donneront pas le meilleur d'elles-mêmes. Mais le pied d'une gouttière, le bord d'une mare ou d'un ruisseau seront pour elles l'occasion de déployer leur fastueuse floraison. Imaginez alors des centaines de panaches aux couleurs vives et légères comme des plumes d'autruche surmontant un feuillage dentelé qui évoque celui des fougères.

Conseils utiles
— Plantez-les en automne de préférence, après avoir copieusement amendé le sol avec de la tourbe qui va jouer le rôle d'éponge pendant le reste de l'année.
— Arrosez abondamment et régulièrement, surtout en début de floraison.
— Divisez les touffes tous les trois ans, car elles ont tendance à se montrer moins florifères en vieillissant.

Les meilleures variétés
— Parmi de nombreux hybrides, souvent d'origine allemande, les plus beaux sont 'Koblenz', 'Rheinland', 'Cattleya' parmi les roses, 'Fanal' et 'Amethyst' parmi les rouges et 'Gladstone' ainsi que 'Bergkristall' parmi les blancs.
— L'*A. chinensis* supporte beaucoup mieux les sols secs. Elle est représentée par 'Pumila', dont les tapis denses ne dépassent pas 30 cm, et par 'Purpurlanze', véritable cierge pourpré de 120 cm. 'Sprite' est une miniature charmante, à fleurs rose clair, qui forme un coussin dense de 40 cm.

△ *Astilbe* hybride

— L'*A. thunbergii* a donné de beaux hybrides de haute stature, comme 'Straussenfeder', aux panicules amples et souples, rose saumoné.

Hauteur : de 70 à 100 cm.

Étalement et distance de plantation : 30 cm.

Terre : riche en matière organique ; toujours humide.

Exposition : mi-ombre (le soleil fait passer les couleurs).

Multiplication : par division des touffes, en automne ou au printemps.

Époque de floraison : juillet, août.

Mode de végétation : vivace.

Astrantia

ASTRANCE, SANICLE

Famille des apiacées

L'*Astrantia major* fait partie des plantes anciennes que l'on voyait naguère dans les jardins de curé. C'est une petite plante sauvage fort décorative. Un beau matin, vous la découvrez, surgie de nulle part, qui déploie de drôles de petites ombrelles d'un rose assombri de vert qui se marie à merveille avec les couleurs pastel de votre massif de fleurs vivaces. À l'instar d'autres plantes indigènes, comme la bourrache, la primevère officinale, le narcisse des poètes, sa grâce toute simple lui a fait prendre naturellement le chemin des jardins d'ornement tant il est vrai qu'un jour le vent vous l'apporte et que, ravi par une telle délicatesse, vous décidez d'en planter exprès !

Conseils utiles

— Bien peu de chose en vérité : une bonne terre de jardin, du soleil ou de l'ombre, peu lui importe, et que le massif soit bien entretenu ou non, elle prospère.

— Multipliez-la par division des souches à l'automne ou tôt au printemps, ou en recueillant ses capitules défleuris pour la semer au mois d'avril.

Les meilleures variétés

— Comme si la simplicité ne lui suffisait pas, on lui a inventé une variété panachée, 'Sunningdale Variegated'.

— Les feuilles de l'*A. maxima* rappellent l'hellébore et ses fleurs sont réunies en gros pompons roses. Hauteur 60 cm.

Hauteur : 30 à 60 cm.
Étalement et distance de plantation : 20 cm.
Terre : ordinaire.
Exposition : soleil ou mi-ombre.
Multiplication : par division des souches ou par semis.
Époque de floraison : de juin à août.
Mode de végétation : vivace.

Athyrium

FOUGÈRE FEMELLE

Famille des polypodiacées

Pourquoi chercher très loin des plantes vivaces pour garnir vos coins d'ombre alors que les fougères femelles existent dans tant de nos bois ? Formant des touffes de belle ampleur à partir d'un point central, ce qui permet de la distinguer facilement de la fougère-aigle qui est une terrible envahisseuse, elle est une compagne idéale des conifères, des fuchsias et des hortensias.

Conseils utiles

— Plantez-les en toute saison en n'oubliant pas d'arroser pour faciliter la reprise. Le feuillage se dessèche lentement à partir de novembre mais il ne faut pas le couper avant le courant du mois de mars car il protège bien la souche.

— Tous les cinq ans, divisez les touffes devenues trop denses et replantez-les à 30 cm, en tous sens.

Les meilleures variétés

— La vraie fougère femelle (*Athyrium filix-femina*) comporte un certain nombre de variétés à feuillage plus divisé que le type mais elles sont difficiles à trouver dans le commerce. La fougère mâle est un *Dryopteris*.

— L'*A. goeringianum* est moins rustique. Abritez-la sous une cloche en verre ou rentrez-la carrément sous châssis. Elle est finement panachée d'argent et illuminera un coin sombre de votre terrasse si vous la cultivez en pot.

Hauteur : 30 cm (*A. goeringianum*) à 100 cm (*A. filix-femina*).
Étalement et distance de plantation : 30 cm.
Terre : de préférence riche en humus (terreau de feuilles).
Exposition : ombre et mi-ombre.
Multiplication : par division des touffes, au printemps.
Époque de floraison : très peu spectaculaire, en août.
Mode de végétation : vivace.

Aubrieta

AUBRIÈTE

Famille des brassicacées

J'aime les aubriètes en cascades sur les murets ou bordant les marches d'escaliers. Il est difficile d'imaginer une rocaille fleurie sans *Aubrieta deltoidea*. Certains jardiniers leur reprochent même d'être vulgaires et criardes. Si cela est parfois exact pour les plantes issues de semis, dont les couleurs manquent de subtilité, on ne peut en dire autant des variétés sélectionnées qui nous offrent les plus beaux violets et les plus beaux bleus. Pour en faire le meilleur usage, dispersez-les par touches et associez-leur des tulipes de couleur pastel. Évitez les oppositions trop contrastées avec les alysses jaunes.

Conseils utiles

— Plantez-la durant tout l'hiver en ajoutant une poignée de sable au niveau du collet pour lui éviter de pourrir.

— Taillez les touffes à la cisaille après la floraison pour éviter la formation de graines et pour forcer le feuillage à s'épaissir. On obtient ainsi de superbes traînes d'un vert gris très doux. Bassinez le feuillage de temps à autre, en été.

Les meilleures variétés

L'*Aubrieta* propose de nombreuses variétés qui permettent de décliner toutes les nuances du rouge au pourpre en allant de 'Royal Rouge' à 'Magicien', en passant par 'Leichtlinii', 'Vésuve' et 'Dr Mules'... Le bleu clair est représenté par 'Graeca', le bleu profond par 'Greencourt Purple' et 'Royal Bleu'. Ces variétés ne peuvent être multipliées fidèlement que par division des touffes.

Hauteur : de 10 à 15 cm.
Étalement et distance de plantation : 30 cm.
Terre : ordinaire, non gorgée d'eau en hiver.
Exposition : ensoleillée (l'aubriète fleurit moins à l'ombre).
Multiplication : par semis ou par division des touffes, au printemps.
Époque de floraison : avril et mai.
Mode de végétation : vivace.

△ *Astrantia major*

Aubrieta deltoidea ▷

△ *Athyrium filix-femina*

Ballota

BALLOTE
Famille des lamiacées

Tout à fait à leur aise dans les endroits cailloux écrasés de soleil, les ballotes (*Ballota pseudodictamnus*) exposent l'un des plus beaux feuillages gris argenté qui soit. Elles sont un excellent faire valoir pour bien d'autres plantes, en particulier des fleurs bulbeuses au feuillage maigre comme les diéramas et les crocosmias, ou encore certaines plantes vivaces peu étoffées comme les penstemons, les coquelourdes ou les delphiniums nudicaules. Les fleurs de la ballote, pourpres et blanches, ne valent pas qu'on en fasse des bouquets, bien qu'on les coupe pour ne pas nuire à la silhouette des touffes.

Conseils utiles

— Plantez-les au printemps, de préférence, en leur donnant une terre maigre, à la limite très caillouteuse. Arrosez pendant le premier été et laissez-les tranquilles ensuite. Chaque printemps pratiquez une taille de nettoyage en supprimant les rameaux abîmés par le froid.

— Propagez-les en bouturant des extrémités de tiges, de juin à septembre. Hivernez les jeunes plants, sous châssis froid, pendant le premier hiver.

Hauteur : de 60 à 80 cm.
Étalement et distance de plantation : 40 cm.
Terre : très légère.
Exposition : plein soleil.
Multiplication : par bouturage, en été.
Époque de floraison : de juin à septembre.
Mode de végétation : vivace.

▽ *Ballota pseudodictamnus*

Baptisia

BAPTISIA
Famille des fabacées

Ayant conservé l'élégance des plantes sauvages, le *Baptisia australis* est idéal pour apporter de la couleur à un coin de pelouse laissé à lui-même. Là, il surgira chaque printemps pour hisser au-dessus des graminées ses épis de fleurs semblables, en plus gracieux, à ceux des lupins.

Conseils utiles

— Plantez-le au milieu des massifs de plantes vivaces ou dans le gazon après avoir dégagé un rond de 30 cm de côté.

— Installez quelques tuteurs de bambous placés en triangle ou des rameaux de noisetier pour soutenir les touffes.

— Vous pouvez tondre le feuillage dès la fin juillet ce qui favorisera l'apparition de nouvelles feuilles pour l'automne et évitera la formation des graines.

Hauteur : de 60 à 100 cm.
Étalement et distance de plantation : 30 cm.
Terre : ordinaire, de préférence un peu calcaire et restant fraîche en été.
Exposition : plein soleil.

Baptisia australis △
Begonia tubéreux ▷

Multiplication : par division des touffes, en avril ou en septembre.
Époque de floraison : juin.
Mode de végétation : vivace.

Begonia

BÉGONIA
Famille des bégoniacées

Trois groupes de bégonias sont intéressants au jardin : les bégonias annuels, obtenus de semis en fin d'hiver, qui garnissent si bien les parterres de l'été ; les bégonias tubéreux dont on fait pousser les tubercules comme ceux des dahlias et qui sont sans rivaux pour les endroits ombragés ; enfin les bégonias rustiques, peu nombreux il est vrai, mais de grande utilité dans les sous-bois abrités.

Conseils utiles

— Semez les **bégonias annuels** (*Begonia semperflorens*) dans une terrine placée sur un radiateur, en février. Repiquez les plants deux fois en pots, puis installez-les en mai. Vous pouvez aussi acheter du

plant déjà prêt que vous repiquerez à la même époque après avoir pincé les fleurs pour forcer de nouvelles tiges à apparaître. Arrosez au moins une fois par semaine et taillez les touffes avec une cisaille à haie vers la mi-août pour redonner de la vigueur.

— Mettez à germer les tubercules des **bégonias tubéreux** en les orientant le creux vers le haut, à la mi-mars. Disposez-les dans des godets individuels et repiquez-les seulement vers le 15 mai, quand la terre est bien réchauffée. Paillez le sol avec de la tourbe ou des déchets de tonte de gazon. Arrosez régulièrement, une fois par semaine, et apportez de l'engrais dilué une fois par mois. En novembre, arrachez les touffes et laissez-les se dessécher dans un endroit tempéré. Dégagez ensuite les tubercules que vous conserverez ainsi, au sec et au chaud, jusqu'en mars.

— Plantez les **bégonias rustiques** *(B. grandis)* en avril, mai, à mi-ombre. Disposez des appâts anti-limaces et arrosez abondamment pendant tout l'été. Une fois les premières gelées passées, le feuillage s'affaisse. Recouvrez les touffes avec 15 cm de paille ou de feuilles mortes sèches. Au printemps dégagez cette protection. Vous pouvez diviser les touffes à cette époque.

Les meilleures variétés

— Les **bégonias annuels,** regroupés sous le nom de *Begonia semperflorens,* comprennent une grande quantité d'hybrides F_1, aux graines fines comme de la poussière. Les variétés changent souvent mais actuellement, les rouges 'Mizar', 'Vision Rouge', les roses 'Vénus', 'Olympia Rose' et 'Vision Rose', sans oublier les blancs 'Athéna' et 'Viva', connaissent un succès mérité.

— Les **bégonias tubéreux** se divisent en variétés à grosses fleurs (doubles, à fleur d'œillet, 'Non Stop', ou encore à bouton de rose ou en fleur de camélia) et ceux à petites fleurs dont les superbes 'Pendula' qui sont irremplaçables pour les jardinières exposées à l'ombre. Le 'Bertini' supporte relativement bien le soleil.

— Seul le *Begonia grandis* est répandu parmi les espèces **rustiques**. Il fleurit rose ou blanc pendant une bonne partie de l'été.

Hauteur de 15 à 30 cm.
Étalement et distance de plantation : 15 cm pour les nains, 25 cm pour les bégonias tubéreux.
Terre : riche et retenant la fraîcheur.
Exposition : plein soleil pour les bégonias annuels, ombre et mi-ombre pour les autres.
Multiplication : par semis pour les annuels, division des tubercules, en avril, pour les tubéreux et division des touffes pour les vivaces.
Époque de floraison : tout l'été, de juin aux gelées.
Mode de végétation : annuelle, bulbe, vivace.

Bergenia

BERGÉNIA

Famille des saxifragacées

On a tellement vu de bordures de bergénias que l'on s'est lassé de leurs grandes feuilles coriaces et de leurs fleurs aux coloris vineux pas toujours heureux. Gardez-leur une place cependant car ils n'ont pas de rivaux pour garnir des endroits ingrats sans compter que, si on les entretient bien, ils conservent un bel aspect durant toute l'année.

Conseils utiles

— Plantez-les en toute saison après avoir bêché profondément. Enrichissez la terre avec du terreau de feuilles ou de la tourbe.

— Au mois de mars, supprimez les vieilles feuilles pour laisser de la place aux nouvelles et dégager la floraison qui s'annonce. Plantez alentour des tulipes botaniques et des fougères au feuillage fin pour donner de la vie en toute saison.

Les meilleures variétés

— Le *Bergenia cordifolia* est le plus répandu, que ce soit dans ses variations rouges ou rose vif. *B. cordifolia* 'Undulata' possède des feuilles bordées de vaguelettes plus décoratives que le type.

— Le *B. purpurascens* 'Ballawley' fait le meilleur effet en bordure car ses feuilles sont relativement petites et bien serrées

◁ *Bellis perennis*
◁ *Bellis perennis* 'Pomponnette'

Beta vulgaris '**Rubricaulis**' ▷
Bergenia purpurascens ▽

Bellis

PÂQUERETTE

Famille des astéracées

Qu'il s'agisse de la petite pâquerette des gazons qui prolifère souvent dans les endroits piétinés ou de la pâquerette à massifs, si attendrissante avec ses pompons roses ou rouges, on ne peut rester insensible au charme sans façon des fleurs de *Bellis perennis*.

Conseils utiles

— Plantez-les en octobre, novembre ou au début du printemps. Elles sont très résistantes au froid. Veillez seulement à les arroser après les grandes périodes de gel.

— Vous pouvez aussi les semer, en juin, dans un endroit ombragé pour les repiquer deux mois plus tard en place. La pâquerette est plus franchement bisan-

nuelle que vivace, surtout chez les variétés à grandes fleurs.

Les meilleures variétés

Les plus gracieuses sont les 'Pomponnette' doubles qui forment des tapis ravissants sous les tulipes ou au milieu des myosotis. Les amateurs de fleurs étonnantes peuvent semer la 'Monstreuse', race de Chevreuse, mais elle est moins séduisante en massifs car elle est peu garnie.

Hauteur : de 5 à 20 cm.
Étalement et distance de plantation : 15 cm.
Terre : ordinaire, plutôt argileuse.
Exposition : au moins 3 h de soleil par jour.
Multiplication : par semis au printemps et par division des touffes, en automne, pour la pâquerette des prés.
Époque de floraison : de mars à septembre avec une prédominance au printemps.
Mode de végétation : bisannuelle, vivace.

les unes contre les autres ; il fleurit en rouge fuchsia.

— Le *B. stracheyi* a donné naissance à des hybrides réputés. 'Abendglüt' charme par ses feuilles devenant rouge bronze en hiver et ses fleurs d'un, rouge ardent. 'Silberlicht' marie le blanc et le rose sur ses fleurs en épis dressés bien au-dessus du feuillage.

— Peu connu encore, le *B. ciliata* est l'un des rares dont le feuillage est caduc. Ses feuilles sont semblables, en plus grand, à celles des saintpaulias et ses fleurs rose tendre sont les plus belles du genre.

Hauteur : 30 cm.
Étalement et distance de plantation : 30 cm.
Terre : riche en humus.
Exposition : mi-ombre.
Multiplication : par division des touffes après la floraison ou en automne.
Époque de floraison : de mars à mai.
Mode de végétation : vivace.

Beta vulgaris
BETTE À CARDE DÉCORATIVE
Famille des chénopodiacées

Cela peut sembler étonnant de citer un légume parmi toutes ces fleurs mais la bette 'Ruby Chard' le mérite amplement car le rouge qui teint ses côtes est aussi éblouissant que bien des floraisons. Sa culture est à la portée de tous et elle est en plein éclat en automne, époque où le jardin a tendance à s'assoupir un peu. Enfin, elle est parfaitement comestible.

Conseils utiles
— Ne vous pressez pas pour la semer. La mi-avril et le début mai sont des époques idéales. Semez trois ou quatre graines en poquet directement là où vous les désirez en pot. Vous les repiquerez alors un mois plus tard.

— Arrosez une fois par semaine pendant la canicule et paillez le sol. Des apports d'engrais soluble ou de sang desséché sont les bienvenus.

— Coupez les cardes en novembre pour les goûter. Une fois cuites, elles perdent leur couleur.

La meilleure variété
'Ruby Chard' est la plus éblouissante. Elle est quelquefois proposée dans les catalogues français sous le nom de bette ou poirée à carde rouge.

Hauteur : de 100 à 120 cm.
Étalement et distance de plantation : 40 cm.
Terre : la plus riche possible.
Exposition : plein soleil.
Multiplication : par semis, en fin de printemps.
Époque de floraison : en été de la 2e année (sans intérêt).
Mode de végétation : annuelle, bisannuelle.

Bletilla

BLÉTILLA

Famille des orchidacées

Qui croirait, à admirer la vigueur et la facilité de culture de la *Bletilla hyacinthina,* que nous sommes devant une orchidée ? Elle n'a de ces dernières que la délicatesse du dessin des fleurs et leur ton rose raffiné mais pour le reste il faudrait plus la comparer à une tulipe botanique. Le feuillage ressemble tout à fait à celui du glaïeul.

Conseils utiles

— Plantez les rhizomes au printemps dans une terre ordinaire plutôt bien drainée.

— En la couvrant de feuilles mortes ou de fougères des bois (épais matelas) juste avant les grandes gelées, vous serez certains de la conserver de nombreuses années puisque même février 1985 n'a pu en venir à bout.

— Tous les trois ans, déterrez les touffes et divisez-les, en septembre de préférence.

Hauteur : 30 cm.
Étalement et distance de plantation : 15 cm.
Terre : ordinaire, même un peu calcaire.
Exposition : mi-ombre.
Multiplication : par division des touffes, en fin d'été ou au printemps.
Époque de floraison : de mai à juillet.
Mode de végétation : bulbe.

△ **Borrago officinalis**
◁ **Bletilla hyacinthina**

Bocconia

Voir *Macleaya.*

Borrago officinalis

BOURRACHE

Famille des borraginacées

On a plus souvent l'occasion de rencontrer la bourrache dans le potager ou le jardin de simples que dans les massifs de fleurs. Pourtant, un semis, facile à réussir, vous donnera, en été, une montagne de fleurs d'un bleu azuréen. Elle se ressème facilement et devient vite l'une des com-

Brachycome 'Purple Splendour' △

Brachycome

BRACHYCOMÉ

Famille des astéracées

Originaires d'Australie, ces fleurs sont en train de faire la conquête de nos balcons. S'étalant généreusement, les *Brachycome iberidifolia* forment des coussins magnifiques couverts de fleurs pendant tout l'été. Le bleu violet était la seule couleur jusqu'à ce qu'apparaissent des jaunes étonnants.

Conseils utiles

— Plantez-les dès que les gelées sont passées, dans un mélange de terreau de feuilles et de tourbe. Quoique appréciant le plein soleil, les brachycomes aiment avoir de l'eau à leur disposition. Si les pots sont trop petits ils fanent en cours de journée et ne reprennent vie que le soir. Arrosez-les régulièrement pendant la canicule, jusqu'à une fois par jour.

— Coupez les fleurs fanées une fois tous les quinze jours avec des ciseaux pour éviter la formation des graines. Vous pouvez conserver des boutures, ou un pied, dans une véranda ou sous serre, ou bien semer des graines en mars au chaud.

Hauteur : de 30 à 45 cm.
Étalement et distance de plantation : 25 cm.
Terre : terreau de feuilles et tourbe allégée avec un tiers de sable.
Exposition : plein soleil.
Multiplication : par semis, au printemps.
Époque de floraison : de juin aux gelées.
Mode de végétation : annuelle, vivace.

---

pagnes privilégiées des rosiers anciens.

Conseils utiles

— Semez en avril ou mai, en plaçant trois graines dans des petits trous de 5 cm de profondeur, espacés de 20 cm.

— Arrosez abondamment pendant les grandes chaleurs ou couvrez le sol avec un paillis de déchets de tonte de gazon.

— Une fois la floraison passée, rabattez les touffes au ras du sol et portez ce feuillage au tas de compost si vous ne souhaitez pas voir réapparaître beaucoup de petites bourraches, au même endroit, l'année suivante car elles se ressèment trop facilement.

Hauteur : de 40 à 80 cm.
Étalement et distance de plantation : 20 cm.
Terre : quelconque, même pauvre et sèche.
Exposition : plein soleil.
Multiplication : par semis, au printemps.
Époque de floraison : 3 mois après le semis.
Mode de végétation : annuelle.

△ *Browallia speciosa*
◁ *Briza maxima*
Brunnera macrophylla ▷

Briza

AMOURETTE, BRIZE

Famille des poacées

Cette graminée annuelle est une des vedettes des bouquets secs car ses épillets retombants se balancent au moindre souffle d'air. Semez *Briza maxima* dans un coin de potager, en compagnie des immortelles, et disposez-en aussi quelques-unes dans les massifs ou les plates-bandes.

Conseils utiles

— Semez en avril en place et repiquez les plants excédentaires un mois plus tard. Arrosez régulièrement jusqu'à ce que les premiers épillets apparaissent puis laissez-les mûrir.

— La récolte a lieu en juillet, quand les épis sont formés mais non encore ouverts. Suspendez les tiges réunies par bottes dans un local frais pendant le reste de l'été.

Les meilleures variétés

— Il existe aussi des amourettes vivaces, telle *B. media*, aux épis plus courts, en forme de cœur. Hauteur 60 cm.

Hauteur : de 20 à 40 cm.
Étalement et distance de plantation : 15 cm.
Terre : ordinaire.
Exposition : plein soleil.
Multiplication : par semis, au printemps.
Époque de floraison : juin, juillet.
Mode de végétation : annuelle.

Browallia

BROWALLE

Famille des solanacées

Souvent proposée par les fleuristes à partir du mois d'août la *Browallia speciosa* peut orner non seulement votre salon ou votre véranda, mais aussi vos massifs ensoleillés. Elle y répandra sa douce teinte bleue sans discontinuer pendant de nombreuses semaines.

Conseils utiles

— Semez les graines au chaud, en mars, et repiquez-les, en avril, en pots individuels. Mettez en place à partir de la mi-mai. Pincez alors les tiges à mi-hauteur pour obliger les plantes à se ramifier.

— Arrosez une fois par semaine en été et apportez de l'engrais soluble tous les mois.

Les meilleures variétés

La variété 'Blue Troll' ne dépasse pas 30 cm et s'étale avec grâce. Si vous en trouvez des graines, semez aussi des browalles blanches, comme 'White Bell' car elle ne manque pas de panache.

Hauteur : de 30 à 40 cm.
Étalement et distance de plantation : de 15 à 20 cm.
Terre : riche (terreau de feuilles et tourbe).
Exposition : au moins 6 h de soleil par jour.
Multiplication : par semis, au chaud, en mars.
Époque de floraison : tout l'été.
Mode de végétation : annuelle, vivace.

Brunnera

BRUNNERA

Famille des borraginacées

N'allez pas regarder votre touffe de *Brunnera macrophylla* pendant l'hiver, le spectacle est trop triste : le feuillage est tout noir et paraît mort ! Ne l'enlevez pas avant le mois de mars cependant car il protège la touffe du froid. Vous serez remercié de cette patience deux mois plus tard quand surgiront ses innombrables fleurs semblables à celles des myosotis. Une plante excellente en sous-bois où elle se ressèmera naturellement.

Conseils utiles

— Plantez-les en automne de préférence. Paillez le sol avec de l'écorce de pin ou de la tourbe. Arrosez seulement pendant la canicule.

— Plantez des bulbes à proximité, comme des narcisses à petites fleurs ou des crocus botaniques jaunes. Les épimédiums prospèrent dans les mêmes conditions et sont bien mis en valeur par le bleu des brunneras.

Les meilleures variétés

— *B. macrophylla* 'Hadspen Cream'. 'Hadspen Cream' est une variante à feuilles panachées de crème, plus lumineuse. Celles de 'Langtrees' sont décorées d'un collier de petites macules argentées.

Hauteur : 40 cm.
Étalement et distance de plantation : 30 cm.
Terre : ordinaire.
Exposition : ombre.
Multiplication : par division des touffes, en automne.
Époque de floraison : de mai à juillet.
Mode de végétation : vivace.

Calamintha

CALAMINTHA

Famille des lamiacées

Le calamintha forme un petit buisson serré de près de trente centimètres de haut, couvert de petites fleurs d'un coloris lavande infiniment doux. Il se contente du plein soleil et de sols pauvres mais peut survivre à mi-ombre. À planter en bordure de massifs de rosiers.

Conseils utiles

— Plantez-le au printemps de préférence. Paillez le sol avec des écorces de pin ou des tontes de gazon.

— Un peu avant les grandes gelées, coupez le feuillage et laissez-le sur place pour qu'il protège la souche.

Les meilleures variétés

— Le *Calamintha alpina* ne dépasse pas 15 cm de haut. Il égaiera votre rocaille avec ses fleurs bleu mauve.

— Le *C. nepetoides* est l'une des plantes appréciées par les chats. Elle est en fleurs pendant une bonne partie de l'été.

— Accordez un emplacement chaud mais pas trop sec à *C. grandiflora* dont les fleurs tubulées, rougeâtres, se succèderont tout l'été. Hauteur 30 cm.

Hauteur : de 15 à 30 cm.
Étalement et distance de plantation : 20 cm.
Terre : ordinaire.
Exposition : au moins 6 h de soleil par jour.
Multiplication : par division des touffes, au printemps.
Époque de floraison : de juin à octobre.
Mode de végétation : vivace.

▽ *Calamintha alpina*

△ *Calandrinia umbellata*

Calandrinia

CALANDRINIA

Famille des portulacacées

Originaire du Pérou, *Calandrinia umbellata,* voisine de nos pourpiers, fait merveille dans les endroits écrasés de soleil. Elle forme des touffes trapues entièrement couvertes de fleurs pendant tout l'été. Ayant la texture de la soie et vêtues d'un coloris rouge pourpre éblouissant, ces fleurs attirent l'œil dès que le soleil paraît.

Conseils utiles

— Semez en mars ou avril en pots, ou directement en place, dans le Midi. Enterrez très peu les graines et recouvrez-les à peine avec du sable un peu tassé.

— Repiquez en mai ou éclaircissez le semis. Les calandrinias sont très belles en bordures ou en touffes parsemant la rocaille ou des murets de pierres sèches.

Hauteur : 15 cm.
Étalement et distance de plantation : 15 cm.
Terre : ordinaire, même sèche en été.
Exposition : plein soleil sinon les fleurs ne s'ouvrent pas.
Multiplication : par semis, en avril.
Époque de floraison : tout l'été.
Mode de végétation : annuelle et vivace.

60

△ *Calceolaria herbeo-hybrida*
◁ *Calceolaria darwinii*

Calceolaria

CALCÉOLAIRE
Famille des scrophulariacées

Elles ont un air de famille qui ne trompe pas, ces merveilleuses calcéolaires aux fleurs semblables à des petites montgolfières. Le jaune est leur couleur de prédilection.

Conseils utiles
— Il vaut mieux attendre le printemps pour les mettre en place, sauf si vous habitez le Midi où elles deviennent franchement vivaces. Ailleurs, un hivernage sous châssis froid est une sage précaution.

— Donnez-leur un emplacement bien dégagé en plein soleil et n'hésitez pas à pincer le sommet des tiges trop grêles de façon à favoriser le développement d'autres tiges.

— Si le feuillage jaunit c'est en raison soit d'arrosages trop copieux qui asphyxient les racines, soit d'une pullulation de pucerons sous les feuilles. Dans ce cas, traitez avec un insecticide à base de décaméthrine ou déposez, au pied de la plante, quelques granulés de produit à base de disulfoton.

Les meilleures variétés
— La calcéolaire de Darwin (*Calceolaria darwinii*) est une petite merveille, originaire du Chili. Elle sera le clou de votre rocaille si elle s'y plaît. Protégez-la des limaces qui en font leurs délices. C'est la plus rustique des calcéolaires.

— Les calcéolaires hybrides (*C. herbeo-hybrida*) présentent des panachures et des ponctuations fort décoratives. Ce sont plutôt des plantes de véranda. Elles se cultivent en bisannuelles, avec un semis en juin et un hivernage sous châssis.

— Les calcéolaires rugueuses (*C. rugosa*) sont celles qui décorent tant de jardins publics. Un seul pied peut faire l'effet d'un petit buisson de mimosa fleuri en plein été. À multiplier par boutures prélevées en été et mises à l'abri pendant la mauvaise saison ou encore par semis, mais attention les graines sont extrêmement fines !

Hauteur : de 15 à 60 cm.
Étalement et distance de plantation : 25 cm.
Terre : riche et bien drainée.
Exposition : au moins 6 h de soleil par jour.
Multiplication : par semis en début d'été ou par bouturage en août.
Époque de floraison : de juin à septembre.
Mode de végétation : annuelle, bisannuelle, vivace.

△ *Calendula officinalis*

Calendula

SOUCI
Famille des astéracées

Peu de fleurs portent aussi mal leur nom ! Il n'existe en effet pas de fleur annuelle plus sympathique que le souci. Ses graines assez grosses lèvent facilement et donnent naissance à des plantes robustes qui fleurissent pendant tout l'été pour peu qu'on enlève les fleurs fanées régulièrement. Mieux : il se ressème spontanément avec une belle allégresse.

Conseils utiles
— Semez *Calendula officinalis* en mars, sous châssis froid, ou en avril-mai, en place. Repiquez un mois plus tard ou éclaircissez le semis en ne laissant qu'une plante tous les 20 cm. Semez-en aussi dans le potager car les soucis assainissent les sols et vous aurez ainsi matière à bien des bouquets charmants.

— Arrosez une fois par semaine et éliminez les fleurs fanées pour prolonger la floraison. Si les feuilles se couvrent d'un feutrage blanc, pulvérisez avec de la triforine.

Les meilleures variétés
Les soucis de grande taille conviennent surtout pour les bouquets alors que 'Fiesta Gitana', 'Corniche d'Or' ou 'Orange Coronet', de taille moyenne, sont parfaits en massifs ou en bordures.

Hauteur : de 30 à 60 cm.
Étalement et distance de plantation : 20 cm.
Terre : ordinaire, de préférence fraîche en été.
Exposition : au moins 6 h de soleil par jour.
Multiplication : par semis, au printemps.
Époque de floraison : de mai aux gelées.
Mode de végétation : annuelle.

△ *Callistephus chinensis*

Callistephus

**ASTER DE CHINE,
REINE-MARGUERITE**

Famille des astéracées

La mode est ainsi faite, on voit de moins en moins souvent des reines-marguerites dans les jardins. Ne serait-ce que pour les bouquets, semez-les dans votre potager où elles donneront une profusion de fleurs pour la fin de l'été. Hélas, cette plante est devenue sensible à un champignon qui cause son dépérissement brutal, quelquefois en pleine floraison. Ne la placez jamais deux années de suite au même endroit.

Conseils utiles

— Semez *Callistephus chinensis* dès que la terre est bien chaude. Recouvrez les graines de 1 cm de sable.

— Éclaircissez le semis un mois plus tard en laissant 15 cm entre les pieds et repiquez les plants excédentaires, au même écartement, dans vos massifs. Pincez-les à mi-hauteur.

△ *Callistephus chinensis*

— Arrosez le collet, une fois, avec du Cryptonol liquide.

Les meilleures variétés

Les variétés à **fleurs simples** restent nos préférées pour leur élégance ainsi 'Arc-en-Ciel' et 'Madeleine'. Parmi les **naines,** qui ressemblent à des petits coussins : 'Déesse', 'Pépite' et 'Pinocchio'. Si vous souhaitez créer une petite haie en bordure de votre potager, choisissez les **géantes** à fleurs doubles qui peuvent culminer à 1 m à condition de les tuteurer : 'Beauté d'Amérique', 'Super-Princesse', ou la merveilleuse reine-marguerite à fleur de pivoine. Ce sont toutes de bonnes fleurs pour bouquets.

Hauteur : de 20 à 100 cm.
Étalement et distance de plantation : de 15 à 30 cm.
Terre : riche, à améliorer avec du terreau si besoin est.
Exposition : ensoleillée.
Multiplication : semis, au printemps.
Époque de floraison : 2 à 3 mois après le semis.
Mode de végétation : annuelle.

Calluna

BRUYÈRE

Famille des éricacées

Très courante dans les clairières, cette bruyère se reconnaît à ses épis dressés apparaissant de la fin de l'été au début de l'hiver. Cultivée en compagnie de graminées, de fougères et de conifères nains au pied de bouleaux, elle permet de constituer des scènes sauvages ravissantes.

Conseils utiles

— Plantez-les en toute saison dans une terre acide, un mélange de sable, de terre de bruyère et de tourbe étant l'idéal. Paillez avec de l'écorce de pin qui forme un joli écrin.

— Après la floraison, laissez les fleurs fanées qui sont encore décoratives et taillez-les seulement en mars pour obliger les touffes à rester denses.

— Si des rameaux se dessèchent brutalement en cours de saison, traitez toutes les trois semaines avec de l'Aliette en juillet et en août.

Les meilleures variétés

Elles sont très nombreuses : 'Alba Plena', blanche ; 'Goldworth Crimson', rouge foncé et 'H.E. Beale', rose argenté font partie des meilleures. Il existe aussi des variétés à **feuillage doré** mais elles manquent souvent de santé : 'Beoley Gold', 'Blaze Away', etc.

— *C. vulgaris.* 'County Wicklow', fleurs doubles, roses ; 'Elsie Purnell', fleurs doubles, rose argenté, issues de boutons carminés ; 'J.H. Hamilton', très compacte et précoce, à grandes fleurs doubles, roses ; 'Tib', à fleurs doubles, d'une coloration rougeâtre intense, très florifère. Dans un autre registre, 'Wickwar Flame' marie ses fleurs malvacées aux tons jaunes et orangés de son feuillage, plus cuivré en hiver.

Hauteur : de 15 à 60 cm.
Étalement et distance de plantation : de 25 à 30 cm.
Terre : acide.
Exposition : ensoleillée, mi-ombre pour les variétés dorées.
Multiplication : par division des touffes, au printemps.
Époque de floraison : d'août à novembre.
Mode de végétation : vivace.

▽ *Calluna vulgaris*

Caltha

POPULAGE, SOUCI D'EAU

Famille des renonculacées

Rien n'est plus joli qu'une touffe de *Caltha palustris* couverte de fleurs d'un jaune pur à la fin du printemps. Les endroits humides en sont transfigurés, avant la grande fête des nymphéas. Il existe une variété à fleurs doubles presque rondes. Le feuillage, coriace et vernissé, disparaît en hiver.

Conseils utiles

— Plantez, au printemps, en ménageant des poches de terre riche, juste au bord de l'eau ou même légèrement en dessous du niveau maximum.

— Divisez les touffes au printemps, en conservant un bourgeon par éclat et replantez-les immédiatement.

Les meilleures variétés

— Plus lumineux encore, *C. palustria* var. *alba* déploie cinq pétales blanc pur.

Hauteur : de 30 à 40 cm.
Étalement et distance de plantation : 30 cm.
Terre : riche en humus et toujours humide.
Exposition : plein soleil.
Multiplication : par division des touffes, en mars.
Époque de floraison : mai, juin et quelquefois en septembre.
Mode de végétation : vivace.

▽ *Caltha palustris*

△ *Camassia cusickii*

Camassia

CAMASSIA

Famille des liliacées

Si vous n'aimez pas les plantes à bulbes à peine habillées de quelques feuilles et qui ne savent pas garnir un massif, jetez votre dévolu sur les camassias. Robustes, ils forment en quelques années des touffes charpentées et leur feuillage reste décoratif jusqu'en août. Parés de tous les bleus, ils font merveille avec les pivoines roses et les rosiers à fleurs jaunes.

Conseils utiles

— Plantez-les le plus tôt possible en automne. Disposez des appâts anti-limaces au printemps.

— Laissez les touffes en place pendant au moins quatre ans avant de les diviser. Continuez de les arroser jusqu'au dessèchement.

Les meilleures variétés

— Les bulbes du *Camassia cusickii* peuvent atteindre des dimensions impressionnantes. C'est dire la vigueur de cette plante qui culmine à 1 m de haut une fois bien installée. Les fleurs sont d'un beau bleu lavande.

— Portant bien au-dessus du feuillage ses épis de fleurs blanches ou bleues, le *C. leichtlinii* n'a pas besoin de tuteur pour faire de l'effet.

— Le *C. quamash* (ou *esculenta*) était autrefois déterré par les Indiens d'Amérique du Nord pour être consommé en frites... Au jardin, c'est une belle plante aux fleurs déclinant tous les tons, du blanc au bleu-violet.

Hauteur : de 60 à 90 cm.
Étalement et distance de plantation : 30 cm.
Terre : ordinaire plutôt riche, fraîche en été.
Exposition : ensoleillée.
Multiplication : par séparation des bulbes en automne.
Époque de floraison : juin, juillet.
Mode de végétation : bulbe.

△ *Campanula latifolia*

Campanula

CAMPANULE

Famille des campanulacées

Vaste tribu que celle des campanules ! On y trouve de tout, depuis les naines qui frôlent les dix centimètres de haut jusqu'aux altières qui dépassent allègrement les deux mètres. Leur couleur de base est le bleu mais elles affectionnent aussi le blanc et le rose frais. On en trouve pour les terres sèches comme pour les lieux humides, pour le soleil comme pour l'ombre. À vous de faire votre choix.

Conseils utiles

— Installez vos campanules, au printemps de préférence, quand la végétation redémarre ou encore en septembre pour qu'elles aient le temps de s'enraciner avant les grands froids.

— Arrosez régulièrement pendant le premier été et paillez le sol avec de la tourbe ou de l'écorce de pin.

— Pincez les tiges fanées pour éviter l'apparition des graines. On arrive ainsi à faire refleurir les campanules à grosses fleurs mais il faut, dans leur cas, pincer chaque fleur une à une car les nouvelles apparaissent à l'aisselle des anciennes.

— Divisez les touffes juste après la floraison ou au printemps. Vous pouvez aussi tenter les semis qui fleurissent généralement la deuxième année. C'est le seul moyen de multiplier la campanule à grosses fleurs.

Les meilleures variétés

— La *Campanule alliariifolia* présente une silhouette très gracieuse. Préférez l'espèce type à fleurs blanc crème, en juin, plutôt que la variété 'Ivory Bells' aux fleurs plus grandes mais moins élégante.

— La *C. carpatica* est souvent utilisée en bordures de massifs de rosiers. Ses corolles bleues ou blanches, sont largement ouvertes et si nombreuses qu'elles cachent le feuillage en juin, juillet. 'Turbinata' est un peu plus compacte.

— Merveille des rocailles et des dallages, la *C. cochlearifolia* nous tient sous le charme de ses fleurs minuscules, bleues ou blanches, en juillet, août.

△ *Campanula medium*
▽ *Campanula fragilis*

Campanula porscharskyana ▽ ▷

△ *Campanula mollis*

△ *Campanula barbata*

— La *C. glomerata* se reconnaît facilement à ses fleurs regroupées en bouquets ronds et serrées, au début de l'été. Elle atteint un bleu violet d'une rare intensité chez 'Joan Elliott' ou 'Dahurica'.

— La grande *C. latifolia* est la reine des coins sauvages où ses fleurs constituent une attraction en juillet et en août. Elle fait très bel effet avec les guimauves, les salicaires et les lysimaques.

— La campanule à grosses fleurs, *C. medium*, est plus bisannuelle que vivace. Un semis en juin vous donnera des plantes très fleuries un an après. À marier aux rosiers anciens, aux tulipes tardives et aux pivoines pour des scènes inoubliables.

— La campanule à feuilles de pêcher *(C. persicifolia)* est rigoureusement impossible à rater. Elle se ressème souvent en un joyeux mélange de bleu et de blanc.

— Si elle a perdu son petit nom de *C. muralis* au profit de l'épouvantable *C. portenschlagiana*, la campanule des murailles reste une plante irremplaçable pour constituer des bordures très sages d'un bleu éblouissant en mai, juin. La *C. porscharskyana* est plus vigoureuse et convient tout à fait aux dallages. 'Birch Hybrid' en est une forme ancienne encore plus florifère.

— Les situations fraîches, en sol humifère, conviennent mieux à *C. lactiflora* 'Loddon Anna dont les clochettes lilacées se succèdent de juin à août. 'Prichard's Variety' s'épanche dans une teinte bleue toute aussi délicate. Hauteur 150 cm.

— La campanule à feuilles de pêcher *(C. persicifolia)* est rigoureusement impossible à rater. Elle se ressème souvent en un joyeux mélange de bleu et de blanc. Les tiges de *C. persicifolia* var. *sessiliflora*, encore plus robustes, se couvrent de grandes corolles qui s'ouvrent presque à plat.

— Toute vêtue de gris, *C. sarmatica* et ses clochettes bleues est une des plus remarquables campanules des lieux secs. Hauteur 50 cm.

— Grâce à sa souche traçante, *C. takesimana* réalise une parfaite couverture du sol, mais gare aux voisines trop délicates ! Choisissez entre ses énormes clochettes blanc rosé et celles plus rougeâtres de 'Elizabeth'. Hauteur 60 cm.

— A l'opposé des précédentes, la campanule pyramidale *(C. pyramidalis)* avoisine les 2 m de haut et son aspect en pleine floraison est très spectaculaire, en plein été. Elle est malheureusement sensible à la pourriture hivernale et ne fleurit vraiment bien qu'une année.

— Très commune le long de nos chemins et ressemblant de loin à une ortie, la *C. trachelium* produit des grappes très longues de fleurs bleu mauve, au cœur de l'été. Elle se contente de sols très pauvres.

Hauteur : de 10 à 200 cm.
Étalement et distance de plantation : de 15 à 30 cm.
Terre : ordinaire, plutôt bien drainée en hiver.
Exposition : mi-ombre et plein soleil.
Multiplication : par semis ou par division des touffes.
Époque de floraison : de mai à octobre, selon les variétés.
Mode de végétation : annuelle, bisannuelle, vivace.

▽ *Campanula carpatica*

△ *Canna* 'Lucifer'
▽ *Canna* hybride

Canna

CANNA

Famille des cannacées

Est-ce parce qu'on les voit trop souvent orner des corbeilles dans les parcs, avec des accords de couleurs parfois douteux, qu'il faut jeter la pierre aux cannas ? Utilisés à bon escient, en touches de couleurs vives ponctuant un massif, ils jouent le rôle d'épice. Leur culture est à la portée de tous.

Conseils utiles

— Faites démarrer les tubercules dans des pots individuels placés au-dessus d'un radiateur, en mars, avril. Acclimatez-les progressivement et plantez-les seulement vers la fin mai.

— Arrosez-les au moins une fois par semaine, en apportant une fois sur deux de l'engrais soluble. En octobre, déterrez les souches et faites-les sécher dans un endroit chaud et sec.

Les meilleures variétés

— Parmi celles à **feuillage vert** : 'Centurion', orange vif ; 'En Avant', jaune moucheté de rouge ; 'Oiseau de Feu', écarlate ; 'Soleil d'Or', jaune soutenu ; 'Talisman', jaune d'or à centre rouge.

— Parmi celles à **feuillage pourpre** : 'Angèle Martin', rose tendre saumon ; 'Assaut', écarlate vif ; 'La Gloire', rose carminé ; 'Peau Rouge', rouge cuivré ; 'Sémaphore', jaune orangé.

— À signaler parmi les **nains**, 'Cléopâtre', orange vif bordé d'or ; 'Lucifer', rouge sang bordé de jaune ; 'Mistral', rose de France ; 'Petit Poucet', jaune moucheté de rouge ; 'Puck', jaune.

Hauteur : de 30 à 120 cm.
Étalement et distance de plantation : 30 cm.
Terre : la plus riche possible.
Exposition : plein soleil.
Multiplication : par division des rhizomes juste avant plantation.
Époque de floraison : de juillet aux gelées.
Mode de végétation : bulbe.

Cardiocrinum

LIS GÉANT

Famille des liliacées

Peu de plantes font autant d'effet que le *Cardiocrinum giganteum,* le fameux lis géant. Chaque tige, haute quelquefois de près de trois mètres, peut porter une vingtaine de fleurs en trompettes répandant un parfum délicieux. Encore difficile à trouver, ce lis n'a qu'un défaut : il meurt après cette floraison... sans nous quitter tout à fait puisqu'il produit des bulbilles qui attendent cependant six bonnes années avant de fleurir.

Conseils utiles

— Étant une plante de sous-bois, le lis géant apprécie une terre riche en humus et une exposition ombragée.

— Plantez-le dès réception car le bulbe ne doit pas sécher. S'il fait trop froid dehors, placez-le dans un pot rempli de terreau de feuilles en attendant (le haut du bulbe doit juste affleurer).

— Disposez dès le départ des appâts anti-limaces car celles-ci sont très friandes de ses feuilles et même du bulbe.

— Une fois la floraison achevée, déterrez les bulbilles apparus autour de la tige principale et replantez-les immédiatement à bon écartement.

Hauteur : de 1,5 à 3 m.
Étalement et distance de plantation : 40 cm.
Terre : terreau de feuilles pur.
Exposition : pas plus de 3 h de soleil par jour.
Multiplication : par les bulbilles.
Époque de floraison : juillet, août.
Mode de végétation : bulbe.

△ *Cardiocrinum giganteum*

△ *Catananche caerulea*

△ *Cataranthus roseus*
▽ *Cataranthus roseus* hybride

Catananche

CATANANCHE

Famille des astéracées

Si jolie au voisinage d'une plante à feuillage gris, la *Catananche caerulea* adore les emplacements un peu secs. Ses fleurs à la texture de papier se conservent très bien une fois sèches. C'est, le plus souvent, l'humidité qui condamne ces plantes à ne pas vivre très longtemps. Fort heureusement il n'est pas rare qu'elles se ressèment spontanément dans un autre endroit du jardin, en vagabondes.

Conseils utiles

— Plantez-les au printemps, de préférence, ou assez tôt en automne et en prenant la précaution d'ajouter quelques poignées de sable grossier autour de leur collet pour éviter les pourritures.

— Multipliez-les par division des racines charnues, en décembre ou mieux par semis au printemps, les plantes fleurissent bien dès l'année suivante. La variété blanche n'est pas fidèle de semis.

Hauteur : de 50 à 70 cm.
Étalement et distance de plantation : 30 cm.
Terre : sableuse et très bien drainée en hiver.
Exposition : plein soleil impérativement.
Multiplication : par division des racines ou par semis.
Époque de floraison : de juillet à septembre.
Mode de végétation : vivace.

Catharanthus

PERVENCHE DE MADAGASCAR

Famille des apocynacées

Si cette pervenche, bien différente de nos pervenches des bois, a fait dernièrement parler d'elle, c'est davantage pour ses propriétés médicinales anti-tumorales plutôt que pour sa beauté. Il s'agit pourtant d'une excellente plante de massif facile à réussir grâce à un semis à chaud et qui n'arrête pas de fleurir durant tout l'été.

Conseils utiles

— Semez *Catharanthus roseus* (synonyme : *Vinca rosea*), en février, mars, en terrines placées sous verre ou sur un radiateur, dans une pièce bien éclairée. Après un repiquage en godets un mois plus tard, la mise en place définitive a lieu dans le courant du mois de mai. Attention, la moindre gelée lui est fatale !

— Enlevez les bouquets de fleurs fanées une fois tous les quinze jours. Apportez de fréquents arrosages en ajoutant de l'engrais soluble toutes les trois semaines.

— Vous pouvez essayer de la conserver une année de plus en la mettant en pot pour la rentrer sous abri mais la plante se dégarnit vite de la base et le résultat manque d'élégance.

Hauteur : de 30 à 60 cm.
Étalement et distance de plantation : de 25 à 30 cm.

Terre : plutôt riche ; amender avec du terreau de feuilles.
Exposition : plein soleil.
Multiplication : par semis au chaud, en février.
Époque de floraison : de juillet aux gelées.
Mode de végétation : annuelle.

△ *Celosia* 'Crête de coq'

Celosia

CÉLOSIE

Famille des amarantacées

Les célosies sont la fantaisie faite fleur. Leurs corolles minuscules, réunies en panache ou en bizarres chapeaux de velours, prennent des couleurs d'une rare puissance. Elles sont l'apanage des jardiniers d'élite car elles requièrent bien des soins pour donner le meilleur d'elles-mêmes. Et à ce stade, il faut bien l'avouer, on éprouve une certaine difficulté à les marier à d'autres plantes tant leurs silhouettes détonnent. N'hésitez pas à en orner vos jardinières profondes et faites-en des grands bouquets inédits.

Conseils utiles

— Semez les graines très fines, d'une main légère, dans une caissette de terreau placée au chaud, en mars. Procédez à un premier repiquage trois semaines plus tard et mettez en place définitivement en mai.

— Enrichissez la terre avec force engrais et fumier décomposé. Arrosez régulièrement en ajoutant de l'engrais dilué dans un arrosage sur deux.

— Pour réaliser de beaux bouquets durables, coupez les tiges quand les premières fleurs s'ouvrent. Vous pouvez aussi faire sécher les inflorescences en les pendant, tête en bas, dans une pièce sombre pendant deux mois.

Les meilleures variétés

— La célosie « crête de coq » présente une tête énorme couverte de frisures très denses. 'Coral Garden' ne dépasse pas 25 cm de haut et fleurit en rouge vif, écarlate jaune d'or et dans un rose très Modern Style.

— La célosie à panache se termine en grandes flammes de toutes les couleurs. 'Apricot Brandy' est orange abricot tandis que 'Plume naine' reste bien touffue. La très grande 'Triomphe de l'Exposition' mérite bien son nom et rivalise avec les couvre-chefs de nos aïeules.

Hauteur : de 25 à 80 cm.
Étalement et distance de plantation : 20 à 30 cm.
Terre : très riche et toujours fraîche.
Exposition : ensoleillée.
Multiplication : semis au chaud, en mars.
Époque de floraison : de juillet aux gelées.
Mode de végétation : annuelle.

Centaurea

CENTAURÉE

Famille des astéracées

Les centaurées enchantent les plates-bandes où elles forment des taches de couleur remarquables. La plus célèbre des six cents espèces, le bleuet (*Centaurea cyanus*), amène dans nos jardins le charme de la campagne. Associez-les aux *Nepeta*, *Echinops* et *Godetia*.

Conseils utiles

— Semez les annuelles, en place, soit à l'automne, soit au début du printemps. Protégez les plantations automnales pendant l'hiver.

— Semez les vivaces sous châssis froid, en avril. Repiquez en caissettes puis mettez en place au début de l'automne.

— Supprimez les fleurs fanées, vous obtiendrez, avec un peu de chance, une seconde floraison.

— Divisez les vivaces tous les quatre ans environ.

Les meilleures variétés

— Les bleuets **annuels** les plus connus sont les barbeaux ou bleuets (*Centaurea cyanus*), aux pétales paraissant taillés dans du papier crépon. Ils collectionnent les coloris vifs, dans les roses et les bleus notamment. Les bleuets musqués de la race 'Impériale' présentent des fleurs finement dentelées qui répandent un parfum mielleux fort agréable. Leurs coloris sont à tendance pastel.

— Parmi les **vivaces**, *Centaurea dealbata*, atteint 60 cm de haut. Ses feuilles sont gris-vert sur la face supérieure et argenté dessous. Elle fleurit de mai à août avec de grosses fleurs roses à cœur blanc. 'John Coutt's' présente un cœur jaune.

— *C. macrocephala* développe des touffes puissantes couronnées d'énormes capitules jaunes et *C. montana* s'étale en touffes lâches ornées de gros bleuets bleu violacé.

— *C. pulcherrima* harmonise ses capitules roses au vert cendré de son feuillage découpé.

Hauteur : de 25 à 60 cm.
Étalement et distance de plantation : 10 cm.
Terre : ordinaire, de préférence légère, voire sèche.
Exposition : ensoleillée.
Multiplication : par semis.
Époque de floraison : de juin à septembre.
Mode de végétation : annuelle et vivace.

▽ *Centaurea cyanus*

△ Centaurea dealbata 'Stenbergii'

▽ Centaurea montana

Centaurea macrocephala △
Centaurea cyanus hybride ▷
Centaurea pulcherrima ▽

△ *Centranthus ruber*

Centranthus

VALÉRIANE DES JARDINS

Famille des valérianacées

Le moindre muret un peu croulant se transfigure dès qu'il accueille la valériane des jardins. Souvent venue là sans demander notre avis, elle y prospère allègrement et fleurit pendant trois bons mois, de juin à la fin de l'été. Les fleurs en grappes de *Centranthus ruber*, qu'elles soient blanches ou rose pourpre comme dans la variété standard, sont parfaitement mises en valeur par le feuillage abondant d'un vert un peu bleuté.

Conseils utiles

— Un simple paquet de graines vous donnera une foison de jeunes plants que vous repiquerez en place dès le mois de septembre. La floraison de l'année suivante sera ainsi assurée.

— En mars, nettoyez les vieilles touffes pour donner de l'air aux nouvelles pousses vigoureuses.

— En terre acide, ajoutez un peu de craie ou de chaux éteinte au sol avant de les planter. N'arrosez que si la canicule persiste.

Hauteur : de 40 à 60 cm.
Étalement et distance de plantation : 25 cm.
Terre : ordinaire, plutôt un peu calcaire.
Exposition : au moins 6 h de soleil par jour.
Multiplication : par semis en mars, avril.
Époque de floraison : tout l'été, par vagues successives.
Mode de végétation : vivace.

△ *Cerastium biebersteinii*

Cerastium

CÉRAISTE

Famille des caryophyllacées

C'est presque une mauvaise herbe mais si agréable à contempler ! En peu de mois, un simple godet vous donnera un tapis de près d'un mètre de diamètre. Le feuillage de *Cerastium tomentosum*, joliment argenté, se couvre de milliers d'étoiles blanches à la fin du printemps. Quelque peu envahissant, il ne doit pas côtoyer des plantes fragiles. Il constitue un excellent couvre-sol au pied des conifères, des rosiers, ou encore en larges plages ponctuées par des iris bien installés.

Conseils utiles

— Plantez-le en septembre, de préférence, pour qu'il ait le temps de s'installer avant les gelées. Plantez large car les touffes s'étalent vite.

— En mars, procédez à une toilette en rabattant les touffes à 5 cm de haut avec une cisaille à haie ou simplement avec une tondeuse.

— Plantez des tulipes botaniques dans les touffes de céraistes pour obtenir un bel effet, au printemps.

Les meilleures variétés

— *C. biebersteinii* s'étend plus vigoureusement en tapis épais et réguliers, plus grisâtres mais tout aussi florifères.

— *C. tomentosum*. La var. *columnae* présente un feuillage presque blanc en tapis ras, parfaitement à l'aise parmi les pierres.

Hauteur : 10 cm.
Étalement et distance de plantation : 30 cm.
Terre : quelconque, même médiocre.
Exposition : toutes, sauf l'ombre trop forte.
Multiplication : par bouturage ou par séparation des touffes.
Époque de floraison : mai, juin.
Mode de végétation : vivace.

Ceratostigma

PLUMBAGO DE LADY LARPENT

Famille des plombaginacées

Ceratostigma plumbaginoides porte un nom peu engageant. Ne vous en formalisez pas et accueillez-la sans attendre dans votre jardin. Il s'agit d'un couvre-sol de toute première qualité, tout à fait rustique contrairement à une légende solide, et qui décorera votre jardin à une époque où peu de fleurs peuvent le concurrencer. C'est en septembre que commencent à s'ouvrir les premières fleurs d'un bleu vif émouvant, juste avant que le feuillage ne tourne à un rouge pétillant qui ne fait que s'aviver avec les froids. De toute beauté avec des stenbergias et des colchiques blancs.

Conseils utiles

— Plantez-le au printemps après avoir amélioré la terre avec un peu de tourbe et de terreau. Paillez le sol dès le mois de juin et arrosez régulièrement pendant le premier été. Chaque printemps, rajoutez un peu de tourbe pour favoriser l'enracinement des tiges rampantes.

— Chaque touffe peut rester dix ans sans bouger mais vous pouvez aussi les diviser de temps à autre, en mars, pour replanter les rejets ailleurs. Faites la chasse au chiendent qui adore se faufiler dans ces masses denses.

Hauteur : 25 cm.
Étalement et distance de plantation : 30 cm.
Terre : ordinaire, de préférence bien drainée.
Exposition : au moins 6 h de soleil par jour.
Multiplication : par marcottage naturel ou par division des souches, au printemps.
Époque de floraison : de septembre à octobre.

Cheiranthus

GIROFLÉE RAVENELLE

Famille des brassicacées

Si l'on ne peut dire que sa silhouette un peu raide soit un modèle de beauté, personne ne peut rester indifférent au parfum des *Cheiranthus cheiri*. Plantez-les près de la maison pour mieux apprécier leur parfum envoûtant. Les abeilles s'y précipitent pour profiter de ce premier nectar du printemps. Rabattue après la floraison, la giroflée ravenelle peut devenir vivace en climat doux.

Conseils utiles

— Semez-les dès le mois de mai en écartant bien les graines, à peine recouvertes de terreau ou de tourbe. Une simple terrine à semis, non protégée, suffit à cette époque de l'année.

— Repiquez en place directement les jeunes plants hauts de 8 à 10 cm en évitant d'abîmer les racines peu nombreuses. Pincez les tiges à 10 cm quand elles ont atteint 20 cm de haut.

— Arrosez si l'automne est sec et remplacez les pieds manquants, car la reprise n'est jamais parfaite.

— Coupez les tiges florales entières dès que les fleurs sont toutes fanées pour favoriser l'apparition de nouvelles fleurs.

Les meilleures variétés

Les variétés naines comme 'Tom Pouce' sont les plus répandues et sont du plus bel effet dans les rocailles et les murets. Essayez les variétés plus hautes, jaunes comme 'Buisson d'or', ou encore violettes ou carmin, et les mélanges de couleurs pastel qui contiennent des tons chamois très doux.

Hauteur : de 30 à 60 cm.
Étalement et distance de plantation : de 20 à 40 cm.
Terre : ordinaire.
Exposition : ensoleillée.
Multiplication : par semis, au printemps.
Époque de floraison : de mars à juin.
Mode de végétation : bisannuelle.

Ceratostigma willmottianum △
◁ *Cheiranthus cheiri*
Cheiranthus 'Buisson d'or' ▽

Chelone

CHÉLONE

Famille des scrophulariacées

Si vous recherchez la plante qui saura faire la soudure entre les fleurs de l'été et les asters, *Chelone obliqua* vous donnera satisfaction. Ce cousin des penstemons choisit en effet la fin de l'été pour épanouir ses fleurs un peu semblables à celles des digitales en miniature. Pas de coloris vifs mais des déclinaisons autour du rose et du blanc.

Conseils utiles

— Plantez en octobre ou en mars, dans une terre bêchée profondément et soigneusement amendée avec du terreau de feuilles car le chélone est vorace.

— Paillez le massif dès le mois de juin, le chélone ne devant pas souffrir de la sécheresse en été.

— Laissez les tiges gelées se recroqueviller sur les touffes pendant l'hiver. Ne les retirez qu'au printemps. Tous les trois ans, divisez les touffes devenues trop denses.

Hauteur : de 50 à 60 cm.
Étalement et distance de plantation : 20 cm.
Terre : riche et fraîche en été.
Exposition : plein soleil.
Multiplication : par division des touffes, au printemps.
Époque de floraison : août, septembre.
Mode de végétation : vivace.

△ *Chelone obliqua*
▽ *Chionodoxa luciliae*

△ *Chionodoxa gigantea*

Chionodoxa

CHIONODOXA

Famille des liliacées

Est-ce en raison de leur nom ingrat que ces jolies fleurs étoilées d'un bleu tantôt très doux tantôt lumineux sont si peu cultivées ? Ce ne peut être à cause de la brièveté de leur floraison printanière, deux petites semaines pendant le mois d'avril, puisqu'on pardonne aux crocus et aux perce-neige semblable discrétion ! Très faciles à cultiver, on devrait les rencontrer plus souvent dans nos jardins.

Conseils utiles

— Plantez leurs bulbes minuscules dans de la bonne terre de jardin riche et légère par petits groupes de cinq à sept. Dans une jardinière, installez-les dans un mélange terreux riche, composé pour moitié de terre de jardin et de compost.

— Associez-les à des pensées ou à des violettes cornues, l'effet obtenu sera ravissant.

Les meilleures variétés

Il s'agit en fait de deux espèces : *Chionodoxa gigantea,* bleu vif et assez grand (30 cm) et *C. luciliae,* d'un ton plus pâle.

Hauteur : de 20 à 30 cm.
Étalement et distance de plantation : 10 cm.
Terre : riche et légère, de préférence.
Exposition : ensoleillée.
Multiplication : par division des bulbes.
Époque de floraison : avril.
Mode de végétation : bulbe.

Chrysanthemum

CHRYSANTHÈME

Famille des astéracées

Quelle vaste tribu que celle des chrysanthèmes ! Si nous les associons trop souvent à la tristesse c'est par méconnaissance de tous les chrysanthèmes vivaces et annuels dont les coloris sont tout, sauf morbides. Appelez-les plutôt marguerites d'été ou d'automne ou encore fleurs des moissons… cela change tout !

Conseils utiles

— Semez les variétés annuelles en avril ou mai, sous châssis froid ou en place directement. Repiquez ou éclaircissez un mois plus tard en laissant un pied tous les 20 cm. Profitez-en pour pincer les tiges principales. Arrosez régulièrement et placez quelques branches de noisetiers pour soutenir les touffes. Enlevez les fleurs fanées de temps à autre pour prolonger la floraison.

— Plantez les chrysanthèmes vivaces au printemps ou même seulement en juin ou juillet si vous les avez cultivés en pots et que l'emplacement que vous leur destinez est occupé par d'autres plantes. Quelques arrosages suffiront à leur reprise. Pincez-les à mi-longueur quand leurs tiges ont 40 cm de haut. Si des taches blanches apparaissent sur les feuilles, traitez avec un anti-oïdium à base de triforine.

— Quand les premières gelées ont abattu le feuillage, recouvrez les souches avec quelques brassées de paille. Écartez cette protection en avril. Les marguerites blanches sont tout à fait rustiques.

Les meilleures variétés

— Parmi les chrysanthèmes **annuels** : les hybrides à carène dont les fleurs présentent des cercles concentriques de couleurs très contrastées, comme des cocardes flamboyantes ('Burridge' est le nom de la sélection la plus courante) ou encore les chrysanthèmes doubles des jardins, qui font merveille dans les bouquets. À noter aussi le petit *Chrysanthemum paludosum,* blanc à cœur jaune, et son cousin *C. multicaule,* jaune pur, qui composent des bordures ravissantes.

— Parmi les chrysanthèmes **vivaces à floraison estivale** : les *C. coccineum,* appelés autrefois pyrèthres et qui sont plus jolis en bouquets qu'en massifs ; les marguerites blanches, encore étiquetées *Leucanthemum* dans bien des pépinières et qui sont des *C. maximum.* Il en existe plusieurs cultivars dont 'Wirral Supreme', à fleurs doubles très grandes, 'Petite Princesse d'Argent', qui ne dépasse pas 30 cm de haut, ou 'Étoile d'Anvers', une grande classique toujours à la mode ; le *C. haradjanii* ou *Tanacetum densum* au feuillage incroyablement divisé et d'un gris argenté presque

△ *Chrysanthemum frutescens*
◁ *Chrysanthemum* hybride
▽ Chrysanthèmes naturalisés

Chrysanthème des fleuristes △
Chrysanthemum frutescens ▽

△ *Chrysanthemum maximum*
◁ *Chrysanthemum* hybride
◁ *Chrysanthemum uliginosum*
Chrysanthemum carinatum ▽

74

△ *Chrysanthemum* **hybride**

impalpable ; enfin le *C. partheniifolium*, au feuillage argenté fort décoratif, qui atteint le double du précédent.

— Parmi les chrysanthèmes **vivaces** à **floraison automnale** : les *C. rubellum* qui forment de vrais coussins de fleurs ('Clara Curtiss', rose ; 'Lady Brockett', rose abricot ; 'Mary Stocker', jaune tendre) ; les chrysanthèmes de Corée *(C. coreanum),* un peu plus tardifs. 'La Perle', blanc pur, 'Isabella', beige et 'Red Velvet', rouge violacé double, figurent parmi les plus beaux. Signalons aussi *C. uliginosum* qui dépasse 2 m de haut et forme un nuage de fleurs blanches et enfin les hybrides à grosses fleurs qui ornent les cimetières... mais ceci est une autre histoire. Certains, à fleurs d'anémone ou d'autres, aussi fines que les 'Spider' de nos fleuristes, méritent cependant d'être récupérés après la Toussaint pour orner un coin du jardin l'année suivante. Les chrysanthèmes des fleuristes demandent une serre pour donner le meilleur d'eux-mêmes et vous aurez du mal à les forcer à fleurir en dehors de leur saison normale, l'automne.

— Le *C. articum* reste encore trop méconnu malgré la beauté de ses coussins réguliers. Ils disparaissent littéralement sous les fleurs, blanc rosé chez 'Roseum' et jaune pâle soufré chez 'Schwefelglanz', une plante vraiment exceptionnelle.

— Le printemps voit s'ouvrir les capitules du *C. leucanthemum* 'Reine de Mai', le plus précoce de tous.

Hauteur : de 20 cm à 2 m.
Étalement et distance de plantation : de 20 à 50 cm.
Terre : riche et fraîche.
Exposition : ensoleillée.
Multiplication : par semis, par division des touffes ou par bouturage, au printemps.
Époque de floraison : de juin à décembre.
Mode de végétation : annuelle et vivace.

Cimicifuga

CIMICIFUGA

Famille des renonculacées

Parfaitement à leur aise dans les coins sauvages du jardin, les cimicifugas rappellent un peu les astilbes mais ne sortent pas du blanc pur. Plantez-en quelques masses avec des hortensias, des fuchsias et des fougères pour créer des scènes de fraîcheur.

Conseils utiles

— Plantez au printemps en espaçant largement les touffes.

— Paillez le sol au début de l'été avec des déchets de tonte de gazon ou des feuilles mortes décomposées.

— Tous les cinq ans, divisez les touffes devenues trop importantes.

Les meilleures variétés

— Le *Cimicifuga dahurica* fleurit au début de l'automne en longs épis très minces.

— Le *C. racemosa* est un peu plus haut que le précédent. Ses épis plus fournis se courbent gracieusement. Son odeur est plutôt déplaisante.

— Le *C. simplex* 'White Pearl' produit des inflorescences ramifiées, garnies d'épis courts, aux fleurs serrées, d'un blanc laiteux.

Hauteur : de 80 à 150 cm.
Étalement et distance de plantation : de 40 à 50 cm.
Terre : profonde et fraîche en été.
Exposition : mi-ombre et soleil si la terre est humide.
Multiplication : par division des touffes, au printemps.
Époque de floraison : de juillet à octobre.
Mode de végétation : vivace.

Cimicifuga dahurica ▷
Cimicifuga racemosa ▽

Clarkia

CLARKIA

Famille des œnothéracées

Un simple semis en place vous donnera des fleurs à profusion grâce aux clarkias. Chaque pied se développe avec vigueur en une petite pyramide terminée par autant d'épis de fleurs « de soie ». Roses, blanches ou rouges, les *Clarkia elegans* sont magnifiques en mélange mais ne durent pas très longtemps. Associez-les avec d'autres plantes soit plus précoces, comme les pavots d'Orient, soit plus tardives comme les asters.

Conseils utiles

— Semez en place, en avril, après avoir ameubli la terre et disposé une couche de bon terreau (2 cm d'épaisseur). Tapotez le sol avec le dos d'un râteau juste après le semis.

— Éclaircissez un mois plus tard en ne laissant qu'un pied tous les vingt centimètres et repiquez les surnuméraires dans un autre massif.

— Vous pouvez aussi semer en septembre, octobre et faire hiverner les plants sous un châssis. Repiqués en mars, ils seront très beaux et fleuriront tôt, un mois avant les autres.

Hauteur : de 40 à 50 cm.
Étalement et distance de plantation : 20 cm.
Terre : ordinaire.
Exposition : plein soleil.
Multiplication : par semis, au printemps ou en automne.
Époque de floraison : de juin aux gelées, pendant un bon mois.
Mode de végétation : annuelle.

Clarkia elegans **hybride** ▷
Cleome spinosa ▽

Cleome

CLÉOME ÉPINEUSE

Famille des capparidacées

C'est l'une des plus belles fleurs annuelles. Assez haute, *Cleome spinosa* offre des corolles aériennes, couronnées d'aigrettes déclinant tous les roses, durant tout le mois de juillet. Un seul petit défaut : elle ne sent pas très bon, mais comme elle sait rester discrète, c'est un inconvénient mineur qui ne devrait pas vous empêcher de l'incorporer à vos massifs en compagnie des tabacs d'ornements et des rosiers anciens.

Conseils utiles

— Semez en caissettes dès le début du mois de mars, à l'abri et dans un terreau léger. Repiquez les jeunes plants en mai.

— Ne ménagez pas vos arrosages durant la belle saison.

Hauteur : 70 cm.
Étalement et distance de plantation : 20 cm.
Terre : ordinaire.
Exposition : ensoleillée.
Multiplication : par semis.
Époque de floraison : de juin à la fin septembre.
Mode de végétation : annuelle.

Clivia

CLIVIA

Famille des amaryllidacées

Avec son feuillage d'un beau vert lustré, son port de poireau géant et ses fleurs spectaculaires, il a une réelle valeur décorative. Il fleurit très tôt au printemps. Peu difficile à vivre, *Clivia miniata* requiert pourtant un climat doux pour vivre au jardin sans péril. Le plus sage est de le cultiver en pot si vous n'habitez ni la Bretagne ni le Sud-Ouest, comme on le fait pour les agapanthes.

Conseils utiles

— Plantez-le dans une bonne terre de jardin additionnée de deux pelletées de terreau bien décomposé par plante.

— Arrosez-le copieusement et régulièrement durant la belle saison. En revanche, pendant l'hiver, stoppez tout arrosage, c'est le seul secret pour le voir fleurir chaque année.

Hauteur : 40 cm.
Étalement et distance de plantation : 30 cm.
Terre : ordinaire.
Exposition : ensoleillée.
Multiplication : par division des touffes.
Époque de floraison : avril.
Mode de végétation : vivace.

▽ *Clivia miniata*

Cobaea

COBÉE

Famille des polémoniacées

Belle couleur, belle cloche, mais on pourrait presque surnommer *Cobaea scandens* « fleur des déceptions ». Certes elle germe bien, pousse vigoureusement, au point d'envahir les grillages ou les arbres à sa portée. Mais qui peut se flatter de l'avoir vue entièrement couverte de fleurs ? Elle ne daigne ouvrir ses clochettes qu'au mois de septembre, peu de temps avant la première gelée qui sonne son glas. Les fleurs sont vertes au départ puis elles prennent de la couleur. En revanche, en véranda, il s'agit d'une plante de premier ordre. Nous vous déconseillons la variété blanche dont les fleurs se distinguent mal du feuillage.

Conseils utiles

— Semez-la en mars ou avril, en pots, et repiquez-la en place au mois de mai, sans bousculer les racines.

— Arrosez-la régulièrement en été et apportez-lui de l'engrais soluble, en petite quantité, car elle n'a pas besoin d'une nourriture trop riche.

— Si la plante, une fois adulte, s'accroche toute seule grâce à ses vrilles, il est bon de la tuteurer tant qu'elle ne dépasse pas 50 cm de haut.

— En véranda, taillez-la, chaque printemps, assez court pour la forcer à renouveler sa ramure, mais il est préférable de la ressemer chaque année car, bien que vivace, sa culture en annuelle donne de meilleurs résultats.

Hauteur : jusqu'à 6 m.
Étalement et distance de plantation : 1 m ou en pots de 30 cm de diamètre.
Terre : fraîche en été.
Exposition : ensoleillée (elle pousse mais ne fleurit pas à l'ombre).
Multiplication : par semis, au printemps.
Époque de floraison : fin de l'été.
Mode de végétation : annuelle.

Cobaea scandens ▷

Codonopsis

CODONOPSIS

Famille des campanulacées

Voici une fleur à admirer de près, très exactement couché sur le sol pour mieux distinguer l'intérieur des petites cloches ! Leur robe crème est en effet parsemée de taches violettes, un peu comme certaines porcelaines de Chine. Hélas, l'odeur de fritillaire qui se dégage du feuillage de *Codonopsis clematidea,* quand on le froisse, ne pousse pas à réitérer cet examen.

Conseils utiles

— Plantez, au printemps de préférence, en indiquant soigneusement le lieu avec une étiquette impérissable. La végétation de cette plante démarrant tardivement, vous risqueriez de l'abîmer d'un coup de binette.

— Chaque année, apportez une poignée de bon compost au pied. Arrosez pendant la canicule. Étant à moitié grimpant, le codonopsis aime à se faufiler dans d'autres plantes, comme une lavande, une santoline ou même un rosier nain.

Hauteur : de 60 à 80 cm.
Étalement et distance de plantation : 20 cm.
Terre : terreau de feuilles et sable grossier.
Exposition : mi-ombre.
Multiplication : par division des touffes, au printemps.
Époque de floraison : juin, juillet.
Mode de végétation : vivace.

Colchicum 'Waterlily' ▷
Colchicum autumnale ▷
▽ *Codonopsis clematidea*

Colchicum

COLCHIQUE

Famille des liliacées

C'est à l'automne comme le dit la célèbre chansonnette que les colchiques déploient leurs corolles dans les prés ou dans les pelouses. Attention, tous sont très toxiques et leur culture est à déconseiller si vous avez de jeunes enfants !

Conseils utiles

— N'importe quelle bonne terre de jardin leur convient avec cependant une prédilection marquée pour les terrains frais.

— Plantez-les au printemps, en avril ou mai pour les voir fleurir à l'automne.

Les meilleures variétés

— Les *Colchicum autumnale* sont indigènes dans nos prairies humides. Ils existent en rose lilas ou en blanc. Les *C. byzantinum*, originaires de Turquie, présentent un plus grand nombre de fleurs par bulbe. Du même pays nous arrive le *C. cilicicum*, au coloris plus foncé.

— De nombreux hybrides ont été créés : 'Lilac Wonder', très tardif, aux fleurs améthyste ; 'The Giant', aux corolles très grandes comme son nom l'indique ; 'Violet Queen', violet vif ou 'Waterlily', aux fleurs doubles semblables à celles des nymphéas, rose tendre.

— Cumulant les bizarreries, *C. luteum* est le seul colchique jaune et printanier. On le cultive en pots, de préférence, car sa rusticité n'est pas très assurée. C'est une rareté de prix.

Hauteur : 15 cm.
Étalement et distance de plantation : 20 cm.
Terre : ordinaire mais fraîche.
Exposition : ensoleillée.
Multiplication : division des cayeux.
Époque de floraison : automne.
Mode de végétation : bulbe.

▽ *Colchicum speciosum 'Album'*

△ *Colchicum 'Lilac Wonder'*
▽ *Convallaria majalis*

Convallaria

MUGUET

Famille des liliacées

Le muguet est le présent obligé du premier mai ! C'est dans les sols frais et profonds, un peu argileux qu'il se plaît le mieux, formant avec les ancolies, les pivoines et les perce-neige des massifs bon enfant et vraiment sans problème.

Conseils utiles

— Pour le faire fleurir au 1er mai à coup sûr, plantez-en, courant mars, des touffes grosses comme le poing dans des pots à fleurs remplis de compost bien mûr, que vous arroserez régulièrement.

— Tous les trois ans, à l'automne, divisez les touffes devenues envahissantes.

Hauteur : 20 cm.
Étalement et distance de plantation : 20 cm.
Terre : ordinaire, légèrement argileuse.
Exposition : mi-ombre.
Multiplication : par division des rhizomes.
Époque de floraison : avril, mai.
Mode de végétation : vivace.

Convolvulus mauritanicus △

Convolvulus cneorum △

Coreopsis drummondii △
Cortaderia selloana **'Pumila'** ▷

Convolvulus

LISERON

Famille des convolvulacées

Il y a loin du liseron des champs à ces deux merveilles que sont le *Convolvulus cneorum* et le *C. mauritanicus*. Le premier forme un petit buisson gris constellé de corolles blanches pendant tout l'été tandis que le second préfère ramper avant de se couvrir de fleurs d'un bleu de ciel d'été. Tous deux sont presque rustiques, ce qui signifie qu'il faut les abriter des pluies d'hiver au nord de la Loire.

Conseils utiles

— Plantez-les en avril-mai, dans une poche de terre bien drainée à laquelle vous pouvez ajouter du sable.

— Donnez des arrosages une fois par semaine pendant l'été et cessez-les dès le mois d'octobre pour faire entrer ces plantes en vie ralentie.

— Des boutures, prélevées en juillet et mises à enraciner dans du sable, reprennent très bien et peuvent être facilement hivernées sous châssis de façon à conserver la souche.

Les meilleures variétés

— Les belles de jour (*C. tricolor*) sont des fleurs faciles que même un débutant réussira. De leurs grosses graines naissent en quelques mois des touffes planureuses qui se couvrent de fleurs à plusieurs couleurs concentriques, qui s'ouvrent le matin pour se fermer l'après-midi. Toutes ont une gorge jaune. À installer de préférence à exposition est ou sud-est.

— Le *C. cantabricus* réclame un emplacement chaud de la rocaille pour étaler ses tapis constellés de fleurs roses.

Hauteur : 50 cm pour *C. cneorum,* 15 cm pour *C. mauritanicus.*
Étalement et distance de plantation : 25 cm.
Terre : légère et bien drainée.
Exposition : plein soleil sinon les fleurs ne s'épanouiraient pas.
Multiplication : par bouturage, en été.
Époque de floraison : de juin aux gelées.
Mode de végétation : vivace.

Coreopsis

CORÉOPSIS

Famille des astéracées

Les coréopsis constituent un groupe de fleurs indispensables au jardin à condition d'aimer le jaune pur qui est leur couleur de prédilection. Les uns sont annuels (*Coreopsis tinctoria* et *C. drummondii*) tandis que d'autres sont vivaces (*C. grandiflora* et *C. verticillata*). Les premiers sont légers et évanescents tandis que les seconds ont une silhouette plus trapue. Tous apprécient les sols profonds et restant frais en été.

Conseils utiles

— Semez les coréopsis **annuels** en mars, avril soit en place, soit en terrine pour les repiquer un mois plus tard. Pincez les jeunes plants à mi-hauteur au mois de mai pour les forcer à se ramifier. Enlevez les fleurs fanées car les graines, très grosses, ont tôt fait d'épuiser les plantes.

— Plantez les coréopsis **vivaces** au printemps en améliorant la terre avec du terreau de feuilles. Laissez le feuillage gelé sur les touffes pendant tout l'hiver et nettoyez-les en avril seulement.

Les meilleures variétés

— Le coréopsis de Drummond, *Coreopsis drummondii*, a donné naissance à des cultivars intéressants, comme 'Couronne d'Or' qui possède un cœur marron.

— Le plus élégant des coréopsis est *C. tinctoria,* dont les tiges fines déploient les fleurs très haut. Dispersez-en quelques pieds dans vos massifs pour leur donner de la légèreté.

— Très connu, le *C. grandiflora* est souvent un peu décevant car ses touffes sont tellement florifères qu'elles en meurent subitement, en fin d'été. Ne leur donnez pas une terre trop riche en humus sinon les feuilles seront disproportionnées. Parmi les plus prisés, notez 'Badengold', 80 cm ; 'Sonnenkind', 40 cm et 'Sunray', 40 cm, à fleurs doubles.

— Les *C. lanceolata* ont aussi leurs vedettes, souvent plus compactes et florifères à l'excès : 'Rotkehlchen', jaune et brun,

'Sterntaler', bicolore également mais légèrement plus haut.

— Contrairement à tous les autres, le *C. tripteris* préfère les sols frais dans lesquels il culmine à près de 2 m.

— Ne présentant aucun des inconvénients du précédent, le *C. verticillata* mériterait de figurer dans tous les jardins. Sa silhouette bien nette, un peu semblable à celle des bonnets d'ours, est décorative même quand les fleurs sont absentes, c'est-à-dire pendant une période très courte car peu de plantes sont aussi florilèges. 'Zagreb' ne dépasse pas 25 cm. Alors que la plupart sont d'un jaune vif, 'Moonbeam' se pare d'un ton beurre très doux, bien mis en valeur par sa robe sombre.

Hauteur : de 40 à 60 cm.
Étalement et distance de plantation : 30 cm.
Terre : ordinaire à assez riche.
Exposition : plein soleil.
Multiplication : par semis au printemps pour les annuelles et division de touffes, à la même époque, pour les vivaces.
Époque de floraison : de juin aux gelées.
Mode de végétation : annuelle, vivace.

Cortaderia

HERBE DES PAMPAS

Famille des poacées

Qui ne connaît les célèbres panaches crème des herbes des pampas (ex-*Gynerium*) dont pas un jardin ne semble pouvoir se passer depuis bientôt trois décennies ! Réfléchissez avant de l'adopter, sa devise est « j'y suis, j'y reste ! ».

Conseils utiles

— Peu difficile sur le climat comme sur la qualité du sol, elle pousse sans problème dans tous les jardins.

— Au bout de trois ans, divisez les touffes devenues imposantes avec une bêche bien tranchante.

— Coupez les panaches à l'automne pour en faire des bouquets qui se garderont longtemps dans une pièce fraîche.

— Recouvrez la souche avec un film plastique, en octobre, après avoir regroupé les tiges avec un lien. Défaites cet assemblage en avril.

Les meilleures variétés

— *C. selloana*. Il en existe différentes variantes moins connues et tout aussi encombrantes, comme 'Gold Band', à feuilles ourlées de jaune, ou 'Roi des Roses', couronné de volumineux panaches rose vineux.

Hauteur : 1,50 m.
Étalement et distance de plantation : 1,50 m.
Terre : ordinaire.
Exposition : indifférent.
Multiplication : division des souches.
Époque de floraison : de juillet à novembre.
Mode de végétation : vivace.

Corydalis

FUMETERRE

Famille des papavéracées

Voici deux fleurs des murettes et des escaliers de pierre sèche. Il suffit de quelques poignées de terre dans une crevasse pour satisfaire ces intrépides fumeterres. Si le jaune est presque une mauvaise herbe, son cousin du Cachemire est un bijou que s'arrachent les collectionneurs et sa culture est loin d'être une partie de plaisir.

Conseils utiles

— Arrachez quelques pieds de corydalis jaune dans la nature, pendant la belle saison et plantez-les avec soin en n'oubliant pas d'arroser régulièrement. Par la suite apparaîtront des semis spontanés qu'il suffira de repiquer là où le besoin s'en fera sentir. Prenez garde cependant à ce qu'ils n'envahissent pas tout le jardin.

— Plantez le *Corydalis cashmeriana* au printemps dans une poche de bonne terre sableuse, à mi-ombre. Protégez-le en hiver avec une plaque de verre ou une feuille de plastique. Par précaution prélevez-en des graines que vous sèmerez en octobre et laisserez sous un châssis froid pendant tout l'hiver. La levée a lieu au printemps et vous pouvez repiquer les jeunes plants en mai.

Les meilleures variétés

— Le *Corydalis lutea* fleurit dans d'innombrables murets de nos campagnes et ses fleurs égayent les vieilles pierres pendant neuf mois sur douze, par vagues successives, sur le bel écrin de leur feuillage glauque.

△ *Corydalis lutea*
▽ *Corydalis cashmeriana*

— Quant à *C. cheilanthifolia*, ses longues feuilles si délicatement découpées lui donnent la grâce d'une fougère.

— Il est difficile de décrire le bleu des corolles du *C. cashmeriana* sans employer de superlatifs. Une rareté qui vous classera parmi les amateurs de haut vol. A moins que vous ne succombiez aux charmes de *C. flexuosa*, un nouveau venu, au bleu d'azur, qui fait des envieux.

Hauteur : de 15 à 20 cm.
Étalement et distance de plantation : 20 cm.
Terre : riche et bien drainée.
Exposition : au moins 6 h de soleil par jour.
Multiplication : par semis.
Époque de floraison : d'avril aux gelées.
Mode de végétation : vivace.

Cosmos bipinnatus △

Cosmos

COSMOS

Famille des astéracées

Voici l'une des fleurs annuelles s'épanouissant en été qui garnit le mieux les massifs, le plus souvent à elle seule. Son feuillage plumeux sert d'écrin à des fleurs de dessins d'enfants, vêtues de couleurs toujours très pures, allant du pourpre le plus foncé au blanc pur. Un discret parfum s'en dégage si vous en prélevez pour vos bouquets mais il provient des feuilles. Ce sont des fleurs de débutants, presque impossibles à rater.

Conseils utiles

— Le semis réussit facilement car les graines sont grosses. Effectuez-le dans un châssis ou sur un coin de radiateur au mois d'avril. Écartez-les dès le départ de plusieurs centimètres car leur croissance est rapide. Repiquez un mois plus tard soit en pot, soit directement en place, dans une terre ordinaire bêchée profondément. Arrosez abondamment et enlevez les fleurs fanées pour ne pas épuiser la plante prématurément.

— Le cosmos jaune est plus capricieux. Donnez un peu de chaleur au moment du semis ou attendez le mois de mai pour le semer en place directement. Éclaircissez

un mois plus tard et pincez les tiges principales à mi-hauteur pour obtenir des touffes plus ramifiées.

Les meilleures variétés

— Le plus connu est *C. bipinnatus* dont la sélection 'Sensation' présente un seul rang de pétales tandis que 'Sunset' n'a qu'un seul coloris, d'un rouge très puissant, sur des fleurs semi-doubles. Les ligules tubulées de 'Seashell' ne manqueront pas de provoquer la surprise, d'autant que ses teintes sont d'une extrême douceur.

— Le jaune et l'orange s'affichent sur les fleurs du *C. sulphureus,* à la silhouette plus dégagée et moins rustique que celle des précédents. Les sélections 'Bright Lights' (feux lumineux en français, une sorte de pléonasme botanique !) et 'Klondyke' sont les plus souvent vendues. Leurs fleurs sont demi-doubles.

— Encore très rare, le *C. atrosanguineus* ressemble plus à un dahlia à fleurs simples qu'à un cosmos. Ses fleurs brunes sentent… le chocolat. À cultiver comme des dahlias, c'est-à-dire en rentrant la souche tubéreuse à l'abri en hiver.

Hauteur : de 60 à 140 cm.
Étalement et distance de plantation : 30 cm.
Terre : ordinaire.
Exposition : ensoleillée.
Multiplication : par semis ou par division des souches (*C. atrosanguineus*).
Époque de floraison : de juin aux gelées.
Mode de végétation : annuelle et vivace.

Crambe ▷
Cosmos atrosanguineus ▽

82

Crambe

CRAMBÉ

Famille des brassicacées

Avec ses milliers de fleurs légères, minuscules, voici une plante des plus étonnantes… Aussi rare que spectaculaire, elle se développe avec majesté, inondant le moindre massif de vivaces d'un nuage vaporeux. Certes peu fréquent chez les pépiniéristes, ce crambé, cousin du crambé maritime des potagers de collectionneurs, n'est pas difficile à cultiver. Adoptez-le sans hésiter. Malgré sa grande taille, le crambé n'a pas besoin d'un tuteur, il tient bien sur sa tige.

Conseils utiles

— Une bonne exposition ensoleillée le fera prospérer. C'est une plante idéale pour un jardin de bord de mer.

— Attribuez-lui une plate-bande bien drainée enrichie de terreau parfaitement décomposé. Si le sol est sablonneux, vous avez toutes les chances de le réussir.

— Comme il ne déteste pas le calcaire, tous les sols lui conviennent, mais ils doivent impérativement être légers.

— Plantez-le dans une plate-bande d'au moins un mètre de large, ou bien accordez-lui franchement la vedette si vous possédez un petit jardin, car il est spectaculaire.

Hauteur : 1,20 m.
Étalement et distance de plantation : 1 m.
Terre : ordinaire.
Exposition : ensoleillée.
Multiplication : par division des souches.
Époque de floraison : juin et juillet.
Mode de végétation : vivace.

Crepis

CRÉPIDE

Famille des astéracées

Si son aspect de mauvaise herbe vous effraie un peu, donnez au *Crepis aurea* un recoin désolé de votre jardin pour qu'il s'y établisse. Une terre aride et pauvre lui suffit. C'est même là qu'il devient très florifère. Ses fleurs, semblables à celles des pissenlits mais en plus petit et en orange, valent bien le spectacle de la terre nue.

Conseils utiles

— Plantez-le au printemps après avoir bêché. Les racines pivotantes pourront ainsi s'approvisionner en profondeur.

— En été, rabattez la touffe au ras du sol pour la forcer à émettre de nouvelles tiges. Vous pouvez en profiter pour apporter du compost bien décomposé en paillage. La corvée d'arrosage sera ainsi supprimée.

△ *Crepis incana*

Les meilleures variétés

— *C. incana* préfère aussi les rocailles sèches, mais ses fleurs s'éclairent du plus beau rose clair alors qu'elles luisent d'un bel orange cuivré chez le premier.

Hauteur : de 15 à 35 cm.
Étalement et distance de plantation : 20 cm.
Terre : quelconque, plutôt pauvre et bien drainée.
Exposition : plein soleil.
Multiplication : par division des touffes en mars ou semis au printemps.
Époque de floraison : en été.
Mode de végétation : vivace.

Crinum x powellii

CRINUM

Famille des amaryllidacées

Comme l'agapanthe et le clivia, voici un amateur de climats doux. Il résiste cependant bien à l'hiver si l'on prend la précaution de l'enfouir sous une brassée de feuilles mortes, en automne. Il tiendra compagnie avec beaucoup de grâce à des rosiers grimpants remontants, à des céanothes d'été et à des plantes vivaces car lorsqu'il fleurit, à la manière d'un petit lis rose, en bouquets de trompettes, c'est un ravissement. Il est délicatement parfumé.

Conseils utiles

— Plantez-le assez profondément, à 15 cm sous terre, dans une bonne terre de jardin enrichie de deux pelletées de terreau et à bonne exposition.

— Protégez-le en automne sous une brassée de feuilles recouvertes d'une planche.

Hauteur : 30 cm.
Étalement et distance de plantation : 30 cm.
Terre : ordinaire, riche.
Exposition : ensoleillée.
Multiplication : séparation des bulbes.
Époque de floraison : juillet, août.
Mode de végétation : bulbe.

Crinum x powellii ▽

Crocosmia

CROCOSMIA

Famille des iridacées

Familier des jardins bretons qu'il illumine de sa floraison d'un orange clinquant, de mai aux gelées, le *Croscomia* (synonyme *Montbretia*) dévale parfois les talus qui les bordent pour aller musarder dans les chemins. Il se plaît tellement en Bretagne qu'il s'y est naturalisé !

Conseils utiles

— Plantez les bulbes, semblables à ceux d'un glaïeul miniature, dans une bonne terre, de préférence sablonneuse, en automne.

— La première année, protégez-les du froid sous une épaisse litière de feuilles.

— Plantez-le en groupes de dix à douze, l'effet sera spectaculaire.

Les meilleures variétés

— L'espèce la plus connue est le *C. X crocosmiiflora*, orangé, ou parfois jaune ; le *C. masonorum* est cependant plus spectaculaire avec ses épis de fleurs d'un rouge tango éblouissant. Aujourd'hui, les pépiniéristes proposent des hybrides qui offrent de nombreuses variantes toujours lumineuses : 'Emberglow', rouge orangé ; 'Firebird', rouge flammé d'orange ; 'Norwich Canary', entièrement jaune, ou 'Solfaterre', à fleurs jaune canari sur des feuilles bronze.

Hauteur : 60 cm.
Étalement et distance de plantation : 15 cm.
Terre : légère et bien drainée.
Exposition : ensoleillée.
Multiplication : division des bulbes.
Époque de floraison : de juin à octobre.
Mode de végétation : bulbe.

Crocosmia ▽

Crocus

CROCUS

Famille des iridacées

Qui ne connaît ce premier sourire du printemps qui illumine aussi bien nos pelouses que nos jardinières ? Les flûtes des crocus percent la grisaille des jours d'hiver et annoncent le retour des beaux jours. À côté de ces vedettes incontestées laissez une place aux crocus d'automne, d'un mauve plus bleuté que celui des colchiques avec lesquels on les confond parfois. Dans tous les cas utilisez les crocus avec générosité, par douzaines, car seul l'effet de masse les met bien en valeur. Ils sont de parfaits compagnons pour les *Iris reticulata,* les primevères et les petits narcisses botaniques.

Conseils utiles

— Plantez-les dans de la bonne terre ordinaire enrichie d'une poignée d'engrais universel par mètre carré. Laissez 10 cm à peine entre les bulbes et enfoncez-les gentiment de 5 cm. Cette opération doit être terminée en décembre car leur enracinement démarre à cette époque.

— Les crocus d'automne se plantent en août, septembre. Arrosez la terre la veille abondamment pour l'ameublir. Leur végétation étant simplement décalée, ils sont au repos en été et leur feuillage disparaît alors totalement. Utilisez-les en rocaille et plantez-les dans des touffes de fleurs printanières, des phlox rampants, par exemple.

— Laissez les crocus se naturaliser, c'est-à-dire former des taches de plus en plus fleuries. Ne les divisez que si leur floraison paraît manquer d'éclat.

Les meilleures variétés

— Parmi les crocus **printaniers,** il y a trois grands groupes : les *Crocus chrysanthus,* très précoces et à petites fleurs, ils résistent bien aux intempéries. 'Advance', crème et violet, 'Blue Pearl', bleu tendre et argent, 'Zwanenburg Bronze', jaune d'or et brun sont les plus beaux. Les *C. vernus* sont les plus populaires des crocus car leurs fleurs atteignent des dimensions impressionnantes. C'est le cas de 'Grand Jaune', de 'Pickwick', blanc strié de bleu et de 'Vanguard', bleu clair qui s'ouvre en même temps que 'Grand Jaune' et forme une belle harmonie avec lui. Le troisième groupe comprend de nombreuses espèces botaniques, c'est-à-dire restées telles qu'on les a trouvées dans la nature. Leurs fleurs sont généralement moyennes à petites et les coloris très vifs. Elles sont souvent vendues en mélanges.

— La floraison des crocus d'**automne** s'étend de septembre à décembre. Les plus connus sont *C. ochroleucus,* blanc crème, *C. pulchellus* 'Zéphyr', blanc ombré de gris

Crocus sativus △
Crocus hybride ▷

perle et le fameux safran (*C. sativus*) qui est cultivé depuis des millénaires pour son pistil qui donne cette épice colorante. Ses fleurs passsent du blanc rosé au lilas pâle. Le plus charmant est sans conteste *C. speciosus* aux fleurs d'un bleu ciel incomparable.

Hauteur : de 10 à 15 cm.

Étalement et distance de plantation : 10 cm.

Terre : ordinaire, de préférence bien drainée.

Exposition : au moins 6 h de soleil par jour.

Multiplication : par séparation des cormes en été.

Époque de floraison : de septembre à avril.

△ *Cucurbita pepo*

Cucurbita pepo

COLOQUINTE

Famille des cucurbitacées

Les enfants aimeront cultiver cette plante annuelle, car sa réussite est des plus aisées. Très volubile, la coloquinte, à l'instar de ses cousines les courges potagères, ne requiert que deux choses : du soleil et une terre bien riche pour s'élancer à l'assaut du moindre grillage et y accrocher ses gros fruits, striés ou bosselés, toujours drôles et spectaculaires.

Conseils utiles

— Semez-la en mai dans une caissette de terreau abritée d'une vitre et repiquez-la un mois plus tard dans un poquet de terreau de fumier contre un treillage ou un grillage ensoleillé. Arrosez copieusement durant l'été.

— Récoltez les fruits à maturité et faites-les sécher dans un endroit sec, frais et sombre. Paraffinez-les ou cirez-les avant d'en faire des compositions amusantes.

Hauteur : 2 m.
Étalement et distance de plantation : 50 cm.
Terre : riche.
Exposition : ensoleillée.
Multiplication : semis.
Époque de floraison : automne.
Mode de végétation : annuelle.

△ *Cuphea cyanea*

Cuphea

CUPHÉA

Famille des lythracées

Peu répandu encore dans les jardins, le cuphéa fait pourtant merveille dans les massifs d'été où il n'arrête pas d'épanouir ses fleurs tubulaires aux coloris puissants, un mélange d'écarlate et de bleu violet. Garnissez des jardinières de *Cuphea cyanea,* vous ne serez pas déçu !

Conseils utiles

— Plantez à la mi-mai quand tous les risques de gelées sont passés. Donnez-leur une terre riche et légère (moitié terreau de feuilles, moitié sable).

— Apportez de l'engrais soluble toutes les trois semaines et enlevez les fleurs fanées régulièrement.

— Profitez de l'été pour bouturer des tronçons de tiges dans du sable. Vous les hivernerez ensuite à l'abri du froid dans une pièce peu chauffée et claire. Cette technique est préférable à l'hivernage des pieds mères qui dégénèrent très vite.

La meilleure variété

— Très curieuse, la « fleur cigarette », *C. ignea,* se couvre de petites fleurs tubulées rouges, ornées, au sommet, d'un double liséré blanc et noir.

Hauteur : 30 à 40 cm.
Étalement et distance de plantation : 25 cm.
Terre : légère et fertile.
Exposition : au moins 6 h de soleil par jour.
Multiplication : par bouturage, en été.
Époque de floraison : tout l'été.
Mode de végétation : annuelle, vivace.

Cyclamen

CYCLAMEN

Famille des primulacées

Avec leur feuillage étoilé, souvent auréolé d'argent, les cyclamens sont l'un des meilleurs couvre-sol dont on puisse rêver pour animer l'ombre légère d'un sous-bois. En choisissant bien vos variétés, vous en disposerez du printemps à l'automne et ne vous lasserez jamais de leurs corolles légères comme des papillons, au discret parfum de violette. Cela vous aidera à oublier les nombreux mois où seul un feuillage desséché et quelques spires correspondant aux queues des fleurs subsistent au-dessus du sol. Associez-les à des pervenches à petites fleurs blanches et des lamiums pour mieux occuper l'espace.

Conseils utiles

— Plantez vos cyclamens dans une terre enrichie en terreau de feuilles auquel vous pouvez joindre deux pelletées de compost bien décomposé pour chaque mètre carré. Ne les dérangez plus avant de nombreuses années et ne binez pas ces recoins car les semis spontanés sont fréquents. Si le tapis devient vraiment très dense, prélevez quelques bulbes, en pleine période de repos, pour les installer à d'autres endroits du jardin. Mais attention ! La face bombée des bulbes doit être disposée en dessous.

— Le semis est possible, avec des graines fraîches. Elles ne lèvent généralement qu'après l'hiver. Les premières fleurs apparaissent au bout de deux ans.

Les meilleures variétés

— La floraison des cyclamens est généralement synonyme de la **fin des grandes vacances.** C'est le cas des *Cyclamen hederifolium* et des *C. purpuraseens* qui présentent tous deux un feuillage ressemblant à celui des lierres panachés et des fleurs rose pâle ou carmin, de septembre à novembre. Leurs bulbes peuvent devenir plus grands que des assiettes façon nouvelle cuisine. Le cyclamen à feuille de lierre (*C. hederifolium*) et *C. cilicium* se naturalisent très bien.

— Moins connus que les précédents, les cyclamens de **printemps** sont de grands rivaux des violettes. Les plus répandus sont *C. coum, C. pseudibericum,* cramoisi et pourpre et le père de tous les cyclamens des fleuristes, *C. persicum* dont les fleurs sont plus grandes que les autres et souvent légèrement argentées. Leur parfum rappelle celui du muguet.

— Les jardiniers du Midi peuvent s'exercer aussi à la culture, à l'extérieur, des cyclamens miniatures généralement cultivés en potées. Ils sont très proches des cyclamens botaniques et leurs fleurs très nombreuses et minuscules sont char-

△ *Cyclamen repandum*
▽ *Cyclamen coum*

mantes. Un seul ennui : les graines sont très chères et mettent deux ans à fleurir...

Hauteur : de 10 à 40 cm.
Étalement et distance de plantation : 20 cm.
Terre : riche en humus.
Exposition : mi-ombre.
Multiplication : par semis, en automne.
Époque de floraison : printemps, automne.
Mode de végétation : bulbe.

△ *Cynara carduncullus*

Cynara carduncullus

CARDON

Famille des astéracées

Le cardon est certes un mets traditionnel du Lyonnais et du Dauphiné, mais c'est aussi une plante magnifique. Plantez-en quelques pieds dans le fond de vos plates-bandes ou tout simplement devant une haie assez sombre : son feuillage quasi métallique s'en détachera d'autant mieux. Quant à sa floraison, semblable à celle d'un artichaut, elle mérite de figurer dans vos bouquets, frais ou secs. Il a besoin d'une terre riche bien drainée, d'une exposition ensoleillée et abritée des vents froids. Un joli effet peut être obtenu en les mélangeant avec les rosiers 'Queen Elizabeth'.

Conseils utiles

— Au printemps, semez les graines en poquets, par cinq, dans un endroit chaud. Repiquez un mois après la levée ou laissez en place après avoir supprimé les plants malingres. Abritez du froid en buttant les pieds en novembre.

— Arrosez pendant les grandes chaleurs et traitez contre les pucerons.

Hauteur : de 1,50 à 2 m.
Étalement et distance de plantation : 1 m.
Terre : très riche, sèche durant l'hiver.
Exposition : ensoleillée, au pied d'un mur au Sud.
Multiplication : par semis ou par division des touffes, au printemps.
Époque de floraison : annuelle.

△ *Cynoglossum*

Cynoglossum

CYNOGLOSSE

Famille des borraginacées

Pour le décrire, rien de plus simple : imaginez un myosotis géant. Le même bleu de Delft, les mêmes feuilles un peu rugueuses. Les seules différences : une stature plus imposante et surtout une époque de floraison plus tardive, au tout début de l'été. Cela vous permet des associations inédites, avec des crocosmias, par exemple.

Conseils utiles

— Plantez *Cynoglossum nervosum* à l'automne ou au printemps, à mi-ombre de préférence. N'hésitez pas à constituer des taches importantes en plantant une douzaine de pieds.

— Rabattez les touffes après la floraison avec une cisaille à gazon pour favoriser la croissance d'un nouveau feuillage.

— En septembre, divisez les touffes trop importantes et replantez les rejets immédiatement.

Hauteur : de 40 à 60 cm.
Étalement et distance de plantation : 25 cm.
Terre : riche en humus et restant fraîche en été.
Exposition : mi-ombre.
Multiplication : par division des touffes, en automne.
Époque de floraison : juin, juillet.
Mode de végétation : vivace.

Cyperus

PAPYRUS
Famille des cypéracées

Au bord de l'eau le *Cyperus* développe d'impressionnantes tiges souples bien vertes que coiffent des feuilles disposées en rayons. Évitez cependant de le cultiver dehors si l'hiver est rude dans votre région, il risquerait bien d'y succomber. Dans les régions au climat doux, c'est un compagnon parfait pour les iris de Sibérie, les arums et les bambous.

Conseils utiles

— Bien qu'il reprennent volontiers de bouture, il suffit de couper une « feuille » au ras de la tige pour qu'elle prenne racine dans un verre d'eau ; nous vous conseillons plutôt d'en diviser les touffes pour le multiplier, il s'étoffera très vite. Cette dernière méthode est facile et beaucoup plus rapide.

Les meilleures variétés

S'il existe plus de 550 espèces de papyrus, il en est peu d'assez rustiques pour résister à nos hivers moyens. C'est le cas de *Cyperus eragrostis* qui ressemble tout à fait à nos « papyrus » d'appartement *(C. alternifolius)* tant appréciés des minets qui les préfèrent à l'insipide herbe à chat. *C. longus* forme des colonies très denses hautes d'un mètre et plus mais ses feuilles présentent un bord tranchant. Ses fleurs sont brun rouge.

Hauteur : de 60 à 120 cm.
Étalement et distance de plantation : 30 cm.
Terre : ordinaire, humide.
Exposition : ensoleillée.
Multiplication : par boutures et par division des touffes.
Mode de végétation : vivace.

◁ *Cyperus*
Cypripedium reginae ▷
▽ *Cypripedium calceolus*

Cypripedium

SABOT-DE-VÉNUS

Famille des orchidacées

Les sabots-de-Vénus signent les jardins raffinés. Il leur faut des soins relativement assidus pour prospérer... à moins que la situation ne leur plaise au point qu'ils deviennent envahissants. Chaque printemps vous apportera alors la vision enchanteresse de ces fleurs en « mocassin » à la texture cireuse étonnante.

Conseils utiles

— N'achetez que des plantes élevées en godets et non à racines nues. Mettez-les en place au printemps, quand les premières pousses apparaissent. Donnez-leur une terre très riche en humus, du terreau de feuilles pur si possible.

— Disposez des granulés anti-limaces en avril, mai.

— Arrosez au moins une fois tous les quinze jours en été et laissez les fleurs fanées donner des graines.

— Au bout de quelques années, quand les touffes sont très denses, divisez-les soigneusement en mars, avril.

Les meilleurs variétés

— Plante indigène menacée d'extinction, le *Cypripedium calceolus* mélange le jaune et le brun. Il apprécie une petite dose de calcaire dans la terre et supporte de vivre au soleil.

— Originaire de l'Amérique du Nord, le *Cypripedium reginae* préfère les sous-bois acides qui lui rappellent ses forêts natales. Il peut atteindre, voire dépasser 60 cm de haut.

Hauteur : de 30 à 60 cm.
Étalement et distance de plantation : 15 à 20 cm.
Terre : riche en humus.
Exposition : mi-ombre (sous des arbres caducs).
Multiplication : par division des touffes, au printemps.
Époque de floraison : juin, juillet.
Mode de végétation : vivace.

Daboecia cantabrica ▷

Daboecia

BRUYÈRE DE SAINT-DABOEC

Famille des éricacées

Cousines des bruyères, les *Daboecia* en diffèrent principalement par leurs fleurs en petits ballons de rugby. Elles déclinent tous les tons du blanc au violet. Pas tout à fait rustiques, elles ne sont à leur aise que dans les régions soumises au climat maritime. Partout ailleurs, disposez une bonne couche de feuilles mortes ou d'écorce de pin grossière pour sauver au moins la souche.

Conseils utiles

— Plantez en septembre ou en mars.

— Arrosez soigneusement durant la première année. N'oubliez pas également de déposer une couche de tourbe de 5 cm d'épaisseur avant les premières grandes chaleurs.

— Chaque printemps, nettoyez les touffes en enlevant les rameaux desséchés.

— Associez-les à d'autres bruyères à la floraison automnale.

Hauteur : 40 à 60 cm.
Étalement et distance de plantation : 30 cm.
Terre : riche en humus et sans calcaire.
Exposition : ensoleillée.
Multiplication : délicate, par bouturage en hiver.
Époque de floraison : par vagues successives, de mai à septembre.
Mode de végétation : vivace.

Dahlia

DAHLIA

Famille des astéracées

Il est quelquefois de bon ton d'afficher une certaine condescendance vis-à-vis des dahlias. Et pourtant quelle autre plante peut se prévaloir d'autant de variétés dans les formes des fleurs et les formats, et se targuer d'une aussi saine constitution ? Ne les méprisez pas et donnez-leur au contraire une place non seulement dans vos massifs d'été, en leur adjoignant les cléomes ou les gauras pour alléger leur silhouette, mais aussi au potager où la compagnie des légumes et la bonne terre leur donne une allure de géants.

Conseils utiles

— Mettez-les en végétation en mars, dans des pots placés au-dessus d'un radiateur, en pleine lumière ou attendez le mois de mai pour les planter en respectant le sens des bourgeons. N'achetez pas de dahlias passé ce mois car ils reprendraient mal. Vérifiez bien qu'ils possèdent des bourgeons vivants présents sur les restes des tiges de l'année précédente.

— Paillez le sol dès le mois de juin et arrosez abondamment. Disposez des appâts anti-limaces de temps à autre. Des engrais solubles sont les bienvenus pour favoriser une floraison abondante.

— Quand la première gelée a roussi le feuillage, déterrez les souches avec un peu de terre et faites sécher le tout en cave jusqu'au printemps suivant. Vous pouvez aussi semer les dahlias à fleurs simples et ramasser ensuite les tubercules des coloris qui vous auront plu. Le semis a lieu en mars, au chaud.

Les meilleures variétés

Les dahlias sont classés d'après la forme de la fleur.

— **Dahlias décoratifs.** Ils ont des fleurs plates, doubles et souvent très grandes. Nos préférés : 'Arc de Triomphe', jaune orangé ; 'Banquise', blanc pur ; 'Brasil', orange et blanc ; 'Deuil du Roi Albert', violet et blanc, l'un des préférés de nos grands-mères ; 'Le Nil', superbe jaune ; 'Londres', admirable rose brillant ; 'Tropique', rouge vermillon.

— **Dahlias cactus.** Leurs fleurs se terminent en pointes. Ceux à grandes fleurs sont un peu passés de mode mais 'Cithare', saumon vif ; 'Le Niger', noir acajou ; 'Folies de Dentelle', rose mauve ou 'Cheerio', rouge pointé de blanc, renouvellent un peu le genre. À signaler aussi la série des 'Princess' (rose vif chez 'Park Princess', mais aussi rouge et orange) qui possèdent des fleurs très légères sur une plante pas trop volumineuse.

— **Dahlias pompons.** Les vedettes incontestées des bouquets où ils tiennent une semaine si l'eau est changée chaque jour !

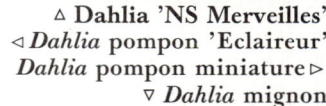

△ **Dahlia** 'NS Merveilles'
◁ *Dahlia* pompon 'Eclaireur'
Dahlia pompon miniature ▷
▽ *Dahlia* mignon

△ *Dahlia* **nain**

'Chopin', violet mauve ; 'Liszt', rouge noir ; 'Valencia', orange cuivré et 'Kochelsee', rouge écarlate, font partie des meilleurs.

— **Dahlias nains à fleurs doubles.** Ils sont plus légers que les décoratifs et leurs fleurs rappellent celles des rudbéckias doubles. 'Cosette', rose saumon ; 'Fanny', jaune vif ; 'Perle des Jardins', rose et 'Petit Pierre', rouge vif et feuillage bronze, sont nos préférés.

— **Dahlias nains à fleurs simples.** Ils sont irremplaçables pour les grands massifs de l'été car leurs fleurs se renouvellent pendant de nombreux mois. C'est le cas de 'Chaperon Rouge', d''Étoile d'Or', jaune vif et de 'Féerie', rose. À noter aussi 'Roxy' au coloris lilas presque fluorescent sur le feuillage bronze.

— **Dahlias à fleurs d'anémone.** Leur cœur est un véritable ruché tout plissoté. 'Guinea', jaune pur ; 'Inca', rouge rubis argenté et 'Roulette', rose tendre à cœur jaune, sont les plus répandus dans les catalogues.

— Tout à fait trapus, les dahlias 'Topmix' existent dans les principales couleurs et font merveille dans les jardinières et en bordure de massif.

— Il existe encore de nombreuses variétés de dahlias, aux noms aussi divers que dahlias à fleurs de camélia ou de nénuphar, « dahlias girafe » ou encore « dahlias orchidée ». En général leur aspect est décevant et ne correspond pas, loin de là, à la photo du sachet…

Hauteur : de 30 à 160 cm.
Étalement et distance de plantation : de 20 à 50 cm.
Terre : riche et toujours fraîche.
Exposition : ensoleillée.
Multiplication : par semis (rare) et par division des souches, au printemps.
Époque de floraison : de juin aux gelées.
Mode de végétation : annuelle et bulbe.

Datura metel △

Delphinium 'Cliverton Beauty' △

Datura

DATURA

Famille des solanacées

Depuis qu'ils nous sont arrivés des Tropiques, les daturas n'ont cessé de nous fasciner. Leurs immenses trompettes au parfum de fleur du mal évoquent les maisons de planteur noyées sous la jungle. Nous ne parlerons ici que des espèces annuelles fleurissant dans l'année et d'une espèce presque vivace, laissant les grands daturas arborescents aux possesseurs de vérandas. Dans le jardin, les daturas peuvent servir à orner des grandes poteries provençales ou encore à créer une impression d'exotisme en compagnie des bananiers et des ricins. Mais méfiance, leur feuillage est très **vénéneux** !

Conseils utiles

— Semez-les comme des tomates, au chaud, en mars. Habituez-les doucement aux températures extérieures et repiquez-les à demeure, seulement en mai. Donnez-leur une terre riche car ils sont voraces et ne leur comptez ni les arrosages ni les apports d'engrais solubles.

— Une fois les fleurs fanées, coupez les fruits qui sont très épineux à moins que vous ne vouliez les conserver pour vos bouquets secs.

Les meilleures variétés

— Le datura dit d'Égypte (*Datura metel*) vient en fait de l'Inde. Il atteint facilement 1,20 m en une saison et porte des fleurs blanc crème larges de près de 20 cm ! On trouve plus couramment la variété à fleurs doubles 'Fastuosa' dont les pétales ont le revers pourpre. Ces fleurs sentent très fort.

— Presque rustique, le *D. meteloides (faux metel)* repart de la souche au printemps si on a pris la précaution de recouvrir le sol avec 20 cm de paille et un film plastique. Il se ressème volontiers aux alentours. Ses fleurs blanches à peine lavées de rose s'ouvrent pendant une bonne partie de l'été.

Hauteur : de 60 à 120 cm.
Étalement et distance de plantation : 30 cm.
Terre : riche en humus et toujours fraîche.
Exposition : ensoleillée.
Multiplication : par semis au chaud, en mars.
Époque de floraison : de juillet à octobre.
Mode de végétation : annuelle.

Delphinium

DELPHINIUM

Famille des renonculacées

La silhouette fuselée des delphiniums est caractéristique et bien utile pour donner de l'ampleur aux massifs. Tandis que les espèces annuelles font des bouquets ravissants, rappelant ceux que l'on peut composer avec les fleurs des champs, les grands vivaces ont plus de superbe. Ils sont des voisins ponctuels des rosiers, en particulier des mousseux et des galliques avec qui ils forment des associations pleines de charme. Une telle beauté mérite bien quelques soins car ce sont des plantes relativement exigeantes.

Conseils utiles

— Semez les delphiniums **annuels**, appelés aussi pieds d'alouette, en mars, avril directement en place. Éclaircissez le semis un mois plus tard et ne les laissez jamais souffrir de la soif. La floraison commence en juin et dure environ six semaines à moins qu'un orage ne vienne l'abîmer. Vous pouvez aussi semer en septembre, à exposition abritée par un mur et située au soleil. Les jeunes plants supportent les

phinium 'Tessa'

△ *Delphinium cardinale*

△ *Delphinium zalil*
◁ *Delphinium* 'Giant Pacific'
▽ *Delphinium* hybride
Delphinium 'Summer Skies' ▽

gelées moyennes et se développent vite au printemps.

— Plantez les delphiniums **vivaces** en septembre ou en mars, avril. Élevez-les une année dans un coin du potager pour obtenir des touffes bien développées qui ne feront pas triste mine dans les massifs. Protégez-les des limaces avec des appâts renouvelés régulièrement de mars à mai. Par la suite ils ne craignent rien. Coupez les hampes florales en fin de floraison pour éviter l'épuisement des touffes.

— La division de touffe est le meilleur mode de multiplication. Elle s'effectue en mars, avril. Vous pouvez semer aussi, à la même époque, mais les coloris sont rarement fidèles. La floraison a lieu au bout d'un an.

Les meilleures variétés

— Parmi les **delphiniums annuels** (*D. ajacis*) : les doubles à fleur de jacinthe, le géant 'Impérial', intéressant pour la fleur coupée, qui existe en multiples coloris très purs, comme 'Blue Spire', bleu foncé ou 'Blue Bell', bleu d'azur. Les fleurs sont simples mais munies d'un éperon charmant, retroussé comme celui des ancolies des jardins.

— Parmi les **delphiniums vivaces** : les rois de tous, ceux de la série 'Pacific', qui portent des noms issus du cycle de la Table Ronde ('Black Knight', bleu foncé ; 'Guinevère', rose mauve ; 'Galahad', blanc pur ; 'King Arthur', violet, etc.). Tous dépassent 1,50 m mais la série des 'Fountains' présente la même gamme de coloris sans monter à plus de 50 cm.

Plus gracieux et ne nécessitant pas de tuteurage, les **hybrides** *belladonna* offrent des hampes plus légères et ont l'avantage d'être remontants c'est-à-dire de produire encore des fleurs en fin d'été. 'Lamartine', bleu violet, 'Cliverton Beauty', bleu clair et 'Casa Blanca', blanc pur, sont les plus répandus.

— Tout à fait différents des précédents, les delphiniums rouges sont de grands capricieux qui n'aiment que les sols sableux. Il est rare qu'ils survivent longtemps. *D. nudicaule* et *D. cardinale* ne dépassent guère 30 cm de haut. *D. zalil* présente un coloris jaune très doux. Lui aussi ne dure guère longtemps. Le plus beau des bleus est l'apanage de *D. grandiflorum* (ou *D. chinense*) dont il est prudent de conserver des graines pour les semer quand la touffe disparaît brusquement. 'Tom Pouce' est une forme naine de 30 cm.

Hauteur : de 30 à 180 cm.
Étalement et distance de plantation : de 20 à 50 cm.
Terre : riche et bien drainée.
Exposition : au moins 6 h de soleil par jour.
Multiplication : par semis ou par division des touffes, au printemps.
Époque de floraison : de mai à octobre.
Mode de végétation : annuelle et vivace.

△ *Dianthus gratianopolitanus*
Dianthus ▷

Dianthus

ŒILLET

Famille des caryophyllacées

On ne sait ce qui nous charme le plus chez les œillets, de leurs coloris vifs ou de leur parfum envoûtant et épicé. C'est cependant faire peu de cas de leur feuillage glauque fort attrayant et de leur robustesse qui les désigne aux débutants. Un jardin sans œillets est un jardin sans poésie ni mystère tandis qu'une simple bordure d'œillets mignardises au pied de quelques pivoines ou de rosiers anciens suffit à évoquer les jardins d'autrefois.

Conseils utiles

— Semez les œillets en mars ou avril. Les espèces annuelles fleurissent dans l'année tandis que les vivaces attendent souvent un an pour s'épanouir. On sème aussi les œillets de poètes en juin et même en août car ils résistent souvent mieux au froid quand on les plante jeunes.

— Plantez les œillets mignardises en automne de préférence et au printemps si la terre est très humide en hiver. Chaque printemps rechaussez un peu les touffes en glissant quelques poignées de terreau dans leur cœur pour faciliter l'enracinement des tiges rampantes. C'est ainsi qu'on peut les multiplier, sitôt la floraison achevée, en prélevant des tiges enracinées ou en bouturant des extrémités dans un mélange sableux.

— Si vous désirez des gros œillets de fleuristes, ébourgeonnez-les ce qui revient à enlever tous les boutons latéraux pour ne laisser que le terminal. Tuteurez les tiges pour qu'elles ne se couchent pas et arrosez régulièrement.

Les meilleures variétés

— Parmi les œillets **annuels** : les œillets de Chine forment de vrais tapis de coloris éclatants mais complètement inodores. Préférez-leur les œillets Chabaud aux multiples couleurs sélectionnées ou mieux encore le classique œillet Marguerite dont les fleurs, pas trop doubles, n'éclatent pas prématurément. Les œillets de poète sont plus bisannuels qu'annuels. Ceux à fleurs doubles durent un peu plus longtemps que les simples. Les grands 'Robustus' permettent de créer des bouquets fabuleux.

— Parmi les œillets vivaces : les plus connus sont les œillets mignardises (*D. plumarius*) qui existent en simple et en double. Ils sont odorants et présentent toutes les variations de rouge et de rose et même un orange vif, 'Glory'. Les hybrides issus de cette espèce sont innombrables. Parmi les plus florifères, mentionnons : 'Desmond', double, rouge sombre ; 'Haytor White', grandes fleurs doubles, blanches ; 'Helen', double, rose vif ; 'London Delight', double, blanc à pétales ourlés de pourpre ; 'Laced Joy', double, ourlé de carmin et cœur pourpre. Les œillets deltoides sont un peu plus tardifs et ne dépassent pas 20 cm de haut. Ils sont extra en bordure et possèdent un coloris rouge d'une rare puissance, comme dans 'Vampire' le bien nommé. Les catalogues mentionnent encore des œillets pour rocailles, comme *D. gratianopolitanus*, rose clair. *D. alpinus*, l'œillet des Alpes, rose à œil carmin ; *D. arenarius*, blanc ; *D. knappii*, jaune soufre. A noter aussi le *D. superbus*, aux corolles toutes laciniées d'un rose vif, encore assez commun dans nos prairies.

Hauteur : de 15 à 70 cm.
Étalement et distance de plantation : de 15 à 30 cm.
Terre : bien drainée et un peu calcaire.
Exposition : ensoleillée.
Multiplication : par semis ou par division des touffes.
Époque de floraison : d'avril à août.
Mode de végétation : annuelle et vivace.

Dianthus plumarius △
Dianthus alpinus ▷
Dianthus deltoides ▽

△ *Diascia cordata*

Diascia

DIASCIA

Famille des scophulariacées

De plus en plus souvent proposées par les pépiniéristes spécialisés en plantes vivaces, les diascias font merveille dans les rocailles et les pavages. Il est dommage que leur manque de rusticité n'autorise pas leur utilisation dans toutes les régions.

Conseils utiles

— Plantez-les au printemps, de préférence, dans une terre enrichie en tourbe, en compagnie de petites campanules.

— Rabattez les touffes après la première floraison pour favoriser une nouvelle éclosion deux mois plus tard.

— Abritez-les du froid avec une vitre et quelques poignées de laine de roche ou d'écorce de pin grossière. Par prudence, hivernez sous châssis quelques boutures réalisées en été.

Les meilleures variétés

— Le *D. cordata* est aujourd'hui éclipsé par l'hybride réalisé entre lui et *D. barberae*, 'Ruby Field' au coloris d'un rose plein de chaleur.

— La palme de la rusticité et de la vigueur va probablement à *D. fetcaniensis*, à fleurs roses, rougeâtres à la gorge, et à *D. vigilis* dont les corolles sont un peu plus pâles.

Hauteur : 15 à 20 cm.
Étalement et distance de plantation : 25 cm.
Terre : ordinaire et plutôt bien drainée.
Exposition : plein soleil, de préférence, ou mi-ombre.
Multiplication : par bouturage, en été.
Époque de floraison : en mai et souvent à la fin de l'été.
Mode de végétation : vivace.

Dianthus 'Waithmans Beauty' ▽

Diascia rigescens ▽

△ *Dicentra spectabilis*

▽ *Dichelostemma ida-maia*

Dicentra

**CŒUR-DE-MARIE,
CŒUR-DE-JEANNETTE**

Famille des fumariacées

Avec la pivoine, l'ancolie et le myosotis, le cœur-de-Marie *(Dicentra spectabilis,* synonyme *Dielytra)* fait partie des plantes indispensables, car il est à la fois gracieux et sans histoire. Avec lui aucun souci, ou bien il se plaît chez vous et s'étoffe gentiment d'année en année ou bien... il n'y a rien à faire !

Conseils utiles

— C'est dans les sols riches en humus, assez frais et cependant exposés au soleil durant la moitié de la journée (au moins) que les cœurs-de-Marie réussissent le mieux.

— Plantez-les tôt à l'automne, en septembre, ou bien tôt au printemps, en mars, et ne les dérangez plus si vous voulez les voir fleurir abondamment et fidèlement.

Les meilleures variétés

— Au très populaire *Dicentra spectabilis,* rose, nous vous conseillons d'adjoindre sa variété blanche *(D. spectabilis* 'Alba'). Il fleurit en juin.

— Le *D. eximia,* rose ou blanc, forme des touffes assez basses, de 20 à 30 cm de haut et fleurit en juillet.

— Le *D. formosa* lui ressemble beaucoup

mais le feuillage plus bleuté souligne les fleurs blanc crème, ornées de marques rose brunâtre de 'Langtrees' ou rouge carminé de 'Bountiful'.

Hauteur : 20 à 60 cm.
Étalement et distance de plantation : 30 cm.
Terre : riche et légère.
Exposition : mi-ensoleillée.
Multiplication : par division des touffes.
Époque de floraison : de juin à août, selon les variétés.
Mode de végétation : vivace.

Dichelostemma

DICHÉLOSTEMMA

Famille des liliacées

Encore fort rares dans les catalogues, les *Dichelostemma ida-maia* méritent mieux que ce mépris. Rustiques dans le Midi, elles donnent naissance à des fleurs très gracieuses regroupées au bout de longues hampes idéales pour confectionner des bouquets qui ne passeront pas inaperçus. Dans le jardin, plantez-les en compagnie de plantes à feuillage gris et à port trapu comme les lavandes ou les armoises en arbre.

Conseils utiles

— Plantez-les en septembre et marquez l'emplacement pour y disposer une couche de 10 cm d'épaisseur d'écorce de pin broyée. Complétez cette opération avec une cloche de verre ou un simple morceau de plastique transparent qui évitera l'excès d'eau. Vous enlèverez l'une ou l'autre au printemps.

— Arrosez régulièrement jusqu'en août puis laissez le feuillage se dessécher naturellement.

Hauteur : 60 cm.
Étalement et distance de plantation : 15 cm.
Terre : légère et sableuse.
Exposition : plein soleil.
Multiplication : par séparation des bulbes, en septembre.
Époque de floraison : juin, juillet.
Mode de végétation : bulbe.

Dictamnus

FRAXINELLE

Famille des rutacées.

Si cette plante ne forme qu'une seule tige la première année, elle se rattrape par la suite et produit de belles touffes couronnées d'épis de fleurs roses. Particularité amusante : toute la plante sécrète une essence qui explose quand on approche une flamme. De quoi amuser les enfants sans courir le moindre risque. C'est une bonne plante à installer pour longtemps dans les jardins un peu sauvages, même secs.

Conseils utiles

— Plantez au printemps, après avoir bêché profondément car cette plante possède des racines très puissantes. Ajoutez un peu de chaux si votre terre est acide.

— Couvrez la terre avec une épaisseur de paille ou de déchets de tonte de gazon pour retenir l'humidité. Marquez l'emplacement des touffes avant les grands froids pour ne pas risquer d'abîmer les jeunes pousses en binant au printemps.

— Tous les cinq ans, divisez les touffes devenues trop serrées et replantez les rejets immédiatement.

Les meilleures variétés

À côté de la fraxinelle habituelle (*Dictamnus albus*) rose saumon strié de violet, il existe une variété blanche exceptionnelle et malheureusement fort rare dans les catalogues (*D. albus* 'Albiflorus').

Hauteur : de 50 à 100 cm.
Étalement et distance de plantation : 40 cm.
Terre : assez compacte, bien drainée et de préférence calcaire.
Exposition : plein soleil.
Multiplication : par semis ou par division des touffes, au printemps.
Époque de floraison : en juin, juillet.
Mode de végétation : vivace.

Dielytra

Voir *Dicentra*.

Dierama

DIÉRAMA

Famille des iridacées.

Un joyau pour un jardin délicat ! De longues feuilles rubannées comme celles d'un roseau et des tiges d'une finesse aérienne ponctuées de clochettes du plus beau rose, tantôt pâle, tantôt pourpre, tel est le diérama. Il est à réserver aux jardiniers les plus attentifs car il gèle en hiver. Il convient donc de le protéger très soigneusement. C'est une plante parfaite pour un jardin breton ou basque.

Conseils utiles

— Plantez en septembre, octobre dans des poquets de terreau de feuilles bien riche.

— Déplacez les plantes le moins possible, elles ont horreur des transplantations.

— Chaque année, début octobre, rasez les tiges puis protégez les souches sous deux pelletées de feuilles mortes.

Les meilleures variétés

Outre le *Dierama pulcherrimum*, vous pouvez opter pour le *D. pendulum*, mais il est encore moins rustique que celui-ci ! Il fleurit mauve ou blanc et se contente de grandir jusqu'à 40 cm.

Hauteur : 40 à 90 cm.
Étalement et distance de plantation : 30 cm.
Terre : riche et légère.
Exposition : ensoleillée.
Multiplication : par division des touffes.
Époque de floraison : de août à octobre.
Mode de végétation : bulbe.

97

△ *Digitalis purpurea*

Digitalis

DIGITALE

Famille des scophulariacées

Lorsqu'en juin les digitales pourpres *(Digitalis purpurea)* s'épanouissent soudain, les sous-bois de châtaigniers deviennent roses. Cette plante qu'on dit pionnière car elle est la première à ressurgir après la coupe des taillis, a sa place dans tous les jardins au sol frais, à tendance acide, qu'ils soient exposés à l'ombre ou au soleil. Elle fera bonne figure en compagnie des fougères, des ancolies, des thalietrum.

Conseils utiles

— Plantez tôt en automne, en septembre, pour les voir fleurir dès le printemps suivant.

— Essayez de ne pas les laisser monter à graines pour qu'elles vivent durant plusieurs années, sinon les plantes s'épuisent en deux ans.

Les meilleures variétés

— Meilleures quand elles sont cultivées en bisannuelles, les digitales pourpres *(Digitalis purpurea)* ont été améliorées pour présenter des fleurs horizontales et non pendantes : la sélection 'Excelsior' est la plus connue.

— Un peu à l'écart des espèces franchement vivaces, *D. ambigua* (ou *D. grandfiflora)* nous offre un jaune étonnant sur des plantes pas très hautes (de 0,60 à 1 m). Il est prudent d'en conserver des graines car les touffes disparaissent parfois brutalement. *D. ferruginea* ne dépasse pas 90 cm de haut et se vêt de cuivre pour nous séduire. Les amateurs de couleurs rares et sensuelles apprécieront le rose fraise de *D. mertonensis*. Ou les fleurs blanches et laiteuses de *D. lanata* dont l'intérieur présente un réseau ocré.

Hauteur : de 60 cm à 1,30 m.
Étalement et distance de plantation : 20 cm.
Terre : ordinaire, fraîche.
Exposition : mi-ombre à ensoleillée.
Multiplication : par semis.
Époque de floraison : de juin à juillet.
Mode de végétation : bisannuelle, vivace.

△ *Dionaea muscipula*

Dimorphotheca

Voir *Osteospermum.*

Dionaea

DIONÉE, ATTRAPE-MOUCHES

Famille des droséracées

Qui n'a été tenté une fois dans sa vie par la culture de la dionée dont les feuilles manifestent une vie surprenante en se refermant pour piéger les insectes ? Culture souvent décevante si l'on ne respecte pas certaines précautions.

Conseils utiles

— Achetez une plante déjà développée et non un godet sans feuilles. La meilleure époque s'étend d'avril à août. Replantez immédiatement dans de la tourbe blonde pure en choisissant un pot plus large que haut. Arrosez abondamment et placez ce pot sur une soucoupe que vous remplirez d'eau constamment d'avril aux gelées.

— Placez votre dionée dans un endroit dégagé, en plein soleil. Arrosez-la une fois par semaine sans apporter d'engrais. Amusez-vous de temps à autre à capturer une mouche pour la placer sur une feuille. Celle-ci se referme et digère sa proie pendant une semaine.

— À l'approche de l'hiver, videz la souçoupe et placez votre pot à l'abri d'une encoignure de murs ou sous châssis non chauffé. La dionée résiste jusqu'à —5 °C et même souvent moins. Il lui arrive de fleurir, ce qui est le signe qu'elle risque de mourir bientôt. Ramassez des graines et faites-les germer sur la tourbe du pot.

Hauteur : 20 cm.
Étalement et distance de plantation : 20 cm.
Terre : tourbe blonde pure (de sphaigne).
Exposition : plein soleil.
Multiplication : par semis.
Époque de floraison : en été ; peu spectaculaire.
Mode de végétation : vivace.

△ *Dodecatheon meadia*

Dodecatheon

**GYROSELLE,
HERBE-AUX-DOUZE-DIEUX**

Famille des primulacées

Un dodécathéon fleuri est un véritable feu d'artifice ! La forme des fleurs, leurs coloris tendres, la façon dont elles s'inclinent au bout de longues hampes, tout concourt au spectacle. Mais quelles difficultés présente sa culture ! Il a un cycle de vie d'une incroyable brièveté : il s'écoule souvent moins de trois mois entre l'apparition du feuillage et la fanaison de toute la plante. C'est une plante pour les collectionneurs passionnés et avisés. Attention, elle disparaît totalement en hiver !

Conseils utiles

— Avant de planter, enrichissez la terre en tourbe et en terreau de feuilles. Elle doit être arrosée très régulièrement pour alimenter la plante durant tout le printemps.

— Plantez au début de l'automne ou en mars. Laissez les touffes prendre de l'ampleur avant de les diviser.

— Un semis de graines fraîches peut donner de bons résultats ; la levée a lieu au printemps.

Les meilleures variétés

On se perd un peu dans la classification des *Dodecatheon*. Le seul qui soit proposé est *D. meadia,* quelquefois appelé *D. pauciflorum* ou *D. paucifolium...*

Hauteur : 45 cm.
Étalement et distance de plantation : 20 cm.
Terre : riche en matière organique.
Exposition : mi-ombre.
Multiplication : par semis ou par division des touffes, en septembre.
Époque de floraison : mai, juin.
Mode de végétation : vivace.

Doronicum

DORONIC

Famille des astéracées

On dirait les premiers éclats du soleil de printemps. Les inconditionnels des marguerites se doivent d'abriter dans leur jardin les doronics qui fleurissent dès le mois de mars. Accompagnés de tulipes et de myosotis, ils égayent les massifs par la légèreté et la brillance de leurs coloris. C'est un peu comme si le soleil descendait sur terre. Réalisez de beaux tapis au pied de vos arbustes et de vos haies avec cette plante vivace qui supporte bien l'ombre, en été.

Conseils utiles

— Plantez-les en automne de préférence, en enterrant un peu la motte. Améliorez la terre avec un peu de tourbe si elle est trop légère.

— Arrosez dès le mois d'avril si la pluie tarde à venir, car cette plante apprécie une certaine fraîcheur.

— Coupez les plantes à ras de terre, à l'automne.

— Divisez les touffes tous les quatre ans pour leur conserver toute leur vigueur. Replantez les rejets immédiatement.

— Attention aux limaces.

Les meilleures variétés

— Le plus répandu est *Doronicum caucasicum* ou doronic du Caucase, dont le cultivar 'Finesse' porte des fleurs jaunes très élégantes.

— Plus plantureux, *D. plantagineum* 'Excelsum' formera vite des touffes hautes de 80 cm et larges d'autant et portera des fleurs jaune d'or. Le cultivar 'Miss Mason' offre des fleurs impressionnantes (12 cm de diamètre), jaune vif, qui tiennent très bien en bouquets.

Hauteur : de 50 à 80 cm.
Étalement et distance de plantation : de 30 à 40 cm.
Terre : assez profonde et gardant la fraîcheur en été.
Exposition : mi-ombre ou soleil non brûlant.
Multiplication : par division des touffes, à la fin de l'été.
Époque de floraison : de mars à mai.
Mode de végétation : vivace.

▽ *Donoricum caucasicum*

Draba

DRAVE

Famille des brassicacées

On découvre souvent cette fleur jaune aux étals des grainetiers, en mars. Elle nous charme alors par son port rappelant la mousse des bois et ses fleurs d'un jaune vif. Heureux ceux qui peuvent la conserver en bon état longtemps car elle se dégarnit vite. Un coin bien drainé de votre rocaille sera idéal pour *Draba aizoides*.

Conseils utiles

— Plantez des godets en fleurs, au printemps, dans une poche de terre sablonneuse. Rabattez les tiges après la floraison pour empêcher la formation des graines et rechaussez les touffes avec une petite poignée de sable en fin d'hiver pour favoriser l'enracinement superficiel.

— Vous pouvez aussi la cultiver dans des pots en compagnie de bulbes précoces, comme les crocus ou les *Iris reticulata*.

Hauteur : de 5 à 10 cm.
Étalement et distance de plantation : 15 cm.
Terre : bien drainée, contenant beaucoup de sable.
Exposition : plein soleil.
Multiplication : par division des touffes après la floraison ou par semis au printemps.
Époque de floraison : mars, avril.
Mode de végétation : vivace.

▽ *Draba*

Dryas

DRYADE À HUIT PÉTALES

Famille des rosacées

Elle n'a pas froid aux yeux, cette habituée de la toundra ! Dans votre rocaille, elle sera l'une des rares fleurs capables d'égayer les pentes orientées au nord. Là elle formera des tapis, d'un vert profond émaillés de fleurs blanches en juin. La *Dryas octopetala* accompagne joliment les petits conifères, les bruyères et les premiers bulbes du printemps qui traversent facilement le bel écrin de son feuillage.

Conseils utiles

— Plantez en septembre, octobre, de préférence ou juste après les premiers froids, dans des poches de terre de bruyère sableuse. Arrosez régulièrement pendant la première année.

— Rajoutez du sable au centre des touffes au début de chaque hiver pour éviter l'humidité stagnante. Ne coupez pas les fleurs une fois fanées car les fruits aux graines plumeuses sont fort décoratifs.

— En fin d'été, prélevez des boutures que vous laisserez enraciner pendant tout l'hiver sous un châssis froid. Repiquez-les à demeure, au printemps.

Hauteur : 10 cm.
Étalement et distance de plantation : 30 à 50 cm.
Terre : acide et sableuse (terre de bruyère).
Exposition : quelconque, même au Nord.
Multiplication : par bouturage, en fin d'été.
Époque de floraison : juin, juillet.
Mode de végétation : vivace.

▽ *Dryas octopetala*

Dryopteris

FOUGÈRE MÂLE

Famille des polypodiacées

Vous l'avez maintes fois rencontrée dans les sous-bois frais, dégringolant les talus le long des sentiers forestiers, c'est une plante idéale pour étoffer rapidement un jardin tout neuf, car elle s'apprivoise volontiers et, si l'hiver est doux, garde longtemps son feuillage. Elle est la compagne idéale de l'helxine, des eucomis, des hostas, des hortensias et des fuchsias. En hiver ses frondes rabattues sur le sol protégeront les plantes fragiles qui poussent auprès d'elle.

Conseils utiles

— Plantez-la au printemps en sol riche en terreau de feuilles et bien frais. Elle se plaira particulièrement à l'aplomb d'un toit sans gouttière.

— Chaque printemps, coupez les frondes fanées.

Les meilleures variétés

— Tout le monde a déjà rencontré des fougères mâles dans les bois. Elles sont parfois très fréquentes ou étonnamment absentes de régions entières. Leurs frondes légères et semi-persistantes affichent un vert tendre. Elles n'ont rien à voir avec la fougère femelle qui est un *Athyrium*.

— La *Dryopteris dilatata* (synonyme *D. austriaca*) produit des frondes presque triangulaires assez peu découpées. Celles-ci servent souvent dans les arrangements des fleuristes.

— Très ouvragé, le feuillage de *D. cristata* rappelle les papiers découpés japonais. Elle adore les endroits humides et accompagne à merveille les primevères candélabres et les astilbes.

— *D. affinis* vous séduira par ses frondes amples et élégantes, plus coriaces que celles de la fougère mâle. Les frondes de 'Cristata The King', plus dorées, sont munies de segments courts cristés.

— Les fortes touffes de *D. carthusiana* acceptent différentes situations mais préfèrent les sols frais ou humides.

— Chez *D. erythrosora*, l'originalité réside dans la couleur cuivrée de son feuillage.

— Le *D. filix-mas* est un familier des sous-bois. Il s'établit souvent spontanément, ses spores étant propagés par le vent. Il possède des variantes intéressantes comme 'Crispa', aux segments des frondes cristés, ou 'Linearis Polydactyla', aux segments quasiment filiformes.

Hauteur : 40 cm.
Étalement et distance de plantation : 30 cm.
Terre : ordinaire, fraîche.
Exposition : mi-ombre.
Multiplication : par semis.
Mode de végétation : vivace.

△ *Dryopteris filix-mas*

Eccremocarpus

ECCRÉMOCARPUS

Famille des bignoniacées

Peu de plantes grimpantes se parent d'un rouge aussi triomphant... Cette jolie liane annuelle vous offre en effet de juillet à octobre ses corolles tubulées dans d'étonnants coloris corail, rose, rouge, jaune, avec une petite coulée d'or à la lisière de la gorge. Mais, ce n'est pas une fleur facile à cultiver. Comme les cobées, l'*Eccremocarpus scaber* se montre un brin capricieux et il arrive qu'il désespère le jardinier le plus patient. C'est peut-être pour ça qu'on l'aime tant ! Tentez de

▽ *Eccremocarpus scaber*

rentrer votre plante, en serre, à la fin de l'été, il y prospérerait certainement car c'est le gel qui le tue.

Conseils utiles

— Pour mettre toutes les chances de votre côté, semez-le tôt (dès la fin février) et sous châssis.

— Composez un mélange terreux poreux et riche à base de tourbe, de terreau mûr et de terreau de feuilles, en proportions égales.

— Une fois que les plants atteignent 10 cm de haut, vers la mi-avril, repiquez-les en place dans une bonne terre ordinaire et bien exposée.

— Comme c'est une plante volubile qui émet des vrilles, prévoyez un treillage, ou des piquets légers, en guise de support.

Hauteur : 2 m.
Étalement et distance de plantation : 80 cm.
Terre : ordinaire, bien drainée.
Exposition : ensoleillée.
Multiplication : par semis.
Époque de floraison : de juillet à octobre.
Mode de végétation : annuelle.

Echinacea

RUDBECKIA POURPRE

Famille des astéracées

Il n'y a pas longtemps que le grand rudbeckia rose a changé d'identité et certains le nomment encore *Rudbeckia purpurea grandiflora*. Il s'agit d'une des plantes les plus familières de nos vieux jardins qu'il colore, à l'automne, de ses hautes tiges couronnées de marguerites d'un rose un peu triste. Ravivez l'*Echinacea purpurea* en le plantant près de vos asters ou de vos héléniums et faites en sorte qu'il ne devienne pas envahissant, il est d'une vigueur remarquable !

Conseils utiles

— Plantez des éclats de souche, en octobre ou au printemps, dans une bonne terre de jardin ordinaire.

— Donnez-lui un massif bien ensoleillé pour qu'il se montre florifère.

— Tous les trois ans, divisez les souches.

Les meilleures variétés

— *E. purpurea*. Sa forme blanche, 'Alba' se maintient de manière parfaite et 'Magnus' offre de grands capitules aux ligules rouge pourpré.

Hauteur : de 1 m à 1,50 m.
Étalement et distance de plantation : 40 cm.
Terre : ordinaire.
Exposition : ensoleillée.
Multiplication : division des souches.
Époque de floraison : de juillet à septembre.
Mode de végétation : vivace.

Echinops

BOULE AZURÉE

Famille des astéracées

C'est en grands groupes que les échinops sont vraiment beaux, quand ils avoisinent les coquelourdes, dans une harmonie de couleurs mineures assez osée ou plus classiquement en compagnie de phlox ou de rosiers remontants comme 'Cornelia' ou 'Pénélope'. Ces faux chardons (ceux-ci sont en fait des *Eryngium*, donc des membres de la famille des apiacées) manifestent à la fois une certaine liberté de port et une rigueur manifeste dans les fleurs regroupées en boules bien denses. L'une des meilleures fleurs estivales pour les jardins peu entretenus ou de week-end.

Conseils utiles

— Plantez-les en automne ou au printemps, dans n'importe quelle terre bien drainée. Coupez les tiges fanées à l'automne.

— Ne les nourrissez pas trop car les plantes deviennent alors très vertes et dégingandées sans pour autant se départir de leurs piquants ou être plus fleuries.

Les meilleures variétés

— L'*Echinops ritro* est bleu violacé et forme des touffes hautes de 60 cm. Sa variété 'Veitch's Blue' est plus robuste et ses têtes sont d'un bleu d'acier plus foncé.

— L'*E. bannaticus* 'Blue Globe' fournit des capitules sphériques de grande taille et d'un bleu intense.

— L'*E. sphaerocephalus* présente un feuillage grisâtre fort décoratif et fleurit à la fin de l'été. Il est bon de le tuteurer car il dépasse couramment 1, 50 m et peut se coucher sous les orages. La variété 'Niveus' se distingue par des capitules blancs.

Hauteur : de 90 à 160 cm.
Étalement et distance de plantation : 30 cm.
Terre : ordinaire pourvu qu'elle soit bien drainée.
Exposition : ensoleillée.
Multiplication : par semis ou par division des touffes, au printemps.
Époque de floraison : de juin à septembre.
Mode de végétation : vivace.

Echium

VIPÉRINE

Famille des borraginacées

C'est le long des routes ensoleillées ou des sentiers rocailleux que l'on rencontre, poussant dans les graviers, les beaux épis bleus ponctués d'un rose suffocant de l'*Echium vulgare,* le petit cousin sauvage

△ *Echinops ritro*
◁ *Echinacea purpurea*

△ *Echium fastuosum*

de l'*Echium fastuosum* qui en impose tant dans les jardins méditerranéens. Il fera belle figure dans un jardin sec et ensoleillé aux côtés du *Verbascum* et des agaves. Mais gare à l'hiver, ces belles plantes sont à réserver aux talus et rocailles privilégiés par le climat.

Conseils utiles

— Plantez au printemps, en sol riche, dans un massif exposé en plein soleil. Éclaircissez un mois plus tard.

— Tous les ans, renouvelez la plantation avec les semis naturels qui apparaissent dans les massifs, car ces plantes ne vivent pas très longtemps et sont souvent bisannuelles.

— Semées au printemps, les plantes fleurissent l'année suivante.

Les meilleures variétés

Outre l'*Echium vulgare* et l'*E. fastuosum*, familiers l'un des campagnes, l'autre des jardins méditerranéens, l'*E. lycopsis* vous séduira avec ses épis blancs, rouges ou pourpres comme ceux de 'Blue Bedder'.

Hauteur : de 30 à 100 cm.
Étalement et distance de plantation : de 30 à 70 cm.
Terre : ordinaire, riche.
Exposition : ensoleillée.
Multiplication : par semis.
Époque de floraison : juillet, août.
Mode de végétation : annuelle et vivace.

△ *Epilobium angustifolium*

Epilobium

ÉPILOBE, OSIER FLEURI

Famille des onagracées

Rarement proposée dans les catalogues quoique fort décorative et native de nos campagnes, l'épilobe fait merveille dans les coins un peu sauvages des jardins, en grandes bandes voisinant avec des groupes de digitales. Son surnom d'osier fleuri suggère une attirance confirmée pour les lieux humides. Si l'espèce commune est rose pourpre, il en existe une variante blanche de toute beauté.

Conseils utiles

— Plantez des godets en automne ou au printemps. Vous pouvez aussi en déterrer une souche à l'occasion d'une promenade. Si elle est en fleurs n'hésitez pas à la rabattre au tiers de sa hauteur pour compenser la perte des racines et faciliter la reprise.

— Attention à l'extension parfois non désirée de cette plante. Limitez-la en coupant, à l'aide d'une bêche, les rhizomes, très durs, qui courent au niveau du sol.

Les meilleures variétés

— Certaines manifestent un comportement plus sociable, comme *E. dodonaei* que vous pouvez réserver à la rocaille.

— *E. fleischeri* recherche la fraîcheur sous les pierres des murets et des dallages.

Hauteur : 1,50 m.
Étalement et distance de plantation : 50 cm.
Terre : quelconque mais restant fraîche en été.
Exposition : plein soleil et mi-ombre.
Multiplication : par division des touffes, au printemps ou après la floraison.
Époque de floraison : août, septembre.
Mode de végétation : vivace.

Epimedium

EPIMÈDE

Famille des berbéridacées

Mystérieux épimèdes qui restent méconnus alors qu'ils sont probablement la meilleure solution apportée à bien des situations ingrates. Capables de prospérer à l'ombre des grands arbres aussi bien que le lierre, ils se payent le luxe de posséder un feuillage changeant de couleur au fil des saisons en nous offrant de surcroît une floraison gracieuse au début du printemps. A découvrir sans attendre !

Conseils utiles

— Plantez-les en toute saison à condition de bien les arroser tout au long de la première année. La croissance est très lente au début puis les touffes prennent de l'ampleur. En les divisant tous les trois ans vous disposerez vite d'un véritable tapis de plusieurs mètres carrés à partir d'un seul pied.

— À la fin de l'hiver rasez le vieux feuillage pour mettre en valeur la floraison. Profitez-en pour apporter un paillis de tourbe ou de compost bien décomposé.

Les meilleures variétés

— *Epimedium grandiflorum* présente des fleurs de coloris variables, assez grandes et ressemblant à des ancolies.

— Les feuilles de l'*E. rubrum* prennent des couleurs printanières et hivernales magnifiques.

— *E. versicolor* 'Grandiflorum' possède des feuilles finement dentées et des fleurs jaune pâle ravissantes.

— Si vous souhaitez un bon couvre-sol, adoptez l'*E. x perralchicum* 'Frohnleiten', de loin le plus vigoureux et le plus persistant.

— L'*E. x youngianum*, un des plus gracieux, vous offre deux variantes : l'une à fleurs blanches, 'Niveum', l'autre à fleurs lilacées, 'Roseum'.

Hauteur : 20 à 30 cm.
Étalement et distance de plantation : 20 cm.
Terre : ordinaire, de préférence riche en humus.
Exposition : ombre.
Multiplication : par division des touffes, en septembre.
Époque de floraison : mars, avril.
Mode de végétation : vivace.

△ *Eranthis hyemalis*

Eranthis

ACONIT D'HIVER

Famille des renonculacées

D'un jaune éblouissant, l'*Eranthis hyemalis* s'épanouit souvent lorsque la neige recouvre encore le sol. Tout comme le perce-neige, c'est une petite plante qu'il faut se garder de cueillir, car elle ne se plaît qu'au jardin, dans une rocaille ou dans un massif au sol riche.

Conseils utiles

— Plantez-la en septembre, par petits groupes de sept à huit dans un sol riche en humus mais très bien drainé.

— Ces plantes se naturalisent facilement, décorez-en un sous-bois, peu touffu.

Hauteur : 10 à 15 cm.
Étalement et distance de plantation : 15 cm.
Terre : riche et légère.
Exposition : mi-ombre à ensoleillée.
Multiplication : par division des touffes et par semis.
Époque de floraison : de janvier à mars.
Mode de végétation : bulbe.

△ *Eremurus robustus*   *Eremurus himalaicus* △

Eremurus

ÉRÉMURUS, LIS DES STEPPES
Famille des liliacées

Superbe, voici sans doute l'une des plantes les plus étonnantes de l'été. Lorsqu'on lui donne le sol riche et profond qu'il affectionne l'érémurus ne se gêne pas pour atteindre deux mètres de haut. Associez-le aux digitales, aux delphiniums et à la berce du Caucase et vous aurez une plate-bande plus qu'imposante !

Conseils utiles

— Plantez les grosses racines charnues dès le mois de septembre dans des poquets de terreau léger, dans un massif ensoleillé.

— Chaque automne, coupez les tiges sèches et recouvrez les souches de 10 cm de paillage pour les protéger.

— Évitez de planter des érémurus dans les jardins exposés au vent, ou préparez-vous à tuteurer !

Les meilleures variétés

— Le plus connu et le plus gracieux est l'*Eremurus stenophyllus bungei* aux fines fleurs jaunes et pas trop imposant (1 m). Il a donné naissance à de nombreux hybrides dits « De Ruiter » comme 'Oase', rose ; 'Romance', saumon.

— Le géant *E. himalaicus* (1,20 m), blanc pur et l'*E. robustus* encore plus grand (jusqu'à 3 m !) d'un très beau jaune pêche.

— Le groupe Shelford's Hybrids rassemble une grande variété de tons lumineux où dominent le jaune et l'orange.

Hauteur : 1 à 3 m.
Étalement et distance de plantation : 50 cm.
Terre : riche et bien drainée.
Exposition : ensoleillée à mi-ombre.
Multiplication : semis.
Époque de floraison : juin.
Mode de végétation : vivace.

△ **Eremurus stenophyllus**

Erica

BRUYÈRE
Famille des éricacées

Les bruyères, on adore ou on déteste. Leurs partisans apprécient les couleurs douces et le côté naturel, les détracteurs leur reprochent leur silhouette trapue et leur tristesse en hiver. Réconcilions les deux clans en leur trouvant une petite place en compagnie de quelques graminées qui viendront alléger leur masse. Evitons les grands groupes monotones et dispersons-les au gré des coins ombragés.

Conseils utiles
— Plantez-les en septembre, octobre ou en mars, avril dans une terre dépourvue de calcaire et restant un peu fraîche pendant tout l'été.

— Taillez les touffes à mi-hauteur avec une paire de cisailles à haies, juste après la floraison. Les touffes demeureront ainsi beaucoup plus denses et ne dégénéreront pas.

— Tenez le sol propre les premières années en éliminant surtout le chiendent. Une fois installées, les bruyères empêchent les mauvaises herbes de pousser.

Les meilleures variétés
— Les **bruyères d'hiver** (E. carnea) bravent le mauvais temps pour nous offrir leurs clochettes. Parmi les plus jolies : 'Cecilia M. Beale', blanche ; 'Praecox rubra', blanche ; 'Springwood', blanche avec une pointe violette ; 'Winter Beauty', rose carmin. C'est l'une des bruyères qui supporte le mieux les sols calcaires. La variété 'Aurea', au feuillage doré et fleurs roses ne fait pas l'unanimité. 'Foxhollow', feuillage jaune et fleurs roses ; 'King George', mauve à pétales verts.

— La bruyère cendrée (E. cinerea) est commune dans nos landes et nos clairières. Ses fleurs réunies au bout des tiges en grappes lâches annoncent la *fin de l'été*. Les plus belles : 'C.D. Eason', rose foncé ; 'Cévennes', au curieux coloris lavande ; 'Pallida', rose clair ; 'Atrosanguinea', rouge intense ; 'Stephen Davis', carminée.

— E. darleyensis est le fruit de **croisements** entre la bruyère d'hiver et une espèce méditerranéenne. Elle supporte relativement bien le calcaire comme la première et fleurit un peu plus tard. Les variétés sont rarement dénommées mais proposées par coloris.

— Il existe quelques variétés de valeur, telles : 'Arthur Johnson', à longs épis magenta ; 'Furzey', rose foncé, particulièrement florifère ; 'Silberschmelze', blanche et parfumée.

— Facilement reconnaissable à ses fleurs en petits ballons de rugby regroupées au bout des tiges en grappes serrées, E. tetralix

△ *Erica vagans*

fleurit juste après E. darleyensis, au début de l'été. Les variétés 'Rosea' rose, et 'Con Underwood', rouge cramoisi sont les plus répandues.

— Faisant la liaison entre la dernière et les bruyères d'hiver, la bruyère vagabonde (E. vagans) forme assez vite un tapis drageonnant. Elle est quelquefois roussie par le froid mais reprend vite au printemps. 'Mrs D.F. Maxwell', rouge et 'Saint-Keverne', rose cerise méritent vraiment l'essai.

▽ *Erica cinerea*

Hauteur : 30 à 50 cm.
Étalement et distance de plantation : 30 cm.
Terre : acide et sablonneuse.
Exposition : soleil et mi-ombre.
Multiplication : par division des touffes, après la floraison.
Époque de floraison : toute l'année selon les espèces.
Mode de végétation : vivace.

Erigeron speciosus hybride ▷

Erigeron

ÉRIGÉRON, VERGERETTE
Famille des astéracées

Les amateurs d'asters devraient les apprécier. Ils leur ressemblent beaucoup avec l'avantage de fleurir en été, à une saison où les plus jolis asters sont absents. Bordez-en plates-bandes et murets et ne vous privez pas de les diviser chaque printemps, c'est ainsi qu'ils sont le plus florifères. Ils seront en bonne compagnie avec des violettes cornues, des céraistes et des alysses.

Conseils utiles
— Plantez de préférence en avril ou en mai, les jeunes plants se montrant souvent vulnérables aux fortes gelées.

— Divisez les touffes régulièrement pour les empêcher de vieillir, en automne, et rabattez les tiges au ras du sol.

Les meilleures variétés
— Les plus précoces des érigerons sont *Erigeron aurantiacus*, dont les fleurs orange éclosent au début de l'été, ou encore *E. leiomerus*, rose et très florifère.

— La grande masse des érigerons s'épanouit de juin à septembre. Ce sont les fameux *E. speciosus*, hybrides. Nos préférences : 'Foerster Liebling', double et rouge profond ; 'Rosa Triumph', rose brillant ou encore 'Violetta', violet très sombre, l'une des couleurs de prédilection des érigerons poussée ici à son maximum d'intensité. 'Rotes Meer', rose carminé, au port irréprochable.

— Bien à part des autres, l'*E. karvinskianus* (ou *Vittadenia triloba*) est en fleurs de mai aux gelées. Ses pâquerettes très fines passent du rose au blanc et créent une impression délicate sur les murets qu'il colonise volontiers. À protéger en hiver.

Hauteur : de 15 à 45 cm.
Étalement et distance de plantation : de 15 à 30 cm.
Terre : ordinaire, légère, fraîche.
Exposition : ensoleillée.
Multiplication : par semis ou par division des touffes.
Époque de floraison : de juin à septembre.
Mode de végétation : annuelle, bisannuelle, vivace.

Erinus alpinus △

Erinus

ÉRINE DES ALPES

Famille des scrophulariacées

Idéale pour démarrer une rocaille, elle se glisse dans les moindres interstices, s'y ressemant à l'occasion, et forme des coussins vert foncé qui disparaissent littéralement sous les fleurs pendant une bonne partie du printemps et de l'été. Son unique défaut : elle ne vit pas très longtemps.

Conseils utiles

— Plantez-la en automne ou au printemps dans des anfractuosités de muret ou de dallages.

— Rabattez les touffes après la floraison en laissant néanmoins quelques fruits pour les laisser mûrir et récolter des graines. Vous les sèmerez dans une terrine laissée sous châssis froid pendant un hiver. La levée a lieu au printemps suivant.

Les meilleures variétés

Les catalogues ne sont pas riches en *Erinus alpinus*. Les variétés 'Coeruleus', bleu et 'Dr Hanele', rouge carmin, sont les plus connues.

Hauteur : 10 cm.
Étalement et distance de plantation : 25 cm.
Terre : caillouteuse, plutôt sèche.
Exposition : soleil léger.
Multiplication : par semis ou par division des touffes, en septembre.
Époque de floraison : de mai à juillet.
Mode de végétation : vivace.

Erodium

ÉRODIUM

Famille des géraniacées

Pas vraiment faciles à apprivoiser, les érodiums sont l'équivalent montagnard de nos géraniums vivaces. Même feuillage très sain réuni en touffes denses et même floraison en corolles très simples. Leur rusticité moins affirmée est due à leur crainte de l'excès d'eau, en hiver.

Conseils utiles

— Plantez-les au printemps, de préférence, après les avoir hivernés sous châssis à l'abri des grosses pluies. Donnez-leur un emplacement ensoleillé et une terre très bien drainée, même caillouteuse.

— Arrosez régulièrement jusqu'à la floraison. Une fois celle-ci passée, rabattez les touffes.

— Leur multiplication se réalise à l'aide de boutures prélevées en été et mises à enraciner dans du sable.

Les meilleures variétés

— *Erodium chamaedryoides* 'Roseum', aux fleurs d'un rose un peu triste, est le plus cultivé bien qu'il ne soit pas le plus rustique.

— Bien plus vigoureux, *E. manescavi* forme une belle touffe de feuillage qui culmine à 45 cm. Ses fleurs pourpres sont visibles de loin.

Hauteur : de 5 cm (*E. chamaedryoides*) à 40 cm (*E. manescavi*).
Étalement et distance de plantation : 25 cm.
Terre : caillouteuse et assez pauvre.
Exposition : plein soleil.
Multiplication : par bouturage, en été.
Époque de floraison : de juin à août.
Mode de végétation : vivace.

▽ *Erodium chamaedryoides* 'Roseum'

Eryngium

PANICAUT
Famille des apiacées

Les panicauts, on aime ou on déteste selon que l'on est déjà tombé dans leurs bras ou qu'on les regarde de loin. Dans le premier cas, leurs épines redoutables nous font jurer de les extirper du jardin sans pitié. Le reste du temps on ne peut qu'être admiratif devant leur armure digne des chevaliers antiques. Le déroulement majestueux de leur hampe florale est un spectacle inoubliable et l'on n'a de cesse de venir chaque matin vérifier si les fleurs se sont ouvertes. Leur bleu d'acier est la seule couleur convenant à leur dignité.

Conseils utiles

— Plantez-les au printemps, de préférence, en les éloignant du bord des massifs. Regroupez-les avec quelques graminées et des marguerites d'été jaunes pour créer une scène vibrante à contempler de loin. Coupez les fleurs fanées pour éviter la dispersion des graines dans tout le jardin. On retrouve souvent des jeunes plants levés spontanément au pied des premiers plants.

— Pour les faire sécher dans les meilleures conditions, coupez les inflorescences quand elles s'entrouvent à peine. Pendez-les la tête en bas, dans un local sec et ombragé, pendant deux mois.

Les meilleures variétés

— Si l'*Eryngium agavifolium* présente des rosettes de feuilles extrêmement amples et une hampe forale de plus de 1,50 m de haut, on est un peu désappointé par la petitesse relative de ses fleurs d'un bleu violet.

— Originaire de nos montagnes, l'*E. alpinum* présente des fleurs bien plus grandes, d'un bleu acier magnifique, en juillet, août.

— Plus petit, *E. bourgatii* mérite d'être cultivé pour ses seules feuilles, veinées de blanc et argentées. Il ne dépasse guère 60 cm de haut et provient des Pyrénées.

— Encore fréquent sur certaines plages, les *E. maritimum* et *E. oliveranum* font partie des meilleures plantes pour bouquets secs.

— Très différent d'aspect, le panicaut du Maroc *(E. variifolium)* nous offre des feuilles persistantes veinées de blanc et à peine piquantes. Les fleurs sont plus petites mais regroupées par masses extraordinaires, si lourdes qu'il faut tuteurer la plante pour l'empêcher de s'effondrer au premier orage. A marier aux romarins, cistes et euphorbes pour créer des scènes méditerranéennes.

— *E. bromeliaefolium* propose une floraison

◁ *Eryngium bromeliaefolium*

verte en juillet. Il doit être planté à 50 cm en tous sens et atteint 1 m de haut. Bonne plante pour bouquets secs.

— Les bouquets ramifiés de l'*E. planum* s'insèrent bien dans les massifs et fournissent une multitude de petits pompons bleus.

— Malgré son feuillage bleu à l'aspect exotique, l'*E. yuccifolium* a un faible pour la fraîcheur.

— *E. x zabelii* a presque complètement disparu des jardins et des cultures en dépit de sa superbe teinte violacée.

Hauteur : de 60 à 140 cm.
Étalement et distance de plantation : de 20 à 50 cm.
Terre : ordinaire, bien drainée même caillouteuse.
Exposition : ensoleillée.
Multiplication : par semis ou par division des touffes.
Époque de floraison : de juillet à novembre.
Mode de végétation : vivace.

Erysimum

GIROFLÉE DES MURAILLES
Famille des brassicacées

Amateur de rocailles, la giroflée *Erysimum peroffskianum* ravit les propriétaires de jardins secs. En effet, cette jolie vivace, aux fleurs jaunes comme celles d'un œillet d'Inde, ne se plaît que dans les pierres sèches, à l'instar de sa cousine la giroflée ravenelle. Moins parfumée que cette dernière, elle propose cependant une douce senteur. Sa couleur éclatante resplendit en compagnie des myosotis et des tulipes tardives, aux coloris sombres comme ceux des tulipes perroquet noires ou les tulipes Triomphe 'Hans Anrud'.

Conseils utiles

— Semez au mois de septembre, en pépinière, pour repiquer tôt au printemps, en mars. Les premières fleurs surviendront au printemps suivant. Vous pouvez également semer en mai, repiquer en septembre, octobre et voir ainsi les plantes fleurir dès le mois de mai suivant.

— Renouvelez les plantations tous les deux ans, car bien que rustiques dans les jardins au sol léger et ensoleillé, ces plantes perdent de leur beauté à partir de la deuxième année.

Les meilleures variétés

— Les coussins d'or de l'*E. alpinum* n'ont pas leur pareil pour garnir des murets ou des dallages.

— Faut-il encore présenter l'*E. hieracifolium* (*x allionii hort.*), bisannuel, dont les bouquets oranges accompagnent toutes les fleurs de printemps ?

— Grâce aux hybrides, la palette des couleurs s'est élargie. Découvrez 'Butterscotch', jaune orangé ; 'Constant Cheer',

△ *Erysimum* 'Bowles Variety'

vieux rose, un peu saumoné, ou 'Jacob's Jacket', à peine plus violacé.

Hauteur : 30 cm.
Étalement et distance de plantation : 30 cm.
Terre : ordinaire, ensoleillée.
Exposition : ensoleillée.
Multiplication : par semis.
Époque de floraison : de mai à juin.
Mode de végétation : bisannuelle, vivace.

Erythronium

ÉRYTHRONE
Famille des liliacées

Avec les narcisses et les cerisiers à fleurs, voici l'un des plus gracieux présents du printemps. Avec leurs corolles aux couleurs tendres, tantôt rosées, tantôt jaunes, et leur feuillage éclaboussé de crème ou de brun, les érythrones ont belle allure, surtout si vous les plantez dans un sous-bois clair et riche en humus, par petites nappes de cinq ou six pour former des bouquets.

Conseils utiles

— Plantez, de préférence, tôt à l'automne, des bulbes bien frais dans de la bonne terre riche en humus. C'est dans le terreau de feuilles qu'ils croissent le mieux.

— Attention aux mulots et aux gelées. La première année, protégez les bulbes que vous aurez plantés à 10 cm sous terre sous un matelas de 5 cm de feuilles dans lequel vous glisserez une plaquette de poison.

Les meilleures variétés

— *E. dens-canis* (Dent de chien), aux fleurs rosées, est le plus connu, alors que sa forme double, 'Flore-Pleno', n'est encore visible que chez les connaisseurs. Vous

△ *Erythronium revolutum* 'White Beauty'

trouverez plus facilement 'Niveum', blanc, et 'Purple King', rouge cyclamen marqué de brun clair.

— *E. tuolumnense* aux fleurs d'un beau jaune laqué et au feuillage luisant est le plus gracieux.

— *E. revolutum* plaira aux amateurs de jardins blancs, car il a des fleurs ivoire.

Hauteur : de 10 à 25 cm.
Étalement et distance de plantation : 15 cm.
Terre : riche en humus.
Exposition : mi-octobre.
Multiplication : séparation des bulbes.
Époque de floraison : avril, mai.
Mode de végétation : bulbe.

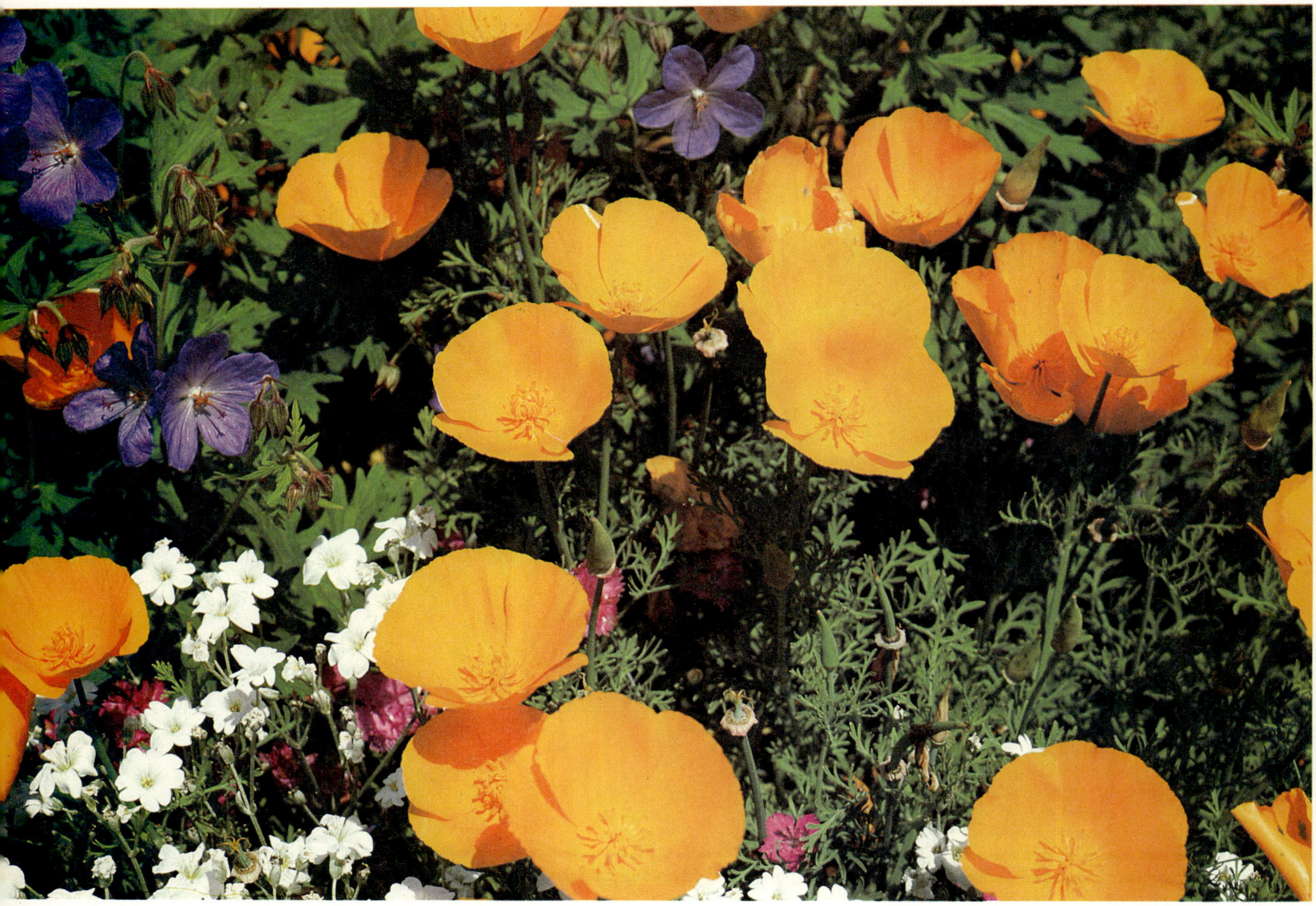

Eschscholzia californica △
Eucomis punctata ▽

Eschscholzia

PAVOT DE CALIFORNIE

Famille des papavéracées

Amateurs de jardins secs qui vous désolez de ne pas voir croître des fleurs, jardiniers occasionnels qui ne voulez surtout pas consacrer vos week-ends à mille petits soins, découvrez le pavot de Californie *(Eschscholzia californica).* Plus facile à vivre que lui, cela n'existe pas ! Donnez-lui un minimum de terre et un maximum de soleil et non content de fleurir inlassablement de juin aux gelées, il se ressèmera. Donnez-lui des chardons et des soucis pour compagnons et votre jardin ravira vos yeux.

Conseils utiles

— Semez directement en place dans la seconde quinzaine d'avril en choisissant, de préférence, des massifs ensoleillés.

— Éclaircissez les plants s'ils sont trop serrés après une petite pluie et tentez un repiquage, en arrosant bien, avec le surplus.

— Recueillez les capsules de graines en septembre, par temps sec (vous pouvez les séparer par couleur).

— Les semis spontanés reviennent à la couleur primitive, au bout de quelques années.

Les meilleures variétés

L'on en trouve des simples et des doubles mais notre préférence va au classique pavot de Californie à fleurs simples vendu en mélange de coloris, il décline tous les jaunes.

Hauteur : 20 cm.
Étalement et distance de plantation : 15 cm.
Terre : ordinaire.
Exposition : ensoleillée.
Multiplication : par semis.
Époque de floraison : de juin à octobre.
Mode de végétation : annuelle.

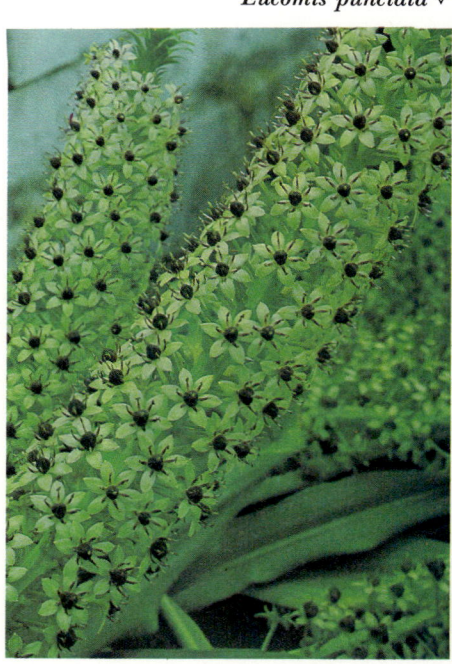

△ *Eschscholzia* (mélange)

Eucomis

EUCOMIS

Famille des liliacées

Pour les heureux possesseurs d'un jardin humifère, exposé à mi-ombre comme pour ceux qui se désespèrent d'avoir un jardin trop à l'ombre, l'eucomis est une aubaine qu'il faut savoir découvrir. Avec sa curieuse inflorescence vert tendre ponctuée de violet, semblable à un ananas et ses longues feuilles rubannées, il ne manque pas d'allure. L'helxine, les ancolies, les fougères, la grande digitale et la violette minuscule lui tiendront compagnie et, de saison en saison, vous le verrez s'étoffer et refleurir généreusement.

Conseils utiles

— Plantez les gros bulbes semblables à des jacinthes en mars, en sol profond et frais, à 10 cm de profondeur. Vous obtiendrez des effets plus heureux en les plantant par groupes de trois ou quatre.

— Là où un hiver rude est à craindre, paillez les touffes et protégez-les sous une tuile de faîtage.

— En terre lourde, plantez dans des poquets remplis d'un mélange terreux très sablonneux.

Les meilleures variétés

Il s'agit de deux espèces, très semblables, l'*Eucomis bicolor* qui atteint 30 cm et l'*Eucomis punctata,* plus haut (50 cm) et dont la tige est tigrée de grenat.

Hauteur : de 30 à 50 cm.
Étalement et distance de plantation : 20 cm.
Terre : ordinaire, fraîche.
Exposition : mi-ombre à ombre.
Multiplication : par semis ou par division des bulbes.
Époque de floraison : de juin à août.
Mode de végétation : bulbe.

△ *Eupatorium purpureum*

Eupatorium

EUPATOIRE

Famille des astéracées

Si les eupatoires les plus étonnantes sont celles originaires du Brésil qui sentent la vanille et fleurissent presque toute l'année en véranda, il ne faudrait pas oublier leurs cousines bien de chez nous qui n'ont pas leurs égales pour orner avec naturel les coins humides et un peu sauvages du jardin ou encore les espèces nord-américaines tout aussi décoratives.

Conseils utiles

— Plantez-les au printemps ou en automne après avoir bêché profondément et enrichi la terre en tourbe pour qu'elle garde plus d'humidité en été.

— Arrosez régulièrement et abondamment pendant la première année. Paillez le sol avec de la tourbe ou des déchets de gazon.

— Quand les touffes deviennent moins florifères, divisez-les sans pitié pour les dernières fleurs.

Les meilleures variétés

— Parfaitement à son aise en compagnie des arbustes, l'eupatoire pourpre (*Eupatorium purpureum*) atteint le summum de sa beauté en août quand ses tiges puissantes se couronnent de centaines de fleurs d'un rose pourpre nostalgique.

— Un peu moins haute mais plus touffue que la précédente, l'*E. rugosum* ressemble à un gigantesque agératum, avec des fleurs plumeuses blanches.

Hauteur : de 1 à 2 m.
Étalement et distance de plantation : 50 cm.
Terre : riche et restant fraîche en été.
Exposition : soleil et mi-ombre.
Multiplication : par division des touffes, en automne.
Époque de floraison : août, septembre.
Mode de végétation : vivace.

Euphorbia

EUPHORBE

Famille des euphorbiacées

Il existe une euphorbe adaptée à chaque recoin du jardin, de l'ombre au soleil et des coins secs aux endroits humides. Certaines comptent parmi les meilleurs couvre-sol qui soient tandis que d'autres ont une silhouette assez majestueuse pour figurer, en isolé, au détour d'une allée. Si la plupart sont vivaces, il en existe même des annuelles faciles à réussir par semis. Vraiment l'embarras du choix !

Conseils utiles

— Plantez-les au printemps, de préférence, ou bien assez tôt en automne pour qu'elles soient bien enracinées avant l'hiver (septembre, octobre). Une terre légère et assez riche est ce qui leur convient le mieux.

— Paillez le sol avec de la tourbe à la sortie de l'hiver. Des déchets de tonte de gazon ou de l'écorce de pin conviennent bien. Cela évite le dégarnissement des touffes par les pluies et la mise à nue des racines principales.

— Divisez les touffes tous les trois ans en tranchant les racines charnues proprement. Repiquez-les dans un mélange de sable et de tourbe pour leur faire passer le premier hiver sous châssis froid.

Les meilleures variétés

— Très spectaculaire, *Euphorbia characias* atteint plus de 1 m de haut. Ses tiges au feuillage bleuté se terminent par des épis de fleurs cireuses d'un jaune soufre remarquable. Elle s'épanouit en même temps que les tulipes tardives, en mai.

— *E. wulfenii* est très proche d'aspect, simplement un peu plus grande, et fleurit plus tard, en juin.

— Un feuillage pointu souvent veiné de rouge, des fleurs réunies en bouquets où des bractées rouges jouent le rôle principal, voici le portrait de l'*E. griffithii* dont la variété 'Fireglow' possède les coloris orange les plus brillants.

— L'euphorbe panachée (*E. marginata*) est souvent utilisée comme feuillage dans les bouquets précieux. Il suffit de tremper les extrémités des tiges dans de l'eau chaude pour cautériser les plaies et éviter que le latex ne s'échappe. Semez-la en avril sous châssis ou en mai directement au potager.

— Très curieuse avec ses feuilles imbriquées de façon très géométrique tout au long des tiges rampantes, *E. myrsinites* fait merveille dans les rocailles, les murets et les escaliers de pierre sèche. Elle s'épanouit tôt, en mars, avril.

— *E. amygdaloides* 'Purpurea', persistante, est une des plus belles euphorbes à fleurs pourpres.

— *E. cyparissias* s'étend en coussins au

△ *Euphorbia characias*

feuillage doux, d'une grande légèreté, dans les sols les plus secs.

— Avec son feuillage au teint chocolat, l'*E. dulcis* 'Chameleon' figure au premier plan des plus belles introductions récentes.

— *E. x martinii*. Cette belle persistante allie la vigueur de *E. characias* et les teintes de *E. amygdaloides*, ses parents.

— Arbustive mais peu rustique, *E. mellifera* doit être réservée à nos climats les plus doux.

— L'euphorbe des marais, *E. palustris*, développe de magnifiques touffes arrondies qui s'éclairent d'un jaune acide au printemps.

— L'une de nos préférées est *E. polychroma* dont le feuillage d'un vert étonnant se termine par des fleurs jaune pâle, en avril, mai. A associer à des tulipes blanches pour obtenir une scène pleine de charme. Rabattez-la en juin, juillet pour favoriser l'apparition d'un nouveau feuillage impeccable. Depuis peu, certains pépiniéristes offrent une forme pourprée, 'Purpurea', au contraste étonnant.

— Des rameaux fins et nombreux, des petites feuilles souvent lavées de bronze, telle est la parure de l'*E. seguieriana ssp. niciciana*, une espèce traçante des sols maigres et secs.

— La reine des endroits ombragés et secs est *E. robbiae*. Son feuillage coriace et vert foncé est déjà un gage de solidité. Elle forme de beaux tapis, même à l'aplomb d'un saule pleureur, et fleurit à la fin du printemps dans cette couleur vert chartreuse si prisée des amateurs d'euphorbes.

Hauteur : de 10 à 120 cm, selon les espèces.
Étalement et distance de plantation : de 20 à 40 cm.
Terre : ordinaire, plutôt fraîche.
Exposition : du plein soleil à l'ombre, selon les espèces.
Multiplication : par division des touffes, après la floraison.
Époque de floraison : printemps.
Mode de végétation : annuelle ou vivace.

△ *Euphorbia myrsinites*

▽ *Euphorbia marginata*

Euphorbia mellifera ▷

Euphorbia griffithii 'Dixter' ▽

△ *Euphorbia griffithii* 'Fireglow'

▽ *Euphorbia polychroma*

Euryops acraeus △

Euryops acraeus

EURYOPS
Famille des astéracées

C'est bien parce qu'elle est originaire des monts Drakensberg, en Afrique du Sud, que cette immortelle plaquée d'argent résiste à nos hivers moyens. Si vous l'accueillez dans un coin ensoleillé et bien drainé de votre rocaille vous profiterez de son coussin d'un gris délicat qui se constelle de fleurs d'un jaune vif, au début de l'été. Placez-la aussi dans vos potées de grande taille en compagnie d'un conifère au feuillage sombre, comme un if ou un pin des montagnes ou faites-en l'écrin d'une autre plante précieuse, le fabuleux *Rhodohypoxis,* lui aussi exilé sud-africain.

Conseils utiles

— Plantez l'euryops au printemps, de préférence, pour ne pas lui faire subir un hiver sans être bien enraciné. Placez-le dans une poche de terre bien drainée et recouvrez le sol avec une couche de graviers fins pour tenir le collet en dehors de l'humidité.

— Chaque printemps remettez un peu de terreau de feuilles sur le cœur de la touffe pour aider les rameaux à s'enraciner. Les boutures prélevées en été s'enracinent assez bien dans le sable mais il faut les hiverner dans un châssis froid.

Les meilleures variétés

— Plus arbustif, l'*E. abrotanifolius* rappelle l'aurone par son feuillage finement découpé, d'un vert intense.

Hauteur : 25 cm.
Étalement et distance de plantation : 30 cm.
Terre : très bien drainée.
Exposition : ensoleillée.
Multiplication : par bouturage, en été.
Époque de floraison : juin, juillet.
Mode de végétation : vivace.

Felicia amelloides △

Felicia

FÉLICIA

Famille des astéracées

Tous les amateurs de cactées et de petits « artichauts » en tous genres que sont les échéverrias, les agaves et les sédums aimeront cette petite plante. Avec l'avantage supplémentaire que *Felicia amelloides* fleurit sans défaillir chaque année et se multiplie avec une grande aisance. Son seul défaut : une rusticité réduite qui fait de cette plante vivace dans le Midi une bonne plante de véranda dans les autres régions.

Conseils utiles

— Plantez *Felicia amelloides* (synonyme *Agathaea coelestis*) en avril-mai dans un coin ensoleillé du jardin ou dans des pots qui jalonneront les murs et les allées avec une grâce toute méditerranéenne.

— Peu difficile, elle se contente d'une bonne terre ordinaire.

— Fleurissant abondamment, elle se reproduit aisément de graines et vos enfants s'amuseront avec ces semis, autant qu'avec les « plantes grasses ».

Les meilleures variétés

— *F. amelloides.* Avec un peu de chance, vous rencontrerez des formes encore plus florifères, à capitules larges et bien colorés, comme 'Astrid Thomas', bleu intense, ou 'Variegata', panachée de blanc crème.

Hauteur : de 30 à 40 cm.
Étalement et distance de plantation : 30 cm.
Terre : ordinaire.
Exposition : ensoleillée.
Multiplication : par semis ou par éclats de touffes.
Époque de floraison : de juin à septembre.
Mode de végétation : vivace.

Festuca

FÉTUQUE

Famille des poacées

Cette belle herbe bleue présente la particularité de former des touffes rondes très denses et de ne pas tout envahir. Elle est idéale pour constituer des bordures sages ou pour introduire une touche de calme dans des plates-bandes colorées. Associez-la aussi à des bulbes de printemps et à des fleurs sauvages pour créer un petit coin naturel.

Conseils utiles

— Plantez *Festuca glauca* en automne ou au printemps après avoir bêché le sol profondément. C'est une plante très frugale, elle est même plus belle quand elle souffre un peu !

— Évitez-lui les terres restant gorgées d'eau en hiver. Rabattez les touffes en fin d'été quand les épis de fleurs ne sont plus décoratifs.

— La fétuque se multiplie facilement, soit par division de touffe au printemps, soit par semis à la même époque. Les touffes sont belles à partir de la deuxième année.

Hauteur : de 20 à 30 cm.
Étalement et distance de plantation : 20 cm.
Terre : ordinaire, pas trop riche et bien drainée.
Exposition : au moins 3 h de soleil par jour.
Multiplication : par semis ou par division des touffes, au printemps.
Époque de floraison : juin, juillet.
Mode de végétation : vivace.

◁ *Festuca glauca*
▽ *Filipendula rubra* 'Magnifica'

Filipendula

FILIPENDULE

Famille des rosacées

Aubaine des jardiniers pressés qui préfèrent aménager un coin de pré en jardin sauvage plutôt que fignoler leurs plates-bandes, la *Filipendula* ne demande aucun entretien. Qu'il s'agisse de la Reine des prés (*Filipendula ulmaria*) ou des autres membres de cette grande famille, ce sont des plantes qui se contentent d'un sol frais et légèrement ombragé pour former, en compagnie des lysimaques, des macléayas, des rodgersias et des fougères, des massifs aussi ravissants que faciles à vivre.

Conseils utiles

— Plantez les filipendules en mars ou en septembre, octobre dans une terre franche et fraîche, à mi-ombre de préférence.

— Formez de belles taches de couleurs en disposant, côte à côte, cinq ou six plantes, au moins.

— Tous les trois ans, divisez les souches devenues envahissantes.

Les meilleures variétés

— Aux côtés de la Reine des prés, délicieusement parfumées, la *F. hexapetala*, aux plumets rose tendre ou blanc crème et au feuillage découpé comme celui d'une fougère et la *F. rubra* 'Magnifica' d'un rose soutenu, seront du plus bel effet.

— La *F. purpurea* déploie de généreuses panicules presque rouges.

— *F. ulmaria*. Sachez quand même que notre Reine des prés se présente également sous une forme dorée, 'Aurea', bien colorée à la mi-ombre, ou sous l'apparence de 'Plena', à fleurs doubles.

Hauteur : de 60 à 90 cm.
Étalement et distance de plantation : 30 cm.
Terre : ordinaire.
Exposition : ensoleillée ou mi-ombre.
Multiplication : par division des touffes.
Époque de floraison : de juin à septembre.
Mode de végétation : vivace.

Foeniculum

FENOUIL

Famille des apiacées

Très rarement utilisé chez nous alors qu'il est souvent présent chez nos voisins anglais, le fenouil a plus d'un atout : une belle prestance donnée par sa silhouette élancée, nimbée de brume par ses feuilles d'un vert grisâtre très fines, une floraison gracieuse, dans un jaune chartreuse d'une grande douceur, et une senteur anisée typique qu'il dégage au moindre frôlement. Employez-le à foison, en compagnie des rosiers anciens ou pour alléger des massifs trop denses.

△ *Foeniculum vulgare*

Conseils utiles

— Plantez-le au printemps, de préférence, en ménageant une petite poche de sable à son pied. Buttez la tige principale en fin de printemps pour lui permettre de mieux résister aux coups de vent.

— Laissez les fleurs venir à graines et récoltez celles-ci pour les semer tout de suite, au hasard. Un certain nombre lèvera et vous profiterez ensuite de leur présence, sans avoir à les repiquer. Cette plante occupant peu d'espace en largeur, vous pouvez laisser des pieds au bord même des massifs.

Les meilleures variétés

Il existe une forme au feuillage bronze, c'est-à-dire d'un brun rouge, appelée *Foeniculum vulgare* 'Atropurpureum'. Elle est fidèle au semis.

Hauteur : de 1,50 à 1,80 cm.
Étalement et distance de plantation : 30 cm.
Terre : ordinaire, même sèche.
Exposition : plein soleil.
Multiplication : par semis en automne ou au printemps.
Époque de floraison : juillet, août.
Mode de végétation : vivace.

Freesia x *kewensis* △

Freesia x *kewensis*

FREESIA

Famille des iridacées

En juin, juillet les freesias s'épanouissent dans les massifs ensoleillés et dans les jardinières, car ils acceptent, de bon gré, de pousser en pot. Égrenant des corolles aux couleurs brillantes le long de hampes délicates, ils embaument les alentours de senteurs chaudes et délicates à la fois. C'est en compagnie des eschscholzias, des pavots d'orient et des céraistes, comme eux amateurs de soleil, qu'ils composeront les massifs les plus brillants, laissant aux jardiniers en vacances tout le loisir de profiter de leur repos estival car ils n'exigent guère de soins pour prospérer.

Conseils utiles

— Dans le Midi, on peut planter en octobre pour hâter la floraison. Partout où les gelées sont à craindre, plantez-le plus tôt possible, au printemps.

— Installez vos freesias dans un sol sablonneux. Si votre terre est lourde, plantez-les dans des poquets de 20 cm de côté remplis d'un mélange composé de terreau et de sable en parts égales.

Hauteur : 20 cm.
Étalement et distance de plantation : 10 cm.
Terre : ordinaire.
Exposition : ensoleillée.
Multiplication : division des cormes.
Époque de floraison : de juin à juillet.
Mode de végétation : bulbe.

Fritillaria

FRITILLAIRE

Famille des liliacées

Deux fritillaires nous sont familières, la *Fritillaria imperialis* (fritillaire impériale) pour sa couronne de clochettes orangées ou jaune vif et la *Fritillaria meleagris* (œuf de vanneau), familière des prés humides. Cette dernière doit son nom vulgaire à sa robe lie-de-vin drôlement quadrillée de mauve. Toutes les deux sont les vedettes du printemps. Plantez-les en compagnie de jolies fougères, d'arums au feuillage délicat, d'alchemilles dorées et vous obtiendrez des massifs ravissants.

Conseils utiles

— Plantez vos fritillaires tôt à l'automne, en septembre. Les bulbes doivent impérativement être frais, sinon vous ne verrez aucune fleur apparaître.

△ *Fritillaria imperialis*
▽ *Fritillaria meleagris*

— Donnez-leur un sol riche en humus, frais, mais bien drainé (l'humidité stagnante des sols lourds les fait périr, en hiver).

— Ne plantez pas de fritillaires impériales trop près de la maison, en raison de leur odeur désagréable.

Les meilleures variétés

Outre les deux espèces citées, pensez à *Fritillaria persica* (fritillaire de Perse) aux merveilleuses fleurs noires. Une rareté à laquelle il vous faudra donner une place de choix pour la voir fleurir.

Hauteur : de 20 à 50 cm.
Étalement et distance de plantation : 30 cm.
Terre : perméable, riche en humus.
Exposition : mi-ombre à ensoleillée.
Multiplication : par séparation des bulbes.
Époque de floraison : avril, mai.
Mode de végétation : bulbe.

Fuchsia

FUCHSIA

Famille des onagracées

Que seraient nos coins de jardin ombragés sans les fuchsias et leurs clochettes au charme si rétro ? En compagnie des hostas et des fougères, ils permettent d'apporter de la couleur là où peu d'autres fleurs se maintiendraient. Vous pouvez aussi les cultiver en potées, en donnant la préférence aux variétés au port souple ou encore en les cultivant sur tige, c'est-à-dire en sélectionnant une tige que l'on ébourgeonne sur 50 cm de haut avant de la pincer à multiples reprises pour obtenir une tête. Ce passe-temps réparti sur deux ans vous donnera des plantes à l'allure superbe.

Conseils utiles

— Ne les plantez pas dehors avant la mi-avril dans le Midi et la mi-mai dans le Nord. Arrosez régulièrement pendant la canicule et paillez le sol avec de la tourbe ou de l'écorce de pin. Donnez-leur des engrais solubles tous les mois. Si des mouches blanches minuscules s'envolent au moindre frôlement, traitez avec un insecticide à base de décaméthrine ou agissez préventivement en disposant deux pincées d'un insecticide à base de disulfoton à chaque pied, avant d'arroser.

— À l'approche des gelées, rentrez les pieds à l'abri dans une serre froide, à peine hors gel. Certains fuchsias peuvent rester dehors à la condition de les couvrir d'une bonne couche de paille et d'un film plastique pour empêcher toute pourriture. Par précaution et pour ne pas encombrer votre serre, bouturez-les en août et hivernez seulement les boutures en petits godets.

△ *Fuchsia boliviana*
▽ *Fuchsia magellanica*

Fuchsia magellanica 'Gracilis' △
Fuchsia 'Ting-a-ling' ▷
Fuchsia 'Leonora' ▽

Les meilleures variétés

— La place manque pour évoquer tous les hybrides intéressants ! Demandez seulement à l'horticulteur quel est leur port : dressé, retombant ou souple. Cela vous donnera un idée de leur utilisation : en massif ou en potée.

— Les seuls fuchsias vraiment rustiques sont les *Fuchsia magellanica.* Ils forment de vraies haies si l'hiver ne vient pas les faucher au ras du sol (par précaution, paillez-les sur 10 cm). Dans ce cas, ils repartent de plus belle au printemps et ont tôt fait de reformer des touffes de plus de 1,50 m de haut. Trois vedettes : 'Riccartonii', le fameux grain d'avoine de nos grands-mères, dont les milliers de fleurs très fines s'agitent à la moindre brise ; 'Alba', en fait rose pâle et non blanc, ce fuchsia, au feuillage très vert et tendre, est un dur à cuire, l'un des plus rustiques qui soient ; 'Versicolor', admirable fuchsia au feuillage panaché de rose et de crème, qui donne l'impression d'un brouillard de toutes les couleurs si on le regarde de loin. Il n'a pas son pareil pour donner une impression de légèreté et d'irréel aux massifs d'ombre. Essayez-le dans le voisinage des hostas et des *Thalictrum dipterocarpum* et vous nous en direz des nouvelles !

Hauteur : de 30 cm à 1,80 m.
Étalement et distance de plantation : 30 cm.
Terre : riche en humus et toujours fraîche.
Exposition : ombre et mi-ombre.
Multiplication : par bouturage, en été.
Époque de floraison : de juin aux gelées.
Mode de végétation : vivace.

115

Gaillardia

GAILLARDE

Famille des astéracées

Avec leurs corolles étoilées de grosses marguerites brunes, rousses ou jaune d'or, toujours cernées de brun ou d'un ton plus clair, les gaillardes sont indispensables dans les massifs de fleurs estivales. Tout comme les reines marguerites, les tabacs d'ornement, les zinnias, les gauras, elles sont en fleurs durant tout l'été.

Conseils utiles

— Semez les variétés annuelles en mars, dans une caissette recouverte d'une vitre et remplie de bon terreau léger pour les repiquer en mai, dans un massif ensoleillé. Elles fleuriront durant tout l'été.

— Semez les variétés vivaces en juin, en pépinière, pour les repiquer en septembre dans des massifs ensoleillés. Elles fleuriront l'été suivant.

— Les vivaces ne sont connues que par leurs hybrides qui doivent être rabattus de bonne heure afin d'encourager la reconstitution des souches.

Les meilleures variétés

— La gaillarde annuelle, *Gaillardia aristata* est surtout jolie en mélange, 'Peinte variée'.

— En ce qui concerne *G. pulchella*, choisissez un mélange afin de sélectionner, par la suite, les coloris de votre choix.

Hauteur : 30 cm.
Étalement et distance de plantation : 20 cm.
Terre : ordinaire.
Exposition : ensoleillée.
Multiplication : par semis.
Époque de floraison : de juin à octobre.
Mode de végétation : annuelle, vivace.

Galanthus

PERCE-NEIGE

Famille des amaryllidacées

Chaque année c'est la même chose : au moment de les acheter on ne pense plus aux perce-neige et quand vient février on s'extasie devant ceux qui poussent chez les voisins ! Une année, au moins, procurez-vous des bulbes et installez-les près de la maison.

Conseils utiles

— Achetez-en plusieurs dizaines pour créer un effet de masse. Plantez-les avant la mi-décembre, dans une terre additionnée de tourbe car ils apprécient une certaine fraîcheur.

— Les perce-neige se naturalisent facilement. Plutôt que d'attendre que leur feuillage se fane pour les déterrer quand ils sont trop serrés, effectuez cette opération juste après la floraison.

Les meilleures variétés

— Le plus connu des perce-neige est *Galanthus nivalis,* dont il existe une forme à fleurs doubles. Il fait très bel effet sous des arbres caducs dont ses fleurs arrivent à percer le tapis de feuilles mortes.

— Un peu plus grand, *G. elwesii* possède un beau feuillage vert bleuté. Il devient presque une mauvaise herbe dans les sols légers qu'il apprécie.

Hauteur : de 15 à 20 cm.
Étalement et distance de plantation : 10 cm.
Terre : ordinaire.
Exposition : sous le couvert des arbres caducs ou au soleil.
Multiplication : par division des touffes, en avril.
Époque de floraison : février, mars.
Mode de végétation : bulbe.

Galega

GALÉGA, RUE-DES-CHÈVRES

Famille des fabacées

Sa floraison est exubérante et il faut la tuteurer. Il doit son nom vulgaire de « Rue-des-chèvres » à son feuillage qui a les mêmes propriétés que celui de la rue et est apprécié des chèvres. Il prospère dans les terres ordinaires. Il fleurit pendant une longue période. Au jardin d'ornement, sa propension à s'étendre n'est pas toujours appréciée, mais il constitue un couvre-sol très efficace dans les parties peu entretenues.

Conseils utiles

— Semez-le au printemps après avoir fait tremper les graines dans de l'eau pendant une nuit. Dès qu'il a trois feuilles, repiquez-le en godet, avant de le mettre en place définitivement, à la fin de l'été.

— Rabattez les tiges à l'entrée de l'hiver puis marquez l'emplacement des touffes en hiver pour ne pas risquer de les abîmer au printemps.

— Le feuillage constitue une excellente matière première pour le compost ou encore pour abriter d'autres plantes du froid.

Les meilleures variétés

Les cultivars anglais, tels 'Lady Wilson' ou 'Her Majesty' sont préférables à l'espèce type dont on ne contrôle pas toujours le développement intempestif.

Hauteur : de 1 m à 1,50 m.
Étalement et distance de plantation : 50 cm.
Terre : ordinaire, restant fraîche en été.
Exposition : ensoleillée.
Multiplication : par semis, au printemps ou par division des touffes, en hiver.
Époque de floraison : tout l'été.
Mode de végétation : vivace.

△ *Gaillardia aristata*
▽ *Galanthus nivalis*

Galtonia

JACINTHE DU CAP
Famille des liliacées

Peu de fleurs bulbeuses s'épanouissent en été, hormis les glaïeuls. Originaires d'Afrique du Sud comme eux, les *Galtonia candicans* présentent cette particularité. Elles sont donc très utiles pour agrémenter les massifs de fleurs vivaces un peu ternes en cette saison. Associées à des phlox ou à des fuchsias à petites fleurs, elles font beaucoup d'effet.

Conseils utiles

— Plantez-les en avril, mai, dans une terre profonde assez riche et restant fraîche en été. Enterrez les bulbes d'au moins 15 cm car la tige montera, par la suite, à plus de 1 m de haut, il convient donc qu'elle soit bien arrimée pour supporter les orages sans se coucher.

— Coupez les hampes florales en septembre pour éviter la formation des graines. Notez cependant que celles-ci lèvent quelquefois spontanément mais il faut alors repiquer les jeunes plants dans un sol riche pour les voir grossir assez vite.

— La méthode de multiplication la plus simple consiste à prélever les bulbilles autour du bulbe principal et à les replanter dans un coin du potager. Ils fleuriront deux à trois ans plus tard.

— En octobre, arrachez les touffes avec un peu de terre et laissez-les ressuyer dans une cave. Nettoyez ensuite les bulbes pour les conserver dans un endroit tempéré pendant tout l'hiver.

Hauteur : de 1,20 m à 1,50 m.
Étalement et distance de plantation : 20 cm.
Terre : ordinaire, enrichie en terreau.
Exposition : plein soleil.
Multiplication : par semis ou par séparation des jeunes bulbes.
Époque de floraison : de juillet à septembre.
Mode de végétation : bulbe.

▽ *Galega officinalis*

△ *Gaultheria procumbens*
▽ *Galtonia candicans*

Gaultheria

PALOMMIER, RAISIN-D'OURS
Famille des éricacées

Raisin-d'ours ou palommier, voici une plante qui porte de bien jolis noms ! Il est vrai qu'avec ses petites feuilles rondes de berbéris apprivoisé et ses jolies baies d'un rouge satiné, ce couvre-sol qui ne dépasse jamais 20 cm de haut ne manque pas d'atouts. C'est de plus une plante de sous-bois qui répandra des tapis adorables dans une clairière soignée et tiendra joliment compagnie aux filipendules et aux rodgersias.

Conseils utiles

— Plantez tôt, en automne ou au printemps, dans un sol riche en humus et légèrement acide (c'est un amateur de sols frais).

— Tous les trois ans, divisez les souches.

Les meilleures variétés

— *Gaultheria procumbens* le plus populaire (c'est en fait lui qu'on désigne le plus souvent sous le nom de raisin-d'ours) propose des fleurs blanches ou roses.

— Le *G. shallon*, moins connu, atteint 1,20 m et fleurit également en rose ou blanc, avant de faire des baies noires.

Hauteur : de 15 cm à 1,20 m.
Étalement et distance de plantation : 30 à 90 cm.
Terre : riche en humus, acide.
Exposition : mi-ombre.
Multiplication : par division des souches.
Époque de floraison : de juin à juillet.
Mode de végétation : vivace.

Gaura lindheimerii

GAURA

Famille des œnothéracées

Peu connue, cette plante ô combien vivace, devient rapidement indispensable à qui l'a essayée une année. Elle forme des touffes très gracieuses car chaque tige, très mince, ne porte qu'un feuillage grêle. Les fleurs apparaissent pendant tout l'été le long de ces tiges et évoquent irrésistiblement des papillons blancs qui feraient une halte. D'un blanc à peine lavé de rose carmin, elles se succèdent sans arrêt, qu'il fasse chaud ou qu'il pleuve. Ce sont d'excellentes fleurs pour les bouquets raffinés.

Conseils utiles

— Plantez-le au printemps dans une terre quelconque, de préférence bien drainée. Sa place est au second rang dans les mixed-borders. Vous pouvez l'associer aussi aux dahlias demi-nains ou aux cosmos.

— Paillez le sol pour qu'il conserve plus de fraîcheur en été. Ramassez quelques graines en septembre — ce sont les petits grains qui parsèment les tiges — et semez-les au printemps, sous châssis froid. La levée est rapide et les plants fleurissent dès le premier été.

Hauteur : de 0,90 m à 1,20 m.
Étalement et distance de plantation : 30 cm.
Terre : ordinaire, plutôt légère.
Exposition : au moins 6 h de soleil par jour.
Multiplication : par bouturage, en été et semis, au printemps.
Époque de floraison : tout l'été.
Mode de végétation : vivace.

Gazania

GAZANIA

Famille des astéracées

Avec son joli feuillage au revers argenté, voici une plante idéale pour les débutants. Que vous l'entouriez de soins en la semant tôt, au printemps, sous châssis, ou que vous la semiez à la volée un peu plus tard, en avril, mai ou en septembre, dans un coin de pépinière, vous la réussirez. Aussi, si vous aimez les fleurs jaunes couronnées de brun, jaune intense, rouille ou rouges, n'hésitez pas ! Le gazania illumine le jardin durant tous les mois d'été. Tout ce qu'il réclame, c'est qu'on l'arrose... et encore ! Pour déployer ses corolles, il attend que le soleil soit à son zénith, mais il se referme dès qu'il disparaît.

Conseils utiles

— De la chaleur et du soleil, c'est tout ce qu'il lui faut, du semis à la floraison.

△ **Gaura lindheimerii**
▽ **Gazania 'Sunbeam'**

Ne plantez pas les gazanias à l'ombre, ils y souffriraient.

— On peut les cultiver aussi bien en pleine terre, dans n'importe quel sol bien drainé, qu'en pots. Dans ces conditions, il n'est pas rare qu'on les conserve plusieurs années. Dans le Midi, ils sont vivaces.

Hauteur : 30 cm.
Étalement et distance de plantation : 15 cm.
Terre : ordinaire.
Exposition : ensoleillée.
Multiplication : par semis ou par bouturage.
Époque de floraison : de juillet à octobre.
Mode de végétation : annuelle et vivace.

Gentiana

GENTIANE

Famille des gentianacées

Relativement peu utilisées chez nous les gentianes forment pourtant un groupe immense, riche en fleurs d'une grande beauté. Le seul problème consiste à faire le tri entre les variétés impossibles à cultiver en dehors des montagnes et celles qui peuvent prospérer facilement dans nos rocailles.

Conseils utiles

— Plantez les gentianes tôt en automne ou au printemps, en leur donnant un sol frais mais bien drainé. Des apports de tourbe et de sable grossier sont conseillés.

— Comme ces plantes souffrent, en hiver, de l'excès d'humidité qui déclenche des pourritures catastrophiques, entourez leur base avec une couche de gravier d'au moins 2 cm d'épaisseur.

— Le semis est possible, avec des graines fraîches semées dès l'automne et laissées pendant tout l'hiver dehors pour qu'elles subissent l'action du froid et des alternances de gel et de dégel. Repiquez les jeunes plantules au printemps suivant après les avoir hivernées sous châssis froid.

Les meilleures variétés

— La gentiane acaule, c'est-à-dire sans tige *(Gentiana acaulis),* est un petit bijou assez facile à acclimater dans les endroits frais, riches en humus, et en plein soleil. Les fleurs, d'un bleu puissant, évoquent l'azur des ciels de haute montagne. Il en existe des formes différentes dont *G. acaulis* 'Dinarica', la plus facile à cultiver en plaine. Ses fleurs sont plus grandes et un peu plus tardives, de mai à juillet au lieu d'avril, juin.

— Tout à fait distincte de la précédente avec ses tiges portant des feuilles semblables à celles des saules, la gentiane asclépiade *(G. asclepiada)* culmine à 60 cm. Elle peut pousser dans les mixed-borders mais est inconstestablement plus jolie dans les sous-bois un peu sauvages.

— C'est de Chine que nous vient la gentiane de Farrer *(G. farreri)* qui peut aisément remplacer la gentiane acaule dans nos jardins. Le bleu ciel de ses corolles, largement ouvertes vers les nuages, est divinement renforcé par des rayures qui forment comme un corset. Elle fleurit tard, en septembre le plus souvent.

— La grande gentiane *(G. lutea)* mérite bien son nom : plus de deux mètres de haut si le sol lui plaît ! Elle fleurit en fin d'été, même si on la cultive en plaine. Ses racines servent à préparer un apéritif bien connu.

— De toutes les gentianes naines, la plus facile à réussir est la *G. septemfida.* Elle rampe au ras du sol et nous charme avec ses fleurs regroupées au bout des tiges hautes de 15 cm à peine.

— Il faut quelquefois attendre le mois d'octobre pour admirer la floraison des gentianes de Chine *(G. sino-ornata).* D'un bleu puissant, souvent veiné de violet, ses fleurs sont l'un des derniers émois de la rocaille. Elle est de culture relativement facile en sol tourbeux, un peu sableux.

◁ *Gentiana acaulis*
Gentiana septemfida ▷
Gentiana sino-ornata ▷
▽ *Gentiana verna*

Hauteur : de 10 à 200 cm, selon les espèces.
Étalement et distance de plantation : de 15 à 30 cm.
Terre : à la fois fraîche et bien drainée.
Exposition : au moins 3 h de soleil par jour.
Multiplication : par semis à froid ou par division des touffes.
Époque de floraison : de mai à octobre, selon les espèces.
Mode de végétation : vivace.

Geranium

GÉRANIUM

Famille des géraniacées

Ces plantes vivaces qu'il ne faut pas confondre avec les géraniums des fleuristes — en fait, des pélargoniums — sont une vraie aubaine pour les amateurs de mixed-borders et les jardiniers en général. Ils poussent littéralement tout seuls, formant vite de grandes nappes de fleurs, le plus souvent dans les tons roses, mauves ou bleus. Lorsqu'ils sont défleuris la fête ne finit pas en cauchemar car il possèdent un feuillage très élégant, à la texture pelucheuse, déclinant tous les verts de la nature. Ce sont des compagnons parfaits pour les ancolies, les pivoines, les lupins voire les fougères car ils ne détestent pas de pousser à mi-ombre.

Conseils utiles

— Plantez-les tôt, au printemps, dans un sol frais et riche en humus. Arrosez régulièrement pour aider à l'installation des touffes. Coupez les fleurs fanées pour éviter un épuisement inutile.

— Tous les trois ans, éclatez les touffes en une douzaine de nouveaux sujets que vous replanterez immédiatement. Certains, comme *Geranium psilostemon,* forment une souche très dure. Divisez-la avec un couteau bien tranchant, de préférence en septembre, et plantez les éclats dans du sable enrichi de tourbe. Rentrez-les sous un châssis froid pendant le premier hiver. Chaque portion doit

◁ *Geranium platypetalum*
▽ *Geranium renardii*

120

contenir un bourgeon pour être viable.

Les meilleures variétés

— Les géraniums printaniers ouvrent la marche dès le mois de mai : *G. macrorrhizum* est un excellent couvre-sol par son feuillage duveteux qui prend des couleurs d'automne somptueuses, surtout chez la variété 'Spessart', mais ses fleurs rose tendre ne sont pas à négliger. *G. renardii* est un bon hôte pour les rocailles car il ne dépasse pas 30 cm de haut. Ses fleurs blanches rayées de violet sont très délicates à contempler de près, admirablement mises en valeur par un feuillage vert argenté. Il forme un beau contraste à côté du *G. subcaulescens*, aux fleurs d'un rouge pourpre éblouissant. Les tapis denses du *G. x cantabrigiense* se teintent de rouge en automne. Le type est rose et 'Biokovo' blanc rosé. Le *G. cinereum* 'Ballerina' tapisse la rocaille de ses grandes fleurs roses veinées de pourpre. Sa variété, *G. c. var. subcaulescens*, possède des pétales carminés à veines sombres et blancs à la base. Les rocailles et les bordures sont le domaine du *G. dalmaticum* aussi charmant sous ses fleurs roses que dans sa livrée d'automne un peu rougeoyante.

— Le début de l'été voit la plupart des géraniums fleurir généreusement. C'est le cas de *G. endressii*, rose lilas dans l'espèce type et rose pur, l'un des plus beaux roses du printemps, chez 'Wargrave Pink'. Les grandes vedettes sont les *G. pratense* et leurs nombreux hybrides dont 'Johnson's Blue', au bleu violacé très tendre. Il est très proche du bleu de *G. platypetalum*. La généalogie des géraniums hybrides est fort complexe et les changements de noms fréquents ce qui fait qu'il vaut mieux vous renseigner auprès de votre horticulteur sur les caractéristiques des plantes qu'il vous vend. Ainsi, les deux espèces précédentes sont-elles souvent mélangées entre elles et avec *G. magnificum* ou encore *G. ibericum*. 'Ann Folkard' est un hybride tapissant à fleurs rouge magenta ornées d'un œil et de veines noirs. A l'aise dans les terres légères, le *G. himalayense* ouvre ses corolles en coupe, bleues à cœur blanc, et se décline aussi en violet dans sa forme double, 'Plenum'. Le *G. nodosum* occupe sans défaillir les zones ombragées et fraîches qu'il illumine de ses corolles d'un bleu métallique veiné de pourpre. Le *G. orientalitibeticum* aime se glisser entre les pierres de la rocaille fraîche. Ses grandes fleurs roses s'élèvent au-dessus du feuillage marbré. Robuste et infatigable, le *G. oxonianum* produit de gros coussins vert grisâtre et surprend toujours par sa floraison rose argenté. 'Claridge Druce' est devenu un standard. Plante d'ombre par excellence, le *G. phaeum*, violet brunâtre, mauve ou blanc selon la variété, est aussi un excellent couvre-sol. *G. pratense* ou 'Mrs Kendall Clarke', encore plus clair et veiné de blanc.

△ *Geranium ibericum*

— Les géraniums qui vont suivre s'épanouissent pendant une bonne partie de l'été par vagues successives. Ainsi le très bel hybride 'Russel Prichard', qui ne dépasse pas 20 cm de haut mais forme des tapis denses couverts de fleurs d'un rose magenta très vif, de juin aux gelées. Le *G. x riversleaianum* existe aussi sous une forme rose, 'Mavis Simpson'. Tous deux réclament une situation bien abritée. Le *G. sanguineum* est rouge pourpre et existe aussi en blanc. Le *G. pylzowianum* lui ressemble mais il est plus tapissant et ses rhizomes sont tubérisés. Mais la star incontestée est le *G. psilostemon* (autrefois *G. armenum*). Dès le mois de juin il forme un dôme majestueux haut de 1,20 m et large d'autant, surmonté de tant de fleurs pourpre magenta à cœur noir, que le feuillage pourtant volumineux en disparaît. Cette floraison a lieu une première fois en même temps que celle des rosiers et remonte en même temps qu'eux, au mois d'août. Alors vous pouvez couper le feuillage au ras du sol, ce qui permet à de nouvelles feuilles bien nettes d'occuper le terrain jusqu'aux gelées. Une fleur dont on ne peut se passer ! Les fleurs du *G. s. var. striatum*, plus compact, sont une véritable dentelle de veines roses sur fond blanc. *G. wallichianum* 'Buxton's Variety' émaille son feuillage maculé de brun de grandes coupes bleues à cœur blanc.

Hauteur : de 15 à 120 cm.
Étalement et distance de plantation : de 20 à 50 cm.
Terre : ordinaire.
Exposition : mi-ombre et soleil.
Multiplication : par division des touffes après la floraison ou au printemps.
Époque de floraison : de mai à octobre.
Mode de végétation : vivace.

△ *Geranium pratense* 'Mrs Kendal Clark'
▽ *Geranium maculatum album*
Geranium subcaulescens ▽

▽ *Geranium endressii*
Geranium argenteum ▽

▽ *Geranium sanguineum*

Gerbera

GERBÉRA

Famille des astéracées

Ayant acquis leurs lettres de noblesses chez nos fleuristes, les *Gerbera jamesonii* tentent une petite incursion dans nos jardins. Il faut bien avouer que leurs silhouettes courtaudes n'en font pas de bonnes plantes pour les massifs. En revanche, les variétés naines constituent d'excellentes plantes pour les potées dans le Midi. Supportant sans broncher les pires températures, elles ne cessent de fleurir tout l'été.

Conseils utiles

— Plantez vos gerbéras au printemps dans une terre riche et gardant la fraîcheur (terreau de feuilles et bonne terre de jardin, par moitié). Arrosez-les régulièrement en ajoutant de l'engrais soluble tous les mois. Si le feuillage jaunit, diminuez un peu la cadence.

— En octobre, rentrez les pots sous abri. Dans une véranda à peine chauffée, ils peuvent fleurir encore pendant une bonne partie de l'hiver.

— Tous les ans, divisez les touffes, au printemps. Cela les régénère.

Hauteur : 30 cm.
Étalement et distance de plantation : 30 cm.
Terre : riche.
Exposition : plein soleil.
Multiplication : par semis au chaud, en février ou par division des touffes, au printemps.
Époque de floraison : de juin à octobre.
Mode de végétation : annuelle, vivace.

▽ *Gerbera jamesonii*

Geum x *borisii* △

Geum

BENOÎTE

Famille des rosacées

Les benoîtes étaient des plantes bien connues de nos grands-parents. Leur feuillage duveteux, d'un vert tendre, leurs fleurs aux coloris vifs et presque émaillés, ainsi que leurs fruits très décoratifs leurs valaient de figurer dans tous les jardins de curé. Redécouvrez-les pour leur solidité et leur simplicité.

Conseils utiles

— Si n'importe quel sol leur convient, elles préfèrent ceux qui sont bien drainés et un peu enrichis avec du terreau de feuilles.

— Plantez-les en automne ou au printemps. Aucune protection n'est nécessaire en hiver. Laissez les fruits se développer car la plupart sont très jolis.

Les meilleures variétés

— Peu de plantes vivaces estivales peuvent rivaliser avec le *Geum* x *borisii* en ce qui concerne la durée de la floraison : de mai à septembre, à condition de bien arroser, il est vrai. Les fleurs sont grandes et d'un bel orange.

— Originaire du Chili, le *G. chiloense* a donné naissance à d'excellents hybrides. Les plus connus sont 'Lady Stratheden', jaune vif ; 'Mistress Bradschaw', écarlate' ; 'Fire Opal', rouge brillant ; 'Georgenberg', jaune orangé et 'Princess Juliana', orangé.

— Dans les lieux humides, introduisez *G. rivale* 'Leonard's Variety', aux clochettes roses, ou sa forme blanche, 'Album'.

Hauteur : de 30 à 60 cm.
Étalement et distance de plantation : 25 cm.
Terre : ordinaire, enrichie avec un peu de tourbe.
Exposition : au moins 3 h de soleil par jour.
Multiplication : par semis ou par division des touffes, en avril.
Époque de floraison : de mai à septembre.
Mode de végétation : vivace.

Geum chiloense 'Mrs Bradshaw' ▽

122

Gilia capitata △
◁ *Gilia tricolor*

Gilia

GILIA
Famille des polémoniacées

Sans risque de nous tromper nous pouvons assurer les gilias d'un futur grand succès dans les jardins de week-end. Ces fleurs annuelles réussissent en effet facilement à partir d'un simple semis en place. Il n'est pas rare de les retrouver l'année suivante tant elles se ressèment aisément.

Conseils utiles
— Semez-les en mars, avril, sur une terre émiettée et tiède. Éclaircissez le semis un mois plus tard en laissant 15 à 20 cm entre les plantes. Un peu plus tard, pincez les tiges principales.

— Pendant l'été, arrosez une fois par semaine en ajoutant un peu d'engrais soluble tous les trois arrosages.

Les meilleures variétés
— Le feuillage plumeux vert tendre du *Gilia capitata* forme un excellent écrin pour ses fleurs bleu-violet réunies en capitules serrées. Semez-en à profusion pour occuper l'espace au pied des rosiers anciens ou encore pour accompagner les glaïeuls ou les tabacs blancs.

— Les fleurs du *G. tricolor,* au cœur pourpre entouré de blanc pour finir dans un violet tendre, émettent une odeur vanillée qui évoquent celle du chocolat. Elles se succèdent pendant de nombreuses semaines. À semer en bordure de massif ou de part et d'autre d'une allée gravillonnée.

Hauteur : de 30 à 40 cm.
Étalement et distance de plantation : de 15 à 20 cm.
Terre : ordinaire plutôt fraîche en été.
Exposition : au moins 6 h de soleil par jour.
Multiplication : par semis, en mars, avril.
Époque de floraison : de juin aux gelées.
Mode de végétation : annuelle.

Gladiolus

GLAÏEUL

Famille des iridacées

Les glaïeuls et leurs longues hampes de fleurs colorées, souvent un peu outrageusement, sont connus de tous. S'ils sont superbes en bouquets, on ne peut en dire autant dans les jardins où leur silhouette étriquée a besoin du voisinage de plantes à feuillage volumineux pour ne pas paraître déplacée. Plantez-les donc en groupes dans des massifs de sauges, de tabacs, de salicaires et de monardes pour former de grandes taches de couleurs. Et surtout n'oubliez pas les charmants glaïeuls de printemps, qui paraissent échappés de nos campagnes et ont su conserver une grâce toute naturelle.

Conseils utiles

— Plantez les glaïeuls de printemps en octobre ou novembre dans une ·terre allégée avec du sable. Disposez-les parmi des giroflées et des myosotis.

— Les glaïeuls classiques se plantent en avril ou mai, à dix centimètres de profondeur en plaçant la pointe du bourgeon vers le haut. Si vous les disposez par groupes de trois à cinq vous les tuteurerez discrètement avec des bambous.

— Au potager, pour la culture destinée aux bouquets, plantez-les en lignes, buttez-les en juin et tuteurez-les en les attachant à une ficelle tendue horizontalement entre deux piquets.

— Arrosez régulièrement et apportez-leur de l'engrais tous les quinze jours.

— Pour une bonne tenue en vase, coupez les hampes florales quand le premier fleuron s'entrouve. Les bulbes sont ensuite généralement épuisés.

Les meilleures variétés

— Il y a vraiment l'embarras du choix parmi les espèces à grandes fleurs. Laissez-vous guider par votre grainetier et ne prenez que des calibres 14 et plus qui donnent les meilleurs résultats. Il y a même des glaïeuls verts sans parler des glaïeuls « papillon » ou des « fantaisies » au goût quelquefois discutable.

— Fleurissant en même temps que les précédents, les *Gladiolus primulinus* hybrides nous offrent des fleurs moins serrées et plus gracieuses sur des hampes moins hautes et donc moins sensibles au vent. 'Anitra' est rouge vif tandis que 'White City' est blanc pur et 'Yellow Special', jaune ambré.

— Les glaïeuls fleurissant au printemps ne sont pas assez connus. Les plus répandus sont *G. byzanthinus,* aux fleurs rose pourpré, capable de se naturaliser si la terre lui convient, et *G.* x *colvillii* qui ne

◁ *Gladiolus* hybride

△ Glaïeul jaune

△ **Glaïeul rose**
▷ **Glaïeul violet**

dépasse pas 60 cm de haut et fleurit en divers coloris généralement marqués par une gorge rose ou rouge du plus bel effet.

Hauteur : de 60 à 140 cm.
Étalement et distance de plantation : 15 cm.
Terre : riche et profonde.

Exposition : ensoleillée.
Multiplication : par séparation des nouveaux cormes, en novembre.
Époque de floraison : de mai à octobre selon la date de la plantation et l'espèce.
Mode de végétation : bulbe.

△ *Glaucium flavum*

Glaucium

PAVOT CORNU

Famille des papavéracées

Si vous aimez vous promener dans la garrigue languedocienne, en mai, vous avez certainement pu admirer les fleurs de soie du pavot cornu. Accroché solidement au sol grâce à une grosse racine pivotante, il éclôt chaque jour une fleur nouvelle la déployant comme le font ses cousins les coquelicots. *Glaucium flavum* est un petit bijou à cultiver comme une fleur bisannuelle ou comme une vivace.

Conseils utiles

— Plantez-le en automne dans une poche de sable ou de gravier ou attendez le printemps si votre terre est lourde en hiver.

— Vous pouvez aussi le semer en mai, juin. Il fleurit alors l'année suivante. Le plus difficile est de trouver des graines, aussi laissez vos premiers exemplaires monter à graines pour les récolter à la fin de l'été.

Hauteur : 30 cm.
Étalement et distance de plantation : 30 cm.
Terre : plutôt pauvre et bien drainée, en hiver.
Exposition : plein soleil.
Multiplication : par semis, en fin de printemps.
Époque de floraison : de juin à septembre.
Mode de végétation : annuelle, bisannuelle, vivace.

Gloriosa

GLORIOSA

Famille des liliacées

À partir de la fin juin les *Gloriosa rothschildiana* s'enflamment de cent papillons orange, grimpant à l'assaut du moindre treillage pourvu qu'ils soient posés sur un mur ensoleillé. Leurs couleurs brillantes illumineront les jardins bien exposés. Cultivez-les non loin de vos vivaces à feuillage gris, comme la sauge ou le *Stachys lanata* afin de calmer un peu l'ardeur d'un coloris si brillant.

Conseils utiles

— Plantez-les dès septembre dans de grands pots remplis de terreau de feuilles mélangé à du compost dans les régions où l'hiver est froid ; vous enterrerez les potées en avril aux endroits choisis. En climat doux, plantez en pleine terre le long d'un mur bien exposé dans des poquets remplis du même terreau.

— Protégez les souches, chaque automne, sous une brassée de feuilles mortes ou de tourbe.

Hauteur : de 2 à 3 m.
Étalement et distance de plantation : 50 cm.
Terre : riche en humus.
Exposition : ensoleillée.
Multiplication : par séparation des rhizomes, au printemps.
Époque de floraison : de juillet à octobre.
Mode de végétation : bulbe.

◁ *Gloriosa rothschildiana*
▽ *Godetia grandiflora* 'Whitney'

Godetia

GODÉTIA

Famille des onagracées

Peu de fleurs annuelles présentent des coloris aussi éclatants que les *Godetia grandiflora* : des roses tendres, des violets subtils, des rouges jamais claquants... Chaque plante est un véritable bouquet car les fleurs s'épanouissent toutes en même temps. Évidemment ce feu d'artifice ne dure que trois semaines mais quelle beauté !

Conseils utiles

— Semez directement en place, au mois d'avril ou mai, quand la terre est réchauffée. Au préalable, mélangez les graines assez fines avec du sable pour mieux les répartir. Deux semaines après la levée des graines, éclaircissez le semis en laissant un plant tous les 20 cm.

— Pincez les plantes à mi-hauteur un mois plus tard. Arrosez régulièrement en apportant un peu d'engrais soluble dans un arrosage sur deux.

Les meilleures variétés

La race 'Whitney' possède des fleurs souvent simples, sur des plantes demi-naines. La race double 'À Fleur d'Azalée' est plus connue. Elle est plus compacte (35 cm en moyenne). Certains grainetiers vendent des coloris séparés, ce qui permet de composer des scènes magnifiques.

Hauteur : de 35 à 45 cm.
Étalement et distance de plantation : 20 cm.
Terre : plutôt riche et fraîche.
Exposition : plein soleil.
Multiplication : par semis, en avril ou mai.
Époque de floraison : de mai à août pendant 3 semaines.
Mode de végétation : annuelle.

Gomphrena

GOMPHRÉNA

Famille des amaranthacées

Les *Gomphrena globosa* portent de drôles d'inflorescences globuleuses qui déclinent le pourpre et le carmin dans des roses charmeurs. Ces plantes feront bonne figure dans un massif de vivaces et y apporteront une note un peu nostalgique pour la fin de l'été.

Conseils utiles

— Semez en mars, à l'abri, dans un mélange, en parts égales, de terreau et de terre franche pour repiquer en place, en mai. Les plantes fleuriront de juillet à octobre.

— Cultivez de préférence au soleil, mais arrosez copieusement.

— Ces fleurs conviennent très bien en

△ *Gomphrena globosa*

bouquets secs si vous les coupez avant qu'elles soient fanées.

Hauteur : 30 cm.
Étalement et distance de plantation : 20 cm.
Terre : ordinaire.
Exposition : ensoleillée.
Multiplication : par semis, en mars.
Époque de floraison : de juillet à octobre.
Mode de végétation : annuelle, bisannuelle, vivace.

Gunnera

GUNNÉRA

Famille des gunnéracées

Gunnera manicata est une plante idéale pour étoffer avec majesté un coin de jardin sauvage, surtout s'il est traversé par un ruisseau ou se trouve dans un terrain frais. Ses immenses feuilles se déploient, en général, entre avril et mai, grandissant alors à une vitesse stupéfiante. Parfois la plante fleurit pendant l'été en drôles d'épis couleur de caviar. Elle a sa place en compagnie des grandes berces du Caucase, des rhubarbes d'ornement, des iris d'eau et des arums.

Conseils utiles

— Plantez en mars, avril le long d'une pièce d'eau dans un sol enrichi copieusement. Comptez quatre pelletées de terreau de fumier pour un mètre carré.

— Chaque automne, protégez les souches sous une brassée de paille car lorsque l'hiver est rude, elles peuvent en souffrir.

— Achetez de préférence des plants à racines nues, mais plantez-les sans tarder.

Hauteur : 1,50 m.
Étalement et distance de plantation : 2,50 m.
Terre : riche, humide.
Exposition : ensoleillée à mi-ombre.
Multiplication : par éclats des souches.
Époque de floraison : de juillet à août.
Mode de végétation : vivace.

Gunnera manicata △

Gynerium

Voir *Cortaderia.*

Gypsophila 'Rosenschleier' △
Gypsophila elegans ▷

Gypsophila

GYPSOPHILE

Famille des caryophyllacées

Surnommé « brouillard » en raison de l'extraordinaire légèreté de ses fleurs, il a sa place dans les massifs au sol léger et bien exposés parmi les sauges, les roses anciennes, et les vivaces solides comme le pavot d'orient ou le gaura. Il fleurira sans discontinuer durant tout l'été et vous pourrez en faire de ravissants bouquets secs.

Conseils utiles

— Semez en avril, sous abri, aussi bien les variétés annuelles que les vivaces. Les annuelles fleuriront dans l'été, une fois repiquées dans des massifs ensoleillés et les vivaces, l'été suivant.

— Installez tous vos gypsophiles en terre légère et riche en humus, ils ont horreur de l'humidité froide des terres argileuses.

Les meilleures variétés

— Une espèce **annuelle,** le *Gypsophila elegans,* aux fleurs larges d'1 cm, allège les plates-bandes.

— Deux **vivaces,** le *G. paniculata,* aux fleurs minuscules, parfois doubles et le *G. repens,* rampant, font merveille dans les rocailles.

— *Gysophilia paniculata.* Celles de 'Bristol Fairy', très doubles, forment de véritables petits pompons et celles de 'Flamingo', demi-doubles, sont roses. 'Virgo' est obtenu par semis et donne soit des fleurs doubles, soit des fleurs simples. 'Rosenschleier' est un hybride plus bas, extrêmement florifère.

Hauteur : de 10 à 60 cm.
Étalement et distance de plantation : 20 cm.
Terre : légère, riche en humus.
Exposition : ensoleillée.
Multiplication : par semis et par division des touffes, au printemps.
Époque de floraison : de juin à septembre.
Mode de végétation : annuelle, vivace.

△ *Haberlea rhodopensis*

Haberlea

HARBERLÉA

Famille des gesnériacées

Le plus difficile sera pour vous de dénicher les plants de cette merveille venue des Balkans. Peut-être vous faudra-t-il adhérer à une association d'amateurs de plantes de rocaille mais cela en vaut la peine car vous découvrirez ainsi un des joyaux de la flore européenne. Ressemblant à un gloxinia miniature cette plante forme un coussin de feuilles gaufrées d'où émergent, au printemps, quelques hampes florales. Leurs boutons se déploient en corolles d'un rose orchidée avivé par une gorge jaune. Un spectacle à contempler de près !

Conseils utiles

— Plantez-le, au printemps, dans un recoin exposé au nord et qu'il vous sera facile d'abriter sous une plaque de verre pendant l'hiver pour lui éviter l'excès d'humidité.

— Disposez des appâts anti-limaces et tenez le sol humide pendant tout l'été. Si des mousses se développent aux alentours c'est bon signe. Récoltez des graines et semez-les à proximité. La levée aura lieu l'année suivante et vous pourrez repiquer les jeunes plants au bout d'un an.

Hauteur : de 15 à 20 cm.
Étalement et distance de plantation : 15 cm.
Terre : tourbe et sable.
Exposition : abritée, au nord.
Multiplication : par semis.
Époque de floraison : fin de printemps.
Mode de végétation : vivace.

Hedysarum

HEDYSARUM

Famille des fabacées

Ces plantes seront à leur avantage sur des buttes ensoleillées ou dans le milieu des bordures de vivaces, voisinant avec des fleurs de forme plus compacte, telles les achillées ou les chrysanthèmes.

Conseils utiles

— Semez directement en place, en septembre ou en mars si vous désirez les traiter en annuelles.

— Ou piquez les plus longues branches (à la même époque) dans la terre en laissant ressortir 10 cm à l'air libre. Tuteurez, puis séparez la nouvelle plante de l'ancienne, un an plus tard.

— Une fois établis, ne les dérangez pas, mais tuteurez-les si besoin est.

— Coupez les tiges à 5 cm du sol en novembre.

La meilleure variété

Hedysarum coronarium, c'est le sainfoin d'Espagne, à bouquets, peut être traité en bisannuel ou en vivace. Dans ce cas la durée de vie sera peut être brève (3 ou 4 ans). Les fleurs sont rouges et parfumées.

Hauteur : 1 m.
Étalement et distance de plantation : 0,50 m.
Terre : normale, bien drainée.
Exposition : ensoleillée.
Multiplication : par semis ou par marcottage.
Époque de floraison : de juin à septembre.
Mode de végétation : annuelle ou vivace.

▽ *Hedysarum multijugum*

129

Helenium autumnale 'Chipperfield' △

Helenium

HÉLÉNIE

Famille des astéracées

Les hélénies ont leur place dans les massifs de vivaces en compagnie des plantes à feuillage feutré comme les stachys et les sauges, et d'autres « marguerites » d'automne comme les asters, les chrysanthèmes ou les rudbeckias. Ils forment alors de ravissantes taches de couleurs chaudes dont les tons s'harmonisent à merveille avec les mauves, les roses et les gris de leurs compagnes.

Conseils utiles

— Donnez à *Helenium autumnale,* un sol riche, mais bien drainé en les plantant dans des poquets de 20 cm de large remplis de terreau riche et sablonneux.

— Semez-les, en mai, en pépinière, pour les repiquer en septembre ou bien au mois de mars suivant le semis, ils fleuriront dans l'été qui suit leur plantation.

Les meilleures variétés

— La plupart sont des hybrides comme 'Coppelia', caramel ; 'Mahogany', jaune cerné d'orange ; 'Pumilum magnificum', jaune d'or, plus hauts en couleur que l'espèce.

— *H. hoopesii* fleurit à la fin du printemps sous forme de grandes marguerites jaune orangé.

— *H. hybrides.* 'Bruno', rouge brun ; 'Kanaria', tout jaune ; 'Moerheim Beauty', rouge brun velouté ; 'The Bishop', plus bas et jaune d'or ; 'Waltraut', jaune flammé brun.

Hauteur : de 60 à 80 cm.
Étalement et distance de plantation : 30 cm.
Terre : riche, légère.
Exposition : ensoleillée.
Multiplication : au printemps, par semis ou par division des touffes.
Époque de floraison : d'août à octobre.
Mode de végétation : annuelle, vivace.

Helianthemum

HÉLIANTHÈME

Famille des cistacées

Plante idéale pour tapisser une rocaille ou un talus sec qui borde souvent les jardins montagnards, *Helianthemum nummularium* n'aime que le soleil et les sols bien secs et bien chauds. Elle fait merveille en compagnie d'œillets mignardises ou des Alpes dont les gros coussins de feuilles fines s'harmonisent avec ses exubérantes nappes de fleurs aux coloris tendres ou éclatants.

Conseils utiles

— Plantez, de préférence, au printemps pour épargner les pluies d'hiver aux jeunes plants, dans un sol ordinaire, mais chaud et bien ensoleillé.

— Coupez les fleurs séchées pour encourager l'apparition de nouvelles fleurs.

— Tous les 3 ans, divisez les touffes devenues imposantes.

Les meilleures variétés

— Elles sont innombrables, citons 'Amy Baring', jaune bouton d'or ; 'Ben Afflick', orange tendre ; 'The bride', blanc ; 'Wisley Pink', rose.

— *H. hybrides.* 'Ben Fhada', jaune à cœur orange ; 'Ben Heckla', cuivré à cœur rouge ; 'Elfenbeinglanz', blanc à cœur jaune ; 'Lawrenson's Pink', rose à cœur cuivré ; 'Raspberry Ripple', curieusement bigarré de blanc et de carmin ; 'Rhodante Carneum', à très grandes fleurs jaunes.

Hauteur : de 20 à 30 cm.
Étalement et distance de plantation : 50 cm.
Terre : ordinaire.
Exposition : ensoleillée.
Multiplication : au printemps, par semis ou par division des touffes.
Époque de floraison : de juin à octobre.
Mode de végétation : vivace.

Helianthus

TOURNESOL, SOLEIL

Famille des astéracées

Vous en ferez des haies provisoires dans un jardin tout neuf pour vous protéger des regards, ou bien d'imposants buissons pour donner un coup d'éclat à un coin un peu triste. Mais évitez de planter dans vos massifs tous les membres de cette famille car ils sont aussi gourmands qu'assoiffés et leurs voisines en souffriraient.

Conseils utiles

— Semez le tournesol **annuel** directement en place par poquets de trois graines que vous éclaircirez ensuite, à 30 cm les unes des autres.

— Plantez les **vivaces** au printemps.

— Ces plantes préfèrent un sol riche et frais, en sol sec, elles restent chétives (certains diront, d'une dimension raisonnable !).

Les meilleures variétés

— Au tournesol classique *H. annuus,* ajoutons deux vivaces : *H. salicifolius,* aux longues feuilles effilées comme celles d'un saule. Il atteint 2 m avant de déployer ses marguerites jaunes. L'*H. decapetalus* est un gros tournesol double. L'*H. decapetalus* 'Capenoch Star' donne des fleurs rondes originales bienvenues dans les bouquets. Il se présente aussi sous une forme à fleurs doubles nommée 'Golden Ball'.

— L'*H. atrorubens* 'Gullick's Variety' est un des plus florifères mais il doit être abrité des grands froids. Dans les scènes plus champêtres, *H. microcephalus* apportera une note pleine de naturel.

Hauteur : de 1 à 2,50 m.
Étalement et distance de plantation : 30 cm.
Terre : riche.
Exposition : ensoleillée.
Multiplication : par semis ou par division des touffes.
Époque de floraison : de juillet à août.
Mode de végétation : annuelle, vivace.

▽ *Helianthus decapetalus*

△ *Helichrysum petiolatum*

△ *Helichrysum bracteatum*

Helichrysum

HÉLICHRYSUM, IMMORTELLE

Famille des astéracées

Vaste groupe que celui des hélichrysums ! Il comporte aussi bien des espèces annuelles, que nous connaissons sous le nom d'immortelles, que des espèces à demi-rustiques ou même arbustives. Leur caractéristique commune est la forme de leurs fleurs en étoiles et leur incroyable résistance au soleil brûlant. Souvent elles sont aidées par un feuillage gris qui n'est pas pour peu dans leur intérêt décoratif. Ce sont, en général, d'excellentes plantes pour les jardinières car elles prospèrent sans beaucoup de terre.

Conseils utiles

— Semez les immortelles au printemps, au chaud en mars, sous châssis froid en avril ou directement en place en mai, dans un coin du potager pour être fourni en fleurs sèches pendant tout l'hiver.
— L'entretien se résume à quelques binages et arrosages. Buttez les tiges pour leur éviter de s'effondrer en cas d'orage violent.
— La récolte a lieu fin août, début septembre, quand les fleurs sont bien ouvertes mais que leur cœur n'a pas encore pris une teinte triste. À faire sécher la tête en bas pendant deux mois dans l'obscurité.
— Les hélichrysums à petit développement qui servent à décorer les massifs et les jardinières sont plantés en avril, mai dans un mélange riche et sableux. Pincez-les à plusieurs reprises pour obtenir des plantes trapues. Bouturez-les en été pour conserver ainsi des jeunes pieds à l'abri du froid en hiver, dans une véranda ou une serre chauffée.
— Les variétés arbustives les plus rustiques peuvent rester en place dehors à la condition d'en abriter la base avec de la paille ou de la laine de roche puis de recouvrir le tout avec un film plastique.

Les meilleures variétés

— Les immortelles dites à bractées (*Helichrysum bracteatum*), sont souvent vendues en mélange. C'est dommage car vous pourriez composer des bouquets plus recherchés avec certaines sélections. À noter la variété 'Bikini', dont le coloris le plus souvent proposé est rouge feu, et qui est nettement moins haute (35 cm seulement).
— Surnommé la plante curry, l'*H. angustifolium* (ou *H. serotinum*) est l'un des plus rustiques parmi les hélichrysums arbustifs. Tout son feuillage, d'un gris d'argent, répand une odeur de curry très prononcée. Il fleurit à la fin de l'été, dans un jaune soutenu.
— L'*H.* hybride 'Sulphur Light' charmera tous les amateurs de feuillages gris. Ses fleurs d'un jaune mimosa très doux ont l'exacte nuance qui convient pour mettre en valeur le bleu des caryoptéris ou des lavandes.
— Le plus utilisé des hélichrysums pour orner les balcons Outre-Manche reste l'*H. petiolatum*. Il se glisse facilement entre des feuillages plus imposants comme ceux des pélargoniums et les met parfaitement en valeur avec l'écrin de ses feuilles grises ou d'un jaune primevère étonnant dans sa variété 'Limelight'.

Hauteur : de 30 à 120 cm.
Étalement et distance de plantation : 30 cm.
Terre : ordinaire, même un peu sèche.
Exposition : plein soleil.
Multiplication : par semis, au printemps ou par bouturage, en été.
Époque de floraison : de juillet à août.
Mode de végétation : annuelle.

△ *Heliopsis scabra*

Heliopsis

HÉLIOPSIS

Famille des astéracées

Avec ses fleurs doubles comme de gros pompons, d'un coloris chaleureux, tantôt jaune d'or, tantôt jaune citron, l'*Heliopsis scabra* fait partie de ces petits soleils qui enchantent un jardin. Vivace, elle l'est incontestablement, poussant parfois la vitalité jusqu'à devenir envahissante. Gare aux plantes moins tenaces ! Ne la plantez qu'en compagnie d'autres merveilles de solidité, comme les tanaisies, les héléniums, les asters ou encore l'impétueux amour en cage (*Physalis*).

Conseils utiles

— Semez en mai, en pépinière, pour repiquer à l'automne ou au printemps suivant, dans des massifs bien exposés.
— Toutes les bonnes terres de jardin lui conviennent.

Les meilleures variétés

— Il y a les géantes comme 'Golden Plume', double et jaune d'or qui atteint 1,20 m et de plus naines comme 'Summer Sun', qui n'atteint que 50 cm mais est demi-double et jaune beurre.
— *H. helianthoides*. Les plus beaux sont peu cultivés car ils ne se reproduisent pas par semis. Ce sont des plantes d'origine allemande telles 'Goldgrünherz', jaune à cœur vert, 'Hohlspiegel' ou 'Spitzentänzerin', aux longues ligules ébouriffées.

Hauteur : de 50 cm à 1,20 m.
Étalement et distance de plantation : 30 cm.
Terre : ordinaire.
Exposition : ensoleillée.
Multiplication : par division des souches, en automne.
Époque de floraison : de juillet à octobre.
Mode de végétation : vivace.

Heliotropium

HÉLIOTROPE

Famille des borraginacées

Jadis pas un jardin de curé n'aurait su s'en passer ! Pour leurs fleurs en corymbes grenus, déclinant les mauves, les bleus avec quelques éclats de blanc se détachant bien sur un feuillage gaufré et un tantinet rude et surtout pour leur parfum, unique et prenant. Il semble qu'au fil des années les héliotropes aient perdu cette senteur capiteuse, et celles que nous cultivons sentent tout juste bon la vanille. Presque vivaces, elles forment dans le Midi de petits arbustes qui tiennent compagnie aux jasmins et aux plantes aromatiques.

Conseils utiles

— Semez en mars, avril dans des caissettes remplies de terreau riche et léger, abritées sous une vitre. Repiquez en place, en mai.
— En dehors des régions méditerranéennes, protégez-les en hiver, ou mieux, cultivez-les en pots que vous rentrerez en hiver.

Hauteur : de 30 à 50 cm.
Étalement et distance de plantation : 30 cm.
Terre : riche et bien drainée.
Exposition : ensoleillée.
Multiplication : par semis, en mars, avril, ou par bouturage, au printemps.
Époque de floraison : de juin à septembre.
Mode de végétation : annuelle.

△ *Helipterum manglesii*

△ *Heliotropium* x *hybridum*

Helipterum

RHODANTHE

Famille des astéracées

Voici les plus jolies de toutes les immortelles. Chaque plante forme un bouquet tout fait d'adorables fleurs de crépon aux coloris d'une grande tendresse. Très faciles à cultiver dans un coin du potager les *Helipterum manglesii* peuvent aussi orner les massifs très ensoleillés où elles feront de l'effet pendant une bonne partie de l'été.

Conseils utiles

— Semez les graines, en avril, directement en place après avoir apporté un peu de sable si la terre est lourde. Éclaircissez le semis en mai en ne laissant qu'un plant tous les 20 cm. Arrosez régulièrement mais n'apportez pas d'engrais.
— La récolte des fleurs a lieu en septembre. Coupez les pieds entiers et pendez-les, la tête en bas, dans une pièce sèche et obscure pendant deux mois.

Les meilleures variétés

— L'*H. roseum*, surnommé « Immortelle des sables », vous fournira une multitude de petits capitules aux tons délicats.

Hauteur : 30 cm.
Étalement et distance de plantation : 20 cm.
Terre : quelconque, de préférence sableuse.
Exposition : plein soleil.
Multiplication : par semis, au printemps.
Époque de floraison : de juillet à septembre.
Mode de végétation : annuelle.

△ *Helleborus lividus*
▽ *Helleborus orientalis*

△ *Helleborus corsicus*
▷ *Helleborus x sternii*
◁ *Helleborus niger*

Helleborus

HELLÉBORE

Famille des renonculacées

Plantes promises à un grand avenir, les hellébores conjuguent la beauté des fleurs et la prestance de la silhouette. Ce sont des plantes très rustiques que l'on peut utiliser aussi bien dans les coins de jardin un peu sauvages comme dans les massifs les plus élaborés. Ajoutons à ce palmarès une propension à fleurir en plein hiver, saison où les fleurs sont peu nombreuses.

Conseils utiles

— Plantez-les tôt en automne de façon qu'elles aient le temps de bien s'installer avant les grands froids. Si vous les disposez dans des pots, rentrez ceux-ci sous un châssis froid car les racines gèlent assez facilement.

— Paillez le sol avec de l'écorce de pin ou de la tourbe, à partir du mois de mai. Laissez les fruits venir à maturité car vous pourrez ainsi profiter de semis naturels qui ne sont pas rares.

— Pendant les grandes chaleurs, arrosez de temps à autre et surveillez les pullulations de pucerons sur les extrémités de tiges tendres.

— Tous les trois ou quatre ans, régénérez les plantations en les divisant, au mois de septembre de préférence. Arrosez abondamment pour favoriser la reprise.

Les meilleures variétés

— La plus connue des hellébores est sans conteste la rose de Noël *(Helleborus niger)*. Ses fleurs apparaissent parfois pour cette fête mais attendent le plus souvent le mois de janvier, voire février. D'un blanc lavé de vert, elles sont relativement grandes.

— Si vous aimez les roses pourprés, choisissez l'*H. atrorubens*. Elle a le même port que la précédente.

— Plus haute et souvent plus sombre que cette dernière, l'*H. orientalis* est vraiment fascinante. Ses coloris sont très variables, aussi est-il conseillé de l'acheter en fleurs pour éviter les teintes délavées.

— Même si son nom — qui signifie héllébore puante — vous fait peur, laissez une place à l'*H. foetidus*. Son admirable feuillage palmé et ses fleurs en bouquets d'un vert pâle étonnant suffisent à lui donner la vedette de janvier à mai. Fréquente dans certains coins de nos campagnes, elle est tout à fait rustique. Pendant les grands froids sa tige principale ploie lamentablement mais elle se redresse dès le dégel. Les tiges et les pétioles de 'Wester Flisk' se distinguent par leur teinte rouge.

— Reine inconstestée, l'hellébore de Corse *(H. lividus* 'Corsicus') ressemble beaucoup à la précédente, en plus haut et avec des feuilles finement dentelées. Ses fleurs vert tilleul se marient admirablement avec celles des mahonias, des narcisses et des lierres panachés d'or.

Hauteur : de 20 à 70 cm.
Étalement et distance de plantation : 25 à 30 cm.
Terre : très riche en humus (terreau de feuilles et tourbe).
Exposition : mi-ombre.
Multiplication : par semis (long) ou par division des touffes, en septembre.
Époque de floraison : de décembre à mai.
Mode de végétation : vivace.

Helxine

HELXINE
Famille des urticacées

Qui peut penser à la voir toute mignonne et tendre que cette helxine, providence des jardins sombres et humides, fait partie de la même famille que la piquante ortie ? Plantez-la dans un jardin de ville, dans une jardinière sur une fenêtre exposée à l'ombre ou cultivez-la en potée, elle réussira toujours. Amusez-vous à cacher quelques bulbes de perce-neige, de crocus ou de cyclamens dans la terre de plantation, et vous aurez un spectacle charmant et changeant au fil des saisons.

Conseils utiles
— Plantez de préférence au printemps et arrosez copieusement.

— En hiver, gare au gel ! Elle n'est pas trop fragile mais se frippe tristement lorsque la température descend vers – 10 °C. À cette période de l'année, ralentissez vos arrosages mais pensez à tenir la terre un peu humide si vous la cultivez à l'intérieur.

Hauteur : de 5 cm à 10 cm.
Étalement et distance de plantation : 10 cm.
Terre : fraîche, riche en humus.
Exposition : mi-ombre à ombre.
Multiplication : par division des touffes, au printemps.
Époque de floraison : vivace.

△ *Helxine soleirolii*

Hemerocallis hybride ▷

Hemerocallis

HÉMÉROCALLE
Famille des liliacées

Les Américains en raffolent et leur consacrent même des revues spécialisées, en France, malgré leur étonnante rusticité on les emploie trop peu. Pourtant avec leurs corolles de petits lis déclinant tous les jaunes, les orangés, les roses et les rouges, elles ont bien du charme et devraient trouver place dans tous les massifs de vivaces. Lorsqu'elles se plaisent elles forment vite des touffes imposantes, couvertes de fleurs de juillet à septembre. Mais n'en faites pas de bouquets, elles fanent très vite, leurs fleurs se renouvelant chaque jour.

Conseils utiles
— Plantez-les, de préférence, au printemps dans une bonne terre ordinaire et dans des massifs ensoleillés.

— Tous les trois ans, divisez les touffes devenues envahissantes au printemps.

Les meilleures variétés
— L'*Hemerocallis citrina* offre ses petites fleurs étoilées jaune citron, très finement parfumées.

— *H. fulva,* très rustique et commune, porte des fleurs orange.

— Nombre d'hybrides, aux larges fleurs cireuses, se sont ajoutés à ces deux espèces de charme, comme 'Autumn red', 'Pink prelude' et 'Bonanza'. Certains, rares encore, portent des fleurs blanches.

— On ne peut passer sous silence des plantes de valeur telles que 'Art Festival', mauve à gorge crème ; 'Corky', aux innombrables petites fleurs jaunes ; 'Stella de Oro', jaune clair, à grandes fleurs ; ou 'Toyland', aux fleurs miniature, couleur melon et groupées en bouquets.

Hauteur : 40 cm.
Étalement et distance de plantation : 40 cm.
Terre : ordinaire.
Exposition : au printemps.
Multiplication : par division des touffes, de juin à octobre.
Époque de floraison : vivace.

Hemerocallis fulva ▽

△ *Hepatica triloba*
◁ *Hemerocallis citrina*

Hepatica

ANÉMONE HÉPATIQUE, HÉPATIQUE

Famille des renonculacées

Rappelant beaucoup les anémones des bois, en bleu, les *Hepatica triloba* sont charmantes au printemps, en compagnie de bulbes précoces, comme les éranthis, les crocus botaniques ou les *Iris reticulata*. Elles conviennent aussi bien aux sous-bois qu'aux endroits ombragés des rocailles et font d'adorables bordures.

Conseils utiles

— Plantez-les en toute saison, en groupes (six au moins) pour créer un effet de masse. Paillez le sol avec de l'écorce de pin pour mieux faire ressortir les fleurs sur un fond neutre.

— Divisez les touffes tous les trois ans,

juste après la floraison, et arrosez abondamment pour favoriser la reprise. Les semis spontanés sont fréquents.

Les meilleures variétés

— *H. nobilis*. En dehors du type, il existe des formes bleu violacé, blanches et roses, malheureusement beaucoup trop rares.

Hauteur : 10 cm.
Étalement et distance de plantation : 15 cm.
Terre : ordinaire, plutôt riche en humus.
Exposition : ombre.
Multiplication : par division de touffes, au printemps.
Époque de floraison : de février à avril.
Mode de végétation : vivace.

135

Heracleum mantegazzianum △
Hesperis matronalis ▷

Heracleum

BERCE DU CAUCASE

Famille des apiacées

Si vous recherchez une plante de forte stature, poussant vite, capable de cacher une vue désagréable ou de donner vie à un jardin nouvellement planté, ne cherchez plus, c'est la berce du Caucase qu'il vous faut. Dépassant allègrement les trois mètres de haut, *Heracleum mantegazzianum* formera, année après année, des fourrés de plus en plus imposants. Son seul défaut : ses feuilles causent des démangeaisons terribles aux personnes sensibles.

Conseils utiles

— Plantez-les en automne de préférence, dans une terre bêchée profondément et amendée avec de la tourbe et du terreau de feuilles. Arrosez fréquemment et abondamment dès que les chaleurs surviennent. Profitez-en pour apporter de l'engrais soluble une fois par mois.

— Une fois la floraison achevée, coupez les tiges en trop grand nombre pour ne pas être envahi par les semis spontanés. Prenez des gants pour cette opération.

— En octobre, vous pourrez couper les dernières hampes et les faire sécher pour créer des bouquets spectaculaires.

Hauteur : de 2 à 3 m.
Étalement et distance de plantation : 1,50 m.
Terre : riche et restant fraîche, en été.
Exposition : au moins 3 h de soleil par jour.
Multiplication : par division des touffes, en mars.
Époque de floraison : de juillet à août.
Mode de végétation : vivace.

Hesperis

JULIENNE DES DAMES

Famille des brassicacées

Une des fleurs préférées de nos ancêtres, la julienne des dames, nous charme toujours autant par le violet tendre de ses fleurs et son parfum de giroflée enivrant au mois de mai, surtout le soir. Se ressemant facilement alentour, *Hesperis matronalis* crée des scènes ravissantes avec les narcisses ou les tulipes tout en donnant du volume aux massifs car elle dépasse allègrement un mètre de haut. Il en existe une variété blanche, plus naine, mais plus florifère puisqu'il n'est pas rare de la rencontrer en fleur en juillet. Elle est la base du jardin de Giverny.

Conseils utiles

— Plantez-la en automne, de préférence

au second rang dans vos massifs car le feuillage de la base, peu élégant, doit être dissimulé.

— Tuteurez discrètement les tiges au mois d'avril pour leur éviter de se coucher sous les giboulées.

— Récupérez des semis spontanés apparus durant l'été pour les replanter à demeure. En général, les pieds qui ont fleuri abondamment dégénèrent vite. La variété blanche est plus vivace.

Les meilleures variétés

— *H. matronalis.* 'Alba Plena', blanche, et 'Lilacina Plena', lilas, sont deux formes doubles parfaites dans les bouquets.

Hauteur : de 60 à 100 cm.
Étalement et distance de plantation : 30 cm.
Terre : ordinaire plutôt lourde et riche ; apprécie le calcaire.
Exposition : au moins 3 h de soleil par jour.
Multiplication : par semis, en juin.
Époque de floraison : de mai à juin et parfois juillet.
Mode de végétation : vivace.

Heuchera brizoides △
Hieracium aurantiacum ▷

Heuchera

HEUCHÈRE

Famille des saxifragacées

Habituée des jardins villageois où elle voisine souvent avec les violettes cornues, les œillets mignardises, les bergénias et les ancolies, l'*Heuchera sanguinea* n'occasionne aucun souci puisqu'elle croît dans tous les sols, s'arrondit au fil des années et fleurit fidèlement chaque été. L'on peut aussi la cultiver en pot, dans une cour ombragée où son feuillage bien dessiné et ses hampes de fleurs corail feront merveille.

Conseils utiles

— Plantez tôt au printemps ou en septembre, octobre dans de la bonne terre de jardin, à mi-ombre ou bien au soleil. Si les vieilles souches sortent de terre, recouvrez-les avec du mulch.

— Tous les trois ans, divisez les souches au printemps et profitez-en pour enrichir le sol de quatre pelletées de terreau par mètre carré.

Les meilleures variétés

— Ce sont des hybrides qu'on trouve souvent sous le nom d'*H. x brizoides*. 'Bressingham Blaze', orange et 'Pearl Drops', blanche ; 'Pluie de Feu', ancienne variété rouge toujours appréciée ; 'Snow Storm', bien plus original, à fleurs rouge pourpré sur un feuillage marbré blanc.

— L'*H. cylindrica* 'Green Finch' porte de grosses clochettes vertes au sommet de hampes vigoureuses.

— De minuscules fleurs blanches semblent flotter sur le feuillage pourpre de l'*H. micrantha* 'Palace Purple'.

Hauteur : 30 cm.
Étalement et distance de plantation : 20 cm.
Terre : ordinaire.
Exposition : ensoleillée.
Multiplication : par division des souches, au printemps.
Époque de floraison : de juin à août.
Mode de végétation : vivace.

Hieracium

ÉPERVIÈRE

Famille des astéracées

Le genre *Hieracium* contient bon nombre de mauvaises herbes, des plantes médicinales, telle la piloselle, et quelques plantes fort décoratives surtout pour les endroits un peu sauvages. Elles font bon effet en compagnie des iris de Sibérie et des benoîtes.

Conseils utiles

— Plantez-les en toute saison même quand elles sont en fleurs, à la condition de bien les arroser par la suite. Chaque printemps, désherbez soigneusement les touffes et rechaussez-les avec deux ou trois centimètres de terreau de feuilles ou de compost bien décomposé.

— Tous les trois ans, divisez les touffes et replantez-les immédiatement, au début du printemps de préférence.

— Le rouge orangé de *Hieracium aurantiacum* est d'une grande vivacité. Cette plante très traçante forme des bordures solides qui résistent même à des passages fréquents.

— La piloselle (*H. pilosella*) présente des fleurs jaune citron. Ses feuilles et ses fleurs donnent des tisanes bénéfiques pour le foie et calment les fièvres.

Hauteur : de 10 à 30 cm.
Étalement et distance de plantation : 20 cm.
Terre : quelconque, plutôt légère.
Exposition : au moins 6 h de soleil par jour.
Multiplication : par division des touffes, au printemps.
Époque de floraison : de juin à septembre.
Mode de végétation : vivace.

Hosta

HOSTA
Famille des liliacées

Les hostas préfèrent les jardins frais et ombragés. Ils s'y montrent sous leur meilleur jour, déployant largement leur feuillage sculptural, profondément nervuré, laqué et parfois éclaboussé de crème ou cerné d'argent délicat. En ville, elles permettent de composer des jardins harmonieux avec le seul dessin des feuillages et le jeu des verts et des blonds. Associez-les à l'helxine, aux fougères et aux eucomis, l'effet sera élégant, surprenant et ne vous occasionnera aucun entretien.

Conseils utiles
— Plantez au printemps, en terre fraîche et riche en humus.
— Tous les trois ou quatre ans, divisez les souches au printemps.
— Plantez les espèces intéressantes pour leurs fleurs comme l'*Hosta plantaginea*, l'*H. fortunei,* l'*H. lancifolia* et l'*H. ventricosa* à mi-ombre, elles fleuriront mieux.

Les meilleures variétés
— La plus belle est l'*H. plantaginea* avec ses fleurs de lis blanches et son parfum. *H. fortunei* et *H. lancifolia*, fleurissent en mauve et *H. ventricosa* en violet. Les feuilles de *H. fortunei* 'Albopicta' naissent presque entièrement jaunes au printemps mais verdissent peu à peu. Celles de *H. f.* 'Aureomarginata' conservent leur marge jaune toute la saison. *H. sieboldiana* présente le feuillage le plus séduisant car il est bleu vert et velouté.
— Les grandes feuilles cordiformes de *H. crispula* présentent une étroite marge blanche.
— L'assortiment s'est considérablement enrichi par l'arrivée de nouveaux hybrides, surtout américains. Parmi eux, citons 'Auguste Moon', jaune d'or ; 'Big Daddy', d'un bleu pruineux ; 'Krossa Regal', aux feuilles amples, dressées, gris argenté ; 'Shade Fanfare', dont les limbes ondulés sont marginés de crème ; 'Sum and Substance', à feuilles nervurées, entièrement doré ; 'Zounds', doré aussi mais à larges feuilles rondes gaufrées. *H. montana* est un des plus vigoureux. Ses grosses touffes bleutées sont surmontées, en juillet, d'un bouquet de fleurs lavande.

△ *Hosta*

— *H. sieboldiana*. La variété 'Frances Williams' s'en distingue nettement par une marge irrégulière dorée. 'Elegans', le plus recherché, déploie de grandes feuilles arrondies et gaufrées, très bleues. La plupart des plantes vendues sous ce nom ne lui ressemblent guère.
— Sous le nom de *H. x tardiana* sont regroupés des hybrides qui ont en commun la texture des feuilles et un coloris bleu argenté. Parmi les meilleurs, citons : 'Blue Moon', 'Hadspen Blue' et 'Halcyon'.
— Les feuilles tourmentées de l'*H. undulata* 'Univittata' connaissent toujours autant de succès. Sa panachure blanche donne un effet d'une grande luminosité.
— *H. ventricosa*. Sa forme panachée, 'Aureomarginata' mériterait un plus large emploi.

Hauteur : 30 cm.
Étalement et distance de plantation : 30 cm.
Terre : riche en humus.
Exposition : mi-ombre.
Multiplication : par division des souches, au printemps.
Époque de floraison : de juillet à août.
Mode de végétation : vivace.

▽ *Hosta fortunei*

Hosta sieboldiana ▷

Houttuynia cordata △

Houttuynia

HOUTTUYNIA

Famille des saururacées

Si vous aimez les feuillages laqués, gorgés de sève aux teintes métalliques, vous aimerez l'*Houttuynia cordata*. Souvent envahissante dans les jardins au sol frais, elle dresse, chaque printemps, de nouvelles tiges acajou avant de déployer de larges feuilles, en forme de cœur, d'un vert sombre qui se teinte tantôt d'acajou, tantôt de bleu ardoisé. Au début de l'été, elle fleurit en blanc et diffuse alors une singulière senteur piquante. Elle tiendra compagnie aux arums d'Italie, aux bambous et aux iris d'eau formant vite de grands tapis brillants.

Conseils utiles

— Plantez tôt, au printemps ou en automne, des portions de stolons ou des godets dans un sol humide ou au bord d'un bassin.

— Tous les trois ans, divisez les plantes pour limiter leur croissance.

— Plantez les jeunes pousses racinées superficiellement en les enterrant sous 5 cm de terre. Dans les bassins, plantez dans la vase, là où affleure le sol.

Hauteur : 30 cm.
Étalement et distance de plantation : 30 cm.
Terre : argileuse, humide.
Exposition : indifférente.
Multiplication : par division des souches, au printemps.
Époque de floraison : de juin à juillet.
Mode de végétation : vivace.

Houstonia

HOUSTONIA

Famille des rubiacées

Fort peu connu, l'*Houstonia caerulea* est une charmante petite plante américaine formant un coussin dense d'à peine quinze centimètres de haut, portant des fleurs d'abord bleu très pâle puis blanches. Donnez-lui une place dans votre rocaille, en lui réservant un endroit abrité du froid qui peut le faire périr. Sa floraison qui dure plusieurs mois est d'autant plus prolongée que la terre reste fraîche. Associez-les aux *Phlox subulata* qui ont des teintes très proches.

Conseils utiles

— Plantez-le au printemps, de préférence, dans une poche de bonne terre riche en humus et améliorée avec de la tourbe. Arrosez-le régulièrement durant l'été. À l'approche de l'hiver recouvrez-le avec une plaque de verre pour écarter l'excès d'eau.

— Ramassez quelques graines et semez-les avant l'hiver sur du sable. La levée a lieu au printemps. Vous pouvez aussi le multiplier par division des touffes.

Hauteur : 12 cm.
Étalement et distance de plantation : 15 cm.
Terre : riche en humus et fraîche.
Exposition : mi-ombre.
Multiplication : par semis ou par division des touffes, au printemps.
Époque de floraison : de mai à juillet.
Mode de végétation : vivace.

△ *Hyacinthoides hispanica*
▽ *Hyacinthoides non-scripta*

Hyacinthoides

JACINTHE SAUVAGE
Famille des liliacées

À la fin du mois d'avril, au moment où les genêts sont en fleurs, les jacinthes des bois, *Hyacinthoides non-scripta*, s'épanouissent en larges nappes bleu sombre sous le couvert des sous-bois ou le long des talus frais. Peu importe que le sous-bois soit clairsemé ou enchevêtré de broussailles, ne laissant filtrer que peu de lumière, chaque printemps elles sont de retour. Plantez-les en larges massifs au pied de vos cerisiers à fleurs, vous obtiendrez à peu de frais un résultat magnifique.

Conseils utiles

— Plantez les bulbes sitôt les plantes fanées en les enterrant profondément, à 20 cm dans une bonne terre fraîche et riche en humus. N'y touchez plus ensuite.
— Lorsque vous cueillez les fleurs, laissez les feuilles pour que les plantes puissent continuer à s'alimenter, et surtout, ne cherchez pas à les arracher sans outil, elles sont si profondément enfouies que vous les abîmeriez inutilement.

Les meilleures variétés

Si la jacinthe de nos bois sent bon, et fleurit essentiellement en bleu avec quelques rares fleurs blanches, la jacinthe d'Espagne, *Hyacinthoides hispanica,* est bleu pâle et ne sent vraiment rien.

Hauteur : de 20 à 40 cm.
Étalement et distance de plantation : 15 cm.
Terre : fraîche et profonde.
Exposition : indifférente.
Multiplication : par séparation des bulbes, après la fanaison du feuillage.
Époque de floraison : d'avril à mai.
Mode de végétation : bulbe.

Hyacinthus

JACINTHE
Famille des liliacées

L'on ne cultive presque plus la jacinthe type, dite d'Orient (*Hyacinthus orientalis*) et c'est bien dommage, car c'était un ravissement pour les yeux de la voir toute bleue et toute menue, embaumant plus fort encore que les gros épis de ses petites sœurs hybrides. Les obtenteurs ont sélectionné tant de variétés, qu'il est désormais possible d'avoir, à l'intérieur, des jacinthes de décembre à mars. Elles croissent volontiers dehors et égaient alors les premiers jours du printemps. Blanc, jaune, rose, rouge, saumon... vous avez un grand choix de couleurs et de tons.

Conseils utiles

— Plantez les jacinthes dans un mélange, en parties égales, de terreau mûr et de terre de jardin, pour vos potées.
— Plantez les jacinthes des massifs dans des grands trous remplis de terreau mélangé à du sable.
— Elles supportent bien le froid, mais en terre lourde, se porteront mieux si vous les cultivez dans des poches de terre perméables.
— Pour voir refleurir les bulbes que vous aviez dans des vases, repiquez-les sitôt défleuris dans du terreau en étalant bien

leurs racines et arrosez-les régulièrement jusqu'à ce que le feuillage ait jauni.

Les meilleures variétés

'White Pearl', blanc pur ; 'Anne-Marie' et 'Lady Derby', rose tendre ; 'Amethyst', lilas foncé ; 'Ostara', bleu porcelaine foncé ; 'City of Haarlem', crème.

Hauteur : de 10 à 20 cm.
Étalement et distance de plantation : 10 cm.
Terre : riche et légère.
Exposition : ensoleillée.
Multiplication : par séparation des bulbilles, en été.
Époque de floraison : avril, mai.
Mode de végétation : bulbe.

Hypericum

MILLEPERTUIS
Famille des hypéricacées

La limite est difficile à fixer entre les millepertuis arbustifs et les vivaces car ces derniers présentent une souche très dure. Leurs fleurs, d'un beau jaune vif, égayent les rocailles et les murets de pierres sèches. En les faisant macérer dans de l'huile d'olive on obtenait autrefois un baume souverain contre les plaies.

Hyacinthus orientalis △

Conseils utiles

— Plantez-les, en automne ou au printemps, dans une poche de bonne terre. Arrosez régulièrement pendant le premier été. Par la suite laissez les touffes s'étendre à leur guise mais surveillez leurs incursions près des plantes plus fragiles.

— Rabattez correctement le feuillage desséché au printemps pour obtenir des touffes bien trapues.

Les meilleures variétés

— Si *Hypericum calycinum* est très réputé pour les talus qu'il garnit de son feuillage coriace, il est bien difficile de s'en débarrasser ensuite si vous êtes lassé de son jaune un peu quelconque.

— *H. citrinum,* jaune citron, *H. olympicum,* jaune et compact, et *H. polyphyllum,* jaune d'or sur un feuillage bleuté, sont bien préférables dans une rocaille car leurs touffes s'étendent relativement lentement.

Hauteur : de 15 à 30 cm.
Étalement et distance de plantation : 20 cm.
Terre : plutôt légère.
Exposition : soleil et mi-ombre.
Multiplication : par division des touffes, au printemps.
Époque de floraison : de juin à septembre.
Mode de végétation : vivace.

Hypericum olympicum △
Hyssopus officinalis ▷

Hyssopus

HYSOPE

Famille des lamiacées

Si vous vous lamentez parce que vous ne savez pas quoi planter dans un coin caillouteux écrasé de soleil, voici une des rares plantes qui vous tirera d'affaire. Non seulement l'hysope supporte de telles conditions mais c'est même ainsi qu'il atteint le summum de sa beauté et de son parfum. Car il faut bien parler de l'éclat de ses fleurs bleu violet et de leur arôme délicieux, mélange de thym et de camphre. On en fait des tisanes agréables et fort efficaces contre les troubles de la digestion et les maux de gorge. Aussi plus d'hésitation, il y a bien une place dans votre jardin pour l'hysope.

Conseils utiles

— Plantez-le au printemps, de préférence, en soignant le drainage. Une terre pauvre lui convient tout à fait si elle est bien drainée. Donnez-lui une position surélevée pour qu'il retombe gracieusement. Ses tiges se redresseront au moment de la floraison. Celle-ci attire de nombreuses abeilles et papillons.

— À l'approche de l'hiver, recouvrez les touffes avec du plastique ou une « feuille » de verre pour rejeter l'eau de pluie, au loin. L'hysope est plus sensible à l'excès d'humidité qu'au froid proprement dit.

Hauteur : 40 cm.
Étalement et distance de plantation : 60 cm.
Terre : pauvre et sèche.
Exposition : plein soleil.
Multiplication : par semis ou par bouturage, au printemps.
Époque de floraison : de juin à septembre.
Mode de végétation : vivace.

△ *Iberis umbellata*

Iberis

IBÉRIS

Famille des brassicacées

Petite plante bien attrayante dans un jardin ou sur une terrasse puisqu'elle garde son feuillage en hiver. Planté en bordure de bacs où d'un muret, l'ibéris a la bonne idée de former une belle touffe retombante.

Conseils utiles

— Semez des graines en mars ou faites des boutures en mai. Plantez dans un mélange composé, en parties égales, de sable et de tourbe. Mettez en place en septembre.

— Coupez les tiges florales desséchées avec une paire de ciseaux.

— Pour obtenir des plantes bien fournies, retirez 2 ou 3 cm de jeunes pousses, en avril.

— Pour rafraîchir les plantes anciennes et provoquer de nouvelles pousses, taillez la plante à 10 cm du sol en mars ou avril.

Les meilleures variétés

— *I. amara*, annuelle, fleurit en blanc et dans tous les tons de rose et de rouge. On peut utiliser son feuillage dans les salades. *I. officinalis*, vivace, a des fleurs mauves, ou roses ou blanches, ces dernières étant les plus jolies.

— Sous les climats suffisamment doux, *I. arborea* se comporte comme un petit arbuste bien persistant.

— *I. sempervirens* 'Snowflacke' s'étale en tapis épais, couvert de fleurs d'un blanc lumineux immaculé. 'Weisserzwerg' en diffère par sa taille plus modeste.

Hauteur : 40 cm.
Étalement et distance de plantation : 20 cm.
Terre : normale.
Exposition : soleil ou mi-ombre.
Multiplication : par semis en mars ou par bouturage en mai.
Époque de floraison : de juillet à septembre.
Mode de végétation : annuelle et vivace.

△ *Impatiens* hybride
◁ *Iberis sempervirens*
Impatiens balsamina ▷
▽ *Impatiens balfouri*

Impatiens

BALSAMINE, IMPATIENTE

Famille des balsaminacées

Les *Impatiens* ont constitué la principale nouveauté au jardin depuis la dernière guerre. On peut même difficilement imaginer ce que plantaient nos grands-parents à l'ombre, là où ces petites fleurs font merveille. Elles se sont révélées des plantes de jardinière remarquables, acceptant même le soleil pourvu qu'on les arrose régulièrement, c'est-à-dire une fois par jour pendant la canicule.

Conseils utiles

— Semez-les en mars ou avril, au chaud, sur une tablette de radiateur. La germination requiert de la lumière. N'enterrez pas les graines et recouvrez la terrine de semis avec une plaque de verre pendant les deux premières semaines. Si vous semez un mélange de coloris, repiquez ensuite tous les plants, y compris les moins valides car vous aurez ainsi un plus bel échantillonnage et non les seules rouge foncé. Pas trop d'arrosage sinon les plants pourrissent.

— Mettez en place les impatientes en mai et jusqu'à la mi-juin. Enrichissez la terre avec de la tourbe ou du terreau de feuilles.

— Apportez de l'engrais soluble tous les quinze jours dans l'eau d'arrosage.

— On peut les rentrer à l'intérieur, en octobre, et continuer de profiter de leur floraison, mais il vaut mieux pour cela cultiver des plants en pots car la transplantation de pieds adultes ne donne rien de bon.

Les meilleures variétés

— Les sélectionneurs n'arrêtent pas de créer des races nouvelles d'impatientes à massifs. Actuellement la mode des supernaines tend à refluer et l'on revient aux moyennes à fleurs plus grandes et qui tapissent mieux le sol. C'est le cas des 'Futura' ou d''Amazone'. Les *Impatiens* de Nouvelle-Guinée sont des plantes plus hautes au feuillage généralement panaché. Elles sont cultivées pour les potées mais tiennent très bien aussi dehors en massifs ombragés.

— Les balsamines (*I. balsamina*) différent des impatientes par leurs fleurs en forme de casque grec, ou en cocarde, quand elles sont doubles. Elles présentent un port dressé avec des feuilles disposées comme sur un petit palmier. Elles sauront donner à votre jardin un look 1900 très accusé.

— Signalons aussi deux impatientes presque sauvage : l'*I. balfouri* vous a sûrement déjà attiré l'œil car elle occupe des kilomètres de fossés et ses fleurs bicolores blanches et violettes sont très voyantes. Elles indiquent les coins humides. Leurs fruits allongés éclatent au moindre toucher (d'où le nom d'impatiente) en répandant leurs graines au loin. Récoltez-en et semez-les avant l'hiver. Vous verrez certainement apparaître des plants l'année suivante et profiterez de sa présence ensuite régulièrement. L'*I. roylei* (synonyme : *I. glandulifera*) en est simplement une version géante, haute de près de 1,50 m, dont les fleurs rose pâle ou foncé (et très rarement blanches) sentent la prune. Elles finissent la saison avec des tiges grosses comme le bras !

Hauteur : de 15 à 150 cm.
Étalement et distance de plantation : de 15 à 50 cm.
Terre : riche en humus, fraîche et profondément bêchée.
Exposition : ombre et mi-ombre.
Multiplication : par semis, au printemps.
Époque de floraison : de juin aux gelées.
Mode de végétation : annuelle.

△ *Incarvillea delavayi*

Incarvillea

INCARVILLÉE

Famille des bignoniacées

C'est un jeu d'enfant d'apporter une touche d'exotisme au jardin grâce aux incarvillées. Leurs fleurs en trompettes roses largement plantées au-dessus d'un feuillage gracieux sont en effet les cousines rustiques de bien des fleurs tropicales. Utilisez-les au second plan de vos massifs car elles ne fleurissent guère plus de trois semaines.

Conseils utiles

— Plantez-les, au printemps, dans une terre riche en humus profondément bêchée car les racines en carottes plongent loin. Surveillez les attaques de limaces ou de pucerons.

— Quand les touffes deviennent volumineuses séparez les racines secondaires munies de bourgeons, au début de l'automne, et replantez-les immédiatement. Vous pouvez aussi semer les graines sous châssis, en avril. Elles fleurissent alors l'année suivante.

Les meilleures variétés

L'*Incarvillea delavayi* est la plus répandue avec ses feuilles divisées et ses fleurs rose pourpre vif à gorge rose, épanouies au début de l'été. L'*I. mairei* (ou *I. grandiflora*) est plus petite et ses feuilles sont entières. Ses fleurs sont plus vives, allant jusqu'au cramoisi.

Hauteur : de 30 à 60 cm.
Étalement et distance de plantation : 30 cm.
Terre : riche en humus.
Exposition : mi-ombre et soleil.
Multiplication : au printemps, par division des touffes ou par semis.
Époque de floraison : de mai à juillet.
Mode de végétation : vivace.

△ *Inula magnifica*

Inula

AUNÉE
Famille des astéracées

Si vous êtes amateur de fleurs sauvages, l'*Inula ensifolia* est faite pour vous. Elle a conservé l'élégance et l'harmonie des fleurs des chemins. Chez elle, pas de corolles disproportionnées, de tiges alourdies qui s'effondrent à la première bourrasque, de feuilles toujours tachées par les maladies ou dévorées par les insectes, elle est, au contraire, d'une robustesse à toute épreuve.

Conseils utiles

— Plantez-les, en automne ou au printemps, dans un sol bêché profondément, car leurs racines descendent très bas.

— Paillez le sol, au printemps, avec des feuilles mortes de l'année précédente, de l'écorce de pin ou des déchets de tonte de gazon.

— Divisez les touffes tous les trois ans et rabattez la plante après la floraison.

— Associez-les aux chardons, aux coquelourdes et aux graminées dans des ensembles très naturels.

Les meilleures variétés

La plus trapue des aunées est *Inula ensifolia* qui ne dépasse guère 40 cm et fleurit au début de l'été. *I. orientalis* et *I. hookeri* atteignent 80 cm. *I. magnifica* et *I. helenium* culminent à 2 m, en fin d'été.

Hauteur : de 40 cm à 2 m.
Étalement et distance de plantation : de 30 à 60 cm.
Terre : ordinaire et profonde, gardant un peu de fraîcheur, en été.
Exposition : ensoleillée.
Multiplication : par division des touffes, en automne ou au printemps.
Époque de floraison : de juin aux gelées.
Mode de végétation : vivace.

△ *Inula hookeri*
▽ *Inula ensifolia*

△ *Ipheion uniflorum*

Ipheion

IPHÉION
Famille des liliacées

S'il est un peu maigre les premières années, l'*Ipheion uniflorum* forme avec le temps des touffes denses d'un feuillage ressemblant en tous points à de l'herbe. La surprise vient en mai, quand surgissent les fleurs, une par tige, d'un bleu violet très pâle. Pontuez-en votre rocaille ou faites-en des potées très décoratives à condition de les abriter des grands froids.

Conseils utiles

— Plantez les bulbes en automne, à 5 cm de profondeur, dans une terre relativement légère. En potée, accompagnez-les de quelques crocus jaunes ou d'*Iris danfordiae*.

— Abritez les touffes des grands froids en disposant un matelas de feuilles mortes, en décembre.

— Divisez les touffes tous les cinq ans et replantez les bulbes à 10 cm d'écartement. Effectuez cette opération quand le feuillage desséché est encore présent sinon vous aurez du mal à repérer l'emplacement des nouveaux bulbes.

Hauteur : 15 cm.
Étalement et distance de plantation : 10 cm.
Terre : ordinaire allégée avec un peu de sable ou de tourbe.
Exposition : ensoleillée.
Multiplication : par séparation des bulbilles, en été.
Époque de floraison : d'avril à mai.
Mode de végétation : bulbe.

Ipomoea tricolor ▷

Ipomoea

IPOMÉE, VOLUBILIS
Famille des convolvulacées

Les ipomées n'ont pas de rivales quand il s'agit de garnir un vieil arbre ou un grillage et de les couvrir de fleurs aux coloris changeants. Un simple fil de fer leur suffit pour se hisser à plusieurs mètres de haut en quelques semaines. Créer une tonnelle avec ces plantes est d'une facilité exemplaire.

Conseils utiles
— Faites tremper les graines pendant une nuit pour imbiber le tégument très coriace, puis incisez-les légèrement avec un couteau avant de les remettre à imbiber dans de l'eau tiède. Elles doublent alors de volume et la première racine apparaît très vite. Vous pouvez semer soit sous châssis froid, en avril, soit directement en place, en mai.

— Des températures trop fraîches entraînent le jaunissement du feuillage.

Les meilleures variétés
— L'ipomée volubilis *(Ipomoea purpurea)* présente des fleurs rouges, blanches ou pourpres devenant très pâles au bout de quelques heures. Ces trompettes sont de taille plutôt moyenne (8 cm de diamètre).

— Les corolles de l'ipomée tricolore *(I. tricolor* ou *rubro-caerulea)* sont plus grandes (10 cm de diamètre) et présentent un cœur jaune. Elles s'ouvrent le matin et se ferment dans l'après-midi.

Hauteur : de 2 à 3 m.
Étalement et distance de plantation : 30 cm.
Terre : riche et restant fraîche en été.
Exposition : nord-est, est et sud-est mais pas plein sud.
Multiplication : par semis, au printemps.
Époque de floraison : de juillet à septembre.
Mode de végétation : annuelle.

Iris

IRIS
Famille des iridacées

Si vous aimez les iris — et comment pourrait-on rester insensible à leur beauté ? — sachez que vous pouvez en profiter pendant presque toute l'année, puisque l'iris d'Algérie *(Iris unguicularis)* passe l'hiver en fleurs pour être aussitôt relayé par les *Iris reticulata,* puis par ceux de Hollande juste avant ceux d'Angleterre. Avec la venue de l'été, ce sont les iris de Sibérie, les innombrables *Iris germanica* et *louisiana,* les *Iris spuria* sans oublier les nouveaux hybrides remontants qui montrent le bout de leur nez en septembre. Attention, tous n'aiment pas les mêmes conditions de culture, pensez-y au moment de les choisir et de les planter !

Conseils utiles
— Plantez les iris rhizomateux entre la fin juillet et le début du mois de septembre. Une terre bien drainée et une exposition ensoleillée leur conviennent, sauf pour les *Iris laevigata, pseudacorus, kaempferi* et *versicolor* qui préfèrent les sols humides. Coupez les hampes florales après fanaison pour éviter que les massifs ne prennent triste mine.

— Plantez les iris bulbeux en septembre, octobre, dans un sol bien drainé et prenez garde aux mulots qui se régalent de ces bulbes s'ils sont trop peu enterrés. Enrichissez la terre avec du compost bien décomposé, à raison de cinq pelletées par mètre carré. L'*I. bucharica* doit impérativement sécher pendant l'été.

Les meilleures variétés
Parmi les iris **bulbeux**

— L'*Iris danfordiae* et *I. reticulata* sont les nains du genre puisqu'ils ne dépassent pas 15 cm de haut. Le premier fleurit souvent dès la fin de l'hiver, en jaune, tandis que le second est un peu plus tardif et souvent bleu ou violet. Tous deux sentent bon... si l'on se penche. Cultivez-les en potées que vous rentrerez à l'occasion de leur floraison.

— On confond souvent l'iris d'Angleterre *(I. xiphioides)* et l'iris de Hollande *(I. xiphium).* Les feuilles du premier apparaissent dès le mois de février et il ne possède pas le coloris jaune tandis que le second, plus tardif à démarrer, fleurit de toutes les couleurs, y compris en jaune et en bordeaux. Ils ont la même allure et la même taille, environ 60 cm. Ce sont d'excellentes fleurs à bouquets.

— L'*I. bucharica* est encore le plus facile à cultiver de sa section. Son feuillage apparaît en mars, curieusement plié et vernissé. Les fleurs surgissent à l'aisselle des feuilles, une sorte de mariage en blanc et jaune, plein de gaieté. C'est une

△ *Iris spuria* 'Premier'   △ *Iris xiphium* 'Wedgwood'

△ *Iris latifolia*
◁ *Iris kaempferi*
◁ *Iris bucharica*
▽ *Iris pseudacorus*

merveille en rocaille car là où il se plaît ses colonies s'étendent très rapidement.

Parmi les iris **rhizomateux**

— On voit rarement l'iris gigot (*I. foetidissima*) fleurir en masse dans la nature et ce sont plus ses fruits curieux entrouverts sur des graines rouge vif qui attirent notre vue dans les bouquets secs. Il fleurit violet tendre en juin, avec une certaine discrétion, mais son feuillage si élégant

△ *Iris unguicularis*
▽ *Iris danfordiae*

mérite qu'on le place au bord de l'eau, en compagnie des iris des marais à fleurs jaunes (*I. pseudacorus*).

— Autre star des endroits humides, les iris du Japon (*I. kaempferi* mais aussi *I. laevigata* et *I. ensata* qui en sont très proches). Hélas, ils ne supportent que les hivers secs, qui sont de mise dans son pays d'origine. Déterrez-les du sol, en novembre, pour les faire hiverner dans un coin de châssis froid. Il en existe de nombreux hybrides, dont 'Geisha Hiski-ki', violet intense ; 'Gracieuse', bleu à centre blanc ; 'Comtesse de Paris', blanc pur et quantité de variations en rose, bleu et violet sur des fleurs généralement plates.

— Pour rester dans les iris amateurs d'humidité, voici les *I. louisiana* et *I. spuria*. Ils dépassent en hauteur les précédents puisqu'ils culminent à plus d'un mètre de haut. Les premiers sont de rusticité un peu limité au nord de la

Loire. Leurs coloris très variés possèdent des nuances pastel délicieuses.

— Presque à l'opposé des précédents, les iris de Sibérie (*I. sibirica*) préfèrent vivre au sec. Leurs feuilles, très fines, allègent les massifs et les tiges des fleurs sont si minces qu'elles semblent flotter dans l'air. Leur feuillage disparaît pendant l'hiver. Marquez donc leur emplacement pour ne pas risquer de les bouleverser par inadvertance.

— Les plus connus des iris restent les *I. germanica* et leurs milliers d'hybrides. Afin de mieux les discerner, ils ont été classés en trois groupes qui correspondent à la fois à la taille et à la précocité : les Barbata-Nana regroupent les iris miniature ; ils s'ouvrent en mars et sont suivis, en avril, par les iris Barbata-Media ou iris intermédiaires ; les Barbata-Eliator qui sont les grands iris des jardins ferment le bal en mai. Ils arborent toutes les couleurs, du blanc au violet presque noir, du jaune au rose, en omettant simplement le rouge pur. Souvent ondulées et marquées de bigarrures somptueuses, leurs fleurs se succèdent en mai et juin, en même temps que les glycines, les roses anciennes et les pivoines. Un des clous du jardin ! Cultivez-les en larges groupes ou en mélange, l'un est aussi joli que l'autre. En grandes masses, ils répandent un délicieux parfum de violette. A noter, l'apparition de nouveaux hybrides remontants qui ne refleurissent bien en automne que si l'été a été suffisamment chaud.

— Avec ses fleurs frangées en grappe, l'*I. japonica* 'Ledger's Variety' a tout l'effet d'une orchidée. Il affectionne les lieux humides.

— C'est à la même époque que fleurit tout naturellement l'iris d'Algérie (*I. unguicularis*), en bleu lavande ou lilas. Laissez-lui le temps de s'installer et il vous récompensera en dizaines de fleurs qui se succèdent durant une bonne partie de l'hiver. Il faut vraiment des gels très durs pour que son feuillage meurt et il repart de toute façon au printemps. Il existe une variété blanche.

— *I. pallida* est intéressant en raison de son feuillage blanc-vert. Les fleurs insignifiantes sont bleuâtres.

— *I. pumila* (synonyme *I. chamaeiris*) est un hybride qui ne dépasse pas 20 cm. Il fleurit au début du mois d'avril et convient aux rocailles.

Hauteur : de 10 à 120 cm.
Étalement et distance de plantation : de 10 à 40 cm.
Terre : variable selon les espèces.
Exposition : ensoleillée.
Multiplication : par division des touffes ou par séparation des nouveaux bulbes, un peu après la floraison.
Époque de floraison : toute l'année selon les espèces.
Mode de végétation : bulbe et vivace.

△ *Ixia*

Ixia

IXIA

Famille des iridacées

Le meilleur usage que vous pouvez faire des ixias consiste à les cultiver en potées pour en profiter plus sûrement. Ces plantes bulbeuses, originaires d'Afrique du Sud, ne sont en effet pas très rustiques. Vous pouvez les utiliser aussi en bouquets car leurs coloris sont très délicats.

Conseils utiles

— Plantez les bulbes en automne, par huit ou dix, dans des pots de 15 cm de diamètre remplis avec un mélange friable de sable et de terreau de feuilles additionné d'un tiers de tourbe. Rangez-les sous un châssis froid, à l'abri des pluies de l'hiver. Dès que les pousses surgissent, rentrez les pots au fur et à mesure dans une pièce claire et peu chauffée où les tiges s'épanouiront.

— Dans le Midi, vous pouvez aussi planter les ixias à l'extérieur, dans un endroit bien ensoleillé, vers la mi-novembre, pour que la végétation ne démarre pas tout de suite. Abritez-les du froid avec un matelas de feuilles mortes.

Hauteur : 60 cm.
Étalement et distance de plantation : de 5 à 10 cm.
Terre : légère.
Exposition : plein soleil.
Multiplication : par séparation des bulbilles.
Époque de floraison : de juin à juillet à l'extérieur, au printemps, à l'intérieur.
Mode de végétation : bulbe.

Jasione

JASIONE

Famille des campanulacées

Il faut avoir l'œil bien botanique pour détecter une cousine des campanules chez cette plante Dans vos mixed-borders, *Jasione perennis* apportera une touche de couleur bleue en plein été. Elle fera de belles bordures devant vos rosiers remontants de couleur rose. C'est une excellente plante de rocaille également.

Conseils utiles

— Plantez-les, en automne ou au printemps, en ajoutant un peu de tourbe. Cette plante n'aime pas les sols lourds et calcaires.

— Nettoyez le feuillage au printemps mais laissez-le sur la touffe tout l'hiver pour qu'il la protège.

Hauteur : de 30 à 40 cm.
Étalement et distance de plantation : 30 cm.
Terre : ordinaire.
Exposition : plein soleil.
Multiplication : par division des touffes ou par semis, au printemps.
Époque de floraison : de juillet à septembre.
Mode de végétation : vivace.

▽ *Jasione heldreichii*

△ *Kniphofia* hybride

Kniphofia

TRITOMA

Famille des liliacées

Il y a une vingtaine d'années, connue sous le nom botanique de *Tritoma*, elle était très populaire et tous les jardins abritaient ses drôles d'épis orange. Depuis, et peut-être en raison de son nouveau nom imprononçable, peu de jardiniers ont découvert qu'il existait de séduisantes variétés jaunes, roses ou crème. Il s'agit pourtant d'une plante solide qui ne vous occasionnera aucun souci.

Conseils utiles

— Toutes les terres de jardin lui conviennent dès lors qu'elles sont bien enrichies. Comptez une pelletée de terreau par plante au moment de.la plantation.

— Plantez assez profondément, à 20 cm sous terre, dans de larges trous, et en plein soleil.

— Déplacez les plantes le moins possible pour qu'elles fleurissent.

Les meilleures variétés

— Le *K. galpinii* est une espèce jaune du plus bel effet cependant que 'Gloire d'Orléans', jaune pur, 'Luna', orange et 'Alcazar', rouge incandescent, sont des variétés séduisantes.

— Il est impossible de décrire tous les hybrides mais en voici un choix qui ne vous décevra pas : 'Little Maid', jaune clair et crème ; 'Royal Standard', classique mais robuste, rouge et jaune ; 'Safranvogel', saumoné et crème.

Hauteur : 60 cm.
Étalement et distance de plantation : 40 cm.
Terre : ordinaire.
Exposition : ensoleillée.
Multiplication : par division des souches, au printemps.
Époque de floraison : de juin à juillet.
Mode de végétation : vivace.

▽ *Kniphofia galpinii*

△ *Kochia scoparia* 'Tricophylla'

Kochia

KOCHIA, FAUX CYPRÈS

Famille des chénopodiacées

Si vous êtes impatient de ponctuer votre jardin d'arbustes soigneusement taillés et un peu las d'attendre que vos *Lonicera nitida* consentent enfin à s'arrondir, semez des *Kochia scoparia*. En l'espace de trois mois vous obtiendrez d'adorables « arbustes » au teint vert tendre et au feuillage pelucheux. L'automne venu, ils deviennent lie de vin puis rouge vif avant que les premières gelées ne viennent les teindre en beige. Ils ne durent qu'une saison, mais quel effet !

Conseils utiles

— Semez, au début d'avril, en caissettes remplies de terreau léger. Repiquez en place, en mai, de préférence, dans un terrain bien enrichi pendant l'hiver, et à exposition ensoleillée.

— Repiquez les plants à 50 cm les uns des autres, en lignes, pour imiter les jardins à la française ou par petits groupes, de trois à cinq.

— En sol riche et à exposition ensoleillée, les kochias se ressèment souvent tout seuls. Vous recueillerez des graines en secouant les plantes, en octobre, sur un journal déployé.

— Tuteurer les kochias est nécessaire dans les expositions ventées.

Hauteur : de 30 à 60 cm.
Étalement et distance de plantation : 50 cm.
Terre : ordinaire.
Exposition : ensoleillée.
Multiplication : par semis, au début avril.
Époque de floraison : fleurs insignifiantes.
Mode de végétation : annuelle.

149

Lagurus

GROS MINET
Famille des poacées

Rarement plante a aussi bien porté son surnom. Il suffit de voir les épis duveteux et tout en rondeur de cette graminée pour comprendre l'analogie avec un chaton blanc-crème, bien nourri. Si on le cultive surtout pour les bouquets secs, le *Lagurus ovatus* fait bon effet dans les massifs qu'il allège. Leur nuance légèrement glauque s'accorde à merveille avec les vieux roses comme ceux des clarkias ou ceux des agrostemmas.

Conseils utiles

— Semez-le au printemps ou mieux encore à l'automne, en même temps que les agriculteurs sèment leur blé. Il passe l'hiver à l'état de petit plant et forme de grosses touffes au printemps, avant d'épier. Eclaircissez le semis en laissant 15 cm entre les pieds et repiquez des clarkias, des échiums et des godétias dans les intervalles. Vous pouvez aussi planter quelques glaïeuls sauvages comme le *G. bizanthinus*.

— Coupez les inflorescences en août et faites-les sécher, la tête en bas, dans un local sec et aéré.

Hauteur : 30 cm.
Étalement et distance de plantation : 15 cm.
Terre : ordinaire, même argileuse.
Exposition : ensoleillée.
Multiplication : par semis, au printemps.
Époque de floraison : de juin à août.
Mode de végétation : annuelle, bisannuelle.

▽ *Lagurus ovatus*

Lamium

LAMIER
Famille des lamiacées

Peu de plantes couvre-sol présentent autant de qualités que les lamiers, au point qu'on les a peut-être trop utilisés en tapis uniformes. Il est plus intéressant de les mélanger à d'autres plantes amoureuses, comme eux, des endroits ombragés, telles les hostas, les pivoines ou les arums. Vous créerez ainsi des marqueteries vertes du meilleur effet.

Conseils utiles

— Plantez-les tôt, en automne ou au printemps, si votre terre est lourde. Apportez un peu de tourbe et recouvrez le sol d'écorce de pin pour éviter les mauvaises herbes en attendant que les lamiers aient tout recouvert.

— Multipliez-les en séparant des tiges enracinées, au printemps, pour les repiquer immédiatement.

Les meilleures variétés

— Le plus élégant des lamiums est le *L. maculatum*, dont les feuilles sont tachées de blanc chez 'Beacon Silver', ou de vert argenté chez 'Chequers'. Les fleurs sont roses. 'White Nancy' fleurit blanc et ses feuilles argentées sont bordées de vert. 'Pink Pewter', maculé de blanc, donne des fleurs rose pâle.

— Très répandu, le *L. galeobdolon* a quelquefois mauvaise réputation car il est très vagabond. Ses variétés 'Herman's Pride' et 'Silvercarpet' présentent moins ce défaut. Toutes deux sont panachées et leurs fleurs sont blanches. Le premier forme de gros coussins arrondis.

Hauteur : de 20 à 25 cm.
Étalement et distance de plantation : 25 cm.
Terre : ordinaire, plutôt riche en humus.
Exposition : ombre.
Multiplication : par séparation de tiges enracinées, au printemps.
Époque de floraison : d'avril à juin.
Mode de végétation : vivace.

△ *Lamium maculatum*
Lantana sellowiana ▷

▽ *Lamium galeobdolon*

Lantana

LANTANA

Famille des verbénacées

Maintenant que nous disposons d'insecticides efficaces contre les mouches blanches nous pouvons de nouveau savourer le charme des lantanas. Ces plantes gélives, à cultiver comme des fuchsias, n'arrêtent pas de fleurir durant tout l'été, et leurs inflorescences en boules, qui changent souvent de couleur, au fur et à mesure de leur épanouissement, valent le coup d'œil.

Conseils utiles

— Installez vos lantanas dans des pots assez volumineux (30 cm de diamètre) avec une terre riche et bien drainée (moitié terreau de feuilles et moitié tourbe enrichie d'engrais). Ne les sortez qu'à la mi-mai. Pincez les tiges principales à mi-hauteur pour les forcer à se ramifier. Enlevez les fleurs fanées au fur et à mesure et apportez de fréquents arrosages. Vous avez intérêt à tuteurer.

— Luttez préventivement contre les mouches blanches avec des granulés d'un insecticide à base de disulfoton que vous épanderez sur la terre avant d'arroser. Passant dans la sève, il tuera les insectes.

— Bouturez des extrémités de tiges en août et hivernez-les dans une pièce fraîche et bien éclairée.

Les meilleures variétés

— *L. camara.* Certains pépiniéristes proposent des hybrides aux coloris remarquables : 'Arlequin', rose foncé et jaune ; 'Avalanche', blanc ; 'Brasier', rouge ardent ; 'Cochenille', rouge framboise ; 'Prof. Raoux', rouge écarlate et orange.

Hauteur : 1,50 m.
Étalement et distance de plantation : 50 cm.
Terre : riche et fraîche en été.
Exposition : plein soleil.
Multiplication : par bouturage, en été.
Époque de floraison : de juin aux gelées.
Mode de végétation : annuelle.

▽ **Lantana camara**

△ *Lathyrus* hybride

Lathyrus

POIS DE SENTEUR

Famille des fabacées

Irremplaçables pois de senteur qui font des bouquets si touchants ! N'oubliez pas qu'ils sont charmants aussi dans les massifs, leurs tiges se servant des autres plantes pour se hisser plus haut à moins qu'ils ne constituent de vrais tapis comme le font les espèces vivaces au bout de quelques années.

Conseils utiles

— Semez les pois de senteur **annuels** en mars, sous châssis froid, ou en avril directement en place. Faites tremper les graines une nuit auparavant pour amollir leurs téguments.

— Plantez les espèces **vivaces**, au printemps ou en automne, et marquez leur emplacement avec une étiquette pour ne pas risquer de les biner par inadvertance. Les meilleurs tuteurs sont des rameaux de noisetier ramifiés ou des filets à haricots.

Les meilleures variétés

— Parmi les espèces **annuelles** (*Lathyrus odoratus*) les plus décoratives en bouquets restent la race 'Spencer', aux grandes fleurs souvent très odorantes, ou 'Cuthbertson', plus précoce. Pour les massifs : les demi-nains 'Knee Hi' ; 'Bijou' très florifères ; 'Patio', très compact et 'Buisson demi-nain varié' qui atteint 60 cm de haut, sans tuteur.

— Souvent appelés, à tort, pois de senteur vivaces, *L. grandiflorus* et *L. latifolius* ne diffèrent que par la taille des fleurs, plus grandes chez le premier, et la variété des coloris, plus importante chez le second qui nous offre, à côté du rose pourpre classique, des rouges pourprés et surtout un blanc magnifique.

— *L. vernus*, **vivace**, est plus précoce puisqu'il s'épanouit dès avril, mai. Il dure peu et ne grimpe presque pas.

Hauteur : de 30 à 40 cm.
Étalement et distance de plantation : 20 cm.
Terre : ordinaire.
Exposition : ensoleillée.
Multiplication : par semis, au printemps.
Époque de floraison : de mai à octobre.
Mode de végétation : annuelle et vivace.

△ *Lathyrus grandiflorus*
▽ *Lathyrus latifolius*

△ *Lathyrus odoratus*
▽ *Lathyrus* hybride

▽ *Lathyrus vernus*

△ *Lavandula*

Lavandula

LAVANDE
Famille des lamiacées

Qui ne la connaît ! Parfaite pour les jardins secs des régions montagneuses du sud de la France, pour couvrir un talus ingrat d'un moutonnement de touffes argentées ou pour border une allée ensoleillée, la lavande a encore la vertu de vous offrir des bouquets de fleurs odorantes qui laisseront une fine senteur au linge rangé dans vos armoires.

Conseils utiles

— C'est une plante du Midi, aimant le soleil et les sols bien drainés, évitez de la planter à l'ombre ou dans un sol argileux et compact qui la fera souffrir en hiver.
— Plantez des éclats de touffe, au printemps, dans de la bonne terre de jardin parfaitement drainée.
— Coupez les fleurs sitôt fanées pour que les touffes restent bien rondes. Au besoin, taillez-les chaque printemps, au mois d'avril et rabattez impérativement les plantes maigrichonnes.

Les meilleures variétés

— *L. spica* est la plus jolie, avec ses fleurs bleu violet à la senteur subtile et tenace. Essayez la variété 'Hidcote' d'un beau bleu foncé. *L. stoechas* a une drôle de silhouette ébouriffée, elle sent moins fort que sa cousine.
— Aux différents tons bleus de la lavande vraie, *L. angustifolia*, s'ajoutent le blanc de 'Nana Alba' et le rose de 'Hidcote Pink'.
— La *L. x intermedia* 'Dutch', ou lavande hollandaise, est moins parfumée mais bien plus rustique ; elle ne noircit pas sous l'effet de l'humidité.
— *L. stoechas*. 'Pedunculata', surnommée lavande papillon, en est la forme la plus courante ; elle doit être réservée aux situations bien abritées.

Hauteur : de 30 à 80 cm.
Étalement et distance de plantation : 50 cm.
Terre : ordinaire.
Exposition : ensoleillée.
Multiplication : par bouturage, en été.
Époque de floraison : juillet, août.
Mode de végétation : vivace.

△ *Lavatera trimestris*

Lavatera

LAVATÈRE
Famille des malvacées

Un seul paquet de graines de *Lavatera trimestris* permet de décorer plusieurs massifs car chaque pied forme un véritable petit buisson couvert de fleurs légères durant tout l'été. Attention, si vous apportez trop d'engrais riche en azote, vous obtiendrez plus de feuilles que de fleurs ! Les coloris, toujours très frais des lavatères, offrent une parure appréciable au jardin.

Conseils utiles

— Semez les grosses graines en terrine ou en pots, sous abri, au mois d'avril, pour repiquer un mois plus tard, ou semez-les directement en place, comme des haricots, en mai, à la condition que votre terre soit bien émiettée, propre et plutôt sèche car la lavatère craint l'humidité.
— Pincez les tiges principales à mi-hauteur quand elles ont 20 cm de haut pour les forcer à se ramifier.
— Arrosez abondamment pendant toute la floraison.

Les meilleures variétés

Les variétés classiques, comme 'Loveliness', ont été détrônées par deux hybrides 'Mont Rose' et 'Mont Blanc', respectivement rose et blanc, dont les fleurs sont bien plus grandes.

Hauteur : de 60 à 120 cm.
Étalement et distance de plantation : 40 cm.
Terre : riche et fraîche, en été.
Exposition : ensoleillée.
Multiplication : par semis, au printemps.
Époque de floraison : tout l'été.
Mode de végétation : annuelle.

△ *Leucojum aestivum*

△ *Leontopodium alpinum*

Leontopodium

EDELWEISS
Famille des astéracées

Une rocaille n'est pas vraiment digne de ce nom tant qu'elle ne contient pas un edelweiss. Ce symbole de la haute montagne est rarement aussi argenté que sur ses éboulis d'origine, à moins que l'on choisisse la variété 'Mignon', plus naine et vraiment blanche. Ses inflorescences se succèdent pendant tout l'été, à la condition que le soleil soit de la partie.

Conseils utiles

— Attendez le printemps pour le planter dans une anfractuosité entre deux rochers. Une terre friable et un peu calcaire lui convient tout à fait. Arrosez régulièrement durant le premier été pour favoriser la reprise. Dans les régions très pluvieuses, protégez-le, pendant l'hiver, sous une cloche de verre.

— Le semis sous châssis réussit assez bien au printemps. Repiquez les jeunes plantes en godets et faites-leur passer le premier hiver sous abri avant de les mettre en place au printemps suivant.

Hauteur : de 10 à 20 cm.
Étalement et distance de plantation : 20 cm.
Terre : légère et un peu calcaire.
Exposition : plein soleil impérativement.
Multiplication : par semis, au printemps.
Époque de floraison : de mai à juillet.
Mode de végétation : vivace.

Leucojum

NIVÉOLE
Famille des amaryllidacées

Peu répandus dans les jardins, les nivéoles, surnommés aussi flocons de neige par nos amis anglais, enchantent le printemps par leur silhouette gracieuse et le blanc pur de leurs corolles encore avivé par un reste de vert sur le bord des pétales. Ce sont des plantes merveilleuses pour les endroits sauvages.

Conseils utiles

— Enterrez les bulbes à faible profondeur (50 cm) à l'automne, dans une terre ordinaire, de préférence un peu lourde. Par la suite, laissez les bulbes se naturaliser et former des taches de plus en plus grandes.

— Divisez-les au bout de cinq ans, juste après la floraison, et replantez-les immédiatement à bon écartement.

Lewisia cotyledon ▷

154

— Faussement appelée nivéole d'été alors qu'elle fleurit en avril, mai, le *Leucojum aestivum* est particulièrement décoratif en grosses touffes, au bord de l'eau et dans les terrains frais.

— Accompagnant les hépatiques, les *Iris reticulata* et les perce-neige, le *L. vernum* forme des tapis merveilleux dans nos bois, aux mois de février et de mars.

Hauteur : de 15 à 60 cm.
Étalement et distance de plantation : 15 cm.
Terre : ordinaire, plutôt argileuse.
Exposition : mi-ombre et ombre.
Multiplication : par séparation des bulbes, après la floraison.
Époque de floraison : de février à mai.
Mode de végétation : bulbe.

Leucanthemum

Voir *Chrysanthemum.*

Lewisia

LEWISIA

Famille des portulacacées

Véritables petits bijoux, les *Lewisia cotyledon* ne sont pas d'une culture évidente. Ce qu'ils redoutent par-dessus tout : l'humidité hivernale au niveau de leur collet, ce qui entraîne immanquablement leur pourriture. La récompense suprême reste leur floraison qui arbore les couleurs les plus vives, en particulier dans les roses. L'abondance de ces fleurs est proprement stupéfiante.

Conseils utiles

— Plantez, au printemps, dans une anfractuosité de rochers presque verticale ou dans un pot rempli d'un mélange de terreau de feuilles et de sable grossier. Disposez des graviers au fond du pot et tout autour du collet pour favoriser le drainage. Laissez ces pots dehors jusqu'en novembre puis rentrez-les sous châssis froid et inclinez-les, presque sur chant, de façon qu'à aucun moment de l'eau ne puisse stagner.

— La meilleure méthode de multiplication consiste à semer, au printemps, sous châssis. Repiquez en godets et hivernez sous un châssis bien isolé. La première floraison a lieu au bout d'un an.

Hauteur : de 20 à 30 cm.
Étalement et distance de plantation : 25 cm.
Terre : très bien drainée.
Exposition : ensoleillée.
Multiplication : par semis, au printemps.
Époque de floraison : mai, juin.
Mode de végétation : vivace.

Liatris

LIATRIS

Famille des astéracées

Les épis de liatris présentent la particularité de s'éclore par le haut. Avec ses feuilles fines comme de l'herbe et ses racines tubéreuses, il est difficile de le placer dans la grande famille des composées, d'autant qu'il a renoncé au jaune typique pour un violet doux qui nous repose un peu en plein été. C'est une excellente fleur pour bouquets, qui peut durer plus d'une semaine.

Conseils utiles

— Plantez-le au printemps, de préférence, dans une terre riche et gardant sa fraîcheur en été. Installez au moins six plantes pour obtenir, dès la première année, des touffes intéressantes et laissez-les s'établir à leur gré sans les diviser trop vite.

— Vous les mettrez en valeur avec des plantes à feuillage large, comme les hostas mauves, les bergénias ou les rhubarbes ornementales. Leur coloris tendre se marie bien avec celui des œillets mignardises ou des lupins annuels.

Les meilleures variétés

— *L. scariosa* peut atteindre 90 cm de haut et existe en blanc tandis que *L. spicata*, le plus répandu, est surtout apprécié dans sa variété 'Kobold' qui ne dépasse pas 60 cm de haut et présente un joli rose lilacé. Les deux espèces sont accompagnées de formes à fleurs blanches nommées 'Alba'.

Hauteur : de 60 à 100 cm.
Étalement et distance de plantation : 20 cm.
Terre : bien drainée, mais pas sèche en été.
Exposition : ensoleillée.
Multiplication : par division des touffes, au printemps.
Époque de floraison : de juillet à septembre.
Mode de végétation : vivace.

Libertia

LIBERTIA

Famille des liliacées

La silhouette du *Libertia formosa* a de quoi étonner en plein hiver : ses feuilles sont aussi vertes que celles des houx. De port compact et bien net, il se couvre de fleurs blanc pur en juillet, août. Elles sont suivies de fruits orange. Associez-le à des plantes à feuillage clair ou devant une plantation de pivoines de manières que la grâce des *Libertia* prenne le relais des pivoines lorsqu'elles seront fanées.

Conseils utiles

— Plantez-le, au printemps, dans un emplacement bien ensoleillé et protégé des vents froids. Arrosez régulièrement et paillez le sol avec de l'écorce de pin ou des feuilles mortes.

— Divisez les touffes seulement quand elles sont trop serrées.

Hauteur : de 30 à 60 cm.
Étalement et distance de plantation : 30 cm.
Terre : riche et bien drainée.
Exposition : plein soleil exclusivement.
Multiplication : par division des touffes, au printemps.
Époque de floraison : juillet, août.
Mode de végétation : vivace.

Ligularia

LIGULAIRE

Famille des astéracées

Poussant avec une rare vigueur dans les sols humides et profonds, les ligulaires rendent bien des services quand il s'agit de garnir des surfaces importantes. Elles s'associent bien avec les osmondes, les méconopsis, les lysimaques et les salicaires pour décorer les bords des pièces d'eau.

Conseils utiles

— Plantez-les, en automne ou au printemps, après avoir bêché profondément et apporté du terreau de feuilles et de la tourbe.

— Protégez des limaces avec quelques appâts et arrosez régulièrement pendant le premier été. Si la terre reste fraîche en profondeur vous n'aurez pas à vous inquiéter.

Les meilleures variétés

— La *Ligularia clivorum* est l'une des plus modestes du genre par son encombrement. Elle forme un dôme d'un mètre de haut. La variété 'Desdemone' présente des feuilles au revers pourpre.

— On monte d'un cran avec *L. przewalskii* aux feuilles étonnamment découpées. Ses fleurs en épis culminent à deux mètres de haut.

— Un peu plus vigoureuse encore, la *L. wilsoniana* a la stature d'un arbuste. Ses feuilles rondes de belle taille mettent bien en valeur ses épis de grandes fleurs jaune d'or.

— *L. japonica* atteint des proportions impressionnantes si elle est cultivée dans une terre bien humide. Elle est, en effet, très friande d'eau.

— *L. x palmatiloba* ne convient que dans les grands espaces en raison de sa forte extension.

— Les touffes de *L. stenocephala* 'The Rocket' s'élèvent avec élégance. Ses hampes sveltes, brunes, sont vêtues d'un feuillage dense.

Hauteur : de 100 à 150 cm.
Étalement et distance de plantation : de 60 cm à 100 cm.
Terre : riche et toujours humide.
Exposition : soleil ou mi-ombre.
Multiplication : par division des touffes, au printemps.
Époque de floraison : de juin à septembre.
Mode de végétation : vivace.

◁ *Liatris spicata*

△ *Libertia formosa*
Ligularia przewalskii ▷
▽ *Ligularia japonica*

Lilium

LIS
Famille des liliacées

Il suffit de quelques lis pour donner à un coin de jardin une touche de raffinement bienvenue. Plantes de terres riches en humus, il leur arrive de prospérer sans grand soin pourvu que l'on choisisse les espèces les plus solides.

Conseils utiles

— Plantez-les au printemps, de préférence, sauf le lis de la madone dont la végétation démarre en septembre et qui est planté en été. Bêchez à au moins 30 cm de pronfondeur et apportez du terreau de feuilles en abondance. Enterrez les bulbes à 15 cm et entourez-les d'une poche de sable qui leur évitera les pourritures ainsi que les attaques de limaces, et leur permettra de grossir plus aisément.

— Marquez l'emplacement de la plantation avec une étiquette car la végétation ne démarre qu'en avril. Placez des appâts anti-limaces et arrosez régulièrement. Quand les tiges atteignent 30 cm de haut, tuteurez-les discrètement soit individuellement, soit avec des rameaux de noisetier. Si des insectes rouges apparaissent, traitez sans attendre, il s'agit de la criocère dont les larves peuvent dévorer toutes les feuilles.

— Au bout de trois ans, vous pouvez déterrer les bulbes, au mois de septembre, quand les tiges sont encore vertes. Séparez les bulbes nouveaux et rangez-les dans une terrine remplie de tourbe placée sous un châssis froid ou dans un endroit à l'abri du gel. Vous les repiquerez en mars. Il faut éviter de les laisser à l'air libre car ils se dessèchent très vite.

Les meilleures variétés

— Le lis du Japon (*Lilium auratum*) présente des fleurs très grandes, blanches ponctuées de brun, largement ouvertes avec des pétales qui s'enroulent légèrement vers l'extérieur. C'est une merveille, hélas très sensible aux virus qui le font disparaître en peu d'années. À cultiver dans de la terre de bruyère sableuse.

— Le lis de la Madone (*L. candidum*) est très répandu dans les vieux jardins où il forme des touffes importantes. Il fleurit tôt, à un moment où son feuillage commence à se dessécher. Il aime le soleil et doit « cuire » un peu en été.

— Peu connu, le *L. hansonii* mérite mieux que cet oubli. Ses fleurs jaune-orange aux pétales très épais rappellent celles de nos lis martagon. À cultiver à mi-ombre pour que son coloris ne pâlisse pas.

— L'un des géants du groupe est sans conteste le *L. henryi* puisque sa tige se dresse jusqu'à deux mètres de haut. Il faut le planter profondément et le tuteurer soigneusement car les fleurs sont si nom-

△ *Lilium* hybrides

breuses qu'elles font ployer la hampe. Il supporte le calcaire et peut être planté, dans les intervalles, entre les arbustes fleurissant au printemps.

— Extrêmement odorantes, les fleurs du *L. longiflorum* sont bien connues puisqu'elles trônent chez les fleuristes. Il vaut mieux le planter en pot.

— Les lis martagon (*L. martagon*) sont originaires de nos montagnes. Si leurs fleurs ne sont pas très parfumées, elles sont curieuses par leur forme en turban et leur couleur rouge pourpré.

— En terre tourbeuse et humide, le *L. pardalinum* 'Giganteum' formera vite des touffes enchevêtrées car il produit des rhizomes dans tous les sens. Ses fleurs sont relativement petites mais très nombreuses, d'un orange ponctué de pourpre et réveillé par un cœur d'or.

— Si vous voulez vivre dans les parfums sans vous compliquer la vie, adoptez le lis royal (*L. regale*). C'est l'un des lis les plus solides et il fleurit ponctuellement chaque été. Et quel parfum ! Il en existe une variété totalement blanche ('Album') alors que l'espèce type présente des fleurs à l'extérieur ombré de rose.

— Le *L. speciosum* ne mérite pas les éloges qu'on lui décerne habituellement. Sensible aux virus, un peu disproportionné par la grandeur insolite de ses fleurs, il répand de surcroît une odeur peu agréable.

— Le lis tigré (*L. tigrinum*) se multiplie facilement par les bulbilles qui apparaissent sur ses tiges et qu'il suffit de prélever pour le voir fleurir au bout de deux ans. Ses fleurs largement ouvertes sont d'un orange virulent.

158

△ *Lilium candidum*

△ *Lilium regale*

— Les lis hybrides sont très nombreux. Les plus remarquables sont 'African Queen', en trompette orange ; 'Enchantement', rouge capucine ; la série des 'Impérial' aux grandes fleurs largement étalées et ponctuées d'or ; 'Moonlight', jaune d'or ; 'Pink Perfection', rose pourpré plus clair au centre ; 'Pirate' et 'Tabasco', rouge orangé tacheté de brun. Chaque année de nouveaux hybrides apparaissent sur les catalogues.

Hauteur : de 30 à 200 cm.
Étalement et distance de plantation : 30 cm.
Terre : riche en humus et en sable.
Exposition : mi-ombre pour la plupart.
Multiplication : par séparation des nouveaux bulbes, au printemps.
Époque de floraison : de juin à septembre.
Mode de végétation : bulbe.

Limnanthes

LIMNANTHÈS

Famille des limnanthacées

Pourquoi cette plante est-elle si peu cultivée chez nous alors que nos voisins anglais en sont fous ? Mystère. Semez-la au moins une fois pour profiter du charme sans façon de ses fleurs blanches à cœur jaune qui la font surnommer « œuf poché ». Son feuillage découpé ne manque pas d'allure et cette plante se ressème volontiers alentour sans qu'on ait besoin de la protéger. La fleur idéale des jardins de week-end.

Conseils utiles

— Semez les grosses graines en place, en avril, et éclaircissez le semis un mois plus tard en laissant une plante tous les 20 cm.

— Arrosez régulièrement jusqu'en juillet. À ce moment la floraison s'achève. Taillez le feuillage à mi-hauteur pour redonner un second souffle.

— Apportez de l'engrais soluble pour soutenir la végétation.

— Récoltez des graines à la fin de l'été et semez-les au hasard sans vous soucier de les recouvrir. Une partie germera tout de suite, le reste au printemps.

Hauteur : 15 cm.
Étalement et distance de plantation : 20 cm.
Terre : ordinaire.
Exposition : au moins 3 h de soleil par jour.
Multiplication : par semis, en toute saison.
Époque de floraison : de mai à juillet.
Mode de végétation : annuelle.

▽ *Limnanthes douglasii*

Limonium sinuatum △

Limonium

STATICE

Famille des plombaginacées

Les fleurs des statices présentent la particularité d'être presque sèches dès le départ. C'est pourquoi on en fait si souvent des bouquets secs. Au jardin, le statice vivace est précieux pour alléger les massifs avec ses milliers de fleurs lavande en brouillard.

Conseils utiles

— Semez le statice **annuel,** en avril, sous châssis froid et en mai, dans un coin du potager. Binez régulièrement et arrosez jusqu'à l'apparition des fleurs. Ensuite, récoltez et laissez sécher à l'ombre.

— Plantez le statice **vivace** au printemps. Ne le divisez pas trop souvent car il n'aime pas cela. Il adore les arrosages en été et peut pousser en bord de mer.

Les meilleures variétés

— Le *Limonium sinuatum* (annuel) est couramment vendu en mélange pour les bouquets secs. On trouve aujourd'hui du *S. suworowii* aux longs épis d'un rose tendre.

— Le *L. latifolium* (vivace) est surnommé lavande de mer. Il mérite de figurer au bord des massifs de rosiers mais ses fleurs peuvent aussi être conservées en bouquets secs. Le *L. tataricum* est plus petit et fleurit en rose pâle.

Hauteur : de 30 à 60 cm.
Étalement et distance de plantation : 20 cm.
Terre : plutôt sableuse.
Exposition : ensoleillée.
Multiplication : par semis, au printemps ou par division des touffes, en début d'automne.
Époque de floraison : de juillet à août.
Mode de végétation : annuelle et vivace.

Linaria

LINAIRE

Famille des scrophulariacées

Avec leurs fleurs semblables à celles des mufliers en miniature, les linaires apportent de la gaieté partout où elles prospèrent. Un soupçon de terre

△ *Linaria maroccana*
▽ *Linum grandiflorum*

▽ *Linum narbonense*

médiocre leur suffit pour s'épanouir tant elles sont frugales. Faites-en un grand usage dans vos murets fleuris, votre rocaille ou dans vos jardinières.

Conseils utiles

— Semez les linaires au printemps. Les variétés **annuelles** seront en fleur trois mois plus tard et les vivaces l'année suivante. Les graines étant très fines, mélangez-les avec du sable et ne les recouvrez pas de terre. Parce que les tiges se ramifient très vite, vous avez intérêt à semer très clairsemé. Mettez en place les espèces **vivaces,** au printemps, dans une poche de terre sableuse.

— Arrosez régulièrement pendant la canicule et rabattez les touffes, une fois la floraison passée, pour obtenir une remontée à la fin de l'été.

Les meilleures variétés

— Les linaires du Maroc *(Linaria maroccana),* **annuelles,** sont vendues en mélange appelé 'Fairy Bouquet'. Chaque plante constitue une véritable touffe constellée de centaines de fleurs.

— La linaire 'Ruine de Rome' *(L. cymbalaria),* **vivace,** doit son surnom au fait qu'on la trouve fréquemment dans les vieux murs. Ses tiges retombent et portent des fleurs mauves suivies par des fruits qui crépitent au moindre toucher. Elle est quelquefois un peu envahissante dans les rocailles mais fait bon effet dans les murets ou les escaliers de pierre sèche. Assez proche, la linaire des Alpes *(L. alpina),* **vivace,** forme des coussins denses couverts de fleurs bleu violet à cœur orange vif. Elle est plus bisannuelle que vivace et se ressème elle aussi volontiers.

— La linaire pourpre *(L. purpurea)* est un peu la variation en bleu pourpre de notre linaire vulgaire jaune. À cultiver dans les endroits un peu secs et sauvages du jardin en compagnie des *Euphorbia polychroma,* des pavots cornus et des penstemons.

Hauteur : de 5 à 40 cm.
Étalement et distance de plantation : 20 cm.
Terre : ordinaire, plutôt sableuse.
Exposition : ensoleillée.
Multiplication : par semis ou par division des touffes, chez les espèces vivaces.
Époque de floraison : de juin à septembre.
Mode de végétation : annuelle et vivace.

Linum

LIN

Famille des linacées

Les lins décoratifs ont en commun une certaine élégance de ligne qui tient à leurs longues tiges minces. Leurs fleurs paraissent voleter dans l'air et se déplacent au moindre souffle de vent. Ils sont sans rivaux pour alléger les massifs et apporter une touche de naturel aux ensembles très sophistiqués. Leur seul défaut, une santé précaire qui les fait souvent disparaître au bout de peu d'années, même s'ils sont qualifiés de vivaces. En contrepartie, ils se multiplient facilement de semis.

Conseil utiles

— Semez-les au printemps. Les lins **annuels** fleurissent trois mois après tandis que les lins **vivaces** demandent une année avant de s'étoffer. Faites-leur passer le premier hiver à l'abri sous un châssis froid.

— Associez les lins **annuels** aux nigelles, aux bleuets et aux marguerites des prés pour des ensembles pleins de charme rustique. Les lins **vivaces** se marient bien avec des plantes à feuillage gris comme le *Senecio greyi* ou les sauges officinales qui aiment les mêmes sols secs et caillouteux.

Les meilleures variétés

— Le meilleur des lins **annuels** est *Linum grandiflorum* dont 'Venise' est une amélioration plus trapue, au beau rouge puissant. Le lin utilisé en textile *(L. usitatissimum)* fleurit en bleu pâle.

— Parmi les lins **vivaces,** signalons *L. narbonense* et *L. perenne,* bleu vif, qui existe aussi en nain ('Heavenly Blue' ou 'Saphyr'). Le petit *L. flavum,* jaune blond, est magnifique dans les rocailles car sa floraison a lieu en plein été.

Hauteur : de 30 à 60 cm.
Étalement et distance de plantation : 15 cm.
Terre : ordinaire.
Exposition : ensoleillée.
Multiplication : par semis, au printemps.
Époque de floraison : de juin à septembre.
Mode de végétation : annuel et vivace.

Liriope

LIRIOPE

Famille des liliacées

Imaginez un muscari géant qui fleurirait en fin d'été et serait aussi décoratif par son feuillage rubané que par ses fleurs mauve lilas et vous aurez le portrait du liriope. Utilisez-le en bordures, en mélange avec des nérines, des colchiques et des anaphalis et vous obtiendrez une scène automnale haute en couleur.

Conseils utiles

— Plantez-les, au printemps, dans une terre plutôt légère et non calcaire. Arrosez un peu durant la canicule, sinon, les plantes se débrouillent toutes seules grâce à leurs racines charnues.

— Divisez les touffes quand elles deviennent vraiment trop serrées, au printemps, de préférence.

△ *Liriope muscari*

Les meilleures variétés

— Le *Liriope muscari* est le plus connu ; ses feuilles persistantes servent d'écrin à ses épis violets.

— Le *L. spicata* est un peu plus grand que le précédent mais lui ressemble en tout point. Il fleurit un peu plus tôt que son cousin. Il peut arriver que certains pieds présentent des fleurs bleu foncé, selon la terre et l'exposition.

Hauteur : de 40 à 60 cm.
Étalement et distance de plantation : 40 cm.
Terre : ordinaire plutôt sableuse et bien drainée en hiver.
Exposition : soleil et mi-ombre.
Multiplication : par division des touffes, au printemps.
Époque de floraison : d'août à octobre.
Mode de végétation : vivace.

△ *Lithospermum diffusum* 'Heavenly Blue'

Lithodora

Voir *Lithospermum.*

Lithospermum

GRÉMIL

Famille des borraginacées

Quoique son nom ait récemment changé en *Lithodora,* le grémil est souvent encore appelé lithospermum dans les catalogues. On connaît surtout le cultivar 'Heavenly Blue'. C'est l'une des meilleures plantes de rocaille qui soient, au soleil. Le bleu profond de ses fleurs se renouvellent tout l'été et fait écho aussi bien aux hélianthèmes, au genêt de Lydie qu'aux premières bruyères.

Conseils utiles

— Plantez-le au printemps, dans une poche de terre acide (mélange de terre de bruyère, de sable et de tourbe).

— Bouturez-le en été et faites hiverner les jeunes plants sous un châssis froid car il arrive que les grands froids les détruisent.

Hauteur : de 15 à 20 cm.
Étalement et distance de plantation : 30 cm.
Terre : légère.
Exposition : plein soleil.
Multiplication : par bouturage, en été.
Époque de floraison : de juin à octobre.
Mode de végétation : vivace.

Lobelia △

◁ *Lobelia cardinalis*
◁ *Lobelia lindblomii*

Lobelia

LOBÉLIA

Famille des campanulacées

Les lobélias n'aiment pas les demi-teintes si l'on en juge par le bleu intense de la variété annuelle 'Crystal Palace' ou le rouge fulgurant de la vivace *Lobelia cardinalis*. Utilisez-les par petites touches à côté de plantes à feuillage gris.

Conseils utiles

— Semez-les au chaud, pas plus tard qu'en avril car leur premier développement est lent. Repiquez-les soigneusement. Plantez-les à demeure en mai.

— Plantez les variétés vivaces au printemps, de préférence, en leur offrant une terre fraîche et profonde. Paillez le sol en juin avec de la tourbe ou de l'écorce de pin. Arrosez régulièrement car ce sont des plantes très assoiffées. En novembre,

Lobelia erinus △
Lobelia vedrariensis ▷

disposez une couche de paille et un morceau de film plastique pour protéger les souches du froid humide.

Les meilleures variétés

— Parmi les variétés **annuelles** *(Lobelia erinus)* : 'Crystal Palace', naine, bleu foncé ; 'Saphir', bleu vif avec un œil blanc, extra en potée.

— Parmi les espèces **vivaces** : *L. splendens* 'Queen Victoria', aux fleurs rouge écarlate sur un feuillage bronze. *L. splendens* est vendue sous le nom de *L. fulgens*. À noter aussi *L. syphilitica*, plus petite, aux fleurs d'un bleu doux, en fin d'été, et *L. vedrariensis*, au coloris plus violacé.

— Le groupe *L. x speciosa* rassemble des variétés de rusticité moyenne mais particulièrement florifères : 'Bee's Flame', rouge carminé, feuilles rougeâtres ; 'Pink Flamingo', rose, feuilles bronze ; 'Russian Princess', fleurs et feuillage pourpre.

Hauteur : de 10 à 90 cm.
Étalement et distance de plantation : de 10 à 30 cm.
Terre : toujours humide.
Exposition : au moins 6 h de soleil par jour.
Multiplication : au printemps, par semis, par bouturage et par division des touffes.
Époque de floraison : de juin à novembre.
Mode de végétation : annuelle et vivace.

Lobularia maritima

ALYSSE MARITIME ou ODORANT

Famille des brassicacées

Plus connu sous le nom d'alysse odorant, l'alysse maritime est trop peu utilisé dans les jardins. Ses graines fines donnent des plantules minuscules qui prennent d'abord l'apparence de mauvaises herbes avant de devenir des touffes imposantes. Celles-ci se couvrent d'inflorescences qui n'ont l'air de rien et finissent par recouvrir totalement le feuillage. Et pour parfaire le tout n'oublions pas une délicieuse odeur de miel. C'est décidément une excellente plante pour les bordures et les jardinières.

Conseils utiles

— Semez-le, en avril ou mai, sous un châssis froid après avoir mélangé les graines avec du sable fin pour ne pas les épandre avec trop de densité. Repiquez des groupes de trois ou quatre plantules un mois plus tard, en les écartant de 20 cm en tous sens.

— Arrosez régulièrement et binez le sol. Une fois la première vague de floraison passée, rabattez les touffes à la cisaille pour éviter la formation de fruits et favoriser la remontée qui a lieu un mois plus tard.

Les meilleures variétés

À côté des classiques 'Little Gem' et 'Tapis de Neige', blanc pur, décernons une mention spéciale à 'Wonderland', encore plus dense. Les violets 'Royal Carpet' et 'Violet Queen' vont bien avec les rosiers pastel.

Hauteur : de 7 à 15 cm.
Étalement et distance de plantation : 20 cm.
Terre : ordinaire, même légère.
Exposition : ensoleillée.
Multiplication : par semis, au printemps.
Époque de floraison : de juin à septembre.
Mode de végétation : annuelle.

▽ *Lobularia maritima*

△ *Lunaria rediviva*
◁ *Lotus berthelottii*

Lotus

LOTIER

Famille des fabacées

Il s'agit bien ici de cousins du lotier de nos prés — une sorte de trèfle à fleurs jaunes — et non du lotus qui est un *Nelumbo* pour les botanistes... Si l'un d'eux est intéressant dans la rocaille, l'autre est une des plantes les plus extraordinaires qui soient pour les jardinières : imaginez une traîne de feuillage gris émaillée de fleurs d'un rouge intense, à la forme étrange, comme des pinces de homard entrouvertes.

Conseils utiles

— Plantez le lotier jaune en toute saison dans un coin de la rocaille, entre deux pierres d'un muret de pierre sèche.

— Plantez le lotier de Berthelot au printemps et sortez-le seulement quand tout risque de gelée est passé. Arrosez-le abondamment en ajoutant de l'engrais soluble de temps à autre. Bouturez-le en été pour en hiverner des jeunes plants en véranda ou en serre froide.

Les meilleures variétés

Le *Lotus corniculatus*, **vivace,** est surtout cultivé pour sa forme double, jaune vif. L'**annuel,** *L. berthelottii* (lotier de Berthelot), est proposé de plus en plus souvent dans les catalogues. Essayez-le en paniers suspendus et vous serez conquis.

Hauteur : de 15 à 30 cm.
Étalement et distance de plantation : 20 cm.
Terre : riche et bien drainée.
Exposition : ensoleillée.
Multiplication : par bouturage, en été.
Époque de floraison : de juin à septembre.
Mode de végétation : annuelle, vivace.

△ *Lunaria annua*

Lunaria

HERBE-AUX-ÉCUS, MONNAIE DU PAPE

Famille des brassicacées

Qui ne connaît la monnaie du Pape, cette parure obligée des bouquets secs ? On en arrive à oublier que les fleurs d'un violet puissant ne manque pas d'allure, elles non plus. Plantez-les en compagnie de tulipes à fleurs de lis blanches, de violettes cornues jaunes ou encore en tapis au pied d'azalées ou de magnolias car elles supportent bien l'ombre.

Conseils utiles

— Semez les graines de *Lunaria annua* en juin, dans un endroit ombragé. Repiquez-les une fois en pots, puis en place en automne. La floraison a lieu le printemps suivant.

— Laissez les fruits mûrir sur la plante puis coupez les tiges entières et faites-les sécher à l'intérieur. Frottez ensuite chaque fruit entre deux doigts pour dégager la cloison centrale qui paraît faite de nacre.

Hauteur : 100 cm.
Étalement et distance de plantation : 30 cm.
Terre : ordinaire.
Exposition : soleil et mi-ombre.
Multiplication : par semis, en juin.
Époque de floraison : d'avril à juin.
Mode de végétation : bisannuelle.

Lupinus

LUPIN

Famille des fabacées

Aimable engrais vert dans les sols ingrats par trop légers, le lupin annuel *(Lupinus tricolor)* se ressème volontiers dans les jardins qui lui conviennent et fleurit joliment en épis odorants, bicolores, bleus et blancs à l'aube de l'été, tandis que les lupins vivaces hybrides et le lupin arborescent fleurissent durant tout l'été, jouant avec les jaunes et les blancs et toute une gamme de couleurs (bleu, lilas, rose, rouge, violet). Les lupins se plaisent en compagnie des pivoines et des roses trémières, composant de merveilleux massifs sans occasionner aucun souci à leurs jardiniers.

Conseils utiles

— Leur seule faiblesse : ils n'aiment pas le calcaire, ne tentez pas l'expérience, le résultat serait lamentable. En revanche, semez-les dans les sols lourds et argileux.

— Coupez les fleurs fanées pour prolonger la floraison et faites des boutures pour la multiplication, ainsi serez-vous sûr de la fidélité des coloris.

Les meilleures variétés

— Parmi les lupins **annuels** : outre le *Lupinus tricolor,* le lupin de Hartweg qui atteint 60 cm de haut et nous charme avec ses fleurs aux coloris très tendres.

— Parmi les lupins **vivaces** : *L. polyphyllus* produit les merveilleux hybrides que nous connaissons aujourd'hui, dans une gamme de coloris très étendue. Les hybrides de Russel, qui donnent les plus belles plantes sont issues de *L. polyphyllus* : 'La Châtelaine', rose et blanc ; 'La Demoiselle', blanc et crème ; 'Le Chandelier', jaune pâle et or ; 'Le Gentilhomme', bleu et blanc ou encore 'Les Pages', carmin brillant. La série des 'Minarette' présente autant de variations sur une plante qui ne dépasse pas 40 cm de haut soit la moitié des précédents. Elle est aussi plus précoce et fleurit pratiquement sans coup férir dès la première année si le semis a lieu tôt au printemps.

— *L. texensis* a des fleurs d'un bleu superbe.

— Parmi les lupins **arborescents** : le *Lupinus arboreus* au beau feuillage argenté et aux épis de fleurs graciles, arborant des coloris tendres comme le jaune soufre, le bleu layette ou le blanc.

Hauteur : de 70 à 80 cm.
Étalement et distance de plantation : 30 cm.
Terre : ordinaire, non calcaire.
Exposition : ensoleillée.
Multiplication : par semis, en mars ou avril ou par division des touffes, au printemps.
Époque de floraison : juin, juillet.
Mode de végétation : annuelle et vivace.

△ *Lupinus* 'Misty'

△ *Lupinus texensis*
▽ *Lupinus polyphyllus*

△ *Lychnis coronaria*
◁ *Lychnis alpina*
Lychnis chalcedonica ▷
▽ *Lychnis* x 'Arkwightii'

Lychnis

LYCHNIS

Famille des caryophyllacées

Vaste tribu que celle des lychnis. Elle contient des plantes encore peu éloignées de leur aspect sauvage, d'où un côté nature qui nous séduit lorsque nous désirons accentuer le caractère rustique d'une scène. Les lychnis accompagnent très élégamment les rosiers anciens et les plantes aromatiques.

Conseils utiles

— Plantez-les au printemps, de préférence, car ils supportent mal le froid s'ils sont peu enracinés. Donnez-leur une terre calcaire bien drainée et une exposition ensoleillée.

— Vous pouvez aussi bien les semer au printemps que les multiplier par éclatage de la touffe, juste après la floraison. Faites hiverner les jeunes plants sous châssis froid la première année.

Les meilleures variétés

— Le *Lychnis alpina* forme un gazon court et serré couvert de fleurs en grappes denses, rose foncé. On l'appelle désormais *Viscaria alpina*.

— Le rouge de *L. chalcedonica* (croix de Jérusalem ou croix de Malte) est si vif que peu d'autres couleurs peuvent l'accompagner, hormis le blanc des campanules à feuilles de pêcher et des lis de la Madone.

— *L. coronaria* (coquelourde) est une plante vraiment magique. L'accord harmonique entre le rouge magenta extraordinairement vif de ses fleurs et le velours argenté de ses feuilles est parfait. Il en existe une variété blanche très réputée mais un peu moins vigoureuse.

— Laissez *L. flos-jovis* se naturaliser chez vous en se ressemant spontanément. Il formera la trame de votre jardin, égayant la floraison des arbustes au pied desquels il prospérera, qu'il s'agisse des seringas, des lilas ou des hortensias.

— *L. flos-cuculi* présente des fleurs profondément laciniées, rose tendre. Il atténue la raideur d'autres plantes vivaces.

— *L. haageana* est un hybride de petite taille. Ses fleurs d'un rouge ponceau se détachent sur un feuillage teinté de pourpre. Un ensemble qui peut ne pas plaire à tous les jardiniers ! L'hybride 'Arkwrightii' est encore plus virulent.

Hauteur : de 20 à 120 cm.
Étalement et distance de plantation : de 20 à 30 cm.
Terre : calcaire et bien drainée.
Exposition : ensoleillée.
Multiplication : par semis au printemps ou par divisions des touffes.
Époque de floraison : de mai à octobre.
Mode de végétation : vivace.

△ *Lysichiton americanus*

Lysichiton

LYSICHITON

Famille des aracées

C'est prévisible dès aujourd'hui, le *Lysichiton americanus* va déferler sur nos jardins d'ici peu. Impossible en effet de rester insensible à ses fleurs en arums géants, jaunes, qui surgissent au début du printemps conférant, au bord du ruisseau qui les accueille, un aspect fantomatique. Il convient d'admettre que ses feuilles, semblables à celles des poirées, ne sont pas des plus séduisantes.

Conseils utiles

— Rustiques, ce sont des plantes de sol humide exclusivement. Plantez-les au bord d'une pièce d'eau, ruisseau ou mare. N'en disposez pas des masses près de la maison car leurs fleurs répandent une odeur peu agréable.

— Vous pouvez semer les nombreuses graines qui apparaissent, de préférence dès leur maturité, en les jetant aux alentours. La division des touffes se pratique en début d'automne.

Les meilleures variétés

— *L. camtschatcensis*, un peu plus réduit dans toutes ses dimensions, produit de grandes spates blanches.

Hauteur : 1 m.
Étalement et distance de plantation : 60 cm.
Terre : très humide toute l'année.
Exposition : ensoleillée.
Multiplication : en début d'automne, par semis ou par division des touffes.
Époque de floraison : de mars à mai.
Mode de végétation : vivace.

Lysimachia

LYSIMAQUE

Famille des primulacées

Les bonnes à tout faire du jardin, ce sont les *Lysimachia*. Capables de prospérer dans les endroits humides comme au sec, en plein soleil comme à mi-ombre, ne

△ *Lysimachia clethroides*
▽ *Lysimachia nummularia*

▽ *Lysimachia punctata*

dépassant pas un doigt de haut ou au contraire culminant à un mètre, ces plantes ne vous vaudront pas d'ennui car elles sont la robustesse personnifiée.

Conseils utiles

— Plantez-les, en toute saison, en leur donnant un sol profond car leurs racines sont puissantes. Elles préfèrent la fraîcheur mais s'accommodent de terres un peu sèches en été. Elles y sont simplement moins hautes.

— Divisez les touffes quand elles deviennent moins fleuries, soit tous les trois ans. En effectuant cette opération sitôt la floraison achevée, vous gagnerez un an et les touffes seront très belles dès l'été suivant.

— Associez-les à d'autres fleurs aimant les coins humides, comme les salicaires, les guimauves, les reines des prés ou encore les hostas.

Les meilleures variétés

— La plus curieuse des lysimaques est assurément *Lysimachia clethroides*. Ses inflorescences blanches se présentent coudées comme de grandes virgules. Leur feuillage prend des couleurs automnales divines. C'est une envahisseuse ! Mais on lui pardonne parce que son éclat est grand et parce qu'elle empêche l'apparition des mauvaises herbes.

— Peu répandue, la *L. ephemerum* hisse ses épis blancs au-dessus d'un délicat feuillage vert gris. Malgré son nom, sa floraison dure de nombreuses semaines.

— Faisant figure de naine par rapport aux précédentes, la *L. nummularia* forme un tapis très dense qui s'émaille, au début de l'été, de centaine de fleurs d'un jaune très vif. À utiliser en couvre-sol au pied des conifères. La variété 'Aurea' possède un feuillage vert blond. Elle est superbe en suspensions et en jardinières.

— *L. punctata*, reconnaissable au premier coup d'œil, a ses fleurs jaunes réunies en étages successifs. D'une solidité à toute épreuve, elle réussit dans tous les types de sols et résiste même aux dégâts occasionnés par les chiens.

— Vous craquerez devant les touffes, certes un peu turbulentes, de *L. ciliata*. Sa livrée chocolat du printemps s'embrase de jaune et d'orange en automne.

— Beaucoup plus mesurée dans son comportement, *L. barystachys* groupe ses petites fleurs blanches en longs épis effilés.

Hauteur : de 5 à 100 cm.
Étalement et distance de plantation : 30 cm.
Terre : ordinaire, fraîche de préférence.
Exposition : au moins 3 h de soleil, par jour.
Multiplication : par division des touffes, en septembre.
Époque de floraison : de juillet à août.
Mode de végétation : vivace.

△ *Lythrum salicaria*

Lythrum

SALICAIRE

Famille des lytrhacées

Vous connaissez la *Lythrum salicaria* pour l'avoir mille fois cueillie pendant les vacances dans les fossés humides qu'elle peuple en compagnie de la lysimaque jaune d'or et de la reine des prés. Ses jolis épis magenta tombent hélas vite en grains menus, mais elle est idéale à cultiver dans un coin de jardin près d'un point d'eau, en compagnie des berces du Caucase, des rodgersias, des bocconias et des filipendules.

Conseils utiles

— Plantez, en automne, des éclats de souche dans des poquets de terreau larges et profonds de 20 cm, dans un sol frais, par exemple à l'aplomb d'un toit sans gouttière.

— Tous les trois ans, divisez les souches devenues envahissantes.

Les meilleures variétés

Les variétés sont assez nombreuses mais se ressemblent énormément !

Hauteur : 60 cm.
Étalement et distance de plantation : 30 cm.
Terre : humide, ordinaire.
Exposition : ensoleillée.
Multiplication : division des souches, au printemps ou en automne.
Époque de floraison : de juillet à septembre.
Mode de végétation : vivace.

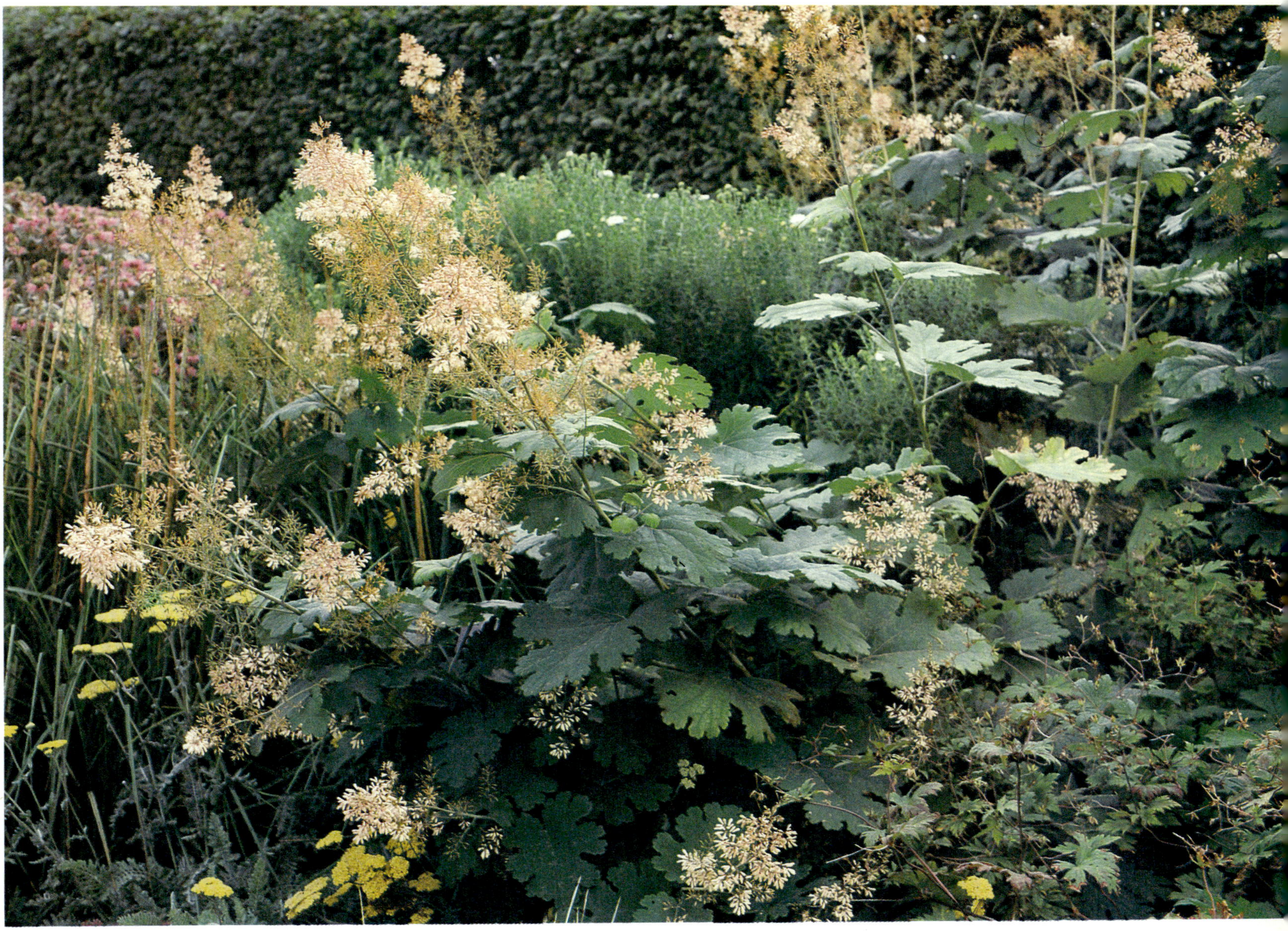

Macleaya microcarpa △
Macleaya cordata ▷

Macleaya

BOCCONIA

Famille des papavéracées

Son époque de gloire se situe en 1900 ! Elle est cependant séduisante pour orner les coins sauvages du jardin avec sa haute silhouette imposante, égrenant pendant tout l'été de magnifiques épis blancs ou d'un drôle de rose. Comme les fougères et salicaires, elle aime les sols frais. Plantez-la en compagnie de vos rodgersias, de vos gunnéras ou des grandes berces du Caucase, votre jardin deviendra spectaculaire rapidement. Même très haute, elle n'a pas besoin de tuteur.

Conseils utiles

— Plantez des éclats de souche tôt au printemps, en mars ou en septembre, dans des poquets de 20 à 30 cm de large que vous remplirez de terreau de fumier bien mûr.

— Plantez toujours en sol profond et frais.

— Laissez les plantes s'étoffer pendant trois ans avant de les diviser à nouveau.

Les meilleures variétés

Macleaya cordata est le plus connu, c'est une plante géante qui fleurit en blanc rosé. *M. microcarpa* fleurit en rose avec des fleurs plus petites que le précédent.

Hauteur : 1,50 m à 2,50 m.
Étalement et distance de plantation : 1 m.
Terre : ordinaire, profonde.
Exposition : ensoleillée.
Multiplication : par division des touffes, au printemps.
Époque de floraison : de juin à août.
Mode de végétation : vivace.

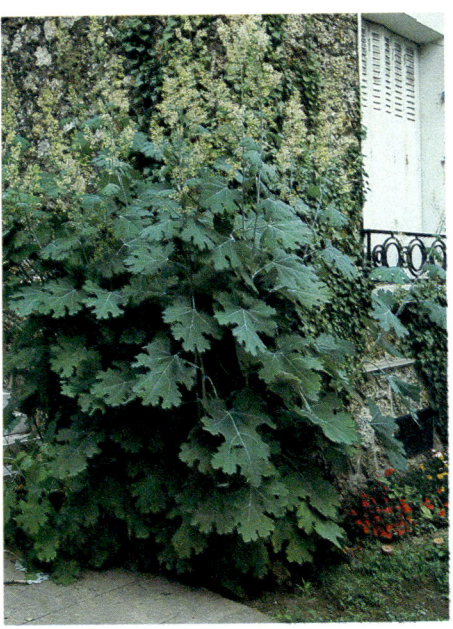

△ *Malope trifida*
▽ *Malcolmia maritima*

Malcolmia

JULIENNE DE MAHON

Famille des brassicacées

Les années où vous avez raté tous vos semis de fleurs annuelles au printemps, pensez à *Malcolmia maritima*. Semée en mai ou en juin, elle sera fidèle au rendez-vous en moins de deux mois. Bien sûr ses fleurs ne durent pas un trimestre mais elles sont mieux que le spectacle de la terre nue. Vous pouvez mélanger la julienne de Mahon avec les clarkias et les alysses annuels pour constituer des bordures pleines de fraîcheur.

Conseils utiles

— Semez ses graines directement en place, sur une terre émiettée enrichie en terreau. Recouvrez avec un mélange de sable et de terreau. Arrosez tous les deux jours. Dès que la levée est assurée, desserrez les plants à 20 cm d'intervalle.

— Paillez le sol avec de la tourbe. Dès que la floraison principale est achevée, rabattez les plantes à la cisaille pour favoriser une deuxième floraison. Si celle-ci tarde, ressemez sans attendre.

Hauteur : 20 cm.
Étalement et distance de plantation : 20 cm.
Terre : ordinaire.
Exposition : ensoleillée.
Multiplication : par semis, au printemps ou en été.
Époque de floraison : 2 mois après le semis.
Mode de végétation : annuelle.

Malope

MALOPE

Famille des malvacées

Plus hautes que les lavatères, les *Malope trifida* sont d'excellentes fleurs pour les massifs de l'été. Chaque touffe forme un petit arbuste en fleurs pendant plus de deux mois. Leur rose pourpre se marie bien avec les roses anciennes remontantes, blanches ou carnées. Essayez aussi leur association avec des grands mufliers blancs ou de toutes simples marguerites des prés.

Conseils utiles

— Semez-les en avril, à froid, sous châssis, ou un mois plus tard directement en place. Repiquez-les à 30 cm d'écartement. Arrosez copieusement pendant les premiers stades et jusqu'à la floraison. N'abusez pas des engrais car ils favorisent souvent un développement excessif des feuilles.

— Quand la floraison se termine, vous pouvez essayer de la prolonger en coupant les tiges portant les fleurs fanées pour éviter la formation des fruits. Souvent, hélas, les pieds meurent brutalement d'une maladie causée par un champignon qui s'attaque au collet.

Hauteur : 1 m.
Étalement et distance de plantation : 30 cm.
Terre : ordinaire, pas trop riche.
Exposition : ensoleillée.
Multiplication : par semis, au printemps.
Époque de floraison : de juin à septembre.
Mode de végétation : annuelle.

△ *Malva moschata*

Malva

MAUVE

Famille des malvacées

Si vous habitez la campagne, vous avez forcément cueilli la mauve (*Malva moschata*) pour en faire de ravissants bouquets pendant les vacances. Elle croît souvent dans les prés ensoleillés au sol argileux et frais, allant parfois jusqu'à musarder dans le gravier des routes. Elle sera la compagne idéale des *Echium,* des pavots, des coquelicots, des hélianthèmes… de toutes les plantes ayant une prédilection pour les sols bien drainés et ensoleillés.

Conseils utiles

— Vous pouvez soit semer des graines (gris souris, elles sont enfermées dans de jolis coussins hexagonaux et rebondis), soit planter des éclats de touffe, soit faire des boutures.

— Le semis est facile à réussir, en pépinière, lorsqu'on le pratique en mai, mais les plantes ne fleurissent qu'au printemps suivant, la division des souches est donc plus rapide.

Les meilleures variétés

— Outre le type d'un mauve rosé, on trouve une variété blanche, 'Alba', très gracieuse, mais moins robuste.
— *M. alcea* 'Fastigiata' se dresse plus vigoureusement, toute parée de grandes fleurs rose satiné.

Hauteur : 40 cm.
Étalement et distance de plantation : 30 cm.
Terre : ordinaire, pas trop riche.
Exposition : ensoleillée.
Multiplication : par division des souches, au printemps.
Époque de floraison : de juin à septembre.
Mode de végétation : vivace.

Matthiola incana △

△ *Matteucia struthiopteris*

Matteucia

FOUGÈRE PLUME D'AUTRUCHE
Famille des polypodiacées

On pourrait la confondre avec la fougère mâle mais les frondes de *Matteucia struthiopteris* sont d'une texture plus délicate qui fait chanter la lumière et les fait paraître blondes. Leurs pointes se courbent joliment à la manière des plumes d'autruche. Elle se plaira en compagnie des lysimaques, des helxines et des ancolies, partout où le sol du jardin est à la fois meuble et frais, même s'il est peu ensoleillé.

Conseils utiles

— Plantez au printemps, en sol frais, et à exposition semi-ombragée, ces fougères redoutant le plein soleil qui grille leurs frondes.

— Espacez les plantes de 1 m, elles ont besoin d'espace pour se développer.

Hauteur : 70 cm.
Étalement et distance de plantation : 1 m.
Terre : fraîche, riche en humus.
Exposition : mi-ombre.
Multiplication : par division des souches, au printemps.
Mode de végétation : vivace.

Matthiola

GIROFLÉE QUARANTAINE
Famille des brassicacées

Qui n'a pas respiré une fois dans sa vie un bouquet de ces giroflées ne peut imaginer leur senteur puissante, suave et sucrée, relevée d'un peu d'œillet. Dans le jardin, cette plante plutôt raide ne sert d'ailleurs qu'à fournir la maison en bouquets.

Conseils utiles

— Semez-les en avril, sous châssis froid, ou en mai, directement en ligne, dans le potager. Recouvrez les graines avec un centimètre de sable.

— Arrosez régulièrement pour empêcher les attaques d'insectes.

— Certaines espèces peuvent fleurir pendant l'hiver à la condition d'être abritées sous serre dans le Midi. On les sème en juillet pour obtenir une floraison en février ou mars.

Les meilleures variétés

La giroflée quarantaine ne dépasse guère 30 cm tandis que la variété 'Excelsior' dépasse 1,20 m. Elle ne produit souvent qu'une seule tige. La giroflée de Nice fleurit tôt au printemps et peut être forcée sous serre. La race 'Dame' est buissonnante. C'est la meilleure des giroflées d'été pour les massifs.

Hauteur : de 30 à 120 cm.
Étalement et distance de plantation : 20 cm.
Terre : plutôt riche et bien drainée, à tendance calcaire.
Exposition : ensoleillée.
Multiplication : par semis, au printemps et en été.
Époque de floraison : de février à octobre, selon l'époque du semis.
Mode de végétation : annuelle et bisannuelle.

171

△ *Maurandia scandens*
▽ *Maurandia erubescens*

Maurandia

MAURANDIA

Famille des scrophulariacées

On se demande quelquefois pourquoi les grainetiers n'ont pas plus d'imagination. Ainsi comment se fait-il qu'aucun d'entre eux n'ait eu l'idée de nous proposer des graines de maurandia ? Il s'agit pourtant de l'une des fleurs grimpantes annuelles les plus décoratives qui soient. Leurs fleurs, en forme de trompe évasée revêtue de velours, méritent bien qu'on les sème tôt, au chaud, pour en profiter ensuite tout l'été. Elle est idéale pour garnir les treillages, en plein sud, sans parler des vérandas qui deviendront de vrais paradis grâce à elle.

Conseils utiles

— Semez-le au chaud, comme des tomates, en avril. Repiquez-le en pot puis mettez-le en place en mai, dès que les risques de gelées sont passés. Arrosez régulièrement et apportez de l'engrais liquide tous les mois.

— Récoltez des graines en fin d'été pour en avoir toujours à votre disposition et distribuez-les autour de vous pour faire des heureux.

Hauteur : jusqu'à 3 m.
Étalement et distance de plantation : 1 m.
Terre : riche et fraîche en été.
Exposition : plein soleil.
Multiplication : par semis, au printemps.
Époque de floraison : de juillet à septembre.
Mode de végétation : annuelle.

Meconopsis

PAVOT DE L'HIMALAYA

Famille des papavéracées

Sublimes, ces fleurs sont la coqueluche des amateurs assez fortunés pour tenter leur culture. Disons-le tout net, à part le charmant *Meconopsis cambrica,* leur réussite n'est pas une partie de plaisir. Mais aussi quelle fierté quand s'épanouissent leurs corolles bleu d'azur !

Conseils utiles

— Plantez-les tôt en automne, de façon à leur permettre de s'enraciner avant les froids. Recouvrez-les d'une cloche pour éviter l'excès d'humidité en hiver. Disposez des appâts anti-limaces. Ou cernez le groupe de plantes avec de la cendre de bois. Dès le mois de mai, paillez le sol avec de l'écorce de pin ou de la tourbe et arrosez régulièrement.

— La plupart des variétés meurent après la floraison si celle-ci a été très abondante durant la première année. Par prudence, empêchez un pied de fleurir en coupant sa hampe florale. Ramassez les graines des autres et semez-les aux alentours et dans une caissette que vous exposerez au froid, en hiver. La levée a lieu au printemps suivant et les plants fleurissent un an après.

Les meilleures variétés

— S'il est encore le plus connu, le *Meconopsis betonicifolia* n'est pas le plus facile à apprivoiser. Préférez-lui le *M. grandis* aux fleurs mieux disposées et d'un bleu encore plus extraordinaire. Ce dernier présente aussi l'intérêt de mourir moins souvent au bout d'un an.

— Le *M. cambrica* est plus semblable à une chélidoine jaune qu'à ses grands frères azurés. Il se ressème souvent spontanément et colonise bientôt tous les endroits ombragés. Cette gentille peste est en fleurs presque toute l'année. Il en existe des variétés à fleurs doubles et d'autres orange, mais l'espèce type est fort jolie.

— C'est plus pour son feuillage que pour ses curieuses fleurs couleur prune que l'on élève le rarissime *M. napaulensis,* originaire du Népal. Il développe une rosette de feuilles la première année puis étire sa hampe de fleurs au cours du printemps. Ses feuilles velues retenant les gouttes d'eau comme autant de perles de mercure, sont de toute beauté.

Hauteur : de 30 à 180 cm.
Étalement et distance de plantation : 30 cm.
Terre : acide (terre de bruyère et tourbe sableuse).
Exposition : mi-ombre.
Multiplication : par semis, en automne.
Époque de floraison : de juin à septembre.
Mode de végétation : bisannuelle, vivace.

Meconopsis grandis △
Meconopsis betonicifolia ▷
Meconopsis napaulensis ▷
Meconopsis cambrica ▽

Mentzelia

MENTZÉLIA

Famille des loasaées

Originaires d'Amérique, la plante ressemble à un petit arbuste et les fleurs, très vives, font un joli effet dans les bordures où elles fleurissent en plein été. Leur parfum est délicieux.

Conseils utiles

— Semez les *Mentzelia lindleyi*, en place, au printemps et à la même époque les *M. hispida* mais en serre, vous les mettrez en place au printemps suivant.

— Retirez les fleurs fanées.

Les variétés conseillées

M. lindleyi (synonyme *Bartonia aurea*), **annuelle,** a des fleurs jaune doré et fleurit de juin à août. *M. hispida,* **vivace,** fleurit en jaune, de juin à juillet.

Hauteur : 40 cm.
Étalement et distance de plantation : 20 cm.
Terre : normale.
Exposition : ensoleillée.
Multiplication : par semis, au printemps.
Époque de floraison : de juillet à août.
Mode de végétation : annuelle et vivace.

▽ *Mentzelia lindleyi*

△ *Mertensia virginica*

Mertensia

CONSOUDE DE VIRGINIE

Famille des borraginacées

Cette beauté nord-américaine nous charme à la fois par son feuillage glauque, rampant, et ses fleurs d'un bleu divin, regroupées en bouquets nonchalamment courbés. L'harmonie des deux couleurs est parfaite et évoque les lieux frais qu'elle préfère. Adoptez-la et donnez-lui des compagnons à la floraison plus tardive, comme les asters ou les physostegias, blancs ou roses, car son feuillage disparaît dès la mi-juillet. Seule persiste une grosse racine en forme de carotte qu'il ne faut surtout pas abîmer en binant malencontreusement.

Conseils utiles

— Plantez *Mertensia virginica* en début d'automne ou très tôt au printemps, dans une terre bêchée profondément et enrichie avec des apports de matière organique (terreau de feuilles et tourbe).

— Ne laissez pas la plante sécher prématurément au printemps et arrosez en avril ou mai si la terre devient sèche. Paillez dès le mois de mars avec 5 cm d'écorce de pin broyée.

Hauteur : de 30 à 50 cm.
Étalement et distance de plantation : 30 cm.
Terre : riche en humus.
Exposition : mi-ombre.
Multiplication : par division des touffes, en automne ou au printemps.
Époque de floraison : mai.
Mode de végétation : vivace.

Mesembryanthemum

FICOÏDE

Famille des aizoacées

Dans les années 60 *Mesembryanthemum criniflorum* ne manquait dans aucun massif, tenant compagnie au pourpier et aux balsamines. Depuis, inexplicablement, elle est passée de mode alors que, ravissante et facile à vivre, elle ne se lasse pas de nous offrir mille corolles étoilées aux tons les plus vifs, de juin à septembre. Les roses, les orangés les plus éblouissants, les rouges sombres et le blanc, bien sûr, sont de la partie, le plus souvent auréolés d'un ton plus clair.

Conseils utiles

— Semez fin mars, sous abri, dans des caissettes remplies de terreau et repiquez un mois plus tard dans des massifs en plein soleil.

— Arrosez copieusement chaque soir pendant l'été.

— Vous pouvez aussi semer en place directement, lorsque la terre est bonne et l'exposition ensoleillée ; les plantes se ressèment souvent spontanément.

Hauteur : 15 cm.
Étalement et distance de plantation : 20 cm.
Terre : ordinaire.
Exposition : ensoleillée.
Multiplication : par semis, au printemps.
Époque de floraison : de juin à septembre.
Mode de végétation : annuelle.

▽ *Mesembryanthemum*

Mimulus cardinalis △ ▷

Mimulus

MIMULUS

Famille des scrophulariacées

Appréciant par-dessus tout les coins humides, les mimulus arborent des coloris très vifs et surtout des tigrures étonnantes. Si les limaces les épargnent dans votre jardin, vous constituerez avec eux des bordures pleines de charme.

Conseils utiles

— Plantez les mimulus **vivaces** au printemps de préférence, dans une terre riche en humus restant fraîche même en été.

— Les mimulus **annuels** se sèment en avril ou mai et se repiquent un mois après. Ils fleurissent, en général, de façon massive et meurent ensuite. Vous pouvez leur associer des soucis ou des reines-marguerites naines pour prolonger leur effet.

— Disposez des appâts anti-limaces régulièrement ou encore un rond de cendre de bois remplacé de temps à autre.

Les meilleures variétés

— Parmi les mimulus **vivaces** : le *Mimulus cardinalis*, à l'odeur spéciale, fleurit pendant près de trois mois, dans un

ton rouge pourpre. Il supporte un sol relativement sec.

— Parmi les variétés **annuelles**, le plus remarquable est 'Calypso' aux fleurs de coloris très variés et 'Malibu' qui présente un orange chaud et velouté quasi inégalé dans le monde végétal.

— Une fois adopté, le *M. luteus* ne vous quittera plus car il se ressème abondamment.

— Le *M. ringens*, bien vivace, décore les abords des pièces d'eau de ses petites fleurs bleu violacé.

Hauteur : 30 cm.
Étalement et distance de plantation : 20 cm.
Terre : fraîche en été (enrichir en tourbe).
Exposition : pas plus de 6 h de soleil par jour.
Multiplication : par semis, au printemps.
Époque de floraison : de juin à septembre.
Mode de végétation : annuelle et vivace.

Minuartia

MINUARTIA
Famille des caryophyllacées

Si vous recherchez une plante tapissante solide, capable de garnir les coins dénudés de votre rocaille, voici la perle rare : un simple pied de *Minuartia laricifolia* donne, en effet, naissance à un tapis de belle taille, en quelques mois. Il se couvre de minuscules fleurs blanches qui se succèdent par vagues successives pen-

dant deux mois à la fin de l'été. Jouez sur les combinaisons avec des bulbes de printemps, crocus ou tulipes botaniques, pour créer des scènes pleines de charme.

Conseils utiles
— Plantez tôt, en automne ou au printemps, dans une poche de terre meuble amendée avec du sable.

— Divisez les touffes tous les trois ans et replantez les éclats immédiatement. La meilleure époque pour cette opération se situe juste après la floraison, à la condition d'arroser régulièrement, mais elle peut avoir lieu au printemps.

Hauteur : 10 cm.
Étalement et distance de plantation : 30 cm.
Terre : ordinaire, plutôt légère.
Exposition : ensoleillée.
Multiplication : par division des touffes, au printemps.
Époque de floraison : de mai à août.
Mode de végétation : vivace.

Mirabilis

BELLE-DE-NUIT
Famille des nyctaginacées

Des grosses graines noires des belles-de-nuit naissent des plantules vigoureuses qui donnent des buissons d'un mètre de haut rapidement couverts de fleurs en trompettes, largement évasées. Il faut attendre le soir pour les voir s'épanouir

vraiment, d'où leur nom commun. Et quel parfum suave alors ! Donnez-leur une petite place au pied de murs exposés à l'est et vous passerez une bonne partie de la belle saison sous leur charme.

Conseils utiles
— Faites tremper les graines de *Mirabilis jalapa* pendant toute une nuit avant de les semer. La levée est rapide si le semis est effectué au chaud. Sinon, attendez la mi-mai et semez directement en place.

— Arrosez régulièrement et apportez de l'engrais dilué une fois toutes les trois semaines car cette plante est très vorace.

— Si certains coloris vous plaisent tout particulièrement, vous pouvez relever la souche tubérisée en octobre, comme on le fait pour les dahlias et la conserver dans un peu de tourbe, en cave. Vous les planterez à demeure, au printemps.

Hauteur : 1 m.
Étalement et distance de plantation : 60 cm.
Terre : riche et restant fraîche.
Exposition : est et sud-est.
Multiplication : par semis, au printemps.
Époque de floraison : de juin à octobre.
Mode de végétation : annuelle.

△ *Mirabilis jalapa*
◁ *Minuartia stellata*

Miscanthus

MISCANTHUS

Famille des poacées

Voici une « herbe » qui devrait plaire aux jardiniers paresseux : on la plante, et il ne reste plus qu'à la regarder grandir et s'étoffer, jouer avec le vent et ployer sous la pluie. Une plante de contemplatif, qui a sa place dans un jardin moderne aux lignes épurées, en compagnie des bambous, une autre graminée, ou des fougères si le sol est frais.

Conseils utiles

— Semez sous abri, à la fin de mars, dans des caissettes de terreau. Repiquez en mai, à 30 cm en tous sens, dans une bonne terre de jardin.

— Vous pouvez aussi acheter des plantes en godets et les repiquer soit à l'automne, soit au printemps.

Les meilleures variétés

— Il existe des variétés lignées de crème comme 'Zebrinus', ou au feuillage d'un gris d'argent comme 'Gracillimus'.

— Pour établir des rideaux, *M. floridulus* (*M. japonicus*) n'a pas son pareil ; il s'élève à 3 m.

— *M. sacchariflorus* a tendance à tracer, un petit défaut qu'il compense par des panaches abondants et bien argentés.

— *M. sinensis*. 'Silberfeder' est le seul de cette espèce à fleurir avec autant de constance, sauf sous des étés très chauds. Les petits jardins s'accommodent bien de la croissance mesurée de 'Variegatus'.

Hauteur : de 60 à 120 cm.
Étalement et distance de plantation : de 40 à 60 cm.
Terre : ordinaire.
Exposition : ensoleillée.
Multiplication : par division des touffes, au printemps.
Mode de végétation : vivace.

▽ *Miscanthus 'Zebrinus'*

△ *Molucella laevis*

Molucella

CLOCHETTE D'IRLANDE

Famille des lamiacées

On rencontre souvent les clochettes d'Irlande dans les bouquets secs. Les calices vert pâle, en forme de conque qui entourent les fleurs, représentent l'élément décoratif. Cultivés en rangs au potager ou assez serrés dans un massif à l'écart, elles sont capables d'en étonner plus d'un !

Conseils utiles

— La levée des graines des *Molucella laevis* est quelquefois fastidieuse, surtout si elles sont assez anciennes. Semez sous châssis froid, en avril, et repiquez un mois plus tard, à 20 cm d'écartement.

— Ramassez les tiges quand la floraison est achevée, à la fin de l'été, et conservez-les au sec, tête en bas, pendant trois mois.

Hauteur : 60 cm.
Étalement et distance de plantation : 20 cm.
Terre : ordinaire.
Exposition : ensoleillée.
Multiplication : par semis, au printemps.
Époque de floraison : de juillet à août.
Mode de végétation : annuelle.

Monarda

MONARDE

Famille des lamiacées

Tout est aromatique chez la *Monarda didyma,* des racines aux fleurs en passant par les feuilles qui dégagent une forte odeur de thym quand on les froisse. Ce sont d'excellentes plantes pour massifs à condition que la terre soit bien humide en été car leur feuillage transpire beaucoup.

Conseils utiles

— Plantez-les, en automne ou au printemps, après avoir bêché profondément. Amendez la terre avec de la tourbe et du terreau de feuilles. Paillez à partir du mois de mai avec des déchets de tonte de gazon ou du compost à demi-décomposé.

— Pour les multiplier, éclatez les touffes en automne. La monarde est rapidement envahissante car elle émet des rhizomes dans toutes les directions. Associez-la avec des renouées et des dahlias décoratifs à grosses fleurs pourpres.

Les meilleures variétés

— Vous aurez toute la palette des coloris en choisissant parmi 'Alba', blanche ; 'Blue Stocking', violet ; 'Croftway Pink', rose tendre, la plus cultivée ; 'Mahogany', rouge vif ou 'Prairie Glow', plus gai que 'Croftway Pink'.

— *M. citriodora* est annuelle, quel dommage ! Ses grandes fleurs roses n'ont pas d'égales.

— Dans les sols un peu trop secs, plantez plutôt *M. fistulosa*, nettement moins assoiffée.

Hauteur : de 60 à 120 cm.
Étalement et distance de plantation : 40 cm.
Terre : riche et restant fraîche en été.
Exposition : dégagée sans soleil brûlant.
Multiplication : par division des touffes, en automne.
Époque de floraison : de juin à septembre.
Mode de végétation : vivace.

▽ *Monarda didyma* 'Cambridge Scarlet'

△ *Moraea tricuspidata*

Montbrieta

Voir *Croscomia*.

Moraea

MORAEA

Famille des iridacées

Encore rarissimes, les moraeas font partie des bijoux d'une flore pourtant riche, celle d'Afrique du Sud. Si les fleurs durent peu, ressemblant en cela à celles des tigridias, elles se renouvellent chaque jour. Si vous les regardez de près, vous ne pourrez résister au charme de leurs couleurs d'une rare finesse, réparties en auréoles qui paraissent dessinées par le plus inspiré des peintres japonais. Si les bulbes sont encore très rares, on peut trouver des graines en adhérant à des associations de collectionneurs, voire même les commander directement en Afrique du Sud où certaines pépinières sont spécialisées dans ces plantes remarquables.

Conseils utiles

— Enterrez les bulbes à 5 cm de profondeur, dans une terre à la fois riche en humus et allégée avec des petits graviers. Ne supportant pas nos hivers normaux, le moraea doit être cultivé en pot et rentré sous châssis froid ou en serre dès les premiers frimas.

— Tuteurez discrètement les tiges pour éviter le déchaussement des bulbes. Cessez les arrosages quand le feuillage se dessèche de lui-même et respectez une période de repos de plusieurs mois, jusqu'au printemps suivant.

Hauteur : de 30 à 40 cm.
Étalement et distance de plantation : 10 cm.
Terre : riche en humus et très bien drainée.
Exposition : ensoleillée.
Multiplication : par séparation des nouveaux bulbes après le dessèchement du feuillage.
Époque de floraison : début de l'été.
Mode de végétation : bulbe.

Morina longifolia △

Morina

MORINA

Famille des dipsacacées

Un chardon ? s'étonneront les visiteurs en admirant cette plante dans vos mixed-borders. C'est vrai que l'on peut s'y tromper mais quand la floraison débute on ne peut qu'être charmé par les fleurs en trompette alliant le blanc et le rose des *Morina longifolia*. Quant aux épines, elles ne sont pas très virulentes. Une excellente plante pour les jardins sur gravier car sa silhouette est fort agréable.

Conseils utiles

— Plantez-là tôt, en automne de préférence, et recouvrez-la d'une cloche pour éviter l'excès d'humidité en hiver. Elle est parfaitement rustique mais redoute les pourritures.

— Paillez le sol en juin et arrosez abondamment. Le feuillage se dessèche, en général, au cours de l'été pour renaître en partie à l'automne. Vous pouvez le cacher avec des soucis, des gypsophiles annuels ou des asters.

Hauteur : de 70 à 80 cm.
Étalement et distance de plantation : 30 cm.
Terre : riche et bien drainée (amendée avec du sable).
Exposition : ensoleillée.
Multiplication : par division des touffes ou par semis, au printemps.
Époque de floraison : de juillet à août.
Mode de végétation : vivace.

177

Muehlenbeckia

MUEHLENBECKIA

Famille des muehlenbeckiacées

Grimpante ou couvre-sol, on ne sait guère comment qualifier cette plante curieuse. Elle forme, en fait, un lacis de tiges fines portant des feuilles coriaces minuscules. Si un treillage leur est confié, elles s'y hisseront sinon elles se traîneront et recouvriront tout. Pas vraiment rustique, *Muehlenbeckia complexa* est à réserver aux climats doux.

Conseils utiles

— Plantez-la au printemps, dans une terre enrichie en terreau de feuilles. Arrosez régulièrement pendant le premier été et enlevez les mauvaises herbes. Les années suivantes, le tapis sera si dense que cette corvée vous sera évitée.

— Multipliez-la en séparant des touffes de feuillage enracinées aux extrémités du tapis, au printemps.

Hauteur : de 10 à 15 cm.
Étalement et distance de plantation : 30 cm.
Terre : riche en humus.
Exposition : au moins 3 h de soleil par jour.
Multiplication : par séparation d'éclats, au printemps.
Époque de floraison : de juin à août.
Mode de végétation : vivace.

▽ *Muehlenbeckia complexa*

Muscari

MUSCARI

Famille des liliacées

On utilise rarement les muscaris avec beaucoup de bonheur. C'est en masses bien denses qu'ils donnent le meilleur d'eux-mêmes. Créez des coulées bleues au pied des arbustes et ponctuez-les de jonquilles et d'anémones sylvie pour obtenir des scènes d'une infime délicatesse en avril. Vous pouvez aussi réaliser de jolies compositions en les mariant avec des tulipes roses ou blanches.

Conseils utiles

— Plantez-les en octobre ou novembre en les enterrant de 10 cm. Disposez-les par groupes (une vingtaine, au moins) en les plantant un peu plus serré au centre des touffes qu'à la périphérie.

— Vous pouvez aussi les planter en potées en les associant à des myosotis, des *Silene pendula* ou des giroflées ravenelle.

Les meilleures variétés

— Le plus connu des muscaris bleus est *Muscari armeniacum* qui se naturalise spontanément mais *M. latifolium* et surtout *M. tubergenianum,* au bleu très vif, méritent votre attention.

— Peu connus, les muscaris à fleurs jaunes présentent des nuances d'opaline : *M. moschatum* 'Major' en est le prototype, même si ses fleurs finissent en pourpre en haut de la hampe.

— Tout à fait différent des précédents, le *M. comosum* 'Monstruosum' présente des fleurs très ramifiées d'un bleu violacé. On le surnomme aussi « lilas de terre ».

Hauteur : de 10 à 30 cm.
Étalement et distance de plantation : de 5 à 10 cm.
Terre : ordinaire.
Exposition : au moins 3 h de soleil par jour.
Multiplication : par séparation des bulbilles, après le dessèchement du feuillage.
Époque de floraison : d'avril à mai.
Mode de végétation : bulbe.

Myosotis

MYOSOTIS

Famille des borraginacées

Il suffit souvent de planter une fois des *Myosotis alpestris* dans son jardin pour jouir ensuite régulièrement de leur floraison, car ils se ressèment bien volontiers. On ne saurait s'en plaindre en admirant le bel azur de leurs fleurs. Ils colonisent les lieux frais, marquant nettement leur préférence.

Conseils utiles

— Semez-les en juin et repiquez-les en place, en octobre. Conservez une réserve dans un châssis car il n'est pas rare que la pourriture fasse disparaître quelques pieds.

— Associez vos myosotis avec des narcisses botaniques à petites fleurs, des tulipes botaniques ou à fleurs de lis et, en règle générale, avec des plantes assez hautes qui traverseront sans peine leur tapis.

Les meilleures variétés

— On a souvent tendance à préférer les nains bleu foncé, comme 'Ultramarine' alors que cette couleur détonne un peu au printemps. Choisissez plutôt les classiques myosotis des Alpes, dont le bleu indigo ne lasse jamais ou encore la race 'Victoria', qui forme des massifs très réguliers, fleuris pendant de nombreuses semaines.

— Le *M. palustris*, myosotis des marais, met à profit l'humidité du sol pour coloniser, toujours avec bonheur, le moindre espace libre.

Hauteur : de 15 à 30 cm.
Étalement et distance de plantation : 15 cm.
Terre : ordinaire, plutôt légère et riche en humus.
Exposition : au moins 3 h de soleil par jour.
Multiplication : par semis, en été.
Époque de floraison : d'avril à la fin mai.
Mode de végétation : annuelle, bisannuelle, vivace.

△ *Muscari armeniacum*
▽ *Muscari tubergenianum*

△ *Myrrhis odorata*

Myrrhis

CERFEUIL MUSQUÉ

Famille des apiacées

Tout est beau chez *Myrrhis odorata*, son feuillage découpé comme celui des fougères, ses fleurs d'un blanc laiteux, pareilles à celles de la carotte sauvage et même ses fruits allongés qui ressemblent aux peignes de nos grand-mères. Ajoutons le parfum anisé de son feuillage et une incroyable aptitude à prospérer dans les coins sombres et vous aurez le portrait d'une plante fort utile. Le cerfeuil musqué se marie bien avec les fougères, les digitales et les pivoines.

Conseils utiles

— Plantez-le, en toute saison, dans une terre bêchée profondément car il produit des racines très puissantes. Arrosez jusqu'à la floraison. Le feuillage a souvent tendance à se dessécher ensuite. Coupez-le au ras du sol et arrosez à partir de la mi-août pour obtenir une nouvelle touffe de feuilles.

— Les semis spontanés sont fréquents. Laissez-les se développer un peu puis ramassez des pieds que vous repiquerez à demeure, en automne.

Hauteur : 100 cm.
Étalement et distance de plantation : 30 cm.
Terre : riche en humus.
Exposition : ombre.
Multiplication : par semis, au printemps.
Époque de floraison : juin et juillet.
Mode de végétation : vivace.

Narcissus

NARCISSE

Famille des amaryllidacées

Il y a un tel choix de variétés parmi les narcisses que l'on peut en profiter pendant trois mois, au printemps, sans se lasser un seul instant. Ils ont en commun de se naturaliser facilement, d'adorer le jaune et le blanc, et d'émettre souvent des parfums suaves. Autant de raisons de les cultiver en grosses touffes pour qu'ils donnent tout leur effet.

Conseils utiles

— Plantez-les à l'automne, de septembre à la mi-décembre, mais pas plus tard car il est préférable que leurs racines se soient développées avant l'apparition des grands froids.

— Ne tondez pas leur feuillage avant qu'il se soit desséché. Pour éviter que votre pelouse ressemble ensuite à un paillasson, regroupez les narcisses par touffes de vingt séparées par des sentiers que vous tondrez. En juin, une fois le feuillage sec, tondez-le et épandez un peu d'engrais azoté pour redonner une belle couleur à l'herbe.

— Utilisez aussi les narcisses nains en potées que vous mettrez à l'abri sous un châssis froid pour hâter un peu leur floraison parfumée. Associez-les avec des myosotis ou d'autres bulbes comme les scilles.

Les meilleures variétés

— Les narcisses **trompette** sont les plus connus. 'Golden Harvest', jaune d'or ; 'King Alfred', un peu moins précoce ; 'Mount Hood', blanc et 'Mrs Backhouse', blanc crème et rose abricot, ne manquent jamais leur effet.

— Les narcisses **à grande couronne** sont facilement reconnaissables car ils présentent un centre plus foncé. C'est le cas de 'Carlton', jaune et jaune primevère ; de 'Flower Record', blanc et jaune bordé d'orange ; de 'Ice Follies', blanc et ivoire ; de 'Professeur Einstein', jaune pâle et jaune orangé ; et de 'Scarlet Elegance', jaune d'or et rouge écarlate.

— Les narcisses **à fleurs doubles** sont un peu plus lourds et ne conviennent qu'aux massifs élaborés : 'Texas', jaune orangé, est le plus célèbre avec 'Mary Copeland', blanc pur et au centre orangé.

— Les narcisses **à petites coupes** sont merveilleux dans les pelouses. Les hybrides de *Narcissus triandus* portent deux à six fleurs retombantes sur des tiges de 20 cm de haut. Ils sont ravissants en rocailles : 'April Tears', jaune, et 'Liberty Bells', jaune pâle, sont mes préférés. Les narcisses à fleurs de cyclamen sont de petits bijoux en potées. 'February Gold', 'Peeping Tom' et 'Tête à Tête', aux jaunes légèrement différents, vous

Narcissus tazetta △
Narcissus hybrides ▷
Narcissus poeticus 'Actea' ▽

△ *Narcissus bulbocodium*

enchanteront. Les narcisses jonquille
répandent un parfum délicieux. C'est le
cas de l'hybride 'Trevithian', jaune citron
clair. Plantes à bouquets par excellence,
les *N. tazetta* sont plutôt tardifs. 'Geranium', 'Scarlet Gem' et 'Yellow Cherful-
ness' vous charmeront en avril et mai.
Les narcisses des poètes *(N. poeticus)* sont
les plus parfumés de tous. 'Actaea' blanc
et orange liseré de rouge, est un ravissement.

— N'oublions pas les **espèces botaniques**
qui ont su conserver le charme des plantes
sauvages et se naturalisent très bien dans
les rocailles : *N. bulbocodium* (dont les
fleurs se réduisent à une simple trompette
largement évasée), *N. canaliculatus, N.
juncifolius,* et *N. pseudonarcissus,* la toute
simple jonquille des bois, font partie des
plus jolis.

Hauteur : de 15 à 40 cm.
Étalement et distance de plantation : de 5 à 15 cm.
Terre : ordinaire, plutôt lourde.
Exposition : au moins 3 h de soleil par jour.
Multiplication : par séparation des bulbes
nouveaux, en fin d'été.
Époque de floraison : de février à mai.
Mode de végétation : bulbe.

△ *Nelumbo nucifera*

Nelumbo

LOTUS

Famille des nymphéacées

Si vous désirez donner un aspect exotique à une simple mare aux canards, voici la plante rêvée : le lotus de l'Inde (*Nymphaea lotus*). Bien plus rustique que l'on ne se l'imagine, il produit des feuilles somptueuses, toutes rondes, couvrant rapidement toute la surface disponible. Les fleurs se glissent entre elles et s'éclosent au soleil dans des teintes blanc rosé qu'il faut contempler de près. Bien étonnant aussi le fruit ressemblant à une pomme d'arrosoir percée de gros trous !

Conseils utiles

— Plantez au printemps, quand l'eau est bien dégourdie, dans des pots remplis de terre enrichie en vieux fumier.

— Au nord de la région parisienne, en hiver, récupérez les rhizomes et abritez-les dans du sable toujours humide dans une pièce non chauffée mais hors gel.

Hauteur : de 20 à 100 cm, selon la hauteur d'eau.
Étalement et distance de plantation : 2 m.
Terre : riche et argileuse.
Exposition : plein soleil.
Multiplication : par division des touffes, au printemps.
Époque de floraison : été.
Mode de végétation : vivace.

Nemesia

NÉMÉSIA

Famille des scrophulariacées

La gaieté de leurs coloris fait merveille dans un jardin bien qu'on ne les y rencontre que rarement. Est-ce en raison de la relative brièveté de leur floraison, de trois à quatre semaines ? Voilà une injustice à réparer, car peu de fleurs proposent une telle fraîcheur naïve en été. Elle se plaît autant dans les jardinières que dans les massifs.

Conseils utiles

— Semez les graines de *Nemesia strumosa* en les espaçant de plusieurs centimètres, au mois d'avril, dans une terrine ou un coin de châssis.

— Repiquez les jeunes plants un mois plus tard, directement en place s'il fait beau. Pincez-les à 10 cm de hauteur pour les forcer à se ramifier, ce qui augmente la masse des fleurs.

— Arrosez abondamment pendant la floraison et rabattez les tiges après celle-ci jusqu'au niveau des feuilles. Une nouvelle floraison aura lieu trois semaines plus tard.

La meilleure variété

Peu de variétés sont proposées par les grainetiers. La plus répandue est 'Carnaval', qui atteint 40 cm de haut et offre tous les tons, du jaune le plus pâle au rose en passant par des bruns chauds et des orange veloutés.

Hauteur : de 20 à 40 cm.
Étalement et distance de plantation : de 15 à 30 cm.
Terre : assez riche et légère.
Exposition : mi-ombre pour que les couleurs ne passent pas au soleil.
Multiplication : par semis, au printemps.
Époque de floraison : de mai aux gelées, pendant 1 mois.
Mode de végétation : annuelle.

▽ *Nemophila menziesii*

▽ *Nemesia strumosa*

Nemophila

NÉMOPHILE

Famille des hydrophyllacées

Nos voisins anglais surnomment cette fleur charmante « œil de bébé bleu » et c'est vrai que le bleu un peu délavé de *Nemophila menziesii* est bien attendrissant. Si la floraison dure rarement plus d'un mois, elle est massive et permet de composer des bordures magnifiques en fin de printemps. *N. maculata,* blanc, a des pétales tachetés.

Conseils utiles

— Semez-les en mars, sous châssis froid, et repiquez-les un mois plus tard ou bien semez directement en place, en septembre. Les plantes jeunes traversent bien l'hiver. Éclaircissez les semis en laissant un pied tous les 20 cm.

— Quand la floraison s'achève, arrachez les plants et ressemez des godétias ou des soucis qui auront le temps de fleurir en automne. Le némophile est particulièrement joli en association avec le limanthès qui fleurit à la même époque.

Hauteur : 20 cm.
Étalement et distance de plantation : 20 cm.
Terre : ordinaire.
Exposition : soleil et mi-ombre.
Multiplication : par semis, en mars ou en septembre.
Époque de floraison : en mai, juin.
Mode de végétation : annuelle.

▽ *Nemophila maculata*

△ *Nepeta* (au centre, *Stachys olympica*)

Nepeta

CATAIRE, NÉPÉTA

Famille des lamiacées

Le bleu doux des *Nepeta* x *faassenii* vient à point au cœur de l'été pour atténuer la masse de fleurs jaunes ou orange qui font florès à cette époque. Ils sont incomparables pour border les massifs de rosiers dont ils cachent le pied souvent disgracieux.

Conseils utiles

— Donnez-leur une terre pas trop riche et bien drainée en hiver. Plantez de préférence au printemps car il vaut mieux que les pieds soient bien développés avant les froids.

— Rabattez les touffes au sortir de l'hiver pour les forcer à rester trapues. Souvent les chats se couchent sur ces plantes car ils apprécient l'odeur du feuillage, d'où leur surnom de cataire.

Les meilleures variétés

— La plus répandue est l'ancienne *N. mussini* appelée aujourd'hui *N.* x *faassenii.* L'hybride 'Six Hill's Giant' est le plus remarquable car son bleu est plus vif mais il a moins tendance à s'effondrer sous les orages. 'Souvenir d'André Chaudron' est la plus haute de toutes. Il est plus florifère mais moins rustique que l'espèce *N. sibirica* à laquelle il appartient.

— Somptueuse exception, *N. govaniana* aime les lieux frais et fleurit jaune. Hauteur 90 cm.

— Plus tapissant, *N. mussinii* possède des feuilles vertes et produit des fleurs bleu violacé plus foncées.

— Le *N. nervosa* forme des touffes dressées, stables, couronnées d'épis bleu foncé brillant.

Hauteur : de 20 à 60 cm.
Étalement et distance de plantation : 30 cm.
Terre : plutôt sèche.
Exposition : plein soleil.
Multiplication : par division des touffes, au printemps.
Époque de floraison : de juin à octobre.
Mode de végétation : vivace.

△ *Nerine bowdenii*

Nerine

LIS DE GUERNESEY, NÉRINE
Famille des amaryllidacées

Peu répandues, ces fleurs bulbeuses jouent sur la délicatesse pour nous charmer : un coloris rose vif, une forme de fleur ciselée, une élégance de forme et de silhouette, et même un feuillage rubanné. Le seul défaut de *Nerine bowdenii* : une rusticité peu exemplaire qui oblige à leur donner une exposition particulièrement protégée et à les abriter, en hiver, sous des feuilles mortes.

Conseils utiles

— Plantez-les, au printemps, dans une terre enrichie en sable, au pied d'un mur exposé au sud. Leur feuillage apparaît pendant, ou juste après, la floraison, en automne. Laissez les touffes prendre de l'ampleur et ne les divisez pas trop souvent car elles détestent cela et attendent ensuite plusieurs années avant de refleurir.

— Pour augmenter l'effet décoratif, plantez-les par groupes (dix, au moins) et associez-les avec des armoises, des asters blancs et des anémones du Japon roses.

Hauteur : 60 cm.
Étalement et distance de plantation : 15 cm.
Terre : ordinaire, plutôt sableuse.
Exposition : ensoleillée, au pied d'un mur abrité des vents froids.
Multiplication : par séparation des bulbes nouveaux, en fin de printemps.
Époque de floraison : de septembre à novembre.
Mode de végétation : bulbe.

Nicandra

NICANDRA
Famille des solanacées

Certaines plantes évoquent immédiatement d'autres cieux par leur formes ou leurs coloris. Quoi que ceux du *Nicandra physaloides* n'aient rien d'éblouissant on les remarque tout de suite dans les massifs. Comme son nom de famille l'indique, il ressemble fort au physalis, notre populaire « amour en cage ». Comme ce dernier, il forme une belle masse de feuilles, mais fleurit plus amplement, en bleu délavé, avant de donner des fruits semblables à des prunes enfermées dans un calice de parchemin très mince. On le cultive en annuel pour ses fruits qui décorent les bouquets secs.

Conseils utiles

— Semez-le au chaud, en avril, et repiquez-le une fois avant de le mettre en place définitivement, en mai. Arrosez régulièrement et apportez de l'engrais dilué pour faire grossir les fruits.

— Coupez les tiges, en septembre, et faites-les sécher la tête en bas. Vous pouvez ensuite les déposer sur la terre dans un endroit qui ne reçoit pas les pluies. Les champignons contenus dans le sol s'attaqueront à la cellulose et dégageront une partie du calice, n'épargnant que les nervures.

— Si des mouches blanches minuscules volètent autour des plantes, traitez une ou deux fois avec un insecticide à base de décaméthrine.

Hauteur : de 80 cm à 1 m.
Étalement et distance de plantation : 40 cm.
Terre : riche et bien arrosée.
Exposition : ensoleillée.
Multiplication : par semis, au printemps.
Époque de floraison : juillet, août.
Mode de végétation : annuelle.

Nicotonia affinis 'Nicky' ▷
Nicandra physaloides ▽

Nicotiana

TABAC D'ORNEMENT
Famille des solanacées

Peu de fleurs peuvent prétendre être aussi parfumées que les tabacs blancs. Ouvrant largement leurs fleurs le soir (c'est une des caractéristiques de ce genre) les tabacs émettent une odeur perceptible à plusieurs mètres de là.

Conseils utiles

— Semez-les au chaud, en avril et repiquez-les une fois en pots avant de les planter à demeure à la mi-mai. Ils supportent bien le soleil mais sont souvent plus beaux à mi-ombre.

— Surveillez les pullulations de pucerons en juin, juillet. Arrosez régulièrement et apportez de l'engrais soluble tous les mois car ce sont des plantes voraces. Dans les climats doux, les tabacs deviennent souvent vivaces. Ils se ressèment spontanément un peu partout.

Les meilleures variétés

Le *Nicotiana affinis* (ou *N. alata*) fleurit en blanc et dépasse allègrement un mètre de haut. Les variétés 'Lime Green', aux fleurs vert chartreuse et 'Sensation', aux coloris variés, deviennent des raretés dans les catalogues alors qu'il s'agit de plantes magnifiques en massifs un peu libres. Les hybrides 'Nicki' sont nains mais totalement inodores. À l'opposé, le *N. sylvestris* culmine à plus de deux mètres.

Hauteur : de 30 à 200 cm.
Étalement et distance de plantation : de 20 à 50 cm.
Terre : riche en humus et toujours fraîche en été.
Exposition : mi-ombre ou soleil non brûlant.
Multiplication : par semis, au printemps.
Époque de floraison : de juin aux gelées.
Mode de végétation : annuelle, bisannuelle.

Nicotonia sylvestris ▽

Nicotonia affinis △
Nigella damascena ▷

Nigella

NIGELLE

Famille des renonculacées

Familière des jardins de curé, la nigelle s'y ressème volontiers chaque année, passant l'hiver à l'état de plantule. On est ensuite un peu surpris et toujours charmé de rencontrer son feuillage fin comme celui du persil et ses fleurs aux coloris de faïence ancienne. Environnées d'une collerette de dentelle, elles méritent bien leur surnom anglais de « love in a mist », plus évocateurs encore que celui de « cheveux de Vénus ». Associez-les aux fleurs vivaces tardives, comme les hostas ou les *Sedum spectabile* qui ne sont pas décoratifs au printemps. Les fruits séchés peuvent servir dans les bouquets secs d'hiver car ils sont étonnants.

Conseils utiles

— Semez-les en mars ou avril, directement là où elles doivent fleurir ou en châssis. Vous les repiquerez un mois plus tard en les écartant de 20 cm.

— Pincez les tiges principales au bout de deux mois, à la moitié de leur hauteur, pour les forcer à se ramifier.

Les meilleures variétés

La plus répandue est la nigelle de Damas à fleurs doubles. Elle existe en bleu, rose ou blanc, cette dernière étant vraiment magnifique.

Hauteur : de 45 à 60 cm.
Étalement et distance de plantation : 20 cm.
Terre : ordinaire même relativement pauvre.
Exposition : soleil et mi-ombre.
Multiplication : par semis, au printemps.
Époque de floraison : de juin à septembre.
Mode de végétation : annuelle.

Nymphaea

NYMPHÉA

Famille des nymphéacées

Qui ne connaît les nymphéas, ces rois des bassins et des pièces d'eau, qui ont su charmer le grand Monet ? Ce que l'on sait moins, c'est qu'il en existe quantité de variétés, dont certaines peuvent tenir dans des bacs très réduits. Ceci les met à la portée de tous car rien n'empêche de créer un mini-bassin dans un simple tonneau coupé en deux. Associez-les alors à des cypérus, des laitues d'eau et quelques plantes oxygénantes pour créer une scène pleine de fraîcheur.

Conseils utiles

— Plantez-les en avril ou mai, quand l'eau est dégourdie. Placez la souche dans un pot rempli d'une terre lourde contenant beaucoup d'argile. La profondeur de plantation sous l'eau peut varier de 35 à 150 cm voire plus pour les espèces les plus vigoureuses qu'il faut réserver aux grands bassins.

— Si les bassins sont suffisamment profonds, les nymphéas peuvent rester à demeure pendant l'hiver sans aucune protection. Dans le cas contraire, conservez-les dans du sable humide dans une pièce froide.

Les meilleures variétés

— Il y en a plusieurs centaines ! En voici quelques-uns parmi les plus souvent proposés : 'Candida', blanc pur ; 'Colonel A.J. Welch', jaune ; 'Ellisiana', rouge à étamines orange ; 'James Brydon', rose cramoisi double, à feuilles tachetées de marron ; 'Mme Gonnère', rose pur ; *N. x marliacea* 'Carnea' et 'Chromatella', tous deux créés par la famille Latour-Marliac ; 'Paul Hariot', jaune et cuivre ; 'Sioux', cuivre à grande fleur ; 'Froebelii', rouge carminé, se contente de 20 à 40 cm d'eau ; 'Richardsonii', blanc pur, parfumé ; 'James Brydon', rouge cerise, demande 30 à 70 cm d'eau.

Hauteur : 20 cm au-dessus de l'eau.
Étalement et distance de plantation : 30 à 50 cm.
Terre : lourde et riche.
Exposition : ensoleillée.
Multiplication : par division des souches, au printemps.
Époque de floraison : de juillet à octobre.
Mode de végétation : vivace.

◁ *Nymphaea* x *laydekeri* 'Fulgens'
Oenothera missouriensis ▷
▽ **Oenothera fruticosa**

Oenothera

ŒNOTHÈRE, PRIMEVÈRE DU SOIR
Famille des onagracées

Peu de fleurs vivaces nous offrent un jaune aussi pétillant que celui des œnothères. Comme elles choisissent habituellement le soir pour s'épanouir on les surnomme aussi primevères du soir. Une fois leur feu d'artifice passé, elles nous charment encore par un feuillage qui prend souvent des colorations automnales intéressantes. Peu de maladies et encore moins d'insectes viennent détruire cette harmonie. Vraiment de bonnes plantes pour les jardins de week-end !

Conseils utiles
— Plantez-les au printemps, de préférence, par petits groupes de cinq ou six dispersés dans d'autres plantes plus massives. Elles se glisseront parmi elles sans avoir besoin de tuteur.

— Divisez les touffes tous les trois ans car elles ont tendance à durcir au fil des mois et à devenir moins florifères. Le semis réussit, en général, mais la levée a lieu seulement après l'hiver. Tentez-le pour les variétés naines qui meurent souvent après la floraison.

Les meilleures variétés
— Les œnothères **naines** font merveilles dans les rocailles car elles fleurissent plus tard que les autres plantes alpines. C'est le cas de *Oenothera pumila* (ou *O. perennis*) qui ne dépasse pas 30 cm de haut et fleurit durant tout l'été, de *O. acaulis* au feuillage semblable à celui du pissenlit et dont les fleurs blanches, très grandes, sentent délicieusement bon, et bien sûr de la plus spectaculaire de toutes, *O. missouriensis* qui forme un tapis de feuillage parsemé de fleurs jaunes magnifiques, pendant tout l'été. Elle réussit très bien en jardinières où elle peut accompagner des conifères et cacher en partie les bacs.

— Plus destinées aux massifs qu'aux rocailles, les œnothères de **taille moyenne** illuminent nos mixed-borders au début de l'été. La plus répandue est *O. tetragona* jaune vif, et sa variété 'Fyrverkeri' (ou encore 'Fireworks') dont les boutons sont d'un rouge cireux étonnant.

— La **géante** du groupe est *O. biennis*. Comme son nom l'indique, elle est bisannuelle, c'est-à-dire qu'elle fleurit seulement un an après le semis. Originaire d'Amérique du Nord, elle est devenue une mauvaise herbe fréquente sur nos talus, en compagnie d'*O. lamarckiana*. Ses fleurs jaunes s'ouvrant seulement le soir, se succèdent pendant de nombreuses semaines sur une hampe haute de plus d'un mètre.

— La couleur des oenothères ne se limite pas au jaune. *O. berlandieri*, très buissonnant, donne des fleurs carminées et *O. speciosa* de grandes fleurs blanches et roses, particulièrement parfumées.

— Les fleurs de *O. odorata* 'Sulphurea' s'ouvrent jaune soufré le soir, puis virent au rose saumoné en se fanant, le jour suivant.

Hauteur : de 15 à 150 cm.
Étalement et distance de plantation : de 20 à 50 cm.
Terre : ordinaire.
Exposition : au moins une demi-journée de soleil par jour.
Multiplication : par semis ou par division des touffes, au printemps.
Époque de floraison : de juin à octobre.
Mode de végétation : annuelle, bisannuelle et vivace.

Omphalodes

OMPHALODES
Famille des borraginacées

Si les feuilles de l'*Omphalodes verna* manquent un peu de discrétion, c'est pour mieux mettre en valeur la délicatesse exquise des fleurs qui arborent un bleu de faïence ravissant. Cette plante très robuste est parfaitement à son aise dans les sous-bois même secs. Associez-la à des anémones sylvie, des jonquilles et des fritillaires méléagres qui sauront traverser son feuillage avec élégance.

Conseils utiles
— Plantez-le en automne, de préférence, en formant des groupes importants. C'est un excellent couvre-sol qui peut rivaliser avec le lierre et la pervenche. Amendez la terre avec de la tourbe ou du terreau de feuilles.

— En février, nettoyez les touffes de feuilles mortes et apportez un peu de tourbe ou d'écorce de pin. Vous pouvez diviser les touffes en fin d'été et replanter immédiatement les éclats.

△ *Omphalodes verna*

Les meilleures variétés

O. cappadocica lui ressemble mais ne produit pas de rhizome : il se maintient en touffe. 'Cherry Ingram' possède des fleurs beaucoup plus grandes.

Hauteur : de 15 à 20 cm.
Étalement et distance de plantation : 20 cm.
Terre : riche en humus.
Exposition : ombre et mi-ombre.
Multiplication : par séparation d'éclats, en fin d'été.
Époque de floraison : de février à mai.
Mode de végétation : vivace.

Onoclea

ONOCLÉE

Famille des polypodiacées

Rustique, de hauteur moyenne, cette fougère fait merveille dans les bordures de cours d'eau, les coins humides et au pied des murs exposés au nord ou à l'ouest. Ses frondes, d'un beau vert tendre, constituent un joli écrin pour les pivoines, les lis et les sceaux de Salomon. Dispersez-en parmi vos massifs d'arbustes pour éviter de voir la terre nue.

Conseils utiles

— Plantez les *Onoclea sensibilis*, au printemps, après avoir amendé la terre avec de la tourbe et du terreau de feuilles. Plantez-les en groupes (une dizaine, au moins) pour créer un effet de masse plus naturel.

— Laissez le feuillage desséché sur les touffes, en hiver, car il les protège du froid. Coupez-le seulement en avril sans l'arracher brutalement. Divisez les touffes vers la même époque.

— Si, victimes du gel, les onoclées brunissent, ne vous inquiétez pas, elles repartiront du pied, dès le printemps.

Hauteur : 50 à 60 cm.
Étalement et distance de plantation : 50 cm.
Terre : riche en humus.
Exposition : ombre et mi-ombre.
Multiplication : par division des touffes, au printemps.
Époque de floraison : peu spectaculaire.
Mode de végétation : vivace.

Onopordum

CHARDON-AUX-ÂNES

Famille des astéracées

Magistrale pour le fond de la bordure ! La différence entre plante vivace et bisannuelle n'est pas toujours très nette. En témoigne ce chardon-aux-ânes qui paraît ne durer que deux ans à certains tandis que d'autres le considèrent comme vivace. L'explication de ce mystère tient en partie à la faculté prodigieuse de se ressemer que possède l'*Onopordum bracteatum*. La première année, il forme une rosette collée au sol. Il attend le printemps suivant pour dresser son imposante ramure si argentée qu'elle en semble artificielle. La floraison n'est pas achevée que les graines, au sol, ont déjà levé aux alentours.

Conseils utiles

— Plantez des pieds d'un an, en rosette, à l'automne. Ne bousculez pas la motte de racines.

— Si vous craignez d'être envahi, coupez les capitules fanés avant la formation des graines (mettez des gants, car les feuilles et les tiges sont cruellement armées).

— Vous pouvez récupérer des semis spontanés pour garnir les endroits où rien ne pousse, comme à l'aplomb des arbres.

Les meilleures variétés

— En plus de l'*Onopordum bracteatum*, vous pouvez adopter l'*O. acanthium*, le véritable chardon aux ânes, aux larges feuilles argentées, piquantes avec des poils très fins. Les fleurs pourpre pâle s'épanouissent en juillet et en août.

— L'*O. arabicum* (synonyme *O. nervosum*), plus haut, propose des fleurs de 5 cm de diamètre, rouge pourpre, en juillet.

Hauteur : 2 m.
Étalement et distance de plantation : 80 cm.
Terre : quelconque, même pauvre.
Exposition : soleil et mi-ombre.
Multiplication : par semis, en fin d'été.
Époque de floraison : juillet, août.
Mode de végétation : bisannuelle, vivace.

Origanum

ORIGAN, MARJOLAINE VIVACE

Famille des lamiacées

Voilà bien un genre propre à ravir tous jardiniers, débutants ou non. Seuls les sols trempés les rebutent. Toutes les espèces se plaisent en pleine lumière et surmontent toutes les sécheresses. Placez-les en rocaille ou, mieux, disposez-les en bordure de vos massifs.

Conseils utiles

— Plantez-les au printemps ou tôt en automne, dans une terre ordinaire bien

▽ *Ornithogalum arabicum*

ameublie. Ne forcez pas sur le terreau ou l'engrais car ce sont des plantes très frugales, toujours plus jolies lorsqu'elles vivent un peu à la dure.

— Rabattez les hampes florales dès qu'elles sont défleuries.

— Divisez les touffes tous les trois ans pour les conserver en pleine forme.

Les meilleures variétés

— *O. laevigatum*, vêtue de petites feuilles coriaces, bleutées, forme de jolis coussins aux tiges ramifiées, nombreuses et raides, couvertes de fleurs violacées en fin d'été.

— L'origan que vous rencontrez au bord de nos chemins, *O. vulgare*, est à l'origine de quelques formes horticoles appréciées des connaisseurs. 'Compactum' en est une réplique de 20 cm de haut. 'Aureum', de taille identique, est entièrement habillée de jaune. Les coussins touffus de 'Thumble's Variety', d'un jaune plus doux, persistent de longs mois. Toutes réunissent leurs minuscules fleurs mauves en grappes courtes. 'Herrenhausen', née des deux espèces précédentes, en a hérité toutes les qualités.

Hauteur : 20 à 50 cm.
Étalement et distance de plantation : 30 à 50 cm.
Terre : ordinaire.
Exposition : soleil.
Multiplication : par division ou par éclat.
Époque de floraison : été, un peu en automne.
Mode de végétation : vivace.

Ornithogalum

ORNITHOGALE

Famille des liliacées

Comportant des espèces peu rustiques et d'autres, au contraire, très solides, les ornithogales sont des fleurs bulbeuses, généralement blanches. Elles sont utiles pour varier un peu les menus en fin de printemps et raviver des coins sauvages.

▽ *Ornithogalum umbellatum*

△ *Onoclea sensibilis*

△ *Onopordum arabicum*

◁ *Onopordum bracteatum*

△ *Osmunda regalis*

Conseils utiles

— Plantez-les en automne et recouvrez-les d'une bonne couche de feuilles mortes. Placez une étiquette pour ne pas oublier ensuite l'emplacement.

— Déterrez les touffes, en juillet, si vous les trouvez trop denses au bout de quelques années. Profitez-en pour séparer les nouveaux bulbes et conservez-les dans de la tourbe sèche jusqu'à la plantation.

Les meilleures variétés

— L'*Ornithogalum arabicum* doit être abritée, sous un châssis froid, pendant l'hiver. Ses fleurs assez grandes, marquées d'un œil noir, tiennent longtemps en bouquet.

— La plus grande est *O. magnum*, qui dépasse 60 cm de haut. Tout à fait rustique, elle épanouit, en juin, des fleurs striées de vert. Elle aime les terrains calcaires ou sableux bien drainés.

— Très jolies en compagnie des fougères et des tulipes des bois, les *O. nutans* se naturalisent facilement à mi-ombre. Elles ne dépassent pas 30 cm de haut.

— Exception parmi les ornithogales, l'*O. thyrsoides* se plante au printemps. Elle fleurit au cours de l'été et ses fleurs durent très longtemps en bouquet, jusqu'à six semaines !

— L'ornithogale à ombelle (*O. umbellatum*) fleurit pendant plus d'un mois à la fin du printemps. Elle s'accommode de tous les sols.

Hauteur : de 20 à 80 cm.
Étalement et distance de plantation : 20 cm.
Terre : sableuse.
Exposition : soleil ou mi-ombre.
Multiplication : par séparation des bulbes nouveaux, après dessèchement du feuillage.
Époque de floraison : de mai à septembre.
Mode de végétation : bulbe.

Osmunda

OSMONDE ROYALE

Famille des osmondacées

Qu'elle mérite bien son nom de royale, cette *Osmunda regalis* qui trône majestueusement dans les endroits humides ! Dépassant parfois trois mètres de haut et développant alors une sorte de petit tronc, elle dégage une impression de puissance et d'harmonie inégalée parmi les plantes indigènes. Ajoutons qu'elle est protégée dans la nature et qu'il serait d'autant plus stupide de l'y arracher qu'elle reprend en général fort mal et que les pépiniéristes la multiplient pour nous. Associez-la avec des primevères *florindae*, des astilbes, des peltiphyllums pour obtenir une scène digne des temps préhistoriques et pleine de luxuriance. En fin d'été apparaissent les frondes fertiles qui portent des spores. Ne les supprimez pas car elles sont aussi décoratives.

Conseils utiles

— Plantez-la en toute saison car elle est cultivée en conteneur. Donnez-lui une terre riche et toujours humide voire un peu inondée.

— Accompagnez la naissance des frondes, au printemps, en apportant de l'engrais organique, sang desséché ou corne torréfiée.

— Choisissez un emplacement lumineux pour mettre en valeur les frondes pourprées de 'Purpurascens'.

Hauteur : 1 à 3 m.
Étalement et distance de plantation : 1 m.
Terre : riche et toujours fraîche.
Exposition : soleil et mi-ombre.
Multiplication : par séparation des rejets apparaissant autour du pied-mère, au printemps.
Époque de floraison : fin d'été.
Mode de végétation : vivace.

189

Osteospermum

DIMORPHOTHÉCA, SOUCI PLUVIAL

Famille des astéracées

Hier encore nommées *Dimorphoteca* et récemment baptisées *Osteospermum,* ces marguerites naines, amoureuses inconditionnelles du soleil, devraient plus souvent figurer dans les jardins, en particulier dans les endroits écrasés de chaleur. Méritant leur surnom de souci pluvial, elles y épanouiront leurs fleurs dès que le soleil paraît et les refermeront au moindre nuage.

Conseils utiles

— Semez des graines de l'année soit au chaud, en mars, pour les repiquer un mois plus tard en place, soit directement au bord des massifs, fin avril. Éclaircissez les plants à 20 cm.

— Pour les variétés pérennes, bouturez-les en mars, comme des pélargoniums, et habituez-les au froid avant de les sortir, en mai, pour orner vos poteries.

Les meilleures variétés

— Le plus connu des dimorphothécas est *Osteospermum auriantacum,* dont les fleurs déclinent tous les orange possibles. À noter la beauté du cercle bleu d'acier qui entoure le cœur. Ses grosses graines ne germent bien que si elles ont un an tout au plus. Essayez la variété 'Étoile Polaire' aux fleurs blanches et cœur bleu. Elle en vaut la peine.

— Presque rustique dans le Midi, le *O. ecklonis* forme un vrai buisson couvert

Osteospermum ecklonis ▽

Osteospermum 'Las Vegas' △

de fleurs durant tout l'été. Il est merveilleux dans les jarres provençales. À rentrer l'hiver, à l'abri.

— Différents hybrides, rustiques sous nos climats les plus doux, rivalisent de floribondité : 'Whirlgig', aux ligules curieusement spatulées ; 'Bloemhoff Belle', rose pâle ; 'Buttermilk', jaune à cœur bleu ; 'Pink Whirls', rose à cœur bleu, ligules spatulées ; 'Tresco Purple', prostré, rose à cœur sombre.

Hauteur : de 30 à 60 cm.
Étalement et distance de plantation : 20 cm.
Terre : légère et fertile (terreau et sable dans les pots).
Exposition : plein soleil.
Multiplication : par semis ou bouturage, au printemps.
Époque de floraison : de juin aux gelées.
Mode de végétation : annuelle, vivace.

Ourisia

OURISIA

Famille des scrophulariacées

Excellente petite plante pour des lieux humides, elle se plaît dans les endroits frais et dans certaines rocailles.

Conseil utile

Semez les graines en avril, vous les mettrez en place au printemps suivant ou divisez les touffes à la même époque.

Les meilleures variétés

Ourisia coccinea forme d'épais tapis avec

des fleurs rouges tubulaires. *O. macrophylla* présente des fleurs blanches tubulaires.

Hauteur : 20 cm.
Étalement et distance de plantation : 0,50 m.
Terre : riche en humus, mais drainée.
Exposition : mi-ombre.
Multiplication : par semis ou par division des touffes, en avril.
Époque de floraison : été.
Mode de végétation : vivace.

Oxalis

OXALIS

Famille des oxalidacées

Ce genre contient de véritables pestes et quelques fleurs intéressantes. Le meilleur emploi est d'en constituer des touffes dans la rocaille ou sur un muret de pierres sèches. Elles peuvent aussi garnir les jardinières, en compagnie des aubriètes ou des alysses.

Conseils utiles

— Plantez-les, en automne, dans une terre légère. On peut aussi planter au printemps l'*Oxalis deppei* en prenant garde qu'elle n'envahisse pas tout.

— Soulevez les touffes deux mois après la floraison pour séparer des bulbilles et les replanter tout de suite.

Les meilleures variétés

— L'*Oxalis adenophylla* est décoratif à la fois par son feuillage gris replié comme un parachute, et ses fleurs d'un rose délicat relevé par un cœur blanc.

— Attention à l'*O. deppei,* surnommé aussi trèfle à quatre feuilles, car il peut se révéler très envahissant. Confinez-le dans des bordures d'allées, là où peu de plantes tiennent.

Hauteur : 20 cm.
Étalement et distance de plantation : 15 cm.
Terre : ordinaire, de préférence calcaire.
Exposition : au moins 3 h de soleil par jour.
Multiplication : par séparation des tubercules nouveaux, au printemps.
Époque de floraison : de mai à septembre.
Mode de végétation : bulbe.

Pachysandra

PACHYSANDRA

Famille des buxacées

Si l'on s'est un peu dégoûté des pachysandras c'est pour en avoir vu trop souvent dans des espaces verts publics où ils sont employés uniquement à la décoration des sous-bois. De là leur réputation d'ennui. Utilisez les *Pachysandra terminalis* dans ces endroits déshérités mais

△ *Oxalis adenophylla*
◁ *Ourisia macrophylla*
Oxalis deppei 'Iron Cross' ▷
▽ *Pachysandra terminalis*

adjoignez-leur des bulbes de printemps, des hortensias et des pervenches comme compagnons pour éviter la monotonie des plantations pures.

Conseils utiles

— Plantez, en toute saison, des plants élevés en godets et au printemps, des plants à racines nues. Taillez le feuillage à chaque printemps pour le rendre plus dense. Apportez du sang desséché si la terre est de mauvaise qualité.

— Tous les cinq ans, divisez les touffes pour les renouveler, de préférence au début de l'automne.

Hauteur : 40 cm.
Étalement et distance de plantation : 30 cm.
Terre : quelconque, la croissance est plus rapide en sol riche en humus.
Exposition : ombre et mi-ombre.
Multiplication : par division des touffes, au printemps.
Époque de floraison : en avril (peu intéressante).
Mode de végétation : vivace.

191

Paeonia

PIVOINE
Famille des renonculacées

Les pivoines sont la base du jardin. Leur forme bien ronde, leur feuillage ample, d'un vert neutre et leurs fleurs énormes leur valent la première place en mai, juin. Elles jouent le rôle d'écrin le reste de la belle saison. Et quelle robustesse !

Conseils utiles
— Plantez-les en automne, le plus tôt possible, c'est-à-dire dès la mi-septembre. Arrosez copieusement pour favoriser l'enracinement. Marquez l'emplacement des touffes car la végétation démarre tard et prend peu de volume la première année. Apportez du sang desséché pour l'activer un peu.

— Tuteurez chaque touffe avec des rameaux de noisetier dès le début du mois de mai pour éviter que les fleurs ne fassent ployer les tiges. On peut laisser les touffes livrées à elles-mêmes pendant plusieurs dizaines d'années.

Les meilleures variétés
— Les pivoines **japonaises** ont généralement des fleurs simples : 'Bowl of Beauty', rose à centre jaune clair ; 'Carara', entièrement blanche ; 'Kimo-Kimo', carmin teinté de cramoisi, et 'Watteau', blanc rosé, figurent parmi les plus belles.

— Les pivoines de **Chine** (Paeonia lactiflora) sont les plus connues. Très grandes et bouillonnantes de pétales, elles déclinent tous les tons, du blanc pur au rouge foncé presque noir. En voici une sélection par couleur.

Blanches : 'Candidissima' ; 'Doris Cooper', à peine rosée ; 'Madame Claude Tain', blanc rosé évoluant en blanc pur ; 'Vogue Praecox', teinté de rose pâle, etc.

Roses : 'Albert Crousse', très double ; 'Blush Queen', teinté de crème ; 'Gilbert Berthelot', qui produit une quantité de fleurs incroyable ; 'Lady Orchid', rose vif ; 'Madame Calot', rose brillant ; 'Mariette Vallée', 'Reine Hortense', 'Sarah Bernhardt', etc.

Rouges : 'Chippewa', rouge foncé ; 'Félix Crousse', l'un des meilleurs rouges ; 'Lord Kirchener', qui tire sur le brun ; 'Peter Brandt', rouge bordeaux, etc.

— Les pivoines **officinales** (P. officinalis) existent en rouge, rose ou blanc. Elles sentent très bon.

— Les amateurs séduits par les formes originales choisiront parmi les quelques pivoines botaniques qui nous sont offertes : P. cambessedesii, rose ; P. mlokosevitschii, aux corolles globuleuses jaune soufre ; P. tenuifolia, dont les fleurs rouge vif tranchent sur le feuillage vert intense délicatement lacinié.

— P. peregrina 'Otto Froebel' ne demande

△ *Paeonia mlokosewitschii*

que peu de place pour épanouir ses fleurs rouge vermillon ornées d'un gros bouquet d'étamines jaune d'or.

Hauteur : 1 m.
Étalement et distance de plantation : 1 m.
Terre : riche en humus et restant fraîche en été.
Exposition : mi-ombre et soleil non brûlant.
Multiplication : par division des touffes, en été.
Époque de floraison : mai, juin.
Mode de végétation : vivace.

Papaver

PAVOT
Famille des papavéracées

Ce genre comporte aussi bien des espèces annuelles que des vivaces. Toutes ont en commun des fleurs légères arborant des coloris somptueux dans une matière qui rappelle la soie. Les pavots sont à leur aise aussi bien dans les jardins très sophistiqués que dans les jardins de curé.

Conseils utiles
— Semez-les en mars pour les **annuels** et en mai ou juin pour les **vivaces**. Repiquez-les soit très jeunes en godets, soit directement en place car ces plantes n'apprécient pas les transplantations une fois plus âgées.

— Arrosez régulièrement les pavots annuels et enlevez les premiers fruits pour éviter l'épuisement précoce. Coupez le feuillage des espèces vivaces en juin, quand il commence à se dessécher.

— Plantez à côté des asters ou des reines-marguerites pour cacher le vide. Un nouveau feuillage apparaît en septembre, octobre et persistera pendant tout l'hiver.

Les meilleures variétés
— Le pavot d'Islande (Papaver nudicaule) se cultive en **bisannuel**, c'est-à-dire avec un semis en juillet pour une floraison au printemps suivant. Ses fleurs sont d'excellentes compagnes pour les tulipes et les myosotis. Le pavot des Alpes (P. alpinum) est plus petit et varie du jaune à l'orange.

— Parmi les pavots **annuels**, le coquelicot (P. rhoeas). Les variétés doubles sont charmantes, tel 'Shirley Poppy'. Dispersez-en quelques pieds dans vos massifs pour leur apporter une touche de gaieté. Le pavot somnifère (P. somniferum) ne porte que quelques fleurs aussi larges que des pivoines. On arrive à prolonger leur floraison en supprimant les fruits en formation. 'Paeoniiflorum', à fleurs énormes, porte d'ailleurs bien son nom.

— Le pavot d'Orient (P. orientale), tout à fait **vivace**, est rouge à l'origine, mais des sélections ravissantes ont vu le jour qui conjuguent toutes les variations de rose et de blanc avec des centres noirs : 'Allegro', nain rouge ; 'Catharina', rose saumon brillant ; 'Corinna', rose lumineux ; 'Mary Finnen', aux pétales rouges frangés ; 'Perry's White', blanc à cœur brun ; 'Rosenpokal', rose carminé ; 'Beauty of Livermere', rouge sombre à macules noires, reste inégalé tant pour sa tenue que pour sa floribondité.

— P. atlanticum, à petites fleurs orange, excelle dans le remplissage des vides.

— P. nudicaule. Vous avez le choix entre 'Gartenzwerg', mélange multicolore et nain, 'Matador', à grandes fleurs rouges, ou 'Oregon Rainbow', mélange de tons pastels.

Hauteur : de 15 à 80 cm.
Étalement et distance de plantation : 20 cm.
Terre : quelconque, bien drainée en hiver.
Exposition : ensoleillée.
Multiplication : au printemps, par semis ou par division des racines.
Époque de floraison : d'avril à septembre.
Mode de végétation : annuelle, bisannuelle, vivace.

◁ *Paeonia lactiflora* **hybride**

△ *Papaver somniferum*
◁ *Papaver orientale* hybride
▽ *Papaver orientale*

193

△ *Paradisea liliastrum*

Paradisea

LIS DE SAINT-BRUNO

Famille des liliacées

Originaire de nos prairies alpines, *Paradisea liliastrum,* bulbeux, produit une hampe florale gracieuse terminée par des fleurs en étoile d'un blanc immaculé. Elles figurent parmi l'aristocratie des plantes de rocaille.

Conseils utiles

— Plantez-les, en automne ou au printemps, et marquez soigneusement leur emplacement car la végétation n'est pas présente longtemps et l'on risque d'abîmer la souche en binant malencontreusement.

— Disposez des appâts anti-limaces non seulement pendant l'été mais aussi en automne car les limaces noires hivernent sous terre près de ses racines tubérisées.

Hauteur : 60 cm.
Étalement et distance de plantation : 15 cm.
Terre : sableuse.
Exposition : ensoleillée.
Multiplication : par division des nouvelles racines, en automne.
Époque de floraison : juin, juillet.
Mode de végétation : bulbe.

Pelargonium

PÉLARGONIUM

Famille des géraniacées

Tout le monde connaît les « géraniums » des balcons, incomparable parure de nos jardinières. Ils manifestent une telle bonne humeur qu'on ne saurait s'en passer. Si les variétés sont rarement dénommées, quelques espèces botaniques sont encore proposées, en particulier dans le groupe important des pélargoniums à feuilles parfumées.

Conseils utiles

— Plantez-les en avril, dans le Midi, et en mai, au nord de la Loire. Choisissez une terre riche et poreuse, à base de terreau de feuilles, de tourbe et de sable. Soignez le drainage. Apportez de l'engrais soluble toutes les deux semaines.

— Pincez les tiges à mi-hauteur, à la fin mai, pour les forcer à se ramifier. La première vague de floraison passée, enlevez les bouquets fanés et redonnez de l'engrais pour favoriser une remontée.

— En octobre, rabattez les plantes et rentrez-les à l'abri dans une pièce fraîche et bien éclairée. Vous pouvez les bouturer en été ou au printemps.

— Pour les jardinières et les potées, vous n'obtiendrez un réel effet que si vous plantez serré, surtout en ce qui concerne les variétés retombantes.

Les meilleures variétés

— Les *Pelargonium zonale* (appelés faussement *Geranium*) présentent des feuilles souvent marquées par une zone plus foncée, voire rougeâtre. Ce sont les plus répandus de tous les pélargoniums. Ils possèdent tous les coloris du blanc pur, souvent abîmé par les pluies, au rouge le plus foncé.

— Les pélargoniums lierre (*P. Peltatum*) ont des feuilles lisses et un port souvent souple, grimpant si on les palisse, retombant sinon. Le 'Roi des balcons' à fleurs simples est le plus connu et le plus florifère. Il existe en rose et en rouge vif.

— Le *P. regale* est un grand capricieux. Même les grands-mères ne le réussissent pas facilement ! Ses grandes fleurs, somptueusement lavées de pourpre, ressortent bien sur un feuillage denté d'un vert blond. Il demande plus de chaleur et des arrosages à l'engrais réguliers.

— Parmi les pélargoniums à feuillage parfumé les plus remarquables sont : le *P. tomentosum* aux feuilles veloutées sentant la menthe poivrée, le *P. graveolens* aux feuilles rèches, découpées, très aromatiques.

— Le *P. capitatum*, géranium rosat, à petites fleurs roses, dégage un parfum… de rose !

— Le *P. endlicherianum*, rose, est considéré comme la seule espèce rustique, sous des climats pas trop rudes, évidemment.

— Des feuilles veloutées de *P. x fragrans* émanent des senteurs de pin maritime.

— *P. peltatum*. Depuis peu, leur gamme s'est enrichie de formes à feuilles veinées de blanc comme 'Crocodile' et d'autres, tel 'Rouletta', donnent des fleurs bigarrées, éclatantes.

— *P. quercifolium* rappelle le pin par son parfum et le chêne par ses feuilles !

— Le *P. radens* décore son feuillage lacinié par d'agréables fleurs rose pâle ornées de macules pourprées.

Pelargonium pulchellum △
Pelargonium tomentosum ▷
Pelargonium zonale ▷
Pelargonium peltatum ▽

Hauteur : de 30 à 120 cm.
Étalement et distance de plantation : 30 cm.
Terre : riche et bien drainée.
Exposition : plein soleil.
Multiplication : par bouturage, en été ou au printemps.
Époque de floraison : tout l'été.
Mode de végétation : annuelle et vivace en climat doux.

△ *Peltiphyllum peltatum*

Peltiphyllum

PELTIPHYLLUM
Famille des saxifragacées

Voilà bien une plante qu'il ne faut pas utiliser en petite quantité. Une tribu de *Peltiphyllum peltatum* solidement installée est un spectacle rare, que ce soit au printemps quand les fleurs roses surgissent du sol, ou en automne, quand les feuilles prennent des rouges luisants.

Conseils utiles

— Plantez-les, au printemps, dans une terre bêchée profondément et enrichie en tourbe pour qu'elle demeure humide en été. Paillez le sol avec de l'écorce de pin, du compost à demi décomposé ou des déchets de tonte de gazon. Arrosez régulièrement pendant la canicule.

— Laissez les feuilles sur place jusqu'en février. À cette époque, dégagez-les pour mettre en valeur la floraison qui ne tarde pas. Associez-les aux lisichitons pour des scènes très exotiques.

Hauteur : de 60 à 80 cm.
Étalement et distance de plantation : 60 cm.
Terre : toujours humide.
Exposition : soleil et mi-ombre.
Multiplication : par division des touffes, en automne.
Époque de floraison : février, mars.
Mode de végétation : vivace.

Pennisetum

PENNISETUM
Famille des poacées

Parmi les graminées, voici la plus élégante. Idéales pour donner de l'esprit au plus banal des jardins, ces herbes se marient parfaitement avec les escaliers de pierres sèches, les bruyères et les conifères.

Conseils utiles

— Plantez-les en toute saison et au printemps, de préférence, dans les sols lourds. Amendez celui-ci avec du sable. Binez soigneusement pendant la première année et apportez un peu d'engrais azoté pour favoriser la croissance. Laissez les feuilles desséchées jusqu'en mars car elles isolent la souche.

— Associez les pennisetums à des tulipes sauvages, des *Dierama*, des plantes couvre-sol comme les *Acaena* ou encore les *Sedum spectabile*.

Les meilleures variétés

— *P. alopecuroides* présente des inflorescences curieuses, particulièrement décoratives en bouquets secs. 'Hameln' en est une forme plus florifère, sans toupet blanc à l'extrémité des épis.

— *P. orientale* ne dépasse guère 60 cm de haut. Ses feuilles prennent des couleurs d'automne bronze.

— Très fin, le *P. japonicum* rappelle un peu des queues de chat ébouriffées. Leur nuance d'un rose éteint est parfaite pour atténuer des contrastes de couleur trop vifs.

— *P. setaceum* doit être semé chaque année ; il est aussi léger en massif qu'en bouquet.

Hauteur : de 30 à 160 cm.
Étalement et distance de plantation : 30 cm.
Terre : ordinaire.
Exposition : ensoleillée.
Multiplication : par division des touffes, au printemps.
Époque de floraison : été.
Mode de végétation : vivace.

Pennisetum compressum ▽

△ *Penstemon heterophyllus* 'Blue Spring'
Penstemon newberryi △

Penstemon

PENSTEMON

Famille des scrophulariacées

Amoureux des sols secs, les penstemons sont précieux car ils fleurissent en plein été. Leurs fleurs présentent des coloris souvent rares, en particulier dans les pourpres et les roses, mais aussi des rouges très puissants.

Conseils utiles

— Plantez-les au printemps quand les grandes pluies sont passées. Donnez-leur un emplacement bien drainé avec une terre substantielle. Paillez le sol, en juin, avec de l'écorce de pin. Arrosez abondamment pendant la floraison pour la faire durer plus longtemps.

— En hiver, abritez la souche des excès d'eau en plaçant une feuille de plastique au-dessus.

Les meilleures variétés

— Le plus rustique s'appelle *P. barbatus*, fleurit rose saumoné et s'accompagne d'une variante plus rouge, 'Coccineus'.
— De toutes les espèces florifères, *P. hirsutus*, bleu violacé et blanc, peut être considéré comme le plus rustique.
— Parmi les espèces **botaniques** : *P. heterophyllus* présente des fleurs bleues, particulièrement vives chez 'Blue Spring' ; *P. pinifolius* formera un petit arbrisseau dans votre rocaille. Ses fleurs sont rouge orangé. Mais il possède une forme à fleurs jaunes nommée 'Mersea Yellow'.
— Parmi les penstemons **hybrides** : 'Andenken an Hahn', rouge écarlate ; 'Le Phare' et 'Southgate Gem', rouge vif ; 'Souvenir d'Adrien Régnier', rose tendre. 'Garnet' est l'une des meilleures variétés rouges et résiste à nos hivers moyens. 'Sour Grapes', pourpre lilacé, clair, à gorge blanche ; 'Evelyn', à petites fleurs rose clair et blanc, forme des touffes denses beaucoup plus fines.

Hauteur : de 15 à 60 cm.
Étalement et distance de plantation : 20 cm.
Terre : riche et bien drainée.
Exposition : ensoleillée.
Multiplication : par bouturage, en été, et division des touffes, au printemps.
Époque de floraison : de juin à septembre.
Mode de végétation : bisannuelle, vivace.

△ *Penstemon* 'Heavenly blue'

△ *Petasites japonicus*
▽ *Petasites giganteus*

Petasites

TUSSILAGE

Famille des astéracées

Quand les fleurs de tussilage surgissent brutalement, comme des pissenlits géants, on est toujours surpris de se rappeler que le feuillage plutôt banal qui leur a donné naissance ressemble en fait à celui d'une mauvaise herbe. Elle est effectivement très envahissante. Ne lui confiez que des endroits ingrats, comme des bords de fossés.

Conseils utiles

— Plantez les *Petasites fragrans*, au printemps ou en automne, et veillez à ce qu'ils ne dépassent pas les limites imparties. Pas de parasites ni de soins particuliers mais il est bon de protéger les souches avec des feuilles mortes car les hivers très froids peuvent les endommager.

— Associez-les avec des galanthus, des pivoines, des fougères et des sceaux de Salomon.

Hauteur : 50 cm.
Étalement et distance de plantation : 30 cm.
Terre : ordinaire, plutôt riche en humus.
Exposition : mi-ombre.
Multiplication : par division des touffes, en toute saison.
Époque de floraison : décembre, janvier.
Mode de végétation : vivace.

Petunia

PÉTUNIA

Famille des solanacées

Grands rivaux des pélargoniums, les pétunias battent les records de durée de floraison si l'on s'occupe un peu d'eux. Employez-les soit en massifs, soit pour ponctuer des bordures de plantes à feuillage gris comme les céraistes ou les armoises. Ils sont également séduisants en paniers suspendus ou en jardinières.

Conseils utiles

— Semez les *Petunia* x *hybrida* au chaud, en mars, et repiquez une fois avant de les planter à demeure, à la mi-mai. Une terre riche et bien drainée leur convient. Des apports d'engrais toutes les deux semaines favorisent l'obtention de grandes fleurs.

— Enlevez les fleurs fanées régulièrement pour éviter la formation des graines.

Les meilleures variétés

— Pour les **balcons** : tous les hybrides à fleurs moyennes qui sont plus florifères que ceux à grandes fleurs. La race 'Resisto' tient très bien à la pluie. La race 'Cascade' est souvent décevante car il faut courber les tiges à la main pour les faire retomber.

△ *Petunia* hybrides

△ *Phacelia campanularia*

Phacelia

PHACÉLIA
Famille des hydrophyllacées

Quel beau bleu, et quelles belles petites clochettes qui regardent en l'air ! Si vous recherchez une petite fleur annuelle originale, *Phacelia campanularia* devrait vous séduire, même si vous devez vous donner du mal pour trouver des graines. Heureusement, tout aussi jolie, tout aussi bleue et tout aussi florifère, *P. tanacetifolia,* qui fleurit en crossettes plumeuses, est très facile à se procurer. Les phacélias sentent bon et elles ont la propriété d'attirer les abeilles. Aussi les sèmerez-vous aussi bien au potager qu'en bordure ou dans la rocaille.

Conseils utiles

— Comme la plupart des fleurs annuelles, elles sont faciles à cultiver. Toute bonne terre de jardin leur convient, mais accordez-leur une exposition ensoleillée si vous voulez les voir fleurir en abondance.

— Faciles, elles préfèrent le semis en place. Vous éclaircirez les plantes à 15 cm en tous sens lorsqu'elles apparaîtront.

— Pour prolonger leur floraison, qui ne dure guère plus d'un mois, échelonnez vos semis d'avril à juin, vous en profiterez jusqu'en septembre.

— Au potager, accordez-vous le plaisir d'en semer de petites bandes entre les planches de légumes, vous obtiendrez d'adorables tapis de fleurs bleues qui se couvriront d'abeilles et de papillons.

Hauteur : 40 cm.
Étalement et distance de plantation : 15 cm.
Terre : ordinaire.
Exposition : ensoleillée.
Multiplication : par semis, au printemps.
Époque de floraison : de juin à octobre.
Mode de végétation : annuelle.

— Pour les **massifs** : le pétunia nain compact, le 'Rose du Ciel' ou le 'Rose de Haven' sont les meilleurs car leurs fleurs se renouvellent pendant plusieurs mois.
— Les cascades de fleurs de *P. violacea,* connu également comme Surfinia, dépassent de loin toutes les formes les plus florifères.

Hauteur : de 20 à 35 cm.
Étalement et distance de plantation : 20 cm.
Terre : riche et bien drainée (terreau tourbeux).
Exposition : ensoleillée.
Multiplication : par semis, en mars, au chaud.
Époque de floraison : de juin aux gelées.
Mode de végétation : annuelle.

197

Phalaris

PHALARIS, RUBAN DE BERGÈRE
Famille des poacées

Si vous regrettez que vos massifs ne soient pas assez garnis en été, donnez une petite place aux graminées et en particulier aux *Phalaris arundinacea*. Marqué de stries longitudinales blanches, leur feuillage possède une présence appréciée pour aider les pavots, les tabacs ou les phlox à mieux occuper l'espace.

Conseils utiles
— Plantez-les, au printemps ou en automne, dans une terre assez riche. Arrosez régulièrement pendant la première année.
— Surveillez l'extension des touffes car elles peuvent devenir envahissantes. Laissez leur feuillage intact pendant l'hiver et coupez-le seulement en mars pour laisser de la place aux nouvelles tiges. Celles-ci sont très jolies dans les bouquets frais de style japonais.

Hauteur : de 60 à 80 cm.
Étalement et distance de plantation : 40 cm.
Terre : ordinaire.
Exposition : ensoleillée.
Multiplication : par division des touffes, au printemps.
Époque de floraison : peu intéressante (en juin, juillet).
Mode de végétation : vivace.

▽ *Phalaris arundinacea*

△ *Phlomis samia*

Phlomis

SAUGE DE JÉRUSALEM
Famille des lamiacées

Pas toujours très rustiques, les *Phlomis* forment de belles touffes là où ils se plaisent. Si vous leur donnez comme compagnons les cistes, les lavandes et les sauges officinales, vous recréerez un paysage plein de chaleur.

Conseils utiles
— Plantez-les au printemps, de préférence, dans les coins les plus chauds du jardin. Un soleil brûlant ne leur fait pas peur, c'est dans ces situations que leur feuillage est le plus beau.
— Paillez le sol avec de l'écorce de pin en juin. À l'arrivée des premières gelées, laissez la végétation s'arrêter et recouvrez la plante avec une bâche de plastique transparent. Par précaution abritez quelques boutures prélevées en été.

Les meilleures variétés
— La vraie sauge de Jérusalem est *Phlomis fructicosa*, au feuillage recouvert d'un duvet gris à nuance un peu sale. Les fleurs jaunes se succèdent pendant tout l'été. Une excellente plante, en bacs, pour les balcons écrasés de soleil.
— Le *P. samia* est moins décevant que le précédent dans les climats humides. Ses fleurs variant du jaune pâle à l'orange finissent souvent en rose. Elles s'étagent le long des tiges en grappes bien régulières, en mai et juin.
— La livrée cendrée de *P. cashmeriana* s'harmonise parfaitement à ses couronnes roses.
— Les verticilles roses de *P. tuberosa* s'étagent sur des hampes de presque 2 m de haut.

Hauteur : de 60 à 120 cm.
Étalement et distance de plantation : 50 cm.
Terre : très bien drainée.
Exposition : plein soleil.
Multiplication : par bouturage, en été.
Époque de floraison : de mai à septembre.
Mode de végétation : vivace.

Phlox

PHLOX
Famille des polémoniacées

On se demande de quoi étaient faits les jardins avant que ne soient découverts les phlox, tous originaires de l'Amérique du Nord. Ils sont irremplaçables pour apporter de la couleur et souvent du parfum à nos massifs d'autant que la nature les a dotés de toutes les tailles et de presque toutes les couleurs.

Conseils utiles
— Semez les phlox **annuels**, en mars, sous châssis froid ou en avril ou mai, directement en place. Seules les graines d'un an lèvent bien. Éclaircissez le semis un mois plus tard en laissant un pied tous les 20 cm. Pincez les tiges principales des variétés hautes pour les forcer à se ramifier. Les *Phlox drummondii* sont d'excellentes fleurs à bouquets à la condition de remplacer l'eau régulièrement.
— Plantez les phlox **vivaces** en automne ou au printemps. Une terre riche et restant fraîche en été, est ce qui leur convient le mieux. Si le feuillage se crispe, c'est le signal d'une attaque de nématodes, des vers minuscules qui envahissent le collet de la plante. Traitez préventivement en dispersant quelques granulés à base de disulfoton au pied des plantes. Prolongez la floraison en arrosant régulièrement et en apportant de l'engrais dilué une fois sur deux.

Les meilleures variétés
— Petits bijoux des rocailles, les *Phlox douglasii*, vivaces, explosent en couleur au printemps. Le rouge de 'Cracker Jack' est incroyablement puissant. Tempérez-le avec le blanc des thlaspis.
— Les *P. drummondii* sont annuels et existent en nains et en grands. Les premiers font merveille en bordures, comme 'Twinkle' aux fleurs marquées par un œil foncé. Les seconds constituent des bouquets ravissants.
— De dimensions plus modestes que les phlox de jardin, *P. carolina* 'Miss Lingard' fleurit avec autant de générosité.
— Le *P. divaricata* est une magnifique parure printanière des sous-bois clairs. 'Chattahooches', d'origine hybride, offre un ton plus violacé relevé d'un œil rouge.
— Bien petits par rapport à ces géants, les *P. subulata* ressemblent à une brassée d'épines pendant une bonne partie de l'année... jusqu'à ce que des centaines de fleurs les recouvrent sous un manteau toujours très vif, en avril, mai. Ils sont les amis des tulipes botaniques. Nos préférés : 'Betty', rose clair ; 'Blue eyes', bleu mauve ; 'Daisy Hill', rose ; 'Temiskaming', rouge carmin et 'White Delight', blanc pur. Les *P. douglasii* sont plus compacts et plus tapissants. 'Lilac Cloud',

△ *Phlox drummondii*

mauve, ou 'Rose Queen', rose, illuminent la rocaille par leur floraison éblouissante.

— Les plus appréciés des phlox sont sans conteste les vivaces et parmi eux les *P. paniculata*. Parmi les nombreux hybrides, remarquons les **rouges** : 'Amos', 'August Fackel', 'Kirchenfurst' et 'Starfire' ; les **roses** 'Dodo Hambury Forbes', 'Early Gem', 'Elisabeth Arden', 'Flamengo', 'Gnom', 'Ténor'. Les **blancs** 'Graf Zeppelin', 'Jacqueline Maille' et les plus surprenants de tous les **bleus** 'Blue Roy', 'Caroline Van den Berg', 'Eventide', 'Parma' ; les **orange saumoné** 'Orange perfection' ; 'Sommerfreude'.

— Les tapis de *P. stolonifera* apprécient les humus frais et ombragés ; ils se déclinent en blanc, 'Ariane', ou en bleu, 'Blue Ridge'.

— Moins connus que les précédents et tout aussi vivaces, les *P. maculata* présentent un feuillage taché et des fleurs réparties en pyramides allongées. 'Alpha', rose et 'Omega', blanc, sont les plus fréquents.

— Bien petits par rapport à ces géants, les *P. subulata* ressemblent à une brassée d'épines pendant une bonne partie de l'année... jusqu'à ce que des centaines de fleurs les recouvrent sous un manteau toujours très vif, en avril, mai. Ils sont les amis des tulipes botaniques. Nos préférés : 'Betty', rose clair ; 'Blue Eyes', bleu mauve ; 'Daisy Hill', rose ; 'Temiskaming', rouge carmin et 'White Delight', blanc pur.

Hauteur : de 15 à 120 cm.
Étalement et distance de plantation : de 15 à 40 cm.
Terre : riche et restant fraîche en été.
Exposition : au moins 6 h de soleil par jour.
Multiplication : par division des touffes, au printemps.
Époque de floraison : d'avril à septembre.
Mode de végétation : annuelle, bisannuelle, vivace.

△ *Phlox paniculata*

▽ *Phlox douglasii*

Phormium

LIN DE NOUVELLE-ZÉLANDE
Famille des liliacées

Les *Phormium tenax* ont connu une période de gloire dans les jardins avant la vague de froid de janvier 1985 qui en a détruit une bonne partie. Depuis, sans les oublier tout à fait, nous les utilisons avec plus de parcimonie, dans les endroits les plus chauds du jardin. Leur silhouette hardie reste cependant l'un des points de mire.

Conseils utiles

— Plantez-les, au printemps, dans un coin abrité des vents froids et ne recevant pas trop d'eau en hiver. Surélevez légèrement la souche pour qu'elle soit bien au sec pendant la mauvaise saison.

— Paillez le sol avec de l'écorce de pin dès le mois de juin et apportez régulièrement des engrais solubles car cette plante est très vorace.

— Dès octobre, recouvrez la souche avec des vieux cartons et un film plastique pour la protéger de l'excès d'eau et du froid.

Les meilleures variétés

— *P. tenax.* Moins austères et volumineux que l'espèce, 'Purpuerum', à reflets pourprés, 'Tom Thumb', tout à fait nain, et différents hybrides, donnent à ce genre une grande richesse. 'Rainbow Maiden' marie des tons rouges, corail et crème.

Hauteur : de 1 à 3 m.
Étalement et distance de plantation : 1,50 m.
Terre : riche et bien drainée en hiver.
Exposition : plein soleil.
Multiplication : par division des touffes, en avril.
Époque de floraison : en été.
Mode de végétation : vivace.

Phormium tenax ▽

Phygelius

FUCHSIA DU CAP

Famille des scrophulariacées

Bien plus rustique qu'on ne le signale, le fuchsia du Cap se contente de perdre sa partie aérienne si l'hiver est rude. Il n'en repart que mieux en avril et forme rapidement une touffe de belle dimension. Vous attendrez le mois d'août pour admirer ses fleurs en trompette, rouges ou jaunes, mais elles en valent la peine.

Conseils utiles

— Plantez-les, en avril, dans une terre bêchée profondément et enrichie en terreau de feuilles. Arrosez régulièrement et paillez le sol en juin.

— Laissez les tiges intactes en hiver et recouvrez seulement la souche avec de la paille ou un bon matelas de feuilles sèches.

Les meilleures variétés

— *P. aequalis* met une touche de grâce dans les coins un peu frais. Ses fleurs jaune vert se marient bien avec les nuances des fougères et avec celles du fuchsia 'Tricolor'. Les grappes denses de 'Yellow Trumpet' ajoutent une note résolument lumineuse.

— N'aimant que le soleil, son cousin le *P. capensis* occupe le devant de la scène pendant trois bons mois à la fin de l'été. Il précède les asters et se marie admirablement avec les agapanthes bleus.

Hauteur : 60 à 100 cm.
Étalement et distance de plantation : 40 cm.
Terre : riche en humus.
Exposition : ensoleillée et mi-ombre.
Multiplication : par bouturage, en été.
Époque de floraison : d'août à octobre.
Mode de végétation : vivace.

Phyllitis

SCOLOPENDRE

Famille des polypodiacées

Les scolopendres sont ces fougères aux feuilles allongées et plissées qui garnissent souvent les lieux ombragés et frais, comme les abords des grottes ou l'intérieur des puits. Vous pouvez très bien en border une allée de sous-bois à sol frais ou un escalier de pierres sèches exposé au nord. Les feuilles des *Phyllitis scolopendrium* serviront alors d'écrin aux cœurs-de-Marie, aux arums et aux sceaux-de-Salomon.

Conseils utiles

— Plantez-les en toute saison s'ils sont élevés en godets et sinon au printemps. Donnez-leur une terre riche, même si elle est peu épaisse.

— Arrosez souvent et paillez le sol avec de la tourbe blonde, en mai.

— Divisez les touffes tous les trois ans, au printemps.

Les meilleures variétés

— *P. scolopendrium.* Réservez les formes originales, telles 'Cristata' ou 'Undulata', aux emplacements les mieux en évidence de la rocaille.

Hauteur : 50 cm.
Étalement et distance de plantation : 30 cm.
Terre : riche en humus, enrichie en tourbe.
Exposition : ombre.
Multiplication : par division des touffes, au printemps.
Époque de floraison : néant.
Mode de végétation : vivace.

Physalis

AMOUR EN CAGE

Famille des solanacées

Lorsque le *Physalis franchetii* nous propose ses jolies fleurs blanches et étoilées, on peut deviner que c'est un petit cousin de la tomate et de la pomme de terre, mais combien plus gracieux ! Se plaisant dans tous les sols du moment qu'il est au soleil, il fleurit d'abondance en juillet ou août avant de nous montrer ses calices aériens qui passent du vert tendre au plus bel orange au fil des mois d'automne. Très rustique, il peut même devenir envahissant. Plantez-le en compagnie de plantes solides comme la tanaisie, le *Stachys lanata* ou le céraiste qui le mettront en valeur.

Conseils utiles

— Plantez des tronçons de racines charnues (elles ressemblent à du gros liseron) en automne ou au printemps dans n'importe quelle bonne terre ameublie et nette de mauvaises herbes.

— Installez-le, de préférence, au bord d'une allée pour limiter son extension.

— Tous les trois ans, bêchez votre plantation pour y mettre un peu d'ordre.

Les meilleures variétés

— *P. franchetii.* Le tempérament moins exubérant de 'Pigmy' le rend plus supportable en massif.

Hauteur : 40 cm.
Étalement et distance de plantation : 20 cm.
Terre : ordinaire.
Exposition : ensoleillée.
Multiplication : par division des souches, au printemps.
Époque de floraison : de juillet à août.
Mode de végétation : vivace.

Physostegia

PHYSOSTÉGIA

Famille des scrophulariacées

Une belle touffe de *Physostegia virginiana* en fleurs crée toujours une sorte d'événement dans un jardin. Non seulement parce que c'est beau mais aussi parce que les fleurs présentent une particularité bien curieuse : elles sont montées sur une sorte de rotule et peuvent être déplacées dans toutes les positions et rester ainsi

△ *Physalis franchetii*
◁ *Phygelius capensis*
◁ *Phytolacca americana*
Physostegia virginiana ▷
▽ *Phyllitis scolopendrium*

tout le temps. Le blanc et le rose sont leurs couleurs de prédilection.

Conseils utiles

— Plantez-les, à l'automne ou au printemps, en leur donnant une terre riche en humus et restant fraîche en été. Malgré leur développement vigoureux ces plantes n'aiment pas la concurrence des mauvaises herbes. Paillez le sol en juin avec des déchets de tonte de gazon.

— Divisez les touffes le plus tard possible, seulement tous les cinq ans. Les grosses racines blanches ressemblent à celles des liserons.

Les meilleures variétés

Physostegia virginiana existe en rose dans l'espèce type, chez 'Rose Bouquet' et 'Vivid', un peu plus petit, ainsi qu'en blanc chez 'Alba' qui est aussi un peu plus précoce (floraison en juillet au lieu d'août).

Hauteur : de 50 à 70 cm.
Étalement et distance de plantation : 30 cm.
Terre : riche en humus.
Exposition : plein soleil et mi-ombre.
Multiplication : par division des touffes, au printemps.
Époque de floraison : de juillet à septembre.
Mode de végétation : vivace.

Phytolacca

PHYTOLACCA

Famille des phytolaccacées

Surtout connu sous les Tropiques où ce genre comporte des arbres, les *Phytolacca americana* commencent doucement à nous envahir avec une plante étonnante, capable de rivaliser avec les ricins pour la vitesse de croissance et l'aspect exotique. Si la terre et le climat lui conviennent, vous verrez se développer une plante très vigoureuse, culminant à plus de deux mètres de haut. Les fleurs blanches donnent naissance à des baies rouge violacé fort décoratives mais aussi très tachantes.

Conseils utiles

— Plantez-le au printemps, de préférence, après avoir ameubli le sol en profondeur et enrichi la terre en fumier.

— Un peu avant les grands froids, recouvrez la souche avec de la paille et un film plastique. Il n'est pas rare que des semis spontanés apparaissent.

Hauteur : de 1,50 à 2,50 m.
Étalement et distance de plantation : 50 cm.
Terre : très riche et fraîche en été.
Exposition : plein soleil.
Multiplication : par division des touffes, au printemps ou par semis de graines mûres, en automne.
Époque de floraison : fin d'été (juillet, août).
Mode de végétation : vivace.

201

△ *Pinguicula grandiflora*

Pinguicula

VIOLETTE DES MARAIS

Famille des lentibulariacées

La *Pinguicula grandiflora* ressemble à une violette, mais ce n'est pas une violette, c'est une drôle de petite plante carnivore qui n'aime rien mieux que l'atmosphère moite des jardins humides, car elle est originaire des marais. Rustique dans les régions où l'hiver reste modéré, elle est à réserver aux jardiniers soigneux qui sauront lui donner l'attention qu'elle requiert. Attention, comme le platycodon, elle disparaît complètement, en hiver ! Associez-la à des helxines et à des capillaires.

Conseils utiles

— Plantez, de préférence au printemps, en sol humide à mi-ombre.

— Marquez l'emplacement des plantations avec une brindille, une tige de petit houx, par exemple, pour les repérer.

— C'est en bordure ou plantée en petits groupes de 5 ou 6 plantes, qu'elle donne le plus bel effet.

Hauteur : 15 cm.
Étalement et distance de plantation : 15 cm.
Terre : riche en humus, humide.
Exposition : mi-ombre.
Multiplication : par semis, en automne, ou par division des touffes, au printemps.
Époque de floraison : juin.
Mode de végétation : vivace.

△ *Platycodon grandiflorum*

Platycodon

PLATYCODON

Famille des campanulacées

D'un bleu délicat grâce à la texture diaphane de ses corolles ou d'un blanc de porcelaine, parfois rose, mais alors son teint est plus banal, le platycodon est en fait une jolie campanule qui fait merveille dans les massifs soignés des jardins exposés à mi-ombre. Cultivez-le en compagnie de plantes aux feuillages décoratifs comme, par exemple, les fougères et les hostas.

Conseils utiles

— Plantez-le, de préférence, au printemps et pensez à repérer son emplacement par une baguette. En hiver, il s'évanouit complètement et est souvent victime d'un coup de bêche meurtrier.

— Donnez-lui une bonne terre riche et bien drainée. Dans les sols lourds, il disparaît rapidement, victime de l'humidité hivernale.

Les meilleures variétés

— Bien qu'il en existe des variétés doubles, comme 'Plenum', ce sont les variétés simples à fleurs bleues les plus jolies, ainsi 'Mariesii', le plus connu ou 'Apoyama' qui fleurit en bleu foncé.

— *P. grandiflorus* 'Perlmutterschale', au nom certes un peu difficile, offre au soleil ses corolles rose nacré. 'Fuji Pink' est plus rose.

Hauteur : 30 cm.
Étalement et distance de plantation : 20 cm.
Terre : ordinaire, bien drainée.
Exposition : ensoleillée.
Multiplication : par division des souches et par semis, au printemps.
Époque de floraison : juin et août.
Mode de végétation : vivace.

▽ *Plumbago capensis*

Plumbago

PLUMBAGO DU CAP

Famille des plumbaginacées

On ne saurait imaginer dans notre Midi plus belle décoration pour les poteries artisanales qu'un pied de *Plumbago capensis* en fleurs. Le bleu presque irréel de ses corolles semble rivaliser avec celui du ciel. Et quelle solidité sous la pire des chaleurs ! Un seul défaut : son feuillage plutôt quelconque est légèrement poisseux à cause des minuscules griffes qui entourent la base des fleurs. N'oubliez pas de le rentrer à l'abri du froid à l'approche de l'hiver. Ne confondez pas les plumbagos et notamment *Plumbago larpentae* dont le nom savant est aujourd'hui *Cerastostigma plumbaginoides*.

Conseils utiles

— Semez les graines, en mars, au chaud et élevez-les à l'intérieur jusqu'en mai. Les pieds fleuriront abondamment dès le premier été. Vous pouvez aussi abriter des boutures ou des pieds en véranda et les faire pousser au printemps. Pincez-les au moins deux fois, au printemps, pour les obliger à se ramifier.

— Un mélange léger et substantiel est ce qui leur convient le mieux. Là où les gelées sont peu fréquentes on peut essayer de le faire hiverner en l'abritant seulement sous un film plastique.

— Vous pouvez le palisser contre un mur exposé au sud dans votre véranda. Il montera alors à plus de 2 m de haut.

Hauteur : de 50 cm à 2 m.
Étalement et distance de plantation : 30 cm.
Terre : riche et bien drainée en hiver.
Exposition : plein soleil.
Multiplication : par semis ou par bouturage.
Époque de floraison : de juin à novembre.
Mode de végétation : annuelle et vivace dans les climats doux.

Podophyllum

PODOPHYLLUM

Famille des podophyllacées

Fort peu courante dans les catalogues, cette plante au cycle de végétation relativement court, de mars à juillet, nous fournit un bien curieux spectacle : cela commence avec des feuilles élégamment découpées, teintées de pourpre à leur naissance. Puis s'ouvrent les fleurs, souvent grandes et rose pâle comme celles des pommiers, suivies de fruits gros comme des œufs de poule, rouge groseille, comestibles mais pas délectables. Cette plante a sa place dans les coins sauvages, au sol frais et acide, comme les sous-bois.

△ *Podophyllum emodi*

Conseils utiles

— Plantez-le, en automne ou au printemps, dans une terre profonde et riche en humus. Associez-le aux fougères et aux méconopsis qui poussent dans les mêmes conditions.

— Récoltez les fruits mûrs pour en extraire les graines. Semez-les en automne, la levée a lieu, en général, au printemps suivant et les jeunes plants peuvent être installés l'année suivante.

— Paillez le sol avec de l'écorce de pin au début du printemps pour mieux mettre en valeur la beauté du feuillage naissant.

Hauteur : 50 cm.
Étalement et distance de plantation : 30 cm.
Terre : riche en humus et toujours fraîche.
Exposition : mi-ombre.
Multiplication : par semis, en automne ou par division des touffes au début du printemps, avant le démarrage de la végétation.
Époque de floraison : avril.
Mode de végétation : vivace.

Polemonium caeruleum △

Polemonium

BÂTON DE JACOB, POLÉMOINE, VALÉRIANE GRECQUE

Famille des polémoniacées

Bien plus répandues autrefois qu'aujourd'hui les *Polemonium caeruleum* présentent l'un des plus beaux feuillages qui soit : divisé et joliment arqué, il constitue des touffes bien denses au-dessus desquelles se dressent les hampes florales. Celles-ci n'arrêtent pas de produire des fleurs pendant près de deux mois à la fin du printemps, en même temps que les tulipes tardives, les pavots d'Orient et les pivoines avec lesquelles vous pouvez les associer avec bonheur.

Conseils utiles

— Plantez-les à l'automne, de préférence, ou au printemps. Marquez les emplacements car le feuillage disparaît pendant l'hiver. La meilleure exposition est la mi-ombre. Ainsi les polémoines prospèrent bien au pied des rosiers arbustes, des roses anciennes, en particulier.

— Le meilleur mode de multiplication est le semis, en fin de printemps. Abritez les jeunes plants sous châssis et repiquez-les à demeure au printemps suivant.

Les meilleures variétés

— L'espèce type est bleu tendre mais il existe aussi 'Sapphire', bleu intense et 'Album' d'un blanc très pur. Les amateurs de raretés seront à l'affût de *P. foliosissimum* qui est un peu plus grande et dont le feuillage est plus découpé. On en connaît des formes bleu foncé et blanche.

— Vous succomberez devant le rose si doux de *P. carneum* ou le jaune ocré des longues trompettes de *P. pauciflorum*.

— *P. pulchérrimum* est un nain à fleurs bleu porcelaine.

— *P. reptans*, bleu violacé, s'épanche en touffes étalées. Chez 'Firmament', la teinte est plutôt lavande.

Hauteur : de 30 à 60 cm.
Étalement et distance de plantation : 30 cm.
Terre : ordinaire plutôt bien drainée.
Exposition : ensoleillée et mi-ombre.
Multiplication : au printemps, par semis ou par division des touffes.
Époque de floraison : de mai à juillet.
Mode de végétation : vivace.

203

△ *Polygonatum officinale*
▽ *Polygonatum* x *hybridum*

▽ *Polygonum amplexicaule*

Polygonatum

SCEAU-DE-SALOMON

Famille des liliacées

Vers la mi-mai, les sous-bois s'éclairent des fraîches hampes fleuries des sceaux-de-Salomon. Un spectacle reposant qui prend le relais des scilles à l'intense floraison bleue. Parfaits pour un jardin ombragé ou pour un sous-bois, ils sont peu utilisés dans les jardins français alors que les Anglais en raffolent. Associez-les à des magnolias, des cerisiers et pommiers à fleurs. Installez-les en compagnie de berces du Caucase et de macléayas dans un coin de jardin sauvage, ils ne vous causeront aucun souci et refleuriront très fidèlement.

Conseils utiles

— Plantez de juillet à septembre les espèces sauvages, dans un sol frais et riche en humus, de préférence à mi-ombre.

— Plantez dès septembre les cultivars. Pour bien fleurir les plantes doivent être mises en place tôt en saison.

Les meilleures variétés

— Préférez le *P. multiflorum*, notre plante indigène ou le *P. commutatum*, le sceau-de-Salomon géant, à la floraison spectaculaire, qui atteint facilement 1,20 m de haut.

— Les clochettes de *P. odoratum* envahiront votre sous-bois de leurs effluves parfumés.

Hauteur : de 30 cm à 120 cm.
Étalement et distance de plantation : 30 cm.
Terre : ordinaire, fraîche.
Exposition : mi-ombre.
Multiplication : par division des souches et par semis, au printemps.
Époque de floraison : mai, juin.
Mode de végétation : vivace.

▷ *Polygonum orientale*
▽ *Polygonum affine*

Polygonum

RENOUÉE

Famille des polygonacées

Les renouées ont un air de famille qui ne trompe pas : une certaine propension à s'étendre en largeur, un feuillage vert coriace et des fleurs en épis souvent rouges. En fait il y a une certaine diversité au niveau de l'époque de floraison, de juin à novembre, et dans les hauteurs de touffes, très variables. Certaines sont précieuses pour habiller les buttes.

Conseils utiles

— Plantez-les, au printemps ou en automne, en groupes (au moins six) pour créer un effet de masse.

— Contrôlez la croissance pour qu'elle ne nuise pas aux plantes voisines. Paillez

△ *Polygonum campanulatum*

le sol, en juin, afin que la terre reste fraîche plus longtemps.

— Divisez les touffes, en octobre, tous les trois ans, et replantez-les en un autre coin du jardin car la terre sera passablement épuisée.

Les meilleures variétés

— Les *Polygonum affine* (15 à 20 cm), sont impeccables en bordure de massifs car ils forment des touffes bien compactes. Leurs feuilles étroites deviennent bronze en automne et persistent durant une bonne partie de l'hiver. Les fleurs sont rouge foncé chez 'Darjeeling Red', rose saumon chez 'Donald Lowndes' et rose vif chez 'Superbum'.

— Plus grands que les précédents, les *P. amplexicaule* culminent à 1,50 m de haut. 'Atrosanguineum' est rose carmin intense tandis que 'Firetail' est rouge écarlate brillant.

— La cousine améliorée de la bistorte, *P. bistorta* 'Superbum' forme de vastes colonies d'où émergent des fleurs regroupées en écouvillons rose lumineux. Elle fleurit en mai, juin.

— L'une des plus belles renouées est sans conteste *P. campanulatum* aux feuilles profondément veinées et aux bouquets de fleurs en clochettes rose pâle, surgissant durant toute la fin de l'été et une bonne partie de l'automne.

— Attention au *P. cuspidatum compactum* (ou *P. compactum* 'Roseum' dans les catalogues) car il s'agit d'une véritable peste. Ses branches, rappelant celles des bambous, se propagent à une allure insensée. Laissez-les pour le bord des routes et les talus impraticables.

— Malheureusement peu rustique, le *P. vaccinifolium* (10 cm de haut), fait merveille dans les rocailles car sa floraison rose, tardive, précède de peu le changement de couleur du feuillage. À réserver aux expositions bien ensoleillées et à protéger pendant l'hiver.

— Laissez *P. capitatum* se propager à sa guise dans les dallages ou les escaliers de pierre un peu frais.

— *P. filiforme* 'Painter's Palette' a besoin d'une ambiance fraîche pour déployer ses feuilles vert jaunâtre, ornées d'un V pourpre.

— *P. polystachyum* entoure ses touffes opulentes d'une senteur de miel.

— La livrée vert bronze de *P. weyrichii* disparaît sous le voile crème de ses inflorescences vaporeuses à la fin de l'été.

Hauteur : de 15 à 120 cm.
Étalement et distance de plantation : de 20 à 50 cm.
Terre : ordinaire.
Exposition : soleil et mi-ombre.
Multiplication : par division des touffes, en automne ou au printemps.
Époque de floraison : de juin à novembre.
Mode de végétation : vivace.

△ *Polypodium vulgare*

Polypodium

POLYPODE

Famille des polypodiacées

Son nom évoque irrésistiblement les leçons de sciences naturelles car cette mignonne petite fougère qui borde les sous-bois frais et argileux, fait partie du programme de tous les collégiens. *Polypodium vulgare* a sa place au jardin, dans un massif exposé à mi-ombre ou pour animer un coin de pré peu ensoleillé d'un tapis de frondes dentelées. Comme elle se plaît beaucoup sur les talus, le long des souches de châtaignier, bordez-en une haie champêtre, parmi des *Meconopsis cambrica,* vous aurez un effet raffiné qui ne vous donnera d'autre souci que celui de la plantation.

Les meilleures variétés

— *P. vulgare.* L'extrémité des frondes de *P. v.* 'Bifido Multifidum' forment une fourche curieuse.

Conseils utiles

— Plantez dans n'importe quelle terre de jardin, de préférence, au printemps. Elle aime aussi bien les terres sèches que celles qui sont humides, se moque de l'argile comme du sable et se montre presque épiphyte.

— Amusez-vous à composer un jardin japonais en miniature en la plantant avec toutes sortes de mousses des bois.

Hauteur : 15 cm.
Étalement et distance de plantation : 20 cm.
Terre : ordinaire.
Exposition : mi-ombre.
Multiplication : par division des souches ou par semis, au printemps.
Floraison : néant.
Mode de végétation : vivace.

Polystichum setiferum △
Pontederia cordata ▷

Polystichum

POLYSTICHUM

Famille des polypodiacées

Fougère délicate pour les jardins soignés, elle est du plus bel effet dans un massif où figurent déjà des fuchsias, des lysimaches et des eucomis bicolores. Vous pouvez aussi la cultiver en sous-bois mais à la condition qu'il soit soigné. Attention ! certaines fougères de cette famille ne sont que moyennement rustiques, c'est le cas par exemple du *Polystichum falcatum*.

Conseils utiles

— Plantez au printemps, dans un sol très riche en humus. Comptez une pelletée de terreau bien mûr par plante et paillez le sol au besoin avec du terreau à demi décomposé pour l'alléger et l'enrichir s'il est un brin compact.

— Cultivez-les à l'abri des courants d'air et des coups de soleil qui abîmeraient leur feuillage.

Les meilleures variétés

— *P. falcatum* (ou *Cyrtomium falcatum*) est le plus connu, il croît volontiers en pot mais redoute les gelées. Citons aussi le *P. aculeatum*, persistant, à cultiver au bord de l'eau et le *P. setiferum* semi-persistant, aux frondes délicatement découpées. *P. acrostichioides*, d'un beau vert profond - qui demeure intact en hiver - est une bonne plante de jardin ; elle s'associe harmonieusement avec des groupes de fuschias.

— *P. polyblepharum* déroule des frondes épaisses et coriaces, d'un vert foncé luisant, sans équivalent. *P. setiferum* s'accompagne de sujets curieux comme 'Proliferum' qui produit de jeunes plantes tout au long de ses frondes. 'Dahlem' s'étale avec élégance et 'Plumosum Densum' est si finement découpé qu'il prend un aspect moussu.

Hauteur : de 60 cm à 1 m.
Étalement et distance de plantation : 30 cm.
Terre : riche en humus, fraîche.
Exposition : mi-ombre.
Multiplication : par semis et par division des souches en automne ou bien au printemps.
Floraison : néant.
Mode de végétation : vivace.

Pontederia

PONTÉDÉRIE

Famille des pontédériacées

Originaire de Virginie, la *Pontederia cordata* est une belle plante aquatique aux feuilles, en forme de cœur, portées par de longues tiges engainantes. Elles fleurissent, en été, avec de beaux épis d'un bleu avivé par un œil jaune. Tout à fait rustiques, elles prennent rapidement possession des bassins et des étangs, donnant à ceux-ci un aspect presque tropical. Sa cousine la jacinthe d'eau (*Eichhornia crassipes*) doit être rentrée à l'abri, chaque hiver.

Conseils utiles

— Plantez-les au printemps quand l'eau est dégourdie. Installez-les dans des pots remplis d'une terre argileuse et disposez-les à 30 cm de profondeur. Si vous les plantez en bord de mare, choisissez une terre plutôt tourbeuse.

— Quand les touffes se gênent mutuellement, divisez-les au printemps.

Hauteur : 50 cm.
Étalement et distance de plantation : 30 cm.
Terre : lourde.
Exposition : ensoleillée.
Multiplication : par division des souches, en avril.
Époque de floraison : de juin à septembre.
Mode de végétation : vivace.

Portulaca

POURPIER

Famille des portulacacées

On les voit quelquefois, ces pourpiers aux fleurs de soie, prospérer dans les endroits les plus incroyablement secs. Il faut dire que ce sont des plantes succulentes, et leurs feuilles ne cachent pas cette appartenance à une famille aimant le soleil. *Portulaca grandiflora* en a même besoin pour ouvrir ses fleurs qui se referment au premier nuage. Donnez la préférence aux variétés à fleurs doubles qui font un plus bel effet de masse.

Conseils utiles

— Les graines étant fines comme de la poussière, mélangez-les à du sable avant de les semer directement en place, en mai. Vous pouvez aussi les semer sous châssis froid quinze jours plus tôt et les repiquer à la mi-mai dans vos jardinières ou en place.

— Malgré leur capacité de résister à la sécheresse, arrosez-les de temps à autre si vous voulez profiter d'une belle floraison.

Les meilleures variétés

— *P. grandiflora* 'Sundance' se singularise par des fleurs demi-doubles.

Hauteur : 15 cm.
Étalement et distance de plantation : 15 cm.
Terre : ordinaire, même sèche.
Exposition : plein soleil, uniquement.
Multiplication : par semis, au printemps.
Époque de floraison : de juillet à septembre.
Mode de végétation : annuelle.

Potentilla

POTENTILLE

Famille des rosacées

Voici une famille fort variée puisqu'on y trouve à la fois des arbustes comme la *Potentilla fruticosa*, des plantes à massifs, les potentilles hybrides, et de minuscules plantes alpines comme la *Potentilla nitida*. Elles ont en commun d'aimer les jardins ensoleillés et secs et de croître sans façon. Mettez en valeur leur feuillage découpé

▽ *Portulaca grandiflora*

Potentilla **'Gloire de Nancy'** △

et nervuré à la manière de celui des fraisiers en les associant à de gros coussins de feuillages comme les œillets vivaces, les thlaspis, les achillées, les *Stachys lanata*, les senecios et les armoises.

Conseils utiles

— Plantez, de préférence, au printemps, dans une terre bien ressuyée en choisissant toujours des massifs ensoleillés.

— En terre lourde, drainez les trous de plantation, assez profonds, en y répandant 5 cm de gravier avant de les combler avec du terreau poreux.

Les meilleures variétés

— Les potentilles herbacées comme la *P. atrosanguinea*, ont ma préférence pour leurs fleurs doubles et colorées. Les plus populaires sont 'Gloire de Nancy', rouille, 'M. Rouillard', brune, 'Yellow Queen', jaune d'œuf.

— *P. alba* s'étend en tapis vert grisâtre émaillés de corolles blanches.

— *P. megalantha*, aux feuilles épaisses et velues ouvre de très grandes fleurs jaunes, même à mi-ombre.

— *P. nepalensis* s'entoure de bouquets diffus bien fleuris, avec des variantes comme 'Helen Jane', rose clair, à centre plus sombre ou 'Roxana', rose cuivré à œil rouge.

— *P. x tongei* plaque ses inflorescences aux pierres de la rocaille qu'elle anime par ses fleurs abricot à œil rouge.

Hauteur : de 10 à 50 cm.
Étalement et distance de plantation : 15 à 30 cm.
Terre : ordinaire, bien drainée.
Exposition : ensoleillée.
Multiplication : par division des souches ou par semis, au printemps.
Époque de floraison : de juillet à septembre.
Mode de végétation : vivace.

207

△ *Primula palinuri*
▽ *Primula vialii*

△ *Primula bulleyana*
Primula sieboldii 'Alba' ▷
▽ *Primula nutans*

△ *Primula juliae*

▽ *Primula auricula* 'Irish Blue'

Primula

PRIMEVÈRE

Famille des primulacées

Vaste famille que celle des primevères qui va des plantes de rocaille les plus minuscules jusqu'à des presque géantes culminant à près d'un mètre. Même diversité dans les habitats et les couleurs, avec une certaine prédilection pour les coloris pastel. On y trouve des plantes très connues ou des raretés pour collectionneur. Certaines disparaissent en hiver, elles seront au rendez-vous au printemps.

Conseils utiles

— Plantez-les au printemps, de préférence, ou tôt en automne pour les variétés à floraison précoce qui doivent s'installer avant l'hiver pour fleurir correctement dès le premier printemps.

— Paillez le sol avec de l'écorce de pin ou de la tourbe et arrosez régulièrement pendant le premier été car les primevères apprécient particulièrement la fraîcheur.

— Divisez les touffes devenues trop volumineuses en début d'automne et replantez-les immédiatement.

Les meilleures variétés

— La *Primula acaulis* est le nom donné à beaucoup d'hybrides fleurissant tôt au printemps et même quelquefois en automne. Ce sont des compagnes rêvées pour les tulipes et les myosotis. Leur floraison dure facilement deux mois.

— *P. alpicola* enchante les scènes printanières de ses clochettes jaune pâle délicieusement parfumées.

— Les corolles jaune vif de *P. helodoxa* s'étagent en 5 ou 6 verticilles successifs.

— Rappelant un peu un coucou géant, la *P. florindae* peut atteindre un mètre de

△ *Primula florindae*
▽ *Primula waltoni*

△ *Primula denticulata*
Primula japonica ▷
▽ *Primula japonica*

haut et nous charme avec ses fleurs jaune pâle délicieusement parfumées. Il en existe aussi des formes à fleurs rouges ou cuivrées.

— Parmi les primevères à étages, dont les fleurs sont disposées par petits groupes successifs sur de longues hampes, la *P. beesiana* est rose carminé tandis que *P. bulleyana* est plutôt jaune orangé, coloris rare chez les primevères. Signalons aussi les primevères japonaises (*P. japonica*) extraordinaires pour les coins humides et qu présentent le même aspect. 'Miller's Crimson', rouge pourpré, et 'Postford

White', blanche, toutes deux à œil sombre, restent toujours les meilleures variétés.

— Parmi les merveilles pour rocaille, la *P. juliae* est un petit bijou d'un rose tendre. 'Verveana' est violette tandis que 'Wanda' est pourpre. La *P. vialii,* aux curieuses fleurs semblables à celles des liatris, demande beaucoup de soin pour être séduisante.

— Avec son air de primevère d'appartement, *P. polyneura* est une des plus jolies espèces de sous-bois.

— D'autres beautés en vrac : *P. denticu*

lata aux fleurs regroupées en boules, roses, blanches ou carmin ; *P. auricula* et P. *pulverulenta* aux feuilles épaisses et recouvertes d'une sorte de farine ; *P. rosea* au port très compact mais aux fleurs assez grandes ; *P. capitata*, pas vraiment rustique, qui nous éblouit par la beauté de ses fleurs regroupées en épis ressemblant de loin à une jacinthe bleue et répandant la même odeur enivrante et *P. sieboldii* 'Alba', à planter en sous-bois, qui fleurit , en blanc, en mai, juin. *P. sieboldii* complète admirablement les massifs d'azalées ou de rhododendrons. Elle a donné de multiples variétés aussi florifères que lumineuses : 'Geisha Girl', rose ; 'Snow Flake', blanche ; 'Mikado', rose magenta ; 'Serafin', bleu lavande.

Hauteur : de 10 à 100 cm.
Étalement et distance de plantation : de 10 à 30 cm.
Terre : fraîche et riche en humus.
Exposition : mi-ombre.
Multiplication : au printemps, par semis et par division des touffes.
Époque de floraison : de février à juillet.
Mode de végétation : bisannuelle, vivace.

△ *Prunella webbiana*

Prunella

PRUNELLE

Famille des lamiacées

Il arrive souvent que la prunelle commune s'enracine dans nos massifs ombragés. Rien ne vous empêche de l'y installer à demeure car peu de plantes peuvent rivaliser avec elle pour former un tapis dense couvert de fleurs pendant l'été.

Conseils utiles

— Plantez-les en automne et paillez le sol dès le printemps. Arrosez régulièrement pour favoriser l'implantation. Rasez les touffes à la fin de l'été pour les rendre plus jolies.

— Divisez les touffes quand elles deviennent creuses au centre, au printemps.

Les meilleures variétés

— *Prunella grandiflora* a donné naissance à deux variations, rose carminé et blanche, à côté de la violette classique.

— *P. webbiana* est en fait un hybride entre la précédente et la prunelle des Pyrénées. Elle fleurit en violet tendre, en rose ou en blanc selon les variétés joliment dénommées 'Loveliness'.

Hauteur : de 15 à 20 cm.
Étalement et distance de plantation : 20 cm.
Terre : ordinaire, de préférence riche en humus.
Exposition : ombre.
Multiplication : par division des touffes, en avril.
Époque de floraison : de juin à septembre.
Mode de végétation : vivace.

Pulmonaria

PULMONAIRE

Famille des borraginacées

Pourquoi n'emploie-t-on pas plus souvent les pulmonaires en guise de couvre-sol ? Leur feuillage persistant, ponctué d'argent vaut pourtant bien celui de plantes réputées décoratives, comme le lamier ou les rubus, par exemple. Lorsqu'elles fleurissent, à la fin mars, elles annoncent le retour du printemps, devançant les primevères et les violettes elles-mêmes !

Conseils utiles

— Plantez, à l'automne ou au printemps, en sous-bois ou en couvre-sol, à mi-ombre dans une bonne terre ordinaire en comptant une plante tous les 20 cm.

— Bien qu'elles préfèrent, généralement, les sols bien drainés les pulmonaires acceptent de croître sans histoire, dans les sols humides.

Les meilleures variétés

— Outre *P. officinalis* aux fleurs bleues et rouges, vous pouvez adopter *P. angustifolia* 'Azurea' pour ses fleurs bleu d'azur et son feuillage bien vert et surtout, *P. saccharata* ou sauge de Bethléem, pour ses étonnantes fleurs carmin devenant bleues.

— *P. longifolia*, bien nommée pour ses longues feuilles fortement maculées d'argent.

— *P. officinalis* 'Sissinghurst White' est sans conteste la forme la mieux panachée.

— *P. rubra* 'Red Start' n'est pas maculée et ses fleurs rouge clair se succèdent pendant plusieurs semaines.

— *P. saccharata* 'Margery Fish' possède des feuilles plus amples aux macules larges et imbriquées.

Hauteur : 20 cm.
Étalement et distance de plantation : 20 cm.
Terre : ordinaire.
Exposition : mi-ombre.
Multiplication : par division des souches, en automne ou tôt, au printemps.
Époque de floraison : mars, avril.
Mode de végétation : vivace.

△ *Pulmonaria saccharata* 'Mrs Moon'
▽ *Pulmonaria saccharata*

△ *Pulsatilla vulgaris*

Pulsatilla

**ANÉMONE PULSATILLE,
PULSATILLE DE PÂQUES**

Famille des renonculacées

Véritable joyau des rocailles *Pulsatilla vulgaris* y épanouit, au printemps, ses petites clochettes bleu violacé, aux pétales taillés en étoile. Aussi mignonne en feuilles qu'en fleurs, cette petite plante prendra toute sa valeur dans un paysage miniature qui lui servira d'écrin : une rocaille, bien sûr, mais aussi un escalier de pierres ensoleillé, des fougères à mi-ombre... Installez-la dans un endroit bien dégagé et désherbé.

Conseils utiles

— Toute bonne terre bien drainée lui convient. Pour qu'elle s'étoffe rapidement, soignez la plantation en incorporant à la terre une demi-pelletée de terreau mûr.

— Plantez-la à l'automne ou au début du printemps.

— Évitez-lui un sol humide pendant l'hiver. En revanche, si votre jardin est calcaire et plutôt sec, vous n'aurez rien à craindre.

Les meilleures variétés

Outre le type, bleu violet, il existe une variété blanche, *Pulsatilla vulgaris* 'Alba', et une variété rouge, *P. vulgaris* 'Rubra'.

Hauteur : 20 cm.
Étalement et distance de plantation : 15 cm.
Terre : bien drainée.
Exposition : ensoleillée.
Multiplication : en automne, par semis ou par division des touffes.
Époque de floraison : avril et mai.
Mode de végétation : vivace.

Puschkiana scilloides △

Puschkinia

PUSCHKINIA

Famille des liliacées

Lorsque revient le printemps les *Puschkinia scilloides* forment, en compagnie des chionodoxas, des muscaris, des scilles et des jacinthes les plus jolies bordures qui soient. Ils se moquent (presque) de l'exposition qu'on leur donne du moment que le sol est bien riche. On peut les associer à des vivaces persistantes comme les heuchéras ou les tellimas dont le feuillage rond et rosi par le froid, s'harmonisera bien avec leur floraison d'un bleu de porcelaine. Pour que vos fenêtres ne vous semblent pas tristes une fois les crocus défleuris, mélangez-y des puschkinias au moment des plantations, ils prendront le relais. La *Puschkinia scilloides* est souvent proposé sous le nom de *P. libanotica*.

Conseils utiles

— Plantez, en septembre ou octobre, à 10 cm de profondeur et à 10 cm d'écart, en tous sens, dans de la bonne terre riche en humus.

— Plantez, de préférence, en bordure ou dans des massifs bien drainés et ensoleillés, les plantes fleuriront mieux.

Les meilleures variétés

Aux côtés de l'espèce type à fleurs bleues, une jolie variété blanche 'Alba' vous séduira.

Hauteur : 15 cm.
Étalement et distance de plantation : 10 cm.
Terre : riche en humus.
Exposition : ensoleillée à mi-ombre.
Multiplication : par division des bulbes, après complet dessèchement du feuillage.
Époque de floraison : février, mars.
Mode de végétation : bulbe.

△ *Ranunculus* 'Turban'

△ *Ramonda myconi*

Pyrethrum

Voir *Chrysanthemum*.

Ramonda

RAMONDA

Famille des gesnériacées

Toute environnée d'une auréole de plante difficile à cultiver, la *Ramonda myconi* ne demande en fait qu'une exposition au nord et une plantation à la verticale pour résister à nos pires hivers. Nous en connaissons qui prospèrent en pots depuis de nombreuses années et ont fini par atteindre la dimension d'une assiette. Quant aux fleurs, elles rappellent la nuance de certains cyclamens. Cette plante présente la particularité de pouvoir se dessécher et revenir à la vie, comme certaines mousses. Ne vous désespérez pas si vous les retrouvez un peu sèches au retour des vacances ! Certains catalogues proposent la *Ramonda pyrenaica* sous le nom de *Ramonda myconi*.

Conseils utiles

— Plantez-les dans une fissure entre deux rochers, à la verticale, dans une poche de bonne terre sableuse.

— Si vous voulez en profiter de près, plantez-les dans des pots plus larges que hauts remplis d'un mélange de tourbe et de sable. Abritez-les du soleil en les plaçant au pied d'un mur au nord et rentrez-les durant l'hiver sous un châssis froid.

— Le semis est possible au printemps mais il demande au moins un an pour donner des résultats.

Hauteur : 20 cm.
Étalement et distance de plantation : 20 cm.
Terre : sableuse.
Exposition : nord.
Multiplication : au printemps, par division des touffes, par bouturage des feuilles et par semis.
Époque de floraison : mai, juin.
Mode de végétation : vivace.

Ranunculus

RENONCULE DES FLEURISTES

Famille des renonculacées

N'hésitez pas à planter ces renoncules aux coloris chatoyants. Elles fournissent matière à bien des bouquets, car elles tiennent longtemps dans l'eau.

Conseils utiles

— Plantez les souches en forme de griffe de *Ranunculus asiaticus*, à l'automne dans le Midi (ou sous abri), et au printemps dans le reste de la France.

— Plantez à 5 cm de profondeur en dirigeant le bourgeon vers le haut et en espaçant les griffes de 20 cm, car chaque touffe atteint de grandes dimensions.

— Arrosez peu en hiver et de plus en plus au printemps, en apportant de temps à autre de l'engrais liquide.

— Récupérez les griffes en été quand le feuillage est sec.

— Gardez les souches au sec, dans du sable ou de la tourbe, à l'abri du gel pendant l'hiver.

Les meilleures variétés

Souvent dénommée 'Géante d'Anjou' dans les catalogues, la renoncule des fleuristes est vendue uniquement en mélanges de coloris. C'est d'ailleurs ainsi qu'elle est le plus attrayante. La renoncule 'Turban', plus rare, a des fleurs plus rondes mais charmantes.

Hauteur : de 20 à 40 cm.
Étalement et distance de plantation : 20 cm.
Terre : très riche en humus et fraîche.
Exposition : soleil et mi-ombre dans le Midi.
Multiplication : par division des griffes, en automne.
Époque de floraison : à la fin de l'hiver dans le Midi, en mai et juin, ailleurs.
Mode de végétation : vivace.

Raoulia

RAOULIA

Famille des astéracées

Quelles plantes fascinantes que les *Raoulia australis* ! Originaires de Nouvelle-Zélande, elles forment des carpettes au ras du sol, épousant les moindres dénivellations. Leur culture n'est pas une partie de plaisir car elles redoutent l'excès d'humidité en hiver.

Conseils utiles

— Plantez-les, au printemps, dans une poche de terre bien drainée, dans un dallage. Arrosez régulièrement durant le premier été. À l'approche des grands froids, apportez une couverture d'écorce broyée et un film plastique pour éviter l'excès d'eau.

— Au sortir de l'hiver, disposez un centimètre de sable et faites-le descendre dans la touffe en la secouant légèrement. Vous pouvez aussi les diviser à la même époque et mettre les portions à enraciner dans du sable.

Hauteur : 2 cm.
Étalement et distance de plantation : 20 cm.
Terre : très sableuse.
Exposition : ensoleillée.
Multiplication : par division des touffes, au printemps.
Époque de floraison : peu visible, en avril.
Mode de végétation : vivace.

▽ *Raoulia australis*

△ *Reseda alba*

Reseda

RÉSÉDA

Famille des résédacées

Le réséda odorant *(Reseda odorata),* aux épis dorés, est un familier de nos jardins. Moins connu, le *R. alba* mérite qu'on lui accorde plus d'attention, car il est beaucoup plus spectaculaire. Avec ses longs épis denses d'un blanc laiteux, il a sa place dans les massifs, où, en compagnie des campanules, des rosiers anciens et des delphiniums, il peut composer des scènes ravissantes qui ne vous demanderont guère de soins. Bien qu'on le cultive comme une plante annuelle dans le Midi de la France, et partout où l'hiver se montre clément, il peut vivre deux ou trois ans. Cependant, comme les gueules-de-loup, il a tendance à perdre de sa grâce en vieillissant.

Conseils utiles

— Toute bonne terre ordinaire, même un peu forte, lui convient.

— Amateur de lumière, il apprécie de croître dans un massif ensoleillé et bien aéré.

— Comme il ne supporte pas les transplantations, semez-le en place, en avril.

Les meilleures variétés

En plus de *Reseda alba* vous pouvez vous procurer du réséda odorant en variétés améliorées comme 'Odorant à Grandes Fleurs'.

Hauteur : 30 cm.
Étalement et distance de plantation : 15 cm.
Terre : ordinaire.
Exposition : ensoleillée.
Multiplication : par semis, au début du printemps.
Époque de floraison : juin, juillet.
Mode de végétation : vivace.

Rheum

RHUBARBE D'ORNEMENT

Famille des polygonacées

Qui n'a pas rêvé de *Rheum palmatum* à la voir si majestueuse, trônant dans des jardins magnifiques ? Il faut savoir que c'est vraiment une plante imposante qui exige, à l'instar de sa cousine la rhubarbe comestible, un espace bien à elle pour se développer. En conséquence donnez-lui un beau massif et en guise de compagnes, des plantes solides et frugales comme le gaura, la tanaisie, les berces, les lysimaques qui sauront lui tenir compagnie tout en lui tenant tête, car c'est une grande gourmande.

Conseils utiles

— Avant la plantation, en mars, avril, enrichissez soigneusement le sol avec une demi-brouettée de fumier, très mûr, par mètre carré.

— Installez-la toujours dans un sol riche, frais et profond. Elle ne redoute pas les sols argileux.

— Plantez en plein soleil, mais ne ménagez pas les arrosages en été.

— Sitôt la floraison achevée, coupez la hampe florale. Pour que les plantes restent belles on peut même les empêcher de fleurir en coupant les tiges florales dès leur apparition.

Les meilleures variétés

— Les jeunes feuilles de *R. palmatum* 'Atrosanguineum' naissent complètement pourpres et restent rougeâtres au revers.

Hauteur : 1,50 m.
Étalement et distance de plantation : 1 m.
Terre : fraîche et profonde.
Exposition : ensoleillée.
Multiplication : par division des souches, en automne.
Époque de floraison : juin, juillet.
Mode de végétation : vivace.

Rheum palmatum ▽

△ *Rhodohypoxis baurii*
◁ *Ricinus communis*

Rhodohypoxis

RHODOHYPOXIS

Famille des hypoxidacées

Voici une plante « investissement » : vous achetez fort cher un bulbe minuscule, vous le bichonnez pendant quelques années et vous vous retrouvez possesseur d'une potée magnifique qui n'aura pas de prix. Car il est difficile de résister à la beauté de ces fleurs un peu cireuses, aux coloris très purs déclinant toutes les variations du blanc au rouge pourpre. Le fait le plus impressionnant est la durée de floraison : près de cinq mois, de mai à octobre ! Une vraie perle de collection.

Conseils utiles

— Plantez-le au printemps dans un pot bien drainé et rempli avec un mélange de terreau et de sable. Enterrez les bulbes de 5 cm et disposez des graviers sur la terre pour empêcher son tassement.

— Arrosez régulièrement pendant l'été. Abritez sous un châssis froid pendant l'hiver.

Hauteur : de 5 à 10 cm.
Étalement et distance de plantation : 5 cm.
Terre : riche en humus et légère.
Exposition : ensoleillée.
Multiplication : par séparation des nouveaux bulbes au début du printemps.
Époque de floraison : de mai à septembre.
Mode de végétation : bulbe.

Ricinus

RICIN

Famille des euphorbiacées

Du spectaculaire sans peine ! Si vous possédez un coin de jardin à garnir rapidement avec une plante imposante, le ricin devrait vous combler. Avec ses grandes feuilles palmées et brillantes comme la toile d'un ciré et ses fruits carmin qui ressemblent à des arbouses, il ne manque pas d'allure. Grâce à sa vitalité remarquable, *Ricinus communis* vous offrira, en l'espace de quelques mois, des « arbustes » aussi grands que vous… à partir de quelques grosses graines chinées **(très toxiques)** que vous aurez semées, au chaud, aux premiers jours du printemps. *Ricinus communis* 'Impala' vous offrira des fruits écarlates se détachant sur des feuilles brun rouge.

Conseils utiles

— De la chaleur : semez-le à 20 °C après avoir fait tremper ses graines pendant 24 h pour les attendrir. Ensuite, gardez vos jeunes plants au chaud jusqu'à leur mise en place, en mai, à exposition chaude.

— Donnez-lui une terre très riche si vous voulez qu'il prenne toute son ampleur. Au moment de la plantation, donnez-lui deux poignées d'engrais Triple 17, en granulés.

— Au bord de la mer, gare au vent ! Prévoyez des tuteurs.

Hauteur : 1,50 m.
Étalement et distance de plantation : 1,50 m.
Terre : très riche.
Exposition : plein soleil.
Multiplication : par semis, au printemps.
Époque de floraison : juillet.
Mode de végétation : annuelle.

Rodgersia

RODGERSIA

Famille des saxifragacées

Avec les gunneras et les rhubarbes ornementales, les rodgersias font partie des plantes les plus majestueuses du jardin. Aimant les sols frais, elles y développent un feuillage imposant, rappelant selon les espèces, celui du marronnier d'Inde, du sureau ou du lotus. Confiez-leur un coin humide en compagnie des astilbes, des fougères et des primevères japonaises et vous obtiendrez une scène étonnante.

Conseils utiles

— Plantez-les au printemps ou en septembre. Ameublissez la terre en profondeur et améliorez-la avec de la tourbe pour qu'elle demeure fraîche en été. Paillez le sol avec de l'écorce de pin ou de la tourbe, en juin.

— Les limaces peuvent dévorer une partie des jeunes pousses, dissuadez-les avec des appâts. En hiver, laissez le feuillage gelé protéger les souches du froid.

Les meilleures variétés

— On croit vraiment voir un marronnier nain quand on contemple le *Rodgersia aesculifolia,* sauf quand apparaissent les

△ *Rodgersia aesculifolia*

fleurs en épis blanc crème, culminant à plus d'un mètre.

— *R. pinnata* possède des feuilles divisées mais elles sont disposées de part et d'autre d'une nervure centrale. Souvent les feuilles ont des reflets bronze. 'Elegans' offre le spectacle de ses inflorescences roses particulièrement élégantes.

— Le feuillage de *R. podophylla* s'accompagne toujours de somptueuses teintes bronze ou cuivrées.

— Le plus impressionnant des rodgersias est sans conteste *R. tabularis* dont les feuilles, presque rondes, atteignent 90 cm de diamètre. Leur bord se replie en leur donnant l'aspect de certaines ombrelles d'apparat chinoises.

Hauteur : de 80 à 120 cm.
Étalement et distance de plantation : 60 cm.
Terre : riche et toujours fraîche.
Exposition : mi-ombre.
Multiplication : par division des touffes, au printemps.
Multiplication : juin, juillet.
Époque de floraison : vivace.

▽ *Rodgersia aesculifolia*

Romneya coulteri △

Romneya

ROMNEYA

Famille des papavéracées

On dirait une fleur en papier crépon. Imaginez une gigantesque brassée de tiges argentées, une multitude de grandes fleurs blanches, froissées et couronnées d'un pompon d'étamines jaune d'or et, en un instant, vous aurez l'image presque irréelle de la beauté des *Romneya coulteri.* C'est en plein été qu'ils s'épanouissent, en larges bandes un peu désordonnées, dans les jardins sablonneux des régions du bord de mer. Cette beauté fragile est en effet à réserver aux jardins des régions les plus privilégiées. Au nord de la Loire, l'apprivoiser est un art réservé aux jardiniers les plus attentifs. Mais si vous y arrivez il peut devenir envahissant… c'est un risque à prendre !

Conseils utiles

— Comme la plupart des papavéracées, le romneya supporte mal les transplantations. Les pépiniéristes le vendent d'ailleurs en pot, ce qui permet de le planter en laissant la motte intacte.

— Amateur de terre légère, il faut lui prodiguer deux pelletées de terreau de feuilles ou de tourbe, à incorporer au sol, au moment de sa plantation.

— À l'entrée de l'hiver, rabattez-le à 15 cm du sol et couvrez sa souche de 20 cm de feuilles mortes bien sèches ou de fougères.

Hauteur : de 1,50 m à 2 m.
Étalement et distance de plantation : de 1,50 m à 2 m.
Terre : légère.
Exposition : abritée et ensoleillée.
Multiplication : par semis, au printemps.
Époque de floraison : juillet et août.
Mode de végétation : vivace.

Rudbeckia bicolor △
Rudbeckia laciniata ▽

▽ *Ruta graveolens*
Ruscus aculeatus ▽

Rudbeckia

RUDBECKIA

Famille des astéracées

Avec leurs drôles de corolles aux cœurs proéminents, noirs ou verts, et leurs pétales rabattus comme des oreilles de chat méfiant, les rudbeckias ont une allure qui ne ressemble à rien de connu. Fleurissant à la fin de l'été, en même temps que les inulas, ils feront un bout de chemin avec les tabacs d'ornement et accompagneront également les asters qui prendront la relève jusqu'aux premières gelées. Leurs corolles aux tons chauds sont magnifiques à contempler en automne, les jours de petite brume.

Conseils utiles

— Semez les rudbeckias annuels en mars, avril, en caissettes, sous abri, pour les repiquer en mai, dans les massifs, par groupes de dix, environ.

— Plantez les variétés vivaces de bonne heure, au printemps.

— Toute bonne terre de jardin leur convient pourvu qu'on leur donne une exposition ensoleillée.

Les meilleures variétés

— Choisissez parmi les **annuels**, *R. bicolor* 'Marmelade', d'un or chaud. Chez les **vivaces**, préférez le *R. fulgida* 'Deamii' pour ses fleurs orange cernées de jaune, le *R. laciniata* pour son feuillage découpé. 'Goldquelle' produit une abondance de gros pompons jaune clair, et le *R. nitida* pour ses fleurs jaunes, immenses, couronnées d'un petit dôme vert. On ne peut confondre 'Goldsturm' dont les grands capitules couronnent des touffes droites bien ordonnées.

Hauteur : de 60 à 80 cm.
Étalement et distance de plantation : 30 cm.
Terre : ordinaire.
Exposition : ensoleillée.
Multiplication : par division des souches en automne ou au printemps.
Époque de floraison : de juillet à octobre.
Mode de végétation : vivace et annuelle.

Ruscus

FRAGON PETIT-HOUX

Famille des liliacées

On a du mal à imaginer que ce petit persistant est en fait un cousin de nos asperges. Comme chez ces dernières, les feuilles sont en fait des tiges aplaties, les cladodes. Ce n'est qu'au moment de la fructification, qui n'intervient que si des pieds mâles et femelles sont plantés ensemble, que la ressemblance saute aux yeux car les baies rouges sont tout à fait semblables à celles des asperges, et rappellent aussi de loin celles des houx.

Associez-les à des fuchsias, des impatientes, des cœurs de Marie et des lis pour créer des scènes sauvages et raffinées.

Conseils utiles

— Plantez les *Ruscus aculeatus,* au printemps, dans un coin ombragé. Arrosez régulièrement pendant la première année. La croissance est très lente durant les premières années et les touffes ne s'installent vraiment qu'au bout de trois ans.

— Divisez les touffes tous les cinq ans sinon leur cœur risque de se dégarnir. Ce sera le cas aussi après des gelées exceptionnelles. Le feuillage normalement persistant peut même disparaître brutalement. Un apport d'engrais, au printemps, aidera à la repousse.

Hauteur : 1 m.
Étalement et distance de plantation : 60 cm.
Terre : riche en humus.
Exposition : ombre.
Multiplication : par division des touffes, au printemps.
Époque de floraison : insignifiante, en mars, avril.
Mode de végétation : vivace.

Ruta

RUE

Famille des rutacées

Autrefois cultivée pour ses vertus médicinales *Ruta graveolens* est surtout appréciée aujourd'hui pour son feuillage vert glauque et ses fleurs jaune acidulé. C'est une excellente plante de bordure et une bonne compagne des rosiers anciens et des fleurs jaunes. En supprimant les fleurs, les *Ruta* se taillent en boule. Il en existe une variété un peu plus compacte, 'Jackman's Blue', et une autre à feuillage panaché.

Conseils utiles

— Plantez-la au printemps, de préférence. Arrosez régulièrement pendant le premier été et paillez le sol. Par la suite la rue peut résister à des sécheresses assez importantes.

— Bouturez les extrémités de tiges, en été, dans un mélange très sableux ou procédez à un semis, au printemps, qui réussit en général bien et vous donne une grande quantité de jeunes plants qui fleurissent dès la deuxième année.

— Créez des bordures de qualité en les plantant à 30 cm d'intervalle et taillez-les chaque printemps à mi-hauteur pour les rendre plus touffues.

Hauteur : de 40 à 60 cm.
Étalement et distance de plantation : 30 cm.
Terre : ordinaire, de préférence un peu lourde.
Exposition : au moins 3 h de soleil par jour.
Multiplication : à l'automne, par bouturage ou par semis.
Époque de floraison : juin, juillet.
Mode de végétation : vivace.

Sagina

SAGINE

Famille des caryophyllacées

Avec l'helxine, *Sagina subulata* est l'une des plantes préférées des amateurs de jardins inspirés du Japon. Parce que, comme l'helxine, elle donne l'illusion d'un gazon bien ras, et que de plus, en été, elle s'éclaire de minuscules fleurs blanches. On l'utilise parfois pour combler l'espace entre les dalles d'une allée avec de la verdure, ou encore, pour former de larges carrés dessinant des figures géométriques, en vert, sur les sols dallés. A dire vrai, elle n'est pas toujours aussi rustique qu'on le souhaiterait. Comme toutes les petites plantes persistantes, elle est plus séduisante lorsqu'elle est cultivée en compagnie d'autres plantes à feuillage, hostas ou fougères, ou pour servir d'écrin à un massif de fuchsias. C'est une bonne plante pour les jardins de ville où le gazon ne prospère pas.

Conseils utiles

— Plantez des boutures racinées ou des éclats de touffes, au printemps, dans un sol parfaitement meuble et net de mauvaises herbes, à bonne exposition.

— Arrosez copieusement et régulièrement pendant la belle saison en ajoutant, une fois par mois, un peu d'engrais liquide azoté à l'eau d'arrosage.

Hauteur : 5 cm.
Étalement et distance de plantation : 10 cm.
Terre : ordinaire.
Exposition : ensoleillée.
Multiplication : par division des touffes, en toute saison.
Mode de végétation : vivace.

Sagittaria

FLÈCHE D'EAU, SAGITTAIRE

Famille des alismacées

Le sagittaire est facilement reconnaissable à ses feuilles semblables aux pointes de flèches dessinées par les enfants. C'est une plante aquatique indigène au bord de nos cours d'eau. Les fleurs, blanches tachées de pourpre au cœur, s'élèvent au-dessus de l'eau sur de fortes tiges. Excellente plante pour les petits bassins, *Sagittaria sagittifolia* ne cache pas l'eau et suggère au contraire une idée d'élégance.

Conseils utiles

— Plantez-le en mai ou juin, dans une terre riche couverte par au moins 30 cm d'eau. Divisez les touffes, en avril, en séparant les rejets apparaissant autour du pied mère.

— Ne supprimez pas le feuillage englouti sous l'eau même s'il ressemble plus à

△ *Salpiglossis sinuata*
◁ *Sagittaria sagittifolia*
▽ *Sagina subulata*

de l'herbe qu'aux feuilles adultes car il participe à la croissance des plantes.

Hauteur : 30 à 80 cm sous l'eau, 30 à 60 cm au-dessus.
Étalement et distance de plantation : 50 cm.
Terre : riche.
Exposition : ensoleillée.
Multiplication : par division des touffes, au printemps.
Époque de floraison : juillet et août.
Mode de végétation : vivace.

Salpiglossis

SALPIGLOSSIS

Famille des solanacées

Peu de plantes procurent un tel choc visuel ! Les *Salpiglossis sinuata* avec leurs fleurs en trompettes chamarrées, leurs couleurs les plus vives en stries ou en veines, sont du plus bel effet. Chacune dure peu de temps mais elles se renouvellent durant presque tout l'été. Vous pouvez les cultiver en masses ou les

disperser dans vos massifs par petits groupes. Leur feuillage restant modeste vous n'aurez d'yeux que pour leurs fleurs magnifiques. Disposez-en aussi parmi des plantes à feuillage gris, comme des armoises arborescentes.

Conseils utiles

— Semez-les en avril sous châssis froid. Repiquez les plants quand ils ont quelques centimètres de haut, en les espaçant de 20 cm. Vous pouvez aussi semer directement en place, mais attendez alors la mi-mai.

— Arrosez régulièrement et enlevez les fleurs fanées afin que la floraison dure plus longtemps. En août, vous pouvez carrément couper les tiges pour favoriser une nouvelle croissance.

Hauteur : 60 cm.
Étalement et distance de plantation : 20 cm.
Terre : ordinaire, de préférence légère.
Exposition : ensoleillée.
Multiplication : par semis, au printemps.
Époque de floraison : de juillet à septembre.
Époque de floraison : annuelle.

△ *Salvia guaranitica*
▽ *Salvia involucrata* Bethellii

Salvia

SAUGE

Famille des lamiacées

Sans les sauges, nos étés manqueraient singulièrement de couleur. Il n'y a pas que la fameuse sauge rouge, quelquefois un peu trop présente, mais aussi quantité de cousines, plus ou moins vivaces, qui savent se parer de bleu ou de violet pour mieux nous charmer. En général ce sont les reines des lieux ensoleillés et un peu secs.

Conseils utiles

— Semez les sauges **annuelles** en mars ou avril, au chaud. Repiquez-les deux fois avant de les mettre en place en mai, dans un massif enrichi en terreau. Pincez les tiges principales à mi-hauteur pour les forcer à se ramifier. Paillez le sol avec de la tourbe ou du compost à demi-décomposé. Arrosez une fois par semaine en mettant de l'engrais soluble une fois par mois. Pincez ou coupez les tiges fanées régulièrement.

— Plantez les sauges **vivaces** en début d'automne ou au printemps. Allégez le sol avec du sable et ne donnez pas trop d'engrais pour éviter un développement excessif du feuillage. Pincez les tiges fanées et rabattez les touffes à la fin de l'été si le feuillage s'est desséché. Un nouveau feuillage se développera jusqu'aux gelées.

Les meilleures variétés

Parmi les sauges **annuelles** :

— La *Salvia horminum* produit au-dessus du feuillage des hampes garnies de bractées visibles qui entourent les vraies fleurs assez petites. De diverses couleurs, du rose au violet intense, elles se sèchent très bien.

— La *S. splendens* est la fameuse sauge rouge des massifs. Chaque grande maison a ses propres obtentions qui se ressemblent fort. Plutôt que les super naines qui n'ont aucune élégance, donnez la préférence aux demi-hautes, plus tardives mais également plus décoratives, comme 'Bonfire'.

△ *Salvia microphylla grahamii*

— Le meilleur calmant à l'incendie déclenché par les précédentes est la sauge farineuse (*S. farinacea*) qui existe en bleu, 'Victoria', et en blanc, 'Ivoire', un ensemble d'une rare délicatesse. Leur floraison dure de nombreuses semaines.

Parmi les sauges **vivaces** :

— La plus capricieuse de toutes est sans conteste la sauge argenté (*S. argentea*) au fabuleux feuillage tout d'argent vêtu. Pour qu'il soit vraiment beau, protégez la souche avec des plaques de verre pendant la mauvaise saison car cette plante a horreur de l'humidité hivernale.

— La fin de l'été voit s'épanouir les gerbes bleues de la *S. azurea* qui demande une protection sous nos climats les plus froids. Les fleurs de 'Grandiflora' arborent un bleu plus intense.

— La sauge officinale (*S. officinalis*) est bien connue pour son feuillage dont on fait des tisanes digestives fort efficaces si elles ne sont pas très bonnes au goût. L'accord de ses fleurs et de son feuillage argenté voilé de violet est très réussi et met parfaitement en valeur les roses à la tendre carnation. 'Berggarten' se distingue par ses feuilles amples, presque rondes, et ne fleurit bien qu'aux emplacements chauds. 'Icterina', souvent appelée à tort 'Aurea', possède un feuillage vert panaché de jaune. 'Purpurea' est entièrement pourpre.

— La sauge bleue du Mexique (*S. patens*) n'est pas toujours très rustique mais le bleu insensé de ses fleurs, l'un des plus vifs de la nature, mérite bien de les abriter en hiver sous une couche d'écorce

△ *Salvia patens*

△ *Salvia buchananii*
▽ *Salvia horminum*

de pin. Associez-la avec des tabacs blancs pour que son feuillage vert incertain soit moins présent.

— La sauge des prés est une charmante mauvaise herbe des fossés. Dans sa variation naturelle *haematodes* elle vous étonnera par la masse incroyable de fleurs qu'elle est capable de produire.

— L'imposante sauge sclarée *(S. sclarea)* est une autre belle sauge au port très naturel. L'odeur de son feuillage plaît ou déplaît selon l'heure et les personnes, mais tout le monde s'accorde pour aimer ses fleurs bleu pâle qui en font une des meilleures dames d'honneur des rosiers anciens. Elle réussit très bien en bisannuelle et se ressème volontiers toute seule.

— La plus répandue de toutes les sauges vivaces est la *S. superba* au port ramassé. Il en existe de nombreuses variétés dont 'Lubeca', violet, et 'Ostfriesland', encore plus sombre.

— Nous pourrions ajouter encore bien des espèces, comme *S. grahamii*, *S. uliginosa*, *S. involucrata* Bethellii ou *S. coccinea* mais leur rusticité est trop souvent prise en défaut. À la limite cultivez-les comme des fuchsias et provoquez leur démarrage sous un châssis chauffé pour activer leur végétation. Elles fleuriront alors plus tôt.

Hauteur : de 20 à 150 cm.
Étalement et distance de plantation : de 15 à 50 cm.
Terre : ordinaire mais bien drainée.
Exposition : ensoleillée.
Multiplication : par semis ou par division des touffes, au printemps.
Époque de floraison : de juin à octobre.
Mode de végétation : annuelle, bisannuelle ou vivace.

△ *Salvia sclarea*
◁ *Salvia splendens*
▽ *Salvia sclarea tukerstanica*

Sanguinaria

SANGUINAIRE

Famille des papavéracées

Ne cherchez pas la couleur rouge sur les fleurs de *Sanguinaria canadensis,* voisine de nos chélidoines. C'est en fait la racine qui « saigne » quand on l'arrache. Les fleurs sont d'un blanc de neige. La forme à fleurs doubles 'Flore Pleno' dure plus longtemps et est réputée comme l'une des plus belles fleurs doubles qui soient. Elle est en effet presque ronde et pleine comme certaines roses d'autrefois.

Conseils utiles

— Plantez-les, en automne, dans un coin ombragé et une terre riche en tourbe. La croissance est très rapide et la floraison explose quelques semaines seulement après le départ de la végétation, au printemps. Favorisez le feuillage en épandant une couche d'écorce de pin ou de tourbe et continuez les arrosages pendant tout l'été.

— Tous les cinq ans, déterrez les rhizomes avec délicatesse pour les replanter à bonne distance dans une poche de terre sableuse.

Hauteur : 20 cm.
Étalement et distance de plantation : 20 cm.
Terre : riche en tourbe.
Exposition : ombre.
Multiplication : par séparation de nouveaux rhizomes, lorsque les feuilles sont fanées.
Époque de floraison : mai.
Mode de végétation : bulbe.

△ *Sanguinaria canadensis*
Sanguisorba obtusa △
◁ *Sanguinaria canadensis*
◁ *Santolina virens*
▽ *Santolina chamaecyparissus*

Sanguisorba

PIMPRENELLE

Famille des rosacées

Notre brave pimprenelle, aux feuilles croquantes si proches de goût du concombre, possède quelques cousines canadiennes et japonaises de plus grand intérêt décoratif, telle *Sanguisorba obtusa* qui atteint cent vingt centimètres de haut et fleurit en rose pourpre. Toutes les sanguisorbes ont en commun un feuillage divisé, d'un joli vert et des fleurs réunies en écouvillons très légers. Ce sont des plantes pour jardins sauvages et elles font merveille en compagnie des hellébores, des fougères femelles et du cerfeuil musqué. Vous pouvez associer les sanguisorbes avec des bulbes de printemps qui se naturalisent bien, comme les tulipes multiflores, les narcisses à petites fleurs et les fritillaires méléagres.

Conseils utiles

— Plantez-les, en automne ou au printemps, après avoir bêché le sol profondément. Arrosez régulièrement durant le

220

premier été. Par la suite vous pourrez les laisser vivre à leur guise.
— Divisez les touffes tous les trois ans et replantez les éclats tout de suite.

Les meilleures variétés

— *S. canadensis.* Chez 'Multiplex', toutes les étamines sont devenues pétales et se serrent en pompons.

Hauteur : de 60 cm à 120 cm.
Étalement et distance de plantation : 60 cm.
Terre : riche en humus.
Exposition : mi-ombre et soleil.
Multiplication : par division des touffes, au printemps.
Époque de floraison : juin, juillet.
Mode de végétation : vivace.

Santolina

SANTOLINE

Famille des astéracées

Que rêver de mieux que la santoline quand on aime les feuillages découpés, argentés et de plus, odorants ? La santoline est, en effet, une plante très gracieuse avec son feuillage gris, à la fois dense et finement ciselé. Touffue, docile à tailler et très florifère, elle étoffe les massifs et les murets, en plein soleil.

Conseils utiles

— Plantez en bonne terre de jardin, mais en plein soleil, cette méditerranéenne de choix. Elle se plaira dans les creux des murettes de pierres sèches et y tiendra compagnie aux valérianes, au poivre des murailles et aux giroflées.
— Sitôt sa floraison achevée, en juillet, tondez-la légèrement pour lui refaire une beauté.
— Épargnez-lui les sols humides, ce sont ses seuls ennemis.

Les meilleures variétés

Si la santoline la plus populaire est la *Santolina chamaecyparissus,* la santoline verte (*S. virens*) est d'un joli vert de Chine très délicat, elle fleurit avec les mêmes pompons jaunes que sa cousine.

Hauteur : 30 cm.
Étalement et distance de plantation : 30 cm.
Terre : ordinaire, bien drainée.
Exposition : ensoleillée.
Multiplication : par division des souches, au printemps.
Époque de floraison : de juin à juillet.
Mode de végétation : vivace.

Sanvitalia

SANVITALIA

Famille des astéracées

Si vous recherchez une petite plante pour des bordures bien sages, voici votre vœu comblé avec le *Sanvitalia procumbens.* Un simple semis au printemps vous donnera de beaux coussins bien réguliers couverts de petites fleurs jaunes, à cœur noir, pendant tout l'été.

Conseils utiles

— Semez en place directement à la mi-mai et arrosez tous les deux jours jusqu'à ce que la levée soit assurée. Éclaircissez le semis un mois plus tard en ne laissant qu'un plant tous les 20 cm. Paillez en même temps avec des déchets de gazon.
— Enlevez le maximum de fleurs fanées tous les quinze jours et au besoin passez un coup de cisailles à haies pour égaliser la bordure.

Hauteur : 15 cm.
Étalement et distance de plantation : 20 cm.
Terre : ordinaire.
Exposition : ensoleillée.
Multiplication : par semis, au printemps.
Époque de floraison : de juillet aux gelées.
Mode de végétation : annuelle.

Saponaria

SAPONAIRE

Famille des caryophyllacées

Compagne des silènes et du poivre des murailles *(Sedum acre),* prenant le relais des premières et accompagnant la floraison des seconds sur les murs de pierres sèches, dans les rocailles et les massifs ensoleillés, cette petite saponaire rose *(Saponaria ocymoides)* ne tarde pas à former de larges tapis de fleurs, car elle semble n'avoir qu'un seul souci : s'étendre. Ne lui donnez pas un trop petit espace, au contraire, laissez-lui un maximum de place, elle tapissera vos massifs ; contre-plantez du céraiste et vous obtiendrez un merveilleux tapis pastel.

Saponaria ocymoides ▷

△ *Sanvitalia procumbens*

Conseils utiles

— Plantez, de préférence au printemps, en terre ordinaire bien drainée, et en plein soleil.
— Arrosez une fois par semaine pour assurer la reprise, puis espacez les arrosages jusqu'à les supprimer quand les plantes seront bien installées.
— Tous les 3 ans, divisez les touffes.

Les meilleures variétés

— *Saponaria x* 'Bressingham' aux fleurs rose vif s'épanouit plus tôt que *S. ocymoides,* de mai à juillet.
— Les touffes étalées de *S. X lempergii* fleurissent sans discontinuer durant trois mois.
— *S. officinalis,* la savonnière de nos fossés, a donné une forme double, 'Rosea Plena', à l'aise dans les terrains frais.

Hauteur : 15 cm.
Étalement et distance de plantation : 15 cm.
Terre : ordinaire, bien drainée.
Exposition : ensoleillée.
Multiplication : par division des touffes, en automne ou au printemps.
Époque de floraison : de juin à juillet.
Mode de végétation : annuelle, vivace.

△ *Sarracenia flava maxima*

Sarracenia

SARRACÉNIA

Famille des sarracéniacées

On ne sait ce qu'il faut faut admirer le plus chez les *Sarracenia,* leurs feuilles enroulées, aux coloris étonnants rappelant les hauts de chausses des gentilhommes d'autrefois, qui fonctionnent comme des pièges pour les insectes, ou leurs fleurs uniques dans le monde végétal. Elles méritent une petite place si vous disposez du coin · humide qu'elles réclament à moins que vous ne préfériez les faire pousser en pots pour profiter de plus près de leurs formes étranges.

Conseils utiles

— Plantez-les, au printemps, dans des poches de terre tourbeuses, au bord d'un étang ou d'une mare. Entourez les touffes avec de la mousse des marais (sphagnum) pour recréer une ambiance naturelle et associez-les avec des grassettes, des dionées ou des droséras. Les sarracénias résistent aux hivers moyens mais il est bon de recouvrir leur souche avec de la tourbe et un film plastique pour éviter que les oiseaux ne les déterrent.

222

— Plantez-les aussi en pots plus larges que hauts, remplis de tourbe blonde et maintenus toujours humides. Placez ces pots, sous châssis en hiver, ou à l'abri d'une véranda à peine chauffée. En été, sortez-les dans un coin ensoleillé et maintenez les arrosages bi-hebdomadaires.

Hauteur : de 30 à 60 cm.
Étalement et distance de plantation : 30 cm.
Terre : tourbe.
Exposition : ensoleillée.
Multiplication : par division des touffes, au printemps.
Époque de floraison : avril, mai.
Mode de végétation : vivace.

Saxifraga

SAXIFRAGE

Famille des saxifragacées

Tous les amateurs de rocaille connaissent les saxifrages, au nom qui évoque une capacité à fracasser les rochers. Plus modestement, on peut remarquer qu'ils affectionnent les crevasses. Beaucoup sont des raretés de collectionneurs avertis qui sauront vaincre bien des difficultés pour les acclimater en plaine. D'autres sont de vraies bénédictions car ils supportent de vivre pratiquement à l'ombre dense.

Conseils utiles

— Plantez-les, au printemps, en leur donnant une poche de terre meuble et bien drainée. Ajoutez du sable si besoin est. Une exposition à demi ensoleillée est celle qui donne les meilleurs résultats.
— Avant l'hiver, parsemez les alentours de leur collet avec des graviers pour éviter l'accumulation d'eau en ce point.

▽ *Sarracenia rubra*

Les meilleures variétés

— Parmi les saxifrages en **rosettes**, les *Saxifraga aizoon* forment des rosettes assez volumineuses argentées, dont les feuilles présentent souvent des sortes d'incrustations dues à des sécrétions de calcaire. Les fleurs sont gracieuses et légères, blanches ordinairement et roses chez 'Rosea'. *S. cochlearis* et *S. caespitosa* ne dépassent guère 15 cm de haut et sont tous deux blancs, comme *S. linguaeformis* ou *S. umbrosa,* le fameux « désespoir des peintres », ainsi surnommé à cause de la finesse de ses fleurs qui bougent à la moindre brise. Il existe aussi en rose et en une version au feuillage panaché de jaune.
— Parmi les saxifrages en **touffes**, les deux plus beaux sont assurément *S. cortusifolia* (ou *S. fortunei*) et *S. stolonifera* (ou *S. sarmentosa*). Tous deux fleurissent tard, en octobre, novembre et font merveille à l'ombre et en jardinières. Leurs fleurs portent deux pétales plus longs que les autres ce qui les fait ressembler à des petites comètes. *S. cortusifolia* var. *fortunei.* Plus apprécié sous sa forme rouge, 'Rubrifolia'.
— *S. cotyledon* est un des plus gros saxifrages de son groupe. Ses inflorescences pyramidales regroupent des milliers de fleurs.
— Parmi les saxifrages **mousses**, citons deux miniatures dont le feuillage rappelle étrangement celui de nos mousses : le *S. oppositifolia,* petit bijou pour rocailles bien entretenues, qui disparaît sous les fleurs roses en mars, avril. Le *S. hypnoides,* ou gazon turc, ne dépasse pas quant à lui 10 cm de haut et fleurit en rose. Avec le *S. decipiens,* il est l'une des meilleures plantes à choisir pour combler les espaces entre des dalles.

Hauteur : de 10 à 30 cm.
Étalement et distance de plantation : 15 cm.
Terre : riche en humus et bien drainée.
Exposition : mi-ombre et soleil.
Multiplication : par séparation de rejets enracinés, au printemps.
Époque de floraison : de mars à novembre selon les variétés.
Mode de végétation : vivace.

△ *Saxifraga* goodsefiana
Saxifraga hypnoides △
Saxifraga 'Thumbling Waters' ▷
▽ *Saxifraga* 'Rosea'

Saxifraga cortusifolia △
Saxifraga crustata ▷
Saxifraga x *irvingii* ▽

223

Scabiosa

SCABIEUSE

Famille des dipsacacées

Très à la mode autrefois les scabieuses sont tombées dans l'oubli, peut-être à cause de leur réputation de fleurs tristes. Il est vrai qu'elles affectionnent les couleurs sombres, les violets et certains pourpres presque noirs. Mais elles sont aussi gracieuses et élégantes que bien d'autres fleurs. Adoptez-les sans remord, en particulier les scabieuses du Caucase qui sont si jolies avec des œillets mignardises roses.

Conseils utiles

— Semez les scabieuses **annuelles** en mars ou avril, sous châssis froid, ou en mai directement en place, en ligne dans le potager, par exemple. Repiquez-les un mois plus tard et pincez les tiges principales à mi-hauteur pour les forcer à se ramifier. Enlevez les fleurs fanées pour empêcher la formation des graines.

— Plantez les scabieuses **vivaces** au printemps ou en automne. Paillez le sol en juin avec des déchets de tonte de gazon et divisez les touffes tous les trois ans pour les rajeunir.

Les meilleures variétés

— La scabieuse **annuelle** (*S. atropurpurea*), grande, double, variée, est la meilleure pour les bouquets et les massifs. Tuteurez ses touffes discrètement car elles atteignent 90 cm de haut. La *S. caucasica* est **vivace** et fleurit en bleu lavande dans

△ *Scabiosa atropurpurea*
▽ *Scabiosa caucasica*

l'espèce type mais aussi en bleu vif chez 'Nachtfalter'. Le jaune est présent grâce à la **vivace** *S. ochroleuca*, jaune pâle.

— Feuillage gris et fleurs bleues, *S. graminifolia* se plaît dans les rocailles sèches.

— Les gelées interrompent à peine la floraison de *S. columbaria* 'Butterfly Blue' aux pompons bleus rebondis.

Hauteur : de 60 à 90 cm.
Étalement et distance de plantation : 30 cm.
Terre : ordinaire, plutôt calcaire et bien drainée.
Exposition : ensoleillée.
Multiplication : au printemps, par semis et par division des touffes.
Époque de floraison : de juin à octobre.
Mode de végétation : annuelle et vivace.

Schizanthus

SCHIZANTHUS

Famille des scroplulariacées

On compare souvent les fleurs de schizanthus à des ailes de papillons ! Toutes les variations du blanc pur au violet le plus sombre s'y conjuguent sans oublier des dessins soulignés de jaune dans le cœur de cette architecture toute frisottante. Cette fleur délicate constitue des potées de toute beauté et peut même figurer au jardin, en bordure, quoique la durée de sa floraison n'en fasse pas une vedette. Le feuillage argenté des santolines peut aussi accompagner les schizanthus.

Conseils utiles

— Semez-les en octobre et faites-les hiverner sous châssis froid ou attendez le mois d'avril. Repiquez les plants au moins une fois avant de les mettre en place définitivement. Arrosez régulièrement et apportez un peu d'azote si le feuillage est tout jaune. C'est souvent le signe aussi qu'il fait trop froid pour cette plante.

— Plantez-les dehors en mai et associez-les à des plantes plus raides qui leur serviront de tuteurs, comme des cistes, des godétias ou encore des giroflées quarantaine.

Hauteur : de 30 à 40 cm.
Étalement et distance de plantation : 20 cm.
Terre : riche en humus et fraîche.
Exposition : au moins 3 h de soleil par jour.
Multiplication : par semis, en octobre ou en avril.
Époque de floraison : de juin à septembre.
Mode de végétation : bisannuelle.

▽ *Schizanthus pinnatus*

Schizostylis

SCHYZOSTYLIS

Famille des iridacées

Petit cousin gracieux du *Crocosmia* (ou *Montbretia*) le *Schizostylis coccinea* a en commun avec lui d'aimer les sols bien drainés et les jardins des régions océaniques. En bord de mer, ses fleurs qui vont du rose au vermillon sont d'un effet saisissant. Plantez-le dans un jardin breton ou du Sud-Ouest, c'est là qu'il se plaira le mieux, le feuillage lustré des pittosporums le mettra en valeur tandis que les rugueuses calcéolaires lui donneront la réplique, en jaune.

Conseils utiles

— Plantez-le en septembre ou en octobre, dans des poches de terreau bien mûr, en regroupant les bulbes par 3 unités écartées de 10 cm en tous sens et enterrées sous 5 cm de bonne terre.

— Protégez-le des gelées par une bonne litière de feuilles.

— Laissez les touffes s'étoffer pendant trois ou quatre ans sans y toucher afin que les plantes restent florifères.

— Dans les régions au climat doux, on peut les élever en pots (comptez 5 bulbes par potées de 30 cm de large), ils illumineront vos fenêtres tout l'automne.

Hauteur : de 30 à 50 cm.
Étalement et distance de plantation : 10 cm.
Terre : riche en humus.
Exposition : ensoleillée.
Multiplication : par division des bulbes, au printemps.
Époque de floraison : de septembre à novembre.
Mode de végétation : bulbe.

▽ *Schizostylis coccinea*

△ *Scilla sibirica*
Scilla peruviana ▷
▽ *Scilla campanulata*

Scilla

SCILLE

Famille des liliacées

Dès les premières lueurs du printemps, les scilles commencent à déployer leurs corolles, les scilles de Perse tout d'abord (*Scilla tubergeniana*) dès le mois de janvier, puis, les scilles de Sibérie (*S. sibirica*), et enfn, les jacinthes d'Espagne (*S. campanulata*) en mars ou avril (les scilles, ou jacinthes sauvages de nos bois se nom-

ment *Hyacinthoides non-scripta*). Ces jolies petites fleurs, aux tons pastel, décoreront avec délicatesse un coin de jardin sauvage au sol frais.

Conseils utiles

— Plantez les scilles, en octobre, par larges nappes en jetant des poignées d'une dizaine de bulbes sous vos arbustes à floraison printanière et en les plantant là où ils tombent.

— Évitez de mélanger toutes les couleurs, faites plutôt des taches monochromes assez larges.

— Toutes les bonnes terres de jardin leur conviennent.

Les meilleures variétés

Chez les *Scilla campanulata*, les plus belles variétés sont 'Blue Queen', bleu vif ; 'La Grandesse', blanche ; 'Rose Queen', rose. Chez la *S. sibirica*, la variété 'Spring Beauty' est bleu de Prusse. La *S. tubergeniana*, d'un bleu laiteux, est l'une des premières à fleurir, souvent au ras du sol.

Hauteur : de 10 à 30 cm.
Étalement et distance de plantation : 15 cm.
Terre : ordinaire, bien drainée.
Exposition : de mi-ombre à ensoleillée.
Multiplication : par division des bulbes, dès que le feuillage est sec.
Époque de floraison : de janvier à avril.
Mode de végétation : bulbe.

225

Scutellaria

SCUTELLAIRE
Famille des lamiacées

Les scutellaires comptent quelques espèces très indiquées pour la décoration des rocailles. Leur floraison relativement tardive et les tons mauves qu'elles affectionnent sont bien utiles pour éviter que la rocaille ne soit triste en été.

Conseils utiles
— Installez-les au printemps, dans une poche de bonne terre allégée avec du sable. Arrosez régulièrement jusqu'à la floraison. Chaque printemps, rajoutez un peu de terreau de feuilles autour des touffes pour favoriser l'enracinement des rejets latéraux qui peuvent être détachés.

— Méfiez-vous des tendances envahissantes de la scutellaire des Alpes, il est vrai qu'elle est si jolie...

Les meilleures variétés
— *Scutellaria alpina* ne dépasse pas 20 cm de haut mais elle peut former un tapis de près de 60 cm de diamètre. Ses feuilles légèrement grisâtres servent d'écrin à ses fleurs bleu violacé.

— *S. baicalensis*, originaire des abords du lac Baïkal, en Sibérie, est tout à fait rustique. Elle forme des touffes de près de 60 cm de haut dont l'allure rappelle certains népétas.

Hauteur : de 20 à 60 cm.
Étalement et distance de plantation : 30 cm.
Terre : ordinaire, bien drainée en hiver.
Exposition : ensoleillée.
Multiplication : par division des touffes, au printemps.
Époque de floraison : juillet, août.
Mode de végétation : vivace.

▽ **Scutellaria baicalensis**

Sedum

SÉDUM
Famille des crassulacées

Ils sont la providence des jardins où la terre manque d'épaisseur. La texture charnue de leurs feuilles, qui signe leur appartenance au grand groupe des plantes succulentes, témoignent de leur résistance au manque d'eau. La diversité de ce genre est telle que l'on trouve des amateurs de plein soleil comme des adeptes de la mi-ombre, encore que dans ce dernier cas on puisse aussi bien les cultiver au soleil si la terre reste fraîche. Adoptez-les sans mesure pour remplir les vides de votre rocaille ou les interstices entre les pierres d'un muret. Mariez-les aux graminées et aux plantes à feuillages gris qui acceptent comme eux ces conditions de vie souvent rudes.

Conseils utiles
— Plantez des sujets élevés en godets en septembre ou octobre, ou encore au printemps si vous craignez des pluies excessives. De simples boutures mises en terre aux mêmes époques reprennent souvent très bien.

— Sitôt la floraison achevée, coupez les tiges fanées pour en encourager une nouvelle, plus abondante, à la saison suivante. Si des toiles apparaissent sur les extrémités de tiges des *Sedum spectabile*, c'est le signal d'une invasion de chenilles minuscules. Traitez alors avec un insecticide à base de décaméthrine.

— Chaque printemps, rechaussez un peu les souches en ajoutant quelques poignées de terreau au cœur.

Les meilleures variétés
Parmi les sédums **nains**, remarquables en rocaille ou en bordure :

— Le *Sedum aizoon* fleurit en plein été, en jaune foncé, rappelant la floraison du fameux orpin brûlant ou poivre des murailles *(S. acre)* qui joue souvent les filles de l'air sur le haut des murs.

— Les *S. lydium* sont encore plus nains et nous charment par les couleurs glauque ou dorée de leur feuillage selon les variétés, 'Glaucum' ou 'Aureum'.

— Deux autres séries de sédums rampants très connus sont les *S. spathulifolium* et *S. spurium*. Les premiers forment des coussins de rosettes d'où émergent des hampes portant des fleurs jaune vif tandis que les seconds préfèrent le blanc ('Album Superbum'), le pourpre ('Atropurpureum'), le rose vif ('Coccineum') ou revêtent un feuillage panaché de jaune et de rose ('Variegata Tricolor').

Parmi les espèces **moyennes et hautes** qui conviennent mieux aux massifs :

— Le plus connu est le *S. spectabile* dont les inflorescences roses, cramoisi vif ('Brilliant') ou violet pourpre ('Septemberglüt') attendent l'automne pour se déployer. Une vision inoubliable s'ils accompagnent les fuchsias et les asters. Croisée avec le *Sedum telephium* qui pousse sur nos talus, cette espèce chinoise a donné naissance à l'hybride 'Autumn Joy' qui possède plus de légèreté et dont les fleurs changent de couleur au fur et à mesure de leur épanouissement.

— Grâce à son incroyable vitalité, *S. album* survit dans la moindre pellicule de terre.

— La meilleure espèce pour former des tapis réguliers s'appelle *S. floriferum* ; sa floraison cuivrée dure très longtemps.

— Les coussins de *S. kamtschatikum* luisent d'un vert intense.

— Chez *S. reflexum*, les tiges couchées, vêtues de feuilles cylindriques bleutées, se redressent pour porter des grappes de fleurs jaunes lumineuses.

Hauteur : de 15 à 50 cm.
Étalement et distance de plantation : 25 cm.
Terre : ordinaire, bien drainée.
Exposition : soleil et mi-ombre.
Multiplication : par division des touffes, en mars.
Époque de floraison : de juin à novembre.
Mode de végétation : vivace.

△ **Sedum spathulifolium**
◁ **Sedum spectabile**
Sedum spurium ▷
▽ **Sedum acre**

Sempervivum

JOUBARBE

Famille des crassulacées

Voici un autre genre de petites plantes frugales. Avec elles pas de petits soins, vous pourriez poser vos joubarbes par terre sans plus de façons et les oublier, elles s'enracineraient ! Si vous avez un vieux toit de chaume, un coin de murette un peu triste, pensez à elles. En Angleterre, on les employait pour orner le faîtage des toits de chaume, comme on le faisait jadis en Normandie avec les iris, à tel point que le *Sempervivum tectorum* y a gagné le surnom de « joubarbe des toits » ! Elles seront en bonne compagnie avec les sédums, ils partagent les mêmes goûts simples.

Conseils utiles

— Plantez-les dans n'importe quelle terre ordinaire, bien drainée en plein soleil ou entre les pierres d'un muret.

— Utilisez-les en bordures, mais aussi en potées, le *Sempervivum arachnoideum* est alors particulièrement décoratif, surtout lorsqu'il déploie ses fleurs roses.

Les meilleures variétés

— Il s'agit en l'occurrence de deux espèces, le *S. arachnoideum*, baptisé « voile de mariée » en raison du voilage laineux qui le recouvre. Il se pare de jolies fleurs roses en été. Le *S. tectorum* aux rosettes bronzées fleurit en grenat, mais hélas rarement. *S. calcareum* est une espèce voisine dont l'extrémité des feuilles est fortement teintée de brun.

— Les feuilles de *S. ciliosum* adoptent parfois une livrée brune qui fait ressortir les cils verts qui les bordent.

— *S. ruthenicum* (*S. zelebori*) regroupe ses rosettes plates et velues en tapis vert grisâtre, parfois décorés d'un peu de brun.

— Les rosettes globuleuses de *S. x piliferum*, brun rougeâtre, présentent une garniture de soies argentées.

Hauteur : de 5 à 10 cm.
Étalement et distance de plantation : 10 cm.
Terre : ordinaire.
Exposition : ensoleillée.
Multiplication : par division des souches, en automne ou au printemps.
Époque de floraison : de juin à août.
Mode de végétation : vivace.

Sempervivum tectorum ▽

△ *Senecio maritima*

Senecio

SÉNÉÇON

Famille des astéracées

Les seuls *Senecio* dont nous pouvons parler ici sont *S. greyi,* quoique l'on puisse aussi bien le considérer comme un petit arbuste, et le cinéraire maritime (*S. maritima* ou *S. cineraria).* Le premier est l'une des plantes préférées de nos voisins anglais qui l'utilisent à tout bout de champ quand il s'agit de donner du relief à un massif ou de donner un écrin à une autre plante. Son feuillage est si divinement gris argenté qu'il se marie en effet avec tout... sauf peut-être avec ses fleurs jaunes assez quelconques que vous enlèverez bien vite. Le second joue le même rôle à un étage

inférieur. Mariez-le aux sauges rouges pour une riche harmonie.

Conseils utiles

— Plantez le *Senecio greyi,* au printemps seulement, car il supporterait difficilement l'hiver sans être enraciné. Allégez la terre avec du sable et même des cailloux. Plantez-le légèrement surélevé pour protéger son collet de l'excès d'humidité. À l'approche de l'hiver placez une poignée de laine de roche à son pied. Si les feuilles gèlent, la végétation repartira alors de terre.

— Semez le cinéraire maritime en mars, au chaud, et repiquez-le une fois avant de le mettre en place définitivement, en mai. Pincez ses tiges pour l'obliger à former une belle touffe. Arrosez-le régulièrement pendant la canicule et supprimez ses fleurs dès leur apparition.

Hauteur : de 15 à 150 cm.
Étalement et distance de plantation : de 15 à 60 cm.
Terre : sèche et bien drainée.
Exposition : ensoleillée.
Multiplication : par semis, au printemps ou par bouturage, en été.
Époque de floraison : fin d'été.
Mode de végétation : annuelle et vivace.

Shortia

SHORTIA

Famille des diapensiacées

Shortia est une plante vivace pour la rocaille. Son feuillage prend une teinte roussie en hiver et forme un joli couvre-sol qui devrait être plus utilisé.

Conseils utiles

— Divisez les souches en juin et replantez sans tarder avec de la tourbe.

— Ou prélevez des boutures en juin ou juillet et plantez-les dans 1/3 de tourbe, 1/3 de sable et 1/3 de terreau de feuilles. Gardez en châssis tout l'hiver et mettez en place au printemps.

— Retirez les fleurs fanées pour obtenir une plus longue floraison.

Les meilleures variétés

Shortia uniflora a des fleurs rose pâle, cireuses, avec des bords dentelés qui apparaissent au printemps. *S. glacifolia,* présente un feuillage vert pâle, teinté de rouge sur le bord. Ses fleurs sont blanches et en forme d'entonnoir.

Hauteur : 10 cm.
Étalement et distance de plantation : 30 cm.
Terre : tourbe et terre normale.
Exposition : mi-ombre.
Multiplication : par division des souches, en juin, ou par bouturage en juin, juillet.
Époque de floraison : printemps.
Mode de végétation : vivace.

Sidalcea

SIDALCÉA

Famille des malvacées

Sidalcea malvaeflora est très proche des lavatères. Un port un peu raide et une floraison pas toujours très assurée l'ont laissée dans l'ombre jusqu'à ce qu'apparaissent des cultivars de bonne qualité. Employez-la en grandes masses avec des plantes à feuillage gris, armoises ou stachys, des chardons ou encore avec des scabieuses couleur lilas.

Conseils utiles

— Plantez-les dans une terre enrichie en terreau de feuilles et en fumier bien décomposé. Paillez le sol, en juin, avec de l'écorce de pin et soutenez la floraison avec des arrosages réguliers, dans lesquels vous ajouterez de l'engrais soluble une fois sur deux.

— Divisez les touffes tous les cinq ans. Vous pouvez aussi tenter le semis de graines fraîches qui ne lèvent, en général, que le printemps suivant. Les couleurs risquent cependant de ne pas être celles des parents.

— Tuteurez les touffes discrètement en début mai avec des ramilles de noisetier et disposez des appâts anti-limaces car les jeunes pousses les attirent de loin.

Les meilleures variétés

— 'Interlaken' est rouge carmin tandis que 'Rosy Gem' est rose vif. Il existe aussi un cultivar blanc à floraison tardive vraiment éblouissant de pureté.

— Contrairement à tous les autres, S. *candida* est une espèce rhizomateuse, surtout connue par 'Bianca', variété à petites fleurs blanches.

Hauteur : de 70 à 120 cm.
Étalement et distance de plantation : 30 à 40 cm.
Terre : riche en humus.
Exposition : mi-ombre ou soleil.
Multiplication : par division des touffes, au printemps.
Époque de floraison : de juin à septembre.
Mode de végétation : vivace.

Silene

SILÈNE

Famille des caryophyllacées

Le rose carmin est la couleur de prédilection des silènes qui comptent des espèces annuelles, d'autres bisannuelles et enfin certaines tout à fait vivaces. De nos jardinières à la rocaille et aux murets de pierre sèche, il est peu d'endroits bien ensoleillés qui ne puissent les accueillir.

Conseils utiles

— Semez les *Silene pendula* (annuels) en juillet et repiquez-les une fois avant de les mettre en place définitivement, en octobre. Ils passent l'hiver sans encombre et fleurissent en avril. Donnez-leur des tulipes multiflores roses et des narcisses des poètes comme compagnons.

— Les silènes **vivaces** se plantent au printemps dans des poches de terre légère et un peu calcaire. Divisez-les quand leur floraison devient moins éclatante.

Les meilleures variétés

— Le *Silene pendula* est originaire de Crête. Il retombe des jardinières au printemps en masses roses ou rouges très décoratives.

— Parmi les bijoux de la rocaille, le *S. acaulis* est l'un des plus recherchés. Dépassant rarement 3 cm de haut, il forme un coussin très dense ponctué de quelques fleurs. Seul le climat de la montagne lui fait retrouver de belles couleurs.

— Le *S. schafta* est beaucoup moins capricieux mais son rose peut déplaire à certains tant il est vif. Il est en fleurs de juillet aux gelées.

— Le silène à bouquets *(S. armeria)* forme des gros bouquets roses ou pourpres en été. C'est une excellente fleur à bouquets mais d'un contact un peu collant. On le sème en avril directement en place.

— *S. maritima* garnit à merveille les dallages et les murets dans lesquels elle se ressème. Les fleurs de 'Plena' rappellent les œillets des fleuristes.

Hauteur : de 3 à 60 cm.
Étalement et distance de plantation : 20 cm.
Terre : ordinaire, de préférence légère.
Exposition : ensoleillée.
Multiplication : au printemps, par semis ou par division des touffes.
Époque de floraison : d'avril à octobre, selon les variétés.
Mode de végétation : annuelle, bisannuelle et vivace.

△ *Shortia uniflora*
Sidalcea malvaeflora ▷
▽ *Silene pendula*

Silybum

SILYBUM
Famille des astéracées

Le *Silybum* fait merveille dans un jardin sauvage. Annuelle ou bisannuelle, cette plante offre un joli feuillage marbré de chardon, en forme de grande rosette très décorative. Des fleurs violet foncé, légèrement parfumées, s'épanouissent à la fin de l'été sur *Silybum marianum,* au bout de longues tiges. Les delphiniums et les roses anciennes seront des voisines parfaites.

Conseils utiles

— Semez les **annuelles,** en place, au printemps ou en automne et les **bisannuelles,** en mai ou juin. Eclaircissez dès que les plantules sont assez grandes.

— Ne les gâtez pas trop, elles se contentent d'une terre pauvre à la condition qu'elles puissent prospérer au sec et au soleil.

Hauteur : 1 m.
Étalement et distance de plantation : 50 cm.
Terre : ordinaire.
Exposition : ensoleillée.
Multiplication : par semis, au printemps ou à l'automne pour les annuelles et en mai ou juin pour les bisannuelles.
Époque de floraison : de juillet à septembre.
Mode de végétation : annuelle et bisannuelle.

▷ *Sisyrinchium macrocarpum*
▽ *Silybum marianum*

Sisyrinchium

SISYRINCHIUM
Famille des iridacées

D'une grande élégance en rocaille ou en bordure avec d'autres vivaces, elle présente un feuillage qui ressemble à celui de l'iris. En revanche, ses nombreuses fleurs, sur toute la longueur de la tige, sont comme des étoiles bleu pâle ou jaune.

Conseils utiles

— Plantez-la dans une terre bien drainée enrichie avec du terreau de feuilles ou de la tourbe.

— Retirez les graines des petits fruits puis semez-les en caissettes ; transplantez-les l'année suivante, en godets. Attendez trois ans avant de les mettre en place.

— Ne dérangez pas les touffes établies, sauf pour les diviser.

Les meilleures variétés

Sisyrinchium angustifolium proposent des fleurs violettes, à partir de mai et jusqu'en octobre. *S. bermudiana,* rustique, a des fleurs en étoile, bleu clair avec une base

△ *Smilacina racemosa*

Smilacina

FAUX SCEAU-DE-SALOMON
Famille des liliacées

Les *Smilacina racemosa* se plaisent sous l'ombre légère des bosquets. Les feuilles, vert pâle, côtelées, se tiennent bien droites, protégeant le délicat rameau de fleurs blanches et parfumées.

Conseils utiles

— Au mois de novembre, coupez la plante à ras de terre ; un paillage de feuilles sera le bienvenu. Ne la dérangez pas pendant trois ans car les plantes se propagent lentement mais sûrement.

— Plantez-la d'octobre à mars, dans une terre riche, un peu humide de préférence.

— Divisez les souches tous les trois ou quatre ans et replantez les éclats immédiatement.

Hauteur : 50 cm.
Étalement et distance de plantation : 25 cm.
Terre : riche, un peu humide.
Exposition : mi-ombre.
Multiplication : par division des touffes, en octobre.
Époque de floraison : mai, juin.
Mode de végétation : vivace.

Solanum

PIMENT D'ORNEMENT
Famille des solanacées

Parent de l'aubergine, le *Solanum* forme un sous-arbrisseau. Certaines variétés sont grimpantes avec un feuillage persistant, ce sont les plus décoratives malgré leur peu de rusticité.

Conseils utiles

— Semez les graines, en février ou mars, ou faites des boutures (10 cm), en août, plantées dans un mélange de sable de rivière et de tourbe. Lorsque les boutures seront enracinées, transplantez-les dans des pots contenant 1/3 de compost, 1/3 de tourbe et 1/3 de sable. Ne laissez pas la terre se dessécher et veillez que la température ne descende pas en dessous de 13 à 14 °C. Mettez en place en mai.

— Dans les régions froides, cultivez le piment en pots mis à l'abri en hiver ; dans tous les cas, protégez les piments du gel.

— Pour obtenir de beaux sujets, pincez les jeunes plants quand ils atteignent 10 cm.

Les meilleures variétés

— *Solanum capsicastrum* est surtout cultivé en pot. On apprécie ses fruits rouges et son feuillage persistant ; à peine rustique on le soigne comme une annuelle. Il a besoin de pulvérisations qui l'incitent à fructifier.

— *S. crispum* est presque persistant et peut atteindre 2,50 m. De juin à septembre, il propose ses fleurs bleues, en forme d'étoile.

— *S. jasminoides,* plus rustique que le précédent, atteint des hauteurs un peu plus élevées. Il fleurit en bleu pâle de juillet à octobre.

Hauteur : de 0,50 à 2,50 m.
Terre : normale.
Exposition : ensoleillée mais abritée.
Multiplication : par semis, au printemps ou par bouturage, en août.
Époque de floraison : été.
Mode de végétation : annuelle et vivace.

Solanum crispum ▽

◁ *Sysyrinchium striatum*
Sisyrinchium bermudianum △

jaune, en mai et juin. *S. striatum* fleurit abondamment à partir de juin, en jaune plutôt crème.

Hauteur : 40 cm.
Étalement et distance de plantation : 20 cm.
Terre : ordinaire, bien drainée.
Exposition : ensoleillée.
Multiplication : par semis en automne ou par division des touffes, en automne ou au printemps.
Époque de floraison : été.
Mode de végétation : vivace.

231

Soldanella minima △
Solidago canadensis ▷
Soldanella montana ▽

Sodanella

SOLDANELLE

Famille des primulacées

Les sodanelles forment un joli tapis mauve qui se détache bien entre les pierres ou les rochers qui sont leur habitat naturel puisqu'elles sont originaires des montagnes. Leurs pétales délicatement frangés sont un de leurs attraits.

Conseils utiles

— Plantez-les en septembre ou octobre dans une terre enrichie de tourbe.

— Apportez une poignée de gros sable ou de gravillon autour de chaque plante afin de les aider à mieux supporter la pluie. A ce propos elles apprécient un « toit » avec une vitre ou un film plastique transparent au-dessus de leurs têtes durant la saison des pluies qu'elles n'apprécient vraiment pas.

Les meilleures variétés

Soldanella alpina, aux fleurs lavande, apprécie les rocailles au début du prin-temps. *S. montana,* plus solide et plus haute, ressemble un peu à la précédente avec des fleurs mauves en forme de clochette.

Hauteur : de 5 à 15 cm.
Étalement et distance de plantation : 30 cm.
Terre : normale, bien drainée.
Exposition : mi-ombre ou soleil.
Multiplication : par division des souches, en juin.
Époque de floraison : mars, avril.
Mode de végétation : vivace.

Solidago

VERGE D'OR

Famille des astéracées

Vraiment facile à cultiver, la verge d'or présente des feuilles en lanières avec de minuscules fleurs formant des « plumes » dorées. Plantez-la, en isolée ou en plate-bande, près des asters ou des véroniques. Excellente fleur coupée, vous pouvez en faire des bouquets ou faire sécher les inflorescences avant leur complet épanouissement.

Conseils utiles

— Plantez-les entre octobre et mars dans n'importe quelle terre même calcaire.

— Attention, le feuillage est sujet à l'oïdium, traitez toute la plante dès que vous constatez l'apparition d'une « poudre » blanche.

— Coupez toutes les branches à terre en octobre ou novembre.

Les meilleures variétés

— *S. canadensis* atteint 1,80 m et fleurit en septembre ou octobre. Elle est à l'origine de nombreux hybrides. Certains ne

tés. Plusieurs s'épanouissent sur la même tige dont le feuillage étroit et pointu ressemble à celui de l'iris. *Sparaxis tricolor* fleurit vers le mois de juin, en rouge, jaune, violet et même en blanc.

Conseils utiles

— Si vous désirez des fleurs à couper, plantez les bulbes en novembre, à 10 cm de profondeur.

— Une fois les feuilles fanées, en juillet, déterrez les bulbes et mettez-les à sécher dans une pièce sans risque de gel ni d'humidité, jusqu'au mois de novembre, époque à laquelle vous les replanterez dans une terre riche et bien drainée.

— Attention, *Sparaxis* est une petite plante qui craint le gel !

Hauteur : 40 cm.
Étalement et distance de plantation : 10 cm.
Terre : riche et bien drainée.
Exposition : plein sud, à l'abri du vent.
Multiplication : par division des bulbes après le flétrissement du feuillage.
Époque de floraison : mai, juin.
Mode de végétation : bulbe.

Sprekelia

CROIX DE SAINT-JACQUES, LIS DE SAINT-JACQUES
Famille des amaryllidacées

En bacs ou en pots, chaque tige de *Sprekelia formosissima* porte une fleur rouge cramoisi, spectaculaire, en forme d'entonnoir. De leur origine mexicaine, les bulbes conservent une préférence pour la chaleur et ne sont pas très rustiques sous nos climats. Les quelques longues feuilles grandissent à mesure que les fleurs disparaissent. Les *Sprekelia*, dont les hampes s'épanouissent, en principe, en avril, ne font de l'effet que s'ils sont plantés par groupes de trois à cinq bulbes.

Conseils utiles

— Récoltez les bulbilles en été et plantez-les dans des pots ou des bacs de terre fraîche ou de terreau, à l'abri du froid ; ils fleuriront trois ou quatre ans plus tard.

— N'arrosez pas avant le mois de mai, gardez la terre humide par la suite, jusqu'à ce que le feuillage soit fané.

— Rempotez tous les trois ans, au mois de septembre.

Hauteur : 50 cm.
Étalement et distance de plantation : 15 cm.
Terre : mélange de terre, de compost et de sable.
Exposition : ensoleillée.
Multiplication : par la récolte des bulbilles après le dessèchement du feuillage, en été.
Époque de floraison : juin, juillet.
Mode de végétation : bulbe.

dépassent pas 50 cm de haut et sont moins envahissants comme 'Golden Dwarf' et 'Goldenmosa'. 'Strahlenkrone' produit des inflorescences tabulaires d'un jaune intense.

Hauteur : de 0,20 à 1,80 m.
Terre : normale.
Exposition : soleil ou mi-ombre, elle aime le bord de mer.
Multiplication : par division des souches, au début de l'hiver ou du printemps.
Époque de floraison : d'août à septembre.
Mode de végétation : vivace.

Sparaxis

SPARAXIS
Famille des iridacées

Les fleurs des sparaxis, à six pétales, présentent de nombreux coloris contras-

△ *Sparaxis* hybride
▽ *Sprekelia formosissima*

233

Stachys

OREILLE D'OURS ou DE LAPIN
Famille des lamiacées

Les feuilles qui évoquent celles des ours ou des lapins, blanc argenté, paraissent laineuses. Les fleurs, peu spectaculaires, du violet au rose pâle, sont nichées le long d'une épaisse et courte tige. Les *Stachys* disposés en bordure de roses ou de plantes vivaces donnent l'impression d'un tapis velouté.

Conseils utiles

— Plantez en automne ou au printemps dans un sol bien drainé.

— Coupez le feuillage en novembre et entourez le pied d'une couche de sable afin de le protéger de l'humidité.

Les meilleures variétés

— *S. lanata* (synonyme : *S. olympica*), celui que l'on nomme le plus fréquemment oreille d'ours, est un excellent couvre-sol pour une terre pauvre et sèche. Il est présent dans de nombreux catalogues sous le nom de *S. bizantina*. Parmi les variantes originales, notons 'Primrose Heron', à feuilles légèrement jaunes, et 'Silver Carpet' qui ne fleurit pas ou très peu.

— *S. grandiflora* possède une forme à très grandes fleurs, réellement spectaculaire, appelée 'Superba'.

— Le feuillage de *S. macrantha* est plus vert que celui du précédent.

— Connu sous le nom vulgaire de bétoine, le *S. officinalis* propose des fleurs tubulaires, pourpres, en août, septembre. La variété 'Grandiflora' est l'un des *Stachys* le plus décoratif, il fleurit en rose et dépasse 60 cm de haut.

Hauteur : de 30 à 60 cm.
Étalement et distance de plantation : 20 à 40 cm.
Terre : normale ou pauvre, bien drainée.
Exposition : soleil ou mi-ombre.
Multiplication : par division des touffes, en septembre ou avril.
Époque de floraison : en été, sans grand intérêt.
Mode de végétation : vivace.

▽ *Stachys lanata*

Sternbergia

STERNBERGIA
Famille des amaryllidacées

Les petites fleurs d'un jaune éclatant du *Sternbergia* ressemblent à celles des crocus mais elles ont la bonne idée de s'épanouir en automne. Vous pouvez les associer aux pavots d'Orient car leurs périodes de végétation sont complémentaires. La légende prétend que cette petite plante est un des petits lis bibliques qui poussait à l'état sauvage sur les collines méditerranéennes.

Conseils utiles

— Plantez-les en août, septembre, à 10 cm de profondeur dans une terre bien drainée.

— Les bulbes doivent rester en place jusqu'à ce qu'ils soient congestionnés. Séparez-les alors et replantez-les sans attendre, ils fleuriront l'année suivante ou dans deux ans.

Les meilleures variétés

— Les fleurs jaune d'or de *Sternbergia clusiana* apparaissent début septembre et durent jusqu'à la fin octobre.

— Les fleurs de *S. lutea*, jaune brillant, s'ouvrent à la même époque.

— Contrairement à ses deux cousines, *S. fischeriana* fleurit en mars, en jaune vif.

Hauteur : 10 cm.
Étalement et distance de plantation : 10 cm.
Terre : normale, bien drainée.
Exposition : plein soleil et mi-ombre.
Multiplication : par séparation des bulbilles, en été.
Époque de floraison : automne, au printemps pour *S. fischeriana*.
Mode de végétation : bulbe.

Stipa

STIPE
Famille des poacées

Fines, fines, fines, les feuilles des stipes forment des vagues quand le vent souffle sur le jardin. Elles apportent une impression de grand espace et allègent la silhouette des plantes qu'ils accompagnent. N'abusez pas cependant des associations trop contrastées du genre tapis de bergénias ou de sédums surmonté par quelques touffes de stipes car le résultat est rarement heureux. Plus réussi est le mariage avec des marguerites des champs, des coquelicots variés et des scabieuses du Caucasse.

Conseils utiles

— Plantez-les, au printemps, et binez de temps à autre pendant la saison. Paillez le sol en juin et en juillet et arrosez

Sternbergia lutea △

Stipa gigantea △
Stipa tenuifolia ▷

régulièrement pendant le premier été.

— Divisez les touffes, au printemps, tous les trois ans quand elles sont trop denses et menacent de se coucher sous les orages.

Les meilleures variétés

Seule la taille diffère entre le *Stipa gigantea*, plus de 2 m, et le *S. calamagrostis*, 1,20 m. Les épis plumeux des deux peuvent être utilisés dans les bouquets secs où leur nuance violette plaît beaucoup en compagnie des immortelles cuivrées.

Hauteur : de 1,20 à 2 m.
Étalement et distance de plantation : 50 cm.
Terre : ordinaire.
Exposition : ensoleillée.
Multiplication : par division des touffes, au printemps.
Époque de floraison : de juin à septembre.
Mode de végétation : vivace.

△ *Stokesia laevis*

Stokesia

STOKÉSIA

Famille des astéracées

Outre-Manche, on la nomme « aster de Chine » d'où elle nous est venue au XVIIIᵉ siècle. Il est rarement donné de contempler de belles touffes de *Stokesia laevis* dans les jardins. Il s'agit pourtant d'une plante vivace de tout premier ordre pour garnir le devant d'un massif. Elle a conservé en effet la pureté de ligne et l'harmonie des fleurs sauvages. Parfaitement mises en valeur par le feuillage d'un beau vert, les fleurs, en forme de bleuet, déclinent tous les tons du blanc au pourpre, avec une prédilection pour le mauve. Un conseil : laissez les touffes prendre de l'ampleur, c'est au bout de trois ou quatre ans qu'elles sontle plus spectaculaire.

Conseils utiles

— Plantez les godets en automne, de préférence, ou au printemps, si la terre est lourde et collante en hiver.

— Paillez le sol en avril et arrosez correctement pendant le premier été.

— Le semis donne des résultats variables en coloris, mais souvent fort intéressants.

Hauteur : de 30 à 50 cm.
Étalement et distance de plantation : 40 cm.
Terre : assez riche et restant fraîche, en été.
Exposition : ensoleillée.
Multiplication : par division des touffes, en automne ou par semis, en mars.
Époque de floraison : de juillet à octobre.
Mode de végétation : vivace.

Symphytum

SYMPHYTUM

Famille des borraginacées

Voici une plante sans exigence ! Elle aime autant l'ombre que le soleil, elle s'établit volontiers dans un milieu humide, en sous-bois. Ses fleurs sont en forme de clochette pendante. Chez *Symphytum caucasicum,* elles offrent la particularité d'être roses au moment de l'éclosion puis de devenir d'un beau bleu.

Conseils utiles

— Plantez-les en octobre ou au début du printemps, dans une terre de jardin ordinaire.

— Pratiquez un tuteurage « naturel » avec des branches de noisetier.

Les meilleures variétés

— Les touffes de *S. grandiflorum* se rejoignent en tapis denses qui ne laissent aucune chance aux mauvaises herbes.

— *S. x uplandicum,* souvent vendu sous le nom de *S. peregrinum* est un hybride robuste, aux fleurs tubulaires d'un bleu tirant sur le rouge. 'Variegatum' et son feuillage fortement panaché de crème ajoute une note colorée dans les sous-bois.

— *S. orientalis* est un bon couvre-sol sous les arbres, ses fleurs blanches s'épanouissent en mai ou juin.

— À la même époque *S. rubrum* fleurit en un rouge profond mais pour une période plus longue.

Hauteur : 60 cm.
Étalement et distance de plantation : 40 cm.
Terre : normale.
Exposition : toutes.
Multiplication : par division des souches.
Époque de floraison : mai, juin.
Mode de végétation : vivace.

Symphytum caucasicum ▽

△ *Tagetes erecta*

Tagetes

ŒILLET et ROSE D'INDE
Famille des astéracées

Voici deux vedettes des massifs de l'été. Si on peut leur reprocher, outre l'odeur de leur feuillage qui déplaît à beaucoup de personnes, une certaine virulence des coloris qui optent entre le jaune citron et l'orange pur, impossible de les taxer de plantes pour amateurs confirmés. Leur culture est incroyablement facile puisque leurs graines ne demandent qu'à lever et que les plantules sont très vigoureuses. On peut aussi les acheter en plants, qui sont peu coûteux et fleurissent au bout de quelques semaines seulement. Ne les mélangez pas aux fleurs rouges, roses ou bleues mais utilisez-les plutôt en petits groupes dans un océan de verdure ou choisissez le gris des armoises et des stachys pour leur tenir compagnie.

Conseils utiles
— Semez-les sous abri à la fin mars, dans un coin protégé, en avril, ou directement en place, en mai. Repiquez-les un mois après la levée ou éclaircissez les semis en laissant un pied tous les 20 cm.
— Arrosez jusqu'à l'apparition des premières fleurs puis contentez-vous d'irriguer le pied sans mouiller celles-ci car l'excès d'eau pourrait les faire pourrir.
— Ôtez régulièrement les fleurs fanées, les *Tagetes* vous récompenseront par de nouvelles inflorescences jusqu'aux gelées.

Les meilleures variétés
Parmi les **œillets d'Inde** (*Tagetes patula*) :
— Choisissez, à votre convenance, les œillets d'Inde à fleur de scabieuse (la série des 'Boy' ou des 'Bonanza'), les nains à très grosses fleurs tubulées comme 'Honeycomb' ou 'Yellow Jacket' sans oublier les nains compacts comme 'Lemon Drop', 'Bonita', 'Carmen' et les adorables simples nains comme 'Légion d'Honneur' et 'Dainty Marietta'. Les *T. sinuata* forment des touffes très denses couvertes de fleurs plus petites, jaune d'or chez 'Gnom' et jaune citron chez 'Lulu'.

Parmi les **roses d'Inde** (*Tagetes erecta*) :
— Ne cherchez pas les trop naines car elles durent moins longtemps et ne font pas de beaux buissons. Les 'Jubilee' qui culminent à 60 cm et les 'Sunset' (1 m) sont parmi nos préférées.

Hauteur : de 20 cm à 1 m.
Étalement et distance de plantation : de 20 à 40 cm.
Terre : ordinaire.
Exposition : plein soleil.
Multiplication : par semis, au printemps.
Époque de floraison : de juin aux gelées.
Mode de végétation : annuelle.

Tanacetum
Voir *Chrysanthemum.*

Tellima

TELLIMA
Famille des saxifragacées

Le feuillage persistant de *Tellima grandiflora* fait oublier les fleurs jaunâtres, assez insignifiantes, au mois de mai, quoique doucement parfumées. C'est un excellent couvre-sol peu envahissant et qui s'établit très vite. *Tellima grandiflora* 'Purpurea' offre les mêmes qualités mais son feuillage est d'un vert bronzé très décoratif. Des jonquilles ou des tulipes associées aux *Tellima* font un joli tableau printanier.

Conseils utiles
— Plantez-les en automne ou au printemps, dans n'importe quelle terre.
— Retirez les fleurs fanées sauf si vous désirez obtenir des graines.

Hauteur : 40 cm.
Étalement et distance de plantation : 40 cm.
Terre : toutes.
Exposition : soleil ou ombre.
Multiplication : par division des touffes, en septembre ou en mars, ou par semis lorsque les graines sont mûres.
Époque de floraison : printemps.
Mode de végétation : vivace.

▽ *Tagetes patula*
Tellima grandiflora ▽

▽ *Teucrium scordonia crispa*
Teucrium polium ▽

Teucrium

GERMANDRÉE

Famille des lamiacées

Une allure bien sage caractérise les germandrées jusqu'au moment où leurs fleurs apparaissent. Munies d'une lèvre inférieure très longue, elles arborent des tons pastel d'une grande tendresse. Le feuillage persistant permet de les employer en petites bordures, en remplacement de la santoline dans les régions froides.

Conseils utiles

— Plantez-les au printemps, de préférence, dans une terre allégée avec du sable. Les germandrées adorent le soleil mais peuvent aussi supporter un peu d'ombre.

— Taillez-les deux fois par an, tout d'abord en avril pour donner forme à la bordure puis en août pour nettoyer les touffes des fleurs fanées.

— Plantez des bulbes printaniers entre les touffes. Des ails décoratifs ou des glaïeuls botaniques sont parfaits pour cela.

Les meilleures variétés

À côté de la germandrée petit chêne (*Teucrium chamaedrys*) ainsi surnommée à cause de la forme de ses feuilles, la meilleure variété pour les bordures, on cultive aussi *T. crispum,* aux fleurs jaune crème, et au joli feuillage très ondulé se colorant de pourpre en automne, et *T. polium,* au feuillage presque blanc. Toutes sont rustiques et finissent par former de petits arbustes au bois très dur.

Hauteur : de 20 à 50 cm.
Étalement et distance de plantation : 30 cm.
Terre : ordinaire, bien drainée.
Exposition : ensoleillée.
Multiplication : par bouturage, en fin d'été.
Époque de floraison : de juin à octobre.
Mode de végétation : vivace.

▽ *Thermopsis montana*

Thalictrum

PIGAMON

Famille des renonculacées

Les pigamons sont cultivés pour le charme de leurs fleurs légères et pour la délicatesse de leur feuillage gris bleuté. Sur de longues tiges fines, les fleurs ressemblent à des houppettes roses, jaunes ou mauves mais, petit inconvénient, elles ne durent pas longtemps.

Conseils utiles

— Plantez, en place, en mars ou avril, dans une terre riche en humus.

— Semez les graines en caissettes, au printemps, dans un compost composé de 1/3 de terre, 1/3 de sable et 1/3 de tourbe, vous mettrez en place au printemps suivant.

— Tuteurez avant que les plantes atteignent leur hauteur maximum.

— En mars, couvrez les souches avec une couche de tourbe ou de fumier décomposé.

Les meilleures variétés

— *Thalictrum adiantifolium,* haut de 1,20 m est surtout cultivé pour son feuillage argenté, en effet, ses fleurs qui apparaissent en juillet, verdâtres, sont insignifiantes.

— *T. aquilegifolium,* au joli feuillage argenté, offre des fleurs mauves qui s'épanouissent en juillet ou août, ou blanches dans sa variété 'Album'.

— Originaire de Chine, *T. dipterocarpum* présente également des fleurs mauves mais avec des anthères jaunes très apparentes, jaune vif (juillet, août). La variété 'Album' est blanche et rare.

— *T. kiusianum* nous vient du Japon, son feuillage vert argent et ses fleurs violet clair, au mois de mai, font un joli mariage.

— *T. spesiosissimum* porte un feuillage gris bleuté ; ses fleurs se balancent sur des hampes de 20 cm de long, en juillet ou août. Elles sont jaune vif.

Hauteur : de 1 m à 1,50 m.
Étalement et distance de plantation : 0,50 m.
Terre : normale, de préférence riche en humus.
Exposition : mi-ombre ou soleil.
Multiplication : par division des souches, replanter en mars ou avril.
Époque de floraison : plein été.
Mode de végétation : vivace.

Thermopsis

THERMOPSIS

Famille des fabacées

Solide, résistant, le *Thermopsis* ressemble un peu aux lupins avec un feuillage

△ *Thalictrum aquilegifolium*

△ *Thalictrum dipterocarpum*

un peu glauque. Bien que sa culture soit aisée, il convient de se méfier de ses racines qui s'étalent et se propagent avec une grande rapidité.

Conseils utiles

— Plantez-les en automne ou au début du printemps, dans n'importe quelle terre pourvu qu'elle soit bien drainée.

— Coupez les fleurs fanées à 5 cm du sol, vous pourrez espérer une deuxième floraison.

— Si la division des touffes et leur reprise est facile, la végétation ne démarre vraiment qu'au bout de deux ou trois ans. Mais alors, quelle vigueur !

Les meilleures variétés

Les fleurs de *Thermopsis lanceolata* d'un joli jaune clair recouvrent la longueur de la tige. *T. montana* forme de belles touffes jaunes mais ses racines envahissantes doivent être contrôlées.

Hauteur : 80 cm.
Étalement et distance de plantation : de 0,50 m à 1 m pour *T. montana.*
Terre : toutes mais bien drainées.
Exposition : ensoleillée.
Multiplication : par division des touffes, en mars ou avril.
Mode de végétation : vivace.

237

Thunbergia

THUNBERGIE

Famille des acanthacées

Le thunbergie, grimpant, est une plante annuelle vigoureuse, qui ne s'adapte que dans les jardins situés dans les climats doux, en un emplacement protégé. Les fleurs partent d'un tube pourpre et s'épanouissent en cinq pétales, jaune vif, avec un centre foncé presque noir. Il peut atteindre une hauteur de trois mètres ce qui en fait un candidat pour l'habillage des pergolas sur lesquelles il grimpera, sans être attaché, sur des fils de fer ou des ficelles.

Conseils utiles

— Semez les graines en mars, dans un local assez chaud (16 à 18 °C). Repiquez-les une fois avant de les remettre en place définitivement, à la mi-mai.

— Arrosez généreusement et régulièrement durant la période de croissance avec un engrais liquide, deux fois par mois, de juin à août.

Les meilleures variétés

Thunbergia alata présente un développement moyen, d'environ 2 m. *T. grandiflora* peut atteindre 7 m et plus et porte des fleurs mauves de 6 cm de diamètre.

Hauteur : de 2 à 7 m.
Étalement et distance de plantation : 50 cm.
Terre : normale.
Exposition : ensoleillée, abritée.
Multiplication : par semis, en godets, au mois de mars.
Époque de floraison : de juin à septembre.
Mode de végétation : annuelle.

Thymus

THYM

Famille des lamiacées

Cet hôte des garrigues un peu fraîches est sans prétention et pourtant il offre un spectacle charmant dans les rocailles ou un pavage. Taillez-le régulièrement puis laissez-le fleurir pour découvrir sa senteur délicate et ses petites fleurs.

Conseils utiles

— Plantez-le en automne ou au printemps, dans une terre bien drainée.

— En pots, cultivez-le dans des récipients assez grands (20 cm de diamètre) et arrosez-le une fois par semaine. Taillez-le régulièrement pour qu'il demeure bien touffu.

— En rocaille, plantez-le au printemps, dans une poche de terre bien drainée.

Les meilleures variétés

— *Thymus cilicius* forme une touffe bien

△ *Thunbergia alata*

dense avec des fleurs tubulaires roses.

— *T. x citriodorus* (thym citronnelle) aux fleurs lilas, dégage un léger parfum de citron. Il est accompagné d'une forme argentée, 'Argenteus', et d'une forme dorée, 'Golden Dwarf'.

— *T. hisutus doerfleri* constitue des tapis de feuillage glauque avec des fleurs lilas.

— *T. membranaceus,* le plus odoriférant, a des fleurs tubulaires lilas pâle d'où émergent des bractées blanchâtres, en juillet.

— *T. praecox* var. *pseudolanuginosus* tapisse les sols les plus secs de son feutrage argenté agrémenté de fleurs roses.

— Le feuillage vert-de-gris de *T. serpyllum* (thym serpolet) se marie heureusement avec le rose franc des fleurs. Celles de 'Coccineus' parviennent à un rouge carminé intense.

Hauteur : 15 cm.
Étalement et distance de plantation : 30 cm.
Terre : ordinaire, bien drainée.
Exposition : ensoleillée.
Multiplication : par division des souches en mars ou en août, septembre.
Époque de floraison : été.
Mode de végétation : vivace.

Tiarella

TIARELLA

Famille des saxifragacées

Excellent couvre-sol au feuillage quasiment persistant, le tiarella n'est pas exigeant. Les grandes feuilles recouvrent très rapidement la terre, même sous les arbres et les arbustes. Les fleurs ressemblent à de légères plumes blanches qui se dressent droites et raides.

Conseils utiles

— Plantez-le, au printemps ou en novembre, avec une bonne poignée de tourbe autour des racines.

— Ne laissez pas la terre se dessécher si vous désirez un couvre-sol dense et bien vert.

Les meilleures variétés

— *Tiarella cordifolia* est un très bon couvre-sol avec des fleurs blanches ou roses sur des tiges de 15 cm de haut, qui tranchent avec le feuillage vert vif ou vert clair.

— *T. wherryi* est une plante plus dense avec un feuillage plus petit que les autres variétés et qui devient marron roux en automne. Il fleurit abondamment de juin à septembre.

— Les feuilles de *T. trifoliata* évoquent celles du lierre et ses fleurs nombreuses, blanc rosé, s'épanouissent tout l'été.

Hauteur : de 15 à 50 cm.
Étalement et distance de plantation : 30 cm.
Terre : toutes, sauf sèches.
Exposition : ombre, mi-ombre.
Multiplication : par division des touffes, en toute saison.
Époque de floraison : été.
Mode de végétation : vivace.

△ *Tiarella wherryi*
▽ *Thymus serpyllum*

leurs vives et chaudes, sauf le bleu.

Conseils utiles

— Plantez les bulbes en avril, à une dizaine de centimètres de profondeur, dans une terre riche.

— Rentrez les bulbes avant les gelées et mettez-les à sécher dans une pièce chauffée. Gardez-les pendant l'hiver dans des caissettes de sable ou de tourbe, bien au sec.

— Vous pouvez replanter, chaque année, les bulbilles qui adhèrent au bulbe, elles fleuriront deux ans plus tard.

— Dans des bordures très protégées, on peut laisser les bulbes en terre, en hiver. Vous les sortirez et les diviserez tous les deux ou trois ans, lorsque le feuillage sera fané.

Hauteur : 50 cm.
Étalement et distance de plantation : 10 cm.
Terre : normale, bien drainée.
Exposition : ensoleillée.
Multiplication : par séparation des bulbes, au printemps.
Époque de floraison : août, septembre.
Mode de végétation : bulbe.

Tolmiea

TOLMIÉA

Famille des saxifragacées

Les Anglo-Saxons ont donné d'amusants surnoms au tolmiéa : « mille-mères » ou « jeunesse sur vieillesse » ou encore « sur le dos » simplement parce qu'il a la particularité de former de nouvelles plantes directement sur les feuilles qui sont persistantes. Les fleurs tubulaires paraissent en juin sur de longues tiges fines. *Tolmiea menziesii* offre des feuilles duveteuses et de minuscules fleurs blanches. Cet excellent couvre-sol peut également être cultivé comme plante d'intérieur, dans des pièces non chauffées.

Conseils utiles

— En automne ou en mars, détachez les feuilles qui possèdent des petites plantes bien formées « sur le dos » et plantez-les en pots. Arrosez régulièrement à partir de mars, avril.

— Vous pouvez ficher en terre les feuilles qui possèdent de nouvelles petites plantes. Dès qu'elles sont enracinées, transplantez-les dans leur situation définitive.

Hauteur : 15 cm.
Étalement et distance de plantation : 40 cm.
Terre : riche en humus, bien drainée.
Exposition : soleil et mi-ombre.
Multiplication : par séparation de sujets enracinés, au printemps.
Époque de floraison : juin.
Mode de végétation : vivace.

Tigidia pavonia △
Tolmiea menziesii ▽

Tigridia

ŒIL-DE-PAON

Famille des iridacées

Chaque fleur, de couleur chatoyante, ne dure qu'un jour ! Nous nous en consolons grâce à une succession de six ou sept fleurs sur chaque tige. Le feuillage est plissé et les fleurs ont six pétales, trois grands bien détachés les uns des autres, séparés par trois minuscules, tachetés. Certains jardiniers trouvent une ressemblance entre l'œil-de-paon et l'iris, d'autres qu'il a un air de famille avec les tulipes. *Trigridia pavonia* offre de très nombreuses variétés intéressantes, de toutes les cou-

△ *Torenia fournieri*

Torenia

TORÉNIA

Famille des scrophulariacées

Sous nos climats, cette plante asiatique est cultivée comme une annuelle. Le feuillage long et dentelé disparaît sous la profusion de fleurs, en plein été. *Torenia fournieri* vous séduira avec ses fleurs tubulaires, violet mauve, tachetées de jaune. La variété 'Alba' a des fleurs blanches.

Conseils utiles

— Semez les graines, en mars, dans un local à 18 °C, en les couvrant à peine, il suffit de bien les « tasser » sur la terre. Transplantez les plantules dans un châssis froid avant de les mettre en place, fin mai au plus tôt.

— Pincez le sommet des tiges ayant 8 à 10 cm de haut afin d'inciter la plante à s'étoffer.

— Quelques branches de noisetier seront les bienvenues pour servir de tuteur.

Hauteur : 30 cm.
Étalement et distance de plantation : 15 cm.
Terre : humide.
Exposition : mi-ombre et abritée.
Multiplication : par semis, au printemps, au chaud.
Époque de floraison : tout l'été.
Mode de végétation : annuelle.

Tradescantia

MISÈRE

Famille des commélinacées

Les fleurs à trois pétales se présentent en ombelles avec un feuillage long et pointu d'un vert un peu triste. Les fleurs ne durent qu'un jour mais elles se succèdent rapidement. Les misères sont très connues comme plantes d'intérieur mais elle n'appartiennent pas aux mêmes espèces que celles qui se plairont dans votre jardin. Ce sont des hybrides résistants, ainsi *Tradescantia* × *andersoniana* (appelé aussi *T. virginiana*) aux fleurs roses, blanches, violettes ou rouges.

Conseils utiles

— Semez en mars puis transplantez les plantes lorsqu'elles sont assez formées pour être manipulées. Mettez-les en place en octobre.

— Ne laissez pas la terre se dessécher pendant l'été.

— Rabattez le feuillage jusqu'à terre, en novembre.

Les meilleures variétés

— *T. x andersoniana.* Parmi les meilleures, citons 'Blue Stone', bleu foncé ; 'Domaine de Courson', blanc et rose ; 'Innocence', blanche ; 'Osprey', blanche lavée de bleu, et 'Valour', rouge carminé.

Hauteur : 50 cm.
Étalement et distance de plantation : 40 cm.
Terre : normale, drainée, fraîche.
Exposition : soleil ou mi-ombre.
Multiplication : par division des souches, en avril.
Époque de floraison : de juin à septembre.
Mode de végétation : vivace.

▽ *Tradescantia* **x** *andersoniana*

Tricyrtis

TRICYRTIS

Famille des liliacées

C'est seulement depuis quelques années que ces plantes curieuses ont fait leur apparition dans nos jardins et encore, en provenance de Hollande ! Nous pouvons vous assurer que leur floraison plus qu'étonnante déclenchera bien des commentaires de la part des visiteurs de votre jardin qui y verront une orchidée dans la plupart des cas. À partir d'un seul pied naissent des groupes de tiges terminées, en automne, par des groupes de fleurs joliment tigrées. Plantez ces beautés japonaises en compagnie de *Sedum spectabile*, d'hostas et de fougères pour décorer un coin d'ombre.

Conseils utiles

— Plantez-les au printemps, dans une terre riche en humus, acidifiée, si besoin est, avec un apport copieux de tourbe blonde. Ne les installez pas dans un endroit trop venté car leurs tiges s'effondreraient à la première tempête.

— Disposez des appâts anti-limaces au printemps. Divisez les touffes au bout de trois ans, en automne ou au début du printemps.

Les meilleures variétés

Si le *Tricyrtis hirta*, haut de 75 cm et fleurissant en blanc ponctué de brun, est le plus répandu, le *T. macropoda*, qui peut dépasser 90 cm et fleurit en blanc crème ponctué de mauve, est plus décoratif.

Hauteur : de 40 à 90 cm.
Étalement et distance de plantation : 30 cm.
Terre : riche en humus et fraîche.
Exposition : mi-ombre.
Multiplication : par division des touffes en automne ou au printemps.
Époque de floraison : d'août à octobre.
Mode de végétation : vivace.

Trillium

TRILLIUM

Famille des trilliacées

Les feuilles, les pétales et le sépales des *Trillium* sont groupés par trois. Cette particularité s'étend à toutes les variétés. Plantés par groupes importants, ils font beaucoup d'effet dans les rocailles ou dans les bordures. Le feuillage marbré vert foncé et argenté, décoratif, est constellé de fleurs pointues, un peu tordues, sans tige.

Conseils utiles

— Plantez à une profondeur de 10 cm, par groupes, au mois d'août, en situation boisée.

— Sortez les rhizomes pour les diviser dès que le feuillage est fané, à partir de juillet jusqu'en mars. Replantez-les aussitôt dans une terre bien drainée mais qui ne se dessèche pas.

— Ne divisez pas les souches trop souvent car les plantes mettent très longtemps à s'établir.

— Vous pouvez aussi pratiquer le semis mais les graines mettent dix-huit mois pour germer et plusieurs années avant de fleurir.

Les meilleures variétés

— Les fleurs pourpres, aux trois pétales recurvés, de *Trillium erectum* ont un petit côté penchant.

— *T. grandiflorum,* une des plus jolies variétés, offre de belles fleurs blanches puis rosées s'épanouissant au milieu d'un groupe de trois feuilles.

— Chez *T. ovatum,* les fleurs changent de couleur comme celles de l'espèce précédente mais elles se parent d'un rose plus ardent.

— Le feuillage de *T. sessile* est marbré gris-vert et les fleurs, sans tige, semblent « vissées » dans le tri-feuillage.

— *T. undulatum* présente des fleurs blanches avec une tache rouge foncé à la base. Elles sont plus étalées que celles des autres variétés.

Hauteur : 30 cm.
Étalement et distance de plantation : 30 cm.
Terre : humide, avec beaucoup d'humus.
Exposition : mi-ombre ou ombre.
Multiplication : par division des touffes lorsque le feuillage est sec.
Époque de floraison : d'avril à juin.
Mode de végétation : vivace.

Trollius

TROLLE
Famille des renonculacées

Tous les *Trollius* ont en commun des fleurs globuleuses, jaunes ou orange. Elles restent longtemps en bouton avant de s'ouvrir. Ce sont des plantes faciles, à la condition de garder les racines dans l'humidité, d'où l'intérêt de les planter au bord de l'eau.

▽ **Tricyrtis hira**

Conseils utiles

— Plantez, de préférence, au soleil ou à mi-ombre, en octobre ou au printemps.

— Après la première floraison, coupez les tiges florales pour obtenir une deuxième floraison.

— Arrosez régulièrement pendant la canicule de façon que le feuillage ne se dessèche pas prématurément.

Les meilleures variétés

— *T. cultorum,* à fleurs doubles, et *T. europaeus,* à fleurs simples, s'épanouissent en jaune citron, en orange ou en « doré », en mai ou juin. *T. chinensis* fleurit en orange, en juin ou juillet. Il est exclusivement représenté par 'Golden Queen', jaune orangé.

— *T. hybride.* A quelques exceptions près, les trolles des jardins sont des hybrides parmi lesquels figurent : 'Canary Bird', jaune canari et orange ; 'Orange Crest', jaune citron et orange ; 'Orange Globe', à fleurs pleines, orange.

— Les fleurs jaune orangé de *T. pumilus* culminent à 25 cm et constituent un des attraits de la rocaille à la fin du printemps.

Hauteur : 30 cm.
Étalement et distance de plantation : 40 cm.
Terre : humide.
Exposition : soleil ou mi-ombre.
Multiplication : de mai à juillet.
Époque de floraison : par division des souches en automne, ou tôt au printemps.
Mode de végétation : vivace.

△ **Trillium ovatum**
▽ **Trillium sessile**

▽ **Trollius europaeus 'Canary Bird'**

Tropaeolum

CAPUCINE

Famille des tropaeolacées

Annuelle ou vivace, les capucines peuvent grimper jusqu'à trois mètres de haut. Elles égaient les pergolas, grillages et talus de leurs tons chauds, rouges, jaunes ou orange. Certains jugent leur léger parfum désagréable.

Conseils utiles

— Semez les **annuelles,** en place, en avril. Éclaircissez dès que les plantes paraissent trop à l'étroit pour ne conserver que les plus robustes.

— Les bulbes des espèces **vivaces** peuvent être plantés au printemps mais il vaut mieux les acheter déjà démarrés, en godets.

— Les capucines fleurissent mieux si la terre n'est pas enrichie, les engrais incitant la formation du feuillage au détriment des fleurs.

Les meilleures variétés

Parmi les **annuelles :**

— *Tropaeolum majus* est utilisée comme plante grimpante ou rampante. Ses fleurs sont rouges, jaunes ou orange. Certains hybrides ont un feuillage panaché, d'autres sont nains (de 0,30 m à 2,50 m).

— *T. minus* convient aux jardinières en raison de son petit développement.

— *T. peregrinum* (capucine des canaris) peut atteindre 4 m de haut ou plus dans l'année. Le feuillage est d'un vert bleuté et les fleurs jaunes, de formes irrégulières, s'épanouissent de juillet à octobre, à l'ombre tout en préférant le soleil.

Parmi les **vivaces :**

— *T. polyphyllum* a un étalement important (1,50 m pour 0,15 m de haut). Son feuillage est vert argenté et ses fleurs jaunes, en juin ou juillet, aiment à se vautrer sur les murs de pierre.

— La grimpante *T. speciosum* fait facilement ses 3 m de haut et disparaît en hiver. Ses fleurs sont d'un rouge flamboyant, de juillet à septembre. Elle aime les sols frais.

— *T. tricolorum* grimpe à 1,50 m et s'étale, d'environ, 50 cm.

— *T. tuberosum* grimpe à 3 m avec un étalement de 1 m. Ses fleurs sont jaunes et rouges, de juin à octobre. Les premières gelées l'abattent et il faut mieux la protéger en hiver.

Hauteur : de 0,30 m à 3 m.
Étalement et distance de plantation : de 0,30 m à 1 m.
Terre : pauvre, sans engrais.
Exposition : ensoleillée.
Multiplication : par semis ou par plantations des bulbes, au printemps.
Époque de floraison : été.
Mode de végétation : annuelle et bulbe.

△ *Tropaeolum speciosum*
▽ *Tropaeolum majus*

△ *Tropaeolum tuberosum*
◁ *Tropaeolum polyphyllum*
Tropaeolum tricolorum ▷
▽ *Tropaeolum minus*

Tulipa

TULIPE

Famille des liliacées

Tout le monde connaît les tulipes, ou croit les connaître, car on est surpris de voir combien un petit nombre seulement des innombrables variétés sont utilisées dans les jardins. Nous les avons classées par ordre de précocité, en mettant à part les formes botaniques qui s'emploient rarement dans les massifs mais sont plutôt l'ornement des rocailles ou des potées. La plupart des tulipes durent environ trois semaines, c'est pourquoi il est bon de les associer avec des fleurs bisannuelles, comme les myosotis ou les giroflées ravenelle de façon à ne pas se retrouver face à des parterres vides. Dans ce cas, repiquez les fleurs d'abord et plantez ensuite les tulipes dans les intervalles.

Conseils utiles

— Plantez-les de septembre à décembre, en les enterrant de deux fois leur diamètre. Une terre ordinaire bien bêchée est suffisante. N'ajoutez jamais de fumier frais ou de compost mal décomposé car les bulbes peuvent pourrir à leur contact. Ne vous inquiétez pas si des feuilles pointent dès le mois de février car elles supportent très bien les fortes gelées. Disposez des appâts anti-limaces.

— Une fois la floraison passée, éliminez les fruits pour ne pas épuiser les bulbes. Arrosez une fois par semaine en ajoutant de l'engrais soluble pour obtenir un bon grossissement des nouveaux bulbes. Récoltez ceux-ci quand le feuillage est presque sec. Laissez-les mûrir dans un local sec et obscur jusqu'à la plantation.

Les meilleures variétés

— Les tulipes **Kaufmanniana hybrides** fleurissent presque au ras du sol en mars. Leurs coloris sont généralement très brillants. Elles conviennent aussi bien en rocaille qu'en potée ou en bordure. 'Heart's Delight', rose pâle et extérieur rouge, au feuillage marbré de violet ; 'Johann Strauss', blanc pur, extérieur rouge et jaune ; 'Stresa', jaune très vif et cœur rouge, à feuillage marbré et l'une des plus belles ; 'The First', très précoce, ivoire à base jaune, extérieur lavé de carmin, à l'aspect très naturel malgré la grandeur des fleurs.

— Les tulipes *fosteriana* **hybrides** détonnent un peu tant leurs fleurs sont énormes. En général, on ne les cultive qu'une année car la puissance de leurs coloris fatigue un peu. Plutôt que les éternelles 'Mme Lefeber', rouge vif, 'Candela' ou 'Golden Emperor', toutes deux jaune pur, donnez la préférence aux tons clairs, comme 'Purissima', blanc pur ou 'Sweet Heart', jaune citron bordé d'ivoire.

— Les tulipes **simples hâtives** surgissent en mars ou avril. Elles culminent en général à 40 cm de haut. Les plus belles : 'Bellona', jaune pur, souvent parfumée ; 'Generaal de Wet', orange, odorante elle aussi ; 'Pink Beauty', rose foncé et blanc ; 'Van der Neer', violet pourpré, un ton magnifique en association avec des giroflées jaune pâle ; 'White Virgin', blanc pur. Fleurissent à la même époque les tulipes dites **multiflores** qui produisent plusieurs fleurs par bulbe. Elles sont magnifiques en jardinières où elles durent plus longtemps que les autres tulipes. C'est le cas de 'Georgette', jaune bordé de rouge et de 'Orange Bouquet', orange vermillon.

— Les tulipes **doubles hâtives** sont les préférées des amateurs de massifs bien réguliers car elles fleurissent à la même hauteur (30 cm en moyenne). C'est le cas de 'Guillaume d'Orange', orange ; 'M. Van der Hoeff', jaune d'or ; 'Peach Blossom', rose et blanc, doucement parfumée ; 'Triumphator', rose tendre. Elles sont souvent vendues en mélange de couleurs sous le nom de tulipes 'Murillo'.

— Les tulipes **Mendel** sont en quelque sorte intermédiaires entre les simples hâtives et les Darwin. Elles s'épanouissent en avril sur des tiges de 40 à 50 cm de long. 'Apricot Beauty' est une des stars du genre car son coloris rose tendre saumoné est d'une rare délicatesse, c'est l'une des tulipes les plus parfumées. 'Pink Trophy', rose vif et 'Bestseller', rouge cuivré, sont deux excellentes variétés.

— Les tulipes **Greigii hybrides** ferment la marche des naines à grandes fleurs. Leur feuillage toujours marbré de brun sert d'écrin à des fleurs de coloris très chauds. A la place de la très connue 'Chaperon Rouge', rouge vif, essayez 'Easter Surprise', jaune vif bordé d'orange, 'Yellow Dawn', jaune indien, extérieur rose ou encore 'Donna Bella', blanc crème, extérieur rouge.

— Les tulipes **Triomphe** possèdent des tiges robustes qui en font d'excellentes fleurs pour bouquets. Parmi les centaines de variétés signalons : 'Charme de Printemps', blanc bordé de rose tendre ; 'Peerless Pink', rose pur très lisse ; 'Pax', blanc pur à base rose tendre ; 'Veuve Joyeuse', rouge liseré de blanc ; 'Orange Wonder', écarlate clair et 'Dutch Princess', abricot bordé d'acajou.

— Les tulipes **Darwin** sont les plus connues de toutes. Leur tiges, parfois longues de 70 cm, portent des corolles énormes aux coloris très vifs. On retrouve ici le sang des fosteriana. Sortez des sentiers battus (du genre 'Apeldoorn', rouge vif et 'Golden Apeldoorn', jaune dur) en choisissant 'Big Chief', vieux rose égayé par une touche d'orange, 'Elizabeth Arden', rose saumoné ou encore 'Vivex', rose carmin bordé de jaune et d'orange.

△ *Tulipa* '**Chaperon rouge**'
▽ *Tulipa* '**Electra**'

△ *Tulipa* 'Generaal de Wet'
Tulipa 'Attila' ▷
▽ *Tulipa* Darwin
Tulipa 'Texas flame' ▽

◁ *Tulipa clusiana*
Tulipa 'West Point' ▷
▽ *Tulipa* 'Eros'

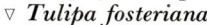

△ *Tulipa* 'Groenland'
◁ *Tulipa* Triomphe
▽ *Tulipa fosteriana*

▽ *Tulipa* Greigii

▽ *Tulipa* 'Flaming Parrot'
Tulipa Kaufmanniana ▽

— Les tulipes **simples tardives,** appelées aussi tulipes **Cottage,** battent les records de hauteur, jusqu'à 80 cm ! Elles n'en sont que plus élégantes et donnent un charme désuet au jardin. Mariez-les aux pivoines et aux giroflées ravenelle pastel. Nos préférées : 'Aristocrate', lilas rosé ; 'Dillenburg' orange foncé, l'une des plus tardives de toutes ; 'Queen of Night', marron très foncé ; 'Temple de Beauté', saumon clair légèrement ombré de lilas ; 'Queen of Bartigons', saumon clair marqué de blanc à la base ou encore 'Maya', jaune, dont le bord des pétales est curieusement frangé.

— Les tulipes à **fleurs de lis** fleurissent aussi entre avril et mai. Leurs pétales très effilés leur donnent beaucoup d'élégance. 'China Pink', rose pur ; 'Queen of Sheba', acajou clair bordé d'orange chaud ; 'Red Shine', rouge profond ; 'West Point', jaune acidulé et l'admirable 'White Triumphator', blanc étincelant, figurent parmi notre choix. Associez-les aux euphorbes et aux hellébores de Corse pour des massifs étonnants.

— Les tulipes **Perroquet** ont beaucoup de succès car on ne peut qu'être ébloui par la taille des fleurs aux pétales follement frisottés. 'Black Parrot', pourpre noir ; 'Texas Gold', jaune et 'White Parrot', blanc pur, sont les plus répandues.

— Les tulipes **doubles tardives** clôturent la marche. Elles fleurissent en même temps que les azalées caduques et les pivoines avec lesquelles elles constituent des massifs d'une rare beauté. 'Angélique', rose de porcelaine, 'Mount Tacoma', énorme corolle blanche et 'Rosalia', rose et un peu plus précoce, figurent parmi les plus belles.

— Parmi les innombrables tulipes **botaniques,** qui se naturalisent facilement et forment des touffes très naturelles citons : *Tulipa acuminata* aux pétales très étroits (elle a donné naissance aux tulipes à fleurs de lis) ; *T. clusiana* blanc pur et cramoisi, surnommée « tulipe radis » par les fleuristes ; *T. marjoletti,* jaune tendre ombré de rose, très élégante et fleurissant en mai seulement ; la plus tardive de toutes, *T. sprengeri,* très chère mais magnifique car elle a conservé la grâce des plantes saüvages (son rouge puissant se marie bien avec des fleurs blanches) ; *T. sylvestris,* jaune et presque ronde, s'étale rapidement dans les sous-bois ; *T. tarda,* s'épanouit en mai.

Hauteur : de 15 à 80 cm.
Étalement et distance de plantation : 15 cm.
Terre : ordinaire, plutôt profonde.
Exposition : au moins 6 h de soleil par jour.
Multiplication : par séparation des bulbes nouveaux quand le feuillage est desséché.
Époque de floraison : de février à juin.
Mode de végétation : bulbe.

Tunica

TUNICA

Famille des saxifragacées

Si vous recherchez désespérément quelle petite plante installer en bordure de vos rosiers, vous voici sauvés ! Le *Tunica saxifraga* constitue en effet de magnifiques coussins en peu d'années. Ils se couvrent de centaines de fleurs minuscules individuellement mais très jolies en masse d'un rose aérien. Originaire de cailloutis montagnards, cette beauté solide est plus jolie en terre médiocre que dans les sols riches où elle devient un peu dégingandée. Nous vous la recommandons aussi pour les rocailles et les murets.

Conseils utiles

— Plantez-la au printemps, de préférence, après avoir acheté des godets montrant un démarrage de la végétation car les jeunes plantes ne supportent pas toujours les hivers humides dans les petits pots.

— Chaque début de printemps, rabattez les touffes au ras du sol pour les rendre plus denses et ajoutez quelques poignées d'un mélange sableux pour que les nouvelles tiges s'enracinent sur leur base.

— Multipliez-la par bouturage en été ou tout simplement par semis qui réussissent fort bien au printemps.

Les meilleures variétés

— *T. (Petrorhagia) saxifraga* 'Rosette' disparaît sous des centaines de petites fleurs doubles qui habillent bien les petits bouquets.

Hauteur : de 15 à 20 cm.
Étalement et distance de plantation : 20 cm.
Terre : ordinaire, caillouteuse.
Exposition : ensoleillée.
Multiplication : par bouturage en été ou par division des touffes ou semis, au printemps.
Époque de floraison : juillet, août.
Mode de végétation : vivace.

▽ *Tunica saxifraga*

△ *Typha latifolia*

Typha

JONC

Famille des thyphacées

Ils font partie du paysage ces joncs aux massettes sombres qui peuplent les abords des étangs et s'en vont en larges bandes coloniser les abords des taillis marécageux, abritant nombre d'oiseaux sauvages souvent en cours de migration. Si vous avez une mare, plantez-en quelques pieds, mais gare à l'invasion ! Comme beaucoup de plantes aquatiques ou semi-aquatiques, une fois installés, les joncs sont difficiles à contenir !

Conseils utiles

— Plantez, au printemps ou en automne, dans la vase qui borde la mare ou l'étang.

— Tous les trois ans, coupez les tiges qui s'aventurent en dehors des limites assignées avec un taille-bordure.

— Avec les tiges, vous pouvez réaliser des bouquets secs qui dureront très longtemps.

Les meilleures variétés

— La plus commune, le *T. anguistifolia*, mesure aisément 1,50 m de haut cependant que *T. minima*, plus petit, ne dépasse pas 50 cm de haut.

— *T. latifolia* n'est rien d'autre que la massette du bord de nos ruisseaux et mérite aussi une place près des pièces d'eau.

Hauteur : de 50 cm à 1,50 m.
Étalement et distance de plantation : 30 cm.
Terre : ordinaire, humide.
Exposition : indifférente.
Multiplication : par division des souches, au printemps.
Époque de floraison : septembre.
Mode de végétation : vivace.

Veratrum

VÉRATRUM

Famille des liliacées

Les rhizomes de ces plantes sont noirs et toxiques. Le feuillage a un aspect plissé et une multitude de petites fleurs en étoile apparaissent à l'extrémité des tiges rigides.

Conseils utiles

— Divisez les rhizomes et replantez-les au printemps ou en automne.

— Ou semez les graines mûres en début d'automne sous châssis froid. Repiquez lorsque les plantules peuvent être manipulées et poursuivez la culture en pépinière. Mettez en place au printemps.

— Ne laissez pas ces plantes dans une terre sèche, l'arrosage est important au printemps et en été.

— Coupez les tiges en octobre ou novembre et au printemps, faites un apport de tourbe.

— Ne vous inquiétez pas si vous ne voyez pas de fleurs sur nos *Veratrum,* ils mettent trois ou quatre ans pour fleurir.

Les meilleures variétés

Veratrum nigrum porte des fleurs violettes qui apparaissent en août sur de longues tiges étroites. *V. viride,* atteint 2 m de haut, avec des fleurs jaune verdâtre en juillet, sur de fines branches. *V. album* porte des inflorescences vertes et blanches, en juillet.

Hauteur : de 1 m à 2 m.
Étalement et distance de plantation : 0,40 m à 0,60 m.
Terre : légère, normale.
Exposition : mi-ombre.
Multiplication : par semis ou par division des rhizomes.
Époque de floraison : été.
Mode de végétation : vivace.

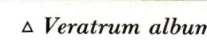

△ *Veratrum album*
◁ *Veratrum viride*
▽ *Verbascum* 'Gainsborough'

Verbascum

MOLÈNE

Famille des scrophulariacées

Lorsque les molènes commencent à déployer leurs rosettes de grosses feuilles ovales et duvetées d'argent, au hasard, sur votre tas de compost ou au coin d'un massif, vous vous émerveillez de tant de grâce. Puis les plantes se mettent à grandir à une vitesse stupéfiante. Certaines s'étalent largement et prospèrent en un mois. La tige se ponctue d'étonnantes fleurs jaune citron, bien minuscules eu égard aux proportions déployées par ce géant est pressé de se développer. C'est cependant une aubaine pour peupler les talus « impossibles », les molènes y feront bonne figure en compagnie des orpins et des valérianes.

248

Conseils utiles

— Plantez-les dans n'importe quelle terre mais a bonne exposition, de préférence au printemps si le sol est compact, afin que les plantes ne souffrent pas de l'humidité hivernale.

Les meilleures variétés

— *V. bombyciferum*, bisannuelle, a fière allure dans les massifs avec ses fleurs jaunes regroupées en épis. Les tiges, les feuilles et les boutons de 'Polarsommer', à fleurs jaune soufre, sont entièrement recouverts d'un feutrage blanc argenté.
— *V. chaixii*, vivace, aux fleurs jaunes

△ *Verbascum phoenicum*
▽ *Verbascum bombyciferum* 'Polar Bear'

---

ponctuées d'un œil mauve, est également la bienvenue dans les massifs.
— *V. thapsus*, populaire sous le nom de bouillon blanc, bisannuelle, porte des épis jaunes de juin à septembre.
— Les hybrides s'élèvent en touffes gracieuses : 'Gainsborough', jaune clair ; 'Pink Domino', rose carminé ; 'Royal Highland', à la fois ocre, saumon et violet ; 'Letitia', petit buisson nain, jaune, à réserver à la rocaille.
— Les scènes naturelles sont métamorphosées par la présence de *V. olympicum*, un géant de 2,50 m aux inflorescences ramifiées.
— Très facile à obtenir par semis, *V. phoeniceum* réunit toute une gamme de coloris, du blanc pur au violet.

Hauteur : 1,50 m.
Étalement et distance de plantation : 50 cm.
Terre : ordinaire.
Exposition : ensoleillée.
Multiplication : par semis, en avril.
Époque de floraison : de juin à septembre.
Mode de végétation : vivace et bisannuelle.

Verbena

VERVEINE
Famille des verbénacées

C'est en plein été que l'on s'arrête soudain, saisi par l'opulence d'un tapis de verveines rencontré au hasard d'un jardin de village. Totalement inodores contrairement à la verveine citronnelle qui n'est pas rustique, et dépourvues des propriétés médicinales de la vraie verveine qui est une mauvaise herbe peu décorative, les verveines font de jolies potées.

Conseils utiles

— Achetez-les en jeunes plants car leur germination est très capricieuse. Plantez-les en mai, dans une terre riche. Arrosez régulièrement et apportez de l'engrais liquide dans un arrosage mensuel. Supprimez les fleurs fanées avec une cisaille à main, en juillet, pour éviter l'épuisement des plantes et favoriser l'apparition de nouvelles fleurs.
— Couvrez la souche des variétés vivaces avec de l'écorce de pin, en novembre, et placez une vitre au-dessus d'elles pour éloigner l'eau de pluie.

Les meilleures variétés

— Parmi les **annuelles :** chaque obtenteur a les siennes. 'Sparkles' présente un œil clair très décoratif, tandis que 'Tropic', rouge pur, est un peu plus haute et forme des massifs superbes. La *Verbena venosa* est souvent cultivée en annuelle. Son coloris préféré est le mauve. Elle atteint 40 cm de haut.
— Parmi les **vivaces :** *V. hastata* atteint quelquefois un mètre de haut et forme

des candélabres composés de petites fleurs pourpres. *V. bonariensis* peut survivre à un hiver doux. Elle dépasse allègrement un mètre de haut et porte des bouquets de fleurs rose lavande durant une bonne partie de l'été.
— *V. peruviana* n'est pas d'une grande rusticité mais l'abondance de ses fleurs aux tons intenses la rendent irremplaçable dans les décorations d'été. 'Oiseau Bleu' porte des ombelles améthyste.
— Les hybrides se parent de tons lumineux : 'Aphrodite', carmin et blanc ; 'Silver Anne', rose saumoné, parfumée ; 'Sissinghurst', rose vif.

Hauteur : de 15 à 150 cm.
Étalement et distance de plantation : de 20 à 40 cm.
Terre : riche et bien drainée.
Exposition : ensoleillée.
Multiplication : par semis, au chaud, au printemps.
Époque de floraison : de juin aux gelées.
Mode de végétation : annuelle et vivace.

△ *Verbena* hybride
▽ *Verbena venosa*

Veronica

VÉRONIQUE

Famille des scrophulariacées

Manifestant un certain goût pour les terres humides, les véroniques y forment rapidement de belles touffes souvent terminées par des épis bleus. Tous les bleus les intéressent, du bleu ciel très pâle de la *Veronica gentianoides* au bleu indigo intense de certaines *V. longifolia*. Associez-les à des phlox mauves, des monardes, des stockésias et des scabieuses pour des scènes d'une grande opulence.

Conseils utiles

— Plantez-les, en octobre ou au printemps, après avoir amélioré le sol avec de la tourbe et du terreau de feuilles. Si le feuillage de vos véroniques fane pendant les après-midi chauds c'est le signe que la terre n'est pas assez fraîche pour elles. Paillez avec de la tourbe et arrosez-les longuement et régulièrement avant de les déplacer la saison suivante.

— Divisez les touffes quand elles deviennent moins florifères. Si des taches blanches apparaissent, traitez avec une bouillie à base de triforine car il s'agit d'un oïdium.

Les meilleures variétés

— *Veronica gentianoides* présente un feuillage lisse et épais et des épis d'un bleu violet assez vif. Croisée avec *V. spicata,* elle a donné naissance à 'Barcarolle', rose foncé. Faites-en des bordures pleines de tendresse, en compagnie des oreilles d'ours.

— *V. incana* est élégante avec son feuillage argenté et ses fleurs bleu pâle bien érigées.

— Formant vite de belles touffes, *V. longifolia* est d'un bleu très foncé chez 'Blauriesin'. Elle est très belle à côté des vieilles roses remontantes, comme 'Cornelia' ou 'Felicia'.

— *V. orientalis* convient aux rocailles ensoleillées ; fleurs roses ou bleues.

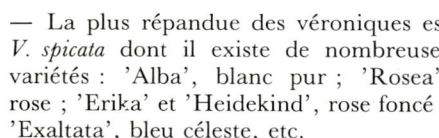

△ *Veronica gentianoides*
◁ *Veronica incana*

Veronica longifolia △
Veronica orientalis ▽

— La plus répandue des véroniques est *V. spicata* dont il existe de nombreuses variétés : 'Alba', blanc pur ; 'Rosea', rose ; 'Erika' et 'Heidekind', rose foncé ; 'Exaltata', bleu céleste, etc.

— Très vigoureuse, *V. virginica* culmine à près de deux mètres. Ses épis de fleurs sont relativement petits puisqu'ils ne font que 25 cm de long. Elle existe en bleu, rose clair et blanc.

— Pour vos bordures, adoptez la *V. austriaca* ssp. *teucrium* 'Royal Blue', bleu gentiane, ou 'Shirley Blue', semblable.

— *V. prostrata* affectionne les cailloutis et les dallages. Au bleu de l'espèce s'ajoute le mauve de 'Mrs Holt'.

Hauteur : de 20 à 180 cm.
Étalement et distance de plantation : de 20 à 40 cm.
Terre : riche et humide.
Exposition : soleil et mi-ombre.
Multiplication : par division des touffes, au printemps.
Époque de floraison : de mai à septembre.
Mode de végétation : vivace.

△ *Vinca minor*

Vinca

PERVENCHE
Famille des apocynacées

Voici le couvre-sol idéal pour les situations les plus désespérées, qu'il s'agisse d'un talus en plein soleil ou d'un pré sec, là où de grands arbres pompent toute l'eau disponible. Il est possible de transformer ces endroits maudits en tapis de fleurs grâce aux pervenches. La grande pervenche, *Vinca major*, n'hésite même pas à pousser entre les pierres des vieilles constructions, se contentant apparemment pour toute nourriture du mortier de chaud qui lie les murs. Plantez quelques bulbes de scilles, de tulipes ou de narcisses botaniques parmi vos pervenches si vous les cultivez dans de la bonne terre, ainsi aurez-vous des surprises agréables au fil des saisons.

Conseils utiles
— Plantez, au printemps ou à l'automne, des jeunes tiges racinées à 15 cm en tous sens dans un sol bien ameubli.

— Pour un couvre-sol confortable à fouler, préférez toujours la petite pervenche *Vinca minor*, c'est la plus rase de toutes.

Les meilleures variétés
— La *V. major* (40 cm), en fleurs d'un bout de l'année à l'autre et la petite (*V. minor*, 15 cm) pour ses fleurs bleues ou blanches. La *V. minor* porte parfois des fleurs doubles, bleues chez 'Azurea Flore Pleno', ou pourpres. 'Variegata' n'est jamais si belle que dans les terres un peu fortes. Les corolles de *V. m.* ssp. *hirsuta* sont découpées en lobes effilés.

Hauteur : de 15 à 40 cm.
Étalement et distance de plantation : 15 cm.
Terre : ordinaire.
Exposition : indifférente.
Multiplication : par séparation de rejets enracinés, au printemps.
Époque de floraison : de mars à janvier.
Mode de végétation : vivace.

Viola

PETITE PENSÉE, VIOLETTE
Famille des violacées

Jadis populaires, les violettes et les pensées sont passées de mode, et pourtant, quelle facilité de culture ! On les plante une fois et sans qu'on s'en occupe davantage, elles s'étoffent et se mettent à fleurir, inlassablement, durant des mois. Reprenez donc l'habitude des jardiniers d'autrefois en en bordant vos massifs et en remplissant des potées pour parer vos fenêtres au printemps, vous ne le regretterez pas !

Conseils utiles
— Semez les pensées et les violettes entre le 14 juillet et le 15 août pour les voir fleurir au printemps suivant.

— Si vous les repiquez dans une bonne terre riche en humus et bien exposée, elles se comporteront toutes comme de vraies plantes vivaces et vivront durant plusieurs années. Reconnaissons cependant que les pensées hybrides aux fleurs énormes (*Viola* x *wittrockiana*) sont surtout jolies la première année de leur floraison, elles ont ensuite tendance à dépérir, surtout si on les laisse monter à graines.

△ *Viola* hybride
▽ *Viola papilionacea* 'Immaculata'

Les meilleures variétés
— Citer toutes les pensées hybrides serait fastidieux, elles sont trop nombreuses ! Notons seulement 'Trimardeau', une vieille variété très vivace et toujours jolie, à fleurs moyennes, et bien sûr les innombrables pensées suisses et d'Anjou.

— Parmi les violettes cornues (*Viola cornuta*), des pensées à petites fleurs dont les Anglais raffolent, citons 'Prince Henri', violet noir à petit œil jaune et 'Bambini', un joli mélange.

— Les amateurs de violettes aimeront la violette du Labrador, *Viola labradorica*, en fait une violette « chien » à feuilles pourpres et la jolie *V. papilionacea* 'Immaculata', toute blanche, fleurissant comme les violettes des prés, *V. odorata*, mais plus tard qu'elles, en mai et juin.

— Les variétés de *V. odorata* telles 'Cendrillon', bleu violacé, ou 'Mrs Pinehurst', violette, fleurissent généreusement mais sont sans parfum. Les formes à fleurs doubles de la *V. suavis*, comme 'Parme de Toulouse', lavande, ou 'Reine des Blanches', blanc pur, embaument à la ronde.

— *V. sororia* permet de réaliser de grands tapis en compagnie de fougères. L'espèce est blanche et 'Freckles' toute éclaboussée de violet.

— *V. hybrides.* On ne peut cependant passer les plus célèbres sous silence : 'Jacknapes', jaune et brun noirâtre ; 'Molly Sanderson', noire ; et 'Irish Molly', à grandes fleurs jaunes, extrêmement florifère.

Hauteur : de 10 à 20 cm.
Étalement et distance de plantation : 15 cm.
Terre : riche en humus.
Exposition : ensoleillée.
Multiplication : par semis, en juillet, août, par division des touffes, au printemps.
Époque de floraison : de février à octobre.
Mode de végétation : annuelle et vivace.

▽ *Viola* x *wittrockiana* 'Jacknapes'

△ *Zantedeschia elliottiana*
▽ *Zantedeschia rehmannii*

Viscaria alpina
Voir *Lychnis alpina*.

Zantedeschia

ARUM
Famille des aracées

Il y a une vingtaine d'années, l'arum était le roi des plantes d'orangerie, puis il est tombé dans l'oubli et le voilà qui reparaît pour orner les abords des bassins bien dessinés ou souligner un fond de massif dans un jardin frais et un peu sauvage. La forme blanche, *Zantedeschia aethiopica* est la plus populaire, à juste titre sans doute, car c'est la plus élégante et surtout la plus facile à harmoniser avec des sceaux-de-Salomon, des lis royaux, mais aussi des couvre-sol comme les pervenches ou les céraistes. Ils composent alors facilement des massifs qui ont de la prestance.

Conseils utiles

— Plantez, au printemps ou en septembre, dans une bonne terre de jardin enrichie de terreau à raison d'une pelletée par plante.

— Choisissez un sol frais et profond et une exposition ensoleillée mais sans excès.

— Si vous les élevez en pots, arrosez-les chaque soir, en été.

Les meilleures variétés

Une variété jaune, *Zantedeschia elliottiana*, et une rose *Z. rehmannii* au feuillage ponctué de blanc, vous charmeront.

Hauteur : 1 m.
Étalement et distance de plantation : 30 cm.
Terre : riche et fraîche.
Exposition : mi-ombre.
Multiplication : par division des souches, en avril.
Époque de floraison : d'avril à juillet.
Mode de végétation : bulbe.

Zauschneria

FUCHSIA DE CALIFORNIE
Famille des onagracées

Pas tout à fait rustique, *Zauschneria californica,* au nom imprononçable, est une des dernières dans l'ordre alphabétique et aussi l'une des dernières à fleurir au jardin. Elle attend en effet le mois de septembre pour nous charmer avec le rouge absolument pétillant de ses fleurs en tube. Ressortant sur un feuillage presque gris, et souvent hélas en voie de dessèchement, elles soulèvent des cris d'admiration. Une merveille à réserver à vos jardinières au soleil.

Conseils utiles

— Plantez-les, au printemps, dans un mélange très léger (moitié terreau de feuilles, moitié sable). Arrosez régulièrement jusqu'à la floraison pour que le feuillage ne sèche pas prématurément.

— Bouturez des extrémités de tiges en été et placez-les à l'abri dans un coin de véranda.

— Associez-les à des plantes à feuillage gris, en particulier les armoises ou le *Chrysanthemum haradjanii.*

Les meilleures variétés

— *Z. californica* var. *latifolia* ressemble plus à un fuchsia par ses larges feuilles ; il retrouve toute son originalité lorsque s'épanouissent ses longues trompettes vermillon.

Hauteur : 50 cm.
Étalement et distance de plantation : 30 cm.
Terre : légère.
Exposition : ensoleillée.
Multiplication : par bouturage, au début de l'été.
Époque de floraison : septembre, octobre.
Mode de végétation : vivace.

△ *Zinnia elegans*
◁ *Zauschneria californica*

Zinnia

ZINNIA

Famille des astéracées

Pour habiller le jardin à partir de juillet, le *Zinnia elegans* est un peu passé de mode. Il a, bien à tort, la réputation d'être difficile à réussir. Avec leurs grosses fleurs aux pétales sagement rangés et leurs coloris chauds qui déclinent tous les rouges, les jaunes et parfois des tons crème exceptionnels, les zinnias ont de quoi séduire tous les jardiniers. En fleur du mois de juillet aux gelées, ils font de merveilleux bouquets séchés en automne. Ils tiennent bien en vase et ils exhalent une curieuse senteur évoquant celle de l'encaustique.

Conseils utiles

— Semez-les en avril, dans des caissettes bien exposées.

— Repiquez-les dans un massif ensoleillé. Toute bonne terre de jardin leur convient à condition qu'elle soit bien drainée.

— Coupez régulièrement les fleurs fanées, ils seront bien plus florifères.

Les meilleures variétés

Parmi les variétés hautes, 'Géant de Californie' possède des fleurs d'une taille remarquable. Un peu plus léger d'aspect, le 'Géant rayonné' est trop peu cultivé. Il mérite de figurer dans vos bouquets, même si, pour cela, vous avez été obligé de le tuteurer soigneusement.

Hauteur : de 60 à 90 cm.
Étalement et distance de plantation : 20 cm.
Terre : ordinaire, bien drainée.
Exposition : ensoleillée.
Multiplication : par semis, en avril.
Époque de floraison : de juillet à octobre.
Mode de végétation : annuelle, vivace.

II

LES ARBUSTES
&
LES ARBRES

Placer des arbres et des arbustes dans un jardin n'est pas toujours facile. Alors que les fleurs environnantes sont renouvelées chaque année et que leur implantation est souvent modifiée, les arbres et les arbustes sont généralement plantés une fois pour toutes.

D'année en année, ils grandissent, s'étendent et prennent davantage d'importance dans le paysage. C'est pour cette raison qu'il est indispensable, avant leur plantation définitive, de rechercher plusieurs points de vue, à tous les angles de la maison et du terrain, afin de les imaginer tels qu'ils seront dans toute leur envergure.

Quel que soit le problème que vous avez à résoudre, vous trouverez dans les pages qui suivent un arbre ou un arbuste répondant à vos exigences et satisfaisant vos goûts.

Le "catalogue" offert par la nature est véritablement inépuisable...

d'**A**belia à **Z**enobia

Abelia

ABÉLIA

Famille des caprifoliacées

Arbuste

L'abélia, petit arbuste aux branches souples, jouit d'une floribondité exceptionnelle avec une masse de petites fleurs roses et blanches parfumées en forme de clochettes. Sa seule faiblesse est de craindre un hiver trop rude : aussi, donnez-lui une exposition à l'abri des vents froids et retirez, si besoin est, les branches grillées par le gel pour le voir repartir le printemps suivant.

■ CONSEILS UTILES

— Plantez-le soit au printemps, soit en début d'été, en lieu ensoleillé.

— Arrosez-le bien tout l'été, puis recouvrez la souche d'une épaisse couche de feuilles mortes.

— En mars, nettoyez les branches du centre pour aérer la plante et laisser pénétrer la lumière.

■ LES MEILLEURES VARIÉTÉS

— *Abelia chinensis*, de 1 m à 1,50 m, est un élégant petit arbuste. Ses fleurs sont d'un blanc légèrement rosé et ses feuilles caduques.

— *Abelia x grandiflora*, aux fleurs roses pâle, de 1,50 m à 2,50 m de hauteur. Son feuillage est semi-persistant. 'Francis Mason' ne dépasse pas 1 m et fleurit de juillet à octobre, sans discontinuer. 'Prostrata', encore plus réduit en dimension, convient dans les petits massifs.

— *Abelia schumannii* a des fleurs rose lilas. Il peut atteindre 1,50 m.

Hauteur : de 1 m à 2 m et plus.

Terre : ordinaire, pas trop lourde.

Exposition : soleil, à protéger des vents froids.

Multiplication : par bouturage, en hiver, ou marcottage au printemps.

Floraison : de juin à octobre.

Feuillage : semi-caduc, caduc ou persistant, selon les variétés.

▽ *Abelia x grandiflora*

△ *Abies numidica*

Abies

SAPIN

Famille des abiétacées

Arbre

Le fameux sapin de Noël est un *Picea*. En tant que tel, il devrait s'appeler *Picea* de Noël ! Et, pour cette raison, on continuera longtemps à confondre *Picea* et *Abies*. Voici une petite astuce pour les différencier à coup sûr. Arrachez une feuille (une aiguille, c'est la même chose) sur l'*Abies* : la feuille arrachée laisse une cicatrice ronde et nette ; sur le *Picea*, la feuille laisse une languette déchirée. De loin, vous les distinguerez par leurs cônes qui sont dressés pour l'*Abies* et pendants sur le *Picea*. Ils atteignent à l'âge adulte une très grande taille.

■ CONSEILS UTILES

— N'achetez que des petits sujets, toujours en conteneurs.

△ *Abies bornmuelleriana*

▽ *A.G.* : *Abies lasiocarpa* '**Compacta**'

— Attention de ne pas briser la motte à la plantation.

— Bassinez les plantes, par fortes chaleurs, la première année de la plantation.

■ **LES MEILLEURES VARIÉTÉS DE PETITS SAPINS**

Les petits sapins conviennent très bien aux petits jardins et aux rocailles où leur feuillage persistant et leurs cônes font merveille et s'accordent parfaitement aux plantes alpines ou aux bruyères.

— *Abies balsamea* 'Hudsonia' (sapin baumier), est un petit arbre au port compact, aux petites aiguilles vertes particulièrement odorantes, à reflets métalliques et aux jeunes pousses vert tendre. Sa croissance extrêmement lente fait de lui un arbre précieux pour les rocailles ; en effet, il lui faut trente ans pour grandir de 1 m seulement.

— *Abies concolor* 'Glauca Pendula' est à choisir surtout pour son port irrégulier et son feuillage d'un élégant bleu argenté. Hauteur à l'âge adulte : 3 m.

— *Abies lasiocarpa* 'Arizonica Compacta', présente une remarquable couleur vert gris et un port en boule légèrement conique. Hauteur à l'âge adulte : 2 à 3 m.

— *Abies procera* 'Glauca Prostrata' est un spécimen intéressant pour une petite rocaille en raison de ses branches denses et compactes et de ses feuilles bleu vert. Attention, ce petit conifère déteste les sols calcaires ! Il ne mesure guère plus de 0,50 m.

■ **LES MEILLEURES VARIÉTÉS DE GRANDS SAPINS**

Avant de succomber à un coup de foudre, il convient de vous renseigner sur la taille qu'atteindront ces grands conifères lorsqu'ils seront adultes et tenter d'imaginer l'ombre qu'ils procureront alors. Combien de sapins ont dû être sacrifiés pour permettre à une façade de retrouver le soleil !

— *Abies alba* (sapin des Vosges, sapin de Normandie). Très commun dans nos forêts, il est reconnaissable à ses cônes de 20 cm de long, à son port régulier à étages et à ses feuilles vert foncé sur le dessus et marquées de bandes argentées en dessous. Indifférent au terrain, il aime, toutefois, pousser à mi-ombre et dans une ambiance humide. Il peut atteindre 45 m de haut.

— *Abies cephalonica* (sapin de Grèce) a des branches amples et larges qui s'étalent élégamment. Ses feuilles, d'un

△ *Abies balsamea* '**Hudsonia**'

△ *Abies concolor* '**Glauca compacta**'

▽ *Abies procera* '**Glauca prostrata**'

beau vert brillant sur le dessus avec deux lignes blanches au revers, sont disposées en verticilles autour du rameau. Elles donnent à l'arbre des reflets métalliques. Son tronc est marron foncé. Les cônes, dressés, mesurent de 15 à 20 cm de long. Ce sapin est précieux dans les régions sèches. Il peut atteindre 25 m de haut.

— *Abies concolor* (sapin du Colorado). Son port puissant, compact, et sa rusticité remarquable en font un conifère de choix pour les grands espaces. Ses feuilles, longues et vert glauque, froissées dans les mains, sentent fort le citron. Le tronc gris ainsi que les grands cônes sont souvent couverts de résine. Il peut atteindre 35 m de haut.

— *Abies concolor* 'Candicans' est d'un superbe ton glauque argenté. Hauteur à l'âge adulte : 10 m.

— *Abies grandis* (sapin de Vancouver) dont on dit qu'il pousse plus vite qu'un peuplier et atteint, dans les meilleures conditions, 60 m et plus. Certes, il est vrai que dans un sol frais et bien drainé il forme de profondes racines qui lui permettront d'atteindre 20 m en 20 ans. Ses feuilles sentent bon la tangerine. Attention, il n'aime pas les sols calcaires mais adore les climats humides. Hauteur moyenne : de 30 à 40 m.

— *Abies homolepis* (sapin de Nikko, sapin du Japon) est un très beau sapin originaire du centre du Japon, à grande envergure, et d'une hauteur de 5 à 10 m. Son écorce est brune à reflets roses, ses pousses lisses et roses ; les cônes pourpre-brun apparaissent même sur les petits sujets ; toutes ses caractéristiques concourent à en faire un résineux extrêmement attrayant. Les feuilles serrées supportent bien et la sécheresse et la pollution.

— *Abies koreana* (sapin de Corée). Ce joli petit sapin au port pyramidal, aux feuilles d'un vert brillant sur le dessus, aux branches très horizontales, se distingue surtout par la beauté de ses cônes d'un violet pourpré très décoratif. Hauteur moyenne : de 5 à 6 m.

— *Abies nordmanniana* (sapin du Caucase) est un bel arbre au port régulier, pyramidal, dont les branches basses ne se dégarnissent pas. Son feuillage est vert sombre, ses bourgeons d'hiver marron rougeâtre. Les cônes n'apparaissent que sur les branches hautes. Il supporte bien la sécheresse et s'accommode des sols sableux ou calcaires mais n'aime pas l'atmosphère des villes. Hauteur : de 15 à 20 m.

— *Abies pinsapo* (sapin d'Espagne) se distingue surtout par ses aiguilles courtes et épaisses disposées autour des rameaux comme un écouvillon. Son port est très régulier, large, pyramidal et puissant. Ce sapin aime les sols secs et calcaires. En fait, il se plaît partout, même sur la craie. Son habitat naturel est une zone restreinte des montagnes du sud de l'Espagne. Hauteur à l'âge adulte : de 15 à 20 m. A noter deux cultivars intéressants : *Abies pinsapo* 'Glauca', bleu métallisé (hauteur 15 m) et *Abies pinsapo* 'Aurea', à reflets jaunes (hauteur 8 m).

— *Abies procera* (sapin noble). Très étroit, de forme régulière, il se distingue par ses très grands cônes et se plaît surtout en terre acide profonde, dans un climat humide. En outre, il supporte bien le froid. Si, dans la nature (les montagnes du nord-ouest des États-

▽ *Abies nordmanniana* 'Golden Spreader'

Unis dont il est originaire) il atteint 60 m et plus, il ne dépasse guère 20 m en culture.

Hauteur : variable selon les espèces et les variétés.
Terre : bonne terre avec humus.
Exposition : soleil, mi-ombre.
Multiplication : semis.
Feuillage : persistant.

Acacia

MIMOSA
Famille des mimosacées
Arbre

Il s'agit du populaire mimosa. Ne le confondez pas avec ces grands arbres aux feuillages découpés que l'on appelle à tort acacias, et qui sont en vérité de faux acacias, dont le nom botanique est *Robinia*. Les arbres dénommés *Acacia* en botanique, et dont nous parlons ici, sont connus chez nous sous le nom de mimosas, de la famille des fabacées, sous-ordre des mimosacées. Ils sont originaires d'Australie où des traces fossilisées prouvent que ces arbres existaient il y a 250 millions d'années. Grand arbuste à rameaux multiples ou petit arbre gracieux, il peut atteindre 8 m, mais ne tolère guère le froid. Le feuillage, persistant, est finement découpé ; les fleurs, abondantes, et en forme de petits pompons floconeux d'un jaune vif, sont groupées en grappes. Très odorantes, elles apparaissent en hiver ou au printemps.

■ CONSEILS UTILES
— Les mimosas ne poussent bien que sur les côtes méditerranéennes ou en certains points du littoral atlantique.
— Plantez-les dans une terre acide ou alcaline, et, surtout, dans un endroit bien ensoleillé et abrité.
— Pour ralentir la croissance de l'arbre et fortifier le tronc, il suffit de très peu l'arroser.
— Attention, le mimosa n'aime pas le vent, son bois est cassant.
— Généralement sain, il ne craint pas la maladie, mais ne vit pas plus d'une trentaine d'années.

■ LES MEILLEURES VARIÉTÉS
— *Acacia baileyana* est très florifère. Ses

Acacia dealbata △

fleurs jaune d'or paraissent en janvier-février.
— *Acacia dealbata* (mimosa argenté). Son feuillage vert argenté est très délicat et ressemble à de la fougère. Les bouquets de fleurs duveteuses sont très parfumés. Quelques pépiniéristes proposent encore d'anciennes variétés estimées comme 'Gaulois'.
— Le mimosa chenille, *Acacia longifolia*, réunit ses fleurs jaune clair en grands épis cylindriques.
— *Acacia mucronata* est le plus rustique : généralement, c'est un petit arbre qui ne dépasse pas 3,50 m.
— *Acacia rhetinodes* (mimosa des quatre saisons) atteint 8 m, les pousses sont glabres, les fleurs jaune pâle, très parfumées en février, s'épanouissent presque toute l'année, d'où son nom. Très cultivé sur la côte d'Azur, on peut également le planter dans des sites non gélifs, à l'abri d'un mur.

Hauteur : de 3 à 8 m.
Terre : bonne terre sans humidité.
Exposition : ensoleillée à l'abri du vent.
Multiplication : par graines ou boutures en automne.
Floraison : hiver et printemps.
Feuillage : persistant.

Acer

ÉRABLE

Famille des acéracées
Arbre, arbuste

Ce sont les arbres les plus décoratifs qui soient, et, de plus, adaptables à toutes sortes de situations. Ils poussent lentement, mais dès leur jeune âge, leur coloration, leur écorce et leur forme sont si attrayantes qu'il faut leur réserver une place de choix dans le jardin ou dans un bac sur terrasse. Voilà un genre largement représenté, comportant aussi bien des arbres vigoureux que de petits arbres ou encore de grands arbustes. Tous les érables sont originaires de l'hémisphère Nord. Les plus grands d'entre eux, les plus spectaculaires par leur feuillage, viennent d'Amérique du Nord, comme l'*Acer rubrum* (érable rouge). Les érables se distinguent des autres arbres par leur feuilles palmées, comportant généralement cinq lobes et leurs fruits ailés (ou samares) qui se dispersent au vent d'automne, assurant ainsi la dissémination. Le feuillage des hybrides offre une grande diversité de coloris, que ce soit au printemps, en été ou en automne. Certains sont intéressants par leurs écorces joliment sculptées et particulièrement décoratives en hiver, et d'autres le sont par leur floraison très précoce. Les érables du Japon sont parfaits pour les jardins de taille réduite.

■ CONSEILS UTILES

— Le feuillage a besoin d'être protégé du soleil levant et des vents froids.
— Au printemps, retirez le bois mal placé ou mort.
— Choisissez un arbuste ou un arbre en bonne santé en veillant à ce que la motte et les racines ne soient pas desséchées.
— Attention aux hannetons et aux pucerons qui sont friands du jeune feuillage. La plupart des érables demandent un sol frais, mais bien drainé, car ils ne supportent pas une humidité excessive du sous-sol.
— Si le sol de votre jardin est vraiment très calcaire, adoptez sans hésiter l'*Acer campestre* (érable champêtre) dont le feuillage verdoyant se métamorphose en or cuivré avant de tomber.
— En sol vraiment très sablonneux, l'*Acer x zoeschense* 'Annae' se naturalisera fort bien, de même que l'*Acer negundo*. Mais s'il s'agit d'un jardin en bord de mer, sachez que cette espèce n'apprécie pas du tout les coups de vent qui font casser ses branches.

■ L'EXPOSITION

La féérie des coloris des érables en automne dépend de l'exposition. Dans la majorité des cas, ceux-ci sont rehaussés si l'arbre est planté en situation dégagée et en exposition ensoleillée. Exception faite pour l'*Acer circinatum* qui, à mi-ombre, pousse mieux et prend des teintes rouge orange, encore plus éclatantes à l'automne. Un ombrage léger apparaît également bénéfique aux érables du Japon et fait ressortir davantage les marbrures des feuilles. Une exposition en plein soleil n'est pas indiquée non plus pour les érables décoratifs à l'écorce jaspée.

■ LES MEILLEURES VARIÉTÉS POUR DES FLEURS EN FIN D'HIVER

Les fleurs ne sont pas l'attrait essentiel des érables : assez discrètes, elles apparaissent le plus souvent en mai-juin et sont alors noyées au milieu du feuillage. Néanmoins, quelques variétés bénéficient d'une floraison très précoce, se produisant dès la fin de l'hiver, ce qui leur donne un intérêt accru.
— *Acer circinatum* offre une splendide floraison bicolore en avril. Ses fleurs comportent en effet des sépales pourpres et des pétales blancs qui contrastent joliment.
— *Acer rubrum* (érable rouge) est encore plus démonstratif. Il se pare de belles grappes pendantes, rouges, en mars, avant la naissance des feuilles.
— *Acer saccharinum* (érable argenté) atteint 25 m. Son feuillage est blanc argenté en dessous et ses fleurs, très petites, apparaissant avant les feuilles, forment des grappes pendantes jaune brunâtre. Il présente l'avantage de se développer rapidement. Au Canada, il pousse le long des rivières.
— *Acer saccharum* (érable à sucre) dévoile des fleurs verdâtres formant des bouquets vert jaunâtre en avril, avant l'apparition du feuillage. Les Américains en extraient le fameux sirop d'érable, environ 3 à 10 kg par arbre.

■ LES MEILLEURES VARIÉTÉS POUR LEUR FEUILLAGE PANACHÉ

La feuille panachée, chez les érables, est vraiment une spécificité de l'*Acer negundo* et de ses différents cultivars. Si l'espèce type a un feuillage vert tendre, somme toute assez banal, les hybrides

△ *Acer griseum*
▽ *Acer palmatum* 'Senkaki'

Acer pseudoplatanus 'Brillantissimum' △

Acer grosseri ▽

se distinguent par les marbrures de leurs feuilles.

— *Acer negundo* 'Flamingo', a un feuillage panaché de rose.

— *Acer negundo* 'Variegatum' (ou 'Argenteovariegatum') mêle hardiment le vert et le blanc.

— *Acer negundo* 'Aureovariegatum', présente un feuillage éclairé de jaune clair. Ces trois variétés ont un développement inférieur à 10 m de hauteur à l'âge adulte.

— *Acer platanoides* 'Drummondii', (érable plane), possède des feuilles vertes bordées d'une large marge blanche ; il ne dépasse pas 9 m de haut, à l'âge adulte.

— *Acer pseudoplatanus* 'Leopoldii' (érable sycomore), offre une bien curieuse panachure : ses feuilles vertes sont tachetées de jaune ocre et de crème. L'effet ne peut être vraiment apprécié que de près. Mais, attention, cette variété peut atteindre 15 m de hauteur, ne la plantez pas trop près d'une habitation ! Vu de loin, l'arbre forme une masse au plaisant colori vert ocre.

■ LES MEILLEURES VARIÉTÉS POUR LA BEAUTÉ DE LEURS ÉCORCES

Avec leurs écorces joliment striées, certains érables offrent un décor plaisant, même en plein hiver, alors qu'ils sont entièrement dénudés et ressemblent à des sculptures vivantes. Plantez-les donc à proximité de votre maison pour en profiter pleinement durant la mauvaise saison.

— *Acer campestre*. En dehors de l'espèce, vous trouverez des variétés originales telles 'Elsrijk', beaucoup plus compact, ou 'Red Shine', au feuillage lavé de rouge.

— *Acer capillipes* montre des rayures blanches, sur un tronc vert brun.

— *Acer davidii* et *Acer grosseri* 'Hersii' exhibent tous deux une écorce verte artistiquement veinée de blanc.

— *Acer griseum*. Son écorce, d'un très joli brun cannelle, s'exfolie en grandes écailles comme l'érable argenté.

— *Acer palmatum* 'Senkaki' (érable du Japon), est un vrai festival hivernal. C'est un petit arbre ou un arbuste que les Anglais surnomment érable à écorce corail (Corail bark maple) parce que ses jeunes branches sont colorées d'une riche teinte corail, qu'accentue le froid.

— *Acer pennsylvanicum* (érable jaspé), venu d'Amérique du Nord, se distingue par son écorce vert jade striée de blanc.

263

△ *Acer cappadocicum* 'Aureum'
▽ *Acer pseudoplatanus*

— *Acer rufinerve*, un joli petit japonais, offre une écorce jaspée de vert et de gris.
— *Acer saccharinum* a une écorce gris clair, qui se détache en grandes lanières ou en grandes plaques, un peu comme chez certains eucalyptus.

■ LES MEILLEURES VARIÉTÉS POUR LEURS MUES SPLENDIDES AU PRINTEMPS

Quelques érables remarquables développent un feuillage printanier aux coloris somptueux, bien différent de celui de l'été, qui va encore se métamorphoser en automne. Ainsi n'observe-t-on pas moins de deux, parfois trois, mues admirables durant la belle saison.

Les rosés

— *Acer platanoides* 'Drummondii' est d'un rose très doux juste au moment de l'éclosion du feuillage pour ensuite mêler le vert et le blanc.
— *Acer pseudoplatanus* 'Brillantissimum' (érable sycomore) a moins de 4 m de hauteur. Il montre un délicieux coloris rose crevette au printemps. Il prend ensuite un ton vert jaunâtre pâle avant de virer au vert franc.
— *Acer pseudoplatanus* 'Prinz Handzery' a une mue de printemps encore plus raffinée : les feuilles au revers violet présentent, en effet, des taches jaunes à la face supérieure. Hauteur : de 18 à 20 m.
— *Acer pseudoplatanus* 'Leopoldii' a un feuillage rosé, également nuancé de jaune et d'ocre. Il prend ensuite un ton original vert piqueté d'ocre et de crème.

Les rouges

— *Acer cappadocicum* 'Rubrum' (érable de Colchide). Ses rameaux et ses feuilles verdissent après le printemps, puis virent joliment au rouge et or.
— *Acer capillipes*. Non seulement ses feuilles, mais aussi ses rameaux naissent rouges (9 m de haut).
— *Acer x zoeschense* 'Annae'. Son feuillage, de rouge foncé au printemps, passe au vert olive ou au vert brun en été, avant de retrouver son ton initial en septembre (hauteur 15 m).

Le jaune

— *Acer palmatum* 'Aureum'. D'un jaune très doux au printemps, son feuillage prend un coloris de plus en plus doré.

■ LES MEILLEURES VARIÉTÉS POUR DE SUPERBES TEINTES AUTOMNALES

Si les érables sont majestueux au printemps et en été, et assurent parfois un beau décor en hiver avec leurs écorces ou leur floraison précoce, c'est pourtant en automne qu'ils se surpassent en éclatant de tous leurs feux.

Les écarlates

— *Acer ginnala*. Son feuillage ne reste malheureusement pas longtemps sur l'arbre quand il s'est coloré en rouge clair. En été, les feuilles sont vert brillant sur le dessus, vert clair en dessous. Ses rameaux, d'un beau rouge vif, restent longtemps sur l'arbre en hiver. L'érable de Chine résiste parfaitement à la pollution et se contente de sols pauvres.
Hauteur : de 5 à 6 m.
— *Acer grosseri* 'Hersii'. Déjà admirable par son écorce jaspée, cet érable, introduit de Chine, est l'une des essences les plus décoratives qui soient, grâce à son feuillage qui, en automne, se nuance de magnifiques coloris rouge orangé et jaune. Hauteur : de 5 à 6 m.
— *Acer japonicum* 'Aconitifolium'. Ce joli petit arbre venu du Japon, aux feuilles vertes en été, prend, à l'automne, une superbe teinte rouge bronze. Hauteur : 3 m.
— *Acer rubrum*, dont les feuilles vert foncé sur le dessus et bleutées au revers, en été, prennent, à l'automne, de très vives teintes rouge orangé, très spectaculaires. Hauteur : 20 m.
— *Acer palmatum* 'Heptalobum Osakazuki'. Cet arbuste appartient au paysage japonais. Son feuillage, vert durant la belle saison, devient, en automne, une splendeur écarlate mêlée d'orangé. Il est particulièrement remarquable parmi les rhododendrons. Hauteur : de 3 à 4 m.
— *Acer x zoeschense* 'Annae', aux feuilles véritablement rouge feu. Elles naissent rouges, au printemps, avant de se changer en vert olive ou vert brun, en été, et redevenir rouge foncé en automne.

Les rouges et or

— *Acer cappadocicum* 'Rubrum', dont le feuillage naît rouge sang au printemps avant de verdir, pour se mettre à dorer en automne.
— *Acer circinatum*. Déjà admirable par sa floraison bicolore, au printemps. Ses feuilles, vert clair en été, prennent, en automne, une magnifique coloration écarlate et orange. Les branches sont retombantes, parfois jusqu'à terre, où elles s'enracinent. Hauteur : 10 m.
— *Acer davidii*. Cet arbre, venu de Chine, est très spectaculaire toute l'année, grâce à son feuillage vert foncé en été contrastant avec ses pétioles

rouge vif. Il se mue, à l'automne, en une superbe frondaison jaune et pourpre. Hauteur : de 9 à 10 m.

— *Acer pseudoplatanus* est un géant dont les feuilles atteignent 25 cm et les fleurs, de longues grappes pendantes, apparaissent en même temps que le feuillage. C'est l'un des arbres les plus résistants qui soient dans les sites ventés. Hauteur : pas moins de 30 m.

— *Acer rufinerve*. Les grandes feuilles à 3 lobes, vert foncé en été, deviennent cramoisies et jaune vif en automne. Hauteur : de 9 à 10 m.

Les jaunes

Toutes les nuances de jaune existent chez ces *Acer* avant la chute des feuilles.

— *Acer campestre*. Son feuillage bien vert durant la belle saison devient d'un bel or cuivré. Hauteur : de 15 à 20 m.

— *Acer opalus*, l'érable à feuilles d'obier, appelé aussi *A. opulifolium*, semble dédaigné malgré son adaptation naturelle aux sols rocheux.

— *Acer palmatum* 'Senkaki'. Au feuillage vert pâle de l'été succède une frondaison au jaune très doux en fin de saison. Hauteur : 4 m.

— *Acer pennsylvanicum*. Un jaune pur succède au vert de l'été. Hauteur : de 5 à 6 m.

— *Acer platanoides*, (érable blanc) dont le feuillage, vert durant l'été, devient jaune d'or. Hauteur : 20 m.

— *Acer saccharinum*. Ses feuilles se parent d'un joli vert brillant en été, virant au jaune grège en automne.

■ LES MEILLEURES VARIÉTÉS POURPRES

Ces érables ne se contentent pas d'avoir un feuillage pourpre au début du printemps ou en fin de saison. Ils restent ainsi cramoisis tout au long de la belle saison et jettent une note insolite au milieu des frondaisons vert tendre de l'été. Afin d'accentuer ce contraste, n'hésitez pas à les marier à des arbres à feuilles panachées de blanc ou d'or ou à des végétaux complètement dorés comme le *Gleditsia triacanthos* 'Sunburst'.

— *Acer palmatum* 'Atropurpureum', (érable pourpre du Japon). Ce très élégant arbuste, de 3 à 5 m de haut, aux branches souples, passe par tous les tons de pourpre au cours de l'année, de même que *Acer palmatum* 'Dissectum Atropurpureum', à l'élégant feuillage, à peu près de la même hauteur.

— *Acer platanoides* 'Crimson King' ou 'Schwedleri Nigra' (érable plane)

Acer japonicum △
Acer crataegifolium 'Veitchii' ▽

atteint 10 m de haut et garde un ton rouge noir très brillant tout l'été. Son feuillage a tendance à s'éclaircir légèrement avant de tomber.

— *Acer pseudoplatanus* 'Atropurpureum' (érable sycomore) est l'un des plus majestueux et des plus imposants par sa taille (30 m de haut). Il offre des coloris nuancés de brun violacé.

Hauteur : de 2 m à 35 m selon les variétés.
Terre : normale qui ne se dessèche pas. Une exception : *Acer rubrum* préfère une terre acide.
Exposition : soleil ou mi-ombre.
Multiplication : graines semées en octobre, ou par greffe en mars.
Floraison : printemps.
Feuillage : caduc.

▽ **Acer palmatum** 'Rubrum'

blanches paraissent fin avril. Il est le géant des *Aesculus*. Du fait de la duplicature de ses fleurs, 'Baumannii' ne donne pas de fruits, ce qui représente parfois un gros avantage.

Les deux variétés ci-dessous appartiennent au genre des paviers, c'est-à-dire les marronniers d'Inde venus d'Amérique du nord. Ils sont considérés comme des arbustes ne dépassant pas 4 m de haut.
— *Aesculus parviflora* (pavier blanc), aux fleurs blanches, en juillet-août, et au joli feuillage d'automne.
— *Aesculus pavia* (pavier rouge), ne dépasse guère 2,50 m lorsqu'il est cultivé. Il donne, en mai-juin, des grappes dressées rouge carmin tacheté de jaune.Les fleurs de 'Atrosanguinea' arborent un ton pourpre foncé.

Hauteur : 18 m.
Terre : toutes.
Exposition : soleil.
Multiplication : plantez les marrons au printemps.
Floraison : avril, mai.
Feuillage : caduc.

△ *Aesculus neglecta* 'Erythroblastos'

Aesculus
MARRONNIER D'INDE
Famille des hippocastanacées
Arbre

Un très grand arbre pour un très grand jardin. Quel spectacle au mois de mai, quand l'immense et dense feuillage semble constellé de centaines de bougies roses ou blanches ! S'il n'était pas un tel habitué de nos parcs, on s'émerveillerait de voir un tel ornement si spectaculaire. Il atteint facilement 18 m de haut à l'âge adulte.

■ **CONSEILS UTILES**
— Avoir de la place au soleil.

■ **LES MEILLEURES VARIÉTÉS**
— *Aesculus x carnea* (marronnier rouge),

avec des fleurs roses, paraissant en mai.
— *Aesculus x carnea,* 'Briotii' (marronnier rouge), aux fleurs rouges écarlates.
— *Aesculus hippocastanum*. Ses bougies

▽ *Aesculus parviflora*

Ailanthus
AILANTE
Famille des simarubacées
Arbre

Les plus grandes qualités de cet arbre sont sa capacité de pousser vite, de supporter la pollution, la fumée, l'ombre ou le soleil ainsi que d'être indifférent à la terre dans laquelle il vivra. Il est souvent utilisé pour retenir les talus. Son principal inconvénient est de faire des rejets qu'il faut sans cesse couper. En outre, son feuillage apparaît tardivement. Mais disons-le, il est élégant.

■ **CONSEILS UTILES**
— Simplement, plantez-le bien et, surtout, éloignez-le des habitations. Son bois est cassant et de grandes branches peuvent être endommagées par grand vent.

■ **LES MEILLEURES VARIÉTÉS**
— *Ailanthus altissima,* (ailante) ressemble au noyer. Il atteint 25 m. Ses feuilles composées sont fort longues (jusqu'à 60 cm) et virent au jaune en été. Ses fleurs verdâtres, en grandes panicules, ont une odeur fétide.

— *Ailanthus vilmoriniana*, moins haut (16 m au maximum) a tendance à s'étendre en largeur. Il peut être utile de le planter sur les talus.

Hauteur : de 8 à 25 m.
Terre : toutes, il supporte les sols pauvres.
Exposition : soleil ou mi-ombre.
Multiplication : drageonnage ou bouturage de fragments de racines.
Floraison : juillet.
Feuillage : caduc.

Albizzia

ALBIZZIA

Famille des mimosacées
Arbre ou arbuste

Petit arbre au feuillage fin, découpé, qui ressemble à celui du mimosa. La floraison, en été, est particulièrement jolie avec ses bouquets d'étamines ressemblant à des houpettes roses dressées sur des tiges bien droites, au sommet de l'arbre.

■ CONSEILS UTILES

— Plantez au soleil dans un endroit très abrité des vents. L'arbre est capricieux et tolère un peu de froid, mais pas de gels trop prolongés.
— Comme il supporte mal la transplantation à racines nues, il vaut mieux acheter des petits sujets en conteneurs.

■ LES MEILLEURES VARIÉTÉS

— *Albizzia julibrissin* (arbre de soie). Au Japon c'est un arbre, chez nous un arbrisseau, parfumé, qui produit, en été, des panicules de fleurs rose clair. Ombrella 'Boubri', sélection offerte depuis peu, possède des fleurs d'un rouge soutenu et remonte en automne.
— *Albizzia julibrissin* 'Rosea' a des fleurs d'un rose plus soutenu. Cette variété est la plus rustique.
— *Albizzia lophanta* est un arbuste qui fleurit en décembre-janvier sous un climat méditerranéen. Ses houppes allongées se colorent d'un beau jaune soufre.

Hauteur : de 2 à 10 m.
Terre : bonne terre de jardin.
Exposition : soleil abrité des vents.
Multiplication : par graines.
Floraison : été ou hiver selon les variétés.
Feuillage : caduc ou semi-persistant.

△ *Ailanthus altissima*
▽ *Albizzia julibrissin* 'Rosea'

▽ *Albizzia julibrissin*

Alnus
AULNE
Famille des bétulacées
Arbre

Pour atteindre sa hauteur maximum de 30 m et une longévité de 120 ans, il lui faut beaucoup de lumière et d'humidité. Les aulnes sont assez proches des bouleaux et ils se développent bien en sol pauvre, ou humide. C'est ce qu'il vous faut si vous recherchez un arbre qui pousse vite. Au printemps, de longs chatons pendent des rameaux, bientôt suivis de cônes en forme d'œufs. Son bois est dur et durable. Plongé dans l'eau, il devient encore plus dur.

■ CONSEILS UTILES

— Plantez à l'ombre ou au soleil dans une terre humide, même marécageuse. Seul, *Alnus cordata* (aulne de Corse) aime les terres drainées.

■ LES MEILLEURES VARIÉTÉS

— *Alnus cordata* est une espèce très haute qui, dans son milieu, la Corse, peut atteindre 25 m. A peine 7 m, lorsqu'il est cultivé. Il se distingue par sa forme pyramidale, ses feuilles en forme de cœur, d'un vert foncé brillant.
— *Alnus glutinosa* 'Aurea' est un arbre ravissant, avec son écorce orangée et ses feuilles dorées, au printemps. L'arbre dépasse rarement 3 m de haut.
— *Alnus incana* (aulne blanc). Cet arbre, qui atteint 12 à 15 m, est bien reconnaissable à son feuillage et à son écorce gris argenté. Les chatons mâles apparaissent en bouquets, en février. Les cônes, groupés par 3 ou 6, sont bruns à maturité. Cette espèce se plaît dans les sols calcaires ou dans les lieux très humides.
— *Alnus maritima*. Ce grand arbuste se plaît en bord de mer et peut être utilisé sous forme de haie. Longs chatons jaunes de 6 cm.
— *Alnus rubra*. Ainsi nommé pour la couleur des bourgeons, des pétioles et des nervures des feuilles. Original !

Hauteur : de 3 m à 15 m en moyenne.
Terre : humide.
Exposition : ombre au soleil.
Multiplication : boutures en automne.
Apparition des chatons : février, mars, sauf *Alnus maritima* et *Alnus nitida* qui fleurissent en automne.
Feuillage : caduc.

△ *Alnus cordata*

△ *Amelanchier canadensis*
▽ *Amelanchier canadensis*

Amelanchier

AMÉLANCHIER

Famille des rosacées
Arbuste

Peu connu, c'est un bel arbuste facile à faire pousser et décoratif. Son feuillage peut s'étaler largement et atteindre 5 m de haut. De plus, il changera le décor du jardin en transformant ses couleurs selon les saisons : au printemps, il fleurit en blanc léger, éblouissant comme un voile de mariée puis, vers l'été, le voilà avec un feuillage rose. En automne, il arbore une robe de flamme, constellée de baies rouges, qui sont comestibles.

■ CONSEILS UTILES

— Plantez-le à la fin de l'été ou en plein hiver, ou encore, tôt au printemps. Il poussera peu au début, puis la deuxième année prendra un bon départ.
— Il ne nécessite pas de taille. Enlevez seulement les rameaux desséchés.
— En mai, recouvrez la base de son tronc avec des coupes de gazon ou bien du compost maison.

■ LES MEILLEURES VARIÉTÉS

— *Amelanchier alnifolia.* Cet arbuste de 2 à 4 m est surtout caractérisé par ses feuilles très arrondies, velues et blanchâtres et ses grappes de fleurs blanc crème apparaissant en mai.
— *Amelanchier canadensis* (amélanchier du Canada) est un petit arbre de 4 à 8 m (mais beaucoup plus grand dans son milieu naturel). Il préfère les situations humides. La floraison est toute blanche, suivie de fruits noirs.
— *Amelanchier laevis.* Ses fleurs, en mai, d'un blanc pur admirable, s'assemblent en de longues grappes odorantes et abondantes. Le feuillage est richement coloré en bronze violacé dès le printemps.
— *Amelanchier lamarckii* 'Rubescens' est d'un effet ravissant au printemps dès que s'ouvrent ses fleurs, rose pourpré en boutons, blanc rosé à l'épanouissement. Le feuillage couleur de cuivre devient écarlate en automne.

Hauteur : de 1,50 m à 5 m.
Terre : de préférence riche et relativement fraîche.
Exposition : mi-ombre et plein soleil.
Multiplication : par semis au printemps ou par division des touffes en hiver.
Floraison : de juillet à septembre.
Feuillage : caduc.

△ *Aralia elata*

Aralia

ARALIA

Famille des araliacées
Arbuste

Son tronc est bien droit, d'environ 4 m de haut, son joli feuillage composé est léger, et il donne une masse de fleurs blanches, en automne. L'aralia émet de nombreux rejets, armés de mauvais piquants, parfois difficiles à éliminer. L'*Aralia cachemirica* aux belles fleurs blanches (sans épines), est d'un effet superbe cultivé, en isolé, sur une pelouse. Un bouquet d'aralias fait encore plus d'effet.

■ **CONSEILS UTILES**

— Plantez en bonne terre de jardin.
— Protégez l'arbuste du vent en raison de la légèreté de son feuillage découpé tout au long des branches souples.
— Retirez les petits rejets au fur et à mesure de leur apparition.

■ **LES MEILLEURES VARIÉTÉS**

— *Aralia elata* (angélique du Japon). Ses très grandes feuilles, longues parfois d'un mètre, sont couronnées, en automne, de bouquets spectaculaires de fleurs blanches disposées en larges panicules.
— *Aralia elata* 'Aureovariegata'. Un arbuste très apprécié, au feuillage marginé de jaune qui devient argenté à la fin de l'été.
— *Aralia spinosa* (angélique en arbre). Certains l'appellent « la canne du diable » à cause des piquants dont l'arbuste est couvert. En juillet-août éclosent ses fleurs, petites et blanchâtres. Assem-

blées en ombelles, elles forment de grosses panicules duveteuses. L'énormité des feuilles, aux pétioles longs de 25 cm, donne à la plante une allure subtropicale étonnante dans un jardin européen.

Hauteur : 4 m.
Terre : toutes.
Exposition : soleil-mi-ombre.
Multiplication : rejets.
Floraison : fin de l'été.
Feuillage : caduc.

Araucaria

ARAUCARIA

Famille des araucariacées
Arbre

Très en vogue au début du siècle, ce conifère à la silhouette étrange, ne fait plus l'unanimité. Dans un climat autre que très humide, ou en cas de pollution, ses branches se dégarnissent très haut, formant une silhouette légèrement fantomatique d'arbre déplumé. Les araucarias étant des arbres dioïques (ou mâles, ou femelles) et les sujets souvent isolés, il est rare que les arbres femelles soient fécondés, et donc, que l'on observe une fructification sur leurs cônes dont on doit, par ailleurs, attendre deux ans la maturité.

■ **CONSEILS UTILES**

— Plantez votre araucaria au centre d'un grand espace et sur un sol profond. Pendant quelques années il ne grandira pas, puis poussera de 30 cm par an.

△ *Araucaria araucana*
▽ *Araucaria imbricata*

— Les climats humides, pas trop froids, lui conviennent parfaitement.
— On peut le planter dans une orangerie, voire en appartement.

■ LES MEILLEURES VARIÉTÉS

— *Araucaria araucana* (araucaria du Chili). Son surnom de « Désespoir des singes » est une plaisanterie. En effet, ses feuilles presque triangulaires, profondément imbriquées les unes dans les autres et piquantes, en rendent l'ascension impossible... même à des singes !
— *Araucaria Bidwillii.* Originaire d'Australie, ce grand arbre (40 m de haut dans son milieu naturel) n'est rustique que sur la Côte d'Azur. Ses cônes, les plus grands du genre, peuvent atteindre 30 cm de long et peser 3 kg chacun.
— *Araucaria excelsa.* Quant à cet araucaria, originaire des Andes du Chili austral, il est l'une des plus belles variétés existantes, en raison de son port majestueux et très décoratif. Pourtant, il est rarement cultivé sous nos climats, sinon en orangerie.

Hauteur : de 10 à 40 m.
Terre : normale.
Exposition : soleil, mais dans une atmosphère très humide.
Multiplication : semis, boutures possibles.
Feuillage : persistant.

Arbutus
ARBOUSIER
Famille des éricacées
Arbre ou arbuste

C'est un grand arbuste, se haussant parfois à la hauteur d'un petit arbre de 7-8 m. L'*Arbutus* a un feuillage persistant, épais comme du cuir. Ses troncs multiples peuvent être taillés pour ne former qu'un seul tronc d'arbre. Des groupes de fleurs, en forme de petites urnes, donnent des fruits ressemblant à des fraises rondes. Il est une excellente plante de maquis, tout à fait apte à créer des scènes naturelles dans les jardins méditerranéens.

■ CONSEILS UTILES

— Installez-le en bord de mer, dont il supporte fort bien le climat, avec un bon ensoleillement.
— Plantez-le dans une terre acide.
— Abritez-le des vents.

△ *Arbutus x andrachnoides*

△ *Arbutus menziesii*

■ LES MEILLEURES VARIÉTÉS

— *Arbutus andrachne* (arbousier hybride), fleurit au printemps. S'il est bien protégé durant les premières années de la plantation, il s'acclimate au froid.
— *Arbutus menziesii* (arbousier de Californie). La riche floraison blanche, à la fin du printemps, donne des fruits jaunes ou orangés.
— *Arbutus unedo* (arbre aux fraises). Son écorce rougeâtre, ses petites feuilles toujours vertes et coriaces, ses fleurs d'un blanc rosé en font un arbre très ornemental. Des fleurs apparaissent en novembre-décembre quand les fruits sont mûrs. Le cultivar *Arbutus unedo* 'Rubra' a une forme plus compacte, une floraison d'un rosé plus soutenu et des fruits abondants.

Hauteur : de 6 à 8 m.
Terre : acide.
Exposition : ensoleillée.
Multiplication : par semis, marcottage et bouturage.
Floraison : mai, juin.
Feuillage : caduc ou persistant.

△ *Artemisia absinthium* 'Lambrook Silver'

Artemisia

ARMOISE EN ARBRE

Famille des astéracées

Arbuste

Vous trouverez bien utiles ces arbustes buissonnants, d'environ 1 m en général, au feuillage vert bleuté ou gris ardent, presque toujours odorants. Ils se plairont avantageusement dans les coins les plus ingrats du jardin, dédaignés par les autres plantes. Pour l'armoise, plus il y a de cailloux et de soleil, plus elle est belle ! Profitez-en ! Mariez-la à quelques rosiers anciens, vous aurez une plantation réussie.

■ **CONSEILS UTILES**

— Plantez-la de préférence au printemps, en ajoutant deux poignées de sable à chaque pied. Au début du premier hiver, enveloppez ce pied de quelques poignées de tourbe ou de laine de roche. Ne vous inquiétez pas si la partie supérieure gèle : au printemps, de nouveaux bourgeons sortiront plus bas.

— Taillez en juillet et août en supprimant les fleurs, elles n'ont pas d'attrait. Cela étoffera ces buissons.

— A cette occasion, faites des boutures que vous enracinerez dans du sable, à l'ombre, avant de les conserver à l'abri du froid pendant l'hiver. Sachez que dès la première saison, après la plantation, vous aurez des touffes de près d'un mètre de diamètre.

■ **LES MEILLEURES VARIÉTÉS**

— *Artemisia absinthium* 'Lambrook Silver', au feuillage gris argenté et au fort parfum d'absinthe, mesure 50 cm.

— *Artemisia arborescens* est un arbrisseau au fin feuillage très argenté et dentelé dont le sommet est arrondi.

— *Artemisia cupaniana* a des fleurs blanches à puissante odeur. Plantez-la en terrain sec et pauvre et rabattez-la, à ras de terre, en fin de saison dès que le feuillage commence à se dessécher.

— *Artemisia dracunculus* (estragon), vous la connaissez. C'est notre estragon populaire dont les feuilles aromatiques font nos délices à la cuisine… et dans le jardin.

— *Artemisia schmidtiana* 'Nana', au fin coussinet d'argent délicatement ciselé, est la plus adorable de toutes.

Hauteur : de 70 cm à 1 m en général. De 5 à 10 cm pour *Artemisia schmidtiana* 'Nana'.

Terre : légère et, surtout, parfaitement drainée.

Exposition : plein soleil.

Multiplication : bouturage sous châssis froid, à la fin du printemps et en été.

Floraison : été.

Feuillage : caduc.

Arundinaria

BAMBOU

Famille des poacées

Arbuste

Ce sont des bambous très utiles, selon leur taille, pour former des coupe-vents ou des couvre-sols. Tous ont des feuillages persistants, à croissance rapide, et sont très faciles à installer. Mais, attention, la prolifération rapide de leurs souches traçantes fait qu'ils envahissent l'espace rapidement. Ce peut être un avantage au bord de l'eau ou dans un grand jardin. Les cannes sont si dures et résistantes qu'on les utilise parfois pour faire de belles clôtures ou des tuteurs à glycines que l'on voudrait monter en arbre.

■ **CONSEILS UTILES**

— Ils aiment l'humidité et le grand soleil, sauf quelques espèces supportant l'ombre.

— Ne les taillez pas, mais coupez les tiges mortes ou abîmées au ras du sol, au début de l'automne.

— On peut également les cultiver en bac sur les terrasses.

■ **LES MEILLEURES VARIÉTÉS**

— *Arundinaria anceps,* vigoureux et envahissant est un bon coupe-vents.

— *Arundinaria chino* atteint 1 m à 2 m,

△
▽ *Bambusa vulgaris* 'Aureo-marginata'

avec des feuilles de 2 cm de large.
— *Arundinaria fastuosa*. Chez nous, il atteint 5 à 6 m de haut, mais grimpe jusqu'à 15 m au Japon, dans son habitat naturel. Ses superbes cannes, très creuses (jusqu'à 8 cm de diamètre) sont vert brillant foncé, taché de pourpre. Ils forment d'excellents écrans. On peut manger les très jeunes pousses quand elles sortent de terre à 5 ou 10 cm. C'est un mets délicat.
— *Arundinaria graminea* est une bonne variété à installer dans les endroits ombragés. Il atteint 3 m de haut. Les cannes sont vert olive et les feuilles d'un ton vert jaune très lumineux.
— *Arundinaria japonica* est l'un des premiers bambous japonais à avoir été introduits en Europe. Dense, il atteint couramment 3 à 4 m de haut. Son feuillage est vert brillant et ses cannes (ou chaumes) vert olive.
— *Arundinaria murielae* est une plante élégante avec ses cannes d'un vert lumineux devenant vert-jaune avec l'âge. Son port est légèrement retombant, ce qui le rend bien joli dans des bacs sur terrasse. En outre, il est l'un des bambous les plus résistants au froid.
— *Arundinaria nitida* est le plus rustique de tous. Son feuillage, étroit et délicat, se dessèche et s'enroule sous l'effet du froid. Ses cannes pourpres, souples, atteignent 5 et 6 m de haut.
— *Arundinaria pumila*. Ce bambou nain de 0,50 m, fait un bon tapis couvre-sol.
— *Arundinaria variegata*. Les chaumes, dressés jusqu'à 3 m, s'arquent avec élégance. Les feuilles d'un vert brillant, très lancéolées, sont rayées de blanc.
— *Arundinaria viridistriata* est le plus beau de tous avec ses tiges violacées s'élevant jusqu'à 1 et 2 m de hauteur. Coupez les vieilles tiges au ras du sol en automne, vous verrez de jolies tiges fraîches pointer au printemps suivant.

Hauteur : de 0,50 m à 6 m.
Terre : toutes, mais humides.
Exposition : soleil.
Multiplication : jeunes pousses prises au printemps.
Feuillage : persistant ou caduc.

△ *Arundinaria nitida*
▽ *Arundinaria viridistriata* 'Vagans'

273

△ *Atriplex halimus*

Atriplex
ATRIPLEX

Famille des chénopodiacées
Arbuste

Il existe des variétés herbacées que l'on consomme en légumes et connues sous le nom d'arroche. En fait, la plante qui nous intéresse, ici, est un petit arbuste atteignant rarement deux mètres, dont les rameaux gris et les feuilles argentées, semi-persistantes, sont tout à fait caractéristiques. On le trouve surtout sur les talus en bord de mer, où il est très utile pour prévenir l'érosion. Mais il fait aussi une bonne haie brise-vent, tant il résiste bien aux embruns salés. Il supporte également la poussière. La floraison est insignifiante. Quant au feuillage, il peut être consommé en légume.

■ **CONSEILS UTILES**

— Plantez l'atriplex à l'automne.

274

Même dans un sol très sableux, à condition qu'il soit bien travaillé.
— Tous les deux ans, vous pouvez supprimer les extrémités des tiges pour donner une certaine discipline à cette plante qui a tendance à devenir broussailleuse.

■ **LES MEILLEURES VARIÉTÉS**

— *Atriplex halimus* (pourpier de mer, arroche Halime) supporte les terres salées. Il atteint 1 à 2 m de haut et donne des fleurs gris rougeâtre sans intérêt.
— *Atriplex portulacoides* (obione pourpier) ne dépasse guère 0,50 m. Son feuillage est argenté et il porte des fleurs jaunâtres en épis.

Hauteur : de 0,50 m à 2 m.
Terre : bien drainée.
Exposition : soleil.
Multiplication : par rejets que l'on sépare du pied-mère.
Floraison : tout l'été.
Feuillage : semi-persistant.

Aucuba
AUCUBA

Famille des cornacées
Arbuste

Certains le trouvent « ordinaire » parce qu'ils le voient trop souvent tristement desséché dans les jardins publics. Et pourtant ! Bien planté et bien traité, l'aucuba devient une plante si décorative qu'on le prendrait volontiers pour une plante d'intérieur ! Toute l'année, son feuillage vert panaché de jaune, ses rameaux vert clair, apportent au paysage d'un jardin de fraîches notes de couleur, alors même que bien d'autres fleurs ont disparu. C'est un arbuste robuste et persistant. Et, en outre, il résiste fort bien à la pollution des villes. Vous pouvez l'utiliser en grandes taches, soit pour dissimuler un coin disgracieux, soit pour étoffer un fond de jardin. Une généreuse plantation d'*Helianthus* de 1,50 m de haut, alliés à des aucubas, avec des *Hypericum* en couvre-sol, fera un tableau admirable et un coin de jardin doré, paré pour toute l'année.

■ **CONSEILS UTILES**

— Plantez-le au printemps, de préférence, ou tôt en automne.
— Apportez de l'engrais en mars.

— Installez-le, plutôt en terrain mi-ombragé ou au soleil, car il sera moins joli s'il est en pleine ombre, (tout en poussant, cependant, volontiers).
— Pour obtenir une belle fructification, mélangez obligatoirement ensemble plusieurs arbustes de sexe différent, car l'aucuba est dioïque.

■ **LES MEILLEURES VARIÉTÉS**

— *Aucuba himalaica* atteint 3 m de haut. Cet arbuste pousse à 2 500 m d'altitude en Himalaya. Ses baies sphériques sont orange.
— *Aucuba japonica* (aucuba du Japon) compte plus d'une dizaine de variétés reconnaissables à la forme de leurs feuilles ovales et dentées, longues de 8 à 20 cm et à la couleur de leurs fruits rouges vifs. 'Rozannie' conserve une petite taille et pourtant de grandes feuilles éclaboussées de crème.
— Le cultivar le plus connu est *Aucuba japonica* 'Variegata' aux feuilles panachées de jaune. Il est venu du Japon au siècle dernier.
— *Aucuba japonica* 'Salicifolia' (aucuba à feuilles de saule), très élégant, est capable de former un excellent écrin à des potentilles.

Hauteur : de 1,20 m à 3 m.
Terre : quelconque mais bien drainée.
Multiplication : par bouturage, au printemps, ou par semis dès la maturité des graines.
Floraison : floraison insignifiante au printemps.
Feuillage : persistant.

▽ *Aucuba japonica* 'Crotonifolia'

Azara

AZARA

Famille des flacourtiacées
Arbuste

Un peu fragile, craignant le froid, ce petit arbuste persistant doit être planté contre un mur bien exposé. Ses jolies branches arquées s'habillent de fleurs au parfum de vanille très prononcé, surtout au début du printemps. C'est une plante qu'on peut installer dans un bac, sur une terrasse, à l'abri.

■ CONSEILS UTILES

— Donnez à cet arbuste une bonne terre avec du terreau de feuilles et du sable.
— Protégez-le en hiver avec des branches, voire de la paille.

■ LES MEILLEURES VARIÉTÉS

— *Azara intregrifolia* est un arbuste atteignant 6 m. Ses fleurs jaunâtres et très odorantes se succèdent de janvier à mars.
— *Azara microphylla* a un joli feuillage vert foncé brillant. Ses bouquets de fleurs à pétales blanchâtres et étamines jaune d'or éclosent au printemps. Sa variété 'Variegata', au feuillage panaché, pousse très lentement. Un sujet a survécu sur ma terrasse à – 18°.
— *Azara petiolaris* développe de grandes feuilles un peu épaisses. De petites fleurs parfumées éclosent en février-mars.

Hauteur : de 1 à 10 m.
Terre : ordinaire, améliorée par de l'humus.
Exposition : soleil, à protéger du vent.
Multiplication : bouturage.
Floraison : printemps.
Feuillage : persistant.

Ballota

BALLOTE

Famille des lamiacées
Arbuste

Botaniquement, cette plante n'est pas un arbuste, mais une vivace. Comment pourtant, ne pas parler, ici, de ce haut buisson au beau feuillage doux, gris argenté et très dense, très à son aise dans des endroits caillouteux, écrasés de soleil ? C'est la plante idéale pour

△ *Azara lanceolata*

étoffer et mettre en valeur des fleurs au feuillage maigrichon comme les diéramas, les crocosmias, ou encore certaines plantes vivaces peu étoffées comme les penstemons, les scabieuses, les delphiniums nudicaules, les *Gladiolus byzantinus*.

■ CONSEILS UTILES

— Plantez la ballote au printemps, de préférence, en lui donnant ce qu'elle aime : une terre caillouteuse et maigre.
— Pendant le premier été arrosez-la, puis laissez-la vivre tranquillement.
— Chaque printemps, pratiquez une taille de nettoyage, en supprimant les rameaux abîmés par le froid.
— Protégez-la en bouturant, en serre,

△ *Ballota pseudodictamnus*

des extrémités de tige que vous mettrez en pleine terre de juin à septembre.
— Hivernez les jeunes plants, sous châssis, pendant le premier hiver.

■ UNE SOLIDE VARIÉTÉ

— *Ballota pseudodictamnus*. Son feuillage est laineux. Ses fleurs rose pâle s'épanouissent timidement en juillet.

Hauteur : de 60 à 80 cm.
Terre : très légère.
Exposition : plein soleil.
Multiplication : par bouturage, en été.
Floraison : insignifiante, de juin à juillet.
Feuillage : caduc.

△ *Berberis darwinii*

△ *Berberis thunbergii* '**Harlequin**'

Berberis

ÉPINE-VINETTE

Famille des berbéridacées
Arbuste

Voici un arbuste dont les multiples variétés originales voisinent joliment avec les fleurs : par exemple crocosmias ou géraniums vivaces en été, *Papaver* au printemps. Il ne demande aucun soin, il peut pousser fort haut et n'exige aucune terre particulière ! Les *Thalictrum* et les *Macleaya* accompagnent à merveille les variétés érigées. Certains *Berberis* sont persistants, certains ont des fleurs parfumées, d'autres encore portent des fruits décoratifs et un feuillage coloré. Il y en a même qui font d'admirables couvre-sol. Cependant, presque tous sont susceptibles d'être érigés en haies, taillées ou de forme libre.

■ **CONSEILS UTILES**

— Apportez-lui, une fois par an seulement, un peu d'engrais dans le cas où il resterait chétif. Sinon, laissez-le grandir tout seul !
— Pour éviter la corvée de désherbage autour du tronc, toujours pénible car, chez nous, l'épine-vinette est armée de piquants, voici un bon truc : paillez abondamment avec des feuilles mortes ou du compost à demi décomposé.

■ **LES MEILLEURES VARIÉTÉS**

— *Berberis darwinii,* au beau feuillage persistant, coriace et vert foncé, est l'un des premiers berberis à fleurir. Ses fleurs jaune vif éclosent en avril-mai. Il ne supporte que les climats très doux.
— *Berberis darwinii* 'Flame' est recommandé pour constituer de remarquables haies défensives persistantes. La floraison rouge orangée, en grappes, est spectaculaire.
— *Berberis x frikartii.* Rassemble quelques hybrides tel 'Amstelveen', réputés pour la qualité de leur feuillage et leur port élégant.
— *Berberis x interposita* 'Wallich's Purple'. Tout est couleur chez cette variété cuivrée au printemps, verte ou bronze en été, pourpre en automne.
— *Berberis x media* 'Red Jewel'. Buisson dense, semi-persistant, de 1 m de haut, que l'automne colore de rouge pourpré.
— *Berberis thunbergii* 'Aurea'. Un arbuste superbe, très admiré pour son feuillage doré, virant au vert pâle en été. 'Bagatelle' forme une petite boule de 40 cm de diamètre, pourpre au printemps et rouge écarlate en automne.
— *Berberis vulgaris,* espèce très commune en France, atteint facilement 3 m. Il est le plus accommodant de tous, puisqu'il supporte une terre calcaire, l'ombre et la taille. C'est une plante érigée qui peut être plantée en haie. En Scandinavie, on utilise ses baies pour fabriquer une boisson qui imite le vin, d'où son nom « vinette ». En URSS, on en fait de la confiture. Les fleurs jaunes ont un parfum de miel.

Les meilleures variétés à planter dans une rocaille

— *Berberis darwinii* 'prostrata', qui ne dépasse pas 40 cm de haut, est une jolie plante persistante, à forme étalée.
— *Berberis x stenophylla* 'Reflexa' est un arbuste nain à port retombant.
— *Berberis thunbergii* 'Atropurpurea Nana', encore plus nain que le précédent avec ses 30 cm de haut pour un diamètre de 1 m, affecte la forme d'une petite boule.
— *Berberis thunbergii* 'Rosy Glow', aux jeunes feuilles panachées d'un rose à deux tons, et d'une hauteur de 1 m, est vraiment ravissant. Plantez un géranium maccrorrhizon auprès des berberis et vous obtiendrez un résultat inattendu, le géranium se faufilant entre leurs branches.

Les meilleures variétés à planter en bordure ou en isolé sur une pelouse.

— *Berberis x ottawensis* 'Golden Ring' au feuillage pourpre, bordé de jaune.
— *Berberis polyantha,* qui est un arbuste touffu de 2 à 3 m, assez épineux, avec des fleurs jaunes, en juin, et des fruits abondants, d'une couleur saumon.
— *Berberis pruinosa,* un arbuste dressé de 2,50 m à 3 m, a des fleurs jaune citron groupées en fascicules de 8 à 25, en avril. Ses fruits sont noirs, recouverts d'une pruine blanchâtre, (c'est-à-dire apparaissant comme givrés).
— *Berberis vulgaris* 'Atropurpurea' aux feuilles pourpre foncé.

Les meilleures variétés pour habiller les talus

— *Berberis x stenophylla.* Les longues branches retombantes de cet arbuste, à feuillage persistant, forment une sorte d'écran et se couvrent sur toute leur longueur, en avril, de fleurs jaune orangé à la douce senteur de miel. D'une vigueur plus mesurée, 'Autumnalis' ne dépasse pas 80 cm mais conserve un port gracieux, plus léger, et remonte en automne.
— *Berberis umbellata* atteint 2 m de haut. L'éclosion des petites fleurs groupées en ombelle a lieu, en juin, alors que l'arbuste est bien touffu.
— *Berberis wilsoniae.* Un des plus décoratifs malgré son feuillage caduc car ses rameaux dénudés portent une multitude de petits fruits saumonés, du plus bel effet.

Hauteur : de 0,30 m à 2 m.
Exposition : soleil ou ombre.
Multiplication : par bouturage, à la fin de l'été.
Floraison : printemps-été.
Feuillage : persistant ou caduc.

Betula

BOULEAU

Famille des bétulacées
Arbre ou arbuste

Ces arbres ou arbrisseaux sont d'une gaieté incroyable dans un jardin. Leur tronc argenté, leur feuillage léger et leur port souple et gracieux leur permettent de s'insérer dans n'importe quel décor. Partout, il sont à leur place. Je les trouve particulièrement plaisants parmi des conifères pour éclaircir une scène qui serait autrement assez sombre. C'est un arbre vraiment rustique et facile.

■ CONSEILS UTILES

— Les bouleaux ont des racines peu profondes, il faut donc tuteurer les jeunes arbres.
— Une jolie façon de les planter consiste à les installer en cépée, c'est-à-dire de grouper deux, ou même trois arbres, dans le même trou.
— Ils ont besoin d'être arrosés la première année de la plantation.

△ *Betula albo-sinensis*
▽ *Betula pendula*

△ *Betula utilis*

■ LES MEILLEURES VARIÉTÉS

— *Betula albo-sinensis*. La couleur orangée de son écorce prolonge de manière spectaculaire l'embrasement jaune de son ample feuillage.
— *Betula alleghaniersis*, qui aime les terrains frais, est l'une des espèces les plus grandes. L'arbre atteint 25 m.
— *Betula ermanii*. Dès le printemps, il se distingue déjà par ses feuilles luisantes, dentées. L'hiver venu, elles révéleront les nuances brun orangé à crème de l'écorce.
— *Betula humilis* est un joli arbrisseau dont les feuilles arrondies sont glauques dessous. Il ne dépasse guère 2 m. Les chatons à écailles sont tout petits.
— *Betula maximowicziana*. Son nom est difficile, mais l'arbre, fort joli, avec sa cime arrondie et son écorce gris-blanc ou orangé. Les chatons ont 10 à 15 cm de long.
— *Betula nana* (bouleau nain) est un arbuste buissonnant, parfait pour la rocaille ou pour les terrasses en ville. Il ne dépasse pas 1 m.
— *Betula pendula* est l'un des plus ravissants, en raison de sa silhouette de pleureur, de son écorce argentée reconnaissable entre toutes, qui se détache en longues et fines lamelles bouclées. Les branches de 'Fastigiata' se redressent le long du tronc en une architecture étrange. 'Purpurea' luit d'un ton pourpre sombre et 'Trost's Dwarf', considéré parfois comme un hybride, se singularise par des feuilles laciniées et des rameaux pleureurs très fins.
— *Betula pubescens* (bouleau pubescent) est bien utile sur les bords des rivières dont il fixe les rives.
— *Betula verrucosa* (bouleau verruqueux ou bouleau commun) est un arbre pour les terrains secs et pauvres. Il ne dépasse pas 20 m. Comme la variété *pendula*, son écorce est d'un beau blanc, pelant en fines lamelles.
— *Betula utilis* a une écorce blanc-crème. Il ne dépasse pas 20 m de haut.

Hauteur : de 1 m à 25 m.
Terre : normale.
Exposition : soleil ou mi-ombre.
Multiplication : par graines sous châssis au printemps.
Feuillage : caduc.

△ *Buddleia alternifolia*

△ *Bupleurum fruticosum*

Buddleia

ARBRE AUX PAPILLONS

Famille des loganiacées
Arbuste

On l'appelle l'« Arbre aux papillons » parce que son odeur les attire. Cet arbuste qui peut atteindre 4 m de haut s'orne de longues grappes florales formées de petites fleurs très odorantes violettes, roses ou blanches, selon les variétés. Très facile à vivre, il forme une haute haie fleurie, de juin à septembre. Une taille courte, à la fin de l'été, vous assurera une belle floraison l'année suivante. Ne craignez rien, vous pouvez le rabattre aux deux tiers de sa hauteur.

■ **CONSEILS UTILES**

— Plantez-le en automne ou au printemps.
— Arrosez-le régulièrement durant le premier été.
— Paillez le sol en juin avec de l'écorce de pin ou des déchets de tonte de gazon.
— Si votre buddleia n'a pas été taillé depuis des années, pratiquez sans crainte une taille sévère à 0,50 m du sol et donnez-lui une ration d'engrais au début de l'automne. Mieux encore, enfouissez une bonne poignée de corne broyée autour des racines, à la fin de l'hiver.

■ **LES MEILLEURES VARIÉTÉS**

— *Buddleia alternifolia,* aux longs rameaux souples, est fort décoratif, même quand il n'est pas en fleurs. Encore que ses branches arquées, chargées de bouquets mauves, soient un très joli spectacle.
— *Buddleia davidii* a donné naissance à de nombreux cultivars, tel 'Black Knight', pourpre foncé, ou 'Harlequin', dont les fleurs sont lie de vin, 'Nanho Blue', petit arbuste à feuillage argenté et fleurs bleu violet, et 'Peace' qui a de grandes panicules de fleurs blanches.
— *Buddleia fallowiana* 'Lochinch' fleurit en août s'il est taillé très court. Ses longues branches retombantes lui donnent un effet pleureur, et ses fleurs, bleu violet, aux doux parfum de vanille, dévoilent un œil orange.

— *Buddleia globosa* a un aspect différent des autres espèces, en raison de ses fleurs en capitules arrondis jaune orangé et de son feuillage persistant.
— *Buddleia x weyeriana* 'Sungold'. Sa livrée verte ou vert grisâtre souligne bien ses fleurs jaunes groupées en têtes sphériques à l'extrémité des rameaux.

Hauteur : de 1 m à 4 m.
Terre : ordinaire.
Exposition : soleil.
Multiplication : par bouturage en été.
Floraison : de juin à septembre.
Feuillage : caduc ou, parfois, persistant.

Bupleurum

BUPLÈVRE

Famille des apiacées
Arbuste

Ce petit arbuste au feuillage persistant est très indiqué pour une plantation en bord de mer. Les petites fleurs jaune verdâtre, en ombelles, éclosent en juillet-août. Elles restent longtemps desséchées sur la plante.

■ **CONSEILS UTILES**

— Surtout, choisissez-lui un emplacement ensoleillé.
— Taillez-le sévèrement, dès après la floraison, pour lui éviter de se dégarnir à la base.

■ **LES MEILLEURES VARIÉTÉS**

— *Bupleurum fruticosum* (buplèvre frutescent). Ses feuilles coriaces, persistantes, sont vert clair dessus, glauques au revers. Il atteint environ 2,50 m. Attention, l'arbrisseau, mellifère, est aimé des guêpes.
— *Bupleurum longifolium* atteint 2 m et porte des petites fleurs jaunes, en juin. Cette variété est plus rustique que l'autre, mais je ne suis pas certaine qu'il s'agisse véritablement d'un arbuste. Disons une plante « arbustive » !

Hauteur : de 1 à 2,50 m.
Terre : toutes.
Exposition : soleil.
Multiplication : par bouturage ou marcottage en automne.
Floraison : de juillet à septembre.
Feuillage : persistant.

◁△ *Buxus sempervirens*

Buxus

BUIS

Famille des buxacées
Arbuste ou arbre

Le plus classique et le plus connu des arbustes orne les beaux jardins à la française. On l'a choisi, en raison, précisément, de sa robustesse, de sa grande facilité d'adaptation à tous les sols, de sa croissance modérée qui n'oblige pas à de fréquentes tailles. Son entretien est quasi nul. Comme son feuillage pousse naturellement touffu et dense, taillez-le pour en faire un motif décoratif que vous placerez de chaque côté d'une porte d'entrée, ou d'un escalier. Vous pourrez, bien sûr, l'utiliser en bordures.

■ **CONSEILS UTILES**

— Plantez-le au printemps. Apportez de la tourbe pour alléger la terre. Chaque année, un épandage de quelques poignées de corne broyée le maintiendra en bonne forme.
— Si des rameaux jaunissent brutalement, c'est le signal d'une attaque des insectes minuscules qui vivent dans ses feuilles. Traitez avec un insecticide systémique en mars, avril.
— Pour réussir les boutures, prélevez-les en septembre-octobre, et mettez-les à raciner dans un mélange, en parties égales, de tourbe et de sable.
— Repiquez les boutures racinées à la fin du printemps dans un coin un peu à l'ombre, puis mettez-les en place au printemps suivant.

■ **LES MEILLEURES VARIÉTÉS**

— *Buxus balearica* (buis de Mahon) devient un petit arbre de 5 m en culture. Il est beaucoup plus haut dans son pays d'origine, les Baléares. Ses fleurs sont vraiment jaunes au printemps et son feuillage plus plat et plus joli que celui de *Buxus sempervirens*, mais il est moins rustique.
— *Buxus sempervirens* (buis commun). C'est le plus souvent sous forme de bordures naines et taillées que cette variété se trouve dans nos jardins. Il pousse lentement mais peut, avec le temps, atteindre 8 m (en 50 ans). Il se plaît bien en sol calcaire et il se taille à merveille, en boule, en cône ou en des formes plus excentriques encore. 'Elegans' forme un dôme de 1,50 m de haut, vêtu de feuilles étroites marginées crème et souvent tourmentées.
— *Buxus sempervirens* 'Suffruticosa' est la forme naine du précédent, idéal pour border allées et pelouses. Il se multiplie par division des touffes. 'Handsworthensis', très compact, son port est plus érigé et sa coloration plus glauque.
— *Buxus sempervirens* 'Rotundifolia', à feuilles rondes, si utiles pour les formes en boule ou en cône, est également le plus utilisé en haie.

Hauteur : de 15 cm à 8 m.
Terre : ordinaire.
Exposition : soleil.
Multiplication : par bouturage en été.
Floraison : de juin à septembre, imperceptible.
Feuillage : persistant.

△ *Caesalpinia gilliesii*

Caesalpinia

CAESALPINIA

Famille des césalpiniacées
Arbre ou arbuste

Il nous vient du Japon. Grand arbuste ou petit arbre, ce dont a surtout besoin ce japonais, sous nos climats, c'est d'un mur bien exposé pour le protéger. Il est tout à fait admirable, à la fois par son feuillage léger et ses inflorescences spectaculaires, aux étamines écarlates. On dirait de jolis petits papillons légers.

■ **CONSEILS UTILES**

— Plantez-le contre un mur bien ensoleillé et chaud.

■ **LES MEILLEURES VARIÉTÉS**

— *Caesalpinia gilliesii*. On l'appelle « Oiseau de Paradis ». Cet arbre adorable fleurit, chez nous, en juillet-août. De superbes fleurs jaune soufre, aux nombreuses étamines très longues, qui forment des sortes de houpettes pourpres, dans un nuage de feuilles vert vif. Il mérite une place d'honneur dans le jardin.
— *Caesalpinia japonica*. Petit arbre épineux, au port étalé, ses grandes feuilles divisées ressemblent étrangement à celles des acacias. Les fleurs, jaune canari, avec des étamines rouges, éclosent en juin à profusion.

Hauteur : de 3 à 4 m.
Terre : riche et humifère, mi-calcaire, mi-argileuse.
Exposition : soleil et chaleur (contre un mur plein sud).
Multiplication : semis en serre après trempage des graines dans l'eau tiède.
Floraison : entre juin et août.
Feuillage : caduc.

Callicarpa

CALLICARPA

Famille des verbénacées
Arbuste

L'une des couleurs les plus spectaculaires, visibles au jardin, est bien celle des fruits du *Callicarpa*, un violet tendre nimbé de lilas qui resplendit doucement en automne. Pouvoir admirer de tels fruits en une saison un peu morose est une raison suffisante pour désirer cet arbuste, d'autant qu'il n'exige pas d'entretien particulier. De plus, il peut pousser jusqu'à 2,50 m. Il pourra ainsi habiller un coin de votre jardin en compagnie d'un tapis de *Stachys olympica*, qui mettront ainsi joliment en valeur les baies violettes du *Callicarpa*. Vous pouvez aussi les planter au milieu de touffes de *Lysimachia clethroides* ou d'*Hosta*, dorées en automne.

■ **CONSEILS UTILES**

— Plantez-le en automne ou au printemps. Pour obtenir beaucoup de fruits installez plusieurs exemplaires les uns à côté des autres : seulement ainsi favoriserez-vous une bonne fécondation.

■ **LES MEILLEURES VARIÉTÉS**

— C'est le *Callicarpa bodinieri*, avec ses fleurs roses, qui est le plus fréquemment proposé dans les catalogues. Sa variété 'Profusion' est un peu plus fructifère.
— *Callicarpa japonica* 'Leucocarpa', aux baies blanches, est plus compact.

Hauteur : 2,50 m.
Terre : quelconque, bien bêchée.
Exposition : soleil.
Multiplication : par bouturage, en été.
Floraison : baies en automne, floraison en été.
Feuillage : caduc.

△ *Callicarpa bodinieri* 'Giraldii'

▽ *Callistemon citrinus*

Callistemon

CALLISTEMON

Famille des myrtacées
Arbuste

Il a un joli feuillage fin, persistant, cet arbuste ornemental originaire d'Australie. Sa floraison écarlate, entre mars et juillet, est superbe, mais, hélas, remarquablement rare. Le callistemon, ne supportant pas le froid, ce n'est guère que sur les côtes du littoral atlantique réchauffées par le Gulf Stream, ou dans le Midi, que les étranges goupillons, rouge vif et jaune, de cet arbuste, auront la chance d'égayer votre jardin, sans que vous ayez à lui apporter de soins spéciaux. Vous avez aussi la solution de rentrer votre plante en pot pendant la mauvaise saison et de la remettre, dès le printemps, dans votre véranda ou sur le balcon.

■ CONSEILS UTILES

— Il demande une terre légère et bien drainée.
— Ne le plantez pas dans un endroit où l'humidité risque de pourrir ses racines.
— Vers septembre, vous pouvez le tailler. L'opération lui apportera de la robustesse.

■ LES MEILLEURES VARIÉTÉS

— *Callistemon citrinus*, plante vigoureuse s'étalant généreusement, dégage une délicieuse odeur de citron quand on l'écrase entre ses mains.
— *Callistemon lanceolatus* porte, en juillet, des épis écarlates et de grosse taille. Il peut atteindre 2,50 m. Ses feuilles rouges sont peu ordinaires.
— *Callistemon rigidus*, aux feuilles vert tendre et lancéolées, a une floraison très dense.
— *Callistemon salignus*. Feuillage étroit comme celui des saules. Fleurs jaune pâle. C'est la variété la plus résistante au froid.
— *Callistemon speciosus*. Comme les précédentes variétés, ce callistemon porte de gros « goupillons » écarlates en été.

Hauteur : jusqu'à 2,50 m.
Terre : légère et drainée.
Exposition : ensoleillée.
Multiplication : par semis ou bouturage, au printemps, des jeunes rameaux.
Floraison : entre mars et juillet.
Feuillage : persistant.

△ *Calocedrus decurrens*

Calocedrus

CALOCÈDRE OU LIBOCÈDRE

Famille des cupressacées
Arbre

Anciennement appelé *Libocedrus,* ce conifère est devenu *Calocedrus,* pour des raisons de classification botanique. Originaire d'Amérique du Nord, c'est un arbre d'exception qui, s'il évoque un thuya dans sa jeunesse, prend, à maturité, la forme majestueuse d'un obélisque vert au feuillage compact. Il atteint 40 m à l'âge adulte.

■ CONSEILS UTILES

— Le *Calocedrus* n'exige qu'un sol profond et une certaine humidité, il ne redoute pas le froid.
— Du fait de sa taille et de son port si droit, c'est un arbre qu'il convient de planter dans un très grand espace (un parc ou une grande prairie).

■ LES MEILLEURES VARIÉTÉS

— *Calocedrus decurrens,* au feuillage très foncé, se présente comme une belle colonne de verdure pouvant atteindre 40 m de haut et 3 à 6 m de tour de taille. La variété 'Aureovariegata', au feuillage doré par endroits, est d'un joli effet parmi des conifères sombres.

Hauteur : de 30 à 40 m.
Terre : sols profonds et frais.
Exposition : claire.
Multiplication : par semis, bouturage avec poudre d'hormones en juillet-août.
Feuillage : persistant.

Calycanthus

CALYCANTHE

Famille des calycanthacées
Arbuste

Ce petit arbuste est aromatique. Ses fleurs, délicates et peu spectaculaires, durent cependant presque tout l'été. Elles sont rouge-brunâtre et agréablement parfumées. Le bois de cet arbuste est également aromatique : il sent le camphre.

■ CONSEILS UTILES

— Sa culture est facile, à condition de ne pas le planter dans un milieu humide ou sombre, car il aime le soleil.
— Inutile de le tailler, mais retirez les branches chétives en hiver.

■ LES MEILLEURES VARIÉTÉS

— *Calycanthus fertilis* 'Purpureus'. Le dessous de ses feuilles est teinté de rouge. La floraison dure tout l'été.
— *Calycanthus floridus* (arbre aux anémones). Tout l'arbuste est aromatique. Les grandes fleurs, qui ne s'ouvrent jamais complètement, ont un parfum très fruité évoquant les fraises. Les feuilles, au revers très velouté, l'écorce, et même les racines embaument le camphre.

Hauteur : de 1,50 m à 4 m.
Terre : fraîche et silicieuse.
Exposition : soleil.
Multiplication : marcottage.
Floraison : tout l'été.
Feuillage : caduc.

△ *Calycanthus floridus*

Camellia

CAMÉLIA

Famille des théacées
Arbuste

Si les camélias sont souvent cultivés, en isolés ou en pots sur les terrasses, pour la beauté de leur feuillage vernissé persistant et de leurs fleurs, on oublie trop souvent que dans les climats qui leur conviennent (bords de mer) ils peuvent aussi constituer de véritables haies, et donc servir d'écrin aux autres fleurs. C'est surtout le cas des hybrides *Camellia x williamsii.*

■ CONSEILS UTILES

— Achetez-les quand ils sont en fleurs, en privilégiant les plantes bien trapues et denses. Abritez-les en véranda jusqu'à la plantation en pleine terre qui intervient en avril, quand les risques de gelées sont passés. Une terre riche en humus et acide leur convient tout à fait, de même qu'un emplacement ombragé. Ne les installez pas trop près d'un mur où la terre est généralement très sèche.
— Chaque automne, amassez un matelas épais de 20 cm de feuilles mortes qui se décomposeront ensuite sur place pour les nourrir. Chaque printemps, un peu de poudre d'os (ou de corne torréfiée) complètera le menu.
— L'hiver, protégez-les de la neige qu'ils craignent particulièrement.
— On peut tailler court les arbustes dégarnis au pied. En quelques années la plante se reformera.

■ LES MEILLEURES VARIÉTÉS

— Les camélias qui s'intègrent le

△ *Camellia japonica* hybride

△ *Camellia japonica*

mieux au jardin sont, sans conteste, les hybrides *Camellia x williamsii*, au beau feuillage foncé et à la silhouette élancée. Ils fleurissent sans discontinuer une bonne partie de l'hiver et du printemps. On peut distinguer parmi les plus beaux cultivars : 'Anticipation', rose foncé, en forme de pivoine ; 'Donation', rose orchidée ; 'J.C. Williams', belle fleur simple de 10 cm de diamètre, rose pâle à reflets cramoisis ; 'November Pink', ou 'Saint Ewe', d'un rose frais et au feuillage joliment lustré.
— *Camellia japonica* était le camélia préféré de Marguerite Gauthier (« La Dame aux... ») parce qu'il est sans parfum. (Rappelez-vous, les fleurs odorantes la faisaient tousser...) Cette espèce est la plus cultivée. Elle aurait donné

naissance à 1 500 cultivars ! Parmi les plus intéressants, voici : 'Adolphe Audusson', un arbuste vigoureux, compact, très florifère, aux fleurs semi-double, rouge vif ; 'Alba Plena', aux grandes fleurs blanches doubles. 'Apple Blossom', rose pâle aux bords plus soutenus ; 'Elegans', au port étalé et aux grandes fleurs de forme anémone, couleur pêche soutenue. 'Léonard Messel' aux fleurs d'un beau rose franc semi-doubles.
— *Camellia sasanqua*, moins majestueux que le précédent, a d'autres avantages et c'est pour cela qu'on l'aime. Plus résistant au froid que les autres variétés, plus rustique, il fleurit dès octobre dans les régions à climat doux et en janvier-février dans la région pari-

sienne. Ses grandes fleurs blanches sont délicatement parfumées. Parmi ses meilleurs cultivars, choisissez : 'Crimson King', aux fleurs rouges plus petites, ou 'Narumi-Gata', dont les grandes fleurs parfumées blanches ont les bords teintés de rose.

Hauteur : de 1 m à 3 m.
Terre : acide et riche en humus, terreau de feuilles de chêne ou de châtaignier et de tourbe.
Exposition : mi-ombre.
Multiplication : difficile, par greffe ou bouturage en serre avec « mist system » et hormones
Floraison : d'octobre à avril
Feuillage : persistant

△ *Caragana arborescens*

Caragana

CARAGAN

Famille des fabacées

Arbuste

Charmant petit arbre très résistant malgré son air fragile. Il nous vient de Sibérie, ce qui explique son mépris du froid et de la terre aride. Il pousse à mi-ombre, ou au soleil, et sa légère floraison, parmi un fin feuillage, et très plaisante.

■ **CONSEILS UTILES**

— Plantez-le et retirez, au printemps les petites branches mortes ou abîmées.

■ **LES MEILLEURES VARIÉTÉS**

— *Caragana arborescens* (arbre aux pois) supporte les sites exposés. Il fleurit en mai. On l'utilise pour former des haies solides et très armées. Sa variété 'Pendula' émet des branches gracieusement retombantes.

— *Caragana arborescens* 'Nana', la forme naine, aux rameaux tordus, est un spécimen intéressant pour la rocaille.

— *Caragana decorticans* est un arbuste très épineux qui s'épanouit également en mai en de grandes fleurs jaunes.

Hauteur : de 0,50 m à 2 m.
Terre : toutes, même très défavorisées.
Exposition : mi-ombre ou soleil.
Multiplication : graines semées au printemps.
Floraison : mai.
Feuillage : caduc.

Carpenteria

CARPENTÉRIA

Famille des saxifragacées

Arbuste

Très bel arbuste, au feuillage persistant. A cultiver contre un mur bien protégé, au soleil. Les belles fleurs blanches aux nombreuses anthères dorées ont 6 à 8 cm de diamètre. L'écorce des branches s'exfolie en lambeaux.

■ **CONSEILS UTILES**

— Il lui faut un sol léger, avec de l'humus.

— Comme il craint à la fois le vent, les gelées et l'humidité, installez-le dans un endroit bien protégé.

— Vous pouvez le palisser.

■ **UNE JOLIE VARIÉTÉ**

— *Carpentaria californica* atteint 2,50 m de haut. Les superbes corolles blanches des fleurs, écloses en été, sont parfumées.

Hauteur : de 1,50 m à 2,50 m.
Terre : riche en humus, légère, bien drainée.
Exposition : abrité des vents.
Multiplication : marcottage ou bouturage en automne sous film plastique.
Floraison : juillet.
Feuillage : persistant.

Carpinus

CHARME

Famille des corylacées

Arbre

Les charmes appartiennent à la forêt française, au même titre que les chênes ou les hêtres. On les repère vite à leur tronc gris cendré, cannelé dont l'écorce lisse ressemble à celle du hêtre, et surtout à leurs jolies feuilles ovales, gaufrées, finement dentelées et nervurées. L'arbre est monoïque. C'est-à-dire que le même sujet porte à la fois des chatons mâles et des chatons femelles.

■ **CONSEILS UTILES**

— Leur culture est très facile. Ils s'adaptent, en plaine, aux sols les plus calcaires. Ils vivent à peu près 150 ans. Quoique à feuillage caduc, les charmes conservent longtemps leurs feuilles en

△ *Carpenteria californica*

hiver, d'où l'intérêt de les planter dans les haies, comme coupe-vent. Attention, ils dépérissent en sol trop humide ou trop sec.

■ **LES MEILLEURES VARIÉTÉS**

— *Carpinus betulus*, (charme commun). C'est notre charme français. Il atteint 25 m et ses feuilles jaunissent en hiver.

— *Carpinus betulus* 'Pyramidalis' est un arbre ornemental. Il peut être planté en isolé sur une belle pelouse ou utilisé en arbre d'alignement.

— *Carpinus caroliniana* (charme d'Amérique) au port très élégant est une valeur sûre. Ce petit arbre de 6 à 8 m devient d'un super rouge orangé à l'automne.

— *Carpinus cordata*, originaire d'Asie, porte des feuilles de grande taille en forme de cœur. Il atteint à peine 15 m.

— *Carpinus orientalis*, venu d'Asie mineure, est la meilleure variété pour former des charmilles que l'on peut tailler. Sa hauteur : de 5 à 8 m.

Hauteur : rarement plus de 20 m en culture.
Terre : tous les sols, même calcaires.
Exposition : toutes.
Multiplication : par semis ou greffage.
Feuillage : caduc.

▽ △ Carpinus betulus '**Pendula**'

▽ Carpinus laxiflora

△ *Caryopteris x clandonensis*

△ *Cassiope lycopodioides*

Carya

CARYA

Famille des juglandacées
Arbre

Un bel arbre qui pousse vite, assez proche du noyer. Comme celui-ci, ses fruits sont des noix comestibles. Son tronc, gris comme une peau d'éléphant, est attrayant en hiver. Il prend, en automne, une jolie couleur dorée. Dommage qu'on le voit si peu dans nos jardins.

■ **CONSEILS UTILES**

— Plantez-le très petit. Mieux, semez la noix. Les racines n'aiment pas être dérangées.
— Il lui faut une bonne terre riche pour s'installer. Il supporte bien les terrains humides.

■ **LES MEILLEURES VARIÉTÉS**

— *Carya aquatica*. Comme son nom l'indique, cet arbre aime les terres bien humides. Il produit des noix assez amères et peut atteindre 10 mètres.
— *Carya cordiformis*, (carya amer). Un bel arbre de plus de 25 m dans son habitat naturel, l'Amérique du Nord. On le repère bien grâce à ses bourgeons jaune d'or se détachant nettement sur l'arbre en hiver. Il pousse bien et vite.
— *Carya tomentosa*, (carya tomenteux). C'est un arbre magnifique, au port dressé, au feuillage aromatique, très vert sur le dessus, d'un jaune cotoneux dessous. Les noix marron clair sont sucrées.

— *Carya ovalis* produit des noix astringeantes. L'arbre atteint 25 à 30 m.
— *Carya ovata* (carya blanc). Jolies couleurs d'automne. Ses noix sont blanches, sucrées. Longs chatons de 15 cm. L'arbre atteint 30 m et plus.

Hauteur : de 10 à 30 m.
Terre : riche, humide pour certaines espèces.
Exposition : soleil.
Multiplication : semis des noix, en avril.
Floraison : chatons en hiver.
Feuillage : caduc.

Caryopteris

CARYOPTÉRIS

Famille des verbénacées
Arbuste

Voici une floraison inhabituelle, violet tendre tout le long des tiges denses. Ainsi, il vous suffit de planter un groupe de trois arbustes ensemble pour avoir un coin de votre plate-bande bien garni. En outre, le grand attrait de cet arbuste est sa floraison à la fin de l'été. Il assure, ainsi, la relève de plantes ayant achevé la leur. Par exemple, placé en avant-scène d'un buisson d'*Hesperis*, il se mettra à fleurir quand celles-ci seront finies. Et puis mariez les caryoptéris aux roses, car lorsque viendra, vers septembre, la deuxième floraison des rosiers remontants, leurs couleurs mêlées seront d'un charme fou.

■ **CONSEILS UTILES**

— Plantez-le au printemps.
— Dès la première année, un petit plant de rien du tout vous donnera une touffe de 60 cm. Tenez-en compte au moment de la plantation.
— Chaque printemps, taillez-le au ras du sol : vous aurez ainsi chaque année des touffes rondes et denses.

■ **LES MEILLEURES VARIÉTÉS**

— *Caryopteris x clandonensis* 'Heavenly Blue', au feuillage un peu argenté et aux fleurs bleu foncé, mais la mode va certainement aller aux nouveaux hybrides de *Caryopteris incana*, plus rampants et d'un bleu plus vif, même s'ils ne possèdent pas le feuillage gris qui fait tout le charme de l'espèce-type. Les feuilles jaune clair de 'Worcester Gold' stimulent le bleu lumineux de ses fleurs.

Hauteur : de 60 cm à 1,20 m.
Terre : ordinaire, pas trop humide, plutôt caillouteuse.
Exposition : ensoleillée.
Multiplication : par bouturage au printemps, en été.
Floraison : août, octobre.
Feuillage : caduc.

Cassia

CASSE

Famille des césalpiniacées
Arbres, arbustes ou sous-arbrisseaux

Leurs origines tropicales ou subtropicales ne leur permettent pas d'affronter les grands froids. Voilà pourquoi la plupart des quelque 500 espèces de ce genre demeurent aussi méconnues. Parfaitement à l'aise sous le climat méditerranéen, les sénés prospèrent aussi le long de la façade atlantique. Ailleurs, vous devrez profiter d'un microclimat favorable. La sécheresse ne les dérange pas.

■ **CONSEILS UTILES**

— Donnez-leur un emplacement chaud et ensoleillé, abrité des vents froids de l'hiver.
— Plantez-les dans de la terre ordinaire, saine et profonde. En cas de doute, protégez-les, au moins à la base. En situation trop froide, rabattez les tiges des espèces buissonnantes afin de faciliter la protection de la souche.

— *Cassia corymbosa*, à feuilles persistantes découpées en folioles lancéolées, s'élève jusqu'à 3 m. La fin de l'été voit éclore ses fleurs jaune d'or réunies en bouquets au sommet des rameaux.
— *Cassia hebecarpa*, bien que sous-arbrisseau, doit être traité comme une vivace. Son feuillage rappelle le robinier.
— *Cassia fistula*, le faux-séné, fait preuve d'une vigueur suffisante pour devenir un petit arbre. Ses feuilles pennées atteignent 50 cm de long. On le cultive aussi pour décorer les appartements et les vérandas.

Hauteur: de 2 m à 4 m.
Terre: ordinaire, même sèche et drainée.
Exposition: soleil, chaude.
Multiplication: semis et bouturages.
Floraison: été.
Feuillage: semi-persistant et persistant.

Cassiope

CASSIOPE

Famille des éricacées
Arbuste

Genre très curieux de mini-arbrisseaux d'origine montagneuse ou boréale. Ils ressemblent beaucoup aux bruyères. Les petites feuilles très serrées, en forme d'écailles, le long des rameaux, et la floraison en clochettes blanches ou roses sont si curieuses et si jolies que l'on ne peut l'oublier. Ce sont des plantes tapissantes ou de petits arbustes ne dépassant pas 30 cm, et convenant très bien aux rocailles ou aux murets. L'idéal est de pouvoir les observer de près.

■ CONSEILS UTILES

— Les cassiopes sont des plantes qui, de par leur origine, supportent très bien le froid, et, surtout, exigent une bonne luminosité. Donc, vous pouvez les installer au nord, mais jamais sous un arbre.
— Leur finesse et leur délicatesse les classent d'emblée parmi les plantes à cultiver dans une rocaille ou dans un endroit bien exposé, avec de la tourbe en terre acide. Ils peuvent également

être utilisés en couvre-sol dans une terre acide.
— Il est inutile de les tailler.

■ LES MEILLEURES VARIÉTÉS

Il faut bien dire qu'il n'y a pas grand choix de cassiopes dans les jardineries, vous choisirez donc:
— *Cassiope fastigiata*, aux feuilles marginées de blanc et aux clochettes également blanches (environ 20 cm de haut), originaire de l'Himalaya.
— *Cassiope mertensiana*, venue, elle, de l'Amérique du nord, une variété que l'on trouve plus facilement. Haute de 25 cm, sa floraison est blanche et s'épanouit en avril-mai.
— *Cassiope tetragona*, aux feuilles vert foncé et dont la floraison blanche apparaît en avril.

Hauteur: de 10 à 25 cm.
Terre: acide et humide, terre de bruyère ou tourbe.
Exposition: nord de préférence, mais pas sous les arbres.
Multiplication: par marcottage, bouturage, en août ou septembre.
Floraison: avril-mai.
Feuillage: persistant.

Castanea

CHÂTAIGNIER

Famille des fagacées
Arbre

Cet arbre à feuillage caduc atteint une belle hauteur, mais il peut aussi demeurer à l'état de buisson. Tout dépend de la terre, de l'exposition et peut-être de son bon vouloir! Son développement se fait lentement, mais, à maturité, son port magnifique et sa riche frondaison en font un arbre superbe. Son ombre fraîche et la cueillette de ses fruits donnent à la plupart des Européens des souvenirs d'enfance inoubliables.

■ CONSEILS UTILES

— Une atmosphère humide est nécessaire à la bonne croissance du châtaignier. C'est dire que celui-ci ne pourra s'épanouir en terrain sec. Dans ce cas, il reste un arbuste dont vous pouvez user comme d'un arbre d'agrément, grâce à ses fleurs très décoratives.

△ *Castanea sativa*

— Vous pouvez le planter dans un sol sableux, à partir d'une châtaigne, en automne. L'automne suivant, vous transplanterez la petite plante, puis attendrez quatre ou cinq ans pour la mise en place définitive. Attention, les châtaigniers dépérissent dans un sol calcaire. Dans un bon terrain, le *Castanea* peut vivre des centaines d'années. Il ne fructifiera qu'à partir de 25 ans.

■ LA MEILLEURE VARIÉTÉ

— *Castanea sativa* (châtaignier commun) pousse très bien. Il est reconnaissable à ses longues feuilles étroites et brillantes. Les chatons dorés, en juillet, sont bien attrayants.

Hauteur: jusqu'à 30 m.
Terre: fertile et profonde, bien drainée, sans calcaire.
Exposition: ensoleillée ou mi-ensoleillée.
Multiplication: ramassez les châtaignes et plantez-les au printemps.
Floraison: au printemps, avec des chatons.
Feuillage: caduc.

△ *Catalpa bignonioides*

Catalpa

CATALPA

Famille des bignoniacées
Arbre

Tous les amoureux des arbres connaissent bien les catalpas, que ses nombreuses qualités - il est décoratif, il pousse vite, il ne craint pas la pollution - ont presque imposé dans les jardins publics et les parcs citadins. Ses feuilles énormes ,seules, d'un vert frais, le feraient déjà remarqué n'était, en outre, son allure superbe, à la cime largement étendue.

■ **CONSEILS UTILES**

— Les catalpas doivent être plantés dans un sol bien drainé, pas trop lourd et dans un endroit abrité des vents.

■ **LES MEILLEURES VARIÉTÉS**

— *Catalpa bignonioides* (catalpa commun). C'est l'arbre de nos parcs. Outre les feuilles, les fleurs, aussi, groupées en larges panicules sont très décoratives. Elles apparaissent en juillet-août. Parmi les cultivars les plus remarquables : 'Aurea' au grand feuillage velouté et doré et C. erubescens 'Purpurea' dont les branches et le jeune feuillage presque noir-pourpre deviennent vert foncé avec l'âge. Les fruits sont des gousses.

— *Catalpa fargesii* (catalpa de Farges) donne des fleurs rose lilas, tachées de rouille.

— *Catalpa speciosa* est connu pour ses grandes fleurs blanches tachées de pourpre.

Hauteur : 30 m, 'Nana' = 4 m.
Terre : ordinaire, bien drainée.
Exposition : soleil ou mi-ombre.
Multiplication : semis de graines, sous verre, au printemps.
Floraison : plein été.
Feuillage : caduc.

Ceanothus
CÉANOTHE
Famille des rhamnacées
Arbuste

Les plus ravissants vrais bleus du jardin se trouvent chez les céanothes. En grimpant, le céanothe peut atteindre une hauteur impressionnante et couvrir une façade de ses fleurs bleu soutenu, ou bleu ciel, selon les variétés choisies. En buisson, il forme une couverture très épaisse pouvant complètement camoufler un mur. Au moment de la floraison, les feuilles disparaissent sous des nuées de fleurs bleues. Les fleurs sont groupées en grappes denses.

■ CONSEILS UTILES

— Plantez-le au printemps, en terre allégée d'un mélange de sable et de tourbe. Les premières années, taillez court, à chaque printemps, pour obtenir des plantes trapues, bien enracinées. Incorporez une poignée de poudre d'os à la plantation.
— Cette plante se porte à merveille en bord de mer. Elle est mise en valeur par des rosiers, des campanules, des véroniques *incana* , placées en premier plan. Un parterre de lys apportera à vos céanothes une rare touche d'élégance.

■ LES MEILLEURES VARIÉTÉS

— *Ceanothus arboreus* 'Trewithen Blue'. S'élève en un grand buisson persistant irrégulier de 2 m de haut, garni de panicules bleues légèrement parfumées. 'Burkwoodii' est un hybride encore plus vigoureux qui fleurit jusqu'en automne.
— Parmi les céanothes au feuillage caduc fleurissant en plein été, le *Ceanothus dentatus* 'Gloire de Versailles', bleu ciel, reste l'un des plus souvent plantés. De même que les cultivars :
— *Ceanothus dentatus* 'Marie Simon', au coloris rose un peu délavé, et 'Henri Desfossé' aux fleurs bleu-violet.
— *Ceanothus x delilianus*. Le coloris de 'Henri Desfossé' surpasse tous les autres en intensité.
— *Ceanothus impressus*. Persistant, il passe pour être un des plus rustiques, réussit bien en bord de mer et se prête à merveille au palissage.
— *Ceanothus thyrsiflorus* 'Repens', est une forme rampante. En mai, il se couvre littéralement de fleurs bleu moyen, formant une sorte de dôme. Persistant et vigoureux, il ne requiert aucune taille.

△ *Ceanothus delilianus*

△ *Ceanotus delilianus* 'Marie Simon'
▷ *Ceanothus thyrsiflorus* 'Repens'

— *Ceanothus thyrsiflorus* 'Topaz', bleu indigo, plus compact que les précédents, fleurit au printemps. 'Cascade' s'élève jusqu'à 3 m et possède des feuilles larges, foncées et luisantes.

Hauteur : de 1 m à 2 m.
Terre : riche et légère.
Exposition : à l'abri du gel. Soleil.
Multiplication : par bouturage, en été.
Floraison : de juin à septembre, pour les variétés caduques ; en mai-juin pour les persistantes.
Feuillage : caduc ou persistant.

Cedrus

CÈDRE

Famille des abiétacées

Arbre

Hôte majestueux des montagnes et des forêts, le cèdre est réputé pour sa taille et sa longévité. Il n'est pas à sa place dans un petit jardin, surtout si celui-ci est clôturé. C'est un arbre qui a besoin d'un terrain dégagé.

■ **CONSEILS UTILES**

— Achetez les cèdres en conteneurs, jamais à racines nues.

— Plantez-les en bonne terre, en leur réservant beaucoup d'espace.

— Il faut les bassiner, pendant les chaleurs, durant les premiers mois de la plantation.

— Attention, observez-les de près et surveillez-les bien car ils sont sujets aux maladies cryptogamiques.

■ **LES MEILLEURES VARIÉTÉS**

— *Cedrus atlantica* (cèdre de l'Atlas), originaire de l'Atlas et du Rif. Ses aiguilles sont groupées en rosettes gris vert sur les branches. Son port est conique et régulier, caractérisé par de grandes branches basses à la base.

— Le cultivar 'Glauca Pendula', (cèdre bleu pleureur) se reconnaît à l'ampleur de sa cime, à angle droit avec le tronc, et qui, en s'étendant, forme un immense parasol. Les arbres les plus âgés abriteraient une maison sous leurs branches, à condition que celles-ci soient soutenues. Il peut atteindre 40 m.

— *Cedrus deodara* (cèdre de l'Himalaya), est un arbre gracieux. Ses aiguilles sont très fines et ses branches, aux extrémités retombantes, d'une teinte vert clair. Hauteur : de 30 à 50 m, et même beaucoup plus dans son pays d'origine.

— La variété 'Aurea' (cèdre doré de l'Himalaya) se distingue par son feuillage très lumineux et doré pendant la belle saison. Hauteur à l'âge adulte : de 3 à 10 m. *Cedrus deodara* 'Pendula' est une forme pleureuse. Elle ne dépasse pas 3 m de haut pour 2 à 4 m de circonférence.

— *Cedrus libani* (cèdre du Liban) est difficile à distinguer, jeune, du cèdre de l'Himalaya. Car c'est, en effet, en devenant adulte que sa cime en s'étalant «en table» donne à l'arbre sa silhouette si particulière et élégante. Hauteur à l'âge adulte : 25 m. Les cultivars suivants sont des formes naines :

△ *Cephalotaxus sinensis*

△ *Cedrus atlantica* 'Glauca Pendula'
◁ *Cedrus libani*

△ ▷ *Cedrus atlantica* 'Glauca'

— *Cedrus libani* 'Nana', au port pyramidal, ne dépassant guère 2 m de haut,
— *Cedrus libani* 'Sargentii', encore plus nain, qui s'étale sur le sol si l'on ne prend pas soin de le tuteurer. Il forme, dans ce cas, un joli petit arbre pleureur. Il atteint à peine 2 m à l'âge adulte.

Hauteur : selon les espèces et variétés.
Terre : profonde, même sèche.
Exposition : toutes.
Multiplication : par semis et boutures, avec une poudre d'hormones.
Feuillage : persistant.

Cephalotaxus
CÉPHALOTAXUS
Famille des céphalotaxacées
Arbre

Très voisins des ifs, les *Cephalotaxus* mettent longtemps avant de démarrer leur croissance (moins de un m en dix ans). Les arbres étant dioïques, leurs fruits n'apparaissent que sur les individus femelles.

■ **CONSEILS UTILES**

— Ce sont de précieux conifères de sous-bois, aussi plantez-les en situation mi-ombragée et dans un milieu humide, en compagnie de rhododendrons et de piéris, et même sous d'autres conifères.

■ **LES MEILLEURES VARIÉTÉS**

— *Cephalotaxus fortunei* (céphalotaxus de Fortune). C'est un buisson sphérique d'à peine 6 m de haut chez nous, aux branches étalées et pendantes. Ses longues aiguilles en forme de faux sont vert foncé brillant.
— *Cephalotaxus harringtonia* 'Fastigiata', intéressant pour sa silhouette verticale aux branches étroitement rassemblées et aux rameaux dressés, en « faisceaux », d'où son nom 'Fastigiata'. Il atteint, à l'âge adulte, 20 m.

Hauteur : de 3 à 20 m, selon les variétés.
Terre : bonne terre de jardin.
Exposition : soleil ou mi-ombre.
Multiplication : semis de graines après stratification en terre de bruyère.
Feuillage : persistant.

△ *Ceratostigma Willmottianum*

△ *Cercidiphyllum japonicum*

△ *Cercis siliquastrum*

Ceratostigma
CÉRATOSTIGMA

Famille des plumbaginacées
Arbuste

Tout à fait rustique, malgré une rumeur qui prétend le contraire, ce magnifique couvre-sol, à fleurs bleu-violet, fleurit en septembre dans le Nord, dès juillet dans le Midi. Son nom curieux vient du grec et signifie « en forme de cône », peut-être en raison de la forme de ses bourgeons ? Le feuillage d'automne, rouge vif, est bien joli, par exemple devant des arbustes comme le *Cornus alba* 'Sibirica' ou les *Hamamelis*. La plante habillera, avec bonheur, des coins d'escalier, une rocaille, ou une bordure. Placée en premier plan, elle s'harmonisera parfaitement avec des asters qui fleuriront en même temps qu'elle et, même prendra la relève des *Phlox paniculata*, après leur floraison.

■ **CONSEILS UTILES**

— Plantez-le au printemps après avoir amélioré la terre d'un peu de tourbe et de terreau.
— Paillez le sol dès juin.
— Arrosez régulièrement le premier été.
— Au printemps, ajoutez un peu de tourbe pour favoriser l'enracinement.
— Chaque touffe peut rester dix ans sans bouger, mais vous pouvez aussi les diviser pour replanter des rejets ailleurs.

■ **LES MEILLEURES VARIÉTÉS**

— *Ceratostigma griffithii* offre des fleurs d'un bleu profond.
— *Ceratostigma minus* s'épanouit en fleurs bleu-ardoise.
— *Ceratostigma willmottianum,* planté à l'abri du vent, peut atteindre 0,60 m.

Hauteur : de 0,25 m à 0,60 m.
Terre : ordinaire, de préférence bien drainée.
Exposition : au moins 6 h de soleil par jour.
Multiplication : par marcottage naturel ou par division des souches, au printemps.
Floraison : de septembre à octobre.
Feuillage : caduc.

Cercidiphyllum
CERCIDIPHYLLUM

Famille des cercidiphyllacées
Arbre

Petit arbre élégant, auquel il faut de la place pour qu'on puisse mieux admirer sa silhouette gracieuse et son feuillage délicieusement coloré en automne. Assez rustique chez nous, résistant aux maladies, il ne redoute qu'une chose, la sécheresse, qui fait tomber ses feuilles. Encore une espèce gagnant à être connue.

■ **CONSEILS UTILES**

— Plantez-le dans une terre qui ne dessèche pas, mais où, cependant, ses racines ne risquent pas de stagner.
— Comme il craint les gelées, installez-le sous la protection d'arbres à léger feuillage caduc. Dans une clairière, par exemple.

■ **LES MEILLEURES VARIÉTÉS**

— *Cercidiphyllum japonicum* (katsura). Le tronc de ce petit japonais est souvent divisé, dès la base, en branches d'abord horizontales, puis légèrement pendantes. Ses feuilles, vert vif, deviennent jaunes teintées de rose orangé en automne. Elles embaument une odeur de sucre brûlé.
— *Cercidiphyllum magnificum,* est un arbre rare au feuillage doré en hiver.

Hauteur : 15 m en Asie, dans son pays natal, 2 m chez nous.
Terre : bonne terre fraîche.
Exposition : ensoleillée ou mi-ombre.
Multiplication : semis ou bouturage.
Feuillage : caduc.

Cercis

ARBRE DE JUDÉE
Famille des césalpiniacées
Arbre

L'arbre est ravissant, Comme il ne dépasse pas 10 m et qu'il est très ramifié, il ressemble, au printemps, quand il est en fleurs à un gros bouquet rose mauve éclatant et compact. En effet, les fleurs, tassées et serrées à même les rameaux, présentent le phénomène appelé, en botanique, « cauliflorie ». Leurs doux coloris contrastent ainsi davantage avec la couleur brun foncé, très accusée, de l'écorce. Autre fait exceptionnel : les fleurs apparaissent avant les feuilles, au tout début du printemps, caractéristique typique des arbres tropicaux. Appartenant à une espèce végétale fort ancienne, l'arbre de Judée, originaire du Moyen-Orient, a fait son apparition en Europe au moment des Croisades, rapporté dans les bagages des pèlerins sous forme de graines ou de jeunes plants en même temps que sa jolie légende : les languettes oblongues des fleurs seraient nées des larmes du Christ et leurs couleurs proviendraient de l'immense honte ressentie par Judas qui, après sa trahison, se serait pendu à cet arbre même. Même en hiver, l'arbre de Judée attire l'attention par la beauté de ses formes, les méandres de ses branches, les difformités de son tronc, et le velouté de son bois. Il peut aussi bien pousser en arbre qu'en buisson dense ou hisser contre un mur ses ramifications tortueuses. En automne, il se pare de teintes or et orangées qui l'enflamment à nouveau. Il peut vivre jusqu'à cent ans et atteint sa maturité à dix ans.

■ **CONSEILS UTILES**

— Évitez de le planter dans un jardin exposé au froid.
— Laissez-le pousser naturellement. Lorsqu'il aura cinq ou dix ans, vous pourrez oser une taille, mais qui ne doit être qu'exceptionnelle. Un palissage est également possible. Dans ce cas, il faut le former, très jeune, à cet exercice.

■ **LES MEILLEURES VARIÉTÉS**

Les variétés se distinguent par la couleur des fleurs, ce qui vous laisse un grand choix :
— *Cercis canadensis,* aussi appelé « Redbud », est, en fait, rose pâle.
— *Cercis chinensis,* a des fleurs rose-violet

intense. Il ne tolère jamais moins de – 5 °C l'hiver.
— *Cercis occidentalis* aux teintes rose-vif. Ne supporte également que – 5 °C.
— *Cercis racemosa,* a des inflorescenses rouges-roses.
— *Cercis siliquastrum,* le plus répandu en Europe, a des fleurs d'un rose éclatant. La forme à feurs blanches, 'Alba', n'est pas encore très répandue.

Hauteur : de 3 m à 10 m.
Terre : bien drainée.
Exposition : protégée, ensoleillée.
Multiplication : par bouturage ou par graines semées sous verre, au printemps.
Floraison : mai.
Feuillage : caduc.

Chaenomeles

COGNASSIER DU JAPON
Famille des rosacées
Arbuste

Le cognassier du Japon nous apporte, dès la fin du mois de février, des fleurs charmantes dans leur simplicité, dans tous les tons de rouge et de rose. Fort épineux, il se plaît particulièrement le long des murs où il se hausse jusqu'à 3 m et peut alors servir de support à une clématite à petites fleurs, *Clematis montana,* sa ramure étant relativement aérée. Les cognassiers font aussi d'excellentes haies rustiques défensives. Un regret : ils émettent tant de rejets qu'ils finissent par tout envahir. Ouvrez l'œil !

■ **CONSEILS UTILES**

— Plantez-le, en toutes saisons, dans une terre enrichie en humus et bêchée soigneusement. Désherbez et arrosez durant le premier été. Pour favoriser la floraison qui a lieu sur le vieux bois, coupez les longs rameaux raides en septembre, octobre.
— Pour le multiplier, rien de plus facile : à la fin de l'été, prélevez les drageons qui ne manquent pas de se développer à la base.

■ **LES MEILLEURES VARIÉTÉS**

— *Chaenomeles japonica,* le vrai cognassier du Japon, est relativement petit et donne une abondance de fleurs rouge brique se transformant, dès l'automne, en de petits fruits jaune vert.

— *Chaenomeles speciosa* (lagenaria) a donné naissance à beaucoup de variétés, assez hautes, qui conviennent bien pour décorer l'arrière-plan des massifs. Les fruits jaune d'or sont, paraît-il, bons à manger en compote. *Chaenomeles speciosa* a fourni de nombreux hybrides : 'Moerloosei', très florifère, 'Rowallane' aux superbes grandes fleurs rouge foncé. 'Nivalis', blanc pur, 'Simonii', plus petit et rouge cramoisi, sont parmi les plus beaux.
— Les hybrides de *Chaenomeles x superba* sont plus petits et très denses, formant des petits buissons ronds, faciles à disperser dans les plates-bandes de grande dimension : 'Crimson and Gold', cramoisi avec des étamines dorées, 'Fire dance', plus étalé et rouge vif et 'Knap Hill Scarlet', rouge brillant, sont vraiment superbes.

Hauteur : de 1 m à 3 m.
Terre : ordinaire.
Exposition : mi-ombre et soleil.
Multiplication : par séparation des rejets, en été.
Floraison : de février à mai.
Feuillage : caduc.

▽ *Chaenomeles superba*
'Crimson And Gold'

Chamaecyparis

FAUX CYPRÈS, CHAMAECYPARIS

Famille des cupressacées
Arbre

Les chamaecyparis sont présents dans presque tous les jardins, à cause de leur incroyable polymorphisme : petites boules ou élégants conifères, et de l'éventail de leurs coloris : feuillage gris, jaunes ou verts. Dans ce vaste choix, chacun trouvera son bonheur, et chaque jardin aussi car, pour ne rien gâcher, ils sont extrêmement tolérants quant au sol et à l'exposition et, bien sûr, ils sont persistants.

■ **CONSEILS UTILES**

— Attention, ces arbres sont souvent attaqués par des lapins, des mulots, des insectes, ou un mildiou qui peut les faire périr. Les arbres jeunes devront être surveillés.

■ **LES MEILLEURES VARIÉTÉS**

Certaines variétés seront parfaites en sujets isolés sur une pelouse ou constitueront dans le fond du jardin un beau décor parmi des arbustes à fleurs. D'autres habilleront des rocailles ou seront utilisées en bacs sur des terrasses.

Parmi les plus petits et les plus décoratifs

— *Chamaecyparis lawsoniana* 'Minima Aurea'. L'un des plus intéressants, jaune d'or et en forme de cône. Il atteint 1,50 m au bout de dix ans.

— *Chamaecyparis lawsoniana* 'Minima Glauca', au feuillage bleu, semblable au précédent, ne dépasse pas 1 m.

— *Chamaecyparis lawsoniana* 'Pygmea Argentea'. De croissance extrêmement lente, il forme un petit dôme irrégulier panaché de crème.

— *Chamaecyparis lawsoniana* 'Wisselii'. Son port élancé étroit et sa silhouette irrégulière, surtout dans sa jeunesse, lui confèrent une grande élégance.

— *Chamaecyparis nootkatensis* 'Aurea' présente des panachures jaune d'or variables en intensité selon les saisons.

— *Chamaecyparis obtusa* 'Nana'. Un petit dôme aplati, au feuillage en forme de coquillage vert sombre, très décoratif sur une terrasse ou dans une rocaille.

— *Chamaecyparis obtusa* 'Nana Gracilis', aux ramilles aplaties, disposées en éventail ciselé et vert brillant. Il est très apprécié, mais souvent vendu comme

△ *Chamaecyparis obtusa* 'Nana'

conifère nain, ce qu'il n'est pas, puiqu'il dépasse 2 m.

— *Chamaecyparis obtusa* 'Pygmaea', joli buisson bas, étalé, aux rameaux cuivrés.

— *Chamaecyparis pisifera*, 'Boulevard', au feuillage dense et doux, de couleur bleu argenté. Souvent présenté comme un nain, que malgré tout, il n'est pas, puisqu'il atteint 0,80 m.

— *Chamaecyparis pisifera* 'Filifera Aurea', aux longs rameaux échevelés, à la manière d'une perruque de carnaval. C'est un large cône, d'une jolie couleur dorée. Hauteur : 0,60 m.

— *Chamaecyparis pisifera* 'Squarrosa Sulphurea'. De croissance lente, il peut tout de même atteindre 5 m ; le printemps accentue sa coloration jaune soufre.

— *Chamaecyparis thyoides* 'Red Star'. Il lui faut longtemps pour dépasser 1,50 m et son feuillage fin, vert grisâtre, s'empourpre en automne.

Les variétés pouvant être isolées

— *Chamaecyparis lawsoniana*, ou cyprès de Lawson. Il peut atteindre de 15 à 20 m et être utilisé comme coupe-vent.

— *Chamaecyparis lawsoniana* 'Columnaris' forme une fine colonne vert glauque. Hauteur : de 3 à 4 m.

— *Chamaecyparis lawsoniana*, 'Elwoodii'. Certainement l'un des plus célèbres, avec ses branches très serrées verticalement. Son feuillage bleu acier est intéressant. Il atteint 2 m.

— *Chamaecyparis lawsoniana* 'Ellwood's Gold', plus petit que le type. Feuillage jaune aux extrémités. Il atteint 1 m au bout de dix ans.

— *Chamaecyparis lawsoniana* 'Fletcherii', très connu, reconnaissable à ses branches dressées. Il atteint 2 m.

— *Chamaecyparis lawsoniana* 'Golden King', un conifère de taille moyenne, conique, jaune d'or, brunissant à l'automne.

△▷ *Chamaecyparis lawsoniana*

— *Chamaecyparis lawsoniana* 'Green Hedger' est d'un beau vert tendre. Il fait de très belles haies.

— *Chamaecyparis lawsoniana* 'Stewartii'. Très connu. Il est l'un des conifères les plus « dorés » qui soient. Joli port en cône élargi. Sa couleur fonce en automne et durant l'été, et il devient presque vert. Hauteur : 3,50 m.

— *Chamaecyparis nootkatensis,* originaire d'Amérique du Nord, dans les régions côtières de l'Orégon, au Canada, est un gage de rusticité. Son feuillage est odorant. Il est intéressant par son port souple et pyramidal. Il ne se dégarnit pas à la base. Il peut atteindre 15 m.

Hauteur : variée, selon les variétés.
Terre : toutes.
Exposition : soleil, mi-ombre.
Multiplication : graines, marcottage.
Feuillage : persistant.

△ *Chimonanthus praecox*

Chimonanthus

CHIMONANTHUS

Famille des calycanthacées
Arbuste

Cet arbuste n'est pas particulièrement beau, disons-le ! Mais il se rattrape autrement ! Grâce au parfum envoûtant de ses petites fleurs, perceptible à plusieurs mètres, et cela, en plein hiver : de février à mars. De plus, vous pouvez le planter dans n'importe quelle terre. Il supporte très bien la craie. Contre un fond de haie verte il se détachera bien, et l'on percevra mieux l'aspect aérien de ses branches fines. Des *Eranthis*, généreusement plantés autour de chimonanthus — au moins une dizaine de plantes — formeront un joli tableau d'hiver, surtout si vous ajoutez quelques crocus bleus.

■ CONSEILS UTILES

— Il ne demande aucun sol particulier. Cependant, soyez patient, il faut deux ou trois ans pour obtenir une belle floraison.
— Plantez-le à l'abri des vents pour que ses fleurs restent intactes !
— Près d'une entrée ou d'un passage, vous profiterez au mieux des délices de sa senteur, et cueillerez quelques branches pour parfumer la maison.
— Ces arbustes supportent très mal la taille. Après la floraison, retirez les quelques brindilles qui paraissent mal venues, pour éclaircir un peu la forme.

■ LES MEILLEURES VARIÉTÉS

— Le plus répandu est le *Chimonanthus praecox,* aux fleurs variant entre l'ivoire et l'ocre au cœur pourpre. Il en existe deux variétés, 'Grandiflorus', au jaune plus dense, strié de rouge et 'Luteus', jaune cireux, avec de plus grandes fleurs. Toutes sont délicieusement parfumées.

Hauteur : de 2,50 m à 4 m
Terre : ordinaire, bien drainée, profondément bêchée.
Exposition : soleil, le long d'un mur au sud.
Multiplication : par marcottage, en été, ou bouturage avec hormones.
Floraison : février à mars.
Feuillage : caduc.

Choisya

**CHOISYA,
ORANGER DU MEXIQUE**

Famille des rutacées
Arbuste

Parmi les arbustes, le choisya est mon grand préféré. Voici un arbuste au feuillage persistant, d'un beau vert frais qui supporte très bien l'ombre et le soleil. Il sera donc aussi bien à l'aise dans le jardin que dans un bac sur la terrasse. Son surnom vient de son appartenance à la famille des orangers. Frottez ses feuilles et vous reconnaîtrez ce parfum de peau d'orange. Ses fleurs ont tout autant de senteurs. S'il est heureux chez vous, il fleurira peut-être deux fois dans l'année. Dans le fond d'une plate-bande où poussent des lavatères, des cosmos et des bouquets de digitales, il aura un emplacement permanent. Vous pouvez également planter un choisya sous vos fenêtres, contre le mur de la maison, ou de chaque côté de la porte d'entrée. Il pourra alors atteindre 2 m, ce qui vous permettra de le tailler en boule, mais ne l'empêchera nullement de fleurir.

■ CONSEILS UTILES

— Plantez-le au printemps, après les gelées, en lui donnant une exposition sud ou ouest.

▽ *Choisya ternata*

— Arrosez-le régulièrement.
— Protégez la souche en hiver avec de la paille ou de la laine de roche.
— Si vous l'avez en pot, mettez votre choisya à l'abri, chaque hiver, car les plantes en pot gèlent plus facilement que celles du jardin.
— Si la partie aérienne a gelé, taillez-le. Il peut repartir du pied.

■ LES MEILLEURES VARIÉTÉS

— *Choisya* 'Aztec Pearl', hybride assez récent, donne des fleurs plus larges, aussi parfumées mais teintées de rose.
— Comme si le *Choisya ternata* n'était pas assez beau, les Anglais ont obtenu une variété à feuillage doré 'Sundance', étonnante mais moins rustique.

Hauteur : de 1 m à 2 m.
Terre : riche en humus et bien drainées.
Exposition : soleil et mi-ombre.
Multiplication : par bouturage, en été.
Floraison : mai, juin et un peu en été.
Feuillage : persistant.

Cistus

CISTE

Famille des cistacées
Arbuste

Ce petit arbuste à feuillage persistant convient aux emplacements très ensoleillés. Il se contente de sols caillouteux, ingrats. Rien n'est plus délicat pourtant que ses fleurs à texture de soie, à l'apparence si fragile, qui se détachent bien contre le vert sombre du feuillage. Les fleurs ne durent qu'un jour. Elles s'ouvrent le matin et disparaissent le soir, mais d'autres prendront leur place le lendemain. Vous pourrez en faire des fonds de bordures dépassant 1 m de haut, à condition de le planter dans un

▽ *Cistus x purpureus*

endroit abrité, mais en plein soleil. Il sera aussi indiqué, pour marquer une allée ou constituer de grosse touffes sur une butte bien exposée, avec une bordure d'*Helianthemum* au premier plan ou encore de santolines et de dianthus.

■ CONSEILS UTILES

— Plantez-le au printemps, dans une terre bien caillouteuse (il adore ça !) et bien drainée. Attention, il n'aime la terre ni lourde ni compacte.
— En hiver, entourez la souche de frondes de fougères ou d'un paillis de feuilles.
— Vous pouvez, à volonté, rabattre certains rameaux au début du printemps, si vous trouvez qu'ils nuisent à la forme de la plante.

■ LES MEILLEURES VARIÉTÉS

— *Cistus x argenteus* 'Silver Pink'. Original par ses feuilles étroites, le printemps le couvre de petites fleurs rose clair à cœur blanc.
— *Cistus x corbariensis.* L'un des plus résistants. Il peut dépasser 1,50 m de haut pour un diamètre presque du double. En été, le feuillage disparaît sous une masse de fleurs blanches, tachetées de jaune et larges de 4 cm.
— *Cistus creticus.* Ses branches duveteuses s'étalent sous des fleurs rose tendre à cœur jaune.
— *Cistus x cyprius,* aux grandes fleurs blanches, en forme de soucoupes, tachetées de marron près des étamines dorées. L'arbuste peut atteindre 1,50 m.
— *Cistus ladaniferus* (ciste ladanifère). Magnifique avec ses grandes fleurs blanches de 7 cm à 10 cm de diamètre, marquées de cinq taches cramoisies.
— *Cistus x lusitanicus.* Une espèce naine aux grappes de fleurs blanches.
— *Cistus parviflorus.* Ce joli buisson grisâtre manque un peu de rusticité mais n'a pas d'égal pour la douceur de ses grandes corolles rose et blanc.
— *Cistus purpureus.* Il épanouit de grosses fleurs rose violacé (jusqu'à 12 cm), de juin à août. Peu rustique, il doit être réservé aux jardins du littoral.

Hauteur : de 60 cm à 1,50 m.
Terre : très pauvre et caillouteuse.
Exposition : plein soleil.
Multiplication : par bouturage ou par marcottage, en été.
Floraison : de juin à août.
Feuillage : persistant.

△ *Cladrastis lutea*

Cladrastis

CLADRASTIS
Famille des fabacées
Arbre

Arbre ornemental dont les fleurs en longues panicules pendantes ou dressées en été, n'apparaissent pas avant une dizaine d'années. Ces arbres ne poussent pas vite, mais ils sont très décoratifs et donnent une ombre légère.

■ CONSEILS UTILES

— Plantez en plein soleil, dans un sol riche, mais léger, avec du terreau de feuilles. Les rameaux sont fragiles, attention aux situations ventées.

■ LES MEILLEURES VARIÉTÉS

— *Cladrastis lutea* (virgilier), arbre de forme arrondie en parasol. Les longues grappes de fleurs blanches et parfumées atteignent 30 à 50 cm en juin. Le feuillage est doré en automne.
— *Cladrastis sinensis,* (cladrastis de Chine) peut atteindre 30 m. Le feuillage apparaît tard. Ses fleurs sont blanc-rosé et parfumées.

Hauteur : de 6 à 30 m.
Terre : riche en humus.
Exposition : plein soleil.
Multiplication : bouturage.
Floraison : été.
Feuillage : caduc.

△ *Clematis florida* 'Sieboldii'
▽ *Clematis patens* 'Lasurstern'

△ *Clematis armandii*
◁ *Clematis montana*
▽ *Clematis spooneri*

Clematis

CLÉMATITE

Famille des renonculacées
Arbuste

On pense toujours aux clématites comme à des plantes grimpantes. Or, il y a quelques superbes variétés qui sont des arbustes à planter, parmi les vivaces, dans les plates-bandes. Si vous aimez le bleu autant que moi, ces clématites herbacées vous raviront, surtout, en leur donnant quelques rosiers anciens pour voisins.

■ CONSEILS UTILES

— Elles sont un peu exigeantes. Aussi, veillez à ce que la terre soit fertile, et bien préparée avec un mélange de terreau et de feuilles, de sable et de terre. Une poignée de poudre d'os, à la plantation, leur fera plaisir. Elles aiment bien une terre calcaire. Attention, pro-tégez bien la base de la plante afin que le soleil ne la brûle pas.

■ LES MEILLEURES VARIÉTÉS

— *Clematis heracleifolia* fleurit tard en été avec des clochettes bleu poudreux. Hauteur : de 0,60 m à 1 m.
— *Clematis integrifolia,* aux belles fleurs solitaires, violet indigo, la précède de quelques semaines. Elle atteint 1 m de haut.
— *Clematis recta.* Pousse en touffes vigoureuses ; à ses fleurs blanches abondantes succèdent des aigrettes argentées et soyeuses, décoratives jusqu'en fin d'été.

Hauteur : 1 m.
Terre : calcaire, allégée de sable et de terreau.
Exposition : plein soleil.
Multiplication : marcottage.
Floraison : été.
Feuillage : caduc.

Clerodendron

CLÉRODENDRON

Famille des verbénacées
Arbuste

Un arbuste bien décoratif qui était utilisé par les prêtres indiens d'Indo-Malaisie dans leurs cérémonies religieuses. Son nom est, en effet, tiré du grec « Kleros » qui veut dire clergé, et de « dendron », qui signifie arbre. Il existe plus de cinquante espèces de clérodendrons à travers le globe, mais seules quelques-unes sont rustiques. Leur feuillage, leurs fleurs, et surtout leurs fruits globuleux, bleu de Chine, sont ravissants.

■ CONSEILS UTILES

— Il suffit à l'arbuste d'être planté à l'abri du vent, dans une terre normale (mélangée avec de la tourbe et du terreau de feuilles) et bien drainée.

▽ *Clerodendron thomsonae*

— Retirez quelques branches trop denses à l'intérieur de la plante pour l'éclaircir et enlevez tout bois mort.

■ LES MEILLEURES VARIÉTÉS

— *Clerodendron bungei* n'est pas tout à fait rustique. Cependant, si le gel l'atteint, de nouvelles pousses repartent de la base.
— *Clerodendron fargesii* est un petit arbre qui atteint presque 3 m. Il résiste mieux au froid que le précédent. Sa floraison, en août, est belle et odorante.
— *Clerodendron splendens* est un arbuste de 1,50 m qui pousse plus vite à l'ombre. Ses fleurs, écloses en juin-juillet, sont écarlates.
— *Clerodendron trichotomum* est un arbuste touffu d'environ 2 m de haut. Ses fleurs blanches, parfumées en août, donnent naissance, en septembre, à de jolies baies bleues, engoncées dans leurs calices pourpres.

▽ *Clerodendron trichotomum*

Hauteur : de 1,50 m à 3 m.
Terre : normale, enrichie de tourbe et de terreau.
Exposition : mi-ombre et soleil.
Multiplication : semis, bouturage, et marcottage pour *Clerodendron bungei.*
Floraison : fin de l'été.
Feuillage : caduc.

Clethra

CLÉTHRA

Famille des cléthracées
Arbuste

Voici encore un grand buisson parfumé. Les longues fleurs blanc·crème et or parsèment gracieusement le feuillage. Les cléthras constituent une plaisante haie odorante puisqu'ils poussent jusqu'à 3 m de haut s'ils se trouvent en bonne terre riche en humus. Vous voulez créer un tableau saisissant ? Plantez des cléthras à côté d'un buisson de *Callicarpa.* Les étonnantes baies mauves voisines des cléthras, feront que vous ne saurez vraiment plus quel arbuste regarder en premier.

■ CONSEILS UTILES

— Plantez-le, en hiver, par groupe de trois, dans une terre acide, de préférence.
— Ajoutez de la tourbe et de la terre de bruyère pour alléger le sol.
— Paillez chaque printemps avec des feuilles mortes.
— Arrosez régulièrement l'arbuste en été s'il est exposé en plein soleil.

■ LES MEILLEURES VARIÉTÉS

— Le plus répandu est *Clethra alnifolia,* portant, tout l'été, des épis composés de petites fleurs blanches odorantes. En automne, il devient jaune orangé. La variété 'Rosea' offre des boutons et des fleurs teintés de rose.
— *Clethra fargesii* est un peu plus grand et ses inflorescences blanches sont plus longues. En automne, le feuillage est vivement doré.

Hauteur : 3 m.
Terre : acide de préférence et riche en humus.
Exposition : soleil, ombre ou mi-ombre.
Multiplication : par bouturage, en été.
Floraison : juillet-octobre.
Feuillage : caduc.

△ *Colletia cruciata*

Colletia

COLLÉTIA

Famille des rhamnacées

Arbuste

Le *Colletia* est un bien étrange arbuste dont l'aspect étonne plus qu'il ne provoque l'admiration. Très compact, très ramifié, ses rameaux verts s'élargissent pour former des feuilles triangulaires épaisses, rigides, s'achevant en pointes acérées. L'arbuste, finalement, évoque bien autre chose qu'un végétal : une sculpture métallique ? Une arme offensive du Moyen Age ?

■ CONSEILS UTILES

— Le *Colletia* ne résiste pas aux hivers continentaux. Il faut donc le réserver aux climats doux de l'ouest de la France ou encore à la Côte d'Azur où il se développe bien. Ailleurs, on le rentrera en serre froide durant l'hiver. Pour avoir une bonne floraison, la plante a besoin de beaucoup de soleil.
— Il est tout à fait inutile de le tailler.

■ LES MEILLEURES VARIÉTÉS

— *Colletia armata* atteint 2 m. La floraison est très discrète, blanche, parfumée en été.
— *Colletia cruciata* dépasse parfois 2 m. On peut en faire des haies défensives impénétrables, sur la Côte d'Azur, par exemple, à la manière des figuiers de Barbarie.

Hauteur : de 1,50 m à 2 m.
Terre : ordinaire.
Exposition : soleil.
Multiplication : semis, ou bouturage, en été, en terre légère sous châssis.
Floraison : insignifiante au printemps ou en été.
Feuillage : caduc.

△ *Coriaria japonica*

Colutea

BAGUENAUDIER

Famille des fabacées

Arbuste

Ce grand arbuste pousse vite et fleurit presque tout l'été. Ses fruits, de grosses cosses pendantes, font la joie des enfants qui les font éclater. Dans certaines régions, on les appelle des « baguenaudes ». On peut penser que c'est de là que vient le verbe « baguenauder ».

■ CONSEILS UTILES

— Arbuste très facile, il supporte toutes les terres et toutes les expositions, même les terres très pierreuses. Il appréciera d'être planté sur un talus calcaire.
— Taillez les branches défleuries, au début du printemps, sur la moitié de leur longueur.

■ LES MEILLEURES VARIÉTÉS

— *Colutea arborescens* (baguenaudier commun). Cet arbuste vigoureux peut atteindre 4 m si on ne taille pas régulièrement ses branches défleuries. Les fleurs sont des papilionacées jaunes.
— *Colutea arborescens* 'Media'. Le feuillage est gris argenté. Les fleurs, jaune bronze, paraissent en juin.
— *Colutea orientalis* (baguenaudier du

Levant), de forme plus arrondie, a un feuillage glauque et des fleurs couleur bronze.
— *Colutea x media* 'Copper Beauty', mérite d'être plus connu pour ses grappes dont les tons varient de l'orange au rouge cuivré.

Hauteur : 4 m.
Terre : toutes.
Exposition : toutes.
Multiplication : bouturage en mars-avril, ou par drageons.
Floraison : tout l'été.
Feuillage : caduc.

Coriaria

REDOUL

Famille des coriariacées

Arbuste

On rencontre cet arbrisseau dans tous les pays tempérés du globe, de la Nouvelle-Zélande aux Andes de l'Amérique du Sud et au Japon, sans oublier la zone méditerranéenne où il pousse, en Provence particulièrement, spontanément. Dépassant rarement 1 m, son port est légèrement retombant, ses feuilles, vert translucide, et ses fleurs, verdâtres, disposées en grappes. Si la floraison n'a guère d'intérêt, en revanche, les fruits, translucides et en grappes, évoquent des groseilles. Le feuillage d'automne est attrayant.

■ CONSEILS UTILES

— Les *Coriaria* résistent mal aux hivers continentaux, excepté en Provence, dans l'Ouest et parfois, en région parisienne. Dans les autres régions, il faut les protéger. Cependant, même si la plante semble avoir été détruite par le gel, ne désespérez pas : les racines, elles, sont sans doute indemnes et l'arbuste repartira très bien de souche.

■ LES MEILLEURES VARIÉTÉS

— *Coriaria japonica* forme un très bon arbuste couvre-sol, grâce à son port souple et retombant. On le cultive beaucoup pour ses fruits abondants rouge vif.
— *Coriaria myrtifolia* (redoul ou corroyère), originaire de Provence. Ses fruits noirs sont très vénéneux. Cette variété convient bien à la plantation sur talus, grâce à son système radiculaire très développé.

— *Coriaria nepalensis* est le plus grand de tous, atteignant 3 m de haut en de bonnes conditions.

Hauteur : jusqu'à 3 m.
Terre : peu d'exigences.
Exposition : hors gel et ensoleillée.
Multiplication : marcottage ou drageonnage.
Floraison : fin du printemps. Surtout intéressant pour les couleurs d'automne.
Feuillage : caduc.

Cordyline
CORDYLINE
Famille des liliacées
Arbre

La cordyline, originaire des régions tropicales, est une plante malheureusement peu rustique. Elle ne se plaît que dans les régions les plus clémentes de la Bretagne ou de la Côte d'Azur. Sous forme arborescente, elle atteint de 8 à 12 m. Sa silhouette est intéressante : un grand tronc, parfois divisé, au sommet duquel de très longues feuilles rubannées sont disposées comme sur un palmier. Elles donnent à l'arbre un aspect très exotique qui apportera au jardin une touche vraiment originale.

■ **CONSEILS UTILES**
— Plantez les cordylines dans un sol bien drainé et sous climat doux.
— Pour obtenir une floraison, installez les arbres en plein soleil.

■ **LES MEILLEURES VARIÉTÉS**
— *Cordilyne australis* est, en général, la plus cultivée chez nous. On trouve l'arbre dans les jardins de la côte bretonne ou de la côte basque. La floraison se présente sous la forme de longues panicules de fleurs de grandes tailles, blanc crème, à anthères jaune d'or. Le brun pourpré de 'Purpurea' convient mieux à l'architecture de cette plante.
— *Cordyline indivisa* évoque davantage un yucca, par ses feuilles étroites et par sa floraison beaucoup plus abondante.

Hauteur : de 8 à 12 m.
Terre : légère et bien drainée.
Exposition : toutes les expositions.
Multiplication : par division des rejets.
Floraison : été.
Feuillage : persistant.

△ *Cordyline indivisa*

△ *Cornus controversa* 'Variegata'
▽ *Cornus mas* 'Variegata'

Cornus alba △
Cornus florida ▽

302

Cornus

CORNOUILLER

Famille des cornacées
Arbuste ou arbre

Parmi tous les cornouillers, un seul est un arbre, les autres sont des arbustes mais tous sont très décoratifs et intéressants à plus d'un titre. Les uns, pour leur écorce colorée très appréciable en hiver, rouge ou jaune vif. Certains, grâce à leur feuillage, et d'autres, encore, pour leurs fleurs et leurs baies. On trouve toujours un endroit dans le jardin où le *Cornus* assure un joli décor.

■ CONSEILS UTILES

— Plantez les *Cornus* en toute saison, s'ils sont en conteneurs, de novembre à mars, s'ils sont à racines nues.
— Taillez-les courts, en mars, pour les forcer à développer des rameaux vigoureux, dont l'écorce est alors plus colorée.
— Associez-les à des *Helianthus*, des *Hellenium*, des *Heliopsis* ou des *Hemerocallis* pour créer une scène colorée.
— Les cornouillers se plaisent beaucoup au bord de l'eau, même si celle-ci les submerge parfois. Profitez de ces circonstances pour installer dans un milieu humide, avec un premier plan d'astilbes, quelques *Cornus alba* 'Sibirica' à écorce rouge et des *Cornus stolonifera* 'Flaviramea' à écorce jaune. Vous aurez là une très jolie scène sans problème.

■ LES MEILLEURES VARIÉTÉS

— *Cornus alba* (un asiatique) est un arbuste d'environ 2 m, buissonnant et... foisonnant. Ses variétés panachées sont les plus décoratives. Parmi ses cultivars *Cornus alba* 'Sibirica' aux rameaux d'un beau rouge corail. L'écorce de 'Kesselringii' atteint une nuance presque noire remarquablement assortie au feuillage vert pourpré.
— *Cornus controversa* 'Variegata', le seul à être considéré botaniquement comme un arbre véritable, est d'une rare élégance, grimpant jusqu'à 20 m, avec ses branches étalées à l'horizontale et son léger feuillage panaché.
— *Cornus florida* 'Apple Blossom', si beau dans le paysage américain, est l'un des plus jolis arbres à planter dans le jardin pour sa floraison absolument superbe, au printemps : une abondance de fleurs aux longues bractées rosées, écloses alors que le feuillage n'est pas encore apparu.

— *Cornus florida*. Chez 'Rubra', les bractées ont une teinte rose carminé et les feuilles naissent rouges.
— *Cornus kousa* est un japonais dont le feuillage d'automne se colore d'un superbe rouge écarlate. Ses fruits rougeâtres font penser à des fraises.
— *Cornus mas* (cornouiller mâle) pousse, sous nos climats, en forêt. Cultivé, il donne, lui aussi, des variations panachées, comme 'Aurea' ou 'Elegantissima', intéressants pour leur floraison jaune d'or s'épanouissant en plein hiver, avant l'apparition du feuillage, et pour leur silhouette de petit arbre. Les fruits sont des drupes ovoïdes, écarlates, acidulées et mangeables.
— *Cornus nuttallii* porte quantité de petites fleurs blanc crème, devenant roses par la suite. 'North Star' porte des bractées blanches plus étroites et ses jeunes pousses sont pourpres.
— *Cornus sanguinea* (cornouiller sanguin) est, lui aussi, une autre espèce indigène, fréquent dans presque toute l'Europe. Il présente une écorce rouge vif et un feuillage rouge profond en automne. Les rameaux de Winter Flame 'Anny' ne passent pas inaperçus durant l'hiver ; jaunes à la base, orange vif au milieu, ils rougissent à l'extrémité.
— *Cornus stolonifera* 'Flaviramea' (cornouiller osier), un américain, contraste avec le précédent par son écorce jaune et sa silhouette plus large que haute.

Hauteur : de 2 m à 20 m.
Terre : ordinaire, même détrempée, en hiver.
Exposition : mi-ombre ou soleil.
Multiplication : par bouturage de bois sec, en hiver.
Floraison : mars.
Feuillage : caduc.

Coronilla

CORONILLE

Famille des fabacées
Arbuste

Encore un éblouissant arbrisseau qui se plaît en sol sec, caillouteux, et en plein soleil, n'exigeant, de votre part, aucun entretien. Sur son feuillage persistant, les fleurs, d'un jaune éclatant, se détachent comme des bouquets de soleil. Les coronilles sont d'une grande utilité pour habiller des escaliers ou des

△ *Coronilla glauca*

murets en pierre. Elles seront plus belles encore en compagnie d'asphodélines ou de cistes.

■ CONSEILS UTILES

— Plantez-les, au printemps, de préférence, sans oublier de jeter une poignée de sable dans chaque trou.
— Arrosez un peu durant le premier été.
— Taillez à chaque printemps, pour enlever les rameaux morts.

■ LES MEILLEURES VARIÉTÉS

— *Coronilla emerus* (coronille des jardins) étonne beaucoup, avec ses fruits qui ont tout à fait la forme d'une queue de scorpion. Ses fleurs jaunes sont souvent veinées de rouge.
— *Coronilla glauca* est la moins rustique des deux. Son feuillage vert bleuté lui a donné son nom. Il est persistant. Plantez-la au pied d'un mur exposé au sud et protégez la souche, chaque hiver, avec des frondes de fougères sèches.

Hauteur : de 0,50 m à 2 m.
Terre : sèche et caillouteuse.
Exposition : plein soleil.
Multiplication : par bouturage à la fin de l'été, ou par marcottage.
Floraison : mai-juillet, juillet-septembre.
Feuillage : caduc ou persistant.

△ *Corylopsis sinensis*

△ *Corylopsis pauciflora*

Corylopsis
CORYLOPSIS

Famille des hamamélidacées
Arbuste

Peu d'arbustes ont reçu en héritage autant de grâce que le corylopsis : son port très particulier, d'abord érigé puis horizontal, ses feuilles infiniment diaphanes, si émouvantes quand elles naissent, ses fleurs, jaunes, en petites grappes retombantes, au doux parfum de primevère, qui s'épanouissent avant l'apparition des feuilles… Autant de raisons pour lui donner l'exposition ombragée et les arrosages qu'il requiert.

△ *Corylus avellana contorta*

■ **CONSEILS UTILES**

— Plantez le *Corylopsis,* en hiver, dans une terre acide et légère, enrichie en tourbe et en sable.
— Donnez-lui une exposition abritée du soleil brûlant de l'été. Paillez, chaque automne, avec un abondant matelas de feuilles mortes.
— Comme il pousse lentement, vous pouvez aussi le cultiver en grands pots, sur une terrasse. Rentrez-le au chaud pendant la floraison qui a lieu en mars pour mieux en profiter et sortez-le ensuite dehors.
— Le *Corylopsis* n'exige pas de taille, contentez-vous de couper les fleurs fanées. Pour éviter que les feuilles ne s'abîment en été, arrosez régulièrement.

■ **LES MEILLEURES VARIÉTÉS**

— *Corylopsis pauciflora* est le plus courant, avec ses petites grappes de fleurs de 2 cm de long qui éclosent en mars-avril. Il atteint à peine 1,50 m.
— *Corylopsis sinensis* a des fleurs jaunes très parfumées en avril.
— *Corylopsis spicata.* Ses inflorescences ressemblent à de longs épis retombants.
— *Corylopsis Willmottiae.* Ses feuilles naissantes sont d'un rouge pourpre

incroyable (par exemple la variété 'Spring Purple') et son feuillage, particulièrement coloré.

Hauteur : de 1,50 m à 3 m.
Terre : acide et bien drainée.
Exposition : mi-ombre.
Multiplication : difficile, par marcottage, en été.
Floraison : février, mars.
Feuillage : caduc.

Corylus
NOISETIER

Famille des corylacées
Arbre et arbuste

Tout le monde connaît ce petit arbre intéressant pour ses fruits : les noisettes. On sait moins qu'il peut avoir sa place au jardin. Comme il n'est guère volumineux, installez-le dans un endroit où il apportera un peu d'ombre à des fleurs craignant le soleil. Ou encore faites-le entrer dans la composition d'une haie qui donnera au jardin une allure naturelle.

■ **CONSEILS UTILES**

— Si vous effectuez une greffe à 2,50 m de hauteur, vous obtiendrez un arbre plus vigoureux qui pourra atteindre près de 5 m.
— Évitez-lui les terrains constamment humides.

■ **LES MEILLEURES VARIÉTÉS**

— *Corylus avellana* 'Aurea' (noisetier ou coudrier). Ce cultivar de notre noisetier commun a des feuilles d'une jolie couleur orangée. *Corylus avellana* 'Contorta', aux branches en tire-bouchon, est un bel élément décoratif qui donne, de surcroît, de bonnes noisettes. Hauteur : 3,50 m. *Corylus avellana* 'Pendula' a un port pleureur.
— *Corylus maxima* 'Purpurea' (noisetier pourpre), est remarquable par la couleur pourpre de ses feuilles, en été autant qu'en automne.

Hauteur : 5 m.
Terre : fertile et fraîche.
Exposition : toutes, sauf très ombragée.
Multiplication : semis ou marcottage des pieds recépés qui s'élèvent autour du tronc principal.
Feuillage : caduc.

△ *Cotinus obovatus*

Cotinus

**COTINUS,
ARBRE À PERRUQUES**

Famille des anacardiacées
Arbuste

Cet arbuste est véritablement extraordinaire par sa forme, son feuillage et son inflorescence plumeuse de juin, qui prend des tons « fumée » à la fin de l'été. On l'appelle « Arbre-fumée » en langue anglaise, et son surnom français n'est pas moins imagé.

■ **CONSEILS UTILES**

— Plantez-le d'octobre à mars.

— Arrosez-le régulièrement les deux premières années.
— Ni taille, ni soins particuliers ne sont nécessaires.

■ **LES MEILLEURES VARIÉTÉS**

— *Cotinus coggygria* 'Royal Purple'. (arbre à perruques). Ce cultivar d'environ 4 m est bien l'un des plus beaux arbrisseaux que l'on puisse voir, non seulement en raison de sa couleur pourpre foncé translucide, mais encore à cause de sa forme inhabituelle. Il porte, en effet, des branches si étendues et traînantes qu'elles forment une sorte de buisson arrondi, large parfois de 6 m de diamètre. Il arrive que cette variété

meurt d'un coup, sans cause réelle. Vous aurez pourtant le temps d'en jouir quelques années. Un autre cultivar *Cotinus coggygria* 'Flame' a des fleurs roses et un feuillage virant en une flamme orange en automne.

— *Cotinus obovatus* est encore plus vigoureux (6 m de haut).

Hauteur : de 4 à 6 m.

Terre : quelconque.

Exposition : soleil.

Multiplication : par séparation des rejets, en été.

Floraison : juin, juillet.

Feuillage : caduc.

Cotoneaster
COTONÉASTER
Famille des rosacées
Arbuste

Frappés de plein fouet par le feu bactérien et la menace que ce dernier représente, les cotonéasters sont de moins en moins proposés par les pépiniéristes qui doivent respecter des règles draconiennes pour éviter la diffusion de ce mal. Cela dit, les cotonéasters sont les arbustes qu'on utilise le plus dans les jardins, puisqu'il y a toujours une variété susceptible de convenir à n'importe quelle situation. Cet arbuste a des fleurs et des baies décoratives, une jolie coloration d'automne. C'est-à-dire tout pour nous charmer. Et il se révèle si peu exigeant !

■ CONSEILS UTILES

— Plantez-le de septembre à avril. Paillez le sol en mai et arrosez régulièrement durant les chaleurs.
— Si des branches se dessèchent mystérieusement au cours de l'été, taillez-les impitoyablement au ras de leur insertion et brûlez-les. Désinfectez le sécateur avec de l'alcool, et la plaie de taille avec de la bouillie bordelaise. Surveillez soigneusement la plante et détruisez-la si les symptômes reprennent. C'est, en effet, le signe d'une attaque du feu bactérien, maladie sans remède, et qui peut se propager aux poiriers voisins.

■ LES MEILLEURES VARIÉTÉS NAINES OU RAMPANTES

— *Cotoneaster* 'Dammeri' se taille la part du lion car peu d'arbustes rampants sont aussi collés au sol, et denses au point que l'on peut rouler dessus sans mal. Le feuillage est luisant et persistant. Il en existe plusieurs cultivars dont 'Eiccholz', aux fruits rouges écarlates, 'Radicans', à feuilles assez petites, 'Skogsholmen', très vigoureux, l'un des meilleurs couvre-sol.
— *Cotoneaster franchetii* courbe avec grâce ses branches légères, au feuillage persistant, dans lequel ses baies rouge-orangé, restent longtemps accrochées.
— *Cotoneaster horizontalis.* Celui-ci grimpe à 2 m, s'étalant en éventail ou en arête de poisson, avec élégance, et produisant des fruits fort décoratifs. Il a deux cultivars intéressants : *Cotoneaster horizontalis* 'Variegata', aux petites feuilles crème, panachées de rouge en automne, et *Cotoneaster horizontalis* 'Hybridus Pendulus', offrant un beau feuillage brillant et persistant, une abondance de baies rouges et, surtout, présentant l'avantage de pouvoir être taillé pour former un joli petit arbre pleureur.
— *Cotoneaster microphylla* séduit par son feuillage persistant dense et luisant. La forme 'Thymifolia' est particulièrement recommandée pour les rocailles.
— *Cotoneaster salicifolia* 'Parkteppich', a des feuilles allongées, et très petites. On l'utilise souvent comme couvre-sol.
— *Cotoneaster splendens,* au feuillage vert-gris, mérite d'être planté contre un mur.
— *Cotoneaster x watereri,* de forme vigoureuse, pleureur, au feuillage persistant, a des fleurs blanches et de superbes baies rouge corail, en automne.
— *Cotoneaster watereri* 'Rothschildiana', se distingue par son feuillage vert clair persistant, et ses fruits d'une claire couleur jaune d'or.

■ LES MEILLEURES VARIÉTÉS ÉRIGÉES

— *Cotoneaster conspicua x* 'Cornubia' peut atteindre 6 à 8 m. Ce superbe arbre persistant est abondamment chargé de fruits ovoïdes rouges.
— *Cotoneaster frigida,* au feuillage semi-persistant, est un petit arbre vigoureux de 4 à 5 m de haut. Les fleurs blanches, en corymbes de 30 à 40 fleurs, apparaissent en juin, suivies de gros fruits rouge vif.
— *Cotoneaster lactea* est intéressant par sa forme, un peu massive, ses branches arquées et ses feuilles recouvertes au revers d'un duvet argenté.
— *Cotoneaster salicifolia* est l'un des plus vigoureux de tous. On peut même le palisser sur une pergola d'où ses rameaux retomberont joliment en autant de festons. Ses fruits, rouge vif, apparaissent en automne. Le feuillage est persistant.

Hauteur : de 10 cm à 8 m.
Terre : ordinaire.
Exposition : quelconque, sauf plein nord.
Multiplication : par bouturage, en été.
Floraison : fin du printemps.
Feuillage : caduc ou persistant.

△ *Cotoneaster x splendens*
▽ *Cotoneaster lactea*

△ *Cotoneaster x watereri* '**Pendula**'
▽ *Cotoneaster glaucophylla* '**Serotina**'

△ *Crataegus oxyacantha* 'Rosea Plena'

Crataegus

AUBÉPINE

Famille des rosacées
Arbre ou arbuste

On l'appelle, dans certaines régions, l'Épine, ou l'Épine blanche, ou encore le « Bois de Mai ». Les fleurs éclosent en mai et persistent jusqu'en juillet. Quant aux fruits, les cenelles, on les connaît encore à la campagne sous le nom de « poil-à-gratter ». Ils restent sur le buisson durant tout l'hiver, parfois même jusqu'au printemps suivant. Les branches, épineuses et désordonnées, accentuent l'aspect sauvage de l'arbuste, car l'aubépine croît, naturellement, dans de nombreuses régions d'Europe. Pourquoi ne pas la planter sous forme d'une haie dense et efficace, entre autres, pour sa ravissante florai-son à l'arôme si délicat ? Mais, vous pouvez aussi en faire un arbre (atteignant jusqu'à 7 m de haut) en taillant le tronc qui, à l'état naturel, se divise à même le sol. Autrefois, les fruits de l'aubépine étaient concassés ou moulus et utilisés dans l'alimentation. Enfin, n'oublions pas que, depuis toujours, les fleurs, elles, entrent dans la confection de saines et délicieuses infusions.

■ CONSEILS UTILES

— Ne plantez pas en terre trop sèche.
— Ne plantez pas non plus en pleine ombre. Hormis cela, elle se plaira partout, et supportera très bien les hivers rigoureux (jusqu'à – 25 °C). Elle doit être arrosée régulièrement en été.
— Si vous voulez former une haie double, plantez en quinconce, comme on fait souvent pour obtenir des bordures épaisses.

■ LES MEILLEURES VARIÉTÉS

— *Crataegus crus-galli* (épine ergot de coq) a une forme étalée et des fruits pouvant atteindre 8 cm de long. Attention aux épines redoutables de cette variété qui lui ont valu son nom (patte de coq, en latin).
— *Crataegus flava* (épine à fruits jaunes). Petit arbre de 5 m, à fleurs blanches en corymbe, dont les fruits jaunes ont un parfum de pomme.
— *Crataegus grignonensis.* Un arbuste intéressant par son feuillage et ses fruits qui persistent sur les branches jusqu'en janvier. Ainsi habillera-t-il votre jardin durant la mauvaise saison.
— *Crataegus laevigata.* Ses fleurs, d'un rose intense, couvrent le buisson au début de mai. Greffé, vous pourrez en faire un petit arbre dont la tache rouge, fera de loin, un bouquet du plus bel effet.
— *Crataegus lavallei,* ou *carrieri,* se distingue des autres espèces à l'automne : son feuillage devient pourpre et demeure ainsi presque jusqu'à la fin de l'hiver.
— *Crataegus monogyna* (aubépine monogyne). Greffée, cette variété donnera l'arbre le mieux formé, le plus vigoureux qui soit, pouvant atteindre 10 m de haut. Il étonnera, et, sans prendre beaucoup de place, ornera joliment votre jardin. Cette aubépine est souvent utilisée pour constituer d'excellentes haies défensives.
— *Crataegus oxyacantha* (aubépine commune), toute simple, toute belle, toute rose, est l'aubépine des cartes postales de nos grand-mères et des livres d'enfants. Les fruits sont des drupes rouge vif. Elle a de nombreux cultivars, dont certains particulièrement décoratifs comme : 'Rosea Flore Pleno' à fleurs doubles roses ; ou rouge vif : 'Paul Scarlet', ou blanches : 'Plena'.
— *Crataegus pinnatifida* est un très joli petit arbre originaire de Chine, au très beau feuillage vert foncé et aux énormes fruits.

Hauteur : de 5 à 10 m.
Terre : quelconque, supporte bien la sécheresse.
Exposition : indifférente, mais pas trop d'ombre.
Multiplication : par semis. Les espèces désirées sont souvent greffées sur la souche sauvage.
Floraison : mai-juin.
Feuillage : caduc.

△ *Crinodendron hookerianum*

Crinodendron

CRINODENDRON
Famille des élaeocarpacées
Arbuste

Que cet arbuste, originaire du Chili, est donc joli ! Et très étrange, avec son abondante floraison de fleurs en forme de lanternes rouges. Hélas, il ne se plaît vraiment que dans les régions à hiver tempéré, et ne fleurit bien que s'il n'a pas trop souffert du froid l'hiver précédent.

■ **CONSEILS UTILES**

— Ne plantez ce végétal fragile que dans une région à climat doux, par exemple le littoral atlantique qui lui convient fort bien.
— Installez-le, à mi-ombre, dans un sol acide et frais, et de toute façon, toujours à l'abri d'un mur.

■ **LES MEILLEURES VARIÉTÉS**

— *Crinodendron hookerianum* (arbre aux lanternes) produit, en mai, une abondance de fleurs rouge cramoisi, pendant au bout d'un long pédoncule. Son feuillage persistant est d'un beau vert brillant. L'arbuste peut atteindre 7 m.
— *Crinodendron patagua* a des fleurs blanches. Il pousse plus vite mais il est encore plus fragile. Hauteur : de 4 à 7 m.

Hauteur : de 4 à 7 m.
Terre : acide de préférence.
Exposition : à l'abri du vent, du froid et du soleil direct.
Multiplication : par bouturage.
Floraison : mai.
Feuillage : persistant.

Cryptomeria

**CRYPTOMÉRIA,
CÈDRE DU JAPON**
Famille des taxodiacées
Arbre ou arbuste

Un feuillage tendre et plumeux, de jolis reflets vert tendre ou brun en hiver, un port léger et aéré. Pour toutes ces qualités, le cèdre du Japon est toujours apprécié dans les jardins. Il atteint 60 m à l'âge adulte dans son pays natal, chez nous, en culture il ne dépasse guère 20 m.

■ **CONSEILS UTILES**

— Le *Cryptomeria* est tout à fait rustique, sauf peut-être dans l'Est et les régions montagneuses. C'est surtout, comme beaucoup de conifères, la neige, dont le poids casse ses branches, qu'il redoute. Lors de fortes chutes de neige, protégez ses branches en les liant autour du tronc.
— En été, les araignées rouges font parfois de nombreux dégâts dans sa ramure. En conséquence, s'il fait un peu sec, surveillez le revers de ses aiguilles.
— Dès qu'il fait chaud, arrosez abondamment et bassinez le feuillage des jeunes arbres.
— Évitez de planter dans un sol sec.

■ **LES MEILLEURES VARIÉTÉS**

— *Cryptomeria japonica*. On le trouve dans les hautes montagnes des îles centrales du Japon. Les feuilles sont recourbées vers les extrémités. Le feuillage vert tendre devient, le plus souvent, rouille, presque rouge en hiver. L'arbre, chez nous, atteint 20 m, mais ses cultivars sont tous plus petits.
— *Cryptomeria japonica* 'Araucarioides' plaît par son port conique, arrondi au sommet, et ses écailles fines qui garnissent bien ses rameaux souples. 'Globosa Nana' forme un dôme compact et glauque à peine plus haut que 1 m. 'Sekkan Sugi' atteint 4 à 5 m et pare son jeune feuillage de jaune crème. 'Vilmoriniana' s'arrondit en une boule verte de moins de 1 m de haut et vire au brun en automne.
— *Cryptomeria japonica* 'Bandi-Sugi', se caractérise par sa petite taille et son feuillage légèrement mousseux, vert-bleuté. Il devient rouge en automne et en hiver. Hauteur à l'âge adulte : 2 m. 'Elegans' est certainement le plus populaire, et donc le plus cultivé. Ses feuilles, douces au toucher, sont vert-tendre au printemps et prennent en hiver une teinte d'or bruni. Sa silhouette reste compacte, mais bien équilibrée. Hauteur à l'âge adulte : 5 m. 'Elegans Nana' forme une jolie boule un peu aplatie au sommet, de moins de 2 m de haut, sa croissance est très lente, ses rameaux, très serrés les uns contre les autres. Son feuillage, en hiver, se colore de rouge.

△ *Cryptomeria japonica* 'Elegans'

△ *Cryptomeria japonica* 'Elegans'
▷ *Cryptomeria japonica*

Hauteur : variable selon les variétés.
Terre : acide ou profonde avec humus.
Exposition : soleil.
Multiplication : semis, bouturage avec poudre d'hormones, ou marcottage.
Feuillage : persistant.

309

X Cupressocyparis
CYPRÈS DE LEYLAND
Famille des cupressacées
Arbre

Il y a environ un siècle, on arriva à réunir deux arbres de la même famille, mais qui vivaient séparés l'un de l'autre par plusieurs milliers de kilomètres. Il s'agissait du *Chamaecyparis nootkaensis* de l'Orégon et le *Cupressus macrocarpa* de Californie. L'opération se déroula dans le jardin de M. Leyland, au Pays de Galles. Voilà qui explique pourquoi l'on donna à cet hybride, qui allait devenir très populaire, le nom de *x Cupressocyparis leylandii*. Il se fit rapidement remarquer par ses nombreuses qualités : sa vitesse de croissance de près d'1 m par an (il est même le conifère qui pousse le plus vite), sa grande résistance à la pollution, son peu d'exigence quant au terrain. On peut le tailler sans problème pour en faire des haies hautes, ou des coupe-vents. Enfin, sa couleur gris-vert et la douceur de son feuillage font qu'il est très apprécié.

■ **CONSEILS UTILES**
— Plantez-le dans une terre bien bêchée avec de l'humus. Bien que peu exigeant quant à la nature du sol, le *Cupressocyparis* n'aime les sols ni inondés ni marneux.
— Pour l'installation des haies, plantez les arbres à 1 m au moins les uns des autres.
— Taillez les jeunes arbres pour que les racines prennent de la force.

■ **LES MEILLEURES VARIÉTÉS**
— *x Cupressocyparis leylandii*, 'Castlewellan', au feuillage jaune doré au printemps et ocre en hiver. Il peut former de belles haies éclatantes de couleurs.
— *x Cupressocyparis leylandii* 'Naylor's Blue' est plus étroit et plus bleu en hiver.
— *x Cupressocyparis leylandii* 'Stapehill' a un port plus dense et plus collonnaire.
— *x Cupressocyparis leylandii* 'Variegata', a ses feuilles très curieusement tachetées de blanc.

Hauteur : de 4 à 6 m.
Terre : profonde.
Exposition : toutes.
Multiplication : marcottage, bouturage à talon en y ajoutant des hormones.
Feuillage : persistant.

△ *Cupressus arizonica*

Cupressus
CYPRÈS
Famille des cupressacées
Arbre

Quel bel arbre ! mais pas pour les régions trop froides. On admire les plus belles variétés dans les climats méditerranéens. Si vous voulez l'acclimater dans une région moins chaude, plantez-le dans un site protégé du vent.

■ **CONSEILS UTILES**
Les premières années, le *Cupressus* doit être bien tuteuré. Plantez des petits sujets élevés en conteneurs et ne les dérangez pas une fois en place.

■ **LES MEILLEURES VARIÉTÉS**
— *Cupressus arizonica* est de forme pyramidale, et son feuillage argenté. Il est parfois vendu sous le nom de *Cupressus glabra*, ce qui donne le ton de son feuillage, mais son vrai nom est *Cupressus arizonica*. Hauteur : 3 m.
— *Cupressus cashmeriana*. Ses branches gris-argenté sont pendantes et affectent la forme d'une draperie. C'est un joli sujet qui doit être bien placé dans un jardin.
— *Cupressus glabra* 'Pyramidalis' forme un bel arbre, un peu large à la base avec un feuillage bleuté bien dense, il peut également servir à faire des haies impénétrables.

— *Cupressus lusitanica*, ou cyprès mexicain, possède un feuillage gracieux avec un tronc richement habillé d'écorces pelées ; la variété 'Glauca pendula' est de forme pleureur au feuillage bleu.
— *Cupressus macrocarpa*. Sa base est assez large. il se plaît en bordure de mer. Il atteint 20 m.
— *Cupressus macrocarpa* 'Goldcrest' de forme columnaire a un beau feuillage doré. Il peut atteindre 12 m. C'est une variété assez rustique.
— *Cupressus macrocarpa* 'Golden Pillar' est une des variétés les plus étroites, merveilleusement dorée qui est spectaculaire en plein soleil. Sa hauteur est, en moyenne, de 10 m.
— *Cupressus sempervirens*. Ce beau cyprès en colonne évoque les jardins italiens. Il peut atteindre 15 m et plus. Le port de 'Stricta' est encore plus caractéristique, surtout chez les sujets greffés, plus étroits et plus effilés.

Hauteur : de 3 à 18 m.
Terre : bonne terre sans humidité.
Exposition : soleil.
Multiplication : semis.
Feuillage : persistant.

▽ *Cupressocyparis leylandii*

Cytisus

GENÊT

Famille des fabacées

Arbuste

L'arbuste, de taille basse ou moyenne, pousse en boule très touffue et très florifère. Il allumera vos plates-bandes de belles taches de couleur. Dans certaines régions, comme en Bretagne, le genêt croît spontanément et forme sur les bords des chemins, des bosquets admirables. Lorsqu'il est en fleurs, les feuilles disparaissent presque sous l'amoncellement des corolles jaune d'or. Cette floraison abondante a tenté les pépiniéristes qui ont inventé une multitude de cultivars aux coloris plus flamboyants les uns que les autres.

■ CONSEILS UTILES

— Plantez les arbustes dans une terre pauvre, sinon ils pousseront en hauteur et se dégarniront à la base.

— Taillez-les, chaque année, après la floraison. Les *Cytisus* ne vivent que quelques années, il faut donc les remplacer tous les quatre ou cinq ans. Cela en vaut la peine : ils sont très beaux.

■ LES MEILLEURES VARIÉTÉS

— *Cytisus albus* (genêt blanc), se place facilement dans toutes les bordures, il est tout blanc.

— *Cytisus battandieri,* originaire du Maroc, est devenu un superbe arbuste ornemental. Très vigoureux, il peut atteindre 5 m de haut. Il donne, en mai-juin, une intense floraison d'un jaune acide.

— *Cytisus beanni,* presque un nain de 0,20 m à 0,90 m, a des fleurs jaune vif.

— *Cytisus decumbens* est une forme assez prostrée, de 25 cm de haut. Il fleurit d'avril à juillet.

— *Cytisus kewensis* atteint à peine 0,30 m de haut mais rampe largement au sol, s'étendant sur près de 2 m de diamètre. Il se couvre, en avril-mai, de nombreuses fleurs blanc-crème.

— *Cytisus praecox* est le premier à se couvrir, dès le mois d'avril, d'une masse de fleurs jaune pâle.

— *Cytisus purpureus* est un petit arbuste buissonnant (à peine 0,50 m de haut) que ses couleurs pourprées ont fait apprécier. Plusieurs de ses cultivars sont bien connus : 'Albocarneus', rose pâle ; 'Albus', qui fleurit blanc ; 'Atropurpureus', d'un pourpre foncé rare.

— *Cytisus scoparius* (genêt à balai) peut atteindre 2 m de haut. La plante est rustique et résistante. C'est dans cette variété, qui s'épanouit en mai et en juin, que l'on trouve un grand choix de coloris merveilleux : 'Andreanus', aux ailes pourpres et à la corolle jaune d'or ; 'Radiance' qui est rouge brillant ; 'Killiney Salmon' aux belles couleurs saumon, et 'Windlesham Ruby', à très grandes fleurs carmin.

— *Cytisus scoparius x* 'Burkwoodii', est écarlate bordé de jaune.

— *Cytisus sessilifolius* est un arbrisseau d'1,50 m de haut que l'on rencontre sur les montagnettes du midi de la France. Ses grappes de fleurs jaunes apparaissent à partir de mai.

Hauteur : de 0,25 m à 2 m, selon les variétés.

Terre : pauvre, sablonneuse.

Exposition : ensoleillée.

Multiplication : par semis en mars-avril ; en pot et mise en place en mai et, pour les hybrides, des boutures pouvant être faites, en été, sous châssis.

Floraison : début de l'été.

Feuillage : caduc ou persistant.

▽ *Cytisus x beanii*

Daphne

DAPHNÉ
Famille des thyméléacées
Arbuste

Riche en fleurs et en parfum, le daphné répand son charme surtout en hiver. Quel avantage dans un jardin ! Car, il est généralement rustique. La raideur des branches courtes est, peut-être, son seul défaut. Cependant, les petites fleurs rose vif, qui s'agglutinent alors en grappes tout au long des rameaux assez épais, donnent à ceux-ci une belle allure de chandeliers fleuris. En outre, la silhouette de l'arbrisseau, vaguement géométrique, crée, dans le moindre jardin, une atmosphère japonaise, étonnante et précieuse. Une plantation de *Lychnis alpina* et de *Penstemon* 'Heavenly Blue', installée dans un endroit ensoleillé, auprès des daphnés, deviendra, en été, une ravissante scène estivale, rose et bleue.

■ CONSEILS UTILES

— Achetez-le en fleurs, en plein hiver, et ne plantez que lorsque les risques de grandes gelées sont passés.
— Les espèces persistantes reprennent mieux en automne, vous choisirez donc cette époque pour les planter.
— Ne taillez pas les daphnés. Sauf pour enlever les rameaux qui dépérissent subitement à la suite d'attaques de virus contre lesquels on ne peut rien.

■ LES MEILLEURES VARIÉTÉS

— *Daphne bholua* 'Gurka' épanouit, en décembre-janvier, ses fleurs pourpres très parfumées.
— *Daphne cneorum* (Thymélée des Alpes), un sous-arbrisseau persistant ne dépassant guère 50 cm de haut, est assez répandu. Sur le sol, il forme un tapis épais. C'est une excellente espèce de rocaille. Ses fleurs, rose vif, très parfumées, éclosent en avril-mai. L'espèce aime le soleil et demande une terre pierreuse et calcaire.
— *Daphne x hybrida* est un arbuste dense et persistant de 1 m de haut. Il est préférable de lui mettre un tuteur. La floraison, très odorante, se poursuit durant une partie du printemps.
— Le plus connu est le *Daphne mezereum*, 'Bois-Gentil', en forme de grand chandelier, qui se couvre de fleurs rose vif, en janvier.
— *Daphne odorae* est persistant, contrairement à notre 'Bois-Gentil', caduc. Il résiste mieux au froid que les autres sous sa forme panachée, 'Aureomarginata', très élégante. Il est, de tous les daphnés, le plus odorant.

Hauteur : de 0,50 m à 1,80 m.
Terre : ordinaire, allégée de sable.
Exposition : soleil.
Multiplication : difficile, par bouturage en été ou semis en terre de bruyère à l'ombre.
Floraison : de janvier à avril-mai.
Feuillage : caduc ou persistant.

Datura

DATURA
Famille des solanacées
Arbuste

Il ne s'agit pas, ici, de la plante herbacée annuelle, mais de l'espèce arbustive, souvent plantée en bac dans nos régions, parce que son feuillage persistant est décoratif et habille bien une terrasse, quelle que soit la saison. En outre, les longues fleurs pendantes, en forme de trompettes, sont fascinantes, d'autant que leur floraison s'accentue au fur et à mesure que la plante vieillit.

■ CONSEILS UTILES

— Plantez dans une bonne terre enrichie de compost. De préférence, contre un pilier ou au coin d'un mur. C'est là que la plante fera le meilleur effet.
— Taillez dès la fin de la floraison pour garder à la plante sa forme harmonieuse.

■ LES MEILLEURES VARIÉTÉS

— *Datura x candida* 'Grand Marnier'. Son originalité réside dans ses longues trompettes, largement évasées, dont la couleur rappelle la liqueur du même nom.
— *Datura cornigera* est le plus rustique. L'arbuste atteint 1,50 m de haut. Les fleurs, de couleur blanc-crème, ne mesurent pas moins de 20 cm de long.
— *Datura sanguinea*. Superbe, grâce à la beauté cuivrée des grandes fleurs en trompettes, orange. En outre, l'arbuste atteint 2,50 m.
— *Datura suaveolens* est peut-être la plus jolie des 3 variétés, avec ses feuilles ressemblant à de la flanelle et à ses longues fleurs blanches.
— *Datura versicolor*. Ses trompettes paraissent plus étroites et présentent des teintes variables, du vert pâle au blanc ou du jaune au rouge saumoné.

Hauteur : de 1 m 50 à 2 m 50 et plus.
Terre : bonne terre, enrichie de compost.
Exposition : protégée, ensoleillée.
Multiplication : bouturage ou marcottage.
Floraison : été.
Feuillage : persistant.

▽ *Daphne mezereum*

▽ *Daphne cneorum* 'Eximia'

△ *Daphne collina*
▽ *Daphne odora* 'Aureo-marginata'

Datura sanguinea ▽

313

Davidia

**DAVIDIA,
ARBRE AUX MOUCHOIRS**
Famille des davidiacées
Arbre

Découvert par le Père David, l'un de nos grands botanistes, le *Davidia involucrata* est devenu un arbre de collection bien que sa culture ne pose pas de problème. Sa silhouette ressemble beaucoup à celle du tilleul, et même ses feuilles, vert tendre, son tronc marron clair évoquent celui-ci. Mais, il étonne les amateurs par ses bractées blanches pendantes, dont la taille d'environ 20 cm et la couleur blanche, virginale, fait penser à un arbre sur lequel on aurait fait sécher des centaines de mouchoirs ! L'époque de floraison se situe vers le mois de mai.

■ CONSEILS UTILES

— Le *Davidia* est un arbre parfaitement rustique, s'accommodant, en outre, de tous les sols frais. On peut donc l'adopter sans problème. Alors pourquoi fait-il encore aujourd'hui, figure de rareté ?

■ LES MEILLEURES VARIÉTÉS

— *Davidia involucrata* (arbre aux mouchoirs). Les fleurs, qui font tout le charme de l'arbre — ces « pochettes », blanches, d'inégales longueurs — mettent 10 ans avant d'apparaître pour la première fois. Dans son pays d'origine, la Chine, ce davidia peut atteindre 20 m de haut.
— *Davidia vilmoriniana* ne diffère du précédent que par la couleur de ses feuilles à revers glauques.

Hauteur : de 6 à 20 m.
Terre : tout sol frais.
Exposition : soleil ou ombre légère.
Multiplication : très difficile par semis, mais possible par boutures. Sans doute l'explication de la rareté des *Davidia*.
Floraison : avril, mai.
Feuillage : caduc.

Desfontainea

DESFONTAINÉA
Famille des loganiacées
Arbuste

Le *Desfontainea,* petit arbuste originaire des Andes, ressemble étrange-

◁ △ *Davidia involucrata*

ment à un houx : mêmes feuilles coriaces, piquantes et persistantes, et même port dressé. A tel point qu'il est facile de se tromper, en dehors de la période de floraison. Et, en effet, en juin et juillet, pas de doute possible : des fleurs apparaissent, en grand nombre, à l'aisselle des feuilles, qui dénoncent le *Desfontainea* —des fleurs tubulaires, en trompettes étroites, rouges et orange — particulièrement attrayantes.

■ CONSEILS UTILES

— Le *Desfontainea* supporte bien le froid et l'humidité, mais pas le gel. En conséquence, cultivez-le dans un endroit abrité et, éventuellement, paillez le pied. Il se plaira particulièrement bien dans les régions au climat doux de l'Ouest de la France. Donnez, ainsi, à cette curieuse espèce l'occasion de se faire connaître.

△ *Desfontainea spinosa* 'Harold comber'

— Installez-le dans un sol acide ou non calcaire, car il n'aime pas les terres crayeuses.
— Retirez les branches abîmées au printemps, sans faire de grandes tailles.

■ LES MEILLEURES VARIÉTÉS

— *Desfontainea spinosa*. On le trouve parfois dans certaines pépinières de plantes rares. Les fleurs sont écarlates, bordées de jaune.
— *Desfontainea spinosa* 'Harold Comber'. Les fleurs ont 5 cm de long et sont rouge vif.

Hauteur : 1,50 m.
Terre : acide, non calcaire.
Exposition : mi-ombre.
Multiplication : par bouturage, en août.
Floraison : juillet.
Feuillage : persistant.

△ *Deutzia gracilis*
▽ *Deutzia x* 'Magicien'

△ *Deutzia x rosea*

Deutzia

DEUTZIA
Famille des saxifragacées
Arbuste

Vraiment facile à vivre, cet arbuste à feuillage caduc, originaire de Chine, réussit partout, à condition d'être planté en plein soleil. Certaines espèces ont un port rigide comme *Deutzia stricta,* certaines ont un port plus arqué avec, toutefois, des tiges assez raides. Les fleurs réunies en grappes, d'un blanc très lumineux, éclosent entre mai et juillet, selon les espèces. Elles sont parfois ourlées de rose ou de rouge à l'extérieur. C'est un arbuste vraiment idéal pour les petits jardins, car, très décoratif, il n'atteint guère plus de 2,50 m.

■ **CONSEILS UTILES**

— Le deutzia vient en tous sols, mais préfère cependant une terre riche et profonde. Plantez-le à l'automne, en faisant un apport de tourbe blonde.
— Rabattez uniquement après la floraison, car les fleurs se développent sur les rameaux de l'année précédente : ne taillez pas sur plus de 15 cm de long.

■ **LES MEILLEURES VARIÉTÉS**

— Parmi les plus grandes, figure un hybride de *Deutzia scabra,* 'Pride of Rochester' aux fleurs très doubles, légèrement rosées à l'extérieur.
— Parmi les deutzias plus petits (0,70 à 1,50 m), on trouve *Deutzia gracilis,* aux fleurs d'un blanc virginal, et les hybrides de Lemoine, 'Mont-Rose' et *Deutzia rosea* 'Carminea', tous deux à fleurs roses.
— *Deutzia x* hybride. 'Perle Rose' est

une ancienne variété qui plaît encore grâce à sa coloration rose très douce et par sa floraison plus prolongée.
— *Deutzia magnifica* atteint 2 m, et porte des fleurs doubles blanches.
— *Deutzia magnifica* 'Erecta' est une forme dressée, avec des panicules de fleurs pyramidales.
— *Deutzia x magnifica* 'Longipetala', simple, se distingue par des pétales oblongs.
— *Deutzia pulchra* réunit ses fleurs blanches en longs racèmes qui rappellent un peu le muguet.

Hauteur : de 0,70 m à 2 m 50.
Terre : ordinaire, bien bêchée.
Exposition : plein soleil.
Multiplication : bouturage ou marcottage.
Floraison : entre mai et juillet.
Feuillage : caduc.

△ *Dipelta floribunda*

Dipelta
DIPELTA
Famille des caprifoliacées
Arbuste

Ces arbustes, originaires de Chine, sont intéressants pour leurs fleurs parfumées qui ressemblent à des gueules de loup et pour leur écorce rougeâtre s'exfoliant en longues lanières. Ils peuvent atteindre 5 m de haut et s'étendre sur 3 m de large.

■ **CONSEILS UTILES**

— Faciles à cultiver, il vous suffit de les planter entre octobre et novembre dans un endroit protégé du vent et à mi-ombre.
— Après la floraison, coupez jusqu'à terre les branches ayant fleuri. Elles refleuriront au printemps suivant.

■ **LES MEILLEURES VARIÉTÉS**

— *Dipelta floribunda* atteint 3 ou 4 m sous nos climats. Son port est érigé mais s'évase au sommet. Son écorce, marron clair, « pèle » joliment. Les fleurs, en grappes pendantes et parfumées, sont rose pâle à gorge jaune, et éclosent en mai.
— *Dipelta yunnaensis* ne dépasse guère 2,50 m. Son feuillage étroit est vert brillant et la floraison, en mai-juin, est un bouquet de fleurs blanc-crème, suffusé de rose.

Hauteur : de 2 à 4 m.
Terre : normale.
Exposition : mi-ombre ou soleil.
Multiplication : en octobre, par boutures de 20 cm des branches de l'année.
Floraison : mai-juin.
Feuillage : caduc.

Drimys
DRIMYS
Famille des magnoliacées
Arbre ou arbuste

Voici des arbres et des arbustes à feuillage persistant qu'il faut installer dans des endroits protégés, par exemple contre un mur. Les petites fleurs, aromatiques, sont réunies en grappes blanc ivoire. Elles apparaissent en avril-mai. L'écorce des branches est, elle aussi, très odorante, et sent la cannelle.

■ **CONSEILS UTILES**

— Les drimys nécessitent un emplacement abrité où n'existe aucun risque de gel prolongé. Les branches gelées pourront être coupées à la base si l'arbuste n'a pas trop souffert.
— Taillez les branches trop longues pour garder une bonne forme à l'arbre.

■ **LES MEILLEURES VARIÉTÉS**

— *Drimys aromatica,* d'une hauteur de 2 m, fleurit en avril. Toutes les parties de la plante sont odorantes : feuilles, fleurs, écorce. Les fruits, eux-mêmes, sentent parfois le poivre.
— *Drimys lanceolata* est un petit arbuste élégant, aux fleurs ivoire, paraissant en avril-mai.
— *Drimys winteri,* d'une hauteur de 3 à 4 m, a de grandes feuilles épaisses et des fleurs dont l'arôme ressemble à celui du jasmin.

Hauteur : de 2 à 4 m.
Terre : allégée de sable.
Exposition : ensoleillée et dans un endroit abrité.
Multiplication : bouturage en automne.
Floraison : printemps.
Feuillage : persistant.

▽ *Drimys winteri*

△ *Eleagnus japonicus* 'Macrophyllus albus'

Eleagnus

ÉLÉAGNUS
Famille des éléagnacées
Arbuste

Faciles et bien colorés, les éléagnus apprécient particulièrement les bords de mer, et les sols légers, s'accommodant même d'une terre sèche. L'*Eleagnus x ebbingei* habille joliment un mur ou une façade et se palisse fort bien. Son feuillage vert de gris est persistant et ses fleurs, peu apparentes, sont délicieusement parfumées en novembre. L'*Eleagnus pungens* 'Maculata', au feuillage doré panaché de vert, ressort particulièrement bien dans une bordure, en compagnie de *Lysimachia punctata* ou derrière des plants d'*Heliopsis*. On peut aisément le tailler en grosse boule.

■ **CONSEILS UTILES**

— Plantez-les, en mars ou en septembre, dans une terre allégée par du sable.
— Paillez au printemps avec de l'écorce de pin.
— Protégez les jeunes plants, le premier hiver, par un brise-vent. En outre, entourez les pieds avec des frondes de fougères ou couvrez-les par un épais matelas de feuilles mortes.

■ **LES MEILLEURES VARIÉTÉS**

— *Eleagnus angustifolia* (olivier de Bohème), présente un joli feuillage gris, caduc ou semi-persistant, légèrement parfumé.
— *Eleagnus commutata* (chalef argenté) forme une petite haie élégante, grâce à son feuillage vert olive argenté.
— *Elaeagnus x ebbingei* est mon préféré. Il s'agit d'un arbuste de grande taille, aux feuilles persistantes argentées au dos. C'est l'un des plus rustiques et son parfum est vraiment délicieux. Palissé contre la maison, il constitue un habillage permanent inhabituel. Les feuilles amples de 'Gilt Hedge' sont ourlées d'une étroite marge jaune. Chez 'Limelight', la décoration jaune d'or se concentre dans une macule centrale.
— *Eleagnus pungens* fleurit en automne. Il est rustique dans la région parisienne. Cet arbrisseau épineux a beaucoup de cultivars aux panachures variées, dont 'Argentea' panaché de blanc, 'Maculata Aurea' marqué de jaune. Les fleurs, d'un joli blanc argenté, ont un parfum pénétrant.
— *Elaeagnus x umbellata*. Pousse avec vigueur en buisson diffus garni de feuilles semi-persistantes argentées au revers.

Hauteur : 3 m.
Terre : ordinaire, même un peu sèche.
Exposition : soleil et mi-ombre.
Multiplication : par bouturage, en été.
Floraison : novembre.
Feuillage : persistant ou caduc selon les espèces.

Embothrium

EMBOTHRIUM
Famille des protéacées
Arbre ou arbuste

Ces arbustes et ces arbres sont originaires d'Australie et d'Amérique du Sud. Une forme élancée et évasée leur donne une belle silhouette. La floraison écarlate, spectaculaire, a lieu fin juin. Chez nous, ils sont sensibles au froid.

■ **CONSEILS UTILES**

— Plantez-les dans une terre acide, profonde, humide mais bien drainée. On peut aussi les réussir dans un sol sablonneux, non alcalin, en y incorporant de la tourbe.
— Protégez les jeunes plants avec du feuillage ou de la paille, en hiver.

■ **LES MEILLEURES VARIÉTÉS**

— *Embothrium coccineum*. Son nom, en fait son surnom anglais « Fire Tree », ou « Arbre de Feu » fait allusion à la profusion de ses fleurs écarlates, particulièrement spectaculaires.
— *Embothrium lanceolatum* est une variété plus rustique, à condition de ne pas planter l'arbuste dans un endroit exposé.

Hauteur : de 3 à 4 m.
Terre : acide et sablonneuse.
Exposition : soleil et à l'abri du froid.
Multiplication : par graines semées en avril.
Floraison : mai-juin.
Feuillage : persistant.

Enkianthus

ENKIANTHUS
Famille des éricacées
Arbuste

L'arbuste est saisissant par les contrastes qu'il offre. Regardez-le au printemps avec ses nombreuses clochettes parfumées, immaculées, délicatement suspendues à l'extrémité des branches. Et puis, observez-le en automne, présentant un feuillage flamboyant, comme s'il exhalait le soleil qui le nourrit. Pour tirer le meilleur parti possible des enkianthus, plantez-les parmi des piéris et des rhododendrons, et installez des hellébores au premier plan. Ou bien encore, pour créer un sous-bois magique et parfumé, placez en leur compagnie des pivoines en arbre, des lis royaux et des digitales, avec un fond de rhododendrons.

■ CONSEILS UTILES

— Plantez-les en automne ou en mars-avril, à l'ombre et au frais.
— Ils demandent une terre acide, allégée de terreau de feuilles ou de tourbe.
— Paillez chaque printemps avec de l'écorce de pin ou de la tourbe.
— Arrosez régulièrement en été (il ne faut pas laisser les feuilles fanées sur l'arbre).

■ LES MEILLEURES VARIÉTÉS

— *Enkianthus campanulatus* est le plus connu, avec ses fleurs blanches pendantes comme des clochettes, en mai, et son feuillage rouge et jaune en novembre.
— *Enkianthus cernuus* 'Rubens' donne des fleurs en clochettes rouges.
— *Enkianthus chinensis* offre des fleurs jaunes et rouges, veinées de rouge sombre.
— *Enkianthus perulatus,* sans doute le plus réputé, épanouit des fleurs blanches groupées en ombelles « pleureuses ». Son feuillage, à l'automne, devient rouge vif. Il pousse très lentement.

Hauteur : de 1 m à 1,80 m.
Terre : acide et non détrempée en hiver.
Exposition : mi-ombre.
Multiplication : difficile, par marcottage ou par bouturage, en été.
Floraison : mai.
Feuillage : caduc.

▽ *Embothrium coccineum*

△ *Enkianthus cernuus* 'Rubens'
▽ *Enkianthus campanulatus*

▽ *Enkianthus campanulatus*

Erica

BRUYÈRE

Famille des éricacées
Arbuste

Les *Calluna*, les *Daboecia* et les *Erica* sont toutes des bruyères. Si nous les avons groupées, c'est pour vous permettre de vous faire une idée de l'échelonnement de leur floraison tout au long d'une année, certaines préférant le printemps pour s'épanouir, d'autres l'été ou l'automne. Quelques-unes choisissant même l'hiver. Toutes ont un feuillage persistant. Et presque toutes aiment les terres acides, dites justement terres de bruyère. Malgré tout, il existe de nombreuses variétés qui acceptent de vivre dans des terres un peu alcalines. Les *Calluna* sont des plantes très peu exigeantes. Elles poussent, à l'état spontané, dans les landes et les forêts, ce qui signifie qu'elles supportent le soleil et la mi-ombre. Une terre légère, sableuse, acide, leur est nécessaire. Sur les Moors, en Écosse, la variété 'Alba', bruyère blanche, est un porte-bonheur recherché et rare, tout comme nos trèfles à quatre feuilles. Les *Daboecia* ne sont pas tellement rustiques. Elles ont une floraison rouge en mai, juin et exigent, elles aussi, d'être plantées en terre acide. Quant aux *Erica*, ce sont les bruyères les plus rustiques et les plus variées. Elles fleurissent surtout au printemps et en été, avec un merveilleux choix de couleurs. Toutes acceptent une bonne terre de jardin, améliorée par de la tourbe, à la plantation.

L'idéal serait de conjuguer les trois espèces tout au long de l'année pour avoir un jardin fleuri... pendant douze mois ! Profitez des différentes tonalités de ces plantes, pour les mélanger à des petits conifères, des genêts, des fougères, des potentilles, des petits houx, des *Silybum* et des berbéris, afin de créer un décor permanent. Les arbres qui s'associent le mieux aux bruyères sont les conifères, les bouleaux et les cryptomérias.

■ CONSEILS UTILES

— Plantez-les en septembre, octobre ou en mars-avril dans une terre sablonneuse restant un peu fraîche pendant tout l'été. Pour celles des variétés supportant le calcaire, allégez la terre normale de jardin, avec du sable.
— Taillez les touffes à mi-hauteur, avec une paire de cisailles à haies, juste après la floraison. Les touffes demeureront ainsi beaucoup plus denses.
— Désherbez les premières années. Une fois installées, les bruyères empêchent les mauvaises herbes de pousser.

■ LES MEILLEURES VARIÉTÉS DE BRUYÈRES A PLANTER EN SOL ACIDE

Pour une floraison échelonnée de juin à octobre

— *Calluna vulgaris* (bruyère commune) 'Alba Elata'. La plante buissonnante, très florifère, donne des fleurs blanches.
— 'Carole Chapman'. Des fleurs blanches, sur un feuillage jaune citron, au printemps et jaune-vert, en été.
— 'Beechwood Crimson'. Les fleurs sont rouge cramoisi sur un feuillage vert foncé.
— 'County Wicklow'. Abondantes fleurs doubles, roses, sur un feuillage vert soutenu. En raison de ses longues tiges ramifiées, il est préférable de la tailler.
— 'Elsie Purnell'. Fleurs doubles, couleur lavande, sur de longues tiges latérales. Feuillage gris-vert. Plante d'une extrême beauté.
— 'Flore Pleno'. Fleurs doubles, couleur lavande, sur de longues tiges. C'est l'une des meilleures variétés, en raison de sa bonne tenue.
— 'Gold Maze'. Les fleurs sont blanches sur un très beau feuillage doré.
— 'Hirsuta Albiflora'. Des fleurs blanches sur un feuillage gris-vert. Plante pouvant être utilisée en couvre-sol.
— 'Oxshott Common'. Floraison mauve abondante. Plante vigoureuse au feuillage gris argent. Une plantation groupée mettra celle-ci en valeur.
— 'Peter Sparkes'. Les fleurs doubles sont rose saumon. Le feuillage est vert gris et la plante a un port très ramifié.
— 'Ralph Purnell'. Des fleurs rose lilas, sur une plante vigoureuse.
— *Erica cinerea* (bruyère cendrée). La floraison de cette espèce est fort longue. Elle dure de juin à octobre-novembre. La plante a de nombreux cultivars intéressants.
— 'Alba Minor'. C'est la plus naine et la plus compacte des bruyères blanches.
— 'Atropurpurea'. Les fleurs améthyste ressortent bien sur le feuillage vert foncé.
— 'Miss Waters'. Les fleurs, blanches à l'éclosion, deviennent d'une couleur améthyste, de juillet à novembre. Son feuillage est foncé.

Erica arborea ▷

— 'Pink Ice'. Voici une bonne plante pouvant servir de couvre-sol. Les fleurs sont rose pur, le feuillage vert bronze.

— 'Plummer's Seedling'. Floraison abondante, couleur rubis.

— 'P.S. Patrick'. Les fleurs sont pourpres et le port de la plante, érigé. L'une des variétés les plus robustes.

— 'Rose queen'. La plante, buissonnante, est vigoureuse et porte une abondante floraison magenta.

— 'Ruby'. Une plante très florifère, couverte de fleurs rose-rouge.

Pour une floraison en hiver (de novembre à décembre)

— *Calluna vulgaris* 'Automn Glow' atteint 30 cm. Une belle végétation compacte éclairée de fleurs roses.

— 'Battle of Arnhem'. Son port érigé atteint 60 cm et la floraison est pourpre.

— 'Finale' est une plante vigoureuse au feuillage foncé. La floraison est mauve clair.

— 'Hibernica' est une plante basse et buissonnante. Son feuillage est vert-gris et sa floraison mauve.

— 'Hiemalis' a un port érigé et une floraison mauve très tardive. Elle peut se poursuivre jusqu'en janvier.

Pour une floraison printanière

— *Daboecia x scotica* 'William Buchanan'. Des fleurs rouge cramoisi sur une plante vigoureuse.

— *Erica terminalis* 'Exeter' (bruyère de Corse). L'abondance des fleurs blanches très parfumées va jusqu'à faire plier les branches sous leur poids. C'est une variété très rustique.

— 'Pink Joy'. Rose foncé en boutons et rose pâle à l'éclosion.

■ LES MEILLEURES VARIÉTÉS DE BRUYÈRE SUPPORTANT TOUS LES SOLS, MÊME LÉGÈREMENT ALCALINS

Pour une floraison printanière

— *Erica arborea* (bruyère arborescente). Ce groupe de bruyères fleurit au moment où très peu d'autres bruyères sont en fleurs, c'est-à-dire de mars à juin. Elles sont rustiques et acceptent une terre de jardin, pas trop lourde, allégée avec du sable. Dans leur habitat naturel, l'île de Porquerolles, ou l'Espagne, ces bruyères arborescentes peuvent atteindre 4 m de hauteur, avec de vrais troncs d'arbres. Ailleurs, il faut se contenter de 1,50 m. Pour obtenir un bel arbre compact, rabattez les branches les plus hautes, afin que toutes soient à la même hauteur.

— *Erica arborea* 'Alpina'. Des fleurs blanches légèrement odorantes. L'une des meilleures bruyères arbustives à cultiver dans votre jardin. Elle est très rustique.

Pour une floraison hivernale

— *Erica carnea* 'Snow Queen'. La plante pousse en petites touffes, avec des tiges légèrement retombantes. Les fleurs sont d'un blanc pur, et le feuillage vert soutenu.

— 'Early red'. Importante floraison rose foncé, de novembre à janvier.

— 'King George'. Les fleurs, rose foncé, virent au rose cramoisi, en vieillissant. Cette variété fleurit quelles que soient les conditions climatiques. Plante rustique au feuillage foncé.

— 'Loughrigg'. Fleurs rose saumon. La plante est d'une très grande robustesse. Le feuillage vert foncé vire au bronze en hiver.

— 'Sunshine Rambler'. Un feuillage jaune brillant, avec une floraison lavande.

— *Erica x darleyensis* 'Jack H. Brummage'. Plante d'une très grande beauté surtout plantée dans une terre riche, qu'elle affectionne particulièrement. Le feuillage varie selon les saisons, allant du jaune fauve au bronze. Croissance assez lente. Floraison violette insignifiante si elle est en sol acide.

Pour une floraison en hiver et au printemps

— *Calluna vulgaris* 'Alportii'. Abondante floraison d'un rouge cramoisi et abondante végétation. Buisson ordonné.

— 'Summer Orange'. Feuillage orange en été, devenant foncé en hiver. Fleurs lavande.

— *Erica carnea* 'December Red'. Une abondante floraison lilas.

— 'March Seedling'. Une abondante floraison rose sur une plante très soignée.

— 'Springwood White'. Une petite merveille à floraison blanc pur. Le feuillage est d'un beau vert pomme.

— 'Myreton Ruby'. La plante est superbe avec son feuillage foncé et sa floraison rouge héliotrope.

— 'W.T. Rackliff'. La plante est vraiment belle, grâce à son port érigé et à sa floraison blanche dans un fouillis de feuilles vert foncé.

— *Erica cinerea* 'Josephine Ross'. Une plante couvre-sol toute chargée de fleurs rouge, rose, saumon.

— 'Rosea'. Des fleurs héliotrope dans un feuillage vert foncé.

— 'Rosabella'. Plante idéale pour un couvre-sol, avec ses jolies fleurs magenta dans un feuillage vert foncé.

— *Erica x darleyensis* 'Ghost Hills'. Des fleurs roses sur une plante vigoureuse très étalée.

— 'Arthur Johnson'. De jolies petites fleurs rose lilas.

— 'Margaret Porter'. Des fleurs rose lilas sur une plante buissonnante.

— 'J.B. Porter'. Cette plante est surtout intéressante par la beauté de son feuillage de printemps rouge lumineux.

— 'Pink Spangles'. La plante est vigoureuse. Les clochettes sont bicolores, rose clair et rose soutenu.

— 'Silberschmelze'. La plus belle floraison blanche de l'hiver. La plante, en outre, est vigoureuse et progresse dans tous les sens.

— *Erica tetralix* 'Pink Star'. Des fleurs étalées, d'un rose lumineux sur un buisson bas au doux feuillage gris.

Pour une floraison pendant l'été et l'automne

— *Erica vagans* 'Cream' (bruyère vagabonde). De longues tiges de fleurs blanches tardives sur une belle plante vigoureuse et soignée.

— 'Carnea'. Des fleurs d'un rose léger.

— 'Fiddlestone'. Des fleurs rouge cerise. En fonction des conditions de culture, le rouge foncé peut s'éclaircir et prendre une teinte plus pâle.

— 'Mrs D.F. Maxwell'. Des fleurs rose cerise soutenu. Elle est considérée comme l'une des plus belles bruyères cultivées.

— 'Pyrenees Pink'. Un joli rose pour une fin de saison.

— 'White Pocket'. Des fleurs blanches sur de longues tiges et une plante vigoureuse.

Hauteur : de 0,20 m à 0,60 m. Les bruyères arbustives : de 1 m à 1,50 m.

Terre : acide ou non, selon les espèces, mais toujours allégée de sable et de tourbe.

Exposition : soleil.

Multiplication : boutures.

Floraison : variée selon les espèces. Les bruyères fleuries durent très longtemps dans la maison. On peut les couper pour faire de beaux bouquets.

Feuillage : persistant.

Erica carnea ▷

△ *Eriobotrya japonica*

△ *Erythrina crista-galli*

△ *Escallonia* 'Apple Blossom'

Eriobotrya

**ERIOBOTRYA,
NÉFLIER DU JAPON**

Famille des rosacées
Arbre

Rare, d'une allure exotique, avec sa large cime en forme de parapluie, l'*Eriobotrya*, originaire d'Extrême-Orient, atteint 6 m et plus dans son habitat naturel, mais il pousse lentement. Bien qu'il craigne le froid, cela vaut la peine de planter cet arbre peu commun dans le jardin, ou dans un bac sur une terrasse, en lui donnant une bonne exposition et en le protégeant bien. Son feuillage est noble, élégant, avec de grandes feuilles épaisses, allongées et brillantes. La floraison est intermittente, blanche, de novembre à avril, après un été particulièrement chaud. On peut le palisser en espalier.

■ **CONSEILS UTILES**

— Plantez-le dans une terre de jardin normale un peu humide, toujours à l'abri d'un mur, et en plein soleil.
— Taillez-le, si nécessaire, au début du printemps, et donnez-lui de la poudre d'os, à la même époque, en ratissant autour de l'arbre.

■ **UNE JOLIE VARIÉTÉ**

— *Eriobotrya japonica* (néflier du Japon). Feuillage très nervuré, brillant dessus et velouté en dessous. Les fleurs, toutes petites, ont une odeur d'amande amère. Les fruits, à écorce jaune orangé, ressemblent à de petites poires.

Hauteur : 6 m.
Terre : normale.
Exposition : ensoleillée.
Multiplication : greffage sur cognassier ou sur aubépine.
Floraison : hiver.
Feuillage : persistant.

Erythrina

ERYTHRINE

Famille des fabacées
Arbuste

L'*Erythrina* est un arbuste d'Amérique du Sud, qui, sous nos climats, se comporte comme une plante vivace. Il disparaît en hiver et repart à partir de sa souche ligneuse dès le printemps revenu. Des branches épineuses poussent rapidement avec des feuilles très coriaces à trois folioles. En juin, de nombreuses fleurs se développent à l'extrémité des pousses. Rouge vif, en bec de perroquet, elles sont très spectaculaires.

■ **CONSEILS UTILES**

— Par chance, cette plante tropicale accepte chaque année de repousser du pied. Il convient de bien la protéger, en coupant les tiges dès les premiers gels et en disposant une litière de paille sur la souche. Dans les régions froides, il peut être même nécessaire de déplanter la souche et de la mettre à l'abri, comme on fait avec les dahlias. On la replantera en mai, dès que tout risque de gel important sera écarté.
— De toute façon, cultivez l'*Erythrina* à l'abri du vent, et en plein soleil.
— Soignez les arrosages, pour que la floraison soit abondante.

■ **LES MEILLEURES VARIÉTÉS**

— *Erythrina crista-galli* (érythrine Crête-de-Coq) convient à la culture en extérieur et fait sensation dans un jardin par ses fleurs rouge vif, en forme de pois de senteurs.
— *Erythrina spinosa* (arbre à corail) atteint 2 m de haut. Les branches ne sont pas épineuses et ses fleurs, écarlates foncé, apparaissent en mai-juin.

Hauteur : de 1 à 2 m.
Terre : humifère.
Exposition : plein soleil.
Multiplication : par semis et bouturage.
Floraison : été.
Feuillage : caduc.

Escallonia

ESCALLONIA

Famille des saxifragacées

Arbuste

S'il ne gèle pas trop dans votre région, vous avez, avec des escallonias, l'occasion d'ériger une haie fleurie et persistante, d'environ 1,50 m de haut, aux jolies feuilles vernissées et aux fleurs abondantes. Au bord de la mer et dans un site bien exposé, l'escallonia atteint de belles proportions. Ailleurs, vous aurez intérêt à lui donner la protection d'un mur bien exposé, situé à l'abri du vent. Les fleurs ressemblent à de petites trompettes couleur fuchsia, blanche ou rouge vif, et ont un aspect un peu exotique qui charmera. Les *Geranium endressii* seront de bons compagnons.

■ **CONSEILS UTILES**

— Attention aux rigueurs de l'hiver.
— Plantez-le au printemps et taillez-le très court la première année pour lui assurer de la vigueur.
— Paillez et arrosez abondamment durant l'été.

■ **LES MEILLEURES VARIÉTÉS**

— *Escallonia macrantha* est l'espèce la plus vigoureuse et la plus décorative avec son abondant feuillage vert foncé et ses fleurs d'un rouge rosé éclatant. On en fait des haies superbes.
— *Escallonia punctata* a de grandes feuilles persistantes dont le parfum aromatique devient perceptible quand on les écrase entre les mains. Les fleurs sont rouge sombre. C'est une plante idéale comme brise-vents au bord de la mer.
— Les pépinières proposent plus d'une vingtaine d'hybrides aux noms anglais comme : 'Apple Blossom' qui est rose

▽ ***Escallonia* hybride**

et blanc, 'Crimson Spire' rouge brillant, 'Donard Star' aux grosses fleurs roses et aux grandes feuilles.
— *Escallonia x exoniensis,* le géant du type, peut atteindre 5 m de haut. Il a des rameaux retombants et des fleurs blanc rosé.
— *Escallonia* 'Iveyi' est un hybride vigoureux à port érigé dont le feuillage vert sombre et luisant s'éclaire de fleurs blanc pur.

Hauteur : de 2 à 5 m.
Terre : ordinaire, même un peu calcaire et sèche en été.
Exposition : soleil.
Multiplication : par bouturage en été, mais hivernez sous châssis.
Floraison : de juillet à septembre.
Feuillage : semi-persistant.

△ ***Eucalyptus pauciflora***

Eucalyptus

EUCALYPTUS

Famille des myrtacées

Arbre

Originaires d'Australie, on trouve dans ce pays des eucalyptus géants qui atteignent 50 m de haut. Il paraît qu'en 1888, on offrit une récompense à celui qui découvrirait un eucalyptus de plus de 80 m... et l'on en trouva. Le grand attrait de ces beaux arbres est la rapidité de leur croissance, environ 1 m à 1,50 m par an. Mais leur plus grand charme est l'arôme de leur feuillage. On les taille sévèrement chaque année, pour qu'ils reforment un beau feuillage, opération qui ne les empêche pas de prendre leur 1,50 m dans l'année. Cette technique leur permet de garder la forme « arbuste ». Si on ne les taille pas, les arbres commencent à fleurir à partir de quatre ans et donnent des fleurs en forme d'aigrettes blanches parfumées.

■ **CONSEILS UTILES**

— Sensibles au froid, il faut aux eucalyptus un climat doux (climat méditerranéen de préférence). Pourtant, certaines variétés, comme l'*Eucalyptus gunnii,* par exemple, sont rustiques. Dans ce cas, il est toutefois préférable de les planter dans un endroit abrité du vent.

— Si vous cultivez l'eucalyptus pour son feuillage argenté, bien apprécié

△ *Eucalyptus niphophila*
▽ *Eucalyptus*

▽ *Eucalyptus gunnii*

△ *Eucalyptus gunnii*

△ *Eucryphia* hybride

pour les arrangements floraux, ne taillez qu'au printemps, une fois que les risques de gel sont passés.

■ LES MEILLEURES VARIÉTÉS

— *Eucalyptus coccifera.* Le tronc ressemble à un patchwork blanc et gris. Le feuillage est gris argenté.
— *Eucalyptus dalrympleana* a une écorce crème, marron et argentée, et un feuillage vert bronzé. Les feuilles, en forme de faux, sont très caractéristiques.
— *Eucalyptus gunnii* est le plus rustique, surtout traité en arbuste. Ses feuilles, assez petites, sont d'une jolie teinte vert-bleu.

— *Eucalyptus niphophila,* de port plus tortueux, plus petit, pousse plus lentement. Il a une jolie écorce à plusieurs teintes et des feuilles blanc argenté.

Hauteur : de 2,50 m à... 50 m et beaucoup plus dans leur pays d'origine.
Terre : toutes
Exposition : ensoleillée.
Multiplication : par graines.
Floraison : hiver.
Feuillage : persistant.

Eucryphia

EUCRYPHIA

Famille des eucryphiacées
Arbuste

C'est un grand arbuste, pouvant devenir un arbre très ornemental. Tous les eucryphias ont un feuillage persistant, sauf *Eucryphia glutinosa.* La floraison a lieu à la fin de l'été. Il se plaît dans les climats tempérés où il ne gèle pas.

■ CONSEILS UTILES

— Achetez de préférence un petit arbre en conteneur et transplantez-le, sans casser la motte de terre autour des racines.
— Installez-le à la fin du printemps quand il n'y a plus de risque de gel et paillez autour le premier hiver.
— Plantez-le en plein soleil, surtout à l'abri du vent, dans une terre fertile acide, ou bien allégée de tourbe.
— Retirez les branches mortes ou abîmées, en avril.

Vous serez récompensé de ces soins, car l'eucryphia se couvre d'une masse spectaculaire de fleurs blanches en plein été. Ce n'est pas un arbre pour les climats froids. L'eucryphia est difficile à multiplier, sauf par marcottage.

■ LES MEILLEURES VARIÉTÉS

— *Eucryphia cordifolia,* arbre à croissance rapide, vigoureuse, est de forme élancée. Il dépasse 3 m de haut s'il ne gèle pas. En août-septembre, apparaissent des fleurs blanches, de 6 cm de diamètre, gracieusement recourbées autour des anthères dorées. Cette variété supporte un peu de calcaire.
— *Eucryphia glutinosa,* peut atteindre 5 m de haut. Son feuillage persistant ou semi-persistant est joliment teinté en automne. Son hybride *x nymansensis,* au feuillage persistant, fleurit en septembre.
— *Eucryphia x intermedia* 'Rostrevor' donne des fleurs blanches et parfumées, ornées d'un cœur jaune, portées par des rameaux qui retombent avec grâce.
— *Eucryphia x nymansensis.* On le connaît surtout par 'Nymansay', paré d'un feuillage vert sombre, et dont les fleurs dépassent 5 cm de diamètre.

Hauteur : de 2 à 5 m.
Terre : acide.
Exposition : soleil ou mi-ombre.
Multiplication : marcottage.
Floraison : juillet-août et septembre.
Feuillage : caduc ou persistant selon les variétés.

Euonymus

FUSAIN

Famille des célastracées

Arbuste

Jolis en été comme en hiver, dans des rocailles ou en bordure, les *Euonymus*, souvent représentés par leurs seuls exemplaires japonais à feuillage persistant, sont beaucoup plus variés que cela. Ils peuvent être caducs, se teinter, en automne, de couleurs souvent flamboyantes et nous charmer avec leurs fruits roses et orange en forme de bonnets à l'ancienne. Attention aux haies « gourmandes » car les *Euonymus* s'étendent énormément et il vaut mieux laisser de l'espace entre eux et les plantes voisines.

■ CONSEILS UTILES

— Plantez-le au printemps. Taillez dès la plantation pour obtenir des arbustes plus denses.

— Paillez avec de l'écorce de pin, ou de la tourbe, chaque printemps et arrosez abondamment l'*Euonymus alatus,* en été.

— Surveillez les attaques éventuelles de cochenilles sur les fusains à feuillage persistant et traitez, si besoin est, avec des huiles blanches.

■ LES MEILLEURES VARIÉTÉS

Parmi les fusains caducs

— *Euonymus alatus* étonne par son port ouvert et très géométrique et ses rameaux portant des ailettes en liège. Son large feuillage tourne au rouge vif, en automne.

— *Euonymus alatus* 'Compactus' ne dépasse pas 1,50 m de haut.

— *Euonymus europaeus* (fusain d'Europe, dit bonnet de prêtre) met de la couleur dans nos haies rustiques. Il grimpe à 3 et 4 m. Sa variété 'Red Cascade' croule littéralement sous les fruits. Installé en retrait d'une bordure d'asters ou d'anémones « japonica », il se montre à son avantage.

Parmi les fusains persistants

— *Euonymus fortunei* est un arbuste rampant dont les rameaux peuvent atteindre 5 m de long. D'où son utilisation courante de couvre-sol. Il a de nombreux cultivars, diversement panachés, comme 'Emerald and Gold', panaché de jaune devenant rose en hiver, et 'Dart's Gold', tapissant et doré, qui figurent parmi les plus connus. 'Silver Queen', à feuillage panaché de blanc,

est extrêmement compact. Plus le sol est sec et plus 'Coloratus' s'empourpre à l'automne ; il redevient vert au printemps suivant.

— Le grand fusain du Japon (5 à 6 m), *Euonymus japonicus*, a souvent été employé au début du siècle comme haie, car il supporte bien l'ombre. Il présente des variétés panachées et tient bien en bord de mer, mais il est sensible à la cochenille et à l'oïdium. En outre, pendant les hivers très froids, il gèle au ras du sol. 'Microphyllus Variegatus' permet d'établir de petites bordures moins sévères.

— *Euonymus phellomanus*. Pousse avec vigueur ; l'automne révèle ses tiges ailées et ses fruits roses après avoir embrasé le feuillage.

— *Euonymus planipes* (*E. sachalinensis*). Peut atteindre 5 m et mérite d'être isolé, ne serait-ce que pour ses tons flamboyants, rouge et orange en automne, et ses fruits roses ou rouges abondants.

Hauteur : de 60 cm à 6 m.

Terre : ordinaire mais bien bêchée.

Exposition : quelconque.

Multiplication : par bouturage en été.

Floraison : parfumée, peu visible, en fin de printemps.

Feuillage : caduc ou persistant.

Euryops

EURYOPS

Famille des astéracées

Arbuste

Cette jolie plante, à feuillage persistant, garnit à merveille les potées et les bacs. Exilée d'Afrique du Sud, elle résiste cependant assez bien à nos hivers si elle est plantée dans un endroit bien drainé et ensoleillé. Nichée dans le coin abrité d'une rocaille, elle s'y plaira assu-

▽ *Euonymus europaeus*

△ *Euonymus fortunei*
▽ *Euonymus fortunei* '**Variegatus**'

rément et formera des coussins de verdure parsemés, en été, de fleurs jaune-vif, comme des marguerites. Elle sera particulièrement à son avantage à proximité d'un conifère au feuillage sombre, if ou pin des montagnes. Ou bien, plantez-la parmi d'autres plantes précieuses, originaires également d'Afrique, comme le *Rhodohypoxis*.

■ CONSEILS UTILES

— Plantez l'*Euryops* au printemps, de préférence.

— Placez-la en terre bien drainée et recouvrez ensuite le sol d'une couche de graviers fins, pour tenir le col de la plante en dehors de l'humidité.

— Chaque printemps, rajoutez un peu de terreau de feuilles sur le cœur de la touffe pour aider l'enracinement.

— Les boutures, prélevées en été, s'enracinent bien dans le sable, mais il faut les hiverner sous châssis froid.

■ LES MEILLEURES VARIÉTÉS

— *Euryops acraeus,* au feuillage étroit, fin et argenté, épanouit de nombreuses fleurs jaune-canari, en mai et juin.

— *Euryops pectinatus.* Ses fleurs jaune-vif apparaissent en mai et juin.

Hauteur : 25 cm.
Terre : bien drainée.
Exposition : ensoleillée.
Multiplication : par bouturage en été.
Floraison : juin, juillet.
Feuillage : persistant.

Exochorda
EXOCHORDA
Famille des rosacées
Arbuste

Voilà un buisson facile à vivre, littéralement recouvert de fleurs-flocons de neige en mai. Les feuilles, d'un vert tendre, sont fines et serrées. Il se sentira bien, indifféremment, planté à mi-ombre ou au soleil. Cependant, ses fleurs tiendront plus longtemps s'il est installé dans un coin plutôt ombragé. *L'Exochorda* ne fleurit pas longtemps, mais le spectacle est éblouissant. Il lui faut de la place pour s'étaler.

■ CONSEILS UTILES
— Plantez-le, en automne ou au printemps, en terre pas trop calcaire. Sinon son feuillage jaunirait.
— Dès la floraison terminée, taillez les branches défleuries. Retirez les branches faibles qui peuvent encombrer la plante.

▽ *Euryops acraeus*

■ LES MEILLEURES VARIÉTÉS
— *Exochorda macrantha* 'The Bride' est le plus répandu chez nous. Il fait merveille au soleil, ou dans des endroits semi-ombragés.
— *Exochorda racemosa,* le plus rustique, est aussi absolument superbe avec ses grandes fleurs à long pédoncules, toutes groupées en de longues grappes dressées de 6 à 10 cm.

Hauteur : de 2 à 3 m.
Terre : peu calcaire, légère.
Exposition : de préférence, ombragée.
Multiplication : par bouturage ou par marcottage, en été, sous châssis, ou par drageons.
Floraison : mai-juin.
Feuillage : caduc.

Fabiana
FABIANA
Famille des solanacées
Arbuste

De loin, on peut confondre le *Fabiana* avec une bruyère arbustive, dont il a le port un peu raide et grêle. Les feuilles, légèrement visqueuses, sont imbriquées le long des rameaux. Les fleurs, très nombreuses, apparaissent en été. De forme tubulaires et de couleur blanc-rose, elles donnent à toute la plante l'allure d'un plumeau.

■ CONSEILS UTILES
— Le *Fabiana* aime les régions au climat humide et plutôt doux, comme la Côte atlantique et la Bretagne où il réussit très bien. Résistant aux embruns, l'arbuste se plaît même dans les jardins du bord de mer, avec une bonne exposition Sud.
— Tous les sols lui conviennent, sauf les terres vraiment calcaires.
— Après la floraison, supprimez les branches abîmées.

■ LES MEILLEURES VARIÉTÉS
— *Fabiana imbricata* est la plus courante.
— *Fabiana imbricata* 'Prostrata', plus petite, et sans doute plus rustique, a des fleurs violet pâle.
— *Fabiana imbricata* et 'Violacea' se couvrent de fleurs lavande dès la fin du printemps.

Hauteur : rarement plus de 2 m.
Terre : non calcaire, sablonneuse.
Exposition : soleil, mais climat humide.
Multiplication : bouturage en été.
Floraison : été.
Feuillage : caduc.

△ *Exochorda giraldii* 'Wilsonii'
▽ *Fabiana imbricata*

329

△ *Fagus sylvatica* 'Purpurea'

△ *Fagus sylvatica* 'Pendula'

Fagus

HÊTRE

Famille des fagacées
Arbre

Le hêtre est un grand arbre à belle écorce grise et lisse, au feuillage épais et caduc, à la cime largement développée. Il donne une ombre généreuse. En forêt, cherchant la lumière, le hêtre se dresse, tout droit, et ne déploie ses branches qu'à 2 ou 3 m du sol. Son feuillage, vert clair, prend de superbes teintes ocres, rouges et bronze en automne. Avec le chêne et les résineux, il est l'arbre le plus répandu dans nos forêts d'Europe. Son bois, solide et beau, est utilisé en menuiserie.

■ CONSEILS UTILES

— De pousse facile, cet arbre majestueux accepte n'importe quel sol, excepté les terres compactes ou maré-cageuses. Il aime bien les climats frais, car la chaleur l'incommode. Un inconvénient : sa croissance est très lente. Un avantage : il peut être taillé en haie ou en bosquet. Le hêtre vit très longtemps. C'est un excellent bois de chauffage. Il faut le planter en motte.

■ LES MEILLEURES VARIÉTÉS

— *Fagus grandifolia* (hêtre d'Amérique), atteint 20 à 30 m dans son pays d'origine. On le cultive comme arbre d'ornement pour son écorce fine, d'un gris bleuté et son beau feuillage soyeux vert bleu.
— *Fagus sylvatica* (hêtre commun), atteint 35 m. Il est l'arbre de nos hêtraies et grimpe, en montagne, jusqu'à 1 700 m. Il conserve ses feuilles beaucoup plus longtemps que *Fagus grandifolia*. On en connaît de nombreuses variétés. Par exemple :
— *Fagus sylvatica* 'Aspleniifolia', qui, large à la base, se ramifie très bas.

— *Fagus sylvatica* 'Atropurpurea', hêtre pourpre, au port splendide qu'on a tout intérêt à planter en isolé.
— *Fagus sylvatica* 'Fastigiata', au port pyramidal, a des branches qui, en automne, évoquent des chandeliers aux mille flammes.
— *Fagus sylvatica* 'Pendula', à la forme retombante de « hêtre pleureur », et
— *Fagus sylvatica* 'Purpurea Pendula', hêtre pleureur aux feuilles superbement pourpres.
— *Fagus sylvatica* 'Red Obelisk'. Se dresse en une colonne pourprée.
— *Fagus sylvatica* 'Rohanii'. Possède des feuilles lobées qui s'empourprent en automne ; il ne dépasse pas 6 m.
— *Fagus sylvatica* 'Tortuosa' (hêtre tortillard), dont la silhouette difforme aux branches tordues est si éloignée du type.
— *Fagus sylvatica* 'Tricolor'. De moindre vigueur, sa cime étalée s'élève à 5 ou 6 m ; ses feuilles pourpres, panachées de crème, sont lavées de rose sur la marge, surtout au printemps.

Fagus sylvatica △▽ ▷

Hauteur : de 20 à 35 m.
Terre : tous les sols, mais ni trop compacts, ni marécageux.
Exposition : mi-ombre.
Multiplication : semis à l'automne ou au printemps, après stratification.
Feuillage : caduc.

Fatsia

FATSIA

Famille des araliacées
Arbuste

Bien plus rustique qu'on le dit, cet arbuste persistant, magnifique, est injustement méconnu : il a, en effet, un aspect peu ordinaire avec ses larges feuilles lobées et épaisses, et ses fleurs en boules qui ressemblent à de gros pompons blanc-jaunâtre. Sa floraison dure longtemps, de juillet à octobre. Quant aux fruits noirs et globuleux, ils sont, eux aussi, très décoratifs.

■ **CONSEILS UTILES**

— Il apprécie les terres fertiles, bien drainées, que vous enrichirez de terreau.
— Veillez à ce que l'arbuste soit abrité du vent. Lorsqu'il est jeune, il est préférable de le rentrer, sous abri, en hiver. Plus tard, vous protégerez le pied avec de la paille ou de la tourbe, si l'hiver est rigoureux. Cet arbuste pousse très bien en appartement. A partir du mois d'avril, sortez-le sur le balcon ou dans le jardin.

■ **LES MEILLEURES VARIÉTÉS**

— *Fatsia japonica* a d'immenses feuilles palmées d'un vert foncé brillant. C'est une excellente plante pour bord de mer.
— *Fatsia moseri* est plus rustique que le précédent. Planté en région parisienne, il a plus de chance de succès que *Fatsia japonica.*

Hauteur : 1,50 m.
Terre : fertile.
Exposition : mi-ombre, en situation abritée.
Multiplication : par semis de graines bien mûres, ou par boutures, en été.
Floraison : été.
Feuillage : persistant.

▽ *Fatsia japonica*

△ *Feijoa sellowiana*

Feijoa

FEIJOA

Famille des myrtacées
Arbuste

Le *Feijoa* est un arbuste à feuillage persistant de grande valeur qui devrait être plus cultivé… Là, bien sûr, où le climat est susceptible de plaire à ce sujet tropical : le midi méditerranéen, ou encore, les endroits les plus abrités du littoral atlantique. Sa floraison est exceptionnelle, tant sont jolies ses fleurs rosées, à l'énorme bouquet d'étamines pourpres, qui éclosent, en été, sur les branches de l'année précédente.

■ **CONSEILS UTILES**

— Plantez-le au pied d'un mur, en situation abritée et ensoleillée. En hiver, paillez le pied.
— Ailleurs que dans une région à climat doux, il faut, en hiver, le rentrer dans l'appartement ou l'installer dans une serre froide.

■ **LES MEILLEURES VARIÉTÉS**

— *Feijoa* (Acca sellowiana). Il existe de nombreuses variétés à gros fruits, dont : 'Coolidge', 'Mammoth', 'Triumph'.

Hauteur : plus de 5 m dans son pays d'origine mais, en Europe, rarement plus de 2 m.
Terre : bonne terre de jardin.
Exposition : plein sud.
Multiplication : par boutures semi aoûtées.
Floraison : juin, juillet.
Feuillage : persistant.

Forsythia

FORSYTHIA

Famille des oléacées
Arbuste

L'arbuste le plus connu, le plus planté. Il est le premier soleil printanier dans le jardin et apparaît en même temps que les narcisses et les jonquilles. Ne le plantez pas en « solitaire » sur le gazon, car sa floraison achevée, vous n'auriez plus sur votre pelouse, pendant de longs mois, qu'un triste arbuste, chétif, sans grand intérêt décoratif. Installez-le en arrière-plan d'une plate-bande, dans une haie mixte, ou encore palissez-le sur des murs ensoleillés où il prendra les tons d'une draperie dorée qui illuminera tout un coin du jardin.

■ CONSEILS UTILES

— Vous ne pouvez pas le rater. Plantez-le, en toute saison, même pendant la floraison, à condition de bien l'arroser. En particulier, pendant le premier été. Installez à proximité des narcisses blancs. Vous pouvez même faire grimper une clématite à petites fleurs dans sa ramure.

— Taillez, juste après la floraison, en raccourcissant les rameaux secondaires à quelques centimètres de leur départ. Les forsythias à bois souple et pleureur fleurissent très bien, sans taille particulière. Les spécimens à bois très raide doivent être laissés à eux-mêmes pour perdre un peu de leur côté artificiel. Laissez intacts les rameaux vigoureux partant du sol, car ils vous permettront de renouveler la végétation.

■ LES MEILLEURES VARIÉTÉS

— *Forsythia x intermedia* est vigoureux et florifère. Citons parmi ses plus beaux cultivars : 'Beatrix Farrand', aux grandes fleurs jaune canari et au port érigé ; 'Karl Sax' (mimosa de Paris), aux très grandes fleurs jaune foncé ; 'Lynwood', fleurissant bien tout au long de ses tiges ; 'Spectabilis', l'un des plus populaires pour sa floraison vraiment intense ; 'Spring Glory' plus précoce que les autres. Une nouvelle variété, 'Minigold', est intéressante pour ses grandes fleurs, jaune foncé, légèrement veinées de vert, ressortant bien sur un feuillage vert foncé.

— *Forsythia suspensa* a un port très souple qui le prédispose au palissage contre un treillage. Il fleurit dès mars.

— Enfin, si vous souhaitez donner un compagnon à vos arbustes précoces, comme le *Rhododendron praecox*, avec lequel il s'associe si bien, adoptez *Forsythia ovata*, en fleurs dès le début mars.

— L'INRA (Institut national de recherche agronomique) a créé de nouveaux hybrides de moindre dimension, mieux adaptés aux petits jardins et aux bacs : Boucle d'Or 'Courtacour' ; Marée d'Or 'Courtasol' ; Week End 'Courtalyn'.

Hauteur : de 1,50 m à 3 m.
Terre : quelconque.
Exposition : au moins 6 heures de soleil par jour.
Multiplication : par bouturage, en hiver.
Floraison : mars, avril.
Feuillage : caduc.

◁▽ *Forsythia x intermedia*

△ *Fothergilla gardenii*

Fothergilla

FOTHERGILLA

Famille des hamamélidacées
Arbuste

Cet arbuste américain de grande classe, délicieusement parfumé, n'est pas assez connu. Avant la naissance des feuilles, il fleurit en épis jaunes ou blancs, au tout début du printemps. Les feuilles sont raides, ovales, vert clair sur l'endroit, plus claires sur l'envers, avec des nervures très apparentes. Elles prennent de riches tons, en automne. L'arbuste veut une terre riche en humus, perméable, neutre ou acide. Il préfère la mi-ombre au plein soleil. C'est isolément qu'il trouve sa meilleure utilisation, ou entouré d'azalées *mollis*. Il mérite votre attention car il embellira votre jardin sans vous donner le moindre problème.

■ CONSEILS UTILES

— Plantez-le à mi-ombre, de préférence, ou dans un endroit ensoleillé, en évitant toutefois le plein soleil brûlant.

Il lui faut une terre acide, améliorée, en parties égales, de sable et de tourbe.
— Ne le taillez pas, mais retirez, si besoin est, les branches grêles qui encombrent le centre de l'arbuste.

■ LES MEILLEURES VARIÉTÉS

— *Fothergilla gardenii,* le plus petit de tous, atteint à peine 0,60 m de haut.
— *Fothergilla major* peut, éventuellement, grimper jusqu'à 2 m. Son feuillage vert foncé devient rouge et or en automne. Les inflorescences blanches, parfumées, apparaissent en avril, avant les feuilles.
— *Fothergilla monticola* s'étend presque autant en largeur qu'il ne grimpe, atteignant 2,50 m de haut. Son feuillage, en automne, est absolument éblouissant.

Hauteur : 2,50 m.
Terre : neutre ou acide.
Exposition : mi-ombre.
Multiplication : graines.
Floraison : avril.
Feuillage : caduc.

Fraxinus

FRÊNE

Famille des oléacées
Arbre

Arbre à croissance rapide, le frêne, outre cet avantage, n'est guère exigeant quant à la nature du sol et produit une ombre fraîche sous son feuillage touffu et caduc. Il peut atteindre 40 m, et plus, en pleine nature (20 m lorsqu'il est cultivé), et former un écran décoratif dans le fond d'un jardin ou contre un mur mitoyen. Choisissez pour cela le frêne à fleurs qui vous ravira, en outre, par son parfum. Le frêne exsude une matière sucrée, la manne, qui était autrefois utilisée en pharmacie.

■ CONSEILS UTILES

— Le frêne pousse en toutes terres et il est peu exigeant quant au climat.
— La taille se fait à la fin de l'hiver, dans le but d'obtenir la forme que l'on souhaite. Par la suite, vous pourrez couper, au centre de l'arbre, les ramures de printemps que vous jugerez inutiles.

■ LES MEILLEURES VARIÉTÉS

— *Fraxinus americana* est un arbre vigoureux qui atteint 30 m ; il démarre plus tardivement et ses folioles, grisâtres au

◁ △ *Fraxinus excelsior* 'Pendula'

revers, sont plus courtes et plus larges.
— *Fraxinus angustifolia* 'Raywood' croît
rapidement mais ne dépasse guère
25 cm ; il prend une teinte violette en
automne et se comporte bien en sol sec
ou calcaire.
— *Fraxinus excelsior* (frêne commun) est,
chez nous, l'espèce la plus connue, celle
dont on reboise nos forêts européennes.
Très robuste, il croît même de façon
spontanée dans certaines régions montagneuses. Ses fleurs s'épanouissent
avant les feuilles, sur les rameaux, ce
qui lui donne un aspect très décoratif.
— *Fraxinus excelsior* 'Diversifolia'. Se
distingue de l'espèce par ses feuilles
entières ou seulement munies de deux
petites folioles à la base. Les feuilles de
'Jaspidea' s'éclaircissent jusqu'au jaune
dès l'été : l'automne les pare d'une
teinte jaune clair extrêmement lumineuse.
— *Fraxinus excelsior* 'Pendula' (frêne
pleureur), n'excède pas 3 à 5 m. Ses
branches deviennent si arquées, pendant jusqu'au sol, qu'en le taillant juste
un peu, il est facile de construire, sous
sa frondaison, un abri estival.
— *Fraxinus excelsior* 'Westhof's Glory'.
Monte à 35 m et son jeune feuillage
présente une teinte brune avant de tour-
ner au vert sombre lustré.
— *Fraxinus floribunda,* avec ses fleurs
blanches en panicules, est idéal pour les
petits jardins : il ne dépasse pas 12 m.
— *Fraxinus ornus* (frêne à fleurs) est, lui
aussi, un petit sujet. Son abondante floraison très odorante, en mai, juin, en
fait un arbre très apprécié, magnifique
pour orner un coin de pelouse. Il ne
dépasse guère 8 m.

Hauteur : de 5 à 20 m, en culture. Jusqu'à
40 m en pleine nature.
Terre : toutes sortes de sol.
Exposition : indifférente.
Multiplication : par semis.
Floraison : mai à juin.
Feuillage : caduc.

Fremontodendron

FRÉMONTODODENDRON

Famille des sterculiacées

Arbuste

Le frémontodendron est un arbuste très intéressant et attrayant que tout collectionneur souhaite avoir un jour ou l'autre dans son jardin. C'est un arbuste, aux feuilles semi-persistantes, pouvant atteindre 5 m. Les feuilles sont trilobées et vert pâle en dessous. Les fleurs, jaunes ou orange, fleurissent tout l'été.

■ CONSEILS UTILES

— Plantez le frémontodendron dans des régions à climat doux, où il ne gèle pas. De toute façon, installez-le à l'abri d'un mur orienté vers le sud. Protégez-le par un paillage durant les mois d'hiver les plus froids.

— Les frémontodendrons ne vivent pas très longtemps, mais comme il est facile de récolter leurs graines et de les semer, vous êtes assuré de multiplier ces arbustes sans problème.

■ LES MEILLEURES VARIÉTÉS

— *Fremontodendron californicum* et *Fremontodendron mexicanum*. Ce dernier se distingue du précédent par ses feuilles et sa taille moins importante. Pourtant, c'est, surtout, l'hybride de ces 2 arbustes, 'Californian Glory' qui est le plus cultivé, étant beaucoup plus florifère.

Hauteur : généralement 3 m.
Terre : tous sols légers, de préférence calcaires.
Exposition : soleil.
Multiplication : par bouturage ou par marcottage.
Floraison : été.
Feuillage : semi-persistant.

◁ ▽ *Fremontodendron californicum*

Fuchsia

FUCHSIA

Famille des onagracées

Arbuste

Ils étaient passés de mode, les voilà de nouveau en vogue. Ces arbustes aux délicates fleurs sont parfaits pour vos coins d'ombre. Les fleurs fortement colorées, en forme de boucles d'oreille ou de clochettes, se distinguent particulièrement sur un fond de verdure ou lorsqu'elles forment une masse dense. Vous pouvez, en deux ans, les sélectionner pour obtenir des plantes superbes sur tige. Pour cela, retenez une variété à port souple que vous cultiverez en pot. Ou bien, choisissez une tige et ébourgeonnez-la sur 50 cm de hauteur, au fur et à mesure que les petites branches latérales apparaissent. Ensuite « pincez » à plusieurs reprises pour obtenir une tête : cette opération consiste à retirer au sommet de la plante quelques petites pousses.

■ CONSEILS UTILES

— Attendez la mi-avril en pays méditerranéen pour le planter dehors, la mi-mai dans le Nord. Le fuchsia exige des arrosages fréquents en période de grande chaleur. Paillez la base de son pied avec un peu de tourbe ou d'écorce de pin.

— Ajoutez, chaque mois, un peu d'engrais soluble. Si des mouches blanches minuscules s'envolent au moindre frôlement, traitez avec un insecticide à base de décaméthrine, ou agissez, préventivement, en disposant deux pincées d'insecticide, à base de disulfoton, sur chaque pied, avant d'arroser.

— A l'approche des gelées, déterrez vos fuchsias et rentrez-les en serre froide, à l'abri, dans des pots. Certaines variétés rustiques peuvent être protégées sur place. Il faut alors les tailler presque jusqu'au sol, puis les couvrir avec de la paille et une feuille de plastique pour éviter la pourriture et l'humidité.

■ LES MEILLEURES VARIÉTÉS

— La place manque pour évoquer tous les hybrides intéressants ! Pour vous donner une idée de la façon de les utiliser, en massif ou en potée, demandez au pépiniériste de vous montrer les différentes silhouettes que peuvent avoir les fuchsias, dont certains sont dressés et certains retombants.

— *Fuschia* hybride. Sans être parfaite-

△ *Fuchsia*

ment rustiques, certains hybrides comme 'Madame Cornelissen', rouge et blanc, ou 'Champion', rouge et violet, font preuve d'une assez bonne robustesse.

— Parmi les plus rustiques figurent les *Fuchsia magellanica* 'Riccartonii'. Ils forment de vraies haies si l'hiver ne vient pas les faucher au ras du sol (par précaution, paillez-les sur 10 cm). Dans ce cas, ils repartent de plus belle au printemps et ont tôt fait de reformer des touffes de plus de 1,50 m de haut.

— *Fuchsia magellanica* 'Alba', en fait, est rose pâle et non blanc. Ce fuchsia, au feuillage très vert et tendre, est un dur à cuire, l'un des plus rustiques.

— *Fuchsia magellanica* 'Gracilis' atteint 2 à 3 m de haut.

— *Fuchsia magellanica* 'Versicolor', admirable fuchsia au feuillage panaché de rose et de crème, donne l'impression d'un brouillard de toutes les couleurs si on le regarde de loin. Il n'a pas son pareil pour donner une impression de légéreté et d'irréalité. Il est si précieux que je le paille en hiver pour ne pas le perdre. Taillé au printemps, il refait de nouvelles pousses. A mi-ombre, au coin d'une bordure de fleurs dorées, il est ravissant !

— *Fuchsia magellanica* 'Mrs. Popple' a de grandes fleurs carnées et violettes. Ce fuchsia est à la fois superbe et rustique.

— *Fuchsia magellanica* 'Tom Thumb' est un nain charmant pour les rocailles et les potées.

— *Fuchsia parviflora* est une variété prostrée, illuminée de fleurs roses pendantes, rustiques seulement dans un climat doux.

— *Fuchsia procumbens* a le même port que le précédent, mais il est plus grand, plus rustique et il a de jolies baies presque persistantes.

Hauteur : de 20 cm à 2 et 3 m.
Terre : riche en humus et fraîche.
Exposition : mi-ombre.
Multiplication : par bouturage en été.
Floraison : de juin aux gelées.
Feuillage : caduc.

△ *Fuchsia magellanica* 'Gracilis'   *Fuchsia* ▽

Garrya
GARRYA
Famille des garryacées
Arbre ou arbuste

Les garryas sont des arbustes, de taille moyenne, atteignant 2 ou 3 mètres, caractérisés par leur feuillage persistant, vert mat, et par l'apparition, en hiver, de chatons vert-gris, très longs et très décoratifs, mâles et femelles, sur des pieds différents.

■ **CONSEILS UTILES**

— Planter les garryas, soit devant un mur où il fera très bon effet, soit même en plein nord ou à l'est, à un endroit où il ne risque pas de souffrir des rafales de vent. Ces arbustes sont, en principe, rustiques dans la majeure partie des régions à climat doux.
— Achetez-les en conteneurs, au début du printemps et protégez-les avec de la paille, du moins les premiers hivers.

■ **LES MEILLEURES VARIÉTÉS**

— On cultive *Garrya elliptica*, les autres variétés n'ayant pas le même intérêt.
— Notez tout de même 'James Roof', à feuilles coriaces luisantes, dont les chatons dépassent 20 cm de long.

Hauteur : de 2 à 5 m, rarement plus.
Terre : sol bien drainé.
Exposition : au nord ou à l'est.
Multiplication : par bouturage.
Floraison : été.
Feuillage : persistant.

Gaultheria
PALOMMIER
Famille des éricacées
Arbuste

Avec son feuillage persistant à la jolie teinte chaude, cet arbrisseau rampant fait un ravissant couvre-sol en sous-bois. Les petites baies sont rouges ou noires, selon les variétés. Le *Gaultheria* s'établit lentement, mais, au bout de trois ans, forme une couverture dense qui n'exige aucun entretien. Dans le voisinage des azalées *mollis* ou azalées de Gand, le *Gaultheria* est à son aise et se fond bien dans le décor naturel.

■ **CONSEILS UTILES**

— Plantez-le dans une terre plutôt acide, meuble et riche en humus, en automne ou au printemps.

■ **LES MEILLEURES VARIÉTÉS**

— *Gaultheria procumbens*, le plus populaire, penche vers le sol ses fleurs blanches ou roses qui durent de mai à septembre.
— *Gaultheria shallon*, moins connu, atteint 0,50 m et fleurit également en rose ou blanc, avant de donner des baies noires..

Hauteur : de 15 cm à 0,50 m.
Terre : riche en humus, acide.
Exposition : mi-ombre.
Multiplication : division des souches.
Floraison : de juin à juillet.
Feuillage : persistant.

△ *Garrya elliptica*
▽ *Gaultheria praestans*

Genista cinerea △

Genista

GENÊT

Famille des fabacées
Arbuste

Ces genêts, tous voués au jaune pur, fleurissent au printemps et apportent un peu de lumière dans les rocailles ou près de la maison. Ils sont peu encombrants et leur ombrage discret permet à d'autres plantes de vivre à leur pied. Pour en profiter au maximum, faites-en des taches parmi les bruyères.

■ **CONSEILS UTILES**

— Plantez-les en automne, ou au printemps, si vous habitez une région aux hivers très froids. Allégez la terre avec du sable.

— Taillez après la floraison en cherchant à donner de l'air à l'intérieur des touffes. Récoltez quelques graines pour les semer tout de suite après les avoir un peu grattées car leur écorce est coriace.

■ **LES MEILLEURES VARIÉTÉS**

— *Genista aetnensis* (le genêt de l'Etna), est presque un petit arbre d'environ 3 m de haut, à la floraison très allégée.
— *Genista hispanica* (l'ajonc espagnol), est nain, très compact, épineux, et produit une masse de fleurs jaunes en mai, juin, tout à fait spectaculaire.
— *Genista lydia* (le genêt de Lydie), est rampant. Il a de longues branches souples et arquées, parfaites pour une rocaille ou des bacs. Il fleurit en mai.

— *Genista pilosa* 'Goldilocks'. Est un gracieux arbrisseau de 0,60 m, résistant au sec et particulièrement florifère. Grâce à son port prostré, 'Vancouver Gold' ne dépasse pas 0,20 m et peut garnir efficacement de grandes surfaces.

— *Genista tinctoria* (le genêt des teinturiers) s'épanouit en plein été. Sa variété 'Royal Gold' est en fleurs presque tout l'été.

Hauteur : de 60 cm à 3 m.
Terre : légère et pas trop calcaire.
Exposition : soleil.
Multiplication : par bouturage, ou mieux par semis, en été.
Floraison : de mai à septembre.
Feuillage : caduc.

Ginkgo

GINKGO

Famille des ginkgoacées

Arbuste

Il n' a pas de cônes, son feuillage n'est pas persistant, pourtant c'est un conifère. Il s'agit d'un survivant d'il y a deux cent millions d'années, un des arbres les plus anciens de la terre. Son feuillage vert pâle devient doré en hiver et ses petits fruits qui sentent bien mauvais sont également dorés. Plantez un ginkgo, vous aimerez ses feuilles étranges en forme d'éventail (à signaler, il pousse lentement les deux premières années).

■ **CONSEILS UTILES**

— Il s'étale. Alors, pensez à lui réserver la place qui lui sera nécessaire.
— Il supporte la pollution, ce qui est étonnant puisqu'il n'en a pas connu il y a deux cents millions d'années.
— Il n'aime pas avoir ses racines dans l'humidité.

■ **LES MEILLEURES VARIÉTÉS**

— *Ginkgo biloba*. Il existe une forme 'Fastigiata' dont les branches s'élèvent en colonne.
— *Ginkgo biloba* 'Variegata' dont le feuillage est bordé d'une bande blanc-crème.

Hauteur : 14 m.
Terre : bonne terre bien drainée.
Exposition : toutes.
Multiplication : greffe ou marcottage.
Feuillage : caduc.

Gleditsia

FÉVIER

Famille des césalpiniacées

Arbre

Le *Gleditsia* est un arbre à port régulier pouvant atteindre 5 m. Ses branches, nombreuses et fines, et ses terribles épines poussant même sur le tronc font qu'il est facilement reconnaissable, même au cœur de l'hiver. Son feuillage caduc est très élégant, avec ses feuilles composées, légères et d'une jolie teinte vert claire. Il procure un ombrage agréable sous lequel les rhododendrons et les azalées se plaisent

△ *Ginkgo biloba*

bien. La floraison verte, très discrète, apparaît en juin. Puis viennent les fruits, de grandes gousses couleur acajou, mesurant plus de 30 cm. En automne, tout le feuillage prend une belle couleur jaune. Si l'on taille les *Gleditsia*, ceux-ci peuvent devenir de superbes haies défensives, armées d'épines longues de 25 cm !

■ **CONSEILS UTILES**

— Donnez au *Gleditsia* de l'espace, car il se plaît bien en pleine lumière et sa silhouette élégante mérite d'être admirée avec recul. Il supporte la taille sans aucun problème de rusticité. Également la pollution. Si bien qu'on le plante souvent dans les villes comme arbre d'alignement. Dans ce cas, on utilise alors *Gleditsia triacanthos* 'Inermis', qui n'a presque pas d'épines.

■ **LES MEILLEURES VARIÉTÉS**

— *Gleditsia caspica* (févier de la Caspienne) atteint 10 m. Les épines sont pourpres-noires. Les gousses, longues

de 20 cm, contiennent 6 à 8 graines.
— *Gleditsia macracantha* (févier à grandes épines). La cime est en forme de parasol et les épines vraiment énormes.
— *Gleditsia triacanthos* (févier d'Amérique) peut atteindre 25 m et beaucoup plus dans son pays d'origine. Son tronc est lisse, puis il se gerçure avec l'âge. Les fleurs blanc-jaunâtre naissent sur les rameaux de l'année précédente. Chez 'Ruby Lace', le feuillage naît pourpre avant de retrouver sa teinte verte ordinaire. 'Moraine' est appréciée pour son développement mesuré et sa couronne large, idéale pour réaliser des zones d'ombre agréables.

Hauteur : de 10 à 25 m sous nos climats.
Terre : aucune exigence, si ce n'est un sol pas trop humide.
Exposition : soleil, ou ombre légère.
Multiplication : par semis, en mars.
Floraison : insignifiante, au printemps.
Feuillage : caduc.

Gleditsia triacanthos 'Sunburst' △
Gleditsia triacanthos 'Elegantissima' ▷
Gleditsia triacanthos ▽

△ *Grevillea Banksii*
◁ *Grevillea rosmarinifolia*
▽ *Grevillea sulphurea*

342

△ *Halesia carolina*

Grevillea

GRÉVILLÉE

Famille des protéacées

Arbre ou arbuste

L'un des rares représentants, en Europe, de cette étonnante famille des protéacées qui, en Afrique du Sud et en Australie, donne des arbres à la floraison tout à fait intéressante. Les fleurs de *Grevillea* ressemblent à celles du chèvrefeuille. Réunies en grappes terminales, elles sont rouges ou jaunes, selon les variétés.

■ CONSEILS UTILES

— Les *Grevillea* sont des plantes de terre acide et de pays chauds. Chez nous, il faut donc réserver leur culture à nos régions les plus douces, à nos climats les plus cléments.

— Installez les arbres dans une terre acide, meuble et drainée, à l'abri du vent et dans un endroit très ensoleillé. En hiver, protégez les pieds avec de la paille ou une couche de feuilles mortes.

■ LES MEILLEURES VARIÉTÉS

— *Grevillea alpina* est le plus rustique de tous. Il ne dépasse guère 1 m. Son feuillage persistant ressemble à des aiguilles d'acier. Les fleurs sont rouges et jaunes.

— *Grevillea rosmarinifolia* (à feuilles de romarin) est un petit arbuste, d'à peine 2 m de haut, aux fleurs rouge ponceau superbes. Elles paraissent en juin.

— *Grevillea x semperflorens*. N'atteint pas 2 m. Ses fleurs jaunes, lavées de rose, sont marquées, au sommet, d'une touche de vert ; elles s'ouvrent en été.

— *Grevillea sulphurea* évoque un peu le callistémon. Ses fleurs jaunes, disposées en écouvillons à l'extrémité des branches, durent tout l'été.

Hauteur : pas plus de 3 m.
Terre : impérativement acide.
Exposition : plein soleil et hors gel.
Multiplication : bouturage en été.
Floraison : été.
Feuillage : persistant.

Griselinia

GRISÉLINIA

Famille des cornacées

Arbuste

Le *Griselinia* ne présente pas un très grand intérêt décoratif. Ses feuilles coriaces sont vert clair, sa floraison insignifiante. L'arbuste se taille pour former des haies. Il est donc d'un intérêt incomparable pour les zones côtières.

■ CONSEILS UTILES

— Il n'est pas très difficile de cultiver cette plante dans les zones où il ne gèle pas trop, au bord de la mer, par exemple. Les vents marins, les tempêtes n'ont pas prise sur les branches souples, au feuillage dur comme du cuir. Une terre de jardin suffit à son implantation.

Au printemps, vous pouvez le tailler sans problème.

■ LES MEILLEURES VARIÉTÉS

— *Griselinia littoralis* est parfait pour des haies, au bord de la mer. Il atteint 3,50 m.

— *Griselinia* 'Lucida', panaché de jaune, est également cultivé. Il atteint 2 m.

Hauteur : de 2 m à 3,50 m.
Terre : ordinaire.
Exposition : même en plein vent.
Multiplication : en été, par bouturage.
Floraison : printemps, sans intérêt.
Feuillage : persistant.

Halesia

HALÉSIA

Famille des styracacées

Arbuste

Petit arbre au port étalé, tout à fait remarquable pour sa floraison charmante, en clochettes pendantes, juste avant l'apparition des feuilles. L'aspect des fleurs les a fait surnommer « Perceneige en arbre », c'est dire que la floraison blanche est superbe et l'on peut vraiment se demander pourquoi on ne le cultive pas plus souvent.

■ CONSEILS UTILES

— Les halésias demandent uniquement un terrain un peu acide et si possible sablonneux. Ils s'adaptent très bien au froid et on peut les cultiver sans problème dans toute la France.

— Un peu d'ombre leur réussit fort bien. Ils poussent bien en sous-bois, en compagnie de piéris ou de rhododendrons.

■ LES MEILLEURES VARIÉTÉS

— *Halesia carolina* (arbre aux cloches d'argent), le plus grand, il peut atteindre 6 m. Les fleurs, groupées par 5 ou 6, donnent des fruits à ailettes.

— *Halesia monticola* 'Rosea' est tout à fait remarquable par la beauté de ses fleurs blanches teintées de rose.

Hauteur : de 5 à 6 m.
Terre : profonde, drainée, sablonneuse.
Exposition : mi-ombre.
Multiplication : bouturage ou marcottage.
Floraison : mai.
Feuillage : caduc.

△ *Halimium ocymoides*
◁ *Halimium lasianthum* 'Formosum'

Halimium

HALIMIUM
Famille des cistacées
Arbuste

Petits arbustes de 0,50 m, couvre-sol et persistants, qui s'apparentent aux cistes et aux *Helianthemum*. Leur feuillage doux est un peu argenté et se marie avec les fleurs de couleur vive. La floraison a lieu au printemps. Les pétales sont marqués, à la base, de taches marron ou pourpres. Très bonne plante pour les rocailles et les bacs sur terrasse.

■ **CONSEILS UTILES**

— Plantez dans un sol bien drainé, en plein soleil, à l'abri des courants d'air.
— Pas de taille, si ce n'est pour retirer, au printemps, et s'il y a lieu, les tiges gelées.

■ **LES MEILLEURES VARIÉTÉS**

— *Halimium commutatum* a un port érigé de 0,60 à 0,90 m de hauteur.
— *Halimium halimifolium* est un petit arbuste à feuilles grises, étroites, littéralement couvert de fleurs jaune vif au printemps ; la base de chaque pétale est ornée d'une macule brune.
— *Halimium lasianthum*. Son feuillage est gris argenté, sa croissance lente. En mai, les fleurs dorées marquées de sombre à la base, s'épanouissent. Cette variété est moins rustique que la précédente.
— *Halimium umbellatum* est assez rustique, avec ses fleurs blanches, disposées en ombelles dans le fouillis des feuilles blanchâtres et veloutées.

Hauteur : de 0,20 à 0,90 m.
Terre : pauvre, mais bien drainée.
Exposition : soleil.
Multiplication : semis, marcottage.
Floraison : printemps.
Feuillage : persistant.

Hamamelis mollis △

Hamamelis

HAMAMÉLIS

Famille des hamamélidacées
Arbre ou arbuste

Voici encore un buisson d'or, au parfum énivrant — on pourrait le comparer à celui de la jacinthe ou du narcisse — qui se métamorphose, en automne, en un buisson au feuillage rouge-ocre-cuivré. Plus léger que le forsythia, plus élancé que le genêt, il est originaire de pays froids et donc rustique. Vous pourrez l'associer au genêt, car l'*Hamamelis* fleurit pendant l'hiver et le genêt au printemps et en été, et, par bonheur, ces deux buissons exigent la même terre légèrement acide. Vous obtiendrez ainsi une floraison presque continue.

■ **CONSEILS UTILES**

— Plantez-le dans un endroit ensoleillé, mais non brûlant, en été.
— Améliorez la terre acide de sable et de tourbe, en parties égales.
— Comme les fleurs apparaissent tout au long des rameaux, il ne lui faut pas de taille, mais un nettoyage des branches grêles ou sèches, à la fin de l'été.

■ **LES MEILLEURES VARIÉTÉS**

— *Hamamelis x intermedia* et ses variétés ont des feuilles relativement grandes, par exemple : 'Diane', aux fleurs presque rouges, et 'Jelena', rouge cuivré, sont les plus étonnantes. 'Ruby Glow', fleurs cuivrées marquées de

rouge, exceptionnelle par sa coloration automnale.
— *Hamamelis japonica* est un arbre de 2 m de haut. Ses fleurs jaunes, en petites grappes, sur les branches sans feuilles, sont bien parfumées et l'enjolivent, de janvier à mars.
— *Hamamelis mollis* est assez grand et superbe. Ses deux variétés, 'Goldcrest', aux fleurs jaune d'or, éclairé de rouge à la base, et 'Pallida', jaune soufre, sont les deux plus connues.
— *Hamelis virginiana* est un petit arbre de 3 m qui fleurit en septembre-octobre, alors que son feuillage devenu jaune vif est lui-même fort décoratif, à ce moment-là de l'année.

Hauteur : de 1,80 m à 2 m.
Terre : moyennement riche, aérée.
Exposition : ensoleillée.
Multiplication : graines, par bouturages en été.
Floraison : hiver.
Feuillage : caduc.

◁ *Hamamelis mollis*

345

Hebe

VÉRONIQUE ARBUSTIVE

Famille des scrophulariacées
Arbuste

Jolies, dans les rocailles, ou par touffes, pour ponctuer un chemin, même si les derniers hivers ont fait des ravages parmi ces véroniques. Il reste quelques amateurs de ces plantes un peu guindées. Il faut dire qu'il est peu d'arbustes capables d'apporter autant de couleurs, si tard dans la saison. Si vous avez la chance d'habiter une région où les gelées ne sont pas fortes, faites-en un grand usage pour composer des haies persistantes et habiller joliment vos massifs.

■ CONSEILS UTILES

— Plantez la véronique au printemps. De préférence, dans une terre pas trop lourde. Arrosez-la régulièrement pendant le premier été et apportez de l'engrais, car ce sont des plantes voraces.
— Associez-la à des arbustes à feuillage argenté ou à des plantes vivaces très colorées, car leurs couleurs pourpres et violettes sont un peu tristes.

■ LES MEILLEURES VARIÉTÉS

— Certaines variétés sont surtout décoratives grâce à leur feuillage. C'est le cas de *Hebe armstrongii,* aux rameaux jaune cuivré ressemblant à ceux d'un cyprès. Ou encore *Hebe buxifolia,* très compact, qui est idéal pour les haies basses. L'*Hebe pinguifolia* 'Pagei', un arbrisseau pour rocaille, aux feuilles glauques et charnues, d'un gris bleuté,

▽ *Hebe x andensonii*

△ *Hebe* 'Midsummer beauty'

forme un charmant compagnon aux fleurs blanches.
— *Hebe* 'Great Orme'. Vêtue de grandes feuilles lancéolées, peut atteindre 1 m et produit de belles grappes de fleurs roses.
— *Hebe* 'Bowle's Hybrid'. Manque de rusticité mais se présente sous la forme d'un coussin couvert de fleurs mauves du printemps à l'été.
— *Hebe* 'La Séduisante'. Possède de grandes feuilles luisantes caractéristiques et donne de grands épis rouge carminé en été.
— Les autres *Hebe* hybrides sont cultivés pour leurs fleurs réunies en épis effilés, ainsi :
— *Hebe x andersonii,* un arbuste de 2 à 3 m, donne, en août et septembre, des fleurs regroupées en racèmes bleu-violet.
— *Hebe brachysiphon* 'Carl Teschner', en boule compacte, présente, en juin-juillet, des fleurs violettes à gorge blanche.

— *Hebe elliptica,* de taille moyenne, s'épanouit en grandes fleurs parfumées blanches.
— *Hebe x franciscana* 'Blue Gem', résiste fort bien au vent, même chargé de sel, et existe aussi en panaché ('Variegata').
— *Hebe macrantha* 'Midsummer Beauty', a des fleurs roses en épis.
— *Hebe salicifolia,* aux fleurs blanches en été, peut atteindre 1,50 m.
— *Hebe speciosa* 'Midsummer Beauty', la plus rustique, donne, entre juin et octobre, une superbe floraison bleu lavande.

Hauteur : de 30 cm à 3 m.
Terre : ordinaire, de préférence légère.
Exposition : soleil.
Multiplication : par bouturage de rameaux non fleuris, en été.
Floraison : entre juin et octobre.
Feuillage : persistant.

Helianthemum

HÉLIANTHÈME

Famille des cistacées
Arbuste

Vous avez du soleil et un sol pauvre ? Une rocaille ? Un chemin pierreux qui doit être bordé de fleurs ? Une terre sèche et ingrate ? Voici le bijou qu'il vous faut : les petites fleurs rouges ou jaunes, blanches ou rose soutenu, selon les variétés, se verront de loin, car elles poussent en abondance sur la plante basse et touffue et ne sont pas cachées par trop de feuilles. Beaucoup de variétés ont un feuillage persistant. Leur beauté se remarquera davantage si vous les plantez en compagnie d'œillets mignardises ou, en bordure, devant des *Galega* ou des petits rosiers. Ces arbrisseaux, très bas, conviennent également à une plantation sur terrasse, en bac, avec des santolines. Leur nom vient du grec *hélios* : soleil, et *anthémon* : fleur.

■ CONSEILS UTILES

— Plantez, de préférence, au printemps, pour éviter aux jeunes plantes les pluies d'hiver, et en sol ordinaire. Installez-les dans un endroit ensoleillé et chaud, si possible.
— Coupez les fleurs séchées pour encourager l'apparition de nouvelles fleurs.
— Tous les trois ans, divisez les touffes trop fournies.

■ LES MEILLEURES VARIÉTÉS

— Elles sont toutes des hybrides de l'espèce sauvage *Helianthemum nummularium* et sont innombrables, citons : 'Amy Baring', jaune bouton d'or, 'Afflick', orange tendre, 'The Bride', blanc, 'Wisley Pink', rose sur un feuillage argenté, une des plus jolies variétés, 'Wisley Primrose', au feuillage vert-argenté, et aux fleurs couleur primevère, enfin 'Red Dragon', dont les fleurs rouges ont un cœur doré.

Hauteur : de 20 à 50 cm.

Terre : ordinaire.

Exposition : ensoleillée.

Multiplication : au printemps, par semis ou par division des touffes.

Floraison : de juin à octobre.

Feuillage : persistant.

Helianthemum nummularium **hybride** ▷

Hibiscus

HIBISCUS, MAUVE EN ARBRE

Famille des malvacées
Arbuste

Le plus intéressant chez l'hibiscus, c'est qu'il fleurit à partir du mois de juillet, alors que peu d'arbustes sont en fleurs dans le jardin. L'arbuste peut atteindre 2,50 m. Les hibiscus nous charment par leurs fleurs comparables à celles des roses trémières simples, aux coloris violets et pourpres. Un seul regret : leur bois raide leur donne une silhouette un peu figée. Ils n'ont pas d'égal pour constituer en été une haie de taille moyenne, bien fleurie.

■ CONSEILS UTILES

— Plantez-le au printemps. Ne vous étonnez pas si la végétation ne démarre pas avant le mois de mai.
— Taillez juste après la floraison pour éviter la formation de fruits en trop grand nombre qui épuiseraient inutilement les arbustes. En revanche, ne taillez pas systématiquement au printemps, vous accentueriez le côté raide de la végétation sans accroître vraiment le nombre des fleurs. Contentez-vous d'enlever les rameaux enchevêtrés.

■ LES MEILLEURES VARIÉTÉS

— Vous avez le choix entre les nombreux hybrides de *Hibiscus syriacus* (ou *Althaea frutex*) ; 'Duc de Brabant', pourpre double ; 'Hamabo', rose tendre et rouge carmin ; 'Lady Stanley', blanc double taché de pourpre à la base ; 'Oiseau Bleu', une grande corolle d'un bleu pur au cœur pourpré et 'Woodbridge', rose avec un œil foncé.

Hauteur : de 1,50 m à 2,50 m.
Terre : quelconque, un peu calcaire.
Exposition : soleil.
Multiplication : par bouturage, en hiver.
Floraison : de juillet à septembre.
Feuillage : caduc.

Hippophae

ARGOUSIER

Famille des élaeagnacées
Arbre ou arbuste

Arbuste ou petit arbre à feuillage caduc, l'argousier est très répandu dans

△ *Hibiscus syriacus* 'Souvenir de Charles Breton'
▽ *Hibiscus rosa-sinensis*

348

toutes les régions méditerranéennes. En effet, ce charmant arbrisseau, par son système radiculaire dense, fixe les sols. Il est donc largement utilisé en pays secs et rocailleux où la terre, rare, demande à être retenue. Exigeant peu de soins, et décoratif par ses petits fruits orangés groupés le long des tiges, l'argousier est souvent planté dans les jardins publics. Il résiste aussi bien à l'air marin qu'à la sécheresse. Vous pouvez le tailler à volonté pour former une haie.

■ CONSEILS UTILES

— Espèce dioïque, il vous faudra planter un exemplaire mâle et plusieurs exemplaires femelles pour obtenir des fruits. Tous les sols lui conviennent, qu'ils soient secs, humides, calcaires, ou salés. Et toutes les expositions : l'ombre ou le soleil.

■ LES MEILLEURES VARIÉTÉS

— *Hippophae rhamnoides*. Le feuillage est argenté et les fruits restent sur l'arbre de longs mois (si les oiseaux n'en décident pas autrement).
— *Hippophae salicifolia* est un peu plus grand et se distingue du précédent par ses rameaux retombants et par son feuillage, vert d'un côté, marron à l'envers.

Hauteur : 4 m.
Terre : indifférente.
Exposition : indifférente, avec une préférence pour l'ensoleillement.
Multiplication : par marcottage ou séparation des drageons.
Floraison : mars, avril.
Feuillage : caduc.

△ *Hippophae rhamnoides*

Hoheria

HOHÉRIA
Famille des malvacées
Arbuste

Venus de Nouvelle-Zélande, les *Hoheria* sont des arbustes tout à fait superbes. Au début de l'été, la floraison est abondante. Les fleurs blanches, groupées, se caractérisent par le grand nombre de leurs étamines blanches, qui leur donnent un aspect aérien.

■ CONSEILS UTILES

— Les hohérias ne sont pas, hélas, des plantes rustiques partout, il faut donc les réserver aux régions les plus douces de notre pays, et les installer sous abri. Si, en hiver, le gel semble avoir tué la plante et fait disparaître ses parties aériennes, n'en concluez pas pour autant que celle-ci est condamnée, elle repartira de bonne grâce, au printemps. On peut, avec avantage, palisser les rameaux contre un mur bien exposé.

■ LES MEILLEURES VARIÉTÉS

— *Hoheria lyallii* est la plus rustique de toutes les espèces. Ses fleurs, blanc neige, apparaissent en juin. Les feuilles sont caduques.
— *Hoheria populnea* atteint 6 m. Ses feuilles évoquent, comme le nom de la variété l'indique, le feuillage du peuplier (*populnea*). En revanche, celui-ci est persistant.
— *Hoheria sextylosa* est la variété la plus impressionnante, par la masse de fleurs blanches qui recouvre l'arbuste, entièrement, en juillet. Autre avantage, son feuillage est persistant. Mais il ne réussit vraiment bien que dans le Midi.

Hauteur : de 3 à 6 m.
Terre : légère.
Exposition : plein soleil.
Multiplication : bouturage ou marcottage.
Floraison : été.
Feuillage : caduc ou persistant.

Hydrangea

HORTENSIA
Famille des saxifragacées
Arbuste

Proches par beaucoup de caractères des viornes, les *Hydrangea* mélangent les fleurs fertiles, généralement petites, et les fleurs stériles, plus développées et colorées. Le blanc est la couleur de prédilection des espèces botaniques. Mais comment ne pas apprécier les bleus et les pourpres violacés des hybrides, sans oublier que ces fleurs évoluent souvent en prenant des tons verts, lavés de rouge tendre, à la fin de l'automne ? Elles donnent alors matière à des bouquets superbes.

■ CONSEILS UTILES

— Les hortensias ont besoin d'un sol riche en matières organiques. Apportez donc beaucoup de terreau de feuilles à la plantation et paillez, chaque printemps, avec des feuilles mortes et de la tourbe.

— Taillez peu, mais enlevez les rameaux morts ou chétifs. Dans les régions froides, abritez la souche avec des feuilles mortes, entourées d'un plastique.

— Protégez les gros bourgeons terminaux qui contiennent les futures fleurs. Ne coupez les fleurs fanées qu'à la fin de l'hiver. La coupe sera faite sur la tige juste au-dessus d'une petite boursouflure naissante.

— Le plus important est l'arrosage, ne laissez pas vos plantes en terre sèche.

■ LES MEILLEURES VARIÉTÉS

— *Hydrangea arborescens*. Peut s'élever à 3 m en buissons denses, aux rameaux plus ou moins retombants ; ses fleurs blanches sont réunies en panicules arrondies dont le diamètre dépasse 30 cm chez 'Annabelle', forme plus compacte de moins de 2 m.

— *Hydrangea aspera*. En dehors de ses feuilles pubescentes, il se distingue par ses inflorescences plates composées de minuscules fleurs fertiles bleues, entourées de grandes fleurs stériles blanches.

— Les hortensias 'Lacecaps', avec leurs fleurs fertiles au centre, offrent un aspect de bonnet de dentelle particulièrement élégant. Parmi les plus célèbres, choisissez : *Hydrangea* 'Blue Wave', rose ou bleu, selon la nature du sol ; 'White Wave', blanc et bleu ; ou encore 'Mariesii', aux très grands bouquets

△ *Hydrangea macrophylla*

aplatis, d'un bleu changeant.

— Les *Hydrangea macrophylla* sont vendus, le plus souvent, en privilégiant, le nom des variétés. L'espèce, cultivée depuis l'aube des temps, peut atteindre 4 m de haut et s'étendre énormément. Voici les plus beaux des cultivars roses : 'Altona' et 'Eldorado' d'un rose presque rouge ; 'Floralia', très précoce ; 'Maréchal Foch', rose foncé tournant souvent au bleu gentiane ; et 'Merveille Rose', aux très grosses fleurs. Parmi les bleus : 'Iris' et 'Enziandom', d'un bleu foncé très stable. Et enfin, le superbe 'Sœur Thérèse', d'un blanc extraordinaire, très cultivé.

— *Hydrangea paniculata* (hydrangée paniculée) est reconnaissable à ses longs bouquets pyramidaux, larges de presque 25 cm de diamètre. Et, parmi ses

cultivars les plus connus :

— *Hydrangea paniculata* 'Grandiflora', blanc mélangé de rose pâle ; 'Kyushu', plus compact ; 'Praecox', fleurissant dès juillet ; 'Tardiva' ne fleurit qu'à partir de la mi-octobre.

— *Hydrangea quercifolia* (hydrangée à feuilles de chêne) est originaire d'Amérique. Il est étonnant par la forme de ses feuilles rappelant celles du chêne et par sa floraison en longues panicules blanches magnifiques.

— *Hydrangea sargentiana*. Ressemble un peu à *H. aspera* ; son port est plus lâche et plus diffus.

— *Hydrangea serrata*, à larges feuilles très décoratives au printemps. Ses fleurs, blanches ou bleues, en petits corymbes plats, sont cernées sur le pourtour, de bleu ou de rose.

△ *Hypericum calycinum*

— *Hydrangea serrata*. Les panicules bleues de 'Blue Bird' sont entourées de fleurs stériles blanches.
— *Hydrangea serrata* 'Preziosa' est l'un des plus superbes avec ses tiges rouges et ses fleurs rose saumon tournant au rouge chaud, en automne.

Hauteur : de 1 à 4 m.
Terre : acide pour une floraison bleue, ou terre riche en matières organiques pour les floraisons roses ou blanches.
Exposition : mi-ombre ; ils supportent d'être plantés au Nord.
Multiplication : bouturage, en fin d'été.
Floraison : de juillet à novembre.
Feuillage : caduc.

Hypericum
MILLEPERTUIS
Famille des hypéricacées
Arbuste

Voilà encore un arbuste bien utile, grâce à son feuillage persistant. On faisait autrefois macérer les fleurs, jaune-franc, dans de l'huile d'olive pour produire un baume qui était alors appliqué sur les plaies. Si l'*Hypericum calycinum* (millepertuis à grandes fleurs) est très réputé pour supprimer les mauvaises herbes qu'il remplace par son feuillage coriace, en revanche, il est bien difficile de s'en débarrasser une fois qu'on est lassé de son jaune un peu quelconque. Il prospère sur les talus, au bord des chemins, et dans tous les endroits secs et incultes. L'*Hypericum* est une plante peu exigeante qui convient parfaitement comme couvre-sol pour retenir les talus ou égayer les coins d'ombre.

Hypericum moserianum 'Tricolor' ▽

■ **CONSEILS UTILES**

— Plantez-le au printemps ou en automne, sur terrain pauvre ou dans une poche de bonne terre.
— Au printemps de la première année, ôtez le feuillage desséché et fortifiez l'arbuste par un apport d'engrais complet.
— Taillez à ras le feuillage desséché ou abîmé, un beau feuillage tout neuf repoussera.

■ **LES MEILLEURES VARIÉTÉS**

Pour la rocaille, adoptez :
— *Hypericum citrinum*, jaune citron.
— *Hypericum olympicum* (millepertuis de l'Olympe), jaune et compact, un minuscule arbrisseau dont les rameaux se couchent sur le sol.
— *Hypericum polyphyllum,* jaune d'or sur un feuillage bleuté, couvre-sol idéal, car ses touffes s'étendent lentement et il ne dépasse pas 15 cm de haut.
Mais pour égayer un coin d'ombre, préférez :
— *Hypericum androsaemum*. Mesure 80 cm ; ses petites fleurs jaunes, ornées de longues étamines, donnent naissance à de nombreux fruits rouge brillant.
— *Hypericum x inodorum* passe pour l'un des plus robustes et se montre particulièrement florifère ; il donne des fruits allongés, saumonés.
— *Hypericum kouytchense* (*H. patulum* 'Sungold'). Possède un feuillage semi-persistant et fleurit généreusement ; les fruits, d'abord rouges, virent au noir.
— *Hypericum moserianum* 'Tricolor'. Ses fleurs sont petites, mais le feuillage est charmant : un dégradé de rose, de crème et de vert.
— *Hypericum patulum* 'Hidcote', l'une des plus belles variétés. Il forme un arbuste de 1,60 m de hauteur, qui se couvre d'une masse de fleurs dorées, de juillet à octobre.
— *Hypericum* 'Rowallane Hybrid' qui atteint 1,50 m et devra être planté contre un mur à l'ouest. C'est un arbuste superbe dont les fleurs dorées en bouquets jaune vif, s'épanouissent d'avril à octobre. Il faut le rabattre jusqu'à terre, chaque année.

Hauteur : de 15 cm à 1,60 m.
Terre : plutôt légère.
Exposition : soleil et mi-ombre.
Multiplication : par division des touffes, au printemps.
Floraison : de juin à septembre.
Feuillage : persistant.

Ilex

HOUX

Famille des aquifoliacées
Arbre ou arbuste

Les houx poussent lentement, ils mettent donc des années à devenir des arbres. Ils ne sont pas difficiles et supportent bien l'ombre, excepté les variétés à feuillage panaché qui ont besoin de soleil. Ce sont des arbustes de base qui structurent à merveille le jardin pendant la mauvaise saison. Et n'oubliez pas les fruits, si gais en hiver.

■ CONSEILS UTILES

— Plantez-les, en septembre ou octobre, ou bien en mars ou avril. Dans tous les cas, protégez-les des vents secs par un paravent de toile tendue sur une armature de tuteurs.
— Chaque printemps, apportez au pied, 2 ou 3 poignées de corne torréfiée.
— Pour constituer de belles formes taillées, rabattez ces arbustes. Opérez avec un sécateur et non avec un taille-haie, afin de ne pas déchiqueter les petites feuilles vernissées.
— Utilisez des houx dans les haies libres, en compagnie d'arbustes à feuillage caduc, comme les amélanchiers, les sorbiers, les sureaux et les néfliers.
— Les houx étant dioïques (c'est-à-dire mâle ou femelle), plantez plusieurs pieds ensemble, afin d'être sûr d'avoir une bonne fructification.

■ LES MEILLEURES VARIÉTÉS

— *Ilex x altaclerensis* résiste bien à la pollution des villes et pousse assez vigoureusement. 'Belgica Aurea' est un clone vigoureux à grandes feuilles peu épineuses bordées de crème ou de jaune.
— *Ilex aquifolium* (houx commun) a donné naissance à des dizaines d'hybrides aux panachures variables et même aux fruits diversement colorés : jaune brillant comme 'Fructuluteo' ('Bacciflava') ; ou orange tel 'J.C. van Tol' ; ou rouges.
— *Ilex aquifolium* 'Pyramidalis' pousse en hauteur et montre une forme nettement pyramidale. En outre, sa fructification est très abondante.
— *Ilex aquifolium* 'Golden King', aux feuilles bordées de jaune, a remporté de nombreuses récompenses pour sa beauté. Curieusement, malgré son nom, c'est une variété femelle qui donne des baies rouges. 'Golden Queen', variété mâle (!) est remarqua-

△ *Ilex crenata* 'Mariesii'

ble par son feuillage vert foncé, marbré de gris et de vert pâle et margiﾠné de jaune. 'Camelliaefolia' présente des feuilles larges, non piquantes et un port pyramidal très élégant qui le font choisir pour des haies régulières de grande allure.
— *Ilex aquifolium*. Les feuilles de 'Ferox Argentea', marginées de crème, sont bordées de nombreuses épines formant comme une crête à leur sommet.
— *Ilex crenata*, dépourvu d'épines, est presque un petit arbre, grimpant jusqu'à près de 3 m de haut. Il a sa place dans les massifs, en compagnie de fleurs vivaces. Il est également parfait pour constituer une haie basse qui ne vous piquera pas les jambes. Un inconvénient : ses fruits, noirs, sont un peu tristes.
— *Ilex x koehneana* peut dépasser 5 m et surprend toujours en raison de ses grandes feuilles qui rappellent plus le châtaignier que le houx.
— *Ilex latifolia* a de grandes feuilles brillantes et une abondance de fruits rouges.
— *Ilex x meservae*. Ce groupe d'hybri-

▽ *Ilex aquifolium* 'Aureo-marginata'

des venu des U.S.A. regroupe nombre de cultivars réputés pour leur rusticité et l'abondance de leurs fruits.

Hauteur : de 80 cm à 3 m.
Terre : quelconque, pas trop calcaire.
Exposition : quelconque, même ombre forte.
Multiplication : par bouturage, en hiver.
Floraison : au printemps et insignifiante.
Fructification : à partir de septembre et se poursuivant tout l'hiver.
Feuillage : persistant.

Ilex aquifolium
Ilex aquifolium 'Handsworth New Silver'

Illicium

ILLICIUM
Famille des magnoliacées
Arbuste

Arbuste aromatique à feuillage persistant. Ses fleurs sont étranges qui comprennent une trentaine de pétales superposés de teintes différentes, rose, brun, rouge.

■ CONSEILS UTILES

— Plantez à mi-ombre dans une terre humide, allégée de tourbe. Ce ne sont pas des plantes pour jardins froids et exposés.

■ LES MEILLEURES VARIÉTÉS

— *Illicium anisatum* (badianier sacré du Japon), a des feuilles épaisses et brillantes, et produit des fleurs jaune pâle très odorantes, au printemps.
— *Illicium floridanum*, originaire d'Amérique, a de larges feuilles épaisses et porte, en avril-mai, de grosses fleurs marron-pourpre.

Hauteur : de 1,50 m à 2 m.
Terre : humide, allégée de tourbe.
Exposition : à l'abri des vents.
Multiplication : boutures ou marcottage.
Floraison : au printemps.
Feuillage : persistant.

Indigofera

INDIGOTIER
Famille des fabacées
Arbuste

Voici un arbuste avec à la fois une qualité et un défaut. Sa qualité : la profusion des petites fleurs pourpres charmantes qui, apparaissant vers juillet, vont rester sur l'arbuste presque jusqu'à octobre. Son défaut : les feuilles viennent très tard, généralement en mai ou en juin. Cependant, je pense que cet arbuste vaut la peine qu'on ignore cet inconvénient. Malheureusement, il n'est pas facile à trouver. *Indigofera* signifie qui porte de l'indigo, ce mot tiré lui-même d'*indica* (de l'Inde).

■ CONSEILS UTILES

— Plantez dans une terre bien drainée, même sèche et sablonneuse, en plein soleil, et protégez du vent.
— Abritez l'arbuste contre un mur.

△ *Illicium henryi*
▽ *Indigofera gerardiana*

■ LES MEILLEURES VARIÉTÉS

— *Indigofera gerardiana* atteint 1,50 m. Les fleurs — une profusion — ressemblent à de minuscules pois de senteurs roses. Feuillage très découpé et gracieux. Si l'arbuste est atteint par le froid, coupez les tiges près du sol.
— *Indigofera pendula*. Arbuste étalé de 2,50 m. Superbe floraison, sur les branches arquées, de longues grappes de fleurs rose foncé apparaissant en août-septembre.
— *Indigofera pseudotinctoria* est une variété vigoureuse de 2 m de haut. Floraison de juillet à septembre. Jadis, en Inde, on tirait la teinture indigo de cet arbuste.

Hauteur : de 0,50 m à 2,50 m.
Terre : normale.
Exposition : ensoleillée.
Multiplication : division des touffes ou bouturage.
Floraison : fin de l'été.
Feuillage : caduc.

353

Itea
ITÉA
Famille des saxifragacées
Arbuste

Ses feuilles dentelées et vernissées, son port régulier, sa taille réduite, tout en l'itéa évoque le houx, et pourtant, les feuilles sont moins rigides, l'allure est plus légère. En août, c'est la surprise : des milliers de petites fleurs jaune-vert apparaissent, groupées en grappes, qui évoquent les chatons de certains saules. La floraison, de plus, est très parfumée.

■ CONSEILS UTILES

— L'*Itea* est une plante à réserver aux régions les plus douces de notre pays : Côte atlantique, Sud-Ouest, Midi. Il convient, pour de bons résultats, de la cultiver dans une terre légère, sableuse, sans calcaire et assez humide. Un sous-bois de terre de bruyère lui conviendrait très bien. Sa taille ne dépassant pas 2 mètres, on peut l'introduire dans un sous-bois clair.

■ LES MEILLEURES VARIÉTÉS

— *Itea ilicifolia* est un arbuste à feuillage persistant. Il dépasse rarement 2 m. Les fleurs, verdâtres, sont groupées sur des rameaux pendants.
— *Itea virginica* atteint 1,50 m. Il a des feuilles caduques qui prennent une belle coloration rouge en automne. La floraison est blanche, en juillet.

Hauteur : jusqu'à 2 m.
Terre : acide et légère.
Exposition : plein soleil ou mi-ombre.
Multiplication : bouturage, marcottage, ou par graines.
Floraison : été.
Feuillage : caduc ou persistant.

Jovellana
JOVELLANA
Famille des scrophulariacées
Arbuste

Le jovellana ne fait, certes, pas partie des arbustes que vous rencontrerez au détour de chaque allée. Il est plutôt rare, mais mériterait vraiment d'être plus employé. Les fleurs, blanc ou violet pâle, sont tachetées de violet ou d'ocre. Elles apparaissent en été.

△ *Jovellana violacea*

■ CONSEILS UTILES

— Le jovellana se plaît, de préférence, dans des régions au climat doux.
— On peut planter l'arbuste dans une terre ordinaire mais pas trop calcaire.
— Il aime l'ombre légère, ou le plein soleil, dans les régions où il ne frappe pas trop fort.
— Il est inutile de le tailler.

■ UNE JOLIE VARIÉTÉ

— *Jovellana violacea* est le plus cultivé. Il peut atteindre 1,50 m. Les fleurs se présentent en corymbes mauve pâle, marqués de taches violettes.

Hauteur : de 50 cm à 1,50 m.
Terre : fertile et riche en humus.
Exposition : soleil.
Multiplication : bouturage en été.
Floraison : été.
Feuillage : caduc.

Juniperus
GENÉVRIER
Famille des cupressacées
Arbre ou arbuste

Il n'est pas surprenant que le genre *Juniperus* soit souvent celui qui est le mieux représenté quant au nombre de variétés que l'on trouve dans les pépinières et les jardineries. Ils affectent, en effet, des formes tout à fait différentes : en colonne étroite, en cône élargi, en arbuste compact ou en rampant. Et pour chaque silhouette existent des feuillages différents et un grand nombre de couleurs et de nuances, bleu-argenté, dorés ou verts. Ils ont tous en commun d'avoir un feuillage en aiguilles quand les feuilles viennent de pousser qui sont remplacées par des écailles. Il existe donc deux feuillages distincts : l'un juvénile et l'autre adulte. En outre, ils sont de nature facile, peu exigeants, frugaux même. Habitants de l'hémisphère Nord, ils sont surtout abondants sous les climats tempérés et froids du Nord.

■ CONSEILS UTILES

— Plantez le *Juniperus* en septembre-octobre ou en avril. Si vous optez pour une mise en place printanière, arrosez généreusement, avec régularité, durant le premier été, encore que la majorité des variétés ne se montre pas gourmande en eau.
— Si vous plantez plusieurs espèces naines tapissantes, pensez à les espacer suffisamment : ces genévriers ne montent pas très haut, en effet, mais développent une envergure impressionnante, jusqu'à plus de 4 m de diamètre parfois ! Laissez donc une distance minimale de 4 m entre chaque pied. En attendant qu'ils se rejoignent et forment un tapis continu, prévoyez des coussins de bruyères ou d'autres petits couvre-sol que vous déplacerez par la suite.
— Les *Juniperus* s'adaptent à tous les terrains, sauf s'ils sont trop acides ou trop humides. Ils font merveille dans les régions calcaires et supportent les plus rudes hivers, du moins les espèces commercialisées en France.
— Si vous devez envisager une taille de votre *Juniperus*, procédez en juillet, de préférence, époque où la croissance marque un repos. Ne le rabattez surtout pas après octobre, car alors il risquerait d'être endommagé par les gelées. S'il neige, secouez ses branches pour le désenneiger.

△ *Juniperus x media* '**Pfitzerana Glauca**'   ▽ *Juniperus horizontalis* '**Glauca**'

■ **LES MEILLEURES VARIÉTÉS**

— *Juniperus chinensis* (genévrier de Chine), originaire de la Chine et du Japon. On le trouve parfois dans certains parcs où il se présente sous la forme d'un grand conifère de 10 à 15 m. Assez conique, mais aux branches un peu clairsemées, au feuillage foncé. Les feuilles vert pâle sont, soit très resserrées, soit pointues et épineuses. C'est une plante dioïque qui porte ses fleurs, mâles ou femelles, sur des pieds différents. Hauteur à l'âge adulte : 10 m. Parmi les meilleurs cultivars, voici :

— *Juniperus chinensis* 'Blaauw', au feuillage vert bleuté et au port évasé, semi-érigé.

— *Juniperus chinensis* 'Gold Coast', au feuillage doré et au port très étalé.

— *Juniperus chinensis* 'Mint Julep' offre un feuillage vert clair et une architecture évasée.

— L'un des plus populaires, s'adaptant

355

en tous lieux, même à l'ombre est *Juniperus x media* 'Pfitzeriana', dont le feuillage est vert clair et le port très étalé. Il peut atteindre un diamètre de 4 m.

Juniperus communis (genévrier commun), pousse à travers toute l'Europe sur les côteaux calcaires et ensoleillés. Il peut avoir des formes très différentes et ses cultivars sont souvent directement issus de formes sauvages. Son feuillage est constitué d'aiguilles, blanches en dessous et vertes sur le dessus, très piquantes. Hauteur à l'âge adulte : 5 m. Parmi ses cultivars :

— *Juniperus communis* 'Compressa' croît très lentement. Planté en situation abritée, il forme un petit fuseau aux feuilles vertes, plus foncées au revers.

— *Juniperus communis* 'Depressa Aurea' développe au printemps un feuillage doré qui verdit ensuite. Son port évasé est presque étalé.

— *Juniperus communis* 'Hornibrookii', est un joli rampant dont les feuilles vertes sont argentées au revers.

— *Juniperus horizontalis* (genévrier rampant). Il est idéal en couvre-sol, ne dépasse pas 50 cm de haut et s'étale sur plus de 4 m. Son feuillage, constitué d'aiguilles et d'écailles, prend une superbe coloration bronze en hiver s'il est planté au soleil. On peut le palisser contre un mur avec succès. Cette espèce exige un sol assez humide et ne tolère pas le calcaire. Hauteur à l'âge adulte : de 1 à 3 m. Parmi ses cultivars :

— *Juniperus horizontalis* 'Glauca', offre un feuillage bleu acier virant en teintes splendides à la mauvaise saison.

— *Juniperus oxycedrus*, (genévrier oxycèdre ou cade). On le rencontre tout autour de la Méditerranée. C'est un arbrisseau aux formes tourmentées.

— *Juniperus sabina* (genévrier sabine), est un petit arbuste au port souvent rampant, spontané dans les montagnes d'Europe et du Caucase. Mieux vaut contempler son feuillage — aiguilles et écailles — vert ou gris-vert, que de le froisser car il dégage alors une odeur nauséabonde insupportable. Très rustique, la sabine, comme on l'appelle, vient en tous sols, même calcaires et pierreux, mais elle préfère le soleil. Parmi ses cultivars :

— *Juniperus sabina* 'Hicksii', au feuillage gris-bleu, émet des branches obliques dont l'extrémité s'incline. Son port est ainsi semi-prostré. Hauteur à l'âge adulte : 3 m.

— *Juniperus sabina* 'Tamariscifolia', qui

△ *Juniperus chinensis*

rampe et se pare de feuilles vertes légèrement givrées de bleu.

— *Juniperus scopulorum* (genévrier des rochers), originaire des montagnes Rocheuses. Il a été très hybridé par les Américains. Son feuillage ressemble beaucoup à celui de *virginiana*, mais sa couleur vert argenté ou gris a donné naissance à des cultivars qui sont devenus très populaires en Europe.

— *Juniperus squamata*, originaire du Népal où il croît jusqu'à 5 000 m d'altitude, est parfaitement rustique et vient bien partout. Cet arbrisseau rampant se développe très lentement. Ses branches disparaissent entièrement sous de courtes et fines aiguilles d'un joli vert bleuté. Ses plus jolis cultivars :

— *Juniperus squamata* 'Blue Carpet' au feuillage bleu-acier et *Juniperus squamata* 'Meyeri' qui se distingue par son port semi-érigé. Son feuillage est bleu glauque.

— *Juniperus virginiana* (genévrier de Virginie) dépasse facilement 10 m de hauteur et a une forme généralement conique. Les branches, pointées vers le ciel chez les plantes jeunes, tendent à

s'affaisser à l'horizontale chez les plus âgées. Les feuilles de deux sortes — aiguilles et écailles — exhalent une odeur désagréable quand on les froisse. Le bois rosé convient à la fabrication des crayons. Si cette espèce tolère modérément le calcaire, elle exige une terre profonde retenant bien l'humidité. Hauteur à l'âge adulte : 10 m. Parmi ses cultivars :

— *Juniperus virginiana* 'Glauca' offre un feuillage gris argenté. Il est vraiment très fuselé.

— *Juniperus virginiana* 'Skyrocket' est l'un des conifères les plus étroits qui soient : ses feuilles sont bleu-gris et il est d'une grande élégance.

Pour choisir vos genévriers selon leurs formes : en colonne, étalée ou rampante, voici un guide de leur végétation.

Les meilleurs genévriers « columnaires »

— *Juniperus chinensis* 'Aurea' (genévrier de Chine), au port en colonne, jaune d'or brillant s'atténuant en hiver. Attention, il peut brûler si le soleil brille très fort. Hauteur à l'âge adulte : 4 à 5 m.

— *Juniperus chinensis* 'Blue Alps' se dresse en touffe évasée, bleu argenté, jusqu'à 1,50 m de haut.

— *Juniperus chinensis* 'Kaizuka'. Affiche un port plus désordonné et dépasse 3 m. En revanche, sa parure verte supporte bien la taille.

— *Juniperus chinensis* 'Keteleeri' est un clone vigoureux, colonnaire ou étroitement conique, capable d'atteindre 10 m de haut.

— *Juniperus chinensis* 'Obelisk', de couleur gris-bleu et de port tout à fait étrange, à la fois tordu et incliné, au feuillage déprimé. Hauteur à l'âge adulte : 3 m.

— *Juniperus chinensis* 'Pyramidalis', très compact, au feuillage gris-vert. Hauteur à l'âge adulte : 2 m.

— *Juniperus communis* 'Compressa' (genévrier commun) est un superbe fuseau vert. L'un des meilleurs pour un jardin de rocaille. Hauteur à l'âge adulte : 1 m.

— *Juniperus communis* 'Hibernica', (genévrier d'Irlande) en colonne très étroite, vert-gris. Hauteur à l'âge adulte : 4 m.

— *Juniperus procumbens* 'Nana'. Malgré sa croissance lente, ce nain entre tous peut s'étendre en vastes tapis de moins de 30 cm de haut.

— *Juniperus scopulorum* 'Blue Heaven'

(genévrier des rochers), parfaitement compact et uniformément bleu toute l'année.

— *Juniperus scopulorum* 'Erecta Glauca', très mince et compact. Son feuillage vert glauque a la particularité de se teinter en violet en hiver. Hauteur à l'âge adulte : 6 m.

— *Juniperus scopulorum* 'Skyrocket' forme une colonne très fine et, lorsqu'il est adulte, assez grande (5 m). Son feuillage est fin, gris-bleu, très ascendant dans les régions froides. Il remplace le cyprès de Provence dont il a la silhouette.

— *Juniperus virginiana* 'Burkii', fort dense, très compact, au feuillage à la fois juvénile et adulte, gris-bleu en été, bleu-acier en hiver. Hauteur à l'âge adulte : 3 m.

Les meilleurs genévriers à port étalé.

— *Juniperus* 'Blue Cloud', au port assez étalé, aux pousses vigoureuses partant dans toutes les directions. Ses feuilles ont un reflet bleu-clair.

— *Juniperus x media* 'Blaauw' (genévrier de Chine) de forme érigée, assez large. Il est bleu-gris lumineux. Hauteur à l'âge adulte : 1 m.

— *Juniperus x media* 'Hetzii', très beau conifère, aux formes étalées en cône large. Il peut atteindre 3 m en hauteur comme en largeur. Il ne faut donc pas le planter n'importe où. Superbe bleu-argenté.

— *Juniperus x media* 'Kurivao Gold', assez grand, mais très évasé, jaune d'or.

— *Juniperus x media* 'Mordigan Aurea', au port étalé jaune vif, puis doré.

— *Juniperus x media* 'Pfitzeriana' est certainement le genévrier le plus planté. Bien connu pour son port majestueux, ses branches disposées comme des bras (ou plutôt des ailes) en plan vertical, les rameaux retombant gracieusement. Les sujets très vieux peuvent être différents, soit très étalés, soit pyramidaux. Le feuillage est vert clair. Ce genévrier peut atteindre 4 m d'envergure. On l'utilise beaucoup dans les jardins, soit pour faire des couvre-sols, soit en isolé sur une pelouse. Ou encore, pour couvrir des bornes ou des trappes d'inspection.

— *Juniperus x media* 'Pfitzeriana Aurea' a ses branches plus inclinées vers le sol. Le feuillage est à fond vert, mais les jeunes pousses sont jaunes, ce qui forme un très joli contraste. Ce « pfitzer » est au moins aussi populaire que le premier.

△ *Juniperus sabina*
▽ *Juniperus squamata* **'Meyeri Blue Star'**

— *Juniperus x media* 'Pfitzeriana Glauca' est un petit peu moins imposant que le type aux feuilles vert glauque. Les 'Pfitzeriana' sont parfois élevés sur tuteur par les pépiniéristes. Dans ce cas, ils sont plus hauts, mais moins élégants.

— *Juniperus x media* 'Plumosa Aurea', est un très joli genévrier au port évasé, aux feuilles douces et moussues d'un beau doré. Pousse assez lente.

— *Juniperus sabina* 'Blue Danube' (genévrier sabine), pousse très lentement. Ce « Danube bleu » est plutôt vert, mais ses branches retombent avec une certaine grâce.

— *Juniperus sabina* 'Tamariscifolia' est l'un des plus beaux cultivars du sabine, et forme, avec le temps, un arbuste assez haut à sommet plat. Il est très utilisé comme couvre-sol sur les talus où, épousant le sol, il atteint 50 cm.

— *Juniperus squamata* 'Blue Star' est un très joli petit conifère au feuillage bleu-acier.

— *Juniperus squamata* 'Meyeri', un très joli nain à port irrégulier, et d'un bleu... vraiment bleu.

△ *Juniperus procumbens*

△ *Juniperus horizontalis* 'Douglasii'

— *Juniperus virginiana* 'Grey Owl' (genévrier de Virginie). Presque couvre-sol, ce genévrier plus large que haut, au feuillage très fin, est d'une belle teinte bleu-gris.
— *Juniperus virginiana* 'Tripartita', ressemble beaucoup au 'Pfitzeriana' mais en plus petit. Son feuillage vert pâle glauque devient pourpre en hiver.

Les meilleurs genévriers rampants

Tous les genévriers décrits, ci-dessous, sont parfaitement adaptés à une utilisation en couvre-sol ou tout simplement pour créer des espaces horizontaux persistants dans le jardin.
— *Juniperus chinensis* 'Gold Coast' (genévrier de Chine), l'un des genévriers les plus étalés, à rameaux dorés.
— *Juniperus chinensis* 'Sargentii' est d'un beau vert bleu. Ses feuilles, squamiformes ou acidulaires (piquantes), sont présentes en même temps sur les rameaux et sentent le camphre.
— *Juniperus communis* 'Depressa Aurea' (genévrier commun). Un très beau cultivar jaune, aux feuilles légèrement piquantes, qui devient bronzé en hiver. Comme toutes les formes dorées, il réclame une exposition en plein soleil.
— *Juniperus communis* 'Repanda'. Ses feuilles sont douces, son port bien ramifié et sa couleur vert franc.
— *Juniperus communis* 'Hornibrookii'. La variété la plus prostrée. Les feuillage gris est légèrement givré.
— *Juniperus horizontalis* 'Bar Harbor' (genévrier rampant), très rampant, (comme son nom le dit), bien que ses rameaux soient dressés et atteignent 0,50 m de haut. Son feuillage, gris-vert en été, devient mauve en hiver. Les jeunes pousses sont orangées, avec des pointes mauves, ce qui ne manque pas d'originalité.
— *Juniperus horizontalis* 'Douglasii', le plus surprenant des genévriers rampants : de vert foncé il devient brun, presque chocolat en hiver, s'il peut jouir d'assez de soleil.
— *Juniperus horizontalis* 'Glauca', totalement rampant, épouse le moindre contour du sol. Son feuillage est vert métallique. En le taillant, vous donnerez l'impression qu'il s'agit de gazon.
— *Juniperus scopulorum* 'Springbank', d'un glauque lumineux, aux rameaux très fins et souples.

Hauteur : variable selon les variétés.
Terre : en sol calcaire, plantez : *Juniperus chinensis*, *Juniperus sabina*, *Juniperus repanda* ; en terrain acide, plantez *Juniperus horizontalis*.
Exposition : soleil, mi-ombre.
Multiplication : bouturage avec hormones, marcottage.
Feuillage : persistant.

Kalmia

KALMIE
Famille des éricacées
Arbuste

On dirait des bouquets de clochettes roses émergeant d'un feuillage vernissé.

Si vous recherchez un arbuste élégant pour garnir un coin de terre acide, le *Kalmia* est fait pour vous. Il apporte une touche d'originalité aux massifs. Dans les régions à climat humide, le littoral atlantique, par exemple, il pousse vigoureusement, donnant ainsi naissance à de véritables fourrés. Le *Kalmia* convient bien aux terrasses, à condition de ne pas le laisser se dessécher dans son bac. Attention. Il semble que les bourgeons et les fleurs des kalmies soient toxiques. Alors, prudence.

■ **CONSEILS UTILES**

— Plantez-le, en octobre, novembre ou en mars, avril, dans une terre acide que vous enrichirez en tourbe et en terreau de feuilles pour lui permettre d'accumuler plus d'eau. Paillez, chaque printemps, avec de l'écorce de pin.

— Pas de taille, les fleurs apparaissent en grand nombre en bout de tige. Pour améliorer la beauté des arbustes, contentez-vous d'enlever les fleurs fanées et les fruits en formation. Plantez le *Kalmia* en compagnie d'azalées, de piéris et de bruyères, et ne les laissez jamais se dessécher.

■ **LES MEILLEURES VARIÉTÉS**

— *Kalmia angustifolia* (laurier des moutons). On dit aux Etats-Unis, d'où il est originaire, que cette variété empoisonnerait les moutons. Il porte un feuillage brillant et épanouit des fleurs rouge cerise. Sa variété 'Rubra', aux fleurs rose vif, fleurit sur une période assez longue.
— *Kalmia latifolia* (laurier américain). Le feuillage est brillant et les fleurs, en grappes de 10 cm de diamètre, sont d'un beau rose carné. *Kalmia latifolia* 'Alba' possède des fleurs blanches et la variété 'Clémentine Churchill' se remarque par ses fleurs rouges. 'Ostbo Red', rouge en bouton, donne des fleurs blanches.
— *Kalmia polifolia*. A feuilles étroites, glauques au revers, ouvre ses corolles rose pourpré en juin et s'accommode bien des sols humides.

Hauteur : de 1 m à 3 m et plus.
Terre : acide.
Exposition : mi-ombre.
Multiplication : par marcottage, en été.
Floraison : juin.
Feuillage : persistant.

Kalmia latifolia △
almia latifolia 'Clementine Churchill' ▽

△ *Kerria japonica*

Kerria

CORÈTE DU JAPON

Famille des rosacées
Arbuste

Au sortir de l'hiver, le *Kerria* est un festin de soleil bien réconfortant. Drageonnant comme un beau diable, il émet des tiges un peu partout qui se terminent presqu'à l'horizontale et ploient sous les fleurs en pompons jaune vif. Facile à cultiver, qu'il ait des fleurs simples ou des fleurs doubles, le *Kerria* peut être palissé contre un mur où il déploiera une envergure de 8 m. Prévoyez à ses pieds des *Hemerocallis* en mélange.

■ **CONSEILS UTILES**

— Plantez-le en automne. Il suffit d'arracher, chez un voisin, un drageon avec quelques racines pour obtenir une belle touffe en peu d'années. Attention, le corète est un voisin envahissant pour les autres plantes. Pensez-y dès la plantation et limitez sa croissance en largeur par une allée ou un mur.

— Taillez après la floraison, en enlevant les rameaux du centre des touffes afin que la lumière y pénètre à flot.

■ **LES MEILLEURES VARIÉTÉS**

— Il est plus chic d'afficher dans son jardin un *Kerria japonica* type, aux petites fleurs simples à peine visibles, mais j'avoue que je préfère la forme à fleurs doubles, 'Pleniflora', tellement plus belle. Les fanatiques de feuillages panachés se régaleront avec le *Kerria japonica* 'Variegata', au port très souple, avec un feuillage bordé de blanc.

Hauteur : de 1,80 m à 2 m
Terre : quelconque, même calcaire.
Exposition : soleil et mi-ombre.
Multiplication : par séparation des drageons, en été.
Floraison : avril, mai.
Feuillage : caduc.

△ *Kolkwitzia amabilis*

Kolkwitzia

KOLKWITZIA
Famille des caprifoliacées
Arbuste

S'il n'est pas taillé régulièrement, le *Kolkwitzia* peut dépasser 2 m. Cet arbuste forme en quelques années une belle touffe, couverte de fleurs, en trompettes roses, au printemps. Il est aussi à son aise dans une haie parmi d'autres arbustes à fleurs (symphorines et spirées) que parmi les fleurs vivaces ou les rosiers. Le *Kolkwitzia* ne montre aucune exigence. Il est parfait pour les jardins sans jardiniers. Adoptez-le sans attendre.

■ CONSEILS UTILES

— Plantez-le quelle que soit la saison, s'il est élevé en conteneur. Mais il vaut mieux l'acheter en pleine floraison, c'est-à-dire en mai, car il existe des séries peu florifères. Arrosez régulièrement pendant le premier été.
— Pour le multiplier, bouturez des pousses tendres, en juin ou juillet, et faites-leur passer le premier hiver sous châssis froid.
— Plantez-le en compagnie d'oeillets des poètes ou dans un tapis d'*Armeria*.

■ LES MEILLEURES VARIÉTÉS

— Le *Kolwitzia amabilis*, qui vient de Chine, a des fleurs roses, dont la gorge est marquée de jaune. La variété 'Pink Cloud', amélioration du type, semble un peu plus florifère et d'un coloris plus franchement rose.

Hauteur : de 1,50 m à 1,80 m.
Terre : ordinaire.
Exposition : soleil et mi-ombre.
Multiplication : bouturage en début d'été.
Floraison : fin mai, début juin.
Feuillage : caduc.

Laburnum

CYTISE
Famille des fabacées
Arbre

C'est un petit arbre à feuilles caduques qui peut atteindre 8 m de hauteur, au feuillage étalé, aux fleurs jaunes, légères, tombant en grappes graciles, évoquant une pluie dorée. Le tronc, très souvent, se scinde dès la base en 2,3 ou 4 ramifications, ce qui élargit encore le volume de l'arbre. Son bois, très dur, a été utilisé depuis l'antiquité pour la fabrication d'instruments de musique, d'où son appellation de «faux ébénier».

▽ *Laburnum x watereri*

— Le cytise s'adapte à tous les sols, avec une aversion cependant pour les terres marécageuses. Ses fleurs seront plus belles à l'ombre dans un endroit mi-ombragé, bien que l'arbre supporte, en fait, toutes les expositions, quelles qu'elles soient. En outre, il est peu sensible à la pollution. Plantez ensemble, côte à côte, un *Laburnum* et une *Wisteria* (cytise et glycine), la floraison simultanée jaune et mauve est superbe.

— Point besoin de taille, mais de grâce, retirez, si possible, les fleurs fanées qui pendent d'une façon si disgracieuse pendant les longs mois d'été. Il est à noter que les fleurs sont un poison.

■ LES MEILLEURES VARIÉTÉS

— *Laburnum adamii* que l'on appelle aussi + *Laburnocytisus adamii* est une intéressante chimère portant des fleurs jaunes, roses et pourpres sur le même arbre.

— *Laburnum alpinum* (cytise des Alpes) est la plus grande variété. Elle atteint 10 m de hauteur. Ses grappes de fleurs sont aussi plus longues que chez les autres espèces. *Laburnum alpinum* 'Autumnale' a une floraison en octobre. Il s'agit d'une variété remontante, ce qui est exceptionnel chez le cytise.

— *Laburnum anagyroides* 'Aureum' (cytise Aubour) a un feuillage de teinte jaune clair.

— *Laburnum x watereri* 'Vossii' diffère des précédents par la couleur de sa fleur : jaune foncé. C'est la variété la plus vendue et sa floraison fort belle.

Hauteur : de 8 à 10 m
Terre : indifférente.
Exposition : indifférente, de préférence à mi-ombre.
Multiplication : par semis et bouturage. Les jeunes pousses peuvent être greffées ensuite sur l'espèce correspondante.
Floraison : début de l'été, ou octobre chez certains.
Feuillage : caduc.

Lagerstroemia
LILAS DES INDES
Famille des lythracées
Arbre ou arbuste

L'arbuste, ravissant quand il est en pleine floraison, ressemble à du lilas, mais il n'appartient même pas à la famille! Venu d'Orient, comme le précédent, le lilas des Indes a été acclimaté par une famille de pépiniéristes de la région de Bergerac. Etant donné les hivers, quelquefois cruels, de cette région, c'est un gage de rusticité. Cultivé en arbuste, le *Lagerstroemia indica* résiste jusqu'à - 15° C, repartant au printemps de la souche pour fleurir, malgré tout, en été. Mais il lui faut, cependant, un ensoleillement prolongé. Planté sur une terrasse, au soleil, il vous vaudra les compliments de tous. Son feuillage risque même d'être persistant si l'hiver n'est pas trop rigoureux.

△ *Lagerstroemia indica*

■ CONSEILS UTILES

— Plantez-le, au printemps, de préférence. Paillez et arrosez abondamment en été. A l'approche des grands froids, abritez la souche sous un matelas de paille ou de feuilles mortes maintenues par un plastique. En mars, dégagez cette protection en profitant d'une période de temps doux et coupez les rameaux au ras du sol. La végétation repartira alors vigoureusement.

— Associez-le à des *Campanula pyramidalis* et à des *Salvia sclarea* dans un massif appuyé à un mur, en plein sud : vous obtiendrez un très joli tableau aux couleurs douces.

■ LES MEILLEURES VARIÉTÉS

— Il existe plusieurs hybrides sélectionnés par couleur, du blanc pur au rose foncé, et même au violet et au rouge, qui fleurissent abondamment en grappes opulentes. Le type *Lagerstroemia indica* épanouit des fleurs rose lilas en septembre et la variété 'Rosea', offre des fleurs d'un rose soutenu.

Hauteur : de 1 m à 2 m.
Terre : riche et légère.
Exposition : plein soleil.
Multiplication : par bouturage, en été.
Floraison : de juillet à septembre.
Feuillage : caduc.

△ *Larix decidua*

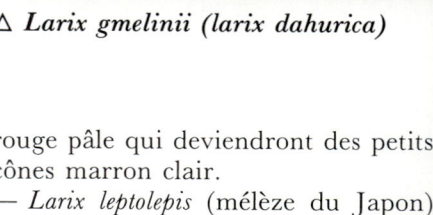

△ *Larix gmelinii (larix dahurica)*

Larix

MÉLÈZE

Famille des abiétacées
Arbre

Grand conifère au port régulier et gracieux, aux branches légères, s'incurvant vers le bas pour remonter aux extrémités. Les feuilles en aiguilles, sont molles et minces, groupées en rosettes à la manière de celles des cèdres. A la grande différence de la majorité des conifères, le mélèze perd ses feuilles en automne. Il marque une préférence pour les sols frais. Rien n'est plus beau, au printemps, que le spectacle de cet arbre au feuillage si fin et lumineux, se détachant contre le vert plus accusé des autres feuillages.

■ CONSEILS UTILES

— Poussant très rapidement, il est préférable de le planter jeune, ainsi s'adaptera-t-il plus facilement au sol. Évitez aussi de l'installer en ville, car il supporte mal la pollution.

■ LES MEILLEURES VARIÉTÉS

— *Larix decidua* (mélèze d'Europe). Ce montagnard, spontané dans les Alpes françaises, se rencontre entre 1 000 et 2 500 m d'altitude en des endroits toujours bien éclairés et ensoleillés. Ses pousses sont d'un beau vert tendre et deviennent jaune roux avant de tomber. Sa fructification est intéressante. Au printemps, on voit s'épanouir, sur le même arbre, des chatons mâles jaune verdâtre et des chatons femelles brun rouge pâle qui deviendront des petits cônes marron clair.

— *Larix leptolepis* (mélèze du Japon) pousse spontanément sur les pentes des montagnes volcaniques d'une île japonaise. Il se plaît dans tous les jardins. Son feuillage est vert bleuté, très fin et se colore de beige rosé en automne. Les écailles des cônes sont récurvées et non droites. Il atteint facilement 30 m. La variété *Larix leptolepis* 'Pendula' est un bel arbre pleureur.

Hauteur : de 20 à 30 m.
Terre : fraîche, il se plaît en montagne.
Exposition : pleine lumière.
Multiplication : semis et greffe.
Feuillage : caduc.

▽ *Larix leptolepis*

▽ *Larix decidua*

363

△ *Laurus nobilis*

Laurus

LAURIER D'APOLLON

Famille des lauracées
Arbuste

Chez les Grecs, c'est avec les feuilles de laurier qu'on tressait des couronnes aux héros. Ce laurier était symbole de victoire. Chez nous, depuis le Moyen-Age, le laurier est un symbole de succès scolaire. D'où le nom de « baccalauréat » tiré de 2 mots latins : les baies et les feuilles de laurier (bacca et laurea) dont on ceignait les lauréats aux examens. Quoique sévèrement touchés par les derniers hivers, les lauriers-sauce, qu'il ne faut pas confondre avec les lauriers-roses (*Nerium oleander*) ou les lauriers-tins (*Viburnum tinus*), sont toujours appréciés par les jardiniers. Ils joignent à l'élégance de leur feuillage, leur facilité de culture et la qualité aromatique de leurs feuilles. Appuyés à des façades ensoleillées, ils ponctuent l'espace avec majesté.

364

■ **CONSEILS UTILES**

— Choisissez, pour le planter, un endroit abrité des vents froids.
— Le laurier-sauce réussit très bien en bacs, à condition de le rentrer à l'abri, chaque hiver, dans une véranda non chauffée. Il supporte très bien la taille.
— S'il gèle au cours d'un hiver sévère, rabattez-le au ras du sol. Des rejets ne tarderont pas à apparaître qui referont une touffe en peu d'années.

■ **LES MEILLEURES VARIÉTÉS**

— *Laurus nobilis* atteint facilement 10 m et plus s'il n'est pas taillé. La variété *Laurus nobilis* 'Angustifolia' présente des feuilles plus étroites et plus pâles. 'Aurea' se distingue par un feuillage jaune doré. *Laurus nobilis* 'Undulata', au feuillage ondulé, est plus rustique.

Hauteur : de 2 à 10 m et plus.
Terre : riche et bien drainée.
Exposition : plein soleil.
Multiplication : par bouturage, en été.
Floraison : mars, avril.
Feuillage : persistant.

▽ *Lavandula* 'Hidcote Blue'

Lavandula

LAVANDE

Famille des lamiacées
Arbuste

La lavande, aimée de tous, grâce à son parfum et aux images du Midi qu'elle évoque, pousse tout aussi bien dans le Nord, à condition de lui consacrer un coin ensoleillé. Toute terre lui sied, même la plus caillouteuse, même la plus pauvre. Évitez cependant un sol trop humide, compact et trop argileux. Elle vous récompensera de ces petits soins en vous offrant de larges touffes pour border un escalier de pierre, couvrir un talus. Toutes les fleurs à couleurs vives gagneront à voisiner avec vos lavandes.

■ **CONSEILS UTILES**

— Plantez des éclats de touffe au printemps, dans de la bonne terre de jardin bien drainée.
— Coupez les fleurs sitôt fanées pour garder des touffes bien rondes. Rabattez les plantes maigrichonnes au prin-

temps. Vous pouvez même les tailler, au début du printemps.

■ **LES MEILLEURES VARIÉTÉS**
— *Lavandula angustifolia* (lavande officinale) est la plus jolie de toutes, avec ses fleurs bleu violet à la senteur subtile et tenace. Essayez le cultivar 'Hidcote', d'un beau violet. La variété 'Munstead' a un feuillage très vert. Il existe même une lavande à fleurs roses 'Loddon Pink' (mais c'est un rose très fade) et une autre à fleur blanche.
— *Lavandula stoechas* (lavande à toupet) présente une drôle de silhouette ébouriffée avec des fleurs pourprées. Son parfum est bien moins prononcé que la lavande *angustifolia* dite également lavande anglaise.

Hauteur : de 30 cm à 80 cm.
Terre : ordinaire, plutôt sèche.
Exposition : ensoleillée.
Multiplication : par bouturage en été.
Floraison : juillet, août.
Feuillage : persistant.

Lavatera
LAVATÈRE ARBUSTIVE
Famille des malvacées
Arbuste

Grâce, charme, couleur ! Que de qualités pour un arbuste si facile à vivre ! Une lavatère, en outre, est parfaite pour combler avec bonheur des trous dans votre plate-bande. En trois mois, à partir d'un godet de rien du tout, elle devient une belle touffe de 1,50 m de haut. Donnant des fleurs roses, pendant tout l'été, elle se marie parfaitement avec les *Perowskia,* les *Caryopteris* et les rosiers remontants. Pour compléter le tableau, prévoyez, en bordure, des népétas aux légères fleurs bleues. La *Lavatera* pousse très bien en bordure de mer.

■ **CONSEILS UTILES**
— Plantez la *Lavatera* au printemps. Arrosez régulièrement, en ajoutant de l'engrais liquide pour favoriser la floraison. En novembre, placez des feuilles mortes au pied pour la protéger du froid. En mars, rabattez la touffe à 10 cm du sol, afin de favoriser la croissance de nouvelles tiges saines.
— En septembre, coupez des boutures sur les extémités des rameaux et

△ *Lavatera arborea*

enterrez-les horizontalement dans un mélange (en parties égales) de sable et de tourbe. Des racines ne vont pas manquer d'apparaître. Conservez les boutures à l'abri du froid pour remplacer les pieds atteints par le gel.

■ **LES MEILLEURES VARIÉTÉS**
— Différents cultivars extrêmement florifères structurent en beauté la moindre plate-bande : 'Ice Cool', blanc satiné ; 'Barnsley', blanc à cœur rose ; 'Pink Frils', rose.
— *Lavatera thuringiaca.* Nous tenons compte du rectificatif concernant le nom de ce merveilleux arbuste, appelé à tort jusqu'à aujourd'hui, *Lavatera olbia.* Le Dr Martin Cheek, du Royal Botanic Gardens, à Kew, vient de lui donner son nom exact : *Lavatera thurin-*

giaca. C'est un arbuste ravissant, avec ses tiges duveteuses, un peu grises, au bout desquelles s'épanouissent, tout l'été, de grandes fleurs roses, simples. La *Lavatera olbia,* en revanche, arbuste méditerranéen, autrefois cultivé dans les jardins, est, aujourd'hui, introuvable chez les pépiniéristes. Dans cette espèce, les fleurs simples, d'un rose soutenu, sont bien serrées les unes contre les autres tout le long des branches.

Hauteur : 2 m.
Terre : bonne terre de jardin.
Exposition : soleil.
Multiplication : boutures.
Floraison : été.
Feuillage : caduc.

Leucothoe fontanesiana △

Leucothoe

LEUCOTHOE

Famille des éricacées

Arbuste

Ces arbustes de 1,50 m de haut pour la plupart persistants, sont parfaits pour les petits jardins de climat méditerranéen. Leur forme buissonnante et leurs branches arquées, très denses, en font de parfaits « cache-troncs », à l'avant d'arbres ou d'arbustes dont la base est dénudée. Ou encore de bonnes plantes couvrantes pour les talus à l'ombre. La floraison blanche, qui ressemble à celle du muguet, a lieu au début de l'été.

■ **CONSEILS UTILES**

— Plantez à l'ombre dans un sol acide et humide en incorporant un peu de poudre d'os à la plantation. Quand les plantes seront bien établies, coupez à ras les branches anciennes pour provoquer une pousse de feuilles jaunes, l'arbuste gardera ainsi un aspect frais et buissonnant.

■ **LES MEILLEURES VARIÉTÉS**

— *Leucothoe davisiae* a un feuillage persistant, brillant et donne des fleurs blanches, en juin.
— *Leucothoe fontanesiana*. Son feuillage est teinté de rouge en hiver. Les fleurs blanches, pendantes, apparaissent en mai. Le cultivar 'Rainbow' a un feuillage teinté de jaune, de rose et de crème.
— *Leucothoe Scarletta* 'Zeblid' est un petit arbuste apprécié pour son jeune feuillage rouge, lumineux.

Hauteur : 1,50 m.
Terre : acide, qui ne se dessèche pas.
Exposition : ombre ou mi-ombre.
Multiplication : marcottage en été.
Floraison : juin.
Feuillage : presque toujours persistant.

Lespedeza

LESPÉDÉZA

Famille des fabacées

Arbuste

Le lespédéza est un arbuste étrange mais attachant. Ses grands rameaux vigoureux naissent chaque printemps, se courbent en été et fleurissent en automne dans un ton rose pourpre ravissant. Ses fleurs ressemblent à celles des pois de senteur. Son port en cascade est parfait pour la décoration des talus. On peut aussi l'utiliser en couvre-sol dans le fond du jardin, ou encore en habiller un coin d'escalier. Un seul pied finit par couvrir une surface impressionnante. Le feuillage divisé, fort élégant durant tout l'été, est une toile de fond idéale à d'autres plantations, comme le *Stachys olympica*, dont le doux gris argenté fera bien ressortir le pourpre des branches arquées. Des anémones du Japon roses, au port érigé, placées un peu en retrait, fleuriront en même temps que ce bel arbuste. Des asters s'harmoniseront tout autant avec ses coloris.

■ **CONSEILS UTILES**

— Plantez-le en automne ou au printemps. Coupez toutes les tiges, en mars, au ras du sol car ce sont les nouveaux rameaux qui sont les plus florifères.

■ **LES MEILLEURES VARIÉTÉS**

— *Lespedeza thunbergii*, encore souvent vendu sous son synonyme de *Desmodium penduliflorum*, donne, en septembre, de belles grappes de fleurs pourpre foncé, de près de 20 cm de long.
— *Lespedeza bicolor*, assez rustique, fleurit en rose et pourpre et atteint 2 m.

Hauteur : de 1,20 m à 2 m.
Terre : fertile, profondément bêchée.
Exposition : soleil.
Multiplication : par bouturage, en été.
Floraison : de fin août à octobre.
Feuillage : caduc.

Leycesteria

LEYCESTÉRIA

Famille des caprifoliacées

Arbuste

Encore peu connu, le *Leycesteria formosa*, originaire de l'Himalaya, fait cependant partie des meilleurs arbustes qui soient pour décorer un coin de jardin un peu sauvage. Ses longues tiges souples, qui peuvent atteindre 1,80 m, se terminent, en été, par des grappes de fleurs lie de vin et blanches, donnant à l'automne des baies pourpre foncé très décoratives et très appréciées des oiseaux, en particulier des faisans.

■ **CONSEILS UTILES**

— Plantez-le au printemps, en enterrant la motte de quelques centimètres.
— Chaque automne, paillez avec un épais matelas de feuilles mortes. Il arrive que les grands froids détruisent la partie aérienne, mais ils ne détruisent pas les racines et, au printemps, de nouvelles pousses surgissent du sol. De toute façon, vous obtiendrez des touffes plus jolies en coupant, chaque printemps, les tiges au ras du sol.
— Associez-le avec des fougères, des hostas, des astilbes 'Fanal', rouge brillant et des filipendules.

■ **UNE JOLIE VARIÉTÉ**

— *Leycesteria formosa* épanouit des fleurs blanches, à grandes bractées lie de vin formant un long épi pendant, de juillet à septembre.

Hauteur : de 1,50 m à 1,80 m.
Terre : riche en humus.
Exposition : soleil ou mi-ombre.
Multiplication : division des touffes, en automne, ou semis, au printemps.
Floraison : août.
Feuillage : caduc.

Ligustrum
TROÈNE
Famille des oléacées
Arbuste

Le troène a connu la gloire, avant l'ère du thuya, au début du siècle. Car peu d'arbustes sont aussi dociles et économiques, au point que l'on en a certainement abusé pour créer des haies sans imagination. Redécouvrez les qualités profondes de cet arbuste : il vaut mieux que ce demi-oubli. Son grand atout, c'est le parfum de ses fleurs en été. En outre, il supporte la pollution des villes et la mauvaise terre.

■ **CONSEILS UTILES**

— Plantez-le d'octobre à mars. Bêchez profondément la terre et enrichissez-la en humus, si besoin est. Chaque printemps, apportez du compost en paillage, car son enracinement est très superficiel.
— Taillez au moins deux fois, en mai et en septembre, pour obtenir une haie dense. Si vous utilisez votre arbuste dans une bordure, ne le taillez qu'une fois et enlevez quelques branches au centre de l'arbuste pour l'aérer et lui donner une forme plus évasée. Si la floraison vous plaît, ne le taillez qu'en juillet, une fois la période de végétation achevée. Le troène taillé en panier, ou en boule sur tige, n'est pas rustique, il faut donc l'abriter, en hiver, dans une véranda à peine chauffée. L'arbuste est très gourmand : ne plantez pas de fleurs ou d'autres arbustes dans son voisinage immédiat, sachant que la terre, auprès de lui, s'appauvrit bien vite.

■ **LES MEILLEURES VARIÉTÉS**

— *Ligustrum japonicum* (troène du Japon) a un feuillage persistant rappelant celui du camélia. Ses fleurs sont parmi les plus grandes du genre.
— *Ligustrum lucidum,* son cousin de Chine, est plus érigé et ses rameaux naissent de façon très géométrique. On en connaît plusieurs cultivars panachés, comme 'Aureovariegatum' ou encore 'Tricolor', qui marie le vert, le blanc et le rose.
— *Ligustrum ovalifolium* (troène de Californie) est le plus commun, il est très

▽ *Leycesteria formosa*

Ligustrum japonicum △
'**Rotundifolium**'

souvent utilisé sous forme de haie. Laissé à lui-même, il peut atteindre de grandes dimensions (jusqu'à 4 m).
— *Ligustrum quihoui*. A presque l'allure d'un petit arbre. Il atteint 4 m et se couvre d'une profusion de larges panicules vaporeuses, blanc crème, dès la fin de l'été.
— *Ligustrum vulgare* (troène d'Europe) pousse à l'état naturel dans toute l'Europe où on le trouve couramment dans les haies. Il se plaît dans les sols calcaires. Ses fruits noirs apparaissant en septembre-octobre sont assez décoratifs, mais attention, ils sont toxiques. L'arbuste a un feuillage caduc.

Hauteur : de 1 à 4 m.
Terre : quelconque.
Exposition : soleil ou mi-ombre.
Multiplication : par bouturage en automne (à l'extérieur) et sous châssis en été.
Floraison : juin, juillet.
Feuillage : caduc ou persistant.

△ *Liquidambar styraciflua*
◁ *Liquidambar styraciflua*

Liquidambar

LIQUIDAMBAR

Famille des hamamélidacées
Arbre

Ce nom étrange vient de l'espagnol et signifie « ambre liquide ». Ainsi fut appelé cet arbre par les premiers colons espagnols d'Amérique du Sud qui faisaient ainsi allusion à la sève balsamique, d'une belle couleur ambrée, jaillissant du tronc à la moindre éraflure. Puis, on importa l'arbre, en Europe, au 18e siècle, et sa sève fut employée en parfumerie et en médecine sous le nom de styrax ou de copalme. Connaissant ses origines, on comprend pourquoi le liquidambar aime tant le soleil et la chaleur. Ce n'est pourtant pas un arbre à problème. Il supporte le froid tout aussi bien et se plaît dans n'importe quel sol. Il est surtout apprécié pour son port majestueux, conique, son tronc long et droit qui s'élève jusqu'à 30 m, et même plus dans son pays d'origine. On aime son beau feuillage à larges feuilles lobées bien dessinées et l'incandescence glorieuse de celui-ci, en automne, virant au pourpre constellé d'or. Sa croissance est très lente (5 à 6 m en 20 ans). Pourtant, à cinq ans, il a déjà 4 mètres de haut et 2 mètres d'envergure. En outre, il vit plus de 80 ans et n'a jamais besoin d'être taillé.

■ **CONSEILS UTILES**

— On lui connaît une faiblesse : il souffre d'être transplanté et demande 2 à 3 ans pour « reprendre ».
— Transplantez-le en motte.
— Arrosez-le bien à la plantation.

■ **LES MEILLEURES VARIÉTÉS**

— *Liquidambar monticola* a les feuilles les plus larges.
— *Liquidambar orientalis* (liquidambar oriental) est originaire d'Asie Mineure. Ses feuilles sont beaucoup plus petites que celles du liquidambar américain et

sa taille est plus modeste, il ne dépasse pas 15 à 16 m de haut. Les autres caractéristiques restent les mêmes.

— *Liquidambar styraciflua* (liquidambar ou copalme). C'est l'arbre-type. Son cultivar 'Aurea' a des feuilles tachetées de jaune. 'Lane Roberts' est plus petit que les autres. 'Worplesdon' diffère de l'espèce par son port pyramidal, ses feuilles fortement laciniées et sa coloration automnale bien cuivrée.

Hauteur : 30 m et plus dans son pays d'origine.
Terre : humide, fraîche.
Exposition : soleil ou mi-ombre.
Multiplication : marcottage ou bouturage au printemps.
Feuillage : caduc.

Liriodendron

TULIPIER DE VIRGINIE
Famille des magnoliacées
Arbre

Voici un grand arbre, digne et majestueux, originaire des États-Unis. Étrange, il l'est jusqu'au bout de ses feuilles, presque aussi larges que longues (12 cm) au bout tronqué et qui, très légères, dansent dans le vent. Étrange par ses fleurs jaunes, en forme de tulipes qui éclosent en juin et lui ont donné son nom. Mais quel dommage, il faut vingt ans pour qu'on puisse les admirer pour la première fois.

■ **CONSEILS UTILES**

— Le *Liriodendron* a besoin d'une situation protégée, sans vents dominants. Et il faut bêcher profondément la terre avant la plantation.

■ **LES MEILLEURES VARIÉTÉS**

— *Liriodendron tulipifera* (tulipier de Virginie) fleurit en été, puis donne ses fruits coniques à l'automne. On en cultive plusieurs variétés, comme 'Aureomarginatum', aux feuilles bordées de jaune.

Hauteur : 30 m chez nous, mais beaucoup plus grand dans son habitat.
Terre : toutes.
Exposition : soleil ou mi-ombre.
Multiplication : marcottage. Ne coupez la marcotte qu'au bout de 2 ans.
Floraison : juin, juillet.
Feuillage : caduc.

Lupinus

LUPIN EN ARBRE
Famille des fabacées
Arbuste

Le lupin est assez banal, mais le lupin en arbre une rareté que l'on ne voit pas souvent. Dans un terrain sableux, et à bonne exposition, ce lupin vous donnera une telle masse de fleurs qu'il risquera d'en mourir d'épuisement. Soyez plus prévoyant que lui et ramassez des graines ou des boutures pour le multiplier tranquillement. Associez-le à des iris, car leurs feuillages, très différents, se complètent fort bien. Si vous préférez des harmonies, assemblez des lupins à des *Baptisia australis,* le bleu doux de ceux-ci se mariant agréablement au jaune pâle, souvent bleuté, des *Lupinus.*

■ **CONSEILS UTILES**

— Plantez-le, au printemps, sans endommager la racine pivotante, dans de la terre allégée par un demi-seau de sable.
— Afin de ne pas épuiser la plante, enlevez toutes les gousses, sauf deux ou trois.
— Ramassez les graines à maturité, grattez-les avec un couteau pour entamer l'écorce très coriace et semez-les dans du sable sans attendre.
— Les jeunes plants passeront l'hiver sous châssis et seront mis en place au printemps. Vous pouvez aussi prélever des boutures en été et les planter dans du sable.

▽ *Lupinus arboreus*

△ *Liriodendron tulipifera* 'Fastigiatum'

■ **LES MEILLEURES VARIÉTÉS**

— *Lupinus arboreus* (lupin en arbre) est persistant et parfumé. La variété 'Snow Queen' est blanche, 'Mauve Queen' mauve, et 'Golden Spire', jaune.

Hauteur : 1 m.
Terre : sableuse.
Exposition : plein soleil.
Multiplication : par semis, au printemps, ou par bouturage, en été.
Floraison : juin, juillet.
Feuillage : caduc.

Magnolia

MAGNOLIA

Famille des magnoliacées
Arbre

Le premier magnolia arriva chez nous à Nantes, au début du dix-huitième siècle, mais il fallut vingt ans pour voir apparaître ses premières fleurs. Ce fut alors la surprise et l'émerveillement. Grand voyageur et botaniste, Charles Plumier, qui découvrit le genre, donna à l'arbre le nom de Pierre Magnol, alors directeur du jardin botanique de Montpellier. On découvrit par la suite bon nombre d'espèces, aux floraisons variées, cultivées en Amérique du Nord et en Extrême-Orient. Certains ont le port d'arbres et d'autres sont des arbrisseaux. Les fleurs blanches qui s'épanouissent entre mai et juin, selon le climat, peuvent être aussi grandes que des assiettes à soupe. Aucun magnolia ne supporte un sol trop calcaire. Il faut alors lui fournir régulièrement un paillis de tourbe.

■ CONSEILS UTILES

— Avril est le meilleur mois pour la plantation. Évitez les sites ventés. L'arbre ne prospérera bien que dans un endroit ensoleillé et abrité.

— N'enterrez pas l'arbre trop profondément et ajoutez beaucoup de tourbe dans le trou de plantation et autour du tronc.

— Arrosez copieusement, surtout le premier été, et ne plantez pas d'autres arbustes trop près de lui. Les magnolias n'ont pas besoin de vraies tailles, un simple nettoyage des branches suffit.

■ LES MEILLEURES VARIÉTÉS

— *Magnolia acuminata* (magnolia acuminé) peut atteindre 20 m de haut sous nos climats. Les fleurs, en mai, sont inodores. Les fruits, de grands cônes de 10 cm, d'abord verts puis rouges, sont mûrs vers septembre.

— *Magnolia campbelli* (magnolia de Campbell), que l'on appelle parfois l'arbre aux tulipes roses, est une gloire en fleurs, mais il faut attendre vingt ans pour cet exploit.

— *Magnolia campbellii ssp. mollicomata.* On le dit plus rustique et plus rapide à fleurir que l'espèce, déjà après 10 ans.

— *Magnolia delavayi* est un petit arbre d'origine chinoise de 5 à 10 m de haut. Ses grandes feuilles persistantes sont

△ *Magnolia dawsonia*

▽ *Magnolia hypoleuca*

Magnolia x soulangiana △
Magnolia soulrosea 'Newton' ▷
Magnolia fuscata ▽

△ *Magnolia x soulangiana*

épaisses et coriaces. Il est moins rustique que *Magnolia grandiflora* et devra être réservé aux climats doux.

— *Magnolia grandiflora* (magnolia à grandes fleurs), au feuillage persistant, pousse très lentement. On peut le garder en bac sur une terrasse abritée ou le palisser contre un mur, ce qui se fait rarement chez nous mais couramment dans les pays anglo-saxons. La variété 'Exmouth' fleurit, pour la première fois, beaucoup plus tôt.

— *Magnolia kobus* a de grandes fleurs étoilées qui apparaissent en même temps que les feuilles, en mai-juin. Ce petit arbre, aux branches grêles et étalées, fait beaucoup d'effet.

— *Magnolia liliiflora* (magnolia à fleur de lis) est un petit arbre aux branches étalées et aux fleurs à très longs pétales. La variété 'Nigra' a des fleurs énormes, en forme de gobelets, pourpre foncé à l'extérieur et plus clair en dedans. Le cultivar 'Merrill' a de grandes fleurs blanches bien parfumées.

— *Magnolia x loebneri* 'Leonard Messel'. Ne dépasse pas la taille raisonnable de 4 à 5 m. En quelques années, il donne une profusion de fleurs roses parfumées, à pétales étroits.

— *Magnolia sieboldii*. Convient également dans des jardins de dimensions modestes. Le début de l'été voit s'ouvrir ses corolles parfumées.

— *Magnolia soulangeana* est un petit arbre de 2 à 3 mètres. Les fleurs, très belles, très évasées, ont des pétales blancs à l'intérieur et au dehors teintés de rose-carmin. 'Lennei' est l'une des plus jolies variétés, avec des fleurs en forme de coupes, rouge violacé. Quant à 'Rustica Rubra', c'est un arbre vigoureux dont les fleurs, rose pourpre, éclosent en mars-avril.

— *Magnolia stellata* (magnolia étoilé) est un arbrisseau, originaire du Japon où il est cultivé. Idéal pour un petit jardin. Ses nombreuses fleurs blanches, en étoiles, sont d'un blanc pur et apparaissent en mai, avant les feuilles, dégageant un agréable parfum de jonquille. Il ne

△ *Magnolia soulangiana* 'Alexandrina'
▽ *Magnolia cylindrica*

dépasse guère 2 m de haut. Un culti-var, 'Water Lily', a des fleurs encore plus grandes et plus nombreuses. Lui aussi sera à sa place dans un petit jardin.

Hauteur : de 1,50 m à 20 m, selon les variétés.
Terre : bonne terre de jardin enrichie de tourbe et d'humus.
Exposition : plein soleil ou mi-ombre.
Multiplication : marcottage en début d'été.
Floraison : entre mai et juin.
Feuillage : caduc, sauf *Magnolia grandiflora*.

◁ *Magnolia stellata* 'Royal Star'

373

△ *Mahonia aquifolium*

△ *Mahonia lomariifolia*

△ *Mahonia repens*

Mahonia

MAHONIA

Famille des berbéridacées
Arbuste

Il n'existe pratiquement pas de jardin sans mahonias. Ils ont tellement de qualités : tous persistants, parfumés et fleurissant en jaune. Certains s'épanouissent en hiver, d'autres choisissent le printemps pour s'exprimer. Ils n'ont pas leur égal pour meubler le jardin pendant la mauvaise saison, d'autant qu'à leur feuillage vernissé, s'ajoute souvent une silhouette étonnamment stylisée. Employez-les abondamment dans le fond des massifs, dans les haies sauvages, en mélange avec des amélanchiers, des sureaux et des viornes. Ou bien encore, associez-les à des nandinas, des fougères et des *Fritillaria*. Ils composeront une ambiance peu usuelle, et, par là, tout à fait surprenante. En outre, en hiver, le feuillage des mahonias permet de composer de très beaux bouquets, mais évitez de le prélever quand il gèle très fort.

■ **CONSEILS UTILES**

— Plantez-le, en septembre ou octobre, ou bien encore en mars-avril. Paillez le sol et arrosez abondamment pendant le premier été.

— Ne taillez pas, à moins que certaines branches ne partent bien au-dessus des autres. Dans ce cas, rabattez à mi-hauteur, en juin.

■ **LES MEILLEURES VARIÉTÉS**

— *Mahonia acanthifolia* est un arbuste de forme érigée, avec d'énormes feuilles en bouquets à l'extrémité des branches. La floraison ressemble à celle du mimosa, parfumée et jaune, durant l'automne et l'hiver.

— *Mahonia aquifolium* (mahonia à feuil-

△ *Mahonia x* '**Charity**'

△ *Mahonia lomariifolia*

△ *Mahonia media* '**Buckland**'

les de houx) est le plus connu. Il s'épanouit en petits bouquets jaunes en mars ou avril, fortement odorants. Ses baies bleu foncé sont très décoratives en automne, et peuvent même servir à réaliser des gelées originales. Il pousse dans les pires lieux, à l'ombre et dans les mauvaises terres, mais sa croissance est alors très lente. Le cultivar 'Apollo' prend une coloration bronze en hiver.

— *Mahonia aquifolium* 'Smaragd' est habillé de feuilles plus grandes et se révèle plus florifère.

— *Mahonia bealii,* originaire de Chine, donne de larges panicules de fleurs jaune citron.

— *Mahonia x* 'Charity', au superbe feuillage vert foncé, donne en outre des grappes jaune pâle, très parfumées et très précoces, fleurissant de Noël à février.

— *Mahonia japonica* a un beau feuillage vert foncé et de longues grappes de fleurs jaunes très parfumées tout l'hiver. Son cultivar 'Lionel Fortescue' est superbe, avec une floraison bien érigée.

— *Mahonia lomariifolia* est très décoratif grâce à son port un peu hiératique et son feuillage très divisé. La floraison a lieu en février ou mars. Plantez-le près de votre entrée pour profiter tout l'hiver de ses fleurs si parfumées.

— *Mahonia nervosa* mesure environ 50 cm de haut, rougit en hiver, fleurit en longues grappes, donne beaucoup de fruits mais n'apprécie pas le calcaire.

— *Mahonia x wagneri* 'Pinnacle' s'impose par sa vigueur et son port dressé auxquels s'ajoute une floraison jaune vif spectaculaire.

Hauteur : de 1 m à 3 m.

Terre : quelconque.

Exposition : ombre, mi-ombre ou soleil.

Multiplication : par bouturage, en été.

Floraison : de janvier à mai.

Feuillage : persistant.

△ *Malus* 'Golden Hornet'
▽ *Malus x* 'Evereste'

Malus

POMMIER À FLEURS

Famille des rosacées
Arbre

Arbre à feuillage caduc planté surtout pour sa floraison. Au printemps, il se couvre à profusion de fleurs rose-pourpre, serrées les unes contre les autres. La beauté de ce panache carmin a été bien des fois représenté sur les estampes japonaises. Après la floraison, le feuillage, très dense, décorera et rafraîchira avec agrément votre jardin.

■ CONSEILS UTILES

— Bien qu'indifférent à la nature du sol, il sera cependant plus beau si vous lui apportez un peu d'humus et de tourbe.
— Vous exécuterez la taille en fin d'hiver pour lui donner sa belle forme ronde. Placez un tuteur auprès des jeunes plants.

■ LES MEILLEURES VARIÉTÉS

— *Malus* 'Echtermeyer'. Légèrement pleureur, ses jeunes feuilles sont pourpres, ses fleurs carmin et ses fruits rouges.
— *Malus* 'Van Eseltine'. Grâce à son port colonnaire, il tient peu de place. A ses fleurs semi-doubles, blanches, succèdent des fruits jaunes.
— *Malus baccata*, que l'on appelle le pommier de Sibérie, a des fleurs blan-

△ *Malus transitoria*
▽ *Malus x* 'Evereste'

ches parfumées et des petits fruits rouges ou jaunes, pas plus gros que des baies (d'où son nom latin : *baccata*, à petits fruits).
— *Malus Coccinella* 'Courtarou'. Feuillage pourpre, fleurs roses, cet arbuste un peu érigé se montre résistant à la tavelure et à l'oïdium.
— *Malus coronaria*, originaire d'Amérique, est un arbre vigoureux qui fleurit fin mai. Le feuillage d'automne est richement coloré. On le connaît surtout par son cultivar 'Charlottae' aux jolies fleurs parfumées rose pâle et dont les fruits, rouge vif, sont mangeables.
— *Malus floribunda* est un joli petit arbre, de port ouvert, semi-pleureur. Il est très florifère et les boutons, rose soutenu, s'ouvrent en fleurs roses qui blanchissent en s'épanouissant. Les petits fruits rouges ont la taille des cerises. Le cultivar 'Golden Hornet' est de port plus érigé et ses fruits sont jaune vif, de forme conique. Ils restent sur l'arbre presque jusqu'en décembre.
— *Malus hupehensis* est d'une forme évasée, avec des branches raides. Les fleurs très parfumées sont roses en boutons et blanches, épanouies. C'est cette espèce qui a sans doute donné les plus jolies variétés, tel 'John Downie' de forme élancée, dont les fleurs roses donnent des fruits orange ; 'Katherine', aux fleurs parfumées, et dont avec les fruits, on peut faire des desserts en gelée ; 'Profusion'. Son jeune feuillage est bronze écarlate et ses fleurs parfumées, d'un rouge cramoisi ; 'Red Jade', pittoresque, avec ses branches asymétriques pendantes et 'Royalty', de forme élancée, au feuillage brillant et d'une teinte riche, dont la floraison pourpre a lieu en été. Les fruits sont lie-de-vin.
— *Malus Perpetue* 'Evereste'. Sa floraison blanche est sans égale et son pollen favorise la fécondation des variétés à gros fruits.
— *Malus tschonoskii*. C'est un arbre pyramidal à feuilles incisées. Il fleurit blanc, donne des fruits jaunes et plaît surtout par ses incomparables teintes automnales.

Hauteur : de 4 à 5 m.
Terre : indifférente, mais avec une préférence pour un sol fertile humide.
Exposition : de préférence ensoleillée.
Multiplication : par semis, bouturage et marcottage.
Floraison : au printemps.
Feuillage : caduc.

△ *Metasequoia glyptostroboides*

Metasequoia
MÉTASÉQUOIA
Famille des taxodiacées
Arbre

Quel bel arbre, de forme conique, bien équilibré, et quelle étrange histoire que la sienne ! Avant 1940, on le croyait éteint. Les paléo-botanistes l'ayant observé fossilisé l'avaient classé définitivement dans les espèces disparues de notre planète. Puis, un savant chinois le redécouvrit dans une profonde vallée de la région du Tse-Tchouan. D'abord incrédules, les botanistes en élevèrent avec curiosité quelques pieds issus de semis dans les jardins botaniques, avant que les pépiniéristes ne s'intéressent, eux aussi, à cette nouveauté.

■ CONSEILS UTILES

— Plantez un jeune sujet dans un terrain un peu humide et coupez l'herbe en dessous et autour.
— Ne le plantez pas en plein soleil. Il peut être taillé sans problème.

△ *Metasequoia glyptostroboides*

■ UNE BELLE VARIÉTÉ

Metasequoia glyptostroboides est un arbre vigoureux pouvant atteindre 50 m de hauteur. Son feuillage d'un vert tendre lumineux au printemps, prend, à l'automne, une très belle teinte ambrée, juste avant la chute des aiguilles, car, ainsi que le mélèze, le métaséquoia est l'un des rares conifères à perdre ses feuilles.

Hauteur : de 20 à 50 m.
Terre : humide.
Exposition : mi-ombre.
Multiplication : semis, bouturage en y ajoutant des hormones.
Feuillage : caduc.

▽ *Metasequoia glyptostroboides*

△ *Morus nigra*

Morus
MÛRIER
Famille des moracées
Arbre

Cet arbre est intéressant à planter dans un petit jardin en ville, à la campagne ou au bord de la mer. C'est l'arbre dont se nourrissent les vers à soie. Adulte, il peut atteindre 15 m de haut et vivre beaucoup plus que cent ans, s'il est placé en de bonnes conditions. Son tronc brun rougeâtre et noueux est décoratif en hiver.

■ CONSEILS UTILES
— Ne le taillez jamais, sauf pour retirer le bois mort.
— Plantez-le à mi-ombre ou au soleil.

■ LES MEILLEURES VARIÉTÉS
— *Morus alba* (mûrier blanc). Son nom fait référence à la couleur de ses fruits. C'est cette espèce-là dont Colbert après Henri-IV encouragea la culture pour l'élevage des vers à soie. Bien que poussant lentement, (d'environ 5 m en 20 ans), il peut vivre longtemps. La variété 'Pendula' a de longues branches pleureuses qui forment un véritable rideau.
— *Morus bombycis*. Atteint 7 m et croît lentement. Ses frondaisons sont appréciées pour créer des zones d'ombre sur des espaces réduits.
— *Morus nigra* (mûrier noir). On l'a deviné, ses fruits sont noirs et l'on en fait des confitures, après la cueillette, en août-septembre. Il est aussi grand que le précédent, vit aussi vieux, et pousse encore plus lentement. En revanche, ses feuilles trop coriaces n'ont guère été utilisées comme nourriture des vers à soie.

Hauteur : de 10 à 15 m.
Terre : toutes.
Exposition : mi-ombre, soleil.
Multiplication : marcottage, bouturage.
Fructification : août-septembre.
Feuillage : caduc.

▽ *Myrtus apiculata*

Myrtus

MYRTE

Famille des myrtacées

Arbuste

Arbuste à feuillage persistant de 2 à 3 m de haut, le myrte a fait rêver tous les poètes de l'antiquité. Son charme et ses vertus en ont même fait le symbole de la paix et de l'amour dans de nombreuses civilisations méditerranéennes. C'est un buisson qui pousse spontanément dans toutes les régions méditerranéennes, embaumant le voisinage de ses fleurs blanches toutes simples. Ses baies, bleu-noir, sont aromatiques et se détachent bien sur les petites feuilles bien dessinées.

■ **CONSEILS UTILES**

— Vous devez le protéger en hiver, soit en le plaçant en serre, soit en l'abritant dans votre appartement.

■ **LES MEILLEURES VARIÉTÉS**

— *Myrtus apiculata* a un joli tronc dont l'écorce se desquame. Il fleurit en début d'automne et ses fruits sont comestibles.
— *Myrtus communis* 'Variegata' est une variété de l'arbuste-type à l'inhabituel feuillage panaché de blanc-crème. 'Flore Pleno' a des fleurs doubles. La plante est intéressante pour décorer un coin de jardin. La sous-espèce *tarentina* adopte un port dressé et des feuilles plus étroites. Ses boutons roses donnent des fleurs blanches.
— *Myrtus nummularia*, au feuillage aromatique, fleurit généreusement au printemps.

Hauteur : 3 m.
Terre : fertile ou, de préférence, acide, mais bien drainée.
Exposition : ensoleillée.
Multiplication : boutures.
Floraison : été et automne.
Feuillage : persistant.

Nandina

NANDINA

Famille des berbéridacées

Arbuste

Imaginez une sorte de bambou, d'abord érigé, puis étalé à l'horizontale, offrant l'avantage d'avoir un feuillage persistant qui change de teinte en hiver. En effet, les longues feuilles étroites vert foncé, virent au pourpre, en automne, servant alors d'écrin aux baies rouges qu'ont donné les petites fleurs blanches, disposées, l'été, en grands bouquets. Ainsi est-il joli toute l'année dans les rocailles, dans les bordures ou sur des terrasses. Rustique jusqu'à − 15 °C, cet arbuste est particulièrement admirable en grandes plantations. Mélangez-le à des pivoines arborescentes, à des *Rudbeckia,* ou à des *Spiraea japonica* 'Little Princess'. Associez-le à des euphorbes *griffithii* 'Fire Glow', à des *Crocosmia* ou à des *Hemerocallis*. Chaque tableau sera une réussite.

△ *Nandina domestica*

■ **CONSEILS UTILES**

— Plantez le *Nandina* au printemps, de préférence. Arrosez souvent, en été.
— Protégez la souche du froid avec un épais matelas de feuilles mortes ou de la laine de roche. Si la partie aérienne gèle, rabattez la plante au niveau du sol, en février.

■ **LES MEILLEURES VARIÉTÉS**

— *Nandina domestica*, que l'on appelle « le bambou sacré », a un beau feuillage vert, teinté de rouge au printemps et en automne, des bouquets de fleurs blanches en été. La variété 'Nana Purpurea', plus compacte que le type, offre un feuillage aux pointes rouges, toute l'année. 'Firepower' ravit les amateurs de couleurs par sa livrée cuivrée au printemps, rouge et orange en automne.

Hauteur : de 1 m à 1,60 m.
Terre : riche en humus.
Exposition : soleil ou mi-ombre.
Multiplication : par bouturage, en été, ou par semis, au printemps.
Floraison : juin, juillet.
Feuillage : persistant.

△ *Neillia sinensis*

Neillia

NEILLIA

Famille des rosacées

Arbuste

Originaire de Chine, cet arbuste de bonne taille (2 m) pousse partout, sauf dans les terrains très secs. Les branches touffues, arquées, portent de longs bouquets de fleurs en clochettes tubulaires. Le neillia, si peu exigeant, devrait être davantage employé pour étoffer les bordures, en compagnie de touffes d'astilbes, par exemple.

■ **CONSEILS UTILES**

— Plantez-le au soleil ou à mi-ombre.
— Après la floraison, retirez les branches défleuries.
— Raccourcissez d'un tiers les nouvelles pousses.

■ **LES MEILLEURES VARIÉTÉS**

— *Neillia longiracemosa* ou *thibetica* émet de longues branches graciles, couvertes de fleurs tubulaires roses en mai-juin.
— *Neillia sinensis,* au port étalé, porte au printemps des fleurs rose tendre, groupées en grappes fuselées, qui éclosent sur les rameaux de l'année.

Hauteur : de 1,50 m à 3 m.
Terre : terre de jardin.
Exposition : soleil ou mi-ombre.
Multiplication : boutures en été ou semis dès la récolte.
Floraison : mai-juin.
Feuillage : caduc.

Nerium

LAURIER-ROSE

Famille des apocynacées

Arbuste

Ce laurier, en région méditerranéenne, atteint jusqu'à 5 mètres de hauteur. Ses fleurs forment d'énormes touffes vivement colorées, soit en rose, soit en fuchsia, soit en blanc pur. Taillé en arbre, son tronc s'élève, droit et robuste, jusqu'à 3 mètres, puis s'étale en un feuillage touffu et fleuri. Son nom : *Nerium,* vient de Nerion, en grec, qui signifie « eau ». Le laurier-rose, en effet, préfère les terres bien arrosées. Ses feuilles seront alors plus grandes et sa floraison plus abondante. Les fleurs, parfaitement dessinées, montrent, de loin, leurs petits pétales ouverts en forme d'étoile. L'espèce « simple » est, à cet égard, plus belle que l'espèce « double », dans laquelle la fleur forme un panache pomponné de couleur.

■ **CONSEILS UTILES**

— S'il n'est pas planté en climat méditerranéen, le laurier-rose exige d'être installé dans un bac, avec un mélange de terre fertile et de terreau. Vous lui apporterez de l'engrais et l'arroserez souvent. En octobre, il faut le rentrer en serre froide ou dans un lieu à l'abri des gelées. Gardez-le à l'intérieur jusqu'à fin mai. Mais attention aux appartements trop chauds et aux atmosphères trop sèches qui le font périr plus vite qu'une gelée !

■ **LES MEILLEURES VARIÉTÉS**

— *Nerium odorum* est une espèce à feuillage persistant. Outre les couleurs qui diffèrent : rose, blanc, fuchsia, rouge, il porte des fleurs simples ou doubles.
— *Nerium oleander,* le « vrai » laurier-rose, à feuillage persistant, est l'espèce la plus appréciée et la plus connue, qui a donné naissance à de nombreux cultivars aux fleurs plus grandes, parfois doubles, arborant toute la gamme des tons roses, du blanc rosé au rouge vif.

Hauteur : 5 m.
Terre : fertile.
Exposition : ensoleillée de préférence.
Multiplication : par bouturage, en terre très humide.
Floraison : de juin à novembre.
Feuillage : persistant, sauf *N. odorum.*

△ *Nerium oleander*

Nothofagus

NOTHOFAGUS

Famille des fagacées

Arbre

Voici un petit arbre qui pousse rapidement, d'où son intérêt dans un jardin neuf et encore nu. Ce joli hêtre, originaire de l'hémisphère austral, a un caractère changeant : tantôt puissant et tantôt rabougri. Chez nous, l'arbre cultivé atteint environ 12 m. Autre particularité : certaines espèces ont un feuillage persistant, d'autres un feuillage caduc. Dans ce cas, celui-ci est touffu et se colore d'or en automne. En hiver, il est particulièrement intéressant chez un arbre caduc : en effet, ses branches et son tronc, même dépourvus de frondaison, sont ornementaux. Et c'est cela qui doit retenir votre attention lorsque vous choisirez les arbres de votre jardin.

■ **CONSEILS UTILES**

— Plantez-le dans une terre profonde, mais bien drainée, sans oublier de le tuteurer à la plantation, cet arbre résistant mal aux rafales de vent.

■ **LES MEILLEURES VARIÉTÉS**

— *Nothofagus antarctica* (hêtre de l'Antarctique) a de très petites feuilles caduques qui se nuancent de mille couleurs, en automne. Le tronc et les branches tortueuses sont intéressantes en hiver.
— *Nothofagus procera* est un arbre qui pousse vite. Son feuillage se nuance d'une très belle et très rare couleur rose en automne.
— *Nothofagus obliqua* constitue une

espèce de record. Par la vitesse de sa croissance (plus de 20 m en 20 ans). Mais aussi par l'extraordinaire élégance de ses branches légèrement pleureuses.
— *Nothofagus solandri* est une variété persistante aux branches ascendantes en éventail.

Hauteur : de 10 à 12 m, chez nous. Beaucoup plus, dans son pays d'origine.
Terre : il craint les terrains calcaires et crayeux. Préfère la terre acide.
Exposition : plein soleil, abrité des vents.
Multiplication : marcottage en hiver.
Feuillage : caduc ou persistant.

Nothofagus cylindrica ▷
Nothofagus antarctica ▽

Nyssa

NYSSA
Famille des nyssacées
Arbre

Cet arbre, vous le planterez pour son automne glorieux. Certes, il en vaut la peine et vous ne le regretterez pas. Si certains arbres ou arbustes sont recherchés pour leurs fleurs printanières, le *Nyssa*, lui, est choisi pour ses gerbes flamboyantes qui se dressent avec une belle symétrie tout autour de son tronc, de septembre à novembre, comme un feu d'artifice. Il peut atteindre 10 m chez nous, mais pousse lentement. Placé sur une pelouse ou dans un coin, bien visible, sa coloration et son port magnifique suffiront à décorer une large aire de votre jardin.

■ **CONSEILS UTILES**

— Cet arbre se plaît dans les sols humides et en terre acide.
— Plantez-le à mi-ombre, mais il supportera aussi le plein soleil.

■ **LES MEILLEURES VARIÉTÉS**

— *Nyssa sinensis*, de 7 à 20 m de haut, encore très peu cultivé chez nous.
— *Nyssa sylvatica* (tupélo), originaire de l'est américain. Dans son pays d'origine il peut grimper jusqu'à 35 m. Beaucoup moins chez nous. Son feuillage d'automne est parmi les plus beaux que l'on connaisse. 'Jermyns Flame' est une sélection à feuilles plus amples que l'automne pare de pourpre, de jaune, d'orange.

Hauteur : de 10 à 20 m, chez nous.
Terre : de préférence acide.
Exposition : soleil ou mi-ombre.
Multiplication : par graines sous châssis en automne. Protégez la pousse jusqu'au printemps.
Feuillage : caduc.

Olea

OLIVIER
Famille des oléacées
Arbre

L'olivier ne dépasse généralement pas 6 à 8 mètres de haut, mais il peut prendre, en largeur, une ampleur, égale

◁ *Nyssa sinensis*

△ *Olea europea*

à sa hauteur. C'est un arbre au feuillage persistant et aux fruits comestibles. Il peut vivre extrêmement vieux et l'on connaît des spécimens ayant atteint beaucoup plus de 1 000 ans. Tout est beau chez l'olivier : son tronc gris, noueux, cannelé, véritable sculpture abstraite ; son feuillage argenté et scintillant. En outre, ses vertus, médicinales ou alimentaires, ont rendu tant de services à l'humanité qu'il était devenu, dans l'Antiquité, un arbre presque sacré. Comment s'étonner que dans l'Ancien Testament, il apparaisse déjà comme un symbole de paix ?

■ CONSEILS UTILES

— Il doit être planté sur le pourtour méditerranéen, dans cette « zone de l'olivier », où les températures ne descendent pas au-dessous de − 12 °C. Il lui faut de la lumière et de la chaleur, et surtout pas d'humidité.
— Il préfère une terre fertile, mais saura se contenter de sols pauvres.
— Plantez-le en motte, dans une terre bien préparée et protégez-le l'hiver, contre le froid, tout au moins les premières années.
— Taillez uniquement les branches qui se recourbent vers le centre. Les premières récoltes se font dix ans environ après la plantation des jeunes arbres.

■ LES MEILLEURES VARIÉTÉS

— *Olea europea*. C'est l'olivier cultivé, commun en Provence et sur tout le littoral méditerranéen. Il atteint 10 m.
— *Olea* 'Cailletier' donne la petite olive noire de Nice qu'on récolte de décembre à avril.
— *Olea* 'Picholine', bien résistant au

froid. Ses olives sont vertes. On les récolte en octobre.
— *Olea* 'Tanche' est cultivé pour ses olives noires, récoltées en novembre-décembre.

Hauteur : de 6 à 10 m.
Terre : indifférente.
Exposition : ensoleillée.
Multiplication : semis.
Floraison : avril à juin.
Fructification : en octobre-novembre. L'olivier ne donne ses fruits que tous les deux ans.
Feuillage : persistant.

Olearia
OLÉARIA
Famille des astéracées
Arbuste

Tous à feuillage persistant, les *Olearia* sont utilisés, en haies, de taille moyenne, surtout en bord de mer. Dans cet environnement difficile, ils se plaisent parfaitement et leur feuillage, coriace et persistant, met alors en valeur des petites « marguerites » blanches, souvent odorantes. Cultiver l'*Olearia* à l'intérieur des terres est beaucoup plus risqué, car sa rusticité n'est pas excellente, mais, bien protégé sur des terrasses, au soleil, il fait bonne figure. Il supporte bien la pollution des villes.

■ CONSEILS UTILES

— Plantez-le au printemps. Mélangez-le à des phormiums, des pittosporums et des osmanthus pour constituer des haies moyennes, d'un aspect inhabituel, voire exotique.
— Chaque automne, protégez le collet avec quelques poignées de feuilles mortes. A la fin de l'hiver, enlevez les rameaux tués par le froid. Aucune taille n'est nécessaire.

■ LES MEILLEURES VARIÉTÉS

La plupart d'entre elles fleurissent en mai ou juin, à l'exception d'*Olearia paniculata*, aux feuilles vert olive, dont les fleurs apparaissent en novembre, décembre.
— *Olearia x haastii* est le plus rustique. Il forme un arbuste rond de 1,20 m de diamètre, aux fleurs en étoiles blanches, odorantes, qui éclosent en juillet.
— *Olearia lineata* 'Waikariensis' est un arbuste gracieux aux feuilles lancéolées, blanches au revers et aux fleurs en clochettes blanches.
— *Olearia macrodonta* est plus vigoureux et répand une odeur musquée puissante. Ses feuilles ressemblent à celles des houx. Sa variété 'Major' a un feuillage argenté. Il donne en mai de gros bouquets de fleurs.
— *Olearia x scilloniensis*. De végétation plus compacte, il ne dépasse pas 2,50 m et fleurit encore plus généreusement que tous les autres.
— *Olearia stellulata* 'Splendens' épanouit en mai des fleurs roses, bleues ou lavande qui ressemblent aux asters.
— *Olearia traversii* est considéré comme le meilleur arbuste pour brise-vent en bord de mer, ses feuilles rondes et charnues supportant bien les embruns. Il pousse vite.

Hauteur : de 90 cm à 3 m.
Terre : assez légère, même calcaire.
Exposition : plein soleil.
Multiplication : par bouturage en été.
Floraison : entre mai et novembre.
Feuillage : persistant.

▽ *Olearia macrodonta*

Osmanthus

OSMANTHUS

Famille des oléacées

Arbuste

Un arbuste qui fait « sérieux », d'une bonne forme, bien dense. Il peut séparer des plantes plus légères comme les *Solidago*, les *Malva*, les *Asclepias*. Semez des *Eschscholzia* ou plantez des *Campanula carpatica* au premier plan. Les *Osmanthus* ont plus d'une carte dans leur jeu pour nous charmer : une silhouette nette et toujours élégante, des feuilles vernissées, persistantes, d'un vert intense et des fleurs blanches, délicieusement parfumées. Les derniers hivers, rigoureux, ont démontré qu'ils étaient plus solides qu'on ne le pensait.

■ **CONSEILS UTILES**

— Plantez de novembre à mars. Ajoutez de l'humus sous forme de terreau si besoin est.
— Taillez après la floraison pour obtenir une jolie forme ou simplement rendre l'arbuste plus compact. Cet arbuste ne craint pas l'ombre, mais ne supporte pas les emplacements ventés.

■ **LES MEILLEURES VARIÉTÉS**

— L'hybride *Osmanthus x burkwoodii*, impeccable en haies moyennes, fleurit en avril, mai.
— *Osmanthus decorus*. S'élève en buisson lâche jusqu'à 2,50 m ; ses fleurs blanches, parfumées, donnent naissance à des fruits pourpre violacé abondants.
— *Osmanthus delavayi*, aux feuilles coriaces et aux fleurs très parfumées, en avril, atteint 2 m et donne le meilleur de lui-même dans les situations bien abritées.
— *Osmanthus fragrans* peut devenir un petit arbre sous nos climats doux ; sa floraison estivale dégage un délicieux parfum.
— *Osmanthus heterophyllus*, aux feuilles de houx piquantes, fleurit en automne. On l'utilise, parfois, pour former des haies.

▽ *Osmanthus delavayi*

△ *Osmarea burkwoodi*

'Purpureus' se distingue de l'espèce par ses jeunes pousses et ses jeunes feuilles pourprées.

Hauteur : de 80 cm à 2 m.
Terre : légère et riche en humus, pas trop calcaire.
Exposition : soleil ou mi-ombre.
Multiplication : par bouturage, en été.
Floraison : d'avril à septembre.
Feuillage : persistant.

Osmarea

OSMARÉA

Famille des oléacées

Arbuste

C'est un hybride, issu du croisement entre un *Osmanthus* et un *Phillyrea*. L'arbuste est élégant ne dépassant pas toutefois 2 à 3 m. Les feuilles sont ovales, vert sombre, brillantes, les branches plus ou moins courbes. Les fleurs tubulaires, couleur ivoire, sont très parfumées et apparaissent en mai. On peut palisser cet arbuste, mais de préférence à l'ombre où il se plaît beaucoup. Ou encore l'utiliser en haie, en espaçant les plantes de 0,50 m. Dans ce cas, il faut les tailler en mai, après la floraison.

■ **CONSEILS UTILES**

— L'*Osmarea* est très rustique et se plaît dans tous les sols. Sa culture est donc facile. Une seule précaution à prendre : il faut le planter dans une zone protégée du soleil direct.

■ **UNE SEULE VARIÉTÉ**

— *Osmarea burkwoodi*.

Hauteur : rarement plus de 2 m.
Terre : tous les sols.
Exposition : mi-ombre.
Multiplication : bouture.
Floraison : printemps.
Feuillage : persistant.

Pachysandra

PACHYSANDRA

Famille des buxacées

Arbuste

Les pachysandras, aux petites fleurs blanches comme des broches posées sur leur coussin de feuilles, devront surtout être utilisés pour combler un creux ou étoffer un coin un peu ombré. C'est un bon couvre-sol qui, une fois établi, se propage sans difficulté. Mais attention, il ne prospère qu'en terre acide et aime un peu d'humidité. Adjoignez-lui pour compagnons des bulbes de printemps. Les hortensias qui aiment aussi l'ombre, se plairont dans un tapis de pachysandras.

▽ *Pachysandra terminalis*

—Élevez des plants dans des petits godets et, au printemps, plantez-les à racines nues à l'endroit de votre choix.
— Taillez le feuillage chaque printemps afin d'étoffer les plants.
— Tous les cinq ans, divisez les touffes. Procédez de préférence au début de l'automne.

■ LES MEILLEURES VARIÉTÉS

— *Pachysandra terminalis* donne des fleurs blanchâtres sans grand intérêt, en février, mars. Sa variété 'Variegata' offre un feuillage panaché de blanc, assez ornemental. 'Green Carpet', vert grisâtre, plus mat, s'installe plus lentement.

Hauteur : 40 cm.
Terre : quelconque, la croissance est plus rapide en sol riche en humus.
Exposition : ombre et mi-ombre.
Multiplication : par division des touffes, au printemps.
Floraison : en avril (peu intéressante).
Feuillage : persistant.

Paeonia
PIVOINE ARBUSTIVE
Famille des renonculacées
Arbuste

Elle ne pousse pas vite, mais votre patience sera bien récompensée. Bien différente de la pivoine herbacée, la pivoine dite « en arbre » (elle ne dépasse guère 1,80 m de haut) possède un charme indéniable. Son feuillage ample, ses fleurs qui ressemblent à de grandes coupes en papier froissé et la forme torturée de ses branches lui confèrent une rare présence. Placez-la auprès de plantes qui prendront la relève après sa floraison : des phlox ou des asters et des dahlias pour la fin de l'été.

■ CONSEILS UTILES

— Plantez-la, au printemps, en n'hésitant pas à enterrer la base de la plante. Paillez le sol, chaque printemps, avec de l'écorce de pin.
— Il est inutile de la tailler, mais si un gel exceptionnel vient à la frapper, taillez-la au ras du sol, en avril. En un an la ramure se reconstituera et vous obtiendrez à nouveau une plante magnifique.

■ LES MEILLEURES VARIÉTÉS

Très souvent importées du Japon, les pivoines en arbres sont, le plus souvent, proposées par coloris.
— *Paeonia delavayi* a de jolies fleurs rouges. On le trouve facilement.

— *Paeonia x lemoinei*, 'Chromatella' (jaune soufre) et 'Souvenir de Maxime Cornu' (jaune infiltré de rose carmin), sont encore inégalées. 'Alice Harding' donne d'énormes boules très doubles, jaune canari.
— *Paeonia lutea* (pivoine jaune), arbuste assez touffu, d'1 m de haut, éclôt des fleurs solitaires, jaune-soufre.
— *Paeonia x* 'Satin Rouge' a de grandes fleurs rouge rubis.
— Parmi les *Paeonia suffruticosa* (synonyme : pivoine Moutan), les variétés japonaises sont sublimes de beauté. Cultivées en Chine depuis près de 2 000 ans, les fleurs peuvent avoir 0,20 m de diamètre, c'est le cas de 'Rock's Variety', qui vaut la peine d'être recherchée, 'Renkaku', blanc pur, 'Hanakishoi', rose cerise, 'Higurashi', cramoisie ou 'Godaishu', blanche et dorée.
On trouve plus facilement les variétés aux noms français : les *Paeonia suffruticosa* 'Baronne d'Alès' dont les grandes fleurs roses ont un centre plus foncé, 'Colonel Malcolm', pourpre-violet et 'Comtesse de Tuder', aux grosses fleurs saumon à pourtour rosé.

Hauteur : de 1 m à 1,80 m.
Terre : riche en humus.
Exposition : mi-ombre et soleil, surtout pour les *Paeonia suffruticosa*.
Multiplication : par semis ou par bouturage, au début du printemps.
Floraison : mai, juin.
Feuillage : caduc.

▽ *Paeonia lemoinei* 'Souvenir de Maxime Cornu'

△ *Phoenix canariensis*

▽ *Trachycarpus fortunei*

Palmiers*

PALMIERS

Famille des palmacées
Arbre ou arbuste

Cette famille réunit plusieurs genres et près de 3 000 et 4 000 espèces presque toutes tropicales. C'est la silhouette du palmier qui guidera votre choix. Certaines espèces ont un feuillage en éventail, d'autres en bouquets, d'autres ont de longues tiges retombantes. En France, à défaut de leur terre d'élection, la Côte d'Azur, et, à un degré moindre, le littoral atlantique, où ils se plaisent bien, il faut planter ces arbres dans un endroit extrêmement protégé et abrité des vents du nord : en plein soleil, dans un micro-climat, ou dans une cour d'immeuble bien ensoleillée, par exemple. La plantation se fait indifféremment en terre calcaire ou acide, pourvu qu'elle soit bien drainée.

■ CONSEILS UTILES

— Un sol riche leur est nécessaire.
— Le bourgeon terminal étant la partie la plus fragile de l'arbre, il faut le protéger en liant les feuilles autour de ce bourgeon, si l'hiver est rude, et surtout s'il y a de la neige. On peut aussi enrouler des paillassons ou des fougères sèches autour des feuilles liées.
— Surtout, soyez patient : plusieurs années sont nécessaires avant que vos arbres ne prennent bonne allure.

■ LES MEILLEURES VARIÉTÉS

— *Brahea armata* (palmier bleu) au reflet bleu argenté, supporte bien le froid, mais il a besoin de beaucoup de soleil. Sa croissance est lente, surtout quand il est jeune.
— *Chamaerops humilis* est originaire d'Europe, où il poussait, jadis, spontanément sur la côte d'Azur dont il supporte bien les hivers. L'espèce est, aujourd'hui, assez cultivée et on rencontre l'arbre non seulement dans les jardins méditerranéens, mais encore dans les régions de l'Ouest atlantique et jusqu'à Paris. Il pousse très lentement, supporte mal l'humidité du sol et de l'air. Il faut l'abriter de la pluie.
— *Jubea spectabilis* (cocotier du Chili) ressemble un peu au *Phoenix canariensis*, mais sa silhouette est plus massive. En outre, son stipe (c'est ainsi que l'on appelle, en botanique, le tronc des palmiers) peut atteindre 1,20 m de diamètre. Il est d'une très jolie couleur gris perle. Cet arbre imposant, haut de 20 à 25 m, résiste aussi bien à la sécheresse qu'au froid (jusqu'à -15 °C).
— *Phoenix canariensis* (palmier des Canaries) est le symbole de la côte d'Azur. Pourtant, il n'est pas des plus résistants. Sa croissance est vigoureuse. Il lui faut une bonne terre riche, un ensoleillement important et un été long et chaud.
— *Trachycarpus fortunei* (palmier chauve) est le plus résistant. Il supporte presque tous les terrains, mais pousse plus vite en sol argileux. Il s'acclimate en région parisienne et sur tout le littoral atlantique.

* La famille des palmiers n'a pas de nom générique latin.

— *Washingtonia filifera* (palmier en éventail de Californie), vient du sud de la Californie et du Mexique. Il est accoutumé aux climats secs et résiste au froid. Il ne supporte pas l'air humide, en hiver, mais pousse bien sur la côte d'Azur où sa croissance est très rapide (de 10 à 15 feuilles par an). Il peut atteindre 5 m de haut et émet des rejets bien utiles pour la multiplication. Ses fleurs, en bouquets, produisent des baies noires que les Indiens pilaient pour faire de la farine.

Hauteur : de 2 à 25 m.
Terre : riche, bien drainée.
Exposition : soleil, mais à l'abri du vent.
Multiplication : graines ou rejets.
Feuillage : persistant.

Parrotia

PARROTIE

Famille des hamamélidacées
Arbre

Cet arbre, qui semble banal en été, devient unique au printemps et en automne par la beauté de son feuillage. En effet, dès le mois de mars, le *Parrotia* couvre son bois grisaille, encore sans feuille, d'étamines rouges, groupées les unes contre les autres. En automne, il devient incandescent, flamboyant de divers tons de pourpre. Il peut atteindre 10 mètres, mais pousse lentement. Plus il sera inondé de soleil, plus il s'embrasera en automne, mais il supporte aussi la mi-ombre. Son port est étalé, avec des branches qui ont tendance à pousser à l'horizontale.

■ **CONSEILS UTILES**
— Il préfère un sol frais et fertile. Il est rustique et demande peu de soins.

■ **UNE JOLIE VARIÉTÉ**
— *Parrotia persica* (parrotie de Perse), de grandes feuilles écarlates et or en automne, et un tronc, joliment « pelé » comme celui de certains platanes.

Hauteur : de 1 à 10 m.
Terre : froide et fertile.
Exposition : plein soleil.
Multiplication : marcottage en avril, ou greffage en hiver.
Floraison : mars.
Feuillage : caduc.

△ *Parrotia persica*
▽ *Tronc de Parrotia persica*

▽ *Parrotia persica*

△ *Paulownia tomentosa*

Paulownia

PAULOWNIA

Famille des scrofulariacées
Arbre

Tout, chez le paulownia est impressionnant et exotique. Ses feuilles géantes, sa frondaison très touffue qui, à l'état naturel, si l'on n'opère pas de taille, commence près du sol, formant déjà une large jupe tout autour du tronc. Ce feuillage s'épaissit ensuite au point de devenir un véritable mur de verdure opaque. Superbe arbre d'ornement, qui peut atteindre 15 mètres de haut, il n'est pas étonnant que le paulownia soit, aujourd'hui, souvent présent dans nos parcs et jardins publics, puisqu'en outre, il ne craint pas la pollution des villes.

■ **CONSEILS UTILES**

— Si vous plantez une bouture, recépée près du sol, vous obtiendrez un petit arbre de plus d'1 m de haut dès la première année.

— Le paulownia craint les hivers froids qui gèleront instantanément ses bourgeons en formation.

■ **UNE BELLE VARIÉTÉ**

— *Paulownia imperialis* (paulownia impérial). Originaire de Chine, ce bel arbre ressemble beaucoup au catalpa par sa silhouette et son feuillage - des feuilles de près de 25 cm de long, portées au bout d'un long pétiole. Les petites fleurs, groupées en grappes terminales, longues de 20 à 30 cm, s'épanouissent au beau milieu du printemps (fin avril, début mai), juste avant l'apparition des feuilles.

Hauteur : de 10 à 15 m.
Terre : bien drainée.
Exposition : un bon ensoleillement à l'abri du vent.
Multiplication : plantez les graines en automne, sous châssis, ou des boutures de racines.
Floraison : printemps.
Feuillage : caduc

Pernettya

PERNETTYA

Famille des éricacées
Arbuste

Voilà un arbuste qui offre de l'intérêt toute l'année. Peu connu chez nous, alors qu'il est assez courant Outre-Manche, le *Pernettya* mériterait d'être surnommé l'arbuste aux perles. Ses fleurs blanches, en clochettes, écloses en juin, sont, en effet, suivies de baies rondes aux coloris variant du blanc au rouge foncé en passant par de multiples roses. Le feuillage est raide et piquant. Cultivez-le au premier plan des massifs de rhododendrons, parmi des *Kalmia*, des *Pieris* et des *Enkianthus*.

■ **CONSEILS UTILES**

— Plantez-le de novembre à mars. Apportez de la tourbe si besoin est. Installez plusieurs exemplaires dont un mâle pour obtenir plus de fruits.
— En été, taillez les branches qui nuiraient à la forme de l'arbuste.

■ **LES MEILLEURES VARIÉTÉS**

Les *Pernettya* se méritent et il faut rendre visite à plusieurs pépiniéristes avant d'en trouver.
— *Pernettya mucronata* présente des baies diversement colorées comme : 'Crimsonia', rouge, 'Mother of Pearl', rose ou 'Winter Time', blanc. 'Bell's Seedling', rouge foncé, est l'un des plus répandus car il est hermaphrodite, donc capable de produire des fruits, même si un seul exemplaire est planté.

Hauteur : de 60 cm à 1 m
Terre : acide, restant fraîche en été.
Exposition : soleil ou mi-ombre.
Multiplication : bouturage, en fin d'été.
Floraison : juin.
Feuillage : caduc.

▽ *Pernettya mucronata*

Perovskia

PÉROVSKIA

Famille des lamiacées

Arbuste

Sans conteste, il est l'un des plus beaux et des plus utiles de tous les petits arbustes. Portant un feuillage très aromatique et d'un gris délicat, le pérovskia fleurit, en plein été, dans des tons bleus ravissants, parfaits à cette époque. Mariez-le à des phlox roses, des lavatères arbustives et des rosiers remontants roses. Vous aurez ainsi des massifs très colorés ne nécessitant aucun entretien. Le pérovskia est également avantagé par des arbustes à fleurs blanches et des vivaces bleues, comme les *Aconitum,* ou par un fond de *Ceanothus* et de *Cistus.*

■ **CONSEILS UTILES**

— Attendez le printemps pour installer le pérovskia car il est un peu sensible au froid la première année. Une terre caillouteuse lui convient pourvu que ce soit au soleil. Au printemps, taillez-le à 20 cm du sol.

— Bouturez-le en fin d'été, c'est un jeu d'enfant, et vous aurez de multiples rejetons au printemps suivant, après avoir hiverné les boutures sous châssis.

■ **LES MEILLEURES VARIÉTÉS**

— *Perovskia abrotanoides* a un feuillage vraiment gris et fleurit en août, septembre, un peu après le *Perovskia atriplicifolia,* aux fleurs tubulaires bleu lavande, dont le cultivar 'Blue Spire', aux fleurs plus grandes, est une amélioration. Le *Perovskia x hybrida* offre un feuillage très fin et une floraison bleu lavande foncé.

Hauteur : 1,50 m.

Terre : quelconque, pas trop humide en hiver.

Exposition : plein soleil.

Multiplication : par bouturage, en été.

Floraison : août, septembre.

Feuillage : caduc.

Philadelphus

SERINGA

Famille des philadelphacées

Arbuste

La grande qualité de cet arbuste, délicieusement parfumé, est son peu d'exigence : soleil ou mi-ombre, terre acide ou même pauvre. Nos belles soirées de juin n'auraient pas le même charme sans les seringas, ces indispensables compagnons des rosiers, dispensateurs, comme eux, de parfums enivrants. Plantez donc au moins un seringa dans votre jardin ou sur votre balcon. Sa rusticité vous permettra d'en profiter pendant de nombreuses années.

■ **CONSEILS UTILES**

— Plantez des arbustes jeunes, de préférence, en conteneurs. La première année, le démarrage de la végétation est souvent tardif. Si rien n'apparaît en mai, rabattez la touffe au ras du sol : des rejets surgiront directement du collet. Arrosez ensuite régulièrement durant le premier été.

— Taillez, après la floraison, en supprimant le vieux bois à l'écorce craquelée, mais en laissant intacts les rameaux verts, souvent très raides. Ils porteront des fleurs au printemps suivant.

— Associez les seringas aux rosiers anciens, aux lis, aux iris, aux pivoines et faites grimper, dans leur végétation, une clématite à petites fleurs tardives, comme la clématite flammula, par exemple, tandis que quelques sternbergias viendront égayer la scène, en septembre. Les seringas sont tout à fait à leur aise dans les haies rustiques, en compagnie des amélanchiers, des deutzias, des kerrias et mahonias.

■ **LES MEILLEURES VARIÉTÉS**

Il y a pléthore et, pour une fois, on trouve des noms français, car le plus grand obtenteur de seringas fut Victor Lemoine, un génial pépiniériste lorrain du début du siècle.

— *Philadelphus coronarius* 'Aureus' (seringa des jardins) se plaît bien dans les sols secs et calcaires. Il a une préférence pour l'ombre.

— *Philadelphus x cymosus* 'Enchantement' a des fleurs doubles en panicules serrées et 'Bouquet blanc', de grands rameaux souples et gracieux, avec des fleurs semi-doubles atteignant 6 cm de diamètre.

— *Philadelphus x lemoinei* 'Manteau d'hermine' est un arbuste nain à fleurs doubles, assez petites.

— *Philadelphus microphyllus* 'Minnesota' est le plus résistant au froid. Idéal pour la rocaille ou des bacs, sa floraison est exceptionnellement parfumée.

— *Philadelphus purpureo-maculatus* 'Belle Étoile' est sans doute le plus beau et le

△ *Perovskia atriplicifolia*

▽ *Philadelphus coronarius*

plus florifère de tous, avec ses grandes fleurs campanulées blanc pur. Un autre cultivar 'Sybille', au puissant parfum de fleur d'oranger, arbore une touche de rouge.

— *Philadelphus virginalis* est très vigoureux avec des fleurs doubles très odorantes, et deux de ses cultivars sont remarquables : 'Girandole' et 'Glacier' dont les fleurs doubles en pompons sont très parfumées.

Hauteur : de 1 m à 3 m.

Terre : ordinaire, même assez calcaire.

Exposition : mi-ombre ou soleil.

Multiplication : par bouturage du bois vert, en été, ou du bois sec, en hiver.

Floraison : juin et juillet.

Feuillage : caduc.

△ *Phillyrea latifolia*

Phillyrea
PHILLYRÉA
Famille des oléacées
Arbre ou arbuste

Ces petits arbres ou arbrisseaux sont sans grand intérêt décoratif mais ils ont le mérite d'avoir un feuillage persistant. Ils peuvent former des buissons assez touffus, utiles pour des fonds de massifs. Les fleurs blanches parfumées éclosent en mai. Elles donnent des fruits bleu-noir.

■ **CONSEILS UTILES**

— Ils ont de multiples usages. Bien utiles pour la ville, car ils ne craignent pas la pollution, ils croîtront également sans problème sur des pentes un peu raides, ou dans les sous-bois.

■ **LES MEILLEURES VARIÉTÉS**

— *Phillyrea angustifolia* atteint facilement 3 m et peut former un buisson touffu.
— *Phillyrea latifolia* est un petit arbre d'environ 5 m. Les pousses de l'année sont recouvertes d'un léger duvet.

Hauteur : de 2 à 5 m.
Terre : toutes.
Exposition : toutes.
Multiplication : semis ou bouturage en été.
Floraison : mai.
Feuillage : persistant.

Phlomis
**SAUGE DE JÉRUSALEM,
SAUGE EN ARBRE**
Familles des lamiacées
Arbuste

Ce n'est pas un arbuste comme les autres. D'abord, en raison de son feuillage persistant, à l'aspect velouté, ensuite par ses étranges fleurs jaunes, aux pétales tout plissés, et enfin par son port, bien arrondi et étalé. L'arbuste a l'air « confortable », au coin d'une bordure. Des cistes, des lavandes, des sauges lui seront de bons compagnons.

■ **CONSEILS UTILES**

— Plantez-le au printemps, de préférence, dans les coins les plus chauds du jardin. Un soleil brûlant ne lui fait pas peur. C'est même dans cette situation que son feuillage est le plus beau.
— En juin, paillez le sol avec de l'écorce de pin. A l'arrivée des premières gelées, laissez la végétation s'arrêter, et protégez la plante avec des branches de conifères, de la paille ou une bâche de plastique transparent. Par précaution, abritez quelques boutures prélevées en été.

■ **LES MEILLEURES VARIÉTÉS**

— *Phlomis fruticosa,* la vraie sauge de Jérusalem, au feuillage recouvert d'un duvet gris, à nuance un peu sale. Les fleurs jaunes se succèdent pendant tout l'été. C'est une excellente plante, en bac, pour les balcons écrasés de soleil.
— *Phlomis* 'Edward Bowles'. Hybride entre *P. fruticosa* et *P. russeliana*, réunit toutes les qualités de ces deux espèces.

Hauteur : de 60 à 80 cm.
Terre : très bien drainée.
Exposition : plein soleil.
Multiplication : par bouturage en été.
Floraison : mai, juin.
Feuillage : persistant.

▽ *Phlomis fruticosa*

△ *Photinia glabra* 'Rubens'

Photinia
PHOTINIA
Famille des rosacées
Arbuste

Le photinia a créé l'événement en 1955, quand l'hybride *Photinia x fraseri* est subitement arrivé sur le marché : les pépiniéristes pensaient, enfin, tenir un arbuste de haie sortant de l'ordinaire. A feuillage persistant pour la plupart, les photinias présentent des jeunes pousses rouge vif, au printemps, puis des fleurs blanches semblables à celles des aubépines. Aussi beaux que les piéris, ils sont bien moins sensibles à la qualité du sol. Mais il fallut un peu déchanter. En effet, ces arbustes sont menacés par le feu bactérien et donc de moins en moins cultivés par les pépiniéristes qui ne veulent pas prendre de risque. Cependant, dans un jardin moyen, il est facile de contourner ce problème, en taillant immédiatement, en mai-juin, toute pousse suspecte, c'est-à-dire se flétrissant brusquement. Il serait tellement dommage de se passer d'un tel arbuste ! Faites grimper une clématite entre ses branches et plantez des *Geranium sanguineum* à ses pieds. Dans son voisinage, pensez aux arbustes à fleurs blanches tels que les amélanchiers ou les spirées.

■ CONSEILS UTILES

— Plantez-le au printemps dans un sol bien drainé, non calcaire pour les espèces à feuilles persistantes.

— Le photinia se taille très bien, en général à la fin de l'été, pour ne pas nuire à la future floraison. Il ne pousse pas bien dans une terre lourde et argileuse.

■ LES MEILLEURES VARIÉTÉS

— *Photinia x fraseri* 'Red Robin' est la plus répandue de toutes les variétés et sa vigueur indéniable en fait l'un de nos meilleurs arbustes pour des haies persistantes. Ses jeunes pousses sont rouge brillant, tandis que celles de 'Birmingham' sont plus cuivrées.

— *Photinia glabra* arbore des feuilles d'abord bronze (ou rouge vif chez la variété 'Rubens'), puis vert foncé, et des fleurs blanches, en mai ou juin, suivies par des fruits d'abord rouges, devenant noirs à maturité.

Hauteur : de 2 à 3 m.
Terre : ordinaire, enrichie en humus, compost maison ou terreau de feuilles.
Exposition : soleil à l'abri du vent.
Multiplication : par bouturage, en été.
Floraison : mai, juin.
Feuillage : persistant ou caduc.

Picea

EPICÉA
Famille des abiétacées
Arbre

Le *Picea* est un conifère à port conique. Le genre comporte un grand nombre d'espèces originaires de l'hémisphère Nord qui se plaisent dans des conditions réputées difficiles. Ils aiment le froid, l'humidité, et les sols incultes. Pour distinguer un *Picea* d'un *Abies*, rien de plus facile si le *Picea* porte des cônes. Les cônes sont-ils ascendants ? C'est un *Abies*. Sont-ils pendants ? C'est un *Picea*. Un autre moyen infaillible consiste à arracher une aiguille de l'arbre : chez l'*Abies,* elle laisse une petite cicatrice ronde sur les rameaux. Chez le *Picea,* elle se déchire à la base, en emportant une petite languette de peau.

■ CONSEILS UTILES

— Ils aiment une atmosphère humide, d'où l'intérêt de bassiner les jeunes plants.

— Ne les plantez pas en ville, ils redoutent la pollution. Ces conifères ont de nombreux ennemis, outre les lapins et les écureuils, qui occasionnent des dégâts. De nombreux insectes les attaquent aussi. Il faut être vigilant et être prêt à traiter l'arbre s'il montre des signes de détresse.

■ LES MEILLEURES VARIÉTÉS

— *Picea abies* ou *Picea excelsa* (épicéa commun). C'est le fameux « sapin » de Noël, planté en grand nombre, pour l'exploitation forestière, comme dans le Morvan par exemple. On connaît sa grande silhouette vert franc, aux branches légèrement arquées à la disposition régulière. Souvent, en forêt, on le plante trop serré et il se dégarnit de la base. L'ombre épaisse qu'il projette sur le sol empêche toute autre plante de pousser, contribuant à rendre les forêts d'épicéas quelque peu sinistres. Hauteur à l'âge adulte : 30 m. Le *Picea abies* a donné naissance à un certain nombre de cultivars dont certains font partie des plus intéressants conifères nains.

— *Picea abies* 'Acrocona' est un petit *Picea* aux branches tombantes présentant la particularité d'avoir, dès son plus jeune âge, des cônes presque rouges et surtout énormes, situés aux extré-

Picea breweriana ▷

mités des branches. Hauteur à l'âge adulte : 6 à 8 m.

— *Picea abies* 'Clanbrasiliana' est un buisson globuleux bien net. Les feuilles vert franc sont de taille et de disposition différente et présentent, au printemps, des pousses marron. Le port devient irrégulier avec l'âge. Hauteur à l'âge adulte : 1 à 5 m.

— *Picea abies* 'Gregoryana'. On peut trouver étrange ce petit *Picea* qui ressemble de loin à une éponge vert clair aux contours indéfinis, mais il faut reconnaître que c'est une superbe plante pour garnir les rocailles. Hauteur à l'âge adulte : 1 m.

— *Picea abies* 'Inversa'. Très curieux arbre, au port totalement retombant, formant comme une cascade de rameaux dégringolant du tronc dressé. Il faut le tuteurer pour que l'ensemble ne retombe pas. Hauteur à l'âge adulte : 15 m.

— *Picea abies* 'Maxwellii'. Un petit buisson aplati qui ne cesse de s'élargir, aux feuilles rigides, bleu-vert.

— *Picea abies* 'Nidiformis'. En voilà un qui n'a pas usurpé son nom. Car il est vraiment en forme de nid de cigogne, cet épicéa, avec sa cime plate presque tabulaire. Les jeunes pousses, vert pomme, sont superbes au printemps. Il est assez populaire. Hauteur à l'âge adulte : 80 cm.

— *Picea abies* 'Ohlendorfii'. Très joli buisson conique, assez large, ses branches étant ascendantes et divergentes et ses feuilles vert jaune. Hauteur à l'âge adulte : 1,50 m.

— *Picea abies* 'Reflexa'. Dressé sur un tuteur, il ressemble à 'Inversa'. Il est cependant préférable de le laisser se développer pour former un arbuste compact, au port retombant, présentant, au printemps, de très jolies pousses vert tendre. Hauteur : 0,40 à 0,50 m.

— *Picea breweriana* a été découvert et introduit, il y a un siècle, par le Dr Brewer dans les montagnes proches de la Californie. Il fait certainement partie des conifères les plus étranges que l'on puisse trouver. Son port est conique, ses branches, parfaitement réparties de bas en haut et légèrement ascendantes avec leurs rameaux très larges, très fins, retombant avec nonchalance comme une draperie. Hauteur à l'âge adulte : 10 à 15 m.

— *Picea engelmannii*. Cet épicéa à forme pyramidale est caractérisé par son feuillage dense et étalé, ses aiguilles serrées

△ *Picea abies*
▽ *Picea glauca*

en épis rigides, à la manière d'un rince bouteille. Les cônes sont rougeâtres, brunissant à maturité. Hauteur à l'âge adulte : 30 m.

— *Picea engelmannii* 'Glauca' (sapin bleu d'Engelmann) est une variété au feuillage vert glauque, presque bleuté. Hauteur à l'âge adulte : 12 m.

△ *Picea pungens* 'Koster'
▽ *Picea abies* 'Reflexa'

▽ *Picea abies* 'Gregoryana'

— *Picea glauca* (sapinette blanche) a un port conique très étroit. Son feuillage très dense est formé d'aiguilles fines et minces à l'odeur déplaisante. Hauteur à l'âge adulte : 20 m.

— *Picea glauca* 'Albertiana Conica' est le conifère nain le plus connu. Il forme un parfait couvre-sol, au port compact.

Picea pungens 'Vuycii' △

Picea abies △
Picea abies 'Procumbens' ▽

Très joli feuillage vert au printemps. Il ne dépasse pas 80 cm. Attention, il est très sensible aux araignées rouges.

— *Picea mariana* (sapinette noire), cultivé au Canada, a une croissance lente. Son cultivar 'Nana', est un conifère très rustique, buissonnant et très bas (0,50 m). Son joli feuillage vert bleuté fait qu'il est précieux pour les rocailles.

— *Picea omorika* (épicéa de Serbie) dont l'habitat naturel est la forêt balkanique. Si vous avez un grand parc ou un grand jardin et que vous désirez planter un conifère, l'épicéa de Serbie est certainement l'arbre qu'il vous faut, tant il est beau. Son port est régulier avec de belles branches récurvées en arc. Ses feuilles sont vert foncé, glauques au revers, et ses cônes, violet sombre quand l'arbre est jeune deviennent ensuite marron. L'arbre à maturité est majestueux et surtout très élégant. Hauteur à l'âge adulte : 30 m.

— *Picea omorika* 'Nana' est sa forme naine, formant un cône arrondi et compact, aux fins reflets argentés. Hauteur à l'âge adulte : 1,50 m.

— *Picea orientalis* (épicéa d'Orient). Ses aiguilles sont petites et serrées dru contre les rameaux. Son port très régulier, bien équilibré et vert sombre. La variété 'Aurea' est, au printemps, complètement jaune, avant de redevenir verte, en été.

— *Picea pungens* (épicéa du Colorado). Il est assez rare en culture. C'est pourtant un conifère au port régulier, bien équilibré, qui pousse dans n'importe quel sol. Ce sont surtout ses cultivars que l'on rencontre dans les jardins, par exemple : 'Endtz', au port régulier, aux rameaux courts, aux larges aiguilles qui se teintent de gris argenté en hiver. Hauteur à l'âge adulte : 30 m.

— *Picea pungens* 'Glauca' est le plus souvent issu de semis du type. La coloration dépend de chaque individu, mais la couleur bleu glauque est fortement marquée, l'arbre méritant bien, par là, d'être appelé « sapin bleu. »

— *Picea pungens* 'Globosa', une forme naine en boule aplatie très compacte, est d'un très beau glauque.

— *Picea pungens* 'Koster' est le célèbre « sapin bleu », très en vogue dans les années 60. Il en reste d'ailleurs un certain nombre, plantés souvent au beau milieu des pelouses. Les jeunes pousses sont particulièrement tendres et d'une jolie couleur bleu pâle. Hauteur à l'âge adulte : 15 m.

— *Picea sitchensis*. Un épicéa très grand et particulièrement large. Ses branches sont très ascendantes et l'ensemble est fort élégant. On l'a beaucoup planté comme arbre de reboisement dans le nord de l'Angleterre et le Pays de Galles. Hauteur à l'âge adulte : 40 m.

Hauteur : les grands, de 10 à 40 m ; les nains, de 0,40 m à 2 m.

Terre : normale.

Exposition : toutes.

Multiplication : graines. Le bouturage avec hormones.

Feuillage : persistant.

△ *Pieris formosa* 'Forrestii'

Pieris

ANDROMÈDE

Famille des éricacées
Arbuste

Un superbe arbuste persistant dont on ne saurait se passer si l'on a une terre acide. Il pousse très lentement et les fleurs ressemblent à des bouquets de muguet. Les *Pieris* ont leur rôle à jouer, même dans des bacs situés sur une terrasse, à mi-ombre. Associés aux rhododendrons, ils apportent une touche de couleur, tôt au printemps, avec leur feuillage naissant, souvent rouge vif. Plantez des *Helleborus* et des pernettyas dans le voisinage.

■ CONSEILS UTILES

— Plantez-les en automne, ou bien au printemps.
— Chaque printemps, apportez trois poignées de sang desséché et un abondant paillage de frondes de fougères ou de feuilles mortes décomposées.

■ LES MEILLEURES VARIÉTÉS

— Le *Pieris formosa* 'Forrestii Wakehurst', au feuillage naissant, d'un rouge irréel, a longtemps constitué un « must ». Il est aujourd'hui rejoint par le *Pieris* 'Forest Flame', moins sensible aux gelées printanières, tandis que les amateurs de feuillages panachés peuvent se précipiter sur les obtentions hollandaises, à des prix qui font rêver.
— *Pieris japonica*. Connu pour sa bonne rusticité, forme un buisson dense et arrondi, tout vêtu de rouge cuivré au sortir de l'hiver.

Hauteur : de 2 m à 3,50 m.
Terre : acide, non gorgée d'eau en hiver.
Exposition : mi-ombre.
Multiplication : difficile, par marcottage, au début de l'été.
Floraison : avril.
Feuillage : persistant.

Pinus

PIN

Famille des abiétacées
Arbre et arbuste

Les pins font partie de nos paysages, au même titre que les chênes et les bouleaux. On les rencontre partout dans l'hémisphère Nord, mais également dans les régions tropicales en altitude.

■ CONSEILS UTILES

— Bien qu'en général les *Pinus* soient assez faciles, certains ne se plaisent pas en terre calcaire.
— En pépinière, n'achetez les pins qu'en conteneur ou en motte, et plantez-les rapidement, en prenant soin de ne pas casser celle-ci. Désherbez bien sous les branches, tout du moins la première année.

■ LES MEILLEURES VARIÉTÉS

— *Pinus aristata* est originaire du Colorado. On en trouve, là-bas, âgés de 2 000 ans et atteignant 15 m à cet âge canonique. Dans les jardins, il prend la forme d'un petit arbre aux feuilles groupées par cinq tachetées de résine. Sa croissance est extrêmement longue, ce pin ne poussant que de 5 cm par an. Taille adulte : 10 m.
— *Pinus cembra* (pin cembro, arolle) est un pin d'altitude, mais il se plaît également en plaine où il forme un cône assez régulier, bien garni à la base. Les aiguilles, vert foncé sur le dessus, sont bleues au verso, donnant un joli reflet. Lès cônes dressés sont violets. Hauteur à l'âge adulte : 15 à 20 m.
— *Pinus contorta* (pin vrillé, pin des dunes). Il ne faut pas le planter dans un sol calcaire, mais plutôt dans le sable où il peut être utilisé pour fixer les dunes. Les aiguilles sont groupées par deux. Son port, très biscornu, le rend tout à fait sympathique. Il se plaît beaucoup dans les régions atlantiques. Hauteur : 10 m.
— *Pinus densiflora* 'Umbraculifera'. Voilà un sujet réellement adapté aux rocailles, autant par la beauté de sa forme évasée que par sa croissance extrêmement lente. Il ne dépasse pas 2 m.
— *Pinus excelsa* ou *griffithii*, (voir *P. wallichianna*).
— *Pinus halepensis*, (pin d'Alep). On le voit parfois, en région méditerranéenne, accroché aux éboulis calcaires.

△ *Pinus nigra* 'Austriaca'
▽ *Cônes de Pinus tabuliformis*

Les feuilles sont glauques, réunies par paires, quelque peu tordues. Le tronc est marron, très fissuré. Attention, il est peu rustique. Hauteur à l'âge adulte : 20 m.
— *Pinus jeffreyi* (pin de Jeffrey). Pin vert bleuté aux grandes aiguilles. Il se plaît dans les sols humides. Taille adulte : 30 m.
— *Pinus leucodermis*. Son tronc est gris clair, et son feuillage, très resserré, vert foncé, contraste avec ses cônes bleus. Il se plaît dans tous les sols, même très

calcaires. Hauteur à l'âge adulte :
10 m. 'Compact Gem', globuleux ou
conique, met des années pour se hisser
jusqu'à 1,50 m.

— *Pinus montezumae.* Hélas, il faut le
dire, ce pin du Mexique est peu résistant au froid. Cette faiblesse ne devrait
cependant pas empêcher les amateurs
de le planter dans des régions au climat
propice, tels que la Bretagne, la côte
atlantique ou le pays basque, car il est
une pure splendeur. En effet, son feuillage gris vert aux longues, très longues
aiguilles retombantes, est tout à fait pas-
sionnant. Il pousse assez lentement
(4 m en 10 ans). Hauteur à l'âge
adulte : 10 m.

— *Pinus mugo* ou *montana* ou *mughus* est
originaire des montagnes. Il reste petit,
arbuste ou petit arbre. Ses jeunes pousses sont vert clair, ses feuilles, groupées
par deux sont vert foncé, et toutes ses
branches sont ascendantes. Il pousse
très, très lentement, ce qui en fait un
conifère de choix dans une rocaille. On
trouve facilement en culture deux de ses
variétés naines :

— *Pinus mugo* 'Gnom' (pin Mugo),
forme naine très populaire, qui est
encore plus aplatie et qui pousse encore
plus lentement.

— *Pinus mugo* 'Hesse' s'étale en buissons denses, aux aiguilles tourmentées.
Les bacs et les auges s'accommodent
fort bien de cette miniature de 60 cm.

— *Pinus mugo* 'Pumilio', un petit rampant, de forme buissonnante, d'un joli
vert légèrement bleuté. Hauteur à l'âge
adulte : 3 m.

— *Pinus pinaster* (pin maritime). C'est
le pin des Landes au tronc puissant,
élancé, à la couronne large, aux longues
aiguilles vert franc groupées par deux.
Les cônes brillants ont des écussons sail-
lants. Il demande lumière et chaleur,
ainsi qu'une certaine humidité de l'air,
aussi se plaît-il bien au bord de la mer,
sur les dunes où il retient le sable. Dans
les forêts des Landes, on l'a planté en
masse pour subvenir aux besoins en
bois de la marine royale. Hauteur à
l'âge adulte : 30 m.

— *Pinus pinea*, le pin pignon ou parasol du littoral méditerranéen. Ses longues aiguilles sont groupées par deux.
Il met une quinzaine d'années avant de
prendre le port qui le caractérise. Son
écorce est rouge orangée, très craquelée. Après une trentaine d'années,
l'arbre produit des cônes qui donnent
de délicieuses amandes.

— *Pinus ponderosa* (pin jaune). On

△ *Pinus pinaster*
▽ *Pinus bungeana*

▽ *Pinus bungeana*

trouve ce très grand arbre dans les régions côtières de l'ouest des U.S.A., mais il se plaît également dans nos régions. Son feuillage est jaune vert, le tronc orange clair, et de ce fait, il est vraiment incomparable. Hauteur à l'âge adulte : 20 m, mais jusqu'à 50 m dans son pays d'origine.

— *Pinus radiata* ou *insignis* (pin de Monterey). En provenance de Californie, il se plaît uniquement dans les régions au climat relativement doux de l'Europe (Cornouaille, Irlande, Pays Basque, Bretagne). C'est un beau conifère dont le port, de loin, évoquerait plutôt celui d'un chêne. Sa pousse est très rapide (jusqu'à 15 et 22 m en 20 ans). Adapté aux incendies dans sa région d'origine, il a développé une curieuse forme de protection. En effet, les cônes restent sur l'arbre et ne s'ouvrent que lorsqu'ils sont chauffés par un feu de broussaille. En conséquence, si vous voulez récolter des graines, enfournez les cônes une demi-heure dans un four.

— *Pinus strobus* (pin de Lord Weymouth). Il forme de grandes forêts dans les régions de l'est des U.S.A. D'abord de forme conique, c'est plus tard qu'il développe ses branches basses touchant presque terre. Les aiguilles, très douces et souples, sont d'un beau gris vert et groupées par cinq. Il ne se plaît pas, ce qui est dommage, dans les sols calcaires et affectionne le sable. Sa croissance, dans de bonnes conditions, peut se poursuivre sur une centaine d'années. Hauteur à l'âge adulte : 40 m (jusqu'à 60 m dans son habitat d'origine).

— *Pinus sylvestris* (pin sylvestre) est originaire de nos régions où on le voit souvent planté dans les forêts. Il se plaît dans tous les sols et est extrêmement résistant. Les feuilles, réunies par deux, assez courtes, sont vert bleu. La couronne, d'abord conique, devient progressivement plate. Les cônes sont mûrs à l'automne de la 2e année et, de vert, deviennent marron. L'écorce est rougeâtre.

— *Pinus sylvestris* 'Beuvronensis'. Ce cultivar, né en Sologne, est sans doute l'un des meilleurs. De forme arrondie, très dense, il est d'un joli bleu-vert. Ses aiguilles dressées lui donnent l'allure d'un petit cactus.

— *Pinus sylvestris* 'Fastigiata', bien droit, très étroit, au port rappelant celui d'un *Chamaecyparis*, peut atteindre 10 m. Son feuillage est bleu vert. C'est un conifère très précieux.

▽ *Pinus pinea*

△ *Pinus halepensis*

▽ *Pinus sylvestris* 'Watereri'

△ *Pinus uncinata*

△ *Pinus parviflora*

— *Pinus strobus* 'Nana', au feuillage bleuté, est extrêmement nain et ne dépasse pas 50 cm.

— *Pinus strobus* 'Umbraculifera'. Un vrai pin évasé, de croissance lente, au joli feuillage vert foncé, en parasol. Il peut atteindre 2 m en trente ans.

— *Pinus wallichiana* ou *griffithii* ou *excelsa* (pin de l'Himalaya). Un très beau pin, précieux pour les jardins. Il forme un

◁ *Pinus wallichiana*

△ *Pinus pinea*

grand arbre majestueux, gardant bien ses branches basses et poussant assez rapidement. Tout son charme tient au fait que ses aiguilles, groupées par cinq, sont très longues et retombent sous leur propre poids, donnant à l'arbre un aspect pleureur. Les cônes retombants, de la taille d'une banane, sont recouverts de résine. Son écorce gris vert est superbe. Un excellent pin pour les régions polluées, dans lesquelles il résiste fort bien.

Hauteur : selon les variétés

Terre : toutes

Exposition : toutes

Multiplication : par semis. Elle est très irrégulière et dépend de chaque espèce. Certaines graines germent immédiatement, d'autres doivent attendre 1 ou 2 ans. D'autres, enfin, doivent subir une alternance de chaud et de froid (stratification), pour germer.

Feuillage : persistant

397

Pittosporum

PITTOSPORUM

Famille des pittosporacées

Arbuste

Ce sont des plantes à feuillage persistant très accommodantes, à condition que vous ne les soumettiez pas à une température trop basse. Elles donnent des fleurs parfumées, blanches ou jaunes, selon les variétés, et un beau feuillage pour les décorations florales. Dans les régions côtières, les *Pittosporum* font d'excellentes haies.

■ CONSEILS UTILES

— Plantez-les dans un endroit protégé du vent, et dans une terre bien drainée.
— Au printemps, retirez les branches abîmées.

■ LES MEILLEURES VARIÉTÉS

— *Pittosporum crassifolium* est le plus rustique. Le feuillage est épais. Les fleurs sont des clochettes pourpre foncé.
— *Pittosporum eugenioides* 'Garnetti' est de forme assez pyramidale. Son joli feuillage gris argenté est marginé de blanc, en été, et de rose en hiver.
— *Pittosporum tenuifolium* pousse très lentement, mais peut atteindre 3,50 m. Supportant bien la taille, il fait d'excellentes haies. Les feuilles de 'Purpureum' naissent vert pâle puis s'empourprent peu à peu. Chez 'Warnham Gold', elles naissent presque jaunes et le deviennent vraiment jusqu'à l'or. Celles de 'Silver Queen', aux reflets argent, s'entourent d'un liséré blanc.
— *Pittosporum tobira*. D'avril à juin, ses petites fleurs blanchâtres expriment un délicieux parfum de fleur d'oranger.

Hauteur : de 1 m à 3,50 m.
Terre : toutes
Exposition : soleil, mi-ombre
Multiplication : semis au printemps, boutures en été
Floraison : mai-juin
Feuillage : persistant

▽ *Pittosporum tobira*

△ *Platanus orientalis*　　　　　　　　*Platanus x acerifolia* ▷

Platanus

PLATANE

Famille des platanacées

Arbre

Le platane est maintenant si répandu dans nos villes que nous le connaissons tous. Et c'est à juste raison : son port magnifique, son ombre généreuse, ses fortes branches, ses larges feuilles palmées, contribuent à donner à cet arbre grande allure. En outre, il est bien utile en ville, car il supporte la pollution atmosphérique et ne craint guère les parasites.

■ CONSEILS UTILES

— Bien que très accommodants quant à la nature de la terre, les platanes se développent mieux dans un sol alluvionnaire profond et frais. Leurs seules vraies exigences : de la lumière et de l'espace, car ils peuvent étendre très loin leurs racines.

■ LES MEILLEURES VARIÉTÉS

— *Platanus x acerifolia* ou *hispanica* (platane commun). Il atteint facilement 35 m. Son écorce lisse, caduque, se détache en grands lambeaux, laissant le tronc nu. Sa croissance est très rapide et vigoureuse. 'Mirkovec' s'empourpre dès la fin de l'été et peut prendre place dans un jardin grâce à ses dimensions réduites.
— *Platanus occidentalis* (platane d'occident) atteint 50 m en Amérique du Nord, son pays d'origine, un peu moins en France. Les feuilles très larges sont à peine découpées.
— *Platanus orientalis* (platane d'Orient) est un arbre magnifique de 30 m. Originaire de l'Asie occidentale, il semble que dans ces pays du Moyen-Orient on l'ait depuis toujours cultivé. Il atteint des tailles gigantesques. Sa longévité est remarquable.

Hauteur : de 20 à 50 m.
Terre : toutes, mais il aime bien les terres fraîches.
Exposition : soleil ou ombre.
Multiplication : plantez, à la fin de l'été, des boutures de 30 cm dans un châssis de terre légère. Mettez en place dans le jardin au printemps suivant.
Feuillage : caduc

Podocarpus

PODOCARPUS

Famille des podocarpacées
Arbre

Il s'agit d'un arbre à feuillage persistant qui pousse dans les régions tropicales. On en trouve en Europe dans les collections, et c'est un spécimen qui vaut la peine d'être recherché.

■ **CONSEILS UTILES**

— On peut cultiver ces arbres dans nos régions, mais il faut les planter à l'abri du vent. Ils poussent très lentement, ce dont il faut tenir compte au moment de leur installation.

■ **LES MEILLEURES VARIÉTÉS**

— *Podocarpus andinus*. De loin, il évoque un if. L'arbre ne dépasse pas 6 m. Ses feuilles sont vert foncé sur le dessus et glauques en dessous. Or, comme les feuilles sont légèrement tordues sur les rameaux, leurs revers glauques entr'aperçus donnent à tout l'arbre des reflets métalliques. Il peut être endommagé par des grands froids. En revanche, il supporte très bien le calcaire.
— *Podocarpus nivalis* est un arbuste très compact, aux feuilles vert-olive. Ses branches, basses et ascendantes, ne dépassent pas 1,50 m. C'est un très intéressant conifère pour les rocailles. Il peut être planté en terre crayeuse.

Hauteur : de 1,50 à 6 m
Terre : calcaire ou crayeuse.
Exposition : soleil
Multiplication : les graines sont rares, alors on multiplie par boutures en ajoutant des hormones.
Feuillage : persistant.

△ *Populus lasiocarpa*
▽ *Populus nigra* 'Italica'

Populus

PEUPLIER

Famille des salicacées
Arbre

Ces beaux arbres d'ornement que sont les peupliers, si élancés et élégants, sont tous originaires des régions froides et tempérées de l'hémisphère Nord. C'est dire qu'ils ne craignent ni le froid, ni l'humidité. Ce qu'ils désirent le plus ? De la lumière, de l'espace, un sol profond et humide. Comme ils poussent vite et assez haut (environ 24 m à maturité), ils forment des rideaux de verdure qui isolent magnifiquement un jardin, une maison, de l'environnement immédiat.

■ **CONSEILS UTILES**

— N'installez pas les peupliers près d'autres arbres.
— Ne taillez qu'en été,
— Enlevez les rejets autour du tronc, au début du printemps.

■ **LES MEILLEURES VARIÉTÉS**

— *Populus alba* (peuplier blanc ou peuplier de Hollande). Pourquoi blanc ? En raison de l'espèce de feutrage blanc argenté qui recouvre le revers de ses feuilles. Il peut atteindre 35 m de haut, mais guère plus de 100 ans.
— *Populus alba* 'Nivea'. Mérite bien son nom de peuplier argenté ; sa résistance à la sécheresse et aux embruns salés n'est plus à démontrer.
— *Populus nigra* 'Italica' (peuplier d'Italie) est originaire d'Afghanistan (ce que son nom ne nous dit pas !). Sa croissance est très rapide et peut atteindre 13 m en 20 ans. A 40 ans, c'est un arbre superbe, puissant. Il peut vivre jusqu'à 200 et 300 ans. Hélas, ses racines pénétrantes épuisent la terre et il fait des dégâts sur les pelouses. C'est lui que l'on voit le plus souvent, en alignement, le long de nos routes de campagne.

Populus deltoides △

— *Populus pyramidalis* ou *Populus candicans* 'Aurora'(peuplier de l'Ontario). L'arbre, sans doute d'origine américaine, est très ornemental grâce à son feuillage de printemps aux reflets roses. Ses très grandes feuilles, légèrement velues et argentées en dessous, embaument lorsqu'elles sont jeunes.

— *Populus tremula* (tremble). Rien de plus explicite que ce nom. Les feuilles sont suspendues au bout d'un très long pétiole qui les rend très mobiles. D'où cette impression très caractéristique que l'arbre tout entier est en mouvement. A l'automne, ce feuillage prend une magnifique couleur jaune paille, avant de s'empourprer et de tomber.

— *Populus tremula* 'Pendula'. Ses branches dressées portent des rameaux pendants qui lui confèrent une architecture exceptionnelle. Il dépasse à peine 8 m.

Hauteur : de 30 à 35 m.
Terre : toutes, mais il préfère les sols profonds et humides.
Exposition : soleil ou ombre
Multiplication : isolez, au début du printemps, les rejets émergeant autour du tronc. Prenez soin de conserver leurs racines et plantez-les en terre meuble que vous arroserez.
Feuillage : caduc.

Potentilla

POTENTILLE
Famille des rosacées
Arbuste

Idéal pour garnir les bordures, idéal pour les terrasses et balcons, c'est l'arbuste indispensable. Il est sans prétention, facile à vivre et donne une floraison s'échelonnant de mai à septembre. Il pousse partout, sans maladies ni exigences particulières.

■ **CONSEILS UTILES**

— Drainez le terrain avec soin et retirez, en mars, les petites branches mal venues ou abîmées.

■ **LES MEILLEURES VARIÉTÉS**

— Toutes sont issues de *Potentilla fruticosa* dont la floraison est jaune vif. Le cultivar 'Abbotswood' donne des fleurs blanches et atteint 0,80 m ; 'Tangerine' donne des fleurs orange doux ; la plante est un peu plus basse : 0,50 m ; 'Mandschurica' est plutôt rampant, à fleurs blanches et feuillage argenté ; 'Katherina Dykes' atteint 1 m, avec des fleurs jaunes, et 'Red Ace' porte des fleurs rouges. La plante atteint 0,50 m mais peut s'étaler sur 2 m.
— *Potentilla* Princess 'Blink' enrichit la palette d'un rose doux.

Hauteur : de 0,50 m à 2 m.
Terre : toutes.
Exposition : soleil ou mi-ombre.
Multiplication : bouturage.
Floraison : été.
Feuillage : caduc.

△ *Potentilla fruticosa* 'Elizabeth'
▽ *Potentilla fruticosa* 'Red ace'

Prunus

PRUNUS

Famille des rosacées
Arbre ou arbuste

Voilà un genre très vaste - plus de 400 espèces - qui englobe surtout des espèces à feuilles caduques. Pourtant deux *Prunus* à feuillage persistant sont précieux pour l'établissement de haies ou pour des fonds de massifs : *Prunus lusitanica* et *Prunus laurocerasus*. Les *Prunus* sont aussi des arbres fruitiers comme le cerisier, l'amandier, l'abricotier, le pêcher. Ces arbres fruitiers, qui s'épanouissent magnifiquement au printemps, ont servi souvent de géniteurs pour la conservation de ce caractère dans la création de *Prunus* hybrides offrant des floraisons encore plus étonnantes. Mais nous les laisserons de côté, ici, nous attachant seulement aux espèces ornementales. Plantez-les en exposition dégagée et bien ensoleillée pour bénéficier d'une floraison généreuse. Différenciez et mêlez les variétés, vous arriverez ainsi à obtenir une floraison échelonnée sur de nombreux mois.

■ CONSEILS UTILES

— En général, les *Prunus* ne se montrent guère difficiles quant au sol, pourvu qu'il soit bien drainé, et demandent un lieu bien ensoleillé pour fleurir abondamment. Seul le *Prunus padus* (cerisier ou merisier à grappes) accepte, à la rigueur, une exposition à mi-ombre. Cette espèce préfère, en outre, un sol frais et riche pour bien prospérer.
— Si votre sol est sablonneux et sec, adoptez le *Prunus serotina* (cerisier noir), qui se développera rapidement dans ces conditions. Cette espèce tolère également, sans problème, un terrain humide.
— Pour les cerisiers du Japon, évitez toute plantation à proximité de l'eau. Sachez aussi qu'ils risquent de ne pas survivre en terrain non drainé.
— Les variétés persistantes devront être taillées pour leur conserver une forme harmonieuse. Quant aux variétés à fleurs, ne les taillez jamais en hiver. C'est à la fin de l'été que vous ôterez les branches malvenues.
— Attention à ne pas planter trop profondément. En outre, il vous faudra tuteurer les jeunes arbres.

■ LES AMANDIERS À FLEURS

— *Prunus tenella* (amandier nain de Russie) est une superbe petite variété que l'on trouve aussi dans les catalogues sous le nom d'amandier nain de Russie. Sa floraison rose vif, en avril, s'épanouit tout le long des rameaux. Il a moins d'1 m de haut.
— *Prunus triloba* (amandier de Chine). Assez répandu, ce *Prunus* est aprécié pour ses gros pompons rose vif apparaissant dès la fin mars (3 à 5 m). Il existe une variété plus compacte, 'Multiplex', de 1,50 m à 2 m de haut.

■ LES CERISIERS À FLEURS

Outre les cerisiers du Japon (voir p. 164), remarquables par leur abondante floraison, les cerisiers à fleurs comptent maintes espèces :
— *Prunus* 'Accolade' (7 à 9 m). Il se métamorphose en un nuage de fleurs roses semi-doubles en mars. Son port est souple et gracieux.
— *Prunus avium* (10 m). C'est tout simplement le merisier, à jolie floraison blanche en avril. Préférez la variété 'Plena' pour ses riches fleurs doubles ou la variété 'Montmorency Pleureur' pour son insolite port retombant. Toutes ces variétés donnent, en outre, des merises agréablement acidulées.
— *Prunus x cistena* (cerisier des sables à feuilles pourpres) assure un contraste étonnant au moment de son épanouissement, en mars-avril, quand ses fleurs blanches s'ouvrent au milieu d'un feuillage parfaitement rouge (moins d'1,50 m).
— *Prunus hillieri* (7 à 9 m). Un petit arbre remarquable par sa floraison rose tendre en avril et le coloris cramoisi de son feuillage en automne. La variété 'Spire' se distingue par son port conique.
— *Prunus maackii* (12 à 15 m) offre une jolie écorce brune et miel. Il donne, en avril, des petites grappes de fleurs blanches. La variété 'Amber Beauty' est encore plus belle que l'espèce.
— *Prunus padus* (cerisier ou merisier à grappes) attend mai pour dévoiler ses exquises grappes de fleurs blanches à l'odeur d'amande. Cette espèce supporte la mi-ombre (10 à 15 m). La variété 'Watereri' développe de très longues grappes : jusqu'à 20 cm de longueur ! La variété 'Colorata' épanouit des fleurs rose pâle. Ses feuilles naissent pourpres puis deviennent bronze.
— *Prunus pumila* 'Depressa' (0,30 m), est une variété rampante. Elle s'épanouit en petites fleurs blanches en mai et prend de jolis coloris en automne.
— *Prunus sargentii* (12 à 15 m) montre de délicates fleurs simples, roses en avril. Le feuillage naît bronze et vire à l'orangé et au cramoisi en automne.
— *Prunus serotina* (20 à 25 m), ou cerisier noir, donne très tardivement, en mai-juin, d'élégantes grappes de fleurs blanches. En automne, le feuillage prend un joli coloris jaune roux.
— *Prunus serrula* (7 m). Merveilleux, avant tout, par son écorce brun acajou, donne de jolies fleurs blanches en avril-mai.
— *Prunus serrulata* (3 m). Un petit arbre, à l'origine des fameux hybrides de cerisiers du Japon.
— *Prunus subhirtella* (cerisier Higan) comporte plusieurs variétés intéressantes dont la hauteur ne dépasse pas 8 à 9 m. Ainsi 'Autumnalis', à fleurs blanches et 'Autumnalis Rosea', à fleurs roses, qui s'épanouissent toutes deux entre novembre et mars, selon la clémence de l'hiver. 'Fukubana', dont les fleurs semi-doubles, rose vif, apparaissent en avril, les boutons étant écarla-

▽ *Prunus padus* 'Colorata'

▽ *Prunus maackii*

△ *Prunus serrulata* 'Spontanea'

tes et 'Pendula Rosea', un petit arbre pleureur qui épanouit des fleurs simples rose clair, fin mars.

— *Prunus x yedoensis* (12 à 16 m) se révèle précieux par sa floraison blanc rosé qui sent bon l'amande, fin mars, début avril. Son port est souple et gracieux, avec des branches arquées. En automne, le feuillage prend des teintes peu banales jaune d'or et brique. La variété 'Ivensii', se remarque par son port pleureur.

■ LES PÊCHERS À FLEURS

— *Prunus davidiana* (5 à 10 m). Dès janvier, un peu plus tard si l'hiver est rigoureux, cette espèce précoce, assez

rare, émet des fleurs roses, simples. Plantez-la dans un lieu abrité du vent.

■ LES PRUNIERS ET LES ABRICOTIERS À FLEURS

— *Prunus x* 'Blireana' (3 à 4 m), offre une généreuse floraison rose vif en avril, ainsi qu'un somptueux feuillage pourpre à reflets cuivrés.

— *Prunus cerasifera* (6 à 8 m) est célèbre avant tout par sa variété 'Pissardii' (ou 'Atropurpurea'), aux jolies feuilles pourpre foncé, d'abord rouge foncé, et à l'abondance des fleurs, roses en boutons, puis blanches, apparaissant avant les feuilles, fin mars, début avril.

— *Prunus armeniaca* 'Flore Pleno' (abri-

cotier du Japon). Précoce, il épanouit, dès février, des fleurs doubles, roses, au parfum d'amande (5 à 8 m).

— *Prunus spinosa* 'Purpurea' (prunellier ou épine noire) donne des fleurs blanc rosé, en mars, juste avant l'apparition des feuilles rouges, devenant vertes, sur des rameaux bruns (3 à 5 m).

■ LES CERISIERS DU JAPON

Remarquables, avant tout, par leur floraison, ces *Prunus* que l'on regroupe sous le nom de cerisiers du Japon, dérivent surtout de deux espèces : le *Prunus speciosa*, originaire de Chine, et le *Prunus serrulata*, venu du Japon. Ils forment de petits arbres (5 m de hauteur pour les plus vigoureux, 'Kanzan' et 'Ukon'), et conviennent ainsi parfaitement aux jardins de taille réduite. Ils se plaisent en tous terrains, sauf dans un sol mal drainé où ils finissent par mourir. Evitez donc de les installer à proximité de l'eau.

— *Prunus serrulata* 'Amanogawa', admirable par son port étroit en forme de colonne légèrement évasée. Cet arbre peut atteindre 5 m de haut. Fin avril, s'épanouissent des bouquets de fleurs parfumées d'un rose très pâle.

— *Prunus serrulata* 'Fugenzo' est une variété très tardive, puisque ses grandes fleurs doubles, bien roses, qui forment des corymbes retombants, n'apparaissent pas avant la mi-mai. Toutefois, elles ne sont pas dissimulées par le feuillage, d'un beau rouge cuivré, qui est encore discret. L'arbre offre un port étalé.

— *Prunus serrulata* 'Jo-nioi' donne, en avril, parmi un feuillage brun doré, des fleurs simples, blanches, au parfum d'ajonc. L'arbre a un développement limité et un port étalé. C'est une variété rare, assez difficile à trouver.

— *Prunus serrulata* 'Kanzan' est l'un des cerisiers du Japon les plus répandus. Il figure parfois sous le nom de 'New Red' dans les catalogues. Cette variété vigoureuse fleurit à la mi-avril. Le feuillage, d'abord cuivré, verdit durant l'été, avant de se teindre en orange et en bronze durant l'automne. Les boutons floraux naissent écarlates et donnent de grosses fleurs doubles, rose vif.

— *Prunus serrulata* 'Kiku-Shidare-Sakura' est un petit arbre pleureur à la floraison très précoce : dès la mi-mars, de grosses fleurs doubles, rose foncé, s'épanouissent jusqu'au ras du sol. Les feuilles vert bronzé deviennent vert brillant.

— *Prunus serrulata* 'Shimidsu-Sakura', variété remarquable par ses nuages de fleurs blanches, longuement pédonculées, qui apparaissent fin avril. Les boutons teintés de rose s'ouvrent en prenant un ton vraiment immaculé.

— *Prunus serrulata* 'Shirotae' séduit par sa floraison blanche agréablement parfumée. Les fleurs sont simples ou semi-doubles. Le port est légèrement pleureur.

— *Prunus serrulata* 'Ukon' fleurit dans des tons inhabituels à la mi-avril : des fleurs semi-doubles, jaune pâle, teintées de vert et parfois de reflets roses. Son port est étalé.

■ LES PRUNUS A ÉCORCES DÉCORATIVES

— Le plus réputé des *Prunus* pour son écorce décorative est certainement le *Prunus serrula* : il offre un tronc acajou de toute beauté. Ce coloris est encore mis en valeur par des anneaux qui constituent les parties ridées de l'écorce.

— *Prunus maacckii* réveille également les jardins, l'hiver, par son écorce brune et miel, vraiment lumineuse, qui s'exfolie comme celle des bouleaux. Cet aspect ressort particulièrement dans la variété 'Amber Beauty'.

■ LES PREMIERS PRUNUS À FLEURIR

Si vous désirez bénéficier d'une floraison en plein cœur de l'hiver, plantez ces *Prunus* dans un lieu bien ensoleillé et abrité des vents froids.

— Pour la précocité de la floraison, la palme revient au *Prunus subhirtella* 'Autumnalis', qui donne ses fleurs blanches, entre novembre et mars, selon la clémence de l'hiver. Pour obtenir le même effet en rose, procurez-vous la variété 'Autumnalis Rosea', et si vous plantez ensemble une demi-douzaine de ces ravissants arbustes, vous aurez un spectacle de rêve.

— Dès janvier, le *Prunus davidiana* entre en scène avec des fleurs roses, simples. En février, lui succède l'abricotier japonais, *Prunus armeniaca* 'Flore Pleno' qui épanouit des fleurs roses, bien doubles. En mars, de nombreuses variétés de *Prunus* prennent le relais : ainsi, le *Prunus* 'Kiku-Shidare-Sakura', le *Prunus* 'Accolade', le *Prunus triloba*, le *Prunus spinosa* 'Purpurea'...

■ DES FORMES ORIGINALES

Si la plupart des *Prunus* offrent un port généralement étalé, certains se particularisent en se développant en fuseau, en pleureur, ou même en rampant !

Un rampant

— Il s'agit du *Prunus pumila* 'Depressa' qui forme un couvre-sol compact, de 30 cm de haut. Entièrement couvert de petites fleurs blanches, en mai, il reste, ensuite, décoratif, grâce à son beau feuillage vert-gris qui prend des coloris de feu en automne. Et, en hiver, ses branches serpentantes le rendent tout aussi attrayant, malgré la chute des feuilles.

Des fuseaux

— *Prunus hillieri* 'Spire' (7 à 9 m de haut) prend un port conique qui le destine tout particulièrement aux alignements.

△ *Prunus laurocerasus*

△ *Prunus lusitanica*
▽ *Prunus x cistena*

Prunus serrulata △
unus sargentii x subhirtella 'Accolade' ▷

Prunus triloba △
Prunus laurocerasus ▽

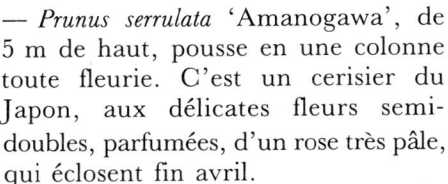

— *Prunus serrulata* 'Amanogawa', de 5 m de haut, pousse en une colonne toute fleurie. C'est un cerisier du Japon, aux délicates fleurs semi-doubles, parfumées, d'un rose très pâle, qui éclosent fin avril.

Des pleureurs

— Parmi les cerisiers du Japon, la variété 'Kiku-Shidare-Sakura', à la floraison rose foncé, « pleure » vraiment. 'Shirotae', ne « pleure » que légèrement, laissant retomber ses branches,

en une sorte de très large parasol.

— *Prunus avium* 'Montmorency Pleureur', incline vers le sol de longues branches gracieuses chargées, dès avril, de fleurs blanches.

— *Prunus subhirtella* 'Pendula Rosea', entièrement rose clair, fin mars, a presque la forme d'un champignon croulant sous les fleurs.

— *Prunus x yedoensis* 'Ivensii'. Ses branches, couvertes de fleurs blanc-rosé, dès la fin du mois de mars, commencent

par se redresser avant de plonger vers le sol en un mouvement ravissant. C'est vraiment un des arbres les plus exquis qui soient.

■ **LES PLUS BEAUX FEUILLAGES D'AUTOMNE**

Cramoisis, bigarrés ou jaunes, tels sont les plus jolis coloris des feuillages de certains *Prunus* en automne.

Les cramoisis

— Deux rouges vraiment somptueux

405

éclatent en automne, celui du feuillage du *Prunus hillieri* et surtout de sa variété 'Spire' ainsi que celui des feuilles du *Prunus pumila* 'Depressa', qui est rampant.

Les tons bigarrés
— Le feuillage du *Prunus* 'Ukon', un cerisier du Japon, naît couleur bronze, se change en vert brillant et donne un vrai festival de rouille et de pourpre avant de tomber. Celui du *Prunus sargentii* est l'un des premiers à changer de coloris en automne. Lui aussi apparaît couleur bronze au printemps, puis il devient vert avant de se métamorphoser en orangé et en cramoisi, à l'automne. De la même façon, les tons automnaux du *Prunus* 'Accolade' mêlent hardiment l'orangé et le rouge vif.

Les orange et les jaunes
— Un orangé foncé, tout simple, mais superbe, est celui qu'arbore, en automne, un cerisier du Japon, le *Prunus* 'Kanzan', après être passé au stade vert brillant en été. Jaune pâle est le coloris automnal raffiné du *Prunus serotina*, dont le feuillage estival est vert lustré.

■ **LES PRUNUS POUR PETITS JARDINS**

Si vous recherchez un *Prunus* à développement limité, que ce soit pour un petit jardin, une terrasse ou un balcon, voici tout un choix.

Moins de 3 m de haut
— *Prunus x blireana,* qui fleurit rose vif en avril.
— *Prunus spinosa* 'Purpurea', au feuillage pourpre et à la floraison blanc rosé en mars.
— *Prunus triloba,* (amandier de Chine), dont les grosses fleurs doubles, rose vif, apparaissent fin mars. Une forme naine de la variété 'Multiplex' ne dépasse guère 1,50 m.

Moins d'1,50 m de haut
— *Prunus x cistena* (cerisier des sables à feuilles pourpres), dont les fleurs blanches s'épanouissent parmi un feuillage rouge, en mars-avril.
— *Prunus tenella* (amandier nain de Russie), qui n'atteint pas la hauteur d'un mètre, s'orne d'une dense floraison rose vif, en avril.

30 cm de hauteur
— *Prunus pumila* 'Depressa', qui rampe et forme un joli couvre-sol.

■ **LES PRUNUS PERSISTANTS**

Deux espèces de *Prunus* ont un feuillage persistant.

△ *Prunus subhirtella* 'Pendula'
▽ *Prunus serrulata*

Prunus avium ▷
Prunus serrulata ▽

▽ *Prunus serrulata* 'Shirotae'

— *Prunus laurocerasus,* laurier-cerise (5 à 7 m). Il convient à tous les sols, (sauf les calcaires) et admet toutes les expositions, même l'ombre. Son unique faiblesse : il craint les températures très basses. On le reconnaît à ses grandes feuilles coriaces, d'un beau vert franc, et aux petites grappes de fleurs blanches qui se montrent, en avril, à l'aisselle des feuilles. A l'état sauvage, le laurier-cerise croît en Asie Mineure dans la région pontique jusqu'au nord de l'Iran où on le trouve en sous-bois, dans les hêtraies. L'espèce a de nombreuses variétés pouvant servir à de multiples usages. Pour l'établissement de haies, choisissez les variétés de grande taille, par exemple : 'Caucasia', 'Herbergii', 'Latifolia' à très grandes feuilles, et 'Rotundifolia', aux feuilles vert clair arrondies à leur extrémité. Pour des haies basses, buissonnantes, bien touffues, une variété s'impose, de format compact, grimpant à moins d'1,50 m, 'Otto Luyken'. Et pour un bon couvre-sol, la variété 'Zabeliana', dont les feuilles allongées camouflent la terre.
— *Prunus laurocerasus* 'Mount Vernon' se distingue par son port évasé et ses feuilles luisantes ; il ne dépasse pas 1 m et se prête fort bien à la garniture des talus. 'Schipkaensis', extrêmement robuste, fleurit généreusement mais s'étale plus qu'il ne monte.
— *Prunus lusitanica,* laurier du Portugal (5 à 7 m). Il donne un meilleur résultat en sol calcaire et supporte mieux les froids vifs que la précédente espèce. Il préfère une exposition bien ensoleillée. Cet arbre développe des feuilles vert foncé lustré, au pétiole rouge. Des grappes de fleurs simples, blanches, apparaissent en juin. Deux de ses variétés sont bien connues : 'Azorica', dont les jeunes feuilles sont d'abord rouges, avant de verdir, et 'Myrtifolia' (pas plus de 5 m de haut), au port conique et aux feuilles vert foncé, plus petites que celles du type.

Hauteur : dépend des variétés.
Terre : bonne terre de jardin bien drainée.
Exposition : soleil pour les variétés à feuillage caduc, mi-ombre pour les variétés à feuillage persistant.
Multiplication : acheter de petits sujets en conteneurs.
Floraison : au printemps.
Feuillage : caduc. Deux espèces ont un feuillage persistant : *Prunus laurocerasus* et *Prunus lusitanica.*

△ Pseudotsuga menziesii 'Glauca'

Pseudotsuga douglasii △
Pseudotsuga menziesii ▽

Pseudotsuga
DOUGLAS

Famille des abiétacées
Arbre

Originaire des montagnes Rocheuses, aux U.S.A., le sapin de Douglas est un arbre rustique, à tronc droit, à cime conique, s'alourdissant avec l'âge. Le feuillage, très aromatique, vert clair brillant, est composé d'aiguilles de 5 cm environ, qui dégagent, lorsqu'on les froisse, un fort parfum de citronnelle. Les cônes pendants ont des sortes de bractées piquantes entre les écailles. On l'appelle aussi le douglas vert ou le pin de l'Orégon. Ce conifère est très utilisé, aujourd'hui, dans nos forêts comme essence de reboisement, en raison de sa croissance rapide. Il atteint dans son pays d'origine 60 et 70 m de haut, 20 ou 30 m, chez nous.

■ **CONSEILS UTILES**

— L'arbre, pour bien se développer, demande du soleil, de l'espace, une terre acide et une atmosphère, malgré tout, humide. Ayant un enracinement superficiel, il craint les vents violents.

■ **LES MEILLEURES VARIÉTÉS**

L'arbre-type a donné de nombreux cultivars de petite taille, parfaits pour les rocailles ou les petits jardins, par exemple :
— *Pseudotsuga menziesii* 'Pumila', une boule naine qui convient pour les rocailles. Il ne dépasse guère 0,60 m de haut.
— *Pseudotsuga menziesii* 'Glauca Pendula' est un petit arbre, de couleur glauque, en début de saison, devenant plus foncé ensuite. Son port est tortueux et toutes ses branches retombent presque verticalement jusqu'au sol.
— *Pseudotsuga menziesii* 'Fletcherii' est un arbuste nain, de 1 à 3 m de haut, arrondi au sommet, si compact que toutes ses branches sont emmêlées les unes aux autres.

Hauteur : jusqu'à 70 m pour l'arbre-type, jusqu'à 3 m pour les petites variétés.
Terre : sol frais non calcaire.
Exposition : soleil, mi-ombre.
Multiplication : graines.
Feuillage : persistant.

△ *Pterocarya rehderiana*

Pterocarya

PTÉROCARYA

Famille des juglandacées
Arbre

Ce bel arbre, dont le genre est proche de celui du noyer, est originaire de Chine. Chez nous, on le connaît à peine et c'est dommage. Son tronc est joliment strié. Ses feuilles composées sont très grandes et dégagent une odeur agréable. Les fleurs sont de très longs chatons pouvant atteindre près de 45 cm. Ces chatons donnent tout son cachet à l'arbre lorsqu'ils apparaissent, en juillet.

■ CONSEILS UTILES

— Attention aux jeunes pousses qui partent de la base, elles peuvent souffrir du gel. Il vaut mieux protéger l'arbre, les premières années.

■ LES MEILLEURES VARIÉTÉS

— *Pterocarya fraxinifolia* vient du Caucase (ptérocarya du Caucase). Il est parfait à planter près de l'eau. Il atteint 20 m.

— *Pterocarya rehderiana*. Plus rustique que le précédent. Il a tendance à faire des rejets. Il pousse bien et fleurit admirablement.

Hauteur : de 15 à 20 m.
Terre : normale.
Exposition : soleil.
Multiplication : par semis, par rejets.
Floraison : juillet.
Feuillage : caduc.

Punica

GRENADIER

Famille des punicacées
Arbuste

Le grenadier est, depuis longtemps, l'arbuste de prédilection des régions méditerranéennes, cultivé autant pour ses fleurs, son allure, que ses fruits. Le tronc est tortueux, rouge, très élégant, les feuilles caduques, d'abord vert clair, virent au rouge, au printemps, puis à nouveau au vert en été. Les fleurs rouges, tubulaires, apparaissent en juillet. Les gros fruits globuleux, les grenades, sont comestibles. On peut utiliser les grenadiers en haies, isolés ou encore en bacs.

■ CONSEILS UTILES

— Plantez-le en terrain sec ou frais, en plein soleil. S'il gèle, protégez le tronc avec de la paille.
— Placez-le contre un mur, au soleil. Ses fruits mûriront à la fin de l'été.
— Pour une belle floraison, taillez après l'hiver, sévèrement, la floraison se produisant sur les pousses de l'année.

■ LES MEILLEURES VARIÉTÉS

— *Punica granatum* (grenadier commun). Les fleurs rouge-orangé ressemblent à de petites trompettes.
— *Punica granatum* 'Nana' est la forme naine de la précédente. Haute de 0,60 m à 0,90 m, elle donne une profusion de fleurs au début de l'automne.
— *Punica granatum* 'Legrellei' porte peu d'épines et ses fleurs, doubles, présentent une bigarrure blanche et rouge.

Hauteur : 0,60 m à 5 m.
Terre : fertile, ou même sèche.
Exposition : plein soleil.
Multiplication : par semis, par marcottage ou bouturage.
Floraison : fin de l'été.
Feuillage : caduc.

△ *Punica granatum* 'Nana'

409

△ *Quercus x hispanica* 'Lucombeana'   ▽ *Quercus x turneri*

△ *Quercus robur*
▽ *Quercus coccinea* 'Splendens'

Quercus
CHÊNE
Famille des fagacées
Arbre

Il est vraiment le roi des arbres. Tant par sa stature imposante, l'ampleur de son feuillage, ses énormes branches, son tronc massif, que par sa longévité, les spécimens trois à quatre fois centenaires n'étant pas rares. Il prend, en automne, des teintes superbes, couleurs qui dépendent de la nature du sol, ainsi qu'il arrive souvent chez de nombreux végétaux. Le chêne est essentiellement un arbre de l'hémisphère Nord, et, en France, intimement lié à notre culture et à notre histoire. Ainsi, jadis, en Gaule, était-il honoré par les druides, comme il l'avait été par les Grecs.

Même son nom, « chasne » en vieux français, provient non pas du latin, mais du gaulois. Trois grandes espèces poussent, naturellement, en France : le chêne pédonculé, le chêne rouvre et le chêne pubescent. Chacun a ses exigences particulières, le pédonculé demandant beaucoup de lumière, à la différence du rouvre qui est essentiellement un arbre de la forêt.

■ **CONSEILS UTILES**

— Laissez-lui de la place. Si vous voulez le tailler pour lui donner une meilleure forme, faites-le en hiver.
— Il est important de choisir des variétés qui conviennent au sol. C'est facile car il en existe pour toutes sortes de terres, y compris les marécageuses.

■ **LES MEILLEURES VARIÉTÉS**

— *Quercus bicolor* (chêne bicolore). L'arbre, originaire de l'Amérique du Nord, aime les terres marécageuses. Hauteur : de 20 à 30 m dans son pays d'origine.
— *Quercus canariensis* (chêne Zeen), originaire des Canaries. Il se plaît dans les terrains lourds et frais et résiste bien au froid. Hauteur : 30 m.
— *Quercus cerris* (chêne chevelu). On l'appelle aussi « chêne turc » en raison de son origine : il nous arrive du sud-est de l'Europe et de l'Asie Mineure. Sa croissance est plus rapide que celle des autres. Hauteur : 30 m.
— *Quercus coccinea* (chêne écarlate). Cet américain de l'est des États-Unis, tire son nom de la superbe couleur pourpre foncé qu'il prend en automne. L'arbre supporte bien la sécheresse. Hauteur : de 25 à 30 m.
— *Quercus frainetto*. Le chêne de Hongrie, revêt des feuilles originales aux lobes nombreux, arrondis et étroits.
— *Quercus ilex* (chêne-vert ou yeuse). Ses feuilles persistantes, coriaces, luisantes, qui ressemblent à celles du houx, font de lui un arbre de haies idéal, une fois qu'il est taillé. Ce méditerranéen supporte bien et la chaleur et la sécheresse. Hauteur : de 10 à 15 m.
— *Quercus palustris* (chêne des marais). Cet américain du nord se plaît au bord des marais et dans tous les endroits humides.
— *Quercus petraea* (chêne rouvre). L'espèce est essentiellement forestière. L'arbre préfère les climats doux et humides, et les sols meubles et acides. Hauteur : de 30 à 40 m.
— *Quercus petraea* 'Purpurea'. Peut riva-

liser de couleur avec le hêtre pourpre.

— *Quercus pubescens* (chêne pubescent). En Provence, on l'appelle chêne blanc, et chêne noir dans le Périgord. C'est sous ce chêne que s'installent les truffières. Ce méditerranéen, à la cime étalée et au tronc tortueux, aime la lumière et la sécheresse. Hauteur : de 10 à 15 m.

— *Quercus robur* (chêne pédonculé). Ainsi appelé en raison de la longueur du pédoncule auquel sont rattachés les glands. Il est le plus important de tous par la taille. Sa longévité est légendaire : en moyenne quatre siècles. Mais on connaît des spécimens ayant atteint 1 000 ans. Hauteur : de 35 à 40 m.

— *Quercus rubra.* Le chêne rouge d'Amérique, tire son nom de sa couleur automnale exceptionnelle, orangée à écarlate.

— *Quercus suber* (chêne-liège). L'espèce est typiquement méditerranéenne. Il lui faut chaleur, lumière et une certaine humidité. L'arbre redoute énormément le froid. On le cultive pour le liège qu'on récolte tous les dix ans. Hauteur : 15 m maximum.

Hauteur : de 10 à 40 m, selon les variétés.
Terre : une qualité particulière selon les variétés.
Exposition : il s'épanouit mieux en plein soleil.
Multiplication : planter quelques glands en automne.
Feuillage : caduc. Une espèce à feuillage persistant : *Quercus Ilex.*

Raphiolepis
RAPHIOLÉPIS

Famille des rosacées
Arbuste

Cet arbuste à feuillage persistant, qui pousse lentement, est originaire d'Extrême-Orient. Son feuillage brillant, coriace, fait bien ressortir la floraison au début de l'été.

■ **CONSEILS UTILES**

— Planter, avec de la tourbe, dans une terre légère, bien drainée, contre un mur exposé au soleil.

■ **LES MEILLEURES VARIÉTÉS**

— *Rhaphiolepis x delacouri.* Les fleurs, roses, groupées en panicules terminales, paraissent par intermittence entre janvier et août. C'est un arbuste résistant. 'Coates Crimson' est une sélection plus carminée.

— *Rhaphiolepis indica* est originaire de Chine. Ses fleurs, blanc rosé, qui éclosent entre février et août doivent être protégées du gel. 'Spring Time', se couvre de fleurs roses.

— *Rhaphiolepis umbellata.* Le plus vigoureux de tous, d'une hauteur de 2 à 3 m. Sa forme est arrondie. Son feuillage dense, vert foncé. Ses fleurs, parfumées, groupées en bouquets blanc pur, apparaissent en juin. Les fruits sont des baies de couleur bronze noirâtre, qui restent sur l'arbuste de septembre à mars.

Hauteur : de 1,50 m à 3 m.
Terre : légère, fraîche.
Exposition : soleil.
Multiplication : greffage sur cognassier ou aubépine, ou bouturage à l'étouffée.
Époque de floraison : en juin-juillet, ou bien par intermittence, de janvier à août, selon les variétés.
Feuillage : persistant.

Rhamnus
NERPRUN

Famille des rhamnacées
Arbre ou arbuste

Petits arbres et grands arbustes, souvent épineux, dont plusieurs ont un beau feuillage persistant et aromatique. Les fleurs sont minuscules. Toutes les espèces sont de bonne composition et presque toutes ont, jadis, été beaucoup utilisées en pharmacie, leur écorce ou leurs fruits ayant un effet laxatif.

■ **CONSEILS UTILES**

— Arbuste facile, supporte tous les sols et toutes les expositions.

▽ *Raphiolepis x delacourii*

△ *Rhamnus petiolaris*

■ **LES MEILLEURES VARIÉTÉS**

— *Rahmnus alaternus* (alaterne ou nerprun alaterne) forme un arbuste dense, au beau feuillage persistant et aromatique. C'est un bon arbuste pour les bords de mer et la ville. Son cultivar 'Argenteovariegata', est souvent utilisé comme arbuste d'ornement dans le sud de la France. D'une hauteur de 2 à 3 m, il supporte bien la terre crayeuse.

— *Rhamnus californicus* (2 à 3 m de haut). Les jeunes rameaux sont verts ou rougeâtres, le feuillage persistant.

— *Rhamnus frangula* (bourdaine). Très commune partout en Europe, la bourdaine est un arbrisseau de 5 à 6 m de haut. Ses fleurs sont blanchâtres. Il pousse bien dans l'humidité des bois. Son feuillage est caduc.

— *Rhamnus imeritina* pousse bien en terrain humide. Son feuillage devient bronze ou pourpre en automne. Il ne dépasse guère 2,50 m.

Hauteur : de 2 m à 6 m.
Terre : toutes.
Exposition : toutes.
Multiplication : marcottage, bouturage.
Floraison : fleurs minuscules et sans intérêt, en avril-mai.
Feuillage : caduc ou persistant.

411

Rhododendron et Azalea

**RHODODENDRON
ET AZALÉE**

Famille des éricacées
Arbuste

Presque tous les jardiniers, à un moment quelconque, sont tentés par la plantation de rhododendrons. Or, comme il en existe plus de 1 000 espèces différentes à travers le monde, ayant donné naissance à des milliers de variétés, on peut dire qu'il y en a pour tous les goûts. En outre, les azalées étant classées avec les rhododendrons (ainsi les botanistes en ont-ils décidé) cette circonstance augmente considérablement le choix dont nous disposons. Toutes ces plantes ont tellement de qualités que l'on est tenté de créer exprès pour elles les conditions qu'elles aiment, si celles-ci n'existent pas naturellement dans nos jardins. Que de qualités pour une seule plante ! Citons la grande diversité des tailles pour une même espèce, leur feuillage, généralement persistant, l'échelonnement de leur floraison de mars-avril à juin, et, bien sûr, l'abondance de leurs coloris qui nous offrent toute une gamme de tons. Elles sont résistantes et supportent tout aussi allègrement l'ombre, ou nos climats, que la pollution des villes. Et puis, les rhododendrons sont « commodes », ne nécessitant ni tailles, ni entretien et enfin, pouvant être plantés pratiquement en toutes saisons.

■ CONSEILS UTILES

— Rhododendrons et azalées demandent une terre sans calcaire, légère et une humidité suffisante. Leurs racines peu profondes ne doivent jamais se dessécher et nécessitent d'être protégées par un généreux paillis de feuilles. Si vous ne disposez pas d'une terre acide, appropriée à la culture des rhododendrons, procédez de la manière suivante. Installez une fosse de 0,60 m à 0,80 m de profondeur. Doublez celle-ci d'une feuille de plastique percée de trous pour évacuer l'eau et remplissez cette fosse de bonne terre non alcaline, de tourbe et de terreau de feuilles, mélange qu'aiment tant les rhododendrons. Une technique courante, dans les pays anglo-saxons, pour la plantation des azalées, rhododendrons alpins et autres espèces de petite taille, permet leur culture dans n'importe quel jardin, quelle que soit la terre. L'opération consiste à installer des blocs de tourbe, à cheval l'un sur l'autre, comme des briques, de façon à former, à l'ombre, une terrasse surélevée. Les blocs, légèrement inclinés à l'intérieur, doivent être humidifiés avant la plantation. Il ne reste plus qu'à planter azalées ou rhododrons dans les trous individuels creusés dans la tourbe. L'ultime précaution est d'aménager une bonne cuvette autour de la plante pour recevoir l'eau et, éventuellement, le paillage de feuilles, ou mulch, qui conserve l'humidité et décourage les mauvaises herbes.

— N'installez pas de plantes vivaces autour des rhododendrons, elles entreraient en compétition pour l'eau dont vos arbustes ont besoin.

■ LA PLANTATION

— N'enterrez pas la motte trop profondément (elle doit être à peine recouverte de terre) et ne tassez pas au pied. En retirant la plante de son pot, si la motte paraît sèche, desserrez délicatement les racines à la main, trempez la plante dans l'eau et puis plantez.

— Sur les terrasses, à l'ombre ou à mi-ombre, on peut faire de belles plantations de ces arbustes, à condition de bien surveiller l'arrosage. Il peut arriver que des plantes, achetées en boutons, qui ont été forcées, une fois dans le jardin, refusent de fleurir. Ne vous alarmez pas, deux ou trois ans sont parfois nécessaires pour qu'elles se débarassent de leurs engrais excessifs et prennent un rythme de floraison normale.

■ L'ENTRETIEN

— Plutôt que d'épandre des engrais, il est préférable d'apporter à vos rhododendrons un paillis (un mulch) de feuilles mortes ou, mieux, de fougères. Ce paillis, en se décomposant, amènera à vos plantes tous les éléments dont elles ont besoin. De plus, il retiendra l'humidité et conservera au frais les racines des rhododendrons, qui sont, à la fois, très fines et très superficielles.

— En cas de décoloration du feuillage, souvent due à une chlorose provoquée par un sol trop calcaire ou par une eau d'arrosage chargée de calcaire, il faut un traitement approprié. Le remède consiste à donner une fois par an, selon les doses indiquées sur les boîtes, des sulfates de fer, de magnésium et de manganèse. Et, pour baisser le PH,

△ *Azalea* hybrides d'exbury

ajoutez à vos amendements un peu de tourbe blonde très acide.

— Pour avoir une belle floraison, cassez les fleurs fanées entre le pouce et l'index. Votre rhododendron ne s'en portera que mieux.

■ LES MEILLEURES VARIÉTÉS DE GRANDS RHODODENDRONS

A l'âge adulte, ces rhododendrons atteignent 2 à 5 m de haut, voire plus, selon les variétés. Il faut les installer à

mi-ombre. Voici les meilleures variétés classées par coloris et par précocité de floraison.

Les blancs

— 'Fragrantissimum'. Les fleurs, légèrement teintées de rose et de vert à la base, sont dotées d'un parfum puissant. Elles s'ouvrent en avril-mai. Les feuilles, coriaces, sont vert foncé. Assez peu rustique, cet hybride de 2 à 2,50 m de haut est à réserver aux régions les plus douces.

— *Rhododendron loderi* 'King George'. Cette variété se distingue par son développement : plus de 6 m de haut ! Les fleurs, roses en boutons, s'épanouissent en avril-mai.

— 'Cunningham's White'. En mai, les boutons floraux mauves dévoilent des fleurs blanches, marquées de vert. L'arbuste, très touffu, peut dépasser 4 m de haut.

— 'Mme A.T. de la Mare'. Cette variété vigoureuse, au port érigé, atteint 2,50 m à 3 m de haut. Elle fleurit en mai, après une profusion de boutons roses. Les fleurs sont ponctuées de vert.

— 'Sappho'. C'est en mai, également, que s'épanouissent ses fleurs blanches, tachées de pourpre. Ses boutons sont mauves. L'arbuste, au port arrondi, culmine à 2,50-3,50 m.

Les jaunes

— *Rhododendron macabeanum*. Cette espèce est remarquable par la dimension de ses feuilles, vert foncé, au revers argenté, et par sa taille à l'âge adulte : plus de 6 m de hauteur et de diamètre. Les fleurs, jaune pâle, maculées de pourpre, éclosent dès mars-avril. Pour les régions douces et les sols humides l'été.

— *Rhododendron wardii*. Un rhododendron botanique, de hauteur moyenne (3 à 3,50 m). Les fleurs, jaune clair, naissent en mai.

— 'Margaret Dunn'. Cette variété rustique tolère bien le plein soleil. Son développement est moyen : de 2,50 m à 3 m de haut. Les fleurs jaunes, mouchetées de rose délicat, viennent en mai.

— 'Golden Witt'. Vigoureux, ce rhododendron dépasse 3 m de hauteur. Sa floraison, jaune vif, se produit en mai. Ses fleurs sont maculées de rouge.

Les mauves

— 'Fastuosum Flore Pleno'. Variété au port arrondi. La hauteur maximale est supérieure à 3 m. Les fleurs, doubles, présentent des pétales au bord ondulé. Elles éclosent en mai.

— 'Mrs Charles E. Pearson'. C'est aussi, en mai, que naissent les fleurs, d'un mauve pâle, de cette variété. Hauteur : de 2,50 m à 3 m.

— *Rhododendron ponticum*. Cette espèce se naturalise dans les sous-bois frais. Vigoureuse, elle culmine à plus de 5 m de haut. Les fleurs, mauve foncé, viennent en mai-juin. Il en existe une variété améliorée, aux fleurs violettes, 'Purple Splendour'.

— 'Boursault' et 'Grandiflorum' sont deux hybrides de *Rhododendron catawbiense,* au développement important : de 3 à 5 m de haut. Tous deux épanouissent, en mai-juin, des fleurs lilas, plus grandes chez le second.

Les roses

— 'Cynthia'. Variété très rustique et vigoureuse (plus de 3 m de haut). Les fleurs rose carmin naissent en mai.

— 'Pink Pearl'. En mai, les boutons rose foncé s'épanouissent en un rose doux et lumineux, vraiment superbe. Ce rhododendron dépasse 3 m de haut.

— 'Betty Wormald'. Fleurs rose vif, également en mai. L'arbuste atteint 2,50 à 3,50 m de haut, à l'âge adulte.

— 'Anna-Rose Whitney'. Tardive, cette variété éclôt de grandes fleurs, rose vif, en juin. Elle se distingue par un port arrondi et une hauteur moyenne (de 2 à 2,50 m).

Les rouges

— 'Hugh Koster'. La floraison rouge rubis se produit en mai. Ce rhododendron atteint 2,50 à 3 m.

— 'Caractacus'. Cet hybride de *Rhododendron catawbiense* se développe de 3 à 5 m de haut. Ses fleurs, rouge pourpré, au centre plus clair, naissent en mai-juin.

— 'Britannia'. Variété à croissance lente, pouvant atteindre 2,50 m à l'âge adulte. Le feuillage est vert-jaunâtre. Les fleurs, rouge écarlate, éclosent en juin : leurs pétales présentent un bord ondulé.

— 'Nova-Zembla'. Également tardif, ce rhododendron épanouit, en juin, des fleurs rouge foncé. Il ne dépasse pas 2 m à 2,50 m.

— 'Lord Roberts'. Les fleurs, rouge foncé, sont maculées de noir. Elles viennent en juin. L'arbuste atteint plus de 3 m de haut.

■ **LES MEILLEURES VARIÉTÉS DE PETITS RHODODENDRONS**

Ces rhododendrons de petit format conviennent aux rocailles ou, même, peuvent être plantés en bac mais, bien sûr, à condition d'être exposés toujours au nord ou à l'est. Ils ne dépassent pas 1 m, 1,20 m, sauf exception mentionnée.

Les blancs

— *Rhododendron yakushimanum*. Une jolie espèce, au port très compact. Les feuilles, vert foncé brillant, sont duveteuses au revers. En mai, s'ouvrent des fleurs blanches, naissant d'abord d'un rose très pâle.

— 'Percy Wiseman'. C'est un hybride de l'espèce précédente. Les fleurs, crème, nuancées de rose, s'épanouissent en mai.

Les bleus

— 'Blue Diamond'. Des fleurs bleu lavande, en avril, et un feuillage brillant. La hauteur maximale est de 90 cm.

— 'Bluebird'. La floraison, bleu violet, se produit en avril. Cette variété ne dépasse pas 60 cm de haut.

— 'Blue Tit'. La floraison, bleu-lavande, en mai, est superbe, mais l'arbuste a une culture plutôt capricieuse. Il atteint de 50 à 90 cm de haut.

Les jaunes

— 'Yellow Hammer'. Des fleurs jaune vif, à profusion, dès avril.

— 'Chikor'. Cette variété, très naine, ne dépasse pas 60 cm de haut. Ses fleurs jaunes s'ouvrent en mai.

— 'Goldsworth Yellow'. De développement plus important, cette variété peut dépasser 1,50 m de haut. En mai, des boutons abricot donnent naissance à des fleurs jaunes, tachetées de vert.

△ *Azalea* '**Knap Hill**'

△ *Rhododendron yakushimanum*

Les mauves

— 'Praecox'. Floraison dès février-mars. Le feuillage dégage un parfum puissant lorsqu'on le froisse. Très compact, l'arbuste ne dépasse pas 60 cm de haut.

— 'St Breward'. Les fleurs bleu lavande s'épanouissent en avril.

— 'Moerheim'. Très florifère, cette variété naine (50 à 80 cm), éclôt des fleurs violettes, en mai.

Les orange

— 'Trewithen Orange'. Les fleurs orange foncé apparaissent en avril-mai. L'arbuste dépasse 1,50 m de haut à

△ *Rhododendron*

△ *Rhododendron* 'Blue Diamond'

△ *Rhododendron anopterus glandulosus*

△ *Azalea* 'Troll'

l'âge adulte.

— 'Revlon'. Ce bel hybride, à feuillage bleuté, fleurit en mai-juin. Il peut atteindre 1,50 à 1,70 m de haut.

Les roses

— *Rhododendron moupinense*. Intéressant par sa floraison très précoce — dès février-mars —, ce rhododendron est également attrayant par le parfum de ses fleurs, roses ou blanches, parfois tachées de rouge.

— 'Bow Bells'. En avril, les boutons, rose cerise, s'ouvrent en rose nacré. Cette variété peut dépasser 1,50 m.

— 'April Showers'. Egalement pré-

coce, cette variété éclôt de grandes fleurs rose clair.

— 'Diane'. Un hybride de *Rhododendron yakushimanum*, ravissant par ses fleurs rose tendre en avril-mai.

— 'Winsome'. Comme 'Bow Bells', cette variété peut dépasser 1,50 m. Sa floraison rose foncé se produit en mai.

Les rouges

— 'Baden-Baden'. Fleurs écarlates et feuillage vert foncé. Les gros boutons rouge brun pointent dès l'automne.

— 'Elizabeth'. Les fleurs sont rouge géranium. Cette variété peu rustique offre un développement étalé.

— 'Scarlet Wonder'. Les fleurs sont rouge cerise, les feuilles ridées. Cette variété a un port très plat.

Ces trois variétés sont des hybrides de *Rhododendron forrestii*, elles fleurissent toutes en avril.

— 'Bambi'. Un hybride de *Rhododendron yakushimanum*, étonnant par ses fleurs rouges, fanant rose saumoné.

■ **LES MEILLEURES VARIÉTÉS D'AZALÉES CADUQUES**

Il s'agit d'hybrides d'*Azalea mollis*, ainsi que des hybrides dits de Knap Hill, pour la plupart. Les premiers épanouissent des fleurs, en mai, avant la formation des feuilles. Leur hauteur varie de 1,20 à 1,80 m. Les seconds fleurissent, en mai, également, mais ont un développement plus important (de 1,80 à 2,50 m).

Les blanches
— 'Ballerina'. Hybride de Knap Hill à grandes fleurs blanches légèrement teintées d'orange.
— 'Persil'. C'est aussi un hybride de Knap Hill. Ses fleurs comportent une macule jaune.

Les jaunes
— *Rhododendron luteum,* ou azalée pontique, épanouit, en mai, des fleurs jaunes odorantes. Cet arbuste atteint de 2 à 3 m de haut. Son feuillage se colore magnifiquement en automne.
— 'Directeur Moerlands'. Une azalée *mollis* dont les fleurs, jaune d'or, sont plus foncées à l'intérieur.
— 'Golden Sunset'. Hybride de Knap Hill, aux fleurs jaune clair, éclairées de reflets orangés.
— 'Klondike'. Même type d'hybride, se caractérisant par de grandes fleurs parfumées, jaune orangé, teintées de rouge. Le jeune feuillage apparaît cuivré.

Les orange
Deux azalées *mollis* :
— 'Königin Emma'. Fleurs orange abricot.
— 'Lemonora'. Les fleurs, jaune abricot, sont teintées de rose.
Trois hybrides de Knap Hill.
— 'Brazil'. Vigoureuse azalée aux petites fleurs rouge orangé, dont les bords sont frisés.
— 'Fireball'. Les fleurs sont orange foncé. Les feuilles naissent rouge cuivré.
— 'Gibraltar'. Fleurs orange, teintées de jaune.

Les roses
— 'Irène Koster'. Un hybride d'azalée *occidentalis*. Ses fleurs parfumées, roses, maculées de jaune, s'ouvrent fin mai. L'arbuste atteint de 2 m à 2,50 m.
Trois hybrides de Knap Hill :
— 'Cecile', à grandes fleurs rose saumoné, tachées de jaune.
— 'Homebush'. Les fleurs, semi-doubles, sont rose foncé, avec des reflets plus pâles.
— 'Silver Slipper'. Les fleurs sont blanches, en fait, mais teintées de rose et maculées d'orange. Le feuillage naît cuivré.

Les rouges
— 'Dr M. Oosthoek'. Une azalée *mollis* à fleurs rouge orangé, d'un coloris foncé mais éclatant.
— 'Satan'. Cet hybride de Knap Hill montre des boutons rouge foncé qui en s'ouvrant deviennent rouge géranium.

■ LES MEILLEURES VARIÉTÉS D'AZALÉES PERSISTANTES

Ces azalées fleurissent en avril ou, le plus souvent, en mai. Les fleurs sont si abondantes qu'elles couvrent entièrement le feuillage. Plutôt trapues, elles mesurent de 60 cm à 1,20 m.

Une blanche
— 'Palestrina'. Les fleurs sont maculées de noir. Le feuillage est vert clair.

Les mauves
— 'Beethoven'. Les fleurs couleur lilas naissent à la mi-mai.
— 'Hatsugiri'. Variété hâtive, au superbe coloris pourpre carminé.
— 'Blue Danube'. Cette variété épanouit des fleurs bleu-violet.

Une orange
— 'Orange Beauty'. Une azalée plutôt hâtive au port étalé. Les fleurs sont d'un orange saumoné.

Les roses
— 'Blauuw's Pink'. Variété à floraison hâtive, rose saumoné, avec des reflets plus clairs.
— 'Esmeralda'. Cette azalée naine a un port étalé.
— 'Kirin'. Fleurs rose foncé avec des reflets plus pâles.
— 'Odette'. Fin mai, début juin, cet hybride récent épanouit d'assez grandes fleurs, au coloris rose corail.
— 'Vuyk's Rosy Red'. A la mi-mai, naissent des fleurs d'un vif coloris rose rougeâtre.

Les rouges
— 'Addy Wery'. Azalée compacte aux fleurs rouge sang.
— 'Fête des Mères'. Cette plante basse produit une multitude d'assez grandes fleurs rouge vif, avant la mi-mai.
— 'Sibelius'. Les grandes fleurs sont rouge orangé et maculées de brun pourpré. Elles apparaissent à la mi-mai.
— 'Vuyk's Scarlet'. Cette azalée, au port étalé, produit, à la mi-mai, une profusion de fleurs rouge carminé.

Hauteur : de 0,20 m à 3 m.
Terre : acide, bien drainée mais humide.
Exposition : mi-ombre et ombre.
Multiplication : par marcottage ou par bouturage, en août.
Floraison : printemps ou été, selon les variétés.
Feuillage : caduc ou persistant.

△ *Rhus typhina*

Rhus
SUMAC
Famille des anacardiacées
Arbre ou arbuste

Les sumacs sont de petits arbres qu'il faut utiliser comme arbustes, surtout intéressants pour leurs couleurs d'automne et pour leurs fruits, recouverts de velours cramoisi. La plante femelle porte, en été, des fruits lie-de-vin coniques de 15 cm de long. L'ombre de ces arbustes, relativement légère, permet d'implanter des plantes vivaces à leurs pieds, par exemple des pivoines, des brunneras, auxquelles vous pouvez associer, des scilles, des perce-neige et des narcisses au printemps, et des cyclamens, en automne.

■ CONSEILS UTILES
— Plantez au printemps. Arrosez copieusement pendant le premier été. Évitez de blesser les racines en binant, sinon des rejets apparaîtront qui finiront par tout envahir.
— Si vous ne le taillez pas assez sévè-

rement, il se dégarnit vite à la base, et « d'arbuste » il devient « arbre ». Donc, taillez à 0,50 m du sol, en février, afin de garder l'arbuste en forme. Pour les sumacs « en arbre », enlevez le bois mort tous les trois ans en automne. Attention, la sève est souvent irritante, portez des gants !

■ **LES MEILLEURES VARIÉTÉS**

— Si le *Rhus Coriaria* (sumac des corroyeurs) est assez fréquent dans la garrigue provençale et languedocienne, il est moins courant chez les pépiniéristes que le *Rhus typhina* (sumac de Virginie), au feuillage découpé et aux fleurs regroupées en cônes pourpres. La variété 'Laciniata' a un feuillage magnifique qui devient éblouissant en automne.

Hauteur : 3 m.
Terre : ordinaire, enrichie d'humus.
Exposition : soleil.
Multiplication : par bouturage de racine, en automne.
Floraison : été.
Feuillage : caduc.

Ribes
GROSEILLIER A FLEURS
Famille des saxifragacées
Arbuste

Les groseilliers à fleurs méritent vraiment de sortir de leur demi-anonymat, car ils figurent, au printemps, parmi les arbustes les plus charmants. Pour obtenir un effet qui sorte un peu de l'ordinaire, il faut planter les *Ribes* par groupes de trois ou quatre. Non seulement leurs coloris sont délicats, mais leurs fleurs, ou leurs jeunes feuilles, répandent des parfums délicieux, allant de l'œillet au cassis. En outre, ils ont l'avantage de pousser rapidement. Placez-les vite dans vos haies rustiques et en arrière de vos massifs de fleurs vivaces.

■ **CONSEILS UTILES**

— Plantez-les d'octobre à mars. Le démarrage de la végétation est souvent tardif, le premier printemps. N'hésitez pas à enterrer une partie du collet, car les nouvelles branches pourront de cette façon s'enraciner directement.

■ **LES MEILLEURES VARIÉTÉS**

— *Ribes alpinum* (groseillier des Alpes) donne des fleurs jaunes et ensuite des baies rouges. Il est très résistant à l'ombre et existe aussi sous une forme naine au feuillage doré ('Aureum').
— *Ribes odoratum* est, lui, de couleur jaune orangé, en avril. Il émet un parfum d'œillet perceptible à plusieurs mètres.
— Cependant, les groseilliers à fleurs les plus connus restent les variétés de *Ribes sanguineum* (groseillier sanguin) : 'Atrorubens', rouge cramoisi, 'King Edward VII', d'un rouge encore plus vif et 'Pulborough Scarlet', au rouge exactement semblable à celui de la spirée 'Anthony Waterer'.
— *Ribes speciosum* réclame souvent la protection d'un mur bien exposé pour nous charmer de ses guirlandes de petites fleurs rouges tubulées.

Hauteur : 2,50 m.
Terre : ordinaire.
Exposition : quelconque.
Multiplication : par bouturage, en hiver.
Floraison : avril-mai.
Feuillage : caduc.

Ribes sanguineum ▷

△ *Ribes speciosum*

△ *Ribes speciosum*

△ *Robinia pseudoacacia*

Robinia

FAUX-ACACIA

Famille des fabacées

Arbre et arbuste

Le *Robinia,* ou faux-acacia, est très répandu dans les jardins publics, et bien utilisé dans les petits jardins, en raison de son feuillage très touffu, d'un joli vert tendre, et de ses fleurs qui ressemblent à des grappes de pois de senteur. Elles dégagent un doux parfum en juin. L'arbre peut atteindre une belle taille : jusqu'à 25 mètres et plus. On peut utiliser ses fleurs dans les bouquets.

■ **CONSEILS UTILES**

— Évitez de le planter en plein vent, et ne le taillez qu'en été. Il n'aime les sols ni compacts, ni trop calcaires. Son bois robuste, presque imputrescible, convient à la confection des clôtures.

■ **LES MEILLEURES VARIÉTÉS**

— *Robinia x ambigua* donne de très jolies grappes de fleurs rose pâle.

— *Robinia boyntonii* aux grappes roses pourprées, élève à 3 m ses rameaux tourmentés, couverts de poils roux lorsqu'ils sont jeunes.

— *Robinia* Casque Rouge 'Flemor' qui dépasse parfois 6 m, produit de longues grappes pendantes, rose pourpré.

— *Robinia hispida* (acacia rose) est un joli petit arbre de 2 à 3 m, aux fleurs assez grandes, rose vif, presque transparentes. Son bois est très cassant, mais si vous n'hésitez pas à le taillez sévèrement après la floraison, il se fortifiera, et vous donnera une seconde floraison.

— *Robinia kelseyi* habille ses rameaux pleureurs d'une livrée vert grisâtre, fine et légère, agrémentée de petites grappes lilacées.

— *Robinia pseudoacacia* (robinier faux-acacia). Originaire de l'est des États-Unis, cet arbre de belle allure (il peut atteindre 30 m de haut), est très accommodant quant à la pollution atmosphérique. Ce qui explique sa présence dans nos villes, où on l'utilise souvent comme arbre d'alignement. Son feuillage très léger, l'abondance des grappes blanches, en mai-juin, très odorantes, font de lui un arbre très précieux. On lui connaît de nombreux cultivars, par exemple le robinier doré 'Frisia', au feuillage doré du printemps à l'automne. Un feuillage très spectaculaire, à mettre en valeur, dans un petit jardin, devant quelques conifères vert sombre.

— Un autre de ses cultivars, *Robinia pseudoacacia* 'Semperflorens', a le mérite de fleurir longtemps et d'avoir peu d'épines.

— *Robinia x slavinii* 'Hillieri' allie un

△ *Robinia pseudoacacia* 'Decaisneana'

port gracieux à des dimensions modestes qui lui donnent accès à tous les jardins exigus.

Hauteur : 2 à 30 m.

Terre : toutes.

Exposition : ensoleillée.

Multiplication : en automne, prélevez quelques pousses autour du tronc avec leurs racines, et plantez-les sous châssis.

Floraison : printemps.

Feuillage : caduc.

Rosa

ROSIER

Famille des rosacées

Arbuste

Comment choisir ? Il y a tant de variétés ! Et chaque année, il y en a de nouvelles. Des centaines. Certaines sont éphémères, d'autres deviennent des classiques. En conséquence, pour constituer une plantation de rosiers de base, il faut choisir, tant pour les roses anciennes que pour les roses modernes, des valeurs sûres, c'est-à-dire les rosiers les plus florifères et les plus résistants. Ceux qui ont déjà fait leurs preuves. Une des meilleures façons de faire son choix est d'aller visiter une roseraie au mois de juin, puis, à nouveau, au mois de juillet, enfin en septembre. Ainsi, vous rendrez-vous compte de la durée des floraisons, et pourrez, à chaque visite, noter les roses qui vous plaisent. Vous serez alors à même de faire votre commande au mois d'octobre pour planter en novembre.

Chaque année, des concours sont organisés, à travers le monde, dans les grandes roseraies pour primer les plus belles roses, les plus résistantes, parmi les nouvelles obtentions. Voici, pour les années 1990/1991/1992/1993, quelques grandes « médaillées »[1], dont vous allez certainement rêver pour votre jardin.

△ 'Centenaire de Lourdes'

1990

Bagatelle			
'Ville du Rœulx'		BFG	Belgique
Belfast			
'Malcolm Sargent'		BGF	Harkness
'City of London'		BFG	Hankriee
'Dortmunder'		ARB	Ilsink
Hollande			
Glasgow			
'Abbeyfield Rose'		BGF	Cocker
'Champagne Cocktail'		BGF	Horner
Le Rœulx			
'Pierrette'		ARB	Tantau
Meimoubac		BGF	Meilland
Orléans			
'Fragrant Surprise'		BGF	Harkness
Bonica		BFG	Meilland
'Sourire d'Orchidée'		Sx	Paul Croix
Rome			
'Paul Ricard'		BGF	Meilland
'Fry of white'		BFG	Fryer's

1991

Baden Baden			
'Clg Rimosa'		Sx	Meilland
'Mainaufeuer'		Cs	Kordes
Bagatelle			
'Les Amoureux de Peynet'	BFG	Meilland
'Comtesse Jeanne de Flandres'		FLO	Meilland

Belfast			
'Tequila Sunrise'		BGF	Dickson
'Cocorico'		BFG	Meilland
Courtrai			
'Pr Boesman'		BGF	Mlle R.V.S.
La Haye			
Meinumid		BFG	Meilland
Le Rœulx			
Korbasrem		ARB	Kordes
Poulini		BPG	Poulsen
Lapdiv		BGF	Laperrière
Lyon			
'Le Grand Huit'		BGF	Adam
'Paul Ricard'		BGF	Meilland
Madrid			
'Frisson frais'		ARB	Lens
Rome			
Dorfuri		BGF	Dorieux
'Sommerwind'		BFG	Kordes

1992

Bagatelle			
'Zambra 93'		BFG	Meilland
'Denise Grey'		ARB	Meilland
'Mainaufeuer'		CS	Kordes
Korzuri		HT	Kordes
Dicquiet		Pol	Dickson
'Doux parfum'		BFG	Harkness
'Penthouse'		BFG	Mac Gredy
Genève			
'Impératrice Farah'		BGF	Delbard
Korpinka		BFG	Kordes
Kormalkus		Sx	Kordes
La Haye			
Jacbeau		BFG	Jackson et Perkins
Fryxotic		BGF	Fryer
'Bingo Meillandécor'		ARB	Meilland
'Hurryup'		Sx	Harkness
'Romanze'		BFG	Tantau
'White Surprise'		ARB	Lens
'Abbeyfield Rose'		HT	Cocker
'Golden Médaillon'		HT	Kordes
Lyon			
'Karen Blixen'		BGF	Poulsen

Monza			
'Souvenir de Marcel Proust'	BGF	Delbard
Delodive		BFG	Delbard
Rome			
'Impératrice Farah'		BGF	Delbard
'Mr JCB'		BFG	Dickson

1993

Bagatelle			
'Blühurunder'		BFG	Kordes
Genève			
Adasilli		BGF	Adam
Korsezak		BFG	Kordes
'Shine One'		Min	Dickson
Poulrijk		ARB	Poulsen
Glasgow			
'Hello'		BFG	Cocker
'Flower Carpet'		CS	Noack
Le Rœulx 1993			
Korsarv		ARB	Kordes
Korlamavs		BFG	Kordes
Lyon			
'Jacques Prévert'		BGF	Meilland
Orléans			
'Ville du Rœulx'		BFG	Belgique
'France Libre'		BGF	Delbard

Abréviations utilisées pour la classification des rosiers

ARB	Arbustif
BFG	Buisson à fleurs groupées
BGF	Buisson à grandes fleurs
CS	Couvre-sol
FLO	*Floribunda*
HT	Hybride de thé
Min	Miniature
POL	*Polyantha*
Sx	Sarmenteux

Un nom de rose qui n'est pas entre guillemets correspond à son nom de dépôt industriel et est donc provisoire.

[1] Si vous ne les trouvez pas chez votre pépiniériste, donnez-lui le nom de leur « obtenteur » pour qu'il puisse vous les procurer.

■ **LES MEILLEURS
ROSIERS COUVRE-SOL**

Ils recouvriront des souches d'arbres, des talus, habilleront une butte, une rocaille, une margelle, un coin d'escalier et, même, seront bien utiles pour supprimer le désherbage de certaines parties des bordures. Ces rosiers ne dépassent guère 0,60 m, mais ils peuvent s'étendre sur plus de 2 m.

Les rosiers blancs

— 'Blanc Meillandécor'. Une excellente plante, couvre-sol, qui se couvre d'innombrables fleurs doubles, blanc pur pendant l'été.

— 'Félicité et Perpétue'. Ses longs rameaux, s'ils sont palissés, font de lui un grimpant exceptionnel. Sinon, il devient un superbe couvre-sol aux ravissantes petites roses blanches, dont les boutons sont teintés de pourpre. Son feuillage, en outre, est presque persistant.

— 'Little White Pet'. Une avalanche de petites roses blanches, de juillet jusqu'en automne. Il s'étale bien.

— *Rosa rugosa* 'Repens Alba'. Les fleurs blanches, en corymbes, sentent le clou de girofle. Excellent couvre-sol pour des talus ensoleillés.

— 'Swany'. Ce rosier blanc est couvert de fleurs blanches, tout l'été. Il est à son apogée au bout de deux ans.

— 'Snow Carpet', aux fleurs très doubles, a une floraison estivale continue. Hauteur : 0,90 m. Diamètre : 0,90 m.

Les rosiers roses

— 'Candy Rose'. Ce rosier est du même type que 'Blanc Meillandécor', mais les fleurs sont roses.

— 'Complicata' est parfait pour former une grande masse de fleurs simples, roses, sur une surface importante.

— 'Max Graf' a de jolies fleurs simples, roses, au cœur doré, dans un feuillage clair, compact et étalé.

— 'Pink Wave' est un arbuste tapissant, s'étalant sur environ 1 m de diamètre. Il fleurit sans discontinuer en une cascade d'adorables roses roses.

— 'Rosa paulii Raubritter' a des fleurs semi-doubles d'un joli rose argenté et un parfum d'épices. Floraison : mi-juin, juillet. Hauteur : 0,80 m. Diamètre : 1,80 m.

— 'The Fairy', avec ses nombreuses petites fleurs simples, est ravissant pour les devants de bordures. Floraison : une grande partie l'été. Hauteur : 0,60 m. Diamètre : 1 m.

Un rosier rouge

— 'Fiona' donne, pendant tout l'été,

une multitude de roses rouge frais. Ce rosier peut s'étaler sur une surface de 2 m². Supprimez les fleurs fanées, au fur et à mesure.

■ **D'EXCELLENTS
ROSIERS MINIATURES**

On parle, de plus en plus, des rosiers miniatures, ces arbustes nains, qui ne dépassent guère 0,30 m de hauteur. Ce sont de charmantes plantes à installer en pots, en bacs ou dans une rocaille. Voici ceux que je propose.

Les rosiers jaunes

— 'Baby Masquerade'. L'une des rares variétés à floraison remontante. Les fleurs sont jaune citron et roses tendres.

— 'Colibri'. Peu habituel, ce rosier donne des fleurs jaune-orange, groupées en petits bouquets.

— 'Rosina'. Les fleurs sont jaunes, semi-doubles, parfumées.

— 'Yellow Doll'. Les fleurs, jaune pâle, sont parfumées et très abondantes.

Les rosiers roses

— 'Mimi'. Les roses sont doubles, rose vif, et odorantes.

— 'Perla de Montserrat'. Ce rosier est vraiment petit (environ 15 cm) et a des fleurs roses parfumées.

— 'R. rouletii'. Ses fleurs roses, minuscules, ont 1 cm de diamètre. Cette variété est à l'origine des rosiers miniatures.

Les rosiers rouges

— 'Duraft King'. Ses fleurs, doubles, mesurent 2 cm de diamètre. Elles sont rouge vif et abondantes.

— 'Frosty'. Rouges quand elles sont en boutons, blanches une fois écloses, ces petites roses sentent le chèvrefeuille.

— Rosiers 'Meillandina'. Ces jolis mini-rosiers donnent, tous, des petites roses de 3 à 5 cm de diamètre que l'on trouve dans toutes les couleurs. Ils ont, entre 25 et 35 cm de haut. De vrais bijoux.

■ **LES MEILLEURS ROSIERS-HAIES**

Les rosiers *rugosa*, les églantiers de jardin, sont des rosiers particulièrement intéressants pour la plantation en haie, car, par leur taille et leurs épines, ils forment des haies impénétrables. Les fleurs sont souvent simples, mais très nombreuses. Les fruits, rouges en automne, les rendent très appéciables à cette époque.

Parmi les *rugosa* blancs

— *Rosa rugosa* 'Alba'. Il fleurit tout l'été

△ **'Red Star'**

△ **'Penelope'**
▽ **'Madame Meilland'**

△ 'White Queen Elizabeth'

△ 'Madame Isaac Pereire'
▽ 'Catherine Deneuve'

et peut atteindre 2 m.

— 'Blanc Double de Coubert', à la blancheur virginale et aux pétales délicatement froissés, atteint environ 2,50 m. Sa forme est érigée.

— 'White Grootendorst' est un autre rosier blanc présentant de grands bouquets blanc-crème.

Parmi les *rugosa* roses

— 'Belle Poitevine' fleurit tout l'été. Les roses sont grandes, semi-doubles, plates et d'un beau rose pourpre. Hauteur du rosier : 1,50 m.

— 'Delicata' a de très belles fleurs roses et atteint 2 m.

— 'Frau Dagmar Hastrup', très intéressant en haie, grâce à ses fruits décoratifs. Son feuillage est compact et foncé. Ce rosier a tendance à s'étaler. Hauteur : de 1 à 2 m.

— 'Hollandina'. Ses fleurs sont très légères et élégantes.

Parmi les *rugosa* rouges

— 'Madame Anthony Waterer' est superbe et sa floraison très parfumée. Hauteur : 2 m.

Parmi les *rugosa* jaunes

— 'Agnès', d'un jaune pastel, aux pétales s'amoncelant au centre. Son parfum est merveilleux. L'arbuste atteint 2,50 m et s'étale sur près de 2 m.

■ DES ROSIERS EXCEPTIONNELS

Le choix des rosiers pour les massifs et les plates-bandes est tellement vaste qu'il n'est pas possible de mentionner toutes les merveilles qui sont à votre disposition. Il existe, cependant, des valeurs sûres, des rosiers qui doivent absolument figurer dans nos jardins. Leur floraison, pour certaines variétés, est longue, leur parfum, envoûtant. Ils résistent bien aux maladies. Leur forme et leur port sont harmonieux. Certains d'entre eux sont des rosiers anciens, qui donnent les fameuses « vieilles roses » si parfumées. On les trouve, maintenant, de plus en plus facilement. Donnez-leur une place de choix dans votre jardin, en sachant qu'il faut compter deux à trois ans pour qu'un rosier se montre dans toute sa splendeur.

— 'Ballerina', au port élancé. Son feuillage est vert clair. Les roses, à cinq pétales, sont disposées en bouquets spectaculaires roses, à cœur blanc. Il peut dépasser 1,50 m.

— 'Buff Beauty'. Les roses sont d'une teinte subtile, rose abricot. Son aspect est délicat. Il est très florifère et parfumé, même en automne. Sa hauteur : 1,20 m.

— 'Centenaire de Lourdes' est un grand bouquet de roses, roses, tout l'été. Il vous donnera d'autant plus de roses nouvelles que vous supprimerez les fleurs fanées. Il est ravissant, en isolé, sur une pelouse. Sa hauteur : 1,20 m.

— 'Cornelia'. Encore un rosier ancien, très florifère, tout l'été, et d'une grande beauté en automne. Les roses, en bouquets, sont d'une rare couleur rose pêche et leur parfum est délicieux. Il peut atteindre 2 m.

— 'Fruhlingsgold'. Ce rosier de 2,50 m, au parfum merveilleux, est couvert de roses jaune crème.

— 'Golden Wings' peut atteindre 2 m ou plus s'il est heureux chez vous. Ses fleurs parfumées sont jaune primevère. Ses branches souples doivent être réduites du tiers, chaque année. Il faut lui donner de l'espace et bien enlever ses fleurs fanées.

— 'Hansa' est un rosier ancien, au feuillage gaufré, très sain. Ses roses doubles, pleines, violacées, sont très parfumées. Il donne de gros fruits rouges, en automne. Il est peut-être un peu difficile à placer. Essayez d'en grouper quelques-uns dans un endroit un peu sauvage du jardin.

— 'Louise Odier' est, également, un rosier ancien, aux grandes fleurs doubles, faisant penser à des fleurs de camélia, d'un rose chaud, ombré de lilas. Leur parfum est délicieux. Il fleurit sans discontinuer, de juin à octobre, et atteint 1,50 m.

— 'Madame Isaac Pereire' est un rosier vigoureux, très parfumé. Les roses sont grandes, pleines, d'un rose vif. Il faut le traiter en grimpant ou en arbuste. Il atteint 2 m.

— 'Madame Meilland'. Les plus grandes et les plus belles roses, d'un jaune rosé. Ce rosier, de 1,50 m, est d'une forme idéale et d'une santé à toute épreuve. Il fleurit tout l'été.

— 'Marguerite Hilling' est un arbuste qui peut atteindre 2,50 m, au port souple, et aux innombrables fleurs rose pâle. Il fleurit énormément en mai, puis en été.

— 'Nevada', de forme érigée, ce rosier est couvert, en juin, de roses jaune pastel virant au blanc, puis redonne, en septembre, une floraison plus clairsemée. Sa hauteur : 2,20 m ou plus.

— 'Queen Elisabeth'. Tout le monde connaît ce rosier. Son port érigé. Ses fleurs, rose frais, d'une forme parfaite, s'épanouissant tout l'été. Ne le taillez pas trop court, il atteindra 3 m et deviendra un véritable petit arbre.

— 'Stanwell Perpetual' devient un arbuste touffu couvert de roses, rose pâle, jusqu'aux gelées. Son parfum est énivrant. Sa hauteur : 1,50 m.

— 'Yves Piaget'. Les 80 pétales de ses fleurs sont dentelés comme ceux d'un œillet rose pâle, mais c'est plutôt à des pivoines que font penser ces roses, aussi chiffonnées et énormes qu'elles.

■ ROSIERS FLORIBUNDA MODERNES REMONTANTS

Ce sont les chefs-d'œuvre de nos rosiéristes, le fruit de longues et patientes recherches, de mariages entre espèces dont on a cherché à reproduire certaines qualités : chez l'une la couleur, chez l'autre la résistance aux maladies ou bien encore le parfum, mais c'est surtout une longue floraison qui est le but suprême. Pour en profiter pleinement, il est indispensable de supprimer, au fur et à mesure, les fleurs fanées. A la suite des quelques hivers rigoureux que nous venons de subir, je procède à la taille de mes rosiers en deux fois. En octobre, je nettoie mon rosier en retirant environ 20 cm sur toutes les branches, en avril je fais la taille définitive en retirant les branches grêles, celles qui se croisent, celles qui ont été abîmées par le gel et en raccourcissant les tiges restantes.

— 'All Gold', fleurs dorées qui ne passent pas au soleil et sans maladies. Floraison : tout l'été. Hauteur : 0,80 m. Diamètre : 0,80 m.

— 'Joseph's Coat', aux fleurs semi-doubles, jaunes nuancées de rouge et légèrement parfumées, est un rosier dont les tons des pétales changent avec l'âge. Floraison : tout le mois de juin. Hauteur : 1,20 m. Diamètre : 1 m.

— 'Papa Meilland', aux fleurs pourpres, cramoisies, irisées avec des reflets noir bleuté et très parfumées, fleurit tout l'été. Hauteur : 0,60 m. Diamètre : 0,80 m.

— 'Rose Gaujard' présente des fleurs semi-doubles, élégantes et parfumées. De couleur vermillon, strié de cuivre, leur revers est blanc argent. Floraison : tout l'été. Hauteur : 1 m. Diamètre : 1 m.

— 'Sylvie Vartan' produit des fleurs semi-doubles, en forme de pivoine. Parfumées, elles sont d'un rose soutenu et s'épanouissent au milieu d'un généreux feuillage. Floraison tout l'été, et abondante en automne. Hauteur : 0,80 m. Diamètre : 0,80 m.

△ 'Golden Wings'

— 'Virgo' a de grandes fleurs d'un blanc pur, de 12 cm de diamètre mais peu abondantes. Vous pourrez admirer également son feuillage. Floraison : tout l'été. Hauteur : 0,80 m. Diamètre : 0,80 m.

■ LES ROSIERS ANCIENS

J'ai une passion pour les vieilles roses, et je ne suis pas la première ! Au VIe siècle, le roi Childebert avait créé un jardin de roses dans son palais, près de Saint-Germain-des-Prés. Au VIIIe siècle, l'empereur Charlemagne exige que les roses soient cultivées dans les jardins. Au XIe siècle, l'abbesse Sainte-Phildegarde recommande la culture des roses comme plantes curatives. Et voilà les ancêtres de nos vieilles roses qui s'implantent, s'installent et prennent leur essor parfumé pour parvenir jusqu'à nous. Ces rosiers sont non seulement les parents de nos roses modernes, mais aussi et toujours les gloires de nos jardins !

Rosiers Alba

Ce sont des rosiers bien rustiques dont le feuillage est souvent vert argenté. Palissés contre un treillage bas, ils sont merveilleux.

— 'Cuisses de Nymphe émue', aux fleurs blanc rosé, est d'un parfum envoûtant. Floraison : en été. Hauteur : 1,80 m. Seul ennui, sa floraison est très courte, 15 à 20 jours au maximum.

— 'Céleste' est séduisant avec ses fleurs semi-doubles, rose tendre. Floraison : juin, juillet. Hauteur : 1,50 m.

Rosiers Bourbons

Très rustiques, ils peuvent être palissés ou taillés plus courts pour être utilisés en arbustes spectaculaires. Leur feuillage est d'un beau vert un peu foncé.

△ 'Président Léopold Senghor'

△ 'Yolande d'Aragon'
▽ 'Landora'

△ *Rosa* × *floribunda*

▽ *Rosa* 'Gamma'

— 'Fantin Latour' est plaisant avec ses roses d'une teinte chaleureuse aux nombreux pétales froissés. Floraison : courte, en été. Hauteur : 1,80 m.

Rosiers Damas

Ses roses (*Rosa damascena*) sont couramment appelées roses « chou » en raison de leurs pétales serrés, recurvés, un peu froissés. Leur feuillage est velouté au reflet argenté. La plupart des rosiers de Damas font de longs fruits un peu poilus en automne. Attention aux épines sur les longues tiges souples !

— 'Celsiana' est une plante vigoureuse avec des fleurs d'un rose éclatant aux étamines jaunes, brillantes. Floraison : en été, avec un parfum délicieux.

— 'Mme Hardy' est un grimpant qui atteint 2 m avec un étalement de 1,70 m, si on le traite en arbuste. Les fleurs de forme parfaite sont d'un blanc pur avec un œil verdâtre, ce qui étonne quand on voit le reflet rosé sur les boutons. Floraisons : juin, juillet.

Gallica

Cultivés en France depuis le XIVe siècle, ces rosiers étaient utilisés surtout en parfum et en pots-pourris. Faciles de culture et d'entretien, ils supportent allègrement une terre pauvre et de posséder peu d'épines. Merveilleusement parfumées, les roses sont doubles. Floraison : en été.

— 'Belle de Crécy' est un rosier souple qui nécessite un tuteur. Les fleurs, très parfumées, sont d'un pourpre virant au violet avec un « bouton » vert au centre des pétales froissés. Floraison : juin, juillet. Hauteur : environ 1,20 m. Etalement : 0,80 m.

— 'Cardinal Richelieu' est un beau rosier pour une haie. Les fleurs, rose pâle, deviennent, en s'épanouissant, violet-pourpre. Floraison : juin, juillet. Hauteur et étalement : 0,80 m.

Hybrides remontants

Les Anglo-Saxons les nomment « Hybrides perpétuels » à cause de leur floraison ininterrompue, parfois sporadique, tout l'été et jusqu'aux gelées.

— 'Frau Karl Druschki', très joli greffé sur tige, propose des fleurs doubles d'un blanc pur, mais sans parfum. Les rosiers tiges reviennent à la mode, ils se placent si bien dans les bordures florales ! Si vous ne le taillez que légèrement et que vous arquez les branches vers la terre, vous obtiendrez une profusion de fleurs tout le long des tiges. Floraison : juin et juillet.

— 'Général Jacqueminot' est un petit rosier qui possède des fleurs bien pleines d'un rouge profond, somptueuses, lourdement parfumées. Hauteur et étalement : 1 m.

— 'Reine des violettes', le bien nommé. Ses fleurs mauve pourpre font un joli contraste avec son feuillage teinté de gris. Pour avoir une belle floraison en été, taillez les branches très court, de 15 à 20 cm du sol, en février. Floraison : juin et juillet.

Rosiers mousseux

On trouve une grande variété de rosiers dans cette catégorie mais tous ont en commun leurs tiges et pétioles recouverts de petits poils qui donnent une impression de mousse. Parfumées et résistantes, ce sont des roses pleines et somptueuses.

— 'Gloire de mousseux' a des branches grêles avec un petit feuillage sombre. Les Anglo-Saxons l'appellent Old Black en raison de la couleur de ses fleurs pourpre foncé, presque noir, avec des étamines dorées. Floraison : juin, juillet. Hauteur : 1,50 m. Etalement : 1 m.

— 'Salet' est un arbuste très florifère et odorant. Ses fleurs doubles sont rose vif. Floraison : presque tout l'été. Hauteur : 1,50 m. Etalement : 1 m.

— 'Mousseline' est un arbuste compact qui trouve avantageusement sa place dans une bordure parmi les fleurs vivaces. Ses jolies petites fleurs globuleuses sont d'un blanc carné délicat. Floraison : en été. Hauteur : 0,80 m. Etalement : 0,80 m.

Portland

Ils fleurissent assez tôt en été, puis se reposent jusqu'en septembre, époque à laquelle apparaît une nouvelle floraison assez frugale. Les fleurs sont solitaires ou en bouquets.

— 'Comte de Chambord' est un arbuste un peu raide avec des fleurs roses, pleines, somptueuses, aux pétales serrés, qui donnent une impression de rose « plate ». Elles sont très parfumées. Floraison : tout l'été. Hauteur : 1,20 m. Etalement : 1 m.

— 'Jacques Cartier', vigoureux, propose des fleurs semi-doubles, d'un rose soutenu, avec un centre vert. Floraison : intermittente durant tout l'été. Hauteur : 1,20 m. Développement : 1 m.

— 'Yolande d'Aragon' présente un port érigé, un ample feuillage et des fleurs bien doubles, d'un rose soutenu. Toutes ces qualités le placent parmi les plus somptueuses parures du jardin. Et de plus, il est remontant ! Ses roses sont parfumées. Floraison : tout l'été. Hauteur : 1,20 m. Etalement : 1,50 m.

△ *Rosmarinus officinalis* 'Repens'
▽ *Rubus phoenicolasius*

Rosmarinus
ROMARIN
Famille des lamiacées
Arbuste

C'est un joli arbuste touffu, au feuillage persistant et aromatique, surtout connu pour ses qualités médicinales. Il gagnerait à être plus souvent utilisé en compagnie des rosiers, des cistes ou des potentilles, pour garnir des coins de terre sèche et caillouteuse. Il fleurit, magnifiquement, en avril, mai, dans des coloris bleus très doux. C'est un excellent pourvoyeur de nectar pour les abeilles et les papillons. Dans une région, à climat doux, le romarin peut constituer d'excellentes haies atteignant 1 m.

■ CONSEILS UTILES
— Attendez le printemps pour le planter, dans une terre bien drainée, même si elle est pauvre. Avant l'hiver, protégez la base des touffes avec quelques poignées de paille.
— Ne taillez pas, contentez-vous d'enlever les rameaux atteints par le gel. Si vous souhaitez créer des haies moyennes à petit prix, bouturez des extrémités de tiges, en fin de printemps et en été.

■ LES MEILLEURES VARIÉTÉS
— *Rosmarinus officinalis* existe en divers coloris, bleu intense pour 'Corsican Blue', rose pour 'Roseus', et même blanc pour 'Albus'. Il peut être très érigé, par exemple 'Fastigiatus', idéal pour embellir le coin d'une pelouse.
— *Rosmarinus officinalis*. 'Majorcan Pink' apporte la note originale de ses fleurs rose lilacé. 'Miss Jessop's Upright' se distingue par des rameaux parfaitement dressés.
— *Rosmarinus lavandulaceus* (synonyme : *officinalis* 'Prostratus'), le romarin rampant, agrémente une pente ou un talus et garnit parfaitement une poterie, mais il est moins rustique que ses cousins.

Hauteur : de 30 cm à 1,75 m.
Terre : légère, bien drainée, en hiver.
Exposition : plein soleil.
Multiplication : par bouturage, en été.
Floraison : mai.
Feuillage : persistant.

Rubus
RONCE
Famille des rosacées
Arbuste

Il existe de nombreuses variétés de ronces, ces arbustes que tout le monde connaît, aux rameaux démesurément longs et fort envahissants, poussant naturellement. Mais peu de personnes se doutent qu'il existe des ronces arbustives fort élégantes qu'on cultive justement pour l'attrait de leur floraison au printemps et, en hiver, la beauté de leur bois se détachant sur la terre nue ou la neige. Les *Rubus* ont, en général, un port souple, de longs rameaux à l'écorce souvent très colorée et aux épines parfois méchantes. Les fleurs, blanches ou roses, donnent ensuite naissance à des baies, appréciées des oiseaux… et des humains quand il s'agit des mûres ou des framboises !

■ CONSEILS UTILES
— Plantez l'arbuste, de novembre à mars, parmi d'autres fleurs ou à l'avant des massifs d'arbustes. Son bois doit se détacher sur un fond neutre, comme un mur de brique ou une haie d'arbustes persistants (photinias ou houx).
— Taillez, chaque printemps, au ras du sol, les rameaux anciens, repérables à leur écorce toute craquelée. Laissez intacts les rameaux vigoureux.

■ LES MEILLEURES VARIÉTÉS
— *Rubus calycinoides* est un excellent couvre-sol, au feuillage persistant, dont les rameaux finissent par s'enraciner au fur et à mesure de leur progression. Il fleurit en blanc, en été, puis donne des baies rouges écarlates. Il se plaît aussi bien au soleil qu'à l'ombre.
— *Rubus cokburnianus* donne, lui aussi, des fleurs blanches mais il est surtout réputé pour l'écorce cireuse, bien blanche, de ses rameaux d'un an, longs de près de 2,50 m. Taillez-le, en conséquence, chaque automne, pour enlever le bois le plus vieux.
— *Rubus fruticosus* n'est autre que cet arbuste que nous connaissons bien, producteur de mûres, avec lesquelles on fait de délicieuses confitures. Les longues tiges peuvent atteindre 5 à 6 m. La variété *Rubus fruticosus* 'Inermis' a l'avantage de ne pas avoir d'épines. Il a donné naissance à une multitude de variétés peu ou pas épineuses, surtout d'origine américaine.
— *Rubus henryi*. Son feuillage persistant, vert, est feutré de blanc au revers. Les fleurs, groupées par grappes, sont roses, en été. Il donne des baies noires en automne. L'arbuste atteint 6 m.
— *Rubus idaeus* (framboisier). Inutile de le présenter. Cette ronce pousse, naturellement, en montagne, pratiquement dans tout l'hémisphère Nord. Il lui faut un sol léger, siliceux et de la lumière. Les fruits apparaissent en août.
— *Rubus nepalensis* convient bien aux rocailles. C'est un petit arbuste tapissant, aux fleurs blanches, et ses petits fruits rouge orangé sont comestibles.
— *Rubus odoratus* (ronce odorante) atteint 2 m et fleurit en grands bouquets roses, de juillet à septembre. Son feuillage est doux comme du velours. Sa vigueur conduit à l'utiliser surtout dans les coins sauvages du jardin.
— *Rubus phoenicolasius* est un arbuste à feuilles caduques très décoratif, en raison des poils rouges qui recouvrent ses branches toute l'année. Il atteint 3 m de haut et peut être palissé sur un mur, ou une pergola. Ses fleurs roses paraissent en juin, juillet. Ses fruits ont une saveur agréable.
— *Rubus spectabilis* est l'une des ronces les plus colorées qui soient, avec ses fleurs rose magenta, parfumées, paraissant en avril. Il pousse sous le couvert des grands arbres, et atteint 2 m.

— *Rubus thibetanus* 'Silver Fern'. Drageonne en touffes de 1,50 m de haut et fleurit rose ; ses rameaux couverts d'un enduit blanc portent des feuilles argentées qui rappellent les fougères.

— *Rubus tricolor* « galope » vite en s'enracinant partout. Ses fleurs blanches sont suivies de fruits rouges comestibles. Mais le plus beau des *Rubus* est sans conteste, l'hybride *Rubus tridel* 'Benenden' dont les longues tiges sans épines produisent de grandes fleurs blanches en mai.

— *Rubus ulmifolius* 'Bellidiflorus' est un arbuste semi-persistant rampant qui porte, en juillet, des fleurs groupées en panicules roses. Il sera admirable dans vos plates-bandes, en compagnie des rosiers.

Hauteur : de 50 cm à 6 m.
Terre : ordinaire, de préférence riche en humus.
Exposition : mi-ombre ou soleil.
Multiplication : par marcottage, qui se fait souvent spontanément, ou par bouturage en été.
Floraison : d'avril à août.
Feuillage : caduc ou persistant.

Ruscus

FRAGON PETIT-HOUX
Famille des liliacées
Arbuste

Ce petit arbuste, à feuillage persistant, a un aspect sauvage qui se marie parfaitement avec des lis et des cœurs-de-Marie. Dans un endroit ombragé, son joli feuillage, vert brillant, fera également bien ressortir les teintes délicates des fuchsias et des ancolies. Ce feuillage des *Ruscus*, raide et piquant, est d'ailleurs très apprécié en hiver, pour les arrangements floraux. Si des pieds mâles sont plantés à côté de pieds femelles, la fructification aura lieu et des baies rouge vif apparaîtront, en automne, accrochées à ce que l'on prend généralement pour des feuilles et qui sont, en fait, des rameaux très aplatis et verts.

■ **CONSEILS UTILES**

— Plantez l'arbuste, au printemps, en un lieu ombragé. Le *Ruscus* demande un bon arrosage la première année. Vous ne verrez de grosses touffes épaisses qu'au bout de trois ans. Mais vous pouvez encourager la pousse, en apportant de l'engrais au printemps.
— Divisez les touffes, tous les cinq ans, surtout en cas de gelées exceptionnelles.

■ **LES MEILLEURES VARIÉTÉS**

— *Ruscus aculeatus* (fragon petit-houx). L'arbuste, haut de 60 cm, pousse pratiquement partout en France, bien qu'il ne soit pas rustique. Il préfère les climats doux de la Méditerrannée et des régions de l'Ouest. Il pousse bien à l'ombre des sous-bois.
— *Ruscus hypoglossum*. Ce fragon, exclusivement méditerranéen, a des feuilles plus grandes que le précédent et de grosses baies globuleuses rouges.

Hauteur : 1 m.
Terre ; riche en humus.
Exposition : ombre.
Multiplication : par division des touffes, au printemps.
Floraison : insignifiante, en mars-avril.
Feuillage : persistant.

Ruta

RUE
Famille des rutacées
Arbuste

Jadis, *Ruta graveolens* était connue et utilisée pour ses vertus médicinales. Aujourd'hui, on s'en sert comme arbuste décoratif, surtout à cause de son feuillage bleu argenté persistant qui se taille très bien en boule. Les petites fleurs jaunes sont insignifiantes et on a intérêt à les supprimer. Les *Ruta* s'harmonisent particulièrement avec les rosiers anciens, et au printemps, avec des massifs de tulipes. C'est un bel arbuste qu'on peut également utiliser pour séparer deux groupes de fleurs dont les teintes, très fortes, se nuiraient l'une à l'autre.

■ **CONSEILS UTILES**

— Plantez-le, au printemps, de préférence. Le premier été, il demande un bon arrosage, avec paillage du sol. Mais, après la première année, il peut supporter une grande sécheresse. Ce qui est un avantage dans les régions méridionales.
— Bouturez les extrémités des tiges en été, dans un mélange très sableux, ou faites un semis au printemps. Celui-ci vous donnera alors une quantité de

△ *Ruscus aculeatus*

△ *Ruta graveolens* 'Jackman's Blue'

jeunes plants qui fleuriront dès la deuxième année.

■ **UNE VARIÉTÉ**

— *Ruta graveolens* est une plante vivace, se lignifiant au pied, haute de 30 à 70 cm. Sa forte odeur est désagréable. Dans les catalogues, on la trouve souvent comme plante condimentaire.

Hauteur : de 40 à 60 cm.
Terre : ordinaire, de préférence un peu lourde.
Exposition : au moins 3 heures de soleil par jour.
Multiplication : à l'automne, par bouturage ou par semis.
Floraison : juin, juillet.
Feuillage : persistant.

△ *Salix x chrysocoma*
◁ *Salix alba*

Salix

SAULE

Famille des salicacées
Arbre ou arbuste

Il existe, en France, au moins une trentaine d'espèces de saules, mais la plupart sont des petits arbres ou même des arbrisseaux offrant toutes sortes de particularités. Certains ont des écorces brillantes, colorées, d'autres des branches retombantes, d'autres un feuillage argenté. Il existe même des variétés rampantes ou naines. Un caractère commun, cependant : tous adorent l'eau, les sols humides, la proximité d'une rivière.

■ **CONSEILS UTILES**

— Ces arbres n'aiment pas les terres desséchées et leur seule exigence est d'être installés dans un endroit frais, un sol humide, avec suffisamment de place pour pouvoir s'étendre, car ils poussent vite et prennent de belles proportions.
— En hiver, taillez les branches mortes ou celles qui ont besoin d'être éclaircies.

■ **LES MEILLEURES VARIÉTÉS**

— *Salix alba* (saule blanc) est le plus grand de tous, avec une taille de 25 m. Ses rameaux montrent de très belles teintes jaune vif ou rougeâtres. Sa variété 'Chermesina' a des branches écarlates.

— *Salix acutifolia* 'Pendulifolia' projette de longs rameaux souples, brun rougeâtre, enduits d'une pruine bleu argenté.

— *Salix x babylonica* (saule pleureur). Il est devenu presque trop commun, cet oriental auquel les Romantiques, au 18e siècle, donnèrent un magistral essor. Hauteur : 12 m.

— *Salix chrysocoma*. C'est le saule pleureur doré, un très bel arbre poussant très vite (15 m en 20 ans).

— *Salix lanata* est un arbrisseau d'environ 0,80 m, au joli feuillage argenté.

— *Salix matsudana* 'Tortuosa'. Ses branches et ses rameaux, bizarrement contournés en « tire-bouchon », confèrent à ce saule une silhouette particulièrement originale. Pour l'apprécier comme il convient, mettez-le, en présentation dans votre jardin, comme une vedette.

— *Salix purpurea* 'Nana' regroupe en boule des pousses fines abondantes ; c'est une excellente garniture de la base des haies libres.

— *Salix repens* (saule rampant) est un très intéressant sous-arbrisseau dont la taille ne dépasse guère 0,80 m, mais qui peut s'étendre sur environ 1,50 m. Des chatons argentés apparaissent en avril-mai.

Hauteur : de 0,20 m à 15 m.
Terre : humide.
Exposition : soleil.
Multiplication : boutures de 0,30 m en automne.
Feuillage : caduc.

Salvia

SAUGE
Famille des lamiacées
Arbuste

Sans les sauges, nos étés manqueraient singulièrement de couleur. Je ne parle pas, bien sûr, des fameuses sauges rouges qui sont des fleurs annuelles, souvent un peu trop présentes dans les parcs et les jardins, mais de ces merveilleux petits arbustes persistants qui savent se parer de bleu, de jaune ou de violet pour mieux nous charmer. En

△ *Salvia officinalis* 'Tricolor'
▽ *Salvia chamaedryoides*

général, ceux-ci sont les rois des lieux ensoleillés et un peu secs.

■ CONSEILS UTILES

— Plantez la *Salvia* en début d'automne ou au printemps. Allégez le sol avec du sable et ne donnez pas trop d'engrais pour éviter un développement excessif du feuillage. Pincez les tiges fanées et rabattez les touffes, à la fin de l'été, si le feuillage s'est desséché. Un nouveau feuillage apparaîtra avant les gelées.

■ LES MEILLEURES VARIÉTÉS

— La plus capricieuse de toutes est sans conteste la sauge argentée (*Salvia argentea*), au fabuleux feuillage argenté. Pour que l'arbuste soit vraiment beau, protégez la souche avec des plaques de verre, pendant la mauvaise saison, car il a horreur de l'humidité hivernale.
— La sauge officinale (*Salvia officinalis*) est bien connue pour son feuillage dont on fait des tisanes digestives, très efficaces, même si elles ne sont pas bonnes au goût. L'accord de ses fleurs et de son feuillage argenté, voilé de violet, est très réussi et met parfaitement en valeur les roses à la tendre carnation.
— La sauge bleue du Mexique (*Salvia patens*) n'est pas toujours très rustique, mais le bleu insensé de ses fleurs, l'un des plus vifs de la nature, mérite bien que vous l'abritiez en hiver sous une couche d'écorce de pin. Associez-la avec

△ *Salvia microphylla* 'Grahamii'

des tabacs blancs pour que son feuillage, vert incertain, soit moins présent.
— L'imposante sauge sclarée (*Salvia sclarea*) est une autre belle sauge au port très naturel pouvant atteindre 1 m de haut. L'odeur de son feuillage plaît ou déplaît, selon l'heure et les personnes, mais tout le monde s'accorde à aimer ses fleurs bleu pâle qui en font une des meilleures dames d'honneur des rosiers anciens. Elle réussit très bien en bisannuelle et se ressème toute seule.
— La plus répandue de toutes les sauges vivaces est la *Salvia superba* au port ramassé. Il en existe de nombreuses variétés dont 'Lubecca', violette, et 'Ostfriestland', encore plus sombre.
— Nous pourrions ajouter encore bien des espèces, comme *Salvia grahamii*, *Salvia uliginosa*, *Salvia involucrata* 'Bethellii' ou *Salvia coccinea*, mais leur rusticité est trop souvent prise en défaut. A la limite, cultivez-les comme des fuchsias et provoquez leur démarrage sous un châssis chauffé pour activer leur végétation. Elles fleuriront alors plus tôt.

Hauteur : de 20 à 150 cm.
Terre : ordinaire, mais bien drainée.
Exposition : ensoleillée.
Multiplication : par semis ou par division des touffes, au printemps.
Floraison : de juin à octobre.
Feuillage : caduc ou persistant.

△ *Sambucus racemosa* 'Plumosa Aurea'

Sambucus
SUREAU
Famille des caprifoliacées
Arbuste

Ils peuvent atteindre 5 m de haut et, leur feuillage doré dans un fond de massif, ou si possible près de l'eau, est spectaculaire. Tout à fait à leur aise dans les coins sauvages du jardin, les sureaux sont superbes au moment de la floraison, en juin, quand s'épanouissent leurs bouquets plats, d'un blanc crémeux, pouvant atteindre près de 50 cm de diamètre. Associez-les à des plantes vigoureuses, comme les gunneras, les ligulaires, les grandes fougères et les macleayas, pour obtenir des scènes impressionnantes. Condition sine qua non : il faut que le sol soit assez riche pour nourrir tout ce beau monde !

■ CONSEILS UTILES

Plantez-les, de novembre à mars, et rabattez-les, au début du printemps, pour obtenir un départ vigoureux.
— Chaque année, en mars, taillez court les ramifications secondaires. Ainsi, vous concentrez la sève sur les bouquets terminaux qui seront magnifiques.

■ LES MEILLEURES VARIÉTÉS

— Le sureau du Canada, *Sambucus canadensis*, est surtout spectaculaire dans sa forme 'Maxima', avec ses bouquets

magnifiques, suivis de fruits rouge foncé, très appréciés des oiseaux.
— Le sureau noir, *Sambucus nigra*, a donné naissance à des variétés à feuilles diversement panaché, et même très divisé, comme celui des fougères, 'Laciniata', ou complètement doré 'Aurea'. 'Guincho Purple', appelé aussi 'Purpurea', fond ses fleurs rosées sur son feuillage pourpre. 'Marginata' s'éclaire d'une panachure crème.
— Le sureau rouge *Sambucus racemosa*, a des feuilles très divisées, au point de rappeler, en plus grand, celles des érables du Japon.

Hauteur : de 2 m à 5 m.
Terre : ordinaire.
Exposition : mi-ombre ou soleil.
Multiplication : par séparation des rejets, en automne.
Floraison : juin.
Feuillage : caduc.

△ *Santolina virens*
▽ *Santolina chamaecyparissus*

Santolina
SANTOLINE
Famille des astéracées
Arbuste

Cette petite plante est attrayante par son feuillage odorant qui reste argenté toute l'année. En été, apparaissent de minuscules fleurs, comme des pastilles jaunes, à l'extrémité des branches : je préfère les supprimer pour tailler la plante un peu en boule, ce qu'elle supporte bien. On peut en faire des petites haies de bordure, dans un climat sec, quand on ne veut pas utiliser le buis. Parmi les fleurs annuelles, très colorées, la santoline calme le jeu.

■ CONSEILS UTILES

— Plantez-la en plein soleil. Une terre sèche et pauvre lui convient aussi bien qu'une bonne terre de jardin bien drainée. Elle pousse également au creux des murets et des rocailles, aux côtés des valérianes, des giroflées et du poivre des murailles.
— Sitôt sa floraison terminée, en juillet, tondez-la légèrement. Elle n'en sera que plus belle.

■ LES MEILLEURES VARIÉTÉS

— Si la santoline la plus populaire est la *Santolina chamaecyparissus* (petit cyprès), la santoline verte (*Santolina virens*) est d'un joli vert de Chine très délicat. Elle fleurit avec les mêmes pompons jaunes que sa cousine.

Hauteur : 0,30 m.
Terre : toutes, de préférence sèches.
Exposition : soleil, mi-ombre.
Multiplication : boutures.
Floraison : été.
Feuillage : persistant.

Sarcococca
SARCOCOCCA
Famille des buxacées
Arbuste

Cet arbuste à feuillage persistant ne dépasse pas 50 cm et pousse en boule touffue. Il est d'un intérêt certain en bordure d'escaliers en pierre, le long d'un mur, autour d'un arbre. Les feuilles sont longues et acuminées, brillantes et d'un beau vert. Même les petites fleurs sont intéressantes, minuscules

△ *Sarcococca humilis*

mais parfumées ! Elles s'épanouissent en hiver. Ensuite, survient une fructification de baies noires.

■ **CONSEILS UTILES**

— Cet arbuste supporte les sols calcaires mais non l'humidité. Il préfère l'ombre ou la mi-ombre au soleil, et sera la plante idéale pour un balcon : produisant une belle touffe verte sans exiger beaucoup de soins.

■ **LES MEILLEURES VARIÉTÉS**

— *Sarcococca confusa.* Le feuillage dense et pointu est très étalé. Les fleurs sont bien parfumées.
— *Sarcococca hookeriana* est une variété au feuillage érigé.
— *Sarcococca humilis* forme des rejets. Les fleurs mâles ont des pistils roses. Les fruits sont noirs.
— *Sarcococca ruscifolia.* Cette variété peut atteindre 1 m de hauteur. Ses fruits sont rouges.

Hauteur : de 50 cm à 1 m.
Terre : légère.
Exposition : mi-ombre ou ombre.
Multiplication : par semis ou bouturage de rameaux sous châssis, ou par division des touffes.
Floraison : octobre-novembre.
Feuillage : persistant.

Sciadopitys
PIN PARASOL
Famille des taxodiacées
Arbre

Pourquoi ne voit-on pas plus de ces jolis conifères en forme d'ombrelle ? On l'appelle d'ailleurs le pin parapluie ou parasol. Il est originaire du Japon. Ses petits cônes sont verts, puis deviennent bruns. Le tronc s'exfolie, laissant apparaître une nouvelle écorce marron clair. Hauteur adulte : 30 m.

△ *Sciadopitys verticillata*

■ **CONSEILS UTILES**

— Vous pouvez planter le *Sciadopitys*, même un peu à l'ombre. Il redoute les sols calcaires.

■ **LES MEILLEURES VARIÉTÉS**

— *Sciadopitys verticillata.* Ce bel arbre pyramidal dont la silhouette provoque

▽ *Sciadopitys verticillata*

toujours l'admiration a deux cultivars intéressants : 'Pendula' aux rameaux pleureurs, et 'Variegata' dont le feuillage vert est agrémenté de quelques feuilles jaunes.

Hauteur : 10 m, mais beaucoup plus dans son pays d'origine.
Terre : acide.
Exposition : soleil ou mi-ombre.
Multiplication : semis, bouturage avec hormones, marcottage.
Feuillage : persistant.

Senecio

SENECIO
Famille des asteracées
Arbuste

Il n'est peut-être pas tout à fait rustique, mais presque. Rustique, ici, voulant dire, selon le vocabulaire botanique, qu'il craint quand même un peu le froid. Il aime les climats maritimes et méditerranéens. Cet arbuste au beau feuillage un peu argenté est un élément utile dans les bordures vivaces. La floraison jaune, comme de petites marguerites, donne à cet arbuste un air « vieux jardin » tout à fait charmant.

■ **CONSEILS UTILES**

— Plantez-le en plein soleil et enlevez, au printemps, les branches abîmées ou mal venues.
— Coupez les fleurs fanées qui peuvent servir dans des bouquets secs.

■ **LES MEILLEURES VARIÉTÉS**

— *Senecio x greyi* et *Senecio laxifolius*. Il y a peu de différence entre ces deux espèces qui se ressemblent beaucoup. La floraison a lieu en juillet. La hauteur et l'étalement sont d'environ 0,80 m. Le feuillage blanc argenté semble feutré.

Hauteur : 0,80 m.
Terre : toutes, bien drainées.
Exposition : soleil.
Multiplication : boutures en été.
Floraison : juillet.
Feuillage : persistant.

▽ *Senecio laxifolius*

▽ *Senecio x* 'Monroi'

Sequoia

SÉQUOIA
Famille des taxodiacées
Arbre

Avec les séquoias, nous entrons dans le domaine des arbres géants, ces mastodontes qui atteignent plus de 100 m de haut dans leur pays d'origine. Ah ! bien évidemment, ces arbres que vous allez planter aujourd'hui ou demain, même s'ils poussent assez vite, vous ne pourrez jamais les contempler au mieux de leur forme ! Mais quel réconfort de penser que vous plantez pour les générations futures et d'imaginer que, dans cinquante ou soixante ans, vos arrière-arrière-petits-enfants pourront un jour se demander, tout en faisant ainsi revivre votre souvenir : « Mais, au fait, qui donc a planté cet arbre ? ».

■ **CONSEILS UTILES**

— Plantez-le en conteneur dans un sol profond, même calcaire. On peut le tailler au départ pour lui donner une forme harmonieuse.
— Cet arbre redoute les hivers continentaux de l'est de la France et peut même périr durant de longues périodes de gel. S'il semble avoir gelé, rabattez-le au sol, il ne tardera pas à faire des rejets de souche.

■ **LES MEILLEURES VARIÉTÉS**

— *Sequoia sempervirens* (séquoia toujours vert). En Californie, dans l'Oregon, il peuple des forêts entières et ces arbres sont même devenus des monuments publics. Le parc naturel de Marine County attire presque autant de visiteurs que Disneyworld grâce à ses séquoias âgés de 2 000 ans et hauts de plus de 100 m. Dans nos régions, ils n'atteignent malheureusement pas ces hauteurs. Leur allure reste malgré tout fort majestueuse. Leur tronc puissant, à l'écorce rouge très molle, est presque spongieuse.
— *Sequoia sempervirens* 'Prostrata' est une forme ramifiée qui ne dépasse pas 2 m, et peut être utilisée dans une rocaille.

Hauteur : de 40 à 50 m, chez nous, plus de 100 m dans leur pays d'origine.
Terre : toutes, avec de l'humus.
Exposition : dégagée.
Multiplication : graines.
Feuillage : persistant.

Sequoiadendron giganteum △▽ ▷

△▽ *Skimmia japonica*

Skimmia

SKIMMIA

Famille des rutacées

Arbuste

Encore peu connus, les *Skimmia* forment un groupe d'arbustes bas, persistants, aux fleurs blanches, en avril, bientôt suivies de baies rouges très brillantes. Il faut planter ensemble individu mâle et individu femelle pour avoir une belle fructification. Ces arbustes conviennent parfaitement à la plantation en bac sur les terrasses. Ils réussissent fort bien dans la plupart des sols légèrement calcaires, mais préfèrent les sols acides. Associez-les à des ails décoratifs, de grandes plages de muguets, d'aspérules et, pour une scène d'automne, à des anémones du Japon.

■ CONSEILS UTILES

— Plantez-les d'octobre à mars. Paillez avec de l'écorce de pin, chaque printemps.

— Plantez des *Skimmia* mâles et femelles les uns à côté des autres.

■ LES MEILLEURES VARIÉTÉS

— *Skimmia japonica* a donné naissance à des variétés aux fruits diversement colorés, comme 'Foremanii', très décoratif avec ses fruits rouge vif ; 'Nymans', aux baies relativement grandes ; 'Rubella', surtout apprécié pour ses boutons floraux rouges durant tout l'hiver et 'Rogersii', très couvre-sol.

— *Skimmia laureola* émet une senteur aromatique prononcée quand on froisse ses feuilles. Ses fleurs odorantes sont suivies de fruits rouges.

Hauteur : de 60 cm à 1,50 m.

Terre : riche en humus.

Exposition : mi-ombre ou soleil.

Multiplication : par bouturage, en été.

Floraison : avril, mai.

Feuillage : persistant.

Sophora

SOPHORA

Famille des fabacées

Arbre

Voici un arbre au feuillage retombant et touffu d'un beau vert foncé. Il peut atteindre environ 6 m de hauteur. Il est souvent utilisé dans les jardins pour constituer de ravissantes tonnelles aux grappes de feuillage pleureur. Il suffit pour cela d'évider l'intérieur de l'arbre, en coupant les branches qui font obstacle. Ces arbres supportent bien la taille. Attention, ils sont parfois épineux.

■ CONSEILS UTILES

— Les plantes achetées en conteneurs devront être plantées dans le jardin, au printemps, et dans un site bien protégé.

■ LES MEILLEURES VARIÉTÉS

— *Sophora davidii* est la plus petite variété. L'arbre n'atteint que 3 m de haut. Il est à feuillage caduc. Les fleurs sont blanc bleuté. Il aime le soleil et une bonne terre.

— *Sophora japonica*, que l'on surnomme « la pagode japonaise », est la plus connue. Ses fleurs sont blanc crème, et apparaissent assez tard, à la fin de l'été ou en automne. Son cultivar 'Pendula' a des branches raides et pleureuses qui finissent par toucher le sol.

▽ *Sophora microphylla*

— *Sophora macrocarpa* est un arbre au feuillage persistant qui atteint 12 m de haut. Les feuilles sont duveteuses d'un côté. Les fleurs, jaunes, ont 3 cm de long.

— *Sophora microphylla*. Son feuillage est persistant et dense. La floraison, jaune, retombante, apparaît en mai.

— *Sophora secundiflora* est un arbre à feuillage persistant aux fleurs bleu-violet qui sentent la violette.

— *Sophora tetraptera* a des branches étalées et retombantes. Ses fleurs, très grandes, tubulées et pendantes, sont d'un beau jaune d'or.

Hauteur : de 3 à 12 m, selon les variétés.
Terre : fertile, surtout sans excès d'argile ou de calcaire.
Exposition : ensoleillée.
Multiplication : semis au printemps, après stratification des graines.
Floraison : printemps.
Feuillage : caduc ou persistant, selon les variétés.

△ *Sorbaria arborea*

Sorbaria

SORBAIRE

Famille des rosacées

Arbuste

Voici une plante vigoureuse, spectaculaire au moment où paraissent ses grandes panicules de fleurs blanc crème. Ce grand arbuste est particulièrement à son avantage quand il est placé près d'un point d'eau.

■ CONSEILS UTILES

— Plantez le *Sorbaria* dans une terre humide, en plein soleil car l'arbuste aime la chaleur. En février, pour garder de bonnes proportions à la plante, il faudra réduire jusqu'au vieux bois les branches qui ont fleuri dans l'année.

■ LES MEILLEURES VARIÉTÉS

— *Sorbaria aitchisonii*. Les longues branches étalées sont rouges quand elles sont jeunes. La floraison a lieu en juillet-août.

— *Sorbaria arborea* est un arbuste très robuste et vigoureux. La floraison se produit aux extrémités des branches de l'année.

— *Sorbaria sorbifolia* donne de volumineuses panicules blanc crème beaucoup plus légères.

Hauteur : de 2 m à 4 m.
Terre : humide.
Exposition : soleil.
Multiplication : par rejets.
Floraison : juillet-août.
Feuillage : caduc.

△ *Sorbus pohuashanensis*

△ *Sorbus aucuparia*

Sorbus

ALISIER, SORBIER

Famille des rosacées
Arbre ou arbuste

▽ *Sorbus aria*

Il existe de nombreuses variétés de *Sorbus*, différentes tant par la taille que par la couleur du feuillage. Les *Sorbus* pourront être plantés en haie, en buisson décoratif, ou bien encore en arbre isolé qui vous offrira un coin d'ombre. Ce sont des arbres charmants pour des scènes naturelles, campagnardes. Ils sont également intéressants pour leur longue période florescente. De mai à juillet, les *Sorbus* se couvrent de fleurs blanches ou crème. Puis, des grappes, très visibles, de baies rouges, roses ou blanches parsèment le feuillage touffu, jusqu'à la fin de l'automne, tandis que les teintes des feuilles virent au jaune d'or.

■ **CONSEILS UTILES**

— S'il est simplement bien planté, on ne peut que le réussir.

■ **LES MEILLEURES VARIÉTÉS**

— *Sorbus aria* 'Lutescens' (alisier blanc), peut atteindre 10 mètres. Il deviendra un bel arbre aux branches harmonieusement réparties.
— *Sorbus aucuparia* est le sorbier des oiseleurs, si répandu dans nos campagnes. Il peut atteindre 15 m de haut.

Ses baies rouges et brillantes attirent les oiseaux. Sa variété 'Asplenifolia' a un feuillage très élégant qui n'est pas sans ressembler aux fougères. Ce Sorbus peut constituer une haie dense et touffue.
— *Sorbus x hybrida* (alisier de Finlande). Originaire des pays scandinaves, on trouve parfois, en France, cette espèce plantée comme essence ornementale. Il donne des fleurs en juin.
— *Sorbus* hybrides de Lombart. Ce nom recouvre différents cultivars estimés pour leurs gros fruits et leur coloration exceptionnelle ; citons : 'Brilliant Yellow', à baies jaunes, et 'Chamois Glow', à baies orange lavées de rose.
— *Sorbus* 'Joseph Rock' donne des baies orange.
— *Sorbus latifolia* (alisier de Fontainebleau) pousse bien dans les clairières des forêts. Ce petit arbre a 10 m de haut.
— *Sorbus mitchellii* est le plus grand de tous. Il atteint 15 m de hauteur.
— *Sorbus pygmaea* ou *Sorbus hostii* est une espèce pour petits jardins. Il mesure à peine 2,50 m.
— *Sorbus torminalis* (alisier torminal). Avec ses fruits, on fait une bonne eau de vie. Cet arbre, qui peut atteindre 15 m, vit parfois plus de 200 ans.

434

△ *Spiraea bumalda* 'Anthony Waterer'

△ *Spiraea bumalda* 'Goldflame'

Hauteur : de 2,50 m à 15 m.
Terre : toutes.
Exposition : toutes.
Multiplication : plantez des graines sous châssis, en automne.
Floraison : mai à juillet.
Feuillage : caduc.

Spiraea

SPIRÉE
Famille des rosacées
Arbuste

Les spirées sont à la hauteur de leur réputation : faciles, peu exigeantes, très florifères. Elles poussent vite. De nombreuses variétés, dont la floraison dure pratiquement tout l'été, ont été récemment introduites sur le marché. Celles qui fleurissent au printemps sont souvent blanches et celles qui s'épanouissent en été plutôt roses, parfois rouges.

Certaines variétés portent des fleurs blanches, roses et parfois rouges sur la même plante comme *Spiraea japonica* 'Little Princess', une variété naine.

■ CONSEILS UTILES
— Plantez les spirées en toutes saisons. Elles sont très rustiques, mais, au moment de la plantation, attention : rappelez-vous que certaines d'entre elles, comme *Spiraea x arguta*, *Spiraea x vanhouttei* et *Spiraea x billiardii*, ont un important développement et peuvent atteindre 2 m de haut.
— Ne taillez pas les spirées fleurissant au printemps. Quant aux autres, elles doivent être taillées à 20 cm du sol.

■ LES MEILLEURES VARIÉTÉS
— *Spiraea x arguta* (« le voile de la mariée »), présente un port souple un peu retombant.
— *Spiraea x billiardii* porte des fleurs rose vif, en été, et son feuillage est légèrement teinté de rose.
— *Spiraea x bumalda* 'Goldflame', au feuillage doré, de forme compacte et aux petites fleurs rose soutenu, convient aux terrains un peu humides. Chez 'Froebelii', rouge puis rose, les feuilles naissent pourpres.
— *Spiraea x cinerea* 'Grefsheim' est une des plus spectaculaires formes à fleurs blanches.
— *Spiraea japonica* 'Shirobana' mélange curieusement des ombelles blanches ou roses et 'Little Princess', rose clair, se maintient en un gros coussin de 0,40 m de haut.
— *Spiraea nipponica* 'Snowmound' étale ses rameaux épais garnis de petites grappes blanches très rapprochées.
— *Spiraea thunbergii* est un arbuste dense, au port étalé. Ses fleurs blanches habillent les branches sur toute leur longueur. Il est le premier à fleurir et ses feuilles restent sur les branches une bonne partie de l'année.
— *Spiraea x vanhouttei*, arbuste vigoureux, porte des fleurs sur toute la longueur de ses branches, pendant tout le mois de juin. Pink Ice 'Captan' forme un buisson plus compact tout éclaboussé de crème.

Hauteur : de 0,50 m à 2 m.
Terre : ordinaire.
Exposition : soleil ou mi-ombre.
Multiplication : bouturage, en automne.
Floraison : printemps, été.
Feuillage : caduc.

Stephanandra

STÉPHANANDRA
Famille des rosacées
Arbuste

Les *Stephanandra* sont des arbustes très subtils. Chez eux, pas de floraison insensée, ni de fructification spectaculaire. Leur beauté tient surtout à leur port, tout en souplesse. Les feuilles, allongées et asymétriques, sont disposées le long de branches arquées, très élégantes, qui prennent un ton doré en automne. Il s'agit d'arbustes pour initiés qui sauront les marier aux *Hydrangea paniculata* et aux *Cornus alba*. Ce sont aussi d'excellents couvre-sol, en grandes plantations. Associez-les alors aux *Nandina*, aux *Spiraea* et aux *Lythrum*.

■ CONSEILS UTILES
— Plantez-les au début du printemps et divisez-les en automne.
— Taillez une année sur trois, en mars, pour ôter les rameaux du centre et ceux qui sont mal placés.

■ LES MEILLEURES VARIÉTÉS
— *Stephanandra incisa* a des feuilles découpées et donne des fleurs blanches, en juin. Sa variété 'Crispa' forme un dôme très décoratif.
— *Stephanandra tanakae*. L'arbuste est caractérisé par son étonnante silhouette au feuillage cascadant qui ne va pas sans évoquer une fontaine. Ses feuilles, plus grandes que chez le précédent, tournent au doré, en automne, et son bois, en hiver, prend une couleur brun chaud très agréable.

Hauteur : de 1,50 m à 2,50 m.
Terre : ordinaire, assez fraîche.
Exposition : mi-ombre ou soleil.
Multiplication : par marcottage et par bouturage, en été.
Floraison : juin, juillet.
Feuillage : caduc.

▽ *Stephanandra tanakae*

△ *Stewartia sinensis*

Stewartia

STUARTIE

Famille des théacées

Arbre ou arbuste

L'orthographe de ces arbres ou arbustes est sujet à discussion : *Stewartia* ou *Stuartia*. Si bien qu'on les trouve tantôt sous l'une, tantôt sous l'autre appellation. En tout état de cause, ces jolis arbrisseaux ont été trop négligés, ils sont très rares. Je vais tâcher de vous intéresser à leur sort. Ils ont l'avantage de fleurir en juillet-août, alors que peu d'arbres sont en fleurs. Ils ne sont pas très robustes, il est vrai, (leurs pays d'origine étant la Virginie et la Floride) et, en conséquence, ils ont besoin d'une situation bien protégée. Un attrait supplémentaire des *Stuartia* est la coloration de leur feuillage d'automne.

■ **CONSEILS UTILES**

Ils aiment être plantés dans une terre qui ne soit ni froide, ni humide, ni calcaire. L'idéal est de les installer dans une plantation d'*Erica* : le type même de terre qu'ils apprécient. Ne laissez pas ces arbustes se dessécher, et comme ils n'aiment pas qu'on les manipule trop, plantez-les petits. (Contrairement à beaucoup de plantes).

— En hiver, s'il n'y a pas de pluies, ne cessez pas les arrosages.

■ **LES MEILLEURES VARIÉTÉS**

— *Stuartia koreana* (stuartie de Corée) a des fleurs plates largement ouvertes et très soyeuses d'aspect. Dans son pays natal, au Japon, cet arbuste peut atteindre 15 à 20 m de haut. Chez nous, la taille est incertaine. Le feuillage devient rougeâtre en automne. C'est un ravissant petit arbre qui vaut la peine d'être recherché pour un amateur de jardin passionné.

— *Stuartia malachodendron* est un arbrisseau d'environ 4 m, donnant de grandes fleurs blanches à étamines pourpres, en juin et juillet.

— *Stuartia ovata* est un arbrisseau d'environ 2,50 m de forme érigée. Son feuillage est souvent teinté de rouge. Les pétales de ses fleurs blanches sont joliment crénelés et atteignent 10 cm de diamètre.

Hauteur : de 2 m à 25 m.
Terre : un mélange de bonne terre, de tourbe et de terreau de feuilles.
Exposition : chaude, mais pas sous les feux directs du soleil, à mi-ombre.
Multiplication : par graines, prélevées du sable sous cloche, ou bouture.
Floraison : été.
Feuillage : persistant ou caduc.

Stranvaesia

STRANVAESIA

Famille des rosacées

Arbuste

Le *Stranvaesia* est un petit arbuste qui évoque, de loin, le cotonéaster. Ses feuilles sont luisantes et vert clair. Elles sont persistantes. Cependant, les vieilles feuilles, sur les sujets âgés, peuvent devenir rouges, en automne, contrastant alors avec le feuillage persistant, vert et plus jeune. La floraison, blanche, est jolie, sans être remarquable. Elle s'épanouit au mois de juin, en corymbes plats. En fait, c'est surtout pour ses fruits que l'on cultive cet arbuste. Ils sont mûrs en octobre et sont, à ce moment-là, de la taille de petits pois et rouge vif. Leur grand nombre rend l'arbre très intéressant.

Détail qui a son importance, ces baies ne sont pas mangées par les oiseaux.

■ CONSEILS UTILES

— Malgré son nom compliqué, cette plante est très facile à cultiver, parfaitement rustique, se plaisant dans tous les sols. Une seule exigence, cependant : être plantée dans un sol frais qui ne se dessèche pas, légèrement à l'ombre.

■ LES MEILLEURES VARIÉTÉS

— *Stranvaesia davidiana*, originaire de Chine. Ses fleurs blanches s'épanouissent, en juin, en de grands corymbes. Son cultivar 'Fructuluteo' donne des fruits jaunes. Un autre cultivar 'Prostrata' est une forme rampante et un excellent couvre-sol.
— *Stranvaesia davidiana* 'Salicifolia' a de longues feuilles étroites, vert olive, et de grandes fleurs blanches. Ses fruits sont rouge orangé. 'Palette', moins volumineux que l'espèce, s'éclaire de panachures blanches.

Hauteur : rarement plus de 2,50 m.
Terre : tous les sols humides.
Exposition : mi-ombre.
Multiplication : bouturage ou semis.
Floraison : juin.
Feuillage : persistant.

▽ *Stranvaesia davidiana*

△ *Symphoricarpos chenaultii*

Symphoricarpos
SYMPHORINE
Famille des caprifoliacées
Arbuste

Elles supportent le soleil ou l'ombre, l'humidité ou la sécheresse. Leur grand attrait, ce sont les grosses baies blanches, ou roses, ressemblant à des billes qui restent longtemps sur l'arbuste pendant l'hiver. Les symphorines envahissent rapidement tout l'espace mis à leur disposition, grâce à des drageons incroyablement solides. Confinez donc ces arbustes, tous usages, dans le rôle de haie basse libre ou bien, placez-les dans un recoin peu visible qui leur sera dévolu, en compagnie d'autres buissons costauds comme les *Rubus* par exemple. Elles sont même capables de prospérer sous le couvert des grands conifères et des hêtres.

■ CONSEILS UTILES

— Plantez-les de novembre à mars. Paillez le sol et arrosez pendant le premier été. Par la suite, contentez-vous d'extirper les drageons qui vagabondent trop loin.
— Taillez, en mars, si vous voulez conserver à l'arbuste une forme définie, mais respectez leur allure arrondie, plus naturelle.

△ *Symphoricarpos albus*

■ LES MEILLEURES VARIÉTÉS

— *Symphoricarpos albus* (arbre aux perles) est sans doute l'espèce la plus répandue dans nos jardins. Sa variété 'Laevigatus' porte des baies, blanc neige, encore plus volumineuses que celles de l'espèce.
— *Symphoricarpos chenaultii* 'Hancok' est un excellent couvre-sol, dépassant à peine un mètre de haut. Ses fruits sont roses et blancs.
— *Symphoricarpos orbiculatus* (groseillier des Indiens). La symphorine aux petites fleurs pourpre-rosé existe en panaché de jaune ('Variegatum'). Les symphorines les plus communes sont des variétés hybrides comme 'White Hedge', aux fruits blancs, 'Mme Lemoine', d'un blanc pur, 'Mother of Pearl', aux gros fruits roses, et 'Magie Berry', plus compacte, d'un rose foncé presque rouge.

Hauteur : de 60 cm à 2 m.
Terre : quelconque.
Exposition : quelconque.
Multiplication : par séparation des drageons, en automne.
Floraison : insignifiante, en juillet et en août.
Fructification : du mois de septembre à fin décembre.
Feuillage : caduc.

△ *Syringa palibiniana*
▽ *Syringa x vulgaris*

Syringa
LILAS
Famille des oléacées
Arbre ou arbuste

Nous aimons tous les lilas, pas seulement pour la chanson (!) mais pour leurs fleurs magnifiques et surtout pour leur parfum ineffable qui compense un peu la brève durée de la floraison. Employez-les à foison dans les haies fleuries, en mélange avec des rosiers églantiers, des seringas, des deutzias et des amélanchiers. Plantez à leur pied des *Campanula persicifolia*.

■ **CONSEILS UTILES**

— Plantez l'arbuste de novembre à mars, en évitant les périodes de grand gel. La végétation démarre très tard la première année. Pour favoriser l'établissement de l'arbuste et assurer une bonne floraison, la première année, ayez le courage de retirer, avec le pouce et l'index, tous les boutons, au fur et à mesure de leur formation. Paillez et arrosez régulièrement jusqu'en septembre. La couleur des fleurs n'est pas stable les premiers temps. N'accusez donc pas votre pépiniériste, si elle paraît plus fade que prévu.
— Taillez, la semaine suivant la floraison, en enlevant les bouquets fanés, sans abîmer les jeunes pousses naissantes. Tous les trois ans, coupez plus bas pour favoriser les ramifications situées plus près du sol. Enlevez soigneusement les rejets surgis de terre car ils épuisent rapidement les pieds.

■ **LES MEILLEURES VARIÉTÉS**

— **Parmi les lilas à fleurs simples,** les lilas hybrides sont les plus connus. Ma préférence va à 'Charles X', pourpre intense ; 'Congo', plus ramassé et tirant sur le rouge ; 'Firmament', bleu azuré ; 'Maréchal Foch', rose carminé, d'une ampleur vraiment stupéfiante ; 'Primrose', l'un des premiers lilas jaunes obtenus et toujours l'un des plus beaux ; 'Souvenir de Louis Spaeth', rouge vineux ou encore 'Vestale', blanc pur, très florifère.

— **Parmi les lilas à fleurs doubles** 'Charles Joly', rouge pourpre foncé, très tardif ; 'Général Pershing', pourpre violacé ; 'Katherine Havemeyer', très parfumé, mauve bleuté, 'Madame Lemoine', dans les mêmes coloris, mais seulement un peu plus tardif.
— *Syringa x josiflexa* 'Bellicent', vaut la

438

peine d'être recherché. Les bouquets retombants sont comme de grands plumeaux roses, délicieusement parfumés. 'Paul Thirion' est l'un de mes préférés car il reste plus dense et fleurit en lie-de-vin clair. Citons aussi : 'Belle de Nancy', rose satin ; 'Joly', rouge lie-de-vin ; 'Duc de Masse', rose lilas ; 'Mme Edouard Harding', rouge clair tacheté de rose et 'Président Poincaré', aux fleurs mauve clair, assez grandes.

— **Certains lilas botaniques** et leurs variétés ne manquent pas d'intérêt, ainsi *Syringa velutina*, ne dépassant pas 1,50 m de haut, au beau feuillage gris au revers et aux fleurs en bouquets de 10 à 15 cm de long, lilas pâle, en mai-juin. Ou encore *Syringa microphylla* 'Superba', une petite merveille, qui fleurit non seulement en mai, en rose mauve, mais aussi en fin d'été, avec un parfum incroyable. Enfin d'autres hybrides méritent aussi votre attention comme :

— *Syringa meyeri* 'Palibin' répand dans les petits jardins le délicat parfum de ses fleurs rose lilacé à gorge blanche.

— *Syringa prestoniae*, très vigoureux et assez tardif puisqu'il fleurit en juin.

— *Syringa sweginzowii*. Ne manque pas d'élégance et s'épanche en longues panicules rose carné agréablement parfumées.

Hauteur : de 1,50 m à 4 m.
Terre : ordinaire, même calcaire.
Exposition : soleil.
Multiplication : par bouturage en été.
Floraison : mai, juin et parfois septembre.
Feuillage : caduc.

Tamarix

TAMARIS

Famille des tamaricacées
Arbuste

Cet arbuste à feuillage caduc, à la frondaison légère quoique touffue, peut atteindre jusqu'à 8 m de hauteur, mais, cultivé, ne dépasse pas 5 ou 6 m. Sa floraison est aussi jolie que son feuillage. Lorsque l'arbre est en fleurs, ses feuilles, très petites, d'un vert un peu gris, disparaissent complètement sous l'abondance des minuscules fleurs roses recouvrant les minces et souples rameaux. Un avantage : le tamaris supporte tous les sols et résiste autant à la sécheresse qu'aux climats venteux. Planté en terre

△ *Tamarix odessana* 'Rubra'

légère et fertile, votre tamaris s'épanouira largement, pourra couvrir un mur d'enceinte et vous cacher un vis-à-vis. Supportant fort bien d'être taillé, vous pouvez, de cette façon, l'adapter à vos besoins, qu'il s'agisse d'en faire une touffe décorative ou une haie.

■ **CONSEILS UTILES**

— Évitez de le transplanter s'il est déjà grand : là, réside son unique faiblesse.

— Lorsqu'il a « pris », le tamaris ne demande pas beaucoup de soins : il se contente aussi bien de terres humides, en bordure de l'eau, que de terres sèches.

— La taille doit être opérée en hiver.

■ **LES MEILLEURES VARIÉTÉS**

— *Tamarix hispida*. Plus vigoureux que les autres, il a des branches dressées et plus épaisses.

— *Tamarix hoehnackeri* est plus encore adapté que les autres aux rivages marins.

— *Tamarix parviflora*. Ses branches sont pourpre-marron et sa floraison, rose soutenu.

— *Tamarix pentandra* porte des rameaux plus longs, plus fins que les autres espèces, ce qui lui donne une apparence encore plus vaporeuse.

— *Tamarix ramosissima* 'Pink Cascade' déploie de grandes gerbes de feuillage glauque et disparaît en été sous un nuage de grandes fleurs roses lumineuses.

Hauteur : de 5 à 6 m en culture.
Terre : quelconque.
Exposition : indifférente.
Multiplication : par bouture, en automne. L'opération se fait très facilement.
Floraison : de mai à août, selon les variétés et les climats.
Feuillage : caduc.

Taxus

IF

Famille des taxacées
Arbre ou arbuste

C'est sans doute le conifère le plus utilisé en Grande-Bretagne : un jardin sans sa haie de *Taxus* n'étant pas un jardin digne de ce nom. On l'aime pour sa facilité à pousser dans tous les sols, quelle que soit l'exposition, sa docilité à être taillé, sa résistance incomparable et son élégance. Ses aiguilles ou feuilles, disposées en arêtes de poisson, sont vert foncé sur le dessus, plus claires en dessous, grâce à deux bandes pâles. La plante est dioïque. Il faut donc un pied mâle et un pied femelle pour obtenir le fruit qu'on appelle une arille et qui est toxique. La graine est visible par le côté supérieur du fruit qui est ouvert. La couleur de celui-ci est rouge, ou jaune (très rarement). Il existe un grand nombre de variétés, au port très différent, adaptées à presque toutes les situations.

■ CONSEILS UTILES

— Vous pouvez planter les *Taxus* en motte ou en conteneur, dans n'importe quel sol, si toutefois il est bien drainé. Attention, ne laissez pas vos enfants manger les arilles très toxiques (cela dit, il vous suffit de planter des sujets mâles qui n'ont pas de fruits). Prenez garde au fait que les variétés dorées placées à l'ombre verdissent.

▽ *Taxus baccata* 'Standishii'
▷ *Taxus baccata*

— Bien que poussant lentement, l'if convient parfaitement à la formation de haies. Il supporte très bien la taille et ne se dégarnit pas à la base. Vous pouvez ainsi, facilement, tailler ses branches très souples en arches, en voûtes, ou encore en boules. L'if, en effet, se prête bien à l'art topiaire qui consiste à reproduire des formes animales, humaines ou géométriques, en « sculptant » le feuillage des arbres ou des arbustes.

■ LES MEILLEURES VARIÉTÉS

— *Taxus baccata*. Un arbuste vert intense, aux branches étalées. Il supporte remarquablement bien toutes les situations, qu'elles soient ombragées ou au plein soleil. Adulte, il devient un grand arbre à la cime arrondie, à l'écorce brune, au port souple. Il lui faut donc beaucoup de place s'il n'est pas taillé. S'il lui arrive d'être endommagé par un hiver très rigoureux, il repart très bien au printemps suivant. Tous les sols lui conviennent, calcaires ou acides, à moins que ceux-ci ne soient inondés tout l'hiver. Hauteur à l'âge adulte : de 10 à 15 m.
— *Taxus baccata* 'Adpressa', une variété un peu prostrée, aux branches étalées, légèrement remontantes à leur extrémité. Ses petites feuilles sont d'un vert très foncé. Hauteur à l'âge adulte : 5 m.
— *Taxus baccata* 'Adpressa Variegata'. Ses jeunes pousses sont jaune doré.
— *Taxus baccata* 'Dovastoniana'. Un if très élégant, grâce à son port évasé, ses branches s'étendant largement alentour, et ses jolies aiguilles, jaune d'or. Extrêmement décoratif, il peut atteindre 3 m d'envergure.
— *Taxus baccata* 'Elegantissima'. C'est un petit if convenant aux jardins de petite taille. Ses branches sont ascendantes, assez serrées. Ses jeunes aiguilles sont, d'abord, striées de jaune pâle, puis de blanc, au fur et à mesure que l'arbre vieillit, la marge des feuilles restant très dorée. Ses fruits font un bel effet de contraste avec le feuillage.
— *Taxus baccata* 'Fastigiata', ou 'Hibernica' (if d'Irlande). Dans son pays d'origine, on peut en voir, au détour des petites routes, dans les carrefours, les cimetières, où ils forment de grands arbres, très larges, aux têtes multiples. Plus jeunes, ils se dressent comme des colonnes étroites, élégantes, vert sombre brillant, avec un port très compact.
— *Taxus baccata* 'Fastigiata Aurea'. Sa

△ *Thuya plicata* 'Atrovirens'

△ *Taxus baccata*

pousse est plus lente, comme il arrive souvent chez les variétés dorées.
— *Taxus baccata* 'Semperaurea'. Un if aux branches obliques, très serrées, formant un buisson bien garni, à la jolie couleur jaune doré.
— *Taxus baccata* 'Standishii', plus étroit encore, plus columnaire que le 'Fastigiata'. Il reste doré toute l'année.
— *Taxus baccata* 'Repens Aurea'. Un if rampant, aux feuilles marginées de jaune crème.
— *Taxus baccata* 'Washingtonii'. Souvent plus large que haut, cet if buissonnant a des branches très inclinées, aux rameaux retombants. Ses feuilles, bordées de jaune, prennent une couleur « vieux bronze », en hiver.
— *Taxus x media* 'Hicksii'. Un arbre au port columnaire, très pointu. Ses feuilles nervurées, sont d'un vert très foncé. Il peut être utilisé pour des haies très étroites, mais ne dépassant pas 1,50 m de haut.
— *Taxus x media* 'Strait Hedge' se dresse en colonne élancée, apte à former rapidement des haies de qualité.

Hauteur : de 1,50 m à 15 m, selon les variétés.
Terre : bonne terre avec humus.
Exposition : soleil, mi-ombre.
Multiplication : graines.
Feuillage : persistant.

Thuja

THUYA
Famille des cupressacées
Arbre ou arbuste

De tous les conifères de jardin le thuya est certainement le plus populaire. Tous les thuyas proviennent d'Amérique du Nord et de l'est de la Chine, mais ils semblent avoir toujours poussé chez nous, tant ils font partie de notre environnement.

■ CONSEILS UTILES

— Les thuyas se plaisent dans tous les sols, sauf dans les terres très humides. Pour former des haies, on commence à les tailler à la deuxième année de plantation, et au milieu de l'été, pour qu'ils puissent refaire des feuilles avant l'hiver.

— Coupez les flèches (les têtes), non pas à la hauteur désirée, mais 20 cm plus bas, pour leur permettre de faire un peu de feuillage. Vous pouvez aussi les tailler en forme d'arches, à la manière des ifs.

■ LES MEILLEURES VARIÉTÉS

— *Thuya occidentalis* (thuya d'Occident), originaire de l'ouest du Canada. Les vieux sujets ont souvent des troncs multiples, de couleur rouge-brun. Le feuillage est vert franc sur le dessus et pâle au-dessous, prenant une teinte bronzée durant l'hiver. Comme chez tous les thuyas, les feuilles jeunes sont des aiguilles. Elles se transforment, peu à peu, au cours des années, en écailles vertes recouvrant les rameaux des arbres adultes. Elles répandent, quand on les froisse, une forte odeur aromatique. Le *Thuya occidentalis* est surtout utilisé pour faire des haies, dont il faut espacer les pieds d'un intervalle d'au moins 80 cm. Il n'apprécie pas beaucoup les sols calcaires. Hauteur : 15 m.

— *Thuya occidentalis* 'Danica'. D'un très beau vert, il forme un petit arbuste en boule, au port compact. Poussant lentement, il est appréciable pour les aménagements en terrasses.

— *Thuya occidentalis* 'Holmstrup'. Un parfait petit cône, aux branches serrées bien vertes, variant peu de couleur en hiver. Lui aussi, pousse lentement. Hauteur : de 3 à 4 m.

— *Thuya occidentalis* 'Little Gem' est un autre petit arbre de forme conique, au sommet plat. Son feuillage, très serré, est d'un beau vert pur. Hauteur : 2 m.

— *Thuya occidentalis* 'Pyramidalis Compacta'. Un arbre de forme conique, encore, dont la cime est arrondie. On peut l'utiliser pour former des haies. Hauteur : 12 m.

— *Thuya occidentalis* 'Rheingold' est très apprécié, et non sans raison. C'est un cône élancé, au feuillage fin, teinté de jaune doré en hiver. Ses jeunes pousses, au printemps, sont rose saumoné.

— *Thuya orientalis* (thuya d'Orient). On a longtemps considéré que cet arbre n'était pas un thuya, mais un « biota », du mot grec « bios », l'espèce étant appelée « arbre de vie » en Chine, le pays d'où il vient. C'est un petit arbre conique, de 10 à 12 m de hauteur. Il se distingue, surtout, du *Thuya occidentalis* par ses ramifications disposées en plans verticaux. Les cônes, bleutés, plus gros que ceux des autres thuyas, sont munis de sortes de crochets. Ce thuya se plaît dans tous les sols, s'ils ne sont pas exagérément humides.

— *Thuya orientalis* 'Aurea Nana', encore un parfait petit conifère pour la rocaille. Un nain compact, ovoïde, dont le feuillage est disposé en plans verticaux. Il ne dépasse guère 0,50 m de haut.

— *Thuya orientalis* 'Elegantissima', présente une forme columnaire dorée, devenant verte en été, puis brun cuivré en hiver. C'est un arbre tout à fait intéressant par ses métamorphoses.

— *Thuya orientalis* 'Juniperoides'. Parfois un peu fragile, sensible au froid et à la neige, ce thuya a un feuillage juvénile très fin et argenté, devenant rouge ocre, en hiver.

— *Thuya orientalis* 'Rosedalis Compacta' est un charmant petit arbre ovoïde. Son feuillage, jaune canari, en été, vire ensuite au bleu-vert, puis devient marron doré, en hiver. Parfait pour la rocaille, même s'il est un peu fragile. Il ne dépasse pas 0,80 m de haut.

— *Thuya plicata* (thuya géant). Un arbre magnifique, le plus grand des thuyas. Il atteint 60 m dans son habitat naturel, les forêts de l'Amérique de l'Ouest. Chez nous, il reste l'un des meilleurs arbres pour former des haies. D'ailleurs tellement utilisé qu'il engendre, même, une certaine monotonie : on l'a un peu trop vu. Son feuillage, compact, d'un beau vert franc, est légèrement incurvé et ses branches basses rasent le sol. Il arrive, d'ailleurs, qu'elles se marcottent toutes seules, c'est-à-dire qu'elles s'enracinent pour former d'autres pieds, créant de beaux bosquets.

△ *Thuya plicata*

L'écorce brune s'exfolie en lambeaux entiers. Hauteur, chez nous, cultivé : environ 30 m.

— *Thuya plicata* 'Atrovirens'. On le cultive surtout dans le but de former des haies. Il a un port serré, des branches denses et des feuilles vert foncé vernissé.

— *Thuya plicata* 'Rogersii'. Un petit cône devenant, avec l'âge, pyramidal. Ses feuilles, jaune orangé, teintées de bronze, forment un joli contraste de couleurs.

— *Thuya plicata* 'Zebrina'. Son feuillage est irrégulièrement zébré de bandes jaunes sur fond vert. Là encore, le contraste est plaisant. Hauteur : 15 m.

Hauteur : de 3 m à 30 m, lorsqu'il est cultivé. De 0,50 m à 1 m pour les formes naines.

Terre : des terrains frais, pour *Thuya occidentalis* ; *Thuya orientalis* supporte la sécheresse.

Exposition : mi-ombre pour les variétés à feuillage doré ; soleil pour les autres espèces.

Multiplication : graines, boutures avec hormones.

Feuillage : persistant.

441

Thujopsis

THUYOPSIS

Famille des cupressacées

Arbre

A première vue, pour le profane, c'est un thuya : mêmes feuilles en écailles et même port colonnaire. Pourtant, en l'observant bien, on est surpris par la largeur des pousses qui donnent l'impression d'être celles d'un thuya géant. Il s'agit bel et bien d'une espèce différente, originaire des montagnes de l'île de Hondo, au centre du Japon. Ses feuilles très larges sont horizontales et tachetées de blanc au revers. Écrasées entre les doigts, elles embaument la verveine citronnelle.

■ CONSEILS UTILES

— Bien qu'il puisse atteindre 10 à 15 mètres en culture, sa pousse est assez longue, surtout en sol calcaire. Si vous désirez les utiliser en haies, espacez les thujopsis de 80 cm, en alternant avec des thuyas, par exemple.

■ LES MEILLEURES VARIÉTÉS

— *Thujopsis dolabrata*. Son feuillage est foncé sur le dessus et argenté au revers. Les cônes sont vert glauque, virant au marron.

— *Thujopsis dolabrata* 'Aurea' est panaché de jaune. Cette variété est celle que l'on trouve le plus facilement chez les pépiniéristes.

— *Thujopsis dolabrata* 'Nana', est un buisson nain, vert tendre.

Hauteur : 10 à 15 m lorsqu'il est cultivé.
Terre : sol frais mais bien drainé.
Exposition : mi-ombre.
Multiplication : bouturage avec hormones.
Feuillage : persistant.

Tilia

TILLEUL

Famille des tiliacées

Arbre

Spontané pratiquement partout en Europe, le tilleul est, depuis des centaines d'années, utilisé comme essence d'ornement dans nos parcs et nos jardins, en raison de sa stature, de sa beauté et de la densité de son feuillage. Celui-ci apparaissant au début du printemps, demeure sur l'arbre jusqu'à la

△ *Tilia insularis*

fin de l'automne. N'oublions pas, parmi les multiples avantages qui font du tilleul un arbre de choix, tous les bienfaits tirés de ses petites fleurs si délicatement parfumées. Depuis l'Antiquité on les utilise en médecine pour faire dormir l'humanité !

■ CONSEILS UTILES

— Les premières années de la plantation, taillez sévèrement pour donner une bonne forme au tilleul.

— Enlevez les rejets poussant autour du tronc.

— Le *Tilia* est particulièrement sensible aux pucerons, insectes fréquentant souvent les tilleuls et répandant sur leurs feuilles une sorte de glu noirâtre. Une pulvérisation, à base de malathion, en mai, peut être efficace.

■ LES MEILLEURES VARIÉTÉS

— *Tilia americana* (tilleul d'Amérique) dépérit à l'air pollué. Il peut, cependant, atteindre 40 m, s'il est installé dans un milieu qui lui convient.

— *Tilia cordata* (tilleul à petites feuilles) n'atteint pas cette taille, mais il se développe rapidement en un arbre suffisamment imposant pour occuper une grande pelouse. L'arbre peut vivre très vieux, presque un demi-millénaire.

— *Tilia x euchlora* élève jusqu'à plus de 20 m sa couronne large dont les bran-

ches basses retombent avec élégance.
— *Tilia petiolaris* (tilleul argenté pleureur). L'arbre ne dépasse pas 25 m. Il est très décoratif, en raison de ses rameaux pleureurs et de ses feuilles longuement pétiolées, et argentées au revers, frissonnant au moindre souffle d'air.
— *Tilia platyphyllos* (tilleul à grandes feuilles). Le plus monumental de tous, car, dans cette espèce, tout est énorme : les feuilles, les bourgeons, les branches, les frondaisons, le tronc. Certains spécimens, âgés de plusieurs centaines d'années, ont développé des troncs de 3 à 4 m de diamètre. L'espèce a donné plusieurs cultivars ornementaux, comme 'Fastigiata' en forme de colonne. Des tailles courtes favorisent le développement de jeunes pousses rouge vif sur la ramure de 'Rubra'.

Hauteur : 40 m.
Terre : humide, mais bien drainée.
Exposition : toutes.
Multiplication : par prélèvement des pousses entourant le fût. En automne, plantez ces pousses avec leurs racines, sous châssis, puis mettez-les en place au printemps.
Feuillage : caduc.

△ *Tsuga canadensis*
'Rugg's Washington Dwarf'

Tsuga

TSUGA
Famille des abiétacées
Arbre

Les tsugas sont des petits conifères, aux branches horizontales étalées, au feuillage évoquant celui de l'if, mais beaucoup plus fin et doux au toucher.

■ **CONSEILS UTILES**

— Plantez un tsuga si vous avez un jardin ombragé et humide.

■ **LES MEILLEURES VARIÉTÉS**

— *Tsuga canadensis* (tsuga du Canada). Encore appelé sapinette du Canada, cet arbre est caractérisé par son port gracieux, ses branches longues et minces et son feuillage d'un joli vert bleuté. Il se plaît parfaitement à une exposition nord. Hauteur à l'âge adulte : 25 m.
— *Tsuga canadensis* 'Aurea'. Son feuillage est jaune, et le port plus compact.
— *Tsuga canadensis* 'Jeddeloh' reste inférieur à 2 m et forme un dôme aux branches retombantes, à mettre en évidence.
— *Tsuga canadensis* 'Pendula' est également appréciable. Il est retombant au point que, non tuteuré, il s'écroule au sol et rampe. Tuteuré, il monte à un mètre, puis retombe brutalement. Il est un parfait petit arbre pour la rocaille.
— *Tsuga heterophylla* (tsuga de l'Ouest) est un très bel arbre, de même port que le *canadensis*. Souple et gracieux, il pousse vite et il est parfaitement rustique. Hauteur : 30 m à l'âge adulte dans son habitat naturel.

Hauteur : 30 m, dans leur habitat naturel, 20 m en culture
Terre : humide.
Exposition : ombre ou mi-ombre.
Multiplication : semis, bouturage avec hormones.
Feuillage : persistant.

◁ *Tsuga mertensiana*

Ulex

AJONC
Famille des fabacées
Arbuste

C'est une plante excellente dans des situations très particulières. Les ajoncs aiment les climats marins et les terres pauvres, caillouteuses. Très épineux, ces arbustes secs risquent de prendre feu, facilement, sous un soleil ardent, alors ne les plantez pas trop près de la maison. Ils donnent, au printemps, et parfois en automne, de belles fleurs jaunes, qui ressemblent à des pois de senteur et ont le parfum du miel.

■ **CONSEILS UTILES**

— Ces plantes n'aimant pas être transplantées, achetez-les en conteneurs. Ne détachez pas la terre des racines, au moment de la mise en terre et ne les plantez pas dans un terrain trop riche.
— Vous pouvez couper très court les plantes qui sont dégarnies de la base.
— Taillez les branches, en automne.

■ **LES MEILLEURES VARIÉTÉS**

— *Ulex europaeus*. Les fleurs s'épanouissent en mai, et parfois, même, se succèdent tout l'été, jusqu'en automne.
— *Ulex gallii* fleurit en automne. C'est une variété naine.

Hauteur : 1 m.
Terre : sèche, drainée, caillouteuse.
Exposition : soleil.
Multiplication : boutures en été.
Floraison : en mai, parfois en été.
Feuillage : caduc.

▽ *Ulex*

△ *Ulmus glabra*

Ulmus

ORME

Famille des ulmacées
Arbre

Voici un bel arbre à feuillage caduc, bien connu chez nous où il pousse spontanément. On aime cet arbre pour sa sihouette bien feuillue et la qualité de l'ombre qu'il projette au sol, grâce à la quantité des petites feuilles, vert foncé, vernissées et bien serrées les unes contre les autres. Pourtant, les ormes, en ce moment, n'ont pas bonne presse. En effet, voilà cent ans qu'en Europe, ils sont décimés par une maladie qui leur est spécifique et pour laquelle, jusqu'à maintenant, aucun remède n'a été trouvé. Observez bien les feuilles, en été. Si vous les voyez tomber de façon anormale, sectionnez aussitôt la branche et brûlez-la. Et même, ne laissez pas ce bois brûlé à terre, il pourrait y avoir contamination avec le reste de l'arbre. Si tout votre arbre est atteint, vous devez le sacrifier et vous débarrasser des débris. La variété *Ulmus parvifolia* est la plus résistante aux maladies.

■ **CONSEILS UTILES**

— Achetez plutôt un petit arbre et plantez-le dans un site aéré.

■ **LES MEILLEURES VARIÉTÉS**

— *Ulmus carpinifolia* 'Sarniensis Dicksonii' (orme à feuilles de charme). Un orme d'ornement à très petites feuilles dorées, du printemps à l'automne.
— *Ulmus glabra* (orme de montagne, orme blanc) se rencontre surtout à l'étage montagnard, entre 600 et 1 400 m. Il reste un grand arbre, atteignant 18 mètres.

— *Ulmus glabra* 'Camperdownii' est l'un des cultivars du précédent les plus fréquemment choisis pour sa silhouette. De port pleureur, ses branches, en retombant tout autour du tronc, aménagent une espèce de petit refuge ombré, fort agréable en été.
— *Ulmus procera* (orme champêtre, ormeau). On l'a beaucoup utilisé comme arbre d'alignement, depuis Sully, qui, par ordonnance royale, prescrivit sa plantation le long des promenades. Il est vrai que c'est le plus grand de tous, atteignant 40 m de haut et 2 m de diamètre. Il a donné de nombreux cultivars. Par exemple 'Argenteovariegata'. Vous choisirez ce très bel arbre ornemental pour son feuillage panaché, rayé de blanc argenté.
— *Ulmus Resista* 'Sapporo Gold 2'. De croissance vigoureuse et rapide, ce nouveau venu est connu, actuellement, pour résister à la maladie des ormes, la graphiose.

Hauteur : de 10 à 40 m.
Terre : sol profond, frais.
Exposition : soleil ou mi-ombre.
Multiplication : semis de graines et repiquage en terre, au printemps suivant.
Feuillage : caduc.

Viburnum

VIORNE

Famille des caprifoliacées
Arbuste

Vous cherchez un arbuste élégant et parfumé, un arbuste étalé comme couvre-sol, une haie peu commune, des arbustes pour votre terrasse. Vous trouverez votre bonheur parmi les *Viburnum*. D'une très grande diversité, et faciles à cultiver, la plupart des *Viburnum* présente une coloration d'automne superbe et un délicieux parfum. Certaines variétés proposent un feuillage persistant et une jolie fructification. C'est parmi les *Viburnum* que l'on trouve les fleurs les plus parfumées pour l'hiver.

■ **CONSEILS UTILES**

— Plantez-le en automne, une poignée de corne broyée favorise le développement du jeune plant.
— Pas de taille, retirez seulement les branches qui nuisent à la forme de l'arbuste.

Parmi les caducs

— *Viburnum x bodnantense* porte des fleurs rosées, bien parfumées, en automne, et des branches poussant à la verticale.

— *Viburnum fragrans* a un port érigé. Ses nombreuses fleurs blanches apparaissent avant les feuilles, de décembre à février.

— *Viburnum x juddii* est un buisson évasé de 1,50 m, remarquable par sa généreuse floraison rosée, délicieusement parfumée.

— *Viburnum lantana*. La viorne mancienne et son épais feuillage grisâtre résistent dans les pires situations. Insérez-la dans une haie champêtre.

— *Viburnum opulus* 'Roseum' (viorne Obier, Boule-de-Neige). Ce très célèbre arbrisseau s'épanouit au printemps en de spectaculaires pompons de fleurs blanches. Il peut atteindre 4 m de hauteur. On le rencontre en Europe, en Afrique du Nord et dans le nord de l'Asie.

— *Viburnum plicatum* 'Mariesii' a des branches qui poussent, par étages, à l'horizontale et donnent de grandes fleurs plates, en juin. C'est un arbuste d'une grande beauté.

— *Viburnum plicatum*. Les fleurs blanches de 'Pink Beauty' virent peu à peu au rose carminé. 'Shasta' s'étale plus largement et surpasse tous les autres par la dimension de ses fleurs.

— *Viburnum sargentii* 'Onondaga'. Magnifique sujet pourpré au printemps, rouge en automne, pourvu de grandes ombelles rosées virant peu à peu au blanc.

— *Viburnum tomentosum* présente un feuillage à la jolie coloration lie-de-vin, en automne. Ses fleurs sont blanches et ses fruits rouges noircissant en automne.

Parmi les persistants

— *Viburnum x burkwoodii*, au feuillage vert brillant, a des boutons roses qui s'ouvrent en fleurs blanches à partir de janvier, février.

— *Viburnum carlesii* (viorne de Carles) est un semi-persistant, ses fleurs blanches sont parmi les plus parfumées.

— *Viburnum davidii*. Aux feuilles coriaces, fortement nervurées, arbore en hiver de grosses grappes de fruits pruineux, bleus.

— *Viburnum rhytidophyllum* a l'avantage de pousser vite, ce qui compense l'air un peu triste que lui donne ses feuilles épaisses et ridées comme du vieux cuir sur le dessus et feutrées de gris, en dessous.

— *Viburnum tinus* (laurier-tin) porte des

△ *Viburnum plicatum* 'Mariesii'

fleurs blanc rosé, en hiver, et des fruits noirs à partir de février. C'est un bon arbuste de bord de mer que vous pouvez tailler en haies. Il est tout aussi intéressant à planter sur une terrasse, en sa qualité d'arbuste persistant et parfumé.

— *Viburnum tinus*. Chez 'Lucidum', feuilles et fleurs atteignent de plus grandes dimensions. Il fleurit en fin d'hiver.

Hauteur : de 2 m à 4 m.
Terre : bonne, avec de l'humus.
Exposition : soleil et mi-ombre.
Multiplication : par marcottage, en automne, ou par bouturage, en été.
Floraison : mai, juin.
Feuillage : caduc ou persistant.

Vinca

PERVENCHE

Famille des apocynacées
Arbuste

Ne soyez pas étonné de trouver ici l'adorable pervenche, la fleur naïve des dessins d'enfants, si délicate et si fraîche. Les anglo-saxons la considèrent comme un « arbrisseau ». Elle a l'énorme avantage de se contenter de tout, de pousser entre les pierres d'une rocaille ou d'un escalier, ou de former un tapis couvre-sol avec des fleurs bleues ou blanches.

Plantée en bonne terre, alliée des tulipes ou des narcisses, elle constituera un beau couvre-sol au bout de deux ou trois ans. Supportant l'ombre, elle gagne à être utilisée au pied des arbres.

■ **CONSEILS UTILES**

— Plantez au printemps ou à l'automne dans un sol bien ameubli, de jeunes tiges aux racines de 15 cm.

■ **LES MEILLEURES VARIÉTÉS**

— *Vinca major* (40 cm), en fleurs d'un bout de l'année à l'autre, et *Vinca minor* (15 cm), la plus petite, pour ses fleurs bleues ou blanches.

Hauteur : de 15 à 40 cm.
Terre : ordinaire.
Exposition : soleil ou ombre.
Multiplication : par séparation de rejets enracinés, au printemps.
Floraison : de mars à janvier.
Feuillage : persistant.

▽ *Vinca major*

△ *Weigela florida*

Weigela
WEIGELA
Famille des caprifoliacées
Arbuste

Bien que les *Weigela* soient utiles dans une bordure, leur propension à étaler, durant l'été, des fleurs d'un rouge triste doit conduire à une certaine prudence. Donnez-leur des compagnons plus gracieux, comme les *Galega* ou les cornouillers panachés, pour faire oublier un peu leur côté militaire. Ils sont de bons compagnons aussi pour les *Thalictrum* de couleurs claires, les *Dictamnus albus*, les juliennes blanches et, en général, les fleurs élancées, comme les phlox, qui fleuriront après le spectacle des *Weigela*.

■ **CONSEILS UTILES**

— Plantez-le pratiquement en toute saison (il est presque toujours vendu en conteneur). Paillez, au printemps, avec du compost à demi-décomposé et arrosez copieusement durant le premier été.
— Taillez après la floraison, en enlevant le bois âgé de plus de deux ans, pour laisser de la place aux jeunes rameaux en pleine croissance. Laissez ces derniers intacts pour qu'ils ploient plus gracieusement.

■ **LES MEILLEURES VARIÉTÉS**

On ne cultive pratiquement plus de *Weigela* botaniques, hormis *Weigela middendorffiana*, présentant des fleurs jaune soufre, en avril ou mai.
— *Weigela florida* 'Foliis Purpureis', pourpre, permet de vigoureux contrastes avec les arbustes à feuillage doré ou argenté.
— *Weigela florida* 'Variegata', est très apprécié.
— Nombreux sont les hybrides fleurissant au début de l'été : 'Ballet', rouge foncé ; 'Bristol Ruby', très érigé, rouge rubis ; 'Conquête', aux grandes fleurs odorantes, rose tacheté de jaune dans la gorge ; 'Eva Rathke', rouge cramoisi, poussant lentement ; 'Fiesta', très florifère, rouge vif ; 'Newport Red', rouge léger et 'Styriaca', rouge carmin ; 'Mme Couturier', et 'Avalanche', aux fleurs blanches ; 'Mme Lemoine', rose clair et 'D. Lonicera', qui atteint environ 1,50 m et donne des fleurs rougeâtres, en juin, juillet.
— De nouveaux hybrides complètent le vaste choix existant de leurs coloris intenses encore inédits : Briant Rubidor 'Olympiade', rouge carminé à feuillage doré ; les hybrides de l'INRA, parmi lesquels : Carnaval 'Courtalor', dont les boutons rouges donnent naissance à des fleurs roses et blanches ;

Lucifer 'Courtared', aux très grandes fleurs rouge écarlate.

Hauteur : de 80 cm à 2 m.
Terre : ordinaire.
Exposition : soleil.
Multiplication : bouturage, après floraison.
Floraison : d'avril à septembre.
Feuillage : caduc.

Xanthoceras
XANTHOCÉRAS
Famille des sapindacées
Arbre

Voici un petit arbre charmant venu de Chine. Il ne dépasse pas 3 m. Ses fleurs blanches sont groupées en grappes de 15 à 20 cm de long au bout des branches. Elles changent de couleur au fur et à mesure qu'elles éclosent, de blanc-jaune devenant roses. Dans les capsules assez épaisses, qui suivent la floraison, on récolte de grosses graines.

■ **CONSEILS UTILES**

— Plantez-le contre une haie ou un mur ; cet abri le protégera du gel. Sujet aux attaques des cryptogames, coupez les branches atteintes et brûlez-les, dès que vous en remarquez les effets.

■ **UNE JOLIE VARIÉTÉ**

— *Xanthoceras sorbifolia* est l'unique variété. Petit arbre ravissant, assez rare, il aime les régions où la température n'est pas inférieure à – 15°C.

Hauteur : de 2 à 3 m.
Terre : profonde et fraîche.
Exposition : soleil.
Multiplication : semis, ou bouturage de morceaux de racines, au printemps.
Floraison : en mai.
Feuillage : caduc.

Yucca
YUCCA
Famille des liliacées
Arbuste

Voici l'une des plantes les plus architecturées qui soient ! Elle convient à merveille aux grandes rocailles et aux plantations de type méditerranéen. Les

△ *Yucca gloriosa*

Yucca ont une prédilection pour le soleil et la sécheresse. Une terre caillouteuse ne les décourage pas. Le feuillage persistant est intéressant en hiver. Leur floraison est impressionnante et se produit, en général, deux ou trois ans après la plantation. Souvent la plante dépérit alors mais de nouvelles feuilles prennent la relève. La floraison des yuccas n'est pas régulièrement annuelle.

■ CONSEILS UTILES

— Plantez-le au printemps. Un bon drainage est nécessaire.
— Pas de taille. Enlevez les feuilles qui se dessèchent à la base et les fleurs fanées. Attention aux piquants !

■ LES MEILLEURS VARIÉTÉS

— *Yucca filamentosa* est le plus impressionnant. Il atteint parfois 2 m de haut et forme de grosses touffes.
— *Yucca flaccida*. Cette espèce qui nous vient du sud-est des U.S.A. a une floraison un peu moins abondante que la précédente. 'Golden Sword' présente une large bande centrale jaune crème.
— *Yucca glauca* a une courte tige d'où part le feuillage en forme d'épée.
— *Yucca gloriosa*. Son surnom de « dague espagnole » dit bien ce qu'il vent dire. Attention donc aux pointes très méchantes qui sont au bout des feuilles, elles-mêmes très dures. Les fleurs blanches sont pendantes et légèrement teintées de rouge.
— *Yucca whipplei*. Ne développe pas de tronc et groupe ses feuilles glauques en bouquet. De grandes fleurs blanc verdâtre, parfumées, couronnent une inflorescence qui culmine à 3 m !

Hauteur : de 0,60 m à 2 m.
Terre : sèche et pauvre.
Exposition : plein soleil ou mi-ombre.
Multiplication : par transplantation des rejets, au printemps.
Floraison : août.
Feuillage : persistant.

Zenobia
ZÉNOBIA
Famille des éricacées
Arbuste

Le zénobia fait partie de la famille des éricacées et, comme tel, il aime les sols acides et les régions à climat plutôt humide. Il peut atteindre 1 m de hauteur, mais le plus souvent mesure 0,50 m. Ses feuilles ovales, petites et dentelées, sont coriaces et comme légèrement recouvertes d'un voile verdâtre. Dans les régions à climat doux, elles tombent à la fin de l'hiver. Ailleurs, le feuillage tombe au mois de novembre. Les fleurs, campanulées, toutes blanches, ressemblent à s'y méprendre à celles du muguet, mais elles sentent l'anis. Comme chez ce dernier, elles apparaissent en mai et juin.

■ CONSEILS UTILES

— Le zénobia se plaît dans les sols humides, sans calcaire, en sous-bois, ou tout au moins, à l'abri du soleil direct. Plantez cet arbuste, en conteneur, au début du printemps.

■ UNE SEULE VARIÉTÉ

— *Zenobia pulverulenta*. Quel dommage qu'il soit si difficile de se le procurer ! Pourtant, cet arbuste, par ses qualités, finira bien un jour par s'imposer.

Hauteur : de 50 cm à 1 m.
Terre : acide.
Exposition : ombre ou mi-ombre.
Multiplication : facile, par division ou marcottage, plus difficile par bouturage.
Floraison : mai, juin.
Feuillage : caduc.

▽ *Zenobia pulverulenta*

On peut aimer les plantes, mais ne pas disposer d'un grand espace où les planter. Cependant, si vous avez un balcon ou des murs pouvant être "habillés", le jardin "en l'air", ou jardin à la verticale, vous offre de fascinantes possibilités. Les pergolas, les treillages et les autres supports donnent peu de difficultés à la plantation.

Mais il y a des plantes grimpantes "paresseuses" qui aiment autant se coucher qu'être debout puisque, en tout état de cause, elles ne grimpent pas toutes seules.

On peut alors créer de jolies scènes en les laissant vagabonder par terre : rien de plus romantique qu'une clématite qui se faufile à travers des arbustes ou qui traîne négligemment parmi les bruyères. Le *Lonicera* se trouve, lui aussi, bien à l'aise en couvre-sol, tout comme les lierres.

Attention aux plantes grimpantes vigoureuses qui ont la manie de s'enrouler et de s'entortiller pour devenir de véritables pelotes de branches inextricables, ce qui nuit à la beauté de la floraison. Une seule solution : rabattre alors la plante jusqu'à une hauteur qui vous permettra de la guider à votre guise... et non pas à la sienne, à l'exception du polygonum et de la glycine pour lesquels il faut prévoir à l'avance une bonne marge "d'escalade".

LES GRIMPANTS

d'*Abutilon*

à

Wisteria

△ *Abutilon megapotamicum*

△ *Abutilon vitifolium*
▽ *Abutilon megapotamicum*

Abutilon

ABUTILON

Famille des malvacées

Certaines variétés sont des plantes de serre et de véranda, ne supportant pas la rigueur de l'hiver. D'autre variétés, rustiques, seront ravissantes au pied et le long d'un mur, à condition, toutefois, que vous les palissiez, car l'abutilon ne grimpe pas tout seul.

■ CONSEILS UTILES

— Plantez-le au sud, au printemps, en ajoutant du sable à la terre pour l'alléger, si besoin est. En été, arrosez copieusement. Avant les grands froids, protégez le pied par un paillis.
— Taillez l'arbuste, chaque printemps, au ras du sol, pour laisser se développer des rameaux vigoureux.
— En juillet-août, prélevez des boutures. Vous les enracinerez dans du sable et, en hiver, les installerez, protégées par un monticule de tourbe sous un châssis bien calfeutré.

■ LES MEILLEURES VARIÉTÉS

'Canary Bird' est tout illuminé de ses fleurs jaune pur.
— *Abutilon megapotamicum* est rustique s'il est palissé tout contre un mur, au sud. Plantez-le en compagnie de céanothes et de clématites *tangutica*. 'Variegatum', panaché de jaune crème, demande la compagnie d'arbustes plus sombres.
— *Abutilon vitifolium*, plus solide encore, a résisté à des hivers très froids en région parisienne. Il présente des fleurs mauves et blanches chez 'Alba', violet plus vif chez 'Veronica Tennant'.

Hauteur : de 1 à 2 m.
Terre : légère et bien drainée.
Exposition : soleil.
Multiplication : par bouturage, en été.
Floraison : tout l'été.
Feuillage : caduc.

Actinidia

ACTINIDIA

Famille des actinidiacées

L'*Actinidia* produit un feuillage fort décoratif et, qui mieux est, coloré ! L'extrémité de ses feuilles devient rose en été. Il peut grimper sur une façade ou s'étaler sur un mur avec élégance. Vous pouvez également en orner une pergola et le mélanger à d'autres grimpantes, comme des roses ou des clématites à grandes fleurs.

■ CONSEILS UTILES

— Plantez-le, de préférence, au printemps. Paillez et arrosez régulièrement, et abondamment. Curieusement, le pied de l'actinidia attire les chats qui y font leurs griffes ! Placez donc un petit grillage tout autour du pied s'il est exposé à ce danger !
- - Si vous voulez récolter ses fruits, vous devrez planter deux actinidias de

450

△ *Fruits d'Akebia quinata*

△ *Akebia quinata*

Akebia

AKÉBIE

Famille des lardizabalacées

Ce grimpant bien vigoureux est peu utilisé. Pourtant il a l'avantage d'être semi-persistant, c'est-à-dire que nombre de ses feuilles restent sur la plante en hiver, surtout si celui-ci n'est pas trop rigoureux. L'*Akebia* peut être utilisé avantageusement pour masquer une grosse souche d'arbre ou escalader un grillage sur lequel il s'enroule et s'accroche. La floraison, parfumée, se présente en grappes grêles.

■ **CONSEILS UTILES**

— Plantez au soleil ou à mi-ombre.
— Attachez les branches au départ de la végétation. Ensuite, la plante s'enroulera d'elle-même sur le support.

■ **LES MEILLEURES VARIÉTÉS**

— *Akebia quinata.* Ses fleurs, rouge-pourpre, paraissent en avril. Elles sont suivies de fruits en forme de petites saucisses gris-pourpre.
— *Akebia trifoliata,* un peu moins vigoureux que le précédent. Ses fruits sont violet pâle.

Hauteur : 6 m.
Terre : normale.
Exposition : soleil ou mi-ombre.
Multiplication : par marcottage, au printemps.
Floraison : printemps.
Feuillage : semi-persistant.

△ *Actinidia kolomikta*

sexes différents l'un à côté de l'autre. Taillez au printemps, en raccourcissant d'un tiers les rameaux nés sur les grandes lianes.

— A la fin de l'été, ne manquez pas de l'arroser régulièrement, car il forme, à cette époque, des racines neuves, et adjoignez de l'engrais « spécial rosiers ».

■ **LES MEILLEURES VARIÉTÉS**

— *Actinidia chinensis.* Son fruit, le kiwi, est très riche en vitamine C. A côté de la variété fruitière, laissez une place au superbe *Actinidia kolomikta,* plus rustique, et très étonnant, en été, quand son feuillage se colore de rose et de blanc. Floraison blanche au printemps.

Hauteur : de 3 à 6 m.
Terre : riche et bien drainée.
Exposition : soleil, mais non brûlant.
Multiplication : bouturage, en automne.
Floraison : juin, juillet.
Feuillage : caduc.

△ *Aristolochia durior*

Aristolochia

ARISTOLOCHE

Famille des aristolochiacées

C'est une plante vigoureuse, qui s'accroche toute seule, s'enroulant autour de tout ce qu'elle trouve. Elle donne beaucoup d'ombre. Les fleurs sont étranges, jaunâtres, en forme de tuyau, mais insignifiantes. En fait, c'est à cause de son beau feuillage, en forme de cœur, d'un vert très dense, qu'il faut planter ce grimpant. Il est intéressant à faire monter le long d'un tronc d'arbre dégarni, par exemple.

■ **CONSEILS UTILES**

— A la plantation, ajoutez de l'humus au sol. En hiver, taillez les branches inutiles et trop envahissantes.

■ **UNE JOLIE VARIÉTÉ**

— *Aristolochia macrophylla* peut atteindre 6 mètres.

Hauteur : de 5 à 6 m.
Terre : normale.
Exposition : soleil ou mi-ombre.
Multiplication : marcottage.
Floraison : juin.
Feuillage : caduc.

Bougainvillea

BOUGAINVILLÉE

Famille des nyctaginacées

Elle porte le nom d'un navigateur français, Louis-Antoine de Bougainville, auquel elle fut dédiée par le botaniste qui la découvrit au Brésil, dès 1767. C'est une plante à feuillage persistant, typique des pays méditerranéens. En effet, elle ne prospère que sous des climats où il n'y a aucun risque de gel. Ses longs involucres, aux couleurs vives, s'entremêlent pour donner un rideau touffu de teintes roses, rouges, jaunes, violettes ou blanches. Ce sont, ici, les bractées, et non les fleurs qui se colorent : c'est-à-dire les trois petites feuilles qui entourent la fleur proprement dite. Cette fleur est minuscule et sans éclat. Les bractées, au contraire, sont décoratives pratiquement toute l'année. Il faut avoir la patience de greffer une variété à bractées blanches sur un *Bougainvillea* rouge pour obtenir les deux coloris sur la même plante.

■ **CONSEILS UTILES**

— La plante préfère les terres légères et fertiles et les expositions ensoleillées. Elle poussera plus vite, et plus touffue, si vous l'arrosez régulièrement, en été,

et lui apportez de l'engrais. Surveillez bien l'apparition de son ennemi le plus sournois, l'horrible araignée rouge.
— Il est conseillé de rabattre les rameaux des jeunes plantes pour favoriser les nouvelles pousses. C'est une plante qui pousse très bien en bac et peut agrémenter le mur d'une terrasse ou d'un balcon : donnez-lui alors, un mélange de terre de bruyère et de terreau.

■ LES MEILLEURES VARIÉTÉS

— *Bougainvillea glabra* est la meilleure variété pour la culture en pots.
— *Bougainvillea glabra* 'Sanderiana', est très florifère.
— *Bougainvillea glabra* 'Lindleyana' et 'Mrs Louis Wathen', sont de bonnes grimpantes.
— *Bougainvillea spectabilis,* très vigoureuse, a de nombreux cultivars. Vous les trouverez en blanc, en jaune, en rose fuschia intense, en mauve et en rouge.

Hauteur : de 15 à 20 m, en conditions idéales.
Terre : fertile.
Exposition : très ensoleillée.
Multiplication : bouturage ou marcottage.
Floraison : été.
Feuillage : persistant.

Bougainvillea x glabra ▽ ▷

Buddleia

BUDDLEIA

Famille des loganiacées

Parmi les *Buddleia*, arbustes qui conviennent bien aux plates-bandes, il existe une variété particulièrement belle que l'on peut utiliser comme plante grimpante, ou disons, pour habiller les murs, c'est le *Buddleia colvilei*. Très vigoureux, il atteint 6 m. Ses branches sont souples, recouvertes de poils laineux rougeâtres. La floraison rose ou écarlate avec œil blanc se présente en bouquets pendants, de 15 à 20 cm. Les fleurs apparaissent sur le bois de l'année précédente.

■ CONSEILS UTILES

— Achetez une jeune plante et palissez-la sans trop la « coller » contre le mur. Une bonne ration de terreau de feuilles, à la plantation, sera appréciée. Il ne faut pas nécessairement le tailler, mais se contenter d'enlever le bois mort ou abîmé.

■ LES MEILLEURES VARIÉTÉS

— *Buddleia colvilei.* La floraison se présente en panicules, d'environ 20 cm de long, roses ou écarlates.
— *Buddleia alternifolia* a des branches arquées qu'il est facile de palisser. Elles atteignent 6 m de haut. Les fleurs, en bouquets, sont de teinte lilas ou violette.

Hauteur : de 5 à 6 m.
Terre : toutes.
Exposition : soleil.
Multiplication : par bouturage en été.
Floraison : été.
Feuillage : caduc. Il existe des variétés de *Buddleia* au feuillage persistant, mais elles ne sont pas rustiques.

Campsis

BIGNONIA, BIGNONE

Famille des bignoniacées

Cette plante grimpante, à l'allure exotique, a de nombreux noms usuels : bignonia, bignone, técoma, trompette de Virginie. Le bignonia est facilement reconnaissable à sa trompette orange ou jaune aux bords relevés. Comme il grimpe allègrement jusqu'à dix mètres,

◁ *Buddleia alternifolia*

Campsis radicans △ ▷

il est idéal pour habiller les façades qu'il escalade à l'aide de crampons. D'où la nécessité de lui prévoir des fils de fer, sinon, il ne peut s'accrocher. Plante vigoureuse, elle peut habiller un grillage ou un mur, mais devra être guidée.

■ CONSEILS UTILES

— Plantez le bignonia au printemps ou en été, en terre bêchée profondément. Prenez soin d'écarter le pied d'au moins 60 cm de votre mur, car les racines, très puissantes, peuvent déchausser les meilleures fondations.

— Guidez les premières tiges, puis vous taillerez les rameaux indésirables au ras du tronc, en mars. Les fleurs apparaîtront sur les rameaux de l'année, en bouquets terminaux.

— Plantez au pied du bignonia, des *Sedum spectabile* et des *Hemerocallis* ou des *Agapanthus* bleus, pour la beauté des contrastes dans ce coin très ensoleillé.

■ LES MEILLEURES VARIÉTÉS

— *Campsis grandiflora* présente des fleurs peu ouvertes, orange vif. Tandis que l'hybride très connu, 'Madame Galen', est très apprécié pour ses trompettes largement ouvertes, rose saumon.

— *Campsis radicans* peut atteindre 10 m et fleurit en août et septembre. 'Flava' se couvre de grandes trompettes jaunes.

Hauteur : 10 m.
Terre : riche et fraîche, en été.
Exposition : soleil.
Multiplication : par bouturage, en été.
Floraison : été.
Feuillage : caduc.

△ *Ceanothus arboreus* 'Cascade'

Ceanothus

CÉANOTHE

Famille des rhamnacées

La gamme des bleus est remarquable chez les *Ceanothus*. La plupart de ces arbustes sont à feuillage persistant. En plante grimpante, qui devra être palissée, le céanothe peut atteindre une hauteur impressionnante et couvrir une façade de ses fleurs, bleu soutenu ou bleu ciel, selon les variétés choisies. Les *Ceanothus* 'Gloire de Versailles', 'Henry Desfossé', 'Perle rose', et 'Topaz' sont à feuillage caduc et ne conviennent pas au palissage. Ce sont des arbustes qui ne dépassent pas 1,50 m à 2 m et qui habillent les plates-bandes.

■ CONSEILS UTILES

— Plantez-le au printemps, dans une terre bien drainée, allégée de sable et de tourbe. Les premières années, taillez court, chaque printemps, pour obtenir des plantes trapues, bien enracinées. Incorporez une poignée de poudre d'os à la plantation.

— Cette plante se porte à merveille en bord de mer. Elle est particulièrement mise en valeur derrière des rosiers *polyantha*, des véroniques *incana* et des groupes de lys.

■ LES MEILLEURES VARIÉTÉS

— *Ceanothus arboreus* est un arbre qui atteint 8 m, les fleurs bleu-pâle s'ouvrent en avril-mai. Parmi ses cultivars les plus spectaculaires : 'Trewithen Blue' a des fleurs bleu profond, parfumées, en bouquets. 'Cascade'. Ses grands bouquets de fleurs, serrées, d'un bleu intense, fleurissant au printemps. 'Burkwoodii' offre sa longue floraison bleue, durant l'été et l'automne. 'A.T. Johnson' est très florifère en été-automne. 'Autumnal Blue', avec ses fleurs bleu soutenu, fleurit en été-automne. C'est une variété rustique.

— *Ceanothus impressus,* de 1,50 m à 3 m, a des petites feuilles et des fleurs bleues foncées, d'avril à juin. Son feuillage est persistant. Le cultivar 'Puget Blue' a des fleurs d'un bleu profond.

— *Ceanothus thyrsiflorus* peut atteindre 7 m. Ses petites fleurs bleues poudreuses sont superbes contre un mur.

Hauteur : de 1 m à 8 m.

Terre : riche et légère.

Exposition : soleil, à l'abri du gel.

Multiplication : par bouturage, en été.

Floraison : de juin à septembre, pour les variétés caduques, en mai et juin pour les persistantes.

Feuillage : caduc ou persistant.

456

△▽ *Ceanothus impressus*

△ *Cestrum* 'Newlli'

Cestrum

CESTRUM

Famille des solanacées

Il existe plus de 200 variétés de *Cestrum*, toutes originaires d'Amérique, mais toutes ne sont pas assez rustiques pour être plantées en pleine terre chez nous. Les variétés les plus fragiles doivent être protégées en serre froide. Le feuillage du *Cestrum* est tantôt persistant tantôt caduc, selon le climat ; mais même si cette plante gèle, elle repart du pied au printemps. Les inflorescences jaunes ou rouges sont très parfumées, la nuit. On les apprécie beaucoup près d'une fenêtre ouverte, en été.

■ CONSEILS UTILES

— Plantez en situation bien abritée, contre un mur, et palissez les branches.

Tous les deux ou trois ans, coupez une ou deux vieilles branches à la base.

■ LES MEILLEURES VARIÉTÉS

— *Cestrum fasciculatum* est persistant. Ses branches souples et arquées sont très élégantes. Les fleurs sont rouge saumon et grimpent à 7 et 8 m.

— *Cestrum newellii* atteint 4 m de haut, et presque autant de large, c'est une plante au feuillage persistant, avec de belles fleurs rouges.

Hauteur : de 4 à 8 m.
Terre : indifférente.
Exposition : protégée et ensoleillée.
Multiplication : par marcottage ou boutures en juillet-août.
Floraison : été.
Feuillage : caduc ou persistant.

457

Clématite

CLÉMATITE
Famille des renonculacées

Elles ont une place de choix parmi les plantes grimpantes. Certaines personnes prétendent « ne pas les réussir ». Elles sont pourtant faciles à cultiver, à condition de bien respecter le mode de plantation.

■ CONSEILS UTILES

— Plantez-les un peu à l'horizontale, c'est-à-dire en enterrant, et en couchant 10 cm de la tige. Ce qui veut dire que la petite motte de racines se trouve, alors, à environ 15, 20 cm du support, ou du mur, sur lequel votre clématite grimpera. Je trouve que ces plantes sont plus spectaculaires sur des arceaux ou des treillages que sur les murs.

■ LES MEILLEURES VARIÉTÉS DE CLÉMATITES À PETITES FLEURS

Les plantes sont classées par couleurs et par précocité des floraisons.

Les blanches

— *Clematis montana*. C'est l'une des variétés les plus vigoureuses et les plus florifères. Elle peut servir à recouvrir de très grandes surfaces. Floraison, blanche, au printemps.

— *Clematis spooneri* et *Clematis flammula*. Les branches se couvrent d'une multitude de petites fleurs blanches, très parfumées. Floraison en mai-juin.

Une bleue

— *Clematis Alpina* (clématite des Alpes). Sa hauteur est souvent limitée à 2,50 m. Ses fleurs, d'un bleu satiné, sont en forme de campanules. Floraison en avril-mai.

Les jaunes

— *Clematis rehderiana*. Les fleurs, d'un joli jaune primevère, sont légèrement parfumées. Floraison en mai-juin.

— *Clematis tangutica*. C'est une multitude de fleurs jaune vif, en forme de clochettes retombantes, que vous verrez apparaître, au printemps, sur une plante au feuillage très fourni. Floraison en mai-juin.

— *Clematis orientalis* 'Orange peel'. C'est l'une des espèces les plus vigoureuses et les plus robustes. Elle peut atteindre 5 à 6 mètres de hauteur. Épanouissement en juin-juillet, de ses fleurs jaunes à cœur noir.

Une mauve

— *Clematis viticella* (clématite bleue). Elle ne dépasse pas 3 à 4 mètres de hauteur et fleurit quand l'été est déjà bien avancé, dans les tons mauves et pourpres.

Les roses

— *Clematis montana* 'Tetrarose' est une variété à très forte végétation, très robuste, donc très intéressante pour couvrir de grandes surfaces ou de vieux murs. Floraison rose clair au printemps.

— *Clematis montana* 'Rubens'. Les fleurs sont d'un joli rose vif, et la floraison est précoce (avril-mai).

Les rouges

— *Clematis texensis*. Les fleurs sont rouge écarlate sur un joli feuillage. Floraison en mai-juin.

— *Clematis* 'Mme Julia Correvon'. Voici la plus belle des variétés rouges à petites fleurs. La plante est très florifère. Floraison de juin à septembre.

■ LES MEILLEURES VARIÉTÉS DE CLÉMATITES HYBRIDES À GRANDES FLEURS

Les blanches

— *Clematis* 'Marie Boisselot'. Ce sont d'énormes fleurs blanches, durant tout l'été, sur un feuillage très décoratif et abondant. On l'appelle également 'Madame Lecoultre'.

— *Clematis* 'Jackmani Alba'. Vous aurez de magnifiques fleurs blanches, aux étamines crème, sur un abondant feuillage décoratif. Cette variété est rustique. Floraison de juin à septembre.

Les bleues

— *Clematis* 'The président'. La plus connue et la plus recherchée des clématites bleues avec un feuillage très décoratif. Floraison de mai à octobre.

— *Clematis* 'Haku Ookan' est une variété japonaise. Ses fleurs sont d'un bleu violet intense, avec, au centre, de grandes étamines jaune clair. Floraison en mai-juin et, de nouveau, en septembre.

— *Clematis* 'Lazurstern'. La plante est vigoureuse, et donne des fleurs bleu lavande, aux étamines crème. Floraison en mai-juin et en septembre-octobre.

— *Clematis* 'Perle d'Azur'. Une abondante floraison de fleurs bleu azur, aux étamines crème, vous séduira de juin à septembre.

△ *Clematis tangutica*
▽ *Clematis florida* 'Sieboldii'

▽ *Clematis orientalis* 'Bill Mackenzie'

Clematis montana 'Tetrarose' △
Clematis 'The President' ▷
Clematis montana 'Rubens' ▽

△ *Clematis* 'Vyvyan Pennel'

△ *Clematis* 'Trianon'

Clematis armandii 'Snowdrift' △
Clematis macropetala ▷
Clematis 'Nelly Moser' ▽

— *Clematis* 'Prins Hendrick'. Cette variété est recommandée pour ses fleurs coupées. Les fleurs, très bien faites, sont bleu lavande. Floraison de juin à septembre.

— *Clematis* 'W.E. Gladstone' est une variété très vigoureuse et d'une grande beauté. Ses fleurs sont bleu lavande et les anthères, pourpres. Floraison de juin à octobre.

Une mauve

— *Clematis* 'Bee's Jubilee' est une amélioration de 'Nelly Moser'. Les fleurs sont mauve-rose, à médianes carmin foncé. C'est une plante rustique, avec une très abondante floraison en mai-juin. Elle refleurit en septembre.

Les roses

— *Clematis* 'Nelly Moser'. Elle et excellente, palissée sur un mur, au nord, où ses magnifiques couleurs ne s'altèreront pas. Car la plante craint le soleil… Son feuillage, vert clair, est d'un très bel effet. Importante floraison en mai-juin et en septembre.

— *Clematis* 'Comtesse de Bouchaud'. Sa floraison, d'un joli rose tendre, vous comblera tout l'été. C'est une plante vigoureuse. Sa longue floraison durera de juin à octobre.

— *Clematis* 'Docteur Ruppel' est une bonne variété à fleurs rose soutenu à médianes rouge foncé. Elle offre une importance floraison en mai-juin, et elle refleurit en septembre.

— *Clematis* 'Hagley Hybrid'. Cette variété est recommandée, principalement, pour les régions du Nord de la France. Son charme : des fleurs rose crevette, avec de larges anthères pourpres, sur une plante bien feuillue. Vous la verrez fleurie, de juin à septembre, sans discontinuer.

Les rouges

— *Clematis* 'Ville de Lyon' est la variété la plus connue grâce à sa très grande robustesse et la plus facile à acquérir. Ses fleurs sont d'un rouge vermillon velouté, avec des étamines jaunes. Abondante floraison de juin à octobre.

— *Clematis* 'Ernest Markham'. C'est une des meilleures variétés et des plus rustiques, à fleurs rouges. Une abondante floraison sans interruption vous séduira, de juillet à septembre.

— *Clematis* 'Rouge Cardinal'. Variété à végétation moyenne. Ses fleurs sont d'un rouge foncé velouté, et son feuillage, d'un vert très foncé, est fort décoratif. Importante floraison de juin à septembre.

■ LES MEILLEURES VARIÉTÉS DE CLÉMATITES À FEUILLAGE PERSISTANT

— *Clematis armandii,* originaire de Chine. Ses fleurs **blanches** sont odorantes. Ses branches peuvent atteindre 4 et 5 mètres. La floraison a lieu tôt, en mars, avril, et elle remonte en septembre.

— *Clematis balearica,* que l'on appelle parfois la clématite à feuilles de fougère. Celles-ci sont de couleur bronze en hiver. Les fleurs, petites, en clochettes, **jaune clair,** sont tachetées de rouge pourpre. La floraison est très précoce, de janvier à mars.

Ces deux variétés sont à planter dans des endroits où il ne gèle pas.

■ LES MEILLEURES VARIÉTÉS DE CLÉMATITES À FLEURS DOUBLES

— *Clematis* 'Duchess of Edinburgh' vous donnera de magnifiques fleurs blanches doubles, sur un feuillage très important. Floraison de juin à septembre.

— *Clematis* 'Vyvyan Pennell'. Elle vous propose des fleurs doubles bleu violet, de juin à juillet et en automne. Son feuillage vert foncé est très décoratif. C'est une plante vigoureuse, fleurissant sur le bois de l'année.

— *Clematis* 'Yvette Houry'. Ses fleurs sont bleu lavande, ornées d'étamines blanches. C'est une plante rustique. Floraison en mai-juin et en septembre.

Hauteur : de 60 cm à 10 m (*Clematis montana*).
Terre : riche en humus et assez légère.
Exposition : mi-ombre et soleil. Le pied doit être abrité des rayons directs du soleil par une tuile ou une autre plante.
Multiplication : par bouturage et, surtout, marcottage, en été.
Floraison : d'avril à septembre.
Feuillage : caduc, sauf *Clematis Armandii* et *Clematis balearica,* toutes deux persistantes.

461

Clianthus

CLIANTHUS
Famille des fabacées
Arbuste à palisser

Le *Clianthus* est un petit arbuste, ne dépassant pas 3 m, au feuillage vert foncé, coriace et persistant. La floraison, très curieuse, en forme de pince de crabe, rouge cramoisi, s'ouvrant vers le bas, est très abondante, et se produit au mois de juin. Ses branches sont très cassantes. C'est la raison pour laquelle il est préférable de le cultiver palissé contre un mur exposé au sud.

■ **CONSEILS UTILES**

— Le *Clianthus* est une plante qui ne se plaît que dans les régions à climat doux. Il est nécessaire, en dehors de la Côte d'Azur, de cultiver l'arbuste à l'abri d'un mur. De toute façon, cette plante a tendance à s'étaler, de façon disgracieuse, si on ne la palisse pas. Sa floraison n'en est que plus belle sur un mur.

▽ *Clianthus puniceus*

— En Bretagne ou dans l'Ouest, il faut protéger le pied du *Clianthus* en le recouvrant pour l'hiver de 20 cm de paille.
— Le *Clianthus* a besoin d'eau. N'oubliez pas de l'arroser en été.

■ **LES MEILLEURES VARIÉTÉS**

— *Clianthus formosus*. Son feuillage est persistant et son port prostré. Les fleurs, d'un rouge brillant avec une tache noire, se présentent en bouquets, sur une tige épaisse, dès le mois de mars.

— *Clianthus puniceus* est le plus adapté à nos régions, où il forme un magnifique arbuste à feuillage persistant. Sa floraison rouge, en bouquets pendants, est tout à fait étrange. Cultivez-le dans de bonnes conditions.

Hauteur : jusqu'à 3 m.
Terre : sablonneuse et riche en humus.
Exposition : plein soleil.
Multiplication : bouturage ou semis.
Floraison : fin du printemps, début de l'été.
Feuillage : persistant.

▽ *Clianthus puniceus* 'Albus'

Hedera

LIERRE
Famille des araliacées

Tout lui sied, et il sied à tout ! N'embellit-il pas certains coins vides et tristes sous les arbres, des murets, des murs trop hauts qui, sans lui, seraient si tristes ! Ne redoutez pas ses crampons et sa persistance : le lierre a davantage protégé les vieux murs qu'il ne les a détruits. En effet, son feuillage touffu et ses crampons abritent le crépi des intempéries et le retiennent. Essayez d'enfouir des bulbes, des narcisses, dans un lierre couvre-sol : quel beau printemps sur ce tapis vert !

■ **CONSEILS UTILES**

— Attachez les rameaux au début de leur croissance pour leur donner la direction souhaitée.
— Arrosez régulièrement.
— Paillez le sol, en automne, ou recouvrez de feuilles mortes.
— Vous pouvez aussi réaliser, en trois ans, une haie de bonne hauteur, en le faisant pousser sur un treillage. Cela permet d'économiser de la place !

■ **LES MEILLEURES VARIÉTÉS**
Vous n'avez que l'embarras du choix !

Le lierre des Canaries
— *Hedera canariensis*, à grandes feuilles marquées de touches crème, et sa superbe variété 'Gloire de Marengo'.
— *Hedera canariensis* 'Variegata' est généreusement bordé de jaune doré.

Le lierre de Perse
— *Hedera colchica* a des feuilles encore plus grandes et plus ovales, à touches jaunes chez 'Dentato-Variegata', et veinées de jaune chez 'Monty', qui forme un très beau couvre-sol.

Le lierre commun
— *Hedera helix* a aussi de très nombreuses variétés, 'Buttercup', au feuillage bien doré, devenant vert pâle avec l'âge. 'Gold heart', le centre doré est entouré d'une marge verte. 'Arborescens' forme un véritable arbuste de 1 à 2 m. 'Glacier', est bordé d'argent et de blanc, et 'Silver Gem', a une marge blanche.
— *Hedera helix* 'Chicago' est estimé pour sa vigueur et ses feuilles foncées, souvent lavées de pourpre.
— *Hedera helix* 'Green Ripple' tisse une couverture dense de feuilles coriaces, tourmentées, veinées de crème.

△ *Hedera helix* 'Chrysophylla'
▽ *Hedera helix* 'Ivalace'

△ *Hedera helix* 'Pedata'
▽ *Hedera helix* 'Sagittaefolia'

△ *Hedera helix* 'Tricolor'
▽ *Hedera colchica*

— *Hedera helix* 'Hibernica' est vert foncé et coriace. Il fait un bon couvre-sol à l'ombre.

— *Hedera helix* 'Marginata Elegantissima' a des petites feuilles argentées, bordées de blanc, rosissant en hiver.

— *Hedera helix* 'Minima' offre ses toutes petites feuilles longues et pointues, qui deviennent couleur bronze en hiver. Il est excellent en bacs ou en potées, car il pousse lentement.

Beaucoup de petits lierres peuvent très bien être cultivés en appartement.

— *Hedera helix* 'Plattensee' revêt des teintes plus glauques qui donnent un attrait particulier à ses tapis épais.

Hauteur : de 30 cm à plusieurs mètres de hauteur.
Terre : quelconque.
Exposition : ombre et mi-ombre.
Multiplication : marcottage ou séparation des rejets en été et transplantation.
Feuillage : persistant.

Hydrangea
HORTENSIA GRIMPANT
Famille des hydrangéacées

Voici une plante grimpante vraiment différente et à usages multiples. D'abord, elle grimpe toute seule grâce à des crampons. Ne soyez pas découragé, car elle peut mettre trois ans avant de se décider à s'élever. Mais, une fois partie, elle fait des prouesses, en donnant une superbe floraison blanche, même exposée au nord et à l'ombre. Cette plante n'aime pas le soleil, alors ne l'exposez pas. Sa floraison est superbe sur de vieilles plantes, alors patience. Ajoutons qu'elle est originaire de Chine et du Japon.

■ CONSEILS UTILES
— A planter dans une terre bien meu-

ble, additionnée de tourbe et d'une poignée de poudre d'os. On peut utiliser l'*Hydrangea* comme un couvre-sol où il forme un épais buisson. Entourez-le de fuschias, l'association est heureuse.

■ LES MEILLEURES VARIÉTÉS
— *Hydrangea petiolaris* est une plante grimpante vigoureuse qui fleurit en juin-juillet.
— *Hydrangea serratifolia*. Son feuillage est vert foncé. Les petites fleurs, blanc-crème, s'épanouissent vers la fin de l'été.

Hauteur : jusqu'à 6 m.
Terre : toutes.
Exposition : mi-ombre ou ombre.
Multiplication : marcottage ou bouturage.
Floraison : été.
Feuillage : caduc.

▽ *Hydrangea petiolaris*

Jasminum
JASMIN
Famille des oléacées
Arbuste

Si la plupart des jasmins manquent par trop de rusticité pour prospérer dans de nombreuses régions, quelques-uns sont assez solides pour orner, pendant de nombreuses années, des façades bien exposées : ils leur donneront couleur et parfum. Ce ne sont pas vraiment des grimpants, pourtant, on peut les palisser avec succès, sur une hauteur d'environ 6 m. N'hésitez pas à les tailler régulièrement, sinon vous vous retrouveriez face à un inextricable fouillis, peu élégant.

■ CONSEILS UTILES
— Plantez le jasmin, au printemps, de préférence, au pied d'un treillage, afin que ses tiges puissent s'enrouler autour d'un support.
— Arrosez régulièrement, et profitez-en pour apporter de l'engrais soluble, à deux ou trois reprises, en été, car les jasmins sont voraces.
— Pour les multiplier, courbez des tiges en terre et laissez-les s'enraciner, pendant la belle saison, avant de les déplanter.
— Ne plantez pas sur un mur exposé à l'est *Jasminum nudiflorum*, le soleil matinal n'étant pas favorable à cette espèce qui fleurit en hiver.
— Installez les jasmins dans un endroit ensoleillé (au sud ou à l'ouest de préférence), et protégé des vents froids, en hiver. Retirez les tiges qui ont fleuri.

■ LES MEILLEURES VARIÉTÉS
— *Jasminum x beesianum* (jasmin rose) atteint 3 à 4 m. Ses fleurs odorantes sont rose-pourpre.
— *Jasminum humile* (jasmin d'Italie), un peu grimpant, est couvert de bouquets de fleurs dorées en juin-juillet. Sa variété 'Revolutum', aux fleurs jaunes, est légèrement parfumée. Il atteint 3 m. Son feuillage est persistant et ses branches s'entortillent autour des supports, sans problème.
— *Jasminum nudiflorum*, rustique, risque toutefois d'être rabattu au sol lors d'hivers rigoureux. Il donne des fleurs jaunes, en mars, sur des tiges sans feuilles. On l'appelle jasmin d'hiver, il est sans aucun parfum. Ce n'est pas le cas du *Jasminum officinale* (jasmin blanc)

△ *Jasminum x stephanense*

△ *Jasminum polyanthum*

dont les fleurs blanches, au début de l'été, embaument délicieusement, il est vigoureux et peut atteindre 10 m.
— *Jasminum polyanthum*. Blanc rosé et parfumé, a besoin d'une situation bien abritée pour s'élever jusqu'à plus de 5 m de haut.

Hauteur : de 2 à 10 m.
Terre : riche et légère.
Exposition : soleil (pas celui du matin pour le *Jasminum nudiflorum* sinon ses fleurs grilleront).
Multiplication : par marcottage, en été.
Floraison : de mars à août.
Feuillage : caduc ou persistant.

Lapageria
LAPAGÉRIA
Famille des liliacées

Le *Lapageria* est une liane, une plante grimpante aux feuilles persistantes, vert franc, assez longues et assez rigides qui grimpe en tournant autour de son support. La floraison est remarquable avec ses clochettes roses, très grandes, d'allure exotique. Cette allure et ces grandes fleurs en font une des plantes grimpantes les plus spectaculaires que l'on puisse trouver. Hélas, venue du Chili, elle ne pousse que dans des endroits très abrités du vent, en Bretagne et dans tous les micro-climats de la Côte atlantique. Elle ne résiste pas au soleil méditerranéen. Vous pouvez, si le climat s'y prête, la faire grimper le long des branches d'arbres, où elle se plaira, dans une mi-ombre légère.

■ **CONSEILS UTILES**

— D'abord l'exposition : placez-la à l'abri des vents froids, sur un treillage palissé, ou grimpant le long des arbres. Dans les régions où il gèle, cultivez-la

▽ *Lapageria rosea*

en serre froide où elle réussit particulièrement bien, ses fleurs persistant plusieurs mois. Dans tous les cas, plantez-la dans une terre légère, bien drainée.
— Ne la taillez pas, sauf si les feuilles ont péri du fait du gel (dans ce cas, taillez les parties gelées). Attention, les limaces en sont friandes. Protégez les jeunes plantes en entourant la base des tiges avec des bandes de coton hydrophile.

■ **LES MEILLEURES VARIÉTÉS**

— Une seule peut réussir, en extérieur, dans les sites les plus abrités : *Lapageria rosea*. (D'autres variétés existent, à réserver à la culture en serre). Les fleurs sont d'un beau rose, tacheté de rose plus soutenu. 'Nash Court' présente une teinte plus intense.

Hauteur : parfois de 5 à 6 m.
Terre : fertile et légère, bien drainée.
Exposition : protégée du soleil direct.
Multiplication : par marcottage.
Floraison : entre la fin de l'été et la fin de l'automne.
Feuillage : persistant.

▽ *Lapageria rosea* 'Albiflora'

△ *Lonicera* 'Dropmore Scarlet'

Lonicera
CHÈVREFEUILLE
Famille des caprifoliacées

Quand on évoque le chèvrefeuille, on pense à une plante grimpante, et, pourtant, ce genre comporte non seulement des plantes grimpantes mais aussi des arbustes pouvant être utilisés en couvre-sol, ou dans une haie. Le chèvrefeuille a sa place dans tous les jardins, d'autant qu'il se moque de la qualité de la terre et supporte aussi bien un soleil ardent que l'ombre et la pollution ! Et il est si délicieusement parfumé !

■ CONSEILS UTILES
— Vous pouvez planter les chèvrefeuilles en toute saison s'ils ont été élevés en conteneurs, ce qui est la meilleure présentation. Ne cassez pas la motte et enterrez-la, de façon à protéger le collet du froid. Paillez au printemps et arrosez régulièrement, en été, pour favoriser la reprise.
— La taille est, en général, inutile, hormis pour les *Lonicera nitida* qui doivent être taillés à trois reprises, au moins, pour rester bien denses. Si ces derniers

gèlent, rabattez les tiges au ras du sol, elles repartiront directement de la souche. On peut les tailler de toutes les manières possibles, en sphères, en cubes, etc.

■ LES MEILLEURES VARIÉTÉS
Les chèvrefeuilles arbustifs
— *Lonicera fragrantissima* est un arbuste au port peu attrayant compensé par un parfum extraordinaire. Palissez-le contre un treillage et donnez-lui une clématite à petites fleurs pour compagne, ou un jasmin d'été, pour cacher un peu sa charpente tourmentée ; son feuillage est semi-persistant.
— *Lonicera nitida* est très employé pour constituer des haies basses ou encore pour être taillé en forme de sculptures car il pousse vite et reste bien dense, à condition d'être taillé régulièrement. Il existe en vert et panaché de jaune : 'Baggesen's Gold'. On peut également le palisser.
— *Lonicera tatarica* présente une végétation plus clairsemée et un beau feuillage glauque, mettant bien en valeur les fleurs roses de sa variété 'Arnold Red' et rouge cerise de 'Hack's Red'. Il peut atteindre 2,50 m de haut et il fleurit deux mois plus tôt que les précédents, en février.

Les chèvrefeuilles grimpants
— *Lonicera caprifolium* (chèvrefeuille des jardins). Il fleurit dès le début du mois de juin. On le reconnaît aussi grâce à ses feuilles qui paraissent perforées par les tiges.
— *Lonicera henryi*. Persistant et vigoureux, possède de longues feuilles lan-

▽ *Lonicera caprifolium* 'Pauciflora'

△ *Lonicera periclymenum*

céolées, décoratives, qui font oublier l'absence de parfum.
— *Lonicera hildebrandiana,* aux grandes fleurs parfumées, de 9 à 15 cm de long, blanc crème. Mais il n'est pas vraiment rustique et doit être réservé aux jardins baignés par le Gulf-Stream ou par la Méditerranée.
Les chèvrefeuilles asiatiques sont souvent persistants. C'est le cas de :
— *Lonicera japonica,* aux fleurs blanches devenant jaunes. 'Halliana' en est une forme typique, très parfumée, tandis qu''Aureoreticulata' présente un feuillage curieusement veiné de jaune. Faites-le courir dans des plantes vivaces, au beau feuillage opulent, comme des pivoines, des acanthes, des hellébores.
— *Lonicera japonica* var. *chinensis*. A hérité toutes les qualités de l'espèce auxquelles s'ajoute une belle teinte pourpre.
— Les plus parfumés sont ceux qui perdent leur feuillage en hiver, tel *Lonicera periclymenum,* 6 m (chèvrefeuille des bois), un peu envahissant, mais si enchanteur de juin à août. Il a donné naissance à 'Belgica', plus compact, et fleurissant en juin, et à 'Serotina', fleurissant un peu plus tard. Ses fleurs sont rouge vif à l'extérieur.
— *Lonicera sempervirens* a apporté une coloration richement orangée à beaucoup d'hybrides, mais ils ont perdu leur parfum. C'est ainsi que le fameux 'Dropmore Scarlet' est parfaitement inodore. Pourtant, il a l'avantage de fleurir en juillet-août et donne des fleurs écarlates.
— *Lonicera x tellmaniana*. A fleurs cuivrées, est un des plus originaux mais réclame une exposition abritée.

Hauteur : de 1 à 9 m.
Terre : ordinaire, assez riche en humus.
Exposition : soleil ou mi-ombre.
Multiplication : par bouturage ou par marcottage, en automne.
Floraison : de février à septembre.
Feuillage : persistant ou caduc.

Muehlenbeckia

MUEHLENBECKIA

Famille des polygonacées

L'arbuste se plaît seulement dans les régions à climat doux. Mais, une fois acclimaté, le voici qui s'adapte à toutes sortes de supports : vous l'utiliserez pour recouvrir des souches d'arbres disgracieuses, ou bien vous le laisserez grimper aux murs. En s'accrochant aux treillages, il retombe joliment le long des murets, s'étale entre des petits arbustes. Bref, il se conforme avec docilité, à vos exigences. Les petites fleurs blanchâtres sont insignifiantes, mais éclaircissent bien, cependant, la masse du feuillage très dense.

■ **CONSEILS UTILES**

— Plantez-le au printemps, en terre enrichie de terreau de feuilles.
— Arrosez régulièrement, le premier été, et enlevez les mauvaises herbes. Ensuite, vous aurez un tapis si dense que cette corvée sera inutile.
— Multipliez-le, au printemps, en séparant les touffes de feuillage enracinées sur le pourtour de la plante.

■ **LES MEILLEURES VARIÉTÉS**

— *Muehlenbeckia axillaris,* de forme prostrée, très dense, a de toutes petites feuilles rondes.
— *Muehlenbeckia complexa* grimpe superbement sur un support où il peut atteindre 6 m.

Hauteur : de 10 à 15 cm pour les formes prostrées. Jusqu'à 6 m si on le laisse grimper.
Terre : riche en humus.
Exposition : au moins 3 heures de soleil par jour.
Multiplication : par séparation d'éclats, au printemps.
Floraison : de juin à août.
Feuillage : persistant.

Muehlenbeckia complexa ▷

△ *Mutisia ilicifolia*

△ *Parthenocissus tricuspidata* 'Veitchii'

Mutisia
MUTISIA

Famille des astéracées

Le *Mutisia* est parfois appelé *Gazania* grimpant. Les fleurs ressemblent à de grandes marguerites, jaunes ou orange. La plante grimpe d'elle-même, si on lui procure un support.

■ **CONSEILS UTILES**

— Le *Mutisia* n'est vraiment rustique que dans les régions les plus douces de l'Ouest, du Sud-Ouest et du Midi de la France. Faites-le grimper le long des murs, sur un treillage en plein sud, ou laissez les rameaux courir à travers d'autres arbustes.

— Apportez un sol riche et bien drainé à ces plantes.

■ **LES MEILLEURES VARIÉTÉS**

— *Mutisia decurrens* peut atteindre 3 mètres et ses fleurs orange éclore durant tout l'été. Il se multiplie parfois par ses rejets.

— *Mutisia ilicifolia*, presque tout le temps en fleurs, atteint bien 5 m de haut.

— *Mutisia clematis* est l'une des plus belles variétés, grimpant jusqu'à 5 m. Ses fleurs, en forme de grosses clochettes, sont d'un orange rougissant, et apparaissent à partir de mai.

Hauteur : jusqu'à 5 m.
Terre : fertile et riche en humus.
Exposition : plein soleil.
Multiplication : par bouturage.
Floraison : été.
Feuillage : persistant.

Parthenocissus
VIGNE-VIERGE

Famille des vitacées

Décoratif sur les murs de la maison, le *Parthenocissus* peut atteindre 15 m, et même plus, le cas échéant. Ne confondez plus les vignes-vierges : l'*Ampelopsis* présente des vrilles et une écorce lisse (au contraire de celle de la vraie vigne qui est toute crevassée). Le *Parthenocissus*, lui, se caractérise par ses ventouses ou ses crampons qui lui permettent de se fixer tout seul sur une paroi lisse. Ce sont ses feuilles, rouge vif en automne et ses fruits, bleu foncé, qui rendent cette vigne vierge si décorative.

■ **CONSEILS UTILES**

— Plantez-la en automne ou au prin-

temps. Dirigez les premiers sarments sur un treillage ou un grillage.
— Pour le multiplier, courbez un rameau, enterrez-le aux deux tiers dans un mélange en parties égales de sable et de tourbe. En quelques mois, le rameau se sera enraciné et vous pourrez alors le séparer de la plante mère et le planter.

■ LES MEILLEURES VARIÉTÉS

— Le *Parthenocissus henryana* offre un feuillage vert foncé ou vert bronze, agrémenté de nervures argentées, qui devient rouge en automne. Cette grande liane doit être cultivée à l'ombre, le soleil faisant pâlir ses couleurs. Elle atteint 10 m.
— *Parthenocissus tricuspidata* (lierre japonais) est une plante d'origine japonaise. Elle prend, en automne, une teinte rouge écarlate magnifique.
— *Parthenocissus tricuspidata* 'Veitchii' (synonyme : *Ampelopsis* 'Veitchii') est une plante très élégante et dont on ne peut manquer de remarquer les petites feuilles pourprées, au printemps, et violemment colorées, en automne.
— *Parthenocissus tricuspidata* 'Veitchii Robusta'. S'étend rapidement et drappe les murs de ses grandes feuilles luisantes. 'Lowii' est une forme à petites feuilles crispées comportant jusqu'à 7 lobes.
— *Parthenocissus quinquefolia* (vigne vierge vraie), très vigoureux, est l'une des variétés pouvant se développer le plus en hauteur, jusqu'à 20 m. Le coloris d'automne est rouge-orangé.

Hauteur : de 1,50 m à 20 m.
Terre : quelconque.
Exposition : mi-ombre ou soleil.
Multiplication : par marcottage, en été.
Floraison : insignifiante.
Feuillage : caduc.

Passiflora
PASSIFLORE,
FLEUR DE LA PASSION
Famille des passifloracées

Cette plante, à l'étrange allure exotique, nous vient d'Amérique du Sud et il en existe plus de 500 variétés, dont la plupart ne poussent pas dans nos climats. Son nom, « fleur de la Passion », vient des ressemblances que virent les prêtres espagnols de l'Amérique du Sud entre la fleur et la Passion du Christ : les dix sépales représentent les dix apôtres, la couronne un peu hérissée rappelle la couronne d'épines, les cinq étamines, les cinq blessures du Christ, et les trois stigmates, les trois clous. Les passiflores sont des plantes qui s'accrochent à n'importe quel support sans être

▽ *Parthenocissus quinquefolia*

△ *Passiflora* 'Constance Elliott'

△ *Passiflora* 'Impératrice Eugénie'

guidées. Elles ne donnent des fruits que si l'été est particulièrement chaud.

■ CONSEILS UTILES

— Plantez-les dans un climat doux, dans un endroit abrité, où elles pourront grimper à leur guise, sur un treillage ou un mur, au sud ou à l'ouest.

■ LES MEILLEURES VARIÉTÉS

— *Passiflora caerulea* 'Constance Elliott' est une grimpante vigoureuse et persistante, aux fleurs blanches, pouvant être plantée dehors sous des climats doux. Elle fleurit de juin à septembre.
— *Passiflora umbilicata*, une grimpante vigoureuse, qui peut atteindre 8 m. Les fleurs, de 8 cm de diamètre, sont de couleur améthyste. Cette plante pousse jusqu'à 3 000 m, en montagne, dans son pays d'origine. On peut donc l'acclimater chez nous, en la protégeant des vents froids. Elle fleurit de juillet à septembre.

Hauteur : de 4 m à 8m.
Terre : bien drainée.
Exposition : au soleil contre un mur.
Multiplication : marcottage, au printemps, ou boutures, en été.
Floraison : en été.
Feuillage : persistant.

469

△ *Polygonum aubertii*

Hauteur : jusqu'à 15 m et plus.
Terre : ordinaire, plutôt riche.
Exposition : quelconque.
Multiplication : par marcottage, en été.
Floraison : de juillet à septembre.
Feuillage : caduc.

Pyracantha
PYRACANTHA
Famille des rosacées

Des masses de petites fleurs blanches, en mai, et des épines redoutables, ne sont pas étrangères à son succès. Mais plutôt que d'en composer des haies infranchissables, il vaudrait mieux le palisser contre un mur. Là, avec quelques tailles soignées, il couvrira tout un pan de mur qu'il transformera en une tapisserie incroyablement colorée, pendant une bonne partie de l'hiver, grâce à ses innombrables baies.

■ CONSEILS UTILES

— Plantez-le en automne ou au printemps. Paillez, chaque hiver, avec de l'écorce de pin pour éviter les mauvaises herbes qui seraient difficiles à extirper parmi ses épines. Taillez avant la floraison, en fin d'hiver.
— Attention, l'usage de désherbants contenant du dichlobénil, déclenche des phénomènes de chlorose spectaculaires : les feuilles jaunissent brutalement. Évitez de traiter trop près des pieds.

■ LES MEILLEURES VARIÉTÉS

— *Pyracantha angustifolia* se distingue par ses feuilles étroites, grises au revers, et ses fruits orangés qui tiennent durant tout l'hiver.
— *Pyracantha atalantloides* (synonyme : *Pyracantha gibbsii*) prend l'aspect d'un petit arbre et donne des fruits orange, chez 'Berlioz', et rouges chez 'Mozart'.
— *Pyracantha* 'Watereri' donne des baies jaunes.
— Les pyracanthas les plus nombreux sont des hybrides de *Pyracantha rogersiana* ou de *Pyracantha coccinea*, et, parmi les plus spectaculaires, citons : 'Golden Glow', jaune d'or, 'Orange Charme', au port érigé et aux fruits orange lumineux, 'Mohave', très vigoureux, lui aussi orange, 'Navaho', qui serait le plus résistant aux maladies, 'Orange Glow', orange, 'Rosedale', rouge brillant, excellent, lorsqu'il est palissé contre un mur, et 'Sawnee', qui prend

Polygonum
RENOUÉE
Famille des polygonacées

Couverte de fleurs légères, blanc-crème tout l'été, cette véritable liane pousse d'environ 5 m par an, qui dit mieux ? Il s'agit de l'une des plantes grimpantes les plus envahissantes qui soient. Ne l'utilisez que dans les endroits où vous pourrez surveiller et limiter son développement. En revanche, elle n'a pas son pareil pour cacher, en quelques années, un bâtiment disgracieux, à l'ombre ou au soleil, cela lui est indifférent. Vue de loin, elle fait de l'effet quand la masse de ses fleurs, en dentelle, cascade sur un mur ou dégringole d'un arbre.

■ CONSEILS UTILES

— Plantez la renouée, en toute saison, dans une terre bêchée profondément, et amendée avec du fumier. Si vous souhaitez un développement important, nourrissez cette liane, chaque printemps, avec trois poignées d'engrais complet, et une bonne couverture de compost à demi décomposé.
— Pour la multiplier, il suffit de courber jusqu'au sol une portion de tige qui ne tardera pas à s'enraciner, en été.

■ LES MEILLEURES VARIÉTÉS

— *Polygonum baldschuanicum* (renouée du Turkestan) est confondue avec *Polygonum aubertii* dont les fleurs naissent blanches tandis que les siennes sont rosées.
— *Polygonum multiflorum* est plus frileuse et moins rustique que les deux espèces précédentes.

△ *Pyracantha coccinea*

△▷ *Pyracantha x crenato-serrata*
▽ *Pyracantha* 'Orange Charmer'

un port pyramidal de façon naturelle.
L'INRA a créé de nouveaux cultivars
résistant à la tavelure : Saphyr Orange
'Cadange' et Saphyr Rouge 'Cadrou'
dont le nom correspond à la couleur des
fruits.

Hauteur : de 2 m à 5 m.
Terre : ordinaire, enrichie en humus.
Exposition : au moins six heures de soleil
par jour.
Multiplication : bouturage, en automne.
Floraison : juin.
Feuillage : persistant.

Rosa

ROSIER

Famille des rosacées

Comme vous avez pu vous en rendre compte, les rosiers sont divisés en deux groupes : les rosiers pour massifs et plates-bandes (p. 419), et les grimpants, qui escaladent ou qui rampent. Cependant, dans cette dernière catégorie, il y a des subtilités. Certains rosiers, qui ne sont pas classés parmi les rosiers grimpants (il s'agit de grands arbustes), peuvent être, néanmoins, palissés. En outre, certaines variétés de rosiers existent aussi bien en rosiers buissons qu'en rosiers grimpants, par exemple l'élégant rosier 'Queen Elisabeth', ou ce merveilleux rosier parfumé, 'Madame Meilland'. En conséquence, à l'achat, il vous suffit de spécifier : 'Queen Elisabeth grimpant' ou 'Madame Meilland' grimpant. De même, il arrive parfois que la même variété de rosier existe sous la forme de rosier buisson, de grimpant, de pleureur ou de rosier-tige. Ainsi, dans la superbe roseraie de Bagatelle, peut-on admirer le rosier 'Centenaire de Lourdes', en rosier-tige, entouré d'une plantation de trois autres 'Centenaire de Lourdes', en rosiers buissons. L'effet est saisissant. Un peu plus loin, on remarque de nouveaux 'Centenaire de Lourdes', mais cette fois-ci sous la forme de rosiers pleureurs.

■ CONSEILS UTILES : LA TAILLE

— La première année après la plantation, à la fin de l'hiver, taillez toutes les tiges à un tiers de leur hauteur. Les années suivantes, enlevez le bois mort et taillez d'un tiers plus court les ramifications nées sur les tiges vigoureuses, ce qui donnera lieu à de nouvelles ramifications. Si vous voulez utiliser des rosiers grimpants, dits « climbing », comme rosiers buissons, il suffit de les rabattre à 50 cm les deux premières années. Ils constitueront alors de beaux sujets isolés.

■ LES MEILLEURES VARIÉTÉS

Parmi les centaines de rosiers grimpants, comme il est difficile de choisir les plus jolis, les plus résistants, les plus faciles à vivre ! Voici mon choix et les raisons qui l'ont motivé.

Des rosiers exceptionnels

— 'Albéric Barbier' est un rosier rustique, bien vigoureux, qui embaume.

Son feuillage, fin et vernissé, rougit en automne et reste sur la plante pendant les premiers mois d'hiver. Floraison : juin. Hauteur : 5 m.

— 'American Pillar', rustique, est bien vigoureux. Ses fleurs roses à cœur blanc, en bouquets, et son feuillage vernissé foncé, en font tout le charme. Floraison : de la mi-juin à la mi-juillet. Hauteur : 4,50 m.

— 'Alexandre Girault'. Ce superbe rosier sarmenteux grimpe jusqu'à 6 m dans les arbres. Il sent bon la pomme et on lui pardonnera de ne fleurir qu'une seule fois.

— 'Ballerina'. Je l'aime parce que ses nombreuses petites fleurs, en bouquets, sont teintées de rose bordé de blanc, et qu'elles durent jusqu'en automne. Le rosier peut être palissé jusqu'à 3 m, à moins que vous ne le laissiez escalader un vieil arbre.

— 'Chaplin's Pink Climber'. J'aime ses roses simples décorées d'étamines dorées. Voilà un rosier bien attrayant pour une pergola.

— 'Climbing Iceberg' (ou 'Fée des Neiges') est, bien sûr, toute blanche, fleurissant tout l'été sur un joli feuillage vert frais.

— 'Climbing Lady Hillingdon'. J'aime son feuillage rougeâtre, son parfum de thé et le tendre coloris abricot de ses fleurs. Un beau rosier pour un mur exposé au sud.

— 'Constance Spry'. Je le trouve admirable parce qu'il donne une floraison spectaculaire et parfumée en été.

— 'Étoile de Hollande'. Son port est souple, gracieux, et les fleurs, si parfumées, sont d'un beau rouge, sans trace d'orange.

— 'Félicité et Perpétue'. Ce rosier est fascinant parce qu'il fleurit tout l'été, qu'il grimpe à plus de 4 m sur une pergola et que ses fleurs, blanc crème, sont joliment frangées de rose.

— 'Gloire de Dijon'. A mi-ombre ou au soleil, du mois de juin jusqu'à l'automne, quel festival de couleurs, de parfum, de formes ! Sa teinte est rose-abricot. Ses pétales sont froissés, innombrables et douillettement serrés les uns contre les autres.

— 'Guinée'. J'aime son rouge chaud profond, son parfum envoûtant, sa floribondité. Il grimpe jusqu'à 5 m.

— 'Haendel'. Ses pétales sont joliment peints — les bords roses et froissés —. Il est parfumé et remontant.

— 'Kew Rambler' présente un joli feuillage gris-vert qui fait bien ressor-

△ 'Madame Caroline Testout'
▽ *Rosa laevigata*

tir les fleurs rose tendre. En automne, les petits fruits orange habillent cette grande escaladeuse. Floraison : en été. Hauteur : 5,50 m. Diamètre : 3,50 m.

— 'Madame Alfred Carrière' est si vigoureux ! Il grimpe à 6 m, sans se fatiguer, habillé de fleurs ivoire-rosé abondantes, bien rondes, bien doubles et parfumées. Il fleurit sans arrêt.

— 'Madame Grégoire Staechlin'. Je l'aime parce que, même si ce rosier ne fleurit qu'une fois dans la saison, il est très généreux et très parfumé ! Sa couleur rose chair, plus foncée au revers, est d'un raffinement exquis. Intérêt supplémentaire : ce rosier peut fleurir sur un mur exposé au nord.

'**American Pillar**' ▷
'**Félicité et Perpétue**' ▽

— 'Madame P.S. du Pont'. J'aime ses roses d'un jaune si intense qu'elles sont une joie, même sous un ciel gris.

— 'Mermaid'. Celui-ci, je l'aime parce qu'il habille si bien un mur, au soleil, avec ses grandes fleurs simples, jaune beurre et son feuillage persistant.

— 'New Dawn'. Et celui-ci, parce que sa floraison exhubérante et continue est d'un rose si tendre.

— 'Pink Cloud'. Parce qu'il est toujours en fleurs, et que ses roses sont d'une teinte franche et fraîche, en bouquets.

— 'Kiftsgate'. Parce que c'est un envahissant, un escaladeur, un rosier si pressé qu'il pousse de plus d'un mètre par an, en donnant des centaines de petites roses parfumées.

— 'Souvenir de Docteur Jamain'. Je l'aime, parce que son parfum est inégalable, tout comme sa couleur, rouge cramoisi presque noir. On la dirait faite avec du velours. Le rosier fleurit en juin mais donne encore quelques belles fleurs en été.

— 'Wedding Day' ressemble un peu au rosier Kifsgate avec des fleurs plus grandes à parfum de banane. Floraison : début juillet. Hauteur : 9 m. Diamètre : 4,50 m.

■ ROSIERS À FLEURS MAUVES OU POURPRES

On ne réalise pas toujours qu'il existe des rosiers grimpants dans les tons violets. Ils sont ravissants, surtout mélangés à des clématites. Toutefois, attention, ne les faites pas voisiner avec des rosiers rouges ou roses. Car ces couleurs juxtaposées sont discordantes.

— 'Amadis'. Les fleurs, semi-doubles, sont d'une couleur pourpre profond. Le rosier peut atteindre 6 m. Il est à son avantage si on le fait escalader une haie pour retomber en festons.

— 'Bleu Magenta' se présente comme un grand bouquet de fleurs pourpre-magenta.

— 'Rose-Marie Viaud' est presque sans épines. Ses fleurs, en rosettes, sont violettes.

— 'Veilchenblau'. Ses petites fleurs mauves, disposées en bouquets, sentent la pomme.

— 'Violette' est sans épines. Ses fleurs, en s'ouvrant, sont pourpres, puis elles deviennent marron-gris. Elles aussi ont une douce odeur de pomme.

■ ROSIERS POUR CLIMATS DOUX, À FAIRE GRIMPER SUR UN MUR AU SOLEIL

Rosiers blancs

— 'Aimée Vibert' est « le bouquet de la mariée » avec une multitude de petites fleurs blanches parfumées. Le rosier atteint 5 à 6 mètres de haut.

— 'La Mortola', très vigoureux, peut atteindre 8 m, un record. Son feuillage est gris-argenté. Ses larges roses blanches ont un parfum marqué. Un superbe escaladeur pour climats chauds. Il ne fleurit qu'une fois.

— 'Sombreuil' est un rosier « Thé », donc délicieusement parfumé, blanc ivoire. Il fleurit jusqu'en automne.

— 'Vicomtesse Pierre du Fou' : une floraison blanc pur très parfumée. C'est un remontant.

△ 'Zéphyrine Drouhin'
▽ 'Golden Wings'

△ 'Buff Beauty'
▽ 'Fée des Neiges'

474

△ 'Golden Showers'

△ 'Red Parfum'
▽ 'Banksiae'

△'Perpetual Yellow', 'Neige Rose'
▽'Marguerite Hilling'

△ 'Smarty'

Rosiers jaunes

— 'Alister Stella Gray' a des boutons abricot qui s'ouvrent en bouquets de fleurs parfumées. Floraison : intermittente, mais tout l'été. Hauteur : 4 m.

— 'Gloire de Dijon'. Les grosses fleurs, très doubles, aux pétales récurvés, sont délicieusement parfumées. Sa teinte, jaune chamois, orange, teinté de rose, est superbe, mais bien difficile à décrire.

— 'Golden Showers' est parfait pour les pergolas avec ses fleurs jaune d'or pâle bien parfumées. Il devra être traité contre le *Marssoenina rosae*, c'est-à-dire contre les taches noires. Floraison : toute l'année.

— 'Lady Hillingdon' fleurit tout l'été, et jusqu'aux gelées, mais il n'aime pas le froid. Ses fleurs, doubles, sont jaune ivoire, avec le cœur jaune abricot.

— 'Mermaid' fleurit tout l'été. Les grandes fleurs d'églantine, jaune canari, regorgent d'étamines dorées.

— 'Rêve d'or' a un feuillage brillant, vert foncé. Le rosier est en fleurs, du début de l'été à l'automne. Les bouquets sont parfumés, semi-doubles, d'un jaune cuivré virant au jaune pâle.

Rosiers roses

— 'Albertine' enjolive une pergola grâce à ses fleurs chamois saumoné,

△ 'Red Flore', 'Paul's Scarlet', 'Veilchenblau'

doubles, en grappes. Son parfum est exquis, mais attention à ses épines ! Floraison : mi-juin ou juillet. Hauteur : 4,50 m.

— Les rosiers 'Banksiae' fleurissent au printemps et semblent battre tous les records, en nombre de fleurs sur une même plante : environ 5 000 s'épanouissant en même temps sur un vieux rosier, avec, de surcroît, un parfum énivrant. Ce rosier est arrivé de Chine, en 1807, et son nom Rosier 'Banksiae' lui a été donné en hommage à Lady Banks,

▽ 'Toby Tristam'

la femme du directeur, à l'époque, des jardins de Kew.

— 'Belle Portugaise'. Son feuillage est vert gris, ses roses, doubles, rose saumoné et son parfum, délicieux. Il fleurit abondamment en juin.

— 'Madame Sancy de Parabère' grimpe à 6 mètres. Ce rosier n'a pas d'épines, et ses fleurs, d'un rose intense, qui peuvent mesurer 12 cm de diamètre, ont un parfum délicieux.

— 'Maréchal Niel' est vigoureux et florifère, avec un parfum de rose « Thé ». Il peut atteindre 4 à 5 mètres. Les fleurs, jaune d'or bronzé, sont remontantes.

— 'Sénateur Lafollette'. Ce rosier, à floraison précoce et prolongée, est à grande végétation pour région chaude et ensoleillée. Les fleurs, très parfumées, sont rose-saumon.

— 'Lili Marlène' vous ravira avec ses fleurs veloutées, en petits bouquets, lumineux, qui ressemblent à des pivoines et sont délicatement parfumées ! Floraison : tout l'été. Hauteur : 3 m.

— 'Paul's Scarlet Climber' a des fleurs écarlates, brillantes. Supprimez, chaque année, la moitié des branches ayant fleuri. Floraison : en juin ou juillet. Parfois vous pourrez apprécier quelques fleurs en automne. Hauteur : 3 m.

△ 'Madame Meilland'

△ 'Chaplin's Pink Climber'
▽ 'New Dawn'   ▽ 'Dorothy Perkins'

■ **LES ROSIERS SARMENTEUX OU GRIMPANTS MINIATURES**

Ces rosiers sont, en effet, des rosiers grimpants, mais ils ont un développement si petit qu'il est possible de les palisser directement à partir de leurs pots, que ce soit sur une terrasse ou encore sur un balcon. On peut également les utiliser comme couvre-sol dans les rocailles.

— 'Nozomi'. Les tiges, longues de 1 m à 1,50 m, se couvrent de petites fleurs simples, rose pâle, au mois de juin. Attention à ses épines.

— 'Pink Cameo' ou 'Climbing Cameo' a de jolies petites roses délicatement parfumées.

— 'Pompon de Paris' fleurit en juin, pendant une longue période. Ses roses sont petites, doubles, et d'un rose brillant. Les tiges peuvent facilement atteindre 1,80 m.

Hauteur : selon les espèces.
Terre : bonne terre de jardin.
Exposition : soleil.
Multiplication : boutures ou graines.
Floraison : été.
Feuillage : caduc.

△ *Schizandra rubriflora*
▽ *Solanum crispum*

Schizandra
SCHIZANDRA
Famille des magnoliacées

Jolie plante pour grimper dans les arbres ou pour habiller des clôtures. Les fleurs apparaissent sur des plantes mâles et femelles, mais seules ces dernières portent des baies.

■ **CONSEILS UTILES**

— Ces plantes devront être attachées sur leur support jusqu'à ce qu'elles se soient bien établies. Appliquez, en avril, après la plantation, une couche épaisse de terreau de feuilles. Ces plantes aiment une situation éclairée, mais ne supportent pas les ardeurs du soleil. L'ouest est une bonne exposition.

■ **LES MEILLEURES VARIÉTÉS**

— *Schizandra chinensis* grimpe à 6 m. Ses fleurs roses, parfumées, pendent sur les tiges.
— *Schizandra glaucescens* a un feuillage un peu épais, et glauque au dessous. La floraison rouge orangé, en mai-juin, est suivie de fruits cylindriques écarlates, de 8 à 10 cm de long.
— *Schizandra rubriflora* grimpe à 3 m. Ses fleurs, rouge foncé, apparaissent au printemps.

Hauteur : de 2 à 6 m.
Terre : bonne terre de jardin, de préférence acide.
Exposition : mi-ombre.
Multiplication : marcottage en septembre. Boutures en juillet-août.
Floraison : mai-juin.
Feuillage : caduc.

Solanum
SOLANUM
Famille des solanacées

Si vous avez un mur bien exposé, bien protégé des vents et des courants d'air, n'hésitez pas, plantez cette merveille aux grands bouquets de fleurs délicates. Le *Solanum* est un arbuste à feuillage presque persistant. Toutes les fleurs, bleu-mauve, ont des étamines jaunes, et la floraison dure une bonne partie de l'été.

■ **CONSEILS UTILES**

— Vous pouvez protéger l'arbuste du froid avec un paillage, retenu par une feuille de plastique. Il en vaut la peine.

En avril, retirez le bois mort ou endommagé.

■ **LES MEILLEURES VARIÉTÉS**

— *Solanum crispum*. On l'appelle l'« arbre à pomme de terre chilienne ». Ses fleurs sont bleu clair et éclosent, de juillet à septembre.
— *Solanum crispum* 'Glasnevin' est assez rustique et il fleurit avec exhubérance.
— *Solanum jasminoides* est plus délicat, mais c'est une affaire de climat. Les fleurs sont bleu pâle. Une variété 'Album', aux fleurs blanches, existe.

Hauteur : 2 m.
Terre : bonne terre de jardin.
Exposition : ensoleillée, protégée.
Multiplication : par semis au printemps, bouturage en août.
Floraison : été.
Feuillage : caduc ou persistant.

Wisteria
GLYCINE
Famille des fabacées

Voici, sans conteste, l'une des plus belles plantes grimpantes qui soient et l'une des plus faciles à cultiver. Qui saurait rester insensible à la beauté d'une glycine en pleine floraison, escaladant une pergola, décorant une façade, ou conduite sur un support pour former un petit arbre ? Vous obtiendrez une scène raffinée, en mariant une glycine de Chine, bleu pâle, et un rosier précoce jaune, comme 'Maygold', ou encore en lui associant une clématite blanche. Si vous pouvez combiner le palissage d'un *Laburnum*, donnant des fleurs jaunes, avec une glycine, vous obtiendrez un effet inhabituel. Pensez aussi à rappeler le même ton, au sol, en plantant, à proximité, des iris couleur de lavande et des *Lysimachia* à fleurs jaunes. La combinaison de ces fleurs jaunes et mauves sera d'un effet superbe.

■ **CONSEILS UTILES**

— Vous pouvez planter l'arbuste en toutes saisons, bêchant la terre profondément et lui apportant du sable si celle-ci vous paraît compacte. Paillez au printemps et arrosez régulièrement durant le premier été. Si la glycine pousse trop vite, elle peut, alors, oublier de fleurir. Apportez de l'engrais, riche en phosphore, et attendez patiemment quelques années.

Wisteria sinensis △ ▷

— La taille est importante si vous voulez obtenir une belle floraison. Sélectionnez les nouvelles tiges longues de l'année et taillez-les, au mois de juillet, à environ 20 cm de leur point de départ.

■ LES MEILLEURES VARIÉTÉS

— La plus étonnante des variétés est *Wisteria floribunda* 'Macrobotrys', dont les grappes de fleurs d'un violet intense dépassent parfois 1,50 m !
— *Wisteria floribunda* 'Rosea', a des fleurs rose pâle, bordées de pourpre.
— Les glycines du Japon (*Wisteria japonica*) ont des grappes longues, plus légères aussi, mais inodores.
— *Wisteria floribunda* 'Violacea Plena'. Comme son nom l'indique, est à fleurs doubles.
— *Wisteria x formosa* 'Issai' donne des pousses soyeuses et des fleurs ; rose violacé réunies en grappes de 25 cm de long.
— La glycine de Chine (*Wisteria sinensis*) existe en mauve, en blanc et même dans une variation à fleurs doubles. Toutes sont parfumées.
— La *Wisteria venusta* est moins connue. Ses fleurs, blanches et longues de 2 à 2,5 cm, sont les plus grandes du genre et sont réunies en grappes, de 15 cm de long.

Hauteur : jusqu'à 10 m.
Terre : non calcaire.
Exposition : soleil.
Multiplication : par marcottage, en été.
Floraison : mai et un peu en septembre.
Feuillage : caduc.

Pourquoi se refuser le plaisir de planter dans un coin du jardin quelques arbres ou arbustes fruitiers ? Au printemps, ils offriront à votre regard ravi la beauté de leurs fleurs écloses et, plus tard, le miracle de leurs fruits, cueillis juste à point et autrement plus savoureux que ceux achetés dans le commerce.

Le plaisir de voir pousser, puis de récolter est immense. A cela près, que la culture fruitière demande un minimum de soins et surtout un bon choix au départ. Pour éviter les mauvaises surprises, regardez autour de vous ce qui réussit bien dans la région et achetez donc les plants sur place, c'est plus sûr.

N'hésitez pas à choisir des variétés peu courantes (elles sont légion) que vous avez goûtées et appréciées chez des amis ou à l'occasion d'une fête des plantes.

Fiez-vous à cette liste d'arbres fruitiers : les variétés indiquées figurent parmi les meilleures... elles vous enchanteront l'œil et le palais.

LES FRUITIERS

d'Actinidia à Vitis

△ *Kiwis*

Actinidia chinensis

ACTINIDIA ou KIWI
Famille des actinidiacées
Plante sarmenteuse

Inconnu de nos grands-parents, le kiwi est devenu un fruit très courant en quelques années. Il pousse sur une liane puissante, l'actinidia, capable de produire, en un an, et sous tous nos climats, des rameaux de 4 à 10 m de long. Ses grandes feuilles très décoratives sont caduques : ses fleurs blanc crème, assez discrètes, se montrent en juin.

■ **CONSEILS UTILES**

— Les plantes sont mâles ou femelles, il faut donc planter au moins un pied de l'un et l'autre sexe, côte à côte (à 5-6 m l'un de l'autre), sauf chez une variété nouvelle qui porte les deux sortes de fleurs.
— L'actinidia supporte le froid (jusqu'à -20 °C), mais craint les vents violents.
— Les fruits apparaissent en juillet et se récoltent en octobre-novembre (jusqu'aux premières gelées), parfois après la chute des feuilles.
— Ils se conservent peu, sauf au frais (5 °C), mais peuvent être stérilisés en bocaux ou mis en confitures. Veillez à ce que la plante ne manque jamais d'eau en été.

■ **LES MEILLEURES VARIÉTÉS**

— 'Hayward' : gros fruit, début novembre. 'Bruno' : fruit allongé, fin octobre. 'Jenny' : autofertile car mâle et femelle à la fois, très proche de 'Hayward'.

Hauteur : selon le support.
Terre : fraîche, pas trop calcaire.
Exposition : mi-ombragée, fraîche, même au nord.
Multiplication : marcottage.

Citrus divers

AGRUMES
Famille des rutacées
Arbres fruitiers

Craignant le froid (ils souffrent à partir de -3 °C), les agrumes ne peuvent pousser en pleine terre que dans peu de régions françaises. Ailleurs, il faut les cultiver en bac que l'on rentre en hiver à l'abri dans une véranda ou en appartement. Dans les régions où l'été n'est pas assez chaud, les agrumes ne donnent guère de fruits : leur culture en bac est faite pour le plaisir plutôt que dans l'espoir d'une récolte.

■ **CONSEILS UTILES**

— En bac, choisissez des variétés petites, greffées sur un porte-greffe de faible vigueur, ne dépassant pas 1 m de haut. Choisissez si possible des bacs démon-

tables pour pouvoir changer facilement une partie du substrat tous les deux ans.
— Arrosez fréquemment vos bacs en été, très peu en hiver s'ils sont dans un endroit peu chauffé. Les fruits mûrissent en hiver, ce qui est l'une de leurs principales originalités.
— Les fruits se conservent longtemps après leur cueillette, même à température ambiante.

■ **LES MEILLEURES VARIÉTÉS**

Il s'agit en fait de différentes espèces.
— Calamondin : réussit très bien en appartement. Citronnier 'Meyer et Villafranca' : résistent bien au froid. Citronnier des quatre saisons 'Euréka' : réussit bien en appartement, fleurit et fructifie en même temps. Clémentinier : peut être greffé pour appartement. Mandarinier 'Satsuma' : sans pépin, il résiste bien au froid. Oranger 'Sallustiana', sans pépin, et 'Washington navel', décoratif. Pomelo 'Star Ruby' : chair rouge.

Hauteur : 1 à 5 m.
Terre : bien perméable, donc sableuse.
Exposition : ensoleillée.
Multiplication : greffage.

△ *Citronnier des quatre saisons*

Jeunes noisettes, dans leur involucre △ ▽

Corylus avellana

NOISETIER
Famille des bétulacées
Arbre fruitier

Décoratif par son ample feuillage vert ou pourpre, capable de former une énorme touffe arbustive ou acceptant d'être taillé en haie, le noisetier, ou coudrier, est on ne peut plus facile à vivre. Ses fleurs femelles sont fort discrètes, ses fleurs mâles regroupées en chatons bien visibles en février-mars. Il peut pousser en toutes régions et, en montagne, jusqu'à 1 600 m.

■ CONSEILS UTILES

— Récoltez les noisettes quand elles tombent, en septembre-octobre ; vous serez sûr qu'elles sont bien mûres. Enlevez leur involucre, puis gardez les fruits dans un endroit frais et aéré : les noisettes peuvent se conserver un an.
— Le noisetier n'est guère autofertile, mais sa présence dans de nombreux jardins permet de n'en planter qu'un seul chez soi.

■ LES MEILLEURES VARIÉTÉS

A toutes fins utiles, sont indiquées entre parenthèses les variétés pollinisatrices.
— 'À feuilles pourpres' accepte les sols calcaires. 'Aveline' : fruit rond, excellent ('Segorbe', 'Cosford'). 'Cosford' : forme allongée ('Merveille de Bollwiller', 'Longue d'Espagne'). 'Fertile de Coutard' : très gros fruit, sensible au gel printanier ('Segorbe', 'Longue d'Espagne'). 'Impériale de Trébizonde' : rond, excellent. 'Longue d'Espagne' : allongé, mise à fruits rapide ('Merveille de Bollwiller', 'Cosford'). 'Merveille de Bollwiller' : rond, très résistant au froid ('Longue d'Espagne'). 'Segorbe' : gros fruit ('Fertile de Coutard', 'Merveille de Bollwiller').

Hauteur : 3 à 6 m.
Terre : ordinaire.
Exposition : indifférente avec quelques heures de soleil par jour.
Multiplication : marcottage.

483

△ *Fraisier 'Ostara'*

Fragaria

FRAISIER
Famille des rosacées
Plante vivace

Traditionnellement cultivé au potager, le fraisier pousse en toutes régions et jusqu'à 1 200 m d'altitude. Il craint les gelées printanières mais pas le froid hivernal.

■ **CONSEILS UTILES**

— Pour bien produire, le fraisier demande des apports réguliers d'engrais.
— Cueillez les fraises tous les deux-trois jours pour les avoir au stade optimal, car deux jours avant, elles sont acides, deux jours après, elles "tournent".
— Si vous paillez le sol, choisissez de la paille, des aiguilles de pin ou du plastique noir perforé pour que l'eau de pluie et d'arrosage pénètre, sinon il se formera des flaques favorisant la pourriture grise.
— Ne laissez pas les stolons trop se développer, ce serait au détriment de la fructification.
— En raison des viroses qui affaiblissent les fraisiers, renouvelez votre fraiseraie tous les cinq-six ans.

■ **LES MEILLEURES VARIÉTÉS**

A gros fruits. Elles produisent une seule récolte, en juin-juillet.
— 'Belrubi' supporte la congélation. 'Delecta' est précoce. 'Gariguette' : excellente, se congèle bien. A faire pousser dans le Midi, car elle craint le froid. 'Mme Moutot' est tardive. 'Surprise des Halles' : très précoce, est accommodante en ce qui concerne le terrain. 'Olympus' : très productive, est idéale pour les confitures.

Remontantes. Ces variétés donnent des fruits de taille moyenne en juin et début juillet, puis de fin août à octobre.
— 'Appelever' : a un goût musqué prononcé. 'Bordurella' : ne portant pas de stolons, a des fruits sans discontinuer de juin aux gelées. Elle peut servir de bordure à un massif. 'Hummi Gento' : porte de très gros fruits fermes. 'Mara des bois' : délicieuse et très parfumée, sent la fraise des bois. 'Mount Everest' : ses longs stolons peuvent être palissés, mais ils ne grimpent pas tout seuls. 'Ostara' : est très remontante. 'Rabunda' : fort sucrée, supporte la chaleur. Au contraire, 'Sans Rivale', très productive, la craint. 'Selva' : a une chair ferme.

A petits fruits. Ces fraisiers donnent des fruits de juin aux gelées et sont appelés "des quatre saisons". Ils n'ont pas de stolons.
— 'Golden Alpine' : est jaune. 'Mignonnette' et 'Reine des vallées' : coniques, sont excellents. 'Louis Gauthier' : blanc rosé à maturité, exhale un délicieux parfum musqué.

Hauteur : 20 cm.
Terre : fraîche, un peu acide.
Exposition : mi-ombragée pour les fraisiers des quatre saisons, sinon ensoleillée.
Multiplication : par semis ou division des touffes pour les variétés sans stolons, sinon par séparation des stolons.

Juglans regia

NOYER
Famille des juglandacées
Arbre fruitier

Ce grand arbre est cultivé pour son port altier, ses grandes feuilles composées, son ombre dense et fraîche, son bois et ses fruits. Seuls les grands jardins peuvent l'accueillir. Le noyer n'aime pas le climat du Midi et il n'accepte pas une altitude supérieure à 600 m.

■ **CONSEILS UTILES**

— On plante un noyer autant pour soi que pour ses descendants, car ses fruits sont longs à venir. Les variétés sont autofertiles.
— La récolte a lieu en septembre-octobre : ou bien on ramasse les fruits, ou bien on les gaule (on les fait tomber), quand la coque verte (le brou) qui les entoure se fend largement, signe de maturité.
— On commence par enlever la coque verte, puis on fait sécher les noix le plus vite possible (elles seront meilleures) à l'air, mais pas au soleil qui les dessèche. Les noix se conservent de trois à quatre mois au sec.

— 'Franquette' : gros fruit, fin octobre. 'Mayette' : goût fin, craint l'altitude, fin septembre. 'Parisienne' : vigoureuse, mi-octobre.

Hauteur : 7 à 20 m.
Terre : ordinaire, même calcaire.
Exposition : dégagée, à l'ouest de préférence.
Multiplication : greffage.

◁ △ *Noix sur l'arbre*

Malus communis

POMMIER
Famille des rosacées
Arbre fruitier

Avec ses bouquets de fleurs blanches à revers rose, le pommier rivalise de beauté avec ses cousins dits à fleurs. Préférant les climats doux et humides, sans grands écarts de température, il accepte facilement, néanmoins, de pousser dans toutes nos régions (en montagne, jusqu'à 1 200 m).

■ CONSEILS UTILES

— Acceptant et même demandant à être taillé pour donner de gros fruits, le pommier est l'arbre des formes fruitières par excellence, sur lequel chacun peut exercer ses talents d'arboriculteur.
— Les variétés d'été, cueillies à maturité, se conservent quelques semaines ; les variétés d'hiver, récoltées en fin de saison, n'atteignent leur maturité qu'au fruitier,

vers décembre, et se gardent plusieurs mois.

■ LES MEILLEURES VARIÉTÉS

Le choix est immense ; nous avons écarté les variétés locales trop peu connues et celles couramment vendues dans le commerce. La plupart des variétés sont suffisamment autofertiles, mais planter des variétés en mélange ne peut être que bénéfique. Nous indiquons la période de consommation, la période de récolte la précédant de peu (pommes d'été et d'automne) ou de plusieurs semaines (pommes d'hiver). Les dernières récoltes s'effectuent fin octobre.
— 'Astrakan rouge' : de juillet à septembre. Réussit bien en altitude. 'Belle de Boskoop' : juteuse ; de fin décembre à mars. Elle doit être pollinisée par 'Reine des Reinettes' ou 'Transparente de Croncels'. 'Belle fleur jaune' : de décembre à février. 'Calville blanc' : excellent fruit côtelé, juteux, sucré. De novembre à mars. 'Delbard Jubilé' : croquant, d'octobre à février. 'Grand Alexandre' : très gros fruit, septembre-octobre. 'Gravenstein' : juteuse, septembre-octobre. En altitude. 'Gros Locard' : de décembre à mars, pour le cidre. 'Jumbo pomme' : très gros fruit, de novembre à février. 'Pomme cloche' : très croquante, acidulée, de janvier à mai. 'Querina' : juteuse, résistant bien aux maladies, de janvier à mars. 'Rambour d'hiver' : de décembre à mars. 'Reine des Reinettes' : croquante, juteuse, d'octobre à janvier, aime la montagne. 'Reinette grise du Canada' : acidulée, de fin novembre à mars. Elle doit être pollinisée par 'Reine des Reinettes'. 'Reinette de Caux' : croquante, de décembre à mai. 'Reinette clochard' : juteuse, de janvier à mars. 'Reinette du Mans' : juteuse, croquante, de février à mai. Elle réussit bien en zone méditerranéenne. 'Royal Gala' : saveur douce, d'octobre à février. 'Sans pareille de Peasgood' : juteuse, octobre-novembre. 'Transparente Blanche' : acidulée, fin juillet-août, en altitude. 'Transparente de Croncels' : juteuse, un peu acidulée, fin septembre-octobre.

Hauteur : 6 à 10 m.
Terre : ordinaire, mais avec le minimum de calcaire.
Exposition : un peu indifférente, la meilleure étant le sud-est avec un abri naturel côté nord-ouest.
Multiplication : greffage.

△ *Pommier 'Astrakan rouge'*

485

△ **Abricotier 'Bergeron'**

Prunus armeniaca

ABRICOTIER
Famille des rosacées
Arbre fruitier

Courant dans le Midi où il rencontre la chaleur qu'il aime, il peut fort bien pousser et fructifier jusque dans le Bassin parisien, à condition d'être placé dans un coin abrité du jardin, au soleil et loin des courants d'air.

■ **CONSEILS UTILES**

— Redoutant l'humidité du sol, il ne craint pas la sécheresse.

— Un seul arbre isolé peut porter des fruits car les variétés sont autofertiles.

— L'abricotier résiste bien au froid hivernal, mais redoute les gelées printanières ; c'est pourquoi dans la moitié nord de la France, on recommande de le protéger par des auvents au moment de la floraison.

■ **LES MEILLEURES VARIÉTÉS**

— 'Bergeron' : gros fruits fermes, début août, excellents en conserve. Résiste aux gelées de printemps. 'Doucœur' : début

août. Sa floraison tardive lui permet d'éviter les gelées. 'Luizet' : gros fruits à mi-juillet. Convient bien en montagne et au nord de la Loire. 'Muscat' : gros fruits fermes, début août. 'De Nancy' : gros fruits fermes, début août. Toutes régions. 'Paviot' : excellents gros fruits, début août. 'Rouge du Roussillon' : excellents fruits à mi-juillet. Pour le Midi. 'Rouge tardif Delbard' : mi-août ; floraison tardive. Toutes régions. 'Polonais' : fin juillet ; floraison tardive, résistant aux gelées de printemps. 'Sucré de Holub' : très gros fruits début août.

Hauteur : 2 à 4 m.

Terre : sablonneuse, légère, calcaire, éviter les terres argileuses, lourdes, acides et humides.

Exposition : soleil, à l'ouest ou au sud-ouest de préférence.

Multiplication : semis possible ; greffage le plus souvent.

Prunus cerasus

CERISIER
Famille des rosacées
Arbre fruitier

Populaire à juste titre pour la beauté de ses fleurs et de ses fruits, le cerisier supporte mieux le froid hivernal que la grande chaleur estivale. C'est pourquoi, dans le Midi, on doit le planter en situation fraîche ou en altitude (jusqu'à 1 000 m).

■ **CONSEILS UTILES**

— Le cerisier déteste la taille et son bois est cassant : gare à ne pas grimper dessus

n'importe comment pour récolter les cerises si tentantes !

— Les fruits étant en moyenne mûrs 40 jours après la fin de la floraison, les variétés tardives (juillet) craignent moins les gelées printanières.

— On a intérêt à planter dans son jardin deux arbres de deux variétés différentes, se pollinisant bien mutuellement, les variétés étant toutes plus ou moins autostériles.

■ **LES MEILLEURES VARIÉTÉS**

Nous indiquons entre parenthèses les meilleures variétés pollinisatrices. On distingue quatre sortes de cerises : les bigarreaux à chair croquante, les cerises à chair tendre, les griottes, très acidulées, et les guignes à chair molle.

Bigarreaux

— 'Cœur de pigeon' : fin juin, jaune marbré de rouge ('Burlat', 'Napoléon'). 'Délices de Malicorne' : fin juin ('Burlat', 'Belle magnifique'). 'Géant d'Hedelfingen' : très gros, juillet ('Napoléon', 'Burlat', 'Cœur de pigeon'). 'Hâtif Burlat' : début juin, gros fruit ('Napoléon', 'Early Rivers'). 'Jaune de Dœnissen' : juillet, sa couleur lui vaut l'indifférence des oiseaux. 'Marmotte' : début juillet, gros fruit ('Early Rivers', 'Napoléon', 'Cœur de pigeon'). 'Moreau' : fin mai, très croquant ('Napoléon'). 'Napoléon' : début juillet, jaune marbré de rouge ('Early Rivers', 'Géant d'Hedelfingen'). 'Reverchon' (= 'Cœur de bœuf') : fin juin, gros fruit ('Burlat', 'Marmotte', 'Early Rivers', 'Napoléon', 'Géant d'Hedelfingen'.) 'Tardif de Vignola' : fin juillet ('Géant d'Hedelfingen').

Cerises à chair tendre, un peu acidulée

— 'Anglaise hâtive' : début juin ('Napoléon'). 'Belle Magnifique' : fin juillet,

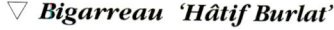
▽ **Bigarreau 'Hâtif Burlat'**

Bigarreau 'Napoléon' ▽

en sols riches ('Anglaise hâtive').
'Griotella' : très petit arbre, pour bac (terrasse), mi-juillet.

Griottes
— 'Montmorency' : mi-juillet, sols légers et chauds. A faire cuire ('Géant d'Hedelfingen', 'Reverchon').

Guignes
— 'Beauté de l'Ohio' : juin. 'Early Rivers' : début juin ('Moreau', 'Marmotte').

Hauteur : 5 à 10 m selon le porte-greffe.
Terre : toutes, même calcaires, mais proscrire les sols argileux, imperméables, trop humides.
Exposition : à l'abri des grands vents, surtout chauds et secs du Midi.
Multiplication : greffage.

Prunus domestica

PRUNIER
Famille des rosacées
Arbre fruitier

Très rustique, le prunier est cultivé sans difficulté en toute région et en altitude jusqu'à 1 000 m. Ses fleurs et ses jeunes fruits résistent aux faibles gelées (-1 °C, -2 °C).

■ CONSEILS UTILES
— Seules les variétés autofertiles peuvent être plantées isolées ; les variétés auto-stériles doivent être fécondées par un arbre voisin d'une autre variété.
— Si vous récoltez en secouant l'arbre, les fruits seront meurtris ; ils ne se conserveront guère, mais feront d'excellentes confitures.

■ LES MEILLEURES VARIÉTÉS
Pour les variétés autostériles, nous indiquons entre parenthèses les meilleures variétés pollinisatrices.
— 'Anna Spath' : rouge, fin septembre, autofertile. 'Des Béjonnières' : jaune doré, fin juillet, autofertile. 'Monsieur Hâtif' : pourpre, début août. 'Pêche' : rouge violacé, début août. 'Sainte Catherine' : jaune, mi-septembre, autofertile. 'Stanley' : violet-bleu, fin août, autofertile, crue ou séchée. 'Thames Cross' : jaune-rosé, début septembre, autofertile. 'Mirabelle de Metz' : dorée, fin août-septembre, autofertile. 'Mirabelle de Nancy' : dorée, fin août-septembre, autofertile. 'Quetsche d'Alsace' : violet-noir, fin septembre,

△ *Prunes 'Anna Spath'*

autofertile, crue ou séchée. 'Quetsche blanche' : jaune, septembre. 'Reine-Claude d'Althan' : rouge violacé, début septembre. ('Reine Claude dorée' ou 'Reine Claude d'Oullins'). 'Reine-Claude de Bavay' : jaune-vert, fin septembre, autofertile. 'Reine-Claude dorée' et 'Reine-Claude verte' : fin août ('Reine-Claude d'Oullins'). 'Reine Claude d'Oullins' : jaune, début août, autofertile. 'Reine-Claude tardive de Chambourcy' : vert-jaune, début septem-

bre, autofertile. 'Reine-Claude violette' : violacée, début-septembre (Reine-Claude d'Oullins).

Hauteur: 6 à 8 m.
Terre : toutes, sauf les terrains très sablonneux ou acides (présence nécessaire d'un peu de calcaire).
Exposition : indifférente.
Multiplication : semis possible (mirabelle, reine-claude, voire quetsche) ou greffage.

△ *Pêche 'Amsden'*

Prunus persica

PÊCHER
Famille des rosacées
Arbre fruitier

Malgré sa préférence pour les régions chaudes, le pêcher pousse et fructifie partout en France. Cependant, dans le Nord, l'Est et en montagne (jusqu'à 600 m), il doit être palissé sur un mur bien orienté. Chose rare parmi les arbres fruitiers : ses fleurs sont roses, rose foncé ou rose clair.

■ CONSEILS UTILES

— Les variétés tardives exigent davantage d'eau au cours de l'été que les variétés précoces.
— La date de maturité des fruits n'est pas liée à la date de floraison. Les fruits cueillis mûrs (ils doivent "venir" tout seuls dans la main) sont les meilleurs.
— Pêches, brugnons, nectarines sont tous des variétés de pêcher. Toutes les variétés sont autofertiles.

■ LES MEILLEURES VARIÉTÉS

— 'Amsden' : fin juin - début juillet, chair blanche. Bonne résistance au gel et à la cloque. 'Charles Ingouf' : chair blanche, fin juillet. 'Charles Roux' : chair blanche, début août. Bonne résistance à la cloque. 'Dixired' : chair jaune, mi-juillet. Très sensible à la cloque. 'Grosse mignonne' : chair blanche colorée de rouge, début août. 'J. H. Hale' : chair jaune, mi-septembre. Sensible à la cloque. 'Mme Girerd' : chair blanche, juteuse, début août. 'Madeleine de Courson' : chair blanche, gros fruit, fin juillet. 'Précoce de Halle' : chair blanche, début août. Bonne résistance à la cloque. Pour le nord de la Loire. 'Reine des vergers' : chair blanche teintée de rouge, début septembre. Assez résistante aux maladies. Pour le nord de la Loire. 'Sanguine' : chair rouge, mi-septembre. Bonne résistance à la cloque. 'Téton de Vénus' : chair blanche, septembre.

Nectarines et brugnons

— 'Fantasia' : chair jaune, fin août. 'Nectared' : chair jaune, début août. Assez résistant aux gelées de printemps. Sensible à la cloque. 'Nectarella' : chair jaune, août. Arbre nain (1,50 m), pour bac et terrasse. 'Silver Lode' : chair blanche, fin juillet.

Hauteur : 2 à 4 m.
Terre : fraîche, bien drainée, pH neutre (7) ; proscrire les terrains trop humides.
Exposition : ensoleillée. Dans les régions froides, devant un mur orienté est, sud-est ou sud.
Multiplication : semis possible (pêche de vigne) ; greffage en écusson le plus souvent.

Pyrus communis

POIRIER
Famille de rosacées
Arbre fruitier

Le poirier a des fleurs toutes blanches qui durent trois semaines chez les variétés hâtives, moitié moins chez les variétés tardives. Supportant bien le froid et la

488

chaleur, il peut pousser partout en France et, en montagne, jusqu'à 1 200 m.

■ CONSEILS UTILES

— Grand arbre dans la nature, le poirier se plie à toutes sortes de formes que l'on taille pour favoriser et accélérer la transformation des yeux à bois en boutons à fleurs. Le vieux bois (même un gros tronc) est capable de repercer, c'est-à-dire de redonner de jeunes pousses.

— Les variétés greffées sur franc s'adaptent mieux au terrain et sont très productives mais la cueillette est difficile.

— Les variétés sont très peu autofertiles et il faut cultiver côte à côte au moins deux variétés fleurissant au même moment.

■ LES MEILLEURES VARIÉTÉS

Les poires d'été (juillet-septembre) se consomment au moment de la récolte, les poires d'automne (octobre-novembre) se conservent trois-quatre semaines, les poires d'hiver (décembre-avril) n'acquièrent toute leur saveur que quelques semaines après la récolte, qui a lieu en octobre. Pour chaque variété, nous indiquons entre parenthèses les meilleures pollinisatrices, sachant qu'en outre 'William's' les pollinise pratiquement toutes.

— 'André Desportes' : juteuse, résistante à la tavelure, fin juillet. Elle pousse bien en montagne ('Beurré Giffard', 'Louise Bonne'). 'Bergamotte Esperen' : juteuse, résistante au gel printanier, de novembre à mars ('Clapp's Favourite'). 'Beurré Bosc' (= 'd'Apremont') : chair ferme, haute-tige, octobre-novembre. 'Beurré Giffard' : fondante, juillet-août. Se plaît en montagne. ('Delbard précoce'). 'Beurré Hardy' : fondante, septembre-octobre. Réussit bien en altitude ('Conférence'). 'Bon chrétien William' (= 'William's') : fondante, musquée, septembre. Elle pousse bien en montagne ('Beurré Hardy', 'Conférence', 'Doyenné du Comice'). 'Clapp's Favourite' : un gros fruit fondant, mi-août ('Bergamotte Esperen'). 'Comtesse de Paris' : sucrée, peu exigeante, de novembre à janvier ('Beurré Bosc'). 'Conférence' : fondante, résistante au gel printanier, d'octobre à novembre ('Doyenné du Comice', 'Beurré Hardy'). 'Curé' : gros fruit à cuire, haute tige, novembre-janvier, aimant l'altitude. ('Clapp's Favourite', 'Bergamotte Esperen'). 'Delbard Précoce' : parthénocarpique (c'est-à-dire donnant des fruits même si le gel a empêché la fécondation), août

('Conférence'). 'Docteur Jules Guyot' : gros fruit juteux, en août-septembre, résistant au gel printanier ('Doyenné du Comice', 'Conférence'). 'Doyenné du Comice' : fondante, octobre-novembre ('Louise Bonne', 'Conférence'). 'Doyenné d'hiver' : goût très fin, résiste au gel printanier, de décembre à avril. 'Duchesse d'Angoulême' : gros fruit sucré, terrains secs, novembre ('Louise Bonne'). 'Epine du Mas' : de chair ferme, en novembre-décembre. 'Fertilia' : un bon fruit ferme, produit dès la deuxième année, en octobre-novembre

▽ *Poires 'Fertilia'*

('Doyenné du Comice'). 'Louise Bonne d'Avranches' : douce, septembre-octobre très montagnarde ('Duchesse d'Angoulême', 'Précoce de Trévoux'). 'Précoce de Trévoux' : acidulée, résiste au gel printanier. A manger crue ou cuite. Se cueille en août ('Beurré Giffard').

Hauteur : 5 à 15 m.
Terre : toute bonne terre dépourvue de calcaire.
Exposition : indifférente du moment que l'endroit est clair et dégagé.
Multiplication : greffage.

△ *Groseilles 'Jonkheer Van Tets'*

△ *Cassis 'Burga'*

Ribes rubrum, Ribes uva-crispa et Ribes nigrum

GROSEILLIER ET CASSISSIER
Famille des grossulariacées
Arbustes fruitiers

Groseillier, cassissier et groseillier à maquereau sont trois espèces voisines. Ils ne sont guère ornementaux, sauf s'ils sont formés sur tige, et leur floraison verdâtre passe inaperçue, mais ils occupent sans rechigner le fond du jardin ou bien forment une petite haie autour du potager, et ce jusqu'à 1 500 m d'altitude. Mais ces plantes ayant besoin du froid hivernal pour bien fructifier, les régions méridionales ne leur conviennent pas.

■ **CONSEILS UTILES**

— Laissez environ 1 m entre les pieds et faites attention à ne pas blesser les racines en bêchant, elles sont très superficielles.
— Surveillez vos fruits pour les cueillir à temps : sauf exception, quand ils sont trop mûrs, ils se dessèchent sur pied ou bien tombent par terre.
— Attention aux épines du groseillier à maquereau : elles sont blessantes.
— Le cassissier se distingue du groseillier par le fait que ses fruits n'apparaissent que sur les tiges très jeunes (1 ou 2 ans).
— On peut palisser ces plantes sur des fils tendus le long d'un mur, sauf le groseillier à maquereau.

■ **LES MEILLEURES VARIÉTÉS**

Groseillier

Toutes les variétés sont autofertiles.
— 'Cerise blanche' : acidulée, très parfumée, blanche, mi-juillet. 'Delbard Giganta' : très grosse, très productive, fin juillet. Elle accepte de rester à maturité sur l'arbuste sans s'abîmer pendant plusieurs jours. 'Gloire des sablons' : rose, la plus douce des variétés, au début juillet. 'Groseille raisin' : gros fruits en lourdes grappes qui font ployer les branches (il faut les soutenir), de fin juillet à début août, mais pouvant rester de deux à trois semaines sur l'arbuste sans se flétrir. 'Jonkheer Van Tets' : rouge, peu acide, au début juillet. 'Junifer' : rouge. N'ayant pas besoin de froid hivernal, il peut être planté dans le Midi. 'Laxton Perfection' : rouge, peu acide, mi-juillet. 'London Market' : rouge, très acide mais parfumé, fin juillet. 'Red Lake améliorée' : rouge, aux gros fruits peu acides, du 1er au 15 juillet. Il faut tailler court. 'Versaillaise blanche' : juteuse, peu acide, début juillet.

Groseillier à maquereau

Les variétés, toutes autofertiles, fructifient en juillet-août.
— 'Golden Drop' : jaune. 'Goliath' : rouge. 'May Duke' : rouge. 'Queen Caroline' : blanc. 'Resistenta' : blanc qui résiste à l'oïdium. 'Triomphe jaune' : blanc doré. 'Caseille' : résulte du croisement entre cassis et groseille à maquereau. Cet arbuste non épineux porte des fruits noirs, de taille intermédiaire, au goût de cassis, surtout bons en confitures.

Cassissier

Une interfécondation est nécessaire entre les variétés.
— 'Burga' : voisin du 'Noir de Bourgogne', se cueille fin juin-début juillet. 'Géant de Boskoop' : gros fruit juteux sans trop de graines, début juillet. 'Noir de Bourgogne amélioré' : moyennement juteux, mais le plus parfumé, début juillet.

Hauteur : 1,50 m environ.
Terre : ordinaire.
Exposition : claire, mais pas en plein sud.
Multiplication : bouturage, marcottage pour les groseilliers à maquereau

Rubus idaeus

FRAMBOISIER
Famille des rosacées
Arbuste fruitier

Peu ornemental et piquant, le framboisier vaut la peine d'être cultivé chez soi, car la saveur de ses fruits juste cueillis est incomparable et surpasse de loin celle des fruits du commerce. Originaire, semble-t-il, des sous-bois de nos montagnes, le framboisier a une souche qui émet de nouvelles pousses tous les ans, chaque tige vivant seulement deux ans. Il pousse partout en France et jusqu'à 1 200 m d'altitude.

■ **CONSEILS UTILES**

— Laissés à eux-mêmes, les rameaux très souples se courbent et prennent beaucoup de place, aussi a-t-on intérêt à les palisser sur des fils de fer horizontaux ou le long de tuteurs.
— Le framboisier craint les étés chauds ; il faut l'ombrager et veiller à ce qu'il ne manque pas d'eau dans le Midi.

▽ *Framboisier*

— Comme il n'est pas aisé de reconnaître une variété remontante de celle qui ne l'est pas, notez bien, à l'achat, le nom de la variété ou en tout cas sa catégorie.

■ LES MEILLEURES VARIÉTÉS

Variétés remontantes. Elles donnent une première fois en septembre, puis aux mois de juin-juillet suivants.

— 'Baron de Wavre' : gros fruit rouge, de la mi-septembre aux gelées. 'Belle de Malicorne' : gros fruit fondant, très abondant. 'Fallgold' : fruit jaune. 'Heritage' : se congèle bien . 'Lloyd George' : fruit allongé, fondant, de faible remontée (classé souvent en non-remontant). 'Zeva' : la plus grosse framboise, de forme allongée. Les tiges sont assez courtes et peuvent se tenir droites toutes seules sans l'aide d'un tuteur.

Variétés non remontantes. Elles ne donnent qu'une fois dans l'année.

— 'Jaune de Metz' : de couleur jaune, juillet. 'Magnific Delbard' : très gros fruit, ne s'écrasant pas, de fin juin à la mi-août. 'Malling Promise' : gros, rouge clair, de fin juin à fin juillet. 'Schoenemann' : gros, rouge violacé, juillet-début août. 'Surprise d'automne' : jaune, de fin juin à fin septembre.

Hauteur : 1,50 à 2 m.
Terre : ordinaire.
Exposition : plutôt nord ou mi-ombragée que plein sud.
Multiplication : séparation des drageons.

△ **Raisin 'Muscat de Hambourg'**

Vitis vinifera

VIGNE
Famille des ampélidacées
Plante grimpante

Ses feuilles découpées aux chaudes couleurs automnales et ses grappes aussi belles que délicieuses ont depuis longtemps conquis les tonnelles et les murs. Poussant en toute région, la vigne ne fructifie guère si les étés sont frais, sauf devant un mur bien exposé. Grâce à ses vrilles, elle s'accroche seule à bien des supports.

△ **Raisin 'Muscat d'Alexandrie'**

■ CONSEILS UTILES

— La vigne n'est pas fragile (elle supporte -20 °C) et sa végétation est très dense ; aussi peut-elle fournir, en été, un ombrage agréable dans les régions à climat continental, sans gêner en hiver puisqu'elle perd ses feuilles.

— Les fruits apparaissent sur les pousses de l'année, elles-mêmes portées par des rameaux plus âgés.

— Cueillies à maturité, les grappes peuvent se conserver de longs mois au frais, si on les coupe portant encore un long morceau de sarment que l'on met à tremper dans un bocal, incliné de façon que la grappe ne le touche pas.

■ LES MEILLEURES VARIÉTÉS

— 'Admirable de Courtillier' : blanc rosé, septembre. 'Chasselas doré de Fontainebleau' (ou 'de Moissac') : blanc, septembre, et sa mutation 'Chasselas rose', plus tardive. 'Dattier de Saint-Vallier' : blanc, croquant, à la mi-octobre. 'Muscat d'Alexandrie' : blanc, ferme, en octobre. 'Muscat de Hambourg' : noir, à grosses grappes, en octobre. 'Muscat noir hâtif de Marseille' : noir, au très beau feuillage d'automne, le plus hâtif des muscats, en septembre. 'Perdin' : blanc, très résistant aux maladies, recommandé au nord de la Loire, car très précoce, fin août. 'Perle de Casba' : blanc, au début septembre. 'Perlette' : blanc, sans pépins, pouvant se faire sécher, en septembre.

Hauteur : selon le support.
Terre : ordinaire, même sèche et calcaire de préférence.
Exposition : ensoleillée.
Multiplication : bouturage, marcottage et greffage.

Créer soi-même son jardin est une merveilleuse aventure... que je tenais à vous faire partager. Sans expérience préalable, sans connaissances professionnelles, vous pourrez, si vous le souhaitez, vous inventer un véritable paradis vert.

Les conseils que vous allez trouver dans ce chapitre, les techniques que je vous y propose — et parce que ces dernières sont avant tout "visuelles", traitées principalement en images — sont aussi faciles à déchiffrer que la "Méthode Rose" au piano, méthode simplifiée à l'extrême et donc facile à retenir.

Vous y trouverez tous les conseils pratiques et les indications techniques pour établir le plan de votre jardin, vous guider dans vos achats, réaliser le gros œuvre, planter, installer les supports de vos plantations, entretenir et traiter, décorer, et tenir compte des zones climatiques.

Vous aimez les nouveautés ? Vous serez servi. Car je vous propose aussi de découvrir de nouvelles formules de création adaptées, chacune à des situations particulières, tels que le "scree", le "bog", le "jardin de tourbe" ou la "plantation sous protection" qui vous raviront, car, pragmatique et dynamique, ce jardinage nouveau est à la portée de tous, même de ceux d'entre vous qui ont toujours cru qu'ils n'avaient pas la main verte !

III

LE SAVOIR-FAIRE

Sommaire

Les portes d'entrée

Elles déterminent la première impression que l'on aura de votre demeure : elles sont à la fois l'accueil et la bienvenue.

Il faut que cette entrée soit en harmonie non seulement avec le style et l'architecture de la maison, mais aussi avec la personnalité de ses occupants.

Toutes les façades peuvent se concevoir "habillées" de plantes, encore faut-il tenir compte de la région et du travail que vous voulez consacrer à cette entrée.

Chaque fois que cela sera possible, préférez, cependant, des plantes à feuillages persistants qui orneront les murs toute l'année.

Ici, on a pris le parti de prévoir une plantation permanente grâce à une petite haie de conifères et à une allée de *Juniperus hibernica* qui ont de l'élégance. En outre, pour égayer la façade, en été, on a planté des rosiers sur tiges, lesquels, étant greffés à la tête, ne dépasseront jamais leur hauteur à l'achat (environ 0,60 / 0,80 m). A une distance de un mètre de la porte d'entrée, un arceau en fer supporte deux rosiers grimpants de couleur rouge ou rose ou jaune en accord avec la tonalité du matériau. La bordure de briques, très pratique si l'allée est en gravillons, pourrait être remplacée par une bordure de pavés qui donnent une note plus rustique.

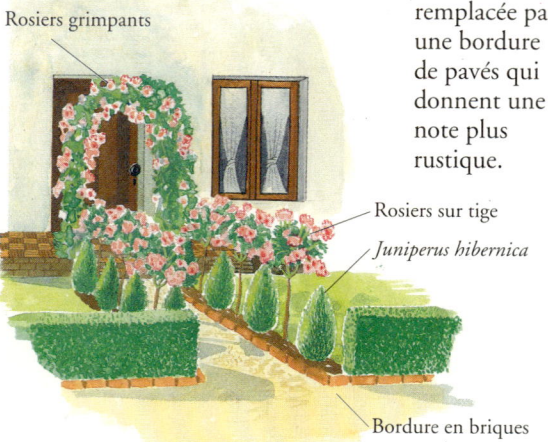

Rosiers grimpants

Rosiers sur tige

Juniperus hibernica

Bordure en briques

Conifères nains ou résineux taillés en pyramides

Annuelles (pétunias ou géraniums)

Un accueil idéal, surtout pour une demeure dans une région à climat doux, les plantes en bac pouvant souffrir du gel et des grands froids. Pour végétation, des conifères nains ou encore de petits résineux taillés en pyramides et entourés de fleurs annuelles (pétunias ou pelargoniums), exigeant peu de soins : seulement des arrosages et le nettoyage des fleurs fanées.

Un impératif cependant : évitez de planter des arbustes à grand développement qui nécessiteraient un rempotage éventuel dans de plus grands bacs.

Lierre taillé

La conception de cette entrée est très sobre et convient admirablement à une façade dont on n'aura jamais le temps de beaucoup s'occuper.

Il faut compter deux ans pour obtenir cet effet sculptural, grâce à la plantation de lierres, à feuillage vert ou panaché, selon le goût des propriétaires. Une petite palissade en bois ornée d'un arceau recouvert d'une garniture de paille tressée sert de support aux lierres, ceux-ci n'aimant pas beaucoup grimper sur des fils de fer. La légère courbure de la haie de lierres apporte beaucoup plus d'originalité à l'ensemble qu'une simple haie rectiligne.

Cette entrée, protégée par un auvent de tuiles, peut être plus qu'accueillante. Regardez comme elle améliore une façade banale pour en faire une maison pleine de charme. Les poteaux en bois soutenant l'auvent sont habillés de plantes grimpantes : rosiers, clématites, chèvrefeuilles, selon la région. Le sol est en légère élévation, ce qui lui confère une allure de terrasse. Cet écart de niveau est marqué à droite et à gauche des marches par une plantation s'étalant sur une largeur de 0,60 m.

Plates-bandes d'environ 0,50 m de large

Plantes grimpantes : rosiers, clématites ou chèvrefeuilles

Les plans de pavillons et petits jardins

Un "petit" jardin de week-end, un "petit" jardin de pavillon, un "petit" jardin de maison campagnarde... le mot "petit" ne doit pas suggérer un jardin "restrictif", qui ne puisse être paysagé avec autant d'éléments de charme que son aîné, un grand jardin.

Je vous le prouve avec ces quatre jardins de même surface prévus pour des familles bien différentes.

Aucun d'entre eux ne nécessite de grands travaux et, pourtant, tous peuvent être exécutés sur moins de 200 m².

Jardin pour une famille
avec enfants : C'est un jardin de jeux et de fleurs, un jardin de soleil et d'ombre où le coin des enfants est une priorité. Des arbres fruitiers occupent un espace derrière l'aire de jeux. Vous n'y trouverez pas de gazon à tondre, mais une mini-prairie à l'emplacement du verger. Une allée gazonnée sur deux largeurs de tondeuse fait le tour du jardin et rejoint la terrasse devant la maison, donc pas de marches à gravir pour les petits. Occupant une partie du terrain isolé au fond, le potager forme un petit jardin à part.

Un grand massif, au centre, est un foisonnement de fleurs.

On pourrait réserver l'espace se trouvant à droite de la terrasse pour la culture des petits fruits à confitures : cassis, groseilles, groseilles à maquereau ou framboises, d'un accès facile pour la maîtresse de maison, à la fois près de la terrasse et du coin des enfants.

Mini-prairie plantée d'arbres fruitiers — Massif floral — Potager — Allée gazonnée — Aire de jeux — Terrasse — Groseilliers, cassissiers, framboisiers

Jardin facile pour un ménage
à la retraite, dans lequel les joies du potager s'intègrent à un jardin de parfums. Une haie bocagère libre souligne la clôture. Quelques arbres ombrent un coin prairie où courent des allées de gazon tondues. La terrasse en surélévation est soulignée d'arbustes à fleurs qui occasionnent un minimum de travail. Pour avoir les pieds au sec, des pas japonais mènent à une tonnelle de repos qu'escaladent des roses parfumées. De chaque côté de la tonnelle, on s'est contenté de laisser pousser l'herbe dans laquelle ont été enfouis quelques bulbes pour le printemps (narcisses, jacinthes) et semées à la volée des graines de fleurs annuelles pour l'été.

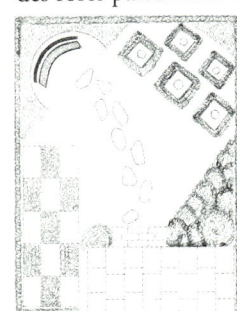

Tonnelle de repos — Haie bocagère — Allée de gazon — Le coin prairie — Pas japonais — Gazon — Potager et jardin d'herbes — Terrasse

Jardin pour la détente de week-end

Celui-ci est un jardin sans formalité où le naturel du décor fait penser à ces jardins anglais, romantiques à souhait.

Sa rocaille pour amateur de plantes encadre une terrasse-patio, prévue assez spacieuse pour y prendre, entre amis, ses repas. Un arbre et un arbuste à fleurs s'étofferont avec le temps et enlèveront tout aspect "minéral" à ce salon de plein air. Son dessin irrégulier aux courbes douces fait oublier que ce terrain était au départ d'une banale forme symétrique. En haut à gauche, une pergola occupe une position inattendue en s'enfonçant en biais vers une petite plantation d'arbres coincée dans un angle. Elle crée ainsi un centre d'attraction un peu "confidentiel", comme une petite pièce privée et intime qu'encadrent deux massifs de fleurs et d'arbustes surplombant la pelouse.

Arbres
Massif de fleurs et d'arbustes
Arbre
Pergola
Pelouse
Rocaille
Arbuste et arbre à fleurs
Terrasse-patio
Terrasse en surélévation
Coin repas

Jardin pour personnes âgées ou handicapées

Ces chemins en labyrinthe sont d'un accès aisé pour une chaise roulante. Les massifs de plantes, contenus dans des coffrages faits de rondins de bois, sont surélevés, facilitant ainsi le "jardinage assis" qui évite d'avoir à se baisser. En outre, leur étroitesse permet un travail plus commode. Pour le sol, il est préférable de choisir entre deux matériaux (et leurs techniques de pose appropriées) qui donnent une surface lisse et ferme, parfaite pour une marche stable.

● Ou bien du calcaire concassé de la plus fine granulométrie que l'on étend (après avoir creusé le sol d'environ 20 cm) en plusieurs couches. Le procédé consistant à mouiller, rouler, mouiller, rouler, une fois posée chacune des couches.

● Ou bien, des faluns de la Loire, qui sont des sables composés de fossiles écrasés puis damés pour former un revêtement dur mais poreux. Au fond du jardin, une pergola fleurie, large de deux mètres fait office de salon de verdure.

L'originalité de cet exemple est qu'il est un endroit privilégié aussi bien pour les personnes âgées ou handicapées que pour les jeunes enfants, ceux-ci pouvant aisément circuler en petite voiture ou à bicyclette sans rien abîmer, du fait que les massifs sont bien protégés par leurs cerclages de rondins.

Pergola fleurie

Plantation surélevée contenue dans des coffrages en rondins de bois

Plans de jardins de formes variées

C'est la forme que vous imposerez à votre terrain qui donnera au jardin tout son caractère et son intérêt.

En fait, il y a plusieurs raisons de vouloir la modifier, cette forme :

- ou bien, ce terrain est trop carré, trop symétrique ;
- ou bien, il est trop étroit et long ;
- ou encore, trop large et peu profond ;
- il est en pente ;
- il a une forme irrégulière.

Or, transformer un terrain est toujours possible sans avoir recours ni à de grands travaux ni à de grands frais.
Il existe deux façons de réaliser les rectifications souhaitées.

● En utilisant des végétaux : arbres, arbustes pour créer des points de vue, des écrans, des haies et des compartiments qui vont architecturer le jardin (c'est le moyen le plus économique).

● En usant de matériaux de construction pour aménager des murets, des niveaux, des allées, des pergolas. En réalité, c'est surtout la fonction du jardin qui dictera votre choix d'un style plutôt qu'un autre. Une famille avec enfants n'aura pas besoin d'un jardin où abondent les plates-bandes de fleurs. Un couple de retraités ne devra pas envisager un terrain où escaliers et buttes jouent un rôle important. Plus votre temps est limité, plus votre choix se portera sur les plantes qui, après leur plantation, ne nécessitent qu'un minimum d'entretien... Les arbustes, bien sûr, d'autant que l'on trouve des variétés fleurissant chaque mois de l'année et des végétaux à feuilles persistantes donnant au jardin un air constamment "habillé".

Si vous envisagez de faire les travaux vous-même, sachez que vous pouvez louer pratiquement tout le matériel mécanique : mini-pelle, motoculteur, tire-fond, ce qui facilite considérablement le travail.

Les plantations typiques d'une région donnée peuvent trouver leur place dans les formes et structures proposées ici, car les végétaux ont leur rôle à jouer, celui d'habiller les plans le plus harmonieusement possible.

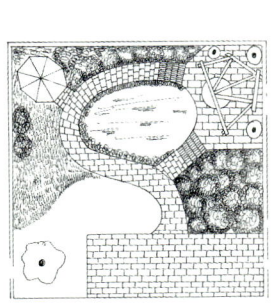

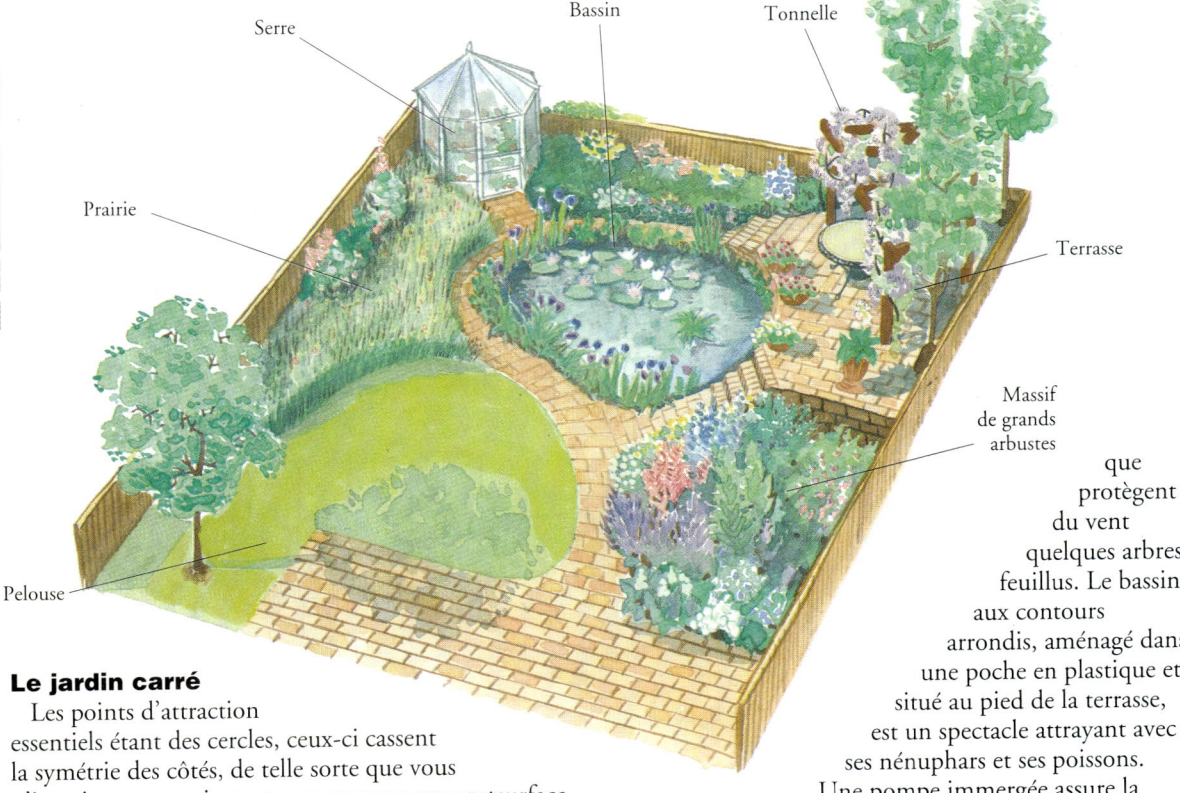

Serre — Bassin — Tonnelle — Terrasse — Massif de grands arbustes — Prairie — Pelouse

Le jardin carré

Les points d'attraction essentiels étant des cercles, ceux-ci cassent la symétrie des côtés, de telle sorte que vous n'imaginez pas un instant vous trouver sur une surface carrée.

Au premier plan, à gauche, une pelouse bien tondue s'arrondit devant une petite surface de gazon traitée en prairie, mais toujours avec des lignes courbes. La terrasse en surélévation, en haut à droite (qui sert de coin repas), est de forme asymétrique. Chaque détail tend à faire oublier "le carré", jusqu'à la table pour les repas, qui est ronde, à l'abri d'une tonnelle triangulaire

que protègent du vent quelques arbres feuillus. Le bassin aux contours arrondis, aménagé dans une poche en plastique et situé au pied de la terrasse, est un spectacle attrayant avec ses nénuphars et ses poissons. Une pompe immergée assure la propreté de l'eau. La serre a été choisie octogonale pour mieux s'encastrer dans l'angle, en haut à gauche. Elle est prolongée par une bordure florale dans le fond du jardin.

Un massif de grands arbustes au pied de la terrasse sert à cacher l'écart de niveau. Le dallage a été prévu en briques, mais il pourrait aussi bien être réalisé en pierres. C'est un jardin d'entretien facile.

Les plantations typiques de la région peuvent trouver leur place dans les formes et structures proposées ici, car les végétaux ont leur rôle à jouer, celui d'habiller les plans le plus harmonieusement possible.

Le jardin large

En aménageant des centres d'intérêt variés sur toute la largeur du terrain, on obtient une succession de scènes de jardins très divers. Depuis le potager en haut à gauche, on accède au jardin clos des petits. Une pièce d'eau décentrée rejoint la terrasse par une allée de pavés, créant ainsi une perspective en longueur.

Remarquez les cache-misère pour les poubelles en bas à droite.

Le coin gauche est ponctué par un conifère qui balaye de son ombre tantôt la terrasse, tantôt le jardin des enfants.

En haut à droite, le coin naturel, planté d'arbres, diminue d'autant une bonne partie de la largeur du terrain, l'herbe y pousse avec ses fleurs sauvages.

Le petit bassin rectangulaire, avec sa margelle de pavés, s'appuie sur une haie bocagère plantée de divers arbustes à fleurs. Il faut noter qu'une haie plus longue n'aurait fait qu'accentuer la largeur du terrain, ce que nous voulons très précisément éviter.

Une petite maison de thé, ou "gazebo", en bois achève l'illusion... le jardin a perdu sa largeur.

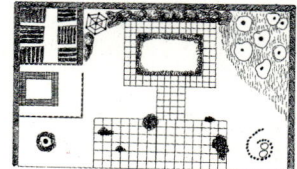

Le jardin long et étroit

Pour lui redonner des proportions plus harmonieuses, il fallait simplement en faire deux jardins plus petits de forme rectangulaire.

La terrasse, avec ses arbres et ses escaliers en demi-lune, flanquée de chaque côté de ceux-ci d'une large rocaille, donne une forme arrondie à ce premier jardin, planté de conifères et d'arbustes à feuillages persistants.

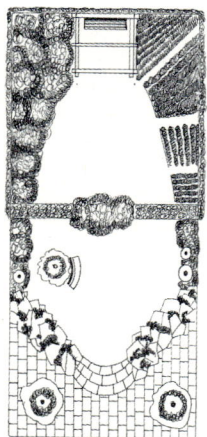

Voici un premier plan de verdure vu depuis la maison.

Pour assurer le partage de la pelouse, observez les deux élégantes arcades de verdure qui se rejoignent au centre pour former un épais massif floral.

Nous accédons maintenant au deuxième jardin qui serait davantage le jardin d'été, comparé au premier, conçu pour être de toutes les saisons. Sa longueur a été réduite grâce à une tonnelle fleurie de glycines et de roses qui s'avance dans le gazon.

A droite de la pergola, un petit jardin d'herbes a été aménagé, à gauche une bordure florale s'appuie sur un treillage où sont palissés des rosiers.

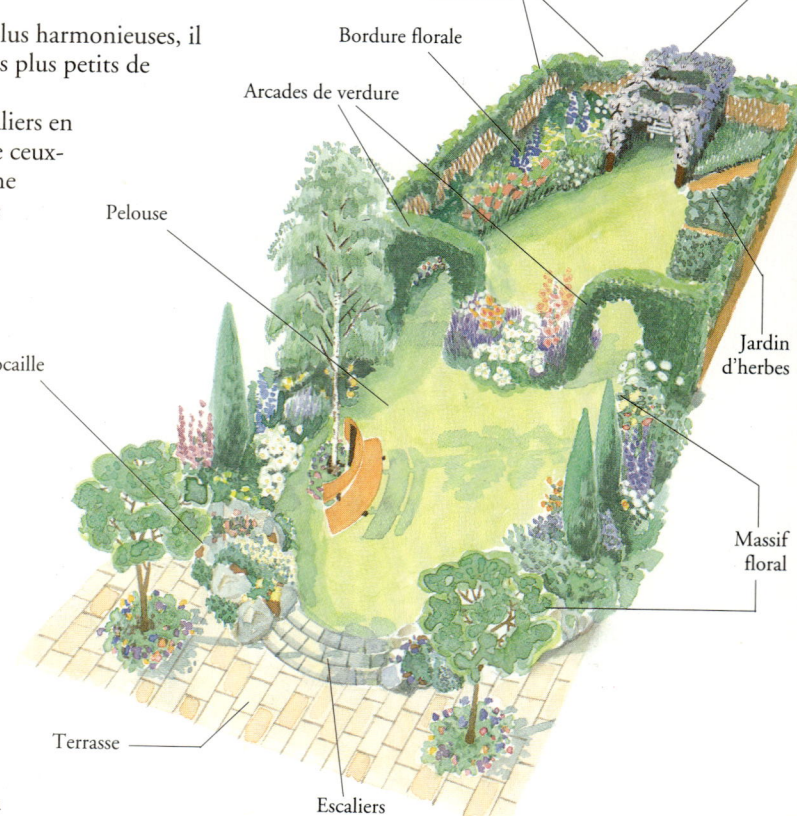

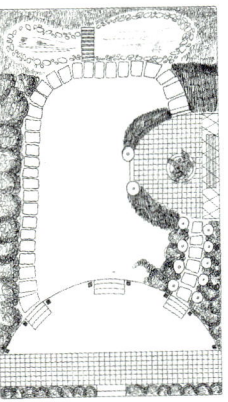

1re terrasse bordée d'une guirlande de rosiers

Jardin-terrasse

Bordure fleurie

Ifs taillés

Escaliers

Pas japonais disposés en escalier de faible hauteur les uns par rapport aux autres

Bordure fleurie

Pièce d'eau

Jardin en pente

Il faut profiter, si possible, du ruissellement des eaux sur une pente pour installer une pièce d'eau au niveau le plus bas. On peut concevoir un bassin naturel consolidé par de la glaise ou une pièce d'eau artificielle comprenant un liner et une pompe immergée afin de renouveler la circulation d'eau.

Pour couper la pente, nous avons aménagé une première terrasse plate bordée d'une guirlande de rosiers palissés sur cordes ou sur chaînes avec trois escaliers surplombant trois paysages différents du jardin.

Au bas de l'escalier, à gauche, des ifs taillés mènent à un petit jardin-terrasse cerné par une haie.

L'escalier du centre donne sur la pelouse qui, elle, a gardé une légère pente. Quant à l'escalier de droite, il rejoint un chemin de dalles longeant une bordure fleurie. Etant donné la faible pente, les pavés (ou les dalles de ce chemin) sont enterrés commes des pas japonais disposés en escalier, leur hauteur n'ayant que quelques centimètres d'écart les uns par rapport aux autres.

Tout autour du bassin, au point le plus bas, ont été placés des galets qui cachent les bords de la feuille de plastique servant à contenir l'eau. Des joncs peuvent y être plantés directement. A défaut de pompe, des plantes oxygénantes et des poissons garderont une certaine propreté à cette eau.

Jardin irrégulier

Le problème, ici, consiste à occuper au mieux les différents espaces et recoins.

A gauche, tout près de la terrasse, a été installé le coin de jeux des enfants avec leur bac à sable et leur "maison", une tonnelle faite de quatre conifères attachés au sommet. Cet endroit ludique est suivi d'une prairie fleurie, ombragée par quelques arbres, l'ensemble créant l'illusion que le terrain est plus large.

A droite de la terrasse, en plein soleil et de plain-pied, un petit potager-jardin d'herbes bien ordonné.

Descendons les trois marches de la terrasse encadrée d'une paire de conifères accompagnés de rosiers blancs 'Iceberg'. Nous voici sur une pelouse. Un chemin gazonné nous emmène jusqu'à une pergola construite comme une petite pièce de repos dont on peut admirer les roses et les clématites depuis la maison même. Tout en haut à droite, un coin mort a été animé par un saule pleureur qui prendra du volume avec le temps. La clôture en fil de fer a été complètement cachée par une haie bocagère irrégulière pour ne pas souligner avec insistance les limites du jardin.

Saule pleureur

Pergola

Haie bocagère

Prairie ombragée

Chemin gazonné

Les 4 conifères agencés en tonnelle, la "maison" des enfants

Massifs de haie bocagère

Bac à sable

Marches

Potager-jardin d'herbes

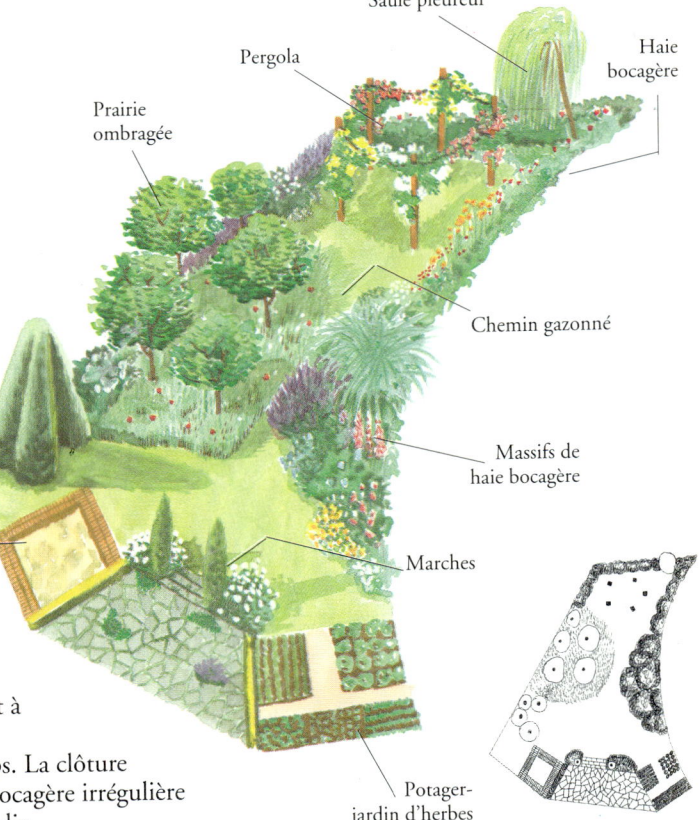

Savoir acheter une plante

Faire son "shopping" de plantes est vraiment une fête et il ne faudrait pas que vous soyez déçu en arrivant chez vous avec vos trésors.

D'abord, achetez au meilleur moment, de février à mai pour les vivaces, d'octobre à février pour les arbres : les végétaux sont alors au mieux de leur forme. En outre, vous disposez d'un choix énorme car les collections sont encore complètes. Au besoin, inscrivez-vous sur des listes d'attente pour les plantes produites en petite quantité ou les plantes rares.

Si vous achetez par correspondance, lisez attentivement les conditions de vente clairement énoncées dans le catalogue ou sur la liste des végétaux. Ces conditions contiennent une garantie minimale à la fois pour l'acheteur et le vendeur. Sachez donc à quoi vous vous engagez. Les catalogues font rêver, ils sont là pour ça. Pourtant, il est bon de savoir que le petit arbre de 10 cm que vous allez recevoir mettra un certain temps à devenir cet arbuste d'un mètre de haut et déjà couvert de fleurs présenté sur la photo. Renseignez-vous donc, avant, sur la taille de la plante que vous commandez. Malgré toutes ces mises en garde, soyez circonspect — c'est normal — sans aller jusqu'à une méfiance obsessionnelle.

Ainsi, derrière la mention "fleurissement de mai jusqu'aux gelées" ou "tout l'été" comprenez que cette floraison aura lieu *durant* cette période, et non pas *tout au long* de cette période. (Exception faite, cependant, pour certains rosiers dont le fleurissement se renouvelle pendant plusieurs mois.)

Voici une autre cause d'échec. L'acheteur a souvent tendance à se précipiter sur la plante présentant une bonne petite touffe de verdure en pensant que tout ira bien, alors que la partie cachée, celle qui est dans le pot, est d'une importance capitale. Observez bien l'état de la terre et surtout qu'elle ne soit pas trop sèche. En effet, des manipulations de transplantation, de voyages, de mise en place font que les plantes ne sont pas toujours conservées et arrosées dans les meilleures conditions entre le moment où elles quittent la pépinière et leur mise en place dans les points de vente. C'est donc à vous de vérifier l'état de vos acquisitions en toute connaissance de cause. En particulier, méfiez-vous de certaines "bonnes affaires" proposées par les non-spécialistes qui peuvent avoir gardé les plantes dans des endroits trop chauds ou trop froids, ce qui nuit à leur reprise.

Enfin, où que vous achetiez vos végétaux, demandez un ticket de garantie qu'il faudra conserver avec votre ticket de caisse : cette précaution vous donnera la possibilité de les rapporter s'ils ne reprennent pas. Toutes les jardineries et pépinières sérieuses comprennent cette pratique. Acheter au rabais sans garantie est souvent aller au-devant de déceptions.

Les plantes vivaces

Elles sont vendues en godets, de 8 à 11 cm de diamètre, en général. Pour les plants plus petits, il est plus intéressant d'effectuer vous-même le semis ou le bouturage. Faites bien attention, dans cette catégorie plus encore que dans les autres, les prix varient considérablement. Acheter à moindre prix n'est pas forcément une bonne affaire, les plantes les plus chères étant souvent plus fortes et plus vigoureuses. Si vous souhaitez des vivaces saines, dépotez celles-ci délicatement afin de vérifier qu'il existe un bon écheveau de racines. Aucun professionnel digne de ce nom ne s'offusquera de cette manœuvre, à condition d'agir avec délicatesse, en demandant, bien sûr, l'aide du pépiniériste lui-même.

Les plantes annuelles

Fleuries, elles sont vendues en godets, et rien n'est plus tentant, après l'hiver, que ces plantes toutes prêtes à être mises en place. Prenez garde, cependant, aux risques de gelée matinale, car ces potées fleuries sortent tout droit de serres chauffées (sinon, elles ne seraient pas en fleurs) et le choc de la transplantation dans votre terre froide n'aidera pas à leur développement. Ne soyez donc pas pressé de les mettre en terre, et surtout choisissez des plantes en boutons plutôt qu'en fleur, que vous aurez ainsi la joie de voir s'épanouir chez vous.

Les plantes en godets sont de plus en plus vendues par barquettes de dix.

A vérifier : l'état de toutes les plantes. Vous n'êtes pas obligé d'accepter certains pieds de la barquette qui auraient souffert.

Savoir acheter un arbre ou un arbuste

Les différentes formes

Les arbres et les arbustes peuvent se présenter :

En baliveau : la plante, obtenue par semis, bouturage ou marcottage, a, au minimum, deux ans d'âge. Elle présente une flèche verticale et quelques branches latérales.

En touffe : la plante supporte au moins trois branches fortes dont la plus basse part au ras du sol.

En cépée : ici, les trois branches fortes partent de la même souche au ras du sol.

En tige : l'arbre présente une tige principale surmontée d'une couronne de branches. Il existe également des demi-tiges et des quart de tiges (surtout pour les rosiers).

Les rosiers

Ces arbustes doivent avoir au moins trois branches. Ils sont vendus à racines nues d'octobre à février ; ensuite, on les trouve souvent dans le commerce sous enveloppe plastique. Là encore, n'allez pas à l'économie, car ces "sachets" ont parfois traîné dans les grandes surfaces en pleine chaleur. Vous devez donc vérifier que les tiges n'ont pas l'air "craquelées", qu'elles n'ont pas viré au marron, que leurs branches ne sont pas ridées et que les racines sont suffisamment développées. Si vous devez absolument acquérir vos rosiers après le mois de mars, prenez-les en conteneurs. Ils seront un peu plus chers, mais vous aurez l'assurance d'être bien servi.

Rosiers racines nues : bon aspect

Rosiers racines nues : mauvais aspect

Savoir acheter graines, bulbes, mottes, conteneurs, racines nues

Les graines

Choisir une collection de paquets de graines est une des grandes joies du début du printemps. Or, si tous les paquets fleuris sont tentants, il faut, cependant, vérifier certains points : la date de péremption, entre autres, qui doit figurer sur le sachet ; en effet, si celle-ci est dépassée, les graines risquent de ne pas germer.

Il existe une catégorie de graines qu'il faut rechercher en priorité, même si elles coûtent plus cher, parce qu'elles ont été rigoureusement sélectionnées pour leur vigueur et leur floribondité maximales. Ce sont les Hybrides F1.

À leur propos, une petite remarque : leur sélection a été si bien faite que ces plantes ont toutes la même hauteur et fleurissent toutes en même temps.

Enfin, absolument indispensable, suivez à la lettre les conseils de plantation que vous trouverez développés dans le chapitre ... plantation.

Les bulbes et les rhizomes

Leur prix diminue au fur et à mesure que la saison avance, ce qui ne veut pas dire que vous ferez une mauvaise affaire en les achetant.
Ils fleuriront plus tard, ce qui est parfois bien agréable.

Les rhizomes sont des plantes dont la face inférieure émet des racines adventives et la face supérieure des bourgeons qui se transforment en tiges : dahlias, iris, bégonias ; tandis que les bulbes ont une forme d'oignons qui contiennent toute la réserve végétale nutritive : tulipes, jacinthes, muscaris, jonquilles, etc.

A vérifier :
- Les bulbes ou les rhizomes devront être fermes au toucher, à la base, et n'avoir aucun signe de moisissure ni taches.
- L'apparition du feuillage à l'extrémité prouve que le bulbe est déjà en végétation.
- Les bulbes de lis devront être compacts et fermes,

les écailles ne devront être ni flétries, ni recroquevillées, ni marron sur les bords.

Oignon en bon état   Oignon en mauvais état

Les arbustes vendus en mottes ou tontines

● Les mottes protégeant les racines sont elles-mêmes enveloppées d'une toile ou de paille. Ouvrez cet emballage et examinez la terre à l'intérieur de la tontine. Si cette terre n'a pas été arrosée, elle risque de s'émietter au moment de la plantation.

● Un autre signe trahissant que la plante est desséchée est le jaunissement, même léger, du feuillage (surtout chez un conifère).

● Enfin, il arrive qu'au déballage la terre se détache complètement de la plante. Pas de doute, celle-ci a simplement été empaquetée vite fait, au moment de la vente, et elle court les plus grands risques de ne jamais se développer.

● Une motte grillagée remplace souvent la tontine chez les gros sujets.

Tontine en bon état   Tontine en mauvais état

Les plantes vendues en conteneurs

Les plantes en conteneurs sont transplantables toute l'année. En fait, elles s'enracineront mieux au début du printemps ou de l'automne. Vérifiez que la terre adhère aux racines - sans s'effriter sous son propre poids - en dépotant la plante d'un coup de talon.

Plante en conteneur : bon aspect   mauvais aspect

Plante dépotée : bon aspect   mauvais aspect

● Si, en soulevant le conteneur, celui-ci vous paraît très léger, attention la plante manque d'eau. Laissez-la tremper dans un seau d'eau pendant quelques minutes avant de la retirer du pot.

● Défaites délicatement les racines, à la main, et coupez un peu du "chignon" (le nœud formé par les racines entrelacées) avant de planter.

● Des racines dépassant des trous placés au fond du conteneur sont souvent l'indice d'un trop gros chignon envahissant tout. N'hésitez pas à sortir la plante de son contenant pour vous en assurer et écarter les racines

entrelacées, sinon la reprise risquerait d'être difficile.

● Un départ de racine visible à la surface du conteneur prouve que la terre s'est desséchée sur une plante restée trop longtemps en pot.

● Des feuilles jaunies en surface ou d'une teinte rougeâtre par-dessous sont souvent la preuve que la plante peut avoir une maladie.

● Essayez de soulever délicatement la plante en la prenant à la base des branches : si elle sort très facilement du pot, c'est une plante mal établie et qui devra être laissée de côté.

Les plantes à racines nues

Vous ne les achèterez qu'entre le mois d'octobre et fin février. C'est une formule peu coûteuse et pleine d'avantages : elle vous permet de vous assurer de la vitalité de la plante et que celle-ci comporte au moins deux fois plus de racines fines que de racines maîtresses.

Pour l'achat d'un arbre, par correspondance, sachez que les chiffres indiqués sur l'emballage mesurent la circonférence du tronc à un mètre du sol. Par exemple 8/10 signifie que le tronc aura une circonférence de 8 à 10 cm. Si vous choisissez l'arbuste sur place, observez-le attentivement et rejetez sans pitié des sujets présentant des racines desséchées (signe que la plante n'a pas été conservée en terre), des branches ridées ou composées seulement de gros moignons (leur taille doit avoir un aspect équilibré).

Vous achetez une plante grimpante ? Grattez très délicatement un millimètre d'écorce avec votre ongle, cette tige doit être verte sur toute sa longueur. Une plante grimpante de deux ou trois branches dont l'une n'est pas vivante n'est pas un bon achat. Retaillez les vilaines coupes et, avant de planter, coupez quelques centimètres au bout des grosses racines. Laissez alors l'arbuste se rafraîchir en le trempant dans l'eau pendant une heure. Quand vous mettrez le végétal en terre, enterrez-le jusqu'au collet comme il l'était en pépinière (la marque de la terre est visible sur le tronc). Un ultime conseil mais capital : ne laissez jamais les racines d'un végétal à l'air en attendant la plantation, mais veillez à les recouvrir d'une toile ou d'un plastique.

Racines en bon état

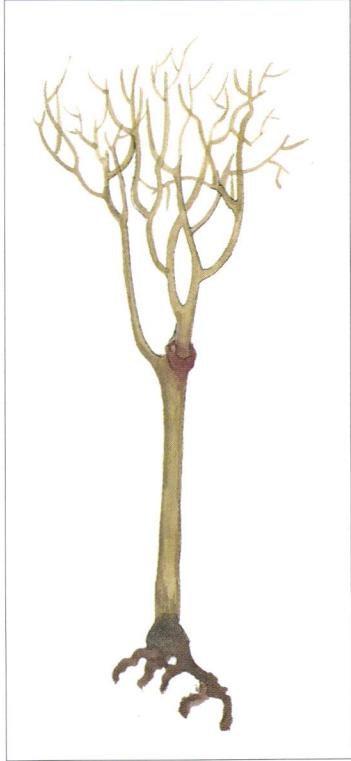

Racines en mauvais état

Savoir acheter les outils

Pour la plupart, les outils servent à faire de lourds travaux ; il faut donc les acheter de bonne qualité.

Les plus chers, mais aussi les meilleurs — car ils vont durer toute une vie — ont des manches en acier. Les outils à manche de bois vous feront également bon usage… à condition d'être bien entretenus. Et pour cela, observez quelques consignes. Vous essuierez méthodiquement les outils mouillés avant de les ranger ; vous aiguiserez périodiquement les outils à lame, débarrassés au préalable de leur terre et essuyés après usage. Ainsi, dureront-ils des années.

Accrochez-les à un présentoir à outils fait de simples planches de bois et utilisez un bac à sable pour y piquer les petits outils que vous désirez avoir à portée de main.

Bac à sable : ajouter au sable un bidon d'huile à moteur et piquez-y vos outils : ce système les empêchera de rouiller.

 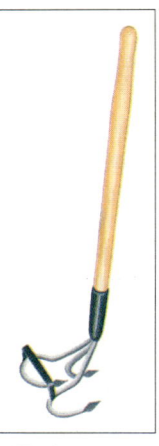 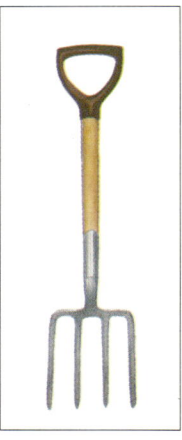   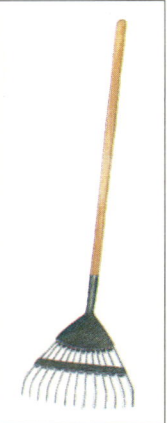 

Bêche : indispensable pour creuser les trous de plantation.

Griffe à 3 dents : elle est utile pour déraciner les mauvaises herbes.

Fourche-bêche à 4 dents : elle sert à préparer le terrain, à bêcher, c'est-à-dire à retourner la terre.

Binette : elle permet d'ameublir la terre dans les plates-bandes, et, de ce fait, d'en extraire les mauvaises herbes.

Râteau en acier : il vous permettra de retirer les petits cailloux, les brindilles, mais aussi d'égaliser la terre avant les semis.

Râteau à lames souples : ses dents sont flexibles, ce qui permet de ratisser les feuilles et les coupes de gazon.

Balai : il est commode non seulement pour balayer les allées, mais aussi le gazon que vous aurez sablé ou traité contre la mousse.

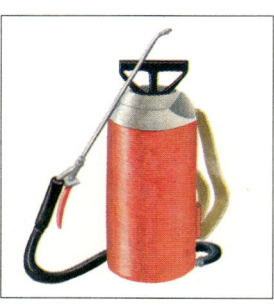 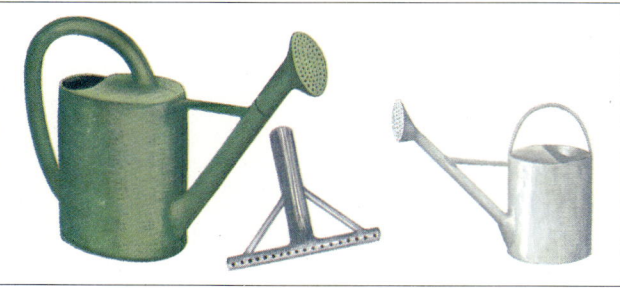 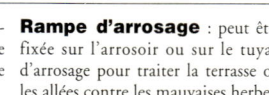 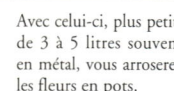 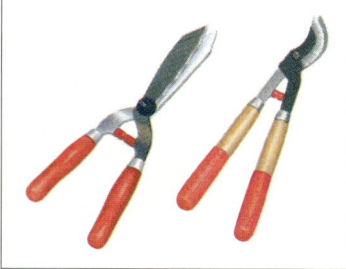 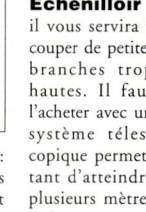

Echenilloir : il vous servira à couper de petites branches trop hautes. Il faut l'acheter avec un système télescopique permettant d'atteindre plusieurs mètres de hauteur.

Pulvérisateur : vous l'utiliserez pour les traitements contre les maladies. On pulvérise aussi bien les plantes elles-mêmes que la terre autour.

Arrosoir : en plastique, d'une contenance de 10 litres, on l'emploie pour les arbustes.

Rampe d'arrosage : peut être fixée sur l'arrosoir ou sur le tuyau d'arrosage pour traiter la terrasse ou les allées contre les mauvaises herbes.

Avec celui-ci, plus petit, de 3 à 5 litres souvent en métal, vous arroserez les fleurs en pots.

Cisaille à haie : elle sert à tailler les haies, mais aussi à former les arbustes, surtout les topiaires.

Sécateur : pour tailler les branches et couper les fleurs.

  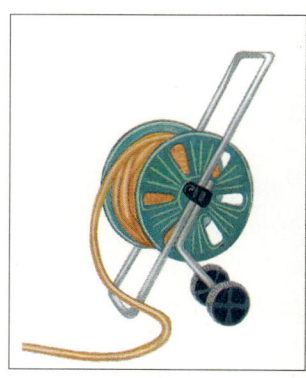

Brouette : à une ou deux roues selon les charges à transporter. La brouette à une roue est plus maniable, mais supporte de moins lourds fardeaux.

Diable : une fois adopté, vous ne pourrez plus vous en passer pour transporter des objets lourds et encombrants comme les sacs de tourbe, les grosses pierres. Prévoyez des planches de bois quand vous le ferez rouler sur le gazon.

Enrouleur : très commode pour déplacer les tuyaux.

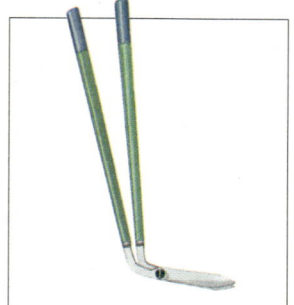    

Coupe-bordure : pour faire la "toilette" des bordures de gazon rapidement et sans fatigue. Le coupe-bordure est d'un maniement plaisant.

Transplantoir : cette petite pelle est nécessaire pour la plantation de vos plantes vivaces ou annuelles.

Tuyau d'arrosage : indispensable dès que les premières plantations seront faites.

Cordeau pour haie : on l'utilise pour égaliser la hauteur des haies au moment de la taille.

Thermomètre : posé dans un endroit abrité, il vous donnera de précieuses indications sur l'humidité ambiante.

Les murs, murets et clôtures

En France, contrairement à de nombreux pays, le mur de clôture est un élément important du jardin.

En fait, il appartient à notre paysage et à nos traditions séculaires : les Français aiment "se sentir chez eux". D'où les différents motifs invoqués qui dictent leur choix pour ériger haie, muret ou palissade.

- Ne pas être observé par les voisins.

- Faire écran à un vis-à-vis gênant ou à la laideur de l'environnement.

- Se protéger des intrusions animales ou humaines.

- Créer un élément décoratif (mur, muret ou haie).

- Amortir le bruit.

- Briser le vent.

Il faut croire qu'aucun de ces inconvénients ne gêne nos amis américains qui se contentent d'entourer leur propriété d'un simple tapis de gazon. Un mur serait une insulte aux voisins.

Une des considérations primordiales, actuellement, est le prix de revient de cette intimité. On peut considérer que le plus élevé s'applique au mur en pierres ou en briques, le parpaing étant d'un coût inférieur.

Les clôtures en bois (panneaux ou palissades) entrent dans cette deuxième catégorie de prix. La barrière à poteaux (mortaises et lisses) est encore moins chère. Enfin, tout en bas de l'échelle, voici les poteaux reliés par des grillages ou de simples fils de fer, ou encore la brande — ou matelas de bruyère — posée sur fil de fer.

Une clôture peut servir de support à la végétation, plantes grimpantes ou simplement arbustes, dont la fonction est souvent de camoufler la raideur — pour ne pas dire la laideur — de certains murs, barrières ou palissades.

Selon les régions, il est même intéressant d'utiliser des pierres convenant aux murs dans le style s'y prêtant le mieux : ainsi, pour une maison de campagne, rustique, pourquoi ne pas envisager un muret de pierres sèches, c'est-à-dire sans ciment, dont l'ajustement assure la solidité.

Ce type de muret peut aussi bien se concevoir comme élément de décor à l'intérieur du jardin que comme clôture tout autour. Il est vrai que, de nos jours, il devient très difficile de trouver un artisan capable d'exécuter ce type de beau travail. Cependant, avec de la patience, du goût et l'amour du bricolage, vous pourriez fort bien l'exécuter vous-même.

La clôture la plus employée actuellement est la haie, qui réunit tous les avantages cités plus haut, avec un grand bonus : l'esthétique.

Avant de porter votre choix sur l'un ou l'autre type de barrière, renseignez-vous sur les obligations et les défenses liées à l'environnement, qui proscrivent un certain type de clôture ou une hauteur trop importante.

Les murs montés en briques, moellons ou parpaings assemblés au mortier doivent reposer sur un socle (une semelle) de béton. Celle-ci est soit enterrée (elle affleure le sol), soit légèrement surélevée. Dans ce cas, faites auparavant un coffrage de planches fixé par des piquets, coulez le béton et laissez sécher quelques jours.

Montez ensuite vos rangs de pierres, parpaings ou briques. L'appareillage (la disposition des éléments de construction) varie suivant les matériaux, le style régional et… la robustesse souhaitée. L'un des plus simples est l'appareillage "anglais", où les briques sont simplement alternées d'un rang à l'autre.

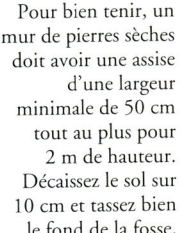

Pour bien tenir, un mur de pierres sèches doit avoir une assise d'une largeur minimale de 50 cm tout au plus pour 2 m de hauteur. Décaissez le sol sur 10 cm et tassez bien le fond de la fosse. Posez ensuite les pierres, choisies au moins 2 fois plus larges que hautes, en veillant à les alterner pour créer un chaînage, garant de la solidité du tout.

Rien de plus beau qu'un mur garni de plantes. Pour y parvenir, intercalez la terre au moment du montage et donnez un certain "fruit" (une pente latérale) aux flancs, pour qu'ils récupèrent l'eau de pluie. Plantez au fur et à mesure du montage, ou semez les espèces qui s'y prêtent, en fin de parcours. L'effet est assuré en 2-3 ans. Contrairement à une idée répandue, les plantes assurent la stabilité de l'ensemble grâce au tissu de leurs longues racines.

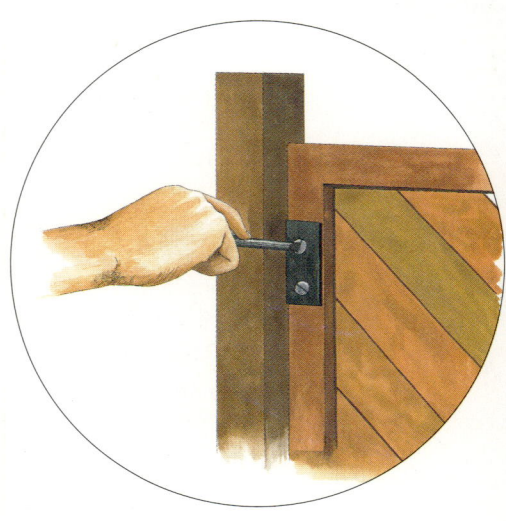

Il existe désormais des clôtures en kit, de pose très facile. Les poteaux à fixation sont simplement emboîtés dans un socle, lui-même fixé à un poteau métallique à arêtes que l'on enfonce à la masse. Les arêtes permettent de fixer les piquets sans effort dans tous les sols. Pour une fixation classique, plantez directement les poteaux (traités) dans un trou que vous comblerez de cailloux.

Emboîtez les poteaux et vérifiez leur verticalité au niveau à bulle. Un coup de masse sur les côtés trop élevés permet de rétablir l'équilibre.

Fixez ensuite les éléments jointifs (lisses, panneaux pleins, treillages...). Les panneaux sont soit enfilés dans des mortaises ménagées dans le poteau, soit vissés dans des cornières métalliques, elles-mêmes préalablement vissées sur le support.

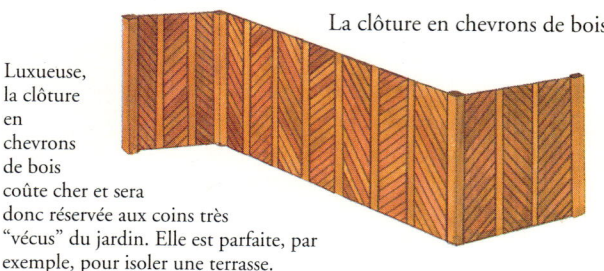

La clôture en chevrons de bois

Luxueuse, la clôture en chevrons de bois coûte cher et sera donc réservée aux coins très "vécus" du jardin. Elle est parfaite, par exemple, pour isoler une terrasse.

La brande de bruyère

La brande de bruyère, disponible partout, possède à la fois une excellente durée et une bonne opacité. Dans un coin pas trop venté, elle peut jouer le rôle de brise-vent.

Les lattes de châtaignier

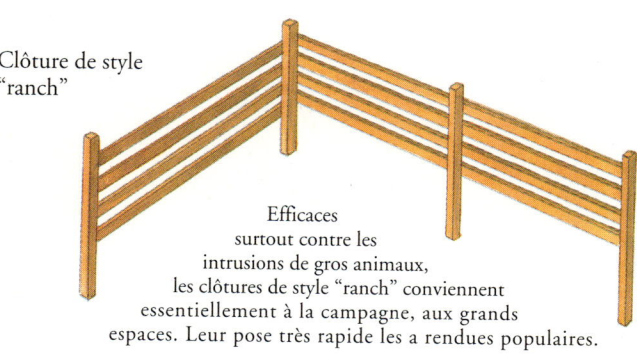

Les lattes (de châtaignier généralement) sont moyennement coûteuses. Elles constituent une faible barrière optique, mais un excellent brise-vent, et assurent une honnête protection physique. Les plantes grimpantes y prennent beaucoup de relief. Appuyez-les sur des fils de fer tendus horizontalement.

Clôture en plastique

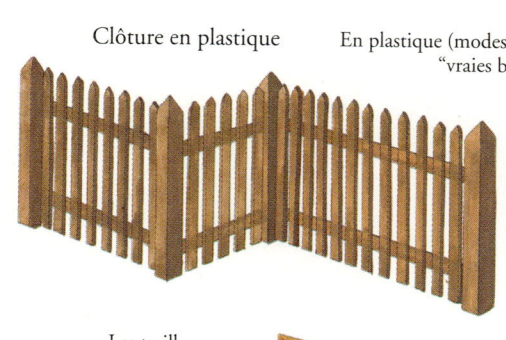

En plastique (modestement esthétique) ou en bois, les "vraies barrières" sont constituées de lattes verticales posées sur des barres transversales. Elles existent en panneaux préassemblés, se posent facilement et donnent beaucoup d'allure au moindre jardinet.

Clôture de style "ranch"

Efficaces surtout contre les intrusions de gros animaux, les clôtures de style "ranch" conviennent essentiellement à la campagne, aux grands espaces. Leur pose très rapide les a rendues populaires.

Les treillages, destinés avant tout à accueillir des plantes grimpantes, jouent tout au plus un rôle de claustra. Leur fragilité relative ne permet pas de les utiliser sur de grandes distances, sauf, bien entendu, si on les appuie contre un mur.

Treillage à mailles en losange

Treillage à mailles carrées

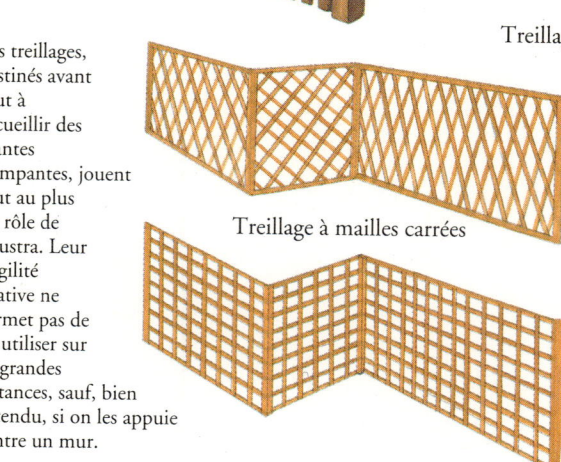

Les allées

Les allées sont indispensables, elles dessinent le canevas du jardin. Il faut les prévoir aussi esthétiques qu'utilitaires.

Ne faites pas l'erreur de les concevoir trop étroites, ce qui présente le désagréable inconvénient, en compagnie d'amis, de devoir marcher à la queue leu leu. Comptez 1 m de large minimum pour le confort d'utilisation. Néanmoins, des allées strictement utilitaires (pour aller, par exemple, avec une brouette, simplement de la maison jusqu'au mur du fond) peuvent n'avoir que 60 cm de large.

Pour toutes les allées, respectez une précaution indispensable : elles doivent être légèrement bombées au centre, accusant un dénivelé (environ 1 %) avec les bords. Cette pente empêche l'eau de stagner au milieu.

C'est de la préparation des fondations de votre allée que dépend sa réussite et sa durée. Les allées utilitaires seront les plus droites possible : elles vous éviteront de perdre votre temps.

Toutefois, évitez de couper, par un chemin, votre jardin en deux, à moins d'en prendre prétexte pour l'habiller de plantes.

Vous désirez orner le jardin d'un lacis de sentes décoratives ? Prévoyez des lignes douces, courbes, mais pas trop prononcées car, comme les angles, les courbes trop fortes rendent la tonte du gazon difficile.

Le choix des matériaux pour habiller ces cheminements dépend du style de la maison et du jardin. Il existe, pourtant, certains matériaux qui s'intègrent bien à tous les styles et à tous les décors. C'est avant tout une question de goût. Les matériaux les plus utilisés aujourd'hui sont les dalles. Qu'elles soient carrées ou rectangulaires, elles conviennent à tous les jardins car elles sont sobres et de bon goût. Si la pierre est le matériau le plus noble, sachez cependant qu'on peut obtenir un effet excellent en utilisant des dalles de béton qui devront être posées à l'envers, c'est-à-dire sur leur face la moins lisse. Un traitement approprié les patinera vite et bien. Un vieux truc pour accélérer leur aspect de "vieilli" consiste à les enduire de yaourt.

Après avoir déterminé le tracé de vos allées, si vous souhaitez une allée robuste, très fréquentée, installez un fond résistant.

1 Commencez par décaisser le sol, sur 15 cm en sol résistant, le double au moins en sol mou. Tassez le fond au rouleau ou à la batte.

2 Épandez ensuite un "hérisson" de cailloux concassés que vous tasserez et nivellerez.

3 Étalez ensuite une couche de 5 cm de gros sable, qui comblera les trous, et que vous nivellerez au râteau. Sur ce fond, et selon le futur usage de l'allée, vous pourrez couler du béton, utilisé tel quel ou recouvert à son tour de dalles, pavés, graviers roulés, briques...

4 Pour poser des dalles soit directement, soit sur lit de béton frais, servez-vous d'un niveau à bulle et nivelez en tapotant les dalles à la massette. Pour des dalles sur mortier, l'allée étant étanche, donnez-lui une pente de 1% environ du centre vers les bords, pour l'écoulement des pluies.

5 Terminez en épandant soit du sable sec, soit du mortier sec, que vous ferez pénétrer entre les joints à l'aide d'un balai de cantonnier. Arrosez légèrement pour mouiller les joints et faites prendre le mortier. Vous attendrez 8 jours au moins avant d'utiliser l'allée.

Les pas japonais

Les rondins de bois donnent un type de chemin qui convient bien à un paysage boisé et peu fréquenté. Attention, car en hiver, les rondins deviennent glissants à cause de l'humidité. Il est possible, toutefois, de pallier cet inconvénient en clouant un fin grillage sur le rondin avant, bien entendu, d'effectuer sa pose sur le sable. Le pas japonais en pierre est surtout utile pour traverser une pelouse sans créer de chemin rectiligne. La pose des pierres qui constituent le pas est très facile. Il suffit de retirer, sous chaque pierre, une plaque de gazon et 10 cm de terre. La surface obtenue devra être aplanie et recouverte d'environ 5 cm de sable. Enfoncez alors le pas de 2 à 3 cm, de manière à ne pas gêner le passage de la tondeuse.

Les allées carrossables

Les allées destinées à la circulation d'automobiles sont montées sur béton. Tout autre système finit par se déformer. Pour une circulation confortable, comptez deux mètres de large. Vous décaissez le sol sur 15 cm en sol dur, le double en sol mou. Emplissez ensuite à mi-hauteur de cailloux concassés, puis comblez par du béton. Brossez celui-ci dès qu'il a pris, pour lui conserver une surface rugueuse, bien utile en cas de pluie ou de gel, et surtout si l'allée est en pente. Vous pouvez rendre cet accès plus discret en n'aménageant que deux rubans parallèles de 50 à 60 cm de large (bande de déroulement) séparés par de la terre engazonnée. Les plaques de béton alvéolé rendront le tout encore moins visible : elles constitueront la surface des bandes de roulement et peuvent être ensemencées de gazon ou plantes. Dans tous les cas, n'omettez pas de donner à la surface utilisée une légère pente vers l'extérieur, pour faciliter encore l'écoulement des eaux de pluie. Tous les deux mètres environ, ménagez des joints de dilatation de 1 cm environ. Ces espaces vides éviteront que le béton ne se fende et s'effondre ensuite sous le travail de sape des eaux.

L'allée de galets

Elle est très artistique. C'est ainsi qu'on peut combiner les galets ensemble de façon à obtenir des dessins géométriques qui donnent un intérêt tout particulier au jardin. Pour ce faire, on enfonce des galets à touche-touche dans un lit de ciment frais et l'on aplanit le tout avec une planche en bois. Cette planche devra avoir la largeur de l'allée de manière à obtenir une surface égale et plane. Le hic d'une allée de la sorte est qu'elle rend la marche incommode.

L'opus incertum

Réalisé avec des éléments irréguliers, il fait très "campagne" et convient aux maisons rustiques et aux pavillons. L'allée en opus peut être conçue en ardoises ou en pierres et offre une grande variété de tons allant du blanc au gris, du beige au rouge foncé.

L'allée de briques

Les briques peuvent se présenter à plat ou de chant, posées sur le ciment ou même directement sur le sable, à condition qu'il y ait une rangée de briques de chant de chaque côté de l'allée pour maintenir la cohésion de l'ensemble. Après la pose, brossez toute la surface de l'allée, avec du sable fin de rivière, pour qu'il pénètre dans les interstices. Méfiez-vous des briques modernes qui, en hiver, se couvrent d'algues et deviennent glissantes. Il existe des produits appropriés pour les traiter.

L'allée de pavés

Les pavés s'adaptent à toutes les constructions et à tous les jardins. Ils ont l'avantage de pouvoir être posés sans ciment sur une base de sable d'une hauteur de 5 à 10 cm. Une fois les pavés en place, remplissez les interstices d'un mélange composé pour moitié de terreau, pour moitié de sable, et, éventuellement, semez directement de l'herbe. Pour plus de solidité, et si l'allée est destinée à être fréquemment utilisée, posez les pavés sur du ciment.

L'allée de gravillons

La plus courante et la moins onéreuse, mais sa préparation doit être bien faite si l'on ne veut pas se retrouver avec un bourbier par temps de pluie ou un tapis de mauvaises herbes en cas de chaleur. Le grand avantage des gravillons est qu'ils permettent de créer des lignes courbes, de combler les trous et d'effacer les irrégularités du terrain.
La meilleure technique pour avoir un bon résultat est de garnir une tranchée de 10 cm de profondeur avec une feuille de polystyrène sur laquelle on verse les petits graviers que l'on tasse ensuite avec un rouleau à gazon.

Le pas japonais est constitué de dalles posées à même le sol. Prévoyez-les assez larges pour qu'elles ne s'enfoncent pas. Ce type d'allée est prévu pour une fréquentation occasionnelle, à travers un gazon ou un massif.

Les rondins de bois ne permettent qu'un passage occasionnel, comme le pas japonais. Sablez-les régulièrement pour éviter qu'ils ne glissent par temps pluvieux.

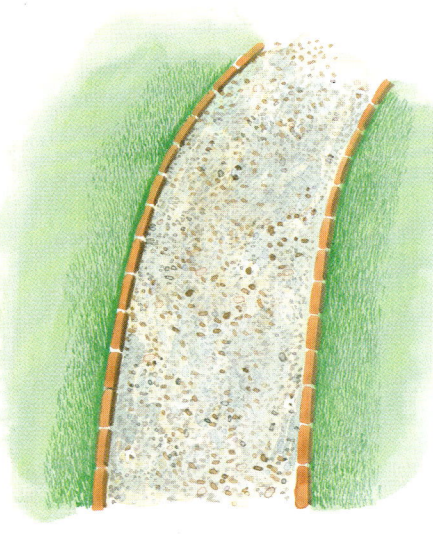

Les allées de graviers demandent une sous-couche de plastique ou de feutre horticole, pour que les graviers ne soient pas absorbés par le sol. Par ailleurs, une bordure rigide évite leur dispersion dans les pelouses et massifs.

Jolis, mais assez inconfortables sous le pied, les galets correspondent à des régions bien précises. Posez-les dans un lit de mortier sec et nivelez à la batte avant d'arroser pour faire prendre le tout.

L'opus incertum est un assemblage de dalles irrégulières. Semi-rustique, il permet l'emploi de dalles tout-venant.

Sous le nom d' "opus romain", on désigne un assemblage géométrique et régulier de dalles rectangulaires, identiques ou non. Ce style s'accorde à quantité d'architectures régionales.

Coûteux et longs à poser, très résistants et très chics, les pavés peuvent s'installer sur sable sec. Toutefois, pour une allée étroite ou des bandes de roulement, mieux vaut les sceller dans du béton.

On peut utiliser toutes sortes de matériaux pour les allées, certaines seront de véritables puzzles, drôles à poser, et susciteront curiosité et amusement.

Les marches et escaliers

Outre leur évidente utilité, les marches et les escaliers sont parties intégrantes de l'ornementation d'un jardin.

Ils sont prétextes à plantations diverses, et on les construit avec tous les matériaux utilisés pour les allées, y compris un élément supplémentaire, très apprécié : la traverse de chemin de fer. Si vous n'en avez pas sous la main, des poutres en bois feront très bien l'affaire.

Les marches doivent être construites avec le plus grand soin, une différence de hauteur des unes par rapport aux autres pouvant déséquilibrer quelqu'un et provoquer sa chute.

Dans un terrain en pente, une ou deux marches sont préférables à une dénivellation parfois glissante.

Pour les pentes douces, prévoyez des marches dont le giron (la partie plate centrale), souvent réalisé en gazon, mesurera de 50 à 60 cm de long (jamais moins de 40 cm). Quant aux escaliers, la bonne largeur est comprise entre 60 et 70 cm, pour une hauteur de marche de 15 cm. En effet, sachez ceci : plus celles-ci sont basses, plus elles sont esthétiques et confortables.

Pour tracer votre escalier, délimitez l'emplacement à l'aide de piquets et de cordeaux. Dégagez les marches à la bêche, en faisant des girons bien horizontaux. Puis tassez fermement le sol à la batte, en veillant à ne pas ébouler les nez de marche. C'est alors l'occasion d'essayer votre escalier et de tester si, à l'usage, il est "confortable".

Commencez la construction "en dur" par le bas de l'escalier. Mieux vaut asseoir la première contremarche sur une semelle de béton, en particulier si l'escalier est assez raide ou si le sol est meuble.

La contremarche peut être constituée de traverses de chemin de fer, vite posées, ou de poutres de bois traité.

Sur le giron, posez ensuite les dalles, sur un fond de béton frais pour des petits éléments, à cru ou directement sur le sable pour de larges dalles. Puis jointoyez au mortier.

Les briques posées de chant permettent de constituer des escaliers élégants, placés à proximité d'autres constructions faites dans la même matière (murets, bâtiments).

Les girons des escaliers réalisés en traverses de chemin de fer seront garnis de gazon ou de graviers. En tout cas, réservez cette solution à des escaliers peu ou moyennement fréquentés.

Les escaliers à giron large, composés de deux matériaux, permettent une élégante fusion dans le paysage et servent de prétexte à une luxuriante plantation d'accompagnement.

Le drainage

Si certains jardiniers se plaignent de la sécheresse, d'autres ont des terrains inondés - ou inondables - en tout ou en partie. Dans les deux cas, le drainage est nécessaire.

Les travaux et les méthodes varient, naturellement, suivant le terrain et les problèmes posés par l'eau.

Si votre terrain est plat

Si votre terrain est plat, ou en pente très faible, cernez-le de fossés, les fossés primaires étant perpendiculaires à la pente relative et reliés à un ou plusieurs fossés secondaires collecteurs, dans le sens de la pente. Plus ils sont nombreux, plus ils pourront être petits, et inversement. A vous de choisir en fonction de l'aspect que vous souhaitez donner à votre jardin. En moyenne, ils doivent avoir au moins de 50 à 60 cm de profondeur et de largeur.

Vous avez un terrain en pente

Si vous disposez d'un terrain un peu en pente, recourez aux drains qui ont l'avantage de disparaître sous terre et de laisser la surface intacte en apparence. Des drains rigides (buses de terre ou de béton) sont toujours utilisables, mais l'idéal, de nos jours, est d'employer du drain plastique en tube, malléable à souhait et contournant tous les obstacles. Quadrillez votre terrain et faites se rejoindre les divers tuyaux. On utilise en général un plan en chevrons, suivant des lignes en pente. Le principe est simple : le tuyau, percé de trous dans sa partie supérieure et noyé dans une tranchée de graviers qui joue le rôle d'éponge, collecte les écoulements dans sa moitié inférieure qui fait office de rigole étanche — comme un caniveau. Le tout est relié à un collecteur central, une citerne, un puits perdu ou une pièce d'eau. Ces drains doivent également entourer toutes les constructions partiellement enterrées : fondations de bâtiments, murets de soutènement, etc. Faute de quoi, l'eau s'accumule derrière celles-ci et forme des poches néfastes. Les drains peuvent être en surface recouverts d'herbe ou de vivaces de faible vigueur. Mais proscrivez les plantes vigoureuses, les arbustes et les arbres dont les racines "soiffardes" boucheraient irrémédiablement les tuyaux.

Le dessin d'un réseau de drainage doit suivre la pente naturelle, suivant un plan de chevrons. Chaque drain est raccordé à un autre et rejoint un collecteur central, qui s'écoule lui-même dans une pièce d'eau, un puisard ou un ruisseau.

Chaque drain, constitué d'un tuyau plastique souple, percé sur le haut, est noyé dans un lit de graviers et recouvert de terre.

A défaut de pouvoir évacuer l'eau dans un étang ou une mare, creusez un puisard que vous emplirez de cailloux concassés.

Pour une zone limitée ou une humidité ponctuelle, un drain de cailloux peut suffire. Creusez un fossé à l'emplacement le plus humide et emplissez-le à demi de cailloux concassés, recouverts de graviers puis de terre végétale.

Au pied des murets de soutènement, prévoyez, au cours du montage, un drain longitudinal pour éviter la formation de poches d'eau, néfastes pour les fondations.

Les brise-vent

Les pays non ventés n'existent pas. Ordinairement supportable, voire très agréable sous forme de brise, le vent est parfois très gênant en des lieux exposés : il dessèche, couche les plantes ou les déforme – quand il ne les brise pas – apporte du froid et de l'inconfort au jardin et au jardinier et, en bordure de mer, amène des embruns qui sont d'efficaces désherbants.

Tout de même, si ennuyeux soit-il, le vent a un avantage : il ne vient pas de partout à la fois. Votre jardin est soumis à un vent "dominant". En France, il nous arrive généralement du nord-ouest. Mais cela varie beaucoup selon les régions : un voisin, un peu d'observation, l'interrogation des organismes touristiques ou des stations d'avertissement agricole vous apporteront des données précises.

Chassez une idée fort répandue selon laquelle il faut opposer au vent des obstacles étanches : en butant contre eux, celui-ci ne rencontre guère qu'un tremplin qui lui fait commettre des dégâts encore plus importants à peu de distance de la protection supposée (mur, par exemple). Le but n'est pas d'obtenir le calme plat, mais un afflux d'air supportable. Des obstacles partiellement perméables, en réduisant de 20 à 50 % la puissance des bourrasques, seront beaucoup plus efficaces. Pour ce faire, recourez à l'élément le plus naturel qui existe dans un jardin : les haies.

Une haie destinée à jouer un rôle de brise-vent peut elle-même être protégée par un brise-vent artificiel qui assurera son établissement.

Un simple écran de toile en plastique, monté sur cadre ou tendu sur 3 piquets, permet de protéger particulièrement un arbre, jusqu'à ce que celui-ci soit bien installé. Les piquets devront être solidement fixés en terre (au moins 0,50 m) avec tendeurs pour les renforcer.

Choisissez de préférence des essences caduques, plantées densément, ou des persistantes installées plus à l'aise. La distance protégée est d'autant plus importante que la haie est haute (environ 20 fois la hauteur de l'obstacle). Si le vent est moyennement fort, aménagez un seul rideau d'arbres, un rideau double ou triple pour un vent fort, et *contreplantez les arbres d'arbustes et de buissons pour arrêter l'air au ras du sol.* Une plantation en zigzag renforce cet effet. Vous pouvez aussi recourir à des brise-vent manufacturés, rigides (claustra, palissades à claire-voie...) ou souples (filets), en particulier quand la place manque pour planter et que le vent est constant et fort. Notez que les merveilleux bambous, incassables, perméables, persistants et de pousse rapide, constituent l'un des meilleurs brise-vent naturels qui soient, tout en formant des fonds de jardin ravissants.

Les brise-vent artificiels

L'objectif consiste à trouver un matériau qui filtre le vent pour que celui-ci perde ainsi un peu de sa vigueur.
On a le choix entre plusieurs matières :

● La brande, qui est un tressage de végétaux séchés, possède moins d'inconvénients qu'un mur solide parce qu'il laisse un peu filtrer l'air. Mais d'un autre côté, il peut être insuffisant et il est nécessaire, dans ce cas, d'installer d'autres protections.

● Vous devez également tenir compte de votre région. Les brise-vent en cannisse sont intéressants, mais il sont plus à leur place au bord de la mer qu'à la montagne.

● Pas trop onéreux, mais moins esthétiques : les grillages en plastique solidement tendus sur des piquets. On peut considérer que ce système n'est que provisoire en attendant que poussent et se développent les brise-vent naturels. Ces grillages existent en vert et en noir. Comme ces écrans artificiels durent environ 7 ou 8 ans, ils donnent le temps aux arbres de s'établir.

Les brise-vent naturels

L'objectif est le même. Les moyens différents. Ici, l'on va créer une plantation filtrante d'arbres et d'arbustes établis sur plusieurs rangs. Pour briser efficacement le vent, il faut compter 3 ou 4 rangées de végétaux plantés en quinconce, les arbres les plus importants étant placés dans le fond.

Des arbres plantés en rangs successifs assurent une protection parfaite, beaucoup plus efficace que le plus haut des murs. Installez les essences les plus hautes face au vent dans les intervalles des arbres plus petits et, plus bas encore, quelques arbustes. Le jardin ne perdra rien de son charme, bien au contraire. Des plantes ornementales peuvent tout aussi bien jouer ce rôle.

Prévoyez de solides tuteurs et espacez les arbres de 3 à 4 m, les arbustes de 0,75 m. Les mûriers, dont la végétation très dense, peut démarrer en treillage, sont aussi d'utiles brise-vent.

Parmi les végétaux qui résistent bien aux embruns et aux vents, on peut citer :

DES ARBRES

Hippophae	Hippophae
Crataegus	Aubépine
Acacia dealbata	Mimosa
Pinus	Pin
Salix	Saule
Cupressocyparis	Cyprès
Leylandii	Cyprès de Leyland
Ilex	Houx
Tamarix	Tamaris
Acer pseudoplatanus	Erable
Carpinus	Charme
Garrya elliptica	Garryia

DES ARBUSTES

Phormium terreux	*Figustrum*
Cotoneaste	Cotonéaster
Euonymus	Enonymus
Hydrangea	Hortensia
Olearia	Oléaria
Spartium	Spartium
Sorbus	Sorbier
Certaderia	Certadéria
Juniperus	Genévrier
Sambucus nigra	Sureau noir
Pyracantha	Pyracanta
Eleagnus	Eléagnus

D'AUTRES ARBRES POUVANT CONVENIR COMME BRISE-VENT

Dans cette liste-ci figurent des essences ayant une double fonction : leur bois peut, en effet, être utilisé comme bois de chauffage.

Châtaignier
Chêne
Cyprès de Provence
Érable sycomore
Févier
Frêne
Hêtre
Libocèdre
Merisier
Micocoulier
Noyer
Platane
Peuplier
Pin
Rhododendron halopeanum (terre acide)
Tilleul
Séquoia

Les terrasses

Lieu de détente et de réunion, la terrasse est la transition entre le jardin et la maison ou la maison et le jardin.

C'est là que, par beau temps, on reçoit ses amis, qu'on installe les chaises longues, qu'on déjeune ou boit un verre.

C'est là que les enfants jouent quand le temps est incertain, là qu'on profite des premiers (ou derniers) beaux jours.

Pièce à vivre d'extérieur, la terrasse ne doit pas être installée au petit bonheur. L'idéal est une exposition qui ne soit ni trop brûlante (plein midi), ni trop froide (nord).

Ces conditions n'existent pas toujours. Mais il y a des solutions de remplacement. Il suffit que votre terrasse soit appuyée contre l'un des murs de la maison. Sur chaque côté de la maison, vous monterez de légères cloisons ajourées (ou claustra), ou planterez des haies d'arbustes ornementaux, qui embelliront le décor tout en vous protégeant des regards et du vent.

Bannissez de toute façon, sauf dans les climats chauds, l'exposition au nord et bâtissez toujours à proximité de la maison : trop éloignée de celle-ci, la terrasse perd sa fonction conviviale.

S'il vous reste un certain choix, retenez l'emplacement le plus proche de la cuisine (pensez à la maîtresse de maison et à ses va-et-vient au moment des repas).

Une terrasse, très ensoleillée, deviendra agréable avec l'apport d'un peu d'ombrage. Une pergola légère suffira à accueillir des lianes décoratives (*Polygonum baldshuanum*, houblon, clématites...) ou utilitaires (treille, actinidia...). Préférez des plantes à feuilles caduques : le soleil reprendra alors ses droits en hiver et en demi-saison, pour le plus grand bien-être des utilisateurs.

Si le coin est un peu sombre, choisissez un revêtement clair, pour avoir plus de lumière et de chaleur. S'il est très ensoleillé, rien ne vous empêche d'y bâtir une tonnelle ou une pergola, garnie d'une plante grimpante caduque. Celle-ci fournira de l'ombre en été, mais laissera passer la lumière une fois ses feuilles tombées.

Dans tous les cas, donnez une pente légère au sol (5/6 cm pour 4 m), de la maison vers l'extérieur, pour faciliter l'écoulement des eaux. Prévoyez une surface utile minimale : installez un salon de jardin sur l'emplacement et comptez un peu large avant de préparer vos fondations.

La technique de revêtement est la même que pour les allées. Pour le choix des revêtements, vous aurez recours aux briques, aux tomettes, aux dalles (régulières ou non) de pierre ou de béton, ou à un béton teinté, coulé d'une seule pièce. Les terrasses flottantes en bois, chaleureuses et de pose facile, ont l'inconvénient d'être glissantes par temps humide.

Certaines terrasses sont conçues bien détachées de la maison, par exemple, les patios-piscines qui sont de plus en plus utilisés dans les climats chauds. Ce sont de véritables "pièces" où le confort et

Le patio conçu comme "pièce en plein air" servira ordinairement de solarium mais aussi de salle à manger. Un équipement simple (barbecue) et des surfaces de travail nombreuses faciliteront son utilisation. Très maçonné, il sera plus facile d'entretien. Les plantations se limiteront à un décor saisonnier et surtout aux plantes condimentaires utiles à la cuisine.

Il est possible de concevoir un point de végétation dans un bac en rondins, entouré de galets, d'une dimension appropriée à la terrasse. Ici la plantation de bambous est d'un entretien négligeable.

i plusieurs
veaux de
antations :
a premier plan,
ne pièce d'eau
ermet des
antations
aisonnières
ciles
entretenir.

De cette terrasse surélevée on accède au jardin par deux escaliers. Des treillages de part et d'autre permettent de palisser éventuellement des arbres fruitiers (une cueillette au dessert !) qui donneraient un peu d'intimité.

la pratique s'allient. On y trouve à la fois des cabines de douche et un coin-cuisine, une partie de la terrasse étant prévue à l'ombre pour la sieste, une autre au soleil pour le bronzage. Il faut éviter la proximité des arbres à feuillage caduc qui donnent, dès l'automne, un surcroît de travail et rendent le sol glissant. En revanche, certains conifères, comme les ifs, les pins, ôtent à ce genre de terrasse son côté trop minéral.

L' arrosage

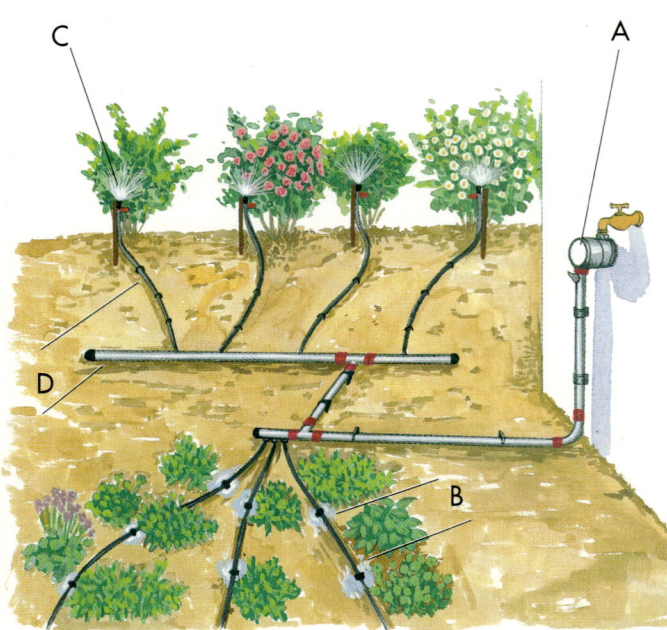

A partir d'un point d'eau extérieur, il est possible d'installer un réseau d'arrosage dit "basse pression", régulé par un compteur (A) avec horloge. C'est une électrovanne qui déclenche l'arrosage à des heures fixes, ce qui permet un arrosage de nuit ou pendant une absence. Des vannes secondaires permettent de diriger l'eau vers telle ou telle partie du jardin, ce qui est utile en particulier quand la pression est faible. Au ras du sol, des réseaux de "goutteurs" (B) donnent un arrosage au goutte-à-goutte, au pied même des plantes. Les plantes élevées et plus permanentes, ou les zones de plantation plus denses *(mixed-borders)*, sont arrosées par micro-asperseurs sur piquet (C), de hauteur variable. Les tuyaux d'alimentation (D) peuvent être masqués dans le sol, ainsi que les principaux raccords distributeurs. N'oubliez pas de purger (ou de démonter) l'installation avant l'hiver.

L'arrosage est aussi important pour les plantes que la terre ou la lumière.

Ces deux dernières sont aimablement fournies par la nature (avec un coup de pouce humain pour la terre, parfois) ; mais l'eau, nous le savons, ne nous est donnée par le ciel que fort irrégulièrement. On croit souvent, à tort, qu'une gentille pluie, en été, nous dispense d'arroser nos plantes ; or, cette pluie ne pénètre pas la terre pour atteindre les racines, au mieux, elle rafraîchit le feuillage. Le véritable arrosage reste à faire. Il faut donc remédier à cela par des apports réguliers, de mai à octobre, et parfois ponctuellement, avant et après ces dates.

Ce sont les eaux pluviales qui constituent les meilleures eaux d'arrosage. Comme elles coulent des gouttières, vous pouvez les recueillir dans des réservoirs ou des tonneaux, mais il est évident qu'elles seront insuffisantes.

Les eaux de puits ne sont bonnes qu'après une longue exposition à l'air libre. Conservez-les dans des réservoirs avant de les utiliser. Les eaux de rivière sont bien aérées, donc bonnes, et les eaux stagnantes sont également utilisables. En revanche, les eaux de source, très froides, doivent être réchauffées avant usage.

Le matériel

Les matériels à notre disposition permettent une grande variété d'arrosages.

● Les arrosoirs constituent le matériel le plus classique (et le plus ancien : on en a même fait en terre cuite, avant la tôle). De nos jours, ils sont en plastique, légers, souples et bon marché. Sans leur pomme, ils permettent un arrosage "au goulot", abondant et très localisé, parfait pour arroser les arbustes jusqu'aux racines, sans mouiller ni feuilles ni fleurs. Avec la pomme, on obtient un arrosage en pluie, plus ou moins abondant suivant la

position de la grille. Une pluie fine convient aux semis et aux plantules.

● Pour un arrosage en grand, le moyen le plus répandu reste le tuyau, muni à son extrémité d'une pomme (avec ou sans gâchette), d'un pistolet ou d'une buse réglable. Le tuyau ne doit pas avoir plus de vingt mètres. Au-delà, le manipuler est une corvée. Conséquence évidente : les prises d'eau seront éloignées de quarante mètres au plus, en fonction des obstacles ou de la configuration du terrain. C'est au bout du tuyau, également, que l'on place les arroseurs, à balanciers ou rotatifs. Ceux-ci, idéaux sur le gazon ou les semis, sont moins recommandés sur les fleurs que l'eau couche, tache, abîme. Mieux vaut recourir alors aux tuyaux percés, placés face contre terre. Si vous avez la chance de disposer d'un point d'eau naturel (puits, étang, ruisseau), servez-vous d'une pompe, mais sachez que vous ne pourrez aller au-delà de neuf mètres de dénivelé, dans le meilleur des cas. Un cours d'eau traverse le jardin ? Assurez-vous, alors, que vous avez le droit d'y puiser.

● Les systèmes d'arrosage intégré, de surface ou enterrés, assurent un gain de temps appréciable. D'autant qu'ils peuvent être reliés à une horloge et arroser alors en votre absence ou la nuit. Ils varient considérablement d'un modèle à l'autre, mais les prospectus des fabricants sont très explicites. En outre, on trouve actuellement de bons kits de système d'arrosage automatique que vous pourrez installer vous-même.

QUAND faut-il arroser ?

Reste ce vieux débat : quand arroser ? Certains disent que c'est le soir, quand les plantes ont le plus soif et qu'elles disposent ainsi de toute la nuit pour se rafraîchir. On objecte à cette méthode que les végétaux, encore chauds, reçoivent avec l'eau froide un choc thermique néfaste. Les arguments sont réversibles avec les tenants de l'arrosage du matin. L'idéal est d'arroser la nuit ! D'où l'avantage de l'arrosage intégré (entre autres). Dans le pire des cas, choisissez l'heure la plus tardive ou, au contraire, la plus matinale possible. Quoi qu'il advienne, abstenez-vous absolument d'arroser en pleine journée, surtout en été, pour éviter le choc thermique déjà évoqué : les gouttelettes formant loupe provoquent des brûlures sur les feuilles et les fleurs. En outre, savez-vous que 80 % de l'eau répandue regagne aussitôt l'atmosphère (contre 30 % au pire, la nuit) ? Certains de nos amis agriculteurs feraient parfois bien de s'informer sur ce point, à une époque où l'eau fait cruellement défaut à tous.

COMMENT faut-il arroser ?

Un arrosage demande du temps. Mieux vaut arroser abondamment tous les huit jours que légèrement toutes les vingt-quatre heures, sauf pour les plantes à enracinement très superficiel. C'est le sol qu'il faut mouiller, pas les feuilles. Ce qui n'est pas une raison pour transformer le jet d'eau en nettoyeur à haute pression qui hachera les plantes, les déracinera, ravinera le sol... sans arroser pour autant ! Comme le jardinage en général, l'arrosage est un sport calme, qui enseigne la patience.

Cela dit, sachez que l'arrosage se fait autour de la plante et non pas sur le feuillage s'il y a du soleil. Par temps couvert ou après le coucher du soleil, l'arrosage simulera la pluie, il se fera en pluie fine, pour rafraîchir la plante et débarrasser son feuillage des poussières et parasites.

Certaines terres exigent plus d'arrosages que d'autres. Ainsi les terres argileuses nécessitent-elles plus d'eau que les terres sablonneuses pour être réellement irriguées. D'un autre côté, comme ces dernières absorbent l'eau plus vite, on a intérêt à les arroser moins abondamment, mais plus fréquemment. On calcule que 1 m³ cube d'eau sature 1 m² de terre sablonneuse, contre 2 m² de terre argileuse. De même, la terre de bruyère, terre acide, doit être surveillée afin de demeurer toujours humide ; en effet, les plantes qui y poussent nécessitent un substrat toujours frais.

C'est en ouvrant une petite tranchée de 10 cm auprès des plantes que l'on se rendra compte si l'arrosage a été suffisant — une terre mouillée superficiellement oblige les racines à se développer en surface. La plante devient plus vulnérable au gel, au vent et à la chaleur.
Il n'y a pas de date fixe pour arrêter les arrosages avant l'hiver. Plusieurs critères vous guideront. On arrose moins ou on cesse d'arroser lorsque les plantes ont perdu leur feuillage, lorsque les chaleurs ont cessé, lorsque l'air devient humide et frais, lorsqu'il y a risque de gel.

Les cache-misère

Les abris de jardin

Ce sont ces maisonnettes qui servent à remiser le matériel de jardinage : tondeuse, brouette, outils.

De grâce, n'en faites pas ces dépotoirs si souvent aperçus dans un coin du jardin, bricolés de bric et de broc, à l'économie, avec n'importe quoi. Plusieurs modèles, de dimensions différentes, adaptés à tous les besoins et à des prix raisonnables, sont disponibles dans le commerce, qu'ils soient en kit, à monter soi-même ou plus sophistiqués.

Je dirais même que vous avez intérêt à acheter un modèle simple pour pouvoir l'habiller de plantes grimpantes et donner un charme supplémentaire au jardin. Pour ce faire, vous avez deux solutions :

● Achetez du treillage (vendu en panneaux) et en bois de préférence (le plastique vieillissant mal), et habillez l'abri.

● Utilisez des plantes de "camouflage", choisissez des pyracanthas (leurs feuilles sont persistantes) que vous planterez autour de l'abri tous les 60 cm et palisserez sur des fils de fer tendus verticalement. Sur le toit, on peut planter, sur 10 cm de terreau des petites plantes grasses.

Les monstres

Nous en avons tous, des monstres : mais le jardinier soucieux de son jardin mettra autant d'amour-propre à cacher ces monstres dans son jardin que ceux de la maison — où les placards font l'affaire.

Pour ne plus voir la citerne qui doit être d'un accès commode, il suffit de planter une haie de lauriers, thuyas ou taxus en chicane.

Pour camoufler des boîtes à ordures, une palissade souple sera plantée en "serpent" suffisamment large pour la manipulation des boîtes. Ces palissades sont vendues en jardineries pour faire des haies.

Les supports de la plantation

Tuteurage, palissage, haubannage, voici trois moyens utiles pour faire grimper ou maintenir droits des végétaux dont les tiges trop cassantes ou trop souples les font retomber à terre.

Pour étoffer un massif de vivaces aux tiges hautes et rigides, introduisez parmi elles des branches séchées qui les maintiendront en place et seront, en outre, invisibles.

Pour tuteurer les plantes vivaces, gardez-vous de les attacher à un piquet central : elles ressembleraient alors à un fagot et risqueraient de se briser. Un support de trois tuteurs (ou plus) reliés par une ficelle est plus efficace et plus esthétique, la plante masquant rapidement son support.

Le tuteurage

Ce n'est pas seulement pour l'esthétique que l'on doit tuteurer les fleurs, mais aussi pour les protéger des dégâts causés par le vent. Une plante qui se "couche" sur le gazon abîmera l'herbe, et les fleurs seront salies. En introduisant quelques branchages parmi les plantes vivaces, même en bordure, on est assuré d'une meilleure floraison. N'attendez pas que les plantes atteignent une "hauteur de dégâts" possibles pour introduire les tuteurs, les plantes s'adapteront d'elles-mêmes entre les tuteurs si ceux-ci sont en place.

Pour obtenir un pylône de fleurs, servez-vous d'un simple piquet, de hauteur adaptée à la vigueur de la plante, et pour aider celle-ci à grimper, installez un manchon de grillage triple torsion, peu visible, autour du poteau.

Les rosiers couvre-sol demandent à être guidés, tant pour rester le plus au ras de terre possible que pour coloniser les alentours dans le plus de directions possible. Aidez-vous de solides piquets fichés en terre, auxquels vous lierez les branches au fur et à mesure de leur développement. Ce maintien au ras du sol favorise la floribondité.

Le palissage

On pense généralement au palissage contre un mur. Il faut éviter d'y "coller" la plante, qui devra être palissée sur fil de fer, ou faire en sorte qu'elle soit détachée, ce qui rendra les tailles et les traitements plus efficaces. Des palissages, autres que sur un mur, existent aussi.

Une structure simple, pyramidale, en bois ou en métal, permet de conduire en forme des plantes sarmenteuses. Les plantes ligneuses (clématites, chèvrefeuilles, rosiers moyens...) ne demandent qu'à être liées assez librement sur cette forme. Pour les annuelles (pois de senteur, ipomées...), tendez un treillage à larges mailles entre les piquets, afin que celles-ci masquent toute la surface.

Les divers treillages muraux permettent un habillage facile des surfaces verticales. Pour de grandes surfaces, prévoyez un treillage robuste. Les mailles carrées sont les plus faciles à mettre en œuvre soi-même, les autres dessins demandant l'aide d'un professionnel. Maintenu par des cales à quelques centimètres du mur, le treillage permet d'accrocher aisément les rameaux ainsi qu'un éventuel dépalissage (pour ravalement, par exemple).

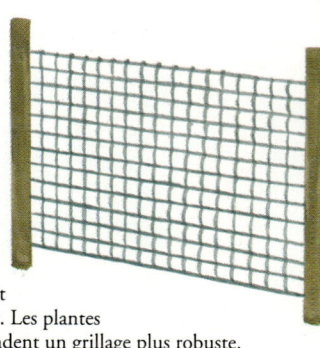

Un filet tendu entre des poteaux est le moyen idéal de faire grimper des plantes annuelles et d'obtenir ainsi rapidement une haie ou un écran fleuri. En fin de saison, décrochez le filet pour le nettoyer. Les plantes ligneuses demandent un grillage plus robuste.

L'espalier est un mode de conduit employé pour les fruitiers, qui bénéficient ainsi de l'abri d'un mur. Les pêchers, aux fleurs fragiles, apprécient fort cette situation. L'arbuste est conduit en général sur des fils de fer ou des baguettes régulièrement espacées.

Faute de mur, on palisse en plein vent, sur des fils tendus entre des poteaux robustes. L'abri du mur ne joue pas ici, mais la conduite en éventail est susceptible de produire un maximum de branches fruitières dans un minimum de volume.

L'haubannage

L'haubannage est nécessaire pour tous les arbres nouvellement plantés puisque leurs racines n'ont pas d'"accroches". Les vents risquent de les coucher ou même de les faire bouger, ce qui nuirait à leur enracinement.

Afin que les tuteurs-piquets ne pourrissent pas en terre, choisissez-les en acacia ou en châtaignier. Surtout, trempez leur base dans un bain de sulfate de cuivre, ou bien, selon une méthode ancienne fort simple, brûlez-en la base.

La technique "en barrière de Sant", robuste et fiable, convient à tous les végétaux, mais consomme une certaine quantité de bois solide. On relie deux piquets bien plantés par une solive horizontale qu'on cloue. Le tronc y est alors attaché. Dans tous les cas, ne liez pas en serrant à fond, tant pour ne pas étrangler le tronc que pour lui laisser quelques centimètres de jeu.

Pour contrecarrer l'action des vents contraires, tendez deux câbles dans des directions opposées, de chaque côté de votre arbre, en protégeant son tronc à l'aide d'une matière "amortissante" (feutre horticole ou caoutchouc).

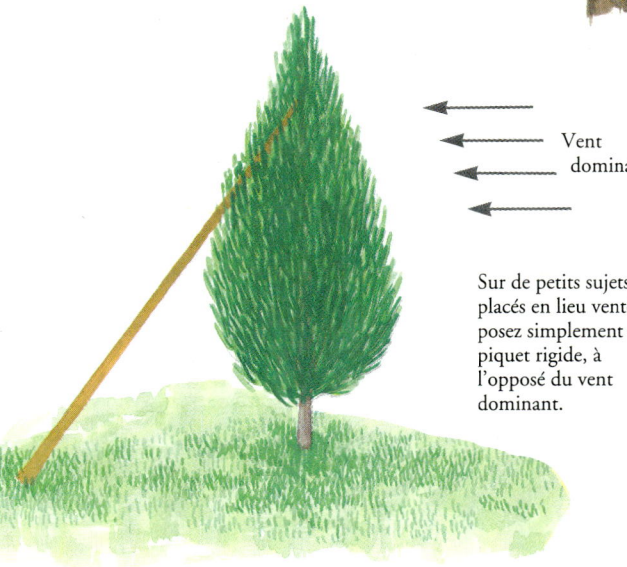

Vent dominant.

Sur de petits sujets placés en lieu venté, posez simplement un piquet rigide, à l'opposé du vent dominant.

Il est difficile de tuteurer les conifères et certains persistants avec un piquet trop proche du tronc. Dans ces cas-là, utilisez des câbles attachés au sommet de l'arbre et reliés à des piquets plantés en terre à quelque distance de celui-ci.

Les serres

*De la simple
cloche
à la serre complète,
les abris autorisent
une certaine
maîtrise
des conditions
climatiques
extérieures,
variables
naturellement avec
la taille
et la complexité
de l'installation.*

Les abris froids, mobiles, évitent simplement les trop gros coups de froid, et, par effet... de serre, accumulent la chaleur du moindre rayon de soleil. Les divers châssis, dotés d'éléments mobiles, peuvent être ouverts pour évacuer le trop-plein de chaleur, le cas échéant. De grande taille, ils accueillent les semis précoces et vous donneront un à deux mois d'avance sur le plein air.

Le grand volume des serres permet d'y circuler, et leur masse calorique importante atténue encore plus les écarts de température. La serre froide est simplement maintenue hors gel. Vous pourrez y faire des cultures de plantes de climat méditerranéen et y entreposer en hiver les végétaux "à massifs" tels que les fuchsias et pélargoniums. La serre tempérée voit un éventail possible plus élevé : plantes semi-tropicales, nombre d'orchidées, et autorise, en janvier-février, les semis de plantes "molles" à massifs (bégonias, coléus, etc.). Sa température ne s'abaisse pas au-dessous de 10 °C. Devenue rare, la serre chaude (16 °C minimum) consomme énormément d'énergie, mais accepte les plantes tropicales les plus exigeantes.

Installez toujours votre serre en plein soleil autant que possible : il est toujours loisible d'ombrer, si nécessaire, mais plus malaisé d'éclairer, surtout en hiver. Dans tous les cas, prévoyez des ouvrants à déclenchement automatique (il en existe de fort simples, qui réagissent mécaniquement à la chaleur) pour éviter les coups de chauffe. Le chauffage hivernal est fourni soit par un système indépendant (voyez avec votre fabricant), soit par extension du système de la maison (voyez avec votre chauffagiste). Sauf dans le cas de la serre froide, pour laquelle un appoint suffit (brûleurs à paraffine, par exemple), ne "bricolez" pas un système approximatif, surtout s'il est électrique (il en va de votre vie !). Prévoyez des réserves d'eau, qui se réchaufferont avant usage, et au moins un robinet. Dans tous les cas, avant l'achat d'une serre, demandez au fabricant à en visiter une, déjà installée chez un particulier, en hiver : vous aurez ainsi l'occasion de vérifier que les méfaits éventuels de la condensation ont été bien pris en compte. De même, ne vous adressez qu'à des maisons ayant pignon sur rue et des années d'existence. Ce marché, curieusement, semble en effet surchargé d'entreprises à l'existence fugitive, qui ne pourront vous assurer un suivi honnête en cas de problème.

La cloche "anglaise", faite de plaques de verre maintenues par des agrafes, constitue un abri mobile simplement posé sur le sol qui isole du vent et des faibles gelées. Les modules sont combinables à l'infini (on parle aussi de "cloche continue"). C'est le potager qui en fait plus grand usage. Des variantes en plastique sont disponibles plus fréquemment de nos jours.

Les coffres, ou châssis, accueillent en plein air les semis fragiles ou les plantes qu'on "endurcit" au sortir de serre avant de les mettre en pleine terre. Ils peuvent être équipés de tapis chauffants (câbles électriques enterrés) dans le sol et servir alors au bouturage.

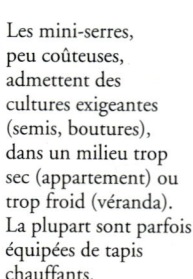

Les mini-serres, peu coûteuses, admettent des cultures exigeantes (semis, boutures), dans un milieu trop sec (appartement) ou trop froid (véranda). La plupart sont parfois équipées de tapis chauffants.

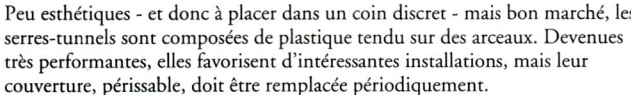

Peu esthétiques - et donc à placer dans un coin discret - mais bon marché, les serres-tunnels sont composées de plastique tendu sur des arceaux. Devenues très performantes, elles favorisent d'intéressantes installations, mais leur couverture, périssable, doit être remplacée périodiquement.

Les serres métalliques, à cornières en aluminium, sont livrées à plat et peuvent être montées par un amateur. Suivant leur taille et leur forme, elles autorisent des installations temporaires (hivernage, semis...) ou permanentes. La nature des plantes entreposées, dans ce cas, varie avec la température et... le budget que l'on souhaite leur consacrer.

En bois ou en métal, les serres adossées permettent une économie appréciable de matériaux de construction tout en profitant de la masse calorique non négligeable dégagée par le mur de la maison. Reliant parfois deux corps de bâtiments, elles se transforment alors en jardin d'hiver.

Les châssis mobiles, en plastique ou en verre et métal, servent à accueillir des plantes fragiles, en climat juste un peu rude ou humide pour elles. Les collectionneurs de bulbes et de plantes alpines les apprécient particulièrement. De dimensions réduites, ils se logent partout.

Les serres en bois, très belles, ont l'inconvénient d'être coûteuses, car elles doivent être construites dans des essences imputrescibles. En revanche, peu sensibles à l'élévation de la température, elles n'ont guère de problèmes de condensation excessive.

LA PLANTATION

La terre

Connaître le sol

Sur la couche supérieure du terrain s'étale la terre végétale. C'est là que les racines des végétaux trouvent leur ancrage et leur nourriture.

Selon les régions, cette couche varie en épaisseur de quelques centimètres à plusieurs mètres. Le sol s'enrichit peu à peu, grâce à la décomposition des plantes qui s'y développent et qui meurent, laissant à la terre, pétales, fruits, feuilles mortes et brindilles. Tout cela forme l'humus, grouillant de vie. Sous cette terre nourricière repose une couche plus profonde, inerte, sans matières organiques, impropre à la culture.

Connaître la nature de son sol doit devenir une priorité avant toute plantation. On saura quelles espèces y prospèrent le mieux et quelles améliorations apporter.

Les quatre éléments principaux du sol sont l'argile, la silice (ou sable), le calcaire (ou craie) et l'humus (ou terreau).

Votre sol sera dit "argileux, "siliceux", "calcaire" ou "humifère" selon qu'il sera naturellement plus riche en l'un ou l'autre de ces quatre constituants.
Quant à la "terre franche", c'est la terre idéale qui combine entre eux, harmonieusement, ces divers éléments.
Quelques techniques simples aident à déterminer le type du sol.

● **Observez votre terre.**

● **Prélevez celle-ci à une profondeur de fer de bêche.**

Sa couleur et sa consistance vous donneront une première indication. Une terre brune ou noire, grumeleuse, légère, gorgée d'eau, avec des débris de feuilles ou de brindilles, est une terre humifère. La terre de bruyère en est un exemple extrême.

Plutôt blanchâtre, elle indique la présence de calcaire (vérifiez qu'une goutte d'acide produit une effervescence à son contact).

Si, après une forte averse, la pluie s'infiltre et disparaît dans le sol, c'est qu'il contient une bonne proportion de sable que le vent peut même soulever en poussière l'été.

Malaxez et serrez la terre dans votre main. Si elle s'effrite entre vos doigts quand vous la serrez, c'est le signe que le sol est sableux. Si la boule reste compacte, ferme et luisante, si la terre colle aux semelles et retient l'eau en surface, là où se forment des flaques, et se craquelle l'été, elle est de nature argileuse. Si elle s'agglomère, mais s'effrite au sol quand vous la laissez tomber, sa composition est proche de la terre franche, bien équilibrée.

● **Déterminez la flore spontanée du terrain.**

Il existe des plantes qui recherchent tout particulièrement un certain type de sol. La présence de plusieurs d'entre elles, dans un endroit donné, renseigne sur la nature de la terre. Si, sur votre terrain, se sont installés, spontanément, des merisiers, des aubépines, des sureaux, des coquelicots, du trèfle ou des acacias, le sol est assurément calcaire. Dans un jardin méditerranéen, les essences indicatrices d'une terre calcaire sont la lavande, le ciste cotonneux, l'ajonc à petites fleurs, le pin d'Alep et le chêne vert.

Au contraire, si votre jardin se laisse envahir par les prêles, l'oseille sauvage, les fougères, les bruyères, les primevères, les repousses de châtaignier, vous pouvez alors en déduire qu'il n'est guère calcaire (ou plutôt, "alcalin", en jargon de chimiste).

● **Pour obtenir davantage de précisions, procédez à l'analyse chimique du sol.**

L'acidité d'un terrain se mesure facilement, en utilisant un simple papier pH dont on trempe l'extrémité dans une cuillerée de terre mêlée à autant d'eau distillée. Le papier est imprégné d'un réactif coloré dont la variation indique si le sol est acide (pH inférieur à 6,5), neutre (pH de 6,5 à 7,5) ou alcalin (pH supérieur à 7,5).

Les diverses sociétés qui fabriquent des engrais ainsi que les grands producteurs de plantes proposent des analyses de terre complètes indiquant très précisément la nature du sol, mais aussi le pH, les taux de calcaire, d'acide phosphorique, de potasse et de matière organique contenu. A vous d'envoyer un échantillon bien représentatif, prélevé en plusieurs points du jardin.

Divers coffrets en vente dans les jardineries vous permettront d'analyser vous-même votre terre. Faites appel, pour une analyse affinée, à un institut spécialisé, qui sera en outre à même de vous donner le degré de richesse de votre terrain sur le plan nutritif.

Toutes ces caractéristiques peuvent être corrigées, degré d'acidité ou d'alcalinité, avec des amendements appropriés. Ces derniers n'ont aucune valeur nutritive (ou bien elle est trop faible), mais ils permettent de modifier la nature physique ou chimique du sol. Pour la structure des sols, l'humus, constitué de matières organiques parfaitement décomposées (compost, terreau de feuilles, fumier, tourbe), représente la panacée puisqu'il aère les sols compacts, mais retient l'eau et les engrais dans les sols légers.

Acidité et alcalinité sont difficiles mais non impossibles à corriger : un sol très crayeux ne deviendra jamais une terre à rhododendrons, de même qu'une lande à bruyère ne portera jamais un potager florissant. Mais l'épandage de chaux agricole, par exemple, fera remonter le pH du sol d'un ou de deux points. La tourbe, la sciure de bois, la fleur de soufre permettront à l'inverse de l'abaisser d'autant. Ces corrections sont nécessaires pour amener votre terrain à ressembler le plus possible à la terre moyenne, car c'est elle qui permettra le plus grand nombre de cultures. Diverses façons culturales, abordées ailleurs dans cet ouvrage (drainage, engrais...), permettront également de rectifier le tir si votre terrain ne s'avère pas idéal.

Corrigez votre terre en l'amendant

Les divers amendements minéraux (chaux, marne...) sont fournis par les jardineries ou les marchands de matériaux. Il en va de même, pour partie, des amendements humiques. Mais vous pouvez créer vous-même ces derniers.

L'humus est une matière organique vivante qui doit subir un processus de décomposition bien défini pour être assimilé par les plantes. Il est indispensable à toute terre de culture et on peut l'apporter sous différentes formes.

Le compost qui servira pour vos plantations

Le compost et le paillage : voilà les deux clefs de la réussite d'un jardin.

Avec le premier, vous nourrirez vos plantes. Le second, entre autres fonctions, les protégera du froid ou de la sécheresse.

Un compost efficace est une matière qui encouragera la fertilité de la terre et contiendra les éléments dont votre jardin a besoin.

Comment vous constituer un bon tas de compost ?

Commencez par trier vos ordures en les recueillant au fur et à mesure dans deux poubelles différentes. Dans l'une, vous jetterez les boîtes de conserve, les plastiques, les emballages en carton, qui ne vous serviront à rien, et dans l'autre, les épluchures, les papiers, les résidus de thé, de café, les os ou les arêtes. Ce sont tous ces détritus dégradables qui constitueront votre compost.

Dans un coin du jardin, à l'ombre, plantez quatre piquets de 1,50 m de haut. Entourez-les d'un grillage sur trois côtés. Posez quelques rondins ou petits troncs de bois par terre à l'intérieur de cette cage. Commencez alors à entasser vos ordures en les étalant. Quand vous aurez amassé environ 30 cm de hauteur de déchets, couvrez-les de quelques centimètres de terre, puis arrosez le tout.

Continuez à alterner ainsi des couches de déchets de 30 cm, en les saupoudrant de deux poignées de chaux éteinte ou de dolomie (c'est une variété de chaux qui contient du magnésium). Mieux vaut porter des gants pour cette opération.

Vous emplirez ainsi la cage à ordures en l'arrosant de temps à autre. Quand le tas de compost aura atteint 1 m, couvrez-le d'une dernière couche de terre. Posez un grillage pour fermer le quatrième côté. Revêtez le tout d'une feuille de plastique ou mieux encore d'une vieille couverture. On peut également adosser le "tas" à un mur.

Rappelez-vous deux points importants

Pour que la décomposition du compost se fasse dans de bonnes conditions, il lui faut de la chaleur, de l'humidité, de l'air et une protection. En outre, votre tas ne doit jamais devenir trop sec. Si c'est le cas, arrosez-le en ajoutant une poignée de sang séché ou de corne broyée (un bon activateur) riche en azote. Ou encore épandez un "accélérateur de compostage" que vous trouverez chez tous les marchands grainiers.

Reste ce vieux truc de jardinier (mais non, ce n'est pas une plaisanterie !). Demandez aux hommes de la maison (c'est plus facile pour eux !) d'uriner sur le tas : là encore, le moyen s'avérera excellent pour accélérer la décomposition et ne pas laisser le compost se dessécher. S'il est bien fait, les vers de terre vont l'envahir et le "travailler" pour vous. Au bout de six mois, vous découvrirez un merveilleux tas de terreau, prêt à être utilisé pour les semis ou pour la plantation de vos arbres et arbustes. Et n'allez pas croire que vos ordures en décomposition vont sentir mauvais ou attirer les mouches : il n'y a rien à craindre, au contraire !

Le fumier

Amendement humique excellent et traditionnel, le fumier a tendance à se faire rare. Mélange d'excréments et de paille, il ne peut être enfoui qu'après trois mois de maturation. Le fumier de cheval et de mouton est excellent en sol argileux, celui de bovin, de porc ou d'oiseau, formant de grosses mottes, est préférable en sol sableux ou calcaire. En sol lourd, un apport massif (500 kg environ pour 100 m²) suffit pour trois à quatre ans de culture. En sol léger, où la décomposition du fumier est plus rapide, il est préférable de faire des apports annuels de 15 kg environ pour 10 m².

Le fumier s'enfouit de préférence à l'automne. Outre l'amélioration physique qu'il apporte au sol, il amène quelques éléments fertilisants.

La tourbe

Formée à partir de sphaignes et de mousses dans des vallées marécageuses, les tourbes se décomposent très lentement et apportent peu d'éléments nutritifs. Elles allègent les sols compacts et font office de réservoirs d'eau en sol sec. A moins d'utiliser des sacs de tourbe enrichie appelée "tourbe N.P.K.", contenant nitrates, phosphates et potasse, il est bon de prévoir l'apport d'engrais en même temps que celui de tourbe classique.

Les autres moyens pour apporter de l'humus à votre terre

Les algues

Elles constituent un bon apport d'humus, riche en potasse, mais aussi en calcaire. Il faut éliminer le sel marin par de copieux arrosages avant de les utiliser, si on les récolte soi-même, mais les algues prêtes à l'emploi se trouvent dans le commerce horticole.

Les engrais verts

La méthode est intéressante pour amender la terre pauvre en matières organiques dans un nouveau jardin. Le principe consiste à semer des plantes de croissance rapide qu'on enfouit sur place dans le sol où elles se décomposent en humus. On sème des légumineuses (lupin, vesce, trèfle incarnat) qui ont la particularité d'enrichir le sol en azote, des crucifères (moutarde, navet, fourrage, colza d'hiver) pour la masse importante de leur feuillage, des graminées (seigle, ray-grass italien) ou des espèces diverses comme le sarrasin en sol sec, ou la phacélie très décorative. La période optimale de fauche se situe juste avant la floraison qui, avec la formation des graines, affaiblit les plantes. Si les engrais verts peuvent être broyés (par une tondeuse), l'assimilation dans le sol en sera meilleure. L'enfouissage se fait à la fourche-bêche, ou à la motobineuse, à quelques centimètres sous la surface du sol. On peut utiliser cette technique au potager à condition d'y pratiquer une rotation des planches et, au verger, entre les arbres.

Un "engrais-maison"

On peut fabriquer soi-même un engrais bien efficace sans aucun produit chimique. Si les proportions ne sont pas exactement respectées, il n'y aura aucun effet nocif pour vos plantes. Il s'agit d'un engrais à diffusion lente, donc à administrer une fois par an.

Mélangez un tiers de sang séché avec de la poudre d'os, deux tiers de cendre de bois et un demi-seau de compost. Épandez cet engrais autour de vos plantes avec un léger griffage et un arrosage. Vous pouvez aussi l'utiliser pour la plantation des arbustes et des plantes vivaces.

Le paillis et ses mystères

Pour protéger vos plantes du froid et conserver une bonne humidité au sol en été, il existe une autre technique de récupération, fondamentale. Elle consiste à entasser, à l'ombre, en couches légères, les tontes de gazon et les feuilles qui, en peu de temps, serviront de "paillis", c'est-à-dire de couverture pour les massifs et les plates-bandes.

En cueillant vos fleurs, en ramassant les feuilles mortes, en tondant votre gazon et en retirant les mauvaises herbes, ne les jetez pas n'importe où, vous priveriez votre terre d'autant d'humus. Beaucoup de jardiniers utilisent abusivement des engrais chimiques, alors qu'ils pourraient redistribuer à la terre tout ce dont ils l'ont privée.

Comment constituer un paillis

Tous les végétaux du jardin peuvent devenir paillis, mais évitez les feuillages persistants qui prennent trop de temps pour se décomposer. Il faut de trois à six mois pour qu'un tas de feuilles (à retourner avant usage) devienne utilisable.

Entourées de paillis, les plantes ont plus de vigueur et poussent mieux. L'hiver, il les protège contre le froid et, l'été, il atténue l'évaporation de l'eau d'arrosage et garde la fraîcheur autour des plantes. En outre, il fournit aux vers une riche nourriture que ceux-ci vont mêler au sol — opération qui l'aérera, l'allégera et le nourrira. Enfin, une couche de 10 cm de paillis sur les bordures suffit pour étouffer les mauvaises herbes.

Car, le savez-vous, les mauvaises herbes ont besoin, pour se développer, de voir le jour. Il suffit donc de leur couper la lumière pour en être débarrassé. C'est aussi simple que ça ! Si, d'aventure, une mauvaise herbe venait à apparaître, arrachez-la aussitôt, voilà tout. Dommage que ce paillage, malgré tous ses atouts, reste encore dans l'oubli !

Les autres paillis

Bien des matériaux, outre les tontes de gazon et les feuilles, peuvent également servir au paillage. Pour les petites plantes qui vivent dans les crevasses bien drainées des rochers et, de ce fait, redoutent l'humidité, une couche constituée de gros sable de rivière ou de graviers, autour de leurs collets, assure une certaine protection contre les gels et les pluies d'hiver et leur garde une bonne fraîcheur en été. C'est aussi une bonne façon d'empêcher la prolifération des mauvaises herbes qui nuisent au développement des petites plantes.

Dans certains jardins, on utilise des pierres. Vous vous demandez sans doute à quoi cela peut bien servir. Quand les pierres restent en contact avec l'eau et la terre, elles conservent à cette dernière ses éléments nutritifs. Amusez-vous à soulever une pierre restée longtemps sur le sol, et voyez quelle activité se déploie dessous. Les vers de terre ou les fourmis travaillent d'arrache-pied ; l'humidité y est bien maintenue et le soleil, qui a réchauffé la pierre toute la journée, communique cette chaleur à la terre. Les plantes en profitent, surtout au printemps avec les premiers rayons du soleil. Un certain nombre de plantes, notamment les alpines, se sentent "chez elles" avec cette couverture de pierres qui leur rappelle singulièrement leur berceau montagnard.

Les galets, très recommandés dans les climats chauds, tel celui de la Côte d'Azur, conservent une bonne fraîcheur aux racines, surtout dans les jardinières.

Les écorces broyées et compostées quelque temps constituent un excellent paillis. Elles ont l'avantage d'être propres et esthétiques sur les plates-bandes.

La tourbe sert également. C'est si joli, tout ce "chocolat" étalé sur les plates-bandes !

Enfin, la paille hachée en petits morceaux constitue le plus ancien et le plus sûr modèle. Je le crois volontiers, mais je ne me vois pas économiser mes efforts d'un côté pour hacher de la paille de l'autre... La difficulté consiste surtout, de nos jours, à se procurer la paille.

Quand allez-vous pailler ?

L'idéal est d'épandre le paillis en automne. Il protégera les plantes durant tout l'hiver.

Le travail du sol

Le labour

Le labour consiste à retourner sens dessus dessous la couche supérieure du sol. Il permet d'ameublir et d'aérer la terre au profit des jeunes racines des plantations. Il est indispensable de soigneusement extirper au fur et à mesure les racines des mauvaises herbes mises à nues et de les éliminer, sous peine d'en voir de nombreuses repousser et venir concurrencer les cultures. Le labour permet aussi d'enfouir les amendements étalés en surface et les divers engrais. On laboure plus ou moins profondément selon la culture. Ainsi, il suffit de retourner la terre sur un fer de bêche pour installer une pelouse, alors que le sol doit être défoncé à 60 cm de profondeur pour planter un arbre. On laboure de préférence à l'automne, de manière que le gel hivernal fasse éclater les mottes en une terre émiettée, plus propice aux semis printaniers.

Le labour à la "bêche" consiste à découper, puis à retourner des mottes successives de terre à l'aide du tranchant de l'outil. On met en tas celles de la première tranchée. Puis on déverse côte à côte, tête en bas, les mottes de la rangée suivante dans la tranchée précédente. On opère de la même façon jusqu'à la fin de la planche à labourer. On utilise enfin la terre de la première tranchée pour remplir la dernière. En terre collante ou caillouteuse, on se sert plutôt des piques de la fourche-bêche, plus pénétrantes. Pour les grandes surfaces, c'est plutôt un motoculteur qui est employé. Ses roues motrices tirent, avec un minimum d'effort, une petite charrue. A chaque passage, le soc versoir découpe et retourne une bande de terre. Dans un jardin déjà bien labouré les années précédentes, on peut se servir tout aussi bien d'une simple moto-houe dont les outils rotatifs tournent verticalement, pénétrant, fraisant et émiettant la terre qui n'est alors pas retournée, mais bien ameublie. Cet engin permet aussi d'enfouir un amendement humique, type fumier, à condition qu'il soit bien décomposé. Nul besoin de les acheter, ces matériels se louent.

Le griffage

Avant de planter, il faut finir d'émietter les mottes. Plusieurs outils manuels permettent d'effectuer cette opération tels que la griffe, le "cultivateur" à dents multiples et le simple râteau. On peut aussi atteler au motoculteur une herse ou passer à nouveau la moto-houe.

Le binage

En cours de culture, la terre se durcit en surface autour des plants. Le binage consiste à casser cette croûte, pour faciliter l'aération et la pénétration de l'eau d'arrosage. Il permet de garder le sol propre de toute germination de mauvaises herbes. On bine, quand le sol est bien humide, avec une binette et, pour les grands jardins, avec une bineuse attelée au motoculteur ou une moto-houe. Il faut biner plusieurs fois, durant la belle saison, les légumes, tout aussi bien que les massifs de fleurs et le pied des arbustes. Un jardin biné toutes les semaines n'a pratiquement pas de mauvaises herbes, surtout si un paillis protège les surfaces plantées.

La terre argileuse, d'un brun plus ou moins foncé, colle en cas de pluie et devient du béton par temps sec. Généralement riche en oligo-éléments, c'est un bon support de culture, moyennant des amendements (en humus, notamment). Cas extrême, les argiles calcaires, très blanches et extrêmement pauvres, posent de réels problèmes.

Les terres sableuses, généralement à base de silice en grains fins, ne retiennent rien : ni l'eau, ni les engrais, ni les oligo-éléments... ce qui les rend très pauvres. Une fois sèches, elles sont impossibles à humidifier. Des amendements d'humus, voire de marne, permettent un rétablissement honnête.

Les terres calcaires, quand elles ne sont pas argileuses, sont d'un brun très clair à blanches, friables, souvent riches en cailloux de tailles variables, directement issus de la roche mère. Pauvres (elles bloquent les oligo-éléments, surtout le fer), elles exigent de sérieux amendements et des apports d'engrais réguliers.

Les terres humifères, riches en déchets organiques décomposés, sont brun sombre à noires, très friables et souples, retenant bien à la fois l'air et l'eau. Les racines y trouvent leur content, mais elles ne sont pas très riches. Souvent acides, elles demandent un amendement calcique quand leur pH est inférieur à 6,5, sauf pour des cultures spécifiques (rhododendrons, camélias, etc.).

Avantages et inconvénients de chacun des grands types de sols

Les sols argileux

L'argile retient l'eau et évite l'entraînement des sels minéraux et des engrais vers les couches profondes du sous-sol. Les terrains à forte proportion d'argile sont difficiles à travailler : ils collent aux outils ou sont très durs en cas de sécheresse ; ils sont longs à se réchauffer au printemps. On dit de ces terres qu'elles sont "lourdes" et "froides".

On améliore une terre qui contient trop d'argile en apportant du sable grossier, étalé à raison de 1 à 2 m³ sur 100 m² de terrain, et incorporé par un labour. Si, par ailleurs, le sol argileux manque de matières organiques, il faut l'alléger avec des apports de tourbe (de 150 à 250 kg pour un carré de 10 m x 10 m), de

fumier et de compost. En cas de sol argileux manquant de calcaire, on peut l'amender, avant le labour, par du calcaire finement broyé (de 20 à 30 kg pour cent mètres carrés) ou le chauler. (Opération consistant à épandre de 10 à 30 kg de chaux éteinte par 100 m² - selon le degré d'acidité - avant la première plantation, puis à la renouveler, en surface, durant trois ou quatre ans.) Il est à noter que ces amendements ne peuvent modifier la terre que sur 30 à 40 cm de profondeur. Il est donc conseillé, pour la plantation d'arbres ou d'arbustes en terre argileuse, de choisir des espèces dont les racines ne sont gênées ni par l'humidité ni par la texture forte du sol.

Les sols sableux

Légers, meubles, les sols sableux sont faciles à bêcher, à biner et à désherber. Ils se réchauffent rapidement au printemps et les semis y lèvent précocement. Mais ils laissent trop vite filtrer l'eau, et les éléments fertilisants y sont lessivés.

On peut donner un peu de corps à un sol très sableux en lui incorporant de 2 à 3 m³ de bonne terre argileuse pour 100 m². Il est surtout primordial d'apporter de copieuses quantités d'humus (tourbe,

terreau, compost, fumier...) et de prévoir des arrosages réguliers. Dans un tel sol, les doses d'engrais seront à épandre en plusieurs fois au cours de l'année. Un sol sableux trop acide est amélioré par du calcaire broyé ou par le chaulage, comme pour un sol argileux. Les sols sableux bien amendés deviennent d'excellentes terres potagères. Les bulbes et les fleurs annuelles y prospèrent également. De nombreux résineux aiment ces sols meubles.

Les sols calcaires

S'ils se réchauffent vite au printemps, les sols calcaires ne retiennent pas l'eau. Ils sont secs en été et pauvres en éléments fertilisants. Vous devrez leur apporter une fumure organique copieuse, comme aux sols sableux, ainsi que des engrais complets. Leur forte alcalinité (pH supérieur à 7,5) provoque des maladies de "chlorose" chez de nombreuses plantes. Cette maladie se caractérise par le jaunissement des limbes, alors que

les nervures restent vertes, et la chute des feuilles. Les plantes deviennent chétives ou meurent.

Il est primordial, dans un tel sol, de ne cultiver que des végétaux tolérant bien le calcaire, car il est illusoire d'espérer neutraliser cet excès. Les légumes supportent assez bien celui-ci, de même que de nombreuses plantes vivaces (voir tableaux synoptiques).

Les sols humifères

Ce sont par exemple les sols de sous-bois, particulièrement riches en feuilles mortes décomposées. Ces terres, bien que perméables, se gorgent d'eau qu'elles restituent aux plantes. Elles se réchauffent vite au printemps et sont faciles à travailler. Cependant, étant très acides, elles ne conviennent qu'à certaines

espèces. Vous pourrez corriger cette acidité en chaulant et en leur offrant des engrais essentiellement phospho-potassiques. Les plantes de terre de bruyère sont conseillées, telles que les hortensias, les camélias, les rhododendrons, les azalées et autres végétaux dits justement de "terre de bruyère".

Rêve du jardinier, à peu près inexistante dans la nature, la terre franche comporte un mélange équilibré d'argile, de sable et d'humus et s'avère neutre ou légèrement alcaline.

Le modèle en est la terre de potager. Elle permet quasiment toutes les cultures, et l'amélioration des autres sols doit tendre à les lui faire ressembler.

Le gazon

Quel style de pelouse allez-vous choisir ?

La question est primordiale car tout dépend de ce que vous comptez en faire. Il y a même des cas extrêmes (terrains marécageux ou trop ombrés) où il est préférable de renoncer.

Dans tous les autres cas, votre choix est fonction de la destination de la pelouse : écrin d'herbe rase, aussi douce que du velours, gazon-prairie, fleuri, parfumé (il existe une pelouse de ce type à Buckingham Palace), gazon de grand piétinement, voire terrain de jeux. Pour chacun de ces cas, des professionnels avertis ont adapté des compositions de graminées, soigneusement sélectionnées et mélangées des plus fines aux plus rustiques, selon l'exposition ou le type de terrain.

Dites-vous ceci : plus un gazon est beau, plus il demande d'entretien. En conséquence, pour une maison de campagne, où vous ne vous rendez que de temps à autre, une composition rustique, supportant des tontes irrégulières, sera largement suffisante.

Le choix des semences

Rien n'est plus beau dans un jardin qu'une pelouse bien verte, bien entretenue - mais pour obtenir cet effet de "moquette", il faut savoir que c'est l'une des parties du jardin qui nécessite la préparation la plus minutieuse et, ensuite, le plus d'entretien. En fait l'herbe pousse partout, mais de manière différente selon la qualité du sol. Pour obtenir un beau gazon bien dru, donnez-lui une terre convenable.

La grande question que se pose celui qui veut établir un gazon est "quelle espèce de graines" faut-il acheter ? Le souvenir et la réputation des gazons en Grande-Bretagne incite certains utilisateurs à demander "un gazon anglais" — ce qui du point de vue "appellation" ne veut rien dire.

L'aspect obtenu sur des gazons anglais provient, non pas du choix des mélanges de graines, mais du choix et de l'utilisation de la tondeuse. Il existe cependant un mélange qui s'appelle le "Ray Grass anglais". Hélas, il ne convient qu'à certaines régions et à certains climats. C'est autrement qu'un amoureux des gazons doit prendre le problème. Il devrait savoir qu'actuellement un certain nombre de semences sont vendues sous l'appellation "label Rouge". C'est parmi celles-ci qu'il devrait faire son choix, en toute sécurité, compte tenu de l'usage auquel est destiné son gazon.

Pour le gazon d'ornement

Fétuque rouge - Fétuque ovine durette - Agrostide - Ray Grass anglais à feuilles très fines. Ces gazons ont un bon aspect esthétique, ainsi qu'une bonne densité de tapis végétal. Malheureusement, ils sont sujets aux maladies ; il faut donc se renseigner sur les traitements.

Pour le gazon de détente et d'agrément

Ray Grass anglais - Paturin des prés - Fétuque rouge - Fétuque ovine durette - Agrostide - Fétuque élevée.
Ces gazons sont faciles à installer, ont un bon aspect esthétique, une bonne densité du tapis végétal, résistent bien aux maladies ainsi qu'aux piétinements.

Pour le gazon de sport et de jeu

Ray Grass anglais - Paturin des prés - Fétuque rouge - Fléole noueuse.

Pour une prairie "mille fleurs"

Mêlez dans une soucoupe les graines des fleurs souhaitées et épandez-les, en ayant la main légère, sur le semis de gazon déjà effectué. La répartition sera ainsi naturelle.

Pour éloigner les oiseaux, qui se jettent sur cette manne, contentez-vous de sachets plastiques blancs, fixés sur des piquets et flottants au vent.

Assurez-vous d'un bel effet en traçant vos allées tout simplement à la tondeuse dans la prairie.

La préparation du sol

Le sol qui accueillera la pelouse doit être soigneusement désherbé, labouré, émietté et nivelé longtemps à l'avance, c'est capital, car, une fois la pelouse en place, les meilleurs désherbants sélectifs ne vous débarrasseront pas de certaines mauvaises herbes, le chiendent par exemple. En outre, les mouvements de terrain éventuels doivent être modelés en douceur pour pouvoir être "absorbés" par la tondeuse afin d'éviter que celle-ci ne soit malmenée par les creux et les bosses, ce qui ne l'arrange pas. De même, ne prévoyez qu'un minimum d'obstacles sur le tapis vert (bancs, statues, massifs, arbres...) faute de quoi, il vous faudra des heures, en les contournant, pour tondre cent mètres carrés.

Le semis du tapis vert

Quand allez-vous semer ? Théoriquement, on peut semer à tout moment, mais les demi-saisons (avril - septembre) sont idéales. Le terrain devra être humide, car on n'arrose pas un terrain fraîchement semé, on l'arrose avant de semer. Le semis peut être fait à la main, mais demande un peu de pratique pour être régulier. Dans ce cas, on procède en deux fois, en lançant les graines à la volée, en passant une fois en long, une fois en large, le but de ce semis "croisé" étant d'obtenir une répartition des graines sur le sol aussi régulière que possible. La meilleure solution reste cependant d'acheter un "semoir", bien utile ensuite pour épandre l'engrais. Le travail terminé, inutile d'enfouir les semences. Sur une surface importante, contentez-vous, pour tasser les graines, de passer un rouleau et sur une petite surface, d'utiliser une planche fixée à un manche. Quant aux bords de la pelouse, semez-les en "filet". C'est-à-dire, tracez une petite rigole de 1 cm de profondeur dans laquelle vous sèmerez régulièrement un "filet" de graines. Pour la quantité de graines à épandre, comptez entre 25 et 35 g au m². Si le Ray Grass domine, augmentez un peu cette proportion de 35 à 40 g au m².

Vos semences épandues, des ennemis les guettent : les oiseaux. Prévoyez sans plus tarder un système pour les éloigner (de simples sachets de plastique blanc fixés sur des piquets et flottants au vent feront fort bien l'affaire). La première tonte n'aura lieu que lorsque l'herbe aura atteint environ 5 cm. Choisissez la position la plus haute de la tondeuse. Vous recommencerez huit jours plus tard, en baissant d'un cran.

Entretien au quotidien

Une fois votre pelouse établie, et outre les tontes et les arrosages, il vous faudra l'engraisser régulièrement, l'aérer et la passer au rouleau. La pelouse étant de nature végétale, c'est un engrais riche en azote, favorisant la formation des feuilles, qui lui convient. Vite lessivé, l'azote demande à être appliqué au moment de la pousse maximale (au printemps et en été). Il existe des spécialités mélangées à des désherbants sélectifs. D'origine hormonale, ceux-ci agissent en désorganisant la pousse des plants autres que les graminées, c'est pourquoi ils seront sans effet sur le chiendent.

Au bout de quelques années, le gazon s'asphyxie, par tassement du sol. Remédiez-y en piquant la pelouse à la fourche-bêche, ou à l'aide d'un aérateur spécifique.

Comblez ensuite les trous avec du sable grossier, qui améliorera la structure, tout en retenant air et eau.

Le roulage du gazon permet son enracinement en forçant les stolons des herbes traçantes à s'étendre.

Comment réparer vite et bien un vieux gazon

Bien plantée et bien entretenue, une pelouse dure des années. Mais il peut y avoir des accidents de parcours. Si une zone se trouve pelée, ou défoncée, il vous faudra réparer. Pour ce faire, coupez nettement la partie abîmée au dresse-bordure, comblez avec un sol neuf riche en humus, semez et roulez. Vous pouvez également poser une plaque de gazon. Ces plaques sont utilisables, achetées toutes prêtes, pour obtenir tout un gazon "instantané". Mais cette solution aisée est assez coûteuse. En outre, toutes les compositions de graminées ne sont pas disponibles sous cette forme. Il ne s'agit donc pas d'aller acheter un paquet de graines pour gazon au hasard.

En fait, il y a un moyen de refaire un gazon correct sans refaire une préparation complète. L'opération se fera mieux au printemps.

- Dès le mois d'avril, commencez par tondre le plus ras possible.

- Tuez l'herbe existante au Round-Up.

- Attendez un mois, puis ratissez bien pour enlever les menus débris.

- Egalisez le terrain si nécessaire en comblant les creux avec du terreau.

- Si la terre est lourde et compacte, sablez avec du sable de rivière et ratissez.

- Arrosez et semez vos graines de gazon.

- Epandez une légère couche de terreau et passez un rouleau.

C'est l'ancien gazon débarrassé des mauvaises herbes qui servira de support à votre nouvelle pelouse. Sans trop arroser, gardez le semis humide et protégez-le des oiseaux.

Le gazon en plaques est livré en rouleaux, laissez-le tel quel pour le manipuler aisément. Il attendra ainsi trois ou quatre jours s'il ne se dessèche pas.

Déroulez vos plaques sur le terrain travaillé et nivelé en aboutant simplement les morceaux. Il peut y avoir un "jeu" léger au niveau des coutures : l'herbe le comblera rapidement.

Pour les raccords, poser la plaque et découpez à l'aide d'un instrument bien tranchant, sans tirer. A la différence des moquettes, les chutes sont faciles à réemployer.

Tassez ensuite le tout avec le plat du râteau pour faire adhérer les plaques au sol et éliminer les poches d'air.

Pour réparer une bordure de gazon abîmée (piétinée, par exemple), levez à la bêche une plaque carrée autour de la zone malade.

Replacez-la tête bêche, emplissez le trou de terreau et semez. La zone fragile sera ainsi à l'abri des pieds indésirables et se refera une santé en toute tranquillité.

Pour nettoyer et retracer les bordures, servez-vous d'une planche bien droite comme guide. Tranchez l'excédent au dresse-bordure ou à la bêche bien affûtée.

Arrosez ensuite abondamment tous les jours de la quinzaine qui suit. C'est capital pour une bonne reprise. Ne tondez pas avant trois semaines.

Le choix de votre alliée : la tondeuse

Une fois la pelouse établie, il vous restera à la tondre régulièrement. C'est là son entretien majeur. La tonte a pour but de maintenir le gazon entre 4 et 8 cm de haut. Les coupes débutent en avril et s'arrêtent vers le début de novembre, en climat moyen. En climat doux, décalez de quinze jours en avant et en arrière. La pousse d'hiver, très faible, ne justifie d'ordinaire pas le passage de la tondeuse, d'autant qu'il ne faut en aucun cas tondre par temps de gel.

Comptez une tonte tous les quatre-cinq jours, dans l'idéal, entre le 10 mai et le 10 octobre, tous les huit-dix jours en dehors de cette période. Les tontes très fréquentes, avec un appareil performant, permettent de laisser les déchets sur place.

Au-delà, veillez au ramassage, pour éviter l'étouffement de l'herbe.

Les matériels classiques

Les tondeuses, sauf cas d'espèce que nous verrons plus loin, sont aujourd'hui motorisées. Les différents matériels correspondent à des travaux précis et surtout à des surfaces déterminées.

● Les tondeuses poussées, généralement à moteur deux temps, concernent de petites surfaces, jusqu'à 20 m² environ. Au-delà, leur manipulation est fastidieuse. Petites, cependant, elles peuvent servir, sur de grandes surfaces, à nettoyer l'abord des obstacles (bancs, arbres...). Elles acceptent des terrains assez pentus.

● Les tondeuses autoportées (il serait plus juste de dire "porteuses") ne se justifient que sur de vastes étendues (plus de 1 000 m²). Semblables à de petits tracteurs, elles transportent le manipulateur, qui peut ainsi avoir l'illusion de jouer au gentleman-farmer... pour une somme coquette, ces engins coûtant quelques dizaines de milliers de francs, en général.

Les complémentaires et le luxe

Un certain nombre d'engins spécifiques ont une utilité particulière.

● La tondeuse mécanique à cylindre, qu'on doit pousser, ne fonctionne que pour de toutes petites surfaces et sur une herbe déjà assez rase, car elle se bloque dans l'herbe dense et exige de gros efforts. Mais elle peut servir pour des finitions, sur des allées dallées aux joints engazonnés par exemple.

● La tondeuse électrique à fil permet de peaufiner le tour des arbustes dont, en théorie, l'écorce résiste aux assauts du fil rotatif. Le travail est approximatif et cet engin trouve sa vraie utilité dans le dégrossissage d'une herbe trop montée, avant le passage de la tondeuse, ou dans l'entretien de talus rustiques et très pentus.

● La tondeuse électrique sur coussin d'air a le considérable avantage de travailler impeccablement sur forte pente. Elle convient à une herbe rase et à de petites surfaces. Gare à ne pas sectionner le fil !

● Comble du chic, les tondeuses à lames hélicoïdales, à moteur, rares en France et très coûteuses, permettent un travail admirablement soigné. Ce sont elles qui dessinent ces ravissants bandeaux alternés sur les gazons d'outre-Manche. Elles sont en général réservées aux "greens" du golf et aux gazons de haut luxe, à cause de leur prix élevé.

Quel que soit votre choix, il se peut que vous ayez besoin de plusieurs appareils. Ne vous laissez pas tenter par des offres alléchantes de marques obscures. Assurez-vous auprès du vendeur que le service après-vente et la fourniture de pièces sont garantis : mieux vaut payer un peu plus cher au départ pour être certain d'acheter, avec votre tondeuse, une tranquillité certaine.

Les haies

**Des plantes
pour chaque type
de haie**

*La haie est l'une
des structures les
plus importantes
du jardin.*

Il n'existe pratiquement aucun jardin sans au moins une sorte de haie, de clôture, de coupe-vent, de compartiment paysagé, ou de bordure végétale à fonction purement décorative. Et pourtant, malgré cet engouement, nous sommes restés très conservateurs quant aux espèces utilisées. En dehors de l'éternel thuya, les jardiniers ne sont guère aventureux, alors qu'ils disposent d'un choix considérable, qu'il s'agisse de plantes à feuillage persistant ou non, d'arbustes fleuris ou parfumés, ou de végétaux défensifs fortement épineux.

Avant de fixer son choix, il y a lieu de se renseigner sur la rusticité des plantes, dans une région donnée, une variété attrayante en soi pouvant ne pas offrir de garantie suffisante dans un jardin trop exposé, une terre trop sèche ou à une altitude trop élevée.

L'amateur est toujours pressé de voir sa haie arriver à maturité, d'où sa tendance à acheter de grands sujets, alors que des plants plus jeunes ont de bien meilleures chances de se développer que les premiers, ceux-ci pouvant végéter un ou deux ans avant de s'acclimater.

**Des types
de haies originales**

Choisya ternata

Fagus sylvatica

Ilex

Berberis stenophylla
Les tiges très épineuses en font une haie redoutable mais qui fleurit. Elle peut être taillée, quoique les longues branches souples soient aussi belles en liberté.
UTILISATION. A planter dans une haie bocagère, ou avec d'autres arbustes brise-vent.

Choisya ternata
Cette plante superbe ne convient pas à une exposition ventée ni à une zone trop froide. Son feuillage est d'un beau vert persistant, et la floraison, parfois bisannuelle, est délicieusement parfumée.
UTILISATION. Dans une haie libre, elle est incomparable ; ou encore dans une haie bocagère.

Cupressocyparis leylandii
Si vous avez besoin d'un grand rideau de verdure, ne taillez pas les cupressocyparis, laissez-les donc monter et s'étoffer (dans ce cas, ils devront être espacés de deux mètres à la plantation). C'est le conifère qui pousse le plus vite.
UTILISATION. En brise-vent ou dans une haie pour cacher une vue indésirable.

Elaeagnus ebbengei
Cet arbuste, qui ne craint pas les expositions ventées, aux fleurs parfumées et au feuillage à revers argenté, se taille bien, mais il faut lui donner de trois à quatre ans, en partant d'un scion de 50 à 60 cm de haut, pour être formé et efficace.
UTILISATION. Comme haie de clôture en région maritime.

Fagus sylvatica
Avec le hêtre de nos forêts, vous pouvez constituer la plus délicieuse des charmilles qui conservera, en outre, tout l'hiver, sa parure de feuilles desséchées. L'arbre peut atteindre de quatre à six mètres de hauteur.
UTILISATION. Une charmille est idéale pour compartimenter le jardin ou border de grandes allées.

Ilex
Le houx constitue une haie élégante et originale, que son feuillage soit panaché (*Ilex aquifolium* 'golden queen') ou bien vert (*Ilex aquifolium*).
UTILISATION. En clôture, haie défensive ou brise-vent.

Laurus nobilis
Les arbustes, qui peuvent atteindre deux mètres, font d'excellentes baies pour des climats tempérés.
UTILISATION. Pour diviser un jardin ou clôturer une propriété.

Ligustrum ovalifolium
Son feuillage est plus dense que chez les autres végétaux. Vous avez intérêt à le tailler au sécateur. Il dégage un parfum sucré à la floraison.
UTILISATION. Sa densité est incomparable pour cacher les coins les moins esthétiques du jardin. Il peut aussi servir de haie de clôture.

Photinia glabra
Ces arbustes n'ont pratiquement jamais figuré, jusqu'à présent, dans une haie, leur introduction en France étant relativement récente. Ce sont de beaux petits arbres à feuillage persistant, qui ont l'avantage de pousser vite. Les extrémités de leurs feuilles deviennent écarlates au printemps.
UTILISATION. Comme haie de clôture, pour compartimenter le jardin, ou en fond de bordure.

Prunus lusitanica
Les grandes feuilles vernissées de ce laurier du Portugal donnent une haie large et dense dont la floraison est très parfumée.
UTILISATION. Comme haie de clôture.

Pyracantha
Haie cruelle et impénétrable. Il faut, au moment de la plantation, tuteurer les plantes, les guider sur des fils de fer. Ce "buisson ardent" au beau feuillage persistant est particulièrement remarquable, en automne, avec l'apparition de ses multiples bouquets de baies rouges, jaunes ou orange.
UTILISATION. Comme haie de clôture, ou pour dissimuler un coin inesthétique.

Taxus baccata
Une rangée d'ifs compose la haie la plus belle, la plus noble qui soit. Ce conifère pousse plus vite qu'on ne le dit. Pour un meilleur résultat, plantez des arbustes de 50 cm de haut, la reprise sera bonne.
UTILISATION. Pour diviser ou compartimenter un jardin. En outre, une haie d'ifs constitue le fond le plus adéquat pour une bordure florale.

Thuya
Pour donner un peu plus d'allure à une banale haie de thuyas, taillez-la en arrondi au sommet et laissez monter les arbustes à chacune de ses extrémités. Vous donnerez ensuite à ceux-ci une forme carrée ou l'apparence d'une boule.
UTILISATION. Comme haie de clôture.

Viburnum tinus
Ces végétaux peuvent devenir très importants et atteindre trois mètres de haut. Le feuillage est foncé, un peu triste, mais la floraison est délicieusement parfumée.
UTILISATION. Comme haie de clôture.

Laurus nobilis

Prunus lusitanica

Pyracantha

Taxus baccata

Des types de haies originales

Les haies de bordure

Il s'agit de haies basses. Elles atteindront au maximum 40 cm. Les végétaux employés peuvent être des eunonymus, des buis, des bruyères, des berbéris. En climat méditerranéen, on utilisera des romarins, des santolines, des lavandes qui ont l'avantage de ne pas demander trop d'arrosages, tout en supportant un terrain pauvre et sec.
UTILISATION. Pour borner un massif ou border un chemin.

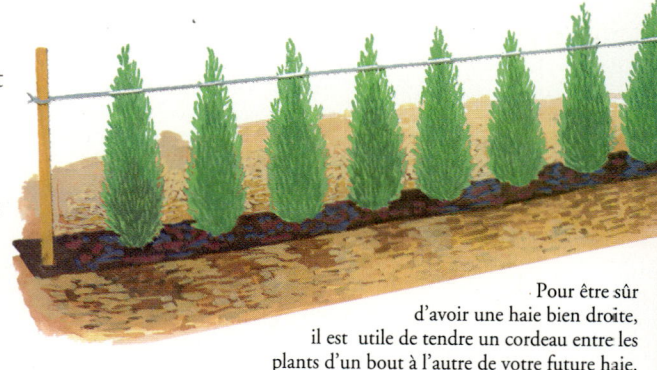

Pour être sûr d'avoir une haie bien droite, il est utile de tendre un cordeau entre les plants d'un bout à l'autre de votre future haie.

Les haies bocagères

Je ne vois que des avantages à ce genre de haies : elles se développent sans nécessairement demander à être taillées. Elles sont fraîches et gaies et nous changent un peu de ces mornes rideaux de verdure que l'on a si souvent l'habitude de voir. Composer une haie bocagère, c'est associer ensemble diverses espèces, qui se développent différemment. On réalise ainsi un écran de couleurs, de formes et de hauteurs variées. Pour obtenir un effet de légèreté, mieux vaut intercaler les arbustes de façon telle qu'ils forment une ligne brisée et, dans une proportion égale, des espèces à feuillage caduc et des espèces à feuillage persistant. Plantez-les, en les espaçant de 60 cm à 1 m les uns des autres, même si cela paraît un peu vide au départ. En trois ans, les arbustes entremêleront leurs feuillages.
UTILISATION. Pour clôturer un jardin de campagne, pour diviser un terrain.

Les haies de rosiers

Pourquoi n'y pense-t-on pas plus souvent ? Ceux qui connaissent le jardin de Sir Winston Churchill, en Angleterre, vous parleront d'une longue allée bordée de roses qui constitue un spectacle éblouissant, de juin à octobre. Essayez de trouver des roses anciennes telles que "Grootendorzt", un superbe rosier qui vous donnera, en trois ans, une haie d'un mètre cinquante de haut, épineuse et impénétrable. Les roses "rugosa", qui sont des espèces rustiques, sans exigences, aux fleurs roses ou rouge et blanc, font également d'admirables haies. Ce sont des arbustes qui ne réclament pas de taille particulière. Le rosier "Centenaire de Lourdes", lui, reste en fleur tout l'été jusqu'aux gelées. Quant aux élégants "Queen Elizabeth", ils ont à peine besoin d'être taillés et s'élèvent facilement jusqu'à deux mètres de hauteur.
UTILISATION. Pour border une allée ou diviser un terrain.

L'implantation d'une haie

Pour installer une haie, deux méthodes sont à votre disposition. Ou bien vous pratiquez des trous de plantation de 50 cm sur 50 cm pour chacun des arbustes à planter (c'est souvent le cas lorsqu'un amateur débutant démarre une haie, sans trop savoir encore quels seront tous les végétaux qu'il va utiliser, ou agit au coup par coup pour des raisons d'économie). Ou bien (beaucoup plus commode, mais alors tous les végétaux que vous désirez installer sont déjà là, sur place), vous creusez une tranchée continue d'environ 50 cm de profondeur sur une largeur de deux fers de bêche. Dans les deux cas, la terre du fond doit être bien ameublie. Incorporez-y environ 10 cm de terreau de feuilles généreusement saupoudré d'un engrais à action lente (par exemple, de la poudre d'os). Placez et alignez vos arbustes en observant un espacement de 60 à 80 cm, selon l'importance qu'ils auront à l'âge adulte. Comblez la tranchée avec de la terre mélangée à de la tourbe ou du terreau de feuilles, à proportion du quart, et achevez l'opération en la tassant bien au pied et en arrosant. Etendez alors sous les végétaux une couche de 10 cm de tourbe, d'écorce ou de paillis mouillé pour éviter la prolifération des mauvaises herbes. Vous pouvez, en lieu et place de ce paillis, étendre, sur toute la longueur de la haie, une feuille de protection (voir dessin) dont les effets seront les mêmes et qui, en outre, limitera les arrosages (après celui de la plantation).

Trois figures de style : les massifs, les bordures, les plates-bandes

Ce sont les parties les plus décoratives du jardin.

Cela dit, ces trois mots ne sont pas des synonymes, car ils désignent des surfaces de plantation bien distinctes selon leur emplacement et surtout selon leur style. C'est bien souvent la configuration du terrain qui déterminera le choix entre massif, bordure ou plate-bande. Mais on peut dire tout de suite que l'une ou l'autre solution ne peut donner lieu qu'à une belle plantation.

Le massif

Il s'agit d'une surface de plantation généralement découpée dans le gazon. Il est rond, ovale ou carré, visible sur tout son pourtour. Quelle que soit sa forme, le massif doit respecter les mêmes règles.

L'implantation d'un grand massif

● Contrairement à ce que l'on constate dans les parcs publics, le massif ne sera pas "bombé" en son milieu. Il sera plat, légèrement plus bas que le gazon qui l'entoure, ce qui permet une meilleure absorption de l'eau et une surface mieux agencée pour recevoir un paillis conservant l'humidité en été et protégeant du gel en hiver.

● Les plantes les plus hautes seront installées au centre et les plus basses ou rampantes habilleront son pourtour.

Un massif est relativement facile à réaliser. La règle.... c'est qu'il n'y en a pas : liberté, fantaisie... Les plantes ne devront pas être trop serrées, de façon à ne pas bloquer la vue de l'une ou de l'autre. C'est la diversité des espèces qui anime un massif : rosiers, plantes vivaces, arbustes. On voit également des massifs avec une seule espèce de végétaux, souvent des rosiers. Et dans ce cas, ils sont souvent bordés d'une haie en buis, en lavande, en santoline.

Un massif en "pièces détachées"

Il n'est pas toujours possible d'installer le grand massif que l'on souhaiterait. Alors, pourquoi ne pas envisager une formule "massif en pièces détachées", en créant, l'un après l'autre, plusieurs petits massifs qui seront, à un moment donné, selon vos possibilités, réunis entre eux pour former une seule et même masse.

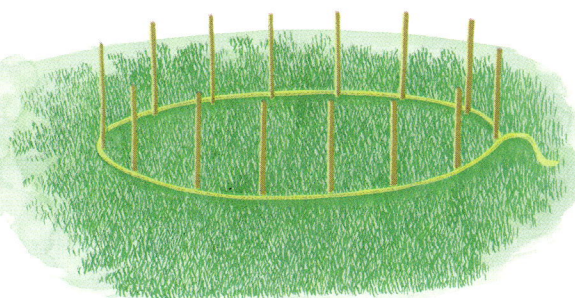

Et pour ce faire, voici comment procéder.

- Tracez sur le terrain l'emplacement du massif final (servez-vous du tuyau d'arrosage, bien pratique puisqu'il permet toutes les rectifications).

● A l'intérieur de ce massif "magistral", tracez plusieurs massifs qui seront exécutés au fur et à mesure. Un croquis aide-mémoire devra être conservé pour la réalisation des massifs successifs.

● Déterminez par quel massif vous allez commencer vos plantations. Celui-ci sera alors préparé, tandis que les autres seront provisoirement "effacés".

● La dernière étape, après l'exécution de tous les massifs, consistera à les réunir ensemble en comblant les vides pour respecter le projet initial.

Bordures et plates-bandes

La bordure

On appelle ainsi une plantation adossée soit à un mur, soit à une haie, soit à tout autre bâtiment ; elle n'est donc vue que de face. Là aussi, la bordure devra être plate ou légèrement en pente (non bombée) vers l'allée.

Dans le cas où la bordure se trouve contre une haie, celle-ci absorbe une grande partie de l'eau de pluie. Ses racines étant susceptibles de gêner les plantes, vous aurez intérêt à toujours laisser un espace d'environ 50 cm entre la haie et les premières plantations, disposition qui vous permettra de profiter d'un passage à la fois pour l'entretien des plantes et la taille de la haie.

Une bordure est la plantation la plus difficile à réaliser. C'est une plantation-prouesse, dans laquelle les Anglais sont passés maîtres, mais que l'on peut réussir si l'on respecte les préceptes de base.

● Elle doit avoir au minimum 2 m de large.

● Comporter une grande diversité de plantes aux silhouettes variées : feuillage pointu, feuillage découpé, feuillage arrondi, port érigé, port étalé, etc.

● Echelonner ses floraisons sur toute l'année. Ce point est une priorité.

● Les végétaux fleurissant en premier seront placés de façon à être masqués, après leur défloraison, par les plantes apparaissant plus tard.

● Les plantes de début de saison (bulbes) et de fin de saison (chrysanthèmes, dahlias, asters) pourront se répéter par petits groupes : c'est la seule façon d'animer une bordure sur une longue période.

● Le fond de la bordure devra être constitué des espèces les plus hautes dont certaines s'avanceront vers le centre du parterre, de manière à donner une impression de mouvement.

● Si l'on souhaite installer des plantes grimpantes, elles seront disposées dans le fond, soit sur une armature de fer ou des poteaux de bois, soit palissées contre un mur.

La plate-bande

Une "plate-bande" est très précisément cela : une "bande", "plate", qui peut être utilisée pour longer une allée. Elle ne s'appuie pas sur une haie et n'est essentiellement appréciée que d'un seul côté, l'allée.

La plantation se fera presque de la même manière que pour la bordure, en ayant soin de ne pas planter des espèces trop hautes, les unes par rapport aux autres, pour ne pas bloquer la vision de l'ensemble. Généralement, ces plates-bandes sont larges de 1 à 2 m , elles sont un lieu de prédilection pour les rosiers sur tige et les petites plantes basses d'accompagnement : nepetas, lavandes, dianthis, géraniums. Mais on peut également les concevoir comme des bordures, c'est-à-dire regorgeant d'une multitude de plantes diverses.

L'installation des plantes dans les bordures et les plates-bandes comportant arbustes et fleurs

Bordures et plates-bandes de cette sorte ne peuvent pas s'improviser, elles devront être faites soit sur plan ou, ce que je préfère, en installant les divers végétaux sur place pour voir l'effet produit. D'abord, les arbustes, qui sont en général en conteneurs. Ensuite, les plantes vivaces, également posées dans leurs godets ou en conteneurs. (Pour le choix des plantes en fonction de leur hauteur, de leur couleur et de leur date de floraison, reportez-vous aux tableaux synoptiques en fin d'ouvrage).

Quant à la plantation proprement dite, voici les points principaux à observer.

● Prévoyez suffisamment d'espace entre chacune des plantes, car, avec le temps, elles s'étofferont peut-être de dix fois leur volume actuel.

● Les espaces vides, présents la première année de la plantation, seront "habillés" avec des bulbes, des rhizomes ou des fleurs annuelles qui pourront être déplacés au fur et à mesure que les arbustes prendront de l'ampleur.

● Evitez d'aligner les arbustes - y compris les rosiers - en rangs d'oignons et alternez persistants et caducs, en plaçant à l'arrière les espèces à grand développement, tout en laissant entre eux de larges places vides pour les plantes vivaces. A moins que vous ne souhaitiez composer bordures et plates-bandes exclusivement d'arbustes.

● Les vivaces seront plantées par groupes de trois, cinq ou sept selon leur grosseur, de façon à former, pour les plus importantes, des "touffes", des bouquets ou des compositions en forme de "vagues allongées" pour les plantes moyennes de 40 à 60 cm de haut.

● Les plantes les plus basses, en bordure, occuperont des emplacements irréguliers, faisant parfois des incursions entre les plantes de hauteur moyenne.

● En revanche, des plantes de hauteur moyenne peuvent fort bien trouver place sur le devant des bordures pour casser la monotonie d'un alignement de plantes basses.

La plantation d'une bordure florale pour l'été

L'effet recherché est celui d'harmonie, de couleur et de forme, sans rigidité.
Au premier plan, on remarque les teintes alternées de vert et de gris des plantes formant
"coussins" (de gauche à droite, hosta, alchemilla, stachys, prunella, primavera, sedum).
Au deuxième rang, on a introduit un bouquet de tulipes. Elles occuperont l'espace au
printemps et pourront être remplacées par des fleurs annuelles, dès le mois de mai.
Des artemisias, des échinops, des pivoines roses occuperont le second rang, dans lequel
les sedums font une incursion. Plus au fond, c'est la série des plantes de 60 cm -
des achillées, des papavers, des lupins, des delphiniums. En arrière-plan, il y a des
leucanthèmes, des fritanas. Dans le fond, un petit arbre sur tige pourrait être remplacé
par un rosier palissé sur un support. Des *Salvia sclava* forment un groupe derrière
les leucanthèmes, d'un autre ton. Des rosiers et des asters habillent le coin
extrême de la bordure. Il va de soi que toutes ces fleurs ne fleurissent
pas en même temps, mais leur succession assure l'intérêt de cette
bordure, de mai à octobre. Un dernier conseil pour que cette
bordure estivale donne l'effet escompté : évitez de
planter vos végétaux en rangs, comme des soldats
pour la parade, et serrez bien la terre autour
de leur collet.

- Les bulbes rempliront "des poches" aux endroits où se trouvent les manques. Il est indispensable de bien indiquer leur présence pour ne pas risquer d'y planter une bêche lors des autres plantations.

- Quant aux fleurs annuelles, elles seront idéales pour fleurir les vides dès le printemps, surtout les premières années. Installez-les à partir de mai.

- Enfin, chaque fois que ce sera possible, délimitez les bordures par une rangée de pierres ou de pavés pour que la première rangée de fleurs ne se couche pas sur le gazon.

Ces bordures anglaises ou plates-bandes à la française, très travaillées, très fleuries, sont conçues pour des plantations à effet permanent ; mais vous pouvez tout aussi bien les préférer uniquement plantées d'annuelles ou de vivaces, ou encore ornées exclusivement d'arbustes (ce qui donne un minimum de travail et n'exclue pas la plantation de bulbes). Il y a un grand choix d'arbustes à feuillage persistant, pourtant il ne faudrait pas céder à la facilité en n'utilisant que de petits conifères qui ne seraient pas à leur place ici.

Orientation et travail du sol

L'orientation

On croit, à tort, que toutes les plantes ont besoin de soleil et l'on s'évertue à rechercher des emplacements en plein soleil pour installer les fleurs ; or, il y a bon nombre d'arbustes et de plantes vivaces qui s'accommodent fort bien de la mi-ombre (voir tableaux synoptiques). Il faut donc en tenir compte au moment de décider du choix des emplacements.

Ainsi, une orientation à l'ouest est plus souhaitable qu'une orientation à l'est, le soleil du matin pouvant être néfaste pour les feuillages après le gel de la nuit, et le nord-ouest est préférable au nord-est. Quant à l'orientation plein sud, elle permet de planter une plus grande gamme de variétés. Cela dit, ne choisissez pas cette exposition pour vos plantes de terre de bruyère : rhododendrons, azalées la détestent.

L'époque des plantations

Vous pouvez choisir entre deux solutions :

- Ou bien vous plantez vos arbustes au début du printemps, après la préparation (le bêchage) du terrain, à l'automne, suivi de l'incorporation des amendements nécessaires. Les vivaces, dans ce cas, ne seront mis en terre qu'en avril-mai et vous devrez attendre l'automne suivant pour installer vos bulbes de printemps. Mais vous pourrez planter éventuellement des bulbes d'été.

- Ou bien vous plantez arbustes et bulbes en automne ("à la Sainte Catherine, tout bois prend racine"), tout de suite après la préparation du terrain, et pratiquerez la plantation des vivaces au printemps suivant, de telle sorte que ces dernières n'aient pas à affronter un premier hiver.

Travail au quotidien

Après la plantation des massifs, bordures ou plates-bandes, il y aura lieu d'épandre en automne une couche de 5 cm de tourbe ou 10 cm de paillis, de manière à protéger les jeunes plantes durant leur premier hiver. Au printemps, le sol sera griffé pour le nettoyer et l'aérer.

Les arbres et les arbustes

Le choix d'un arbre ou d'un arbuste

Dans l'un ou l'autre cas, ne vous emballez pas au moment du choix. Celui-ci devra être déterminé par les réponses à ces trois questions :
— la terre lui convient-elle ?
— aimera-t-il l'emplacement que j'ai préparé ?
— ses voisins vont-ils l'avantager ?

Un arbre dans votre vie

Puisque vous avez choisi un ou des arbres comme ornements permanents de votre jardin, avant toutes choses, renseignez-vous sur l'ampleur qu'ils développeront, une fois adultes, afin de les éloigner raisonnablement de votre demeure, et les espacer suffisamment les uns des autres.
Et puis, il y a plusieurs petits trucs à savoir.

● Ainsi, un arbre solitaire sur un gazon devra être placé de façon que vous puissiez l'admirer de la maison, sans toutefois qu'il ne domine trop la scène.

● Attention, aussi, aux arbres dont les feuillages étalés risquent de trop compter dans le décor et donner trop d'ombre dans quelques années.

● Sur une petite pelouse, préférez un arbre conique, même pleureur, qui lui conviendra mieux. Tandis qu'une scène lointaine supportera des essences aux formes étalées, même si celles-ci sont groupées avec des arbres aux silhouettes coniques ou pyramidales.

● Enfin, sachez que pour amortir le bruit (d'une route par exemple), une seule file d'arbres plantés en rangs d'oignons ne servira à rien. Il faut au moins prévoir une épaisseur de plusieurs rangées d'espèces à feuillage persistant pour réduire le bruit. Le même principe s'applique au vent.

L'importance des arbustes

Ils sont entrés en force et de manière définitive dans nos jardins et dans nos vies. Il existe à cela plusieurs raisons.

● L'arbuste donne des résultats immédiats. Avec lui, le jardin paraît tout de suite "meublé". Ensuite, comme nous sommes presque tous nos propres jardiniers, un arbuste d'ornement, qui prend sa forme rapidement, est infiniment plus facile à entretenir qu'une bordure de plantes vivaces, un beau gazon ou une plantation de fleurs annuelles.

● N'oublions pas non plus que, dans le cas d'une bordure, ce sont justement les arbustes qui lui donnent forme et structure. Choisissons-les en conséquence.

● L'arbuste demande simplement à être bien planté une fois pour toutes. Il faut ensuite lui laisser vivre sa vie. Bien sûr, il aime que ses branches soient taillées, son bois mort enlevé, mais cela est peu de choses.

● Cela dit, certains arbustes dits "non rustiques", ou qui ne se plairaient pas dans un jardin trop exposé, peuvent être installés avec succès contre un mur, parce que cela permet une protection sérieuse contre le froid et le vent.

● La culture en conteneur de l'arbuste permet de le planter toute l'année. Cette révolution a permis l'arrivée sur le marché de variétés de plus en plus nombreuses venues du monde entier. Ce n'est pas fini... Il y a des centaines d'espèces différentes dont certaines fleurissent et embaument en hiver, d'autres dont les branches sont aussi spectaculaires qu'un feuillage. Un jardin, même s'il n'est en fleurs qu'au printemps et en été, peut être magnifique toute l'année. C'est ainsi qu'on peut l'habiller avec seulement des arbustes et former ce que les Anglais nomment *shrubbery*, une arbusteraie...

Mais attention, vous devez savoir que la majorité des arbustes élevés en conteneurs sont également élevés en serre. Sortir ces plantes et les mettre en terre trop tôt dans la saison peut leur être fatal. Vous avez donc intérêt à les conserver sous abri tant que les gelées ne sont pas passées. Vous ne gagneriez rien à les installer dehors trop tôt. Cela est particulièrement important pour les magnolias, les *Lavatera albia*, les *Choisya ternata* et autres arbustes d'une rusticité moyenne.

Ne vous plantez pas en plantant

La plantation d'un arbre ou d'un arbuste est d'une importance primordiale. Elle conditionne toute sa vie future. Un arbre mal planté, trop serré dans son trou et sans nourriture suffisante, ne peut pas croître et atteindre son plein épanouissement. Ainsi, voit-on des espèces végéter sans dépasser 60 cm, alors que la hauteur indiquée sur les catalogues devrait atteindre un mètre et plus. La raison de ce qui semble être une anomalie peut être due à plusieurs facteurs :

— la qualité de la terre ne convient pas à la plante ;
— celle-ci manque d'eau ou d'humus ;
— une mauvaise plantation a retardé son développement.

La technique

La première précaution à prendre est de ne pas laisser les racines de l'arbre à l'air avant la plantation, mais au contraire de les recouvrir avec des toiles humides, de la paille ou tout autre protection contre le soleil, le vent ou simplement l'air qui dessèche... Il faut donc, avant même de creuser le trou, amener sur le site tout ce dont vous avez besoin :

— une grande feuille de plastique pour recevoir la terre que vous allez retirer du trou. Cette précaution est particulièrement utile si vous plantez dans un gazon ou dans une plate-bande dans laquelle se trouvent d'autres plantes ;

— un arrosoir rempli d'eau ;

— un piquet-tuteur et des attaches ;

— 1/3 de sable de Loire (si la terre du jardin est lourde et compacte) ;

— 1/3 de tourbe ;

— 1/3 de feuilles décomposées (terreau de feuilles).

Les os broyés et le sang séché s'achètent dans toutes les bonnes jardineries. Plus votre arbre sera grand et plus il devra avoir de quoi se nourrir pendant les premières années de sa vie.

Ameublissez bien les côtés et le fond du trou pour que les racines de l'arbre puissent bien pénétrer. Dans le fond du trou, étalez le mélange du terreau feuilles, tourbe et sable. Sur ce paillis, mettez 20 cm de terre de surface avec un mélange composé de 100 g d'os broyé (le meilleur engrais qui soit à action lente), de 50 g de sang séché. L'arbre peut maintenant être posé dans le trou en ayant soin que son "collet" soit au niveau de la surface de la terre (le collet est marqué par la précédente plantation de l'arbre).

Attente avant la mise en terre

Vous avez deux solutions :

● Si, vos arbustes étant arrivés chez vous, vous ne pouvez pas les planter tout de suite à cause du gel, de la pluie ou par manque de temps, placez-les "en jauge", c'est-à-dire couchés dans un endroit hors des courants d'air, à l'ombre, et les racines recouvertes de terre ou de terreau. Vos plantes pourront rester plusieurs semaines en jauge si la végétation n'est pas trop avancée. Au-delà d'avril, l'opération devient risquée, surtout pour les arbustes à fleurs et les rosiers.

● Vous pouvez aussi (toujours pour les mêmes raisons) placer vous-même les arbustes à racines nues en conteneurs, dans une bonne terre de jardin, en attendant de les mettre en place plus tard, sans risque, et en prenant soin de garder les racines bien enfouies dans la motte de terre.

Avant la mise en place des arbres ou des arbustes en motte ou à racines nues, retaillez les racines trop longues, mâchées ou déchiquetées.

Par temps de gel ou grosse pluie, la plantation des arbres à racines nues n'est guère possible. Faites-les attendre "en jauge", dans un trou empli de sable ou de tourbe, où les racines ne souffriront ni du froid ni de la sécheresse. Les arbres peuvent ainsi patienter un mois.

Pour un arbre ou un arbuste de quelque importance, ouvrez le trou plusieurs mois à l'avance, en séparant terre de surface et sous-sol. Laissez ainsi à l'air libre : les bactéries utiles coloniseront la fosse, rendant meilleure la reprise.

A la plantation, faites correspondre le collet de l'arbre (il est visible grâce à la marque claire laissée par la terre de la pépinière) avec le niveau du sol. Le manche de la pelle servira d'indicateur de niveau.

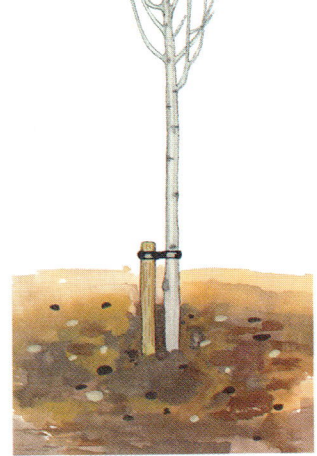

Tuteurez votre arbre à racines nues ou en motte dès la plantation. Ne le liez pas trop serré à son support, faute de quoi il ne pourrait plus bouger, et les travaux des spécialistes nous apprennent qu'un arbre ne développe ses racines que s'il est (un peu) secoué.

Les soins après la plantation

La terre devra être bien tassée autour de l'arbre ou de l'arbuste, et celui-ci bien attaché à son tuteur. Il est, toutefois, important de ne pas trop serrer le lien autour du tronc, afin de lui laisser suffisamment de jeu, en prévision de son développement futur. Pour les plantations

Pour protéger un jeune arbre
Les lapins mordillent l'écorce et l'arbre meurt. Les cerfs en sont également friands. Cette "protection" en matière plastique que vous voyez enroulée à la base du tronc (laissant toute liberté à l'arbre de grossir) s'achète en jardinerie.

d'automne, assurez la protection du sol avec un paillis de feuilles mortes ou de tourbe qui enrichira la terre en même temps, mais ne lui donnez pas d'engrais chimique (jamais, à un végétal nouvellement planté). On peut effectuer une taille légère pour remodeler plus harmonieusement sa forme et, surtout, pour stimuler un bon départ de la végétation. Ce conseil, particulièrement important pour les arbres et les arbustes à feuilles caduques, s'applique tout autant pour la plantation des haies et des rosiers.

Dix bonnes raisons pour qu'un arbuste ou un arbre meurt

- Le terrain a été mal préparé, pas assez profondément défoncé.
- Les racines nues ont été trop exposées à l'air avant la plantation, les racines se sont desséchées.
- La motte a été cassée et les racines abîmées.
- Un désherbant a été utilisé sur le terrain avant la plantation.
- La terre n'a pas été assez tassée autour des racines au moment de la plantation.
- Les racines sont asphyxiées dans une terre trop gorgée d'eau.
- L'arbre a été trop enterré à la plantation.
- Une maladie, un virus, ont attaqué l'arbre.
- La plante n'a pas eu un arrosage suffisant durant la première année de plantation.
- La terre ne lui convient pas. Cet arbre a peut-être besoin d'une terre de bruyère.

Une révolution dans le jardinage : la plantation sous plastique

Cette nouvelle technique de plantation, beaucoup pratiquée le long des autoroutes et sur des espaces verts où l'entretien des plantes est pratiquement impossible, peut, aujourd'hui, s'adapter à nos jardins. Elle consiste à recouvrir la terre où vous désirez installer vos arbres d'une couche de 5 cm de sable puis d'une feuille en plastique à l'abri de laquelle ils se développeront le mieux du monde. Ils ne vous demanderont plus ni désherbages, ni arrosages, car ce film protège des intempéries, stoppe le développement des mauvaises herbes et permet de conserver une humidité constante.

La méthode

- Préparez votre terrain comme pour une plantation traditionnelle.
- Si la terre est trop lourde ou trop pauvre, ajoutez sable, tourbe et compost.
- Arrosez copieusement et ratissez pour bien égaliser toute la surface.
- Etendez sur la surface à planter un film de culture vendu au mètre dans les jardineries ou grandes surfaces de bricolage.

Dégagez la zone à planter en décapant le gazon et décaissez légèrement.

Tendez la bâche en plastique en la fendant, si nécessaire, pour laisser les troncs existants.

Fendez la bâche en croix, aux endroits où vous voulez installer arbustes ou vivaces. Plantez, puis rabattez le plastique autour des collets.

Terminez par un paillis de graviers, d'écorces ou de compost, tant pour fixer le plastique que pour le masquer. Le paillis lui-même peut disparaître sous un couvre-sol. Arrosez abondamment et... laissez faire !

● Fixez cette feuille protectrice, soit à l'aide de griffes de fixation, ou en enterrant les bords d'environ 10 à 15 cm.
● Découpez une croix aux emplacements où vous souhaitez planter vos arbres et arbustes et rabattez les coins de façon à dégager l'espace de plantation.
● Plantez vos végétaux et rabattez le plastique sous les plantes.
● Il vous suffit, maintenant, de cacher cette feuille de plastique sous une couche de quelques centimètres de tourbe, de paillis, de gravillons ou d'écorces broyées.

Les avantages

Vos végétaux seront à la fois protégés de la chaleur, du froid, du gel... et de l'envahissement des mauvaises herbes (finies les corvées de binage et de désherbage). Quant à l'arrosage, il devient lui aussi inutile, puisque l'humidité est bien conservée sous la feuille protectrice. Cette technique est idéale pour la plantation et l'entretien des arbres, des arbustes et des haies.

Les inconvénients

La méthode s'adapte moins bien aux plantes saisonnières (bulbes, annuelles). Vous pouvez, toutefois, dans ces cas, découpez des poches dans le plastique de protection aux endroits où vous désirez les installer.

Changer un grand arbuste de place

On hésite souvent à faire cette intervention, pourtant nécessaire quand les plantes ont pris plus d'envergure que prévu. Il vaut mieux pour leur santé et la beauté du jardin, opérer le "déménagement" d'un gros sujet plutôt que de le laissez étouffer ses voisins, d'autant qu'une transplantation est sans risque si elle est bien faite. On a intérêt à procéder à ce travail à la sortie de l'hiver, après les gelées ou, fin septembre, pour donner à l'arbuste le temps de s'installer avant les grands froids. Ce sont surtout les arbustes à feuillage persistant, rhododendrons, osmanthus, *Viburnum tinus*, qui nécessitent le maximum de précautions, les espèces à feuillage caduc pouvant souvent être rabattues sur place pour donner de l'espace.

La technique

● Remontez les branches les plus basses et attachez-les de façon à dégager le bas de l'arbuste.
● Creusez à la bêche un fossé tout autour de l'arbuste à environ 50 cm du tronc, sur une profondeur de 50 cm, en coupant les racines quand il y a lieu.
● Dégagez l'arbuste de sa plantation en creusant dessous à la bêche et en glissant de la toile de jute (pas du plastique) sous la plante.
● Empaquetez alors les racines dans cette tontine que vous transporterez directement dans le nouveau trou préparé et arrosé à l'avance. Ce travail doit être obligatoirement fait par deux personnes.
● Déposez l'arbuste dans le trou en ayant soin de ne pas faire tomber la terre qui adhère aux racines quand vous ouvrirez la tontine. Le trou sera comblé avec un mélange d'un tiers de sable, d'un tiers de tourbe, d'un tiers de terre. Après sa plantation et son arrosage, étendez une couche de paillis de 10 cm tout autour.

Pour déplacer un arbuste important

A la bêche ou à la fourche-bêche, séparez soigneusement la motte des racines.

Basculez l'ensemble et, après avoir coupé les racines centrales qui empêchent la motte de se détacher, glissez une toile solide sous tout le bloc.

Nouez la toile autour du collet de l'arbuste et passez dans le nœud une barre solide, qui permettra de porter le tout (pour un arbuste très lourd, prévoyez deux barres transversales et quatre porteurs).

Mettez l'arbuste en place dans son nouveau local, tassez et arrosez copieusement.

**Sachez reconnaître
les conifères**

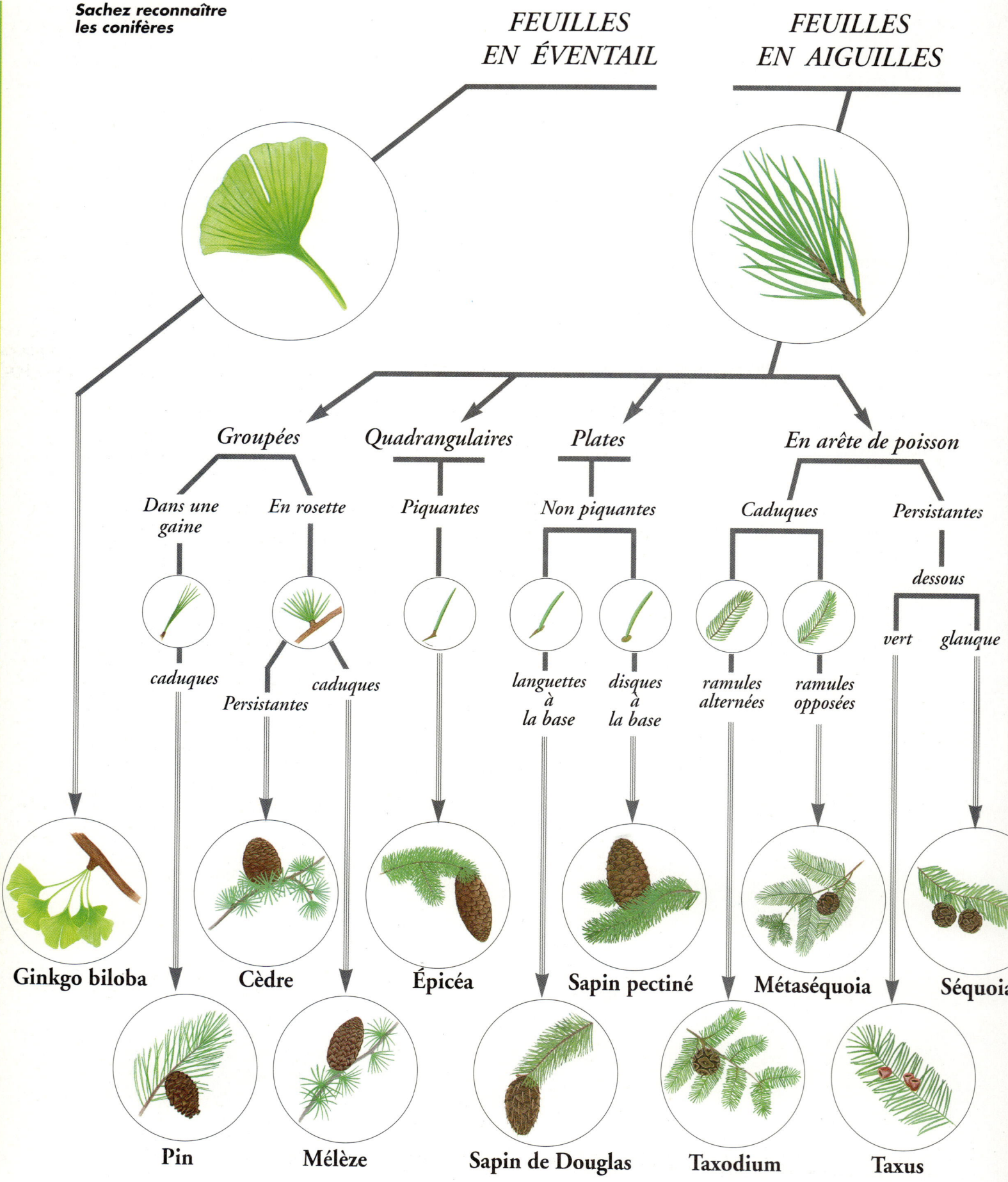

FEUILLES
EN ÉVENTAIL

FEUILLES
EN AIGUILLES

Groupées

Quadrangulaires

Plates

En arête de poisson

*Dans une
gaine*

En rosette

Piquantes

Non piquantes

Caduques

Persistantes

dessous

caduques

Persistantes

caduques

*languettes
à
la base*

*disques
à
la base*

*ramules
alternées*

*ramules
opposées*

vert   *glauque*

Ginkgo biloba

Cèdre

Épicéa

Sapin pectiné

Métaséquoia

Séquoia

Pin

Mélèze

Sapin de Douglas

Taxodium

Taxus

FEUILLES EN ÉCAILLES

Observez attentivement les aiguilles ou les écailles des conifères (qui sont les feuilles), et vous arriverez très aisément à les distinguer les uns des autres. Car il faut reconnaître que c'est dans cette famille que l'on rencontre les silhouettes les plus intéressantes :

La forme pyramidale : *Abies grandis, Abies koreana, Chamaecyparis lawsoniana 'Ellwoodii', Chamaecyparis lawsoniana 'Lutea', Chamaecyparis pisifera 'Boulevard', Larix, Libocedrus decurrens, Picea omorika, Pinus nigra, Pseudotsuga menziesii, Sciadopitys verticillata, Taxodium distichum, Thuya plicata 'Zebrina', Tsuga canadensis.*

La forme "pleureur" : *Cedrus atlantica 'Glauca pendula', Sequoiadendron giganteum 'Pendulum', Tsuga canadensis 'Pendula'.*

La forme arrondie : *Abies balsamea 'Hudsonia', Chamaecyparis lawsoniana 'Minima Glauca', Chamaecyparis pisifera 'Filifera', Pinus strobus 'Nana', Thuya orientalis 'Aurea nana'.*

La forme étalée : *Juniperus communis 'Depressa Aurea', Juniperus media 'Pfitzeriana', Taxus baccata 'Repandens', Tsuga canadensis 'Bennette'.*

La forme en colonne : *Chamaecyparis lawsoniana 'Columnaris', Cupressocyparis leylandii, Juniperus virginiana 'Skyrocket', Taxus baccata 'Standishii'.*

Pour les petits jardins et les rocailles, on vous proposera des conifères nains, ce qui laisse supposer qu'ils resteront petits toute leur vie, à la manière des bonsaïs. Ne vous y trompez pas. Les conifères grandiront, mais très lentement.

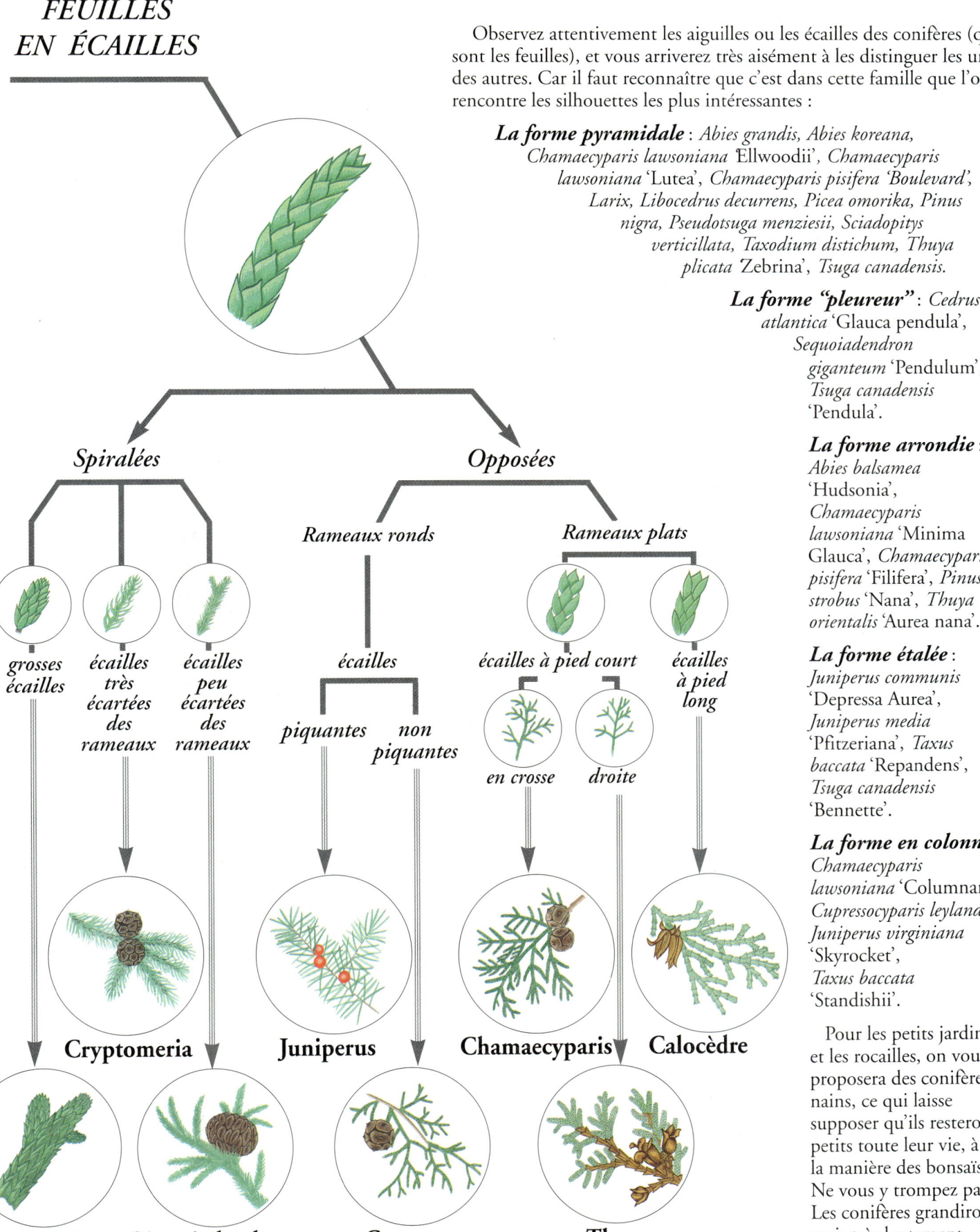

Spiralées
- grosses écailles
- écailles très écartées des rameaux
- écailles peu écartées des rameaux

Opposées
- *Rameaux ronds* — écailles : piquantes / non piquantes
- *Rameaux plats* — écailles à pied court : en crosse / droite — écailles à pied long

Cryptomeria — **Juniperus** — **Chamaecyparis** — **Calocèdre**

Araucaria — **Séquoiadendron** — **Cupressus** — **Thuya**

Les fleurs

Les plantes annuelles et les plantes vivaces

Pour avoir un jardin bien fleuri, on peut avoir recours aux plantes annuelles - celles que l'on met en place au printemps et qui terminent leur cycle de végétation en été - ou préférer les vivaces, ces plantes que l'on installe soit en automne, soit au printemps, et qui restent en terre longtemps en grandissant ou en se propageant chaque année.

Un jardin bien "habillé" comporte en général annuelles et vivaces, mais il est peut être utile de connaître leurs avantages et leurs inconvénients respectifs.

Les annuelles

Elles ne durent qu'un seul été, mais un jardin ne saurait s'en passer tant elles sont jolies, variées et colorées.

Leurs avantages et leurs inconvénients

● Pourquoi sont-elles si intéressantes pour un amateur même débutant ? C'est qu'il en existe une grande variété d'espèces et de coloris.
● Leur floraison dure souvent plus longtemps que celle des vivaces, à condition de retirer les fleurs fanées.
● Elles sont bon marché à l'achat en godet et encore moins chères si on les sème soi-même.
● Elles autorisent la création de scènes qui peuvent varier chaque année, car on trouve toujours des nouveautés sur le marché.
● Leur inconvénient majeur, si on veut les faire pousser soi-même à partir du semis (voir la rubrique "multiplication"), est le délai (plusieurs mois) qui s'écoule entre la plantation de la graine et l'éclosion des fleurs.
● En outre, quand l'été achevé la plante est morte, le jardin reste nu à partir d'octobre.

Leur mise en place

Les plantes annuelles achetées en pots ou en godets sont mises en place après les gelées de printemps, c'est-à-dire en avril-mai. Bien sûr, pour avoir une floraison continue, il est nécessaire de couper les fleurs fanées. C'est seulement à la venue des gelées d'automne que vous arracherez les plantes.

Les vivaces

Vivaces par leur souche, leur végétation est ininterrompue pendant de longues années.

Avantages et inconvénients

● Leur principal intérêt réside dans leur continuité. Ainsi le jardin ne reste-t-il pas toujours vide après le fleurissement.
● En outre, leur multiplication est facile : il suffit de diviser les touffes des plantes pour animer d'autres parties du jardin.

Pour assurer l'ancrage, dans un sol nouveau, des plantes fournies en conteneurs, déroulez le plus délicatement possible des racines extérieures de la motte. Ce sont elles qui partiront coloniser les terres nouvelles.

Pour installer des plantes vivaces, servez-vous d'un transplantoir d'emploi facile dans un sol bien travaillé. Sortez la plante de son godet et installez-la dans son emplacement en veillant à maintenir les écarts prévus.

● Enfin, elles demandent moins de travail que les annuelles : les touffes peuvent n'être divisées que tous les trois ou cinq ans.
● Leur inconvénient majeur est leur extrême générosité : certaines peuvent même devenir envahissantes.
● Semées, les graines mettent encore plus longtemps à pousser, puis la plante à fleurir, que les annuelles.

Mise en garde au moment de l'achat

Les plantes vivaces se présentent en général en petits godets que l'on commence à trouver sur le marché dès le mois de février-mars. Il faut savoir que ces petits végétaux ont été élevés en serre, ils sont donc fragiles et pourraient ne pas supporter les gelées tardives. Si toutefois vous souhaitez les planter, il ne serait pas inutile de prévoir une protection amovible en cas de fortes gelées la nuit. Un simple "voile de protection" qui recouvrirait vos plantations économiserait quelques degrés centigrades.

Leur plantation

C'est peut-être la plantation la plus facile à faire tout en se rendant compte que les résultats ne sont pas toujours ceux escomptés, pour la simple

raison que l'espacement dans la plantation est souvent erroné. On peut prendre, en général, comme base d'espacement pour
les plantes de moins de 0,20 m de haut : dix plantes au m² ;
les plantes de 0,20 à 0,40 m de haut : huit au m² ;
les plantes de 0,40 à 0,70 m de haut : six au m² ;
les plantes de 0,70 à 1 m de haut : trois au m² ;
Les plantes spectaculaires de plus de 1 m de haut : une au m².

La plantation s'effectue soit au printemps, soit à l'automne, dans une terre arrosée et bien préparée. L'outil conseillé pour la plantation des vivaces est le transplantoir avec lequel vous ferez des trous de quatre fois la taille de la plante, en ameublissant bien la terre du fond et autour, car les racines de ces jeunes plantes sont fragiles.

Le fond du trou sera composé de compost ou de terreau mélangé à environ une cuillère à dessert de corne séchée, un engrais à effet lent.

Une fois installée, la motte sera recouverte d'un mélange d'un tiers de terre franche, d'un tiers de terreau ou de compost, d'un tiers de sable. On veillera à ne pas laisser la terre se dessécher.

En sortant vos plantes vivaces de leur godet, si vous constatez qu'elles sont très sèches, trempez-les quelques instants dans un seau d'eau, ce qui est plus efficace que de les arroser.

Les plantes grimpantes

Les plantes grimpantes sont de deux sortes : celles qu'il faut palisser, surtout les rosiers, et celles qui grimpent. Si vous leur fournissez un treillage, un arbre ou un mur avec quelques possibilités pour qu'elles s'accrochent, leur départ est assuré : ainsi sont les pyracanthas, les lierres, les chèvrefeuilles, les *Hydrangea petiolaris*, les clématites.

Cependant, qu'elles soient plantées contre un mur ou contre un arbre, veillez à ce que les plantes ne soient pas accolées ; une distance de 20 cm est un minimum. Dans la fosse de plantation, les racines devront être allongées vers l'extérieur.

Les clématites, fournies filiformes, en général, demandent à être installées au pied de leur support dans un sol léger et riche, sur un fond bien drainant (graviers). Enterrez, outre la motte, la base de la tige. De la sorte, la plante produira un enracinement vigoureux, garant d'une reprise rapide.

Le cas particulier des clématites

Il existe une infinité de variétés de clématites, ce qui permet une floraison de mai à octobre selon les variétés choisies. Ce sont des plantes merveilleuses qui s'adaptent à de nombreuses situations et permettent toutes sortes d'effets. Et pourtant, en ce qui concerne leur réussite, j'ai souvent entendu des plaintes : "Les clématites ne "marchent" pas avec moi". Voici ce qu'il faut savoir :
● les clématites préfèrent une terre alcaline,
● elles ont besoin de place pour le développement de leurs racines,
● elles doivent être plantées un peu en biais pour que 10 cm de leur tige soient enterrés,
● la base de la tige doit être totalement protégée du soleil sur 15 cm.

Il n'y a pas que le palissage sur un mur qui convienne à la clématite. Vous pouvez fort bien la planter sous un arbuste à feuillage persistant, elle se frayera un chemin à travers les branches et fleurira abondamment en été. Les clématites ont besoin d'être bien arrosées au départ de la végétation, et elles se trouveront bien avec un paillis de 10 cm au pied.

A noter.
Il y a une autre plante qui devra, comme la clématite, être plantée couchée, c'est le lierre, avec environ 10 cm de tige enterrés.

Les bulbes

Quand on parle de bulbes, on pense généralement aux fleurs de printemps comme les jonquilles, les tulipes et les crocus. C'est un tort parce que l'on peut trouver des bulbes qui fleurissent pratiquement toute l'année (voir le calendrier de floraison des bulbes p. 549).

Les techniques de plantation

Vous ne pouvez pas rater la plantation des bulbes. Il n'y a que la profondeur de la mise en terre qui varie selon leur taille. En règle générale, on estime que ceux-ci doivent être enterrés d'une à deux fois leur hauteur dans une terre de jardin normale. Les narcisses, cependant, auront une meilleure tenue s'ils sont enfouis quelques centimètres plus profondément. On a l'habitude de planter les bulbes de printemps au mois d'octobre. Il faut, alors, compter six mois entre la mise en terre et le fleurissement. (Mais, si l'on retarde la plantation d'un ou de deux mois, on

Pour pouvoir retirer aisément les bulbes d'une plantation temporaire (tulipes, glaïeuls), garnissez le trou de plantation d'un filet fin, imputrescible.

Emplissez la fosse d'un mélange léger et installez les bulbes, qui peuvent être recouverts de gazon.

Quand le feuillage est mûr, la récolte s'effectue en un tournemain, en tirant simplement sur le filet. L'emplacement est alors prêt pour de nouvelles aventures.

obtiendra un fleurissement plus tardif.) On déconseille, cependant, de garder en réserve des bulbes à écailles, comme les lis, les fritillaires, les agapanthus, qui risquent de se dessécher. Ils devront être plantés dès leur réception, sauf si la terre est gelée.

● **La mise en terre** peut s'effectuer à l'aide d'un transplantoir à bulbes de forme ronde avec lequel on creuse un trou à fond plat dans lequel on dispose l'oignon, côté pointu en haut, son côté plat en parfait contact avec la terre. Voilà pourquoi l'usage du plantoir traditionnel est déconseillé : la forme conique de celui-ci laisse subsister une poche d'air dans le trou. Le transplantoir est pratique si l'on a peu d'oignons à planter et si l'on agit au coup par coup. Sinon, l'opération devient une corvée longue et fatigante.

● **Si vous désirez grouper plusieurs bulbes** ensemble pour produire un effet de bouquet, il faut procéder d'une autre façon. Préparez à la bêche une surface de plantation assez large, creusée sur plusieurs centimètres d'épaisseur, et bien plate. Etendez sur le fond une couche d'environ 5 cm de terre mélangée de sable (pour moitié). Placez vos bulbes (comme précédemment) tout en les écartant les uns des autres de 5 à 10 cm. Recouvrez-les de terre et arrosez. Marquez bien leur emplacement pour ne pas risquer de les blesser en binant ou en plantant par-dessus.

● **Pour pouvoir, après le fleurissement,** retirer aisément les bulbes d'une plantation temporaire (tulipes, glaïeuls), garnissez le trou de plantation, du fond jusqu'en surface, d'un filet fin et imputrescible. Emplissez la fosse d'un mélange de terre et de sable, installez vos bulbes, recouvrez de terre. Après que les bulbes auront fleuri et que leur feuillage sera mûr, il vous suffira, pour les récolter, de tirer simplement sur le filet.

● **Tous les bulbes peuvent rester en terre,** d'une année sur l'autre. Il faut savoir, cependant, que les tulipes dépérissent et refleurissent moins bien les années suivantes, sauf les variétés botaniques.

● **Pour la multiplication et la santé** des lis plantés parmi de gros arbustes, notamment parmi les rhododendrons, il est préférable d'isoler leurs bulbes afin que les racines des arbustes ne les endommagent pas. Pour ce faire, placez les lis dans un gros conteneur dont vous aurez découpé le fond et que vous enterrerez.

Les différents usages des bulbes

Narcisses, tulipes, muscaris, fritillaires, crocus, tous ces bulbes ont de multiples utilisations.

● **Leur installation dans le gazon**
Ils s'y naturaliseront (s'y reproduiront) facilement. Si vous les avez disséminés un peu partout dans l'herbe, prévoyez de ne pas tondre avant que leur feuillage ne soit complètement desséché. A moins que vous n'ayez déjà imaginé de les grouper en des emplacements déterminés que vous pourrez alors bien protéger.

Pour l'installation d'un grand nombre de bulbes dans un endroit donné d'une pelouse, voici comment procéder. Délimitez une surface de plantation dont vous enlevez à la bêche une bonne épaisseur (terre et herbe). Ameublissez la terre de l'emplacement en lui ajoutant du sable. Installez les bulbes. Recouvrez-les de terre de l'épaisseur de terre et de gazon précédemment ôtée.

● **En sous-bois.** C'est l'emplacement qu'ils préfèrent, car la terre a été enrichie par la chute des feuilles. Plantez essentiellement, entre septembre et décembre, des bulbes rustiques, crocus, éranthis, endymions (ou jacinthes des bois) et narcisses. Vous planterez plus tard les cyclamens, de juin à août.

● **Dans les massifs et les bordures.** Comme la terre, ayant déjà été préparée, est meuble, utilisez pour les mettre en place, un transplantoir à bulbes, mais enfoncez-les plus profondément que pour une plantation en bac ou dans la pelouse. Cela, afin de ne pas risquer de les abîmer par d'ultérieurs griffages destinés aux plantes voisines (arbustes, vivaces). En outre, marquez très clairement leur emplacement. Plantez-les serrés, à quelques centimètres les uns des autres, afin d'avoir un joli effet groupé. Pour les tulipes, évitez les mélanges de couleurs trop proches les unes des autres.

● **Dans une rocaille.** C'est l'emplacement idéal pour des petits bulbes qui seront à leur avantage en gros plan. Evitez les bulbes sophistiqués à grosses fleurs. La rocaille est l'endroit où l'on peut le mieux apprécier des bulbes aux couleurs vives plantés par petits groupes de cinq à six. Ils voisineront avec des petits conifères et des plantes alpines.

A savoir.
Les bulbes ne nécessitent pas des arrosages réguliers.

CALENDRIER DES FLEURS À BULBES

janvier - février
Eranthis hyemalis - Galanthus caucasicus - Galanthus nivalis - Iris danfordiae - Iris histrioides - Puschkinia scilloides - Scilla tubergeniana

mars - avril
Allium karataviense - Anemone blanda - Anemone nemorosa - Chionodoxa luciliae - Colchicum luteum - Corydalis cashmiriana - crocus - cyclamen - érythronium - fritillaria - *Fritillaria meleagris - Fritillaria imperialis - Fritillaria camschatcensis - Iris reticulata -* jacinthes - *Leucojum vernum - Leucojum aestivum -* muscari - *Narcissus bulbocodium - Narcissus jonquila -* ornithogalum *- Scilla sibirica -* tulipa *- Tulipa clusiana - Tulipa fosteriana - Tulipa praestans - Tulipa sylvestris*

mai - juin
Allium giganteum - Anemone fulgens - Arum creticum - Allium neapolitanum - Allium moly - camassia - dierama *- Eremurus bungei - Eremurus himalaicus - Fritillaria persica - Gladiolus communis - Hippeastrum -* ixia -

Lilium candidum - Rhodohypoxis baurii - Scilla peruviana - Zantedeschia aethiopica

juillet - août
bégonia - canna - cardiocrinum - crocosmia - *Cyclamen purpurascens -* dahlia - freesia *- Iris larifolia - Lilium hansonii - Lilium henryi - Galtonia candicans - Lilium canadense - Lilium martagon - Ornithogalum arabicum - Oxalis deppei -* renoncule *- Tigridia pavonia -* tropaeonium - zantedeschia

août
Cyclamen hederifolium - Eucomis bicolor - Eucomis punctata - Gladiolus callianthus - Lilium auratum

septembre - octobre
Amaryllis belladonna - Arum italicum - Colchicum speciosum - Galanthus nivalis - pleione

novembre-décembre
Cyclamen coum - Nerine bowdenii - schizostylis - *Schizostylis coccinea*

Plantation d'un rhododendron dans une fosse de terre de bruyère

Si vous avez envie de rhododendrons dans votre jardin et que la terre ne s'y prête pas, vous pouvez fort bien aménager un emplacement pour ces plantes qui ont besoin d'une terre acide. L'emplacement ne devra pas être en plein soleil.

La mi-ombre, près des arbres, leur convient bien.
Sans aimer une humidité excessive, les rhododendrons ne doivent pas rester dans une terre desséchée. Un paillis de tourbe leur sera profitable.

Pour installer une plante "de terre de bruyère" dans un sol inadéquat, creusez une fosse de 1 m² sur 0,80 m de profondeur afin que la réserve de terre de bruyère puisse durer des années, et tapissez-la d'une bâche en plastique. Percez-en le fond pour faciliter l'écoulement.

Emplissez votre fosse d'un mélange riche et acide (deux tiers de terre de bruyère, un tiers de tourbe) et installez votre pensionnaire. Vous marquerez les lisières du plastique sous des galets ou des moellons.

Les rosiers

Je parie que le rosier est le premier arbuste à fleurs que vous planterez dans votre jardin.

De son emplacement et de sa plantation dépendront sa longévité et sa santé.

Commencez par lui trouver un emplacement aéré, loin des arbres, ensoleillé (il lui faut un minimum de 50 % d'ensoleillement par jour), protégé du vent qui est son premier ennemi, et dans un terrain bien drainé.

Contrairement à ce que l'on peut supposer, le rosier n'est pas difficile quant à la terre de plantation.

Les époques de plantation

Dans les régions où les hivers sont rigoureux, comme au nord des Etats-Unis et au nord de l'Europe, il faut le planter de préférence au début du printemps. Dans les climats chauds, méditerranéens, au milieu de l'hiver. Et, en climat tempéré, soit en automne, soit au début du printemps.

La plantation

● Ne plantez jamais un rosier dans une terre qui a déjà contenu des rosiers.

● Si vous ne pouvez pas mettre les plantes en terre dès leur arrivée, placez-les en jauge ou bien gardez-les dans leur emballage, en lieu sec, dans un endroit où il n'y a aucun risque de gel.

● Juste avant de les planter, placez les racines nues de vos rosiers, une demi-heure, dans un mélange boueux d'eau et de terre auquel vous pouvez ajouter une dose de poudre à praliner qui s'achète en paquet. L'opération s'appelle, d'ailleurs, le pralinage.

● Préparez votre terre de plantation. Elle sera constituée d'un mélange de 50 % de bonne terre de jardin, 25 % de tourbe, 25 % de gros sable additionné d'une poignée d'os broyés.

● Creusez un trou d'au moins trois fois l'encombrement des racines en largeur et en profondeur et comblez-le de terre après avoir mis en place les rosiers.

● Si vous les plantez au printemps, vous pouvez effectuer une première taille tout de suite. Si vous les installez en automne, attendez le printemps pour les tailler.

Retaillez tiges et racines légèrement, en retirant tous les bois morts ou abîmés. Comme toujours pour le travail des branches piquantes, munissez-vous de gants épais.

Aidez-vous d'un tuteur, posé à l'horizontale, pour installer correctement votre rosier dans le trou, en veillant à ce que le point de greffe (l'endroit où se trouve un bourrelet) soit bien au niveau du sol ou juste au-dessus. Si vous enterrez le point de greffe, vous favoriserez la pousse de rejets.

Bourrelet de greffe

Comblez de terre et arrosez abondamment pour tasser l'ensemble autour des racines et éviter les poches d'air. Vous effectuerez la taille usuelle en février-mars suivant.

Les soins

● Pour obtenir une floraison printanière et garder vos rosiers en bonne santé, donnez-leur une poignée d'engrais fertilisants riches en phosphates à la fin du printemps ou au début de l'été.

● Dix centimètres de paillis ou de compost autour des racines au début du printemps retiendront l'humidité et décourageront les mauvaises herbes.

● Enfin, une règle essentielle consiste à retirer, au fur et à mesure, les fleurs fanées.

● Tous les déchets, feuilles, branches mortes et fleurs fanées des rosiers, doivent être brûlés en raison des maladies variées qui peuvent être propagées.

A savoir

Il y a souvent confusion dans l'esprit de certains entre la signification des mots "remontants" et "grimpants". On dit d'un rosier qu'il est remontant quand il refleurit après sa première floraison de juin. En effet, celui-ci, après un temps de repos plus ou moins long selon les variétés, remonte (c'est-à-dire refleurit, et parfois même jusqu'aux premières gelées de novembre). On dit d'un rosier qu'il est grimpant quand il s'agit d'une variété qui "grimpe" ou que l'on peut palisser.

Les plantes, qui, décidément, ne manquent pas de ressources, offrent à l'amateur quantité de moyens de les propager en grande quantité : c'est amusant, souvent facile, et les sujets obtenus n'auront jamais le même prix symbolique que les exemplaires achetés. La méthode la plus classique est le semis de graines, bien entendu. Mais, outre que tous les cultivars n'en produisent pas ou ne sont pas fidèles par ce moyen, c'est parfois un mode lent, très lent, très très lent de reproduction. Vous aurez encore le choix entre le bouturage, qui permet d'obtenir une plante complète à partir de tronçons, le marcottage, qui consiste à provoquer l'apparition de racines sur une tige avant de la séparer du pied mère, la greffe, qui associe les racines d'un végétal facile à obtenir et la partie aérienne d'un végétal plus précieux, et tout simplement l'éclatage des plantes en touffes, chaque éclat reformant rapidement une touffe entière.

Les semis

Produire ses propres plantes à partir de graines est l'une des grandes joies du jardinage. C'est aussi la forme de multiplication la plus économique, mais également celle qui demande le plus de soins et d'attention.

● Les graines

Les graines que l'on achète en paquets ne devraient pas créer de problèmes si l'on respecte les dates qui sont indiquées et si les paquets ont été conservés dans un endroit frais sans humidité. Cependant, avec l'âge, certaines graines perdant leur faculté germinative, le meilleur garant du succès est encore de les semer rapidement (quelques jours ou quelques semaines) après la récolte. Cela dit, ne vous impatientez pas s'il vous semble que vos semis mettent quelque temps à lever : les graines ne germent pas toutes de la même façon. Certaines sont plus lentes que d'autres. En fait, elles semblent "savoir" quand leur environnement est propice à leur germination.

● Comment semer

— Il existe plusieurs modes de semis adaptés aux plantes, à leur mode de vie ou à la culture choisie. On peut semer directement en plein air des plantes rustiques qui resteront au même endroit jusqu'à leur fleurissement, ou semer dans des caissettes, des pots ou des godets des plantes plus frileuses qui, placées à l'abri, chez soi ou en serre, seront ensuite replantées en pleine terre avec leur motte.

— Quant à la façon même de semer, elle aussi diffère selon la grosseur de la graine, que ce soit à la volée, méthode que nous avons vu utilisée pour le gazon (p. 531), ou en ligne. Nous détaillons, ci-dessous, cette méthode, idéale pour les annuelles.

— Quel que soit le mode employé, que les graines soient plantées en caissettes, en pots ou en pleine terre, l'une des conditions sine qua non de la réussite est que la terre soit bien préparée.

Le semis en pleine terre

● Préparation de la terre

— Pour semer en pleine terre, commencez par bêcher profondément le terrain en automne, en y incorporant du terreau de feuille, et laissez l'hiver passer dessus.

Au printemps, cassez les mottes, désherbez, râtissez pour obtenir une terre fine et incorporez un fertilisant à base de phosphates. Attendez le mois de mars ou d'avril pour semer des plantes annuelles qui doivent fleurir sur place. Le temps vous guidera : il faut que la terre se soit réchauffée et qu'il n'y ait plus de risques de gelée matinale. Choisissez une journée sans vent.

— Juste avant de semer, arrosez le terrain pour que les graines adhèrent à un sol humide, vous n'aurez pas besoin de le faire après.

● La technique du semis en ligne

— Si vos graines sont très fines, mélangez-les dans le creux de votre main avec une part égale de sable très fin.

— Epandez vos graines dans de fins sillons que vous aurez tracés à l'avance, en vous aidant d'un cordeau tendu tout le long de chaque rang pour que celui-ci soit droit.

— Ramenez un peu de terre sur les graines avec le dos du râteau et tassez avec celui-ci.

— Quand les petites plantes auront deux feuilles, ce sera le moment de les éclaircir, c'est-à-dire de les desserrer, de façon à ne laisser qu'une plante tous les 5-6 cm. Dix à quinze jours plus tard, il faudra éclaircir à nouveau, cette fois-ci en laissant un écartement de 20 cm entre chaque plante. Après chaque éclaircissage, arrosez pour raffermir la terre autour des plantes restant en place.

— Pour ne pas gaspiller de graines, il existe une méthode consistant à ne semer que sur 50 % du terrain. Ainsi, peut-on peupler l'autre moitié avec les plantules enlevées au cours de l'éclaircissage.

— Pour protéger vos semis des oiseaux qui en sont friands, installez sur leur emplacement des piquets auxquels vous accrocherez des rubans de papier d'aluminium.

Les diverses raisons qui empêchent ou retardent la germination des graines

● Vos semis ont été mal conservés dans un endroit trop chaud.

● Ou, placés dans des sachets non étanches, ils ont pris l'humidité.

● Vous avez choisi une mauvaise époque pour planter.

● Une mauvaise terre.

● Une terre ayant subi un traitement chimique.

● Vous n'avez pas assez arrosé la terre au moment de l'ensemencement.

● Les graines étaient trop vieilles.

● Ou, au contraire, pas assez mûres (elles demandent alors plus de temps pour germer).

● La température ne leur convient pas :

— Elles ont trop chaud. Les plantes de climat tempéré veulent, pour germer, subir un hiver réel (ou artificiel). C'est le secret de la réussite des méconopsis, des ancolies et de nombreuses plantes de montagne. Conservez donc vos graines dans un endroit frais.

— Elles ont trop froid. Les plantes tropicales (d'intérieur) ou de climat chaud (les annuelles non rustiques), comme les *Begonia semperflorens* ou les sauges rouges exigent de 18 à 20 °C pour bien germer.

Les semis en caissettes

Emplissez une terrine ou une caissette d'un mélange léger et riche, tassez et égalisez bien.

Arrosez régulièrement à la pomme fine et laissez bien ressuyer (égoutter) avant de semer, aussi régulièrement que possible. Etiquetez.

Traitez aussitôt avec un fongicide léger, pour éviter la "fonte". Vous renouvellerez ce traitement tous les huit jours.

Couvrez d'un panneau de verre ou placez le tout en mini-serre, à la lumière.

Quand les plantules sont nées et commencent à se serrer, éclaircissez. Avec une baguette ou un crayon bien pointu, soulevez un paquet de plantules.

Détachez ensuite chaque plantule une par une en la soulevant par une feuille. Repiquez en caissette, à bon écartement. Un mois après, repiquez en godet.

Semis des plantes annuelles

	Couleurs	Période de floraison	Distance de plantation en cm	Exposition	Semi-rustique à semer sous châssis ou en serre à 18 °C	à 10 °C	Semi-rustique à semer sans châssis	Rustique à semer en place
Ageratum	bleu, blanc, rose	juin-oct.	15-20	○●		mars-avril		
Alyssum (alysse)	blanc, rose, violet	juin-sept.	15-20	○		mars-avril	avril	avril-mai-sept.
Antirrhinum (muflier)	tous coloris sauf bleu	juin-sept.	25-30	○●	fév.-mars			
Begonia (bégonia)	blanc, rose, rouge	juin-sept.	15-25	○●◗	janv.-fév.			
Calendula (souci)	crème, jaune, orange	mai-août	20	◐●		avril	mars	mars, mai, sept.
Callistephus chinensis (reine-marguerite)	variées	juil.-oct.	20-35	○●		mars-avril	mars	avril-mai
Centaurea cyanus (bleuet)	blanc, bleu, rose, rouge	juin-sept.	30-45	○●				mars-avril-sept.
Chrysanthemum (chrysanthème)	tous coloris en mélange	juil.-sept.	25-35	○●		mars-avril	avril	avril
Convolvulus tricolor (belle-de-jour)	rouge, pourpre	mai-sept.	25	○●				mars-avril-sept.
Cosmos	blanc, rose, rouge, orange	juil.-sept.	30-50	○●		mars-avril		avril-mai
Dahlia	variées	juil.-oct.	30-60	○●		mars-avril	avril	mai
Delphinium (pied d'alouette)	blanc, rose, rouge, bleu	juin-sept.	15-35	○●				sept.
Dimorphotheca	blanc, orange	juil.-sept.	25	○		mars-avril		avril-mai
Eschscholtzia	jaune, orange, crème	juin-sept.	15-25	○				mars-avril-sept.
Gaillardia (gaillarde)	variées	juil.-oct.	25	○		mars-avril	avril	avril-mai
Godetia	blanc, rose, rouge	juin-août	20-25	○●				mars-avril-sept.
Gypsophila (gypsophile)	blanc, rose, rouge	juin-sept.	5-10	○				mars-avril-sept.
Helianthus (soleil)	jaune, orangé	juil.-sept.	60	○●				avril
Hélichrysum (immortelle)	blanc, rose, rouge	juil.-sept.	20	○	mars-avril		avril	avril
Iberis (thlaspi)	blanc, rose, rouge, lilas	mai-sept.	15-25	○				mars-mai
Ipomoea purpurea (volubilis)	blanc, bleu, rose, en mélange	juil.-oct.	30	○	avril	avril	avril	avril-mai
Lathyrus odoratus (pois de senteur)	variées	juil.-oct.	20	○	mars	mars	avril	avril-sept.
Lavatera (lavatère)	blanc, rose	juil.-août	30	○●				avril
Linum (lin)	blanc, rouge	juil.-août	15	○●				mars-avril
Lobelia (lobélie)	bleu, blanc, en mélange	juil.-oct.	15	◐●	février-mars		février-mars	
Matthiola (giroflée)	très diverses en mélange	juin-sept.	20	○	mars-avril		mars	avril
Mesembryanthenum	jaune, rose, orange	juil.-oct.	25	○	avril	mars-avril		avril-mai
Nemesia (némésie)	rose, blanc, jaune, rouge en mélange	juil.-sept.	15-25	○●	avril	mars-avril	avril	mai
Nicotiana (tabac d'ornement)	blanc, rouge, en mélange	juil.-oct.	35	○●	avril	mars-avril		
Nigella (nigelle, cheveux de Vénus)	blanc, bleu, rose ou en mélange	juin-août	15-20	○●				mars-avril
Papaver (pavot)	blanc, rose, jaune, orange, rouge, en mélange	juin-sept.	20	○				mars-avril
Petunia	variées	juin-oct.	20	○	mars-avril		mars-avril	
Phlox	variées	juil.-oct.	20	○	avril			
Rudbeckia	or, brun	août-oct.	25-35	○	mars-avril	mars-avril		
Salvia (sauge)	rose, rouge, violet	juil.-oct.	25	○	mars		février-mars	
Scabiosa (scabieuse)	blanc, bleu, violet, en mélange	août-oct.	25	○●	avril	mars-avril	avril	avril
Tagetes erecta (rose d'Inde)	jaune, orange, brun	juil.-oct.	20-25	○	avril	mars-avril		avril-mai
Tropaeolum (capucine)	jaune, rouge, orange, en mélange	juil.-oct.	25	○●				avril-mai
Verbena (verveine)	variées	juil.-oct.	25	○	mars-avril	mars		
Zinnia	variées	juil.-oct.	25-45	○	avril	mars-avril	avril	mai

Semis des plantes bisannuelles

	Couleurs	Période de floraison	Distance de plantation en cm	Exposition	Semis sous abri	en pépinière	en place
Bellis perennis (pâquerette)	blanc, rose, rouge	mai-juil.	15	○●	juin	mai-juin	
Campanula (campanule)	bleu, blanc, rose, pourpre	juin-août	25-30	○●	juin	mai-juin	
Cheiranthus cheiri (giroflée jaune, ravenelle)	jaune à brun	avril-mai	25-30	○●	juin	mai-juin	juil.
Cynoglossum (cynoglosse)	bleu	mai-juin	20	○●	juin-juil.	juin-juil.	
Dianthus barbatus (œillet de poète)	diverses	juin-juil.	20-25	○●	juin-juil.	juin-juil.	juil.
Digitalis (digitale)	diverses	juin-juil.	25-30	○	juin	mai-juin	juil.
Lunaria annua (lunaire, monnaie-du-pape)	blanc, pourpre	mai-juil.	15	○●	juin	mai juin	
Matthiola (giroflée)	variées	juin-juil.	25	○●	juil.	juil.	
Myosotis	bleu, rose	avril-mai	15-20	○●	juin	mai-juin	juin-juil.
Papaver nudicaule (pavot d'Islande)	variées	juin	25-30	○	juin-juil.	juin-juil.	
Primula veris elatior	variées	mai-juin	15-20	○●◗	avril-mai	avril-mai	mars-mai
Silène	blanc, rose, rouge	mai-juin	25-30	○●	avril-mai	mai-juin	
Viola cornula (violette cornue)	diverses, jaune, violet	mars-août	15	○●	juin-juil.	juin-juil.	

Le bouturage

Moyen de propagation courant, le bouturage consiste à prélever une partie incomplète d'un végétal et à le placer dans des conditions l'amenant à compléter les vides.

Dans l'ensemble, il est sage d'agir en pleine saison de pousse (printemps ou été) pour que les végétaux profitent au maximum de la luminosité et de la douceur optimales et se trouvent constitués avant l'arrivée des froids.

Les végétaux qui s'y prêtent comportent tous, à l'état latent, les éléments manquants. Les plus importants sont les racines, naturellement, dont l'apparition est induite par des hormones spécifiques, qui n'agissent que dans des conditions particulières. Elles sont parfois présentes en densité insuffisante à l'état naturel,

et la plante doit profiter d'un petit coup de pouce à l'aide d'hormones en poudre. L'amateur dispose de préparations "à tout faire" généralement très suffisantes.

Les plus simples des végétaux se bouturent dans l'eau, sans autre forme de procès : les lauriers-roses, les "papyrus" (*Cyperus alternifolius*) sont les exemples les plus connus, mais les violettes du Cap, de nombreux bégonias d'intérieur, les daturas, saules, peupliers, cyprès chauves... s'y plient également volontiers. La liste n'est pas exhaustive et toute expérience est bonne à tenter.

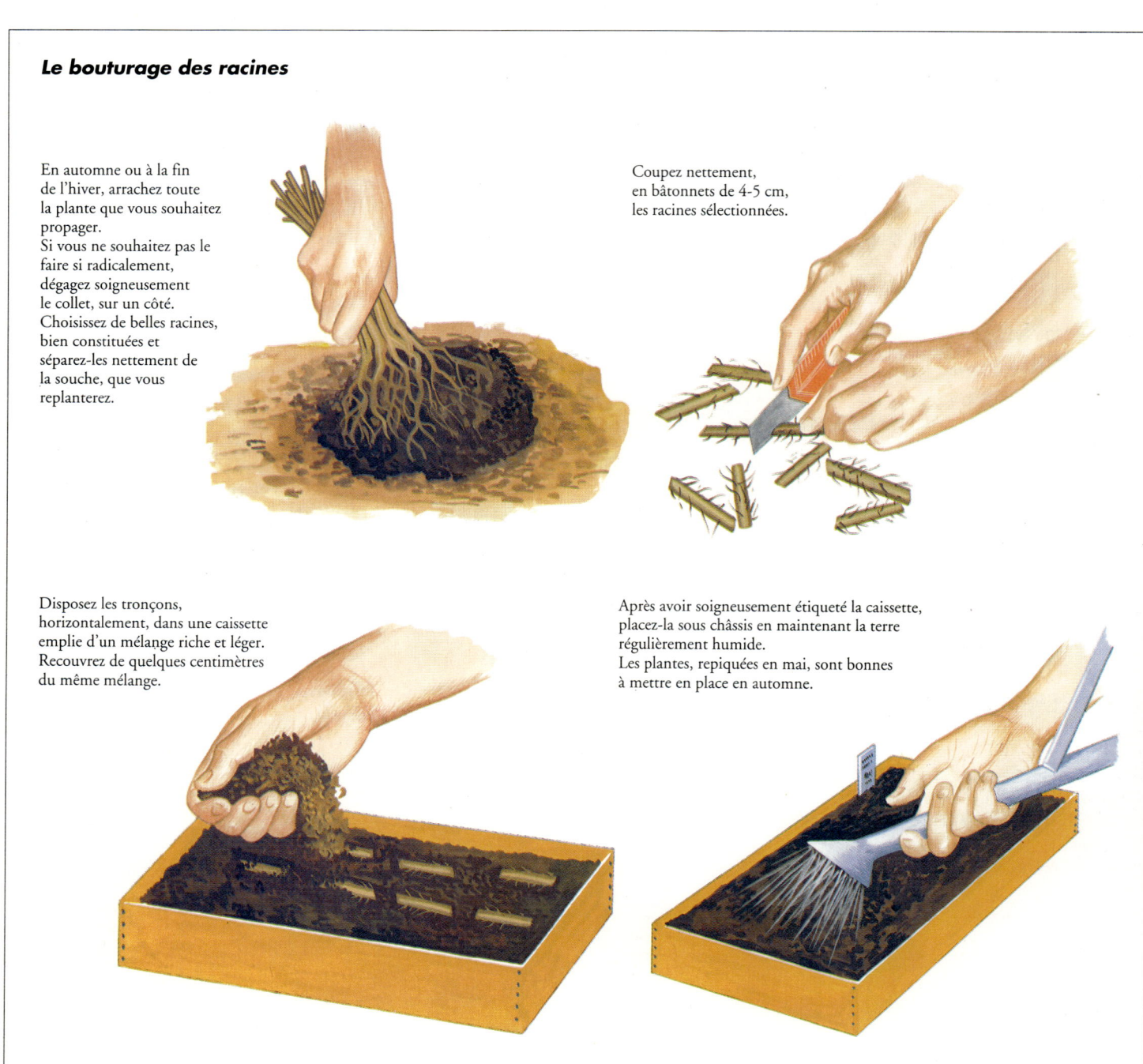

Le bouturage des racines

En automne ou à la fin de l'hiver, arrachez toute la plante que vous souhaitez propager.
Si vous ne souhaitez pas le faire si radicalement, dégagez soigneusement le collet, sur un côté.
Choisissez de belles racines, bien constituées et séparez-les nettement de la souche, que vous replanterez.

Coupez nettement, en bâtonnets de 4-5 cm, les racines sélectionnées.

Disposez les tronçons, horizontalement, dans une caissette emplie d'un mélange riche et léger. Recouvrez de quelques centimètres du même mélange.

Après avoir soigneusement étiqueté la caissette, placez-la sous châssis en maintenant la terre régulièrement humide.
Les plantes, repiquées en mai, sont bonnes à mettre en place en automne.

Le bouturage des souches tubéreuses (le dahlia)

Pour propager les dahlias, séparez les souches à l'aide d'un tranchet puissant, en fin d'hiver. Chaque éclat doit être muni d'au moins un bourgeon, mais le nombre de tubercules importe peu.

Placez ensuite directement vos éclats dans une caissette de tourbe humide, en serre chaude. En procédant de cette façon au mois de février, vous aurez des plantes en fleurs en mai-juin. Sinon, agissez début avril : vos plantes attendront sans peine en appartement et vous gagnerez un mois.

Vous pouvez agir également en automne. L'avantage est que les souches, gonflées d'eau, sont alors tendres et faciles à diviser. Relevez tout d'abord vos souches à la fourche.

Après avoir rabattu les tiges très court, enlevez soigneusement la terre restante, avant qu'elle ne soit trop sèche.

Retirez également toute partie pourrie ou abîmée et laissez encore sécher quelques jours avant de procéder à la division. Vous installerez vos éclats dans la tourbe sèche, où les coupes se cicatrisent vite.

Le bouturage d'écailles

Divers bulbes peuvent se multiplier par boutures d'écailles. Les jacinthes et leurs proches parentes sont coupées en quartiers, mises à sécher, puis utilisées comme ici. Mais la technique la plus facile s'applique aux lis dont on bouture les écailles séparément.

Pendant le repos de la plante, arrachez-la avec précaution.

Séparez les écailles extérieures comme on épluche un artichaut, et laissez le cœur, que vous replanterez.

Enfouissez les écailles à demi dans un mélange très léger, à base de sable, maintenu frais et sous abri froid (châssis).

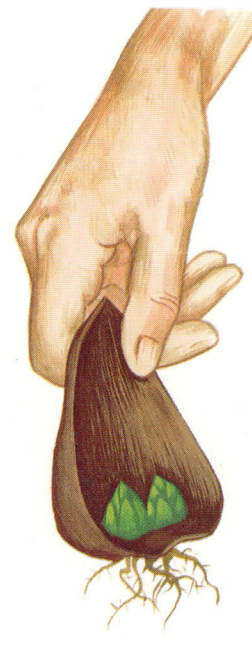

Plusieurs bulbilles (de 1 à 7) se développent à la base de l'écaille. Vous pourrez les manipuler dès que leurs feuilles seront développées.

Repiquez chaque écaille dans un pot contenant le mélange approprié au lis concerné. La mise en place a lieu au bout de deux ans.

Le bouturage des rameaux

La plupart des arbustes peuvent être multipliés grâce à des boutures défeuillées prélevées en octobre-novembre. Cette technique s'appelle le bouturage à bois sec. Elle consiste à planter directement en terre, dehors, de préférence à mi-ombre et à l'abri d'un mur, un rameau d'environ 50 cm de long provenant d'une branche pas plus grosse qu'un crayon et doté de nombreuses excroissances : les bourgeons ou "yeux". La taille de la bouture doit être pratiquée juste au-dessus et en dessous d'un œil, la coupe étant horizontale en bas, en biais en haut.

On ouvre, avec la bêche, un trou de plantation en forme de V d'environ 20 cm dont on garnit le fond, sur 5 à 10 cm, d'un mélange de 50 % de tourbe et 50 % de sable. Il suffit alors d'enfoncer dans le trou la moitié de la bouture, le côté taillé horizontalement en contact avec la terre. On emplit de terre en tassant bien et on arrose. Il faut compter un an pour que l'enracinement soit suffisant et que l'arbuste puisse être mis en place. Le bouturage des rameaux peut également s'effectuer d'une autre façon, avec des rameaux feuillés, et beaucoup plus tôt dans la saison : c'est le bouturage à bois vert, expliqué ci-dessous.

Pour les bouturages à bois vert, ou tendre (les plus faciles), contentez-vous de prélever en été une extrémité de rameau sain et vigoureux, non florifère, d'une quinzaine de centimètres de long. Si le rameau porte des fleurs, supprimez-les pour limiter l'évaporation.

Les arbustes un peu plus difficiles sont bouturés à bois "demi-août" (déjà un peu dur) en détachant un rameau latéral avec un onglet de la tige maîtresse : c'est à ce niveau que s'accumulent le plus d'hormones naturelles d'enracinement.

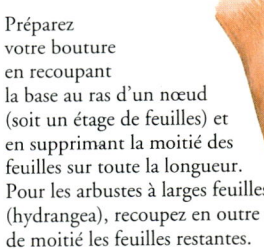

Préparez votre bouture en recoupant la base au ras d'un nœud (soit un étage de feuilles) et en supprimant la moitié des feuilles sur toute la longueur. Pour les arbustes à larges feuilles (hydrangea), recoupez en outre de moitié les feuilles restantes.

Pour les boutures avec onglet, dites "à talon", tranchez net celui-ci de moitié, et supprimez également les feuilles comme précédemment.

Traitez la base avec une poudre d'enracinement en ayant la main très, très légère, car l'excès fait pourrir les tiges. Tapez légèrement les boutures contre le bord de la coupelle pour faire tomber l'excédent.

Plongez ensuite les boutures dans un mélange léger et bien humide, moitié tourbe et moitié sable grossier ou produits équivalents. Faites des trous à l'aide d'un crayon ou d'une baguette fine.

Placez ensuite le tout sous châssis ou sous cloche. A défaut, contentez-vous d'un sachet en plastique transparent retenu par une ficelle ou un élastique. Vérifiez ensuite (pas avant quinze jours) que l'enracinement a bien eu lieu. Ne rempotez pas avant le début du printemps vos boutures qui auront été enracinées. Cette méthode convient à presque tous les arbustes.

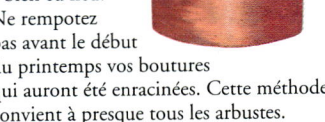

Le marcottage

Le marcottage consiste à provoquer l'enracinement d'une partie d'un végétal avant de le séparer de la plante mère. Il offre le double avantage d'une réussite certaine, même avec les plantes difficiles, et de donner des plants déjà importants. Le marcottage a lieu d'ordinaire directement en terre, mais on peut recourir au marcottage aérien pour les plantes d'intérieur, les arbustes ou les arbres difficiles à courber jusqu'au sol. Cette technique sert également dans le but de propager une branche montrant soudain un caractère particulier intéressant, différent du reste du végétal (une panachure, des fleurs différentes...). Agissez toujours au printemps ou en début d'été.

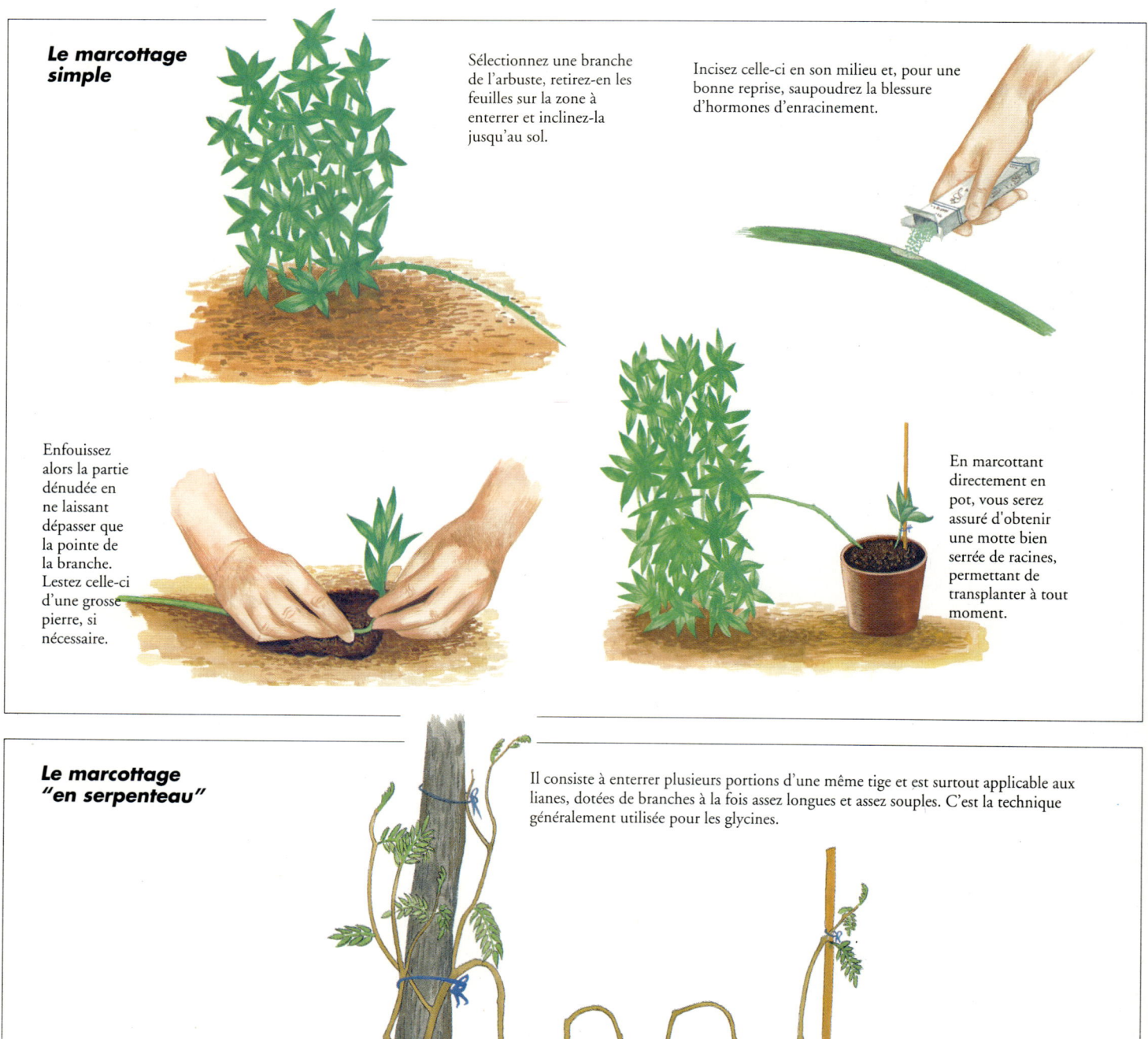

Le marcottage simple

Sélectionnez une branche de l'arbuste, retirez-en les feuilles sur la zone à enterrer et inclinez-la jusqu'au sol.

Incisez celle-ci en son milieu et, pour une bonne reprise, saupoudrez la blessure d'hormones d'enracinement.

Enfouissez alors la partie dénudée en ne laissant dépasser que la pointe de la branche. Lestez celle-ci d'une grosse pierre, si nécessaire.

En marcottant directement en pot, vous serez assuré d'obtenir une motte bien serrée de racines, permettant de transplanter à tout moment.

Le marcottage "en serpenteau"

Il consiste à enterrer plusieurs portions d'une même tige et est surtout applicable aux lianes, dotées de branches à la fois assez longues et assez souples. C'est la technique généralement utilisée pour les glycines.

Le marcottage aérien

Choisissez une branchette latérale vigoureuse, retirez les feuilles de la base et incisez.

Enfilez un manchon de plastique, transparent ou non, autour de la branche, et liez-le à la base.

Préparez un mélange léger de tourbe et de mousse, légèrement humide.

Bourrez votre manchon du mélange en tassant bien.

Fermez alors le haut du sac, de façon que la boule intérieure reste bien dense.

Au bout de quelques semaines (ou quelques mois), les racines ont tapissé les parois du sac. Il est temps de sevrer la marcotte.

Dégagez la mousse après avoir coupé la tige au plus près des racines. Il ne vous reste plus qu'à replanter.

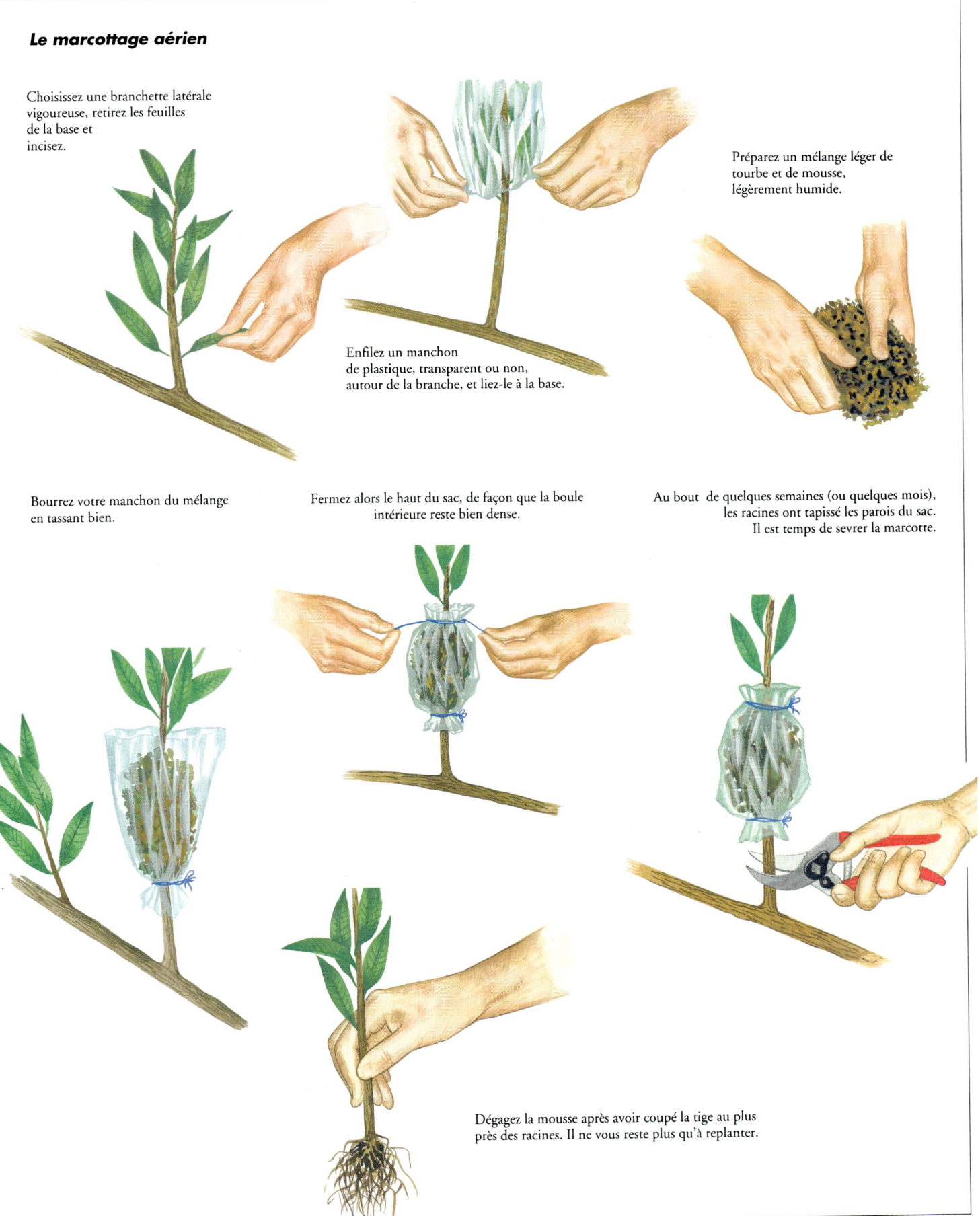

Le marcottage en cépée

Coupez quelques centimètres de vos bruyères.

Retirez la touffe entière après l'avoir arrosée.

Enfoncez profondément la touffe de bruyère dans un trou empli d'un mélange de sable et de tourbe, en ne laissant dépasser que 5 cm de tiges.

Arrosez. Dans un an, vous sortirez la touffe de bruyère, supprimerez l'ancien écheveau de racines et pourrez alors mettre en place les jeunes pieds.

La division des vivaces

La technique la plus usuelle pour propager les plantes vivaces consiste simplement à les diviser.

En sortant de terre les mottes à la bêche, on peut, selon leur grosseur, les diviser en plusieurs petites mottes, soit à la main ou, si la motte est très serrée, à l'aide d'un couteau bien tranchant, d'une bêche ou de deux fourches.

On a parfois intérêt à laisser la motte quelques minutes dans un seau d'eau pour rendre la séparation des souches plus facile.

On peut avoir le choix entre deux époques pour opérer les multiplications : en automne, dans les climats chauds, ou au début du printemps, dans les régions à hivers froids.

La division des vivaces à rhizomes

Pour propager les plantes à rhizomes, relevez les touffes entières pendant leur repos (en été pour les iris).

A l'aide de deux fourches, éclatez les touffes.

Séparez les rhizomes du pourtour de la plante — ce sont les plus vigoureux — munis de leurs feuilles, que vous raccourcirez pour limiter l'évaporation.

Installez chaque éclat dans un terrain neuf, bien travaillé, en étalant correctement les racines.

Recouvrez le tout légèrement, les rhizomes courant en général à ras de terre. Arrosez bien.

A savoir. Les vivaces à racines fibreuses (les asters par exemple) obéissent au même processus. N'hésitez pas à jeter le cœur de leurs touffes, qui ne comporte plus que des pousses épuisées.

La greffe

Parmi les techniques de multiplication, le greffage est sans conteste l'une des plus répandues, et curieusement celle qui répugne le plus à l'amateur, sans doute parce que l'on en fait mystère, comme de la taille fruitière, alors qu'elle répond à une logique certaine.

Les avantages de la greffe sont multiples : avec peu de moyen (la plante que l'on désire), on obtient quantité de plants en peu de temps, grâce à un matériel "bon marché" (le porte-greffe). Les modes de greffage sont si nombreux qu'il en existe forcément un approprié au cas qui vous intéresse particulièrement. Encore n'aborderons-nous que les principaux.

Pour réussir une greffe, pas besoin d'être grand clerc : un peu (très peu) d'habileté suffit. Il faut faire coïncider — et ce, dans absolument tous les types de greffage — les parties vivantes de deux végétaux botaniquement proches. Rappelons rapidement que la vraie partie vivante d'une plante ligneuse se situe à sa périphérie : il s'agit de sa peau (l'écorce) et de la partie située immédiatement à son contact, qui ne cessent de croître et qui alimentent le végétal. Le cœur (le bois) ne sert que d'ossature. Il n'est pas difficile alors de comprendre qu'on ne greffe pas ensemble de gros éléments, dont la soudure serait incertaine. En revanche, il est possible de greffer sur un vieux porte-greffe (mais dans l'écorce jeune) des éléments juvéniles, qui rattraperont vite la vigueur de leur hôte. Lors de la mise en place de tous les greffons, la séquence délicate (c'est la seule) consiste à bien faire coïncider les éléments vivants entre eux.

C'est là l'essentiel du tour de main et c'est le non-respect de cette mesure qui entraîne la majorité des échecs. L'autre erreur du débutant est de vouloir greffer en pleine sève ou supprimer trop tôt les branches d'un porte-greffe vigoureux. La greffe "en fente", par exemple, consiste à poser des greffons juvéniles sur un sujet adolescent ou adulte, beaucoup plus vigoureux. On choisit pour cela l'époque de repos de la sève (automne ou fin d'hiver) afin que la soudure se fasse avant la reprise de végétation. La greffe "en écusson" (celle qui sert aux rosiers, entre autres) a lieu en été, avec un "œil" (c'est-à-dire un bourgeon) dormant, sur une plante en pleine végétation. On se garde bien, alors, de supprimer les branches et les feuilles du porte-greffe. Car si l'on greffait "en fente", en pleine sève, ou si l'on supprimait les branches du porte-greffe dans le cas de l'écusson, l'afflux brutal de sève excédentaire emporterait les greffons comme un raz-de-marée, brisant les soudures mal établies.

Sachez choisir des greffons sains, bien caractérisés, liez soigneusement après greffage pour assurer le contact et servez-vous de mastic "à greffer" pour colmater les brèches et servir de pansement.

Employez des instruments robustes et parfaitement tranchants. Excepté pour la greffe en écusson, terminez l'opération en protégeant la zone de greffe des oiseaux, pour éviter qu'ils ne se perchent sur les greffons et les décollent.

Les différentes sortes de greffes

Greffe en couronne ordinaire

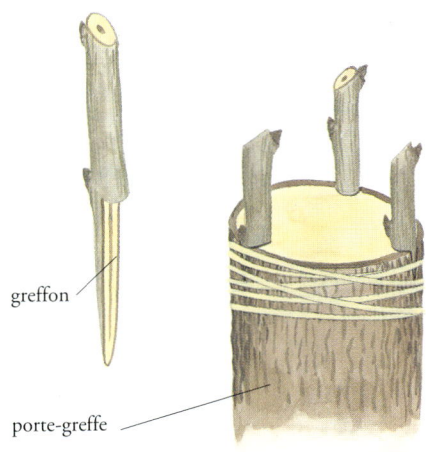

greffon

porte-greffe

Rapidement effectuée, cette greffe permet de former rapidement une charpente neuve sur un porte-greffe assez gros ; fréquente pour les arbres fruitiers de plein vent, elle favorise également la reconstitution d'un arbre mal formé ou très abîmé, en retaillant ses branches ou son tronc pour y greffer ses propres branchettes. Incisez l'écorce en un, deux ou trois endroits, suivant la force du tronc. Glissez-y les greffons taillés en biseaux simples. Le biseau permet d'augmenter la surface de bois vivant en contact avec le porte-greffe.

Greffe en couronne "perfectionnée"

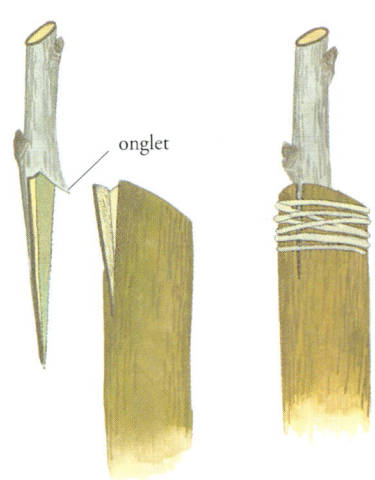

onglet

Sur le porte-greffe rabattu (coupé à la bonne hauteur), incisez l'écorce sur quelques centimètres et soulevez-la sur un côté. Un onglet, ménagé sur le côté "intérieur" du greffon, viendra s'implanter sur la coupe du porte-greffe et assurera un meilleur ancrage.

Greffe en fente double

La greffe en fente double (voire triple) est extrêmement répandue et convient à de nombreuses espèces. Fendez simplement votre porte-greffe, rabattu, à l'aide d'une serpette et d'un maillet. Maintenez ouvert à l'aide d'une cale, puis insérez le nombre souhaité de greffons, taillés en sifflet. Avant de retirer la cale, liez et mastiquez. L'intérêt est que les greffons sont solidement ancrés. Mais veillez soigneusement à ce que les zones vivantes coïncident bien.

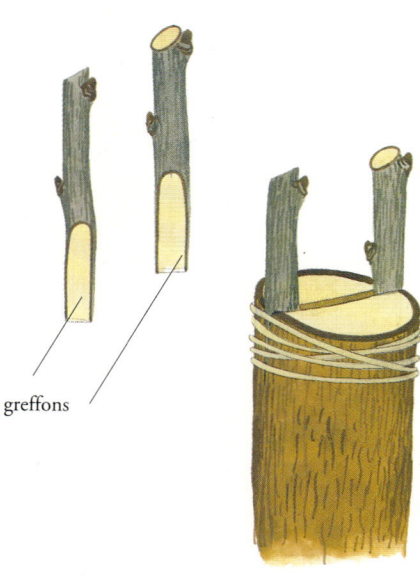

greffons

Greffe en fente terminale herbacée

greffon

porte-greffe

Elle a lieu au printemps sur de très jeunes sujets et concerne les plantes les plus délicates, avec des éléments encore tendres. Le greffon est une pousse terminale. Le porte-greffe est rabattu, fendu par le milieu et on y insère le greffon taillé en biseau. Si ce dernier appartient à une espèce plus précoce de végétation que le porte-greffe, fendez directement la tige de celui-ci, sans l'étêter. Dès la reprise, limitez la croissance de ses bourgeons, que vous supprimerez l'année suivante.

Greffe en couronne avec œil

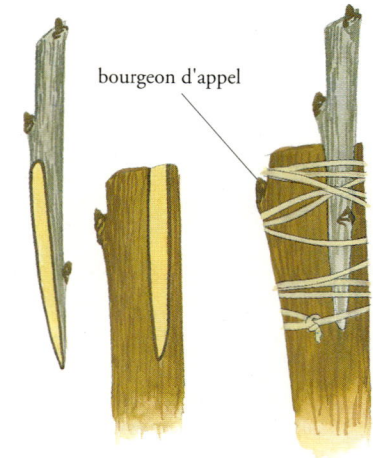

bourgeon d'appel

Suivant l'espèce greffée, il est loisible de pratiquer cette greffe toute simple, dont la reprise est souvent très bonne. Le principe consiste à prendre un greffon classique avec un "œil" (bourgeon) supplémentaire, qui se trouvera non pas au-dessus de la coupe, mais contre le porte-greffe. Celui-ci conserve un bourgeon, à l'opposé, qui assure une excellente circulation de la sève (c'est le bourgeon "d'appel") et empêche tout dessèchement. Cette technique vous rendra service en pays ventés et pour les greffes un peu boudeuses.

Greffe par approche simple

Avec les arbres et les arbustes délicats, capricieux (mimosas, par exemple), ou qui se dessèchent vite, renoncez à la greffe classique pour celle-ci qui est une variante du marcottage. Les deux arbustes, dont l'un est en pot, sont donc tous deux munis de leurs racines. Amenez l'arbuste en pot tout contre l'arbuste en terre. Enlevez un long onglet d'écorce sur chacun et rapprochez les blessures. Vous sèvrerez quelques mois après la reprise.

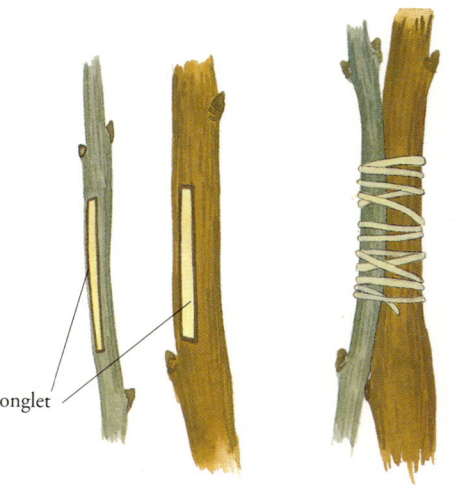

onglet

Greffe par approche en incrustation

Fort utile avec les bois très durs, elle permet une soudure parfaite. Le greffon est taillé sur deux faces, de façon à former une arête. Ouvrez (à la gorge) une fente dans le porte-greffe, qui pourra permettre, une fois le greffon en place, la concordance des écorces. Il ne vous reste qu'à lier.

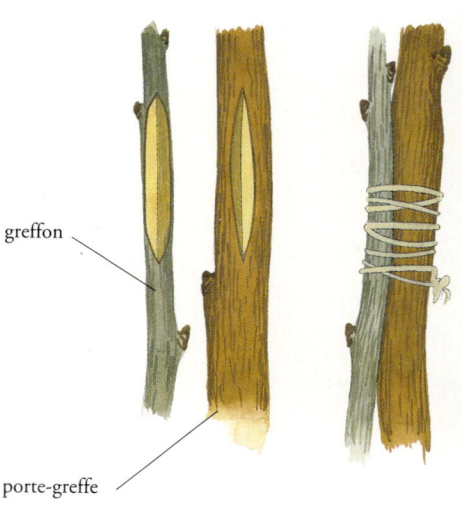

greffon

porte-greffe

Greffe par approche à l'anglaise

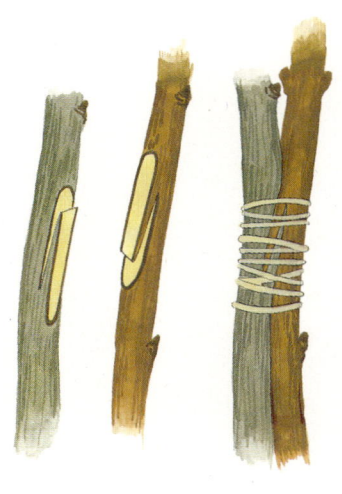

Utilisez des plantes de même force en les incisant doublement et emboîtez les deux encoches. La soudure reste en général très discrète, mais ne pratiquez pas cette technique sur des bois très mous, creux ou à moelle.

Greffe en placage

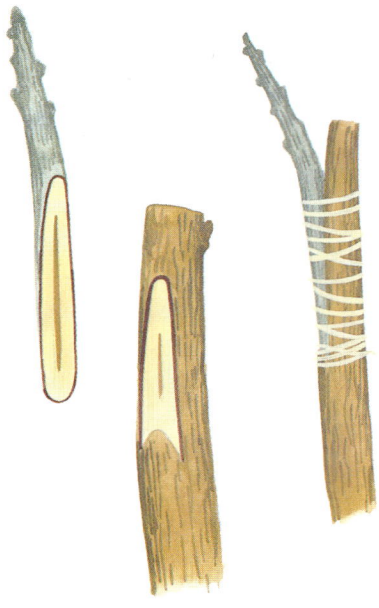

La greffe a lieu sur une plante laissée entière. Faites une entaille allant progressivement jusqu'à l'aubier et ménagez-y une encoche. Le greffon, taillé en biseau, est appliqué aussi exactement que possible. Le porte-greffe n'est étêté qu'après la reprise et progressivement si le greffon est moins vigoureux que lui.

Greffe en placage en tête

Sur les arbres à tissus tendres (peupliers, saules, etc.), l'incision n'est pas nécessaire. On enlève seulement un lambeau d'écorce pour y appliquer à vif l'entaille, de même surface, du greffon. La reprise est ultrarapide dans ce cas et l'échec éventuel est donc aisément réparable par renouvellement. La ligature doit être vigoureuse.

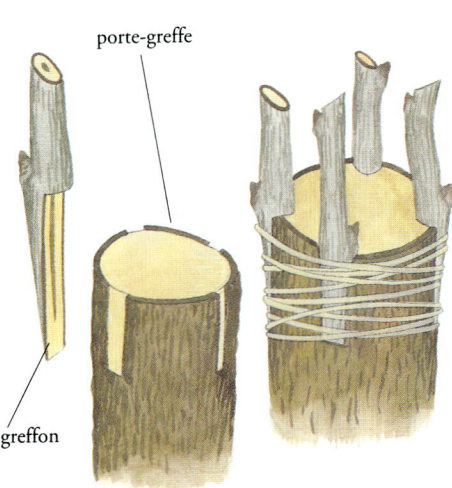

porte-greffe

greffon

Ecussonnage

Cette greffe, très célèbre, sert à quantité d'arbres et d'arbustes dont les plus utilisés sont les rosiers. Son avantage immédiat est de permettre d'obtenir autant de plantes que l'on possède de bourgeons. On peut ainsi propager à des milliers d'exemplaires, en trois-quatre ans, une nouveauté ou une rareté. Greffez toujours sur des sujets jeunes (scions) et agissez au printemps ou en été. Ce procédé consiste à enlever un œil (bourgeon) à la serpette, avec un morceau d'écorce, en évitant d'entamer le vieux bois inutile. C'est l'écusson. Glissez-le ensuite dans une incision en "T" (ou en croix) pratiquée à la base du porte-greffe et ligaturez, en laissant le bourgeon dégagé. Laissez toutes les feuilles sur le porte-greffe. Le bourgeon, lui, restera "dormant" jusqu'à la saison suivante. Rabattez alors le porte-greffe, en partie, puis tout à fait quand le bourgeon s'est développé en une tige vigoureuse.

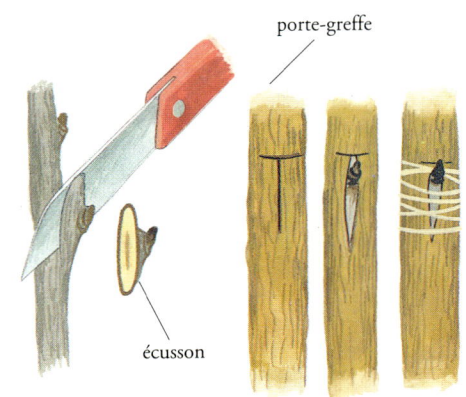

porte-greffe

écusson

Ecusson en placage

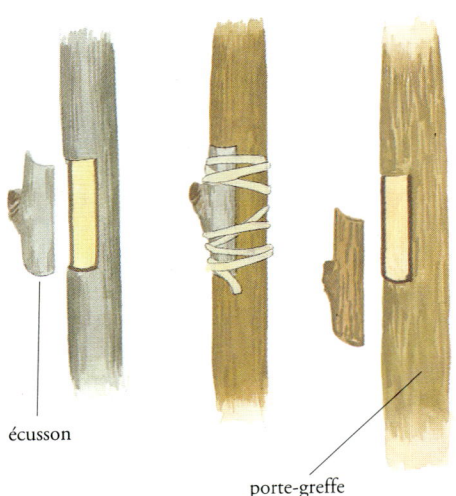

écusson

porte-greffe

Pour les plantes à écorce épaisse, cassante, prélevez l'écusson avec un morceau rectangulaire d'écorce et découpez un rectangle identique dans le porte-greffe. Il ne reste qu'à emboîter les deux.

Greffe en fente avec œil enchâssé

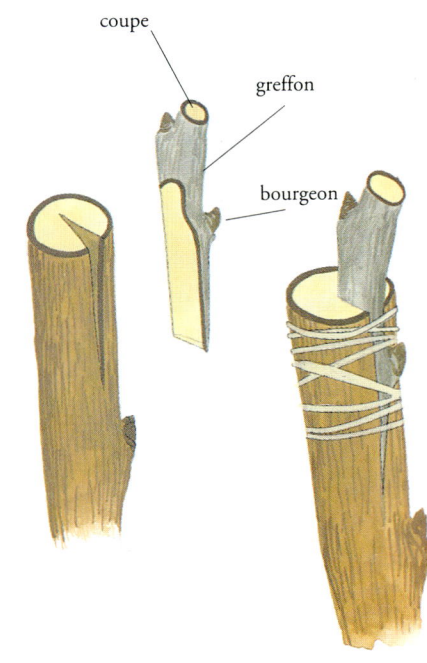

coupe

greffon

bourgeon

La technique est la même que la fente simple, à ceci près qu'on ménage un bourgeon, sur le greffon, en dessous de la coupe. La branche qu'il donne résiste mieux au vent et cette technique est donc souhaitable avec des bois cassants.

Greffe en fente ordinaire

Le porte-greffe n'est fendu que de moitié et doit être raisonnablement plus gros (mais pas trop quand même) que le greffon. S'il est très gros, optez pour la greffe en fente double. Rabattez le porte-greffe à la hauteur voulue, fendez-le sur la moitié environ de son diamètre et glissez le greffon taillé en biseau.

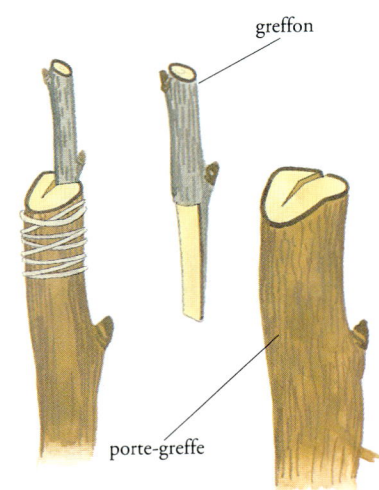

greffon

porte-greffe

Les travaux du sol

Le bêchage

Le bêchage consiste à retourner la terre, de façon à l'émietter, l'aérer, y enfouir amendements et engrais et le désherber par la même occasion. Si vous recourez au bêchage traditionnel, travaillez à la bêche ou à la fourche-bêche. Les dessins de ces pages vous montrent comment diviser à l'avance votre parcelle, au cordeau, en bandes de 30 cm de large environ. Nous allons voir pourquoi. Si vous ne pouvez tout faire d'un coup (c'est éreintant !), peu importe. Faites-en un peu, abandonnez aux premiers signes de fatigue ou aux premières douleurs et recommencez le lendemain. Ce labour a lieu durant la saison de repos des plantes, entre novembre et mars. C'est dire que vous avez le temps. La terre, suivant sa consistance, peut ne pas se découper en cubes parfaits. C'est sans importance sur le résultat. Travaillez si possible les sols lourds avant l'hiver : la pluie et le froid se chargeront de les émietter pour vous, en compagnie des vers de terre.

Si le terrain est important, le bêchage manuel peut être remplacé par le motoculteur qui fera le défrichage et autres travaux de mise en état du sol, y compris les tranchées pour la plantation des haies. Le motoculteur se loue à la journée et son maniement est simple.

Videz une première tranchée, ou jauge, à la profondeur d'un fer de bêche, sur sa largeur (30 cm environ), et réservez cette terre. Puis travaillez la zone située immédiatement à sa gauche. Vous viderez la terre de cette dernière dans la première, en la retournant, puis la troisième dans la deuxième et ainsi de suite. Vous remplirez la dernière tranchée (en haut à gauche) avec la terre de la première, mise de côté.

Quel que soit l'instrument utilisé (bêche ou fourche-bêche), plantez-le bien droit dans le sol, tant pour une bonne efficacité que pour limiter les efforts.

Le binage et le béquillage

● Le binage consiste à l'aide d'un instrument léger (binette, houe) ou motorisé (motobineuse) à émietter et affiner la couche superficielle du sol. Les effets (bénéfiques) sont multiples :

— affinage de la terre, qui peut alors recevoir des semis divers ;

— désherbage ;

— limitation de l'évaporation par création d'une couche tampon (un binage veut deux arrosages, dit-on, avec, il est vrai, un peu d'optimisme !) ;

— oxygénation du sol superficiel ;

— enfouissement d'éventuels engrais.

● Le béquillage est un piquage du sol. C'est un "binage profond", en somme. Il consiste à travailler, à un demi-fer de profondeur, un sol compacté. On utilise une fourche-bêche, et non une bêche, tant pour une meilleure pénétration que pour ne pas endommager les racines des arbres et des arbustes au pied desquels on pratique cette technique. Les effets sont les mêmes que le binage.

La taille

La taille fait partie, comme de nombreuses techniques horticoles, des tâches apparemment mystérieuses du jardinage.

En fait, pourquoi tailler ? Sauf accident, les plantes, dans la nature, ne subissent aucune taille et ne s'en portent — apparemment — pas plus mal. Les végétaux, en particulier ligneux, possèdent deux types de bourgeons : les uns produisent des tiges à fleurs, les autres des tiges "à bois", feuillées seulement. Les premiers sont signe de maturité : ils donnent leurs fleurs, leurs fruits et, à plus ou moins brève échéance, ils meurent. Les autres permettent le rajeunissement de la plante. Avec l'âge, celle-ci n'en produit presque plus et meurt alors tout entière, au bout d'un temps variant de quatre-cinq ans à... quelques siècles ! La main de l'homme, dans tout ça, permet d'effectuer un tri et donc d'obtenir un équilibre harmonieux entre bois vieux et bois jeunes. Prévoyante, la nature a également doté les arbres et les arbustes de bourgeons bien

cachés, dits "dormants". Ils ne s'éveillent qu'en cas "d'accident" survenu à la partie de branche, ou de tronc, qui les dépasse et viennent alors compenser les manques. Chaque végétal, en fonction de son usage horticole, subit un type de taille particulier, qui respecte à la fois son fonctionnement et l'usage auquel il est destiné. En dehors de chaque cas particulier, il existe des consignes générales. Enfin, dans le doute, ne vous transformez pas en forcené du sécateur : la "taillitte" aiguë fait plus de mal que de bien.

Trois règles s'imposent pour toutes les tailles quelles qu'elles soient.
- Ne jamais tailler par temps de gel.
- Ne jamais tailler avec un instrument émoussé.
- Tailler à l'époque requise pour chaque espèce.

Former une plante sur tige

Cette pratique permet de donner un aspect de petit arbre bien net à un arbrisseau poussant d'ordinaire en touffe lâche. Cet aspect rigoureux est particulièrement heureux avec des plantes cultivées en pot, qui permettent des décorations temporaires d'une grande élégance.

Il existe de nombreuses plantes qui sont vendues soit en arbuste, soit sur tige : les rosiers, les euonymus, les hydrangeas, les fuchsias, pour n'en citer que quelques-unes. Il est très facile d'en former soi-même. Il faut faire ce travail progressivement sur trois ou quatre ans, en commençant avec une plante qui possède une bonne petite tige centrale.

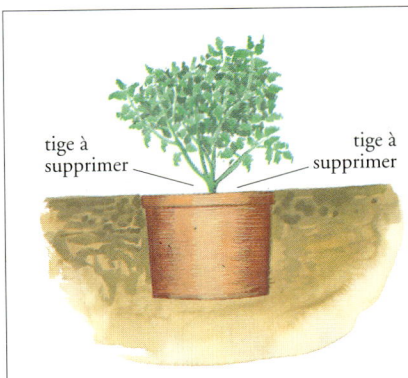

tige à supprimer

tige à supprimer

Choisissez un sujet bien touffu et dégagez le tronc en supprimant environ le tiers ou même la moitié des tiges poussant à la base, mais pas plus, pour éviter un choc végétatif.

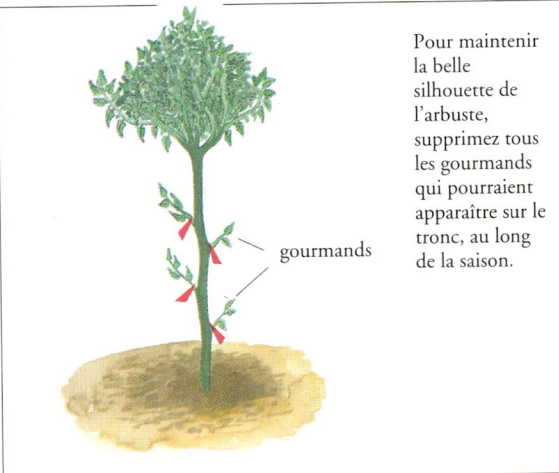

gourmands

Pour maintenir la belle silhouette de l'arbuste, supprimez tous les gourmands qui pourraient apparaître sur le tronc, au long de la saison.

Les tiges vont s'allonger. N'en laissez que trois, puis une seule, que vous pincerez à l'extrémité pour qu'elle s'étoffe. Tuteurez tant qu'elle n'est pas assez robuste pour supporter le poids de sa tête.

La taille des rosiers

Les rosiers dits "remontants" sont des arbustes à floraison de type estival. Comme tels, ils sont aptes à fleurir sur le bois de l'année et doivent donc subir une taille en fin d'hiver. Les non-remontants (à une floraison, en juin) ont une floraison de type printanier : ils fleurissent sur le bois de l'année précédente ; on les taille donc aussitôt après la floraison et si le besoin s'en fait sentir. L'arbuste a tout le temps, avant l'hiver, d'émettre et de faire mûrir à point un bois de remplacement.

Revenons à la taille la plus commune, celle des rosiers remontants. On les taille plus ou moins court suivant la catégorie, pour des raisons fort logiques : on taille très, très court les rosiers les moins vigoureux. Ce faisant, on leur laisse peu de bourgeons de remplacement, certes, mais l'arbuste pourra les nourrir sans peine. En revanche, on taille plus long les rosiers vigoureux (et d'autant plus long qu'ils sont plus vigoureux) ; ils sont parfaitement à même de nourrir des branches plus nombreuses. En outre, en les taillant très court, on risquerait d'obtenir des branches "borgnes" (c'est-à-dire non florifères), le malheureux arbuste cherchant à combler le brutal déficit en fournissant un maximum de branches feuillées, dispensatrices de bonne sève nourricière.

Les rosiers arbustes ou buissons sont taillés en prenant leur souche comme base. Pour les rosiers grimpants remontants, une fois les branches maîtresses formées, on les considère comme la souche et ce sont les latérales que l'on taille chaque année.

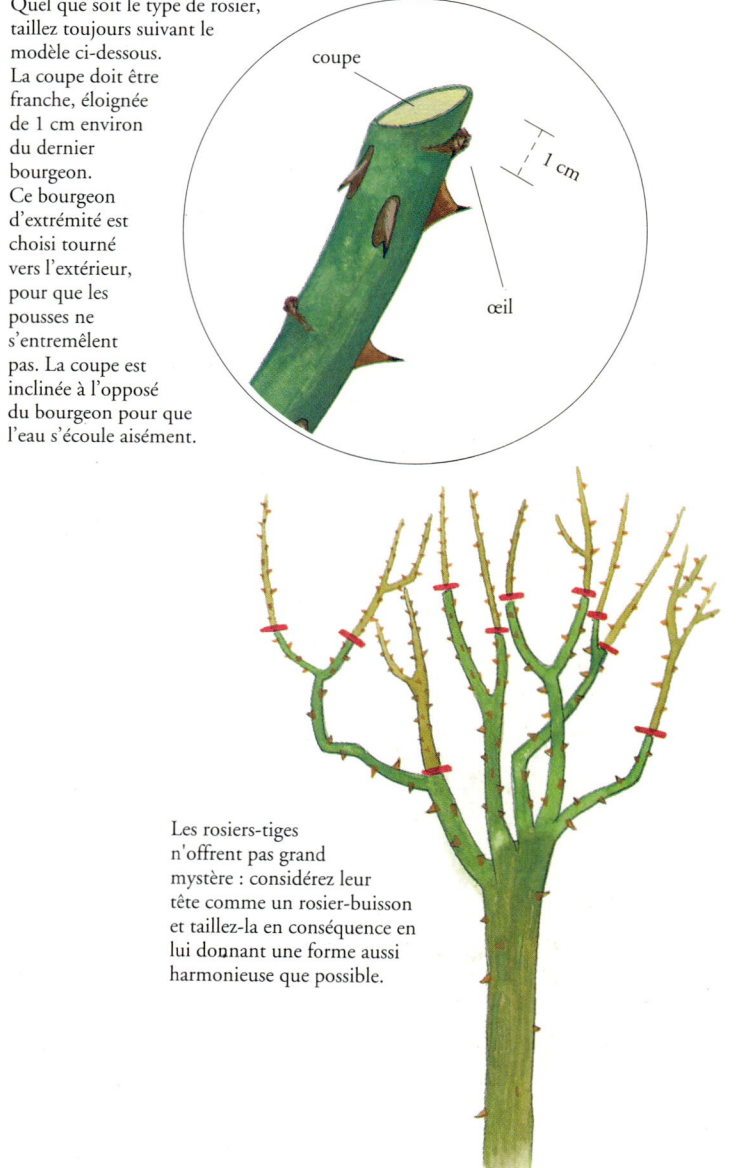

Quel que soit le type de rosier, taillez toujours suivant le modèle ci-dessous. La coupe doit être franche, éloignée de 1 cm environ du dernier bourgeon. Ce bourgeon d'extrémité est choisi tourné vers l'extérieur, pour que les pousses ne s'entremêlent pas. La coupe est inclinée à l'opposé du bourgeon pour que l'eau s'écoule aisément.

coupe

1 cm

œil

Les rosiers-tiges n'offrent pas grand mystère : considérez leur tête comme un rosier-buisson et taillez-la en conséquence en lui donnant une forme aussi harmonieuse que possible.

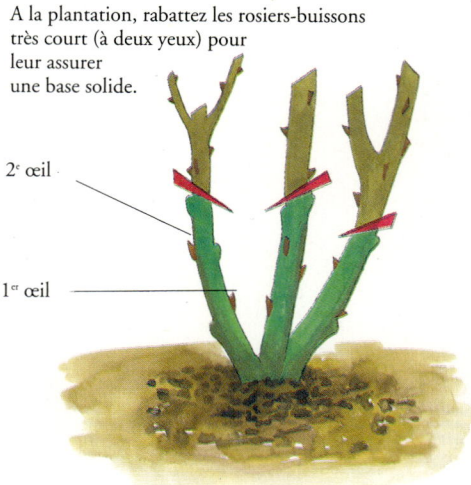

A la plantation, rabattez les rosiers-buissons très court (à deux yeux) pour leur assurer une base solide.

2ᵉ œil

1ᵉʳ œil

En cours de saison, la charpente se formera. A la fin de l'hiver suivant, vous supprimerez les branches faibles et rabattrez les autres à deux ou trois yeux.

Les rosiers à fleurs en bouquets (floribundas) sont taillés très, très court dans leur jeune âge. Plus vigoureux que les autres, ils ne seront taillés que plus légèrement par la suite.

Une fois votre floribunda formé, taillez-le assez long en supprimant tous les deux-trois ans les tiges les plus vieilles, malades ou mal placées.

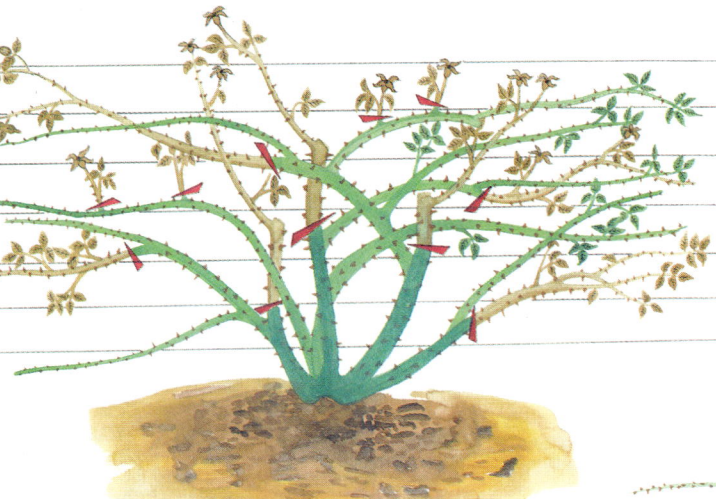

Pour les couvre-sol, ou les rosiers utilisés comme tels, guidez les branches souples en les répartissant aussi régulièrement que possible. Supprimez les branches latérales ayant fleuri ainsi que les branches âgées. La souche émet alors de vigoureuses tiges de remplacement.

Les rosiers grimpants et sarmenteux sont guidés le plus possible à l'horizontale, sur un treillage. Ils produisent d'abondantes tiges florifères. Rabattez les variétés non remontantes, dans le courant de l'été, en supprimant toutes les branches ayant fleuri, pour rabattre les charpentières jusqu'aux pousses vigoureuses. Supprimez à ras du sol les tiges âgées, épuisées. Agissez de même en fin d'hiver pour les espèces remontantes, en taillant, en outre, les latérales florifères à un ou deux yeux.

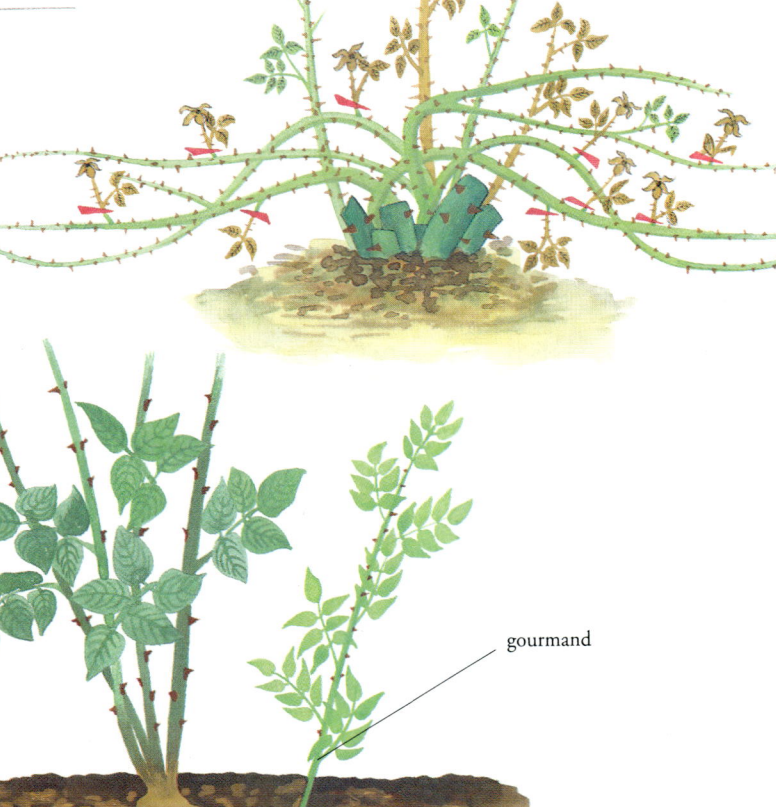

gourmand

Il faut absolument éliminer les rejets ou gourmands des rosiers en creusant le sol pour dégarnir leur point de jonction sur la plante mère où on les sectionnera.

La taille des arbres et des arbustes

Il existe plusieurs raisons de tailler un arbre ou un arbuste. Et, selon ces raisons très diverses, précisées ci-dessous, vous comprendrez mieux comment procéder.

Pourquoi tailler ?

● On taille pour retirer le bois mort qui doit être coupé à l'endroit où il rejoint le bois sain.

● Pour enlever de petites brindilles qui s'entrecroisent.

● Pour ôter les branches ayant déjà fleuri, ce qui laisse plus de vigueur aux nouvelles branches qui fleuriront à leur tour.

● Pour retirer, au milieu de la plante, une trop forte concentration de rameaux empêchant l'air et le soleil d'y pénétrer.

● Pour obtenir une forme harmonieuse.

● Enfin, pour favoriser le démarrage de pousses florifères plus nombreuses. Les arbustes à floraison printanière seront taillés dès la fin de leur floraison. Les arbustes à floraison estivale (par exemple, les rosiers remontants), à la fin de l'hiver. En pratique, la taille revient à couper la branche ayant fleuri, après la floraison de l'arbuste, à l'endroit où elle rejoint une autre branche.

● Mais les rhododendrons, les conifères, les arbres à feuillage persistant n'ont pas besoin de taille, sinon pour enlever leurs branches mortes ou trop envahissantes.

Comment rajeunir un arbuste à fleurs ?

On a parfois négligé de tailler un arbuste qui a pris un développement considérable. Le centre de l'arbuste est touffu et les branches sont enchevêtrées. Vous avez, dès lors, intérêt à intervenir tout de suite après la floraison. Supprimez les plus vieilles branches (le bois est plus foncé), réduisez les branches plus jeunes de moitié et enfouissez un seau de compost autour de l'arbuste par un léger griffage.

Le recépage

Il s'agit d'une taille complète qui s'effectuera à l'automne de chaque année, sur certains arbustes, pour assurer leur floraison à la saison suivante. Le buddleia, le caryoptéris, les céanothes à feuillage caduc, le fuchsia, le *Cornus alba* sont des arbustes à recéper. Rabattez toute la plante à 20 cm du sol. Quand de nouvelles tiges pousseront de la souche, vous pourrez éliminer complètement les tiges anciennes, ce qui donnera à la plante un aspect plus soigné.

Pour maintenir bien denses les arbustes à feuillage fin et persistant, dont le modèle est la lavande, taillez-les court chaque année au printemps, toujours sur du bois jeune, doté de pousses. Le vieux bois, en effet, ne possède plus de bourgeons.

Les arbustes à floraison estivale sont rabattus à la fin de l'hiver juste au-dessus des bourgeons vigoureux. Quant aux arbustes de printemps, agissez de même, mais vers le mois de juin.

Une taille d'entretien, appliquée à un arbuste, quelle que soit son espèce, consiste à dégager le centre du végétal, à supprimer ses branches faibles, mortes ou mal placées, et à raccourcir ses branches trop droites, pour les voir se ramifier.

La taille des arbustes grimpants

La plupart des plantes grimpantes se débrouillent fort bien toutes seules. Tout le travail qu'elles demandent, en général, consiste à les guider sur leur support (quand elles en nécessitent un) et à les nettoyer au sécateur, tous les quatre-cinq ans, de leurs plus vieilles branches. Les clématites estivales — les seules du genre à nécessiter une taille — demandent trois méthodes différentes, au dire des puristes, suivant leur parenté. En fait, si vous hésitez (elles ne portent pas leur arbre généalogique sur la figure), optez pour un moyen terme : taillez très court, en février, la moitié des branches une année et l'autre moitié, l'année suivante. La glycine, toutefois, véritable arbre grimpant d'une puissance parfois dévastatrice, demande une conduite raisonnée.

Le cas particulier de la glycine

Sachez former une glycine si vous ne voulez pas que ce soit elle la maîtresse et qu'elle vous chasse de chez vous. Dès la plantation, ou l'année qui suit s'il s'agit d'un petit plant, supprimez en hiver les pousses de la base.
Vous renouvellerez cette taille chaque année.
Puis coupez le tiers supérieur des branches.

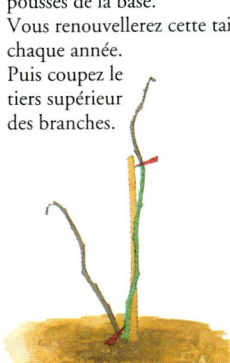

Les années suivantes, toujours à la fin de l'hiver, taillez, du tiers ou de la moitié, les tiges latérales, ainsi que le prolongement de la flèche. Palissez les jeunes tiges soigneusement dès leur apparition.

En été, pincez les jets vigoureux qui apparaissent alors, en ne laissant qu'une à trois feuilles.

Pour avoir une glycine ayant la forme d'un arbre, guidez la plante sur un tuteur en forme de parasol et taillez très court chaque branche : à deux yeux en hiver, à deux feuilles en été.

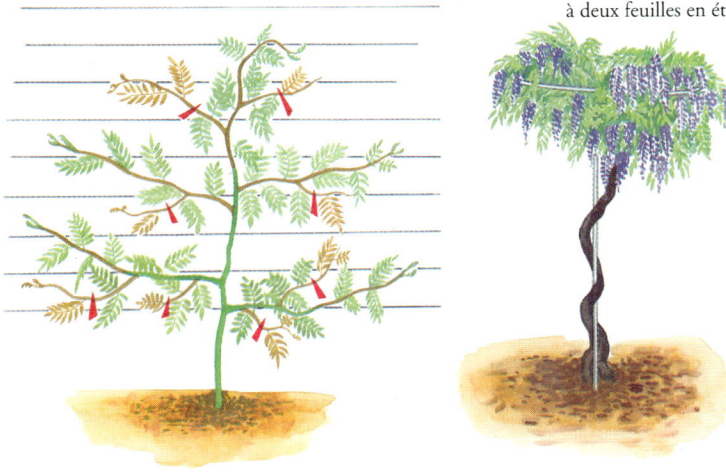

La taille des haies

A la différence des arbustes cultivés isolés, les végétaux entrant dans la composition des haies sont taillés court, souvent, et sur toutes leurs branches à la fois. Le résultat ne se fait pas attendre : au lieu d'émettre de longues branches vigoureuses, aérées et bien séparées, ils répartissent leurs forces en une multitude de brindilles denses, tous leurs bourgeons dormants, se trouvant à égalité dans la compétition, poussant à la fois. Le produit obtenu est donc dense, serré, et c'est bien ce que l'on attend d'une haie, qui doit isoler le mieux possible du vent, des regards, voire du bruit, sous un volume aussi restreint que possible.

A quelle époque tailler les haies ?

En fonction de leur caractère propre, les divers arbres ont un mode de végétation et une époque de pousse maximale sensiblement variables. Pour en obtenir le meilleur, sachez tailler au bon moment.

Azalea	: après la floraison
Elaeagnus	: début de l'été
Euonymus (fusain)	: n'importe quand
Ilex (houx)	: printemps, puis à la fin de l'été
Ligustrum (troène)	: n'importe quand
Osmanthus	: après la floraison
Taxus (if)	: fin de l'été
Thuya	: à la fin du printemps et à la fin de l'été

Comment restaurer une haie : le cas d'une haie d'ifs

Une haie d'ifs, même ancienne et très abîmée, peut être restaurée avec des méthodes draconiennes mais efficaces.
—Taillez sur une seule face toutes les anciennes branches, à la distance de 25-30 cm des troncs.
— Etêtez la haie à la hauteur voulue.
— Retirez les mauvaises herbes et binez légèrement.
— Enfouissez, avec un léger griffage, un engrais à base d'azote et arrosez copieusement.
— L'année suivante, taillez l'autre face de la haie de la même façon.
En trois ou quatre ans, la haie aura repris bonne allure. La technique est applicable à la plupart des haies caduques, telles les haies d'ormes ou de hêtres.

Pour obtenir une haie, au taille-haie ou à la cisaille, veillez à tracer des côtés non pas verticaux, mais légèrement inclinés, la base étant un peu plus large que le haut. Aidez-vous de deux gabarits posés à chaque bout et reliés par des cordeaux.

La protection

Plusieurs ennemis guettent vos plantes : le vent, la pluie, le froid, la grêle, la sécheresse. Comment allez-vous les protéger ? Encore faut-il savoir que les végétaux ne souffrent pas tous de la même façon.

Contre le froid, les plantes "gélives" n'ont que peu de ressources et risquent fort de mourir lors d'un hiver rigoureux, si vous ne prenez pas les mesures qui s'imposent. N'attendez donc pas que le thermomètre descende en dessous de zéro pour prendre vos précautions. Méfiez-vous aussi, en mars-avril, des gelées matinales. Le dicton fameux "en avril ne te découvre pas d'un fil" vaut aussi pour les plantes. Savez-vous que même les plantes dites "rustiques", c'est-à-dire pouvant supporter des températures de -10 à -15 °C, sont susceptibles de succomber si elles sont plantées dans un courant d'air, ou si l'hiver, glacial, est caractérisé par des écarts sensibles de la température ? Pourtant, les plus fragiles peut-être sont encore vos toutes nouvelles plantations, les dernières venues dans le jardin. Comment bien les protéger ? En respectant les conseils suivants.

— Encapuchonnez de paille sous une feuille de plastique les jeunes arbres greffés, les arbustes, les arbrisseaux.
— Placez les plus frileuses de vos plantes sous abris de plastique (tentes ou tunnels, ces derniers protégeant aussi bien les jeunes semis que les petites plantes vivaces fragiles).
— Emmaillotez les troncs, buttez les pieds de petits monticules de terre, recouverts de paille, de tourbe sous une simple feuille de plastique percée de trous.
— S'il neige, secouez les branches des arbustes, surtout des conifères, pour que le poids de la neige ne les casse pas.
— La sécheresse est une autre grande ennemie des plantes. Curieusement, vous allez la combattre de la même façon que le gel, en épandant une couverture de paille d'environ 10 cm aux pieds de vos plantations, dès l'entrée de l'été.

Pour protéger un arbuste, commencez par introduire de la paille entre ses branches, puis entourez-le soit d'une feuille de plastique, soit d'une toile de jute que vous ficellerez en veillant à bien recouvrir la base de la plante. Un matelas de tourbe ou de "mulch" entourera la base de l'arbuste.

Un arbre planté contre un mur pourra être abrité par des branches de conifères soutenues par des piquets.

Un jeune arbre délicat verra son tronc entouré de paille.

Des bulbes fragiles, comme les crinums ou, dans certaines régions, les lis qui craignent l'humidité, pourront être recouverts d'un paillis, lui-même surmonté d'un pot en terre ou abrité par une feuille de plastique.

Des rosiers ou des plantes vivaces non rustiques seront protégés du froid grâce à un simple monticule de paille ou de tourbe très sèche amassé à leurs pieds, sur 20-30 cm.

Les plantes alpines, qui n'aiment guère l'humidité, seront abritées sous une tente en plastique que l'on pourra fermer par très grosse pluie.

Un tunnel en plastique protège aussi bien les jeunes semis que les petites plantes vivaces fragiles.

Pour préserver un rosier-tige ou un petit arbre dont la greffe risque de geler, entourez le tronc de paille et encapuchonnez la tête d'un sac en plastique. Introduisez de la paille dans le sac si le froid s'annonce très rigoureux.

Les engrais

Si la terre est supposée fournir tout ce qu'il faut aux végétaux, elle n'est pas toujours idéale, en outre, elle s'épuise vite. Un coup de pouce s'avère donc nécessaire pour aider la pousse des végétaux. D'où l'importance de savoir de quoi est constitué leur menu.

Les différents types d'engrais

— Les éléments de base sont l'**azote** (de symbole N), le **phosphore** (P) et le **potassium** (K), que les plantes consomment en assez grosses quantités, sous des formes déterminées, assimilables. L'azote favorise plutôt le développement des parties vertes (les feuilles), le phosphore, les parties ligneuses (les racines), le potassium, les fleurs et les fruits. Tout cela étant approximatif, car en fait ces éléments agissent tous ensemble. Cela dit, les engrais sont presque toujours présentés sous forme de mélanges. Les chiffres indiqués, parfois, sur les gros conditionnements, donnent les proportions de chacun des éléments, toujours dans l'ordre N, P, K. Par exemple, un engrais "15, 10, 8" aura 15 parties d'azote, 10 de phosphore et 8 de potassium.

On considérait autrefois qu'un élément suffisait. En fait, les plantes consomment également du calcium, du soufre et du magnésium. Il est rarissime toutefois que ces éléments manquent dans le sol ou restent inaccessibles aux plantes. Il arrive, cependant, que le calcium fasse défaut dans un sol très acide, qu'il faut, alors, chauler.

potassium
(K)

azote
(N)

phosphore
(P)

— A tout cela, s'ajoutent des éléments minéraux au rôle mal connu, nécessaires en quantités infinitésimales, mais indispensables. La carence de ces oligo-éléments entraîne des déséquilibres graves, et c'est pourquoi les engrais composés que l'on propose aujourd'hui en comportent le plus souvent. Suivant leur composition, la forme sous laquelle ils sont utilisés et leurs proportions dans un mélange, les engrais conviennent plus particulièrement à telle ou telle culture. Si donc vous êtes un débutant, fiez-vous aux préparations "spéciales" vendues sous diverses appellations : "engrais rosiers", "engrais fraisiers", "plantes de terre de bruyère", etc. Rappelez-vous également qu'en la matière le mieux est l'ennemi du bien et qu'un excès d'engrais aura un rôle opposé au but recherché. Ayez donc la main légère et respectez les doses d'emploi.

— Les engrais organiques sont d'origine animale (sang séché, guano, os, corne) ou végétale (fumiers, engrais verts). Ces derniers fournissent avant tout de l'humus, mais également du calcium, des oligo-éléments et de l'azote, à diffusion plutôt lente.

Quand faut-il donner des engrais ?

— Les engrais "coups de fouet" sont diffusés (et donc nourrissent la plante) immédiatement. C'est le cas, par exemple, des engrais foliaires directement absorbés et assimilés. C'est le cas aussi de ces produits à diluer dans l'eau, dans les systèmes d'arrosage au goutte-à-goutte qui arrivent donc, ainsi, directement à leur consommateur. Vous utiliserez ces engrais "coups de fouet" à partir du printemps, quand les plantes sont en pleine végétation.

— Les engrais "retard" ou de "fond" sont, eux, diffusés lentement et régulièrement, ce qui est particulièrement utile pour l'azote, vite lessivé. Ils doivent être appliqués en automne ou à la plantation.

— Engrais "coups de fouet" et de "fond" doivent toujours être utilisés sur un sol déjà mouillé, pour éviter de brûler les racines.

— Si les petits conditionnements sont très pratiques en appartement, envisagez, pour le jardin, de grosses quantités (25 kg, par exemple), à partager éventuellement avec des amis : le prix de revient est dix fois inférieur.

Les désherbants

La plaie des jardiniers, c'est le désherbage, sans cesse recommencé. Naturellement, différents moyens (le binage, le bêchage...) permettent d'éliminer les mauvaises herbes, mais il en reste toujours, et force est de faire appel, pour certaines parties du jardin, aux auxiliaires chimiques, les désherbants. Il en existe divers types, chacun ayant un mode d'action déterminé.

Les désherbants totaux

Ils sont diffusés dans le sol, absorbés par les racines, et envahissent les plantes, qu'ils intoxiquent. Longuement persistants (plusieurs mois), ils se décomposent ensuite en divers produits bien éliminés. Ils agissent sur tous les types de végétaux, sans distinction. Le chlorate de soude est l'un des plus répandus en la matière. Ils servent surtout pour les allées.

Le dichlobénil, le chlorprophame et le diuron tuent essentiellement les herbes en train de germer. On les utilise parmi les arbustes établis et ce sont les désherbants des rosiers par excellence. Ils conviennent également au verger. Mais comme leur action ne se limite pas toujours aux plantules, il est imprudent de les employer ailleurs.

Parmi les désherbants totaux, il existe également des produits "de contact". Vaporisés sur le feuillage, ils pénètrent celui-ci en désorganisant les cellules. Il en existe de divers types qui n'agissent que par le biais des parties vertes des végétaux et perdent toute efficacité dès qu'ils touchent le sol, ce qui permet d'installer rapidement une autre culture.

Le paraquat agit sur les feuillages tendres, qu'il brûle, mais n'est que partiellement véhiculé par la sève. Il permet la destruction totale des annuelles. Les vivaces, elles, repousseront.

Le 2, 4, 5 T agit sur les végétaux ligneux, tels que les ronces, les lierres, mais également les orties.

Le glyphosate, quasi universel, est systémique (véhiculé par la sève) et détruit donc les mauvaises herbes vivaces, même à très longs rhizomes.

Les désherbants sélectifs

Essentiellement applicables au gazon, ils sont en fait des produits de croissance, bien tolérés par l'herbe, mais désorganisant les plantes à feuilles larges. Ces désherbants constituent en même temps un engrais à gazon.

Enfin, merveille très attendue, l'alloxydime-sodium détruit, à l'inverse, les graminées, en épargnant les autres plantes. Servez-vous-en toutefois avec prudence, la liste des plantes non touchées n'étant pas exhaustive.

Les maladies

Il faut tout d'abord comprendre pourquoi les plantes de jardin, les rosiers notamment, sont sujettes aux maladies.

Celles-ci sont causées par deux facteurs principaux : les animaux (essentiellement les insectes et les mollusques) et les agents pathogènes (champignons, virus, bactéries). Pour tout aggraver, il faut également prendre en compte la promiscuité. Mettez un enfant atteint de la rougeole dans une classe de trente élèves, le résultat ne se fait pas attendre : presque tous les enfants attraperont la rougeole. D'où cette constatation : la concentration, dans un même endroit, de plantes d'une même espèce, rend celles-ci plus aptes à la contagion.

La meilleure façon d'éviter au maximum la maladie est de leur donner les soins minutieux qu'elles réclament : d'abord, bien les planter, de façon suffisamment espacée, pour que les végétaux se développent à leur aise ; éliminer ensuite systématiquement des plates-bandes les débris et pourritures diverses ; enfin, procéder à un arrosage adéquat afin qu'ils ne s'affaiblissent pas et s'avèrent moins vulnérables aux maladies.

Parmi la foule de produits possibles, l'amateur ne sait où donner de la tête, et rien ne s'arrange quand il se trouve en face du comptoir des produits de traitements de son grainetier préféré : le choix, parmi les centaines de préparations aux noms obscurs et ronflants, ne fait que compliquer le problème. Le produit miracle à-tout-faire n'existant pas encore, voici répertoriés les malheurs les plus fréquents des végétaux pour vous aider à les reconnaître à temps. Quelques affections mineures sont également illustrées, parce que fréquentes, bien que peu menaçantes. Les traitements indiqués le sont sous le nom du produit de base de chacune des préparations. Dans tous les cas, la composition précise du produit est indiquée sur l'emballage (en tout petit, hélas !). Sachez donc bien lire pour éviter de vous voir vendre n'importe quoi. Respectez absolument — c'est très important — les doses et les époques d'emploi. Vous y gagnerez en efficacité et éviterez d'intoxiquer vos plantes, les animaux utiles (abeilles) et... vous-même. On ne le dit jamais assez : en cas de pulvérisation, utilisez un appareil propre. Videz-le et rincez-le après usage. Ne mélangez pas non plus au petit bonheur les produits de traitement (par exemple, un fongicide et un insecticide). Souvent incompatibles chimiquement, ils réagiraient négativement et dangereusement. Enfin, ne vous affolez pas trop : pas plus que nous, les plantes n'attrapent toutes les maladies auxquelles elles peuvent être sujettes et, dans de nombreux cas, elles s'en remettent fort bien. Enfin, pour vous aider, précisons que les fongicides sont toujours plus efficaces appliqués préventivement (c'est également plus économique et moins fastidieux) ; qu'un produit "systémique" (et non "systématique") est véhiculé par la sève des plantes et les protège donc plus efficacement ; enfin, que l'indice de toxicité des produits est toujours indiqué. A ce propos, conservez toujours ceux-ci dans une armoire fermée à clef, et placez sur celle-ci, en évidence et en gros, les coordonnées du centre anti-poison le plus proche.

Algues

Dans des conditions de faible aération et d'ensoleillement minimum, des zones gluantes, grises ou vertes, apparaissent sur le gazon. Aérez à la fourche, tentez d'améliorer l'éclairement et traitez au dichlorophène.

Black-spot ou marsonia

Taches noires régulières, rondes, puis chute des feuilles. Traitement au thiophanate-méthyl, tous les quinze jours. C'est une maladie caractéristique des rosiers.

Abeille tapissière ou mégachile

Le bord des feuilles est découpé en cercles successifs, très caractéristiques. Les dégâts, peu importants, ne justifient guère la lutte. Un bon insecticide de contact empêche généralement la récidive. Les mégachiles s'attaquent également aux feuillages laineux (stachys), qu'elles tondent à ras, et parfois aux lilas.

Carences

L'absence, ou le blocage, de certains éléments minéraux du sol provoque des déséquilibres dans les végétaux. Le plus connu est la chlorose ferrique, quand le fer ne peut être assimilé, étant bloqué par le calcaire. Les feuilles se décolorent entièrement, puis noircissent et tombent. La pousse est faible ou nulle. Le chélate de fer, appliqué régulièrement, permet d'y remédier.

Aleurodes, mouches blanches

Ces minuscules moucherons blancs se fixent sur la face inférieure des feuilles, où leurs larves provoquent de grands dégâts par piqûres durant la belle saison. Officiellement, ils ne résistent pas à l'hiver et sont donc transmis par les locaux de multiplication (serres). Traitez quatre fois, à huit jours d'intervalle, à la perméthrine. En serre, la lutte intégrée à l'aide d'*Encarsia formosa* (une guêpe microscopique) est parfaite. Les tomates, fuchsias, lantanas sont très sujets à ces attaques.

Champignons "de souche"

Ces excroissances apparaissant sur le tronc, les branches maîtresses, et parfois très ligneuses elles-mêmes, sont les fructifications de champignons vivant sous l'écorce. Le plus souvent, ils se développent sur des parties déjà malades pour d'autres raisons. Il n'y a, hélas, rien à faire, le mal étant déjà étendu à l'apparition de ces excroissances. Supprimez-les toutefois, pour ne pas qu'elles essaiment vers d'autre hôtes. Tous les arbres sont sensibles, à des degrés divers, mais rarement. Et c'est heureux !

Chenilles diverses

Les larves de papillons, douées d'un appétit féroce, transforment les plantes en dentelle. Si le vulcain a le bon goût de saccager les orties exclusivement, la redoutable piéride du chou, par exemple, apprécie toutes les crucifères, les capucines, et semble étendre sa zone d'action. Vite repérées, ces chenilles sont aisément détruites à l'aide du pyréthrines ou de *Bacillus thuringensis.*

Chenilles processionnaires, tisseuses

Les chenilles de divers papillons s'attaquent, parfois en grand nombre, à divers arbustes et arbres. Les plus spectaculaires sont la processionnaire du pin et le bombyx cul-brun, qui peuvent tondre un arbre. Mais d'autres espèces s'attaquent à divers genres. Toutes s'abritent dans des nids de soie, de taille variable. La lutte intégrée, à l'aide de *Bacillus thuringensis,* est extrêmement efficace et sans aucun danger.

Criocère

Parasite spécifique des lis et de ses très proches parents (fritillaires), ce ravissant coléoptère peut les tondre à zéro par le biais de ses larves peu appétissantes, vermiformes et couvertes de leurs déjections. Traitez régulièrement, mais à intervalles longs (trois semaines), à la perméthrine.

"Feu" bactérien

Les feuilles des arbres et des arbustes sèchent brutalement sans tomber, les branches meurent : la maladie gagne tout l'arbre, qui peut périr. Il n'y a pas (en France) de moyen de lutte homologué. Détruisez et brûlez toutes les parties atteintes. Seules les Pomoïdées (une section des Rosacées) sont atteintes (pommiers, poiriers, cotonéasters, sorbiers).

"Feu" des fleurs

Souvent confondue par l'amateur avec un coup de soleil, cette maladie, provoquée par un champignon, apparaît surtout sur les fleurs de serre et n'a généralement pas de conséquences graves. Supprimez les fleurs atteintes, aérez.

"Gelée" du gazon

Des taches gluantes apparaissent prenant vite du relief par temps chaud et humide. De peu d'importance et peu durable, cette affection est combattue par simple rinçage.

Lésions

Des zones entières de gazon peuvent se dessécher à la suite d'apports inopinés de produits toxiques tels que les détergents, l'alcool, le sel, l'essence, ainsi que l'urine des chiens et des chats. Il faut retirer la terre infectée, la remplacer, semer et... mieux surveiller l'usage fait de votre tapis vert !

Limaces et escargots

Quantité de plantes sont victimes de ces affamés, qui s'y attaquent jusque dans le sol. Feuilles et fleurs sont déchiquetées et disparaissent. Des traînées brillantes signent les dégâts. Divers appâts spécialisés s'avèrent fort efficaces, en granulés ou en liquides. Les hostas et les pousses de delphiniums sont des victimes particulièrement désignées.

Oïdium

Ce feutrage blanc, dû à un champignon, apparaît par temps sec. Vaporisez du bénomyl ou de la triforine entre le début de mai et la mi-juin. De nombreux arbustes sont atteints tels les rosiers, les fusains, les pommiers, etc., et des vivaces, dont les asters et les delphiniums.

Mineuses

Les larves des mineuses creusent des galeries en tortillons, dans l'épaisseur des feuilles. Les insecticides de contact sont insuffisants. Traitez à la perméthrine. Elles sont fréquentes surtout sur les chrysanthèmes, le houx, les pommiers.

Perce-oreilles

Les perce-oreilles s'attaquent aux feuilles, avec des dégâts rarement considérables. En revanche, ils apprécient les fleurs denses et tendres des dahlias et des chrysanthèmes en particulier, qu'ils déchiquettent en commençant par l'extérieur des fleurs. Le thiophanate-méthyl, la perméthrine, en viennent à bout.

Nematodes

Ces "vers" microscopiques envahissent les tissus des végétaux, se fixent principalement dans les racines et les feuilles qu'ils déforment, empêchant la nutrition normale de la plante. Divers insecticides systémiques ont une certaine action sur eux, mais ils sont difficiles à combattre, et à l'aide seulement de produits très toxiques, tels l'aldicarbe ou le dichloropropène.

"Plomb" des fruitiers

Les feuilles se décolorent, prennent une vilaine teinte argentée, puis noircissent et tombent. La lutte est surtout préventive : ne taillez qu'en été et mastiquez les plaies, supprimez et brûlez les branches atteintes. Plusieurs variétés d'arbres et d'arbustes sont sensibles, mais surtout les cerisiers.

Pourriture grise

Toutes les parties des plantes sont sensibles à ce cryptogame qui se présente comme un feutrage gris et gluant. Les fleurs et les fruits (les fruits rouges, notamment) se décolorent et meurent. Les bulbes pourrissent. Ce sont des conditions d'humidité élevée qui favorisent ce développement. Retirez toute partie atteinte et vaporisez de la triforine. La plupart des végétaux à fleurs y sont sensibles.

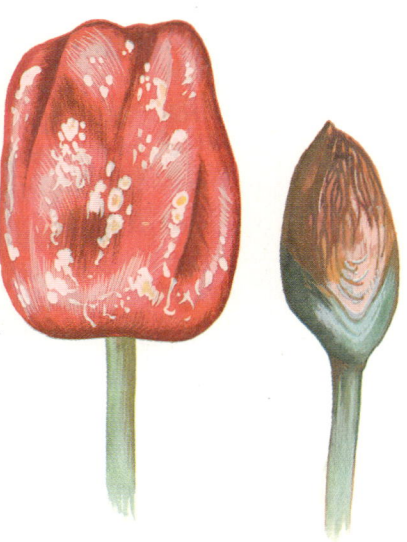

Pucerons lanigères

Une mousse cotonneuse envahit les aiguilles des conifères et les branches d'arbustes et d'arbres caducs. Par la suite, des chancres se forment dans l'écorce. Les grands arbres sont impossibles à traiter, mais supportent assez bien le choc. Traitez les plantes plus petites au HCH, avec un luxe de précautions, en fin d'hiver ou de juin.

Pucerons verts ou noirs

Ces insectes apparaissent en colonies denses sur les pousses et les feuilles tendres de tous les végétaux. En nombre important, ils épuisent les plantes, déforment et dessèchent les parties attaquées. Ils transmettent également des virus. Traitez à l'aide d'insecticides légers (pyréthrine, roténone), parfaitement suffisants, ou de *Bacillus thuringensis* également efficace contre les chenilles.

Ronds de sorcière

Divers champignons causent cette affection des gazons, qui semblent brûlés, en cercles réguliers s'étendant chaque année. Les fructifications apparaissent en été et en automne. Traitez à l'aide d'oxycarboxine.

Rouille

Les rouilles diverses sont des maladies cryptogamiques apparaissant sous forme de pointillés roux sur les feuilles, souvent jaunes en dessous. L'importance est variable suivant la saison. Traitez à base d'oxychlorure de cuivre, manèbe ou zirame. Diverses espèces d'arbustes peuvent être atteintes.

Sclérotiniose

Le gazon se décolore sous forme de petits ronds, d'abord, qui s'élargissent vite en automne, par plaques entières. Luttez au thiophanate-méthyl.

Tenthrède

Enroulement "en cigarette" des folioles. Tout insecticide en vient aisément à bout. Traitez dès que le feuillage est développé. Ce parasite caractéristique des rosiers apparaît par vagues, puis disparaît aussi inexpliquablement.

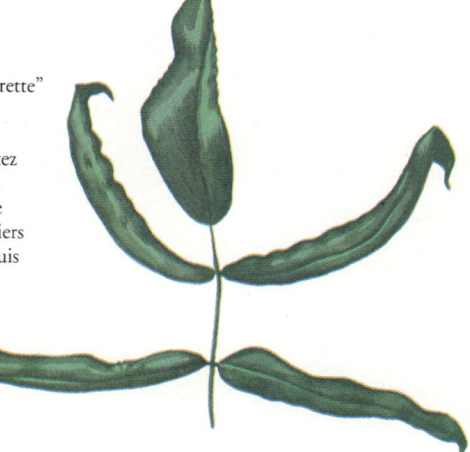

Récolter des fruits dans son jardin est le désir de bien des propriétaires de terrain, aussi petit soit-il. A la campagne, il est possible d'avoir un vrai verger ; en ville, où la place manque, il faut se contenter bien souvent d'arbres fruitiers répartis ici et là, dont certains palissés contre les murs.

Dans tous les cas, avant de planter, examinez ou faites faire une analyse du sol (la qualité du sol déterminant en partie les espèces de fruitiers que vous planterez), afin de pouvoir l'améliorer par des amendements et des engrais :

— apportez-lui du fumier, de la tourbe ou du compost s'il est sableux pour lui donner du corps et pour qu'il garde mieux l'eau ;

— du sable, du fumier et du compost s'il est argileux, pour l'alléger ;

— du sulfate d'alumine s'il est calcaire pour faire baisser son pH jusqu'à 7.

Renseignez-vous sur les porte-greffes les mieux adaptés à votre terrain. Plus un porte-greffe est vigoureux, plus l'arbre sera grand. Il donnera des fruits plus tardivement mais pendant de longues années. Quant aux porte-greffes faibles, utilisés surtout pour les formes palissées, ils vous permettront d'avoir des fruits plus rapidement mais pendant moins longtemps.

Si votre terrain est trop humide, plantez vos arbres sur des buttes d'au moins 50 cm de hauteur et de 2 m de diamètre, et laissez "reposer" la butte une ou deux semaines avant de planter.

N'oubliez pas que, pour avoir de beaux fruits, vos arbres ont besoin d'un bon ensoleillement et donc d'une situation bien dégagée.

Ne les plantez pas trop serrés. Un arbre-tige a besoin de 4 à 5 m de diamètre, un pêcher en gobelet de 2 à 3 m. Les formes palissées sont plus souples d'emploi. En conséquence, selon les formes, prévoyez un espace de 60 cm à 2 m entre deux pieds consécutifs, le long d'un mur.

N'oubliez pas d'apporter des engrais, tous les ans, en automne, pendant les cinq premières années, qu'il s'agisse d'engrais minéraux complets (type 10-20-20), d'engrais organiques ou les deux. Enfouissez-les à la griffe.

Surveillez les éventuelles maladies ou attaques de parasites pour traiter immédiatement et éviter ainsi d'avoir à utiliser par la suite de grosses quantités de produit. Respectez les doses indiquées de fongicides et d'insecticides, tout surplus étant inutile.

Mélangez espèces et variétés fruitières (cela diminue les risques de maladies) et choisissez celles qui sont le mieux adaptées à votre région. Elles seront moins sujettes aux maladies.

Surtout ne vous obstinez pas à planter dans le Nord une variété méditerranéenne réclamant beaucoup de chaleur et, inversement, n'installez pas sur un coteau sec du Sud-Est un fruitier réclamant fraîcheur et humidité.

Achat et plantation

Comment bien acheter vos arbres fruitiers

Tenez compte de vos goûts et de la place dont vous disposez. Ne prévoyez pas dix grands arbres-tiges sur un terrain de 100 m². : ils se gêneraient et ne donneraient pas grand-chose. Selon la surface dont vous disposez, choisissez des formes de plein-vent (arbres-tiges) ou des formes taillées (gobelets sur basse-tige) ou palissées (en palmette, en U). Il vous faudra souvent deux arbres de la même espèce, mais de variété différente, pour qu'ils se pollinisent mutuellement, car seules quelques variétés sont autofertiles, la plupart étant autostériles.

Si vous aimez l'arboriculture et la taille, achetez des scions (tout jeunes arbres juste greffés), que vous formerez vous-même en cordon, en palmette ou en gobelet. Sinon, choisissez des arbres déjà formés. Dans tous les cas, regardez le point de greffe : il doit être discret, un gros bourrelet signalant une reprise difficile de la greffe. Achetez de préférence des arbres que vous pouvez voir, chez un pépiniériste de votre région, et demandez-lui quels porte-greffes il utilise : c'est important selon la qualité de votre sol. N'hésitez pas à acheter des arbres à racines nues, c'est ce qu'on fait habituellement. En conteneurs, ils peuvent être plantés toute l'année. Surveillez bien leur arrosage pour qu'ils reprennent bien.

N'attendez pas la fin de la saison pour acquérir des arbres chétifs, stockés depuis des semaines en magasins chauffés, ils ne valent pas grand-chose. Vérifiez que les racines ont un beau chevelu et qu'elles ne forment pas un chignon tourné sur lui-même, signe de mauvaises conditions d'élevage.

Quant au choix des variétés, il est immense. Choisissez selon votre goût et, de préférence, une variété rare chez les marchands de fruits : car c'est la qualité que vous recherchez dans votre jardin, pas la quantité.

La plantation

La meilleure époque va de la fin octobre à la mi-avril, pendant le repos de la végétation. Creusez pour chaque arbre un trou de plantation, de préférence plusieurs jours à l'avance. Si le terrain est bon, un trou de 30 cm de côté sur 40 cm de profondeur suffira. En terrain pauvre, voyez plus grand (50 cm au cube). A la terre du fond, incorporez une fumure de fond (engrais type 5-20-10 ou 16-18-24) tout en les mélangeant bien ensemble pour que les racines ne touchent pas directement l'engrais. Prévoyez un solide tuteur pour les arbres-tiges, ou un système de palissage pour les arbres formés, tuteur ou palissage que vous enfoncez jusque dans le sol non remué avant de mettre l'arbre lui-même. Raccourcissez les racines de ce dernier de quelques centimètres, et sa ramure du tiers de sa longueur. Placez l'arbre bien droit, remplissez le trou avec la terre que vous aurez mélangée à deux ou trois pelletées de compost, de terreau ou de fumier bien décomposé. Tassez bien, arrosez et attachez l'arbre au tuteur. Vous pouvez planter soit un jeune scion et le former, soit une forme palissée (U, cordon, palmette), soit un arbre demi-tige (1,30 m de tronc), soit un arbre-tige (1,80 m de tronc), soit encore une forme plus basse (gobelet, fuseau).

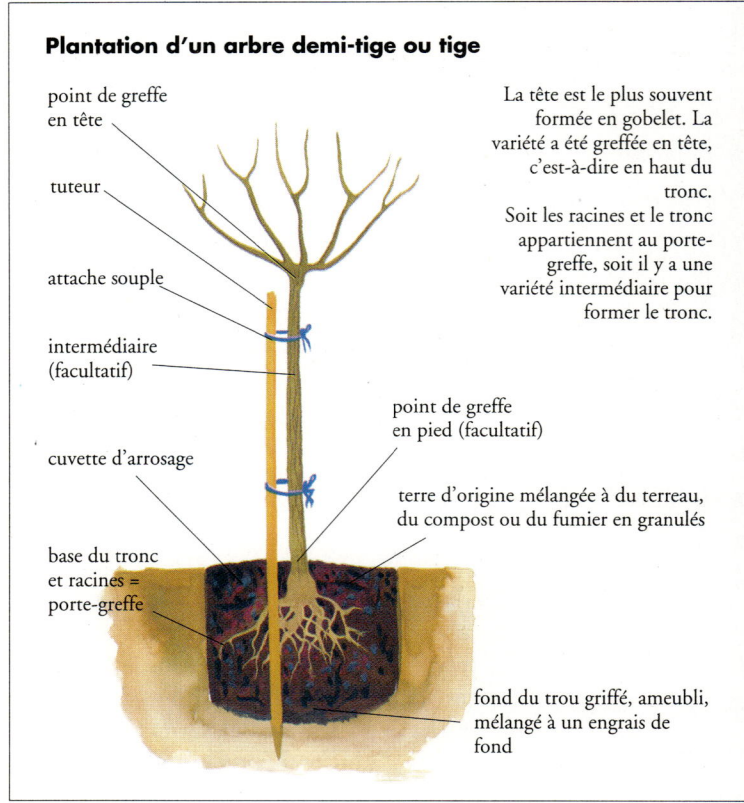

Plantation d'un arbre demi-tige ou tige

point de greffe en tête

tuteur

attache souple

intermédiaire (facultatif)

cuvette d'arrosage

base du tronc et racines = porte-greffe

point de greffe en pied (facultatif)

terre d'origine mélangée à du terreau, du compost ou du fumier en granulés

fond du trou griffé, ameubli, mélangé à un engrais de fond

La tête est le plus souvent formée en gobelet. La variété a été greffée en tête, c'est-à-dire en haut du tronc. Soit les racines et le tronc appartiennent au porte-greffe, soit il y a une variété intermédiaire pour former le tronc.

Formation d'un gobelet

(**Le gobelet** convient à toutes les espèces fruitières)

1re année

2e année

Taille de formation
Elle n'est nécessaire que si vous **achetez un jeune scion pour le former** ; choisissez des formes simples. Voici en dessins légendés comment procéder.

On coupe le scion à 80 cm du sol à la plantation.

scion

point de greffe à quelques centimètres au-dessus du sol

On garde trois pousses vigoureuses, régulièrement espacées et formant si possible un angle de 120° entre elles vues du ciel.

On supprime tous les autres rameaux.

30 cm

50 cm

1
tronc
2
3

Pour chacune des trois charpentières (branches maîtresses) 1, 2, 3, on garde deux belles pousses A et B, on supprime toutes les autres et on coupe aussi le prolongement de 1, 2 et 3 à 25-30 cm de long. On a donc six branches principales sur lesquelles pousseront les rameaux porteurs de fruits.

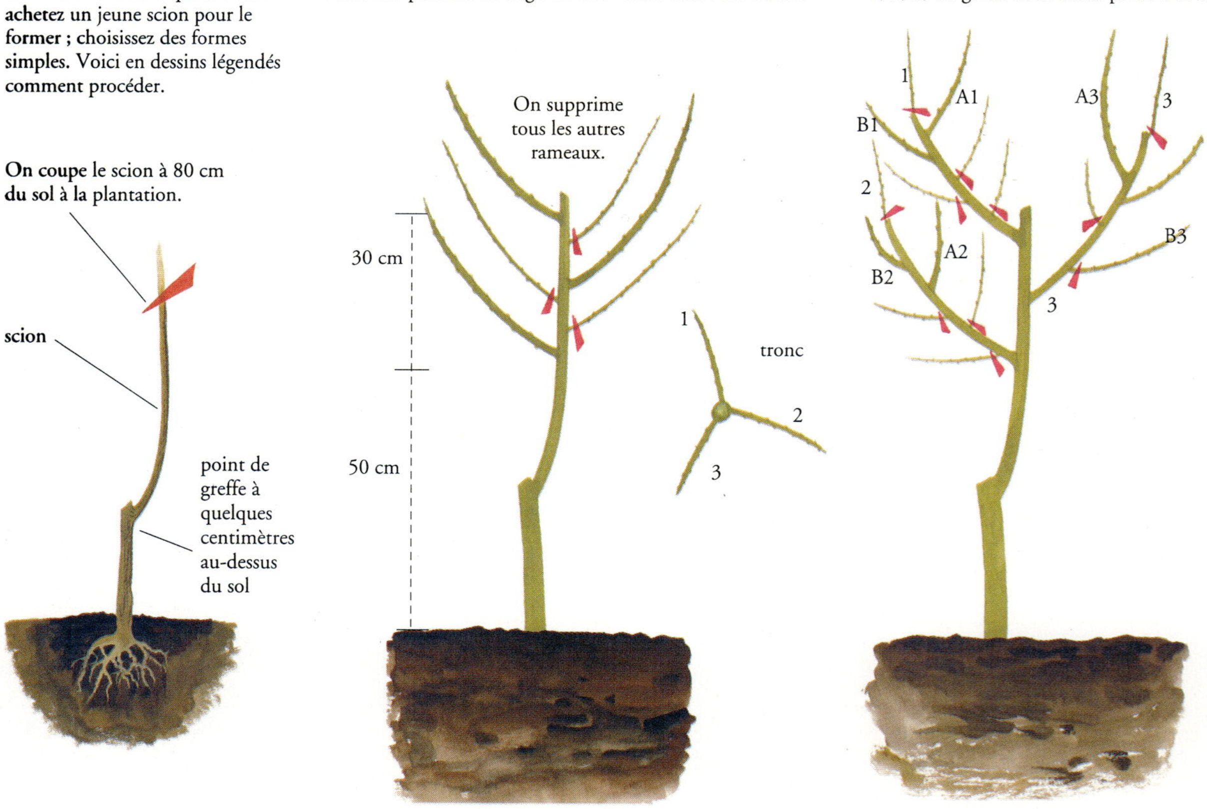

1
B1
A1
A3
3
2
A2
B3
B2
3

Formation d'un fuseau

(Cette forme convient surtout aux poiriers)

éborgnage sur 10 cm

70 cm

éborgnage (suppression des yeux) sur 30 cm

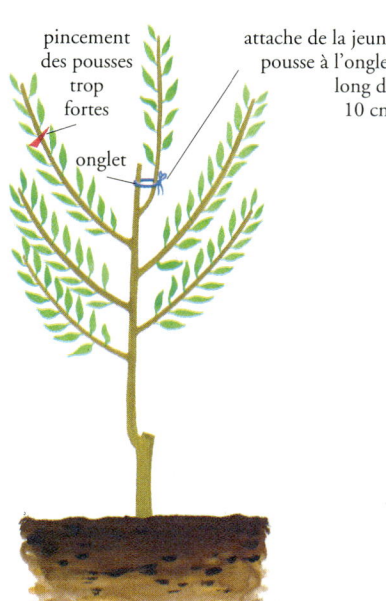

pincement des pousses trop fortes

attache de la jeune pousse à l'onglet long de 10 cm

onglet

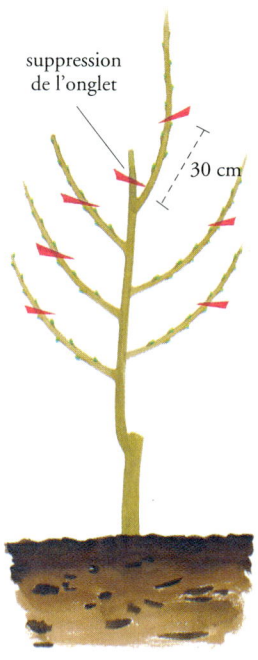

suppression de l'onglet

30 cm

1 Première taille en février qui suit la plantation du scion. On sectionne la tige à 10 cm au-dessus d'un œil, situé à 70 cm du sol environ, choisi pour son apparente vigueur. Puis sur ces 10 cm de tige, on pratique l'éborgnage, c'est-à-dire que l'on supprime tous les yeux restants. On fait de même au bas de la tige sur 30 cm à partir du sol.

2 L'été de la même année, pincement (c'est-à-dire élimination entre le pouce et l'index) des pousses trop fortes. Dans le même temps, attachez la jeune pousse centrale à l'onglet de 10 cm (on appelle onglet le restant de la tige que vous avez sectionnée) pour qu'elle soit bien verticale.

3 En février de l'année suivante, on supprime l'onglet et on coupe les charpentières au-dessus d'un œil situé vers l'extérieur. Il faut tailler long les branches courtes et court les branches longues. Les années suivantes, prolongez l'axe central de 25 à 30 cm et les charpentières latérales de même **ou un peu** plus. La hauteur finale atteindra 3 m.

Formation d'un cordon

Scion courbé en mai et taillé juste au-dessus d'un œil tourné vers le bas, qui donnera une pousse.

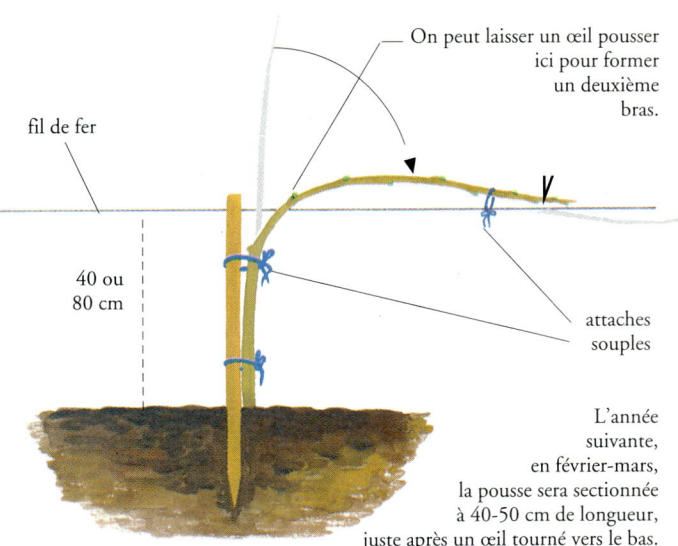

On peut laisser un œil pousser ici pour former un deuxième bras.

fil de fer

40 ou 80 cm

attaches souples

L'année suivante, en février-mars, la pousse sera sectionnée à 40-50 cm de longueur, juste après un œil tourné vers le bas.

Avec deux scions, on peut former deux cordons superposés l'un au-dessus de l'autre, l'un à 40 cm du sol, l'autre à 80 cm. Un cordon peut avoir un ou deux bras, mesurant 3 m de long, voire plus. Cette forme convient aux pommiers et aux poiriers peu vigoureux (greffés sur porte-greffes choisis pour leur faible vigueur).

Palmette à la diable

Les branches sont palissées sans respecter d'intervalle **régulier**, soit à l'horizontale, soit en oblique.

Quand cette branche ne produit plus guère, on la coupe. Les yeux A et B se mettent à pousser. On gardera le plus vigoureux qui sera palissé au fur et à mesure de sa croissance.

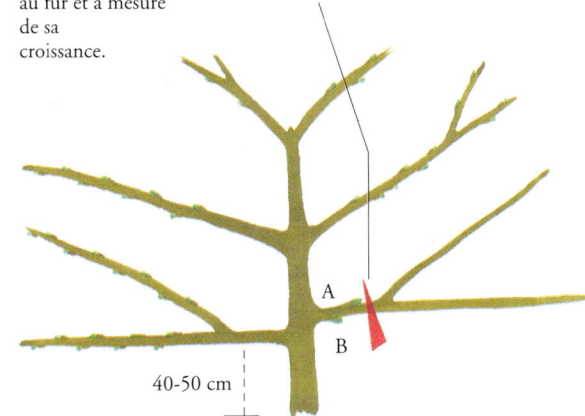

A

B

40-50 cm

Quand une branche charpentière vieillit, on la coupe à 10-15 cm du tronc. L'un des rameaux vigoureux qui poussera à sa base la remplacera. Le principe, ici, consiste seulement à équilibrer l'arbre.

Formation des formes palissées les plus simples

Scion planté à l'automne. En février, on le coupe à 30 cm de hauteur, juste au-dessus des deux bourgeons du haut, A et B, qu'on garde. Tous les autres bourgeons sont éliminés.

Chaque bourgeon donne naissance à une pousse que l'on va palisser au fur et à mesure de sa croissance.

Deuxième possibilité : formation d'un U simple

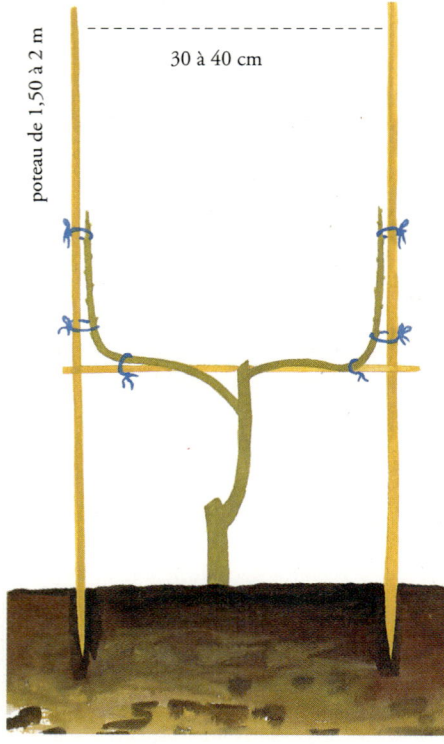

poteau de 1,50 à 2 m

30 à 40 cm

Palissage horizontal sur 15-20 cm, puis vertical : cette forme convient aux variétés peu vigoureuses de pommiers et de poiriers. Par la suite, on laisse chaque branche du U s'allonger de 25-30 cm tous les ans jusqu'à 2 m de hauteur.

Première possibilité : formation de croisillons ou de losanges, sorte de palmettes convenant à la plupart des variétés. On laisse chaque branche s'allonger de 30 cm tous les ans et on la palisse au fur et à mesure.

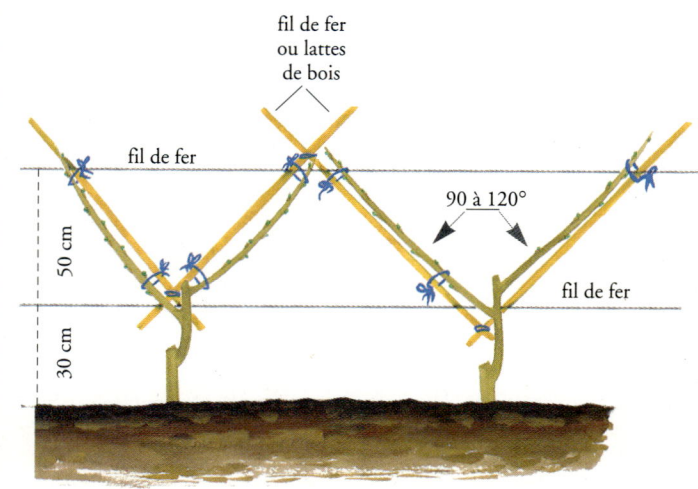

2ᵉ année : on coupe à 30 cm et un œil repousse.

Troisième possibilité : formation d'un U double
(Pour les variétés peu vigoureuses)

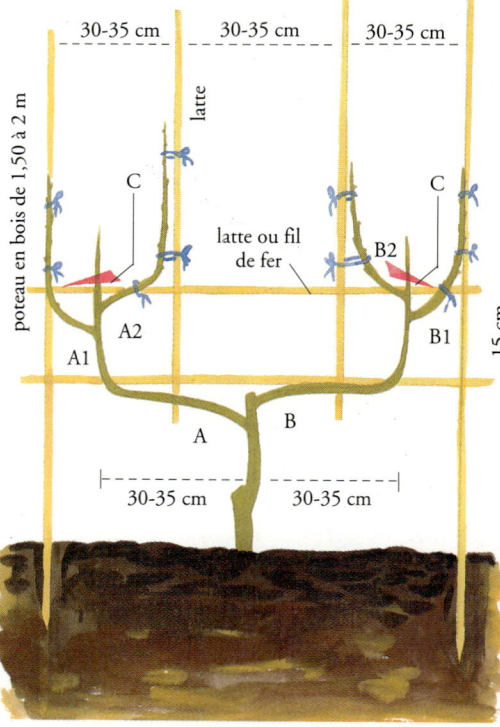

poteau en bois de 1,50 à 2 m

30-35 cm   30-35 cm   30-35 cm

latte ou fil de fer

30-35 cm   30-35 cm

1ʳᵉ année :

on palisse progressivement les deux branches A et B (en juin-juillet, août) à l'horizontale sur 30-35 cm, puis à la verticale.

2ᵉ année :

on coupe en C, à environ 15-20 cm à la verticale. Quatre pousses apparaissent (A1, B1, A2 et B2) que l'on palisse.

Ensuite, on laisse les quatre branches s'allonger de 25 à 30 cm tous les ans jusqu'à atteindre 2 m de hauteur.

Multiplication : greffe et marcottage

Pour conserver une variété, le semis par noyau risque de ne pas être fidèle. Aussi a-t-on recours soit à la greffe en écusson en août (qui consiste à glisser sous l'écorce du porte-greffe un écusson — c'est-à-dire un bourgeon muni d'un peu d'écorce — de la variété choisie) soit à la greffe en fente, en incrustation ou en couronne, en mars-avril. Dans ce procédé, on glisse sous l'écorce d'une grosse branche ou tronc du porte-greffe un, deux, trois ou quatre petits rameaux de la variété choisie, régulièrement répartis. La greffe en écusson effectuée en août est dite à œil dormant, car l'œil ne se développe qu'au printemps suivant.

Parfois, certains effectuent une greffe en écusson à œil poussant, en avril-mai : il donne tout de suite une pousse.

Pour les noisetiers, et parfois la vigne et les groseilliers, c'est la technique du marcottage qui prévaut : en février, on couche des rameaux dans le sol maintenus par des cavaliers ; les rameaux enracinés à l'automne sont alors séparés du pied initial, puis replantés.

Pour ces techniques de greffe et de marcottage, reportez-vous au chapitre concernant la multiplication, où elles sont plus amplement développées.

Actinidia chinensis
Actinidia ou kiwi

Plantation et multiplication

La plantation est possible d'octobre à avril, en sol frais, maintenu humide en été. L'actinidia, ou kiwi, est une liane qui a besoin d'être palissée sur une pergola, une tonnelle ou des fils de fer tendus devant un mur, à l'abri des grands vents et en évitant le trop grand soleil. Il faut planter au moins deux pieds : l'un mâle, l'autre femelle. L'actinidia se multiplie par marcottage en juin-juillet. Les rameaux seront séparés du pied mère au printemps suivant.

Tailles de formation et d'entretien

Laissez pousser et grossir quelques branches charpentières. Puis, en hiver, coupez tous les rameaux latéraux, à deux yeux. En été, pincez tous les rameaux fructifères, à quatre ou cinq feuilles au-dessus des fruits. Recommencez l'opération avec les nouveaux rameaux qui repartiront en les pinçant à deux feuilles.

Maladies et parasites

Dans les jardins, on observe très rarement des attaques parasitaires.

Citrus divers
Agrumes

Plantation et multiplication

La plantation a lieu en mars-avril dans un sol bien drainé, donc contenant beaucoup de sable. Le calcaire est toléré en faible quantité. La multiplication se fait par greffage à œil poussant (de mars à mai) ou dormant (septembre). Citronniers et orangers sont greffés sur des bigaradiers, à 25-40 cm du sol, les clémentiniers sur Poncirus, à 10 cm du sol.

Taille d'entretien

Éclaircissez la ramure, en mars, en supprimant les rameaux chétifs.

Maladies et parasites

Les cochenilles sont souvent envahissantes. Traitez avec du DNOC et une huile minérale, en septembre pour la cochenille blanche, de juin à septembre pour la cochenille noire et la cochenille virgule. Quant aux pucerons, suivis de fumagine, il faut les traiter avec un produit à base de pyrimicarbe ou de diméthoate.

Corylus avellana
Noisetier

Plantation et multiplication

La plantation a lieu de préférence en sol frais et léger, ou même calcaire, plutôt qu'en sol lourd, et dans un trou ne dépassant pas 25 à 30 cm de profondeur. Par la suite, en février-mars, les rameaux souples peuvent être partiellement couchés, dans une tranchée de 15 à 20 cm de profondeur, et recouverts de terre. En été, des racines se formeront sur leur partie inférieure et, en automne, vous pourrez séparer ces rameaux pour les replanter.

Tailles de formation et d'entretien

Aucune taille de formation n'est nécessaire : le noisetier forme une touffe de quatre à six mètres de haut, dans laquelle vous éliminerez le bois mort et les branches âgées de plus de dix ans. Plantez deux variétés différentes, car elles sont toutes plus ou moins autostériles (à moins que votre voisin n'ait déjà un noisetier et, dans ce cas, un seul pied vous suffira).

Maladies et parasites

Le balanin des noisettes pond ses œufs dans les fruits, que l'on retrouve percés d'un petit rond, et véreux ou vides. Éliminez les noisettes tombées à terre et labourez le terrain au pied du noisetier pour faire périr par le froid les larves qui s'y étaient enfoncées. Vous pouvez aussi traiter en mars avec un insecticide à base de roténone ou de deltaméthrine.

Fragaria
Fraisier

Plantation et multiplication

Les fraisiers nécessitent un sol riche, frais et perméable, dépourvu de calcaire et enrichi par des apports d'engrais tous les ans, à l'automne ou au printemps (100 g/m² de fumier déshydraté et 50 g d'un engrais complet de type 4-12-20). Plantez les fraisiers du 15 septembre au 30 novembre, ou bien en mars-avril, à 35-40 cm les uns des autres pour les variétés à gros fruits, à 25 cm pour les variétés à petits fruits. Paillez le sol pour récolter des fruits propres. Par la suite, vous pourrez agrandir votre fraiseraie en replantant les stolons ou filets (longues tiges portant à leur extrémité un petit pied de fraisier).

Taille d'entretien

Gardez quelques stolons pour renouveler et agrandir votre planche de fraisiers, supprimez les autres.

Maladies et parasites

Combattez la pourriture grise avec un fongicide à base de dichlofluanide, en début et en fin de floraison.

Juglans regia
Noyer

Plantation et multiplication

S'accommodant de tous les sols, même calcaires, le noyer ne craint que les terrains compacts et l'eau stagnante. Ce grand arbre (de quinze à vingt mètres) nécessite un grand jardin. Le greffage sur un noyer d'Amérique (en fente, en mars-avril, ou en couronne, en mai) permet d'obtenir des arbres plus petits, donnant plus vite, mais vivant moins longtemps (trente ans au lieu de cent ans).

Tailles de formation et d'entretien

Sur haute ou demi-tige, le noyer forme seul sa ramure et ne nécessite aucune taille de fructification, car il la redoute de même que les élagages. En cas d'obligation, coupez la branche en septembre et protégez la plaie (goudron de Norvège, mastic à greffer).

Maladies et parasites

Les bactérioses et la maladie de l'encre ne sont guère guérissables. On les évite en utilisant des plants sains, greffés sur des porte-greffes résistants.

Malus communis
Pommier

Plantation et multiplication

Le pommier accepte tous les sols peu calcaires et n'apprécie guère les sols sableux, trop secs. Il a un grand nombre de porte-greffes, tous de vigueur différente :
— les francs (issus de semis) donnent de grands arbres (huit à dix mètres de haut) s'adaptant à tous les terrains et vivant de soixante à quatre-vingts ans. Mais ils ne fructifient pas avant dix ou douze ans ;
— les doucins produisent des arbres de quatre à six mètres, fructifiant au bout de sept à huit ans et vivant de quarante à cinquante ans ;
— les paradis sont utilisés pour les formes palissées et produisent des fruits dès la troisième année, mais ils ne vivent qu'une vingtaine d'années.

Les porte-greffes actuels, dérivant de ces trois types, portent des noms moins poétiques, tels que EM IX, synonyme de Paradis jaune de Metz, peu vigoureux. Le greffage se fait soit en écusson à œil dormant, en août, soit en fente ou en incrustation au printemps. Vous trouverez des arbres-tiges et des formes palissées très variées ainsi que des scions. Tous se plantent en automne.

Tailles de formation et d'entretien

Le pommier peut se palisser de cinquante façons différentes, et si vous voulez vous exercer à former un cordon, un U ou une palmette à partir d'un scion, faites-le avec cet arbre. Sinon, choisissez un arbre-tige ou demi-tige déjà formé qui ne nécessite ni taille de formation ni taille de fructification. Pour les formes palissées, cette taille est indispensable. La plus courante est la taille trigemme qui consiste à couper les rameaux à trois yeux en février. Le bourgeon le plus haut va donner en été une pousse feuillée (ou rameau à bois), les deux autres des "dards", porteurs de fruits les années suivantes. Pour les formes palissées, taillez en février-mars le prolongement des charpentières qui a poussé l'été précédent, à 15-20 cm chez les variétés les plus faibles, jusqu'à 40-50 cm chez les plus vigoureuses. Par ailleurs, l'inclinaison ou l'arcure d'un rameau favorise la fructification. En été, pincez les rameaux vigoureux une fois en juillet, une fois en août, en ne leur laissant que quatre à cinq feuilles. Enfin, éclaircissez les fruits quand ils ont 2 cm de diamètre pour n'en laisser que un, deux ou trois par bouquet.

Maladies ou parasites

Le puceron lanigère, formant des amas blanchâtres, pompe la sève des rameaux et compromet la récolte. Traitez la base du tronc en hiver avec des produits contenant des huiles jaunes et du DNOC pour détruire les larves. En cours de végétation, utilisez un produit à base de pyréthrine et de *Bacillus thuringiensis*. Le carpocapse est un insecte qui pond des œufs en mai-juin. Les larves pénètrent dans les fruits, les rendant véreux. L'ensachage des fruits est un bon remède. Mais on peut aussi traiter à la chute des pétales, et une fois par mois, de juin à août, avec un insecticide à base de cyfluthrine ou de diméthoate. L'oïdium est un champignon qui couvre les pousses d'une poussière blanche. Traitez avec un fongicide à base de fénarimol, de triforine ou de soufre.

Taille trigemme (pommiers et poiriers)

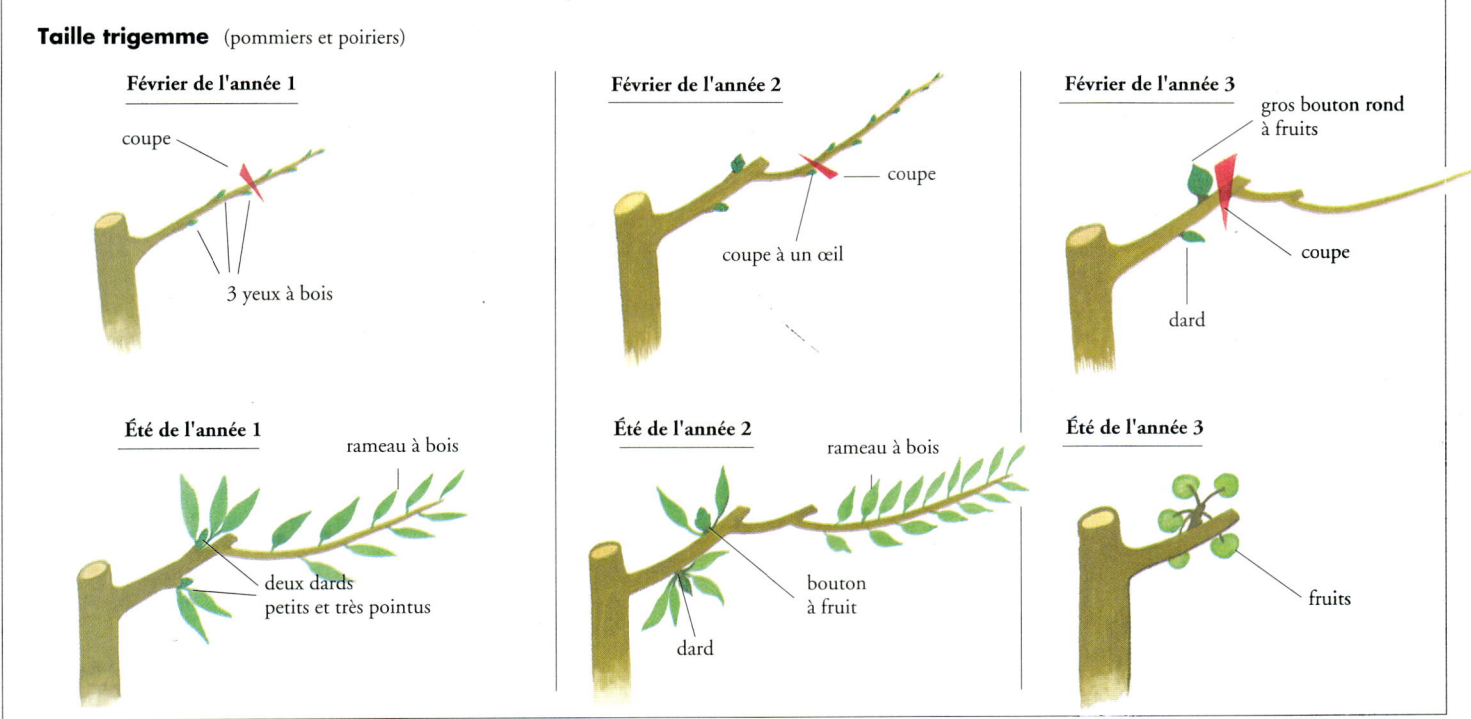

Février de l'année 1

coupe

3 yeux à bois

Février de l'année 2

coupe

coupe à un œil

Février de l'année 3

gros bouton rond à fruits

coupe

dard

Été de l'année 1

rameau à bois

deux dards petits et très pointus

Été de l'année 2

rameau à bois

bouton à fruit

dard

Été de l'année 3

fruits

Prunus armeniaca
Abricotier

Plantation et multiplication

Plantez à l'automne soit un jeune scion que vous formerez en gobelet, soit un gobelet ou un fuseau déjà formé en pépinière, soit un demi-tige, soit enfin un arbre-tige. Les variétés sont greffées en tête (arbre-tige) ou en pied à 50 cm du sol (gobelet, fuseau), par écussonnage à œil dormant, en août-septembre. Choisissez un endroit très bien éclairé, à cinq ou six mètres des arbres voisins, y compris des autres abricotiers. Le long d'un mur exposé au sud, vous pouvez planter une palmette tous les deux à trois mètres.

Tailles de formation et d'entretien

Effectuez la taille de formation au début de novembre pour que les plaies puissent se cicatriser avant les grands froids, ou bien en mars. Surtout, réduisez-la le plus possible en raison des risques de gommose. Pour cela, choisissez une forme simple comme le gobelet. Par la suite, maintenez une forme aérée pour que le soleil pénètre bien partout et supprimez, en novembre, les rameaux faibles. Gardez les beaux rameaux poussant plutôt vers l'extérieur, en taillant l'extrémité des plus vigoureux. Il n'y a pas de taille de fructification : ce sont les rameaux poussés l'année précédente qui portent les fruits. Sauf cas exceptionnel, il est inutile d'éclaircir les fruits, mais il faut étayer les branches. Si une grosse branche casse, retaillez bien net à l'endroit de la cassure qu'il faut enduire de mastic à greffer ; si la gommose ne s'en mêle pas, l'arbre "repercera".

Le palissage le long d'un mur (U double ou palmette à la diable) est recommandé dans les climats similaires à celui de l'Ile-de-France. Supprimez les rameaux ayant porté les fruits en ne leur laissant que deux ou trois yeux à la base, pour assurer le remplacement.

Maladies et parasites

Si le sol est trop humide, si l'arbre est blessé, la gommose fait généralement son apparition (exsudation collante qui suinte), gênant la cicatrisation et affaiblissant l'arbre. Il n'y a pas de remède. Les pucerons peuvent entraîner la déformation des feuilles. Essayez de vous en débarrasser en traitant avec des produits antipucerons classiques. Si les fruits sont envahis par une pourriture grise à pustules concentriques, il s'agit de la moniliose que l'on traite avec des produits à base de cuivre (bouillie bordelaise), de bénomyl ou de triforine, également efficaces contre les autres champignons.

Prunus cerasus
Cerisier

Plantation et multiplication

Tous les sols, même pauvres et calcaires, conviennent à condition qu'ils ne soient pas trop humides. Le greffage sur merisier — en incrustation ou en fente dès octobre, ou encore, en septembre, à œil dormant en tête (jamais en pied) — donne de grands arbres (huit à dix mètres de haut). En septembre, le greffage sur Sainte-Lucie — à œil dormant en pied ou en tête avec, dans ce cas, une variété intermédiaire pour le tronc — donne des arbres moins hauts, permettant des formes en gobelet bas (à 50 cm du sol) beaucoup plus faciles d'accès pour la récolte ! Néanmoins, ne plantez pas de cerisier à moins de quatre à cinq mètres des autres arbres. En sol sec, calcaire et pierreux, seul le second porte-greffe convient.

Tailles de formation et de fructification

La première est réduite à la surveillance de la bonne répartition des charpentières des gobelets et la seconde est inexistante en raison des risques de gommose. En cas de force majeure (branche cassée ou gênante), intervenez en novembre, et enduisez la plaie de taille avec du goudron de Norvège.

Maladies et parasites

Les pucerons s'agglomèrent sur les feuilles au printemps. Traitez en hiver pour détruire les œufs avec un produit à base de DNOC et d'huiles de pétrole. Quinze jours au moins avant la cueillette ou après celle-ci, utilisez aussi un systémique à base de diméthoate, actif également sur la mouche des cerises (c'est elle la responsable des vers que l'on trouve dans les fruits). Quant à la gommose, exsudation collante qui affaiblit l'arbre, elle affecte les arbres maladifs ou blessés, en terrain trop humide, et il n'y a guère de remède.

Prunus domestica
Prunier

Plantation et multiplication

Très peu exigeant, le prunier se contente de tous les sols, même calcaires, sauf des sols sableux (trop secs pour lui).

Plantez en automne, à quatre ou cinq mètres les uns des autres, soit un scion, soit un gobelet, soit un arbre-tige ou demi-tige.

Les palmettes à la diable sont possibles mais rares. Les variétés peuvent être greffées sur un prunier Saint-Julien peu vigoureux, et qui supporte les sols lourds, ou encore sur un prunier Myrobolan, plus robuste et convenant aux terrains calcaires. En avril-mai, le greffage se fait en fente ou en couronne et en écusson à œil dormant, en juillet. Semis possible pour les mirabelles et les reines-claudes.

Tailles de formation et d'entretien

Il est indispensable de former l'arbre très jeune — car, ensuite, il craint les plaies de taille (gommose). On opère au moment de la chute des feuilles. Seule la forme en gobelet est recommandée. Il n'y a pas de taille de fructification, mais il faut étayer les branches souvent lourdement chargées de fruits.

Maladies et parasites

Les pucerons sont traités dès leur apparition pour éviter toute prolifération. Un champignon provoque la moliniose (moisissures grises concentriques sur les fruits). Traitez une fois à la chute des feuilles, une fois en plein hiver et une fois juste avant la floraison, avec de la bouillie bordelaise ou un fongicide à base de bénomyl ou de triforine. Et, surtout, ramassez et éliminez les fruits atteints tombés de l'arbre : ils sont le réservoir de la maladie.

Prunus persica
Pêcher

Plantation et multiplication

Plantez en automne, en sol profond, frais mais bien drainé, ni calcaire ni acide (pH 7). On peut ou planter un scion ou un pêcher déjà formé, tous deux greffés sur un pêcher franc (c'est-à-dire issu de semis). En sol calcaire, on greffe le pêcher sur l'amandier et, en sol humide, sur le prunier Saint-Julien.

Tailles de formation et d'entretien

Le plus simple est de lui donner une forme proche de celle qu'il adopte naturellement : le gobelet. En climat froid, il est possible de palisser le pêcher le long d'un mur orienté sud-sud-ouest en choisissant le U double ou la palmette à la diable. Seuls les rameaux poussés l'année précédente portent des fruits et ils ne doivent pas être trop éloignés des grosses branches

pour éviter toute cassure. En hiver, taillez les gourmands qui se dirigent vers le haut, afin que l'arbre ne se dénude pas en bas. En avril-mai, quand les jeunes fruits sont formés, éclaircissez-les pour n'en laisser que quatre à cinq par rameau, et pincez les jeunes pousses qui les accompagnent à trois ou quatre feuilles. Après la récolte, coupez les rameaux ayant fructifié, car ils ne reporteront jamais de fruits, mais laissez à leur base deux bourgeons pour assurer le remplacement.

Maladies et parasites

La cloque rougit et déforme les feuilles. En outre, elle affaiblit l'arbre. Traitez trois fois : à la chute des feuilles, en plein hiver, et au moment du débourrement des bourgeons. Utilisez de la bouillie bordelaise ou un fongicide à base de thirame.

Pyrus communis
Poirier

Plantation et multiplication

Redoutant absolument le calcaire et les sols secs, le poirier nécessite un terrain silico-argileux. Les arbres-tiges (plantés à six-huit mètres les uns des autres) et demi-tiges (plantés à quatre-cinq mètres) sont greffés sur poiriers francs (issus de semis), le tronc appartenant à un intermédiaire vigoureux. Les formes plus petites sont greffées sur des cognassiers, ce qui permet une mise à fruits plus rapide. Le greffage se fait soit en

écusson à œil dormant en août, soit en fente, en incrustation ou en couronne, au printemps.

Tailles de formation et d'entretien

Le poirier partage avec le pommier une grande souplesse d'adaptation à des formes variées, palissées ou non. Choisissez une forme simple : fuseau, gobelet, cordon. La taille de fructification est la même que pour le pommier. Un éclaircissage est nécessaire pour ne garder qu'un seul ou deux fruits par bouquet.

Maladies et parasites

La tavelure dessèche les feuilles et les rameaux (taches noires sur le dessus) en année humide. Traitez avec de la bouillie bordelaise à la chute des feuilles et en mars. Ramassez et éliminez les feuilles mortes car le champignon y hiverne. Si les jeunes pousses sont courbées en crosse, si les feuilles semblent brûlées, il s'agit sans doute du très dangereux feu bactérien que l'on ne sait pas soigner. La seule parade est la destruction par le feu des branches malades, voire de l'arbre entier. Si vous avez le moindre soupçon sur sa présence, signalez-le au Service de la protection des végétaux de votre région, qui vous indiquera ce que vous devez faire.

Ribes rubrum, Ribes uva-crispa et Ribes nigrum
Groseillier et cassissier

Plantation et multiplication

Tous les sols conviennent, avec une préférence pour les sols siliceux. Plantez, de novembre à mars, des touffes achetées en pépinière. On coupe, à l'automne, des rameaux d'un an, tronçonnés en morceaux de 20 à 25 cm qu'on enterre en ne laissant dépasser que deux ou trois yeux. Plantez-les par deux au printemps suivant ou un an plus tard, à un mètre les uns des autres.

Tailles de formation et d'entretien

On ne taille pas la première année. Seulement en mars de l'année suivante, en coupant les pousses de l'année précédente à deux ou trois yeux, pour obtenir au total une touffe de dix à douze branches. Par la suite, en mars, on taille à leur base les branches âgées de quatre ans, peu productives, afin que la touffe reste bien aérée et n'ait pas plus de douze branches.

Maladies et parasites

Les pucerons crispent les feuilles et compromettent la croissance de la plante. Traitez dès avril, ou dès les premiers symptômes, avec un insecticide systémique à base de diméthoate ou de pyréthrine + *Bacillus thuringiensis*.

Rubus idaeus
Framboisier

Plantation et multiplication

S'accommodant de tous les sols, même un peu calcaires, le framboisier donne davantage si le sol est riche et frais. Il se multiplie, de novembre à mars, par séparation des drageons (des pousses de l'année). On les plante à 50 cm les uns des autres et on les coupe à 25-30 cm au-dessus du sol.

Tailles de formation et d'entretien

Les tiges souples sont palissées sur une armature en fil de fer. A partir de la deuxième année, on taille de façon à ne conserver qu'une dizaine de branches maximum par touffe. Chez les variétés non remontantes, une tige poussée dans l'année fructifie entre juin et août de sa deuxième année. Taillez en novembre les pousses ayant fructifié et qui sont desséchées, ainsi que les jeunes pousses faiblardes. Chez les variétés remontantes, une tige poussée au printemps porte des fruits à son sommet en septembre, puis en reproduit en bas de tige en juin-juillet de l'année suivante. En novembre, coupez à la base les branches faiblardes ou desséchées, et à mi-hauteur les tiges de l'année qui ont fructifié en septembre.

Maladies et parasites

Peu de problèmes à part le dépérissement dû à des virus. On ne peut indéfiniment multiplier soi-même ses framboisiers. Tous les dix-quinze ans, il faut renouveler sa plantation en rachetant des plants sains et en les plantant à un endroit différent des premiers.

Vitis vinifera
Vigne

Plantation et multiplication

Tous les sols, même calcaires et cailloux, conviennent du moment que l'eau n'y stagne pas. La plantation a lieu fin mars ou courant avril, parfois en octobre. Toutes les variétés sont greffées sur vigne américaine, car elle résiste au phylloxéra. Dans les jardins, on peut avoir des pieds francs, issus de bouturage ou de marcottage (donc non greffés), mais il faut les faire tremper avant la plantation dans une solution désinfectante. Une vigne peut couvrir facilement un mur entier ou une pergola.

Tailles de formation et d'entretien

Il est possible de créer une charpente en trois ou quatre ans avec des rameaux forts qu'on laisse grossir et que l'on dirige verticalement ou horizontalement le long du palissage. Sur ces grosses branches poussent des rameaux secondaires, porteurs de fruits. Début mars, taillez tous ces rameaux en leur laissant deux à six yeux. Taillez-les d'autant plus longs que la vigne est vigoureuse. En juin, coupez-les à deux feuilles au-dessus de la dernière grappe.

Maladies et parasites

Le phylloxéra est un puceron américain qui pique les racines et fait mourir les vignes. Le greffage sur vigne américaine est la seule parade efficace. Le mildiou attaque les feuilles. Il est combattu à l'aide de la bouillie bordelaise ou de fongicides à base de mancozèbe, dichlofluanide ou propinèbe. Enfin, le botrytis est un champignon responsable du dessèchement des grappes. On le neutralise avec des produits contenant du bénomyl ou du soufre.

La pergola

La pergola est assurément l'un des éléments les plus décoratifs du jardin, mais il faut qu'elle soit en harmonie avec le style de celui-ci.

Allée, terrasse ou clôture

Avant même de décider l'installation d'une pergola et de choisir les matériaux dont elle sera faite, commencez par définir ce que vous désirez : une allée sous abri pour aller d'un point à un autre, une "pergola-terrasse" constituant une pièce à vivre, ou bien une "pergola-clôture" délimitant le fond du jardin ou le divisant en deux et servant de support à des plantes grimpantes ou palissées à fleurs (rosiers, glycine) ou à fruits (kiwis, figuiers, vigne).

Une implantation solide

Une pergola offrant une certaine résistance au vent, ne perdez pas de vue qu'il est nécessaire d'enterrer profondément ses montants dans le sol, d'au moins 50 cm. Une stabilité encore plus grande sera obtenue, si vous reliez les arceaux entre eux par des barres transversales, procédé offrant l'avantage supplémentaire de donner plus de surface couvrante aux plantes.

Bois, métal, brique ou pierre

Le matériau le plus utilisé est le bois, sous forme de poutres ou de treillages. Il existe également des arceaux en métal qui sont faciles à installer et qui supportent bien la plantation des rosiers. Des poteaux en bois — traités au xylophène — conviennent aux scènes rustiques et peuvent atteindre une hauteur maximale de 2,50 m, la distance entre chaque poteau ne devant pas dépasser 3,50 m.

Certaines pergolas ayant à supporter des plantes très envahissantes, comme les glycines par exemple, devront avoir leurs montants réalisés en maçonnerie (briques ou pierres) du type de celles qu'on peut voir dans de nombreux vieux jardins, aux Etats-Unis et en Grande-Bretagne. N'oubliez pas qu'avec les années le poids des plantes augmentant, la pergola devra tenir le coup. Il est donc très important de prévoir un matériau de qualité, solidement implanté.

Une pergola-tonnelle est presque une **sculpture**. C'est aussi un jardin **d'ombre** pour les jeunes enfants qui **l'utiliseront** pour leurs virées à **bicyclette** sans avoir à monter sur les **plates-bandes** ou le gazon.

Des arceaux en treillage sont un élément décoratif idéal pour un petit jardin. Il suffit de trois éléments pour habiller un chemin de 7 m de long.

Des poteaux de bois peuvent créer cette pergola originale même sur une grande longueur. Pour que l'effet soit saisissant, n'envisagez pas une allée large de plus de 2,50 m.

Ces treillages, idéaux pour délimiter un jardin, constituent une pergola **d'une grande légèreté**, qui conviendrait à la plantation **de clématites** ou de rosiers **de faible envergure**.

La pergola classique, en poutres, nécessite un certain espace. Si vous avez le choix, il vaut mieux la placer à quelque distance de la maison : on la verra mieux et sa plantation pourra être appréciée grâce à l'effet de perspective.

Deux jardins de pierres : le "scree" et la rocaille

Le scree

Vous avez des gravats sur un terrain accidenté ? Un terrain rocheux et sec ? Ne vous lamentez pas pour autant. Vous pourrez, après avoir débarrassé le terrain de ses mauvaises herbes, aménager le jardin de pierres le plus intéressant qui soit : un "scree". Vous serez sans doute un précurseur dans votre région... mais qui a la chance d'avoir dans son jardin des gravats ou une terre pierreuse ?

Un jardin de pierres

Le scree (prononcez "scrille") pourrait être traduit par "moraine", avec la différence qu'en France il est très rare de voir une moraine plantée, alors que le scree est véritablement un jardin, installé de préférence sur un terrain mouvementé, mais pas montagneux pour autant. On y cultive surtout des plantes alpines et toute autre plantation nécessitant un excellent drainage.

Le sol est un mélange de gros sable de rivière, d'éclats de roche et de pierrailles qu'on peut d'ailleurs aménager artificiellement si le terrain n'est pas naturellement adapté. Mais il faut résister à la tentation d'en faire une "semi-rocaille".

Où l'installer ?

Le principe consiste à aménager une surface légèrement en pente et à l'incruster de roches d'apparence usée et de faible hauteur, voire même plates.

— Il faut l'installer en plein soleil, car il est prétexte à la plantation de végétaux qui n'aiment pas l'humidité et qui ont besoin d'un bon drainage. Un autre avantage du scree est son indifférence totale à la qualité de la terre puisque c'est un jardin "minéral". Les plantes de rocaille s'y plairont ainsi que de nombreuses méditerranéennes (si vous n'êtes pas dans une zone où le thermomètre descend en dessous de - 10 °C).

— L'aménagement d'un scree offre la possibilité de bien voir les plantes, individuellement, puisqu'elles ne se trouvent ni en massif ni en bordure, mais sont placées de manière irrégulière entre les pierres parmi lesquelles on peut circuler.

La plantation

— La plantation se fait dans des poches constituées de 1/3 de tourbe, 1/3 de terreau de feuilles ou de terre de jardin et 1/3 de sable. Après sa mise en terre, chaque plante reçoit une couverture de 5 à 10 cm de gravillons et de sable grossier. Les végétaux sont installés, de préférence, au printemps, pour qu'ils puissent bien s'établir avant l'hiver.

— Il est intéressant de planter des conifères nains dans cet espace minéral, pour donner de la stabilité à l'ensemble du tableau et l'impression que le scree est vivant, quelle que soit la saison.

Choix de plantes pour le scree

— Parmi les conifères nains : *Chamaecyparis minima* 'Glauca' au feuillage grisâtre, *C. obtusa* 'Nana', dont le beau feuillage vert semble être plissé. Et toute une série de genévriers convenant admirablement à ce genre de plantation.

— Les bruyères, plantées par groupes de cinq-sept pieds.

— Le houx : n'importe quelle variété.

— *Lonicera pileata*, une jolie petite plante étalée.

— Des cistes, isolés ou plantés par groupe de trois, en préférant les espèces *Cistus laurifolius* et *Cistus corbariensis* qui sont les plus rustiques et dont la floraison est ravissante.

— Les potentilles s'y plairont aussi.

— Tous les petits bulbes printaniers et *Iris pumila* apprécieront cette terre bien drainée.

— Parmi les plantes vivaces rampantes, votre choix se portera sur l'alysse saxatile, *Phlox subulata* et, pour leur floraison à partir de juin, *Campanula muralis*, la céraiste, *Aster alpinus* et le sédum acre.

— Pour le plein été, la campanule des Carpathes, l'hélianthème, les potentilles.

— Pour l'automne, les sédums, les asters nains, le plumbago.

La rocaille

Une rocaille a deux raisons d'être : elle est décorative et utilitaire. Ce qu'une rocaille ne devrait pas être, et ce qu'elle est trop souvent : un tas de pierres entassées pêle-mêle parce que l'on ne savait pas comment s'en débarrasser.

Ses fonctions

La rocaille a pour fonction "d'imiter" un terrain montagneux. Les pierres qui la composent devront donc s'harmoniser avec la roche locale s'il y en a une. On ne peut pas la "planter" au milieu d'un terrain tout plat, simplement parce que l'on a envie de cultiver des plantes alpines. Elle devra donc être bien intégrée dans le site du jardin.
— Elle est parfois une bonne solution à un problème de terrain : une pente un peu forte ou une surface accidentée. Mais si votre terrain est vraiment plat, il faudra, en conséquence, lui donner un aspect légèrement pentu pour que l'implantation des rochers et des pierres ne confère pas à l'ensemble un caractère artificiel.

L'installation

Pour donner à votre rocaille ce caractère montagneux indispensable, choisissez de gros rochers de forme arrondie, d'aspect crevassé, fissuré, exactement tels qu'ils se présentent dans la nature. Ce sont les plus gros de ces rocs qui constitueront la base de votre rocaille, les plus verticaux étant disposés vers le sommet. Pour former une base, vous pouvez également utiliser des pierres, ou dalles de ciment cassées, plates, posées les unes sur les autres en sandwich. Et c'est entre ces pierres que vous installerez vos plantes.
— La base doit être large d'environ cinq fois la hauteur totale de la rocaille pour donner une impression de naturel. Une fois vos pierres posées, couvrez la rocaille d'un mélange composé de 1/3 de tourbe, 1/3 de terre de jardin et 1/3 de gravier grossier. Ce substrat de plantation a pour but d'enterrer une partie des rochers, afin que ceux-ci aient l'air de sortir naturellement de terre. Vous pouvez également ajouter quelques pierres plates qui serviront de pas japonais. Celui-ci vous permettra de circuler aisément dans votre jardin de pierres pour l'entretenir.
— Si vous ne pouvez vous procurer que peu de gros rochers, au lieu de les éparpiller ou de réduire la surface de la rocaille, placez-les par groupes de deux, trois ou cinq, séparés par de grands espaces vides alternant avec des dalles cassées plates sur lesquelles seront disposées les plantes qui conviennent : arbustes étalés, plantes couvre-sol, petits conifères.

Les meilleures plantes de rocaille

— Certains arbustes seront parfaitement à leur place parmi les plantes alpines de la rocaille, notamment les petits conifères comme *Abies balsamea*, par exemple, un joli sapin nain, pas plus haut que 35 cm, d'un vert bleuté avec un port étalé, ou des genévriers, par exemple *Juniperus communis* 'Compressa' (40 cm), à la silhouette élancée. Un ou deux sujets de cette forme suffiront. Pensez aussi aux pins de montagne, tout à fait à leur aise parmi les rochers, comme *Pinus mugo* 'Pumila' ne dépassant pas 1 m et aux thuyas, par exemple *Thuya canadensis* 'Nana', aux pousses retombantes, qui sera bien décoratif. Parmi les arbres à feuillage caduc, je ne vois rien de plus beau qu'*Acer palmatum* 'Dissectum atropurpureum', un petit érable du Japon à feuillage pourpre finement découpé.
— Et si vous avez de la terre acide, profitez-en pour installer quelques rhododendrons.

Les erreurs à éviter

— Appuyer la rocaille contre un mur.
— Contre des arbres.
— Utiliser plusieurs sortes et couleurs de pierres ou de roches.
— Planter dans la rocaille des petites fleurs annuelles.
   Ne commettez pas ces erreurs, elles ne feraient qu'accentuer le côté artificiel de ce faux jardin de montagne.

Une rocaille sous un arbre

Sans prétendre avoir le charme d'une rocaille traditionnelle, la plantation de végétaux entre des pierres est une bonne méthode pour garnir un coin déshérité, par exemple un gazon pelé sous un arbre. Rien ne pousse à cet endroit, car les racines dudit arbre absorbent toute l'eau. Vous pouvez, alors, prévoir une surélévation du terrain en créant, de toutes pièces, une fausse rocaille. Voici comment procéder.
— Bêchez le gazon, en retirant tous les cailloux et toutes les mauvaises herbes. Arrosez bien et étendez une couche de 5 cm de sable.
— Etendez sur toute la surface bêchée, un film de paillage, en ayant soin de bien rentrer les bords fixés au sol par des crochets.
— Faites des croix dans la feuille de plastique aux endroits où vous désirez installez vos végétaux (choisissez des plantes vivaces à enracinement superficiel) et plantez-les.
— Après la plantation, cachez le plastique avec de l'écorce ou des gravillons et posez les rochers entre les plantations.

Fabriquez vous-même de faux rochers

Si vous ne trouvez pas de pierres dans votre région, ou si elles sont trop lourdes à transporter,

voici une méthode pour en fabriquer vous-même :
— Mélangez 1 part de ciment, 2 parts de sables, 2 parts de tourbe avec de l'eau pour obtenir une pâte épaisse.
— Versez ce mélange dans une boîte en carton et laissez sécher.
— Une fois la pâte durcie, retirez le carton et cassez les coins de cette fausse pierre pour lui donner un aspect un peu plus naturel.

A noter.
Rassemblez toutes les pierres près du site rocaille, ce qui vous facilitera la tâche pour choisir au mieux chaque pierre selon son meilleur emplacement.

Les pièces d'eau

Le jardin prend une autre vie avec l'eau, qu'elle soit jaillissante et chantante ou qu'elle serpente calmement à travers une végétation, paisible et miroitante, reflétant les plantations des berges.

Cherchez bien : vous trouverez des prétextes pour introduire l'eau dans votre jardin, d'autant qu'avec les techniques d'aujourd'hui cette installation se trouve bien facilitée et peu onéreuse.

Un simple point d'eau libre, si petit soit-il, crée vie et relief. C'est un lieu de promenade et l'occasion d'accueillir des végétaux particuliers.

Bassins naturels et artificiels

Les plans d'eau sont de deux types

— Ils peuvent être "naturels", ou voulant le paraître, comme une mare ou un étang ;
— ou sont artificiels et présentent une architecture accusée, se manifestant parfois sous la forme d'une vasque ou d'une fontaine et accueillant à l'occasion un jet d'eau alimenté par une pompe. En "dur", on les achète tout faits ou on les fait construire par un maçon spécialisé.

Il est rare de trouver une pièce d'eau naturelle dans son jardin. Parfois, l'eau est bien là, mais sous le sol, à une faible profondeur, et, dans ce cas, il suffit de creuser pour la faire jaillir et installer son bassin. Sinon, il faut le créer de toutes pièces.

Les problèmes de l'emplacement

Quel que soit votre choix, réfléchissez bien à l'emplacement de votre pièce d'eau. Eloignez-la des arbres pour éviter qu'elle ne soit envahie et polluée par les feuilles. Placez-la, si possible, au point le plus bas du jardin, ou du moins à mi-pente. En aucun cas, un bassin n'aura l'air naturel si vous l'installez au sommet d'une butte ou d'un monticule.

— S'il ne faut pas voir trop grand, ne donnez pas non plus dans le minuscule : l'aspect naturel serait perdu. Vous n'avez pas de place ? Optez alors pour un bassin minéral (on pense au jardin japonais). Une simple vasque, en accord avec le style de votre maison, sera également joli. Une pièce d'eau trop petite est souvent d'un entretien difficile, car elle se salit vite.

Le choix du matériau

Vous avez le choix entre divers matériaux pour établir votre bassin de forme libre.
— Le béton reste toujours utilisable, bien entendu, mais sa mise en œuvre est longue et coûteuse, d'autant qu'il faut en prévoir une bonne épaisseur pour résister tant à la pression de l'eau qu'aux différences de température et au gel.
— Les films en plastique souple sont d'un emploi beaucoup plus simple, car ils se modèlent à la demande. Si le polyéthylène est le moins coûteux, il est également le plus fragile. Le PVC, plus robuste, ne peut excéder dix ans de vie. Le butyl, en revanche, durera sans dommage de quarante à cinquante ans. Il en existe diverses épaisseurs, plus ou moins résistantes, évidemment. Prévoyez-le d'autant plus épais que la surface est grande.
— Enfin, reste la solution des bassins préfabriqués, en fibre de verre (très robuste) ou en résine de synthèse.

La création du bassin

— Dessinez votre emplacement à l'aide de piquets et de cordeaux.
— Creusez. Vous réserverez, tout le long du bord, une margelle de 30 cm de profondeur, tant pour accueillir les plantes de berge que pour des raisons de sécurité. Le centre aura au minimum 1 m de profondeur pour accueillir les végétaux, par exemple des nymphéas.
— Garnissez le fond d'une couche de sable, de feutre horticole ou d'une épaisseur de laine de roche, pour éviter le percement du film étanche et absorber les pressions.
— Posez le film. Sa dimension maximale doit correspondre à la grande longueur du bassin plus deux fois sa profondeur totale.
— Prévoyez une marge pour sceller les bords.

La mise en eau

— Emplissez d'eau, lentement, après avoir lesté légèrement le pourtour, pour obtenir une mise en place régulière. Une fois le bassin empli, masquez les bords à l'aide de pierres, de briques ou de terre rapportée.

— Vous pouvez disposer une couche de terre dans le fond du bassin, sur le film de plastique. Ce fond de terre accueillera les plantes immergées et masquera la vilaine couleur noire du plastique.

— Les bassins rigides sont incrustés directement dans la terre, au fond d'une excavation, épousant exactement leur forme. Leur couleur (blanc, noir ou bleu "fluo") n'étant pas très naturelle, peignez-les en vert foncé ou en bleu nuit, pour les rendre plus discrets.

— Divers systèmes de pompes immergées sont installables à tout moment, pour oxygéner l'eau et la clarifier.

Plantes et animaux aquatiques

— Des poissons seront les bienvenus, mais, si vous plantez, n'amenez ces pensionnaires qu'au bout d'un mois. Ils élimineront nombre d'algues excédentaires et les larves des moustiques, entre autres.

— Les plantes de berge seront installées directement sur le fond, à faible profondeur, dans 30 cm de terre environ. On les contrôle aisément. En revanche, prenez garde aux nymphéas, très envahissants.

— Si vous ne disposez pas d'une grande pièce d'eau, installez donc ceux-ci dans des paniers en plastique, noirs de préférence, garnis de bonne terre.

Creusez soigneusement en ménageant plusieurs niveaux et égalisez le fond.

Étendez une couche protectrice de sable fin, de laine de roche ou, comme ici, de feutre horticole.

Disposez grossièrement le film étanche avant d'emplir le bassin d'eau. Laissez reposer un ou deux jours avant de couper et lester les lisières.

Pour une pièce d'eau pas trop petite, vous pouvez également épandre une couche de bonne terre sur le fond.

Pour un bassin rigide
Dessinez et creusez sa forme dans le sol, avant de le mettre en place.

Vérifiez ensuite l'horizontalité du bord à l'aide d'une planche **bien** droite et d'un niveau à bulle.

Les plantes de berge
Pour intégrer complètement votre pièce d'eau au jardin, ourlez-la de plantes amateurs d'humidité, dites plantes "de berge". Une plage de rocs ou de gros galets achèvera de lui donner un air naturel.

Les plantes immergées
Les plantes immergées, dont les nymphéas sont le modèle, demandent une bonne profondeur d'eau (60 cm en moyenne). Elles prendront donc place au plus creux du bassin. Pour les manipuler aisément et limiter leur extension tout en les nourrissant bien, installez-les dans des paniers en plastique, à claire-voie, lestés de galets.

Les topiaires

Aucun style de jardinage n'a connu à travers les siècles autant d'engouement ni autant de disgrâce.

Pour réussir une pyramide, commencez par confectionner une "cage" à croisillons qui sera posée sur l'arbuste que vous désirez former. Au fur et à mesure que le feuillage passe au travers des croisillons, coupez-le. Cette cage ne sera enlevée que lorsque l'arbuste sera formé et taillé.

Tantôt porté aux nues, tantôt décrié, après des excès de fort mauvais goût, cet art de sculpter les plantes vivantes a connu des apothéoses partout dans le monde et à toutes les époques, que ce soit dans la Rome et la Grèce antiques, ou dans l'Angleterre des XVIIe et XVIIIe siècles. Les jardins, alors, étaient véritablement encombrés de monstres et d'objets hétéroclites taillés dans l'if et le buis, jusqu'à ce qu'un sursaut de révolte les fasse bannir sans discrimination.

Cependant, la tradition des arbustes taillés continua à être pratiquée en Hollande où les horticulteurs anglais durent aller les chercher quand, au XXe siècle, le vent tourna à nouveau en leur faveur.

Mais cette fois, la mode incita à moins de folies, sans doute parce qu'il n'y avait plus de "topiairistes" pour pratiquer une taille trop élaborée.

— Aujourd'hui, l'art topiaire fait un timide retour, avec des formes plus géométriques, faciles à tailler, faciles à placer dans les jardins : des boules, des pyramides, des cônes, des cubes, des spirales.

Les végétaux vedettes

— Divers végétaux peuvent se prêter à l'art topiaire, comme l'if et le buis qui viennent en tête du hit-parade, suivis par d'autres arbustes tout aussi faciles à sculpter, le thuya, par exemple, surtout à partir d'une haie, mais qui nécessite, pour garder une forme compacte, un minimum de deux tailles par an.

— Le troène a été beaucoup utilisé jadis, bien qu'il doive être taillé plusieurs fois pendant l'été et qu'il perde ses feuilles en hiver. Son principal avantage est de pousser vite.

— Le laurier peut être taillé en topiaire, en région méditerranéenne. On opérera au sécateur, deux fois pendant l'été.

— Le feuillage du houx se prête aussi fort bien à cette sculpture vivante.

— De même que le feuillage persistant de *Euonymus japonica*, bien adapté au climat marin, et supportant bien la pollution urbaine.

— Le feuillage argenté, persistant, d'*Eleagnus ebbengei* serait, lui aussi, un excellent matériau. Dommage qu'il soit trop rarement utilisé dans ce but, car il a l'avantage de pousser vite et de donner une note claire dans la verdure d'un jardin.

— Mentionnons encore les azalées japonaises à petites feuilles qui pourraient, elles aussi, devenir de très jolies sculptures végétales, car, contrairement à ce que l'on imagine, cette taille n'empêche nullement la floraison.

La taille "en nuage"

Il s'agit d'une technique orientale dont le but est de mettre en valeur "l'ossature", c'est-à-dire le tronc et les branches nues de l'arbre, en ne conservant que des bouquets de verdure aux extrémités des branches. Le sujet à tailler doit être choisi en fonction de la forme et de la beauté de ses branches maîtresses. C'est le genévrier qui se prête le mieux à cette technique.

Pour réussir une spirale, commencez par choisir un sujet qui possède un tronc central bien droit. Tracez une spirale autour de votre arbuste à l'aide d'une ficelle.

Faites une entaille avec le sécateur ou une paire de ciseaux tout le long de la ficelle. Une fois la ficelle retirée, l'entaille peut être approfondie jusqu'au tronc ou presque.

Ce qu'il faut savoir

Le jardin est souvent une cause de brouilles plus ou moins profondes avec les voisins qui n'entendent être dérangés ni par le bruit continuel de votre tondeuse, ni par les fumées suffocantes de vos feux de bois, ni par l'ombre portée des arbres de votre propriété sur leur propre jardin.

A vous de bien connaître vos droits et vos devoirs.
Ceux des voisins aussi, bien sûr.

— Vous pouvez planter sur votre terrain autant d'arbres et de haies que vous voulez, quelle que soit leur hauteur. Peu importe que ces arbres privent les voisins de la vue ou de l'ensoleillement. C'est une contrainte de voisinage que les autres propriétaires doivent supporter, tout comme une construction nouvelle. Toutefois, il y a des distances et des hauteurs à respecter, en limite de propriété.

— Tout arbre dépassant 2 m de haut doit être planté à 2 m au moins de la limite séparative de deux propriétés.

— Tout arbre ne dépassant pas 2 m de haut doit être planté à 0,50 m au moins de la limite séparative.

— Tout arbre planté à plus de 2 m de la limite séparative peut se développer en hauteur sans limite, même si cela gêne le voisin. Les mêmes calculs existent pour les haies.

— Vous pouvez couper les racines des arbres voisins qui pénètrent dans votre terrain, en les sectionnant à la limite séparative. Mais il vaut mieux, par courtoisie, avertir le voisin.

— Si le vent porte vers votre terrain les feuilles des plantations voisines, vous devez les supporter, car il s'agit là d'un inconvénient normal de voisinage. Mais vous pourriez agir contre votre voisin si les feuilles des arbres de ce dernier vous occasionnaient un trouble excessif, par exemple en s'accumulant dans la gouttière ou sur le toit de votre maison.

— Si les arbres de votre voisin ont des branches qui dépassent la limite séparative et surplombent votre terrain, vous pouvez exiger de lui qu'il coupe ces branches afin qu'elles ne dépassent pas cette limite, mais vous ne pouvez le faire vous-même, sauf s'il vous y autorise expressément et, de préférence, par écrit.

— Si les branches des arbres qui dépassent chez vous portent des fruits, vous n'avez pas le droit de cueillir ceux-ci, mais vous pouvez les ramasser lorsqu'ils sont tombés par terre chez vous : le voisin ne peut vous les réclamer.

— Vous n'avez pas le droit — même pour l'enjoliver — de palisser quoi que ce soit sur le mur du voisin, jouxtant le vôtre, sans son accord. Ne prenez donc pas le risque de voir le voisin vous obliger à arracher une vigne vierge que vous auriez laissé courir sur son mur pour en cacher la laideur.

— Vous ne pouvez pas non plus obliger votre voisin à la planter lui-même. Il faut accord (si possible écrit) entre vous et lui.

— Il n'y a pas de distance minimale à respecter pour les arbres plantés en espalier, c'est-à-dire adossés au mur ; mais alors la plantation ne doit pas dépasser la crête du mur. Si le mur est mitoyen, chaque propriétaire peut ainsi adosser ses plantations contre le mur. Mais si le mur est privatif, seul celui qui en est propriétaire peut y adosser des plantations.

— En ce qui concerne les végétaux poussant sur une clôture mitoyenne, chacun des propriétaires a le droit à la moitié des produits et des fruits de la haie. Il en va ainsi de même pour les fruits que donnent les branches qui dépassent.

— En cas de litige sur la distance exacte de plantation à respecter, par rapport à la limite séparative, le juge, c'est-à-dire le tribunal d'instance (représentation par avocat non indispensable), doit rechercher s'il n'y a pas un règlement ou un usage local. Dans ce cas, il s'agit essentiellement d'un arrêté municipal que peut prendre le maire dans sa commune. Pour savoir s'il existe un tel arrêté, il convient donc de s'informer auprès de la mairie, de préférence par lettre. Les usages locaux sont souvent codifiés par les chambres d'agriculture. Un exemplaire des usages codifiés est déposé et conservé au secrétariat des mairies pour être communiqué aux personnes qui le demandent.

— Sachez, en outre, que si votre jardin borde un chemin départemental ou communal vous ne pouvez planter une haie ou des arbres qu'à 0,50 m, au moins, en retrait de l'alignement.

L'influence du climat

Pour la plupart d'entre nous, l'idée de consulter une carte de zones climatiques, avant de choisir des plantes pour le jardin, est purement utopique.

Et pourtant, aux Etats-Unis, les "cartes de zones" sont une pratique courante. Elles aident les jardiniers à déterminer les plantations qui conviennent à leur environnement. Il n'y a pas de délimitation nette entre les différentes zones, l'écart de température étant progressif. On sait que la température diminue régulièrement au fur et à mesure que l'on s'éloigne de l'équateur, d'environ 1 °C (2 °F) tous les 250 km.

Les mers ont aussi une influence climatique non négligeable que l'on peut observer dans les régions Ouest de la Grande-Bretagne et de la France, en raison de la présence du courant marin, le Gulf Stream, qui draine la chaleur vers les côtes. Le même phénomène se produit à l'ouest des Etats-Unis grâce au courant chaud amené par le Pacifique.

Il en est de même de l'altitude dont l'impact sur le climat est primordial. On observe, en effet, une baisse de température d'environ 0,5 °C (1 °F) pour 100 m d'élévation.

Les micro-climats

On entend parfois parler de "micro-climat" pour un jardin. Cela est dû soit à un emplacement, soit à une protection qui ne se trouve pas ailleurs dans le jardin.

On peut toutefois créer soi-même un vrai micro-climat, bénéfique pour certaines plantes, en installant, par exemple, une pente inclinée vers le sud qui offrira l'avantage d'un fleurissement précoce. On y plantera aussi des végétaux ayant un besoin maximal de chaleur.

Un creux dans le terrain peut, s'il est exposé au soleil, favoriser une plantation de végétaux de climat plus doux. En revanche, s'il est à l'ombre, les plantes y souffriront davantage du froid qu'ailleurs.

Quant aux arbres, ils filtrent le vent et créent également une sorte de micro-climat qui aide les plantes à bien s'adapter.

Enfin, pour créer très artificiellement des micro-climats, ayez recours aux cloches, aux tunnels en plastique et aux serres.

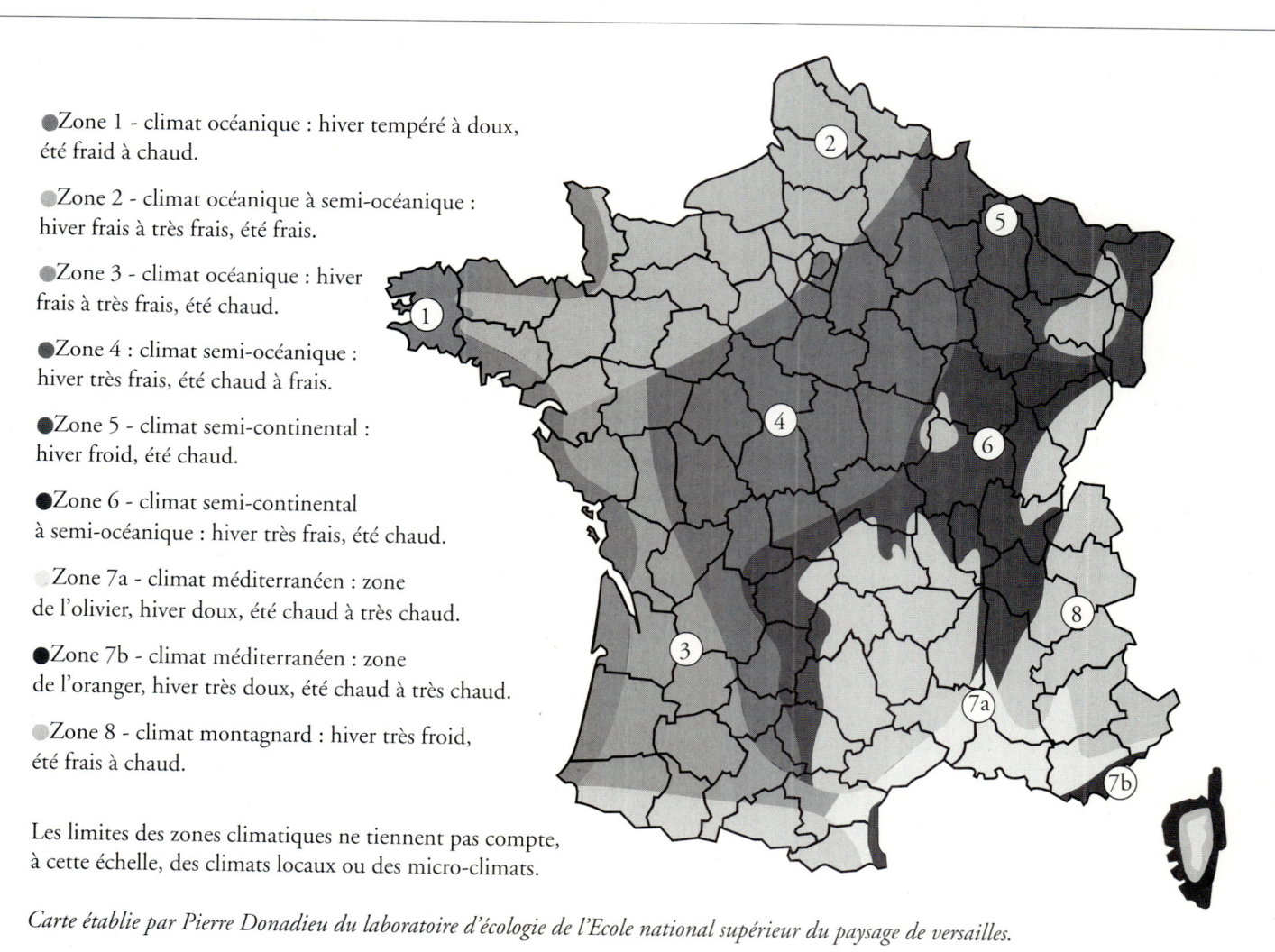

●Zone 1 - climat océanique : hiver tempéré à doux, été fraid à chaud.

●Zone 2 - climat océanique à semi-océanique : hiver frais à très frais, été frais.

●Zone 3 - climat océanique : hiver frais à très frais, été chaud.

●Zone 4 : climat semi-océanique : hiver très frais, été chaud à frais.

●Zone 5 - climat semi-continental : hiver froid, été chaud.

●Zone 6 - climat semi-continental à semi-océanique : hiver très frais, été chaud.

Zone 7a - climat méditerranéen : zone de l'olivier, hiver doux, été chaud à très chaud.

●Zone 7b - climat méditerranéen : zone de l'oranger, hiver très doux, été chaud à très chaud.

●Zone 8 - climat montagnard : hiver très froid, été frais à chaud.

Les limites des zones climatiques ne tiennent pas compte, à cette échelle, des climats locaux ou des micro-climats.

Carte établie par Pierre Donadieu du laboratoire d'écologie de l'Ecole national supérieur du paysage de versailles.

Les plantations selon les saisons

Il ne faut pas croire que les travaux à exécuter dans votre jardin devront se faire à des dates précises, bien au contraire. Ce sont surtout le temps et la température qui vous guideront. Comme vous le voyez, cela permet bien de la souplesse dans votre emploi du temps.

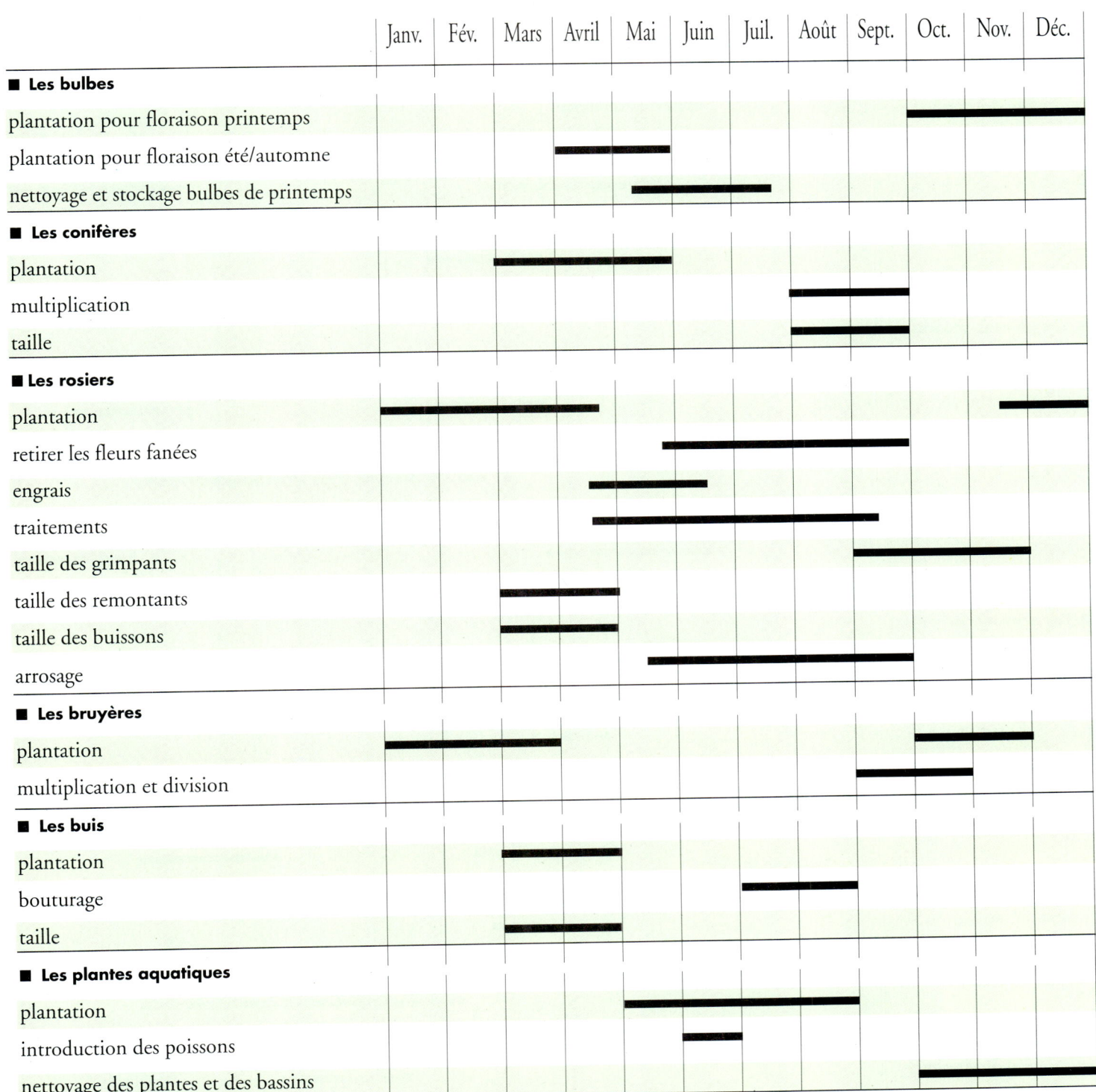

	Janv.	Fév.	Mars	Avril	Mai	Juin	Juil.	Août	Sept.	Oct.	Nov.	Déc.
■ Les bulbes												
plantation pour floraison printemps										███	███	███
plantation pour floraison été/automne				███	███							
nettoyage et stockage bulbes de printemps					███	███						
■ Les conifères												
plantation			███	███	███							
multiplication								███	███			
taille								███	███			
■ Les rosiers												
plantation	███	███	███	███							███	███
retirer les fleurs fanées						███	███	███	███			
engrais				███	███							
traitements				███	███	███	███					
taille des grimpants									███	███		
taille des remontants			███	███								
taille des buissons			███									
arrosage					███	███	███	███				
■ Les bruyères												
plantation	███	███	███							███	███	
multiplication et division									███	███		
■ Les buis												
plantation			███	███								
bouturage							███	███				
taille			███	███								
■ Les plantes aquatiques												
plantation					███	███	███	███				
introduction des poissons						███						
nettoyage des plantes et des bassins										███	███	███

	Janv.	Fév.	Mars	Avril	Mai	Juin	Juil.	Août	Sept.	Oct.	Nov.	Déc.
■ Les bambous												
plantation					X	X	X	X				
division									X	X	X	X
■ Les clématites												
plantation			X	X	X	X			X	X	X	X
multiplication									X	X		
taille de variétés grand développement		X										
nettoyage des variétés floraison été-automne	X	X	X									
■ Les haies												
plantation		X	X	X						X	X	X
arrosage					X	X	X	X	X	X		
taille				X	X	X						
engrais				X	X	X						
■ Les plantes vivaces annuelles												
plantation				X	X	X			X	X		
multiplication/division/bouturage				X	X	X				X	X	
semis				X	X	X						
arrosage					X	X	X	X	X			
■ Les arbres												
plantation	X	X	X								X	X
arrosage des jeunes arbres						X	X	X				
■ Les arbustes à fleurs												
plantation	X	X	X	X						X	X	X
taille pour arbuste à floraison printanière					X							
taille pour arbuste à floraison d'été			X									
■ Le gazon en plaques												
pose				X	X	X			X	X	X	
semis			X	X	X			X	X			
engrais sur gazon établi			X	X	X							
traitement anti-mousse				X								
aération/ratissage/sablage		X	X									
tonte					X	X	X	X	X	X		
arrosage					X	X	X	X	X	X		
traitements/désherbage						X	X					

	Janv.	Fév.	Mars	Avril	Mai	Juin	Juil.	Août	Sept.	Oct.	Nov.	Déc.
■ Les glycines												
plantation			■	■								
taille								■	■			
multiplication/marcottage								■	■			
■ Les dahlias												
plantation/repiquage					■	■						
division des souches				■	■							
engrais						■						
sortir de terre pour hiverner										■	■	
■ Les fleurs annuelles												
préparation du terrain										■	■	■
semer en pépinière		■	■	■								
semer en place					■							
■ Les iris												
plantation							■	■	■			
division							■	■				
■ Les plantes vivaces												
semis sous chassis				■	■	■						
multiplication/bouturages sous chassis								■	■			
marcottage								■	■			
■ Lis												
plantation								■	■			
division								■	■			
traitements				■	■							
■ Rhododendrons												
plantation		■	■							■	■	■
marcottage								■	■			
■ Herbes aromatiques												
plantation		■	■	■								
récoltes						■	■	■				
■ Pelargonium (géranium)												
boutures							■	■				
rempoter		■	■									
planter dehors					■	■						
paillis sur les bordures et massifs			■	■						■	■	

Votre jardin, situé à l'ombre, offre une terre glaise...
Vous souhaitez une floraison estivale bleue et jaune,
des feuillages chatoyants en automne ou
des plantes sans histoire pour habiller vos talus...
bien que vous ne disposiez que de peu de temps pour jardiner.

Vous aimez les cyclamens et les roses, les glycines et
les clématites, mais vous ignorez si elles s'épanouiront avec
succès dans l'habitat que vous leur offrez.

Vous hésitez entre un fraisier qui ne supporte pas les gelées
printanières et un cerisier qui redoute la chaleur estivale...

Fleurs, arbres, arbustes, qu'ils soient grimpants, fruitiers ou
rosiers..., pour chacune des espèces botaniques recensées
dans cette encyclopédie, vous allez maintenant trouver dans
les tableaux qui suivent des indications précises et très
facilement accessibles sur le sol, l'ensoleillement, le type et
la couleur des feuillages et des fleurs, les périodes de floraison,
l'intérêt décoratif, les utilisations particulières ou
les problèmes qu'elles peuvent poser, sans oublier leur climat
de prédilection.

Les clefs du jardin d'Eden...

IV

LES CLEFS
DE
LA RÉUSSITE

	humifère	sablonneux et sec	calcaire	frais ou humide	lourd	chaude	ombragée, mi-ombre	lumineuse	bord de mer	méditerranéenne	argenté ou grisâtre	doré	panaché	pourpre	caduc	persistant	blanches et vertes	bleues ou violettes	jaunes et orange	roses
Acaena adscendens		■				■		■	■	■					■		■			
Acaena buchananii		■				■		■	■	■	■				■		■			
Acaena microphylla		■				■		■	■						■		■			
Acaena novae-zelandiae		■				■		■	■						■		■			
Acanthus mollis			■			■	■	■								■	■			
Acanthus spinosus			■			■	■	■								■	■			
Achillea aurea		■	■			■		■								■			■	
Achillea filipendulina		■	■			■		■								■			■	
Achillea millefolium		■	■			■		■								■				■
Achillea millefolium-hybride		■				■		■								■			■	■
Achillea ptarmica			■	■	■											■	■			
Acidanthera		■						■		■							■			
Aconitum arendsii	■			■			■											■		
Aconitum napellus	■			■			■											■		
Aconitum septentrionale	■						■									■	■			
Aconitum wilsonii	■			■												■		■		
Actaea pachypoda	■			■												■	■			
Actaea rubra	■																■			
Adiantum pedatum	■					■		■							■					
Adonis amurensis	■	■				■		■											■	
Adonis vernalis		■				■		■											■	
Aethionema		■	■					■	■	■				■		■				■
Agapanthus		■				■		■	■	■						■		■		
Agapanthus campanulatus		■				■		■	■	■							■	■		
Agapanthus umbellatus		■				■		■	■	■							■	■		
Agave americana				■		■		■		■					■				■	
Ageratum houstonianum								■		■							■	■		■
Ajuga reptans	■			■	■		■	■					■	■		■	■	■		■
Alchemilla alpina						■	■									■				
Alchemilla erythropoda				■												■			■	
Alchemilla mollis				■	■	■													■	
Allium caeruleum		■								■								■		
Allium cirrhosum		■								■										■
Allium christophii		■	■					■		■	■					■				
Allium cowanii		■								■						■				
Allium flavum			■	■	■			■											■	
Allium giganteum		■	■					■						■				■		
Allium karataviense			■					■								■				
Allium molly		■	■					■											■	
Allium oreophilum		■	■					■												■
Allium schoenoprasum			■					■												■
Allium schubertii			■					■												■
Allium sphaerocephalon		■				■				■						■				
Allium ursinum			■				■									■	■			
Alstroemeria aurantiaca		■						■		■									■	
Alstroemeria ligtu		■						■		■									■	■
Althaea ficifolia																			■	■
Althaea rosea		■	■	■				■								■	■		■	■
Alyssum montanum		■	■			■		■		■								■	■	■
Alyssum murale		■	■			■		■		■				■				■	■	
Alyssum saxatile			■			■		■	■	■								■	■	■

Tableau de classification des plantes (caractéristiques : FLEURS, ANNUELLES, FLORAISON, UTILISATION, PROBLEMES).

Plante	FLEURS : rouges ou pourpres	FLEURS : parfumées ou aromatiques	ANNUELLES : à semer en place	ANNUELLES : à semer et à repiquer	ANNUELLES : qui peuvent se ressemer seules	ANNUELLES : longue floraison	FLORAISON : nov.-déc.-janvier	FLORAISON : février-mars-avril	FLORAISON : mai-juin	FLORAISON : juillet-août	FLORAISON : sept.-octobre	FLORAISON : fructification décorative	UTILISATION : couvre-sol	UTILISATION : murets, talus et rocailles	UTILISATION : vivaces-massifs	UTILISATION : annuelles	UTILISATION : bisannuelles	UTILISATION : bordures et massifs	UTILISATION : sous-bois	UTILISATION : qui aiment l'eau	PROBLEMES : limaces	PROBLEMES : allergies-toxiques	PROBLEMES : épineux	PROBLEMES : zones sensibles au gel
Acaéna									■			■	■											
Acaéna de Buchanan									■		■	■	■											
Acaéna									■		■	■	■											
Acaéna									■		■	■	■											
Acanthe sans épine															■									
Acanthe épineuse															■								■	
Achillée								■					■											
Achillée								■	■	■				■										
Millefeuille, herbe de St-Jean	■							■	■	■				■										
Achillée	■							■	■	■				■										
Achillée sternutatoire								■	■	■				■										
Glaïeul d'Abyssinie		■							■															■
Aconit									■						■						■	■		
Aconit napel															■						■	■		
Aconit										■					■						■	■		
Aconit									■						■							■		
Aconit								■							■				■			■		
Actaéa										■	■								■			■		
Fougère																			■	■				■
Adonide								■					■									■		
Adonide								■					■									■		
Aethionéma			■									■	■											
Agapanthe									■			■												
Agapanthe, tubéreuse bleue					■				■			■												■
Agapanthe					■				■															■
Agave d'Amérique									■															■
Agératum						■			■	■														
Bugle rampante								■				■	■											
Alchémille des Alpes					■			■																
Alchémille					■			■				■	■											
Alchémille					■			■				■	■											
Ail décoratif		■				■			■				■											
Ail décoratif	■	■				■			■				■											
Ail décoratif	■	■		■		■							■											
Ail de Naples						■			■				■											
Ail décoratif													■	■										
Ail décoratif		■				■			■				■											
Ail doré		■				■			■				■											
Ail décoratif		■				■			■				■											
Ciboulette, civette		■				■			■															
Ail		■				■			■															
Ail décoratif	■								■						■									
Ail des ours								■							■				■					
Lis des Incas						■			■												■			
Alstroemère						■			■												■			
Althaea	■				■			■	■		■				■									
Rose trémière	■				■	■			■														■	
Alysse					■			■	■				■											
Alysse					■			■	■				■											
Alysse, corbeille-d'or	■	■							■			■	■											

	SOL					EXPOSITION					FEUILLAGE									
	humifère	sablonneux et sec	calcaire	frais ou humide	lourd	chaude	ombragée, mi-ombre	lumineuse	bord de mer	méditerranéenne	argenté ou grisâtre	doré	panaché	pourpre	caduc	persistant	blanches et vertes	bleues ou violettes	jaunes et orange	roses
Amaranthus caudatus						■		■	■	■			■			■	■		■	
Amaryllis belladonna		■				■		■	■								■		■	■
Anacyclus depressus		■	■				■	■	■		■						■			
Anagallis linifolia		■	■				■	■	■											
Anaphalis margaritacea		■				■		■	■		■					■	■			
Anaphalis triplinervis		■						■									■	■		
Anchusa azurea								■	■	■										
Androsace carnea			■								■									■
Androsace sarmentosa			■								■									■
Anemone blanda	■							■									■	■		■
Anemone coronaria	■						■	■	■								■	■		■
Anemone hupehensis				■	■		■	■									■	■		■
Anemone x hybrida			■				■	■								■	■			■
Anemone nemorosa	■						■	■									■	■		
Angelica archangelica	■						■	■									■			
Antennaria dioica		■	■			■		■	■		■						■		■	
Antennaria dioica var. borealis		■	■					■	■	■	■			■			■			
Antennaria parvifolia		■	■					■	■	■	■			■			■			
Anthemis cupaniana		■				■		■	■		■						■		■	
Anthemis nobilis		■				■		■		■				■			■		■	
Anthemis tinctoria		■				■		■									■		■	
Anthemis tinctoria-hybride		■				■		■								■			■	
Antirrhinum majus		■		■		■		■						■					■	■
Aponogeton distachyus				■				■		■							■			
Aquilegia flabellata			■	■			■	■									■	■		■
Aquilegia hybride			■				■									■	■	■		■
Aquilegia vulgaris			■	■			■	■									■	■		■
Arabis albida			■			■		■	■	■	■									■
Arabis procurrens								■								■	■			
Arctotis grandis		■	■			■		■	■									■	■	
Arctotis hybride		■				■		■	■	■				■		■			■	
Arenaria balearica		■				■	■							■			■			
Arenaria montana		■						■								■	■			
Argemone mexicana		■	■					■	■		■								■	
Arisaema candidissimum	■						■	■		■							■	■		■
Arisaema sikokianum	■			■		■				■		■					■			
Armeria maritima		■	■			■		■	■	■	■			■			■		■	
Artemisia abrotanum		■				■		■	■		■			■					■	
Artemisia absinthium		■				■		■	■		■								■	
Artemisia canescens		■	■			■		■	■		■					■				
Artemisia dracunculus		■				■		■	■	■							■			
Artemisia lactiflora	■			■	■	■										■	■			
Artemisia ludoviciana		■				■		■	■	■	■						■			
Artemisia pontica		■	■			■		■	■	■						■			■	
Artemisia schmidtiana		■				■		■	■		■						■			
Artemisia stelleriana		■	■			■		■	■		■				■	■	■			
Arum italicum				■	■	■	■					■					■			
Aruncus aethusifolius	■			■	■		■									■	■			
Aruncus dioicus	■			■	■		■										■			
Asarum canadense	■						■													
Asclepias cornutii				■	■			■	■	■									■	■

Plante	rouges ou pourpres	parfumées	ou aromatiques	à semer en place	à semer et à repiquer	qui peuvent se ressemer seules	longue floraison	nov.-déc.-janvier	février-mars-avril	mai-juin	juillet-août	sept.-octobre	fructification décorative	couvre-sol	murets, talus et rocailles	vivaces-massifs	annuelles	bisannuelles	bordures et massifs	sous-bois	qui aiment l'eau	limaces	allergies-toxiques	épineux	zones sensibles au gel
Amarante queue-de-renard			■		■	■					■														
Amaryllis	■	■				■					■	■										■			■
Anacyclus	■								■				■												
Mouron frutescent	■			■						■	■		■												
Immortelle de Virginie										■	■					■									
Immortelle de Virginie										■			■	■											
Buglosse										■															
Androsace										■			■												
Androsace									■				■												
Anémone	■							■	■				■												
Anémone des fleuristes	■									■			■									■			■
Anémone du Japon						■					■											■			
Anémone						■				■	■					■									
Anémone des bois								■											■			■			
Angélique		■			■					■															
Antennaire, pied-de-chat	■												■	■											
Antennaire													■	■					■						
Antennaire									■				■	■					■						
Anthémis						■			■																
Camomille romaine						■				■			■												
Œil-de-bœuf, camomille des teinturiers	■									■															
Anthémis						■				■	■					■									
Muflier des jardins, gueule-de-loup			■		■					■	■														
Aponogéton										■											■				
Ancolie	■									■		■													
Ancolie	■					■			■							■									
Ancolie des jardins	■								■																
Corbeille-d'argent		■				■		■	■				■	■											
Arabette										■		■	■	■											
Arctotis						■				■			■												■
Arctotide			■							■					■			■							■
Sabline								■		■				■	■										
Sabline										■			■	■											
Pavot épineux		■	■		■																				
Arisaéma		■								■								■							■
Arisaéma										■									■						
Gazon d'Espagne, gazon d'Olympe	■									■			■	■											
Aurore, citronnelle											■					■							■		
Absinthe										■													■		
Armoise											■				■	■									
Estragon										■															
Armoise		■								■						■									
Armoise		■								■															
Absinthe romaine											■														
Armoise		■									■		■	■											
Armoise										■	■		■	■				■							
Arum		■										■							■			■			
Aruncus										■						■			■						
Barbe-de-bouc							■				■								■						
Gingembre rouge	■									■			■	■					■			■			
Herbe à la ouate, herbes aux perruches		■										■	■									■			■

Espèce	SOL					EXPOSITION					FEUILLAGE						Fleurs			
	humifère	sablonneux et sec	calcaire	frais ou humide	lourd	chaude	ombragée, mi-ombre	lumineuse	bord de mer	méditerranéenne	argenté ou grisâtre	doré	panaché	pourpre	caduc	persistant	blanches et vertes	bleues ou violettes	jaunes et orange	roses
Asclepias incarnata				■		■		■								■				
Asclepias tuberosa		■	■			■		■	■										■	■
Asperula odorata			■	■		■	■	■									■			
Asphodeline lutea		■	■					■	■		■								■	
Asplenium adiantum-nigrum	■					■								■						
Asplenium trichomanes				■		■								■						
Aster alpinus						■		■									■	■		■
Aster amellus								■			■							■		
Aster cordifolius								■								■		■		
Aster datschii								■										■		
Aster diffusus horizontalis								■									■	■		
Aster ericoides								■									■			
Aster farreri								■										■		
Aster x frikartii			■			■		■								■		■		
Aster novae-angliae				■				■										■	■	
Aster novi-belgii				■				■									■	■		■
Aster tongolensis				■				■										■		
Aster tradescantii								■									■	■		
Aster yunnanensis								■										■		
Astilbe arendsii	■																■		■	■
Astilbe chinensis	■		■				■	■								■				■
Astilbe simplicifolia-hybrides	■		■				■									■				■
Astilbe thunbergii-hybrides	■		■				■									■				■
Astrantia major	■						■										■			■
Astrantia maxima	■		■	■			■									■				■
Athyrium filix-femina	■						■			■										
Athyrium goeringianum	■						■	■				■					■			■
Aubrieta deltoidea								■	■					■			■	■		■
B — Ballota pseudodictamnus		■						■	■	■	■						■			
Baptisia australis				■				■										■		
Begonia evansiana	■							■				■								■
Begonia semperflorens							■	■	■					■			■			■
Begonia tuberhybrida			■				■										■		■	■
Bellis perennis								■									■			■
Bergenia ciliata							■	■							■		■			■
Bergenia cordifolia			■	■			■	■						■	■	■				■
Bergenia purpurascens			■	■			■	■						■		■	■			■
Bergenia stracheyi							■	■						■	■		■			■
Beta vulgaris												■			■					
Bletilla hyacinthina		■		■		■		■	■								■			■
Borrago officinalis		■	■	■				■									■			
Brachycome iberidifolia		■	■					■	■	■							■	■		■
Briza maxima			■					■	■	■										
Briza media		■				■		■	■						■					
Browallia speciosa								■		■							■	■		
Brunnera macrophylla				■	■	■												■		
C — Calamintha alpina			■					■	■	■				■				■		
Calamintha grandiflora			■			■		■							■					
Calamintha nepetoides								■		■										
Calandrinia umbellata		■	■					■	■	■				■						
Calceolaria darwinii	■					■		■											■	

604

rouges ou pourpres	parfumées	ou aromatiques	à semer en place	à semer et à repiquer	qui beuvent se ressemer seules	longue floraison	nov.-déc.-janvier	février-mars-avril	mai-juin	juillet-août	sept.-octobre	fructification décorative	couvre-sol	murets, talus et rocailles	vivaces-massifs	annuelles	bisannuelles	bordures et massifs	sous-bois	qui aiment l'eau	limaces	allergies-toxiques	épineux	zones sensibles au gel	
■	■								■	■		■			■									■	Asclépiade
					■						■											■		■	Asclépiade
	■								■				■					■							Aspérule odorante, petit muguet
	■								■																Bâton-de-Jacob
																		■							Doradille noire
									■																Doradille, Fausse Capillaire
■														■											Aster des Alpes
									■					■											Œil-du-Christ
									■	■					■										Aster
									■																Aster
									■																Aster
									■																Aster éricoide
									■																Aster
					■				■		■				■										Aster
■									■		■														Aster de la Nouvelle-Angleterre
■									■		■														Aster de la Nouvelle-Belgique
									■																Aster
									■																Aster
									■																Aster
■	■				■				■																Astilbe hybride
									■						■			■							Astilbe
									■						■			■							Astilbe
									■																Astilbe
					■				■										■						Astrance, sanicle
									■										■						Astrance à feuille d'hellébore
												■							■	■					Fougère femelle
			■						■										■	■				■	Fougère
■	■							■				■		■											Aubriète
	■										■	■													Ballote
	■								■																Podalyre de Caroline
			■															■		■				■	Bégonia
■		■			■						■									■				■	Bégonia
■					■															■				■	Bégonia
■					■		■	■					■												Pâquerette
■		■		■				■				■	■												Bergénia
■					■			■	■			■	■												Bergénia
■					■				■			■	■												Bergénia
■					■			■				■	■												Bergénia
			■																	■					Bette à carde décorative
								■											■	■					Blétilla
				■					■																Bourrache
	■	■		■	■				■	■			■												Brachycome à feuilles d'Ibéris
		■	■								■														Amourette, brize à gros épillets
								■	■		■		■	■											Brize
					■																			■	Browalle
								■	■			■						■							Buglosse de Sibérie
									■	■				■											Calamintha
								■	■																Calamintha
■									■			■													Calamintha
	■								■																Calandrinia
									■															■	Calcéolaire

C

	SOL					EXPOSITION					FEUILLAGE									
	humifère	sablonneux et sec	calcaire	frais ou humide	lourd	chaude	ombragée, mi-ombre	lumineuse	bord de mer	méditerranéenne	argenté ou grisâtre	doré	panaché	pourpre	caduc	persistant	blanches et vertes	bleues ou violettes	jaunes et orange	roses
Calceolaria herbeo-hybrida	■	■				■	■									■	■		■	■
Calceolaria integrifolia	■	■		■		■	■	■	■										■	
Calendula officinalis			■	■		■	■	■											■	
Callistephus chinensis		■				■											■	■	■	■
Calluna vulgaris	■	■				■	■					■		■	■	■	■	■		■
Caltha palustris				■	■		■										■		■	
Caltha palustris var. alba				■	■		■									■	■			
Camassia cusickii				■	■		■										■	■		
Camassia leichtlinii				■	■		■										■	■		
Camassia quamash				■	■		■											■		
Campanula alliariifolia							■	■									■			
Campanula carpatica							■	■									■			
Campanula cochleariifolia							■										■			
Campanula glomerata							■	■									■			
Campanula lactiflora			■			■	■									■	■			■
Campanula latifolia							■	■									■			
Campanula medium							■	■									■			■
Campanula persicifolia var. sessiliflora			■	■												■	■	■		
Campanula portenschlagiana						■	■										■	■		
Campanula poscharskiana							■	■									■	■		
Campanula pyramidalis																				
Campanula sarmatica		■	■				■				■					■	■			
Campanula takesimana			■	■	■		■									■				■
Campanula trachelium							■										■	■		
Canna hybrida							■	■						■	■				■	■
Cardiocrinum giganteum				■		■														
Catananche caerulea	■		■	■	■	■	■	■	■		■						■			■
Catharanthus roseus				■		■	■		■										■	■
Celosia argentea	■						■		■										■	
Centaurea cyanus	■						■	■			■						■	■		■
Centaurea dealbata	■			■			■	■			■	■								■
Centaurea macrocephala	■							■											■	
Centaurea montana	■							■									■	■		
Centaurea pulcherrima	■			■			■									■				■
Centranthus ruber		■		■			■	■												■
Cerastium bierbersteinii	■			■		■	■	■			■			■			■			
Cerastium tomentosum var. columnae	■	■		■		■	■	■			■			■			■			
Ceratostigma plumbaginoides	■							■	■		■					■		■		
Ceratostigma willmottianum	■	■		■				■								■	■	■		
Cheiranthus cheiri		■					■	■		■							■	■	■	
Chelone obliqua						■														■
Chionodoxa gigantea	■					■	■										■			■
Chrysanthemum arcticum		■					■	■								■	■		■	■
Chrysanthemum carinatum	■			■			■	■	■								■	■	■	■
Chrysanthemum coccineum	■			■			■	■	■											■
Chrysanthemum coreanum	■			■			■												■	■
Chrysanthemum haradjanii	■			■							■								■	
Chrysanthemum leucanthemum		■		■			■	■								■				
Chrysanthemum maximum	■			■			■										■			
Chrysanthemum paludosum	■			■			■										■		■	■
Chrysanthemum ptarmicoefolium		■		■			■			■								■		

606

rouges ou pourpres	parfumées ou aromatiques	à semer en place	à semer et à repiquer	qui peuvent se ressemer seules	longue floraison	nov.-déc.-janvier	février-mars-avril	mai-juin	juillet-août	sept.-octobre	fructification décorative	couvre-sol	murets, talus et rocailles	vivaces-massifs	annuelles	bisannuelles	bordures et massifs	sous-bois	qui aiment l'eau	limaces	allergies-toxiques	épineux	zones sensibles au gel	
■			■		■				■														■	Calcéolaire
																							■	Calcéolaire
		■	■	■					■															Souci
■		■	■		■				■											■				Aster de Chine, reine-marguerite
■	■				■					■		■								■		■		Bruyère commune
							■					■						■	■					Populage, souci d'eau
							■										■		■					Populage
								■												■				Camassia
								■												■				Camassia
								■												■				Camassia
			■					■																Campanule
			■				■					■	■											Campanule
								■																Campanule
			■					■					■											Campanule
						■		■									■			■				Campanule
			■					■																Campanule
		■	■					■																Campanule
							■				■													Campanule
			■	■			■					■	■											Campanule des murailles
			■	■								■	■											Campanule
								■																Campanule pyramidale
								■																Campanule
								■				■		■										Campanule
																		■						Campanule gantelée
■				■																			■	Canna
	■																	■		■			■	Lis géant de l'Himalaya
				■				■																Catananche
				■				■																Pervenche de Madagascar
■			■	■																				Célosie
■		■	■	■				■																Bleuet
	■	■						■																Centaurée
								■																Centaurée à grosse tête
							■																	Centaurée, barbeau des montagnes
				■				■	■					■			■							Centaurée
■			■	■			■					■												Valériane rouge, valériane des jardins
							■				■	■	■			■								Céraiste
							■				■	■	■			■								Céraiste
				■				■	■			■												Plumbago de Lady Larpent
								■	■					■									■	Ceratostigma de Chine
■	■	■	■	■			■	■					■											Giroflée de ravenelle
■				■					■															Chélone
						■					■													Chinodoxa
								■	■					■			■							Chrysanthème
■		■		■															■					Chrysanthème à carène
■				■															■					Pyrèthre
■				■															■					Chrysanthème double des jardins
							■				■													Chrysanthème
							■							■										Chrysanthème
								■											■					Marguerite blanche, grande marguerite
				■				■											■					Marguerite
				■				■											■					Marguerite

	SOL					EXPOSITION					FEUILLAGE									
	humifère	sablonneux et sec	calcaire	frais ou humide	lourd	chaude	ombragé, mi-ombre	lumineuse	bord de mer	méditerranéenne	argenté ou grisâtre	doré	panaché	pourpre	caduc	persistant	blanches et vertes	bleues ou violettes	jaunes et orange	roses
Chrysanthemum rubellum		■			■	■		■											■	
Chrysanthemum uliginosum		■		■		■										■				
Cimicifuga dahurica	■						■									■				
Cimicifuga racemosa	■						■									■				
Cimicifuga simplex	■			■			■								■	■				
Clarkia elegans		■						■	■										■	
Cleome spinosa		■						■	■								■		■	
Clivia miniata		■					■		■								■		■	
Cobaea scandens		■						■	■								■	■		
Codonopsis clematidea	■						■											■		
Colchicum autumnale				■			■										■			
Colchicum byzantinum				■			■	■												■
Colchicum luteum				■			■	■											■	
Convallaria majalis				■			■										■			■
Convolvulus cantabrica		■	■		■		■	■	■	■					■					■
Convolvulus cneorum			■					■	■	■							■	■		
Convolvulus mauritanicus		■						■	■	■							■	■		
Convolvulus tricolor								■	■	■								■	■	
Coreopsis drummondii	■	■			■			■											■	
Coreopsis grandiflora		■				■		■											■	
Coreopsis lanceolata		■	■					■								■			■	
Coreopsis tinctoria		■			■			■											■	
Coreopsis tripteris				■	■			■								■			■	
Coreopsis verticillata		■			■			■											■	
Cortaderia rendatleri			■	■				■	■											■
Cortaderia selloana			■	■				■	■								■			■
Corydalis cashmeriana	■						■										■			
Corydalis cheilanthifolia	■			■			■							■	■				■	
Corydalis flexuosa	■			■			■									■		■		
Corydalis lutea		■		■			■												■	
Cosmos atrosanguineus		■	■				■		■									■		
Cosmos bipinnatus		■	■		■		■		■							■				■
Cosmos sulphureus		■	■		■		■		■							■				
Crambe cordifolia		■					■									■				
Crepis aurea		■					■	■												
Crepis incana		■														■			■	
Crinum x powellii		■		■	■		■	■								■				
Crocosmia x crocosmiiflora		■		■	■		■	■	■									■	■	
Crocosmia hybrides		■	■			■		■	■							■			■	■
Crocosmia masonorum		■		■	■			■	■										■	
Crocus chrysanthus		■	■			■		■	■									■	■	
Crocus ochroleucus								■	■										■	
Crocus pulchellus								■	■									■		
Crocus sativus		■						■	■									■		
Crocus speciosus		■				■		■	■							■		■		
Crocus vernus		■	■		■			■	■								■	■	■	
Cucurbita pepo				■																
Cuphea cyanea																				
Cuphea ignea				■		■	■		■					■	■					
Cyclamen cilicium						■	■		■			■								■
Cyclamen coum						■	■		■			■				■	■			■

FLEURS				ANNUELLES		FLORAISON						UTILISATION								PROBLEMES				
rouges ou pourpres	parfumées ou aromatiques	à semer en place	à semer et à repiquer	qui peuvent se ressemer seules	longue floraison	nov.-déc.-janvier	février-mars-avril	mai-juin	juillet-août	sept.-octobre	fructification décorative	couvre-sol	murets, talus et rocailles	vivaces-massifs	annuelles	bisannuelles	bordures et massifs	sous-bois	qui aiment l'eau	limaces	allergies-toxiques	épineux	zones sensibles au gel	
	●				●				●	●										●				Marguerite d'automne
					●				●	●										●				Chrysanthème
									●									●						Cimifuga
									●									●						Cimifuga
									●					●				●						Cimifuga
●		●			●			●																Clarkia
			●		●				●															Cléome épineux
							●	●															●	Clivia
														●									●	Cobée
					●							●							●					Cobée
										●											●			Colchique
										●											●			Colchique
										●											●			Colchique
	●										●	●						●			●			Muguet
								●	●		●	●											●	Liseron
									●			●											●	Liseron
									●			●											●	Liseron
		●							●														●	Belle-de-jour
				●	●				●															Coréopsis
		●		●	●				●															Coréopsis
								●	●	●				●										Coréopsis
●		●		●	●				●															Coréopsis
					●				●	●				●			●							Coréopsis
				●	●			●																Coréopsis
										●													●	Herbe des pampas
										●													●	Herbe des pampas
								●	●			●											●	Fumeterre
				●				●				●						●						Fumeterre
				●				●	●			●						●						Fumeterre
				●	●			●																Fumeterre
	●				●				●															Cosmos
●	●	●		●					●	●														Cosmos
●	●	●		●					●	●														Cosmos
																								Crambé
												●								●				Crépide
								●	●			●									●			Crépide
	●				●				●												●			Crinolle
●	●				●				●			●											●	Montbretia
●									●					●									●	Crocosmia
●					●				●			●											●	Crocosmia
	●						●					●												Crocus
										●		●												Crocus
										●		●												Crocus
●	●									●														Safran
										●		●												Crocus
●							●					●												Crocus
										●				●										Coloquinte, courge d'ornement
●					●			●																Cuphéa
									●			●	●							●				Fleur-cigarette
	●									●														Cyclamen de Cilicie
●	●					●	●										●							Cyclamen de l'île de Cos

	SOL					EXPOSITION					FEUILLAGE									
	humifère	sablonneux et sec	calcaire	frais ou humide	lourd	chaude	ombragée, mi-ombre	lumineuse	bord de mer	méditerranéenne	argenté ou grisâtre	doré	panaché	pourpre	caduc	persistant	blanches et vertes	bleues ou violettes	jaunes et orange	roses
Cyclamen europaeum							■			■						■				■
Cyclamen hederifolium				■			■			■						■	■			■
Cyclamen neapolitanum							■			■						■	■			■
Cyclamen persicum							■			■						■				■
Cyclamen pseudo-ibericum							■			■						■		■		■
Cynara cardunculus		■	■			■		■		■	■							■		
Cynoglossum nervosum	■					■			■	■	■							■		
Cyperus eragrostis	■						■			■										
Cyperus longus	■						■			■										
Cypripedium calceolus	■						■												■	
Cypripedium reginae	■						■										■			■
Daboecia	■	■		■		■	■										■			■
Dahlia cactus							■	■		■							■	■	■	■
Dahlia décoratif							■	■		■							■	■	■	■
Dahlia à fleurs doubles							■	■		■							■	■	■	■
Dahlia nain à fleurs doubles							■	■		■							■	■	■	■
Dahlia nain à fleurs simples							■	■		■							■	■	■	■
Dahlia pompon							■	■		■							■	■	■	■
Datura metel		■					■			■							■		■	
Datura meteloides				■			■			■										
Delphinium ajacis							■	■		■							■	■		■
Delphinium belladona							■			■							■	■		
Delphinium cardinale							■			■							■	■		■
Delphinium grandiflorum							■			■							■	■		■
Delphinium nudicaule							■			■							■	■	■	■
Delphinium zalil							■			■							■	■	■	■
Dianthus alpinus			■				■	■									■			■
Dianthus arenarius						■	■			■	■						■			
Dianthus barbatus							■			■							■	■	■	■
Dianthus caryophyllus							■			■							■	■		■
Dianthus chinensis							■			■	■						■		■	■
Dianthus deltoides							■			■							■			■
Dianthus gratianopolitanus							■			■	■									■
Dianthus knappii							■			■									■	
Dianthus plumarius							■			■							■	■	■	■
Dianthus plumarius hybrides		■	■			■	■	■			■				■		■		■	
Dianthus superbus							■			■							■	■		■
Diascia barberae							■													■
Diascia cordata		■					■													■
Diascia fetcaniensis			■			■	■								■	■				■
Diascia vigilis			■			■	■								■	■				■
Dicentra eximia	■		■			■					■						■			
Dicentra formosa	■																			
Dicentra spectabilis		■	■	■		■					■						■			■
Dichelostemma ida-maia		■				■														
Dictamnus albus		■				■		■	■	■							■	■		■
Dierama pendulum		■					■	■								■	■			■
Dierama pulcherrimum		■					■		■							■				■
Digitalis ambigua		■		■		■	■			■							■		■	
Digitalis ferruginea		■		■		■	■			■							■		■	
Digitalis lanata		■	■			■	■	■								■	■			■

Tableau des plantes — FLEURS / ANNUELLES / FLORAISON / UTILISATION / PROBLEMES

rouges ou pourpres	parfumées ou aromatiques	à semer en place	à semer et à repiquer	qui peuvent se ressemer seules	longue floraison	nov.-déc.-janvier	février-mars-avril	mai-juin	juillet-août	sept.-octobre	fructification décorative	couvre-sol	murets, talus et rocailles	vivaces-massifs	annuelles	bisannuelles	bordures et massifs	sous-bois	qui aiment l'eau	limaces	allergies-toxiques	épineux	zones sensibles au gel	Nom
■	■							■										■						Cyclamen d'Europe
				■				■										■						Cyclamen de Naples
■									■		■							■						Cyclamen de Naples
	■						■											■						Cyclamen de Perse
	■						■				■													Cyclamen
										■														Cardon
			■					■			■													Cynoglosse, langue-de-chien
																			■				■	Papyrus
■								■	■										■				■	Papyrus
								■										■		■				Sabot-de-Vénus
								■												■				Sabot-de-Vénus
					■			■	■		■													Bruyère de St-Daboec
					■			■	■									■		■			■	Dahlia
■					■			■	■											■			■	Dahlia
■					■			■	■											■			■	Dahlia
■					■			■	■											■			■	Dahlia
■					■			■	■											■			■	Dahlia
■					■			■	■									■					■	Dahlia pompon
■	■				■			■													■		■	Datura
■	■		■		■			■													■		■	Datura
■		■		■	■			■												■	■			Pied-d'alouette
■					■			■												■	■			Delphinium
■					■			■												■	■			Delphinium
■					■			■												■	■			Delphinium de la Chine
■					■			■												■	■			Delphinium
■					■			■												■	■			Delphinium
	■							■				■												Œillet des Alpes
	■							■				■												Œillet
■	■	■		■				■																Œillet barbu
■	■							■				■												Œillet des fleuristes
■			■					■	■															Œillet de Chine
■	■							■				■												Œillet à delta
■	■							■				■												Œillet bleuâtre
■	■							■																Œillet
■	■			■				■			■	■												Œillet mignardise
■	■							■					■	■		■								Œillet
	■							■																Œillet à plumet
					■			■					■											Diascia
					■			■					■											Diascia
								■		■				■			■						■	Diascia
								■						■			■						■	Diascia
											■			■			■							Dicentra
																	■							Dicentra
					■			■				■												Cœur-de-Jeannette, cœur-de-Marie
					■							■											■	Dichélostemma
	■							■																Fraxinelle
								■				■											■	Canne-à-pêche-des-anges
■								■				■											■	Canne-à-pêche-des-anges
■	■							■										■			■			Digitale, gant-de-Notre-Dame
■								■										■			■			Digitale
■								■						■			■							Digitale

	SOL					EXPOSITION					FEUILLAGE									
	humifère	sablonneux et sec	calcaire	frais ou humide	lourd	chaude	ombragée, mi-ombre	lumineuse	bord de mer	méditerranéenne	argenté ou grisâtre	doré	panaché	pourpre	caduc	persistant	blanches et vertes	bleues ou violettes	jaunes et orange	roses
Digitalis mertonensis		■			■	■	■			■							■		■	■
Digitalis purpurea		■		■		■	■	■		■							■		■	■
Dionaea			■					■									■			
Dodecatheon meadia				■																■
Doronicum caucasicum				■	■			■											■	
Doronicum plantagineum				■				■											■	
Draba aizoides						■		■			■								■	
Dryas octopetala			■					■	■						■		■			
Dryopteris affinis	■			■			■									■				
Dryopteris carthusiana	■			■	■		■									■				
Dryopteris cristata	■						■	■												
Dryopteris dilatata	■						■	■												
Dryopteris erythrosora	■			■	■		■									■				
Dryopteris filix-mas	■						■		■											
Eccremocarpus scaber			■				■	■	■										■	
Echinacea purpurea				■				■												■
Echinops bannaticus		■				■		■								■		■		
Echinops ritro			■		■	■		■	■	■	■							■		
Echinops sphaerocephalus						■		■	■	■	■							■		
Echium lycopsis								■	■	■							■	■		■
Echium fastuosum								■	■	■							■	■		■
Echium vulgare			■					■	■	■							■			
Epilobium angustifolium		■		■			■	■									■			■
Epilobium dodonaei		■				■										■				■
Epilobium fleischeri	■	■						■								■				■
Epimedium grandiflorum	■						■	■								■	■	■	■	■
Epimedium x perralchicum	■			■	■		■								■	■			■	
Epimedium rubrum	■						■	■						■		■				■
Epimedium versicolor	■						■	■								■			■	
Epimedium x youngianum	■			■			■									■	■			■
Eranthis hyemalis		■		■				■											■	
Eremurus himalaicus		■						■									■			
Eremurus robustus		■						■									■			
Eremurus Shelford's hybrids		■			■			■								■	■		■	■
Eremurus stenophyllus		■						■									■	■		
Erica carnea		■				■		■	■	■					■	■	■			■
Erica cinerea	■					■		■	■	■		■			■		■			■
Erica x darleyensis		■				■		■	■	■					■		■			■
Erica tetralix	■					■		■	■	■	■				■		■			■
Erica vagans						■		■	■	■					■		■			■
Erigeron aurantiacus								■	■	■									■	
Erigeron karvinskianus								■	■	■							■	■	■	■
Erigeron leiomerus								■	■	■								■		
Erigeron speciosus-hybrides								■	■	■								■		■
Erinus alpinus			■			■		■							■		■			■
Erodium chamaedryoides			■					■		■							■			■
Erodium manescavii								■		■	■									■
Eryngium alpinum			■			■		■	■	■								■		
Eryngium bourgatii			■			■		■	■	■	■							■		
Eryngium maritimum								■	■	■								■		
Eryngium oliveranum			■			■		■	■	■							■			

Table — FLEURS / ANNUELLES / FLORAISON / UTILISATION / PROBLEMES

Plante	rouges ou pourpres	parfumées ou aromatiques	à semer en place	à semer et à repiquer	qui peuvent se ressemer seules	longue floraison	non-déc.-janvier	février-mars-avril	mai-juin	juillet-août	sept.-octobre	fructification décorative	couvre-sol	murets, talus et rocailles	vivaces-massifs	annuelles	bisannuelles	bordures et massifs	sous-bois	qui aiment l'eau	limaces	allergies-toxiques	épineux	zones sensibles au gel
Digitale	■								■									■				■		
Digitale	■								■									■				■		
Dionée, attrape-mouche								■												■				
Gyroselle, herbe-aux-douze-dieux								■					■							■				
Doronic du Caucase								■												■				
Doronic-plantain								■												■				
Drave							■						■											
Dryade à huit pétales											■	■												
Fougère												■		■					■					
Fougère des Chartreux												■		■					■					
Fougère							■												■					
Fougère							■												■					
Fougère															■				■					
Fougère mâle																			■					
Eccrémocarpus					■				■															■
Rudbeckia pourpre	■								■															
Boule azurée								■	■						■									
Chardon bleu, boule azurée					■				■															
Chardon bleu					■				■															
Vipérine		■			■				■															
Vipérine					■				■															
Vipérine commune		■		■	■				■															
Epilobe, osier fleuri				■							■													
Epilobe								■	■		■		■											
Epilobe								■	■															
Epimède								■										■						
Epimède							■					■					■	■						
Epimède	■							■										■						
Epimède								■										■						
Epimède							■	■				■					■	■						
Aconit d'hiver						■							■								■			
Eremurus								■																
Lis des steppes									■															■
Eremurus								■	■					■										
Eremurus								■	■															■
Bruyère alpine	■	■			■	■	■	■					■											
Bruyère cendrée	■	■			■				■	■			■											
Bruyère		■			■	■	■	■					■											
Bruyère tétragone		■			■				■				■											
Bruyère					■				■	■			■											
Vergerette													■											
Vergerette	■				■				■				■											
Vergerette									■				■											
Vergerette									■				■							■				
Erine des Alpes	■				■			■	■				■											
Erodium								■	■			■	■											
Erodium					■			■				■	■											
Chardon bleu des Alpes											■		■											
Chardon bleu des Pyrénées											■		■											
Chardon bleu maritime											■													
Chardon bleu											■		■											

	SOL					EXPOSITION					FEUILLAGE									
	humifère	sablonneux et sec	calcaire	frais ou humide	lourd	chaude	ombragée, mi-ombre	lumineuse	bord de mer	méditerranéenne	argenté ou grisâtre	doré	panaché	pourpre	caduc	persistant	blanches et vertes	bleues ou violettes	jaunes et orange	roses
Eryngium planum		■	■			■		■	■						■			■		
Eryngium variifolium						■		■	■	■								■		
Eryngium yuccifolium		■	■	■		■		■	■						■		■			
Eryngium x zabelli		■	■			■		■	■		■				■			■		
Erysimum alpinum		■				■		■	■					■					■	
Erysimum hieracifolium (x allionii hort.)		■						■						■					■	
Erysimum hybrides		■						■						■					■	■
Erysimum perofskianum			■			■		■											■	
Erythronium dens-canis				■			■						■				■		■	
Erythronium revolutum				■			■						■				■		■	
Erythronium tuolumnense							■												■	
Eschscholzia californica		■	■					■	■	■	■						■		■	
Eucomis bicolor		■						■	■	■			■				■		■	
Eucomis punctata		■						■	■					■			■			
Eupatorium purpureum				■				■												■
Eupatorium rugosum								■												
Euphorbia amygdaloides			■				■	■	■					■	■			■		
Euphorbia characias			■					■	■	■					■			■		
Euphorbia cyparissias		■	■			■		■	■	■						■			■	
Euphorbia dulcis		■	■			■		■	■	■			■	■	■			■		
Euphorbia griffithii								■	■					■						
Euphorbia marginata		■	■					■	■	■			■				■			
Euphorbia x martinii		■	■			■		■	■	■	■					■		■		
Euphorbia mellifera		■	■					■	■	■						■		■		
Euphorbia myrsinites		■	■					■	■	■	■					■	■	■		
Euphorbia palustris			■	■	■			■	■							■		■		
Euphorbia polychroma								■	■							■		■		
Euphorbia robbiae		■	■				■		■	■						■	■	■		
Euphorbia seguieriana ssp. niciciana		■	■			■		■	■	■	■					■	■	■		
Euphorbia wulfenii							■		■	■							■	■		
Euryops abrotanifolius		■				■		■	■							■		■		
Euryops acraeus		■	■					■	■							■		■		
Felicia amelloides		■	■			■		■	■							■		■		
Festuca glauca		■	■			■		■	■		■			■				■		
Filipendula hexapetala			■			■											■			
Filipendula purpurea	■		■	■	■	■		■							■		■			
Filipendula rubra	■					■													■	
Filipendula ulmaria	■					■						■					■			
Foeniculum vulgare		■				■		■		■				■					■	
Freesia x kewensis		■						■									■	■	■	
Fritillaria imperialis						■				■							■			
Fritillaria meleagris				■			■			■								■		
Fritillaria persica							■			■								■		
Fuchsia magellanica							■	■	■								■			■
Gaillardia aristata		■		■		■													■	
Gaillardia hybrides		■	■			■		■	■	■						■			■	
Gaillardia pulchella		■		■		■		■											■	
Galanthus elwesii			■	■			■										■			
Galanthus nivalis			■	■			■										■			
Galega officinalis			■	■			■										■	■		■
Galtonia candicans		■						■	■	■							■			

F
G

614

Tableau récapitulatif — catégories : **FLEURS** / **ANNUELLES** / **FLORAISON** / **UTILISATION** / **PROBLEMES**

rouges ou pourpres	parfumées	ou aromatiques	à semer en place	à semer et à repiquer	qui peuvent se ressemer seules	longue floraison	nov.-déc.-janvier	février-mars-avril	mai-juin	juillet-août	sept.-octobre	fructification décorative	couvre-sol	murets, talus et rocailles	vivaces-massifs	annuelles	bisannuelles	bordures et massifs	sous-bois	qui aiment l'eau	limaces	allergies-toxiques	épineux	zones sensibles au gel	
								■	■	■	■			■											Panicaut à feuilles planes
											■														Chardon bleu
									■		■			■											Chardon bleu
									■		■		■	■									■		Chardon bleu
								■	■			■	■				■								Vélar
							■	■					■	■		■	■								Vélar
■													■												Vélar
	■				■			■					■												Giroflée des murailles
								■										■		■					Dent-de-chien
								■										■		■					Erythrone
								■										■		■					Erythrone
		■		■					■				■												Pavot de Californie
	■				■				■																Eucomis
	■				■				■																Eucomis ponctué
	■				■				■	■															Eupatoire
	■				■				■	■															Eupatoire à feuilles molles
							■							■				■				■			Euphorbe
					■			■	■													■			Euphorbe
								■				■	■	■			■					■			Euphorbe
								■					■	■								■		■	Euphorbe
■								■	■													■			Euphorbe
	■	■		■						■												■			Euphorbe panachée
							■	■				■	■	■			■					■			Euphorbe
							■	■						■			■					■			Euphorbe
				■				■				■	■									■			Euphorbe de Corse
							■	■						■				■				■			Euphorbe
								■				■	■									■			Euphorbe
							■	■						■			■					■			Euphorbe
								■	■					■								■			Euphorbe
								■	■													■			Euphorbe
								■						■										■	Euryops
													■												Euryops
					■				■				■											■	Félicia
													■									■			Fétuque bleue
									■																Filipendule
■									■						■					■					Filipendule
	■								■																Filipendule
	■								■																Filipendule
	■								■																Fenouil
	■								■	■														■	Freesia
■	■							■																	Fritillaire impériale
■								■																	Fritillaire méléagre
	■							■																	Fritillaire de Perse
■									■	■															Fuchsia
■									■																Gaillarde
■					■				■	■				■											Gaillarde
									■																Gaillarde
							■															■			Perce-neige géant
	■						■			■												■			Perce-neige
					■			■	■																Galéga, rue-des-chèvres
					■				■											■					Jacinthe du Cap

	SOL					EXPOSITION					FEUILLAGE									
	humifère	sablonneux et sec	calcaire	frais ou humide	lourd	chaude	ombragée, mi-ombre	lumineuse	bord de mer	méditerranéenne	argenté ou grisâtre	doré	panaché	pourpre	caduc	persistant	blanches et vertes	bleues ou violettes	jaunes et orange	roses
Gaultheria procumbens	■					■	■							■		■			■	
Gaultheria shallon	■					■	■							■				■		
Gaura lindheimerii		■	■		■		■	■	■							■	■			
Gazania hybrida			■		■		■	■	■										■	■
Gentiana acaulis							■													
Gentiana asclepiadea	■					■	■											■		
Gentiana farreri	■						■											■		
Gentiana lutea	■			■			■												■	
Gentiana septemfida	■					■	■											■		
Gentiana sino-ornata	■						■											■		
Geranium x cantabrigiense			■	■			■		■						■	■				■
Geranium cinereum var. subcaulescens		■			■		■									■				
Geranium dalmaticum			■				■	■								■				■
Geranium endressii					■		■									■				■
Geranium himalayense			■		■		■	■								■		■		
Geranium ibericum				■			■									■		■		
Geranium magnificum				■								■			■		■	■		
Geranium macrorrhizum			■		■	■	■									■				■
Geranium nodosum	■		■	■	■		■	■								■		■		
Geranium orientalitibeticum	■	■				■	■									■				■
Geranium oxonianum			■		■		■	■								■				■
Geranium phaeum	■		■	■	■		■	■								■		■		
Geranium platypetalum							■									■		■		
Geranium pratense					■		■									■	■	■		
Geranium psilostemon							■									■				
Geranium pylzowianum			■				■	■								■				■
Geranium renardii				■			■				■						■			
Geranium x riversleaianum					■		■	■								■				
Geranium sanguineum à cinerum							■									■				
Geranium wallichianum		■	■				■	■								■		■		
Gerbera jamesonii		■					■			■							■		■	■
Geum x borisii	■					■													■	
Geum chiloense	■					■													■	
Geum rivale	■			■	■	■	■								■	■				■
Gilia capitata							■	■										■		
Gilia tricolor							■	■									■	■	■	
Gladiolus byzantinus		■					■	■	■								■		■	■
Gladiolus colvillei		■					■	■	■								■		■	■
Gladiolus hybride		■					■	■	■								■	■	■	■
Gladiolus primulinus							■										■	■	■	■
Glaucium flavum		■	■		■		■			■	■								■	
Gloriosa rothschildiana							■													■
Godetia grandiflora		■					■	■									■		■	■
Gomphrena globosa		■					■	■									■		■	■
Gunnera manicata	■					■				■										
Gypsophila elegans							■			■							■			
Gypsophila hybride		■	■		■		■	■							■		■			■
Gypsophila paniculata							■			■							■			■
Gypsophila repens							■			■	■						■			■

Haberlea rhodopensis	■						■											■		
Hedysarum coronarium	■						■		■											■

Table des plantes — caractéristiques (FLEURS / ANNUELLES / FLORAISON / UTILISATION / PROBLEMES)

Plante	rouges ou pourpres	parfumées	ou aromatiques	à semer en place	à semer et à repiquer	qui peuvent se ressemer seules	longue floraison	nov.-déc.-janvier	février-mars-avril	mai-juin	juillet-août	sept.-octobre	fructification décorative	couvre-sol	murets, talus et rocailles	vivaces-massifs	annuelles	bisannuelles	bordures et massifs	sous-bois	qui aiment l'eau	limaces	allergies-toxiques	épineux	zones sensibles au gel
Raisin-d'ours													■						■						
Palommier													■						■						
Gaura										■					■										
Gazania	■			■		■				■			■	■											
Gentiane acaule									■	■					■										
Gentiane						■				■									■						
Gentiane											■				■										
Gentiane officinale										■					■										
Gentiane						■				■					■										
Gentiane											■				■										
Géranium									■	■				■	■				■						
Géranium	■								■	■					■				■						
Géranium									■	■					■				■						
Géranium									■	■			■												
Géranium									■				■												
Géranium									■	■															
Géranium						■			■	■			■												
Géranium									■	■			■		■				■						
Géranium									■	■					■										
Géranium						■			■	■					■										
Géranium									■						■										
Géranium										■			■												
Géranium									■	■			■												
Géranium	■								■	■			■												
Géranium									■	■			■												
Géranium	■					■			■	■				■	■				■						■
Géranium	■					■			■	■			■												
Géranium						■					■				■	■									
Gerbéra	■		■							■															
Benoîte										■	■				■										
Benoîte écarlate	■									■	■														
Benoîte									■						■	■									
Gilia		■	■	■	■	■				■						■									
Gilia	■	■			■	■				■						■									
Glaïeul	■									■															■
Glaïeul	■									■															■
Glaïeul	■									■															■
Glaïeul	■									■															■
Pavot cornu			■		■																				
Gloriosa						■				■												■			
Godetia	■	■								■															
Gomphréna	■			■		■				■															
Gunnéra									■																■
Gypsophile		■			■					■															
Gypsophile									■	■				■					■						
Gypsophile										■															
Gypsophile										■															
Harberléa						■			■						■										
Sainfoin					■					■															

	SOL					EXPOSITION					FEUILLAGE									
	humifère	sablonneux et sec	calcaire	frais ou humide	lourd	chaude	ombragée, mi-ombre	lumineuse	bord de mer	méditerranéenne	argenté ou grisâtre	doré	panaché	pourpre	caduc	persistant	blanches et vertes	bleues ou violettes	jaunes et orange	roses
Helenium autumnale				■	■	■	■												■	
Helenium hoopesii		■	■	■			■									■			■	
Helenium hybride		■	■	■			■									■			■	
Helianthemum hybrides		■	■			■	■	■	■					■		■	■		■	■
Helianthemum nummularium		■	■				■	■	■							■	■		■	■
Helianthus annuus		■		■		■	■												■	
Helianthus atrorubens		■	■	■			■									■				
Helianthus decapelatus		■		■			■	■											■	
Helianthus microcephalus		■	■	■			■									■				
Helianthus salicifolius		■					■	■											■	
Helichrysum angustifolium				■	■		■	■	■		■					■	■		■	
Helichrysum bracteatum		■		■	■		■										■		■	
Helichrysum petiolatum		■					■	■	■		■						■		■	■
Heliopsis helianthoides							■								■					
Heliopsis scabra		■		■			■												■	
Heliotropium x hybridum		■					■	■	■							■	■	■		
Helipterum manglesii		■	■				■	■	■		■						■			■
Helipterum roseum		■			■		■	■	■											■
Helleborus atrorubens						■											■			
Helleborus foetidus			■	■		■										■				■
Helleborus lividus			■	■		■										■				■
Helleborus niger			■	■		■				■						■				
Helleborus orientalis			■	■		■				■						■	■			■
Helxine			■			■								■						
Hemerocallis citrina			■	■		■	■			■									■	
Hemerocalis fulva			■	■		■													■	■
Hemerocallis hybrides		■	■	■			■									■			■	■
Hepatica nobilis			■	■		■								■			■	■		■
Hepatica triloba		■	■				■						■				■	■		■
Heracleum mantegazzianum	■						■										■			
Hesperis matronalis		■			■	■	■			■							■	■		
Heuchera x brizoides	■						■										■			■
Heuchera cylindrica	■		■	■	■		■									■	■			
Heuchera micrantha	■		■				■		■					■		■	■			
Heuchera sanguinea	■						■							■			■			
Hieracium aurantiacum	■						■												■	
Hieracium pilosella	■		■				■												■	
Hosta crispula				■			■						■			■				
Hosta fortunei		■		■			■				■		■				■	■		
Hosta hybride		■	■	■		■	■					■	■			■	■	■		
Hosta lancifolia		■		■			■										■			
Hosta montana		■	■	■			■									■		■		
Hosta plantaginea		■		■			■										■			
Hosta sieboldiana		■		■			■				■		■				■			
Hosta x tardiana			■	■	■		■									■		■		
Hosta undulata			■	■	■								■			■	■			
Hosta ventricosa		■		■			■									■	■	■		
Houstonia caerulea	■					■	■							■			■	■		
Houttuynia cordata	■					■	■									■	■			
Hyacinthoides hispanica		■			■	■	■										■	■	■	
Hyacinthoides non-scripta		■			■	■	■										■	■		■

	FLEURS			ANNUELLES			FLORAISON							UTILISATION								PROBLEMES			
Plante	rouges ou pourpres	parfumées	ou aromatiques	à semer en place	à semer et à repiquer	qui peuvent se ressemer seules	longue floraison	nov.-déc.-janvier	février-mars-avril	mai-juin	juillet-août	sept.-octobre	fructification décorative	couvre-sol	murets, talus et rocailles	vivaces-massifs	annuelles	bisannuelles	bordures et massifs	sous-bois	qui aiment l'eau	limaces	allergies-toxiques	épineux	zones sensibles au gel
Hélénie	■					■				■	■										■				
Hélénie de Hoopes									■						■										
Hélénie	■									■	■				■										
Hélianthème	■								■	■			■	■				■							
Hélianthème	■					■				■			■	■											
Tournesol, soleil		■																							
Soleil										■						■									■
Tournesol										■															
Soleil						■				■	■					■									
Tournesol										■															
Immortelle	■	■				■				■															■
Immortelle	■		■			■				■															■
Immortelle	■					■				■															■
Héliopsis										■	■					■				■					
Héliopsis										■	■														
Héliotrope		■		■		■																			
Rhodante	■									■	■														
Acroclinium										■						■									
Hellébore								■											■			■			
Hellébore						■		■											■			■			
Hellébore						■		■											■			■			
Rose de Noël						■	■	■											■			■			
Hellébore						■		■											■			■			
Helxine														■											
Hémérocalle		■							■	■	■														
Hémérocalle	■									■	■														
Hémérocalle	■								■	■						■									
Hépatique								■					■	■											
Hépatique								■						■											
Berce du Caucase																							■		
Julienne des Dames		■			■	■				■															
Heuchère	■					■																			
Heuchère													■			■			■						
Heuchère									■	■				■				■	■						
Heuchère	■								■	■						■									
Epervière						■			■																
Epervière					■				■																
Hosta										■			■			■					■				
Hosta		■								■			■	■							■				
Hosta	■									■			■					■			■				
Hosta		■								■			■						■		■				
Hosta									■	■						■			■		■				
Hosta	■									■			■								■				
Hosta	■									■			■	■							■				
Hosta										■			■			■			■		■				
Hosta										■						■			■		■				
Hosta									■				■								■				
Houstonia														■											
Houttuynia									■	■									■	■					
Jacinthe sauvage	■								■										■		■				
Jacinthe des bois	■								■												■				

	SOL					EXPOSITION					FEUILLAGE									
	humifère	sablonneux et sec	calcaire	frais ou humide	lourd	chaude	ombragée, mi-ombre	lumineuse	bord de mer	méditerranéenne	argenté ou grisâtre	doré	panaché	pourpre	caduc	persistant	blanches et vertes	bleues ou violettes	jaunes et orange	roses
Hyacinthus orientalis		■						■		■						■		■	■	
Hypericum calcycinum		■	■			■	■	■	■	■				■				■		
Hypericum citrinum			■			■	■	■	■	■				■				■		
Hypericum olympicum		■				■	■	■	■	■				■				■		
Hypericum polyphylum						■	■	■	■	■	■			■				■		
Hyssopus		■	■		■			■								■		■		
Iberis amara				■				■	■	■						■			■	
Iberis arborea		■						■	■	■				■			■			
Iberis officinalis			■		■			■	■	■						■			■	
Iberis sempervirens		■				■		■		■				■			■			
Impatiens balfouri			■	■			■									■	■			■
Impatiens balsamina							■									■	■	■		■
Impatiens roylei	■						■									■	■			■
Incarvillea delavayi		■						■												■
Incarvillea mairei								■	■	■										■
Inula ensifolia				■				■									■			
Inula helenium								■									■			
Inula hookeri				■				■									■			
Inula magnifica				■				■									■			
Inula orientalis								■									■			
Ipheion uniflorum		■						■		■							■			
Ipomoea purpurea		■					■	■	■									■		
Ipomoea tricolor		■					■	■	■									■		
Iris bucharica		■						■	■	■							■		■	
Iris danfordiae		■						■	■	■									■	
Iris ensata	■			■				■	■	■							■	■		
Iris foetidissima			■		■	■		■	■	■				■			■			
Iris germanica hybride		■				■		■	■	■				■			■	■	■	■
Iris japonica			■	■	■			■	■	■							■	■	■	
Iris kaempferi	■			■				■	■								■	■		■
Iris laevigata	■			■				■	■	■							■	■		
Iris louisiana	■							■	■	■							■	■		■
Iris pseudacorus				■			■	■	■	■									■	
Iris reticulata		■															■	■		
Iris sibirica				■				■									■	■		
Iris spuria				■				■									■		■	
Iris unguicularis		■	■					■		■							■	■		
Iris versicolor				■				■	■	■							■	■		
Iris xiphioides		■						■	■	■							■	■		
Iris xiphium		■						■	■	■							■	■	■	
Ixia hybride		■						■		■							■		■	■
Jasione perennis			■					■		■								■	■	
Kniphofia		■	■			■		■						■	■			■	■	
Kniphofia galpinii		■		■				■									■		■	
Kochia scoparia		■	■		■	■		■								■				
Lagurus ovatus		■	■					■	■	■										
Lamium galeobdolon	■					■	■											■		
Lamium maculatum	■						■	■			■		■				■			■
Lantana		■						■	■	■							■		■	
Lantana camara-hybrides		■				■		■	■						■		■		■	
Lathyrus grandiflorus		■		■	■			■		■							■	■	■	■

Groupes de colonnes : **FLEURS** (rouges ou pourpres · parfumées · ou aromatiques) — **ANNUELLES** (à semer en place · à semer et à repiquer · qui peuvent se ressemer seules · longue floraison) — **FLORAISON** (nov.-déc.-janvier · février-mars-avril · mai-juin · juillet-août · sept.-octobre · fructification décorative) — **UTILISATION** (couvre-sol · murets, talus et rocailles · vivaces-massifs · annuelles · bisannuelles · bordures et massifs · sous-bois · qui aiment l'eau) — **PROBLEMES** (limaces · allergies-toxiques · épineux · zones sensibles au gel)

Plante	rouges ou pourpres	parfumées	ou aromatiques	à semer en place	à semer et à repiquer	qui peuvent se ressemer seules	longue floraison	nov.-déc.-janvier	février-mars-avril	mai-juin	juillet-août	sept.-octobre	fructification décorative	couvre-sol	murets, talus et rocailles	vivaces-massifs	annuelles	bisannuelles	bordures et massifs	sous-bois	qui aiment l'eau	limaces	allergies-toxiques	épineux	zones sensibles au gel
Jacinthe	■	■							■														■		
Millepertuis									■				■	■											
Millepertuis									■				■	■											
Millepertuis									■				■	■											
Millepertuis										■			■	■											
Hysope		■			■					■															
Thlaspi	■	■						■					■	■											
Thlaspi														■											■
Thlaspi	■	■						■					■	■											
Thlaspi									■					■					■						
Impatiente	■		■		■			■		■															
Balsamine	■			■				■		■															
Balsamine glandulifère	■	■	■		■			■			■								■						
Incarvillée	■									■															
Incarvillée	■									■															
Aunée							■			■															
Aunée							■			■															
Aunée		■					■			■															
Aunée							■			■															
Aunée							■			■															
Iphéion									■					■											
Volubilis								■													■				
Ipomée			■					■								■					■				
Iris									■					■							■				
Iris		■					■	■													■				
Iris										■											■				
Iris gigot		■										■									■				
Iris des jardins		■							■												■				
Iris japonica								■	■						■										
Iris										■											■				
Iris																					■				
Iris								■													■				
Iris des marais										■											■				
Iris		■						■						■							■				
Iris de Sibérie										■											■				
Iris									■												■				
Iris algérien		■					■	■						■							■				■
Iris	■																				■				
Iris d'Angleterre									■												■				
Iris de Hollande														■							■				
Ixia		■								■															■
Jasione														■											
Tritome	■									■	■					■									■
Tritome	■						■			■															
Faux petit cyprès			■		■																				
Gros-minet			■		■																				
Lamier			■							■			■						■						
Ortie rouge										■			■						■						
Lantana		■			■		■			■	■														■
Lantana	■	■							■	■	■				■										■
Pois-de-senteur							■			■															

L

	SOL					EXPOSITION					FEUILLAGE									
	humifère	sablonneux et sec	calcaire	frais ou humide	lourd	chaude	ombragée, mi-ombre	lumineuse	bord de mer	méditerranéenne	argenté ou grisâtre	doré	panaché	pourpre	caduc	persistant	blanches et vertes	bleues ou violettes	jaunes et orange	roses
Lathyrus odoratus		■		■				■		■						■	■	■	■	
Lathyrus vernus	■						■			■							■	■		■
Lavandula angustifolia		■	■			■		■	■		■			■				■		
Lavandula x intermedia		■	■			■		■	■		■			■				■		
Lavandula spica			■			■		■	■	■	■						■	■		■
Lavandula stoechas			■					■	■	■	■							■		
Lavatera trimestris				■	■	■		■									■			■
Leontopodium		■				■					■						■			
Leucojum aestivum				■	■		■		■								■			
Leucojum vernum				■	■		■										■			
Lewisia cotyledon				■				■	■	■				■			■		■	■
Liatris		■				■									■		■	■		■
Liatris scariosa				■														■		
Liatris spicata				■													■	■		■
Libertia formosa				■				■	■					■			■			
Ligularia clivorum	■											■							■	
Ligularia x palmatiloba	■			■	■		■									■			■	
Ligularia przewalskii	■																		■	
Ligularia stenocephala	■			■	■		■	■								■			■	
Ligularia wilsoniana	■						■	■											■	
Lilium auratum	■			■				■		■									■	
Lilium candidum		■			■			■	■	■							■			
Lilium hansonii		■	■	■			■	■	■	■									■	
Lilium henryi		■	■	■			■	■		■									■	
Lilium longiflorum	■	■						■		■							■			
Lilium martagon								■												
Lilium pardalinum giganteum	■			■				■		■									■	
Lilium regale		■			■			■		■							■			
Llium speciosum	■			■				■		■							■			
Lilium tigrinum	■	■			■			■		■									■	
Limnanthes douglasii		■		■				■	■								■	■	■	
Limonium latifolium		■						■	■	■							■	■	■	
Limonium sinuatum		■					■	■	■	■							■	■		
Limonium tataricum							■	■	■								■	■		
Linaria alpina							■	■	■									■		
Linaria cymbalaria							■	■	■									■		
Linaria maroccana		■	■			■	■	■	■								■		■	■
Linaria polychroma							■	■	■										■	
Linaria purpurea							■	■	■									■		
Linum flavum							■	■	■									■	■	
Linum grandiflorum							■	■	■								■	■	■	
Linum perenne							■	■	■								■	■		
Linum usitatissimum							■	■	■								■			
Liriope muscari	■						■			■			■	■				■		
Liriope spicata	■						■		■	■				■				■		
Lithospermum	■	■					■	■	■					■				■		
Lobelia cardinalis	■						■		■						■				■	
Lobelia erinus		■					■	■	■								■	■		
Lobelia fulgens	■						■												■	
Lobelia x speciosa	■		■		■		■						■		■				■	
Lobelia syphilitica	■						■											■		

622

Tableau de caractéristiques (FLEURS · ANNUELLES · FLORAISON · UTILISATION · PROBLEMES)

rouges ou pourpres	parfumées ou aromatiques	à semer en place	à semer et à repiquer	qui peuvent se ressemer seules	longue floraison	nov.-déc.-janvier	février-mars-avril	mai-juin	juillet-août	sept.-octobre	fructification décorative	couvre-sol	murets, talus et rocailles	vivaces-massifs	annuelles	bisannuelles	bordures et massifs	sous-bois	qui aiment l'eau	limaces	allergies-toxiques	épineux	zones sensibles au gel	
■	■	■		■	■				■															Pois-de-senteur
■					■				■															Pois-de-senteur
	■							■	■				■	■			■						■	Lavande
	■						■		■				■	■			■							Lavande
	■				■				■			■												Lavande
	■				■				■			■												Lavande
		■																						Lavatère
								■																Edelweiss
	■						■					■									■			Nivéole
	■					■	■					■									■			Nivéole
■					■		■					■											■	Lewisia
■									■	■				■										Liatris
					■				■	■									■					Liatris
									■	■									■					Liatris
									■														■	Libertia
	■																		■					Ligulaire
								■	■									■						Ligulaire
										■														Ligulaire
								■	■		■			■				■						Ligulaire
											■													Ligulaire
	■								■	■									■					Lis doré du Japon
	■								■					■					■					Lis blanc, lis de la Madone
	■								■										■					Lis
	■								■	■									■					Lis
	■								■					■					■				■	Lis
■	■								■										■					Lis
■									■										■					Lis
	■								■			■							■					Lis royal
	■								■										■					Lis
									■	■									■					Lis tigré
			■		■							■												Limnanthès
■			■									■												Statice
■			■		■							■												Statice
			■		■							■												Statice
				■								■												Linaire
				■				■		■		■												Linaire cymbalaire
		■		■								■												Linaire
				■								■												Linaire
				■					■			■												Linaire
									■															Lin
		■							■															Lin
				■					■															Lin
									■															Lin ordinaire
					■						■							■						Liriope
					■					■								■						Liriope
					■			■	■	■		■												Grémil
■					■				■															Lobélia
			■		■				■			■							■					Lobélia
■									■			■												Lobélia
■									■	■				■									■	Lobélia
									■															Lobélia

	SOL					EXPOSITION					FEUILLAGE									
	humifère	sablonneux et sec	calcaire	frais ou humide	lourd	chaude	ombragée, mi-ombre	lumineuse	bord de mer	méditerranéenne	argenté ou grisâtre	doré	panaché	pourpre	caduc	persistant	blanches et vertes	bleues ou violettes	jaunes et orange	roses
Lobelia x vedrariensis	■							■									■			
Lobularia maritima		■	■					■									■			
Lotus berthelottii		■						■		■	■									
Lotus corniculatus								■		■									■	
Lunaria annua		■	■		■		■						■					■		■
Lunaria rediviva				■	■		■								■		■			
Lupinus arboreus								■									■	■	■	■
Lupinus polyphyllus		■			■			■									■	■		■
Lupinus tricolor								■		■							■	■	■	
Lychnis alpina								■									■			■
Lychnis chalcedonica				■				■									■			■
Lychnis coronaria				■	■			■	■		■						■			■
Lychnis flos-cuculi				■			■	■												■
Lychnis flos-jovis				■				■			■									■
Lychnis haageana		■						■												■
Lysichiton americanus	■						■	■											■	
Lysichiton camtschatcensis	■		■	■			■									■	■			
Lysimachia barystachys			■	■				■								■	■			
Lysimachia ciliata			■	■			■	■						■		■			■	
Lysimachia clethroides		■		■	■		■	■								■	■			
Lysimachia ephemerum							■	■			■					■				
Lysimachia nummularia		■		■			■	■				■								
Lysimachia punctata	■			■			■	■											■	
Lythrum salicaria				■			■	■												■
Macleaya cordata				■	■		■		■											■
Macleaya microcarpa			■	■				■	■		■									■
Malcolmia maritima			■					■	■	■							■	■		■
Malope trifida			■					■		■							■			■
Malva alcea		■				■		■								■				■
Malva moschata			■	■	■			■	■								■			
Matteucia struthiopteris	■					■														
Matthiola incana		■	■					■	■	■							■	■	■	
Maurandia		■						■		■			■							■
Meconopsis betonicifolia	■						■										■	■		
Meconopsis cambrica	■						■											■	■	
Meconopsis grandis	■						■											■		
Meconopsis napaulensis	■						■	■									■		■	
Mentzelia hispida								■	■	■									■	
Mentzelia lindleyi		■						■	■	■									■	
Mertensia virginica	■						■				■							■		
Mesembryanthemum criniflorum		■	■			■		■	■	■							■		■	■
Mimulus cardinalis	■							■	■										■	■
Mimulus luteus	■		■	■				■								■			■	
Mimulus ringens	■		■					■								■	■			
Minuartia laricifolia		■		■				■	■	■							■			
Mirabilis jalapa		■	■					■	■	■							■		■	■
Miscanthus floridulus			■	■			■									■				
Miscanthus sacchariflorus			■	■												■				
Miscanthus sinensis			■	■												■				
Molucella laevis								■		■							■			
Monarda citriodora				■				■												■

Tableau — FLEURS / ANNUELLES / FLORAISON / UTILISATION / PROBLEMES

Plante	rouges ou pourpres	parfumées ou aromatiques	à semer en place	à semer et à repiquer	qui peuvent se ressemer seules	longue floraison	nov.-déc.-janvier	février-mars-avril	mai-juin	juillet-août	sept.-octobre	fructification décorative	couvre-sol	murets, talus et rocailles	vivaces-massifs	annuelles	bisannuelles	bordures et massifs	sous-bois	qui aiment l'eau	limaces	allergies-toxiques	épineux	zones sensibles au gel
Lobélia										■														
Alysse maritime ou odorant		■			■					■			■	■										
Lotier de Berthelot			■		■				■															
Lotier					■				■															
Monnaie-du-Pape, herbe-aux-écus	■	■			■							■												
Lunaire vivace	■								■						■			■						
Lupin	■	■			■				■												■	■		
Lupin	■	■			■				■												■	■		
Lupin	■	■	■		■				■												■	■		
Viscaria alpina	■								■					■										
Croix-de-Malte, croix-de-Jérusalem	■											■									■			
Coquelourde des jardins	■				■							■												
Œillet de Jupiter	■								■															
Lychnis	■								■															
Lychnis	■								■												■			
Lysichiton		■			■			■												■	■			
Lysichiton								■	■											■	■			
Lysimaque									■					■										
Lysimaque									■	■				■										
Lysimaque						■			■				■											
Lysimaque									■				■											
Herbe-aux-écus									■				■	■										
Lysimaque		■							■															
Salicaire						■			■											■				
Bocconia	■				■																			
Bocconia					■																			
Julienne de Mahon	■	■	■		■				■			■												
Malope	■		■						■															
Mauve	■				■				■					■										
Mauve	■								■															
Fougère plume-d'autruche																			■					
Giroflée quarantaine		■							■															
Maurandia	■								■															
Pavot de l'Himalaya									■												■	■		
Méconopsis								■				■										■		
Pavot gallois									■												■	■		
Méconopsis									■													■		
Mentzélia	■											■												
Mentzélia		■	■							■		■												
Cousoude de Virginie		■	■							■														
Ficoïde	■				■								■	■										
Mimulus	■																				■			■
Mimulus								■	■					■										
Mimulus				■				■	■					■						■				
Minuartia												■												
Belle-de-nuit	■	■	■		■					■														
Miscanthus									■	■	■	■		■										
Miscanthus										■	■			■										
Miscanthus										■	■													
Clochette d'Irlande		■	■		■	■						■												
Monarde			■						■	■				■	■									

	SOL					EXPOSITION					FEUILLAGE									
	humifère	sablonneux et sec	calcaire	frais ou humide	lourd	chaude	ombragée, mi-ombre	lumineuse	bord de mer	méditerranéenne	argenté ou grisâtre	doré	panaché	pourpre	caduc	persistant	blanches et vertes	bleues ou violettes	jaunes et orange	roses
Monarda didyma				■	■					■						■		■		■
Monarda fistulosa		■			■			■							■					■
Moraea						■		■										■	■	
Morina longifolia	■							■	■	■										■
Muehlenbeckia complexa										■						■				
Muscari armeniacum		■		■				■										■		
Muscari comosum		■		■				■										■		
Muscari latifolium		■		■				■										■		
Muscari moschatum		■		■				■										■		
Muscari tubergenianum		■		■				■										■		
Myosotis alpestris			■					■									■		■	
Myosotis palustris	■		■	■		■										■		■		
Myrrhis odorata			■													■	■			
Narcissus bulbocodium			■	■			■									■			■	
Narcissus canaliculatus							■									■			■	
Narcissus juncifolius							■									■			■	
Narcissus poeticus			■				■									■			■	
Narcissus pseudonarcissus				■			■									■			■	
Narcissus tazetta		■		■			■		■	■						■			■	
Narcissus triandrus				■			■									■			■	
Nelumbo nucifera				■				■								■			■	
Nemesia strumosa		■						■	■										■	■
Nemophila maculata		■			■	■										■		■		
Nemophila menziesii		■		■		■									■			■		
Nepeta x faassenii		■	■					■		■					■			■		
Nepeta govaniana				■				■								■		■		
Nepeta mussinii	■	■				■		■								■		■		
Nepeta nervosa	■					■		■								■		■		
Nepeta sibirica	■					■		■								■		■		
Nerine bowdenii		■						■	■	■										■
Nicandra physalodes	■	■		■				■	■	■						■		■		
Nicotiana affinis			■					■								■				■
Nicotiana sylvestris			■					■		■						■				
Nigella		■		■				■								■	■	■	■	
Nymphaea hybride								■		■						■		■	■	
Nymphaea x marliacea								■								■			■	
Oenothera berlandieri		■	■			■		■	■							■			■	
Oenothera biennis								■	■										■	
Oenothera lamarckiana								■	■										■	
Oenothera missouriensis								■	■										■	
Oenothera odorata			■	■				■								■			■	
Oenothera perennis			■					■											■	
Oenothera pumila								■											■	
Oenothera speciosa		■	■					■								■	■			■
Oenothera tetragona								■	■										■	
Omphalodes cappadocica	■		■				■									■		■		
Omphalodes verna	■						■											■		
Onoclea sensibilis	■						■													
Onopordum bracteatum		■	■		■			■	■	■										
Origanum laevigatum				■			■												■	
Origanum vulgare		■	■				■	■			■					■		■		

N

O

626

Plante	rouges ou pourpres	parfumées ou aromatiques	à semer en place	à semer et à repiquer	qui peuvent se ressemer seules	longue floraison	nov.-déc.-janvier	février-mars-avril	mai-juin	juillet-août	sept.-octobre	fructification décorative	couvre-sol	murets, talus et rocailles	vivaces-massifs	annuelles	bisannuelles	bordures et massifs	sous-bois	qui aiment l'eau	limaces	allergies-toxiques	épineux	zones sensibles au gel
Monarde	■	■								■														
Monarde		■								■	■				■									
Moraéa																								
Morina		■							■					■										
Muehlenbeckia																								
Muscari									■					■										
Muscari		■							■					■										
Muscari		■							■					■										
Muscari		■							■					■										
Muscari		■							■					■										
Myosotis		■	■		■			■	■				■	■										
Myosotis					■	■			■	■	■				■									
Cerfeuil musqué		■							■			■												
Narcisse		■							■				■									■		
Narcisse		■							■													■		
Narcisse		■							■													■		
Narcisse des poètes, jeannette, porillon		■							■													■		
Faux narcisse, coucou		■							■													■		
Narcisse à bouquet ou de Constantinople		■					■	■	■													■		■
Narcisse		■							■													■		
Lotus		■								■														
Némésia				■																				
Némophile	■		■		■				■												■			
Némophile			■		■																■			
Népéta		■				■				■			■	■										
Népéta		■						■		■					■								■	
Népéta		■				■			■	■	■			■				■						
Népéta		■						■	■	■					■								■	
Népéta		■				■				■					■								■	
Lis de Guernesey, nérine		■				■					■			■							■	■	■	
Nicandra					■					■												■		
Tabac d'ornement	■	■		■						■												■		
Tabac d'ornement		■		■						■												■		
Nigelle, cheveux-de-Vénus	■	■	■		■					■														
Nymphéa	■									■										■				
Nymphéa		■								■										■				
Œnothère										■	■			■	■									
Œnothère, primevère du soir		■								■														
Œnothère										■			■	■										
Œnothère										■			■											
Œnothère										■	■				■									
Œnothère										■														
Œnothère		■								■	■				■									
Œnothère										■														
Nombril de Vénus								■	■				■	■				■	■					
Petite bourrache								■	■				■	■				■			■			
Onoclée, fougère									■									■						
Chardon-aux-ânes					■					■													■	
Origan										■	■			■	■									
Origan		■								■	■		■	■	■			■						

P

Espèce	SOL					EXPOSITION					FEUILLAGE									
	humifère	sablonneux et sec	calcaire	frais ou humide	lourd	chaude	ombragée, mi-ombre	lumineuse	bord de mer	méditerranéenne	argenté ou grisâtre	doré	panaché	pourpre	caduc	persistant	blanches et vertes	bleues ou violettes	jaunes et orange	roses
Ornithogalum arabicum		■		■				■	■	■							■			
Ornithogalum magnum				■				■	■	■							■			
Ornithogalum nutans		■	■	■				■	■	■							■			
Ornithogalum thyrsoides		■		■				■	■	■							■			
Ornithogalum umbellatum		■	■	■				■	■	■							■			
Osmunda regalis	■																			
Osteospermum aurantiacum		■				■		■	■	■							■		■	
Osteospermum ecklonis		■				■		■	■	■							■			
Osteospermum hybrides		■				■		■	■	■				■	■		■	■		■
Ourisia coccinea	■																			
Ourisia macrophylla	■																■			
Oxalis adenophylla	■	■						■	■	■	■						■			■
Oxalis deppei		■		■				■	■	■							■			■
Pachysandra terminalis	■						■							■						
Paeonia canbessedessii								■							■					■
Paeonia lactiflora		■		■				■	■						■					■
Paeonia lutea hybrides								■							■				■	
Paeonia mlokosevitschii								■							■				■	
Paeonia officinalis		■		■				■							■					■
Paeonia peregrina								■							■					
Paeonia tenuifolia								■							■					
Papaver alpinum									■						■				■	
Papaver atlanticum							■								■				■	
Papaver nudicaule		■						■	■	■							■		■	
Papaver officinalis								■									■	■	■	■
Papaver orientale		■						■									■	■	■	■
Papaver rhoeas		■	■					■	■	■							■		■	■
Papaver somniferum								■		■	■						■		■	
Paradisea liliastrum								■									■			
Pelargonium capitatum		■					■	■	■					■						■
Pelargonium endlicherianum							■	■	■					■						■
Pelargonium x fragrans							■	■	■					■						
Pelargonium graveolens		■	■				■	■	■							■				■
Pelargonium peltatum		■	■				■	■	■							■				■
Pelargonium quercifolium							■	■	■							■				■
Pelargonium radens							■	■	■							■				
Pelargonium regale		■	■				■	■	■								■			■
Pelargonium tomentosum		■	■				■	■	■								■			■
Pelargonium zonale		■	■				■	■	■									■		■
Peltiphyllum peltatum			■	■				■												■
Pennisetum alopecuroides								■	■											
Pennisetum japonicum			■					■	■											
Pennisetum orientale			■					■	■											
Pennisetum setaceum		■				■		■												
Penstemon barbatus							■	■	■					■					■	
Penstemon heterophyllus								■	■								■		■	
Penstemon hirsutus							■	■	■						■		■	■		■
Penstemon hybrides							■	■	■					■	■			■		■
Penstemon pinifolius								■	■								■		■	
Petasites fragrans				■		■											■			
Petunia x hybrida		■	■					■	■								■	■	■	■

rouges ou pourpres	parfumées ou aromatiques	à semer en place	à semer et à repiquer	qui peuvent se ressemer seules	longue floraison	nov.-déc.-janvier	février-mars-avril	mai-juin	juillet-août	sept.-octobre	fructification décorative	couvre-sol	murets, talus et rocailles	vivaces-massifs	annuelles	bisannuelles	bordures et massifs	sous-bois	qui aiment l'eau	limaces	allergies-toxiques	épineux	zones sensibles au gel	
				■	■	■						■								■	■			Ornithogale
					■		■	■				■								■	■			Ornithogale
					■		■	■												■	■			Ornithogale
					■		■	■												■	■			Ornithogale
					■		■													■	■			Dame-d'onze-heures
	■				■			■																Osmonde royale
		■			■								■										■	Dimorphothéca
			■		■								■										■	Souci pluvial
	■				■			■		■				■									■	Dimorphothéca
■								■																Ourisia
								■					■											Ourisia
							■	■			■		■											Oxalis, surelle
								■				■												Oxalis
	■							■				■					■							Pachysandra
								■						■										Pivoine
■	■						■														■			Pivoine de Chine
								■					■											Pivoine
						■	■						■											Pivoine
■	■						■														■			Pivoine
■							■						■											Pivoine
■							■						■											Pivoine
■							■																	Pavot des Alpes
							■					■	■											Pavot
			■					■				■												Pavot d'Islande
■								■																Pavot
■			■							■														Pavot orientale
■		■	■					■																Coquelicot
■		■	■					■																Pavot à opium
	■							■																Lis de St-Bruno
							■	■															■	Géranium rosat
								■	■				■										■	Pélargonium
																							■	Pélargonium
								■															■	Pélargonium
■	■				■			■	■														■	Géranium-lierre
■	■				■			■	■														■	Pélargonium
								■															■	Pélargonium
■							■	■															■	Géranium
■	■				■			■															■	Géranium menthe
■	■							■															■	Geranium
	■							■																Pelptiphyllum
					■					■			■											Pennisetum
					■					■			■											Pennisetum
					■						■													Pennisetum
								■	■		■				■	■								Pennisetum
■							■	■	■					■										Penstémon
■								■																Penstémon
■								■																Penstémon
							■	■					■	■						■				Penstémon
■							■	■						■						■				Penstémon
								■																Penstémon
	■							■																Tussilage
■	■		■					■																Pétunia

	SOL					EXPOSITION					FEUILLAGE									
	humifère	sablonneux et sec	calcaire	frais ou humide	lourd	chaude	ombragée, mi-ombre	lumineuse	bord de mer	méditerranéenne	argenté ou grisâtre	doré	panaché	pourpre	caduc	persistant	blanches et vertes	bleues ou violettes	jaunes et orange	roses
Petunia violacea						■	■			■										
Phacelia campanularia		■		■			■			■	■							■		
Phacelia tanacetifolia				■			■			■	■							■		
Phalaris arundinacea			■				■	■		■		■				■				
Phlomis cashmeriana		■				■	■	■		■	■					■				■
Phlomis fruticosa		■					■	■		■									■	
Phlomis samia		■	■		■		■	■		■									■	
Phlomis tuberosa			■	■	■		■								■					■
Phlox carolina				■			■								■	■				
Phlox divaricata	■			■			■								■			■		
Phlox douglasii							■									■			■	
Phlox drummondii							■									■	■	■	■	■
Phlox maculata							■									■	■			■
Phlox paniculata				■			■									■	■	■		■
Phlox stolonifera	■					■								■				■		
Phlox subulata							■									■	■			■
Phormium hybride		■				■		■		■			■	■	■					
Phormium tenax		■	■				■	■	■	■			■	■						
Phygelius aequalis		■		■		■	■			■				■	■				■	
Phygelius capensis		■	■				■	■		■										
Phyllitis scolopendrium			■	■		■		■	■	■						■				
Physalis franchetii		■	■	■	■		■			■										
Physostegia virginiana	■						■										■			■
Phytolacca americana	■						■									■				■
Pinguicula grandiflora				■			■											■		
Platycodon grandiflorus		■				■	■								■		■	■		■
Plumbago capensis							■											■		
Podophyllum	■					■										■				
Polemonium carneum						■				■						■				■
Polemonium coeruleum				■			■			■								■		
Polemonium foliosissimum				■			■			■						■				
Polemonium pauciflorum		■				■													■	
Polemonium pulcherrimum		■					■									■				
Polemonium reptans		■					■									■		■		
Polygonatum commutatum			■													■				
Polygonatum multiflorum				■		■										■				
Polygonatum odoratum			■	■		■										■				
Polygonum affine			■	■			■							■		■				■
Polygonum amplexicaule			■	■			■													■
Polygonum bistorta			■				■													■
Polygonum campanulatum							■										■			■
Polygonum capitatum						■							■	■	■					■
Polygonum compactum							■													■
Polygonum filiforme			■				■					■				■				
Polygonum polystachyum			■				■									■	■			
Polygonum vaccinifolium	■						■													■
Polygonum weyrichii			■				■									■	■			
Polypodium vulgare	■					■										■				
Polystichum aculeatum	■					■										■				
Polystichum falcatum	■					■			■							■				
Polystichum polyblepharum	■					■										■				

Légende des en-têtes :

FLEURS : rouges ou pourpres · parfumées ou aromatiques
ANNUELLES : à semer en place · à semer et à repiquer · qui peuvent se ressemer seules
FLORAISON : longue floraison · nov.-déc.-janvier · février-mars-avril · mai-juin · juillet-août · sept.-octobre · fructification décorative
UTILISATION : couvre-sol · murets, talus et rocailles · vivaces-massifs · annuelles · bisannuelles · bordures et massifs · sous-bois · qui aiment l'eau
PROBLEMES : limaces · allergies-toxiques · épineux · zones sensibles au gel

Plante	rouges ou pourpres	parfumées ou aromatiques	à semer en place	à semer et à repiquer	qui peuvent se ressemer seules	longue floraison	nov.-déc.-janvier	février-mars-avril	mai-juin	juillet-août	sept.-octobre	fructification décorative	couvre-sol	murets, talus et rocailles	vivaces-massifs	annuelles	bisannuelles	bordures et massifs	sous-bois	qui aiment l'eau	limaces	allergies-toxiques	épineux	zones sensibles au gel
Pétunia	■															■								
Phacélia			■		■					■	■		■								■			
Phacélia			■		■					■	■		■								■			
Phalaris, ruban de bergère												■												
Sauge de Jérusalem										■					■									■
Sauge de Jérusalem											■													
Sauge de Jérusalem												■	■											
Sauge de Jérusalem									■	■					■									
Phlox										■	■				■									
Phlox									■									■						
Phlox									■				■	■										
Phlox	■			■																				
Phlox										■														
Phlox						■																		
Phlox	■	■				■																		
Phlox								■	■				■	■				■						
Phlox-mousse	■								■				■	■										
Lin															■									■
Lin de Nouvelle-Zélande															■									■
Fuchsia du Cap	■									■	■				■									■
Fuchsia du Cap	■								■															
Scolopendre					■								■											
Coqueret, amour en cage											■													
Physostégia						■			■															
Raisin d'Amérique, teinturier				■																		■		
Violette-des-marais									■				■											
Platycodon									■	■				■	■									
Plumbago du Cap									■															■
Podophyllum												■						■		■				
Polemonium								■	■					■	■									
Valériane grecque									■															
Bâton-de-Jacob, polémoine									■															
Polemonium								■	■					■	■									
Polemonium								■	■						■									
Polemonium								■	■						■									
Sceau-de-Salomon											■	■							■			■		
Sceau-de-Salomon											■		■						■			■		
Sceau-de-Salomon								■	■			■		■					■					
Renouée		■						■	■			■		■										
Renouée						■																		
Renouée	■					■				■			■											
Renouée						■				■	■		■											
Renouée						■				■			■											
Renouée			■						■	■	■			■		■								
Renouée						■				■			■											
Renouée	■									■					■									
Renouée		■								■														
Renouée						■				■			■											
Renouée										■					■									
Polypode vulgaire		■											■					■						
Polystichum													■					■				■		
Polystichum													■					■				■		
Polystichum														■	■			■						

	SOL					EXPOSITION					FEUILLAGE									
	humifère	sablonneux et sec	calcaire	frais ou humide	lourd	chaude	ombragée, mi-ombre	lumineuse	bord de mer	méditerranéenne	argenté ou grisâtre	doré	panaché	pourpre	caduc	persistant	blanches et vertes	bleues ou violettes	jaunes et orange	roses
Polystichum setiferum	■						■		■						■					
Pontederia cordata				■			■										■			
Portulaca grandiflora		■	■				■	■	■										■	■
Potentilla alba				■			■								■	■				
Potentilla atrosanguinea							■	■	■											■
Potentilla megalantha			■		■	■									■				■	
Potentilla nepalensis			■				■								■				■	■
Potentilla x tonguei		■	■			■	■								■				■	
Primula acaulis				■			■												■	
Primula alpicola	■			■			■	■							■			■	■	
Primula auricula							■										■	■	■	■
Primula beesiana	■						■												■	
Primula bulleyana	■						■												■	
Primula capitata	■						■											■		
Primula denticulata	■						■										■	■		■
Primula florindae	■						■												■	
Primula helodoxa	■			■			■	■							■				■	
Primula japonica	■						■										■			■
Primula juliae	■						■										■			
Primula polyneura	■						■								■					■
Primula pulverulenta	■						■													■
Primula rosea	■						■													■
Primula sieboldii	■						■										■			
Prunella grandiflora			■	■										■		■	■	■		■
Prunella webbiana			■	■												■	■			■
Pulmonaria angustifolia			■				■	■										■		
Pulmonaria longifolia				■			■						■		■	■		■		
Pulmonaria officinalis			■				■				■		■		■			■		■
Pulmonaria rubra			■				■									■		■		
Pulmonaria saccharata			■				■						■							■
Pulsatilla vulgaris								■			■					■		■		
Puschkinia scilloides		■		■	■			■								■	■			
Ramonda pyrenaica			■				■									■	■	■		
Ranunculus asiaticus		■	■				■		■							■			■	■
Raoulia australis		■	■				■	■	■		■							■		
Reseda alba		■	■				■		■							■				
Rheum palmatum		■	■	■			■							■			■			
Rhodohypoxis baurii		■							■							■				■
Ricinus communis		■					■		■					■			■			
Rodgersia aesculifolia	■						■							■			■			
Rodgersia pinnata	■						■							■						■
Rodgersia podophylla	■		■	■			■							■			■			
Rodgersia tabularis	■						■										■			
Romneya coulteri		■					■	■	■								■			
Rudbeckia bicolor		■		■			■	■											■	
Rudbeckia fulgida		■		■			■	■											■	
Rudbeckia laciniata		■		■			■	■											■	
Rudbeckia nitida		■					■												■	
Ruscus aculeatus			■			■		■							■		■			
Ruta graveolens		■	■	■	■		■	■	■	■					■	■				
Sagina subulata		■	■				■									■	■			

rouges ou pourpres	parfumées	ou aromatiques	à semer en place	à semer et à repiquer	qui peuvent se ressemer seules	longue floraison	nov.-déc.-janvier	février-mars-avril	mai-juin	juillet-août	sept.-octobre	fructification décorative	couvre-sol	murets, talus et rocailles	vivaces-massifs	annuelles	bisannuelles	bordures et massifs	sous-bois	qui aiment l'eau	limaces	allergies-toxiques	épineux	zones sensibles au gel	
												■						■						■	Polystichum
									■											■					Pontéderie à feuilles en cœur
■		■	■			■			■				■												Pourpier à grandes fleurs
								■	■						■		■								Potentille
■									■	■		■	■												Potentille
									■	■					■										Potentille
										■	■				■										Potentille
									■		■				■										Potentille
				■		■							■												Primevère
	■							■	■						■										Primevère
■	■							■	■				■												Auricule, oreille d'ours
										■			■												Primevère
										■			■												Primevère
										■			■												Primevère
										■			■												Primevère denticulée
	■			■							■		■												Primevère
									■						■										Primevère
■				■				■		■			■												Primevère
								■	■				■												Primevère
									■						■										Primevère
■										■			■												Primevère
■								■					■												Primevère
■								■											■						Primevère
					■	■				■		■	■												Prunelle
					■	■				■		■	■												Prunelle
					■			■				■	■						■						Pulmonaire
								■	■						■				■						Pulmonaire
					■				■			■							■						Pulmonaire
■								■	■						■				■						Pulmonaire
					■				■			■	■						■						Pulmonaire
■											■		■										■		Anémone pulsatille, pulsatille de Pâques
								■					■								■				Puschkinia
									■				■												Ramonda
						■		■	■				■								■	■			Renoncule des fleuristes
■	■								■																Raoulia
	■	■		■		■																			Réséda
■						■					■										■				Rhubarbe d'ornement
■						■			■				■												Rhodohypoxis
		■	■								■											■			Ricin
	■								■																Rodgersia
■	■								■																Rodgersia
									■						■										Rodgersia
■	■								■																Rodgersia
■	■								■														■		Romneya
■				■					■	■															Rudbekia
■						■					■														Rudbekia
■						■			■																Rudbekia
■						■																			Rudbekia
■						■					■														Fragon petit-houx
	■								■				■												Rue
								■				■	■												Sagine

	SOL					EXPOSITION					FEUILLAGE									
	humifère	*sablonneux et sec*	*calcaire*	*frais ou humide*	*lourd*	*chaude*	*ombragée, mi-ombre*	*lumineuse*	*bord de mer*	*méditerranéenne*	*argenté ou grisâtre*	*doré*	*panaché*	*pourpre*	*caduc*	*persistant*	*blanches et vertes*	*bleues ou violettes*	*jaunes et orange*	*roses*
Sagittaria sagittifolia				■	■												■			
Salpiglossis sinuata		■						■	■								■	■	■	
Salvia argentea	■							■	■	■							■			
Salvia azurea	■		■			■		■								■		■		
Salvia coccinea								■	■	■							■			
Salvia farinacea	■							■	■	■							■	■		
Salvia grahamii								■	■	■										
Salvia haematodes								■	■	■										
Salvia horminum								■	■	■										
Salvia involucrata								■	■	■									■	
Salvia officinalis			■					■	■	■			■	■			■			
Salvia patens			■					■	■	■							■			
Salvia sclarea			■					■	■	■	■						■			
Salvia splendens								■	■	■									■	
Salvia superba								■		■							■			
Sanguinaria canadensis	■						■				■						■			
Sanguisorba obtusa				■	■		■										■		■	
Santolina chamaecyparissus		■	■		■			■	■	■					■			■		
Santolina virens		■	■		■			■	■	■						■		■		
Sanvitalia procumbens								■											■	
Saponaria x lempergii		■				■		■								■				■
Saponaria officinalis				■	■	■		■								■	■			■
Saponaria ocymoides								■		■							■			■
Sarracenia				■				■								■			■	
Saxifraga aizoon							■		■		■						■			
Saxifraga caespitosa							■		■								■			
Saxifraga cochlearis							■		■		■						■			
Saxifraga cortusifolia var. fortunei	■						■		■								■			
Saxifraga cotyledon		■				■		■								■	■			
Saxifraga decipiens							■		■								■			■
Saxifraga hypnoides	■						■		■							■	■			
Saxifraga linguaeformis							■		■								■			
Saxifraga oppositifolia							■		■									■		
Saxifraga stolonifera	■						■							■			■			
Saxifraga umbrosa	■						■		■							■				
Scabiosa atropurpurea								■	■								■	■		■
Scabiosa caucasica								■	■								■	■		■
Scabiosa columbaria		■				■		■							■			■		
Scabiosa graminifolia		■						■		■						■		■		
Scabiosa ochroleuca								■											■	
Schizanthus pinnatus		■						■	■								■		■	■
Schizostylis coccinea		■		■				■	■											■
Scilla sibirica		■		■			■										■	■		
Scilla tubergeniana							■	■	■								■	■		
Scutellaria indica								■								■	■			
Sedum aizoon								■	■	■									■	
Sedum album		■				■		■	■	■			■			■	■			
Sedum floriferum								■	■	■						■			■	
Sedum kamtschaticum		■				■		■	■	■						■			■	
Sedum lydium								■	■	■										
Sedum reflexum		■				■		■	■	■	■					■	■		■	

FLEURS					ANNUELLES		FLORAISON						UTILISATION								PROBLEMES				
rouges ou pourpres	parfumées	ou aromatiques	à semer en place	à semer et à repiquer	qui peuvent se ressemer seules	longue floraison	nov.-déc.-janvier	février-mars-avril	mai-juin	juillet-août	sept.-octobre	fructification décorative	couvre-sol	murets, talus et rocailles	vivaces-massifs	annuelles	bisannuelles	bordures et massifs	sous-bois	qui aiment l'eau	limaces	allergies-toxiques	épineux	zones sensibles au gel	
									■											■					Sagittaire, flèche d'eau
■		■							■																Salpiglossis
				■	■				■			■													Sauge argentée
									■	■					■										Sauge
									■																Sauge
									■																Sauge farineuse
	■		■		■				■																Sauge
					■				■																Sauge
	■			■	■				■																Sauge
					■				■	■															Sauge
					■				■					■											Sauge officinale
					■				■	■				■										■	Sauge bleue du Mexique
	■			■	■				■																Sauge sclarée
					■				■																Sauge
			■		■				■																Sauge
					■			■										■			■				Sanguinaire
									■																Pimprenelle
	■								■			■	■												Santoline
	■								■			■	■												Santoline verte
		■							■				■												Sanvitalia
					■			■	■	■			■	■			■								Saponaire
									■	■					■										Saponaire
■								■				■	■								■				Saponaire
■									■																Sarracenia
								■	■				■												Saxifrage
								■					■												Saxifrage
								■	■				■												Saxifrage
									■									■							Saxifrage
								■					■												Saxifrage
■								■					■												Saxifrage
								■				■	■												Gazon turc
								■																	Saxifrage
■								■					■												Saxifrage
								■					■												Saxifrage
									■	■		■													Désespoir des peintres
■	■	■							■																Scabieuse des jardins
	■																								Scabieuse
					■		■	■	■					■				■							Scabieuse
					■				■					■	■			■							Scabieuse
	■								■																Scabieuse
■		■	■		■				■	■											■				Shizanthus
■					■				■	■					■						■			■	Schizostylis
								■					■								■	■			Scille de Sibérie
								■					■								■	■			Scille de Perse
									■				■												Scutellaire
									■			■													Orpin
				■					■	■			■												Orpin
								■	■	■			■					■							Orpin
				■					■	■			■												Orpin
									■			■	■												Orpin
				■					■	■			■												Orpin

	SOL					EXPOSITION					FEUILLAGE									
	humifère	sablonneux et sec	calcaire	frais ou humide	lourd	chaude	ombragée, mi-ombre	lumineuse	bord de mer	méditerranéenne	argenté ou grisâtre	doré	panaché	pourpre	caduc	persistant	blanches et vertes	bleues ou violettes	jaunes et orange	roses
Sedum spathulifolium		■					■	■	■		■		■	■	■				■	
Sedum spectabile		■				■	■	■	■		■									■
Sedum spurium		■	■	■	■		■	■					■	■	■	■				■
Sedum telephium							■	■	■											
Sempervivum arachnoideum		■					■	■	■		■			■			■			■
Sempervivum calcareum	■	■		■			■	■	■					■						■
Sempervivum ciliosum	■	■		■			■	■						■						■
Sempervivum x piliferum	■	■						■						■						■
Sempervivum ruthenicum	■	■						■			■			■					■	
Sempervivum tectorum		■					■	■	■					■			■			
Senecio cineraria		■					■		■		■			■			■	■		■
Senecio greyi		■					■	■	■		■			■					■	
Shortia galicifolia	■					■														■
Shortia uniflora	■					■										■	■			
Sidalcea candida		■	■	■			■									■	■			
Sidalcea malvaeflora			■				■	■								■				■
Silene acaulis							■	■								■				■
Silene armeria							■	■								■				■
Silene maritima		■					■				■					■				■
Silene pendula							■	■								■				■
Silene schafta							■									■				■
Silybum marianum		■	■	■			■	■	■			■								■
Sisyrinchium striatum		■					■	■	■	■						■		■		
Smilacina racemosa		■	■			■											■			
Solanum capsicastrum		■					■		■						■		■		■	
Solanum crispum								■							■			■		
Solanum jasminoides															■			■		
Soldanella alpina	■																	■		
Soldanella montana	■																	■		
Solidago canadensis		■		■			■	■											■	
Solidago hybride		■	■	■			■	■								■			■	
Sparaxis tricolor		■					■		■										■	■
Sprekelia formosissima		■					■	■	■											■
Stachys byzantina		■	■	■	■		■	■	■				■						■	
Stachys grandiflora		■	■	■			■								■				■	
Stachys officinalis			■			■	■	■	■					■		■				
Sternbergia clusiana							■	■											■	
Sternbergia fischeriana							■	■											■	
Sternbergia lutea		■		■			■	■											■	
Stipa calamagrostis		■					■	■											■	
Stipa gigantea		■					■			■					■	■			■	
Stokesia laevis		■		■			■	■										■		
Symphytum caucasicum			■	■		■	■											■		
Symphytum grandiflorum			■	■		■										■			■	
Symphytum orientale						■											■			
Symphytum rubrum						■														■
Symphytum x uplandicum						■												■		
Tagetes erecta							■	■											■	
Tagetes patula							■	■											■	
Tellima grandiflora	■						■	■						■	■	■				
Teucrium chamaedrys							■	■												■

FLEURS		ANNUELLES			FLORAISON							UTILISATION								PROBLEMES				
rouges ou pourpres	parfumées ou aromatiques	à semer en place	à semer et à repiquer	qui peuvent se ressemer seules	longue floraison	nov.-déc.-janvier	février-mars-avril	mai-juin	juillet-août	sept.-octobre	fructification décorative	couvre-sol	murets, talus et rocailles	vivaces-massifs	annuelles	bisannuelles	bordures et massifs	sous-bois	qui aiment l'eau	limaces	allergies-toxiques	épineux	zones sensibles au gel	
	■								■			■	■											Orpin
■					■					■		■	■											Orpin
■									■			■	■											Orpin
■										■		■	■											Orpin
■									■				■											Voile de mariée
									■				■											Sempervivum
									■				■											Sempervivum
									■				■											Sempervivum
									■				■											Sempervivum
									■				■											Joubarbe des toits
■	■		■						■			■	■										■	Cinéraire
									■			■												Sénéçon
							■										■							Shortia
							■										■							Shortia
								■		■				■										Sidalcéa
■					■																			Sidalcéa
■	■			■	■			■	■				■											Silène acaule
■					■			■					■											Silène à bouquet
				■									■			■								Silène
		■		■	■			■					■											Silène de Crète
				■	■				■	■			■											Silène
				■	■						■													Silybum
				■							■		■											Sisyrinchium
	■																■							Faux-sceau-de-Salomon
											■													Solanum
											■													Piment d'ornement
											■													Solanum
							■						■						■					Soldanelle
							■						■						■					Soldanelle
	■				■				■	■		■												Verge d'or
									■	■				■										Verge d'or
■									■				■										■	Sparaxis
■									■				■											Croix de St-Jacques, lis de St-Jacques
■												■	■											Epiaire
								■						■										Epiaire
					■				■			■	■											Bétoine
					■					■			■											Sternbergia
										■														Sternbergia
										■			■											Sternbergia
	■											■	■											Stipe
											■													Stipe
	■								■				■											Stokesia
							■					■												Consoude
							■	■				■		■										Symphytum
								■				■												Symphytum
				■				■				■												Symphytum
								■	■			■												Symphytum
■	■	■			■				■															Rose d'Inde
■	■	■			■				■				■											Œillet d'Inde
				■					■			■					■							Tellima
									■	■														Germandrée petit chêne

	SOL					EXPOSITION					FEUILLAGE									
	humifère	sablonneux et sec	calcaire	frais ou humide	lourd	chaude	ombragée, mi-ombre	lumineuse	bord de mer	méditerranéenne	argenté ou grisâtre	doré	panaché	pourpre	caduc	persistant	blanches et vertes	bleues ou violettes	jaunes et orange	roses
Teucrium crispum							■	■												
Teucrium polium							■	■						■			■	■		
Thalictrum adiantifolium	■						■													
Thalictrum aquilegifolium				■			■										■	■		■
Thalictrum kiusianum	■						■													
Thalictrum speciosissimum	■						■			■									■	
Thermopsis lanceolata							■	■												■
Thermopsis montana		■					■												■	
Thunbergia alata		■					■		■										■	
Thunbergia grandiflora							■													
Thymus cilicicus			■				■		■							■				■
Thymus x citriodorus			■				■		■							■				■
Thymus hirsutus doerfleri			■				■		■							■				■
Thymus praecox var. pseudolanuginosus		■	■				■									■				■
Thymus serpyllum			■				■		■		■					■				■
Tiarella cordifolia	■					■	■							■		■				■
Tiarella trifoliata	■					■	■							■	■	■				■
Tiarella wherryi	■					■	■							■	■	■				■
Tigridia pavonia		■					■	■	■							■			■	■
Tolmiea menziesii	■					■	■									■				
Torenia fournieri		■					■		■											
Tradescantia x andersoniana	■					■	■										■	■		■
Tricyrtis hirta	■						■											■		■
Tricyrtis macropoda	■						■								■					■
Trillium erectum	■						■									■				■
Trillium grandiflorum	■						■									■				■
Trillium ovatum	■						■									■				■
Trillium sessile	■						■						■			■				■
Trillium undulatum	■						■									■				
Trollius chinensis	■							■											■	
Trollius europaeus	■							■											■	
Trollius hybride	■		■				■	■								■			■	
Trollius pumilus	■			■			■	■								■			■	
Tropaeoleum peregrinum		■				■	■	■	■				■						■	
Tropaeolum polyphyllum		■	■				■	■	■		■								■	
Tropaeolum speciosum	■	■	■	■		■	■	■	■										■	
Tropaeolum tuberosum			■				■	■	■										■	
Tulipa acuminata			■			■	■	■									■		■	
Tulipa clusiana			■			■	■	■									■			■
Tulipa Darwin			■														■	■		■
Tulipa double hâtive			■			■	■	■									■		■	
Tulipa double tardive			■			■	■	■									■			
Tulipa fleur de lys			■			■	■	■									■			
Tulipa fosteriana			■			■	■	■	■								■		■	
Tulipa greigii			■			■	■	■	■				■						■	
Tulipa kaufmanniana		■				■	■	■	■								■			■
Tulipa marjoletti		■				■	■	■										■		■
Tulipa Mendel		■				■	■	■									■		■	
Tulipa perroquet		■				■	■	■									■		■	■
Tulipa simple hâtive		■				■	■	■									■		■	■
Tulipa simple tardive		■				■	■	■								■			■	■

FLEURS					ANNUELLES		FLORAISON						UTILISATION								PROBLEMES				
rouges ou pourpres	parfumées	ou aromatiques	à semer en place	à semer et à repiquer	qui peuvent se ressemer seules	longue floraison	nov.-déc.-janvier	février-mars-avril	mai-juin	juillet-août	sept.-octobre	fructification décorative	couvre-sol	murets, talus et rocailles	vivaces-massifs	annuelles	bisannuelles	bordures et massifs	sous-bois	qui aiment l'eau	limaces	allergies-toxiques	épineux	zones sensibles au gel	
									■																Germandrée
									■													■			Germandrée
																						■			Pigamon
■								■	■													■			Pigamon
									■													■			Pigamon
									■																Pigamon
									■																Thermopsis
									■																Thermopsis
			■			■			■						■										Thunbergia
																									Thunbergia
	■								■			■	■												Thym
	■								■			■	■												Thym-citronnelle
	■								■			■	■												Thym
								■					■												Thym
	■								■			■	■												Thym serpolet, thym sauvage
								■	■	■		■													Tiarella
								■				■													Tiarella
									■		■	■													Tiarella
■									■												■				Œil-de-paon
												■							■		■				Tolmiea
				■					■												■				Torénia
■									■				■												Misère, éphémère de Virginie
						■					■							■			■				Tricyrtis
						■					■							■			■				Tricyrtis
■								■										■			■				Trillium
■								■										■			■				Trillium
■								■											■		■				Trillium
■								■											■		■				Trillium
								■										■			■				Trillium
									■					■								■			Trolle
								■	■					■								■			Trolle
							■	■							■										Trolle
								■							■										Trolle
		■				■			■						■									■	Capucine des canaris
						■			■						■									■	Capucine
■						■			■															■	Capucine
						■			■	■														■	Capucine
■								■				■	■												Tulipe
■								■	■			■	■												Tulipe
■													■												Tulipe
■								■	■				■												Tulipe
■									■				■												Tulipe
■									■				■												Tulipe
■								■	■				■												Tulipe
■								■	■				■												Tulipe
■								■					■												Tulipe
■									■				■												Tulipe
■													■												Tulipe
■									■				■												Tulipe
■								■					■												Tulipe
■									■				■												Tulipe

	SOL					EXPOSITION					FEUILLAGE									
	humifère	sablonneux et sec	calcaire	frais ou humide	lourd	chaude	ombragée, mi-ombre	lumineuse	bord de mer	méditerranéenne	argenté ou grisâtre	doré	panaché	pourpre	caduc	persistant	blanches et vertes	bleues ou violettes	jaunes et orange	roses
Tulipa sprengeri		■				■		■	■	■									■	
Tulipa sylvestris		■				■		■	■	■									■	
Tulipa tarda		■				■		■									■			
Tulipa Triomphe		■				■		■									■		■	■
Tunica saxifraga								■									■			■
Typha angustifolia			■					■												
Typha latifolia			■	■				■								■				
Typha minima			■					■												
Veratrum nigrum	■							■										■		
Veratrum viride																	■			
Verbascum bombyciferum	■	■						■			■			■					■	
Verbascum chaixii	■	■						■			■			■					■	
Verbascum hybride	■	■						■								■	■		■	■
Verbascum olympicum	■	■				■								■	■				■	
Verbascum phoeniceum	■	■						■								■			■	
Verbascum thapsus		■						■			■								■	
Verbena bonariensis		■						■										■		■
Verbena hastata								■									■	■		
Verbena hybride	■					■		■	■					■	■		■	■		■
Verbena peruviana	■					■		■	■					■	■		■	■		■
Verbena venosa								■	■	■							■	■		■
Veronica austriaca ssp. teucrium	■							■	■							■		■		
Veronica gentianoides			■					■										■		
Veronica incana								■	■		■			■			■	■		
Veronica longifolia								■										■		
Veronica prostrata		■						■	■							■		■		■
Veronica spicata								■			■						■	■		
Veronica virginica	■							■									■	■		
Vinca major	■	■	■	■	■	■					■			■			■	■		
Vinca minor	■					■					■			■			■	■	■	
Viola cornuta						■											■		■	
Viola hybride							■							■		■	■		■	
Viola labradorica	■						■					■				■	■	■		
Viola odorata	■						■										■	■		
Viola sororia	■		■		■		■									■	■	■		
Viola suavis							■									■				■
Viola wittrockiana							■										■	■	■	
Zantedeschia aethiopica	■						■		■								■		■	
Zantedeschia elliottiana			■	■			■		■					■			■		■	
Zantedeschia rehmanii			■	■			■		■										■	■
Zauschneria californica		■	■			■		■	■	■									■	
Zinnia elegans		■				■		■	■								■		■	■

V

Z

Tableau synoptique — **FLEURS · ANNUELLES · FLORAISON · UTILISATION · PROBLEMES**

rouges ou pourpres	parfumées ou aromatiques	à semer en place	à semer et à repiquer	qui peuvent se ressemer seules	longue floraison	nov.-déc.-janvier	février-mars-avril	mai-juin	juillet-août	sept.-octobre	fructification décorative	couvre-sol	murets, talus et rocailles	vivaces-massifs	annuelles	bisannuelles	bordures et massifs	sous-bois	qui aiment l'eau	limaces	allergies-toxiques	épineux	zones sensibles au gel	
■							■					■												Tulipe
■	■						■					■												Tulipe
							■					■												Tulipe
■							■					■												Tulipe
								■																Tunica
										■														Jonc, massette
								■	■	■									■					Jonc
										■														Jonc
								■													■			Varaire
								■													■			Varaire
				■				■																Molène
				■				■																Molène
							■	■						■										Molène
							■	■						■										Molène
■												■		■										Molène
				■																				Bouillon-blanc
	■			■	■		■		■			■											■	Verveine
	■		■	■	■			■	■			■											■	Verveine
■												■	■										■	Verveine
■												■	■										■	Verveine
■			■	■	■							■	■										■	Verveine
							■					■	■				■							Véronique
				■			■					■	■											Véronique
					■			■			■	■												Véronique
					■			■				■												Véronique
							■					■	■											Véronique
					■			■																Véronique
								■																Véronique
					■		■					■					■			■				Grande pervenche
							■					■					■			■				Petite pervenche
	■	■	■		■							■							■					Violette cornue
						■	■		■				■			■								Violette
	■			■			■				■	■				■								Petite pensée, violette
	■			■		■	■				■	■												Violette odorante
				■			■					■	■				■	■						Violette
						■	■		■				■				■							Violette
■	■		■		■		■	■	■		■								■					Pensée
					■			■												■				Arum d'Ethiopie
					■			■												■				Arum
					■			■												■				Arum rose
					■			■	■			■												Fuchsia de Californie
■			■					■	■										■					Zinnia

		UTILISATIONS					SOL					EXPOSITION						
	pousse vite	grand développement	petit développement	pour pentes et talus	baies	spécimens décoratifs	terre de bruyère	sablonneux et sec	calcaire	frais ou humide	glaise	chaude	ombragée, mi-ombre	lumineuse	bord de mer	méditerranéenne	argenté ou grisâtre	doré
Abelia chinensis			■		■							■		■	■			
Abelia x grandiflora			■		■							■		■	■			
Abelia schumannii			■		■							■		■	■			
Abies alba		■										■						
Abies balsamea		■	■			■												
Abies cephalonica		■				■		■	■			■		■				
Abies concolor		■				■								■				
Abies grandis	■	■								■								
Abies homolepis		■				■				■								
Abies koreana		■				■								■				
Abies lasiocarpa		■	■			■								■				
Abies nordmanniana	■	■																
Abies pinsapo		■						■	■					■				
Abies procera		■				■												
Acacia dealbata			■	■	■							■		■	■	■		
Acacia mucronata			■	■	■							■		■	■	■		
Acacia rhetinodes			■	■					■			■		■	■			
Acer campestre		■		■	■	■		■	■	■				■				
Acer capillipes		■		■		■						■		■				
Acer cappadoccicum		■		■		■		■	■					■			■	
Acer circinatum		■				■							■	■				
Acer davidii		■				■				■								
Acer ginnala			■	■	■	■								■				
Acer griseum			■			■							■	■				
Acer grosseri			■			■							■	■				
Acer japonicum			■			■							■					
Acer negundo			■		■	■			■					■				
Acer opalus			■	■	■	■		■	■			■		■		■		
Acer palmatum			■			■				■			■				■	
Acer pennsylvanicum			■			■				■								
Acer platanoides	■	■	■						■					■				
Acer pseudoplatanus	■	■						■	■					■	■			
Acer rubrum		■											■	■				
Acer rufinerve			■			■							■	■				
Acer saccharinum			■			■	■			■				■				
Acer saccharum		■				■				■				■				
Acer x zoeschense		■	■			■	■							■				
Aesculus x carnea		■				■			■					■				
Aesculus hippocastanum	■	■				■			■					■				
Aesculus parviflora			■										■	■				
Aesculus pavia			■										■	■				
Ailanthus altissima	■	■				■	■		■				■	■	■			
Ailanthus vilmoriniana	■	■				■	■		■				■	■	■			
Albizzia julibrissin		■				■		■				■		■				
Albizzia lophanta			■			■						■						
Alnus cordata		■		■	■				■				■	■	■			
Alnus glutinosa		■	■							■	■		■	■	■		■	
Alnus incana		■						■	■	■	■		■	■	■			
Alnus maritima			■							■			■	■	■			
Alnus rubra	■	■		■	■					■			■	■	■			
Amelanchier alnifolia			■		■					■			■	■				

FEUILLAGE						FLORAISON				FLEURS						HAUTEUR MAXIMALE DE L'ESPÈCE	PROBLEMES				
panaché	pourpre	couleur d'automne	pousse vite	caduc	persistant	printemps	été	automne	hiver	blanches	bleues, mauves	jaunes et orange	roses	rouges	parfumées		à épines	toxiques-allergies	ne supportant pas la pollution	zones sensibles au gel	
							■	■					■			1,5				■	Abélia
							■	■					■			2				■	Abélia
							■	■					■			1,5				■	Abélia
					■											45					Sapin des Vosges, sapin de Normandie
					■											15					Sapin baumier
					■											25					Sapin de Grèce
					■											35					Sapin du Colorado
					■											60					Sapin de Vancouver
					■											40					Sapin de Nikko, sapin du Japon
					■											10					Sapin de Corée
					■											15					Sapin
					■											30			■		Sapin du Caucase
					■											30					Sapin d'Espagne
					■											25					Sapin noble
					■	■			■			■			■	6				■	Mimosa argenté
					■	■			■			■			■	4				■	Mimosa
					■	■			■			■			■	8				■	Mimosa des quatre saisons
		■		■		■										20					Erable champêtre
	■	■		■		■										12					Erable
		■		■		■										20					Erable de Colchide
		■		■		■				■				■		10					Erable
		■		■		■										10					Erable
		■		■		■						■				6					Erable
		■		■		■						■				8					Erable
	■	■		■		■							■			3					Erable du Japon
■	■	■		■		■										7					Erable négundo
		■		■		■						■				10					Erable à feuilles d'obier
	■	■		■		■							■			5					Erable du Japon
	■	■		■		■										9					Erable jaspé
■	■	■		■		■						■				25					Erable plane
■		■		■		■										25					Erable sycomore
		■		■		■								■		20					Erable rouge
		■		■		■										10					Erable
	■	■		■		■						■				25					Erable argenté
	■	■		■		■										25					Erable à sucre
	■	■		■		■										15					Erable
		■		■		■								■		20					Marronnier rouge
		■		■		■				■						25					Marronnier commun
	■	■		■			■									4					Pavier blanc
		■		■			■							■		5					Pavier rouge
		■		■			■									25					Faux vernis du Japon
		■		■												16					Ailante
		■		■									■			10				■	Arbre de soie
		■		■					■			■				6				■	Albizzia
	■	■		■		■						■				17					Aulne de Corse
	■	■		■		■						■				25					Aulne glutineux
	■	■		■					■							15					Aulne blanc
	■	■		■				■								8					Aulne
	■	■		■		■						■				15					Aulne
	■	■		■		■				■						4					Amélanchier

B

	UTILISATIONS						SOL					EXPOSITION						
	pousse vite	grand développement	petit développement	pour pentes et talus	baies	spécimens décoratifs	terre de bruyère	sablonneux et sec	calcaire	frais ou humide	glaise	chaude	ombragée, mi-ombre	lumineuse	bord de mer	méditerranéenne	argenté ou grisâtre	doré
Amelanchier canadensis			■		■				■				■	■				
Amelanchier laevis			■	■					■				■	■				
Amelanchier lamarckii			■	■	■				■					■				
Aralia cachemirica			■			■						■		■				
Aralia elata			■			■			■	■		■		■				
Aralia spinosa			■			■			■	■		■						
Araucaria araucana		■				■								■				
Araucaria bidwillii		■				■								■		■		
Araucaria excelsa												■				■		
Arbutus andrachne			■			■						■		■	■	■		
Arbutus menziesii			■			■						■		■	■	■		
Arbutus unedo			■		■	■								■	■	■		
Artemisia absinthium			■	■			■	■				■		■		■	■	
Artemisia arborescens			■	■	■		■	■				■		■	■	■	■	
Artemisia cupaniana			■	■			■					■		■	■	■		
Artemisia schmidtiana			■	■			■	■				■		■	■	■	■	
Arundinaria anceps			■	■				■	■					■		■		
Arundinaria chino			■	■	■			■	■					■				
Arundinaria nitida			■	■	■	■		■	■				■	■				
Arundinaria pumila			■	■				■	■				■	■				
Arundinaria variegata			■	■				■	■					■				
Arundinaria viridistriata			■						■					■				
Atriplex halimus			■		■			■						■			■	
Atriplex portulacoides			■		■									■	■		■	
Aucuba himalaica			■		■	■			■	■			■	■	■			
Aucuba japonica			■		■	■	■	■		■			■	■	■			
Azalea mollis			■			■	■			■				■				
Azara integrifolia			■			■				■				■				
Azara microphylla			■		■	■				■				■				
Azara petiolaris			■			■				■				■				
Ballota pseudodictamnus			■			■						■		■			■	
Berberis x media			■	■	■									■				
Berberis darwinii			■	■	■	■			■			■		■				
Berberis polyantha			■	■	■									■				
Berberis pruinosa	■		■	■	■	■								■				
Berberis thunbergii			■	■	■									■				
Berberis umbellata			■	■	■									■				
Berberis vulgaris			■		■									■				
Berberis wilsoniae			■		■			■						■				
Berberis x frikartii			■		■				■		■			■				
Berberis x interposita			■		■									■				
Berberis x ottawensis	■		■	■	■								■	■				
Berberis x stenophylla	■		■		■			■						■				
Betula albo-sinensis		■				■		■		■				■				
Betula alleghaniensis		■				■								■				
Betula ermanii	■	■				■								■				
Betula humilis			■			■								■				
Betula maximowicziana	■	■				■								■				
Betula nana			■			■				■				■				
Betula pendula		■				■		■						■				
Betula pubescens		■				■				■				■				

	FEUILLAGE					*FLORAISON*				*FLEURS*						*HAUTEUR MAXIMALE DE L'ESPÈCE*	*PROBLEMES*				
panaché	*pourpre*	*couleur d'automne*	*pousse vite*	*caduc*	*persistant*	*printemps*	*été*	*automne*	*hiver*	*blanches*	*bleues, mauves*	*jaunes et orange*	*roses*	*rouges*	*parfumées*		*à épines*	*toxiques-allergies*	*ne supportant pas la pollution*	*zones sensibles au gel*	
		■		■		■				■						8					Amélanchier du Canada
	■			■		■				■					■	8					Amélanchier
	■			■		■				■						8					Amélanchier
				■			■			■						4					Aralia du Cachemire
				■			■									4	■				Angélique du Japon
		■		■			■			■						6	■				Angélique en arbre
					■											25	■				Araucaria du Chili
					■											25	■				Araucaria
					■											40				■	Araucaria
					■	■				■						4				■	Arbousier hybride
					■	■				■						5				■	Arbousier de Californie
					■	■				■						6				■	Arbre aux fraises
		■			■		■			■						1,2					Absinthe
					■											1,5					Armoise en arbre
					■		■			■						0,4				■	Armoise en arbre
		■			■		■									0,5				■	Armoise en arbre
					■											3					Bambou
					■											3					Bambou
					■											6					Bambou
					■											0,8					Bambou
■					■											1					Bambou
					■											1					Bambou
		■			■		■					■				2					Pourpier de mer, arroche halime
							■					■				0,5					Obione pourpier
					■	■										3					Aucuba
■					■	■										3					Aucuba du Japon
	■				■	■				■		■			■	2,5					*voir* Rodhodendron
					■			■				■				6					Azara
					■	■						■				5					Azara
					■				■			■				3					Azara
					■		■									0,5					Ballote
		■		■		■										1	■				Epine-vinette
				■		■		■				■				1	■				Epine-vinette
	■	■				■						■				3	■				Epine-vinette
				■		■						■				3	■				Epine-vinette
	■	■				■						■				1,5	■				Epine-vinette
		■				■						■				2	■				Epine-vinette
						■						■			■	3	■				Epine-vinette
		■				■						■				1,5	■				Epine-vinette
					■	■						■				1	■				Epine-vinette
	■			■		■						■				1,5	■				Epine-vinette
	■	■		■		■						■				2,5	■				Epine-vinette
					■	■						■				2,5	■				Epine-vinette
		■		■		■						■				12					Bouleau
		■		■		■						■				20					Bouleau des Alleghanys
		■	■	■		■						■				20					Bouleau d'Erman
		■		■		■						■				2,5					Bouleau
		■	■	■		■						■				25					Bouleau
		■		■		■						■				1					Bouleau nain
	■	■		■		■						■				25					Bouleau
		■	■	■		■						■				15					Bouleau pubescent

	UTILISATIONS						SOL					EXPOSITION						
	pousse vite	*grand développement*	*petit développement*	*pour pentes et talus*	*baies*	*spécimens décoratifs*	*terre de bruyère*	*sablonneux et sec*	*calcaire*	*frais ou humide*	*glaise*	*chaude*	*ombragée, mi-ombre*	*lumineuse*	*bord de mer*	*méditerranéenne*	*argenté ou grisâtre*	*doré*
Betula utilis		■		■		■		■						■				
Brahea armata		■				■			■			■		■	■	■		
Buddleia alternifolia			■	■		■		■	■			■		■	■			
Buddleia davidii	■		■	■	■	■		■				■		■	■			
Buddleia fallowiana			■	■		■		■	■			■		■	■			
Buddleia globosa	■		■	■	■	■		■				■		■	■			
Buddleia x weyeriana			■	■	■	■		■				■		■	■			
Bupleurum fruticosum			■	■		■		■					■	■				
Bupleurum longifolium			■	■	■							■	■	■				
Buxus balearica			■	■	■	■							■					
Buxus sempervirens			■	■	■	■			■	■			■					
Caesalpinia gilliesii			■			■			■		■					■		
Caesalpinia japonica			■			■			■							■		
Callicarpa bodinieri			■	■	■				■				■					
Callicarpa japonica			■	■	■	■			■				■					
Callistemon citrinus			■					■				■	■	■				
Callistemon rigidus			■					■				■	■	■				
Callistemon salignus			■					■				■	■	■				
Callistemon speciosus			■					■				■	■					
Calluna vulgaris			■	■			■	■					■				■	
Calocedrus decurrens		■				■			■				■					
Calycanthus floridus			■			■				■			■					
Camellia japonica			■		■	■	■						■	■				
Camellia sasanqua			■				■						■	■				
Camellia x williamsii			■				■						■	■				
Caragana arborescens			■	■	■			■				■	■	■				
Caragana decorticans			■	■	■			■				■	■	■				
Carpenteria californica			■			■						■		■		■		
Carpinus betulus		■		■	■	■			■	■				■				
Carpinus caroliniana		■			■	■			■	■				■				
Carpinus cordata		■			■	■			■	■				■				
Carpinus orientalis			■	■	■				■					■				
Carya aquatica	■		■			■				■				■				
Carya cordiformis	■	■				■				■				■				
Carya ovalis		■				■				■				■				
Carya ovata	■	■				■				■				■				
Carya tomentosa	■	■				■				■				■				
Caryopteris x clandonensis			■	■	■			■	■			■		■	■	■	■	
Caryopteris incana			■	■	■			■	■			■		■	■	■		
Cassia corymbosa			■			■		■				■		■		■		
Cassia hebecarpa			■					■				■		■				
Cassia fistula			■			■		■				■		■		■		
Cassiope fastigiata			■				■		■				■					
Cassiope mertensiana			■				■						■					
Cassiope tetragona			■				■						■					
Castanea sativa		■		■	■								■	■				
Catalpa bignonioides	■	■	■			■			■	■				■			■	
Catalpa fargesii		■				■			■	■				■				
Catalpa speciosa	■	■				■			■	■				■				
Ceanothus arboreus			■	■	■	■		■				■		■	■			
Ceanothus x delilianus			■		■	■						■		■	■			

FEUILLAGE						FLORAISON				FLEURS						HAUTEUR MAXIMALE DE L'ESPÈCE	PROBLEMES				
panaché	pourpre	couleur d'automne	pousse vite	caduc	persistant	printemps	été	automne	hiver	blanches	bleues, mauves	jaunes et orange	roses	rouges	parfumées		à épines	toxiques-allergies	ne supportant pas la pollution	zones sensibles au gel	
		■		■		■						■				15					Bouleau blanc d'Europe
					■		■			■						13					Palmier
			■				■				■				■	3,5					Arbre aux papillons
			■				■									4					Arbre aux papillons
			■				■		■		■				■	2,5					Arbre aux papillons
			■		■		■					■			■	4					Arbre aux papillons
			■				■					■				3					Arbre aux papillons
					■		■					■				2,5				■	Buplèvre frutescent
					■	■	■					■				2				■	Buplèvre
					■											5					Buis de Mahon
					■											3					Buis commun
			■				■					■				4				■	Caesalpinia
			■			■	■					■				3	■			■	Caesalpinia
							■						■			2,5					Callicarpa
							■						■			1,5					Callicarpa
					■		■							■		2,5				■	Callistemon
					■		■							■		2,5				■	Callistemon
					■		■					■				2,5				■	Callistemon
					■		■							■		2,5				■	Callistemon
					■	■		■		■			■	■		0,4					Bruyère commune
■					■											30					Calocèdre ou libocèdre
			■												■	3					Arbre aux anémones
					■	■			■	■			■	■		3					Camélia
					■			■	■	■			■			3					Camélia
					■	■		■	■	■			■	■		3					Camélia
						■						■				5					Arbre aux pois
						■						■				4	■				Caragan
					■		■			■					■	2,5				■	Carpentéria
		■		■												20					Charme commun
		■		■												12					Charme d'Amérique
		■		■												15					Charme
		■		■												8					Charme
		■		■												10					Carya
		■		■												20					Carya amer
		■		■												25					Carya
		■		■												30					Carya blanc
		■		■												25					Carya tomentueux
				■			■				■					1,2					Caryoptéris
				■			■				■					1,5					Caryoptéris
					■		■					■				3				■	Casse
				■	■		■					■				2				■	Casse
				■	■		■					■				6				■	Faux séné
					■	■				■						0,2					Cassiope
					■	■				■						0,3					Cassiope
					■	■				■						0,2					Cassiope
		■					■			■						30					Châtaignier commun
	■			■			■			■						15					Catalpa commun
				■			■						■			15					Catalpa de Farges
				■			■			■						30					Catalpa
					■		■				■					2					Céanothe
				■			■				■					1,5					Céanothe

	UTILISATIONS						SOL					EXPOSITION						
	pousse vite	grand développement	petit développement	pour pentes et talus	baies	spécimens décoratifs	terre de bruyère	sablonneux et sec	calcaire	frais ou humide	glaise	chaude	ombragée, mi-ombre	lumineuse	bord de mer	méditerranéenne	argenté ou grisâtre	doré
Ceanothus impressus			■	■		■						■		■	■	■		
Ceanothus pallidus			■		■	■						■		■	■			
Ceanothus thyrsiflorus			■	■		■						■		■	■			
Cedrus atlantica	■	■				■								■			■	■
Cedrus deodara	■	■				■		■		■				■			■	■
Cedrus libani		■	■			■		■				■		■				
Cephalotaxus fortunei			■			■							■	■				
Cephalotaxus harringtonia		■				■			■				■					
Ceratostigma griffithii			■	■		■		■		■		■		■		■		
Ceratostigma minus			■	■		■		■		■		■		■		■		
Ceratostigma willmottianum			■	■	■	■		■		■		■		■		■		
Cercidiphyllum japonicum			■			■								■				
Cercidiphyllum magnificum			■			■								■				
Cercis canadensis			■			■				■		■		■				
Cercis chinensis			■			■						■		■		■		
Cercis occidentalis			■			■		■				■		■		■		
Cercis siliquastrum			■			■		■	■			■		■		■		
Chaenomeles japonica			■	■	■	■					■		■	■				
Chaenomeles speciosa			■	■	■	■					■		■	■				
Chaenomeles x superba				■	■	■					■			■				
Chamaecyparis lawsoniana	■	■	■			■			■	■				■			■	■
Chamaecyparis nootkatensis		■	■			■				■				■				■
Chamaecyparis obtusa			■	■		■				■			■	■				■
Chamaecyparis pisifera			■	■		■				■				■				■
Chamaecyparis thyoides			■	■		■				■				■				
Chamaerops humilis			■			■								■		■		
Chimonanthus praecox			■									■						
Choisya ternata			■		■	■						■	■	■				
Cistus x argenteus			■	■	■	■		■				■		■	■	■		
Cistus x corbariensis			■	■		■		■						■	■	■		
Cistus creticus			■	■		■		■						■	■	■	■	
Cistus x cyprius			■	■	■			■				■		■	■			
Cistus ladaniferus			■	■	■	■		■				■		■	■			
Cistus x lusitanicus			■	■		■		■						■	■			
Cistus parviflorus			■	■		■		■						■	■			
Cistus purpureus			■	■		■		■						■	■			
Cladrastis lutea			■			■						■		■				
Cladrastis sinensis			■			■								■				
Clematis heracleifolia			■	■					■				■	■				
Clematis integrifolia			■	■					■				■	■				
Clematis recta			■	■		■			■				■	■				
Clerodendron bungei			■									■	■	■				
Clerodendron fargesii			■			■				■		■	■	■				
Clerodendron splendens			■			■						■	■	■				
Clerodendron trichotomum			■									■	■	■				
Clethra alnifolia			■			■	■			■			■	■				
Clethra fargesii			■			■	■			■			■	■				
Colletia armata			■			■						■		■				
Colletia cruciata			■		■	■		■				■		■				
Colutea arborescens	■		■	■	■			■	■			■		■	■			
Colutea x media	■		■	■	■			■	■			■		■	■			

FEUILLAGE						FLORAISON				FLEURS						HAUTEUR MAXIMALE DE L'ESPÈCE	PROBLEMES				
panaché	pourpre	couleur d'automne	pousse vite	caduc	persistant	printemps	été	automne	hiver	blanches	bleues, mauves	jaunes et orange	roses	rouges	parfumées		à épines	toxiques-allergies	ne supportant pas la pollution	zones sensibles au gel	
					■	■					■					1,5					Céanothe
				■			■						■			1,5					Céanothe
				■		■					■					3					Céanothe
					■											25					Cèdre de l'Atlas
					■											25					Cèdre de l'Himalaya
					■											25					Cèdre du Liban
					■											6					Céphalotaxus de Fortune
					■											20					Céphalotaxus
	■			■			■	■			■					0,8				■	Cératostigma
	■			■			■	■			■					0,6				■	Cératostigma
	■			■			■	■			■					1				■	Cératostigma
	■			■		■										10			■		Katsura
	■			■		■										10			■		Cercidiphyllum
	■			■		■							■			6					Arbre de Judée
	■			■		■							■			4			■		Arbre de Judée
	■			■		■							■			4			■		Arbre de Judée
	■			■		■							■			6					Arbre de Judée
	■			■		■			■					■		2					Cognassier du Japon
	■			■		■			■				■	■		3					Cognassier du Japon
	■			■		■			■				■	■		3					Cognassier du Japon
					■											20					Cyprès de Lawson
■					■											15					Cyprès de Nootka
					■											5					Chamaecyparis, faux cyprès
					■											5					Chamaecyparis, faux cyprès
	■				■											1,5					Chamaecyparis, faux cyprès
					■											5				■	Palmier
		■		■					■			■			■	4				■	Chimonanthus
					■	■	■			■					■	2				■	Choisya, oranger du Mexique
					■		■						■			0,6				■	Ciste
					■		■			■						1				■	Ciste
					■		■						■			1				■	Ciste
					■		■			■						1,5				■	Ciste ladanifère
					■		■			■						2				■	Ciste
					■		■			■						1				■	Ciste
					■		■						■			1				■	Ciste
					■		■						■			1,5					Ciste
		■		■		■				■			■		■	10					Virgilier
	■			■			■						■			25					Cladrastis de Chine
		■					■				■					1					Clématite
		■					■				■					1					Clématite
	■						■			■					■	1					Clématite
				■			■	■					■		■	1,5					Clérodendron
				■			■			■					■	3					Clérodendron
				■			■							■		1,5				■	Clérodendron
				■			■			■					■	3,5				■	Clérodendron
	■	■		■			■			■					■	2					Cléthra
	■	■		■			■			■					■	3					Cléthra
		■		■			■	■		■					■	2				■	Collétia
		■		■			■	■		■					■	2,5				■	Collétia
		■		■			■					■				3					Baguenaudier commun
		■		■			■					■				2,5					Baguenaudier

	UTILISATIONS						SOL					EXPOSITION						
	pousse vite	grand développement	petit développement	pour pentes et talus	haies	spécimens décoratifs	terre de bruyère	sablonneux et sec	calcaire	frais ou humide	glaise	chaude	ombragée, mi-ombre	lumineuse	bord de mer	méditerranéenne	argenté ou grisâtre	doré
Colutea orientalis		■	■	■	■		■	■				■	■	■	■			
Cordyline australis		■			■		■					■	■	■	■	■		
Cordyline indivisa		■			■		■					■	■	■	■	■		
Coriaria japonica		■					■					■		■	■	■		
Coriaria myrtifolia		■					■					■		■	■	■		
Coriaria nepalensis		■					■					■		■	■	■		
Cornus alba	■	■		■	■					■	■			■				
Cornus controversa		■			■					■				■				
Cornus florida		■		■	■					■				■				
Cornus kousa		■		■	■									■				
Cornus mas		■	■	■	■		■	■		■	■			■				
Cornus nuttallii		■	■		■					■				■				
Cornus sanguinea		■	■	■				■						■				
Cornus stolonifera	■	■	■	■						■	■			■				
Coronilla emerus		■	■				■	■				■		■	■			
Coronilla glauca		■	■				■	■				■		■	■	■		
Corylopsis pauciflora		■			■	■				■				■				
Corylopsis sinensis		■			■					■				■				
Corylopsis spicata		■			■					■				■				
Corylopsis willmottiae		■			■					■				■				
Corylus avellana		■	■							■				■				■
Corylus maxima		■	■	■						■				■				
Cotinus coggygria		■			■		■	■				■		■				
Cotinus obovatus		■			■		■	■				■		■				
Cotoneaster franchetii		■	■										■	■				
Cotoneaster frigida	■	■			■								■	■				
Cotoneaster horizontalis		■	■		■		■	■	■				■	■				
Cotoneaster lactea	■	■	■		■								■	■				
Cotoneaster microphylla		■	■		■								■	■				
Cotoneaster salicifolia		■	■											■				
Cotoneaster splendens		■			■									■				
Cotoneaster x watereri	■	■	■	■									■	■				
Crataegus crus-galli		■	■	■			■						■	■				
Crataegus flava		■		■										■				
Crataegus x grignonensis		■		■	■									■				
Crataegus laevigata		■	■	■	■									■				
Crataegus lavallei		■	■	■	■									■				
Crataegus monogyna		■	■	■	■								■	■				
Crataegus pinnatifida		■	■	■			■						■	■				
Crinodendron hookerianum						■							■					
Crinodendron patagua		■			■	■							■					
Cryptomeria japonica		■	■		■	■							■					
X Cupressocyparis leylandii		■												■	■			■
Cupressus arizonica		■	■		■	■			■									
Cupressus cashmeriana		■												■			■	
Cupressus glabra		■												■				
Cupressus lusitanica		■										■		■				
Cupressus macrocarpa		■			■	■		■					■		■			
Cupressus sempervirens		■			■	■							■		■	■		
Cytisus albus			■	■			■	■						■	■			
Cytisus battandieri		■	■	■	■		■							■				

FEUILLAGE						FLORAISON				FLEURS						HAUTEUR MAXIMALE DE L'ESPÈCE	PROBLEMES				
panaché	pourpre	couleur d'automne	pousse vite	caduc	persistant	printemps	été	automne	hiver	blanches	bleues, mauves	jaunes et orange	roses	rouges	parfumées		à épines	toxiques-allergies	ne supportant pas la pollution	zones sensibles au gel	
				■			■					■				3					Baguenaudier du Levant
				■												8				■	Cordyline
				■												8				■	Cordyline
		■		■		■										1,5				■	Redoul
		■		■		■										2		■		■	Redoul ou corroyère
		■		■		■										3				■	Redoul
■		■		■		■										3					Cornouiller blanc
		■		■		■				■						7					Cornouiller
		■		■		■	■			■			■			6					Cornouiller à grandes fleurs
		■		■		■	■			■						6					Cornouiller kousa
■		■		■		■			■			■				5					Cornouiller mâle
		■		■		■				■						7					Cornouiller de Nuttall
		■		■		■				■						4					Cornouiller sanguin
		■		■		■				■						2,5					Cornouiller stolonifère
					■	■	■					■				1,5				■	Coronille des jardins
					■	■	■	■				■			■	2,5				■	Coronille
		■				■						■			■	1,5					Corylopsis
		■				■						■			■	3					Corylopsis
		■				■						■			■	3					Corylopsis
		■				■						■			■	4					Corylopsis
		■				■						■				5					Noisetier ou coudrier
	■	■				■						■				3,5					Noisetier de Lombardie
	■	■					■							■		4					Cotinus, arbre à perruques
	■	■					■						■			6					Cotinus, arbre à perruques
					■	■				■						2,5					Cotonéaster
					■	■				■						7					Cotonéaster
		■		■		■				■						1					Cotonéaster
					■	■				■						6					Cotonéaster
					■	■				■						1					Cotonéaster
					■	■				■						5					Cotonéaster
				■		■				■						2					Cotonéaster
					■	■				■						7					Cotonéaster
		■		■		■										10	■				Epine ergot-de-coq
	■	■		■		■				■						5	■				Epine à fruits jaunes
	■	■		■		■				■						7	■				Aubépine
	■	■		■		■				■			■	■	■	5	■				Aubépine
	■	■		■		■				■			■			6	■				Aubépine
	■	■		■		■				■						10	■				Aubépine monogyne
	■	■		■		■				■						6	■				Aubépine
					■	■								■		6				■	Arbre aux lanternes
					■	■				■						6				■	Crinodendron
		■			■											20				■	Cryptoméria, cèdre du Japon
					■											25					Cyprès de Leyland
					■											15					Cyprès de l'Arizona
					■											12					Cyprès du Cachemire
					■											10					Cyprès
					■											20				■	Cyprès de Goa
					■											20				■	Cyprès de Lambert
					■											20				■	Cyprès d'Italie
		■					■			■						0,6					Genêt blanc
		■				■						■				5					Genêt

	UTILISATIONS						SOL					EXPOSITION						
	pousse vite	grand développement	petit développement	pour pentes et talus	baies	spécimens décoratifs	terre de bruyère	sablonneux et sec	calcaire	frais ou humide	glaise	chaude	ombragée, mi-ombre	lumineuse	bord de mer	méditerranéenne	argenté ou grisâtre	doré
Cytisus purpureus			■	■		■		■						■				
Cytisus scoparius			■	■	■	■		■						■				
Cytisus scoparius hybrides			■	■	■	■		■						■				
Cytisus sessilifolius			■	■		■		■						■				
Cytisus x beanii			■	■		■		■						■				
Cytisus x kewensis			■	■		■		■						■				
Cytisus x praecox			■	■	■	■		■						■				
Daboecia x scotica			■				■		■				■	■				
Daphne bholua			■			■			■				■					
Daphne cneorum			■			■			■				■	■				
Daphne x hybrida			■			■			■				■					
Daphne mezereum			■			■			■				■					
Daphne odora			■			■			■				■					
Datura x candida												■		■		■		
Datura cornigera												■		■		■		
Datura sanguinea												■		■		■		
Datura suaveolens												■		■		■		
Datura versicolor						■						■		■				
Davidia involucrata	■	■				■			■				■					
Davidia vilmoriniana	■	■							■				■					
Desfontainea spinosa			■			■							■		■	■		
Deutzia gracilis			■						■				■	■				
Deutzia x hybrida			■	■	■				■				■					
Deutzia x magnifica			■	■	■				■				■	■				
Deutzia pulchra			■	■	■				■				■					
Deutzia scabra			■	■	■				■				■	■				
Dipelta floribunda			■			■							■	■				
Dipelta yunnanensis			■			■							■	■				
Drimys aromatica			■			■						■	■					
Drimys lanceolata			■			■							■					
Drimys winteri			■			■							■					
Elaeagnus angustifolia			■	■	■			■						■	■		■	
Elaeagnus commutata			■	■	■			■						■	■		■	
Elaeagnus x ebbingei			■	■	■								■	■				
Elaeagnus pungens			■	■	■								■	■				
Elaeagnus x umbellata			■	■	■			■						■				
Embothrium coccineum			■			■		■				■		■				
Embothrium lanceolatum			■			■		■				■		■				
Enkianthus campanulatus			■				■						■					
Enkianthus cernuus			■			■	■						■					
Enkianthus chinensis			■		■	■	■						■					
Enkianthus perulatus			■		■	■	■						■					
Erica arborea			■				■							■				
Erica carnea			■					■	■					■	■			
Erica cinerea			■											■	■			■
Erica x darleyensis			■						■					■	■			
Erica terminalis			■			■							■	■	■			
Erica tetralix			■				■			■			■					
Erica vagans			■						■		■			■				
Eriobotrya japonica			■		■	■				■		■		■				
Erythrina crista-galli			■			■		■				■		■		■		

FEUILLAGE						FLORAISON				FLEURS						HAUTEUR MAXIMALE DE L'ESPÈCE	PROBLEMES				
panaché	pourpre	couleur d'automne	pousse vite	caduc	persistant	printemps	été	automne	hiver	blanches	bleues, mauves	jaunes et orange	roses	rouges	parfumées		à épines	toxiques-allergies	ne supportant pas la pollution	zones sensibles au gel	
				■		■				■			■	■		0,5				■	Genêt
				■		■						■			■	2,5					Genêt à balais
				■		■				■		■	■	■		2,5					Genêt
				■		■						■				1,5					Genêt
				■		■						■				0,9					Genêt
				■		■				■						0,5				■	Genêt
				■		■				■						2					Genêt
					■		■	■		■			■			0,4				■	Daboecia
		■			■				■				■		■	0,7				■	Daphné
					■	■							■		■	0,5					Thymélée des Alpes
					■			■	■				■		■	1,5					Daphné
		■			■				■				■		■	0,7					Bois-joli
■					■				■				■		■	1,8					Daphné
					■		■	■	■	■					■	3		■		■	Datura
					■		■	■		■						1,5		■		■	Datura
					■		■	■				■				2,5					Datura
					■		■	■		■						3					Brugmansia odorant
					■		■	■				■				2,5					Datura
		■		■		■				■						15					Davidia, arbre aux mouchoirs
	■	■		■		■				■						15					Davidia, arbre aux mouchoirs
					■		■					■				1,5	■				Desfontainéa
				■		■				■						0,7					Deutzia
				■		■	■						■			2					Deutzia
				■		■				■						3					Deutzia
				■		■				■						2,5					Deutzia
				■		■				■						3					Deutzia
		■		■		■							■		■	4					Dipelta
		■		■		■				■					■	3					Dipelta
					■	■				■						2				■	Drimys
					■	■				■						2				■	Drimys
					■	■				■						4				■	Drimys
			■	■		■						■			■	5					Olivier de Bohème
				■		■						■			■	3					Chalef argenté
					■	■									■	4					Eléagnus
■					■	■				■					■	1,5					Chalef piquant
					■	■				■					■	4					Eléagnus
					■	■								■		5				■	Embothrium
					■	■								■		4				■	Embothrium
		■		■		■				■						2,5					Enkianthus
		■		■		■								■		2					Enkianthus
		■		■		■						■		■		4					Enkianthus
		■		■		■				■					■	2					Enkianthus
					■	■				■					■	4				■	Bruyère arborescente
					■	■		■					■	■		0,2					Bruyère
					■	■	■	■					■	■		0,3					Bruyère cendrée
					■	■	■	■	■				■	■		0,4					Bruyère
					■	■	■		■				■			1					Bruyère de Corse
					■	■	■		■				■			0,3					Bruyère
					■	■	■		■	■			■	■		0,2					Bruyère
					■			■	■	■					■	6				■	Néflier du Japon
			■				■							■		2				■	Erythrine crête-de-coq

	UTILISATIONS						SOL					EXPOSITION						
	poussse vite	grand développement	petit développement	pour pentes et talus	haies	spécimens décoratifs	terre de bruyère	sablonneux et sec	calcaire	frais ou humide	glaise	chaude	ombragée, mi-ombre	lumineuse	bord de mer	méditerranéenne	argenté ou grisâtre	doré
Escallonia x exoniensis			■	■	■	■		■					■	■				
Escallonia macrantha	■		■	■	■	■		■					■	■				
Escallonia punctata			■	■		■		■					■	■				
Eucalyptus coccifera			■	■	■	■	■							■		■	■	
Eucalyptus dalrympleana			■	■	■	■	■							■		■	■	
Eucalyptus gunnii			■	■	■	■	■							■		■		
Eucalyptus niphophila			■	■	■	■	■							■		■		
Eucryphia cordifolia			■			■						■	■					
Eucryphia glutinosa			■			■						■	■					
Eucryphia x intermedia			■			■						■	■					
Eucryphia x nymansensis			■			■						■	■					
Euonymus alatus			■	■	■	■			■				■					
Euonymus europaeus			■	■	■	■			■				■	■				
Euonymus fortunei			■	■						■			■					
Euonymus japonicus			■	■	■	■							■	■			■	
Euonymus phellomanus			■	■	■				■				■					
Euonymus planipes			■	■	■	■							■	■				
Euryops acraeus			■			■	■					■		■	■	■		
Exochorda racemosa			■	■		■							■					
Euryops pectinatus			■	■		■	■					■		■	■			
Exochorda x macrantha			■	■		■							■					
Fabiana imbricata			■			■	■					■	■					
Fagus grandifolia		■				■		■	■				■	■				
Fagus sylvatica		■				■		■	■				■	■			■	
Fatsia japonica			■			■			■			■	■	■				
Fatsia moseri			■							■		■	■		■			
Feijoa sellowiana			■			■						■	■	■				
Forsythia ovata			■	■	■	■							■	■				
Forsythia suspensa			■	■	■	■							■	■				
Forsythia x intermedia			■	■	■	■							■	■				
Fothergilla gardenii			■			■	■			■			■					
Fothergilla major			■			■	■						■					
Fothergilla monticola			■			■	■						■					
Fraxinus americana	■	■				■			■				■	■				
Fraxinus angustifolia	■	■				■		■					■	■				
Fraxinus excelsior	■	■	■			■				■			■	■	■			
Fraxinus floribunda			■			■				■			■	■				
Fraxinus ornus			■			■		■					■	■				
Fremontodendron californicum			■			■			■			■	■					
Fremontodendron mexicanum			■			■						■		■				
Fuchsia hybride			■			■			■			■	■					
Fuchsia magellanica			■	■		■			■	■		■	■					
Fuchsia parviflora			■						■	■		■	■					
Fuchsia procumbens			■						■	■		■	■					
Garrya elliptica			■			■						■	■		■			
Gaultheria procumbens			■				■						■					
Gaultheria shallon			■				■						■					
Genista aetnensis			■		■		■					■		■				
Genista hispanica			■	■								■		■				
Genista lydia			■	■			■							■				
Genista pilosa			■	■			■							■				

panaché	pourpre	couleur d'automne	pousse vite	caduc	persistant	printemps	été	automne	hiver	blanches	bleues, mauves	jaunes et orange	roses	rouges	parfumées	HAUTEUR MAXIMALE DE L'ESPÈCE	à épines	toxiques-allergies	ne supportant pas la pollution	zones sensibles au gel	
				■	■		■			■						5				■	Escallonia
				■	■		■						■			3				■	Escallonia
				■	■		■						■			2,5				■	Escallonia
					■			■				■				7				■	Eucalyptus
					■				■			■				20				■	Eucalyptus
					■				■			■				20				■	Eucalyptus
					■											8				■	Eucalyptus
					■		■			■						5				■	Eucryphia
	■			■	■					■						7				■	Eucryphia
				■	■		■			■					■	6				■	Eucryphia
					■		■	■		■						7				■	Eucryphia
		■		■		■										2,5					Fusain ailé
		■		■		■										5					Fusain d'Europe dit bonnet de prêtre
■					■											0,6					Fusain
■					■											2,5				■	Fusain du Japon
	■	■		■		■										3,5					Fusain
	■	■		■		■										4					Fusain
					■		■					■				0,3				■	Euryops
					■		■					■				0,8				■	Euryops
		■		■		■				■						2					Exochorda
		■		■		■				■						3					Exochorda
					■		■			■						1,5				■	Fabiana
		■		■		■										20					Hêtre d'Amérique
	■	■		■		■										40					Hêtre commun
					■			■								3				■	Fatsia du Japon
					■			■								1,5				■	Fatsia
					■		■			■				■		3,5				■	Feijoa
		■		■		■						■				1,5					Forsythia
		■		■		■						■				2,5					Forsythia
		■		■		■						■				3					Mimosa de Paris
	■	■		■											■	0,8					Fothergilla
	■	■		■						■					■	2,5					Fothergilla
	■	■		■											■	3					Fothergilla
		■		■		■										35					Frêne blanc
		■		■		■										25					Frêne
		■		■		■										35					Frêne commun
		■		■		■				■						12					Frêne
		■		■		■				■					■	10					Frêne à fleurs
					■	■						■				3				■	Frémontodendron
					■	■						■				3				■	Frémontodendron
				■			■	■		■			■	■		1				■	Fuchsia
				■			■	■					■			3				■	Fuchsia
				■			■	■					■	■		1,5				■	Fuchsia
				■			■	■			■					0,2				■	Fuchsia
					■		■									4				■	Garrya
	■				■					■						0,3					Palommier
	■				■											0,5					Palommier
				■			■									4				■	Genêt de l'Etna
				■		■	■									0,6	■				Ajonc espagnol
				■		■	■					■				0,5					Genêt de Lydie
				■			■									0,6					Genêt

	UTILISATIONS						SOL					EXPOSITION						
	pousse vite	grand développement	petit développement	pour pentes et talus	baies	spécimens décoratifs	terre de bruyère	sablonneux et sec	calcaire	frais ou humide	glaise	chaude	ombragée, mi-ombre	lumineuse	bord de mer	méditerranéenne	argenté ou grisâtre	doré
Genista tinctoria		■					■								■			
Ginkgo biloba	■					■		■					■					
Gleditsia caspica		■				■						■	■					
Gleditsia macracantha		■				■			■			■	■					
Gleditsia triacanthos		■				■			■			■	■					
Grevillea alpina		■		■			■					■		■		■	■	
Grevillea rosmarinifolia		■																
Grevillea x semperflorens		■																
Grevillea sulphurea		■																
Griselinia littoralis				■								■	■	■				
Halesia carolina		■				■	■						■	■				
Halesia monticola		■				■	■						■	■				
Halimium commutatum		■				■		■				■		■	■	■		
Halimium halimifolium		■				■		■				■		■	■	■	■	
Halimium lasianthum		■				■		■				■		■	■	■	■	
Halimium umbellatum		■				■		■				■		■	■		■	
Hamamelis x intermedia		■				■				■			■					
Hamamelis japonica		■				■				■			■					
Hamamelis mollis		■				■				■			■					
Hamamelis virginiana		■				■				■			■					
Hebe x andersonii		■				■			■			■		■	■	■		
Hebe armstrongii		■	■			■		■	■			■		■		■		
Hebe brachysiphon		■		■		■		■	■			■		■	■			
Hebe buxifolia		■				■		■	■			■		■	■			
Hebe elliptica		■				■		■	■			■		■	■			
Hebe x franciscana		■		■	■				■			■		■	■			
Hebe macrantha		■		■					■			■		■	■			
Hebe pinguifolia		■						■	■			■		■	■		■	
Hebe salicifolia		■		■	■				■			■		■	■			
Hebe speciosa		■		■	■				■			■		■	■			
Helianthemum nummularium		■						■	■									
Hibiscus syriacus		■		■	■				■					■				
Hippophae rhamnoides		■	■	■	■			■	■						■		■	
Hippophae salicifolia		■	■	■	■			■	■					■	■			
Hoheria lyallii		■				■						■		■			■	
Hoheria populnea		■				■						■		■				
Hoheria sextylosa		■				■						■		■				
Hydrangea arborescens		■				■				■			■					
Hydrangea aspera		■				■			■	■			■					
Hydrangea macrophylla		■				■							■		■			
Hydrangea paniculata		■				■							■					
Hydrangea quercifolia						■	■		■				■	■				
Hydrangea sargentiana		■			■	■				■			■					
Hydrangea serrata		■			■	■				■			■					
Hypericum androseamum		■	■			■			■	■			■	■				
Hypericum calycinum		■	■						■					■	■			
Hypericum x inodorum		■	■			■			■					■	■			
Hypericum kouytchense		■	■						■					■	■			
Hypericum moserianum		■	■	■	■				■			■		■	■			
Hypericum olympicum			■					■				■		■	■			
Hypericum patulum			■	■	■				■			■		■				

	FEUILLAGE						FLORAISON				FLEURS						HAUTEUR MAXIMALE DE L'ESPÈCE	PROBLEMES				
panaché	pourpre	couleur d'automne	pousse vite	caduc	persistant	printemps	été	automne	hiver	blanches	bleues, mauves	jaunes et orange	roses	rouges	parfumées		à épines	toxiques-allergies	ne supportant pas la pollution	zones sensibles au gel	
				■			■					■				1,2					Genêt des teinturiers
		■		■												25					Ginkgo
		■		■												10	■				Févier de la Caspienne
		■		■												12	■				Févier à grandes épines
		■		■												25	■				Févier d'Amérique
					■		■							■		1				■	Grévillée
					■		■							■		1,5				■	Grévillée à feuilles de romarin
					■		■					■				1,5				■	Grévillée
					■		■					■				3				■	Grévillée
					■	■										4					Griseline du littoral
		■		■		■				■						6			■		Arbre aux cloches d'argent
				■		■				■						6			■		Halésia
					■		■					■				0,6				■	Halimium
					■		■				■					1,2				■	Halimium
					■		■				■					0,8				■	Halimium
					■		■			■						0,8				■	Halimium
		■		■				■						■		2					Hamamélis
	■	■		■				■							■	2					Hamamélis
	■	■		■					■			■			■	4					Hamamélis
	■	■		■					■			■				6					Hamamélis
					■		■							■		1,2				■	Véronique arbustive
					■		■			■						0,6					Véronique arbustive
					■		■			■						1,2				■	Véronique arbustive
					■		■			■						0,4				■	Véronique arbustive
					■		■								■	2				■	Véronique arbustive
■					■		■				■					2,5				■	Véronique arbustive
					■		■				■					2				■	Véronique arbustive
					■		■			■						0,3					Véronique arbustive
					■		■			■						1,5				■	Véronique arbustive
					■		■							■		1,2				■	Véronique arbustive
					■		■				■					0,2					Helianthème
				■			■			■	■		■	■		2,5					Hibiscus, mauve en arbre
			■			■						■				6	■				Argousier
			■			■						■				10					Argousier
			■	■			■			■						4				■	Hohéria
			■		■					■						6				■	Hohéria
			■		■					■						6				■	Hohéria
		■		■			■			■						2,5					Hortensia
		■		■			■	■		■						3				■	Hortensia
	■	■		■			■				■		■	■		2					Hortensia
	■	■		■			■	■		■			■			4					Hortensia
	■	■		■			■	■		■						2			■		Hortensia à feuilles de chêne
	■	■		■			■	■		■	■					3			■		Hortensia
		■		■			■			■	■					1,5			■		Hortensia
	■	■		■			■	■				■				0,8					Androsème officinal
	■	■		■	■		■	■				■				0,4					Millepertuis
	■	■					■	■				■				1,2					Millepertuis
	■	■					■	■				■				0,8					Millepertuis
■				■			■	■				■				0,6					Millepertuis
					■		■	■				■				0,2					Millepertuis
		■			■		■	■			■					0,8				■	Millepertuis

	UTILISATIONS						SOL					EXPOSITION						
	pousse vite	grand développement	petit développement	pour pentes et talus	baies	spécimens décoratifs	terre de bruyère	sablonneux et sec	calcaire	frais ou humide	glaise	chaude	ombragée, mi-ombre	lumineuse	bord de mer	méditerranéenne	argenté ou grisâtre	doré
I																		
Ilex aquifolium			■		■	■				■			■	■				
Ilex x altaclarensis			■		■	■				■			■	■				
Ilex crenata			■		■	■				■			■	■				■
Ilex x koehneana			■		■	■				■			■	■				
Ilex latifolia			■		■	■				■			■	■				
Ilex x meservae			■		■					■			■					
Illicium anisatum			■			■						■	■					
Illicium floridanum			■			■						■	■					
Indigofera gerardiana			■	■		■		■					■					
Indigofera pseudotinctoria			■	■		■		■					■					
Itea ilicifolia			■			■						■	■					
Itea virginica			■			■							■					
J																		
Jovellana violacea			■			■							■					
Jubea spectabilis			■			■							■		■			
Juniperus chinensis	■		■	■		■		■			■			■				
Juniperus communis			■	■		■		■						■				
Juniperus horizontalis			■	■		■		■						■				
Juniperus x media			■	■		■		■						■			■	■
Juniperus oxycedrus			■	■		■		■				■		■	■			
Juniperus procumbens			■	■		■		■				■		■				
Juniperus sabina			■	■		■								■			■	
Juniperus scopulorum			■	■		■								■			■	
Juniperus squamata			■	■		■								■			■	
Juniperus virginiana			■	■		■			■					■			■	
K																		
Kalmia angustifolia			■			■				■			■					
Kalmia latifolia			■			■	■			■			■					
Kalmia polifolia			■			■	■			■			■					
Kerria japonica			■		■	■			■	■			■	■				
Kolkwitzia amabilis			■	■	■	■								■	■			
L																		
Laburnum adamii			■	■		■			■					■				
Laburnum alpinum			■	■		■							■	■				
Laburnum anagyroides			■	■	■	■			■					■				
Laburnum x watereri			■	■	■	■			■					■				
Lagerstroemia indica			■			■								■	■	■		
Larix decidua		■				■				■				■				
Larix leptolepis		■				■				■				■				
Laurus nobilis			■	■	■	■			■			■	■	■	■			
Lavandula angustifolia			■	■	■	■		■	■			■		■	■	■		
Lavandula stoechas			■	■		■		■				■		■	■	■		
Lavatera thuringiaca			■			■						■		■	■	■		
Lespedeza bicolor			■			■						■		■				
Lespedeza thunbergii			■	■		■			■			■						
Leucothoe davisiae			■	■	■	■	■			■			■					
Leucothoe fontanesiana			■	■	■	■	■			■			■					
Leycesteria formosa			■	■		■								■				
Ligustrum japonicum			■	■	■	■			■				■	■				
Ligustrum lucidum			■			■			■				■	■				
Ligustrum ovalifolium			■	■	■	■				■			■	■				
Ligustrum quihoui			■	■	■	■		■						■				
Ligustrum vulgare			■	■	■			■	■		■		■	■				
Liquidambar monticola		■				■				■			■	■				

FEUILLAGE						FLORAISON				FLEURS						HAUTEUR MAX.	PROBLEMES				
panaché	pourpre	couleur d'automne	pousse vite	caduc	persistant	printemps	été	automne	hiver	blanches	bleues, mauves	jaunes et orange	roses	rouges	parfumées	DE L'ESPÈCE	à épines	toxiques-allergies	ne supportant pas la pollution	zones sensibles au gel	
■					■	■										7	■				Houx commun
■					■	■										5	■				Houx
					■	■										4					Houx
					■	■										6					Houx
					■	■										7				■	Houx
					■	■										4	■				Houx
					■	■						■			■	3				■	Badianier sacré du Japon
					■	■								■		2				■	Illicium
				■			■					■				1,5				■	Indigotier
		■		■			■					■				1,5				■	Indigotier
					■		■			■					■	3				■	Itéa
		■		■			■			■						2					Itéa
					■						■					1,5				■	Jovellana
					■											15				■	Palma de miel
					■											15					Genévrier de Chine
					■											5					Genévrier commun
					■											1					Genévrier rampant
	■				■											4					Genévrier
					■											5					Genévrier oxycèdre ou cade
					■											0,3					Genévrier
					■											1,5					Genévrier sabine
					■											6					Genévrier des rochers
					■											3					Genévrier écailleux
					■											12					Genévrier de Virginie
					■	■							■	■		1,5					Laurier des montagnes
					■	■				■				■		3					Laurier américain
					■	■							■			0,5					Kalmie
■				■		■						■				2					Corête du Japon
				■		■							■			3					Buisson de beauté
				■								■	■	■		5		■			Cytise
				■		■						■				8		■			Cytise des Alpes
				■		■									■	7		■			Cytise Aubour
				■								■				5		■			Cytise
				■			■			■	■		■			4					Lilas des Indes
				■												25					Mélèze d'Europe
				■												30					Mélèze du Japon
					■											10				■	Laurier d'Apollon
					■		■			■			■		■	1					Lavande officinale
					■					■	■		■		■	1				■	Lavande à toupet
				■									■	■		2,5				■	Lavatère arbustive
				■									■			1,5					Lespédéza
				■										■		1,5				■	Lespédéza
		■			■	■	■			■						1,5		■		■	Leucothoe
	■	■			■	■				■						1,5				■	Leucothoe
■				■				■		■						2					Leycestéria
					■		■			■						3		■			Troène du Japon
■					■		■			■						6		■			Troène
■					■		■			■					■	5		■			Troène de Californie
				■			■								■	2,5		■			Troène
				■			■			■					■	5		■			Troène d'Europe
		■		■												20					Liquidambar

	UTILISATIONS						SOL					EXPOSITION						
	pousse vite	grand développement	petit développement	pour pentes et talus	haies	spécimens décoratifs	terre de bruyère	sablonneux et sec	calcaire	frais ou humide	glaise	chaude	ombragée, mi-ombre	lumineuse	bord de mer	méditerranéenne	argenté ou grisâtre	doré
Liquidambar orientalis																		
Liquidambar styraciflua		■																
Liriodendron tulipifera		■				■			■				■	■				
Lupinus arboreus			■			■	■							■				
M Magnolia acuminata	■	■				■				■								
Magnolia campbellii			■			■				■			■	■				
Magnolia delavayi			■			■			■	■				■				
Magnolia grandiflora		■				■				■		■		■				
Magnolia kobus			■			■				■				■				
Magnolia liliiflora			■			■				■			■	■				
Magnolia x loebneri			■			■			■					■				
Magnolia sieboldii			■			■				■				■				
Magnolia x soulangeana			■			■				■	■			■				
Magnolia stellata			■			■				■			■	■				
Mahonia acanthifolia			■	■	■	■				■			■	■				
Mahonia aquifolium			■	■					■				■	■				
Mahonia bealii			■			■				■			■	■				
Mahonia japonica			■	■		■			■	■			■	■				
Mahonia lomariifolia			■			■				■			■	■				
Mahonia nervosa			■			■				■			■	■				
Mahonia x wagneri			■	■					■	■			■	■				
Malus baccata			■		■	■				■			■	■				
Malus coronaria			■		■	■				■			■	■				
Malus floribunda			■		■	■				■				■				
Malus hupehensis			■			■				■				■				
Metasequoia glyptostroboides		■				■				■			■					
Morus alba	■	■				■				■				■	■			
Morus bombycis			■			■				■			■	■	■			
Morus nigra			■			■				■			■	■	■			
Myrtus apiculata			■		■	■						■		■	■			
Myrtus communis			■		■	■						■		■	■			
Myrtus nummularia			■			■				■		■		■	■			
N Nandina domestica			■			■							■	■				
Neillia sinensis			■			■							■	■				
Neillia thibetica			■			■							■	■				
Nerium odorum			■			■		■				■						
Nerium oleander			■	■		■		■				■		■				
Nothofagus antarctica		■				■				■				■				
Nothofagus obliqua		■				■				■				■				
Nothofagus procera		■				■				■				■				
Nothofagus solandri			■			■				■				■				
Nyssa sinensis			■			■				■				■				
Nyssa sylvatica			■			■				■				■				
O Olea europea			■			■						■		■		■	■	
Olearia x haastii			■	■	■	■	■	■						■	■			
Olearia lineata			■	■	■	■	■	■						■	■			
Olearia macrodonta			■	■	■	■	■	■						■	■			
Olearia paniculata			■	■	■	■		■					■	■				
Olearia x scillonensis			■	■	■	■		■						■				
Olearia stellulata			■	■	■	■		■					■	■			■	
Olearia traversii	■		■	■	■	■	■	■					■	■				

660

	FEUILLAGE						FLORAISON				FLEURS						HAUTEUR MAXIMALE DE L'ESPÈCE	PROBLEMES				
	panaché	pourpre	couleur d'automne	pousse vite	caduc	persistant	printemps	été	automne	hiver	blanches	bleues, mauves	jaunes et orange	roses	rouges	parfumées		à épines	toxiques-allergies	ne supportant pas la pollution	zones sensibles au gel	
			■		■												16					Liquidambar oriental
			■		■												20					Liquidambar ou copalme
			■		■		■						■				30					Tulipier de Virginie
				■		■		■			■	■	■			■	2					Lupin en arbre
			■		■		■										20					Magnolia acuminé
			■		■									■			8					Magnolia de Campbell
			■				■		■		■					■	8				■	Magnolia
						■					■					■	20				■	Magnolia à grandes fleurs
			■		■		■				■					■	6					Magnolia
			■		■			■			■						4					Magnolia à fleur de lis
			■		■		■				■					■	5					Magnolia
		■			■		■				■					■	6					Magnolia
			■		■		■				■		■	■			8					Magnolia
					■		■				■					■	3					Magnolia étoilé
						■			■	■			■			■	5					Mahonia
		■				■	■						■				1,2					Mahonia à feuilles de houx
						■				■			■				2					Mahonia
						■				■			■			■	2,5					Mahonia
						■			■	■			■				3				■	Mahonia
						■	■						■				0,6					Mahonia
						■							■				1,2					Mahonia
		■	■		■		■				■						8					Pommier à fleurs de Sibérie
		■			■		■							■		■	6					Pommier à fleurs
		■			■		■				■						5					Pommier à fleurs
		■			■		■				■					■	8					Pommier à fleurs
		■	■		■		■										25					Métaséquoia
		■	■		■		■										12					Mûrier blanc
		■	■		■		■										7					Mûrier
		■			■		■										7					Mûrier noir
						■		■			■						6				■	Myrte
						■		■			■						3				■	Myrte
	■					■	■				■						0,4				■	Myrte
		■				■		■			■						1,6				■	Nandina
			■				■							■			2				■	Neillia
			■											■			2				■	Neillia
						■					■		■	■	■	■	2		■		■	Laurier-rose
						■		■			■		■	■	■		5		■		■	Laurier-rose
		■				■											12				■	Hêtre de l'Antarctique
			■			■											12				■	Nothofagus
			■			■											12				■	Nothofagus
						■											10				■	Nothofagus
		■	■														10				■	Nyssa
		■	■		■												10				■	Tupélo
						■	■						■			■	10				■	Olivier
						■	■	■			■						1,5				■	Oléaria
						■		■			■						1,5				■	Oléaria
						■	■				■					■	4				■	Oléaria
						■			■							■	6				■	Oléaria
						■	■				■						3				■	Oléaria
						■	■						■				3				■	Oléaria
						■		■									6				■	Oléaria

	UTILISATIONS						SOL					EXPOSITION						
	pousse vite	grand développement	petit développement	pour pentes et talus	baies	spécimens décoratifs	terre de bruyère	sablonneux et sec	calcaire	frais ou humide	glaise	chaude	ombragée, mi-ombre	lumineuse	bord de mer	méditerranéenne	argenté ou grisâtre	doré
Osmanthus x burkwoodii			■		■	■						■	■					
Osmanthus decorus			■		■	■						■	■					
Osmanthus delavayi			■		■	■						■	■					
Osmanthus fragrans			■		■	■						■	■					
Osmanthus heterophyllus			■		■	■						■	■					
Pachysandra terminalis			■	■									■					
Paeonia delavayi			■			■							■					
Paeonia x lemoinei			■			■							■					
Paeonia lutea			■			■							■					
Paeonia suffruticosa			■			■							■					
Parrotia persica			■			■				■		■	■					
Paulownia imperialis	■	■				■			■				■					
Pernettya mucronata			■				■						■					
Perovskia abrotanoides			■	■		■		■				■		■			■	
Perovskia atriplicifolia			■	■		■		■				■		■			■	
Philadelphus coronarius			■		■	■			■				■					
Philadelphus x cymosus			■			■			■				■					
Philadelphus x lemoinei			■		■	■			■				■					
Philadelphus microphyllus			■		■	■			■				■					
Philadelphus purpureo-maculatus			■		■	■			■				■					
Philadelphus virginalis			■			■			■				■					
Phillyrea angustifolia			■	■		■						■	■	■				
Phillyrea latifolia			■	■	■	■						■	■	■				
Phlomis fruticosa			■	■		■	■					■	■	■		■		
Phoenix canariensis	■	■				■						■	■			■		
Photinia x fraseri			■		■	■				■		■	■	■				
Photinia glabra			■		■	■			■			■	■	■				
Picea abies		■	■			■				■			■					
Picea breweriana		■				■				■			■					
Picea engelmannii		■				■				■			■					
Picea glauca		■	■			■							■					
Picea mariana		■	■			■				■			■					
Picea omorika		■				■			■				■					
Picea orientalis		■	■			■							■				■	
Picea pungens		■	■			■				■			■					
Picea sitchensis	■	■				■				■			■					
Pieris formosa			■	■		■	■			■			■					
Pieris japonica			■	■		■	■			■			■					
Pinus aristata			■			■		■				■	■					
Pinus cembra			■			■				■			■					
Pinus contorta		■	■			■		■					■	■				
Pinus densiflora		■	■					■					■					
Pinus halepensis		■				■			■			■	■	■	■			
Pinus jeffreyi		■				■				■			■				■	
Pinus leucodermis			■			■		■					■					
Pinus montezumae		■				■						■	■			■		
Pinus mugo			■	■		■		■		■			■					
Pinus pinaster		■				■		■				■	■	■				
Pinus pinea		■				■						■	■	■				
Pinus ponderosa		■				■							■					
Pinus radiata	■	■				■		■					■	■				

panaché	pourpre	couleur d'automne	pousse vite	caduc	persistant	printemps	été	automne	hiver	blanches	bleues, mauves	jaunes et orange	roses	rouges	parfumées	HAUTEUR MAXIMALE DE L'ESPÈCE	à épines	toxiques-allergies	ne supportant pas la pollution	zones sensibles au gel	
					■	■				■					■	3					Osmanthus
					■	■				■					■	2,5					Osmanthus
					■	■				■					■	2,5				■	Osmanthus
					■		■			■					■	5				■	Osmanthus
					■			■		■					■	3					Osmanthus
■					■	■				■						0,3					Pachysandra
		■				■								■		1					Pivoine arbustive
		■				■							■			1,5					Pivoine
		■				■							■			1					Pivoine
		■				■				■		■	■			2,5					Pivoine arbustive
			■	■				■					■			7					Parrotie de Perse
			■	■		■					■				■	12					Paulownia impérial
					■	■	■					■				0,6					Pernettya
				■			■				■					1,5					Pérovskia
				■			■				■					1,5					Pérovskia
				■		■				■					■	3					Seringa des jardins
		■		■		■				■					■	2,5					Seringa
				■		■				■					■	1,2					Seringa
				■		■				■					■	1,2					Seringa
				■		■				■					■	2					Seringa
				■		■				■					■	3					Seringa
					■	■					■				■	3				■	Phillyréa
					■						■				■	7					Phillyréa
					■						■					1,2					Sauge de Jérusalem, sauge en arbre
					■		■			■						20				■	Dattier des Canaries
					■	■				■						3					Photinia
					■	■				■						2,5					Photinia
					■											40					Epicéa commun
					■											15					Epicéa
					■											15					Sapin bleu d'Engelmann
					■											15					Sapinette blanche
					■											12					Sapinette noire
					■											25					Epicéa de Serbie
					■											25					Epicéa d'Orient
					■											15					Epicéa du Colorado
					■											40					Epicéa
					■	■				■					■	2,5				■	Andromède
					■	■				■						1,5					Andromède
					■											8					Pin
					■											12					Pin cembro, arolle
					■											15					Pin vrillé, pin des dunes
					■											18					Pin
					■											20					Pin d'Alep
					■											30					Pin de Jeffrey
					■											10					Pin
					■											15			■		Pin
					■											5					Pin Mugo
					■											30			■		Pin-parasol
					■											20			■		Pin
					■											20					Pin jaune
					■											25					Pin de Monterey

	UTILISATIONS						SOL					EXPOSITION						
	pousse vite	grand développement	petit développement	pour pentes et talus	haies	spécimens décoratifs	terre de bruyère	sablonneux et sec	calcaire	frais ou humide	glaise	chaude	ombragée, mi-ombre	lumineuse	bord de mer	méditerranéenne	argenté ou grisâtre	doré
Pinus strobus		■	■			■	■		■				■					
Pinus sylvestris	■	■	■			■		■					■				■	
Pinus wallichiana		■				■			■				■				■	
Pittosporum crassifolium			■		■	■						■	■	■	■			
Pittosporum eugenioides			■		■	■						■	■	■	■		■	
Pittosporum tenuifolium			■			■						■	■	■				
Pittosporum tobira			■			■						■	■	■				
Platanus occidentalis	■	■							■				■	■				
Platanus orientalis	■	■							■				■	■				
Platanus x hispanica	■	■				■			■				■					
Podocarpus andinus			■			■		■				■	■					
Podocarpus nivalis			■	■		■		■	■		■	■	■					
Populus alba	■	■		■	■	■	■		■	■			■		■		■	
Populus candicans	■	■	■						■	■			■	■				
Populus nigra	■	■			■				■	■			■	■				
Populus tremula		■											■					
Potentilla fruticosa			■	■					■				■		■			
Prunus avium		■	■		■	■						■	■					
Prunus x blireana			■		■	■			■				■					
Prunus cerasifera			■		■	■						■	■					
Prunus x cistena			■		■	■			■				■					
Prunus davidiana			■		■	■						■	■					
Prunus hillieri			■			■						■						
Prunus laurocerasus	■		■	■	■				■	■		■	■	■				
Prunus lusitanica			■	■	■			■				■	■	■				
Prunus maackii			■		■	■			■				■					
Prunus mume			■		■	■			■				■					
Prunus padus		■		■	■	■			■			■	■					
Prunus pumila			■	■		■		■	■			■	■					
Prunus sargentii			■		■	■			■				■					
Prunus serotina		■							■				■					
Prunus serrula			■		■	■							■					
Prunus serrulata			■			■			■			■	■					
Prunus spinosa			■	■	■	■						■	■					
Prunus subhirtella			■		■	■							■					
Prunus tenella			■		■	■						■	■					
Prunus triloba			■			■						■	■					
Prunus x yedoensis			■			■							■					
Pseudotsuga menziesii	■	■		■					■			■	■					
Pterocarya fraxinifolia	■	■							■	■		■	■					
Pterocarya x rehderiana	■	■							■	■		■	■					
Punica granatum			■		■	■							■			■		
Quercus bicolor		■				■			■				■					
Quercus canariensis		■				■		■	■	■			■					
Quercus cerris	■	■				■		■					■	■				
Quercus coccinea		■				■			■				■					
Quercus frainetto		■				■							■					
Quercus ilex		■				■		■	■				■	■				
Quercus palustris		■				■				■			■					
Quercus petraea		■				■							■	■				
Quercus pubescens		■				■		■	■			■	■					

FEUILLAGE						FLORAISON				FLEURS						HAUTEUR MAXIMALE DE L'ESPÈCE	PROBLEMES				
panaché	pourpre	couleur d'automne	pousse vite	caduc	persistant	printemps	été	automne	hiver	blanches	bleues, mauves	jaunes et orange	roses	rouges	parfumées		à épines	toxiques-allergies	ne supportant pas la pollution	zones sensibles au gel	
					■											30					Pin de Lord Weymouth
					■											30					Pin sylvestre
					■											30					Pin de l'Himalaya
					■	■								■	■	1				■	Pittosporum
					■	■						■				4				■	Pittosporum
					■	■								■	■	3,5				■	Pittosporum
						■				■					■	4				■	Pittosporum
		■														35					Platane d'Occident
		■														30					Platane d'Orient
		■														35					Platane commun
					■											8				■	Podocarpus
					■											1,5				■	Podocarpus
		■		■		■										25					Peuplier blanc ou peuplier de Hollande
■		■		■		■										25					Peuplier de l'Ontario
		■		■												30					Peuplier d'Italie
	■	■		■				■								25					Tremble
		■		■						■		■	■			1,5					Potentille
		■		■		■				■						15					Prunus
		■		■		■							■			7					Prunus
	■	■		■		■							■			8					Prunus
	■	■		■		■				■						2,5					Cerisier des sables à feuilles pourpres
		■		■				■		■						8				■	Prunus
		■		■		■				■						9					Prunus
					■	■				■						7					Laurier-cerise
					■		■			■						7				■	Prunus
	■			■		■				■						7					Prunus
	■	■		■		■							■		■	8					Abricotier du Japon
		■		■		■				■					■	15					Cerisier ou merisier à grappes
	■	■		■		■							■			2					Prunus
		■		■									■			12					Prunus
	■	■		■		■				■						25					Cerisier noir
	■	■		■		■				■						7					Prunus
	■	■		■		■				■			■			7					Prunus
	■	■		■						■						5					Prunellier ou épine noire
	■	■		■				■		■						8					Cerisier Higan
	■	■		■		■							■			2					Amandier nain de Russie
	■	■		■		■							■			2,5					Amandier de Chine
	■	■		■		■				■			■			7					Prunus
					■											30					Douglas
		■		■			■									20				■	Ptérocarya du Caucase
		■		■			■									20					Ptérocarya
		■		■			■			■				■		5				■	Grenadier commun
		■		■												18					Chêne bicolore
		■		■												25					Chêne Zeen
		■		■												30					Chêne chevelu
		■		■												25					Chêne écarlate
		■		■												20					Chêne
					■											15				■	Chêne-vert ou yeuse
		■		■												20					Chêne des marais
		■		■												30					Chêne rouvre
		■		■												15				■	Chêne pubescent

	UTILISATIONS						SOL					EXPOSITION						
	pousse vite	grand développement	petit développement	pour pentes et talus	haies	spécimens décoratifs	terre de bruyère	sablonneux et sec	calcaire	frais ou humide	glaise	chaude	ombragée, mi-ombre	lumineuse	bord de mer	méditerranéenne	argenté ou grisâtre	doré
R																		
Quercus robur		■				■				■				■	■			
Quercus rubra		■				■				■				■				
Quercus suber		■				■						■		■		■		
Rhaphiolepis x delacourii			■									■		■				
Rhamnus alaternus	■		■		■	■			■			■	■	■				
Rhamnus californicus			■											■				
Rhamnus frangula			■		■	■	■			■			■					
Rhamnus imeritina			■	■						■			■					
Rhaphiolepis indica			■									■		■	■			
Rhaphiolepis umbellata			■									■		■	■			
Rhododendron catawbiense			■			■	■			■			■					
Rhododendron loderi			■			■	■			■			■					
Rhododendron luteum			■			■	■			■			■					
Rhododendron macabeanum			■			■	■			■			■					
Rhododendron moupinense			■			■	■			■		■	■					
Rhododendron ponticum			■							■			■					
Rhododendron wardii			■				■			■			■					
Rhododendron yakushimanum			■				■						■					
Rhus coriaria		■		■		■				■		■		■	■			
Rhus typhina		■	■			■				■				■				
Ribes alpinum			■			■							■				■	
Ribes odoratum			■		■	■							■					
Ribes sanguineum			■		■	■							■					
Ribes speciosum			■							■		■	■					
Robinia x ambigua			■			■		■	■					■				
Robinia boyntonii			■			■								■				
Robinia hispida			■			■								■				
Robinia kelseyi			■			■		■						■				
Robinia pseudoacacia		■	■			■								■			■	
Robinia x slavinii			■			■								■				
Rosmarinus lavandulaceus			■	■								■		■	■			
Rosmarinus officinalis			■	■	■	■			■			■		■	■	■		
Rubus calycinoides			■				■		■				■					
Rubus cokburnianus	■		■		■	■							■					
Rubus fruticosus			■				■	■	■			■	■					
Rubus henryi			■										■	■				
Rubus idaeus			■						■				■					
Rubus nepalensis			■										■					
Rubus odoratus	■		■		■					■			■	■				
Rubus phoenicolasius			■	■		■							■					
Rubus spectabilis	■		■			■							■					
Rubus thibetanus			■			■							■					
Rubus tricolor			■						■				■	■				
Rubus ulmifolius			■	■										■				
Ruscus aculeatus			■	■								■	■					
Ruscus hypoglossum			■	■								■	■					
Ruta graveolens			■			■		■				■		■	■	■	■	
S																		
Salix acutifolia			■			■								■				
Salix alba		■				■			■							■		
Salix x babylonica		■				■				■				■				
Salix chrysocoma		■				■				■				■				

666

panaché	pourpre	couleur d'automne	pousse vite	caduc	persistant	printemps	été	automne	hiver	blanches	bleues, mauves	jaunes et orange	roses	rouges	parfumées	HAUTEUR MAXIMALE DE L'ESPÈCE	à épines	toxiques–allergies	ne supportant pas la pollution	zones sensibles au gel	
		■		■												20					Nerprun
		■		■												30					Chêne pédonculé
					■											15					Chêne
					■	■	■						■			1,5				■	Chêne-liège
■					■	■										3				■	Alaterne ou nerprun alaterne
						■										3					Nerprun
		■		■												6					Bourdaine
		■		■												2,5					Raphiolépis
					■	■	■			■			■			1,5					Raphiolépis
					■	■	■			■					■	1,5					Raphiolépis
					■	■							■	■		5					Rhododendron
					■	■						■	■	■		6					Rhododendron
	■			■		■						■			■	3					Rhododendron
					■	■						■				7			■		Rhododendron
					■	■		■		■		■	■	■		1,5			■		Rhododendron
					■	■					■					6					Rhododendron
					■	■						■				3,5					Rhododendron
						■							■			1,5					Rhododendron
	■		■	■			■									3	■				Sumac des corroyeurs
	■		■	■			■									4	■				Sumac de Virginie
			■	■		■						■				1,5					Groseillier à fleurs des Alpes
			■	■		■						■			■	2,5					Groseillier à fleurs
			■	■		■							■	■		2,5					Groseillier à fleurs sanguin
			■	■	■	■								■		1,5				■	Groseillier à fleurs
	■		■	■		■	■						■		■	12					Faux-acacia
	■		■	■		■							■			4					Faux-acacia
	■		■	■		■							■			3					Faux-acacia rose
	■		■	■		■							■			5					Faux-acacia
	■		■	■		■				■					■	30	■				Robinier faux-acacia
	■		■	■		■							■		■	8					Faux-acacia
					■	■	■				■					0,3				■	Romarin
			■		■	■	■				■					1,5				■	Romarin
					■	■				■						0,1					Ronce
	■		■	■			■						■			2,5	■				Ronce
			■	■		■										3					Ronce
				■		■							■			6	■				Ronce
		■				■	■									1,5					Framboisier
					■					■						0,4					Ronce
					■		■						■		■	2,5					Ronce odorante
		■					■						■			3					Ronce
		■		■		■							■		■	2					Ronce
		■				■							■			1,5	■				Ronce
	■			■						■						0,4					Ronce
		■					■						■			1,5					Ronce
					■	■										0,6					Fragon petit-houx
					■											1					Fragon petit-houx
					■		■					■				0,8					Rue
	■		■		■											4					Saule
	■		■		■											25					Saule blanc
	■		■		■											12					Saule pleureur
	■		■		■											18					Saule

Espèce	UTILISATIONS						SOL					EXPOSITION						
	pousse vite	grand développement	petit développement	pour pentes et talus	baies	spécimens décoratifs	terre de bruyère	sablonneux et sec	calcaire	frais ou humide	glaise	chaude	ombragée, mi-ombre	lumineuse	bord de mer	méditerranéenne	argenté ou grisâtre	doré
Salix lanata			■			■				■			■				■	
Salix matsudana			■			■				■			■					
Salix purpurea			■	■		■				■			■					
Salix repens			■	■		■				■			■				■	
Salvia argentea								■	■			■	■	■			■	
Salvia coccinea			■									■	■					
Salvia grahamii			■									■	■					
Salvia involucrata			■									■	■					
Salvia officinalis			■	■		■			■			■	■	■			■	■
Salvia patens			■			■			■			■	■		■			
Salvia sclarea			■			■		■	■			■	■				■	
Salvia superba			■						■				■	■				
Salvia uliginosa			■							■		■	■					
Sambucus canadensis	■		■			■					■	■	■					
Sambucus nigra			■			■				■	■	■	■					■
Sambucus racemosa			■							■		■						■
Santolina chamaecyparissus			■	■	■	■			■			■	■	■		■	■	
Santolina virens			■	■	■	■		■	■			■	■	■		■		
Sarcococca confusa			■	■	■		■			■			■	■				
Sarcococca hookeriana			■	■	■		■			■			■					
Sarcococca humilis			■	■	■		■						■					
Sarcococca ruscifolia			■	■	■		■						■					
Sciadopitys verticillata			■			■				■			■	■				
Senecio x greyi			■	■	■			■				■		■	■	■	■	
Senecio laxifolius			■	■	■			■	■			■		■	■	■	■	
Senecio monroi			■	■	■			■				■		■	■	■	■	
Sequoia sempervirens		■	■			■				■			■	■				
Skimmia japonica			■			■	■			■			■	■				
Skimmia laureola			■			■	■			■			■	■				
Sophora davidii			■										■					
Sophora japonica		■				■							■					
Sophora macrocarpa			■									■	■					
Sophora microphylla			■									■	■					
Sophora secundiflora			■									■	■					
Sophora tetraptera			■			■						■	■					
Sorbaria aitchisonii			■							■		■	■					
Sorbaria arborea	■		■			■						■	■					
Sorbaria sorbifolia			■	■		■						■	■					
Sorbus aria			■			■			■				■	■				
Sorbus aucuparia		■	■		■				■			■	■	■				
Sorbus hostii			■		■				■			■	■					
Sorbus x hybrida			■		■				■				■					
Sorbus latifolia			■		■				■				■					
Sorbus mitchellii		■	■		■	■											■	
Sorbus pygmaea			■		■	■			■				■					
Sorbus torminalis		■			■	■												
Spiraea x arguta			■	■		■			■				■					
Spiraea x billiardii			■	■	■				■				■					
Spiraea x bumalda			■	■	■					■			■	■			■	
Spiraea cinerea			■		■	■				■			■	■				
Spiraea japonica			■							■			■					

panaché	pourpre	couleur d'automne	pousse vite	caduc	persistant	printemps	été	automne	hiver	blanches	bleues, mauves	jaunes et orange	roses	rouges	parfumées	HAUTEUR MAXIMALE DE L'ESPÈCE	à épines	toxiques-allergies	ne supportant pas la pollution	zones sensibles au gel	
				■		■										1					Saule
		■		■		■										8					Saule
		■		■		■										1,5					Saule
		■				■										1					Saule rampant
							■			■						0,7					Sauge argentée
		■					■	■						■		0,6				■	Sauge
		■					■	■						■		1,2				■	Sauge
		■					■	■						■		1,2				■	Sauge
■	■				■		■				■					0,6					Sauge officinale
		■					■				■					0,6				■	Sauge bleue du Mexique
					■		■			■	■					1					Sauge sclarée
							■				■					0,6					Sauge
		■					■				■					2				■	Sauge
		■				■	■			■				■		2,5					Sureau du Canada
	■	■				■				■					■	6					Sureau noir
		■				■				■		■				5					Sureau rouge
					■		■					■				0,5					Petit cyprès
					■		■					■				0,5				■	Santoline verte
					■			■		■					■	1				■	Sarcococca
					■			■	■	■			■		■	1,5				■	Sarcococca
					■				■	■					■	0,6				■	Sarcococca
					■		■		■						■	1,5				■	Sarcococca
■					■											10					Pin ombrelle
					■		■					■				1				■	Seneçon
					■		■					■				1				■	Seneçon
					■		■					■				0,6				■	Seneçon
					■											50					Séquoia toujours vert
					■	■				■					■	0,8					Skimmia
					■					■					■	2				■	Skimmia
	■	■				■				■						3					Sophora
	■	■					■			■						20					Sophora
					■	■					■					3				■	Sophora
					■	■					■					3				■	Sophora
					■						■				■	10				■	Sophora
					■						■					3				■	Sophora
		■		■			■			■						3					Sorbaire
		■		■						■						4					Spirée
		■		■			■			■						2					Sorbaire
		■		■		■				■						10					Alisier blanc
		■		■		■				■						12					Alisier, sorbier
		■		■		■				■			■			4					Alisier, sorbier
		■		■		■				■						10					Alisier de Finlande
		■		■		■				■						10					Alisier de Fontainebleau
		■		■		■				■						1					Alisier, sorbier
		■		■		■				■			■			2,5					Alisier, sorbier
		■		■		■				■						15					Alisier torminal
		■		■		■								■		1,5					Voile-de-la-mariée
		■		■			■						■			2					Spirée
		■		■			■						■	■		0,7					Spirée
		■				■				■						1					Spirée
		■		■			■						■			0,4					Spirée

Table — page 670

	UTILISATIONS						SOL					EXPOSITION						
	pousse vite	grand développement	petit développement	pour pentes et talus	haies	spécimens décoratifs	terre de bruyère	sablonneux et sec	calcaire	frais ou humide	glaise	chaude	ombragée, mi-ombre	lumineuse	bord de mer	méditerranéenne	argenté ou grisâtre	doré
Spiraea nipponica			■	■	■	■				■				■	■			
Spiraea thunbergii			■	■	■	■				■				■				
Spiraea x vanhouttei			■	■	■	■				■				■				
Stephanandra incisa			■	■		■								■				
Stephanandra tanakae			■	■	■	■							■	■				
Stewartia koreana			■			■	■			■				■				
Stewartia malachodendron			■			■	■			■		■		■				
Stewartia ovata			■			■	■			■				■				
Stranvaesia davidiana			■		■	■				■				■				
Symphoricarpos albus			■	■	■	■							■	■				
Symphoricarpos chenaultii			■	■	■	■							■	■				
Symphoricarpos orbiculatus			■	■		■							■	■				
Syringa x josiflexa			■		■	■							■	■				
Syringa meyeri			■											■				
Syringa microphylla			■			■							■	■				
Syringa x prestoniae			■										■	■				
Syringa sweginzowii			■											■				
Tamarix hispida			■	■		■		■				■		■	■			
Tamarix hoehnackeri			■			■		■						■	■			
Tamarix parviflora			■	■		■		■						■	■			
Tamarix ramosissima			■	■		■		■						■	■			
Taxus baccata	■		■	■		■			■		■		■	■			■	
Taxus x media			■	■		■					■		■	■				
Thuja occidentalis	■		■		■			■	■					■			■	
Thuja orientalis	■		■		■			■			■			■			■	
Thuja plicata	■		■		■					■				■				
Thujopsis dolabrata	■		■			■				■			■	■				
Tilia americana		■				■								■				
Tilia cordata		■				■			■	■				■				
Tilia petiolaris		■				■								■				
Tilia platyphyllos		■				■								■				
Tilia x euchlora		■				■								■				
Trachycarpus fortunei		■				■				■		■		■	■	■		
Tsuga canadensis	■	■				■				■			■	■	■		■	
Tsuga heterophylla	■					■				■			■	■	■			
Ulex europaeus			■	■	■			■						■	■			
Ulex gallii			■	■				■						■	■			
Ulmus carpinifolia	■					■				■			■	■				
Ulmus glabra	■	■				■				■			■	■				
Ulmus parvifolia	■					■				■			■	■				
Ulmus procera	■					■				■			■	■	■			
Viburnum x bodnantense			■			■				■			■	■				
Viburnum x burkwoodii			■			■				■			■	■				
Viburnum carlesii			■			■				■			■	■				
Viburnum davidii			■			■	■			■			■	■				
Viburnum fragrans			■		■	■				■				■				
Viburnum x juddii			■			■				■			■	■				
Viburnum lantana			■	■	■	■		■	■	■			■	■				
Viburnum opulus			■	■	■	■		■	■	■			■	■				
Viburnum plicatum			■			■	■						■	■				
Viburnum rhytidophyllum	■		■		■	■			■	■			■	■				

T

U

V

panaché	pourpre	couleur d'automne	pousse vite	caduc	persistant	printemps	été	automne	hiver	blanches	bleues, mauves	jaunes et orange	roses	rouges	parfumées	HAUTEUR MAXIMALE DE L'ESPÈCE	à épines	toxiques-allergies	ne supportant pas la pollution	zones sensibles au gel	
		■		■		■				■						1					Spirée
		■		■		■				■						1,5					Spirée
		■		■		■				■						2,5					Spirée
		■		■			■			■						1					Stéphanandra
		■		■			■			■						2					Stéphanandra
		■		■			■			■						10					Stuartia
		■		■			■			■						4					Stuartia
		■		■			■			■						2,5					Stuartia
		■			■	■				■						2,5					Stranvaesia
		■		■			■			■						1,5					Arbre aux perles
		■		■			■									1					Symphorine
		■		■			■									2					Groseillier des Indiens
		■		■		■							■		■	5					Lilas
		■		■		■	■						■		■	1,5					Lilas
		■		■		■		■					■			1,2					Lilas
		■		■		■	■						■	■		6					Lilas
		■		■		■	■						■		■	5					Lilas
		■		■			■						■			2				■	Tamaris
		■		■		■							■			3					Tamaris
		■		■		■							■			6					Tamaris
		■		■			■						■	■		6					Tamaris
■					■											15		■			If
					■											4		■			If
					■											15					Thuya d'Occident
					■											12					Thuya d'Orient
■					■											20					Thuya géant
					■											15				■	Thuyopsis
		■		■												25					Tilleul d'Amérique
		■		■			■			■					■	30					Tilleul à petites feuilles
		■		■			■					■			■	25					Tilleul argenté pleureur
		■		■			■					■			■	30					Tilleul à grandes feuilles
		■		■		■										20					Tilleul
					■	■										15				■	Palmier à chanvre
					■	■										15					Tsuga du Canada
					■	■										30					Tsuga de l'Ouest
					■	■						■				1,5					Ajonc
					■			■				■				0,6					Ajonc
		■		■												30					Orme à feuilles de charme
		■		■												40					Orme de montagne, orme blanc
		■		■												12					Orme
		■		■												40					Orme champêtre, ormeau
		■		■					■				■			2					Viorne
		■		■				■		■					■	2					Viorne
		■		■	■	■				■					■	1,5					Viorne de Carles
		■		■	■					■						0,5					Viorne
		■		■				■		■			■		■	3					Viorne
		■		■		■				■			■			1,5					Viorne
		■		■		■				■						3					Viorne
		■		■		■				■						4					Viorne Obier, boule-de-neige
		■		■		■				■						2					Viorne
					■	■				■						3					Viorne

	UTILISATIONS						SOL					EXPOSITION						
	pousse vite	grand développement	petit développement	pour pentes et talus	baies	spécimens décoratifs	terre de bruyère	sablonneux et sec	calcaire	frais ou humide	glaise	chaude	ombragée, mi-ombre	lumineuse	bord de mer	méditerranéenne	argenté ou grisâtre	doré
Viburnum sargentii		■		■	■								■	■				
Viburnum tinus		■		■	■				■	■			■	■				
Vinca major		■	■						■	■			■	■				
Washingtonia filifera		■			■			■				■		■		■		
Weigela florida		■		■	■					■				■	■			
Weigela middendorffiana		■		■	■					■				■	■			
Xanthoceras sorbifolia		■			■					■				■				
Yucca filamentosa		■	■		■			■				■		■		■		
Yucca flaccida		■			■			■				■		■	■	■		
Yucca glauca		■			■			■				■		■	■	■		
Yucca gloriosa		■			■			■				■		■	■	■		
Yucca whipplei		■			■			■				■		■	■	■		
Zenobia pulverulenta		■			■		■			■			■					

panaché	pourpre	couleur d'automne	pousse vite	caduc	persistant	printemps	été	automne	hiver	blanches	bleues, mauves	jaunes et orange	roses	rouges	parfumées	HAUTEUR MAXIMALE DE L'ESPÈCE	à épines	toxiques-allergies	ne supportant pas la pollution	zones sensibles au gel	
		■		■		■				■						4					Viorne
					■	■			■	■						3,5					Laurier-tin
	■				■	■	■				■					0,6					Pervenche
					■											10				■	Palmier
	■		■			■							■	■		3					Weigela
						■						■				1,5					Weigela
						■				■			■			3				■	Xanthocéras
■					■		■			■						2				■	Yucca
					■		■			■						1,2				■	Yucca
					■		■			■						1,2				■	Yucca
					■		■			■						2,5					Yucca
					■		■			■						3				■	Yucca
		■		■			■			■					■	1,2				■	Zénobia

LES GRIMPANTS

	SOL			EXPOSITION			FLORAISON				FEUILLAGE		UTILISATION				
	alcalin	neutre	acide	lumineuse	mi-ombre	ombre	printemps	été	automne	hiver	persistant	caduc	adhère seul au mur	palissage contre un mur	couvre-sol	grimpe dans les arbres	
A Abutilon megapotamicum		■	■	■	■		■	■				■	■	■			Abutilon
Abutilon vitifolium		■	■	■			■	■				■	■				Abutilon
Actinidia chinensis		■	■	■	■		■					■	■				Actinidia
Actinidia kolomikta		■	■	■	■		■					■	■				Actinidia
Akebia quinata		■	■	■	■		■					■	■			■	Akébie
Akebia trifoliata		■	■	■	■		■					■	■			■	Akébie
Aristolochia macrophylla		■	■	■	■		■					■	■				Aristoloche
B Bougainvillea glabra		■		■			■				■		■				Bougainvillée
Bougainvillea spectabilis		■		■	■		■				■		■				Bougainvillée
Buddleia colvillei		■	■	■			■					■	■				Buddleia
Buddleia alternifolia		■	■	■			■					■	■				Buddleia
C Campsis grandiflora		■	■	■				■	■			■	■				Bignonia, bignone
Campsis radicans		■	■	■				■	■			■	■				Bignonia, bignone
Ceanothus arboreus		■	■	■			■				■		■				Céanothe
Ceanothus impressus		■	■	■			■				■		■				Céanothe
Ceanothus thyrsiflorus		■	■	■			■				■		■				Céanothe
Cestrum fasciculatum		■	■	■				■			■	■	■				Cestrum
Cestrum newellii		■	■	■				■			■		■				Cestrum
Clematis alpina		■	■	■	■		■	■				■	■	■	■	■	Clématite des Alpes
Clematis armandii	■	■	■	■			■				■		■				Clématite
Clematis balearica		■	■	■						■	■		■				Clématite
Clematis flammula		■	■	■				■	■			■	■			■	Clématite
Clematis montana		■	■	■			■					■	■			■	Clématite
Clematis orientalis	■	■	■	■				■				■	■			■	Clématite
Clematis rehderiana		■	■	■				■				■	■			■	Clématite
Clematis spooneri		■	■	■			■					■	■			■	Clématite
Clematis tangutica	■	■	■					■				■	■		■		Clématite
Clematis texensis	■	■	■	■			■					■	■				Clématite
Clematis viticella		■	■	■	■			■	■			■	■		■		Clématite bleue
Clianthus formosus				■			■	■			■		■				Clianthus
Clianthus puniceus		■	■	■			■	■			■		■				Clianthus
H Hedera canariensis	■	■	■	■	■	■				■	■		■	■	■		Lierre des Canaries
Hedera colchica	■	■	■	■	■	■				■	■		■	■	■		Lierre de Perse
Hedera helix	■	■	■	■	■	■				■	■		■	■	■		Lierre commun
Hydrangea petiolaris	■	■	■	■	■		■					■	■				Hortensia grimpant
Hydrangea serratifolia		■	■	■				■	■			■	■				Hortensia grimpant
J Jasminum x beesianum	■	■	■	■			■					■	■				Jasmin rose
Jasminum humile		■	■	■				■				■	■				Jasmin d'Italie
Jasminum nudiflorum	■	■	■	■						■		■	■				Jasmin d'hiver
Jasminum officinale		■	■	■				■				■				■	Jasmin blanc
Jasminum polyanthum		■	■	■				■			■		■				Jasmin
L Lapageria rosea			■		■			■	■		■		■				Lapagéria
Lonicera caprifolium	■	■	■		■			■				■	■				Chèvrefeuille des jardins

	SOL			EXPOSITION			FLORAISON				FEUILLAGE		UTILISATION				
	alcalin	neutre	acide	lumineuse	mi-ombre	ombre	printemps	été	automne	hiver	persistant	caduc	adhère seul au mur	palissage contre un mur	couvre-sol	grimpe dans les arbres	
Lonicera fragrantissima		■	■	■	■					■		■		■			Chèvrefeuille
Lonicera henryi	■	■	■	■	■			■			■			■		■	Chèvrefeuille
Lonicera hildebrandiana	■	■	■	■	■			■			■			■		■	Chèvrefeuille
Lonicera japonica		■	■	■	■			■			■	■		■			Chèvrefeuille
Lonicera japonica chinensis		■	■	■	■			■			■	■		■			Chèvrefeuille
Lonicera periclymenum	■	■	■	■	■			■				■		■			Chèvrefeuille des bois
Lonicera nitida	■	■	■	■	■	■					■			■			Chèvrefeuille
Lonicera sempervirens		■	■	■	■			■			■			■			Chèvrefeuille
Lonicera tatarica	■	■	■	■	■			■				■		■			Chèvrefeuille
Lonicera x tellmaniana	■	■	■	■	■			■				■		■			Chèvrefeuille
Muehlenbeckia axillaris		■	■	■	■			■			■	■		■			Muehlenbeckia
Muehlenbeckia complexa		■	■	■	■			■			■			■			Muehlenbeckia
Mutisia clematis		■		■				■			■			■			Mutisia
Mutisia decurrens		■		■				■			■			■			Mutisia
Mutisia ilicifolia		■		■				■	■		■			■			Mutisia
Parthenocissus henryana	■	■	■		■							■	■	■	■	■	Vigne-vierge
Parthenocissus quinquefolia	■	■	■									■	■	■	■	■	Vigne-vierge vraie
Parthenocissus tricuspidata	■	■	■	■	■							■	■	■			Lierre japonais
Passiflora caerulea		■	■	■	■			■			■	■		■			Passiflore, fleur de la passion
Passiflora umbilicata		■	■	■				■			■			■			Passiflore, fleur de la passion
Polygonum baldschuanicum	■	■	■	■	■			■				■		■		■	Renouée du Turkestan
Polygonum multiflorum	■	■	■					■				■		■			Renouée
Pyracantha angustifolia		■	■	■	■		■				■			■			Pyracantha
Pyracantha atalantioides		■	■	■	■	■	■				■			■			Pyracantha
Pyracantha coccinea		■	■	■	■		■				■			■			Pyracantha
Pyracantha rogersiana		■	■	■	■	■	■				■			■			Pyracantha
Schizandra chinensis		■	■		■		■					■	■	■		■	Schizandra
Schizandra glaucescens		■	■		■		■					■	■	■		■	Schizandra
Schizandra rubriflora					■		■					■	■	■		■	Schizandra
Solanum crispum		■	■	■				■			■	■		■			Solanum
Solanum jasminoides		■	■	■				■			■	■		■			Solanum
Wisteria floribunda		■	■	■			■					■		■		■	Glycine
Wisteria x formosa		■	■	■			■					■		■		■	Glycine
Wisteria japonica		■	■	■			■					■		■		■	Glycine du Japon
Wisteria sinensis		■	■	■			■					■		■		■	Glycine de Chine
Wisteria venusta		■	■	■			■					■		■		■	Glycine

M

P

S

W

LES FRUITIERS

	SOL				CLIMAT			FLEURS		FRUITS		
	calcaire	argileux	sableux	frais profond	méditerranéen	maritime	continental	mois de floraison	décoratives	mois de récolte	année de récolte	durée de récolte en années
Actinidia chinensis	très peu	■	■	■	(possible)	■	■	juin	■	oct. nov.	4e	35
Citrus	très peu		■	■	■	(possible)		juin juillet	■	nov. à mars	5e à 8e	25 à 40
Corylus avellana	■		■	■	■		■	février mars		sept. oct.	7e	60
Fragaria		■	■	■	■	■	■	avril à sept.		juin à fin oct.	1e	6
Juglans regia	■		■	■		■	■	février mars		sept. oct.	15e (1) à 30e	30 à 100
Malus communis	très peu	■	■	■	(possible)	■ ■	■	avril mai	■ ■	juillet août	4e (1) à 10e	30 à 60
Prunus armeniaca	■		■	■	■	■		mars	■	juillet août	4e	25
Prunus cerasus	■		■	■				avril	■ ■	fin mai juin juillet	6e	25
Prunus domestica	■	■		■	■	■	■	mars avril	■	juillet août sept.	5e	30
Prunus persica	(possible)			■	■	■	■	mars avril	■ ■	fin juin juillet août sept.	4e	15
Pyrus communis		■		■	(possible)	■ ■	■	mars avril	■	juillet à fin oct.	5e (1) à 8e	30 à 60
Ribes rubrum, R. uva-crispa, R. nigrum	■	■	■ ■	■		■	■	mai		juillet	3e	15 à 20
Rubus idaeus	■	■	■	■	(possible)	■	■	mai août sept.		juin juillet sept.	1e ou 2e	15 à 20
Vitis vinifera	■		■	■	■	■	(possible)	fin mai début juin		sept. oct.	4e	50

(1) selon forme et porte-greffe

7

	MULTIPLICATION					FORMES			ENTRETIEN		
	semis	marcottage	bouturage	greffage en écusson	greffage en fente, couronne ou incrustation	libres	palissées possibles	palissées recommandées	éclaircissement manuel des fruits	taille de fructification nécessaire	pas de taille de fructification
Actinidia ou Kiwi		■						■		■	
Agrumes				■		■					■
Noisetier		■				■					■
Fraisier		■				■					■
Noyer					■	■	■				■
Pommier				■	■	■		■	■	■	
Abricotier	(possible)			■		■	■				■
Cerisier				■	■	■					■
Prunier	■			■	■	■	■				■
Pêcher	(possible)			■		■	■		■	■	
Poirier				■	■	■		■	■	■	
Groseillier et cassissier		■	■			■	■				■
Framboisier		■ (3)				■		■		■	
Vigne		■	■		■ (3)			■	■	■	

(2) greffe à l'anglaise (3) séparation des drageons

677

LES ROSIERS

D = doubles   p = petites
SD = semi-doubles   M = moyennes
S = simples   G = grandes

		PRÉSENTATION		COULEURS				FLORAISON					
		hauteur	forme	blanc	jaune	rose	rouge	mai	juin	juillet	août	septembre	octobre
A	'Agnès'	2,50 m	SD-M		■				■			■	
	'Aimée Vibert'	+ de 3 m	D	■						■	■	■	
	'Alba'	2 m	S	■					■	■			
	'Albéric Barbier'	5 m	SD	■					■				
	'Albertine'	4,50 m	D			■			■				
	'Alexandre Girault'	+ de 5 m	D				■		■	■	■		
	'Alister Stella Gray'	4 m	D		■				■	■		■	
	'All Gold'	0,80 m			■				■	■	■	■	
	'Amadis'	4 ou 5 m	SD				■		■				
	'American Pillar'	4,50 m	S			■			■	■			
B	'Baby Masquerade'	0,60 m			■				■			■	
	'Ballerina'	1,50 m	S-P			■			■	■	■	■	
	'Banksiae'	5 m	S	■				■	■				
	'Belle de Crécy'	1,20 m				■	■		■				
	'Belle Poitevine'	1,50 m	SD-G			■			■	■	■	■	
	'Belle Portugaise'	5 m	D-G			■			■				
	'Blanc Double de Coubert'	1,50 m	SD-P	■				■	■	■	■	■	
	'Blanc Meillandécor'	0,60 m	D-P	■					■	■	■		
	'Bleu Magenta'	5 m					■		■	■			
	'Buff Beauty'	1 m/1,60 m	D-M		■			■	■	■		■	■
C	'Candy Rose'	0,60 m	SD			■			■	■	■		
	'Cardinal de Richelieu'	0,80 m				■	■		■	■			
	'Céleste'	1,50 m	SD-M			■			■	■			
	'Celsiana'	1,50 m	SD			■				■	■		
	'Centenaire de Lourdes'	1,20 m	D-M			■			■	■	■		
	'Chaplin's Pink Climber'	3 m	S-M			■			■				
	'Charles Austin'	1,60 m			■					■	■		
	'Clair Matin'	3 m	SD-M			■			■	■	■		
	'Climbing Iceberg' ou 'Fée des Neiges'	+ de 3 m	SD-M	■					■	■	■		
	'Climbing Lady Hillingdon'	7 m	D-M		■				■	■	■		
	'Colibri'	0,30 m	D		■				■	■		■	
	'Complicata'	2,50 m	S-M			■		■	■	■			
	'Comte de Chambord'	0,50 m/1 m	D-G			■			■	■		■	
	'Constance Spry'	3 m	M			■			■	■	■		
	'Cornelia'	1 m/1,50 m	D-P			■			■	■		■	
	'Cuisse de Nymphe émue'	1,80 m		■		■				■	■	■	
DE	'Delicata'	2 m	S-M			■			■	■	■		
	'Duraft King'	0,50 m	D-P				■			■	■		
	'English Garden'	1 m				■				■	■		
	'Etoile de Hollande'	3,50 m	D-G				■		■	■			
F	'Fairy Damsel'	0,60 m	S-P				■		■	■	■		
	'Fantin Latour'	1,80 m				■				■	■		
	'Félicité et Perpétue'	4,50 m	D-M	■					■	■			

	PARTICULARITÉ				UTILISATION						
	exposition	remontants	fruits	parfum	baies	groupes dans massifs ou isolés	plates-bandes basses, jardinières	couvre-sol	grimpants	sarmenteux	
'Agnès'	■		■	■	■						
'Aimée Vibert'								■			
'Alba'			■	■							
'Albéric Barbier'			■					■			
'Albertine'			■					■			
'Alexandre Girault'			■					■	■		
'Alister Stella Gray'	■		■								
'All Gold'	■										
'Amadis'								■			
'American Pillar'								■	■		
'Baby Masquerade'	■					■					
'Ballerina'	■		■	■	■	■		■			
'Banksiae'			■					■			
'Belle de Crécy'			■	■							
'Belle Poitevine'	■	■	■	■							
'Belle Portugaise'								■			
'Blanc Double de Coubert'	■	■	■	■							
'Blanc Meillandécor'	■						■				
'Bleu Magenta'	■		■					■			
'Buff Beauty'	■		■		■	■					
'Candy Rose'	■		■			■	■				
'Cardinal de Richelieu'			■	■							
'Celeste'	■										
'Celsiana'			■	■							
'Centenaire de Lourdes'	■		■		■	■					
'Chaplin's Pink Climber'	■							■			
'Charles Austin'			■		■						
'Clair Matin'	■		■					■			
'Climbing Iceberg' ou 'Fée des Neiges'	■		■					■			
'Climbing Lady Hillingdon'	■		■					■			
'Colibri'						■	■				
'Complicata'					■		■	■			
'Comte de Chambord'	■		■	■							
'Constance Spry'			■								
'Cornelia'	■		■								
'Cuisse de Nymphe émue'			■	■							
'Delicata'	■							■			
'Duraft King'						■					
'English Garden'			■		■						
'Etoile de Hollande'			■					■			
'Fairy Damsel'	■						■				
'Fantin Latour'			■		■						
'Félicité et Perpétue'			■				■	■	■		

LES ROSIERS

D = doubles   p = petites
SD = semi-doubles   M = moyennes
S = simples   G = grandes

	hauteur	forme	blanc	jaune	rose	rouge	mai	juin	juillet	août	septembre	octobre
'Fiona'	1 m	SD-P				■		■	■	■	■	
'Frau Dagmar Hastrup'	0,90 m	S-M			■			■	■	■		
'Frau Karl Druschki'	1,50 m	D	■					■	■			
'Frosty'	0,50 m		■			■		■	■			
'Frühlingsgold'	2,50 m			■			■	■				
'Général Jacqueminot'	1 m					■		■	■	■		
'Gloire de Dijon'	4 m	D-G		■	■			■	■	■	■	
'Gloire des Mousseux'	1,50 m	G-D			■			■	■			
'Golden Showers'	2 m	G		■				■	■	■	■	■
'Golden Wings'	1 m/1,50 m	S-G		■				■	■	■	■	
'Graham Thomas'	1,50 m			■				■	■	■	■	■
'Guinée'	5 m	D				■		■	■	■		
'Haendel'	3,50 m	SD-G	■		■			■	■			
'Hansa'	1 m	D-M				■		■	■	■		
'Heritage'	1,50 m	D-M			■				■	■		
'Hollandina'	2 m	S-M			■			■	■			
'Iceberg'	1,50 m	D-M	■					■	■			
'Ingrid Bergman'	0,80 m					■	■	■		■	■	■
'Jacques Cartier'	1,20 m	SD			■			■	■	■		
'Joseph's Coat'	1,20 m	SD		■	■	■		■	■			
'Kew Rambler'	6 m	S-P			■			■				
'Kiftsgate'	8 m	S-P	■					■				
'La Mortola'	8 m	G	■						■			
'La Sevillana'	1,50 m	D-M				■		■	■	■		
'Lady Hillingdon'	1,50 m	D-M		■				■	■			
'Leander'	2 m	D-G		■	■			■	■			
'Lili Marlene'	3 m					■		■	■	■		
'Little White Pet'	0,60 m	D-P	■							■	■	■
'Louise Odier'	1,50 m	D-G			■			■	■	■	■	■
'Maréchal Niel'	4,50 m			■				■				
'Marguerite Hilling'	2,50 m	S-M			■		■	■		■		
'Mary Rose'	1,20 m	D-G			■	■			■	■	■	■
'Max Graf'	0,60 m	S-P			■			■	■			
'Meillandina'	0,35 m	D-P	■		■		■		■		■	■
'Mermaid'	8 m	S-M		■				■	■	■	■	
'Mimi'	0,60 m	D-M			■		■	■				
'Mme A. Meilland'	1,20 m	D-G		■				■	■		■	
'Mme Alfred Carrière'	3,50 m	D-M	■		■		■	■	■	■	■	
'Mme Anthony Waterer'	+ de 2 m	S-M				■		■	■			
'Mme Grégoire Staechlin'	4,50 m	SD			■		■	■				
'Mme Hardy'	2 m	D-G	■					■	■			
'Mme Isaac Pereire'	2 m	D-G				■		■	■	■	■	
'Mme P. S. du Pont'	5 m			■				■	■	■		

Table — Roses : particularités et utilisation

Variété	exposition	remontants	fruits	parfum	baies	groupes dans massifs ou isolés	plates-bandes basses, jardinières	couvre-sol	grimpants	sarmenteux
'Fiona'				■		■	■			
'Frau Dagmar Hastrup'	■	■	■	■			■			
'Frau Karl Druschki'	■									
'Frosty'			■			■				
'Frühlingsgold'			■	■	■	■				
'Général Jacqueminot'	■		■							
'Gloire de Dijon'	■		■					■	■	
'Gloire des Mousseux'	■		■							
'Golden Showers'	■		■					■		
'Golden Wings'	■		■							
'Graham Thomas'	■		■		■	■				
'Guinée'	■		■						■	
'Haendel'	■		■					■		
'Hansa'	■	■	■	■	■	■				
'Heritage'	■		■		■					
'Hollandina'	■		■	■						
'Iceberg'	■		■	■						
'Ingrid Bergman'			■							
'Jacques Cartier'	■		■	■						
'Joseph's Coat'	■		■	■						
'Kew Rambler'		■						■	■	
'Kiftsgate'		■					■	■	■	
'La Mortola'			■					■	■	
'La Sevillana'					■					
'Lady Hillingdon'	■		■					■		
'Leander'	■		■					■		
'Lili Marlene'	■		■					■		
'Little White Pet'	■						■			
'Louise Odier'	■		■	■	■	■				
'Maréchal Niel'	■		■					■		
'Marguerite Hilling'	■		■		■	■				
'Mary Rose'	■		■							
'Max Graf'		■					■			
'Meillandina'	■									
'Mermaid'	■		■					■		
'Mimi'	■					■				
'Mme A. Meilland'	■		■	■	■	■				
'Mme Alfred Carrière'	■		■				■			
'Mme Anthony Waterer'	■	■	■	■						
'Mme Grégoire Staechlin'	■	■					■			
'Mme Hardy'	■		■				■			
'Mme Isaac Pereire'	■	■	■					■		
'Mme P. S. du Pont'	■							■		

681

LES ROSIERS

D = *doubles* p = *petites*
SD = *semi-doubles* M = *moyennes*
S = *simples* G = *grandes*

Alphabetical index markers in left margin: N, P, QR, S, TV, W, Y

	PRÉSENTATION		COULEURS				FLORAISON					
	hauteur	forme	blanc	jaune	rose	rouge	mai	juin	juillet	août	septembre	octobre
'Mme Sancy de Parabère'	6 m	G			■			■	■			
'Nevada'	+ de 2 m	S-G	■				■	■	■		■	
'New Dawn'	4,50 m	SD-M	■		■			■	■	■	■	■
'Nozomi'	0,60 m	S-P			■			■	■			
'Papa Meilland'	0,60 m					■			■	■	■	
'Penthouse'	1 m/1,50 m	D-G			■			■	■	■		
'Perla de Montserrat'	0,15 m	P			■			■				
'Pierre de Ronsard'	3 m	D-M			■	■		■	■	■	■	■
'Pink Cameo' ou 'Climbing Cameo'	5 m	P			■			■	■			
'Pink Cloud'	3,50 m	D-M			■			■	■	■	■	
'Pink Wave'	0,60 m	D-M			■		■	■	■	■	■	■
'Pompon de Paris'	1,80 m	D-P			■			■				
'Queen Elisabeth'	1,80 m	SD			■			■	■	■	■	
'R. Rouletii'	1,50 m	D-P			■				■	■		
'Raubritter'	0,80 m	SD			■			■	■			
'Red Coat'	1,60 m	S-G				■		■	■			
'Reine des Violettes'	1,50 m					■		■	■			
'Repens Alba'	0,60 m		■					■	■			
'Rêve d'or'	5 m	SD-M		■				■	■		■	
'Rose Gaujard'	1 m	SD-M				■			■	■	■	
'Rose Marie Viaud'	5 m					■		■	■	■		
'Rosina'	0,30 m	SD		■				■	■			
'Rush'	1,50 m		■					■	■		■	
'Salet'	1,50 m	SD			■			■	■	■		
'Sénateur Lafollette'	5 m			■	■		■	■	■			
'Snow Carpet'	0,90 m	D-P	■					■	■			
'Sombreuil'	5 m		■	■				■	■			
'Sourire d'Orchidée'	0,50 m	S-M	■					■	■		■	■
'Souvenir de Docteur Jamain'	5 m					■		■		■		
'Stanwell Perpetual'	1,80 m	D			■			■	■		■	
'Swany'	0,50 m	D	■					■	■			
'Sylvie Vartan'	0,80 m	D-M			■			■	■	■	■	■
'The Fairy'	0,60 m	S-P			■		■	■	■	■		■
'Veilchenbau'	2 m	SD-P				■			■	■		
'Vent d'Été'	0,80 m				■			■	■	■	■	
'Vicontesse Pierre du Fou'	5 m		■					■	■		■	
'Violette'	5 m	D				■		■	■			
'Virgo'	1,50 m	G	■					■	■	■		
'Wedding Day'	9 m	S-G	■						■			
'White Grootendorst'	2,50 m	S-M	■						■	■	■	
'Yellow Doll'	0,30 m			■				■				
'Yolande d'Aragon'	1 m	D			■				■	■	■	
'Yves Piaget'	1 m	D-M				■		■	■	■		

	PARTICULARITÉ				UTILISATION				
	exposition	remontants	fruits	parfum	baies	groupes dans massifs ou isolés	plates-bandes basses, jardinières	couvre-sol	grimpants	sarmenteux
'Mme Sancy de Parabère'			■					■		
'Nevada'	■		■	■	■	■				
'New Dawn'	■		■					■		
'Nozomi'							■	■		
'Papa Meilland'	■		■			■				
'Penthouse'										
'Perla de Montserrat'			■			■				
'Pierre de Ronsard'	■		■		■					
'Pink Cameo' ou 'Climbing Cameo'							■	■		
'Pink Cloud'	■							■		
'Pink Wave'	■						■			
'Pompon de Paris'							■		■	
'Queen Elisabeth'	■		■	■	■	■				
'Rosier de Roulet'							■			
'Raubritter'										
'Red Coat'	■				■			■		
'Reine des Violettes'	■		■	■						
'Repens Alba'	■						■			
'Rêve d'or'	■		■					■		
'Rose Gaujard'	■		■							
'Rose Marie Viaud'	■		■					■		
'Rosina'			■			■	■			
'Rush'	■			■	■					
'Salet'	■		■							
'Sénateur Lafollette'	■		■					■		
'Snow Carpet'	■					■	■			
'Sombreuil'	■		■							
'Sourire d'Orchidée'	■		■					■		
'Souvenir de Docteur Jamain'	■		■					■		
'Stanwell Perpetual'	■		■		■	■	■			
'Swany'	■						■			
'Sylvie Vartan'	■		■							
'The Fairy'	■					■	■			
'Veilchenbau'			■					■		
'Vent d'Été'	■									
'Vicontesse Pierre du Fou'	■		■					■		
'Violette'	■							■		
'Virgo'	■									
'Wedding Day'		■	■				■	■		
'White Grootendorst'		■		■						
'Yellow Doll'			■			■				
'Yolande d'Aragon'	■		■							
'Yves Piaget'	■		■		■	■				

INDEX DES FLEURS, DES ARBRES & DES ARBUSTES

687

INDEX DES THEMES DÉVELOPPÉS DANS LA PARTIE SAVOIR-FAIRE

Anita Pereire,
tous les conseils pour votre jardin.

Photo : J. Cham

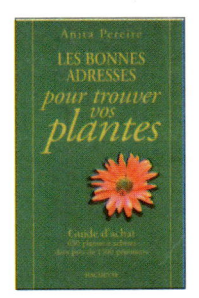

Certains textes ou photographies publiés dans
Fleurs & Jardins et *Arbustes & Arbres*
d'Anita Pereire (Editions Hachette)
ont été exploités pour réaliser
l'ENCYCLOPÉDIE PRATIQUE HACHETTE DU JARDIN.
Composition Nord-Compo
Achevé d'imprimer en Italie par Canale (Turin)